總編纂 許衍董
參閱 汪宗衍 吳天任
廣東文徵編印委員會校刊

廣東文徵續編

第三册
卷九至卷十二

南方出版傳媒
廣東人民出版社
·廣州·

廣東文徵續編第三冊目次

卷九　　頁次

古直

卷十

卷十一

流離百詠自序……四〇六
連山書院……四〇六
十二石齋……四〇七
陳子褒先生……四〇七
記大藏書家倫哲如……四〇八
一個實踐教育家楊果庵先生……四一〇
記鍾榮光校長……四一四
端溪書院之師生情誼……四一九
黎簡與袁牧……四二〇
順德兩二樵……四二〇
順德之第三二樵……四二一
番禺三怪……四二一
謝瀛洲
中華民國憲法論自序……四二二
王寵惠先生傳略……四二三
記女權運動之沈女士芷芳……四二五
凌鴻勛
關於詹天佑的三個問題……四二七
鐵路節的來源及其意義……四三四
中國鐵路志前言……四三六
遐庵彙稿序……四三九
自訂年譜序……四三九
中國鐵路事業發展史……四四〇
記廣東境內粵漢鐵路的興築……四四五

卷十二

廣東文徵續編　卷九

古直

一八八五年生　一九五九年卒

字公愚．號層冰．梅縣人．幼聰好學．苦讀窮年．不知歲月．富民族思想．及冠．鄉先進姚雨平謝良牧等創辦體育訓練班．秘密培養志士．慕義而投．卒所業．任教松口小學．藉機宣傳革命．招官方之忌．遭解職．二十二歲加入同盟會．嗣奉派充汕頭中華新報編輯．民國元年在汕赴南洋籌款．創辦大風日報．三年．創辦龍文公學於梅縣．五年赴滇參加討袁．被任南洋籌餉專員．八年出宰封川縣．九年調署高要．十一年與同鄉曾蹇侯過同赴廬山讀書．合資建葛陶齋於三峽橋上．常於上海各報發表文章．深獲國學大師王樸及康有爲賞識．十四年．廣東大學創立．校長鄒魯聘爲國文講師．廿一年．鄒魯長中山大學．復延任中文系主任．時胡適抵香港接受港大博士榮銜．演說輕議中大中文系讀經．直閱報憤慨．爲文駁斥．並要求校長鄒魯撤銷邀胡氏蒞校演講之約．抗戰遷校．未隨往．回鄉任梅南中學校長．聞長沙會戰大捷．感激贊歎．不能自休．撰長沙會戰碑以紀功．戰後閉門著述．修纂縣志．一九五二年出任廣東省文物保管委員會委員．一九五九年逝世．遺著有層冰堂文集五種．詩集四卷．曹子建詩箋．鍾記室詩品箋．王漁洋詩箋．阮嗣宗詩箋．陶靖節詩箋注．汪容甫文箋．及續箋陶淵明年譜．人境廬詩箋．諸葛亮年譜．曹子建年譜．客人對．新妙集．層冰碎金．東林遊草．隅樓集．及詩文選集等．

復李審言先生書

直僻在下邑．懵於文術．數年前嘗閱某氏著書．盛稱汪容甫先生之文．上法東漢．下亦旁皇晉宋之間．因默識之．偶讀江節甫漢學師承記．則汪傳中有其自序焉．讀之果善．乃展轉購得述學一部．時時披覽．久之遂如先生所云．學其佳篇．咸可倍誦矣．後見先生亦總容甫遺軌．序其同異．文采豔發．殆可追蹤．進讀諸文．亦皆稱是．高山仰止．實始斯時．精神未積．不爲先生所諒．遂至事異邴原．拒同孫崧．夫東家丘經術優耳．以云文術．吾何取焉．且失官學夷．賢猶佳尚．同在禹域．寧畫鴻溝．遽以直處南海而阻其向往之心．毋乃不可乎．

至於中郎作碑．有道無愧．過此以往．未能免譏．先生懷其耿介．不與同流．直何人斯．而敢干犯．徒見費傳師洪素昧雅故之言．遂啓小子不忘其親之念爾．先生抱樸守貞．潛翳海隅．懷鉛提槧．矻矻孳孳．猶復不違在遠．搜求遺書．至于下邑．敝齋所藏．吳著固在．然雜於嶺南遺書．不便抽奉．行當另覓他本．以答雅懷．研經室集．粵有刊本．假以時日．亦當代致．

夫誦詩讀書．古人可友．况生並世．何必撫塵．錢程往事．云胡不可復行哉（徽州程洪溥木庵與嘉興錢泰吉警石無素．見錢曝書雜繪記深折之．即介海昌僧六舟以通志堂經書解贈之警石有詩紀事並繪贈書圖以報）但先生之賢．有似警石．小子愚昧．難攀木庵．以此相方．又爽然自失也．

答李審言先生書

審言先生左右．直兩載以來．爲俗所驅．當南更北．謂西反東．（凡一回梅縣 一至廣州 一至武昌兩至上海）雖有寧處之時．究多蓬轉之日．箋敬疏闊．職是之由．頃復南行．已至滬瀆．臨河而望．悵然興歌．我瞻四方．蹙蹙靡騁．還歸山舍．得奉手書．載欣載抃．頓失塵勞．拙著承公奬許．兼寵以名章．反復而陳．語長心重．誦賞音恐在瀛洲句．感慨係之矣．

公以碩德耆年．遭時搶攘．不爲遼海之客．猶保鄭公之鄉．風雨如晦．鷄鳴不已．斯文未喪．其賴此乎．以手加額．爲世慶幸．馬新息云．大丈夫窮當益堅．老當益壯．公信不媿此耳．

直僑居廬阜．蓋有伴侶．曾張二君．（舊友曾晚歸．新知張愛松）尤爲同志．結宇山陽．薄置田産．年穀所入．劣能自贍．薪水責之霸子．炊爨任之鴻妻．其餘油鹽醬醋之需．醫藥服用之費．時虞不給．則朋友好事者．或相呴以沫．數年之間．未至大困．以視陶公之缾無儲粟．相去遠矣．

未能養志．入而出者再．言之徒增媿赧．承賜三垣筆記．渴欲得讀．映碧先生高節卓然．潛德幽光．固宜終發．然非公喜述祖德．亦安能遽章於世哉．容甫文箋尚未出版．謹將陶箋陶譜訂正本及公度先生詩箋奉覽．近得一詩．並錄如別．公閱之可以知其志耳．手復．敬問起居不僃．古直頓首．

論春秋公矢魚于棠與陳槃書

壹．頃奉大著．循誦一過．喜不可言．名山大業．於是爲有成功矣．案經云．公矢魚于棠．傳曰．如棠觀魚．傳以釋經．則觀當爲貫．矢魚猶刃人．皆以兵器名詞爲動詞也．易剝云．貫魚以宮人寵．漢人云．俯貫魴鱮．皆以貫爲射．貫者射之終事．言貫則射可知矣．此古人言簡意賅之法也．朱駿聲謂．觀．又假借爲貫．貫觀皆古玩切．同音通假．不亦宜乎．

小雅采綠．其釣維何．維魴維鱮．薄言觀者．此觀亦貫之假．言魴鱮可釣．復可射也．張衡南都賦．俯貫魴鱮．正承用采綠之詩．可以爲證矣．石鼓文．維魴維鱮．何以貫之．更爲觀當作貫之顯證．前聖爲罔罟．以佃以漁．水陸兩用．弓矢何莫不然．故南都賦上言俯貫魴鱮．下言仰落雙鶬．漢時如此．即漢前愈可知矣．後之注者．泥於當世訓矢爲陳．訓陳爲張設．然則公矢魚于棠．乃爲公張設魚於棠．詞意不通．孰過於是乎．

陳本陣字．魚結隊而游．有似於陣．魚目爲陣耳．而傳以爲陳魚．則尊大自誇之詞也．略申膚義．足下以爲何如．復頌著安．直頓首．十月二十五日．

貳．昨復一書．航寄到否．王懷祖曰．古字通用．存乎聲音．觀貫同音相假．似極可靠．檟木即灌木．見爾雅釋木．惟余所引張字．復查皆不的當．然張可訓射．小雅弓矢斯張證之矣．孔疏云．弓可言張而幷言矢者．配弓之物．連言之耳．疏於此似猶微隔．弓開爲張．矢去何嘗非張．詩言弓矢斯張・即「張」即射之意也・說苑正諫・吳王欲從民飲・伍子胥曰・昔白龍下淸冷之淵化爲魚・漁者豫且射中其目・此亦春秋時代射魚之例也・後漢書永平二年春三月・臨辟雍・初行大射禮・大射曠典・至此復見・明帝詔曰・升歌鹿鳴・下管新宮・八佾具修・萬舞於庭・以此足證漁濟上而行八佾之爲祭祀矣・張平子東京賦・其事云・春日載陽・合射辟雍……徐至於射宮・則「貫魚以宮」之宮・必爲頖宮・無疑也・偶有高興・聊復奉告・手頌著安・直頓首・十一月六日・

叄・前知文駕已發滬瀆・頃奉手敎・知抵家園・詩不云乎・來歸自鎬・我行永久・一萬重之關山・十七年之契闊・開春發歲・談讌有期・反覆書疏・勞結爲開・承詢鄙狀・直可以十六字作答曰・治亂不知・黜陟不聞・息交絕遊・閉戶著書・但社工部云・百年粗糲腐儒餐・今足下乃餉以華脯京鴨巖茶・則又黃涪翁所謂粗飯寒菹得解圍者矣・多謝多謝・

尊著左氏春秋義例辨五巨册・連日奉讀・尚未卒業・但體大思精・自可斷言・一日之長・一飯之先・愚管所及・且欲以塵益泰岱・露增滄海也・今次其說如左・

一・公矢魚于棠說

爾雅釋詁・矢・弛也・郭璞注・弛・放・放即射矣・莊子田子方・適矢復沓・注・矢・去也・去即射矣・陳孔璋荅曹孟德曰・矢在弦上・不得不發・方言矢魚・而射已畢也・

二・陳魚而觀說

陳本陣字・觀爲貫之假借字・王念孫曰・古字通用・皆以聲音・如周語注・吾猶魚也・水經注・吾山・即魚山・左傳注・如・而也・是其例・觀古玩切・貫亦古玩切・音同・故通用矣・爾雅・灌木亦作樌木・此其顯證・

案古有驅禽之禮・易比九五・王用三驅・失前禽・王弼注・夫三驅之禮・先儒皆云・三度驅禽而射之・褚氏諸儒皆以爲三面著人驅禽・周禮大司馬・設驅逆之車・鄭玄注・驅・驅禽使前趨獲・逆・衙還之・使不出圍・詩騶虞・壹發五豝・毛傳・虞人翼五豝・以待公之發・孔疏・多士注・翼・驅也・小雅吉日・漆沮之從・天子之所・毛傳・驅禽而至天子之所・又曰・悉率左右・以燕天子・毛傳・驅禽之左右・以安待天子之射・據此則古時天子田獵・虞人必驅禽獸以待射・射禽如此・射魚亦當如此・陳魚而觀・猶之驅禽而射矣・

三・貫魚以宮人寵无不利說

易小畜九五・富以其鄰・虞翻注・以・及也・王引之據此以釋剝初六剝牀以足・六二剝牀以辨・六四剝牀以膚爲及足・及辨・及膚・是矣・而獨置六五・貫魚以宮不釋・此殆未喻宮爲射宮之故也・今案貫魚以宮爲句・人寵爲句・无不利爲句・貫魚以宮・即貫魚及宮・與及足・及辨・及膚・詞例一律・及・至也・逮也・天子・諸侯由王宮・公宮而至射宮・故曰及宮矣・

此可即漢事爲例．漢明帝永平二年．初臨辟雍．行大射禮．張衡賦之曰．春日載陽．合射辟雍．天子乃撫玉路．乘六龍．攝提運衡．徐至於射宮．徐至射宮．即及宮之注脚也．明帝於行宗祀光武於明堂禮畢．詔令天下．自殊死以下．謀反大逆．皆赦除之．於臨辟雍．行大射禮．養老禮畢．詔賜天下三老酒肉．存耆耋．恤幼孤．惠鰥寡．此則普天率土皆受其寵矣．即人寵无不利之注脚也．

四．公曷爲遠而觀魚登來之也百金之魚公張之說

來爲采謌．當從廖季平說．金爲斤．當從孔廣森說．公曷爲遠而觀魚．欲貫得魚．登俎爲物采也．其魚不必皆百斤．而公則擇其百斤者而貫之也．詩曰．弓矢斯張．張弓．猶云彎弓．賈誼論．胡人不敢彎弓而報怨．曰張．曰彎．而射意已顯矣．故但曰公張之也．上言貫而下言張．互文見義．古人文法．往往如此．

以上四說．皆自以爲創獲．其言之不慚．恃惠子之知我也．呵凍草此．復頌大安．不既．直頓首．十二月二十日．

班倢伃怨歌行辨證

班姬此詩．初見文選．（文選以前總集．如摯虞文章流別集．荀綽五言詩美文．今不得見．故今所見斷以文選爲先．）題曰班倢伃怨歌行．再見玉臺新詠．題曰．班倢伃怨詩．三見藝文類聚．題曰．班倢伃怨歌行．四見樂府詩集．題曰．班倢伃怨歌行．六朝間有人疑爲古辭者矣．（歌錄曰．怨歌行古辭．案隋志歌錄十卷無撰人姓名．）無疑爲顏延年作者也．惟南宋嚴羽滄浪詩話云．班倢伃怨歌行文選直作班姬之名．樂府以爲顏延年作．近日徐中舒據嚴氏之說．逕定怨歌行爲顏延年詩．（東方雜誌二十四卷十八號．五言詩發生時期的討論．）斯誠無驗而必非愚則誣者也．余既有見．辨證云爾．

辨證一　嚴羽說無稽之證

江淹雜體詩．班倢伃詠扇云．紈扇如圓月．出自機中素．此明擬班倢伃怨歌行也．案淹卒梁武帝天監四年．年六十二．（梁書本傳）上溯淹生在宋文帝元嘉二十一年．淹年十三歲．而顏延年始卒．（宋書顏延年宋孝武帝孝建三年卒）則是同時人也．淹已少年好學．留情文章．（見梁書南史）不容取同時文人之作．而漫加班倢伃之名．即曰淹有意顛倒．亦豈能以一人之手掩盡天下之目哉．何以當時文人學士均不辨正之乎．此嚴說無稽之證一．

文心雕龍云．李陵班倢伃所以見疑于後代也．（明詩篇）攷文心一書．成于齊代．（時序篇云．皇齊御寶．据此知之．）作書之時．彥和齒已踰立．（序志篇．齒在而立．搦筆和墨．乃始論文．）上距顏延年卒約四十年．彥和生時．延年卒才數歲．時代緊相銜接．顏已江左聞人．劉亦少年好學．（南史劉勰傳．早孤．篤志好學．）延年果爲此詩．彥和不容不知．何以文心僅云．班倢伃見疑後代．不云怨歌行即顏延年作邪．此說無稽之證二．

隋書經籍志別集有漢成帝班倢伃集一卷．案．文集之名．昉於魏晋．（隋志云．別集之名．蓋漢東京所創．今攷

晉書摯虞傳云·撰古文章類聚·區分爲三十卷·名曰流別集·又東晳傳云·所著文集數十篇行于世·疑集名始于魏晉之際·）至阮孝緒七錄·遂著文集錄之目·（隋志阮孝緒七錄·四曰文集錄·紀詩賦·）隋志因之·其叙云·別集之名·蓋漢東京之所創也·自靈均以降·屬文之士衆矣·然其志當不同·風流殊別·後之君子·欲觀其體勢·而見其心靈·故別聚焉·名之爲集·辭人景慕·並自記載·以爲書部·年代遷徙·亦頗遺散·其高唱絕羣者·略皆具存·據此·則班倢伃集一卷·乃隋以前各家書部遞傳之舊本·（魏秘書郎鄭默有中經·秘書監荀勖又因中經更著新簿·分爲四部·此記書部之最先者·見隋志·）而非當時倉卒聚斂之新編也·六朝唐人咸見此集·故文撰·玉臺詩品·類聚·以及文撰注者·（李善五臣）衆口一辭·歸之班作·縱有異說如歌錄·而李善必奮其筆以辨釋之·（文撰李善注·歌錄曰怨歌行古辭·然言古者有此曲·而班倢伃擬之也·然言古者以下·李善辨釋之辭·）夫李善博極羣書號爲書簏·當時注選·已不能發見顏作之說·嚴羽生後李善四百年·復何由知爲顏作邪·此嚴說無稽之證三·

嚴羽所據者·樂府也·案·樂府解題曰·班倢伃退居東京·作賦及紈扇詩·以自傷悼·（樂府詩集婕好怨題下引）吳兢樂府古題要解曰·班倢伃紈扇詩·亦云怨歌行·是唐人所見樂府·其主名皆爲班倢伃·而非顏延年也·此嚴說無稽之證四·郭茂倩樂府詩集·總括歷代樂府·其解題徵引浩博·援據精審·宋以來攷樂府者·無能出其範圍·（四庫全書提要說）郭氏嚴氏同爲南宋人·何以郭氏博徵終以爲班倢伃作·嚴氏反能於其徵引範圍之外·別得顏延年之主名邪·此嚴說無稽之證五·

辨證二　徐中舒說之誣妄

初學記二十五引班孟堅集·白綺扇賦北堂書鈔一百三十四引傅毅扇賦曰·織竹廓素·或規或矩·又引傅毅扇銘曰·翩翩素圓·淸風載揚·又引蔡邕圓扇賦曰·裁帛制扇·陳象應矩·據此·是東漢初年紈扇已盛行也·班倢伃固之王姑·（漢書成帝讃曰·臣之姑充後宮爲倢伃·晉灼曰·班彪之姑也·固爲彪子·故曰王姑·）東漢初年（班固時）紈扇而盛行一時·即可證明西漢末年（班倢伃時）亦必有紈扇矣·何也·以時代緊相承接也·徐氏承認東漢時已有紈扇·而武斷西漢雖有扇名·決沒有帶有文學意味的紈扇·是猶知二五不知一十矣·夫文物之盛·莫過西京·文學法理·固咸精其能·即技巧工匠·亦後鮮能及·（班固說）徐氏以爲文學意味·後必勝前耶·則不知班固傅毅之文·其自視果麗于卿雲否也·徐說之誣妄者一·

徐氏云·方言說自關而東謂之箑·自關而西謂之扇·那時扇還不是普通名稱·那能便有團團似明月的文學產生（直案·團團似明月的文學不詞）案·傅毅扇賦曰·搖輕箑以致凉·爰自尊以暨卑·一文之中·扇箑互言·明箑即是扇·扇不異箑·箑扇二名·皆普通所知曉矣·且團團似明月·不過形容詞耳·毛詩·河水洋洋·北流活活·施衆濊濊·鱣鮪發發·葭菼揭揭·庶姜孽孽·連用六句形容詞·此等句法·姬周尚可產生·何以漢時反不能產生邪·（古詩靑靑河畔草一

首亦連用六句形容詞）徐說之誣妄者二・

徐氏又云・我們再看西晋以前・紈扇只稱圓扇・假使西漢已有團團似明月的文學・他們何不直稱爲團扇・圓扇團扇兩個名詞・分別雖微・而實含有時間的替代性・案・說文・團・圓也・團團似明月・乃狀扇之形圓・而未嘗謂團團即爲扇名・必欲强名之者・無寧謂爲合歡扇耳・何也・詩固明言裁爲合歡扇也・夫詩不自名團扇・而妄加團扇之名以攻擊之・無的放矢・其亦過於兒戲矣・徐說之誣妄者三・

樂府詩集載陸機班倢伃云・寄情在玉階・託意惟團扇・徐氏欲證明西晋以前只稱團扇・故否認此詩云・決不是陸機之作・夫班姬詩不自名團扇・前已證明・故吾于陸詩眞僞不復置辨・惟徐氏又云・樂府詩集調曲裡的怨歌行・怨詩行・班倢伃・倢伃怨・玉階怨・都是咏班倢伃的・作者大約數十家・除陸機一首外・其餘都是齊梁時人・案・顏延年宋孝武帝孝建三年卒・卒後二十二年・宋禪于齊・故齊梁時人尚多及見延年與之同時者・樂府詩集所載怨詩行・怨歌行・班倢伃・倢伃怨・玉階怨數十家・已都是齊梁時人・何以于同時稍前之顏延年作・皆不能辨邪・徐氏初意・本欲以齊梁人多作咏班倢伃詩・證明班姬怨歌行出于延年耳・豈知其適足以自陷哉・徐說之誣妄者四・

辨證三　結論

徐氏據嚴羽之說徑定怨歌行爲顏延年詩・徒欲證明漢無五言詩耳・不知漢詩五行志所載成帝時歌謠・即是班倢伃時之五言詩也・其謠曰・

「邪徑敗良田・讒口害善人・桂樹華不實・黃雀巢其顚・故爲人所羨・今爲人所憐」・班倢伃怨歌行不載漢書・所以徐氏敢于二千年後改加主名于顏延年・今觀此謠・又復何說邪・豈亦可云漢書誤耶・

後代疑班倢伃詩者・始于六朝・然劉彦和文心雕龍已力闢之矣・其說曰・孝武愛文・柏梁列韻・嚴馬之徒・屬辭無方・至成帝品錄・三百餘篇・朝章國典・亦云周備・而辭人遺翰・莫見五言・（案此言則誤・已詳蘇李詩辨證）所以李陵班倢伃見疑于後代也・案召南行露・始肇半章・孺子滄浪・亦有全曲・暇豫優歌・遠見春秋・邪徑良田・近在成世・閱時取證・則五言久矣・又古詩佳麗・或稱枚叔・其孤竹一篇・則傅毅之辭・比采而推・兩漢之作乎・（明詩篇）閱時取證・五言久矣・比采而推・兩漢之作・學者知此・可不惑于異說矣・

汪容甫文箋叙錄

易曰・修辭立其誠・詞賦之文・易於滅質・然若離騷天問招魂・可謂河漢無極矣・而史公讀之・方且以爲可以日月爭光・則知其志苟誠・雖唐大無驗之辭何害・後世文士・徒齗齗于奇耦數顧・鮮致意于此・所謂焦明已翔于寥廓・而羅者猶視乎藪澤也・窮則反本・則汪容甫生焉・今觀其廣陵對・哀鹽船文・自序・弔黃祖等篇・至誠激發・溢氣坌涌・形貌不同・而皆合于小雅離騷之致・文質彬彬・然後君子・夫惟大雅・卓爾不羣・容甫謂之矣・

余少好述學・珍爲秘玩・朝夕諷誦・若將通神・嗣見李

審言先生容甫文箋四篇・益用心喜・踵而爲之・聊以自娛・十載以還・積稿且盈寸矣・今夏逭暑太乙村中・同邑謝仲晦自海上來就・仲晦亦嗜汪文・長夜坐談・偶然及此・則大喜過望・亟願助余理董・余亦以容甫奇辭奥旨・不宜終秘・茲所采拾・誠未旁皇周洽・然一隙之明・固當愈于無覩也・輒徇仲晦之請・理出數篇・李箋精審・亦並入焉・至于文之佳處・百年以來・得之者亦多矣・略輯如後・以備叙錄云・

王懷祖述學序曰・容甫澹雅之才・跨越近代・其文合漢魏晉宋作者・而鑄成一家之言・淵雅醇茂・無意摹放・而神與之合・蓋宋以後無此手矣・當世所最稱頌者・哀鹽船文・廣陵對・黃鶴樓銘・而佗篇亦皆稱此・蓋其貫穿於經史諸子之書・而流衍於豪素・揆厥所元・抑亦醞釀者厚矣・劉台拱容甫傳曰・所爲六朝駢體文・哀感頑豔・志隱味深・無近人規模漢魏・排比奇字之失・又容甫先生遺詩題辭曰・爲文鈎貫經史・鎔鑄漢唐・卓然自成一家・王伯申容甫先生行狀曰・儀徵鹽船厄於火・焚死無算・先生爲哀鹽船文・杭編修世駿序之・以爲驚心動魄・一字千金・朱文正公提學浙江・先生往謁・答述揚州割據之迹・死節之人・作廣陵對三千言・博綜古今・天下奇文字也・畢尚書沅・總督湖廣・招徠文學之士・先生往就之・爲撰黃鶴樓銘・歙程孝廉方正瑤田書石・嘉定錢州判坫篆額・時人以爲三絕・爲文根柢經史・陶冶漢魏・不沿歐曾王蘇之派・而取則於古・故卓然成一家言・

阮芸臺述學序錄曰・汪中・字容甫・孤秀獨出・淩轢一時・心貫九流・口敝萬卷・鴻文崇論・上擬漢唐・劉焯劉炫・略同其概・包愼伯藝舟雙楫曰・容甫之文・長於諷諭・柔厚豔逸・詞潔淨而氣不局促・江介前輩罕與比方・李審言先生汪容甫先生贊序曰・容甫孤貧鬱起・橫絕當世・其文上窺屈宋・下揖任沈・旨高喻深・貌閑心戚・狀難寫之情・含不盡之意・可謂魏晉一貫・風騷兩夾・章太炎先生葑漢微言曰・今人爲儷語者・以汪容甫爲善・彼其修辭安雅・則異於唐・持論精審・則異於漢・起止自在・無首尾呼應之式・則異於宋以後之制科策論・而氣息調利・意度沖遠・又無迫笮蹇吃之病・斯信美也・民國十三年歲在甲子秋九月古直謹錄・

鍾記室詩品箋發凡

詩道之敝・極于齊梁・苟取成章・貴在悅目・金樓慨歎乎前・趨末棄本・率多浮豔・黃門指斥于後・顧陳其病者・雖有多家・示其方者・則惟仲偉・其方伊何・曰・自然而已矣・吟咏性情・何貴用事・自然英旨・罕値其人・開宗明義・昭然若揭・世人不能賞于牝牡驪黃之外・猥以品第乖違・相薄仲偉・其笑人矣・况所謂違・初亦未必・陶公本在上品・御覽尙有明徵・王貽上不攷・大肆譏彈・以此推之・魏武下品・郭璞・鮑照・謝朓等中品・安保不是後人竄亂乎・

隋書經籍志總集詩評三卷・鍾嶸撰・或曰詩品・案序云・彭城劉士章・欲爲當世詩品・口陳標榜・其文未遂・感而作焉・則本名詩品・國語鄭語・以品處庶類者也・韋昭注・高下之品也・仲偉此書・自比九品論人・故曰詩品云爾・

清四庫全書提要曰．鍾嶸詩品分爲上中下三品．每品之首．各冠以序．津逮秘書本漢魏叢書本亦然．惟何文煥歷代詩話本．別出此序三則．冠於全書之首．不著序字．嚴可均輯全梁文．則據梁書本傳．錄氣之動物．訖均之於談笑耳．標爲詩品序．不入上品之內．餘二則仍分冠於中品下品之首．夫一品之中．略以時代爲先後云云．略同凡例．昔曹劉殆文章之聖云云．專議聲律．末後所舉陳思諸人．又不屬於下品．其不能冠諸中品下品以爲序．常知與知乃諸家刻本皆承訛襲謬．不能致辨．是可怪也．今依詩話本合爲一篇．冠於全書之首．依本傳增序字．以復其舊焉．

昔者劉略班志．辨章諸子學術．必云某家者流．出于某官．仲偉品詩．蓋亦仿此．然諸子學術．如絳生于蒨．其源一而易知．詩人篇什．如衆華釀蜜．每源雜而難判．夫十五國風．貞淫不同．美刺亦異．自非季札．誰能鑒微．則曰某詩之體．源出某某者．亦其大較而已．竊謂詩體不同．有如其面．推尋其本．首在才性遭逢．彥和劉氏．嘗辨此矣．文心雕龍曰．吐納英華．莫非情性．是以賈生駿發．故文潔而體清．長卿傲誕．故理侈而辭溢．子雲沉寂．故志隱而味深．子政簡易．故趣昭而事博．孟堅雅懿．故裁密而思靡．平子淹通．故慮周而藻密．仲宣躁銳．故穎出而才果．公幹氣褊．故言壯而情駭．嗣宗俶儻．故響逸而調遠．叔夜儁俠．故興高而采烈．安仁輕敏．故鋒發而韻流．士衡矜重．故情繁而詞隱．觸類以推．表裏必符（體性篇）此言文因才性而異也．又曰．建安之末．區宇方輯．觀其時文．雅好慷慨．良由世積亂離．風衰俗怨．并志深而筆長．故梗概而多氣（時序篇）劉琨雅壯而多風．盧諶情發而理昭．亦遇之于時勢也．（才略篇）此言文因遭逢而異也．

是故李陵辛苦．發悽愴之音．嵇康竣切．傷淵雅之致．仲偉于此．亦復兼明．豈但執一術以自封者哉．詩品行世．綿歷千年．議其小疵者雖多．通其大體者卒少．其惟浙江二章．能與於此．備錄其說．以資探討焉．

章學誠曰．至於論及文辭工拙．則舉隅反三．稱情比類．如陸機文賦．劉勰文心．鍾嶸詩品．或偶舉精字善句．或品評全篇得失．令觀之者得意文中．會心言外．其於文辭．思過半矣（文史通義內篇三）．詩品之於論詩．視文心之於論文．皆專門名家．勒爲成書之初祖也．文心體大而慮周．詩品思深而意遠．蓋文心籠罩羣言．而詩品深從六藝溯流別也．（如云某人之詩．其源出於某家之類．最爲有本之學．其法出於劉向父子．）論詩論文而知溯流別．則可以探源經籍．而進窺天地之純．古人大體矣．此意非後世詩話家流所能喻也．（鍾嶸所推流別．亦有不宜盡信處．蓋古書多亡．難以取證．但已能窺見大意．實非論詩家所及．文史通義內篇五．）詩品文心．專門著述．自非學富才優．爲之不易．故降而爲詩話．沿流忘源．爲詩話者．不知著作之初意矣．（引同上）評點之書．其源亦始鍾氏詩品．劉氏文心．然彼則有評無點．且自出心裁．發揮道妙．又且離詩與文．而別自爲書．信哉其能成一家言矣．（校讎通義一）

章炳麟曰．詩又與奏議異狀．無取數典．鍾嶸所以起例．雖杜甫媿之矣．（直案．鍾嶸此例．宋人葉夢得似亦知之．故石林詩話曰．池塘生春草．園柳變鳴禽．此語之工．正在無所用意．猝然與景相遇．借以成章．不假繩削．故非常情所能到．詩家妙處．當以此爲根本．而苦思難言者．往往不悟．鍾嶸詩品論之詳矣．）迄於宋世．小說．雜傳．禪家．方伎之言．莫不徵引．夫以孫許高言莊氏．雜以三世之辭．猶云風騷體盡．况乎辭無友紀．彌以加厲者哉．（國故論衡中辨）

詩篇)詩品云・經國文符・應資博古・撰德駁奏・宜窮往烈・至乎吟詠情性・亦何貴於用事・顏延之喜用古事・彌見拘束・於時化之・故大明泰始中・文章殆同書抄・邇來作者・浸以成俗・遂乃句無虛語・語無虛字・拘攣補衲・蠹文已甚・又云・任昉博物・動輒用事・所以詩不得奇・尋此諸論・實詩人之藥石・(同上辨詩篇自注)

案實齋論其託體之尊・太炎推其起例之當・實有見於其大・若王貽上摘其品第違失・則嶸固云三品升降・差非定制・且其書爲後人錯亂・不盡如原意・(如陶潛今列中品・據御覽所引・則在上品・嶸自序一品之中・略以世代爲先後・今本多顛倒・知其書爲後人錯亂者不少矣・)安能以此深責之哉・四庫提要云・梁代迄今・邈逾千祀・遺篇舊製・什九不存・未可以掇拾殘文・定當日全集之優劣・則庶幾平心之言耳・輒次二家之說如後・

王士禎曰・鍾嶸詩品・余少時深喜之・今始知其踳謬不少・嶸以三品詮叙作者・自譬諸九品論人・七略裁士・乃以劉楨與陳思并稱・以爲文章之聖・夫楨之視植・豈但斥鷃之與鯤鵬邪・又置曹孟德下品・而楨與王粲反居上品・他如上品之陸機・潘岳・宜在中品・中品之劉琨・郭璞・陶潛・鮑照・謝朓・江淹・下品之魏武・宜在上品・下品之徐幹・謝莊・王融・帛道猷・湯惠休・宜在中品・而位置顛錯・黑白淆譌・千秋定論・謂之何哉・建安諸子・偉長實勝公幹・而嶸譏其以莛扣鐘・乖反彌甚・至以陶潛出於應璩・郭璞出於潘岳・鮑照出於二張・尤陋矣・又不足深辯也・(漁洋詩話)

四庫全書提要曰・鍾嶸所品古今五言詩・自漢魏以來・一百有三人・論其優劣・分爲上中下三品・每品之首・各冠以序・皆妙達文理・可與文心雕龍並稱・近時王士禎極論其品第之間・多所違失・然梁代迄今・邈逾千祀・遺篇舊製・什九不存・未可以掇拾殘文・定當日全集之優劣・惟其論某人源出某人・若一一親見其師承者・則不免附會耳・史稱嶸求譽於沈約・約弗爲獎借・故嶸怨之・列約中品・案約詩列之中品・未爲排抑・惟序中深詆聲律之學・謂蜂腰鶴膝・僕病未能・雙聲疊韻・里俗已具・是則攻擊約說・顯然可見・言亦不盡無因也・又一百三人之中(案詩品凡百二十三人・嶸自序云・凡百二十人・舉成數也・提要誤・)惟王融稱元長・不著其名・或疑其有所私尊・然徐陵玉臺新詠・亦惟融書字・蓋齊梁之間・避齊和帝之諱・故以字行・實無他故・(案見行詩品・如汲古閣本・歷代詩話本・漢魏叢書本・嚴可均輯全梁文本・均稱齊甯朔將軍王融詩・不稱元長・與提要異・不知提要所據何本也・齊司徒長史張融・亦不稱字・知非避齊和帝諱矣・提要誤也・)今亦姑仍原本・以存其舊焉・中華民國十四年冬古直記于廬山太乙村隅樓・

此箋成後・編入隅樓叢書・遷延未刻・近游滬瀆・得江寧陳延傑詩品注・意有善言・可以相益・及取讀之・乃大失望・案魏志陳思王傳・建安十六年・封平原侯・故詩品序云・降及建安・曹公父子・篤好斯文・平原兄弟・鬱爲文棟・而陳注乃以平原爲陸機陸雲・謝朓玉階怨曰・玉殿下珠簾・流螢飛復息・虞炎玉階怨曰・紫藤花拂架・黃鳥度青枝・二詩並列樂府詩集・詩品序云・學謝朓劣得黃鳥度青枝・謂虞學謝・僅得此句也・而陳注乃云・今謝宣城集中・不見此詩・想是玄暉逸句・宋書謝晦傳・兄子世基・有才氣・臨死爲連句詩曰・偉哉橫海鱗・壯矣垂天翼・一旦失風水・翻爲螻蟻食・詩品中云・世基橫海・指此也・而陳注乃云・詩今佚・詩品下云・白馬與陳思贈答・案初學記・十八載・曹彪答東阿王詩曰・盤徑難懷抱・停駕與君訣・即車登

北路・永歎尋先轍・彪答詩未全佚也・而陳注乃云・彪答詩佚・詩品下又云・齊高帝征北將軍張永・案張永附見宋書・張茂度傳・及南史張裕傳・而陳注乃云無傳・其不攷亦甚矣・

又胡適之孔雀東南飛的年代文云・魏晋以下・文人階級的文學・漸趨向形式的方面・字句要綺麗・聲律要講究・對偶要工整・到了齊梁之際・隸事之風盛行・聲律之論更密・文人的心力・轉到平頭・上尾・蠭腰・鶴膝種種把戲上去・作文學批評的人・受了時代的影響・故很少能賞識民間的俗歌的・鍾嶸作詩品・評論百二十二人的詩・竟不提及樂府歌辭・他分詩人爲三品・陸機・潘岳・謝靈運都在上品・而陶潛・鮑照都在中品・可以想見他的文學賞鑒力了・他們對於陶潛・鮑照還不能賞識・何況孔雀東南飛那樣樸實俚俗的白話呢・案胡說全違實錄・今且即詩品證之・詩品云・吟詠性情・亦何貴於用事・思君如流水・既是即目・高臺多悲風・亦惟所見・淸晨登隴首・羌無故實・明月照積雪・詎出經史・觀古今勝語・多非補假・皆由直尋・顏延・謝莊・尤爲繁密・于時化之・故太明太始中・文章殆同書抄・此鍾嶸不貴隸事之證也・詩品又云・齊有王元長者・嘗謂余云・宮商與二儀俱生・自古詞人不知之・惟顏憲子乃云律呂音調・而其實大謬・唯見范曄・謝莊頗識之耳・嘗欲進知音論・未就・王元長創其首・謝朓・沈約揚其波・三賢或貴公子孫・幼有文辯・于是士流景慕・務爲精密・襞積細微・專相陵架・故使文多拘忌・傷其眞美・余謂文製・本須諷讀・不可蹇礙・但令淸濁通流・口吻調利・斯爲足矣・至于平上去入・則余病未能・蜂腰鶴膝・閭里已具・此鍾嶸不重聲律之證也・詩品評陶潛云・古今隱逸詩人之宗・評鮑照云・總四家而擅美・跨兩代而孤出・又云・鮑照戍邊・陶公詠貧・斯皆五言警策・篇章珠澤・賞識陶鮑・亦云至矣・靖節本在上品・御覽可徵・胡氏以此責嶸・可云不攷・時至六代・詩樂久分・彥和文心・亦區明詩樂府爲二・嶸主品詩・不提樂府・亦何害乎・夫胡說難持如此・本可勿論・而慕名之士・或遂信之・故辨析之如右・民國十六年冬古直・

黃公度先生詩箋自序

詩至晚淸・疲苶益甚・曹蜍李志・厭厭欲絕・風雅不亡・是在善作・黃公度先生于是崛起其間焉・先生一代霸才・逢時之阸・鬱勃之氣・一發于詩・觀其鎔鈞百家・斟酌樂府・有語皆鑄・無能不新・屹乎如華岳倚天・浩乎如百川赴海・陽開陰闔・千彙萬狀・雖不遽云上薄風騷・下掩杜韓・蓋棺論定・則固曠世獨立・絕於等倫矣・

予夙嗜先生人境廬詩・嘗取所尤愛者・別爲一編・間有所得・即注其上・朱墨已滿・更爲掌錄・閱諸篋衍・未以示人・去冬粵海歸舟・友人黃枯桐適臥下牀・瑣屑談諧・偶然及此・枯桐作而起曰・有是哉・詩家總愛西崑好・獨恨無人作鄭箋・吾於先生之詩・每有此感・子既爲之・曷不布之・予漫應之・已歸山中・風雪時作・圍爐枯坐・忽憶前言・啓篋出稿・比而次之・題曰・黃公度先生詩箋・其間疏密・初不一律・筆顫墨凍・增益未遑・然重加檢視・奇詞奧旨・則亦略已宣露矣・莊生有言・作始雖簡・其終將鉅・求全責

備・且有待于將來・中華民國十五年正月・嘉應古直記于廬山太乙峯下隅樓斗室中・

人境廬詩草箋注跋

人境廬詩草箋注十卷・常熟錢萼孫仲聯撰・鄉人詩集全部有注者始此・信可貴矣・然披閱之後・頓覺失望・試略言之・一曰・破碎失義也・如感懷第二首・吁嗟兩楹殿・聖沒微言絕・戰國諸子興・大道幾滅裂・劫灰出秦燔・六籍半殘缺・詩意原出漢書藝文志・（志云昔仲尼沒有微言絕・七十子喪而大義乖・戰國縱橫・眞僞分爭・諸子之言紛然殽亂・至秦患之・乃燔滅文章・以愚黔首・）與儒林傳也・（儒林傳序云・及此秦始皇燔詩書・殺術士・六學從此缺矣・）而錢注第二句引劉歆移讓太常博士書・第三句引漢書藝文志・第四句引莊子・第五句引初學記・史記秦始皇紀・劉歆移讓太常博士書・第六句引班固東都賦・漢書藝文志・破碎滅裂・詩意全失矣・

二曰・不尋根本也・如感懷第一首・世儒誦詩書・錢註古詩爲焦仲卿妻作十六誦詩書・是不知孟子已說誦其詩・讀其書・漢書賈誼傳復有以爲誦詩書屬文稱於郡中之語矣・

三曰・似是而非也・如番客篇・鼯鼠苦無能・錢注荀子鼯鼠五技而窮・今按說文鼯五技鼠也・能飛・不能過屋・能緣不能窮木・能游不能渡谷・能穴不能掩身・能走不能先人・公度詩意蓋本於此・若如錢注則無能二字無著矣・

四曰・妄改原文也・如病中紀夢述寄梁任父第二首・徒一唐名士・錢注唐當從梁啓超飲氷室詩話作虛・今按莊子田子方是求馬於唐肆・朱駿聲云・唐・空也・妙法蓮花經・福不唐捐・釋玄應云・唐・徒也・徒亦訓空・是則唐名士謂有名無實之士耳・何勞改字矣・

五曰・舉偏遺全也・如羣公一首・人人六等罪分明・錢注新唐書崔器傳・李峴執奏乃以六等定罪・何謂六等・莫能明也・今按通鑑唐紀三十六崔器上言諸陷賊官・准律皆應處死・上從李峴議・以六等定罪・重者刑之於市・次賜自盡・次重杖一百・次三等流徙・必舉通鑑而後詩意渙然矣・

六曰・不知爲知也・如感懷第二首・訂禮分袒襲・錢注段氏說文注・行禮袒其上衣見裼衣・謂之裼・不露裼衣謂之襲・今按喪服小記・奔父之喪・括髮於堂上・袒降踊襲・孔穎達疏・袒謂堂上去衣・襲謂掩所袒之衣・禮有明文・錢氏乃不知學也・

七曰・不辨用韻也・如述文第八首・飛角侵邊局早輸・國家雖缺尚金甌・錢注引啓超按輸字疑誤・姑從抄本・今按抄本不誤・律詩通韻（俗稱出韻）唐宋人往往有之・如蘇軾與述古自有美堂乘月夜歸云・娟娟霜月稍侵軒・瀲瀲星河半隱山・軒在十三元・山在十五刪・又竹閣雲・海山兜率兩茫然・古詩無人竹滿軒・軒在十三元・然在一先・是其例也・錢氏不辨用韻矣・

八曰・承訛襲謬也・如啓鑾喜賦一首・民心猶戴往黃皇・錢注漢書王莽傳・改定安太后號曰黃皇室主・絕之於漢也・今案黃爲王之誤字・非校者誤之即手民誤之也・穀梁傳王者民之所歸往也・韓詩外傳王者往也・天下往之善養生民者也・白虎通王者往也・天下所歸往・民心猶戴往王皇・義本此・皇者大君指德宗也・若如錢注是指太后矣・無論公度皇黨必不頌后・且題云啓鑾・而詩則頌后・有是詩法耶・

九曰・引書多誤也・如烏之珠歌・內官頻促黃門試・錢

注後漢書百官志云云．今案司馬彪續漢書有百官志．范曄後漢書無百官志也．以彪志爲曄志誤矣．又羣胡化鬼擾西域．錢注但燾清朝全史云云．今案清朝全史乃日人所著．而但燾譯之者也．以日人爲但燾此又誤矣．

十曰．隱括失宜也．如烏之珠歌．望騅禮拜木蘭返．錢注元稹詩．道旁垂白天寶民．望騅禮拜見騅哭．今案元稹詩題曰望雲騅馬歌．序曰德宗皇帝以八馬幸蜀．七馬道斃．惟望雲騅來往不頓．貞元中老死天廐．臣稹作歌以記之．清文宗幸木蘭與唐德宗幸蜀事略同．公度用典精切至矣．錢不引元序．何由得見詩之精神哉．

錢氏於注外．復有詩話．其一條云．公度馮將軍歌云．奮梃大呼從如雲．同拚一死隨將軍．將軍報國期死君．我輩忍孤將軍恩．將軍威嚴若天神．將軍有命敢弗遵．負將軍者誅及身．將軍一叱人馬驚．從而往者五千人．連用將軍字．此史漢文法．用之於詩．壁壘一新．今案公度此歌實由黃仲則．余忠宣祠一首變化而來．仲則詩中間一段云．將軍戟手指賊語．死爲厲鬼當殺汝．青萍三尺水一泓．去此一步死無所．將軍已死殉合門．紛紛部曲呼其羣．曰余將軍死死君．我輩何忍孤將軍．從而死者千餘人．兩相比較即知青出之有自矣．仲則詩結云．嗚乎元亡尚有人．盡如將軍元可存．嗚乎安得如將軍．公度詩結云．得如將軍十數人．制梃能撻虎狼秦．能興滅國柔强鄰．嗚乎安得如將軍．逕用仲則句．不爲嫌也．仲則武進人．詩名之盛．不下公度．錢氏不能擧其鄉前輩之詩．何耶．倘所謂輕其家丘者耶．要之．錢氏此注紕漏百出．令人窮于指數．今雖過而存之．後來必須更張也．

劉上將神道碑

公諱志陸．字偉軍．姓劉氏．梅縣人也．瓜瓞所興．本自彭城．仍世隱曜．至考吉堂．始以武功顯．公生而岐嶷．鄉里歎異．以爲奇童．稍長肄業廣東陸軍學堂．時同盟會初興．而民報爲之木鐸．公幼讀春秋．已嚴夷夏大防．至是得民報民族思潮勃爾迸發．即加盟焉．公一生報國之志．遂定於此矣．

民國肇造．積功至桂林鎮守使署參謀長兼團長．民國五年．袁世凱稱帝．雲南首義．而廣西應之．時粵督龍濟光汚袁僞命．公從師長莫榮新奉命討逆．師次肇慶．岑陸諸公即立都司令部于此．公上馬則橫戈問罪．下馬則倚盾飛書．都司令春煊歎曰．文武兼資．將門有將．後生可畏．其在是矣．餘杭章炳麟．新會梁啓超．長沙章士釗．於是並在幕府．皆折輩行交之．袁氏亡．龍氏遁．護國之功方成．而護法之役繼起．明年北庭以兵犯潮汕．公迎擊之．三戰三捷．遷潮梅鎮守使．時龍濟光尚盜據瓊州．公討平之．以功兼領潮循道道尹．公精力過人．肆應無方．加禮耆舊．獎進後生．署中人才一時稱盛．嘗集參佐語之曰．吾年未三十．驟膺重任．報稱國家．時虞弗勝．冰淵之凜．宜共體會．蓋所處膏腴．易滋讒口．防微杜漸．公故特誡警之．在任三年．愛民勤政．築汕頭市隄．濬汕頭海港．改良高陂磁業．開通潮梅公路．其端皆自公發之也．

戎夏交捽．凶德參會．閱牆之久．九州幅裂．公扼腕隱心．思以檀道濟事．遂毅然逾越險阻．浮江亂河．治兵於齊魯之交．曰聖賢之邦．夷氛甚惡．仲連空言蹈海．猶足卻秦．吾有十萬健兒．豈不能以死捍國哉．防守膠東．聲威震赫．倭寇遣說客動以鷄尸牛從．且曰．以寇之兵力．横斷膠濟鐵路．誰敢越此一步者．公正色拒之曰．擁兵以衛地方者．權也．還兵以成統一者．經也．趙佗劉豫當有別焉．苟吾軍不能越此鐵路者．吾將束械投諸渤海耳．終不爲虜用也．說客慚退．公遂揮軍徑越膠濟鐵路．而南寇不敢阻．卒達安丘諸城．集中以待中央之命．中央嘉公大義．即任命公爲國民革命軍第十三路總指揮．久之病發．醫者謂宜小休．公乃陳情釋甲．息肩海上．自是逍遙藝圃．婆娑書林．日居月諸．瞬焉十載．抗戰事起．蔣委員長欲起公指揮淞滬別動隊．而難於名義．遣使先示意．公慨然肅對使者曰．委員長爲國家民族而抗戰．某獨何人．而敢自愛惜哉．名義有高下之差．至於責任畀之重則盡其重．畀之輕則盡其輕耳．某何容心焉．

及就職．崎角大軍．每奏奇功．迄滬戰終．忽動廉公將趙之思．遂歸發動民衆武力．指揮所部洪之政．李少如．陳漢英等與寇爭奪南澳．澄海．輕兵迭出．所向有功．失地一再收復．窮寇爲之讋氣．張司令長官發奎深倚賴之．特聘公爲第四戰區司令長官司令部高等顧問．以時代表長官出巡區屬指揮軍政．嘗以巡屬觀感所得三事．啓發當局．所言皆中肯綮．當局感公眞誠．交相推轂．會中央亦駸駸嚮用公．於是命公爲廣東省政府委員兼第五區行政督察專員．公下車施政．先以七事．而尤力赴之者曰．三山運動．三山者．山塘山田山藷也．嘗與人書道意．自謂爲開荒山而來．受事十月．廣東省政府視察團來區視察．行抵豐順黃花村．見山塘水力．奔馳如倒瀉銀河．團主任黃麟書等皆高呼三山成功．而公亦自引爲滿意也．五區連接敵壘．窮寇未殄．公實腐心．故規劃軍事尤急於政事．舉凡團結民心．協洽將領．補卒濟械．料敵制勝．無不時在密勿計慮之中．一聞寇警．往往窮日盡夜．馳赴督戰．以故積勞況瘁．今春血壓高出二百度外．召醫抽血．危狀漸平．照醫者言．宜加休養．曾不浹辰．寇警復告．公力疾赴戎．指揮迎擊．驗其血壓．驟高至二百三十度．父老皆勸公節勞．公曰．荷長者意甚厚．然苟能以一人之危．易一方之安．又焉敢惜耶．部曲感公精誠．愈益奮厲．饒澄敵却．危局轉安．而公之病亦滋焉矣．假歸就醫．不忘恢復．今夏區屬各縣局長出席省政會議．紆道省公．公喜慰有加．然猶頻頻指示反攻潮汕計劃．且謂行將赴隴隍召集會議．再行決定．嗚乎此宗留守大呼渡河之志也．終以血壓過高．醫者束手．迄九月十六晚血管暴裂．越翌日亥時薨於古塘坪遠威第．年五十二．

公嘗歎中國以農立國．而時聞糧荒．此蓋食水利不修之果．史公李守果何人哉．吾澤不能及天下．吾力猶當成點滴．故當官則築山塘．在鄉則興陂圳．梅西水利．功大半矣．此公百世之澤也．公始雖從事軍旅．然戎馬之間．不廢書傳．及退居滬瀆．習接通識．周旋二章．故諳悉中外官方民隱．政俗利病．口陳手畫．本末如流．人第見其潭潭大度．雍容儒雅．而不知其爲偃息蕃魏志梟死虜之雄矣．

公少好文辭．所著篇章．淸剛近劉越石．有養氣齋集二卷．試政錄五卷．筆語三卷．公由廣東陸軍學堂畢業．歷官甚繁．中間敘官至陸軍上將．敍功至勳三位一等文虎章．號遠威將軍．晚轉文階．終于廣東省政府委員兼第五區行政督察專員．配李氏．子士佾．震旦大學電機工程系畢業．士長．嶺南大學政治系畢業．士雍．聖約翰大學政治系畢業．士沭．梅縣東山中學畢業．士泰．中央陸軍軍官學校第四分校畢業．士黨．香港聖士提反學校肄業．士先．士淵．士路．士憲．士衞．士季．女佩昭．敬昭．義昭．式昭．模昭．榮昭．初公歸里．直未及謁公．徑入淸風軒．執手定交．恨相知之晚．自是周旋有過禮焉．比公薨．治喪委員會推公雅意．以墓碑相屬．直何敢辭．銘曰．天地革命．攜手亡淸．武烈文昭．勳名早成．日營四海．疇普懿親．度兵大峴．式遏東鄰．臨組不緤．偃息滬濱．時危奮起．有國無身．於戲仁義．蹈之斯人．國仇未雪．賫志九京．鑱辭不愧．來者其興．

謝逸橋先生碑

君諱元驤．字逸橋．梅之松口人也．祖益卿．以懋遷起家．富而好施．鄉里稱善人．父可階．負才學美譽．無祿早世．不終遠業．君生而卓犖不羈．既藉豐厚．賓客盈門．有不當意．輒侮易之．狂生之名噪一時．學鄙章句．而獨好當世大略．屬淸政不綱．海宇鼎沸．有志之士．訟言改革．君聞孫公創興中會於港澳．則走訪之．未得見．時唐才常謀舉事漢口．惠陽歐榘甲．與通聲氣．君遇之于港．深相款接．相約回里辦團．冀以蒼頭異軍．突起方隅．援應江漢．顧倉卒無所得款．世父夢池雄于財．而偏信溫慕柳．饒芙裳二儒．饒君之師也．君既歸．以自衞之說進．溫饒信之．即爲寓書世父．立得巨金集事．募勇購械．日事部勒．未幾得問．唐才常以不密被害．會有搆之世父者．君聞乃劣自揫斂．君知革命大業．非旦暮可幾．而破壞建設．條理萬端．非豫之以學不可．乃挈諸弟留學日本．適孫公自歐抵日．君逆之於橫濱．相見大歡．時保皇黨信用漸失．留學諸生．益傾向革命．孫公乘機創中國同盟會于日京．而任君爲廣東主盟人．君受命回國．聯合鄉里有爲之士．密勿從事．始則規設師範講習所．以爲傳播之機關．繼則規設體育傳習所．以爲實行之預備．然務自韜晦．以避弋者．故常假手師友以成之．

先是君弟良牧與某等謀發難饒平．進取潮汕．君曰．是當先握其交通機關．即親至汕擘畫．得充潮汕鐵路局經理．事前軍械運輸．敗後黨人脫難．皆重賴此．故黃岡之役．震動一時．而犧牲則不過甚．君折而不撓．進而益厲．深悟前此無成．半因財力短絀．適世父命往檳榔嶼掌其商業．君覬乘間移其財產之一部．以濟大事．欣然承命．居久之．孫公至島．君館之．日夕侍帷幄．時承河口敗後．商再舉．君曰．河口邊遠．交通梗阻．即能據有．終無成功．能成功者．其在珠江流域乎．孫公擊節之．遂攻取廣州之計．逮廣州新軍起事．敗問至．黃克强．趙伯先等皆從港來．擬假道緬甸．入滇發難．君力爭于孫公前．趙曰．攻取廣州．我非不知．然非有白金十萬鋌不辦．是無若我何也．君曰．僅此乎．易事耳．約旬日先奉五萬鋌．餘命弟良牧募足之．議乃定・于是黃趙回港・一意進取・是爲辛亥三月廿九廣州之役・死者七十二人・而君體育講習所弟子周增與焉・世所稱黃花岡烈士者也・是役幾得廣州・以外援不及而敗・然革命黨之偉烈聲光・遂大震爍于天下・人心于是始歸向矣・武漢一擧・遂訖清籙・實三月廿九之役爲之感召・其議自君定之・而世鮮知也・

南京已建・士爭渡江・君報國之志已償・將母之心轉切・旌車屢招・辭以親老・優游林下・若忘其曾與順天應人之役者・於乎・送君者・皆自崖反・而君自此遠矣・君體本壯實・盡瘁革命・遂患咯血・孫公重建番禺・君往謁・勞苦如平生・欲屬以政・君謝曰・臣精銷亡・政奚能堪・旋歸汕邸・日惟以書畫自遣・比見粵變迭生・孫公亦瀕于危・君憂時念舊・疾遂日進・及聞孫公北上逝世・一慟幾絕・君病愈不可爲矣・後數月竟卒・是爲中華民國十四年某月某日・春秋五十有三・

君性婞直・不好面諛・晚歲居汕・彈射時流・無所避隱・爲清議中心・鄉里甚賴之・生平孝于親・友于兄弟・篤于朋友・勇于爲人・恬于勢利・故已沒而人思其德・孤嗣泰生・將奉君柩回葬里・乃有二三友生・咨于有衆曰・古稱鄉先生沒而可祭于社者・將在斯人・奈何其令遺孤得專也・于是羣謀僉同・發起公葬東山之墩・寶蓋之麓・鈞游所在・精爽斯寧・妥君之靈・無逾於茲・泰生順奉雅意・遂定兆域・敢申不愧之辭・以表有道之阡・

銘曰・　獷東胡兮軼神畺・三百年兮羲犬羊・復九世兮大齊襄・挺生君兮夏聲揚・虜已喙兮吹而僵・功事遂兮身則藏・緜田高兮色蒼蒼・嚴瀨深兮風泱泱・千萬世兮君不亡・

長沙會戰碑

伊古以來・一戰而決國命者有之矣・未有戰局係世界之禍福者也・有之・自長沙會戰始・

初・倭寇連陷廣州武漢・乘勢直趨岳陽・迫長沙・長沙散地・焚如棄如・幾爲決定之命運・夫長沙失・則湘南湘西並危・桂林韶關亦皆殆哉岌岌・西南之屏藩盡撤・行都之拱衞空矣・

總裁雄斷・立下必守之命・艱鉅之任・以付第九戰區司令長官薛岳將軍・時將軍方滅松浦師團于德安萬家嶺・寇焰頓衰・故雖得岳陽・而次不遽進・將軍已赴鎭・救死扶傷・勞來安輯・日夜討訓・完備以待・鎭長沙九閱月・寇走投無路・內閣連倒・妄冀僥倖一逞・以靖其民之反戰・于是悉其醜類廿萬衆・聯合海空・由贛北・鄂南・湘北六路來攻・且宣播于世界・刻期十月一日佔領之・驕狂之態・恍如符堅之視晋人矣・

將軍肅奉黨國威靈・上稟總裁勝算・下與百姓同欲・外勵諸將忠勇・內總帷幄智謀・彼己之情・洞若觀火・山川之勢・瞭如指掌・料敵致勝・不差累黍・……取絕對攻勢・只求殲滅敵人・不呆守陣地・不死用方案・堅忍沉着・快速機敏・實行反包圍以破敵之包圍・鏖戰廿四晝夜・遂奏膚功・殲寇四萬・長驅三百里・時中華民國廿八年國慶前三日也・

造空前之戰蹟・奠最後之勝利・堅全民之信念・改國際之聽視・旋乾轉坤・寰海歡騰・謝太傅淝水之捷・韓蘄王大

儀之勝·功雖髣髴·而難易迥殊矣·何況此役影響·乃遠及太平洋哉·使寇陷淖愈深·不能乘機南進·贏得時間·以援英美·形成今日之局勢·此長沙會戰所以曠古無倫之大烈也·一髮牽而全身動·微風渙而回海波·梅縣長沙二千里·南洋羣島則百萬里矣·然直等能安居樂業·從事出錢出力·抗戰建國者·胥爲長沙會戰之賜·感激贊嘆·不能自休·用述其要·伐石勒銘·若夫其詳·宜在民族中興之史·

其辭曰·危而能安·亡而能存·直破歷史之成例·而橫制太平洋之狂瀾·此皆我總裁之勝算兮·薛長官能秉承勿愆·日居月諸·倏忽三軍·六幡震動·而我犄角于其間·朔風兮變楚·民族兮開元·比浯溪兮作頌·永山巍巍兮極天·

林烈士修明傳

林烈士修明·廣東鎭平人·貌魁梧·目炯炯有神·見者咸目爲偉丈夫云·父故經商南洋·饒於資·烈士伉俠好交·就外傳日·時集賓朋縱飲·醉後作爲大言·往往驚走座客人·以此或呼之爲酒狂·不知烈士負性奇烈·特借酒以澆其塊壘也·有所不平·捕搏敢行·無所避·蓋里中少年·皆已聞烈士名·而憚之矣·

歲在丙午·烈士年二十有一·聞海上設中國公學·欣然遊焉·久之·意勿屑·乃東渡日本·進體育會·以其餘暇·兼習音樂·學成歸國·時國事愈不可爲·烈士酒酣耳熱·未嘗不悲歌慷慨·泣數行下也·時南方黨禁方嚴·或勸之稍自隱·烈士笑而謝之·會松口開辦體育學校·招烈士任事·烈士喜曰·得之矣·痛飲黃龍·此校或不能無裨耳·遂往·事畢浪跡南洋各島·所如不偶·仍鬱鬱歸·頹然爲小學教師·

辛亥三月念九廣州之役·烈士與焉·已事迫·先期發敗·烈士時方在城外·聞變投袂而起·腰挾二手鎗入城·或止之·烈士曰·有難不赴·何同盟爲·遂入·中途被捕·吏卒擁之行·聲色猶奕奕也·越日被害·春秋二十有六·今黃花岡七十二雄鬼中·烈士曾分得一席云·妻黃氏·子一·才三齡·

客人駢文選題辭

累而成文·名之麗也·蘭陵之書·倏發此義·君山造論·復著麗文·然則駢體淵流·不綦綿遠乎·故易之文繫·聖人妙思·而奇偶相生·剛柔迭用·譬青白之成文·猶玄黃之合組·慧地節性·先後同明·文章之祖·斷推尼父·唐宋而還·崇單竹而薄旅行·宗八家而祧八代·昧厥根源矣·

遜清一朝·麗辭雲興·常州浙水·翰藻如林·皖贛燕齊·聞風並起·迄於季葉·沅湘揚靈·餘波度嶺·爰得譚氏·百年作者·一時推袁·然其先後以馬鄭之良·掩卿雲之麗者·何能遽數·無人焉爲之撰錄·將流風其遂沫矣·誦勉清芬·竊有斯作·曰·

張相國九齡·以燕許之高雅·擁玄暉之綺麗·輕縑濟用·猶非當日至評·文場元帥·庶幾稱情之讚·五嶺生氣·自公赫之·韶石鏗鏘·自公戛之·先河後海·禮亦宜之·曰·李庶常黼平·少精雌霓之音·早習雄風之對·承明獻頌·振璜琚之琅琅·鄉國論文·霏玉雪之欐欐·柔厚豔逸·視江都而無忝·清轉華妙·較思補而更遒·曰·吳學博蘭

修·霸史五卷·荀袁兩漢之儔·方程一卷·定九寅旭之嗣·敧枕經翻·優入儒林·颺手繡亂·雅無衞服·自鉏明月·種學海之梅花·手勒貞珉·鋪六朝之韻藻·曰·張京卿其翻·載協同譽·融卷齊名·有體有常·漢魏於焉欲至·不阡不陌·晋宋亦復無嗟·妙平子之玄辯·貞以爲室·超封谿之海宿·渚而經波·曰·溫檢討仲和·近承東塾之傳·遠紹高密之緒·篤好斯文·徵揚雄之吐鳳·彌綸羣典·酌劉勰之雕龍·曰·丁徵君惠康·濁世公子·東京黨人·引北山而作侶·指南海以爲魁·少年結客·彷彿平原·文采風流·庶幾侯生·手談一賦·蓋病蚌成珠矣·曰·鍾司長動·少吟梁甫·晚賦五噫·龍光莫展於諸夏·鳳翥惟鶱乎邊陲·以枚發之體·攄精微之辭·控山引淵·亦玄亦儒·世棄君平·君平棄世·潛翳滬瀆·誰知之歟·曰·謝秘書貞盤·疏眉秀目·天挺哲姿·性悅松菊·心慕柴桑·山居已賦·池草忽春·無聞作啓·有目知工·興化妩爲淅派·至欲棄其南宗·凡此八家·各據其勝·或千載尚友·或同時服膺·江河萬古·均不廢之流·蘭菊異時·並無絕之卉·合爲一編·質之百世·雖豐約不同·而一文知虎·枚皋俳優·千篇俱佚·長卿溫麗·一卷獨存·酌理以爲富·饜心以爲奢·君子多乎哉·殺青已竟·輒復題辭·

十九路軍抗日死國將士之碑

仁義豈有常蹈之則·君子伊古迄今·天綱決·地維絕·其決不決·其絕不絕·皆仁人義士肝腦塗地之爲也·我將士抗日死國之烈·絕於等倫矣·今我不述·後昆何聞哉·乃謹叙之曰·

十九路軍·其先曰十一軍·所部多嶺表子弟·而四方精英亦萃焉·革命一紀·大小百戰·率爲軍鋒·東窮泰岱·南極朱垠·山河兩戒·江海萬里·莫不縈我軍之魂氣·埋我軍之碧血·民國二十年冬·廷鍇以軍長奉命駐戍上海·時倭寇已連陷遼瀋齊哈爾·檀公卅六·走爲上計·白山黑水·倏淪爲戎·人興微管之悲·家抱皆亡之戚·夫地有所必爭·城有所必守·田單即墨·巡遠睢陽·保一隅·捍全局·上海爲長江咽喉·不猶是哉·有備無患·古之善志也·預戒不虞·武之善經也·

於是衞戍陳公·指揮蔣公·警備戴公·密與廷鍇同心協規·粵明年正月·寇果以海陸重兵壓滬瀆·當軸失措·將爲城下之盟矣·我軍聞之·投袂而起·萬衆一心·義不返顧·其月二十八日午夜·與寇遇于閘北·奮擊大破之·連戰皆捷·寇自歐戰而還·夜郎自大·以爲東方德意志·世界莫余毒也·及敗問至·舉國震動·引爲神武開國至今·未有之奇恥·星夜濟師·且易將焉·亟敗則亟易將·亟濟師·比浹辰·師在戰線者逾十萬·幾五倍我·加以海艦空機·晝夜轟擊·晝驚萬日之射落·夜見繁星之雨隕·蚩尤之霧·不啻千重·雷霆之震·且越百里·我軍以少敵衆·以弱敵强·以苦械當利兵·以飢疲當飽逸·禍重如地·亦知亡矣·然猶奮不顧身·必死爲期者·國之大命·決諸此役也·卒之精感皇天·我戰必勝·萬國視聽·陡焉回易·民族精神·一朝復旦·毀家之饟日至·犒師之聲齊發·當軸者苟中道改轍·應機急難·雖使寇隻輪不返·聚爲京觀·永昭世戒可也·

乃湘東之子不下・諸侯之壁徒觀・寇遂更遣大將白川・聯艦飛渡・百重之圍已成・瀏河之背斯拊・我軍猶創病俱起・以一當千・九天九地・十盪十決・廷鍇此時・自維將墟上海以爲田横荒島乎・抑姑緩須臾・終濟大事乎・擐甲執兵・固即死也・然得臣而晋喜・岳飛死而宋亡矣・所以慷慨呼天・涙盡而繼之以血者也・於是忍死退舍・以聽國聯之公判・昔張巡許遠・守睢陽以蔽江淮・後睢陽終破・而賊之力亦屈・遂拯唐宗・我功雖不及成全乎・庶比於此・以告無罪於天下後世也・

是役也・鏖亙三十二晝夜・殲寇殆萬・而我國殤亦且盈千矣・事定・卜兆黃花岡之陽・遷其毅魄・永藏于茲・前此革命諸役・死難者附葬焉・嗚呼・我將士節陵五岳・功塞八紘・取義成仁・聲威凛然・諸夏之不泯・民族之中興・繄此浩氣靈光是賴・廷鍇不武・屬當戎行・不能相從地下・精忠報國・猶靦顔人寰・坐視寇讎之宰割・伊可愧也・亦可痛也・痛定任聲・亂以哀歌・歌曰・

天蒼蒼兮野茫茫・天時墜兮魂飛揚・飛揚上天兮正之帝・帝謂吾人兮何不平・內有姦兮作汝祥・非然汝功邁南塘・翩然披髮下大荒・雲車風馬迴故鄉・驃騎之營象天長・鄰德肅若揖我良・相與勠力誅猾狂・

謝教授貞盤事略

君諱貞盤・字中斐・號梅生・梅縣東街鄉攀桂坊人・父諱威謙・有聲庠序・君其次子也・君生而岐嶷・父兄愛之・授之讀・聰肄不羣・髫齡孤露・君自取架上書紬讀・手不釋倦・經史百家・皆心知其意・余受業先公・復交伯氏・故君暱就余・余教之讀文選・君規任（昉）沈（約）・即爾斐然・君雖以師禮事余・自愧不如也・

年才志學・先後教于滂溪小學・龍文公學・老宿見其文・皆歛手推服・弱冠遊集滬瀆・習接通人・歸安朱侍郎祖謀・尤矜重之・余時罷官・栖遲廬阜・君聞徑就余於第六泉上寒泉館・賞奇析疑・載更寒暑・余年四十著述粗成・君爲作徵・刻無聞集啓・先友興化李審言見之・詫爲浙派之文・自承己不能作・且曰・如皋冒鶴亭論清末駢文・標北王南李・謝如南人・願以鄙人讓之・君文名由是藉甚・有聲江淮間矣・

民國十六年・台山劉裁甫長廣東民政・重君文・特賓敬之・明年入十一軍幕爲秘書・非其志也・久之捨去・余時教授國立中山大學・同人伍淑儻論及粤文・余出君啓示之・伍怖其淵雅遒上・即言於朱校長（家驊）・聘爲教授・古有三語掾・今有一啓教授・文苑資爲美談焉・旋轉廣東通志館纂修久之・受聘歸爲梅縣修志局局長兼總纂・君發凡起例・自任藝文人物諸篇・草稿略具・其精神所注・尤在方志三書・蒐採遺文・刻成梅州叢書幾種・復選錄名筆文著成梅州文徵三十餘卷・君十年精力・悉消亡於此・章實齋爲有傳人矣・年來兼任南華學院教授・力挽末流・獷獷之風・體本非豐・積勞況瘁・遂于三十一年二月一日疾終里第・年四十四・嗚呼・如君文筆・百年千里難得一枝・小雅不廢・中國將興・天何奪君之速耶・嗚呼痛哉・君駢文宗任沈・而古文學惜抱軒（姚鼐）・詩極鮮作・然有作必善・天巳豐其才・而復嗇

其遇・顚之倒之・使之至於此極・福善與仁・豈不虛哉・君三子一女皆幼・東里西華・庶幾有念之者・今不著善・著其學問文章之大以訊當世・民國三十一年二月五日友生古直撰

祭黃花岡七十二烈士文（爲李將軍作 民國五年十月）

嗚乎哀哉・前不見古人・後不見來者・望高岡之峨峨・忽潸然而涕下・惟七十二士皆吾良兮・賦同袍以興夏・值胡運之將殘兮・規義師以日夜・將翻珠江使倒流兮・呼漢風而叱咤・破鏡羣翔以蔽日兮・績弗成而死乍・肝腦塗地固不於悔兮・適稔虜之罪亞・（說文・亞醜也・段玉裁注・亞與惡音義皆同・故詛楚文亞駞・禮記作惡池・史記・盧綰孫他之封惡谷・漢書作亞谷・宋時玉印曰周惡夫印・劉原父以爲即條侯亞父・）芳烈四播義夫踔起兮・不五月而江漢大波流離四瀉・信三戶必亡秦兮・亦先烈之所感化・

某奉遺志以奔走兮・幸不辱而有功・惟人心之苟且兮・曾不計乎凶終・虧爲山之一簣兮・授太阿於奸雄・聊屈心而抑志兮・冀賜言之不中・逮桃源之狙擊兮・見司馬隱衷・念禍至之無日兮・急戒豫吾駿雄・欲消弭而無方兮・終委佗以即戎・值國人之方醉兮・又寧粵之內訌・知一木之難支兮・屍末裹而竭忠・自此獨夫遂益逞志兮・問九鼎之輕重・舉國震慴若失氣兮・羌淫威之溶溶・悲夫先烈之血將空灑兮・余焉能忍而與此終古・間關萬里歸死國難兮・誓不與處此土・徵同德於唐公兮・又糾合乎心呂・碧鷄金馬神靈肸蠁兮・倏義旗之高舉・貔貅十萬鼓行而東西兮・賊膽懾以氣沮・及桂水之發大聲兮・乃拋璽而委吁・嗟大命之將至兮・惡不悛而猶怙・惟先烈實式憑兮・用得請於黃祖・元凶亡而三光清兮・惟某亦得卸乎艱鉅・師次此境倏逾十旬兮・望陵墓而遐思・路可經而不由兮・將靈忿之見誹・設緜蕝以爲位兮・詔巫咸使陳詞・竭至誠以爲羞兮・練精意以爲飴・率三軍而跽奠兮・魂兮歸來南海之濱・珠江之湄・嗚乎哀哉・尚饗・

孫公銅像銘（昭陽作詻）

像在石牌國立中山大學前・公日友某之所貽也・瞻仰威儀・穆然有懷・乃爲銘曰・

馮翼承則・於皇孫公・躬執大象・四海景從・蒼生更始・白日載中・蕩候休德・俄頹岱宗・人亡國瘁・懸咸戎夷・寫此良金・無思自東・興言平生・以永其衷・奠之高岡・指撝羣蒙・惟公之志・禮運大同・惟公之教・大學中庸・伊忠伊孝・舊德必崇・忠孝之至・民族將隆・有弟子魯・恭承末命・經營大釁・九載驥進・思憑威靈・克終厎定・德化流行・學風丕正・永永年代・儀型無竟・

馮寶瑛（　年生　年卒）

字玉衡・號達菴・博羅人・曾任廣東官煤局長・從政不久・息影著述・篤信佛學・茹素研經・不問世事・演譯梵典・至有心得・遺作有波羅密多心經諸義・佛教眞面目・大乘起信論注疏・佛法要論・法華特論・惠州西湖佛化史等・

般若波羅蜜多心經釋題

唐三藏法師玄奘譯

唐・指七世紀初據有中華國土之大唐也・

三藏書・通達經律論三藏之大德也・法師爲弘揚佛法之人・內分四種・

一・聞慧法師——聞經教言音得其大意・而轉向他人宣說者・

二・思慧法師——以正思維研究經教理趣・已有心得・而後表傳於衆者・

三・實修法師——離解心行・會會種種法性之活用・從而利益羣機者・

四・實證法師——此則登地以上之菩薩・

玄奘者・隋末出家之人・而播聲譽於初唐之大善知識也・譯事在太宗高宗兩朝・本經當於既譯大般若之後續出之・

釋玄奘・俗姓陳・洛州人・生於隋末・學問淵博・名震中外・史事紛繁・不勝縷述・略舉大網・可四十則・

(1)出家參學——幼隨兄長捷法師出家・慧傾耆宿・四方參學不倦・而饒決擇力・年二十一爲人講心論・衆推爲神人・

(2)廣習方言——廣參知識・總覽空疏・唐武德六年・雖奉敕住莊嚴寺・而以未得瑜伽深義爲憾・遂就京廣習西域方言・爲西遊求學張本・

(3)出國西遊——奘雖曾詣闕陳請出國求學・無代達者・貞觀三年・歲大饑・敕准道俗四出覓食・奘乃乘隙潛往燉煌・向西前進・燉煌即今甘肅敦煌縣・東南有鳴沙山・山麓有千佛洞・洞內石室藏經甚多・

(4)流沙難渡——燉煌前進・沙漠難行・風吹沙起・方向莫辨・行人聚骸骨爲路標・惡鬼等往往出現・奘恒誦心經以辟之・

(5)高昌優待——高昌王麴文泰信奉佛法・素聞奘名・知其抵境・遠出承迎・王母妃屬執炬殿前・親相慰問・留宮說法・皆大歡喜・王認爲弟・母認爲子・殊禮厚供・異於常格・道俗係戀・願請長留・奘不違本誓・務在必行・王洒淚相送・仍敕殿中侍郎費綾帛五百疋・書二十四封・從騎六十人・送至突厥・高昌即今新疆土魯番地・

(6)突厥關照——突厥主重高昌王來意・遣騎前告所部六十餘國沿途關照・但有名僧勝地・必令奘到・途次供應・咸極周備・所見聖迹佛物甚多・突厥族隋唐時奄有漠北之地・東西萬里・東包天山南路・西達葱嶺以西・餘、

(7)罽賓學論——初抵北印罽賓國・遇大德僧勝就學俱舍順正理因明聲大毘婆沙等論・

(8)南下被劫——自罽賓南下・平原千里・抵中印・於大林中與同行二十餘人皆被賊劫・僅以身免・

(9)得見龍智——奘至大林東境・見一婆羅門年七百歲・貌如三十・龍猛弟子龍智菩薩也・奘祇學中百兩論・而不願習密學・

(10)被執祭天——由中印曲女城東南行二千餘里・於恆河側・忽被秋賊辨獲・同推八十餘人・奘獨英秀・賊選充祭天犧牲・結壇河上・初便生饗・將加鼎鑊・奘自分必死・唯注想彌勒如來・同難皆代悲號・頓感惡風四起・賊船衆沒・未溺之賊皆大恐怖・諸人告曰・此僧不辭危難・萬求法・汝等殺之・罪莫大焉・賊悔而釋之・

(11)始聞瑜伽——至伽耶山・見釋尊成道處・菩提樹高五丈

許・時有大乘居士善瑜伽論・奘大喜・夜求開釋・感得舍利放光樹上・

(12)朝鷄足山——去樹東百餘里有雞足山・迦葉寂定所也・路極荊棘・且多獅子虎象・奘請摩竭陀國王給兵三百・斬竹通道・日行十里・國人隨喜・不下十萬・旣踐山阿・壁立無路・乃縛竹爲梯・達山嶺者三千餘人・

(13)那爛陀寺——那爛陀，唐言施無厭・南贍部洲最偉之寺也・奘歷諸國・令聞久播・將造其寺・衆差大德四十人至莊迎宿・翌日僧二百餘・俗人千餘・擎輿幢蓋香花來迎・引入都會・唱令住寺・嗣差二十人送至戒賢論師所・

(14)戒賢講論——住持戒賢論師・年百六歲・博聞强識・衆所仰望・問奘何來・答曰・從支那來・欲學瑜伽等論・又問在路幾年・答曰・三年矣・師悲喜交集・蓋三年前師患病如刀刺・欲不食死・夢文殊菩薩謂之曰・緣汝夙作國王・多害物命・故有斯報・有支那僧來此學問・已在道中・三年應至・以法惠彼・彼復流通・汝罪自滅・師忍痛相待・夢果有徵・寺向例須集大德十人・通三藏者・由來闕一・以奘補其位・供給甚豐・嗣請戒賢講瑜伽論・聽者數千人・十有五月方畢・重講一遍・又歷九月・奘深究五年・猶未忍東旋・賢欲奘速歸流通・因付給經論・令作歸計・

(15)遍歷諸國——奘不欲即歸擬遍巡諸國以廣見聞・賢許之・於是東行大山林中・曲折歷十餘國・

(16)龍猛奇蹟——南印正境有憍薩羅國・法化甚盛・王都西南三百餘里有黑蜂山・昔古大王爲龍猛菩薩造寺其間・上下五重・鑿石爲之・龍猛以藥塗山・變成黃金・無與等者・南行七千餘里・又經五國・並有靈迹・

(17)觀音住處——至秣羅矩吒國・即贍部最南濱海境也・山出龍腦香・旁有岩頂・淸流遶旋二十許匝・南注大海・中有天宮・觀自在菩薩常所住處・昔善財童子曾參訪至此・

(18)息遊歸寺——最後至鉢伐多國・有數名德・學業可遵・又停二年・學小乘諸論・便還那爛陀寺・

(19)皈依居士——已還參戒賢已・復往杖林山參訪勝軍居士・此公學晐五明・尤長唯識・道俗皈依者日數百人・諸國王等亦來觀禮洗足・封賞城邑・奘從學二年・夜夢火炎・一金人告曰・卻後十年戒日王崩・印度便亂・勢如火蕩・向勝軍說已・遂決意速歸・

(20)戒日王事——王即曲女城主・正法治世五十載・五印咸伏之・初室商佉王・威行海內・酷虐無道・殘殺釋種・拔菩提樹而絕其根・坑殺大德三百餘・道望較次者幷充奴隸・戒賢論師・原在坑殺之列・遇救得免耳・戒日憤其所爲・先至菩提坑發願曰・我若有福統馭海內能弘佛法者・願菩提樹立即萌芽・言畢・萌果上踊・遂率兵擒室商佉王而殺之・五印拱服・由是大崇三寶・五年一施・傾其帑藏・藏盡還蓄・時至復行・定爲常例・那爛陀寺有鍮石精舍・高可八丈・即戒日所造・聞奘名・每思招致而未得・

(21)作會宗論——寺中大德師子光等・偏尚空宗・弘中百

論・而破瑜伽・奘曰・聖人作論・終不相違・因造會宗論三千頌・空宗諸師稍歛抑・

(22)摧伏外道——南印度王灌頂師名般若毱多・明正量部・造破大乘論七百頌・時戒日王討伐至烏荼國・諸小乘師保持此論呈上於王・請與大乘師決勝・王致書戒賢・請差知識四人赴行在辯論・賢以海慧・智光・師子光・偕奘同往・將首途・忽有順世外道來求論難・書四十條義懸於寺門前・有能破之者・願斬首相謝・諸僧皆默不敢辯・奘挺身出・往復詰駁・外道詞窮・願自斬首・奘免其死・但令皈依・終身不渝・外道感激・因述破大乘論內容・奘悉其弊・乃申大乘正義・作破惡見論三千頌・

(23)獨應王請——戒賢原派四人應戒日王請・今見破惡見論足伏天下勁敵・遂獨令奘賷往王所・

(24)化童子王——奘路經東印・迦摩縷多國・向信邪教・奘隨機演化・伏諸異論・其國童子王頂戴皈依・歎未曾有・

(25)戒日歡迎——戒日王聞奘逗留童子王所・專使令送支那法師來・童子王命象軍一萬・方船三萬與奘泝恒河而上・戒日王率臣民百萬順河東下以迎之・延入行宮・陳請供養・請與小乘師對辯・奘出破惡見論示之・忽戒日讀已・笑謂小乘諸師曰・日光已出・燈燭奪明・汝等所寶者・他皆破訖・試救取看・小乘諸師無敢言者・

(26)曲女大會——王曰・此論妙矣・惜未普及・欲於曲女城開無遮大會・命五印能言之士・對衆顯之・使改邪從正捨小就大・是日發敕普告天下・總集沙門婆羅門及一切外道會曲女城・自冬初泝流・臘月齊集・

(27)立宗無敵——爾時四方雲集約萬人・能論義者數千・各擅雄辯・自謂無敵・王設行殿陳諸供養・請奘昇座標舉論宗云・眞故極成色・定不離眼識・命衆徵覈・竟十八日無敢問者・王大嗟賞・施銀錢三萬・金錢一萬・疊衣一百具・於時僧衆大悅曰・佛法重興・乃令邊人權智若此・

(28)賜象歸國——奘於是辭歸・王留住七十五日・乃敕所部遞送出境・並施靑象一頭・金銀錢各數萬・戒日童子二王皆流淚相別・奘以象形大・日食甚多・途中難以爲繼・不欲受・戒日又敕令諸國隨到供給・奘乃納象而卻金銀・象高一丈三尺・長二丈許・上容八人・幷諸什物經像等具・雖逢奔逸・而安穩不墮・瓶水不傾・

(29)途見異僧——緣國北旋・出印度境・戒日威被・咸蒙供侍・東還至竭盤陀國・崇信佛法・城之東南三百餘里・大崖兩室・各一羅漢入寂滅定七百餘年・鬚髮漸長・附近諸僧年別爲鬀・又東千餘里・方出葱嶺・至烏鎩國・西有大山・崖自崩墮・中有僧焉・瞑目而坐・形甚奇偉・鬚髮下垂・至於肩面・問其委曲・乃迦葉佛時人矣・

(30)象死中途——奘至是國・與象別行・先度雪河・象晚方至・水漸汎漲・不悉山道・尋嶺直下・牙衡岸樹・象性兇獷・反拔卻頓・因即致死・奘度葱嶺時・先遣侍人賷表唐皇・略陳經歷・唐皇大悅・令早相見・今以象死・所賷經像無從運致・乃留于遁國（今新疆和闐城）再遣侍陳情・

(31)駝馬運經——唐皇得訊・特敕于闐王給其鞍乘・駝馬相運・至於沙洲・今甘肅安西縣至新疆土魯番間之地・計其行程・酬顧價值・自爾乘傳二十餘度・以貞觀十九年正月二十四日屆於京郊之西・

(32)道俗郊迎——京中道俗聞奘將至・趨迎郊外者數十萬人・如値彌勒下生・將欲入都・人物諠擁・取進不前・遂停別館・自故城之西南至京師都亭驛二十餘里・列衆禮謁・擁塞難通・於時駕幸洛陽・奘乃留諸經像送弘福寺・京邑僧衆・競列幢帳・助運莊嚴・四衆諠譁・倍盛於初至・市民廢業五日・七衆皈依・傾仰之盛・終古罕類矣・

(33)太宗慰問——及至洛陽・帝慰問備至・問西域風俗甚詳・令奘作西域遊記以惠後學・

(34)奉詔譯經——奘獻諸國異物・及陳所得梵本經教六百五十七部・帝歡喜無量・諭令移譯・時將親征高麗・乃敕京師留守梁國公房玄齡監護譯事・供應所需・隨就弘福寺譯大菩薩藏經及瑜伽等論・貞觀二十二年瑜伽譯成進覽・帝大悅・謂侍臣曰・佛教廣大・猶瞻天瞰海・莫測高深・餘教小水耳・世言三教齊致・何其妄耶・

(35)玉華續譯——顯慶四年・高宗改玉華宮爲寺・使奘居之・次年在此譯大般若經六百卷・兼補譯成唯識等論・嗣有請譯大寶積經全部者・甫譯十餘紙・覺精神不繼・歎曰・吾於此經無緣・遂擱筆・

(36)專念彌勒——從此遂專念彌勒求生兜率・

(37)翻華爲梵——貞觀二十二年冬・太宗嘗令奘翻老子道德爲梵文以遺五印・奘曰・老子立義膚淺・五印觀之・適足見笑・遂止・大乘起信論者・馬鳴菩薩特作也・奘西遊時・五印已失原本・乃依隋譯轉翻梵文反哺之・其譯事可謂東西互益矣・唐譯起信論當係由奘譯展轉而來・

(38)病見白蓮——麟德元年二月・命弟子普光鈔錄所譯經論凡七十五部一千三百三十五卷・臥疾中開目閉目見大鮮白蓮花・又見二金人謂之曰・法師疾苦・重業輕報耳・行且生兜率矣・奘曰・得毋宣譯大般若之效歟・

(39)心經受用——是月五日中夜疾革・口誦色蘊不可得・受想行識不可得・眼界不可得・乃至意識界不可得・無明不可得・乃至菩提不可得・不可得亦不可得・復命左右同念彌勒如來・右脅安臥而逝・世壽六十五・是夕白虹四道自北亘南・臨歿之言・正挹心經精髓也・

(40)褒恤備至——訃聞於朝・高宗哭之慟・顧左右曰・朕失國寶矣・廢朝五日・褒恤備至・敕用佛故事・金棺銀槨・葬於滻水之東・滻水爲關中八水之一・發源於陝西藍田縣・西北經長安而入於渭・讚曰・奘公福慧幷厚・爲東土諸僧冠・其兜率下生演化者歟・沙漠孤行・仗心經而解厄・化緣告絕・依心經而入滅・斯譯殆公得意之作矣・

【增註】玄奘三藏爲我國千餘年前留學外國最有聲譽之佛學者・亦現代講中印文化交流之中心人物・其所吸收之學術・正如金櫝中之寶珠・捨珠論櫝・已有高度價値・進論寶珠・尤爲希世之珍・要點在闡述唯識奧義・使學者洞明世間眞相・依法實踐・更能發現種種勝境・超出普通科學範圍・而卻有眞實學理貫徹其間・毫無神祕之處・上擧略傳中・所

謂阿羅漢能入長期大定等事・祇屬佛學上現實之一斑耳・

法華特論自序

妙法蓮華經流傳中國・隋譯比較完備・凡二十七品・文相顯豁・都八萬言・本論別出手眼・擷其精英・以三十品分配之・義理深奧・迥超餘經之上・論列要旨・泰半須宗密法・否則囫圇吞棗・食而不知其味焉・原夫一乘大道・佛性爲根・僅明妙體・可稱入門・兼得妙用・方許升堂・依性起相・曼荼羅如實現前・庶幾登峯造極・其涉俗不染・應機自在・而弗能開顯莊嚴佛境者・猶局般若藏範圍・非所語於陀羅尼藏・諸佛最高法會・座中大菩薩必深達陀羅尼妙用・蓋非如是不足以獲醍醐上味・六波羅蜜經之言可證也・

法華素號諸經之王・允具醍醐價值・然不精習經中諸陀羅尼・縱契「十如是句」・祇饗熟酥・精習而神化之・至於體用交徹・性相互融・則全部法華・句句皆自胸襟出・且知諸佛共同加持爲一經旨歸・寶塔現形也・龍女成佛也・菩薩上湧也・乃至一切瑞相流露也・無一不仗三密加持力而然・與加持力相應・隨時得預法華之域・奚必待佛將般涅槃之際・始有所見聞耶・欲求相應・當先學密・佛云・此經難信難解・對顯教根機言之耳・有嘗醍醐大志者・盍興乎來・著者自序于廣州中華民國三十七年十月十日

禪宗六祖大鑑禪師傳

大鑑禪師・俗姓盧・其先范陽（今屬河北省）人・父行瑫・謫官嶺南之新州（今廣東新興縣）・遂籍焉・師始生・瑞應疊徵・有二僧造謁・名之曰惠能・三歲而孤・母李氏・守志鞠養・家屢空・幾無以活・比長・鬻薪爲業・一日・運薪入逆旅・聞客誦經・頓有所契・詢經名及所從來・客曰・此金剛經也・得諸黃梅（今湖北黃梅縣）五祖・祖嘗云・持此經・速見性・師不勝嚮慕・有檀越勸令參學・施銀十兩贍其母・俾免內顧憂・遂往黃梅・以居士身禮祖・祖試之曰・汝何方人・來此何事・師對曰・嶺南新州百姓惠能・來求作佛・祖曰・嶺南邊地・新州更雜獦獠・乃欲作佛耶・師曰・人有南北・佛性無南北・獦獠佛性與和尚何殊・祖默器之・且令隨衆作務・自是砍柴舂米凡八月・祖觀時機將熟・大會徒衆曰・我向以生死事大相惕・汝等終日祇求福田・豈知沉溺生死・非作福所能救・急宜自省般若本性・言下須會・不得少涉思量・可各作偈・我將擇尤付衣法・衆議神秀上座任教授師・道譽甚隆・誰能與爭・相率擱筆・神秀乃獨書所作於壁云・「身是菩提樹・心如明鏡臺・時時勤拂拭・勿使惹塵埃」・祖觀偈・知未見性・然令衆炷香致敬以誦之・謂依此偈修・免墮惡道・大獲利益云・師聞其事・央童子導至偈前禮拜・且曰・惠能不識字・請讀其詞・時江州別駕張日用・邂逅於此・朗聲誦之・師便求別駕代書己意於其後云・「菩提本無樹・明鏡亦非臺・本來無一物・何處惹塵埃」・書已衆皆驚異・祖揚言曰・猶未見性・磨其字・衆乃休・次夕三更・師奉祖命入室・祖說金剛經・深抉無住生心之旨・師當下體用洞徹・抒所見曰・何期自性本自清淨・何期自性本不生滅・何期自性本自具足・何期自性本無動搖・何期自性能生萬法・祖知師得髓・遂付以頓教正法・爲第六代祖・並傳衣鉢爲信・付法偈云・「有情

來下種・因地果還生・無情亦無種・無性亦無生」・

師得法・星夜南歸・祖渡江送之・又以逢懷（今廣西懷集縣）則止・遇會（今廣東四會縣）則藏爲誡・黃梅徒衆・因祖累日不上堂・問所疾・祖曰・疾則無・惟衣鉢既南矣・問誰屬・祖曰・能者得之・衆始駭悟・先進之徒・心不能平・羣起追之・僧惠明首及於大庾嶺・師置衣鉢於磐石・自隱草莽間・明遽奪衣鉢・不能動・乃呼曰・我來求法耳・請相見・師出曰・可屛諸緣・勿生一念・尋曰・即此不思善不思惡時・逕會上座本來面目・明夙在黃梅・極意參究・苦不得訣・一蒙開示・心地頓朗・遂修弟子禮・還紿追衆曰・其去既遠・衆廢然退・

師歸至韶州・（今廣東曲江縣）儒士劉志略・禮遇優厚・比丘尼無盡藏者・志略之姑也・方讀涅槃經・師旁聽・盡達經旨・爲尼釋義・辯才無礙・尼知非常人・遍告耆德・競來瞻禮・就曹溪（在曲江縣舊曹侯村）寶林古寺故址・重興梵宇・延師居之・未幾・復爲惡黨尋逐・乃隱於懷會・渾俗和光・嘗與獵戶伍・隨機說法・獵人令守網・輒潛釋網中物・飯時惟喫肉邊菜耳・

儀鳳元年・（唐高宗丙子歲）師至廣州・（今廣東廣州市）棲息法性寺・（今光孝寺）會印宗法師講涅槃經・幡隨風颺・一僧曰・幡動・相持不決・師進曰・可容俗家參預乎・僧許之・師曰・不是風動・不是幡動・仁者心動・語聞於印宗・延之入室・窮詰奧義・迥超意表・謂師曰・居士誠非凡流・敢問道所從出・師告以得法本末・宗益驚喜・亟禮拜・請以衣鉢示衆・復問黃梅有何指授・師曰・惟論見性・宗曰・何不論禪定解脫・師曰・此相對法耳・我宗絕對不二・故非所論・宗問如何是不二之法・師曰・法師講涅槃經・應知佛性即是不二之法・經中高貴德王菩薩嘗問佛・一闡提（即絕不信佛者）既斷善根・亦斷佛性否・佛意・善根含義多端・各具相對二法・如常與無常・即其一例・佛性超然於相對法外・故不隨善根之斷而亦斷・（以上經意）又單舉善字言之・便有不善與之相對・佛性則出乎善不善・而爲二法所依體・故屬不二・他如五蘊十八界等・任舉一事・莫不函相對二法於中・此固凡夫之見・若悟本性・此等相對法皆消歸不二・宗恍然契會・歡喜無量・合掌讚曰・印宗講經如瓦礫・仁者論義如黃金・於是更請師現比丘身・俾便長執弟子禮・師隨順機宜・祝髮受戒於寺內菩提樹下・大演禪宗頓旨・戒壇爲劉宋求那跋陀三藏所建・預讖曰・後當有肉身菩薩受戒於此・天監元年・（梁武帝壬午歲）智藥三藏自天竺持來菩提一株・植於壇側・立碑曰・過後一百七十年・當有肉身菩薩來此樹下・開演上乘・衆攷其時・咸知師即肉身菩薩矣・

明年（丁丑）師思返寶林・印宗率道俗千餘人送至曹溪・依師而住者幾半・師以梵宇湫隘・不足容衆・乃請里人陳亞仙施地以廣之・仍名寶林・即今之南華寺也・

韶州刺史韋璩・仰師之道・禮請入城・演化於大梵寺・凡三會・第一會・自述得法因緣及出家經過・第二會・開示摩訶般若波羅蜜・略謂摩訶者・大也・心量廣大・猶如虛空・能含萬法・不著萬法・般若者・智慧也・自性觀照・了了分明・於一切法不取不捨・波羅蜜者・到彼岸也・著境生滅起・如水湧波浪・即名此岸・離境生滅息・如水惟通流・斯名彼岸・摩訶般若・人人本具・心不著迷・當下頓悟・不能悟者・須賴善知識指示・此需實地體驗・勿徒言說敷衍・本性原來眞空・一切均不可著・然祇空其所著・不得並棄自

性・有人空心靜坐・凡百不思・此著無記空・絕非正道・若能一切處・一切時・念念不迷而無所著・即是般若行・倘未體會分明・可持誦金剛經以求眞悟・能淨本心・使六識出六門・於六塵中無染無雜・來去自由・通用無礙・即是般若三昧・末附無相偈・其中警句云・

邪來煩惱至（外纏塵勞）正來煩惱除・（內起般若）邪正俱不用・（廓然大空）淸淨至無餘・（不泯妙用）世人若修道・（上乘大道）一切盡不妨・（不拘職業）常自見己過・（一涉是非・便成過失）與道即相當・（過除慧生・便合大道）色類自有道・各不相妨惱・（法住法位・各適其適）離道別覓道・終身不見道・（不可騎驢覓驢）若眞修道人・不見世間過（泯除分別）若見他人非・自非卻是左・（憎心未除・顯有執著）但自卻非心・打除煩惱破・（卻之又卻至・煩惱盡賴耶乃淨）憎愛不關心・長伸兩腳臥・（煩惱全無・乃稱自在）佛法在世間・不離世間覺・（見色聞聲・皆可悟道）離世覓菩提・恰如求兎角・（仍是騎驢覓驢之見）

第三會・解答疑問・一者讚歎自性功德・二者提倡唯心淨土・常途以皈敬三寶爲無上福田・梁武帝造寺寫經齋僧等行・皆秉此教以求功德也・師依達摩初祖之旨・抑爲福德・而所謂眞正功德・以常見本性應用無染爲準焉・淨土通義・注重發願往生・維摩詰經謂心淨即佛土淨・二說不同・各有其道・師主後說・謂能破十惡八邪・淨土當下顯現・不應妄慕西方・終乃推論修行要道・不拘出家在家・但捨諸惡・趨十善・常見己過・自淨其心・斯爲得之・復示在家無相偈云・「心平何勞持戒・（貪瞋癡等心盡平伏）行直何用參禪・（不假思慮稱性逕行）恩則孝養父母・義則上下相憐・（慈悲表現）讓則尊卑和睦・忍則衆惡無喧・（無諍表現）若能鑽木取火・（熔化諸過）淤泥定生紅蓮・（煩惱即菩提）改過必生智慧・（分別除般若顯）護短心內非賢・（蓋覆爲障）日用常行饒益・（無上法施）成道非由施錢・（見性不關財施・但莊嚴功德不在此例）菩提祇向心覓・何勞向外求玄・（心外求道便差）」

師歸寶林・住持四十年・於禪宗正旨闡發備至・以三無爲歸・一曰無念・二曰無相・三曰無住・一念初起・隨性逕行・不落心數・是謂無念・外對萬法・能離於相・得淸淨體・是謂無相・六塵當前・任其起滅・知而不染・是謂無住・深契三無・便得禪體・所謂般若波羅蜜・即依禪體而起之妙用也・凡於一切處稱性直行・不涉委曲勞慮・斯爲一行三昧・於一切相淸淨安隱・不念損益成壞・斯爲一相三昧・若違此旨而坐禪・觀空・觀淨・皆被訶斥・但入手之初・不廢懺悔・既得解脫・仍須廣學多聞・藉善其用云・

衣鉢南來之四十年而五祖滅・北方學者私立神秀爲第六祖・大弘漸宗於荊州玉泉寺・與南方頓宗對峙・世稱南能北秀・北宗以南方祖師・不識字・不通教・時肆譏嫌・然秀自愧弗如・嘗謂衆曰・彼眞得無師智・故五祖以衣鉢付之・吾恨天各一方・未能親近・汝等勿存輕慢・乃選聰慧門人名志誠者・令往曹溪參決・記取法要・還來宣傳・誠奉命南下・混入寶林法會・隨衆參謁・師忽曰・會中有盜法者・誠出禮拜・具陳來由・師問北方敎法如何・對曰・住心觀淨・長坐不臥・師曰・住心觀淨・是病非禪・長坐不臥・於理無益・誠肅然再拜曰・弟子在秀大師處・學道九年・未得要旨・願和尚慈悲・直指頓法・師曰・吾所說法・不離自性・離性而談・祇名相說・自性常迷・若悟自性・不立菩提涅槃・亦不立解脫知見・無一法可得・方能建立萬法・無滯無礙・應用隨作・應語隨答・靡不自在・誠復問如何是不立義・師曰・念念觀照・常離法相・諸法自然於寂滅中顯其妙用・又曰・的實性後・立亦得・不立亦得・誠悅服・執侍不去・

神龍元年（乙己）春・武后擬迎慧安（即嵩嶽安國師五祖弟子）神秀二師入宮供養・備諮心要・皆謝不敏・舉師以代・遂遣內侍薛簡馳詔迎師北上・師辭以疾・簡曰・京中禪德皆主坐禪・謂不因禪定而得解脫・無有是處・未審然否・師曰・道由心悟・不在坐禪・簡又曰・修道之人・不先對治煩惱・亦能脫離生死否・師曰・煩惱菩提同依實性而起・此實性者・非處煩惱而有損・亦非處菩提而有增・常住不遷・一悟便見・豈待去煩惱而後無生滅乎・汝體會此不生不滅之實性・但一切善惡都莫思量・自然得入・簡豁然大悟・禮拜歸闕・表奏師語・其年九月・有詔獎諭・內云・薛簡傳師指授如來知見・朕積善餘慶・值師出世・頓悟上乘・感恩靡已・并奉磨衲袈裟及水晶鉢・敕韶州刺史重修梵宇・改名中興寺・越二年・復更名法泉寺・（至宋太宗乃改名南華寺）而賜師新州舊居爲國恩寺焉・

一日・師審化緣垂盡・預喚法海・志誠・法達・神會・智常・智通・志徹・志道・法珍・法如・而付囑曰・汝等將來各爲一方師・說法不失本宗・須離兩邊以顯中道・兩邊乃相對上之二法・如明暗・有無・色空・動靜・曲直・之類是・設有人問何者爲暗・應舉明以對待之・暗因明成・明因暗顯・要皆起於非明非暗之中道・（中道二字勿作文字觀）利根聞之・便能捨暗相而會其性矣・凡舉文字相來問者・皆準此答之・世有執空之輩・直道不立文字・不知言說等於文字・口談不立・既屬文字・學道之人・豈當永廢言說・但能即文字離文字・因相對之相以會絕對之性・便符宗旨也・

延和七月（屬壬子歲）師命門人往新州國恩寺建塔・明年（癸丑）六月落成・乃於七月朔集衆激勵曰・吾至八月欲離世間・有疑速問・向後無人教汝等矣・衆聞師突示寂期・皆泣涕沾衣・惟神會安隱如恆・師曰・神會契乎道矣・汝等所修何事・乃不脫情耶・法性本無生滅去來・吾授汝等眞假動靜偈・宜勉修之・偈云・

一切無有眞・不以見于眞・（見所有相皆安）若見于眞者・是見盡非眞・（祇是虛安之見）若能自有眞・離假即心眞・（盡離假相・顯心獨具）自心不離假・無眞何處眞・（不能離假無眞可見）有情即解動・無情即不動・（法爾如是）若修不動行・同無情不動・（不可著靜）若覓眞不動・動上有不動・（終日隨緣終日不變）不動是不動・無情無佛種・（等于木石）能善分別相・第一義不動・但作如此見・即是眞如用・（萬法了了・分明而本性常定・便合妙用）報諸學道人・努力須用意・莫于大乘門・却執生死智・（勿向外法法）若言下相應・即共論佛義・若實不相應・合掌令歡喜・（契機者相互證明・不契機亦勿令起諍）此宗本無諍・諍即失道意・執逆諍法門・自性人生死・（諍起于虛妄分別）

上座法海向前曰・大師去後・衣法當付何人・師曰・法即付了・汝不須問・吾滅後二十餘年・邪法撩亂・惑我正宗・有人出來・不惜身命・辨別是非・豎立宗旨・即是正法所在・衣不合傳・免啓爭端・復誡衆曰・若欲成就種智・須達一相三昧及一行三昧・汝等愼勿觀淨及空其心・越八日・師欲歸新州國恩寺・衆懇留而哀・師曰・諸佛出現・猶示涅槃・有來必去・理所當然・衆知遷化期近・不能復留・但問向後有事否・師曰・數載後有人來取吾首・聽吾記曰・頭上養親・口裡須餐・遇滿之難・楊柳爲官・又曰・吾去七十年・有二菩薩從東方來・一出家・一在家・同時興化・治我伽藍・扶我宗旨・大衆聽已・隨赴新州・

八月二日・師在國恩寺齋罷・與衆話別曰・吾滅度後・

汝等愼莫學哀掛孝開弔・此屬俗情・不合正法・但識自本心・見自本性・無動無靜・無生無滅・無去無來・無是無非・無住無往・依此修行・如吾在世無別・否則終日面吾亦無有益・今留一偈・爲未悟者勸・偈云・兀兀不修善・騰騰不造惡・寂寂斷見聞・蕩蕩心無着・師說偈已・端坐至三更・忽示衆曰・吾行矣・遂寂・其時異香滿室・白虹屬地・廣韶新三郡爭迎眞身・久不能決・衆焚香禱告・以香煙所指爲歸・俄而煙趣韶境・乃遷神龕及衣鉢於曹溪・時在十一月十三日・當玄宗先天二年・（是年十二月改元開元）大鑑禪師之號・至憲宗而後加謚也・

開元二年（甲寅）七月二十五日・衆迎眞身出龕・形貌如生・弟子方辯以香泥上之・防盜取首・先以鐵葉漆布護其頸・入塔後・白光衝天・三日始散・韶州刺史奏聞於朝・奉敕立碑紀師道行・師生於唐太宗貞觀十二年（戊戌）二月八日子時・而終於玄宗先天二年（癸丑）八月三日子時・世壽七十六歲・四十年隨機說法・門人法海等集其語錄・尊之曰法寶壇經・當時得旨嗣法者四十三人・而以神會・慧忠・懷讓・行思・最著於世・

開元十年（壬戌）八月三日中夜・鐵索聲忽自塔起・衆僧驚集塔下・見一喪服者（俗稱孝子）奔而出・尋見師頸有傷・以聞於州縣・縣令楊侃・刺史柳無忝・擒盜鞫之・則飢民張淨滿受新羅僧錢・擬取師首歸海東供養也・刺史躬至曹溪・徵住持令韜意・韜爲嗣法四十三人之一・請刺史不事深究焉・

師住世時・神秀學派固盛於荊吳・而慧安以國師地位・又弘漸敎於嵩嶽・寖熾於秦洛・師既滅度・頓旨更爲二派所

掩・秀嗣法弟子普寂復稱七祖・挾朝廷勢力・壓迫頓宗幾盡・開元二十二年（甲戌）上元日・神會奉師遺囑・特設無遮大會於滑臺（今河南滑縣）大雲寺・自云非爲功德・祇爲天下學者定宗旨・破斥北派未契眞心・且以寂私稱七祖爲妄・經此法雷震吼・曹溪頓旨始放晴光於洛陽・會則大遭仇視・展轉流竄・命如懸絲・迨安祿山反・會助平其事・肅宗詔迎入宮供養・宗風於以大振・曹溪衣鉢且奉敕運入內府・上元元年（庚子）會入滅・尋延慧忠爲國師・永泰元年（乙巳）代宗夢六祖請衣鉢・乃遣使賫還曹溪・敕寺僧嚴守護之・（至今衣鉢猶隨眞身鎭南華寺）

神會滅後三十六年・德宗追立爲第七代祖・其時盖當馬祖龐居士等演化之餘・宗風極盛・馬祖得法於懷讓・其後流出爲仰・臨濟二派・復有曹洞・雲門・法眼三派・則出自行思・臨濟・曹洞至今猶存・

達庵曰・一切衆生皆具佛性・明與不明・此性弗改・漸敎對治法・修習無央數刧猶或未明・敎外別傳能頓明于煩惱之內・上乘法力殊勝若是・達摩西來・宗旨始建于茲土・不名佛性而名禪・盖取首楞嚴正體也・變動弗居而常大定・不思善惡以體會之・時見已過以磨研之・廣行饒益以運用之・六祖開示亦詳矣・毋以辭害意・毋以指混月・是在當機・顧根器萬殊・見有深淺・探源止于賴耶・猶纏生死・彼以昭靈意識爲惺惺主人・門外漢耳・宋曾會嘗學中庸大學・參附楞嚴・作爲本分・雪竇闢之曰・這個尚不與敎乘（指二乘敎）合・況大學中庸耶・可爲穿鑿家之當頭棒・近人以哲學見解測度本宗・斯壇經所謂饒伊盡思共推轉加懸遠者・乃若撥無因果・恣情妄行・翻以煩惱即菩提自負・直宗門之罪人也・大心凡

夫・有能離腦會心・脫盡窠臼・許與六祖相見・

憫叟居士寓公韶州有年・稔香客擠擁南華者歲必二度・問所事・大都要福・與語六祖本來面目・茫無所知・于是請撰祖傳以弘禪・文主疏朗・期適時機云爾・丁丑季夏・達庵附誌・

周醒南

一八八五年生
一九六八年卒

字煜卿・又字惺男・惠陽人・性孝友任卹・未冠遊泮水・民國奠立・入兩廣遊學預備科肄業・派遣外國留學・不果行・嘗以各地交通不暢・向當道建議開闢廣東全省公路・計擬全省公路網・出任廣東省公路處長・擘劃經營・鼓勵各屬興辦民營公路・具首創之功・迨龍濟光督粵・棄職前往南洋各州府任教・民十年回穗・以粵省工業落後・欲求發展・必先培養專才・在廣州創立工業學校・旋隨軍援閩・在樟州開闢公路・訓練路政人員・兼攝厦門市政・首重環境衞生・改善渠道・清潔街市・築隄塡海・敷設馬路・興建樓房・一新外人觀感・二十七年・任廣州稅務局局長・整頓稅收・廢除苛雜・成績卓著・抗戰軍興・沿海產鹽區受敵威脅・來源短缺・乃集資搶運・以濟民需・戰後擬整理惠州西湖・及羅浮山區計劃・惜未償所願・醒南富經濟才・尤熱心地方建設・一九六八年卒於香港・

重建惠州西湖元妙古觀小啓

縱橫野水・源出橫槎・遠近嵐煙・樵歸半徑・寄林泉而嘯傲・隱巖穴以修眞・飛閣雕甍・下臨無地・瓊樓玉宇・尚在人間・代有至人・斯爲福地・此西湖元妙古觀所由令人景仰也・

斯觀始曰朝元・又名天慶・開宗丘祖・系出羅浮・創自李唐・宏於趙宋・明淸以降・代累增崇・九宮洩日之精・八史飛鴻濛之奧・地靈人傑・蘇子夜以逍遙・人傑地靈・龍塘碑凌霄漢・地原梅宅・日暖桃源・踞象嶺之東南・位鶴峯之西北・平湖十里・春水如鞾・翠巘四圍・晚霞似錦・一丘盡美・二妙爭妍・蝴蝶飛來・草碧芳華之畔・杜鵑啼切・紅棉水榭之間・玉塔微瀾・畫橋疎雨・比婉杭穎・秀甲華南・遊客探幽・高人接踵・湖以觀而成趣・觀因湖而益彰・秋江叟指爲蓬萊・海瓊子視爲息壤・

慨夫兇倭陷惠・浩劫頻生・玉皇樓傾・紫淸殿圮・丹竈塌而蛙聲噪・定爐空而劫灰飛・古柏僵於草萊・石筍沒於荊棘・殘山賸水・滿目燒痕・苦雨凄風・蛩鳴斷井・能不悲哉・

今者・腥膻已滌・衽席旋登・正宜恢復宏規・及時經畫・冀一仍舊貫・合衆志以成城・敦請 台端・克襄盛擧・勿以貧富較量・各盡善心・毋存秦越之心・共完斯願・積一簣而爲山・納衆流以匯海・周呼將伯・悉仗羣公・夕集賜金・晨興版築・行見水雲深處・承渥采於瑤光・山水窟中・渥英華於藻井・法言玄妙・道德闡揚・神靈之蔭護無窮・功德亦永垂不朽矣・此啓・

元妙觀己丑上元建醮疏詞

維中華建國三十八年歲次己丑之年・丙寅之月・上元之日・某等謹如科儀・致敬於 太上三尊・十方衆聖之前曰・伏以域中之四大難名・謂之曰道・物外之三淸遐想・心以爲齋・豈徒滋福於一身・惟願洽恩於萬彙・俯稽聖典・則知神

應至誠・仰察元經・乃見道資衆甫・某等生逢季世・志慕眞風・每虔一炁以存思・非止三元而展敬・今則日延和景・月滿圓光・當上元積慶之辰・謹修常醮・擧下界罹災之事・仰告鈞慈・

一自八載外憂・三年內鬨・魔軍競起・慾界將傾・四溟波盪於狂飈・九野塵昏於劫燼・雖天心悔禍・必俟時期・地運招愆・難逃曆數・伏願下從丹懇・大布慈雲・使宇內瘡痍・略假醫王之術・人間疲瘵・遍沾慈父之恩・

又自政務失三・法虧畫一・將士惟擾民是務・官吏則貪墨成風・愆尤叢積於有司・殃害滋生於盜賊・愴同燕社・循州煽張角之祆・哀甚郢墟・榜嶺起鳩鳴之霧・今則叩心靈地・稽首昊天・但祈萬戾潛消・八方清晏・調虞琴之美化・永復歲期・漏湯網之兇徒・咸歸感格・從此欃槍綏靖・衽席偕安・

再自去春・愆陽有眚・閱時兩月・洪潦薦臻・蟻潰穴而增防・龍翻巢而莫禦・連雨助魚苗之水・急湍沉燕子之田・時難年荒・頻呼庚癸・方當歲首・屢起金風・大興鄭國之災・莫救成都之禍・紅羊劫小・白撰家空・無象齒而身焚・魚在池而殃及・

更自金融動盪，物價奇昂・米貴如珠・薪珍若桂・在官則司農仰屋・在民則餓殍興嗟・莫開長孺之倉・難貸穆公之粟・傷心赤地・强稅青苗・謬議橫科・輕言抑配・以致剜肉無補瘡之計・催糧餘照之水瘢・凡茲妖祲・羣衆駭心・今則每念傷人・唯知懺罪・仰投靈宇・敬醮寶壇・務期風雨常調・烟塵永息・政風丕變・庶務咸熙・振歡聲於四海九洲・興國祚於千秋萬祺・如値大災・忽逢膏澤・農境即麥禾競茂・戰場則戾氣全銷・駿願克諧・鴻仁見蔭・凡茲蠢動・盡獲昭蘇・某等深結道緣・虔持齋戒・望三尊於通路・資一溉於良田・共揚美善之風・齊登仁壽之域・普天率土・永慶昇平・某等無任禱祈懇悃之至・謹疏・

草間詞序

吾邑江孝通・李漢父兩前輩・五羊共學・雙鳳諧聲・俱捷南宮・同官日下・拔新領異・藻厲詞壇・拈毫而海水羣飛・擊節而仙葩欲散・余尚童年・江老遽離塵網・長遊冀北・李公僑寓京師・古循郡館・皓鶴新亭・恍安昌之堂前・與聞絲竹・傳歐公之座上・許見文章・授草間詞而讀之・抑有感焉・鳴虖・天下傷心之致・若是其夥乎・

於氣爲冬・於時爲秋・在日爲夜・在月爲玦・爲漁陽之鼓・爲山陽之笛・爲暴雨之摧花・爲飈風之脫葉・鳴斷井之寒蛩・泣孤舟之嫠婦・觸古悲而淚滋・憂時危而魂怖・哽咽喉衿・難攄簡素・爲凄宛之倚聲・爲激昂之刻羽・纏綿愷惻・離奇惝惻・別有懷抱・其信然矣・

先生作宰閩中・觀察遼左・傳韓太中之美政・聽顏有道之歌謳・金鏡亡秦・珠囊歸漢・摩挲銅狄・恍如春夢之留痕・望斷觚稜・感作西臺之遺記・凄迷陵闕・寥落江關・膏黎庶以干戈・墜衣冠於塗炭・我辰安在・生世不諧・以秋後之晚香・作燒餘之幸草・一官黑水・匹馬蒼山・僨師貽譏・贖官見誚・竹林嗟盡・風木含悲・荼蘼香銷・怕向斷釵之讖・海棠春・難爲錦瑟之哀・悽惻旅魂・傷落葉之滿屋・人

天終古・寧不悲哉・

蓋詞雖一源・釐爲兩卷・聽風聽水・止於遜清・梅村草問・托自異代・舉凡牢騷離別之際・裴徊生死之間・直舉胸情・一攄孤憤・莫不千回百折・盪氣迴腸・先生旁搜羣雅・不囿一家・情貌無遺・正變俱備・淵源姜史・圭臬蘇張・周柳暢其風流・溫李衍其密緒・響戛弦外・旨標味先・要眇以致其幽・清泠以流其韵・大成有作・無得而譏・

僕思仿楚庭・蒐羅文獻・襲錦綦而耀後・求履憲而儀前・先生白紵詞工・紅杏意鬧・旃檀香在・寧同虛井之灰・神劍光韜・肯作幽泉之鐵・固宜傳胥鈔錄・禿盡柔毛・所冀剞劂重刊・廣傳音響・庶江淹筆妙・並重人間・顯慶輅存・共欽法物・夙叨謬許・敢謝引喤・俯仰卅年・盱衡一代・未能結韈撰杖・捧手書策之旁・猶幸齎素濡毫・綴名緗緹之末・

西湖元妙觀修禊序

在昔蓮社風高・西園興趣・七賢六逸・接袂聯裙・不忘故舊之交・彌篤應求之誼・僕竊不敏・謬效前規・況乎年少同門・生逢多難・莊舃之越吟未改・庾信之江關已非・幸何胤之返鄉園・效沈炯之邀舊侶・積懷若海・覿面抒情・靡特古處既能獨敦・抑亦鬢俊偶留鴻雪也・

回憶同遊泮宮・題名學府・解唱中和之樂・能爲執俎之容・又嘗埋首棘圍・碰頭矮屋・試射正倫之策・爭呈獻露之篇・以爲英雄盡入吾彀中・距料愚民終歸於劣敗・前塵若夢・忽四十餘年・撲滿成功・經卅有八載・分崩離析・爾詐我虞・驅虎豹以守關・任豺狼而當道・內政日腐・外侮紛來・國戰八年・邑淪四度・星閃積尸之氣・池埋劫火之灰・寇氛甫除・黨爭復熾・雨雲譎幻・杓斗迷離・陵谷變遷・晨星寥落・細數城區秀士・不逾十亂倍加・恭推祭酒尊儔・首叙八旬晋五・倫古稀以上者十三叟・羣叙壇前・列杖鄉之林者六七人・我居殿後・青燈黃卷・恍憶寒窗・白髮朱顏・笑談天寶・感流光之馳電・昨日難留・披和暢之惠風・及時修禊・

兹者・湖烟正膩・春草剛肥・紅棉燿西夏之將軍・綠綺懷南番之詞客・一灣碧水・漱玉灘喑・雙塔斜暉・熙春台古・簷鳥啼處・桐孤孝子之阡・粉蝶飛時・花雜美人之墓・良辰美景・游目騁懷・往事相沿・慕東堂之嘉會・流風斯振・尋南澗之歡娛・爰詹農曆三月三日（國曆三月三十一日）午后二時・集元妙觀之丹台・泛小蓬瀛之畫舫・擷芳華洲蔬果・啖瓶沙國清齋・蘭芷湛其滫・影鏡攝其象・薛蘿在眼・接以停雲・顏色長留・思深落月・所謂浪跡江湖之上・游心風月之間者・非歟・

斯會也・乃有枕葄於六經・馳騁乎百氏・匡鼎横議・人盡解頤・韓非說難・衆皆讓席・學司馬歐陽之綱目・則攘臂嗟其長・列休文伯起之姓名・則撫常嗤其短・眼光似月・談鋒若雲・闡幽表微・循名覈實・亦有聽明自擅・探求河洛之奇・數理兼賅・數貫中西之蘊・合疇人而列傳・由績學以參微・稔黃帝之內經・行越人之仁術・金門大隱・不止平原・玉笥眞人・復來弘景・刀圭不誤・協儒門事親・佐使必良・通上醫之治國・

再有張郎詩骨．昌谷鬼才．劉夢得七字裁成．目無餘子．韋應物五言製就．妙絕時人．託柔翰以通詞．擘蠻箋而奮藻．又或么鳳曲工．摸魚調咽．稼軒之龍香鳳尾．遜此新聲．東坡之玉宇瓊樓．謝斯高唱．更有楊枝嚙齒．唱演眞言．施帷帳以傳因．解髻珠而付法．招徠彼岸．撐寶筏於三塗．如是我聞．接心燈之一點．竟有莊生放誕．雅善寓言．淳于滑稽．喜爲詭語．龍攄作贊．嘲孫綽以貞猪．鹿角談經．戲朱游爲票櫝．並皆佳妙．各擅所長．

當芳筵未開．清興復發．吹簫橋畔．悵乏小紅．煮茗爐邊．愛浮珠綠．科頭題句．問邯生之何如．青眼高歌．詎阮公之非達．佳桐爨後．尚可成聲．古調彈來．猶能起舞．足令隔湖傾耳．合座歡心．既而分座上之千鍾．饋尊前之斗酒．雖則味殊桂液．色遜松醪．第念眉壽既高．非酒無以介．拇戰添趣．非酒不能豪．一斟再斟．消積年之壘塊．半酣半熱．極此日之歡愉．老瓦茅柴．任聽鄰家呼取．夕陽桑影．儘從古觀扶歸．老鬢忘羞．且簪花而去．童心猶在．或踏浪而嬉．此蓋浮世之艷．微塵弗沾．佳話迭興．先幾可覩．夫興既闌矣．感即生焉．今人孰喻古人之歡．明日寧存今日之賞．俯仰陳跡．達人所以興懷．同堂異鄉．浮生因而可慨．竊維人以事著．事以人傳．留鴻爪於他時．表情愫於無盡．如斯而已．已承踐約．惠然肯來．再錄冗辭．聊博一粲．諸惟起居萬福．不宣．

黃植楨　年生　年卒

字維周．惠陽人．清諸生．生平負氣節．慷慨敢任事．掌教豐湖書院及本縣小學十餘年．成就甚衆．爲文橫肆．詩亦豪邁．歿後．其弟植楠設植楨中學於廣州．以紀念之．

方山是園記

惠州城內高地．東北曰梌山．西南曰銀岡．咸高聳城隈．陟登其巔．足以俯江流．席平湖．收攬勝概．距兩地中央．有阜高起．巍立城之西偏．是曰方山．山之高度．蓋與梌山艮岡仿佛．數百年來．環山居者數十家．余友梅隱家山麓且數世．梅隱性嗜農圃．尤契梅．曾植梅屋後曠地．顧逼仄才容三數株．甲子暮春．購方山巔廢宅．．廣袤約畝許．高者築小齋．以號名齋．旁小屋藏書籍．隙地數弓．雜植瓜蔬．曰亦圃．低者梅外．羣芳雜蒔．自是梅隱所植梅數遞增．嚴冬沍寒．枝頭白如積雪．春秋佳節．時花艷開．遠矚湖光．蔚藍相接．郊外羣山起伏．排闥奔赴．共收攬形勝．以視梌山銀岡．殆或過之．梅隱樂焉．以爲地雖狹小．是亦園焉云爾．乃榜曰是園．

余維天下事理．至無定也．向所謂是．今所謂非．彼以爲是．此以爲非．晚近人心狙詐．往往謬附名義．奔走權勢．今日標一名焉曰某．明日標一名焉曰某．其終乃名實混淆．勢利相搏．向所揭櫫．泯焉澌滅．桀狡者流．習非成是．悍然盜大名．冒公理．驅赤子．攖鋒鏑．禍亂相尋．莫之或恤．嗟乎．此堅白異同之所以亂天下也．茲園之中．一草一木·一樹一石·固園中所有物也·齋焉·屋焉·圃焉·固園中所建置也·無可假焉也·園成梅隱集朋簪作文讌·夕陽西下·憑闌四矚·城外飛鵝大小榜諸峯·劫灰未銷·秋雲欲黯·附郭村落·寂無炊烟·嘻·胡爲至此·其亦有竊附名義·混淆是非·以爲禍亂者耶·抑何與梅隱之所謂是焉者相逕庭耶·酒酣耳熱·慨然有思·書以付梅隱·梅隱葉姓·秉機其名·

黃佛頤 一八八六年生 一九四六年卒

字慈博·號慈溪·中山人·映奎子·宣統己酉拔貢第一·博學多才·工詩文詞·窮研鄉邦文獻·曾任廣東通志局分纂·香山縣修志局分纂·廣州時中學校校長·遺著有廣東宋元明經籍槧本紀略·紹武實錄·廣州城坊志·廣東鄉土史·拜鷗草堂詩詞集·邃軒駢體文鈔·

廣東宋元明經籍槧本紀略

廣東槧本書籍·自宋至近代皆有名·特以方志不詳·諸書紀載·間睹一二·世多忽略·而徒侈各地板刻之精·至吾粵闃爾無聞·斯可慨也·自廣州陷後·余平生弆藏·非付焚如·即遭胠篋·竄越海島·仰屋窮愁·姑以平時偶記所及·略加詮述·唯苦乏參證·冀博雅君子·糾其荒略·竢它日刋定焉·己卯臘月·

宋

(一)郭之美羅浮山記一卷·皇祐間刻本(未見)·宋廣業羅浮山志會編·引譚粹羅浮集自序略云·羅浮山記·乃郡掾郭之美纂集·今年尋訪·已無板刻·

按·陳振孫書錄解題·載之美羅浮山記皇祐辛卯序·記當刻於是時·廣東槧本之可考者·余所見以此爲最先·

(二)譚粹羅浮集十卷·元符三年刻本(未見)羅浮山志會編·引粹自序略云·郭之美羅浮山記·已無版刻·因命博蒐·裒爲全集·命工刻鏤·責付寶積禪刹·元符三年八月·

(三)余靖武溪集二十卷·紹興七年刻本(未見)·本書卷末韓璜跋略云·屬徐日賜告·獲閱一過·計正謬誤數字·因書於後·紹興丁巳·季滄葦宋版書目云·武溪集廿卷四本·四庫總目是書提要云·是集乃其子屯田員外郎仲荀所編·

按·四庫著錄者·爲明嘉靖甲午都御史唐胄刻本·蓋亦由成化本重刻·非覆刻宋本也·

(四)唐庚眉山先生文集三十卷·紹興二十一年·惠州軍州學刻本(未見)·陸心源皕宋樓藏書志·紹興二十一年·惠州軍州學刻眉山唐先生文集三十卷·

按·王士禎居易錄云·宋唐庚子西眉山集二十四卷·詩賦十卷·雜文十二卷·三國雜事二卷·紹興二十一年·朝奉郎鄭康佐刋於惠州·與陸氏所載卷數異·

(五)趙德昌黎文錄·淳熙以前潮州刻本(未見)·鄭昌詩韓江聞見錄引德自序略云·退之先生·聖人之徒歟·其文續古之遺經·蓬茨中·手持目覽·饑食渴飲·沛然滿飽·僻處無備·特以所遇·次之爲卷·題曰·文錄·實

請益之所依歸云・（按宋朱子校韓集・附錄此序・文略有異同・茲從鄭本・）

按・宋末廖瑩中綵堂校刋昌黎先生集・（明長洲徐氏東雅堂重刋本・）其凡例稱朱子攷異所引有閣・京・杭・蜀・石本外・有舊監本・潮本・是宋時潮州有刻本韓集也・四庫提要方崧卿韓集舉正提要云・崧卿所據諸家書・有唐令孤證本・南唐保大本等・參以唐趙德文錄・攷方本有淳熙己酉方氏自跋・己酉・爲孝宗淳熙十六年・其所參校之趙錄・必淳熙以前所刻・廖所謂潮本・當即此本也・今剌取廖本所引校語・併附於後・以見是書與諸本異同之概・卷一・閔己賦・潮本壹作一・卷四・芳茶・諸本茶多作荼・方從潮館本・（按・方即方崧卿舉正本・館本・他引又稱館中本・蓋二本相同・）卷六・猛虎行・烏鵲從噪之・出逐猴入居・方從舊本潮本・倒此兩句・外集卷一・呂夏卿以爲明水賦・通解・崔虞部書河南同官記・皆見於趙德文錄・計必親受於文公者・比它本爲可信・而李漢不以入集・外集卷四・通解雖不見於正集・然亦趙德文錄所載・當知其爲公文也・河南府同官記・亦趙德文錄所・

（六）朱熹正本大學・慶元間・潮陽縣學刻本（未見）・黃幹書晦庵正本大學後略云・晦庵先生訓釋大學・諸生傳錄・幾數十本・惟建陽後山蔡氏所刋爲定本・潮倅廖君德明得之・以授潮陽尉趙君師恕・趙君鋟版縣庠・

按・道光廣東通志職官表・德明・慶元年任潮州通判・則是書當刻於慶元間・

（七）朱熹家禮・

（八）程氏諸書・嘉定間廖氏師悟堂刻本（未見）・宋史儒林傳云・廖德明・乾道中進士・選廣東提學刑獄・徙知廣州・立師悟堂・刻朱熹家禮・及程氏諸書・

按・道光廣東通志職官表・德明・嘉定四年・知廣州軍州事・則書刻當在是時・

（九）陳峴南海志十三卷・嘉定初刻本（未見）・道光南海縣志引峴序略云・南海實一都會・方志之傳・存者甚尠・近時圖述・復多缺略・因委郡文學齊琥・監鹽倉季端仁・相與纂輯・凡閱月數四・以成書告・視前頗加詳矣・道光南海縣志引元陳大震南海縣志序略云・南海志・從來久・今蒐之故笈・存者僅有嘉定淳祐二本・首尾殘缺・

按・道光廣東通志・峴嘉定二年・知廣州軍州事・淳祐南海志爲知廣州軍州事方大琮修・李昴英文溪集三・有是書序・茲附誌其概・

（十）郭知達集注杜詩三十六卷・寶慶元年廣東漕司刻本（未見）・

按・是書爲廣東槧本之最精者・陳振孫書錄解題・已稱爲善本・天祿琳瑯書目云・宋刋九家集注杜書・刻於宋孝宗淳熙八年・至理宗寶慶元年・曾噩爲廣南東路轉運判官・重爲校刋・序稱・蜀本紙惡字缺・不滿人意・茲摹蜀本・刋於海南漕臺・會士友以正其脫誤・書後有承議郎通判潮州軍事劉鎔・潮州學賓辛安中・進士陳大信同校勘銜名・趙愼畛榆巢雜識云・宋郭知達集注杜

詩・舊藏武英殿・僅爲庫貯陳編・無有知其爲宋槧・後以校勘四庫全書・移取書籍・始蒙鑒賞・列入天祿琳瑯上等・陸心源儀顧堂續跋云・新校刋定集注杜詩存・卷六至十一・凡六卷・百宋一廛賦・所謂九家注杜寶慶漕鋟・自有連城・蝕甚勿嫌者・祇存五十五葉・此本尚存六卷・可以壓倒百宋矣・莫友芝郘亭知見傳本書目云・宋寶慶元年己酉・曾噩子肅・重刻成都淳熙八年本于五羊漕臺・半頁九行・行十六字・字大宜老・端勁精楷・宋板之絕佳者・內府藏即此本・四庫依之・是吾粵宋漕司所刻杜詩・天祿琳瑯所藏・郘亭所見・皆爲全本・黃氏百宋一廛・僅得零葉・陸氏儀顧堂・亦非全本也・趙氏愼畛又云・此書面頁用藏經紙・至爲難得・莫氏友芝則云・字書端正・一秉唐人・刻手印工・皆爲上選・觀此則吾粵印刷藝術・在南宋已稱極精・足以抗衡吳越閩三方之盛・（古今圖書集成經籍典・引洞天書錄云・凡刻之地有三・吳也・越也・閩也・燕粵秦楚皆有刻・類自可觀・而不若三方之盛・）曷數燕秦楚哉・

（十一）眞德秀文章正宗二十卷續集二十卷・淳祐間廣州郡學刻本（未見）・劉克莊後村大全集是書跋云・西山先生文章正宗既成・以授湯中仲能・漢伯紀・某與焉・晚使嶺外・與常平使李鑑汝明・協力鋟梓・以淑後學・猶恨南中無監書・而二湯在遠・不及精校也・又跋云・頃余刻此書於番禺・委同官盧方春輩・置局刋誤・屬以召去・時書猶未成・後得其本・殆不可讀・每一開卷・常敗人意・

按・後村刻此書・至委同官置局刋誤・非不鄭重其事・特以奉召去官・致滋遺憾・蓋校勘之不善・非印刷之不良也・道光廣東通志職官表云・劉克莊・淳熙朝任提點刑獄・李鑑・淳熙元年任提舉常平・刻書當在是時・

（十二）歐陽懋靜退居士集二十卷・連州刻本（未見）・樓鑰攻媿集是書序略云・歐陽文忠公諸孫・徵猷閣待制德孺・詩文各極其妙・公之孫伋守連州・以公集二十卷鋟諸版而來求序・公諱懋・自號靜退居士・遂以名其集云・

（十三）胡寅叙古千文・淳祐十年廣州郡學刻本（未見）・李昴英文溪集云・胡公致堂叙古千文廣帥宗慈・既梓之衡陽・又梓之廣之泮宮・有功於人心多矣・淳祐十年月正元日書・

（十四）敬齋醫法一卷・番禺刻本（未見）・同治廣州府志引番禺舊志云・宋人撰・番禺刻・

（十五）解挑生殺人方・雷州刻本（未見）・周去非嶺外代答云・有解挑生殺人方・爲雷州鏤板印散者・

按・雷爲廣東瀕海僻郡・宋時已有鏤板・則印刷術之通行可知・

（十六）司馬儼峽山履平集一卷・刻年未詳（未見）・宋史藝文志云・司馬儼峽山履平集一卷・道光・廣東通志云・峽山履平集一卷・宋司馬儼撰・佚・見宋志・

按・四庫全書提要子部小說家存目・引宋王輔峽山神異記自序・有訪峽山集舊板散失語・考輔記作於嘉定

十一年．則是書刻本．當在嘉定前矣．刻年未敢確定．附記宋刻諸書後．

(十七)周端朝桂陽志五卷．刻年未詳（未見）．

按．宋史藝文志．有周端朝桂陽志五卷．道光廣東通志云．楊志．明曹鎬湟川志序云．得舊州志刻本．斷自咸淳十年止．當是端朝所撰也．據此．則周氏桂陽志之刻．或在宋時．所云楊志．則乾隆三十六年楊楚枝所修連州志也．

元

(十八)李昴英文溪存藁二十卷．至元間刻本（未見）．本書卷首李春叟序略云．僕從先生游舊矣．賜牆及肩．未覩閫域．方將擬集大成．以俟識者．世運中更．衣冠禍烈．斯文何辜．例受此厄．尚忍言哉．先生有子五人．今中峯獨存．追抱往憾．皇皇乎赤水元珠之求．春叟耄矣．於師門無能爲役．大懼放失．永負夙心．于是勉收燼餘．僅得藁文一百二十二篇．詩詞一百二十五首．編次成集．命之曰文溪存藁．俾登諸梓．先生名昴英．字俊明．宋朝賜之謚曰忠簡．文溪則其自號云．

(十九)陳大震南海縣志二十卷．大德八年刻本（未見）．道光廣東通志引大震序略云．南海志．從來久．蒐之故笈．僅有嘉定淳祐二本．首尾殘缺．淳祐迄今五十年矣．大元混一區宇．無地志．何以備史館之需．爰即舊志．而增益之．序成．白之廉訪江陰義齋陸公．遂付諸梓．大德甲辰長至日．曹元忠箋經室所見宋元書題跋云．元槧南海志．卷六至十．爲戶口．土貢．稅賦．物產．舶貨．社稷壇壝．城濠．學校．舊志進士題名．舊志貢額．兵防．水馬站局務．倉庫．廨宇．共十四門．余甲辰歲．得自武昌．

按．通志載大震序．無年月．茲據曹跋補入．曹所稱甲辰．爲光緒三十年．

(二十)郭應木陳庚寶安志．皇慶二年刻本（未見）．

道光廣東通志引應木自序略云．寶安爲舊東官地．故家文獻在焉．不可聽其湮沒．應木不敏．其敢以攝官承乏辭．乃搜遺稿．請月橋陳庚纂輯．合德張寶大鋟梓．皇慶癸丑正月下澣．

按．天順本盧祥東莞誌．載陳璉東莞縣志云．邑儒陳庚．纂輯寶安志．簡核而當．後板燬於兵燹．是當時刊本已尠也．

明

按．孫慶增藏書紀要云．明季刻本至繁．自南北監板．以至藩邸刻本．御刻本．欽定本．各學刻本．各省撫按等官刻本．又有閩板．浙板．廣板．所刻不能悉數．廣浙閩金陵刻本．最惡而多．考明嘉靖間．周弘祖撰古今書刻．上編載廣東所刻書籍．布政司十七部．按察司二部．廣州府十二部．南雄府一部．廣州府二部．惠州府二部．肇慶府一部．雷州府一部．潮洲府七部．韶州府二部．瓊州府三部．共五十部．今稽之各家著錄．多已無存．其可考者．類皆精本．然則孫氏所稱惡而多者．殆過爲醜詆之詞．不足深辯也．

(廿一)韓郁韓文公年譜注．潮陽靈山刻本(未見)．雍正海陽縣志．韓文公年譜．韓郁注．云潮陽靈山所刻．

按．友人南海黃任恆云．年譜不知撰人．各家著錄．亦無韓郁注本．攷明史高巍傳．建文帝時御史韓郁上疏．請加恩於諸王．豈注譜即此人歟．

(廿二)楊士奇東里文集二十五卷．正統五年廣東布政司刻本(存)．周弘祖古今書刻云．廣東布政司．東里文集．東里詩集．

按．李東陽懷麓堂詩話云．楊文貞東里集手自選擇．刻之廣東．近友人東莞莫伯驥五十萬卷樓書目．著錄是書．前有正統五年黃淮序．末云．淮蒙恩賜歸．公貽書以文集序見屬．此即士奇手選之本也．莫氏云．半葉十行．行二十字．上下黑口．魚尾下題文卷幾．板式古雅．字畫刀刻．尚有宋元之遺．據此則爲明初精槧本也．

(廿三)盧祥東莞志十二卷．天順八年刻本(存)．本書卷首盧祥序略云．東莞在晋爲郡．隋爲邑．郡志莫考．邑志邑人陳庚始纂修之．刻版毀於兵燹．正統壬戌．致政侍郎陳公重修．而未鋟梓．天順辛巳．樂平吳侯中．以進士來爲令．惓惓於邑志．屢請爲之．適泉郡黃教授結歸省．予遂與之取陳公未成之藁．釐正而重修之．予僅以平日所聞．補其遺．輯其略．去其謬．芟其繁．覽者幸毋誚焉．天順八年甲申．上巳之吉．

按．是書北平圖書館有藏本．侍郎陳公．即東莞陳璉．

(廿四)唐肅丹崖集八卷附錄一卷．天順間廣州知府沈琮刻本(未見)．周弘祖古今書刻云．廣州府丹崖集．

按．莫伯驥五十萬卷樓書目引黃丕烈丹崖集題語云．鈔本丹崖集．余藏之久矣．頃訪同年友於琴川．見有黑口板天順本丹崖集．遂攜歸手校一過．莫氏弁云．天順間廣州知府沈琮．曾刻丹崖集於粵．蕘圃所謂黑口板．即爲沈刻．陸氏儀顧堂藏肅集明刻本．今歸日人岩崎．見靜嘉堂秘籍志．未知日人所得．即黃氏所見本否耳．

(廿五)李昂英文溪集二十卷．成化六年刻本(未見)．本書卷首陳獻章序略云．李德孚念先緒之落落．遺稿僅存．復多訛缺．乃深自懼恧．悉訪諸族之人．得舊所刊本．與所謄本參校．闕其所疑．刻之家塾．命厥子昭董其事．而俾余爲之序．成化庚寅九月．四庫總目是書提要云．是集爲元至里間．其門人李春叟所輯．明成化中重刻．陳獻章爲之序．

(廿六)劉球兩谿文集成化六年刻本(未見)．本書卷首劉鉞識略云．先忠愍公兩谿文集．己丑春．鉞以廣藩參佐入覲回．携以抵任．乃發俸資．市板雇工．求善事者模寫上板．屬有雷廉行役．厥工罔集．今年秋．乃得躬校．工程再閱．而告完．成化六年九月．孤子鉞謹識．

(廿七)張九齡曲江集二十卷・成化九年韶州郡齋刻本（未見）・道光廣東通志引是書楊起元序略云・曲江張文獻公文集・海內罕見・成化癸巳・瓊山邱公・始得於館閣羣書中・手自抄錄・梓於韶郡・四庫總目是書提要云・唐宋二史藝文志・俱載有九齡文集二十卷・其後流播漸稀・成化間・邱濬始從內閣錄出・韶州知府蘇韡・爲刊行之・其卷目與唐志相合・蓋猶宋以來之舊本也・

(廿八)余靖武溪集二十卷・成化九年韶州刻本（未見）・周弘祖古今書刻云・韶州府武溪集・邱濬本書序略云・宋金襄公集・得於館閣羣書中・手自抄錄成帙・還家攜以過韶・韶郡太守蘇君韡・同知方君新・通判涂君暲・請留刻郡齋中・乃書此以引其前・成化九年仲春・繆荃蓀蕘圃藏書志・武溪集廿卷・明成化本・明刻黑口宋人集・世以爲珍・

(廿九)吳中王文鳳廣州府志・成化九年刻本（存殘本）・按・是書道光廣東通志云・已佚・北平圖書館藏有殘本・卷二十三至二十六册一册・卷二十四首葉第二三四行云・肇慶府儒學教授浮梁王文鳳纂集・賜進士中憲大夫廣州府知府樂平吳中校正・賜進士中憲大夫廣州府知府莆陽高橙重校・

(三十)黃孔昭謝鐸赤城詩集六卷・成化間・廣東刻本（未見）・項元勛台州經籍志云・赤城詩集六卷・明黃孔昭謝鐸同編・起宋迄明・五十九人・三百五十六首・有廣東及建陽刻本・今存・

按・項志引鐸自跋云・是集之成・應憲副志欽・李太守崇信・鋟梓廣東・又云・成化己亥・予與故亞卿黃公世顯・輯吾台諸先生詩・爲赤城集・西涯李先生嘗爲之序・既梓行矣・是此書之鋟諸粤・當在成化十五年後・

(卅一)宋史四百九十一卷・成化中・廣東布政司刻本・（未見）・周弘祖古今書刻云・廣東布政司宋史・先文裕公佐南雝志云・宋史四百九十一卷・成化中・巡撫兩廣都御史朱英・刻于廣州・嘉靖八年・以板送監・又云・嘉靖七年・錦衣衞沈麟・奏准校勘史書・禮部議廣東布政司原刻宋史・差人取付該監校補・以成全史・

按・道光廣東通志職官表・英・成化十二年任總督・書當刻於是年後・

(卅二)劉球兩谿詩集四卷・成化十六年・廣州刻本（未見）・本書卷首劉釪跋略云・先君子以忠諫罹大杖・稿多散佚・不肖兄弟仕京師・始於斯文故家・得其六七・成化戊子・兄鉞陞廣東參政・逾年始獲板行文集・而以詩詞未全爲憾・歲戊戌・釪得遺稿于姻戚家・遂重加考正・適內姪伍君孟賢・自刑部郎中出守廣州・來領斯集鋟梓・成化十六年五月望・次男釪謹識・

(卅三)楊基眉庵集十二卷・成化二十一年張習刻本（存）・本書卷首江朝宗序略云・楊孟載先生所著眉庵集・教授鄭鋼編集・已板行矣・字多訛謬・先後失序・而缺

略尤甚・吳中張公企翱・以名進士・累官廣東僉憲・素重先生之詩・補其缺略・次其先後・訛謬者・悉攷正之・釐爲十二卷・繡梓以廣其傳・成化十二年六月・本書卷末張習跋略云・習在髫齡・即愛誦眉菴先生詩・茲官嶺表・爰命庠生顏恭文起・會各本錄就・重圖鋟梓以傳・成化乙巳桂月朏・

(卅四)許謙白雲集・成化中・廣東刻本(未見)・顧雲盋山志云・張瑄字廷璽・江浦人・景泰六年進士・歷官至南京刑部尚書・成化中・嘗刊元許謙白雲集於廣東・宗尚可想也・

(卅五)徐賁北郭集十卷・成化二十二年・張習刻本(存)・本書卷首閔珪序略云・徐先生幼文・名賁・家吳城望齊門外・詩名北郭集・共十卷・去今百餘年未有傳・廣東僉憲張君企翱・始壽諸梓・成化丙午秋仲・

(卅六)張羽靜居集・弘治四年・張習刻本(存)・本書卷末張習跋略云・張來儀先生・與高楊徐相友善・聚首之際・未嘗不以詩爲事・吳中鈔本・所謂靜居集者・什唯二三・生自幼抵老・求之靡得其全・文梓垂畢・又得吳興本校之・亦併刊入・弘治辛亥八月・

按・五十萬卷樓書目云・明成化弘治間・張習曾刻明初四大家楊基眉庵集・張羽靜居集・徐賁北郭集・高啓槎軒集・于廣東・密行細字・至爲精善・即此・唯高集未見・

(卅七)張詡厓山新志十八卷・弘治間刻本(未見)・

按・弘治十八年・袁賓跋張詡南海雜詠後云・新會尹羅君維升・遺余以近刻東所張先生所著厓山新志・則是書之刻・當在弘治初・

(卅八)陳獻章白沙全集九卷附錄一卷・弘治十八年・廣州新會縣刻本(存)・周弘祖古今書刻云・廣州府白沙全集(新會縣)・本書卷首門人張詡序略云・先生詩刻於山東者二十之五・刻於梧州者二十之一耳・而文則子弟門人所鈔錄・散在四方・未有會輯成集・刻而傳之者也・弘治癸亥・吉水羅君僑維升・以名進士・來知新會縣事・能師先生遺教・以治其民・乃於政暇・搜羅先生詩文爲全集・屬詡序其端・弘治十八年・莫伯驥五十萬卷樓藏書目云・白沙先生全集九卷・附錄一卷・明弘治刻本・白沙詩文集・以此爲初刻・卷一奏疏・卷二序・卷三記・卷四五書簡・卷六墓誌銘表・卷七祭文・卷八賦贊銘啓說・卷九論題跋詩・至附錄・則他人題贈之作也・半葉九行・行十八字・低二格以便提行・實每行十六字・

(卅九)張詡南海雜咏十卷・弘治十八年刻本・(存)・本書卷末袁賓跋略云・東所張先生・有南海雜咏之作・弘治甲子・予過羊城・拜求覽焉・先生不外・出以示之・因請歸錄・爰相俸刻之梓・弘治乙丑季秋・知四會縣事懷集袁賓謹書・

(四十)林光南川詩集・正德三年刻本(未見)・南川冰蘗全集卷首楊鏌序略云・南川詩集・東莞林公之所著也・正德戊辰・鏌知潮陽・監察御史孫公・出是集謂曰・余師林先生詩・高古成一家言・子其募工壽梓・愚恭

承美意．板既玉成．强系數語．潮陽知縣長泰楊鑊拜書．

(四一)元結次山集十卷．正德十二年湛若水刻本（存）．本書卷首湛若水序略云．余自北遊．得元子而異焉．兩廣總戎太保武定侯郭公世臣讀之．若有契．遂以余本刻之．俾余叙其說．正德丁丑孟冬．書於西樵之烟霞洞．

按．今上海涵芬樓所刋元集．即影印是本．

(四二)鄭維新惠大記六卷．惠州府刻本（未見）．周弘祖古今書刻云．惠州府惠大記．道光廣東通志云．惠大記六卷．明鄭維新輯．見明志．維新字敬甫．弱冠舉於鄉．（按選舉表．維新歸善人．宏治十七年舉人）以薦召爲御史．歷官廣西參議．

按．維新宏治舉人．書附正德末．明晁瑮寶文堂書目．有惠大記．又有惠大紀．疑即一書．

(四三)王縝梧山集十卷．嘉靖五年刻本（未見）．本書卷首王守仁序略云．嘉靖二年．．京戶部尚書梧山先生．以病卒於宦．越三年．其孤弘久．自東莞詣余．乞爲其先人集序．本書卷末．王兆泰跋云．梧山集一書．原刻於公之仲子靜齋公手．

(四四)黃佐廣州府志七十卷．嘉靖六年．兩廣總督王守仁校刻本（未見）．先文裕公泰泉集是書序略云．予輯郡乘．門人相與遞錄之．會總制新建伯王公守仁至．手書其先世參議綱死增城事．俾錄入焉．且命其門客．繕寫入梓．校正文字．定爲七十卷云．

按．序作於嘉靖丁亥．廣東通志職官表．守仁是年任總督．書即刻於是年．

(四五)余靖武溪集二十一卷．嘉靖十三年刻本（未見）．四庫總目是書提要云．武溪集．今所行本．爲嘉靖甲午都御史唐胄所重刻．

按．嘉靖四十五年劉穩刻武溪集序云．余集．舊守鄭騮刻於郡．考通志職官表．騮嘉靖十年間．任韶州知府．蓋承胄皆刻是集．遂標胄名也．

(四六)霍韜明良集二十卷．嘉靖間韶州刻本（未見）．周弘祖古今書刻云．韶州府明良集．四庫總目是書提要云．是書所錄．凡宋濂洪武聖政記一卷．金幼孜北征前錄一卷．後錄一卷．楊士奇三朝聖諭錄三卷．楊榮北征記一卷．李賢天順日錄一卷．李東陽燕對錄一卷．韜後序但稱若宋濂金幼孜楊士奇李賢李東陽等．而不及楊榮．又云．赴召過韶．以貽韶守鄭騮等．或騮等付梓時．增入北征記歟．

按．此書亦鄭騮守韶時所刋．故附武溪集後．

(四七)戴璟廣東通志初編四十卷．嘉靖十四年劇本（存）．本書卷首璟凡例略云．廣東舊無通誌．正德嘉靖初年．撫按會聘儒碩纂修．事皆中止．璟自八月初旬．至十月終．倉卒就稿而已．不揣固陋．輒復梓行者．存草創也．嘉靖十四年冬十一月朔．

(四八)漢書一百二十卷後漢書一百二十卷．嘉靖十六年崇正書院刻本（存）．晁瑮寶文堂書目云．廣東刻兩漢．朱學勤結一廬書目云．漢書一百二十卷．明嘉靖十六年．廣東崇正書院刋本．後漢書一百二十卷．欵式與漢書同．亦崇正書院刋本．繆荃蓀風堂藏書記云．漢書一百二十卷．明嘉靖丁酉．廣東崇正書院刋本．每半葉十行．每行二十二字．張文虎舒藝室隨筆云．毛本漢書多舛謬．以明刻廣東本校之．稍勝．莫伯驥五十萬卷樓書目云．嘉靖丁酉．廣東崇正書院重脩本漢書．善處甚多．與宋本合．不與俗本同．目錄後有牌子曰．嘉靖丁酉冬月．廣東崇正書院重脩．半葉十行．行二十二字．小注雙行．行亦二十二字．後漢書牌子在第二葉之末．文與上同．全書行字．與前漢不異．所謂重脩．當是翻刻余襄公靖校定之本．故能如此精善．

按．廣州崇正書院．在明中葉．刻書爲最有名．嘉靖廣東通志云．崇正書院．在西湖．故址舊爲濂溪祠．正德二年．提學副使林廷玉．增闢爲崇正書院．此初建之址也．乾隆南海縣志云．西察院行臺．在提督府後．即舊國慶寺．洪武三年建．萬歴二年署廢．二十九年．太監李鳳改爲稅課署．復改爲崇正書院．乾隆廣州府志云．崇正書院．在都府後街．原西察院故址．此遷建之址也．由正德至萬曆．院址在西湖．已逾百年．考其所刻之書．嘉靖時爲最夥．隆萬後則未聞．豈是時已不復刻書歟．（都府後街．即郡西朝天街．見道光南海縣志．）

（四九）林希元欽州志九卷．嘉靖十七年刻本（未見）．周弘祖古今書刻云．廉州府．欽州志．道光廣東通志云．欽州志九卷．明林希元撰．希元嘉靖十七年任知縣．

按．通志藝文略．明隆慶前．欽州祇有此志．故據著錄．

（五十）羅虞臣司勳集．嘉靖二十年刻本（未見）．本書卷首冼桂奇序略云．原子者．司勳羅熙載之所著也．羅子號華原．著書自稱原子．原子之死．其弟虞睿手遺稾．求余序．又王漸逵序略云．華原羅子沒後．其弟虞睿．收其遺集．將梓以傳．予故爲序之．

（五一）符錫韶州府志十卷．嘉靖二十一年刻本（存）．本書卷首林雲同序略云．韶屬廣．以奇勝．鉅郡無善志．君子惜之．符守錫銳意脩輯．書成．序責在予．余因按察其境．知斯志之犂而用心之密也．遂序之．始於辛丑六月．成於十有一月．參校則推官鄭錫麒．教諭秦至道等．十有四人．而符守實總裁之．壬寅五月望日．

（五二）呂天恩從化縣志五卷．嘉靖間刻本（未見）．先文裕公泰泉集是書序略云．從化無舊志．志之者今令灌陽呂子天恩也．既梓且表．以嘗受業．乃請序於余．

按．通志及從化縣志．天恩以嘉靖二十六年任知縣．志當刻於此時．

（五三）郭春震潮州府志八卷．嘉靖二十六年刻本（未見）．周弘祖古今書刻云．潮州府府志．

按．乾隆潮州府志卷首周碩勳序云．潮自唐迄宋元．郡志俱無可攷．至勝國宏治嘉靖間．車司馬份．郭太守春震．稍爲編輯．弘祖所著錄．殆即嘉靖本也．春

震嘉靖二十四年任知府・亦見府志・

（五四）黃佐樂典三十六卷・嘉靖間刻本（未見）・道光廣東通志云・孫學古蕭山人・甲辰進士・嘉靖二十五年・授東莞知縣・聞泰泉講學・往師事之・得其樂典・歸鋟以傳・在任三年・以治行徵・未赴卒・

按・孫刻樂典・當在嘉靖二十六七年・邵懿辰四庫目錄標注附錄亦云・明嘉靖刻樂典三十六卷・

（五五）黃佐鄉禮七卷・嘉靖二十八年刻本（未見）・本書卷首香山令鄧遷序略云・公舊著鄉禮六卷・粵藩刻之以行・今年又以士相見禮及投壺鄉射諸篇附之・合七卷・嘉靖己酉二月・

（五六）楊士奇東里續集・廣東提學道刻本（未見）・

按・東莞莫氏五十萬卷樓書目著錄嘉靖刊本・東里文集二十五卷・詩集三卷・續集六十二卷・別集四卷・附錄四卷・有嘉靖庚戌袁郡嚴嵩重刊序・每卷末有天順某年某月男道禾編定一行・而未知爲何地所刻・攷鈔本南海孔氏三十有三萬卷堂書目・有東里文集續編・怡邸印藏廣東提學道重刊官本二十冊・則續集有粵刻本・唯刻年未詳・姑附之嘉靖間耳・

（五七）項喬東甌私錄十卷・嘉靖三十年廣州刻本（未見）・孫詒讓溫州經籍志云・項喬爲福建按察僉事時・刻文集於漳州・題曰東甌稿略・後遷廣東參政・又於廣州補刻成十卷・彙爲東甌私錄・後又別刻私錄於南雄・則專編講學之語・其詩文別爲文錄・公牘別爲政錄・

（五八）舒芬梓溪文集五卷・嘉靖三十年廣東刻本（未見）・

先文裕公泰泉集是書序略云・毅皇帝豫遊時・史官敢諫者・惟梓溪舒先生一人・沒年四十有四・家無立壁・儲御史良材・爲小築會城・居其妻孥・佐曩歲過之・二子奏奉・出其文集相示・吾廣方伯張公鏊學憲張公希舉・皆先生鄉人・聞而欲刻之・於是手自校選・定爲五卷・

按・嘉靖三十二年・福建按察司副使萬虞愷・校刻梓溪文集十卷・首載公序・結銜爲嘉靖三十年・則廣東刻本・當在是年・後經芬門人熊杰再輯・乃有萬刻之本也・

（五九）黃佐庸言十二卷・嘉靖三十一年刻本（未見）・本書卷末黎民表後序略云・嘉靖庚寅・先生棄官歸養・講學粵洲之麓・門弟子執業・日錄所聞・迄己酉罷講・裒爲十二卷・先生名之曰庸言・蕭山孫子學古・三山鄧子遷・衡陽何子价・灌陽呂子天恩・同郡陳子謂試・梁子孜・講工鋟梓・而嘉禾陸子湯臣亦助之・用底于成・嘉靖壬子・秋七月朔・

（六十）朱熹周易傳義十卷・嘉靖三十五年廣東崇正堂本（存）・邵懿辰四庫目錄標注云・周易傳義十卷・合刻程傳朱義・明嘉靖丙辰・廣東崇正堂刻本・

莫友芝郘亭知見傳本書目云・明刊廣東崇正堂本周易傳義十卷・合刊也・

按・東莞莫氏藏此本・卷末牌子云・嘉靖丙辰歲孟秋・廣東崇正堂重刊・余嘗見之・近莫氏撰五十萬卷樓書目・則云郘亭書目著錄明刻正堂周易傳義・寒家

亦有其書・勘其字書・與廣東崇正書院刋本漢書不類・疑爲無錫崇正書院所刻・余觀是書既明云廣東崇正堂刋・不知莫氏何以反疑之也・

(六一)朱熹詩集傳二十卷・嘉靖三十五年廣東刻本(未見)・曾釗面城樓集云・詩集傳二十卷・明嘉靖丙辰廣東所刻・按・此當是崇正書院刻本・

(六二)朱熹四書集注十四卷・嘉靖三十五年廣東崇正堂刋本(未見)・邵懿辰四庫簡明目錄標注云・大學章句・論語集注・孟子集注・中庸章句・宋朱熹撰・明嘉靖丙辰・廣東崇正堂刋本十四卷・

按・崇正堂當即崇正書院・據各家書目所著錄・知是時朱子所訓釋之易詩四書・皆同鐫刻・而葉德輝書林清話・乃云・廣東崇正書院・嘉靖丙申・刻四書集注十四卷・范目誤丙申爲丙辰・又誤書院爲書堂・未知何據・竊以爲非范之誤・乃葉誤也・

(六三)黎民表羅浮山志十二卷・嘉靖三十五年刻本(未見)

先文裕公泰泉集是書序略云・羅浮・粵望也・歲庚戌春二月・與甘泉翁偕遊・黎子民表曁梁子孜從焉・詢舊志於道士・則亡矣・於是託歸善姚子淶・求得錄本・黎子復得圖記鉅幅於故家・迺博訪旁采・綱以圖經・而後條擧其詳・昔所未載・而今創聞者・爲雜記以終之・予亦稍加潤色・蓋七閱寒暑而後成編・凡一十有二卷云・姚子率錢購工請刻・黎子伐梓・得二百斤・遂刻之・

(六四)談愷五先生詩選・嘉靖三十六年廣東布政司刻本(未見)・四庫總目陳暹廣中五先生詩選提要云・五先生者・孫蕡・王佐・黃哲・李德・趙介也・五人之中・孫王黃李皆仕宦・趙則隱居不出・所謂臨清集者亦不傳・嘉靖丁巳・無錫談愷刻五先生詩・僅得孫王黃李四家・以汪廣洋爲廣東行省參政・因合而刻之・以足五人之數・朱彝尊詩話云・伯貞集雖不傳・然在五先生之列・刋詩者・去伯貞而冠汪忠勤於卷首・可爲失笑・即指談刻也・陳暹廣中五先生詩選序云・督府談公・大參王公・求南園五先生集於泰泉黃公家・僅得黃李孫王・而失其一・乃以汪右丞集・並刻藩署・足五先生之數云・

(六五)黃佐明音類選十二卷　嘉靖三十七年順德潘光統刻本(存)・先文裕公泰泉集瑤石類稿序・黎子惟敬・編明音類選・予爲刪削成編・潘子少承刻之以傳世・

(六六)黃佐廣東通志七十卷・嘉靖四十年刻本(存)・本書卷首先文裕公序略云・嘉靖乙未・侍御四明戴公璟纂通志・成於倉卒・丁巳・少司馬談公愷・覽而少之・檄藩司聘余・重加蒐輯・予病謝不能・代以奉化王公鈁・禮請益敦・侍御徐公仲楫・枉顧再拜以請・至於再三・不獲終辭・乃開局於貢院・有司咨耆舊・索經籍・所徵貢進士陳紹文・黎民表・梁紹曾・及予中子在素皆集・余乃發凡擧例・郡檄復徵庠生・至者曾元素・黃萬春・陳晃・歐大任・林喬・黎民懷・梁有兆・而予長子在中與焉・人各分彙・朞不踰三・凡四閱月而竣事・草創編爲七十卷・會紹曾北上・惟留陳

黎二生・討論修飾・予惟潤色而已・第幽痾頻作・每欲已之・適王公擢憲留臺・代以莆田鄭公絅・亟令有司贊成其事・而侍御新安潘公季馴・尤惓惓注意・遂鋟諸梓・嘉靖二十有九年・歲次庚申季冬・

（六七）盧璘徐鶚肇慶府志十八卷・嘉靖四十年刻本（未見）・先文裕公泰泉集肇慶府志略云・肇慶志修自宋時・有李宗諤張宋卿二家・厥後丁伯桂守郡・重加刪潤・務爲簡略・而文獻散逸・不可復完・國朝正統成化中・凡兩修輯・竟未鋟梓・嘉靖丁巳・郡人陳君九成・偕諸俊彥廣摭以成・

按・丁巳爲嘉靖三十六年・殆書成在是時・閱數載乃刻竣・盧徐爲主脩・故列其名也・

（六八）黃佐六藝流別二十卷・嘉靖四十一年家刻本（未見）・本書卷首公子在素書目錄後云・茲書編目辛卯告完・日就蠹矣・歐君大任・因加精校・懼其湮也・乃命工鋟諸梓・嘉靖壬戌仲秋・

（六九）田汝成叔禾集十二卷・嘉靖四十二年崇正書院刻本（存）・本書卷首蔣灼序略云・叔禾田先生以進士爲禮部郎・又兩爲廣閩提學・刻志復古・根柢於六經・貫穿乎百氏・是集也其子藝蘅裒其三之一・以應人之求錄者也・嘉靖癸亥・

按・是書東莞莫氏有藏本・半葉九行・行十八字・卷首目錄云・藥洲先生文集六卷・詩集六卷・學約凡三章・試約凡九章・講章凡二卷・以上廣東刻・其板俱存藥洲崇正書院・藥洲即南漢西湖也・（莫氏云・天一閣書目著錄陳塏輯名家表選・自序稱刻之崇正書院・以與嶺海諸士共之・與田氏藝蘅刻集其父集・板存崇正・同一例・按名家表選・時代未詳・附錄於此・）

（七十）潘光統唐音類選二十四卷・嘉靖四十三年刻本（存）・本書卷首先文裕公序略云・門人潘上舍光統・廣蒐博採・凡唐人詩集百餘家・皆究心研慮・歷五寒暑・凡遺逸在初學記樂府詩集文苑英華太平御覽諸書・又數十家・亦皆選及無遺・凡爲二十有四卷・編成・予略加訂正・俾梓行焉・

（七一）陳暹廣中五先生詩選二卷・嘉靖四十四年刻本（未見）・四庫總目是書提要云・此本乃嘉靖乙丑陳暹重訂・謂得舊本趙臨清集命工刻之・以補五先生之闕・而以汪右丞詩別自爲集・於是五先生之詩・始復其舊・梁廷枏孫西庵集序云・南園五先生集・自正德以前・已易三刻・嘉靖初・（按實三十六年・非初也・）督府武進談愷・復付剞劂亡臨清集・乙丑・布政閩縣陳暹・始得並鋟焉・

（七二）余靖武溪集二十卷・嘉靖四十五年韶州刻本（存）・本書卷首劉穩序略云・予奉命治兵南韶・暇取張余二公文集讀之・張集幸不殘缺・余集則舊守鄭騮所刻於郡者・已磨滅不可讀・文獻不足・何以徵之哉・故於軍旅之餘・重刻以示多士・嘉靖四十五年秋月・

（七三）邱濬瓊臺吟藁・瓊州府刻本（未見）・周弘祖古今書刻云・瓊州府瓊臺吟藁邱文莊集・四庫總目邱爾穀重

編瓊臺會稿提要云．濬文集不一本．初其門人蔣冕等．刻其詩曰吟藁．續又裒其記序表奏曰類藁．嘉靖中．鄭廷鵠合二藁所載．益以所得寫本．釐爲十二卷．名曰會藁．

（七四）張詡東所先生文集十三卷．嘉靖間刻本（未見）．先文裕公泰泉集是書序略云．東所張先生文集十有三卷．乃代巡友山蕭公畀學憲來溪張公校定梓行於世者．

按．泰泉集友山名世延．道光廣東通志職官表無任官年月．是書番禺梁氏葵霜閣曾藏其本．今未見．

（七五）湛若水泉翁集．廣州府刻本（未見）．周弘祖古今書刻云．廣州府泉翁集．道光廣東通志云．甘泉文集明湛若水撰．四庫全書目三十二卷．明志前後集一百卷．

（七六）陳贄嶺南珠玉七十卷．廣東布政司刻本（未見）．周弘祖古今書刻云．廣東布政司嶺南珠玉．道光廣東通志云．嶺南珠玉七十卷．宋陳贄編．佚．黃志有．

（七七）東坡寓惠錄．惠州府刻本（未見）．周弘祖古今書刻云．惠州府東坡寓惠錄．

按．道光廣東通志云．寓惠集四卷．黃佐曰．蘇軾撰集．採入成編．殆亦嘉靖前刻也．

（七八）蔡邕中郎集．嘉靖間崇正書院刻本（未見）．東郡楊氏海源閣仿宋刻蔡中郎集跋云．何氏焯有手校明嘉靖間廣東崇正書院重脩本蔡中郎集．

按．咸豐三年．聊城楊氏所刻仿宋本蔡中郎集六卷．附獨斷一卷．

（七九）黎民表瑤石類稿．嘉靖間刻本（未見）．先文裕公泰泉集是書序略云．瑤石黎子惟敬．從予講學於粵洲先廬．敏于精詣．作詩駸駸乎凌唐而轢漢．潘子少承．選萃而梓行焉．

按．是書十六卷本．有萬曆戊子陳文燭序．稱鎭江鍾太守刻本．及其子吏部郎君華裒刻本．皆非潘刻初本也．

（八十）林應麒介山稿略二十卷．嘉靖惠州刻本（未見）．台州經籍志云．明仙居林應麒．字必仁．號介山．嘉靖乙未進士．終惠州同知．其書初刻於惠州．凡文十卷．詩十卷．有何維柏利賓二序．葉蕚金遷二跋．隆慶時．知縣趙善政．爲之重刊．

（八一）尤圯萬柳溪邊舊話．嘉靖廣東刻本（未見）．本書卷末朱文藻跋略云．嘉靖中．八世孫魯重刻於家塾．瑛帥粵中．又刻之憲臺．

（八二）郭廷序介齋集六卷．嘉靖間刻本（未見）．今人潮安饒宗頤郭循夫集跋略云．貴溪令郭介齋所作詩文集．最初刻本爲香山黃太史所選定．凡六卷．即阮通志藝文略著錄之本．

按．廷序字循夫．海陽人．嘉靖元年舉人．師事先文裕公．故集爲公選定．據崇禎七年吳仕訓郭循夫先生集序．謂先生集有黃文裕所定者不存．則是書在明末已佚矣．

（八三）黃佐泰泉集六十卷．萬曆元年家刻本（存殘本）本書

卷末歐大任後序云・泰泉先生集六十卷・嗣子在素在
宏刻既成・大任歸自河洛・俾序末簡・萬曆元年二
月・
按・是書傳世甚稀・順德李氏太華樓僅存卷一至四卷
十三卷・余曾借以校刻康熙本・工將竣而廣州淪陷・
迄未成也・
（八四）陳一松玉簡山堂集・萬曆九年潮州刻本（未見）・本
書卷首一松自序略云・不佞五十無聞・去歲病起・檢
所存稿・逸去過半・刻而藏之山堂・以示我後人・萬
曆九年陽至日・喬東陳一松書於棲雲軒・
按・是集久佚・光緒間一松族孫公焯・輯爲十卷重刋
之・見饒宗頤固菴序跋・
（八五）張九齡曲江集十二卷・附錄一卷・萬曆十二年韶州刻
本也（存）・本書卷首王民順序略云・公集・韶先太
守蘇韡・刻之郡齋・顧歲久木蠹字殘・闕不可讀・余
分臬韶陽・謁公祠・欲取舊本更梓之・而郡守蔣君・
曲江令張君・僉以爲請・於是督工竣事・萬曆十二年
甲申春孟・
按・顧千里思適齋集云・曲江集・成化九年邱瓊山所
刋・分廿卷・與新唐志及宋志合・萬曆四十一年・韶
州刻祠堂本・併作十三卷・甚謬・今王氏刻本已作十
二卷・後刻之祠堂本・蓋踵其謬耳・
（八六）葉春及順德縣志十卷・萬曆十二年刻本（存）・本書
卷首春及序略云・萬曆甲申・余至五羊城・吳西公以
志請・余嘗放羅太史圖惠安・今以施於順德志・則地
理・建置・賦役・祠祀・官師・流寓・人物・選舉・
雜志・凡九編・奪邑中士大夫權是懼・故居其半・亦
殺青矣・餘業皆具・草寘篋中・未示人也・客見之
曰・荀悅漢紀・無妨孟堅・左丘明一人之身・內外傳
並傳・相資故爾・余曰・諾・吳西公遂重鋟梓・而圖
別行・乙酉季秋朔・
（八七）饒相三溪文集略二卷・萬曆十三年潮州刻本（未
見）・本書卷首李炤序略云・饒三溪先生集略・有詩
有文・愚辱先生敎下・嘗請刻傳同志・未有諾也・茲
冢子賓印君・與愚謀次其略・請刻之・萬曆十三年重
陽日・
（八八）孫蕡西菴集九卷・萬曆十五年・順德刻本（存）・本
書卷首蔡汝賢序略云・西庵孫先生詩・見五先生集
中・業已行於世矣・古吳葉處元令順德・尤加意於表
章・裒先生所遺佚・若古詩歌行五七言律諸體・合而
梓之・屬序於余・萬曆丁亥仲秋・
按・梁廷枏西庵集序略云・西庵集・先生門人新會黎
貞所編爲最先・逮萬曆丁亥・吳縣葉初春裒集校正・
即四庫全書著錄本也・貞所編刻・常在永樂初・今不
可見・萬曆本尚存・
（八九）林大春井丹集十八卷　萬曆十九年潮州刻本（未
見）・本書卷首周篤棐序略云・井丹先生一生所著・
裒之爲袠・棐請刊行・而先生謝之・無何先生化矣・
先生之嗣克明君・出其笥稿・以不佞任校役・謀登之
梓・俟居孫公・捐金以肇其事・克明遂鐫之家塾・萬

曆六年辛卯六月。

（九十）戚繼光紀要新書十四卷。萬曆二十年廣東軍政掌印署刻本（未見）。王修貽莊樓書目云。明戚繼光撰紀要新書十四卷。萬曆壬辰。廣東軍政掌印署刻本。藍色印。以廣東海陽縣舊試卷反面印。背紙寫試士制藝。幷有海陽縣印。

（九一）林致禮西寧縣志十卷。萬曆二十年縣學刻本（存）。本書卷末卿一鳴後序略云。余承乏西寧。秋中涖治。訪學博雲君。見剞劂氏三五者。人攻鍥事。詢之雲君曰。此前任邑侯。命弟子員朱潤鄒偉輩所輯西寧志也。書成未就梓。而林侯即有獨山之命。今司馬洪公序其前。其有闕略。與乎後序。則於明府有待也。余雖不敏。敢不竭其遺思。以求效於尺寸間者。萬曆二十年秋九月。

按。洪司馬名有復。官廣東提刑按察司。致禮上思州人。舉人。萬曆十四年任知縣。見本書。

（九二）歐大任百越先賢志四卷。萬曆二十年刻本（未見）。四庫總目是書提要云。大任家於南越。因蒐輯百越先賢。斷自東漢。得一百二十人各爲之傳。每傳之末。必註所據。尤勝於他家之杜撰。萬曆壬辰。其鄉人游樸。嘗爲鋟梓。

（九三）陳吾德謝山存稿十卷。萬曆二十年刻本（未見）。本書卷首魯點序略云。謝山者。憲伯陳公退修處也。哲人既萎。公之子顧予逆旅曰。先君子不事著述。而一二手澤遺山房者。不忍讀而梓存之。宜有序。敢請。余唯而卒業。萬曆壬辰仲秋。

（九四）郭棐嶺海名勝記十六卷。萬曆二十四年刻本（存）。本書卷首王學曾序略云。余同鄉夢菊郭公。謝政歸山。時時譚及山川人物。已刻粵大記三十一卷傳於世矣。一日訪余洞中。出近記嶺海名勝若干卷。將付諸剞劂。命學曾一言弁諸首簡。萬曆丙申季夏。飛雲洞叟王學曾。

（九五）張九齡曲江集十卷附錄一卷。萬曆二十七年。南雄府刻本（存）。本書卷首柳希點序略云。曲江公遺文。前守普安蔣公。校而重鋟之。工未竣。余代守明年。屬保昌王令訖其事。令請序諸首。萬曆己亥季冬臘日。

（九六）林大欽東莆詩集。萬曆二十八年揭陽刻本（未見）。今人饒宗頤林東莆先生全集跋云。東莆先生詩集。舊僅有寫本。萬曆庚子。揭陽曾邁始刻之。越三十年。當崇禎庚午邁叔敬雍又刻之。

按。崇禎本以大欽所撰華嚴講旨及太安人不事佛二篇。合爲雜著。附刊詩集後。亦饒氏說。

（九七）李以龍寒窗感寓集三卷。萬曆三十五年家刻本（存）。

按。是書爲以龍侄之世之標同校刻本。

（九八）李之世鶴汀集九卷附李之標鳧渚集一卷　萬曆三十七年刻本（存）。本書卷首韓上桂序略云。余與長度交垂三十年。詩篇唱和不絕。長度丙午雋賢書。爲人美鬚髯。善談笑。遇景臨勝。翛然獨往。吐諸吟咏。不

數大歷而下·今彙梓其北遊諸稿·余遂直叙其概·萬曆己酉中秋·

(九九)黃淳新會縣志七卷·萬曆三十七年刻本(存)·本書卷七末淳識語云·誌修始己酉春·王令公入計·日速而未備·嗣后幾閱黜·甲寅·迺自取而芟剔緝綴·且坦易其辭·俾人入解·奈八旬老人·健忘多矣·乙卯苟完·聊付剞劂·亦祈不負王令公託耳·

(一〇〇)陳建皇明啓運錄四十二卷·萬歷三十七年刻本(存)·

按·是書卷末有皇明萬曆己丑廣東東莞臣陳建著刊木記·

(一〇一)劉廷元王學曾南海縣志十三卷·萬曆三十七年刻本(存)·

按·是書卷首廷元序稱以戊申中秋開局·凡五閱月而書成·戊申爲萬曆三十六年·北平圖書館有藏本·

(一〇二)翁萬達東涯集十七卷·萬曆四十一年潮州刻本(存)·翁萬達稽愆集卷首載翁輝東重輯凡例云·襄敏公所著稽愆集·平交紀略·總督奏議·嘉靖乙卯·莆田鄒守愚都爲十七卷刻於汴藩·是爲鄒刻東涯集·而詩不與·後萬曆癸丑·公姪孫鏞·覓鄒刻本增詩八十四首·刻於潮·是爲翁刻東涯集·

按鄒今藏潮陽郭輔庭家郭曾爲影印·

(一〇三)張九齡曲江集十二卷·萬曆四十一年·韶州李延大刻本(存)·顧千里思適齋集云·張曲江集成化九年邱瓊山所刊分廿卷·與新唐志及宋志合·此萬曆四十一年·韶州刻祠堂本·併作十二卷·甚謬·

(一〇四)張邦翼嶺南文獻三十卷·萬曆四十四年刻本(存)·本書卷首邦翼序略云·余秉校事餘閒·徵書十郡·幽人之所秘·名山之所藏·悉羅致之·是役也·始於乙卯之冬·至丙辰之春而竣·

按·楊瞿崍撰嶺南文獻軌範補遺一册·蓋繼邦翼而作·亦明刊本·未詳年月·附錄於此·

(一〇五)薛侃中離集四卷·萬曆四十四年家刻本(未見)·今人饒宗頤薛中離先生全書跋云·中離集·明時刊本者有二·一刊於萬曆初元·焦竑國史經籍志載之·一刊於萬曆丙辰·即中離孫德卿所梓·黃虞稷千頃堂書目著錄之·兩本皆四卷·其後薛茂杞復據丙辰本補鍥覆梓·是爲崇禎本·

(一〇六)趙希鵠洞天清錄·萬曆天啓間刻本(未見)·張萱西園存稿是書序略云·希鵠此錄·不少訐隲考核·故授剞劂·藏於家塾·希鵠宗室子·履閥莫詳·

按·萱字孟奇·博羅人·萬曆十年舉人·

(一〇七)戴侗六書故·萬曆天啓間刻本(未見)·張萱西園存稿·朱未央印略序云·嶺南文藝·出其下駟·皆可以走海內上駟·惟六書之學·則虛無人·故梓行元戴侗六書故·藏家塾以示兒輩·

(一〇八)謝肅密庵稿·天啓五年肇慶刻本(未見)·本書卷首謝偉序略云·歲丙午·偉家受祝融之災·版煨燼·及爲古新令·攜稿篋中·適制臺蘭陵何公鐫封

事．有採梨之檄．粵中艮手．鱗集鎭下．因出是編．詳訂而重梓之．天啓五年三月．七世孫偉堂．謹述於古新州公署．

（一〇九）顧阿瑛玉山名勝集九卷．天啓中廣東刻本（未見）．陸心源儀顧堂續跋云．玉山名勝集明天啓中徐韶翁刋於廣東．張萱爲之校勘．即今四庫著錄九卷本也．

（一一〇）葛徵奇南園五先生集二卷．崇禎十年刻本（未見）．四庫總目是書提要云．初嘉靖乙丑．陳暹合刻孫蕡．王佐．黃哲．李德．趙介．五人之詩．爲廣中五先生集．崇禎丁丑．徵奇以御史巡撫廣東．又訂正而重刻之．

（一一一）薛侃圖書質疑．附葉蕚廷鞠實錄．崇禎十一年家刻本．（未見）．

按．今人饒宗頤廷鞠實錄序云．揭陽薛先生侃圖書質疑刋自崇禎戊寅．刻者先生曾孫茂槮．

（一一二）千金寶要．廣東刻本（未見）．喬世寧邱隅集云．華州舊有石刻千金寶要．今蜀廣中板行者是也．

附明周弘祖古今書刻所載廣東書目

廣東．布政司．唐詩．東里文集．東里詩集．白虎通．周禮句解．大學衍義．類編故事．東坡文集．東坡詩．嶺南珠玉．唐書．穀梁傳．公羊傳．左傳．大戴記．宋史．二程全書．

按察司．五先生詩集．傷寒瑣言．

廣州府．府志．丹崖集．陳剛中詩．白沙全集（新會縣）．國語．杜氏通典．五經．六子書．本草．程子語錄．白沙詩教．泉翁集．

南雄府．張曲江文集．

廉州府．安南圖．欽州志．

惠州府．惠大記．東坡寓惠錄．

肇慶府．律詩類編．

雷州府．府志．

潮州府．府志．學史．祥刑要覽．草木子．薛胡粹言．禮儀全編．鄉禮書．

韶州府．明艮集．武溪集．

瓊州府．瓊臺吟藁．丘文莊集．大學衍義補．

按．弘祖嘉靖三十八年進士．明史有傳．是書所載．自明初至隆慶二年（兵部刋大閱錄九邊圖說）刻本．

重輯余襄公奏議序

今歲余嘗校輯宋曲江余襄公靖武溪集．讀卷首歐陽文忠撰神道碑．知集外尚有奏議五卷．南宋李燾續資治通鑑長編屢引其文．或稱奏議．或稱疏草．或稱諫草．當即一書．蓋經別出刋行．不附專集者也．尤袤遂初堂書目章奏類．則稱余襄公諫草不著卷數．宋史藝文志作諫草三卷．蓋宋時是書卷數名目已互異矣．清康熙間．廖燕重刻武溪集序（今刻本無此序據燕二十七松堂集）云．襄公奏議五卷不傳．厥後四庫書目武溪集提要．及道光廣東通志藝文略亦云已佚．蓋明成化間邱文莊公在閣中僅抄出武溪集三十卷．付韶守重刊．亦未嘗注意及此．殆不見於

世久矣·

暇因刺取羣籍·逐年編次·輯爲二卷·似已得其厓略·吾粵唐宋名臣奏議之單行本·有張文獻表草·崔清獻奏議·今皆失傳·省志藝文祇存其目·此編謹由搜輯成之·從歐碑最初之名·仍題奏議·惜夫書闕有間·於原書體例·未知若何·然窺豹一斑·或足備徵文考獻者之采摘爾·庚午臘月鐵城黃佛頤慈博謹序·

天南錄別詩叙

天南錄別詩者·同人餞東官張豫泉尊師返滬作也·千尺桃花之水·情滿歌聲萬重·桑海之天·望懸帆影·散雪成帙·停雲積章·思緣詞宣·感籍墨露·臨歧投贈·稱嘉話焉·

夫物品千彙·咸懷求友之懽·世嬗萬殊·尤增去鄉之戀·吾師天下模楷·儒林丈人·比幼安之居遼·作伯鸞之避地·家園偶返·方共暄寒·歧路無端·倏睽雲雨·則夫南園夙好·北海門生·折柳河梁·班荊江路·其能已於言乎·

家君偶以餘閒·編纂成集·爰出末簡·命叙片言·永貽別後之資·競仰離前之筆·庶幾鴛鴦雅什·彌徵洛下之知心·驪駒疊歌·足慰天南之離索·時甲寅歲仲夏五月也·羅浮黃圓慶慈博·

石例簡鈔叙

服嶺以南·士夫鮮治金石學者·乾嘉而降·風氣稍開·如馮如山·曾勉士·儀墨農·彭春洲·先香石諸老·其所著錄·皆可離方志而別行·若梁章冉·吳石·華荷屋則足與中原諸子抗席矣·咸同間·李若農·梁杭雪皆篤意治斯學·而著述多失傳·近世吾友李季駉撰藁盈尺·歿後亦散失·豈信今傳後之難·而吾粵攷古學之猶有竢乎·

南海宗人秩南君修學好古·雅慕鄉先正遺風·嘗輯刊遼金石錄行世·近復撰石例簡鈔四卷·問序於予·予於斯學實無能爲役·繙閱之下·輒喜其執簡馭繁·綜合衆說·不矜博辨·類皆犂然有當於心·求諸先輩·則章冉先生金石稱例之儔也·君更旁蒐載籍·集其大成·使承學之士·得所據依·不至茫無畔岸·事有似因而實創者·其斯之謂乎·

嘗謂金石之學·後勝於前·它日者古刻之發見愈多·而君之載筆爲書·必日以富·張皇國光·匪異人任·弗徒有造吾粵已也·予言雖不文·即以爲君前馬·其許我否·戊辰四月香山黃佛頤慈博撰·

英德縣續志序

方志之學麗於史·通於治·吾國先正·夙嘗究心·迄今則方聞碩儒·蔚然多所論列·新知創獲·日無涯涘·然沿舊製而整治之·補苴之·亦新陳遞嬗時所有事也·

英州圖志·肇始有宋·其佚已久·明以後凡六七修·今僅道光志存耳·光宣之際·邑人士懼六十年文獻之無徵也·僉議續輯·時鄧瓊史大令應聘爲主修·楊允卿茂才·林蓉初·羅煥英兩明經爲分纂·而番禺凌孟徵孝廉·暨頤相繼同任載筆焉·屬稿以還·洊閱事變·凌林二公·先後歸道山·鄧楊二公·恐茲事之弗克竣·屬頤專任·編定體例·一仍道

光之舊．聖謨恩紀以尠．專涉本邑者闕焉．輿圖則據測繪局本重繪．餘皆依類踵輯．可攷者著之．不則略之．氏族厘別其聚居．而遷移之朔．又弗盡可舉．姑增入輿地略末．前志有可校勘者．則別爲卷附後．書成凡十有七卷．

噫．見聞既囿於方隅．徵訪輒尼於時勢．集十餘禩之羣力．而所成祇此．足見志事之難矣．頤懵學寡識．承羣公誣諉之雅．及邑司法莫公鳳孫敦促之殷．勉爲始終其事．質諸大雅．亮貽貂續之誚．然一方掌故．網羅放失．庶幾或有取乎．庚午冬月．香山黃佛頤謹撰．

醴芝醫學八種序

三水鄧君醴芝．少從遊先君子日坡先生之門．學詩古文辭．長於余數歲．至相得也．嘗受知於張冶秋學使．卒不售．科舉廢後．遂肆力於醫．凡內經難經傷寒金匱千金外臺．曁近世諸家學說．能涉臘而融貫之．有設醫學求益社於廣州者．君肄業其中．朱省長慶瀾又創廣東醫學館．君實習兩載．業冠其曹．由是省中諸專門醫校聘爲講師．而衞生公安諸局或延之襄校焉．助診焉．駸駸然有聲於時矣．

一日．手其生平撰述曰溫熱經緯注疏者．問序於余．且云所著尚有內經闡微．難經簡要．的解傷寒論．直解脈學．四診撮要．婦人經帶．胎產抉微．小兒科．枕中秘諸書．稿成竢刊．余素不知醫．昧於儒門事親之義．常引以終身疚．何能序君之書．然觀君懸壺市中．存活甚衆．所著書皆句梳字櫛．元元本本．多闡前賢未發之蘊．所謂得證治之津梁者歟．君行年六十餘矣．狀貌乃如四十許人．自謂得太陰煉形術云．丙子立秋後四日香山黃佛頤慈博序．

三水藝文略序

昔歐陽子志唐書藝文．而深致慨曰．有其名而亡其書者．十蓋五六．夫歐陽子生宋盛時．官文學侍從．修一代之史．其言已若此．況身丁陽九．窮居荒村老屋中．以蒐攷一郡一邑之文獻．則凡鄉先生之撰著．其凋零磨滅不傳於世者．又何可勝道．然書未見而目存．彙而錄之．亦足以垂來禩．備徵討．斯吾輩所有事也．

三水黃君祝蕖．近與修其邑志．輯成藝文略二卷．欲別刊行之．而問序於余．觀其分別部居．詳簡得要．肄江文獻．粲然在目．輓近吾粵諸邑乘．其志藝文也．非陋則蕪．祝蕖力矯斯弊．信難能可貴矣．

抑猶有進者．今之載筆．史例非難．史料爲難．自頃輈張三十年來．故家遺獻．垂垂將盡．不亟搜集．必並此區區之目而亡之．遑曰讀其書以知人論世耶．王于一有言．世之變也．志風雅者．當紀亡而不紀存．予既誦歐陽子之言．而增慨於中．讀祝蕖之志．復幸其鄉先生之撰著．得以按目而稽．或不至於凋零磨滅也．爰樂書以歸之．丁丑仲冬香山黃佛頤慈博．

廣東女子藝文考序

女子古多撰述．自梁阮孝緒七錄著錄班昭集三卷．隋書經籍志載班婕妤集亦沿其例．厥後諸史因之．嘗讀而嚮往焉．蓋立德立言．女子自有其不朽者在也．

黃佛頤

迺者世變日亟・姆教不修・敝化奢麗・唯瀕海諸地爲甚・嗟夫・學殖之荒落久矣・而南海冼玉清女士乃有廣東藝文考之輯・其志卓然・其心俛然・誠有以自拔于流輩者乎・

女士生長名門・修學好古・不囿于時・主講嶺南大學・以扶世翼教爲任・嶺南耆宿咸推服之・余家略有藏書・輒匝月借讀不厭・嘗以吾粤女子撰述・傳者寥寥・因眘集志乘・旁稽載籍・考定存佚・分別部居・一本諸史藝文及各家書錄解題之例・其有功于吾粤文獻固多・其有功于吾粤文獻固多・而于吾國女學激勵爲尤鉅也・

曩吾友黃君秩南・爲女士同鄉・擬輯宮闈經籍志・網羅廣博・已漸次成書・自丁喪亂・其得付剞劂與否・尚不可知・女士茲編・殫見洽聞・深得體要・余甚冀其速刊以餉世・庶服嶺以南・凡女子之有德有言者・得藉茲編而傳・後學抗心希古・亦奪然得所以自立之道・而女士表章蒐錄之功・將同垂不朽・豈直備一方掌故已哉・戊寅臘月黃佛頤慈博・

張穀民同年春陰舊夢圖序

於月落參橫之候・抱鸞吪鳳靡之悲・銀燭風飄・瓊瑰雨泣・許昌筆健・思補造化之功・潘岳詞工・亶著芬華之烈・媲曇華之一見・儻蘼蕪之再逢・此張穀民同年春陰舊夢圖序之所由作也・

溯夫北海得師・南洋歸妹・六禮修其梅聘・雙笑勰其蘭言・香名符杜母之稱・凡艷哂蜀姬之色・紅紗映肉・品擬神仙・彩筆畫眉・情深夫婿・龍江汎影・漫疑甄氏之淩波・羊石問奇・便學秦嘉之怨別・亦謂貯麐金屋・連理交花・歸詠玉臺・合歡倚樹・贈答倍於徐淑・愛玩永於高柔・胡迺炊臼俄占・安絃乍斷・珠胎生而月隕・玉骨瘞而風銷・想容於羣玉山頭・寄恨於華鬘天上・蟾輝黯夕・霏霧廊深・鵑語辭春・愁烟樹老・音塵縹緲・莫覓返魂之香・神光合離・空循步屧之迹・雨中有淚・月下無人・能無思故劍而顏凋・捲湘簾而神惢乎・

嗚呼・綠章誰奏・待旌命婦之花・繡袱有靈・已長宜男之草・鵲塡仙渡・鷰集孫枝・則斯圖也・豈直髣髴丹青・宣導幽墨・悼隙駒於夢得・迷曉蝶於莊生・將以省識春風・啓發夕秀・相逢五醉・未忘坡老之淸樽・更看千年・應滕放翁之長句・

鵝峯枝隱壽言序

九曜星粲・重陽日晶・露鞠秋新・霜筠晚秀・時則丁卯九月・拱垣方先生八秩初度・諸同人以詩爲壽之辰也・

先生楚庭耆宿・禮山師傅・少蜚譽以有聞・耄竺學而無倦・稽其賢書膺薦・冠匡衡之丙科・戎幄出襄・對顧琛之甲仗・籌邊進策・隱息夷氛・入幕陳辭・動關民瘼・計相動色・一言止竭澤之漁・髦士傾心・十載淑居黌之雋・至若立胡瑗之齋舍・募李瑒之鄉兵・赤子來蘇・倡收陋巷之寘・蒼黎獲濟・遠紹社倉之規・仁風所流・足致上袠・大雅之頌・都無諛詞・君子臺萊之篇・高賢都荔之喩・以今況古・亶足尚矣・

先是丁巳重陽・先生七十壽辰・當同人之稱觴・已羣言

之成集・望著羊石・韻流鵝洲・今則賨桂連枝・扇馥逾遠・莊椿貞幹・敷蔭正濃・心潡務觀之琴・顔駐安期之酒・鴻算迭晋・雅什彌繁・永播鄉窔・允作嘉話・它日者・誦武公之懿戒・聽林類之行歌・雲情愈高・雪和尤衆・祥廷燕喜・廣賡魯頌之詞・曲登鶴飛・再棄壽蘇之集・必將權輿曩輯・抑又嘯矢茲編已・世愚姪香山黃佛頤謹撰

宋臺秋唱序

宋臺秋唱者・東官蘇選樓先生所輯也・嗟夫・讀水雲之野史・總是傷心・聽淸碧之谷音・原難制淚・靑天何世・滄海多風・長歌皆變徵之聲・遯迹亦思歸之操・茲編之製・曷容已歟・

宋臺僻在官富・曩隸寶安・遺臣之所曾躋・少帝之所暫駐・怒濤欲齧・屼嵲千霜・危石誰銘・荒涼三字・九龍眞逸・管甯辟地・陳咸閉門・纂述餘閒・斯焉登眺・當夫霜天素節・海國蕭辰・謝皐羽之西臺・偶從學子・王英孫之南墅・時集遺民・爰於丙辰季秋・同祝玉淵子生日焉・

天潢苦節・怨斜陽之易昏・嶺海遺忠・薦寒泉而共享・黃龍痛飲・匡復何年・朱鳥招魂・哀歌有客・咸成騷些之作・足譜神絃之章・固已激齊館之商飆・奪梁臺之淸吹・他若鶴嶺踏月・鯉門望潮・捫亮節之廟碑・重蒐史闕・拾景炎之宮瓦・彌珍研材・白石續冬靑之辭・攖甯贈離黍之什・靡不哀散林木・響凄烟霜・期共溯夫流風・屑徒描夫光景・斯又言茂陵於灞上・金狄如逢・閱典午於雒中・銅駝欲泣者矣・

嗚呼・蘇劉義之不返・翊戴無繇・馬南寶之孤吟・感傷奚補・詩溫酒熟・難覓可人・水剩山殘・矧非吾土・覽斯集者・其將如洪稚存所云・讀臧洪之傳・髮自衝冠・登廣武之原・皆先裂血乎・抑第眎爲天地間集一流・而祇與月泉吟社之列乎・各存會心・靡所逆睹已・歲在彊圉大荒落立春日・鐵城頑豔生黃慈博謹序・

南園紀事

南園即今大忠祠也・其中池榭幽勝・後臨淸水濠・今有僧居守・讀書習靜者・多假館之・（粵臺徵雅錄）

南園在番禺城南一里・明初孫賁仲衍・王佐仲翔・黃哲荔灣・李德仲德・趙介伯貞結詩社・所謂嶺南五先生也・迨嘉靖時・社廢園荒・歐虞部大任崙山・有五懷之作・因與梁比部有譽蘭汀・黎參藩民表瑤石・吳剌史旦蘭皐・李戎部時行靑霞・恢復前美・聯吟於抗風軒・而南園後五先生稱焉・

明季陳宗伯子壯・再邀同人爲南園詩社・與曾道唯高賓明・黎邦瑊謝長文・區懷年・蘇興裔・梁佑逵・和黎遂球黃壯丹詩・題爲南園花信・共九人・亦一時之盛・數楹老屋・或興或廢・與有明一代相終始・亦奇矣哉・（楚庭稗珠錄二）

南園在府城南二里・中有抗風軒・明初孫蕡輩結詩社於此・後廢爲總鎭府花園・嘉靖間改爲大忠祠・康熙癸亥・番禺令李文浩即大忠祠東偏・建復杭風軒・列五先生主而祀之・乾隆癸未・郡人士請准以後五先生附祀・顔曰南園前後五先生祠・（阮通志）

按王士正廣州游覽小志云・南園五先生祠・在大忠祠

東・崇禎戊寅・巡按御史葛徵奇葺三忠祠・並鐫五先生詩於版・久之皆廢・同年彭吏部襄爲番禺令・復新之・祠有池閣・背枕河流・亦一勝地・又番禺縣志云・南園十先生祠・在大忠祠左・同治六年重修・

南園舊社・國初嶺南五先生之舊・初圮廢二百五十餘年・今王太父太常虞石王公按粵時・偕黃士明・黃亮垣・韓緒仲・陳集生四太史・陳柳之・鄧玄度・劉覲國三觀察・高正甫太守・梁幼甯・韓寅仲二明府・韓孟郁・黎孺旬・黃逢永三孝廉・及不佞萱・捐資修復者也・（明張萱西園存稿十）

南園詩社・在今文明門外・背枕河流・勝地也・中有抗風軒・元季孫蕡・趙介・王佐・黃哲・李德結詩社於此・稱五先生・一時名流・如蔡養晦・黃希貞・希文・黃楚金・蒲子文・黃原善・趙安中・趙澄・趙訥皆與焉・入明廢爲總鎮府花園・嘉靖間・改作三忠祠・歐大任・梁有譽・黎民表・吳旦・李時行・復於抗風軒開詩社・稱後五先生・

崇正末陳子壯・子升・黎遂球・謝長文・區懷瑞・懷年・黎邦瑊・黃聖年・徐棻・歐必元・王遇・黃季恒・僧通岸等・重啓南園舊社・陳子壯・曾道唯・謝長文・高賚明・區懷年・蘇興裔・梁祐逵・黎邦瑊各和遂球黃牡丹十首・附以遂球原作・凡九人爲一卷・付剞劂・名曰南園花信・以識粵社之盛・

兵燹後荒圮・國朝康乾間・修復南園・歲久漸又傾移・同治十一年重修・陳澧題額刻石・光緒十四年・總督張文襄公之洞復加修葺・於抗風軒題楹聯云・詩如大歷十才子・園似將軍第五橋・（番禺縣續志）

抗風軒・光緒十四年總督張文襄公之洞重修・益加宏邃・別闢地建祠・以祀十先生焉・（番禺縣續志）

去城南山川壇數武・人得而指之曰此五先生締社之所・夷考其時・罹黨籍者二人・不仕者獨趙臨清・亦就道不免・諸所著撰散失固多・人皆稱南園五先生・而五先生不有其南園・其廢則爲總鎮行館・而其興則以祀宋之三忠・誦詩論世可知已矣・（陳子壯重刻南園五先生詩序）

羅浮精舍・在文明門外南園・明嘉靖初御史吳麟創建・原在三忠祠臣範堂之右・明末傾圮——國初康熙六年・知縣彭襄修復・以祀觀音大士・乾隆四十一年・寺僧普三重修・知縣張文植爲文刻石紀之・光緒十四年・總督張之洞修葺南園・改建於抗風軒之東・撤除佛龕・而名仍其舊・茂林修竹・流泉映帶左右・爲士人游息勝地・自後郡人屢加修理・（番禺縣續志）

光緒十三年・總督張之洞於南園旁建廣雅書局・校刊經籍・嘉惠士林・（庚戌南海續志）

南園頽廢・遺址爲民間佔踞殆盡・南皮張公・搜剔而規復之・即其地設廣雅書局・爲最後校書堂・延訪名流・校讐書籍・樓堂臨水・兩岸垂楊・小作勾留・令人想見秦淮風景・（趙起鵬錫麓歸耕園唱和詩附錄）

擬重修厓山慈元廟碑文

岡州之南・奇石之畔・風烟閴絕・棟宇巋然・舊顏曰慈元殿・蓋前明劉方伯大夏建祀宋楊太后之所也・

碧瓦鼠竄・如入兜娘之廟・瑤礎蝸結・誰尋女媧之墳・

忠魂與鐵鎖俱銷・危局比金甌同破・院監失采香之港・曩迹徒存・館娃迷響屧之廊・前塵永絕・此固海隅日月・照淨土以無由・行在乾坤・保殘山而愈狹者矣・

慨自天水運移・朔邊氛惡・氈車勢逼・甘作順民・降表名簽・覥稱臣妾・當是時也・金輿大去・木柹空浮・五馬江山・誰撐半壁・諸田壘域・已盡三齊・彼楊太后者・獨能提挈二王・間關百粵・禁籞雲護・六軍聞蒼兕之呼・寶纛波掀・羣艦簇黃龍之繞・方冀帝星復朗・女水無湮・天險足憑・北伐猶圖大舉・人心未去・南荒定可偏安・仍后流離・得存夏統・程嬰義烈・以保趙孤・而乃鯢島空揞・鼇維竟斷・射潮有志・橫海無功・劉昆智竭於反風・魯陽力窮於揮日・三百年之運・已盡庚辛・一二士之心・難回天地・卒至碧幢將士・畫江莫詡圖存・黃屋君臣・蹈海唯拚赴義・田橫之侶五百・骨錬鮫涎・句踐之士三千・軀埋魚腹・淒涼塊肉・絕少康復國之機・嗚咽此心・餘帝女填淵之恨・若太后者・可謂貞操貫日・義烈干雲也矣・

迄今蒿萊寂寞・久沒陵園・烟樹蒼涼・祇餘殿宇・天荒地老・孤鸞之泣何窮・石爛海枯・杜宇之心不死・某等剔白沙之遺碣・夙慕英風・聽滄海之怒濤・願彰全節・擬新崇構・重勒豐碑・縱迷荊棘之銅駝・聊當松楸之石馬・黃蕉丹荔・時薦馨香・寶帳珠襦・倘憑靈爽・庶幾玉魚永閟・冬青蔭少帝之陵・鐵馬來朝・榴火照將軍之塔・

張其淦先生像贊

治見亂隱・出處從容・嚼然不滓・溫然以恭・治民愛於晋皖・列仙班於閬蓬・魁碩逾芷園・風度媲曲紅・富等身之纂述・蔚百粵之人宗・弟子黃佛頤敬題・

岑仲勉 一八八六年生 一九六一年卒

原名銘恕・以字行・順德人・十五歲讀畢五經・兼治通鑑・光緒廿九年考入廣東大學堂・肄業二年・轉學北京稅務專門學校・於統計學有精湛研究・而各國經濟狀況・海關條例・莫不貫通・民國初年返粵・任廣東財政廳秘書・廣三鐵路局長・非其志也・隨充廣州聖心中學教務主任・專心研究史地・晨鈔夕纂・治學不倦・創設該校石室書樓・得見罕有册籍圖表・視爲奇寶・悉心檢閱・以珍貴資料・足供考証・搜集劬勤・經三年遂撰成法顯佛國考及義淨年譜印行・受知於當代歷史學者陳垣・陳寅恪・垣致書有眞可爲吾鄉揚眉吐氣之語・寅恪亦有吾道不孤之感・促其北上講授輔仁清華大學・行至上海・爲鄭洪年延攬・任交通大學歷史教授・中日戰起・國府西撤・任教西南聯大・復聘爲中央研究院研究員・勝利後・轉就廣州中山大學教授・先後纂成隋書求是・隋唐史・中外史地考証・元和姓纂四校記・隋書州郡牧守編年表・唐書逸文辨・唐方鎭年表正補・唐人行第考・通鑑隋唐紀本事質疑・論白氏長慶集源流・補白集源流事證・白氏長慶僞文等・終於講席・生平撰述豐富・熟精隋史・論文散見各學術刊本尤多・

舊唐書逸文辨

家賢建功氏舊唐書逸文自序言

自南宋以後・新唐書盛行而舊唐書流傳漸少・至明嘉靖時・藏書之家已罕有足本・聞人氏所刻・乃彙集諸家之書・補綴而成・其中不無殘缺之處・錢氏考異言薛播等傳・有論無讚・王氏商榷言柳公度傳其文不完・趙氏箚記言張巡傳行

墨脫落・皆辨論精詳・能正今本之失・而逸文散在羣籍・尚未有彙集之者・所輯逸文・幾純以御覽爲主・共成一十二卷・仲勉覽而惑之・豈劉昫之書脫漏至於此極耶・其可疑者・

列傳之無可附者・有王行本・張瑾・何潘仁・姜寶誼・段綸・田留安・周法明・張鎭周・賈嘉隱・徐慶・紀履忠・張循憲・范獻忠・韓琬・袁仁敬・崔昌・劉秋子・張造・李栖筠・嚴郢・張著・臧希讓・王國良・戴叔倫・呂溫・鄭珣瑜・齊總・王源中・張平叔・薛膺・李泳・鄭居中・房穎叔・崔希喬・李直方・馮履謙・李子愼・王行敏・程袁師・武弘度・施士丐・秦鳴鶴・蘇澄・郭弘道・韓凝禮・趙師・僧萬迴・李謹行妻劉氏・麴昭母某氏等四十九人・（逸文一一）其中多無立傳之値・其中唯李栖筠一人・據通鑑考異一七曾引舊李栖筠傳・殊爲可疑耳・舊書一四八李吉甫傳・父栖筠・國史有傳・一七四李德裕傳・祖栖筠・父吉甫・祖父自有傳・論者或謂劉書之「國史」・承用唐人口氣・十七史商榷七六則謂昫之修史・始於後唐・莊宗自以繼唐立其祖廟・故玄宗紀末史臣論稱爲我開元・又經籍志敍首稱我朝・此皆以唐爲本朝・並非因仍唐代史官之筆云云・且引「父栖筠國史有傳」以證・余按劉書承用唐人語・如八四劉仁軌傳之「史臣韋述曰」・同卷裴光庭傳之史官韋述論・八五唐紹・徐有功傳・八六澤王上金傳・俱稱玄宗爲今上・六一竇威傳稱開元爲今・又八五張文收傳有今元會第一奏語・係沿吳・韋撰文・皆有碻證・（參錢氏考異五九商榷八六）唯後唐自稱唐後・故修史者遂可沿用唐人之「我」而勿改・商榷之論・徒見其偏・「國史有傳」・唐人撰述（如因話錄等）累見之・不能謂即指劉書也・商榷云・「不言自有傳而言國史有傳者・劉昫以唐爲本朝故也・」釋國史字殊牽強・適反證其爲唐人語氣耳・此其一・

逸文一一又收太和・萬壽公主各一段・以爲兩公主傳逸文・其御覽一五四引・「凡公主封・有以國名者・鄎國・代國・霍國是也・有以郡名者・平陽・宣陽・東陽是也・有以美名者・太平・樂安・長寧是也・唯玄宗之女・皆以美名名之・」同書六九九引・「建中中議公主出降之儀・曰近代設氈帳・擇地而置・此乃北胡穹廬之制・不可以爲佳・宜於堂室中置帳・以紫綾幔爲之・」則注云・「案此條及下條皆述公主之事而無所專屬・疑序論中語・今錄於此以俟考焉・」余按劉書有公主傳・未之前聞・疑及序論・則輯文者已不能自堅其信矣・　此其二・

四裔之無所附麗者・有環王・羅刹・殊柰・甘堂・文單・參半・白頭・投和・多蔑・多摩長・哥羅舍分・金利毗逝・杜薄・頓遜・薄剌洲・西爨蠻・松外蠻・姚州蠻・巴東蠻・昆彌・吐火羅・師子・曹・烏篤・蝦夷・流鬼・鞠・拔野古・駮馬等廿九國・其環王條且注云・「疑此條乃環王國傳・與今本林邑國傳原係各自爲篇・誠以國名既殊・故並存以俟考・新書遂以環王爲主而不標林邑之名・舊書又逸去環王・止存林邑之號・故不免彼此參差耳・」謂劉（逸文一二）書逸去如許外國傳・已令人難信・況所逸者又有複出之環王・其果如是恰巧耶・　此其三・

逸文八據御覽六二九・自顯慶三年起迄大和二年止・錄

各制舉科暨其及第人名凡四十一條・且注云・「又案史書有選舉志・自新唐書始・舊唐書尚無此名・禮儀志四雖有考試之事・而制舉科目・及第年月則全未載入・此條於彼處無可附麗・故另列於此卷・」無可附麗・自已生疑・則究將爲某處逸文耶・ 此其四・（參下文）

逸文七地理志涇州收御覽三三四城臨涇事・共八十二字・河中府收師御覽三三〇城中都事一百四十九字・洋州收寰宇記一三八齊映從幸梁洋事一百七十三字・梓州收御覽三〇四高崇文伐蜀事一百六十五字・然今存舊地志都無此類不涉沿革之繁文・復次京兆府收御覽九六一・「雲陽縣界多漢離宮故地・有似槐而葉細・土人謂之玉樹・」梁州收御覽一六七・「貞元中・謝眞人於郡紫極宮上昇・萬目所覩・郡郭是夕處處有紅霓雲氣・」（按寰宇記八六南充縣亦云「唐書・貞元十年・謝眞人名自然・於縣界金泉紫極宮白日上昇・郡郭是夕有紅霓雲氣之狀・」比御覽略詳・逸文失徵・）邕州收御覽五〇〇・「德宗初即位・詔曰・邕府歲貢奴婢・使其離父母之鄉・絕骨肉之戀・非仁也・罷之・」此外御覽九五七・「南中有泉・流出山洞・常帶桂葉・好事因謂爲流桂泉・後人乃立棟宇爲漢高之神・」御覽九五〇・「南中山川鴆鳥之地・必有犀牛・有沙蝨水弩・必生可療之草・」都無着落・余按劉書之蕪穢・爲後世詬病者・端在武宗以後各帝紀・狀類近世之邸抄・如錢氏考異五七云・「按舊史本紀・前後繁簡不均・睿宗以前・文簡而有法・明皇・肅・代以後・其文漸繁・懿・僖・昭・哀四朝・冗雜滋甚・……且以高祖創業之君・在位九年・而紀止六千八百十有四言・哀帝政在强臣・在位不盈三載・而紀乃一萬三千有二言・蓋唐初五朝國史經吳兢・韋述諸人之手・筆削謹嚴・中葉以後・柳芳・令孤峘輩雖非史才・而敍事尚爲完備・宣・懿而後・既無實錄可稽・史官採訪・意在求多・故卷帙滋繁而事迹之矛盾益甚也・」然此實迫於當日史料缺乏・無法完篇・故有濫竽充數之舉・新書・通鑑於晚唐雖刻意求備・仍不免多所矛盾・劉書之爲世病・固太半環境使然也・抑余嘗合校通典突厥及劉書突厥傳・覺其皆本吳・韋舊稿而互有取舍・未得軒輊・（參拙著突厥集史）是當年纂輯諸公・尚非胸無涓墨者・玉樹・桂泉與白日上昇諸瑣屑・未見其闌入地志也・此其五・

逸文七職官志傳御史牧師御覽二二七・「御史遭長官於途・皆免帽降乘・長官戢轡辭而上馬・乾封中王本立爲御史・意氣頗高・途逢長官・端揖而已・自是諸人或降而立・或足至地・或側鞭弛鐙・輕重無恆・開元以來・但舉鞭聳揖而已・」校今所傳・殊不像職官志語・逸文同卷復據御覽一七五・「麗正殿高宗降誕之所・開元中繕寫圖籍貯之・」以爲經籍志逸文・然其事與經籍何涉・胡爲瑣屑之事・今傳本多佚・若經一度删削者・ 此其六・

諸帝本紀・宣宗以爲較謹嚴・以後冗雜滋甚・具見前引錢氏考異・今逸文所輯・自高祖迄文宗・幾達五卷・宣宗祇兩條（均御覽八七三）五十字・僖宗祇一條（御覽八六〇）四十八字・昭・哀且無有・豈謹嚴者偏多佚而冗雜者獨幸存乎・何爲如是之巧也・ 此其七・

以上所摘・僅犖犖大端・他可疑者猶不勝枚舉・夫既謂

其逸矣．逸在何時．將謂南宋紹興以後歟．今百衲本得宋刻六十七卷及子卷二卷（三一至三四，四口至四五．四八至五〇．六五至七八．八八至九七．一〇〇至一一〇．一二八至一三三．一六五至一六九．一七九至一八四．一九〇下至一九四上）．張元濟氏祇校出卷四一廣下奪七十八字．一九〇下李白傳奪二十六字．縱使張校未全．要爲數有限．何所容如許逸文者．是宋本出而前說不攻自破也．將謂逸於南宋前歟．然北宋人書說曾未之言．所疑更無影響也．大抵建功氏之惑．惑於明人諸序．如文徵明云．「先是書久不行．世無善本．沈君僅得舊刻數册．較全書才十之六七．於是徧訪藏書之家．殘章斷簡．悉取以從事校閱．惟審一字或數易．」楊循吉云．「故有刻本在吳中，惜亦未全．……且命廣搜殘逸．足其卷數．」又聞人詮云．「復成一代之新書．遂亡劉氏之舊帙．」一若劉書已殘闕不完者．然嘉靖先今四百年．律以百衲所搜．彼時當不難集腋．聞序固云．「未復弭節姑蘇．窮搜力索．吳令朱子遂得列傳於光祿張氏．長洲賀子隨得紀志於守溪公．遺籍俱出宋時模板．旬月之間．二美壁合．古訓有獲．私喜無涯．」足徵卷非不全．考遂初堂書目．舊唐書有舊杭本．川本小字．川本大字等．其云審一字或數易者．許是互校．且或誇美之詞．吾人讀聞序之「遂亡」．不得以辭害意也．（例如文序得舊刻數册較全書才十之六七云云，既什之六七．何止數册．必泥以求之．斯失眞意矣．」

更有進者．舊籍引書．往往不沾沾於字句．非徒御覽爲然．而御覽亦數見之．（參御覽引得序十一二頁．）例如逸

文十據事類賦注引盧攜鄭畋擲硯相投事．豈能決其非即．七八盧鄭兩傳之文而必爲黃巢傳逸文乎．

劉書逸文之不信．具如上理由．然則御覽所準「唐書」．其不指劉書耶．抑兼舉數種唐之史耶．是須於唐人遺說．宋代目錄與御覽引文參互而決定之．

御覽經史圖書綱目著「唐書」．「舊唐書」二名．近人論之云．「綱目之作．當在何時．後世頗少定論．惟其中並列唐書及舊唐書之名．則頗使人疑其非修書時所擬進．乃仁宗以後好事者所撰輯者．蓋修御覽時唐書僅有劉昫所修一種．初無舊與不舊之別．至仁宗嘉祐五年歐陽修等重修唐書成．劉書始被冠以舊字．而歐書或冠新字．或直稱唐書也．」（引得序十三頁）然御覽流行之始．當屬官雕．豈容「好事者」妄加羼附．彼之說．蓋於「唐書」一名未之細考耳．拓本貞元六年唐故江夏李府君岐墓誌（姪將仕郎前殿中侍御史內供奉鄘述．）云．「考邕．皇朝北海郡太守．贈祕書監．有文集一百八卷行於代．唐書有傳．」全唐詩七函五册白居易（廿四）自到郡齋詩自注云．「河北三郡相鄰．皆有善政．時爲鐺脚刺史．見唐書．」朱景玄唐朝名畫錄云．「韓滉．德宗朝宰相．……按唐書．公天縱聰明．神幹正直．出入顯重．周旋令猷．出律嚴肅．萬里無虞．是皆唐人所稱之「唐書」也．按李邕卒於天寶．鐺脚刺史者即貞觀中滄州刺史薛大鼎．瀛州刺史賈敦頤．曹州刺史鄭德本．（見劉書一八五上良吏傳．）則李鄘．白居易所謂「唐書」．當指吳．韋舊著．若韓滉卒貞元三年．則朱景玄所謂「唐書」．最早亦屬令狐峘以後之續筆矣．復次唐會要七五注．「按工部侍郎韋述唐書云．

貞觀八年・唐皎爲吏部侍郎・以選集無限・隨到補職・時漸太平・選人稍衆・請以冬初一時大集・終季春而畢・至今行用之・諸史又云是馬周・未知孰是・兩存焉・

此在劉書既修後・而吳・韋之史仍稱「唐書」者也・更如宋人目錄・則崇文總目有云・

「唐書一百三十卷・唐韋述撰・初吳兢撰唐史・自創業訖於開元・凡一百一十卷・述因兢舊本・更加筆削・刊去酷吏傳・爲紀・志・列傳一百一十二卷・至德・乾元以後・史官于休烈又增肅宗紀二卷・而史官令孤峘等復于紀・志・傳後・隨篇增緝而不加卷帙・今書一百三十卷・其十六卷未詳撰人名氏・」「唐書二百卷・劉昫等撰・」韋・劉二著並稱唐書・厥後新書五八云・「唐書一百卷・又一百三十卷・」兢・韋述・柳芳・令孤峘・于休烈等譔・又通志略六五云・

「唐書一百卷・吳兢撰・唐書一百三十卷・韋述等撰・」對吳・韋之書・仍沿向稱・唯通志已稱劉書曰舊唐書・（讀書志五仍曰唐書・）紹聖元年胡宗愈奏已稱宋・歐書曰新唐書・現代舊・新唐書名稱之流行・當始南北宋間・然則御覽所謂「唐書」・其必包韋書在內也・抑此非徒余箇人私見・即輯逸文者亦云然・其自序云・

「若夫其詞有與通典相同・（職官志逸文雜端御史云云・與通典二十四同・食貨志逸文開元二十五年令諸屯云云・與通典卷二同・其雙行夾注之處・亦屬相符・）有與會要相同・（官品志後制舉科逸文數十條・與會要七十六制舉科各條字句皆同・行款亦合・）疑是通典・會要之文而御覽誤引・然既標唐書之目・無以證其必非唐書・與其過而廢之・不若過而存之・疑以傳疑・始留之以備考云爾・（官品志與職官志顯然不同・御覽所引各條・疑是韋述所撰唐書・今列於諸志之後・別自爲卷以俟考・）」

又云・

「疑其當有逸文而未見他書所引者・則聽其缺如・（楊炎傳云・父播・名在逸人傳・武元衡傳云・祖平一・事在逸人傳・今本無播及平一傳・亦無逸人傳名目・疑韋述之唐書有逸之・即隱逸傳耳・）」

又卷八云・

「案御覽職官一門・凡引唐書而無官品志三字者・俱編爲職官志逸文・其有官品志三字者・今依御覽之次序・彙列於此卷・舊書本無官品志名目・故次於各志之後以俟考・」

固知御覽中之「唐書」・如不兼包韋著・不復可通矣・（按今本引得未別標唐書官品志一目・似欠完善・）蓋合李唐創業已後爲一史・吳・韋之稿・最是先河・後此通典・會要・罔不依據・故各書之間・常見文字符同者・今本御覽標目・非必無誤・（參引得・序十——十一頁・）第其同乎通典・會要者・殆此兩書亦採自「唐書」・非御覽之訛也・讀書志五云・「唐書二百卷・右石晉・劉昫・張詔遠等撰・因韋述舊史・增損以成・」此又今輯逸文往往與劉書事同而字句略異之故也・

「唐書」有韋述以後手筆・崇文總目具言之・惜其未詳撰人之十六卷・記事訖何朝・失附注說・以余臆之・或記及中唐已後事・故御覽所徵・有德宗朝之馬暢・田悅・王栖耀・韋執誼・憲宗朝之裴垍・穆宗之孟簡・與夫會昌・大中等政

岑仲勉

令也・然合而計之・屬中唐已前者仍佔絕對多數・是知御覽之「唐書」・多韋氏舊著・非經劉昫增損後之「唐書」也・（御覽二四四引穆宗朝趙宗儒懦怯一事・取與廣記四九七引盧氏雜說趙宗儒一段相勘・除首尾略變換外・中間文字幾全同・此必盧氏雜說亦採自「唐書」也・）」

第餘尚有疑焉・唐人所著唐史・自高祖以下至武宗・其實錄二十四種・雖崇文總目・新藝文志・讀書志・書錄解題之著錄・互有不同・但南宋猶存・固無疑竇・此外如柳芳唐歷四十卷・韋澳等續唐歷二十二卷・焦璐唐朝年代紀十卷・與前舉實錄・司馬氏修通鑑・皆累見徵引・而御覽獨未見其名・豈修御覽諸臣・竟以此爲無足徵乎・余由是疑之・以爲御覽圖書綱目云「唐書」者・并韋・柳兩書言之也・「舊唐書」者・指歷朝實錄等言之也・惟卷內引文又統稱曰「唐書」・則直猶通名之唐史矣・總之・御覽「唐書」下之引文・無論本據爲何・集成一篇・固極有裨於史學・建功氏之差・在徒泥爲劉書逸文而已・中華民國三十一年五月・國家總動員日寫起・越二日成篇・

回回一詞之語原

附論　新疆之名亟應釐正

回民不盡奉回教・回教尤多非回民・此人之所知也・回教之得稱・係因回民所信奉・亦人之所知也・但無論爲民族抑宗教・至今常見「回回」之名・此「回回」兩字・是否從「回紇」轉來・抑別有所本・則中外學者・似未作相當之尋討及解釋・元史譯文證補二七中云・「案御批通鑑・唐書稱回鶻之先本匈奴・則似與今蒙古相類・至遼史始有回回之名・與回鶻並列・而元史則回回・回鶻・彼此互稱・紇轉爲鶻・鶻又轉回・音有緩急・故傳譯不同・亦猶畏羅之當爲衞拉特・乃蠻之當爲奈曼也・特詳辨之以釋諸史之舛互云・」謂回回爲回紇音轉・似頗得其近・考遼史三〇耶律大石・「駐軍尋思干・凡九十日・回回國王來降・西遼史譯註云・「此回回國王即花剌子模王・元代對花剌子模・普通都稱回回國・」顧遼史六九記大石所歷諸部・又有「回回大食部」・大石行蹤從未西至大食或天方・絕無可疑・然則此回回大食部似同指本紀之回回國・換言之・即遼人於民族・宗教之別・早生淆亂・遂迄今而莫能名正矣・元史有西域國・乃指花剌子模・即唐之貨利習彌（Khorazm）・譯文證補二二上云・「揣度元史命名之意・實有苦心・但無列傳以相發明・則無由釋地矣・元史列傳改稱回回國則甚謬・

余按元史以貨利習彌爲回回國・猶是承遼史舊稱・若漢之西域・則玉門・陽關迤西北西盡犂黎軒（歐洲）皆屬之・其含義之廣狹迥異矣・命名偶一不愼・斯先民發展之歷史・即隨之而全晦・余因論及此名・同時就聯想到現代「新疆」兩字之極端不當・清乾隆間平準・回兩部後・纂修皇與西域圖志・於漢・唐等在彼之設置・既知一一攷定・顧同時又謂曰「新疆」・此無非高宗欲自誇其十全武功之故・迨光緒改省・猶取新疆爲名・則正所謂肉食者鄙・未能遠謀矣・穆天子巡行所至・考證之結果・雖各執一詞・然多數固謂達於天山一帶・此遠古史蹟・今且不論・第如兩漢都護・都護三十六國・屯田設戍・遺蹤炳然・突厥官制及高昌君長猶久葆「亦

都護」之稱・（iduq-qut 元史回譯爲「亦都護」・其嘗即兩漢時「都護」之遺音・i-僅是西方發語辭・例如新唐書之塞迦審・今稱伊塞迦審（Isknashim）・五天竺國傳箋釋云・「伊塞爲塞之延音」・可以比觀・說詳突厥集中卷十・）足爲徵我國文化之早布其域也・晉魏之際・君高昌者如闞伯周父子・如張孟明・馬儒・如麴嘉數世・皆我國民族・文字制度・無異中土・有近年多數出土專誌可證・隋設鄯善郡・今之羅布泊附近也・且末郡・今之車爾成也・伊吾郡・今之哈密也・李唐崛興・威振西北・置郡縣則有伊（貞觀四）・西・庭・（均貞觀十四）三州・在山南者曰伊吾・納職・柔遠・高昌・柳中・交河・蒲昌・天山八縣・在山北者曰金滿・輪臺・蒲類・西海四縣・立戍守則有龜茲・於闐・疎勒・焉耆四鎮・（此是貞觀末制・高宗時始以碎葉易焉耆・）在山南者曰伊吾・天山兩軍及羅護・赤亭・張三城・于術・榆林・龍泉・東夷僻・西夷辟・赤岸・蘭城・坎城・葱嶺等守捉・在山北者曰瀚海・清海・靜塞・保大四軍及獨山・沙鉢・馮洛・耶勒・俱六・張堡・烏宰・葉葉河・黑水・東林・西林等守捉・實力所及・直今蘇聯境內之 Tokmak・（即古碎葉城・）其上復有安西・北庭兩都護府爲之統制・中雖經天寶離亂・交通梗阻・然守臣保境・卒至貞元初葉・始陷吐蕃・上距貞觀凡百五十餘年・非夫西域十六國分顯府州（龍朔元年）之徒示羈縻者比也・元人席捲歐・亞・天山南北・已同腹裏・無待絮論・皇明建業・畫嘉峪關以西・先後置衞八・（四夷考・）除赤斤蒙古・罕東左・沙州外・其哈密・安定・曲先・阿端・罕東五衞・皆屬今天山南路・（說詳金陵學報六卷二期拙著明初四衞考・）晚明學人空言多而成功少・茫然於衞地之本來何在・指鹿爲馬・遂亡厥眞・淸修明史・踵譌莫辨・余嘗謂「淸帝如高宗・或許心明其故・然每欲掩朱明之跡以自大・固有知而不言者」（同前引一五三頁）此也・明乎上述之歷史・斯知淸廷所謂「新疆」・實我之「舊領」・名之不正・則言之不順・我寧棄其二千餘年前優先占領權而不顧・初何怪意圖侵略者將天山南北畫出於彼所謂「支那本部」之外乎・余故曰「新疆」一名・亟應釐正也・

縱論既竟・復回本題・則見遼・金・元三史所記・除金史一度拈出之回回軍不明外・大致指貨利習彌言之・明人著撰・乃漸殊異・如四夷館考回回館云・「回回在西域・地與天方國鄰・其先即默德那國王謨罕驀德・……其附近諸國如土魯番・天方・撒馬兒罕・舊隸本館譯審・此外如占城・日本・眞臘・爪哇・滿剌加諸國・皆習回回教・又殊域周咨錄一一云・默德那即回回祖國也・其地接天方・……按回回祖國・史正綱以爲大食・一統志以爲默德那・據其教崇奉禮拜寺・四夷惟天方國有其寺・或實天方也・均以回回國爲默德那・故其教亦曰回回教・如此用法・於是名稱與其原來孕義・相去逾遠・考近年發見之于闐文文件中・常說及回紇人・其寫法作 Hvaihu: ra, hvaihura, Hve: hvu: ra 或 Hvehva: ra, (JRAS. Jan. 1939, p. 87.) 省去語尾後・則所餘之式約爲 hvaihu, hvehvu 或 hvehva・又因語言轉譯時・韻母往往通變・故上三式得變如 hvaihva・切韻「回」讀如 ghuai・北平 Xuei・試比觀之・便知當日于闐語對回紇人之稱謂・轉譯國語時得變如「回回」矣・上種文件是九世紀遺物・比西遼限三百年・循是推之・遼史所云「回回」・當本自天山南路之土語・知者・遼史於留居東方之回紇・仍承唐代習用語謂之「回鶻」・不曰回回也・于闐語當日何以稱貨利習彌爲「回回」・亦自有故・考貨利習彌之酋曰・奴世的斤・本塞而柱克王之僕・其子庫脫拔丁謨罕默德・乘塞而柱克之衰・僭稱貨利習彌沙・及耶律大石西行・庫脫拔丁已卒・其子阿切斯被擒・誓臣服歲貢乃得釋・塞而柱克者本烏古斯（或烏鶻 Oghuz）之部長也・（據譯文證補二二上・）按回鶻（Uyghur）與敦鶻（Oghuz）在古突厥文回紇毗伽可汗碑中・本釐而爲二・然以我國史敍述回紇種類如是之詳・曾未別標烏鶻一派・突厥文暾欲谷碑只用 Oghuz 代表回紇・可見自外人視之・烏鶻固包在回鶻內面・我國史及古突厥文如此・于闐語應亦如此・故貨利習彌稱「回回國」者・猶云「回紇國」・當日大石西行・路由天山・其名蓋本自天山土語・然 Hvaihu・ra 等與國史之「回紇」「回鶻」等・不過異時異地之異譯・實出一原・通鑑輯覽以回回爲回紇音轉・余所由云說得其近也・于闐土語在天山南路・應許流傳・無怪乎後世稱回紇又曰回回・始僅限於民族・繼乃幷及其多數所崇奉之天方教矣・

右引文件・公佈於抗戰軍興之後・尙未爲學者注意・爰揭出之・三十一年雙十節前二日・記於四川南溪・

天山南路元代設驛之今地

元代初期曾於天山南路設驛・近世中外人士研究蒙古史

者夥頤・惟於此一路驛站及其當今何地・曾未之及・永樂大典卷一九四二六驛站門沙州下亦祇云・「自此至兀端至（至或五之訛）千餘里」・闕擧站名・茲故彙錄而證之・將以求元初西北交通之一斑・而馬哥孛羅來華・蓋正丁至元十一年正月設驛之後・（參本集刊五本四八六頁拙著蒙古史札記）藉此更可爲馬哥游記添一類考據資料也・

元史一二一按竺邇傳・「戊子・鎭刪丹州・自敦煌置驛抵玉關・通西域」・同書八至元十一年正月・「立于闐・鴉兒看兩城水驛十三・沙州北陸驛二・」同書一二至元十九年九月・「別速帶請於羅卜・闍里輝立驛・從之・」又同書一四至元二十三年正月・「立羅不・怯台・闍鄽・斡端等驛」・此有元一代天山南路南部站赤可考之大概也・試將至元十九與二十兩年本紀比觀・羅不即羅卜・闍鄽即闍里輝異譯・均無庸疑・斡端（名見玉堂嘉話三）即于闐・亦不待論・西遊錄之五端・元經世大典圖之忽炭・祕史之兀丹・站赤之兀端・明史之阿端・⑴皆其異名也・鴉兒看元史一二〇曷思麥里傳作押兒牽・⑵即今葉爾羌・所待證者羅卜・怯台・闍里輝三地耳・

甲　羅卜

西域記一二・「從此東北行千餘里至納縛波故國・即樓蘭地也・」吐蕃語稱鄯善大城爲 Nob-chen・小城爲 Nob-chung・清初人則繙作洛普・⑶後又通寫作羅布・侍行記五云・「又按今呼羅布・乃納縛波之合音也・」其實羅布祇「納縛」兩音之轉變・由元史之羅卜・羅不兩寫法觀之・首音由

n轉爲1・固自元初已然矣・

肅州新志云・「羅布淖爾在火州之南・由土爾番往南約五百餘里有大澤一區・塞而柱克者本烏古斯（或烏鶻Oghuz）之部長也・（據譯文證補二二上・）按回鶻（Uyghur）與烏鶻（Oghuz）在古突厥文回紇毗伽可汗碑中・本釐而爲二・然以我國史敍述回紇種類如是之詳・曾未別標烏鶻一派・突厥文暾欲谷碑只用Oghuz代表回紇・可見自外人視之・烏鶻固包在回鶻內面・我國史及古突厥文如此・于闐語應亦如此・故貨利習彌稱「回回國」者・猶云「回紇國」・當日大石西行・路由天山・其名蓋本自天山土語・然Hvaihu・ra等與國史之「回紇」「回鶻」等・不過異時異地之異譯・實出一原・通鑑輯覽以回回爲回紇音轉・余所由云說得其近也・于闐土語在天山南路・應許流傳・無怪乎後世稱回紇又曰回回・始僅限於民族・繼乃幷及其多數所崇奉之天方敎矣・

右引文件・公佈於抗戰軍興之後・尙未爲學者注意・爰揭出之・三十一年雙十節前二日・記於四川南溪・

方圓數百里・塔里木河自西南來・額爾勾河自正西來・海都河自西北來・咸會於此・自沙洲之哈喇淖爾正西小徑亦可通・計程不及一月・」今觀元史至元十一年方於沙州北立陸驛二・是十九年別速帶所請增設羅卜等驛・蓋將以延長西行之線矣・蒙兀兒史記八云・「卜亦作不・即今羅布淖爾・」所見大致固不差・但依近來探險所發見・羅布泊元有新舊之分・且泊地甚廣・當日設驛約在某方・屠說亦欠指實・似當作進一步之推測・惟此問題牽涉太廣・非詳徵中外書說加以解辨不可・今印刷滋難・應俟將來再詳論之・

乙　怯台

新唐書四〇云・「蒲昌……西有七屯城・弩支城・有石城鎭・播仙鎭・」同書四三下引賈耽四夷通道云・「自蒲昌海南岸西經七屯城・漢伊修城也・又西八十里至石城鎭・漢樓蘭國也・亦名鄯善・在蒲昌海南三百里・康豔典爲鎭使以通西域者・又西二百里至新城・亦謂之弩支城・豔典所築・又西經特勒（勤井・渡且末河・五百里至播仙鎭・故且末城也・高宗上元中更名・）」此方沙漠廣延・元人西行・度亦不外斯路・七屯應是古屯之訛・(4)古屯二字・似因漢書西域傳「國中有伊循城・其地肥美・願漢遣一將屯田積穀・令臣得依其威重」而得名・猶云古代屯田之城也・但假使漢名傳久失眞而「屯」字失去n收聲・即古屯有變爲怯台之可能・(5)余故謂元之怯台驛・應建於唐代古屯城之地・履之今與・則侍行記五以爲密阬（Miran）・斯坦因以卡克里克（Charkhlik）當漢伊循・考卡克里克之原音本作Khadalik・土人或呼曰Kuduk-Kol・(6)即拉施特書之Katak・西藏文書之Ka-dag・(7)凡此諸音・如失去聲尾・均與怯台甚肖・其地爲羅布泊西行所必經・以當元之怯台・唐之古屯・可無疑也・（例如黑韃事略紇忑郡王・元史一二〇朮赤台傳作怯台・見王國維事略箋證・此怯台雖是人名・然可見喉音收聲之忑・同時亦或失去而變台也・）

新五代史七四引高居誨記（晉天福三年）云・「沙州西曰仲雲・其牙帳居胡蘆磧・云仲雲者小月支之遺種也・匡鄴

等西行入仲雲界・至大屯城・……自仲雲界西始涉醎磧・……又西渡陷河・」此大屯城應即賈耽之古屯城・光啓二年（八八六）所寫地理殘本之屯城或小鄯善城・(8)而吐蕃語所云Nob-chung也・惟同書又稱「古屯城在屯城西北・」似中間城址曾經遷移・要相去不遠・於本編考證無大關係・可不具論・

丙　闍里輝或闍鄽

元史一四至元廿四年七月又云・「立闍鄽屯田」・按羅卜・怯台兩名・既得所指・闍鄽今地・可直斷爲卡牆矣・侍行記五云・「六十里布古里克・渡卡牆河・（一作切鏘河・……）沿河西南行・八十里抵敏託海・七十里英蘇・八十里塔得朗・六十里卡牆・（回民四百戶・舊名策爾滿・西北有古城・周十餘里・漢且末國・唐之播仙鎮・）」按卡牆外人稱Chorchand或Cherchen・近譯車爾成・與闍鄽——如今之Khojend元史作忽纏——對音甚合・余嘗謂唐人翻譯・間以麻・馬等韻字肖外語之r・此以闍對cher・則元初尚有其例・若卡牆・且末・在言音上似無聯係・但依前陶氏說・其地舊名策爾滿・考佉盧漢簡有Calmada・斯坦因證爲大唐西域記之折摩馱那・亦即且末・(9)如流音略去・則Camad等於且末・如d變n・則Calman等於策爾滿・然則西漢且末之稱・至晚近尚未完全喪失也・闍里輝當即闍鄽之訛轉・

大全文集五〇兀良氏先廟碑銘云・「丙戌年・取撒里畏吾兒・的斤寺門等部」・元史一二一速不台傳云・「帝命度大磧以往・丙戌・攻下撒里畏吾・特勒赤閔等部・及德・順・鎮・戎・蘭・會・洮・河諸州」・兩文比讀・知後之特勒乃特勤訛・而赤閔與寺門爲同一・再從前節觀之・此特勤蓋因地而名・寺門赤閔與策爾滿・皆一音之轉耳・

由全文觀之・則敦煌迤西至于闐・元初固嘗通行・且曾置驛・丁謙漢書西域傳考證乃云・「至魏書西域傳雖言出西域其道有四・而漢時南道諸地・絕不敍及・知此道之亡・實始是時・……觀此・知此道開通之故・始因乾隆之用兵・繼因安夷之侵入」・又云・「前許侍郎景澄著西北邊地考證・謂漢時天山南道・本由羅布淖爾西達和闐・自唐以後・其道遂湮・與余說正合」・則未知元代初期敦煌迤西・固有通道・即下至明初洪武・洪熙之際・藍玉等亦曾用兵其地・（參拙著明初曲先阿端安定罕東四衞考一六四及一七二頁）許・丁兩家爲失考矣・三十一年三月下旬・南溪板栗坳・

(1)西遊錄李注云・「明史作阿端・又沿古名作于闐・均非兩地」・是也・顧又云・「憲宗紀作擴端」・則誤人名爲地名・擴端即太宗子闊端・見譯文證補二・丁謙大典圖考證云・「忽炭……而元史憲宗紀別作擴端・曷思麥里傳作鄂端」・以擴端爲地名・亦沿李氏之誤・又今曷思麥里傳作斡・非作鄂・

(2)布氏中世紀研究下卷四七頁誤以耶律希亮傳之也里虔即押兒牽異名・蒙兀兒史記承之・已辨見拙著耶律希亮神道碑之地理人事廿一頁・

(3)見漢書六一齊召南考證及同人水道提綱二八・

(4)輔仁學誌三卷二期樓蘭鄯善問題五頁・

(5)例如漢之柳中·唐之蒲昌·赤亭·後皆訛變而失去聲尾·

(6)斯坦因最閉處的亞洲卷一第一二九頁·

(7)倫敦皇家亞洲協會報一九三一年三〇二頁·

(8)Thomas 以藏文 Rtse-thon 當七屯音驛(倫敦皇家亞洲協會報一九三四年九六頁)·此問題應與羅卜別論之·

(9)古代于闐三一頁·

五羊城故事與廣州語系民族

大江以南漢族語系·其大別於普通語者有四種·吳語行於江·浙之一部·與隋·唐古音相差頗遠·行於五嶺以南者凡三·曰福潮語·前者收T與收K混而爲一·後者T音有時失落·曰客語·或將收K變作收T·曰廣州語·如泛讀N收聲·捷讀T收聲·固有與古音不合之處·但平均總視他三種爲較近·此高本漢分析字典所以特取廣州語與古音比較也·由福潮·客族·廣州三語與古音之密近·可見其皆爲從北南徙之漢族·福潮系比廣州系孰爲先來·現在尚難決定·客族則「主」「客」之名別·已昭示吾人·如曰客系先來而滯居山地·廣系後來而越過客系地帶·於事理頗難說通·廣州語系係越肇梧而上溯南寧·非由桂省沿江而下·此可由上流之移民遺跡見之·但此一支民族·究以何時及從何處南來·似尚未獲得決定性之結論·本文即擬對此試作猜測·

猶憶阿利安族發祥地所在·最初 Max Miiller 氏提出中亞細亞說·極爲學者歡迎·但彼時中亞實況·知者甚少·故在前世紀中葉即有人反對此說而別擬「歐洲某某處」爲其原生地·此後意大利人種學又決爲小亞細亞之高原·迨一九三六年·德國學者 Brandenstcin 始從語言古生學用功·闡明此族祖家之性質·謂其地比較乾燥而多石·無眞正之森林·祇生槲櫟·柳·樺一類樹木·亦無果樹·野獸僅知麋·水獺·野豬·狠·狐·熊·兔·海狸·鼠等·家蓄唯有牛·綿羊·山羊·馬·犬及豬·如此之環境·祇有黠戛斯草原北部與烏拉山東南兩方·最爲適合、·山是中亞之說·復得確立·(見一九四二年印度人 Chatterji 所著印度阿利安族及北印度語言人——一八頁·)我所以詳徵此一段經過·無非志在表示:㈠史前事實之探索·有時須從各方面着手·並不能專恃歷史·考古以求解決·㈡一種學說之成立·或時經過幾回辨駁而復反其初·如果未從各方面聯合考察·不可遽行蔑視某一說以爲再無討論餘地·余今對於廣州語系民族之所從來·即欲就極熟而尚未得人十分注意之故事·試求解釋·羊城或穗城·早爲廣州之典語·羊城之詳文曰五羊城·故事見廣州記·其書已不傳·屈大均廣東新語五云·周夷王時·南海有五仙人·衣各一色·所騎羊亦各一色·來集楚庭·各以穀穗一莖六出·留與州人·且祝曰·願此闤闠·永無荒饑·言畢·騰空而去·羊化爲石·今坡山有五仙觀·祀五仙人·少者居中持粳稻·老者居左右·持黍稷·皆古衣冠·像下有石羊五·有蹲者·立者·有角形微彎狀若抵觸者·此一段故事·無疑其輪廓是神話·然而神話之中·往往夾藏着史前事實之反映·

「漢陽諸姬·楚實盡之」·乃春秋初期的口述·姬族向漢水伸展其勢力·當在商朝未滅以前·故孔子有「三分天下有

其二・以服事殷」之說・復次・左傳之「盡」字・非必完全屠殺其人民之謂・亦許祇毁滅其立國根據・國本既滅・則姬族四處奔散・自在意中・我以爲楚人蠶食諸姬・可能開始在西周末期・（註一）正與故事所指之周夷王時代相近・（註二）可注意者一・前數月・我會草「五行起自何時」一文・（因南京中央日報文史周刊停版・未刊出・）提出尚書及左傳以「五」冠稱之多種事物・係由古人「强五」觀念所造成・而此種觀念・甲骨文絕未之見・其胚胎最早不過西周初期・今故事之仙人五數・衣五色・已含五行的意味・可注意者二・羊爲家蓄・始於西北・略詳前文・（并參珠海學報一集一二六頁戴著・）至今廣州之羊・仍能北方輸人・（註三）故事說仙人騎羊・象徵其從北而來・可注意者三・麥・黍・米字見於甲骨文・若葉玉森所認之「稻」字・陳邦懷所認之「稷」字・尚未可遽信・米・古人用以通稱禾質・與今廣州語專稱稻曰米亦不同・抑商人祭祀用牲之數・多至三百・四百・仍未脫離畜牧時代・迄周始完全進入農耕・其發展是自北而南・故事所傳・蓋象徵嶺表農耕之開始・可注意者四・少者將粳稻・老者持黍稷・似非無意義之分配・考稷（今高粱）・黍北土常植・而不適於炎方・（註四）先民南移・未必能豫審土宜・其輸入農作物・首以黍稷・迨試驗失敗・乃繼之粳稻・意中事也・如是・則少老之別爲象徵後先・可注意者五・依上試釋・則此一段故事・係描寫西周末期・漢陽姬族不勝楚人壓迫・（故事揭出楚庭・（註五）明其與楚有關・）逐漸沿湘水流域・向南移徙・同時携其家畜（以西北之羊爲代表）・農作物・傳播於南方・是爲吾粵踏入開明文化之第一步・（註六）換言之・五羊故事・乃史前拓殖故事・仙人云云・則後來炫飾之辭也・

抑所謂沿湘水流域南下・更可以交通・語言證之・東・西兩京・在古史上地位甚重要・故北方與粤之交接・首以湘水爲正途・語言夥頤・未能細擧・茲故取一二爲例・如揚雄方言十云・「是者子也，湘沅之會・凡言是子者謂之是・若東齊言子矣」郭注・「崽聲如宰・」即現在廣州語最通用之「仔」也・（註七）由此・知「子」之讀法・在當日祇屬東齊方言非各地一樣・又劉心源奇觚室吉金文述有囝爵・釋云・囝或釋包・案青箱雜記・閩人呼子曰囝・正字通・閩音讀者宰・亦作崽楊時偉正韵箋・解韻迫字收崽・讀者灑・心源案今湖北蒲圻・通城・通山皆呼子如宰・即囝字・非獨閩也・

余按六朝人譯佛經・明・清人譯外語・凡音同或近而義異・者恆加口旁・周人之囝字・實用以表示同義異音之「子」・用於形示異・其來甚古・崽廣韵山皆切・（Sai舌面）北平呼「灑」同・祇調子小異・又宰之古音或北平音・與吾粤呼・「仔」音亦相同或甚近・由此觀之「仔」之叫法・沿湘沅以迄鄂境・與廣州語同・「冇」似爲吾粤特有之俗字・然其文固見於雍正陝通志卷四五・（云「冇無同」）「索老婆」（娶婦也・）爲吾鄉附近之俗語然「索婦一辭・屢見於敦煌掇瑣之姑媳相罵文・山西通志一百引舊誌云・「霍山以北・……要婦曰索妻・」三地縣隔若斯之遠・而俗語竟相同・此在上古或許有相互之聯繫・言語固不是民族決定之唯一條件・但佐以別證則有異・歐洲學者・何嘗不據言語差別・定其與伊印兩族之親疏耶・尤可注意者・于闐稱子女子曰 Sai（舌

面）與「鬼」音無絲毫之異．闐于即古之玁狁．在周初已入居關隴．具詳拙著華族西來說得到第一步考于寶．（接疆論叢創刊號）．則廣語系之源流．又別有一新線索．張星烺氏以廣州人目深及鼻之特狀．疑雜阿剌伯種．此蓋緣回教徒記載有「黃巢亂後」於序蕩然．苛歛益甚．昔時居留外商之多至十萬者．至是頓少」．又「自世紀後．回教徒來華營商者漸多．廣州回教徒至以萬計」．（見蒲壽庚考二三及一四六頁）．等說．故生是推測．然廣州大食間．往返約需兩年．大舶不過載數百人．（同前引書五零及九六頁．）十萬之數．未必盡信．回教徒更未必盡屬大食．以少數居留之外商．謂能影響於整個語系之體態．其論殊難成立也．竊謂我國民族．商周顯分兩支．周既東遷．益與商族糅而爲．一．此後經五胡．沙陀．遼．金．元．清之迭侵．混雜愈甚．無容諒言．（世界人類．除原始蠻族外．直無純粹血統之可言．所別者程度深淺耳．）廣州系則不然．早自漢北分支．與商族當無大接觸．後此僻處南服．外力侵入．比較微乎其微．據高本漢氏分析．廣州語在各種方言中．與切韻最爲密近．而據舊同事周法高君之研究切韻直是長安方音．依此推求．廣州系祖先之所從來．可以思過半矣．（卌七．九．廿三．廣州．）

附記．植物大全DE LANDOLLE氏之．據古地理秦斗司泰波言．稻生於巴比倫等處．印度人用以供食及製造酒醴．……此等事實．可使吾人推測印庭人用稻．在中國人之後．稍遲．再推廣於幼發拉底流域．但仍在阿利安族入侵印度之前．（作物原始三八六頁）．按印度人進入五河時代．普通相信爲西元前十五六世紀．但LANDOLLE氏之論據出發點．係假定種稻始自神農．即西元前廿八世紀．由近年古史研究．神農似祇是理想之人又由本文所論．我國植稻．始自周初．最早不過西元前十二三世紀．若是．則中國之栽稻．未見其必在西方之前也．梵文謂稻曰VTIHI呂覽辨土．「後生者爲粃」．揚雄方言十注．「粃．今淮楚間語呼聲如非也」．批．切韻PJI．非．切韻PIWEI．而福州讀「非」爲HI．可信漢語之粃．與西方語有關．孟子．「荀爲不熟．不如荑稷」．左傳．定公十年．「若其不具．用秕稗也」稷爲秕稗之通轉異文．殆無可疑．今吾縣讀荑如HI．荑稗之音．亦與梵文合．語本同原．用法略異．乃比語言較學常見之事．昔藤田豐八．曾証孟子之轉附朝儛是梵語．謂稻名相通．更非余好爲奇論矣．

註一．史記楚世家．「當周夷王之時．王室微．諸侯或不朝．相伐．熊渠甚得江漢間民和．乃與兵伐庸．揚粵．至於鄂」．謂楚之侵滅小國．在周夷王時．其說可互相發明．

註二．或引裴淵記云．「南海高固爲楚威王相時．我羊銜穀之祥」．楚威王當周顯王．在夷王後五百許年．新語七復採此節．無所是正．頗嫌後先不照．新語六更有一段云．「晉吳修爲廣州刺史．未至州．有五仙人騎五色羊負五穀而來．止州廳上．其後州廳梁上圖畫以爲瑞．號廣州曰五仙城．城中坡山今有五仙人觀．爲五仙所遺」．比顯王再移後六七百年．維時粵地進入農耕已久．此皆雜採傳聞之過也．

註三．廣東新語一一云．「廣東綿羊．少有所產．……東南少羊而多魚．邊海之民．有不知羊味者．」註四．新語一四云・「玉膏黍粱・嶺南少以爲食・故見黍稷・往往不辯・」註五・新語一七云・「初周惠王賜楚子熊惲胙・命之曰・鎮爾南方・夷越之亂・於是南海臣服於楚・作楚庭焉」・則楚庭不指楚都・註六・新語七云・「自秦始皇發諸嘗逋亡人贅婿・賈人略取揚越・以謫徙民與越雜處…………而任囂・尉佗所將率樓船士十餘萬・其後皆家於越・生長子孫・故囂謂佗曰・頗有中國人相輔・今粵人大抵皆中國種・自秦・漢以來・日滋月盛・不失中州清淑之氣」・謂粵入中國種・是也・但溯始於秦則時代太後・註七・水經註亦有「弱年崽子」之文・廣東新語一一即著崽字・復別出仔字・似未知後一字祇是俗寫・

張曲江集十刻之表解

張曲江集自明以來・溫汝适氏舉七刻・（考證下・）徐紹棨氏舉八刻・去溫氏所稱第五刻而加入湛甘泉本爲二刻・（溫氏校本序・）大約因劉自修刻無年分・故別之於八刻之外也・然兩家或記敘過略・或引述有誤・未盡明瞭・茲先略仲所見・後附簡表・庶閱者一覽而知云・

舊唐書曲江本傳云・「有集二十卷」・崇文總目及新唐書藝文志別錄類均著錄「張九齡集二十卷」・新志又於儒家類著錄「張九齡千秋金鏡錄五卷」・（溫氏考証上誤鏡爲鑑）・可見其書不包在集二十卷之內・今集首有張文獻公本傳一篇・諒係明代張氏裔孫所撰・其末云・「所著曲江集詩賦十二卷・千秋金鑑錄五卷・講經語錄二卷・姓源韻譜一卷・共二十卷」・蓋未考諸史志・誤認二十卷連金鏡錄等合計・故强縮本集爲十二卷也・又崇文總目著錄姓源韻譜五卷・錢繹云・「按曹大宗・張九齡並有此書・曹書・通志略作四卷・宋志・一卷・張書・書錄解題・通考並作一卷・通志略三卷・並與此不合・是張書至鄭樵始著錄・故清人多不信爲曲江之作・考証下云・「按公集・成化間初刻於韶州者・前有邱文莊序・末有郡守蘇韡序」・今叢刊本無蘇序・丘序則作於成化九年癸巳・據廣東通志・蘇・江陰人・有傳・其官韶守在成化十二年之前・丘序所稱同知莆田方新・通志失收・

湛甘泉刻本・溫・徐兩家均未見・徐亦僅據東塾集謂鄭小谷所藏・前有亭林手鈔湛序・湛序前缺六行・推測得之・

成化初刻・錄自館閣・據四部叢刊影本・並無畫像・按張岳云・「曲江小像一幅・嘉靖甲辰夏・岳購得之吉永豐同姓人家……乙巳秋七月・既望・模一本遺守祠孫澤禧・」乙巳即嘉靖廿四年・萬歷甲申楊起元（謚文懿）序云・「歲癸未・金豁如水王公……乃謀諸太守蔣公・付邑令張君履祥董其役・梓焉・魯魚亥豕・則教官何徠校之・又索諸其後人・得公遺像一幅・命工肖厥卷首・……此則如水王公之功也」・合觀兩文・知畫像係萬歷甲申三刻所加入・

萬曆癸丑・李延大補刻曲江集元序云・「自非邱公得之館閣・楊公新之韶陽・……我韶一代文獻無而獲有・舊而獲新者・前後兩太史功也」・文中兩太史指丘濬・楊起元・自無可疑・但細觀前引楊序・楊並非主持三刻之人・彼祇自言「王公命予爲序」已耳・倘三刻由楊主持・彼爲粵東大紳・王民順序及蔣思孝跋似不至絕不提・及由此觀之・雍正八刻改本序爲「王公新之韶陽」・實大有理由・因楊序亦云・一此則

如水王公之功也・」溫氏不察・乃云・「按文懿此序稱舊本蠹蝕不可讀・屬教育何徠校之・則雖金谿王公倡刻於韶陽・實賴文懿與士友詳校・得成完書・故司動稱我韶文獻・無而獲有・舊而獲新・皆前後兩太史功・以此・」殊不知李歸功於楊・已是誤會・溫又尤而效之・且實證其誤說・楊序云・「敦官何徠校之」・係表彰何徠之功・並未言由楊所屬・更未言自己與士友詳校也・

溫氏考證下云・「再刻於萬曆甲申・有金谿王氏順序・又有歸善楊文懿序」・徐序略同・今考溫本著韶州府知府普安蔣思孝跋曲江文集後一篇・亦同時作・跋云・「歲甲申・金谿如水王公持憲茲土・……迺謀諸孝泊二守秦君應驄・欲新其梓以傳・……而以其事董之曲江令張君履祥焉」・據廣東通志二七萬曆朝・「蔣思孝・貴州籍・應天人・乙丑進士・十一年任」・又同知蔡應驄・「慈溪人・進士・八年任・」又曲江縣知縣「張履祥・福建長汀人・十二年任」・甲申即十二年・楊起元序自稱翰林院編修・據廣東通志二九一起元傳・萬曆己卯授編修・至丁亥始進修撰・」

溫氏考證下云・「三刻於南雄・有萬曆戊戌蔣・柳二郡守序・又有山陰王循學序」・徐序略同・考證又云・「按公集初刻於成化間・……再刻於萬曆甲申・三刻於萬曆戊戌・刻本久佚」・是溫氏未見南雄刻本・徐更無論矣・但考證又著錄萬曆戊戌（廿六年）山陰王循學重刻曲江文集序一篇・不知根據何本・其序云・「太守普安蔣公慨焉興思・以屬循學・而瀔水柳公繼守茲土・二公皆豈弟作人・雅意好古・謂韶刻尚多訛瀾・更命求得善本參之・梓人訖工・循學不敏・敢綴所聞於後」・味其語意・蔣・柳是否各有序・尚在未知之數也・據廣東通志二九・萬曆朝保昌縣知縣・「王循學・浙江人・進士・二十四年任」・但同卷・萬曆朝南雄府知府・「蔣杰・貴州人・進士・二十年任・柳希點・浙江人・進士・二十七年任」・又道光南雄志・三「蔣杰・貴州普安・進士・二十四年任・柳希點・浙江蘭谿・進士・二十七年任」・均謂柳廿七年己亥始任・如果王序廿六年作・何從預知・是志序當任一有誤・蔣杰之任年・以南雄志爲是・通志殆誤奪「四」字・又瀔字應作瀫・即蘭溪河之名・

廣東省立圖書館所藏萬曆癸丑刻善本・卷首祇揭起元・民順・延大三序・有無失落・不得而詳・

考證又云・「六刻於國初・有處山錢朝鼎序・餘序尚多」・徐序云・「六刻於清順治丙申・亦分十二卷・有南韶兵備道周日燦序・」按順治刻本各序・余所見祇錢・周二家・錢序稱丙申（十三年）十一月・周序稱丁酉（十四年）正月・則刻成最早在丁酉・非丙申・錢序又云・「東萊周公天近・中州會公族菴捐俸藏之資・鏤版行世・」據廣東通志四三・錢・「江南常熟人・前丁丑進士・十年任」・又同書四四・周・「山東人・貢生・十四年任・僉事・」唯會旅庵未詳・

考證又云・「七刻於雍正十二年・公裔孫振文所刻・有番禺韓海序・」徐序云・「七刻於雍正十二年韶郡裔孫振文・有廣東布政使武遂序・韶州府桐城姚孔鋅序・」按溫・徐以爲十二年刻・當・因韓海序書「雍正十二年歲在甲寅季冬大寒日」而云然・但姚孔鋅序則書「乙卯年季秋月」・此外尚有序

跋四首・除曾璟序係「甲寅秋九月外」・袁安煜序書「乙卯春王之吉」・譚會海序書「乙卯歲季春之吉」・張宗拭書後書「乙卯清和月」・是知七刻之成・最早不進十三年九月・非十二年・當辦者一・布政使一序原文題「布政使武遂後學渠頓首拜書」・如果武遂是姓名・不知將成何種語・（通例姓名皆放後學之下・）考其序有云・「余世清河・幸附公之譜末」・清河爲張姓郡望・故附於同譜之末・結御不復書姓・據廣東通志四四・「張渠・直隸武强人・副榜・十二年任・布政使・」又歷代地理韻編今釋・漢武遂縣・「今直隸深明武强縣東北」・蓋武遂即武强縣之古號・並非人之姓名・當辦者二・宗拭及韓・譚・曾四序跋均稱裔孫振文・惟袁序獨云・「適公之裔有張生世綱者・持書一部來獻」・考祠堂本卷首題裔孫世緯・世績・世綱重梓・「振」與「綱」相關・振文殆世綱之號也・復次・廣東通志四七・雍正朝韶州府知府・「袁安煜・順天大興人・監生・十年任・姚孔鋅・江南桐城人・監生・十二年任」・又雍正朝教授・「譚會海・南海人・進士・十年任」・但張宗拭未詳・徐序又云・「溫氏所用以讎校之底本・乃雍正十二年張氏裔孫振文所刻之祠堂本」・今考祠堂本（據四部備要）・卷首載張渠・姚孔鋅・袁安煜・張宗栻・韓海・譚會海・錢朝鼎・會璟・周日燦・丘濬・王民順・李延大等序十二首・今溫氏祇著韓・錢・周・丘・王・李六序・蓋已略去其半矣・溫本又多蔣思孝・陳象謙兩跋・祠堂本亦有・次張宗栻序之後・再次爲曾璟・今備要本失去此兩跋・後先次序亦異・又考証下增收楊起元・王循學兩序・連前共十六首・

省立圖書館又藏崇禎十一年戊寅刻本・祇得一序・末題「崇禎戊寅孟春元日不肖裔孫起龍百拜撰」・據序言・携本之官・由宜黃當地人所刻・亦分十二卷・但缺制誥及墓碑・此又溫・徐兩家所未言者・

合前十刻・茲列第一表・劉刻未知確年・故附於明末・官職祇詳地方官・不知者缺之・

刻年	刻地	卷數	序跋人	官職	附註
成化九	韶州	二零	丘濬序		與刊事者同知方新
			蘇韡序未見	韶守	
嘉靖一五		問上	湛若水序未見		
萬曆一二	韶州	一二	楊起元序		與其役者同知秦應聰・曲江令張履祥・校對者教官何倈・
			王民順序	僉事	
			蔣思考跋	韶守	
萬曆二六	南雄	同上	蔣杰序未見	雄守	
或二七）			柳希點序未見	同上	
			王循學序	保昌令	
萬曆四一	韶州	同上	李延大序		主刻者張節・張筠・
崇禎一一	江西宜黃	同上	張起龍序		刻者宜黃士紳多人・
明宋	韶州	同上			刻者里人劉自修・

順治一四	同上	同上	錢朝鼎序	學政	與其役者會旅菴・
			周日燦序	南韶道	
雍正一三	同上	同上	張渠序	布政使	重梓者張世緯・
			姚孔鋅序	韶守	世續・世綱
			袁安煜序	同上	
			譚會海序	教授	
			韓海序		
			張宗栻書後	未詳	
			曾序序		
			陳象謙序		
光緒一六	同上	同上	無		校勘者張曉然・

三七・十・三十・廣州・

翰林學士壁記注補自序

唐碑記題名之要者・傳於今凡三・曰御史臺精舍碑・曰尚書省郎官石記・曰重修翰林學士壁記・前二者石刻・清仁和趙鉞・勞格均曾合撰考證・郎官考材料尤豐富・官高而要・傳世事迹必較多・其勢然也・壁記墨書・易於昧沒剝落・（昧沒之詞・見丁居晦記・今記文寶應後之于益缺官歷・咸通之崔璆・李溥・豆盧瑑同・劉承雍只記其貶而不記其入・部曹之稱・月日之序・亦多空落・又乾符已後・雖漸亂離・題名之典・當猶未廢・可於昭宗時陸扆光院例（見學士院舊規）觀之・今一名不存・此爲剝脫之碻證）・察視鈔膽・以比搨本・舛奪之機大・然翰學時人號內相・要重超乎郎官・每名之下・率著遷除之階・拜罷之歲・其爲助於參讀史乘・視御史碑・郎官柱之僅具姓名者・敻不侔矣・顧自宋已還・作家代興・迄未聞理董之者・

丁丑七月・余抵南京・重新整錄郎官題名既竟・（見本所集刊八本一分・）即擬著手爲之校注・無何・抗戰軍興・本所播遷・是歲歲底居湘・翌年入滇・時所中圖籍在轉運中・乃據知不服齋鮑本・就手存參考書一一鉤稽・畫分爲十二宗・粗成注補兩鉅帙・庋之行篋・今歲季夏・小瘧初愈・覆閱舊稿・略事修綴・隨檢南京國學圖書館目・則鮑本外尚有兩本・一說郛本・本所未入藏・二學海類編本・本所之類編未收此種・惟所中圖室別存羣碧樓經庋之鈔本一・編首題「校正宋本翰苑羣書古鹽李氏鈔藏」・取勘鮑本・則如錢徽下之十一月作年・杜元穎下之十二年□月作二月・劉瞻下之十月作十年・均與余先經校正者符合・非無一節可採・亦有年月日上之數目字・鮑本原空而此本（以後省稱鄧本・）不空者・然均乏他證・難爲必信・外此則舛誤之處・平均視鮑本猶多・惟鮑本丁記千千萬齡・英華（卷七九七・全唐文卷七五七同・）作使千・使與千字形不類・獨鄧本作于千・可證鮑本千千實于千之訛・說郛・類編兩本・余雖未見・意亦不能特佳於鮑本也・

翰林院之壁記・據李肇翰林志（元和十四年作・）云・「北廳五間・東一間是承旨閤子・並學士雜處之・題記名氏存於壁者自呂向始・建中已後・年月遷換・乃爲周悉」・然

依貞元二祀・韋執誼撰翰林院故事・則貞元前學士名姓・乃執誼所追敍也・洎李肇作志之明年・修葺院署・北閣學士舊記遂移於前廳・（見韋處厚翰林院廳壁記及杜元穎翰林院使壁記・）又明年・（長慶元・）元稹充承旨・復別為承旨學士廳記・專紀承旨充罷・題在東廡之右・及開成二年・宦官意別有注・（說見下・）強合兩記而一之・概名曰重修承旨學士廳壁記・按之則名實弗符・直應云重修翰林學士院壁記也・（玉谿年譜會箋二開成三年二月之柳璟・箋四大中三年二月之令孤綯・四年二月之畢諴・六年七月及十年正月之庾道蔚・八年五月之蕭寘・均誤稱為翰林學士承旨・即因本記標題弗合而誤會者・建中已後・年月遷換・本可周悉・故丁記所敍學士姓名・無非集合此等史材及翰林院故事而詳書之・記作於開成二年五月十四日・（丁氏記文・本至開成表號之二年五月十四日記句止・可由英華所收見之・其下有此本・據院中壁上寫並無大歷天寶學士姓名十八字・乃後人從壁上鈔出後所附注・今本乃用大寫連於丁記之後・誤也・已辨見注補中・）目錄家都統題全編曰丁居晦撰・繩以嚴義・殊未盡合・蓋丁氏紀述・應至作記日止・過此則後來入院者各自續題・丁卒於開成五年三月・今記其名下有「其月二十三日卒官・贈吏部侍郎」語・寧能自記身後事乎・又能記及武・宣・懿三朝翰學六十九人事乎・

我國學者往往過持輕信古人態度・丁以翰學記其本署前聞・復有本據・人皆以為無大缺憾矣・而抑知有極謬不然者・原題至德後四人・勘諸故事・乃失收趙昂一人・寶應後原以張涉・于肅・于益為序・徵諸故事及史乘・當以益・涉・肅為序・然猶可諉曰鈔寫錯誤・傳刻失錯也・獨有一大快焉・則余發見者刊削王涯兩入及鄭注・李訓・顧師邕三人姓名是・

唐有兩大獄・曰王叔文黨案・曰鄭注・李訓黨案・其情勢略類清末康・梁之案・所異者唐在除宦官・清在制母后耳・康・梁獄成・不兩周即肇庚子之變・幸而早發・倘彼暴倭兵力已盛・其禍不徒亡滿清・且將亡我中國也・永貞之事・叔文實主之・（或亦順宗所默許・然其時已病不能興・）憲宗中宦官計・惑於不願立太子之譖・切齒叔文・（十七史商榷七四程異復用條謂「憲宗讎視其父所任用之人・居心殆不可問・」猶未澈見其私慾・劉禹錫子劉子自傳謂上素被疾・詔下內禪・宮掖事祕・功歸貴臣・於是叔文貶死云云・即欲為叔文此案辨護・不過劉氏晚年深自引晦・故有匣劍帷燈之隱耳・）文人需次稍久・鬱鬱不得志如韓愈輩・（陳祖范文集一記昌黎集後云・「退之於叔父・執誼有宿憾・於同官劉（禹錫）柳（宗元）有疑猜」・又云・「罪狀王・韋・實有私心」・正誅心之論・亦持平之論・吾人不能因彼負文名而從恕也・）更詆以新進・（按柳・劉同於貞元九年舉進士・歷十二年而授員外・尚非甚躁進者・）從而羣吠之・釀成君臣猜忌・舊新軋轢・閹寺乃隱身幕後・含笑而作漁人・然叔文曁八司馬輩・非眞醜類比周・黨邪害正・（語本前引商榷條・）大有公論在也・（除前引祖范文集及商榷條外・如商榷同卷順宗紀所書善政條・卷八九王叔文謀奪內官兵柄條・均言甚詳盡・足為叔文黨案平反・容齋續筆四柳子厚黨叔文條雖左袒韓愈・然續筆七伾文用事條又盛稱

其善政・是柳・劉之交叔文・不得爲柳・劉過也・洪特欲代愈解嘲・故弗能自圓其說・

論大和之謀去宦官・則與永貞情形迥異・文宗實主之・（帝立志欲除宦官・觀新書二〇七仇士良傳載其對周墀所語・即情見乎辭・光化四年雪王涯等十七家詔云・大和元（九）年故宰相王涯以下十七家・並見陷逆名・本承密旨・遂令忠憤・終被冤誣・六十餘年・幽枉無訴・所謂本承密旨・道其事之實也・玉谿生年譜會箋一云・「甘露之變・發難訓注・而謀則斷自文宗・」實得我心・十七史商榷九一・「僖宗光啓四年正月・下詔昭雪王涯以下十七家・詔曰・……此詔見王明清玉照新志・舊紀・傳皆不載・新書涯傳末云・昭宗天復初大赦・明涯・訓之冤・……至甘露之難・至光啓四年・僅五十四年・而詔文亦云六十餘年者・傳寫之誤・當作五十餘年・」余按通鑑二六二・天復元年四月・「丁丑・赦天下・改元・雪王涯等十七家」・胡注・「崔胤將誅宦官・故先雪王涯等」・由大和九數至天復元爲六十六年・正與詔文合・丁丑始改元天復・故亦得云光化四年・光化・光啓相去僅十載・易於互訛・王氏乃强欲易詔文六十爲五十・緣未參通鑑也・）鄭注・李訓等輔成之・閹寺處此・上無所施其主君搖惑・下無所煽其兩派交爭・洎弘志杖殺・守澄賜酖・事機日逼・兔死狐悲・遂不得不挺而走險・是釀甘露之變・然閹宦之怒鄭・李・王・顧諸君子・（十七史商榷九一訓注皆奇士條辨新傳詭譎貪沓之訊・語最公允・當日閹人勢盛・士夫固多爲作鷹犬者・新書第據舊籍轉錄・正王氏所謂史官曲筆・不可盡恃也・通鑑二四五・「訓注本因守澄進・卒謀而殺之・人皆快守澄之受佞而疾訓注之陰狡・」又二六三評云・「況李訓・鄭注反覆小人・欲以一朝譎詐之謀・翦累世膠固之黨・」按處變用權・聖賢所許・因守澄而進・固未能定訓・注終身・舊說謂訓・注反覆・無非爲謀殺守澄・然文宗既與鄭・李有密謀（見通鑑二四五）則請問頭巾書生・應背守澄以從君父乎・抑念私恩而忘國事乎・大義尚可滅親・以謀守澄而目鄭・李曰反覆・直不啻爲宦官洩憤・行譎詐之謀・猶不克翦・而謂憑三數人之公言・（充其量不過一劉蕡・）可以翦惡乎・狄仁傑薦張柬之・論者極稱其保唐有功・夫五王・武后所用・而幽武后者五王・未聞責五王之背武后也・（司馬之論鄭・李・與新書之論叔文・同一鼻孔出氣・甚矣迂儒之不可與言大事也・）猶未息也・即翰學之小小留題・亦芟除務盡・藉口曰文字味沒・美稱曰紛繪耀明・（皆丁記中語・）讀史者稍一不察・便爲居晦之曲筆所蒙・閹寺之用心・不既陰狠乎・閹寺之手段・不既毒辣乎・文宗得不至滅燭之弑・（敬宗）少陽之幽（昭宗）者・徒以外乏奧援・（如劉從諫表請王涯等罪名・）有所顧忌耳・幸奸邪雖熾・正誼終存・寺人之陰狠刻毒・可以掩當日之目・不能盲後世之心・可以箝百官之口・不能斷史家之腕・吾人生千百年下・猶得發其覆・揚其私・使鄭・李・王・顧諸君子之名・不至終於「味沒」・補缺猶雕蟲之小技・誅奸昭論世之至公・謂非一大快事乎・

或曰・王涯之既削矣・何以叔文・伾不削・夫叔文早貶死・且當時閹官與爲敵者大都物故・彼之恨叔文・伾・不如恨鄭・李等之基也・或又曰・宋申錫何以不削・按申錫之對

手爲王守澄・守澄既死・仇士良原與守澄不協・故申錫之名得存也・如謂非欲削去諸君子名而假手重修・何以王涯兩人・均見故事・而重修記偏獨遺之・李・鄭・顧大和八九年相繼入・只前兩三年事・何以開成重修遽爾忘之・然則芟削之留迹・不啻閹人於其害賢擅政・自畫供招也・是以爲一大快事也・

翰林・唐開元前未之有・（見故事・）張說恩制賜食於麗正書院宴詩東壁圖書府・西園翰墨林・（說之集五）泛言儒林耳・（參補翰學記自序）舊典・中書掌詔旨制敕璽書策命・開元中雖設翰林學士・然止於唱和文章批答表疏・其於樞密・輒不預知・肅宗在靈武・鳳翔・翰林之中・始掌書詔・賦權日重・於是凡赦書・德音・立后・建儲・大誅討・免三公・宰相・命將・皆出於斯・（均見翰林志・）洎貞元之政・多參決於內署・（見本編韋綬條）時人謂之內相・當政令未頒際・可以封還詞頭・補救事先・（如白氏長慶集四論侯綬・孟元陽兩狀）視諫官徒作事後爭論者・爲效迥異・或遇國家鉅變・如衞次公之倡立嫡・（舊一五九本傳・「二十一年正月・德宗昇遐・時東宮疾恙方甚・倉卒召學士鄭絪等至金鑾殿・中人或云・內中商量所立未定・衆人未對・次公遽言曰・皇太子雖有疾・地居冢嫡・內外繫心・必不得已・當立廣陵王・若有異圖・禍難未已・絪等隨而唱之・衆議方定」）韋處厚之決定制置・（見本編處厚條・並參舊一五九本傳）宰相視之・猶有遜色・王鳴盛氏謂翰學不可不書・（見補翰學記拙自序引）凡以見其職任重要也・叔文・李・鄭志除宦官・皆引居內署・叔文且再三力爭・非視翰學重於宰相耶・

重修壁記・淸代學者向未重視・或以爲一陞官圖譜耳・依余考之・則大不然・宣・懿兩朝宰相拜相之年月・新書往往與舊書異・而通鑑率同新書・蓋後兩者之所據・與宋敏求補唐實錄同出一源・（參補翰學記拙自序）宋氏鉤稽羣籍以成書・重修壁記即其重要史源之一・試觀蔣伸・（記作十二月二十九日・新書作十二月甲寅・即二十七日・九・七字近・今本之九或七訛・否則宋時見本或作二十七也）杜審權・楊收・（舊紀一九上・收相於咸通四年三月・與記異・新書與記同・通鑑僅先差一日）路巖・劉瞻・韋保衡（記作四月二十五日・新書四月丙午・即二十四日・此許轉算偶誤）之拜相年月日・與記幾全同・便可想而知之・宋人所搜晚唐記載・猶是片段零文・非爲紀年長編・不過彼未明記其鉤稽方法・後人遂失諸眉睫耳・又如令狐綯之相・記作大中四年十一月三日・舊紀書於十一月・則月分同・而新書・通鑑均作十月二十七辛未・此或別有據依・然有記文在・吾人即不能信新書之是・舊書之非也・新傳（唐語林三同）記仇士良之陵轢文宗・崔愼由之緘縢密祕・（見本編愼由條）有聲有色・人唯賞其文之奇詭・遂不問事之有無・今據記證之・則開成之世・愼由尚未充翰學・而小說家爲虛構・類是者厥例不一・具詳本編注中・其爲信史・價值遠在私家筆記上・孰謂可蔑視如陞官圖譜耶・翰林官制・五代・兩宋承之・遼・金・元・採之・東北而高麗・亦設翰林承旨一職・其源遠矣・迄明與淸・始名存實亡・鄧邦述氏跋翰苑羣書（從鄧本錄出）云・

自有唐以來．以玉堂爲清秩．明時非翰林不得拜大學士．國朝因之．而士以躋玉堂爲榮者蓋千餘年矣．唐．宋翰林皆知制誥．而有明至今則僅與修國史．康．雍．乾．嘉之際．惟南齋翰林得與機要．然敬守溫室之義．外人靡得而詳．近亦惟揮毫染翰而已．然且制科久廢．翰苑僅存．十數年後．或有不知玉堂之足貴者．余自戊戌通籍．忝列史官．丙午乞外．九年於玆．讀洪氏是編．恍若塵夢．世事遷轉．未知所極．區區之榮．又何足云．

按清制翰林院掌祝辭．册文．碑文．祭文之屬．（見清通典二三）仍唐代翰林所掌之一部．然其閑要相去綦遠矣．歐洲之Academy，清人常翻曰翰林院．白鳥闕特勤碑銘考亦稱Radly曰魯國翰林學士．考清代庶吉士入院後．月有館課．三年考試．乃各別授職．其業務固與Academy異．而用意則稍相類．民十七本院成立．山陰蔡公即以前清編修首任院長．固事實之恰巧者．回憶光緒之末．家二兄官翰署．仲勉北從游學．苑中名公．時獲晋接．惜學識淺陋．不能記拾舊聞．效法鄉賢黃公佐翰林志之作．詳敍舊制．今唯憑其一知半解．妄冀於千載上玉堂故事．有所補苴．得無自顧而汗顏也歟．韋執誼翰林院故事暨元稹翰林承旨學士記．皆丁氏本據之一．承旨記已別爲注補．故事起開元．訖元和．足與丁記相參證者尤多．爰摘其異同之處．略加校注．附錄卷末．庶兩書相得而益彰云．時中華民國三十一年七月．抗戰五週年紀念日．順德岑仲勉自識．

無求備齋墨子集成自序

我國軍事家幾無不曉得孫子兵法那一本書．但墨翟的守城方法．似乎還未得到人們的十分注意．墨翟的時期．大約比孫武不過略後幾十年．據墨子公輸篇說．以技巧著名的公輸般替楚國造成雲梯．要來攻打宋國．墨翟親自往楚見般．和他當面較量高下．其結果．「公輸般九設攻城之機變．子墨子九距之．公輸般之攻械盡．子墨子守禦有餘．公輸般屈．」楚國因此放棄了侵略宋國的計劃．從這片斷的記事．我們也約略可以窺見墨翟守備的本領．目下所保存的墨子．性質雖然大半屬於宗教．哲學那一類．但依向來的傳說．古本墨子裏面講究抗敵方法的．倒有二十篇．佔全書七分之二．經過歷朝的散失．現在只保留着十一篇．固然．此十一篇也不盡是原來的目了．

我回想到抗戰時期．日本侵略軍常常挖的「狐穴」．我近年讀過墨子這幾篇書之後．才曉得日寇此種技術．完全脫胎於墨子．當然．他們隨着世界的潮流．應用近代的物質．曾加以不少擴充和改進．墨子這幾篇書既那麼重要．然而比較孫子兵法．在學術上的地位．却等於無聲無臭．這也有它的道理．從漢朝往後．國內學者都好走向「玄想」一路．較上的亦止對書本求字而解釋．完全與現實脫節．墨子這幾篇．除了極小量的宗教迷信之外（如迎敵祠篇之一部）．可說得上「實事求是」．不適合於一般「玄想家」的脾胃．這是最要的一個原因．墨子這幾篇書．雖然偏然抗拒的戰具．但古人說很好．「有備無患」．又說．「兵來將擋．水來土擋」．必先能有充分準備．才可以抵抗侵略．立於不敗之地．兪樾的墨子閒話序說．墨子惟兼愛．是以尚同．惟尚同．是以非攻．惟非攻．是以講求備禦之法．」正見得一方面要求和平．另一方面仍萬萬不可忘記自己的國防．免致被人暗算．所以．墨子這幾篇書．我以爲在軍事學中．應該與孫子兵法．同當作重要資料．兩者不可偏廢的．

我在民國三十三年曾寫過下面一段話．「動物智識．遠較人類單純．然二十紀人類．尚有模仿不迭者．例如．蟲類常變合環境之色以避殺害．今叢林中行軍．有油綠其身以施不意之狙擊．或避敵人之注意．即循其道而行之者也．臭鼬肛門．近旁有腺．分泌臭液．其氣遠揚．能催嘔吐．盲人目．獵戶．獵犬及他動物皆避之．即敵人遇戰敗時輒施放毒氣以求一逞．是也．又墨魚遇敵．度不得脫．則急噴其墨液．使海水昏濁．藉以逃避．即空海軍逃生或襲擊之際．躲入雲端或放烟幕是也．」（北平圖書館館刊新五卷四期一四頁拙著考據學例．）然則動物學的道理．可應用到軍事學上去．話還不止．我國往日的駢文．似乎和軍事學確差之千里了．但早於抗戰開始那年的冬天．也寫過下列批評龍筋鳳髓判的話．「卷三．判題有云．「將軍任季狀稱．於蔚州飛孤口累石牆．灌以鐵汁．一勞永逸．無北狄之憂．」又云．「又請削橛於塞上數千里．釘以刺突厥馬蹄．斷賊北道．此兩策．在昔視之．正如原判所謂「無益皇威．有同兒戲」．或「此愚夫之淺計．非達士之弘圖」矣．然神而明之．固與今日之構築工事．埋放地雷．密佈電網．暨建設國防綫數百里者．無以異也．同卷復有題云．「將軍宋敬狀．被差防河．恐冰合賊過．請差州兵上下數千里推冰．庶存通鎭．」即今破冰之制也．又有題云．「中郎將田海請於舊長城塹．東至遼海．西至臨洮．各關十步．深三丈．並仰審利害．」即今挖濠之法也．苟未雨而綢繆．豈醜虜之能度．昔謂之拙．今詡其工．即俳儷文章．亦何嘗臭腐．夫是以貴得其通而已矣．」（歷史語言研究所集刊九本四—五頁．）

無非見得讀書能觸類引伸．便開卷有益．如果不能的話．平時高談着經世之學．臨到有事的時候．反而一籌莫展．那又對國家有何裨補呢．

墨子那本書．學者都說它包含着力學．光學．數學．形學等道理．但這種道理．究竟已否應用於實物．却未有人指出．我在研究這十一篇過程中．覺得許多守城方法．確已應用着此種道理．並不是出於空談臆想．例如．鼓架要三足（號令篇）．是最淺的重心先識．桔槔（或頡皐）就是槓杆．磨鹿或轆轤就是滑車．又像屈勝可上可下（備高臨）．發梁可以擒敵（備城門）．尤其是．製造最爲複雜的連弩車．每次能夠射出矢箭數十．無不是根據機械學的原理．又如罌聽（備穴）係利用聲學．以探測敵人隧攻．罌內放炭穅不可太滿（備穴）．持醯來救烟熏（備穴）．則已樹立化學的基礎．連弩車內置儀（備高臨）．和瞄準表無甚分別．井內置則瓦（備水）．合於水平的測量．鑿穴每步下三尺（備穴）．那是數學三角的發明．此外還有不少項目．可跟現在相比較的．就是環利繂（補穴）等於鐵索纜．穴內支柱（備穴）等於礦穴建築．由此．我們又悟出「置每」（備穴）即是「置煤」．中國用煤的時期．最少可上推到春秋末期（公元前

六世紀）了・（近人對此・頗有爭執・或以爲西漢・或以爲東漢・）

專用於軍事的・更有創甲即禦彈衣・鞮瞀即鋼盔・藉幕即索網・爵穴炬即探照燈・木桶炭火投敵・即手榴彈・轒轀車即坦克・烟矢即火箭・用艾烟熏敵人即摧淚彈・所差的・後世已發明了火藥・而物質方面・更大有進步・爲用之大・爲禍之慘・當然超過了古代不知若干倍・但試推究其原理・我們如說是「舊瓶裝新酒」・似乎未十分大錯・唯有一件・古人施用範圍很窄・所以放了艾烟後・就用風箱把它吹向敵人方面去・不至弄巧反拙・若現時施放毒氣・有時還要體察到風向・今人恐怕反不如古人之巧了・

墨子這幾篇書・是注重實用的・所以談用兵方略的話不很多・（比方說敵人來攻・較大的城要在郊外迎戰・小的城要緊守城池・就屬兵法一類・）但如用軍徽來區別各種兵團・用舉旗來替代號令・訓練士卒使曉得左右・前後・都有得記下・又說・挖穴的工作・要男・女各半・守城時候・丁女・老少各配給矛一根・城下的守衞・每三十丈內派丈夫十人・丁女二十人・老少十人・女子占了二分之一・城上不當戰綫的地方・也派老頭・兒童去把守・婦女・兒童確有不能當兵的・就派在官府裏面供差使・一聞警報・馬上擂鼓動員・經過五回鼓後・尚未到指定的地方報到・即分別處罪・當時的動員方法・是那麼迅速而澈底・

講到事前如何堅壁清野・如何疏散人民・如何戒嚴・如何節約・戰時如何限制口配糧食・如何督察人員勤惰・如何安置和撫卹傷死・事後如何勞軍授旗・優待征屬・鼓勵他們的敵愾同仇・都有頗爲詳細的記述・關於衞生設備・我國向來似是不甚講求的・但讀過墨子的書・便覺得大大不然・城上相隔若干遠・更開挖暗溝若干・建築公厠若干・鑿井若干・置備汲水・飲水器若干・無不有明文規定・甚至如由城上向城下傾棄污水・也須先要把標識搖動・免致損害人物・在二千五百年前・對衞生設備・有如此詳細的計劃・可不算一個奇迹嗎・

甚至・軍中或民間日用物件・像西北所用羊皮做的水缸・和羊皮風箱・在南方人看見・很是陌生・然而前者叫做「革盆」・後者叫做「橐」或「韝袋」・墨子書裏也早有現成的名稱・

有人說・現在是科學時代・件件都要跟着最新科學標準去辦理・那種上古的「勞什子」已不能適用了・（例如曹耀湘墨子箋說・備城門諸篇縱使文義完足・在今日實爲已陳芻狗・）這類的話・似乎帶着充足的道理・但仔細想來・却不是怎麼簡單・墨子那幾篇書・仍然值得研究的・若論到適用或不適用・現在科學進步・日新月異・即使幾年前前版的著作・我們也不能「膠柱鼓瑟」・不光是墨子一本書有這種缺陷・我們無論讀那種書・都貴在得其菁華・不要死守不變・根據前人的理論・應用最新的學術・近世所謂嶄新的一套・何嘗非多數如此作成出來的呢・

更進一步說・這十一篇書・名雖是專記守備・但如號令篇裏面・就有許多和地方行政相通・甚至討論到用人的標準・照我看・不單是軍人必讀・而且是地方行政人員必須參考的材料・

岑仲勉

墨子的守拒方法・既如此重要・爲甚麼近年研究的人・仍然如此之少・那就不得不再指出下面三個原因・

第一・梁啓超氏批評這十一篇說「可緩讀」・又有人說「於哲學沒什麼關係」・這樣就轉移了一般讀者的視綫・而且・我國學人・向來多偏重玄虛・忽視現實・重文輕武・久成陋習・武備方面・更不值得文人注意・

第二・近世蘇時學・吳汝綸等認爲這十一篇是漢人作品・非墨子原有的文字・因之・有一派人就發是「僞書」・以爲不值得研究・其實・從研究方面角度來看・我們只當問書的本身有無學術上的價值・是戰國人或漢人所作・那倒是次要的問題・

第三・墨翟的弟子・據說分爲好幾派・各人把自已的記憶・寫成文章・到了西漢末年・始由劉向搜輯着當日所存・編作一個總集・對於家派的區別・大約已不甚明白・所以現在的墨子・屢屢發見重複的毛病・甚至夾雜着後人的注解・因爲各派的方言不同・有時同一事物而稱呼各異・最顯淺的例子・是或稱「五步」・或稱「三丈」・實際「五步」就等於「三丈」・其次・「墨子」是戰國時代所寫・文法先後・都循着當日的習慣・現在說「狀態」・而它却說「態狀」・現在說「大小」・「多少」・「美惡」・而它却說「小大」・「少多」・「惡美」・現在說「歸家治病」・而它却說「歸治病家」・再次・古書多注重讀聲・不注重字形・「內」可用作「納」・又可用作「枘」・「俚」或「貍」都是「埋」・「敷」或「敷」都是「傅」・「死」可替「尸」而「使」又可替「死」・更有同一字而常分表兩種意義的・（如渠爲「溝渠」・或爲「渠荅」・）總要讀者隨時變通・不能堅執成見・尤其是・攻法之「衝」是什麼・「臨」和「堙」・或「突」「穴」和「空洞」如何分別・「渠荅」是一物或兩物・漢・唐時代的人・早已無法——或錯誤——解釋・有如許困難・遂令學者望而生畏・

我寫本書的主旨・是注重現實方面・關於文字或名稱的冗長討論・要另作專篇・不擬攙入注中・以免分散讀者的興趣・減少現實的應用・原書有若干處・因爲錯誤過多・暫時確無法整理・除此之外・可明白的總在百分之九十以上・前人無法解決的實同名稱・大概也有了着落・如果有計劃的進行研究・大家通力合作・將來這十一篇書・似可改編爲更簡單・更易讀的節本・現在只是初步嘗試・不能不保存相當的原來面目・尚有若干細節・爲讀本書者所不可不知的・留在後頭凡例中寫出・民國三十七年・岑仲勉・

無求備齋墨子集成再序

四庫全書總目提要二三說・「第五十二篇以下・皆兵家言・其文古奧・或不可句讀・與全書爲不類・疑因五十一篇言公輸般九攻・墨子九拒之事・其徒因採摭其術・附記其末・觀其稱弟子禽滑釐等三百人已持守固之器在宋城上・是能傳其術之徵矣・」然而據近人考究・墨子一書實成於其弟子多人之手・不單止備城門等篇・故王拯謂「所傳書乃其徒之說・非墨子之全・」（見墨子刊誤跋・）蘇時學云・「墨子當春秋後・其時海內諸國・自楚・越外無稱王者・故迎敵祠篇言公誓太廟・可證其爲當時之言・若號令篇所言令・丞・尉・三老・五大夫・太守・關內侯・公乘男子・皆秦時官・

其號令亦秦時法・而篇首稱王・更非戰國以前人語・此蓋出於商鞅輩所爲・」（見墨子刊誤・）近年蒙文通氏亦說・「自備城門以下諸篇・備見秦人獨有之制・何以謂其不爲秦人之書・」（一九四二年四川省圖書集刊三期一〇一頁・）今考此十一篇內所記官稱・如役司馬・都司空・次司空・丞・校・亭尉・門尉・梟候・中涓等・參據明董說七國考・尚未見於其他六國・城旦之刑亦然・因此・認爲這幾篇最少一部分是秦人所寫・殆已毫無疑問・亦唯如此・而後它的文體何以與戰國時東方齊魯・三晉的作風不同・才得到合理解釋・

關於這幾篇研究・又與近年我國社會分期問題饒有聯系・某一派史學家堅持必先有鐵才可以進入封建時代・如果依照先進作出的分期規律來看・未得爲有意苛求・（若必謂從戰國時期起・鐵器才得到較廣泛的推廣・又必再經過五百——八百年的時間才算進入封建社會・則未免流於務申己見而强作分劃・也與先進文獻的說法不符・）然而這一條件並未能否定西周爲封建社會・我已有過論列（見拙著西周社會制度問題四五—四八頁）・最近郭沫若氏考定叔夷鎛有「造𢦏徒四千」的話・因而肯定管子所說齊鐵官有其根據・並指出近年考古發掘如河南輝縣之大批鐵農具・工具及兵器・熱河興隆之各種工具鐵範・都是屬於戰國時代・隨後・石志廉氏又提長沙楚簡及古鉢等・說明戰國之時・用鐵已極普遍（十一月廿二日光明日報）・按齊鐘之⿱匋女・郭氏以爲即匋字（兩周金文辭大系二〇五頁）・然則「⿺辶⿱匋女𢦏」應讀如「陶鐵」・不必改作「造」字・冶金在古代得言「陶」・①「𢦏」確爲鐵・更可多得一層實證・今墨子這幾篇裏說鐵者不少・如鐵鍱或鐵什・齊鐵矢・鐵鐕・鐵纂・撒鐵以害敵人（均備城門）・鐵服說或鐵鈇・鐵鉤距（均備穴）・鐵彏（旗幟）・又征發各邊鄉銅鐵（雜守）・鐵之爲用極薄・可以想見・總合來說・戰國時代西起關隴・東至齊魯・北達幽燕・南盡荆楚・都已大量用鐵・其開始推廣・自應上溯春秋・郭氏言「鐵的最初出現必然還遠在春秋以前」・換言之即西周・是有其事實根據・迥非專憑臆測的・尤其冶鐵技術之進展・與火力有關・墨子時代既能製鼓風之皮槖・又能用煤（即每・見備穴）・可證冶鑄實已高度發達・如果把用鐵遲放在春秋・戰國之交・顯然壓縮我國文化的進展了・

前人對於墨子這幾篇研究的成績・我還想帶說幾句・王高郵父子雖非全部作注・要有其寶貴的貢獻・孫氏爲此學泰斗・無庸贅辭・吳氏書較晚出・參合中外多家・自然呈功較易・王闓運注本未之見・只從李笠所引・已可窺其武斷臆改之一斑・舊日商務萬有文庫本閒詁圈點多訛・閱覽者應愼之也・民國四十五年十二月初旬後記・

①墨子耕柱・「昔者夏后開使蜚廉折金於山川・而陶鑄之於昆吾・」王念孫讀書雜志九因各本所引・多無陶字・遂謂「金可言鑄・不可言陶」・陶字蓋唐・宋人改之・按莊子「是其塵垢粃糠・將猶陶鑄堯舜者也・」陶鑄與塵垢對擧・顯是兩字連言・他所據者只是節略的引文・陶字實非唐宋人附增・史記魯仲運鄒陽列傳索隱引張晏「陶・冶也」・又引韋昭「陶・燒瓦之灶」・大約上古冶鐵工作・即在陶灶上進行・故金亦可言陶・王說猶未達一聞・

岑仲勉

西突厥史料補闕及考證自序

巴克爾氏（Parker）著韃靼千年史．卅餘年前曾於China Review略讀一部．如匈奴．突厥．幾全取材國史．而謬戾不少．（近人張一純氏亦有評．見邊政公論三卷四期．）國人能留心邊務者當優為之．顧經過翻譯後．竟被推世界名著．其缺乏鑒識猶小．懼乎後輩之因陋就簡．唾棄舊籍．貽謬來茲者．深且久也．沙畹氏著西突厥史料．遠出巴書上．無待深論．中間介紹西史．說明東羅馬與西突厥之交際．尤於中古之經濟．外交史上．惠吾人以價值無比之解釋．西方古籍．非此間書府所有．即有矣．而學者多未能讀．其厚惠一也．氈裘毳幙之鄉．無視乎綺羅綃絹．唐代突厥．回紇何為急急以馬易帛．舊史直未發覆．其厚惠二也．我國皇華商隊．遠出異域者．自古絡繹於途．然卒未有能採取訪漠北人經營絲絹之事實．供本國參攷．而終待沙氏言之．其厚惠三也．自餘．沙氏取材中史者．約分二部．一列傳之部．應別為論證．一編年之部．完全採自冊府元龜．即就元龜言．亦未之盡．他書記載有明標年號暨不難攷定者．更未遑及．或反附入注中．使讀者不易比定事實．更或不明中史書法．讀是歲如十二月．則可議之處仍多．往歲梁思永先生以沙氏書之價值見詢．余應曰．此事須分兩點立論．從外人觀點言之．沙氏之書．價值誠不可侮．從我國學者觀之則小異．除西史部分外．中史材料之編纂．直未達到吾人所預期．梁君領之．夫是知上項之批評．非個人之肊論．

雖然．是不足以專責沙氏．原夫歐人初來中國．彼此語言不通．意思無由傳達．宣教之師．深入內地．耶穌之說．轉作華言．於此地語言文字．自不能不迫切求學．況寄居之輩．恆十數歲．日積月累．故了解漢文之程度．雖非上乘．要有可觀．逮晚近則不然．一方面宗教失勢．一方面華人通外語者日多．漢文之需要．乃見鬆緩．外人於漢學研究．平均反不如前期普遍者．此其一大原因．或謂抗戰時期．英國登記通中日語之人．為數僅四．似未免言之過甚．然觀外國旅華記者．多不通漢文漢語．祇憑僱用繙譯．便詡中國通．即知漢文字之研究．在外人大不易易．唯知其大不易易．斯吾人對沙氏無事苛求．至本篇所補．專在編年．除去隋書．通典（太平寰宇記略同）及兩唐書內西突厥專傳．與夫沙氏書元龜部分之正文．不復移錄外．凡史部石刻有涉西突厥之時間性材料．均一一采擷．編附適當或相近之年份．如取與前數者合觀．漢籍中之西突厥遺聞．相信已得什九已上．補闕部分遇有疑難時．均就所見附加考證．惟較為複雜之問題．則另作專篇討論．

尤有言者．唐太宗用兵西域．始於高昌．其動因則以漢人途經彼境．皆被囚縶．加之重役．又伊吾之右．波斯以東．職貢不絕．商旅相繼．琛賮遭其寇攘．道路由其壅塞（見貞觀十三年討高昌詔）．及西突厥賀魯既平之後．唐室初立阿史那彌射為興昔亡可汗．阿史那步眞為繼往絕可汗．次以阿史那元慶．斛瑟羅及懷道繼之．最後復有阿史那獻及阿史那昕．八十餘年間．對葉護子孫．非不力予培植．無如內憂外逼．弗克自立．卒底於亡．非唐為之也．順德岑仲勉識．

通鑑隋唐紀比事質疑自序

岑仲勉

資治通鑑是我國極負盛名之通史·論到編纂的方法·史料的充實·考證的詳細·文字的簡潔·綜合評論·確算它首屈一指·胡三省新註資治通鑑序說·「溫公徧閱舊史·……薈萃爲書·勞矣·而修書分屬·漢則劉攽·三國迄於南北朝劉恕·唐則范祖禹·各因其所長屬之·皆天下選也·」修書分屬是事實·祖禹進唐鑑表有云·「臣昔在先朝·承乏書局·典司載籍·實董有唐」·可以爲證·本篇所指隋前書卒的例子·與唐不同·惟明白了通鑑執筆的有幾人·便恍然其爲例之何以後先不一·司馬光資治通鑑外紀序云·「英宗雅好稽古·詔光編次歷代君臣事·……光對曰『館閣之士誠多·至於專精史學·臣未得而知·所識者惟和川劉恕一人而已·』上曰·『甚善·』即奏召之·共修書凡數年·史事之紛錯難治者則以諉之·光仰成而已·」又直齋書錄解題四·「通鑑問疑一卷·高安劉義仲壯輿纂集其父道原與溫公往復相難者·」又著錄通鑑修書帖一卷·謂係司馬氏與書局屬劉恕·范祖禹往來的書簡·合觀前引外紀序·復曉然司馬氏仍自有一套見解·特以史事紛雜難治·故使劉恕總其成·由此又知·㈠稽古錄由司馬自修·故對於事實之排比·時與通鑑相違·本篇曾說稽古錄重鑑戒不重考證·猶是皮毛的話·㈡司馬氏自是心頗强·不易接納他人的見解·故祖禹當他生存時（元祐元年二月）便將唐鑑進上·自抒其政治成敗之評論·就中如贊李德裕以一相制御三鎮·譏宣宗特一縣令之才·尤極與司馬立異·通鑑編纂之經過·既這樣複雜·裏面或取舍失宜·或排比弗當·或先後違序·或褒貶無章·如此之類·自必不免·胡注也時常提出所見·但發掘還嫌未盡·它是那麼浩博的書·要一個人全部補苴罅漏·絕對做不到的·不過·歷年來進行隋唐史研究時·我常拿它和在前的史料來比讀·總覺得有不少可商可疑之處·累積起來·得六百七十餘條·當然夠不上說注·幸而有胡注在前·假使戰國·兩漢·三國·六朝各專門史家·各盡其力·集腋成裘·使它成爲一部更美滿的專史·這正符合於我們目前整理古籍之方法·

明末嚴衍著資治通鑑補·大致分改正·移置·存疑·備考·補注五項·用功頗深·凡胡注糾正處多照改定·是讀過通鑑時案頭應備之本·惟補入之處·或過傷繁瑣耳·近人章鈺校稿·未獲披覽·本篇中每提一問·常就正於嚴書·則見夫嚴書所有而近出古籍出版社標準本從缺者反過半數以上·其爲章氏漏採·抑標點本擷拾未盡·不得而審·尤其章校於比事錯誤地方·似完全沒有接觸·故嚴書還是參考必備之書·

本篇爲隨讀隨寫之作·側重在比事方面·胡注未穩當者也偶有旁及·循原書順序而下·檢對自便·條數過少·更無彙分之必要·拙見遇與嚴書相同·必加聲明·以示不敢掠美·其非屬於隋唐史者僅數十條·敝帚自珍·別爲附錄·

通鑑記月往往夾敍在一段之中間·尋檢不便·今後重印·或將年月改用黑體字·似乎更合應用·古籍出版社標點本一段中再分小段·非無好處·但有時反欠聯接·究應怎樣劃分·值得細酌·標號中亦偶見一人作二人·二人作一人的失檢地方·爲欲通鑑標點本更臻完善·故順及之·一九五八

年四月一日岑仲勉・

中外史地攷證前言

這一本書收了三十年來我在歷史地理方面所寫過大大小小的六十幾篇文章・文長短不齊・長者至萬言・短的只數百字・既屬臨時觸發・隨筆寫成・內容當然很不一致・主要注重在古代地名考證方面・凡有從前爭論不決或留下疑團或向爲空白的問題・我常喜歡插手一下・雖然未必都有收穫・然嘗試既多・也頗有所得・篇內題目所以種色色・原因就在這裏・

地理名稱有其比較的固定性　鑽研時苟非走錯了路・得出的結論當不至隨時動搖・否亦足供進一步之探討・本書各篇涉及範圍頗爲廣泛・頭緒紛繁・要寫一個慨括性總結・頗不容易・現可就其性質相近者・約歸納爲八類・然後每類中擇要介紹之・

(一)重要古地的證定・如1・隋書之吐蕃——附國・隋書記附國南北八百里・東西千五百里・人口二萬餘家・是一塊很大的地方・可是唐以後的史書都未提過這個地方・2・塔吉克噶勒察及大食三名之追溯・塔吉克是住在帕米爾內外歷史很古的民族・噶勒察爲其分派・不會不見於我國古文獻・試爲追溯便知前者即後漢書之德若(亦即史記之大益・見拙著漢書西域傳地理校釋)・後者即佛遊天竺記之竭叉・

(二)注重地理上交通・交通與經濟運輸・民族動態・文化交流・國防設備等・在在都有密切關係・大致來說・我國西北兩方是陸路交通・南方是海道交通・

(甲)前者陸路・如1・穆天子傳・西征地理概測・整個穆傳的地理比定・外人未有嘗試・我國學者則說各不同・就中以沈曾植吉里吉斯高原說爲最穩・惜語過簡略・此篇通過古今地之比定・證明沈說大致不錯・由此知公元前一千年頃・周族已能遠通西北・其文化燦爛・自有原因・而周族之來歷・也可獲得多少啓發・2・從嘉峪關到南疆西部之明人紀程・是近代西北行的紀程・路線的方向跟前篇大致相近・兩者比讀・可見古今交通之變化・以上是說西北的・說西南的則有3・六詔所在及南詔通道一段之今地・4・唐代滇邊的幾個地理名稱兩篇・均據蠻書等爲基礎・考究唐對南詔的交通與南詔當日勢力之所及・

(乙)後者海路・如1・西漢對南洋的海道交通・係論漢武遣使市易・達到印度半島的東部・2・唐代大商港 Al-Wakin・唐時阿剌伯地書說我國有四個商港・自西而東・最先到的叫做 Al-Wakin・日本人以爲即龍編・可是言音不對・我國也沒見相當的文獻・著者經過相當考慮・認爲即漢之比景・不單止言音相對・而且比景爲登船地點・屢見於義淨的記載也・3・南海崑崙與崑崙山之最初譯名及其附近諸國・崑崙故事・伯希和・費瑯兩家雖所徵不少・却昧於其最初的譯名・實則崑崙係金鄰的音轉(金與崑是收聲m・n的通轉)・最早當見於東漢・其地臨金隣大灣(今暹羅海股)・爲我國南航必經之途・現時我國發掘古墓・常有崑崙奴俑(我認爲即漢初所傳的僰僮・僰婢・說別詳)・自漢至唐流入中國者數當不少・4・掘倫與崑崙則指出掘倫爲唐代崑崙的異譯・5・自波斯灣頭至東非中部之唐人航線・賈耽

廣州通海夷道描寫唐世西南洋的整個航程・其前段已有多家作出考定・惟波斯灣以西一段幾全付缺如・我把五個名分別推證・則中唐人對西南航線之認識・已達東非洲之東部・那是我國地理學史上值得記錄的一件事・

(三)建置及區域・也是地理學上一要題・後魏在北邊設六鎮・所以防備蠕蠕・然六鎮何名・遺址約在什麼地方・不一其說・因此・1・我就前後共寫了四篇短文以求徹底解決・2・拉施特史十二省之研究・拉施特得孛羅丞相之助力・記出忽必烈當時分建十二個省・張星烺氏對照元史地理志謂拉史遺去湖廣・又對省名之Khingusi, Lukinfu, Lumkali, Machu（或Kamkhu）均未能確切還原・我們須知蒙古人對漢地之稱呼・常自保存他們的一套（參元初西北五城之地理的考古篇）・叫湖廣爲武昌・其餘四個省名即漢語之杭州・麗江府・隆興府・武昌（或漢口）也・3・天山南路元代設驛之今地・漢・唐在玉門以西・未見驛傳之記載・至元時沿着羅卜・怯台・闊鄽・斡端・鴉兒看等地分立陸・水之驛・這是元代的創舉・這一類也有關於外國的・但往往記錄不明・須要加以釐正・據唐會要及新唐書地理志・大食屬國好像有七處（除陀拔思單不計）・同書二二一下大食傳則只記封了六個國王・無岐蘭・4・唐代大食七屬國考證即在證明岐蘭乃裏海音譯・並非國家・故與各國之相距或遠或近・洪鈞所以說唐書所記都盤六國方向・程途・殊難考合也・其誤因則由於各書未有指出岐蘭是海・所以引生誤會・其次・古籍不標句讀・因而遇着連譯幾個外名的地方・每不能讀斷・諸蕃志之占城屬國・東西讀者均以二字爲句・則未知外國地名・並非像漢名之整齊・不能執此以例彼的・故5・諸蕃志占城屬國考釐正賓瞳龍・烏馬拔弄・容蒲羅甘兀亮・寶毗齊計十六字・只是四個地方的音譯・唯其這樣做・才能找出它相當的地方・

(四)邊遠的史地・往日常爲人所忽略・如1・回回一詞之語原・從于闐文知其本爲于闐人稱回紇之名・及後才推演開來而語離其宗・2・阿里馬爲蒙古初期者著名的城鎮・遺址却久未決定・編內的阿里馬係根據西遊記・西使記之敍事・給合俄人兩家之踏查・決其即徐松西城水道記所說塔勒奇城正北五里許之破城・道光年代劚地者猶於其他多得明珠・瑟瑟之屬也・之外・3・耶律希亮神道碑之地理人事・大致係考論忽必烈朝今新疆內多地名和某些以前沒有解決的人名已・吐魯番一帶漢回地名對證係取清末俄人對吐魯番一帶地名路記・就個人所知・試求其漢名舊譯・期作爲漢・回名稱對照表之用・

(五)漢籍記外國地理之誤會・著書者如未嘗身履異域・只取別家的記載・綴合成文・其間免不了誤會・是意中的事・故周嬰對水經注有躡法顯之行蹤・想恆流之洄洑的批評・我爲求指出其誤會所起・才作水經注卷一箋校・同時因酈注此卷引用佛遊天竺記文很多・且有不少異同・故就此等異同地方・順帶作校勘記多條・並非試圖校勘酈注・

(六)記我國的史事時・外語對地名之稱謂・往往與漢文不同・原來相當於漢語什麼・也時常解釋各異・即如Kumdan係中古時金殿的音寫・指皇帝寶座所在・文言謂之金鑾・猶之北族的金牙或金斡耳朵・從嚴義說・當日指長安言

之・又 Machin 的 ma 即漢語之馬・大也（參拙著兩周文中論叢三〇五—三〇六頁）・Chin 爲秦之音寫・伊蘭語用以稱我國・以上兩名見1・外語稱中國的兩個名詞・又如十世紀前半葉大食人墨哈墨爾到達了一所地方・名叫 Sandabil・認爲就是唐代王廷・我取其行程逐段分析・才知 Sandab 爲删丹的音譯・il 在回紇文爲王國・是當日回紇族建立的一個小朝廷・墨氏以前未到過中國・踏進甘肅境內・就以爲唐代王廷・錯誤也有其原因的・見2・誤傳的中國古王城・此外・Zaitūn 非刺桐篇闡明 Zaitūn 係齊暾果原名・福・泉一帶土產橄欖・其樹跟西亞的阿利布多少相似・大食人遂以齊暾爲泉州代名・並非刺桐的音譯・以上三事・屬於中亞和西亞・蒙古人稱我西北的名城・也自限他們的一套・具詳前文的㈢項・稱靈州爲惇物・寧夏爲歈汗・榆林爲統萬・斡羅孩猶漢語回樂路・涼州姑臧爲鳥城・除第四個外・皆是六朝以前的古名・其說於4・元初西北五城之地理的考古中詳之・

（七）1・唐以前之西域及南蕃地理書・原書幾已全佚・本篇只在保存其遺目・2・晉宋間外國地理佚書輯略則就晉至劉宋時期幾本所見之遺文・試作綜錄・那個年代來往中印之佛徒・多寫有行記・但習慣不自定專名・法顯出國很久・冒死不顧・時人要尊崇他・稱他的作品爲佛遊天竺記・跟西晉初衆稱法護爲菩薩無異・3・佛遊天竺記名稱之討論就辨明佛的稱呼之不足驚奇・後來佛字的應用統一・才轉變爲歷遊天竺記傳・佛國記・遊天竺記・天竺國記等各種名目・近人用後世的眼光・觀察中古的情事・反而脫離現實了・同上理由・4・翻梵語中之外國傳・原文不著撰人・因有智猛或曇無竭之不同解釋・至5・評秦代初平南越考則屬書評性質・批判鄂盧梭原書・以爲嶺不止五・五嶺位置隨漢族南移勢力之消長而易地云・

（八）最末・外地名稱常有不經見者・涉獵之餘・亦偶提管見・如杜環經行記之苦國即今敍利亞・唐時立五節度・還可與近世分爲六軍區互相證明・同記之朱祿爲末祿訛文・實即後漢書之木鹿・賈耽海道末羅爲巴索拉之唐譯・太平廣記蠮螉國當指北非洲之一地・唐睿宗時已通使我國・此爲中・非交通較早之記錄・太平寰宇記之致物國即今加里曼丹之文郎馬神・不述國即東岸之把實・文單國即東南隅之亞門丹義・同在一島之中・又袁桷集之把禿爲報達異譯・滅國無疑爲密昔兒・均可使考地者有所參稽也・這一册子的內容・大致不外如此・計範圍所及・遠屆於西亞・南洋・然世界輿地書浩如烟海・一隅局處・坐井無殊・祇憑蠡測之放言・豈謂驪探而有得・姑成册子・聊備采葑云爾・

抑既寢饋於斯二三十年・雖乏寸長・要思獻曝・今試略言之・要注重材料來源之價值・如一等・二等……之類是也・文字一經轉錄・字句小差・便生別解・元狩四年霍去病北征・史記卷一一一載武帝獎詔有封狼居胥山・禪於姑衍・登臨翰海之語・當是據去病之報告・此一等材料也・同書卷一一〇匈奴傳當史遷綴合各種書說而編成・文只云驃騎封於狼居胥山・禪姑衍・臨翰海而還・略去登字・此二等材料也・今假使謂登與臨各別爲義・所臨者低地之海而不言所登何處・文義殊不完・我們如從此來探索・再結合蒙古時代杭海・抗海・沆海幾個譯法・便見登臨係一個兩字詞彙・其義

只是登（唐前詩文是這樣用法）·史遷偶略一字·遂滋異議·先手材料之要也如此·這是一·認識材料的內容也是重點之一·歐陽玄偰氏家傳是記回紇始祖居地·不是記元都和林·兩者雖然相近·但並非同在一點·早年我寫過一短篇和林考·取家傳與張德輝紀行相比·結論本已不錯·後來惑於近世考訂家之說·不能抓實重點·遂謂和林所在·以沈垚朱爾馬台河之考定論（突厥集史七六八頁）·犯了一個嚴重錯誤·可見閱覽時必要小心謹慎·萬萬不可稍涉大意·這是二·方望所以決定地位·一錯就弄成南轅北轍·我國舊籍多不標點·尤易誤解·如依漢西域圖考斷句·則劉郁西使記本云·（孛羅）城北有海·鐵山風出·往往吹行人墮海中·即是說·海（泊）在城北·布勒希乃德繙作英文時·乃以城北有海鐵山爲句·於是解爲海在城南·方向字樣如何斷讀·關係是很要緊的·這是三·最簡要的說法·我們初步的知識要面積寬·種類多·既普而博·閱覽時可能觸發之機會便多·拘於局部則懷疑之機會便少·因爲每一種科學無不與其他作蛛網式關聯·有一點不懂就不能不依賴別人·別人即使是專家·也會犯錯的·正所謂牽一髮而全身皆動了·故依賴的程度能夠減至越低越好·記弱冠時朋輩論學·開首便以專哪一經·四史中專哪一史爲問·然而剛能獨立研究·基礎未厚·便即進入專的途徑·論求學程序·似乎是躐等的·清代研究家很少能夠全面展開·這恐怕是專之過早的毛病吧·試看名學者如王高郵父子·德清俞氏·他們的著作都是兼涉羣經·成績輝煌·相信他們的學習·不是開始便專於一部的·史地也不能例外·還有一事·我國建立很古·幅員很大·外國撰述有關我國者數不在少·難處在未能遍讀·故史地研究·最好能多識外國語文·筆者在研究當中·就常以所知有限爲憾·不要談怎樣博通·姑就地理學之最低限度來說·地名無論中譯外或外譯中·先須問其在語音是否對照·各地有其特殊的語音·有其互異的轉變·如果不略明大概·就感到無從決定了·岑仲勉識·

馬超俊　一八八六年生　一九七七年卒

號星樵·台山人·幼年至香港船塢機廠習藝·工餘進少年學社·光緒二十八年赴美·在舊金山庇利魯造船廠工作·並加入該地致公堂·初遇中山先生於大同報館·旋離美赴日·謁中山於橫濱·參加同盟會·三十一年·在港倡組華人機器工會·同年·入日本明治大學政治經濟系·翌年二月輟學·啣命秘密抵港·策動工運·後轉廣州·漢口·上海·聯絡各業工人·響應革命·武昌起義·黨人發動海內外同志組軍北上·超俊任廣東華僑敢死隊總隊長·統軍堅守漢陽兵工廠·二次革命失敗·奉孫先生命赴美學習飛航·返國後參與討袁運動·於五年四月親率飛行隊·轟炸濟南山東督署·旋赴北京籌設民間航空學校·六年·南下護法·孫大元帥委以策動全國工運之責·九年·任廣東全省機器工人維持會主任·十三年·以功任廣東兵工廠長·十五年·奉派至南北美洲·考察工人運動·兼聯絡海外僑胞參加革命工作·十六年歸國·任國民政府勞工局局長兼勞工立法起草委員會主任委員·十七年·任廣東省農工廳長·建設廳長·十八年·奉派出席日內瓦國際勞工大會·十九年·任立法委員·二十年·奉派歐美各國勞工考察專員·回國任南京市長·二十四年·任國民政府委員·仍兼南京市長·迨中央社會部成立·轉任副部長·抗戰軍興·先後訓練工人幹部五萬人·分發至敵後及淪陷區工作·三十四年·三度出任南京市長·三十五年調任中央農工部長·積極督導各省市總工會及全

國性各行業迅速組織工會．並綜合成立全國總工會．時人以勞工之父譽之．三十八年遷台定居．被舉爲華僑協會總會理事長．廣東同鄉會理事長．人皆以賢父老稱之．一九七七年病逝臺北．年九十二歲．著有中國勞工問題．三民主義勞工政策．比較勞工運動史．

中國勞工運動史序

余幼時．曾在海外英美國人所設之機械工廠工作．民元前五年（1905年）奉總理孫中山先生命．返國從事革命勞工運動．仰承期勗之殷拳．爰定終身之職志．迄今彈指駒光．蓋已逾半世紀．深維勞工運動之目的．在於解決勞工問題．而世界勞工問題．多爲經濟性重於政治性．中國適與相反．卻爲政治性重於經濟性．其爲病之因素懸殊．乃對症之下藥亦異．中國勞工運動之所以必與國民革命相結合．且爲其主流之一．實事勢使然．故清季之推翻滿廷．民初之反抗軍閥．北伐中之熱烈贊助．抗日中之忠勇犧牲．以迄行憲戡亂．反共抗俄．規劃復國．堅貞不懈．皆爲中國勞工運動之特異表現．亦爲解決中國勞工問題之必由途徑．

勞工問題．包括至廣．牽涉至多．欲求合理之區處．必須適合國情．謀政法之悉允．尤當探討史蹟．期懲毖之相資．余於民國十四年曾寫中國勞工問題一書．纚述問題之癥結．略有歷史之低徊．由民智書局發行．先後七版．銷售尚廣．頗引起朝野各方對工運之重視．迨民國十六年．北伐軍抵定江左．邦基初奠．國民政府乃亟成立勞工局及勞動法起草委員會．以推動勞工行政．規劃勞工立法．同年十一月．中央工人部亦登報徵集中國各地勞工運動史料．以備編訂中國勞工運動史．（該廣告登載民國十六年十一月二十六日上海民國日報第三版）足證中國國民黨統治下．對於全國勞工．在行政立法方面與編纂史乘方面．具同一之重視．惟勞工行政勞工立法．嗣均日有進步．獨惜勞工運動史之編訂．則嚆矢初傳．嗣無繼響．

民國二十二年春．社會學者謝徵孚先生．訪余於滬寓．力勸編撰中國勞工運動史．冀就歷史發展之指陳．謀助勞工問題之區處．余韙其說．乃多方蒐集資料．翌年春開始撰述．閱時一載．草成四編．第一編述中國勞工運動之發展原因．第二編述中國勞工組織發展各階段．第三編述中國罷工史．第四編述中國勞工立法史．第一二四編略倣紀傳體．第三編則爲編年體．紀傳體以類相從．就各項勞工問題．爲類別之研究．編年體以時相續．就各地罷工情況．作隨事之敷陳．然亦僅爲大體之編寫方式．不足語於嚴格之史體．各編初稿甫竣．適奉命重任南京市市長．未暇整理付梓．即將初稿交中山文化教育館．請馮勳．郭寄生．袁曉風三同志代爲整理校繕．二十六年抗戰軍興．首都旋告撤守．中山文化教育館遷渝．詎將是項史稿第三四兩編遺失．因懼第一二兩編之再遭散佚．乃於三十一年商之商務印書館．承該館王總經理雲五先生允爲刊行．顏曰中國勞工運動史上冊．蓋以所載僅爲第一二兩編．乃全書之半也．嗣有意重寫第三四兩編．完成下冊．而人事紛紜．鮮暇握管．迨至來臺以後．距離前編時間．已歷二十餘載．中經抗戰戡亂．工運史實倍增．若僅個人棉力．詎能修此惇史．積慮在胸．久而莫決．會値各地勞工領袖．先後來臺．爰以修史之任．期諸衆擎．於民國四十四年春．發起組織中國勞工運動史編纂委員會．以董其事．此一集體編纂之史乘．並非爲余前著之續．余前著只爲部分之史料．當經擬定編纂綱要．劃分中國勞工運動爲九個階段．史證純採編年體．史例則首列下述三項．

一．從過去史實上說明中國工運與中國國民黨之密切關係．並進而說明中國工運之特質．

二．中國工運是世界工運之一環．從中國工運史實．驗其所受世界工運之影響．並期從世界民主自由工運．窺測中國工運的趨勢．

三．中國工運是以三民主義爲依歸．自由的．民主的．平等的．反極權．反奴役．反迫害的．

關於史料之徵集．決定羅致各方面意見．兼顧普遍與深入．以時序爲經．以各項勞工問題爲緯．勞工政策及勞工行政各項研究資料．逕向黨政當局徵取．其應爲一般徵集之資料．就勞工組織．工運活動．勞工問題分爲三類．各擬子題分向勞工界同仁．暨勞工問題專家學者以及各有關團體．普遍徵求．期無遺珠之憾．

徵集之資料．經過審查．考證．閱時一載．乃由總編輯任公坦先生．依照綱要．與余隨時商討．撰擬全部初稿．依次繕印．分送各審議委員詳加核閱．復經審議委員會推定陸副主任委員京士．水委員祥雲．張委員天開．袁委員其烱任委員．兼總編輯公坦暨余共同審議．分期開會．又得編纂委員陳士誠．馬北拱兩先生．詳爲紀錄．時歷一載．始經定稿．全書計分八編．都一百六十餘萬言．編纂既竟．囑序於余．爰述所懷於次．

劉知幾史通．分史爲編年紀傳二體．以編年之長．在繫日月而爲次．列時歲以相續．同年共世．語無重出．紀傳之短．在同爲一事．分在數篇．斷續相雜．前後屢出．編次同類．不求年月．所評短長．久爲定論．按諸勞工書刊．多以勞工問題爲經．工運史績爲緯．每一工運史實．恒牽涉各項問題．凡牽涉部分之複述．即不免前後屢出之煩．且按問題分類．又難顧及時間之序列．而令人與目迷之感．此紀傳體之短．爲不可避免之事實．此次編纂純採編年體．依時考索．一目了然．在同一時間之史實．作連續不斷之敘述．則環境背景．因果關係．相互發明．無待詮釋．此編年體之長．可省略許多煩擾．昔司馬光撰資治通鑑．係併合十七史之紀傳而貫以編年．遂爲通史之宗．而十七史固並行不悖．我國以往勞工問題之書刊至夥．茲編亦可一以貫之．而各勞工問題書刊之地位依然．此史體選擇之審慎．爲可述者一．

全國工運領袖．長時間集合一地．同爲史乘之研討．殆爲罕覯之事．茲則聯袂偕來．從容商榷．凡所指陳．多爲身經實錄．惟遇此良機．乃有裨信史．觀於本會各編纂委員．咸有寶貴之資料撰述．而各審議委員．貢獻尤多．此時此地．信非偶然．且大陸沉淪．文物灰燼．輾轉到臺之工運有關史料．吉光片羽．倍覺可珍．若不迅予蒐羅．後將何及．此徵文考獻之適時．爲可述者二．

中國勞工運動．係奮起於國家遭受帝國主義不平等條約重重壓迫之下．國父訓導工人說．要抬高工人的身份．便先要抬高國家的地位．要抬高中國國家的地位．便先要中國脫離了外國經濟化的壓迫．中國工人還不受本國資本家的害．

本國還沒有像外國一樣的大資本家．依國父此項訓示．故中國勞工運動之特質．是出於民族正義．政治意識．而對本國資方．則採勞資協調主旨．歐美民主國家．過去頗不了解中國工運特質．甚至誤認其與赤色工運同科．此次所編史蹟．却能源源本本．在事實與理論．將中國工運特質．析釋無遺．可使國際友人．得一正確了解．此聲述特質之詳晰．爲可述者三．

共產國際於一九一七年．蘇俄十月革命以後．即於一九一九年派遣越飛來華．亟思以赤色工運．滲透中國．實行列寧策略．經由亞洲．覆沒全球．彼對自由民主國家之工運史實．無不任意誣衊．加以編造．以冀淆惑聽聞．爲其赤色黨徒滲透之前導．故民主國家．亦咸思防患未然．表著其自由工運之光榮史實．以爲阻擊赤氛之前衞．獨我數十年來．激揚民族正義．倡導勞資協調方工運史績．尚無開宗明義之正確史編．爲國際所共覩．轉予□□□□以造謠惑衆機會．致其在聯合國與各民主國家之前．大量散發赤色工運刋物．冒稱中國勞工過去光榮歷史．均係□□□所領導．將中國以往工運光芒．全部掩蔽．實爲最大憾事．吾人爲澄清國際友人之視聽．破除大陸勞工之迷罔計．允應將我國以往純正工運史實．早爲撰述刋布．以戢赤色刋物之喧囂．兼作□□□□之前奏．此尤意義重大．爲可述者四．

余從事工運五十年來．所見患難與共．斷頭顱．灑熱血．成仁取義之同志．可歌可泣之偉烈．歷歷心目．思之涕零．若任此輩行誼．湮沒不彰．草木同腐．何以盡後死之責．茲幸先烈義行．載在簡編．高風萬古．景仰無窮．此在

矜式方來．爲可述者五．

右述五項．謹布簡端．藉明本編纂述之微恉．以就正有道．惟因工運史實．至爲繁賾．徵採參稽．牽涉極廣．罣漏錯誤．恐所難免．如荷指正．俾便再版修訂．實所厚幸．

此次編纂．承內政部勞工司惠撥資料．摘錄案卷．檢贈書籍．承中國國民黨黨史編纂委員會．摘抄案卷及多年存報．並由該會沈秘書裕民．及臺灣省農學院廖教授思義兩同志精選督抄．辛勞備至．承中國國民黨中央黨部圖書館．陽明山莊圖書館．「行政院」圖書館．惠假圖書．承「中央」通訊社賜假存報．承史尚寬．程中行．陶希望．吳一舟諸先生多予指教．本書付梓又承傅編纂委員嗣駿負責校勘．並此致謝．中國勞工運動史編纂委員會主任委員馬超俊序於臺北時一九五八年十月十日．

記石井兵工廠對於黃埔建軍之貢獻

清光緒年間．政治曾號稱一度維新．當時名臣張香濤（之洞）總督湖廣．在廣州倡設兵工廠．造船廠．鐵路．礦冶等工業．石井兵工廠就是在當年興辦的．

民國十二年四月十六日．國父戡定沈鴻英之亂．原爲沈據之爲司令部之石井兵工廠．亟待整理修復．國父即派朱和中由上海到廣州爲石井兵工廠廠長．派筆者爲副廠長兼總務處長．時以國庫空虛．兵工廠每日需經費卅餘萬．無法支撥．國父乃規定各軍事機關．備價請領械彈．兵工廠經費．即在收回械彈繳價內挹注．因之製造械彈之材料工資．需先由廠自行籌墊．而朱和中諉稱此係總務處之責．乃由筆者四

出張羅・幸藉粵港僑商支持・廠務得以納入軌道・詎是年六月・陳逆烱明・派葉舉率楊坤如部・包圍農林試驗場大元帥・同時派林虎率隊由北江經龍眼洞・高塘・江村車站直撲石井兵工廠・擬即攻佔武庫・厚植軍力・朱和中聞林部已有白雲山龍眼洞向石井急進・驚惶失措・竟棄職潛逃・避往白鶴洞天主教堂・一時廠中無主・敵騎將臨・全廠譁然・不知爲計・筆者乃毅然擔任艱危・集合員工・嚴申保廠守職之責・而護廠士兵・僅有一連之衆・實屬難資抗禦・即鼓勵全廠員工六千餘人・悉行編隊入伍・劃定各個防守崗位・幸廠中存儲械彈尚豐・足供分配・立時點交員工領取應用・並親率護廠士兵・先往廠之四周前線地帶・分佈警戒・如是規劃・不數小時・全廠已成堅强堡壘・部署甫經完成・而林虎所部逆軍・業已風馳而至・包圍全廠・開始進擊・員工伏在粵漢鐵路及兵工廠圍牆以內・發彈頗能命中・來犯之敵・損耗頗衆・鏖戰歷兩晝夜・卒將逆部擊退・全廠員工・並無重大傷亡・廠房機器亦少損毁・此役完全得力員工臨危受命・團結禦侮・緣廠內機工・與本人相處極得・儼若子弟兵之患難與共・故能表現英勇・著此奇績・敵圍既解・遂即派員往接朱和中返廠・惟朱已逃往香港・國父聞訊對全廠員工之合力保廠・傳令一體嘉奬・對朱和中之臨難規避・褫職緝究・並擢筆者爲廠長・全廠員工受奬・益爲振奮・按石井兵工廠・原每日可出步槍僅十五枝・子彈三萬餘發・筆者接任廠長後・添設夜班・並訂增產奬勵辦法・不數月・每日出槍四十五枝・子彈十萬餘發・較前增產三倍・民十年九月督軍陸榮廷・向美國購買兵工廠機械一批・運至石圍塘・由筆者率領兵工廠員工起運回廠・該批機械・價值二百餘萬元・加强兵工廠械彈之生產・復延聘專家・提高技術水準・仿製德國克魯伯廠水旱機關槍・美式手提機關槍・與法製迫擊砲・並自造無烟火藥・黃色炸藥・及重磅炸彈等・

當時在粵之桂・滇・湘・鄂・贛・皖・豫・陝・閩等省各軍・爭向國父請發械彈・均准其所請・准發械彈之手令・遂如雪片飛來・使筆者窮於應付・爰向國父要求盡量少發・以免各軍憑藉騷擾・國父說・各軍實況・我不盡知・惟請發武器・是正常要求・身爲大元帥・不能不准・至於能否照發・你自己斟酌辦理・如有過份騷擾・我當然支持你・此言實具苦心・筆者祇得遵命・

□□□蔣公受命創建黃埔軍官學校・國父命筆者撥發步槍五百枝・機槍四挺・因知國父對此新創的軍官學校・異常重視・不敢稍緩・但廠存槍枝不足・乃罄其所有・連同護廠隊之全部槍枝・照數湊足・秘密分批護送至黃埔撥發・不意此事爲滇軍第二軍軍長范石生探悉・常派該軍參謀長李某・邀筆者到江防司令部——即該軍軍部——謂有要事商洽・筆者不疑有他・坦然前往・當進房時・范石生赤身露體正臥床吸食鴉片・故意不加理睬・迨吸烟畢・突然躍起大罵・馬廠長・你好大膽子・不把我們滇軍看在眼內・我軍不遠數千里而來・南征北討・趕走陳烱明・搶回廣州・大元帥沒有我們滇軍・那會有今天・我屢次派員向你請發械彈・你都推三阻四・從來不肯爽快撥發・現在黃埔軍官學校・你一次就發給他五百枝步槍・還有機關槍・軍校的學生都是毛頭小孩子・烏合之衆・要他們來打仗・保護廣東・眞是上天捉月・現在

我要你把黃埔軍校的步槍即日取回・送到我的司令部來・否則就是違抗命令・我一定把你槍斃・筆者即向他說・我一切遵大元帥命辦理・從無厚此薄彼之事・貴軍所領械彈・數量最多・而廠方產量有限・在撥發時間上・自難免有遲早之異・黃埔軍校・所發槍枝・決無取回之理・就是現在槍斃我・也辦不到・當時李參謀長某某・又從旁冷嘲熱諷・使筆者啼笑皆非・並立即被范扣留・

此事被廠內員工得知・大家以停工的行動・為廠長聲援・國父聞訊・即派鄧彥華參軍・黃惠龍侍衞長・向范軍長交涉・惟范石生老羞成怒・不允釋放・僅准鄧・黃與筆者見面・最後國父派秘書長楊庶堪持手諭約同滇軍總司令楊希閔・往晤范石生・范始見風轉舵・承認誤會・將筆者開釋・於此可見廠方竭力籌撥槍械彈藥・輔助黃埔建軍之艱困・至兵工廠嗣後技術之研求改進・其成就歷蒙國父及□□□蔣公先後親臨檢驗嘉許・而軍校得槍枝後・辛勤訓練・蔚成勁旅・國父北上時・曾蒞校訓話・就歎息的將自己的精神・生命・主義・完全交給軍校的師生・這薪火相傳之意蘊・更値紀述・

□□□蔣公・藉黃埔一旅之衆・東征北伐・實現國父遺志・統一全國・完成國民革命第一期任務・而石井兵工廠能在革命大業・盡了小小一點的貢獻・特略記焉・

陳樾　一八八六年生　年卒

字伯任・南海人・縣學生員・清末任教陸軍小學・粵中名將多出其門・供職廣東省長公署及財政廳・疊權縣篆・宰番禺時・修屈翁山墓・陳散原詩以美之・謂能知政本・工詩文・著有古心堂集・

黎澤閩先生拙存堂詩跋

光緒末年・以遺才應試・與君同號接坐・奉手溫然・問年長余四歲・兄呼之・相識之始・澹如也・後肄業武備學堂・為先後班同學・偶談文藝・相慕漸深・此一時也・

越數稔・君自扶桑歸・任法政教育・歷時甚久・余浮沉下吏・轉徙靡常・伊鬱中年・參商不得常聚・重以時事澒洞・士論囂激・君外不悖衆・內不苟同・幽憤積中・發之於詩・郵筒數數相致・此一時也・

日寇敗退・返居穗垣・相視垂垂老矣・飲酒吟詩・淡蕩如昔・此又一時也・

庚寅後・往來無間・詩稿年增月累・共訂叵可・時或刪削・今存古近體上下册兩卷・皆平易沖龢・變化一如己意・論者謂似陶白・余愛其古體・取語甚直・妙造自然・無矯飾搓揉・鬥巧嶔巇之習・而落落獨往・不依籬傍戶・詩如其人・學行自有可傳・詩其餘事耳・

君善養得壽・己亥冬歸道山・集同人為位哭之・茲再讀遺詩・五十年昨夢前塵・猶宛然接於心目也・第七十八甲辰夏六月陳伯任題・記時八十有一・

普濟禪院石案記

澳門地臨海洋・與外國交通至早・其北望厦・依山成村・頗具形勝・山麓普濟禪院・創於明天啓間・結構宏麗・爲斯土諸刹之冠・因山勢高下爲殿堂・拾級而升・進而益峻・後殿供觀世音菩薩像・故土人稱曰觀音堂云・

院之東・園廣數畝・中置石案・相傳道光二十四年（西曆一八四四年）中美訂五口貿易章程三十四款・即於此石案簽定・謂之望厦條約（見中美通商善後章程附黏例册）・至今遊人猶摩挲拂拭而樂道之・有裴回弗忍去者・蓋自鴉片戰爭・國勢日蹙・白人航海紛來・以互市傳教爲緣・行侵權略地之計・以强凌弱・以衆暴寡・所訂約類不平等・如關稅協定・領事裁判權・內河航行・沿海貿易・租界及租借地等・莫不背理傷道・伸己而屈人・惟中美訂約較罕・辭氣較平・其性然也・

建國以來・吾人呼號振救十七年・整理改訂關稅條約・美首應而爲衆倡・迨大戰爆發・全球形勢轉變加劇・至三十二年・各國遂有自動撤消舊約之舉・望厦諸子・撫今思昔・有動乎中・悠悠百年・剝極而復・雖曰人事・天命存焉・今歲之冬・院僧葺墉垣・略有更作・僉謂石案已成陳迹・足資掌故・主仍其舊・屬文以誌文・

余避兵轉徙・流寓於是六年・徜徉寺園之間・時與二三子俯仰欷歔・觸物興懷・所痛有甚於此者・嗟夫・世變方亟・倏忽異象・又惡能一一列叙之哉・中華民國三十二年十月・南海陳樾記・

小畫舫齋記

山川名勝・其著稱也・上垂史跡・次及人物・然其地必鍾靈蘊美・得人力以增益之人事興廢靡常・惟名與物恆歷久弗異・蓋兩間佳氣所萃毓之厚者・能兼有而久著・荔灣其一例也・此地廻環曲水・近接珠海・陂塘蕩漾・菱芡菇蒲之屬甚富・暑月荷荔及時・穠華相映・輕舸消夏・如入畫國・洵可樂也・

唐節度使鄭從讜與曹夢徵・爪痕所及・題詩紀遊・南漢劉氏創昌華苑・作紅雲宴・千載猶豔稱之・歷宋至明・隱晦不顯・傳載遂希・清嘉道間・邱浩川築室於此・曰虯珠圃・時海宇清晏・文物尙盛・督粤使者阮公雲臺・時至偃息・溯厥著稱之始・實唐咸通・以鄭曹詩證之・更名曰唐荔園・刻石志之・其公子賜卿爲之記・尊古好事・殊足多也・

踵邱氏者葉雲谷・葉故蒙侈・土木繁興・點綴佳麗・曰小田園・園中堂榭參錯・有風滿樓・水明樓・耕霞溪館・佇月樓・楹欄樹石・皆雅流指畫・令各抱地勢・同時海山仙館・隔水爲鄰・猶極園林之勝・潘葉文酒觴詠・膾炙人口・同光以後・次第零落・時事澒洞・於以荒廢・

光緒中葉・台山甫田黃公・自海外歸・悅其幽敻・購而葺之・令其子詔平・子靜讀書其中・約名流結詩社・曰小畫舫齋・即小田園故址之一部也・餘三十年・子靜復得文達父子詩碑園記・暨陳蓮史翁二銘・何夢華・林芾廷・吳荷屋・張南山・何介峯諸題詠凡數十紙・悉浩川故物也・

噫嘻・風景何殊・人事代謝・黃公無意得園・而園之詩

刻・園之圖記・園之主客楮翰・百年四散・詔平昆弟亦無意而類聚之・殆物緣耶・若夫茘支・則華實有候・不可以常得・勝槩之地・居停迭代・長棲偶寄・不可以自期・邱氏去今僅一百二十百餘歲・山丘華屋・數易其主・黃氏守之以樸・苟完苟美・書樓齋舍外・無遊嬉逸豫之事・於中霤南嚮・置影堂・額曰愼遠・茘熟而時薦焉・於戲・可謂知所先務矣・是爲記・

白草墳沈義士碑

昔僦居澳門・鄰翁述鄉土舊聞・謂總督卑利喇被刺・事越百年・聞之猶動魂魄・刺客赴罪死・士人哀之・稱義士焉・嘗偕出蓮峯廟・翁指道旁拳石・謂即義士快仇之處・至南灣・指策馬銅像・謂即義士所刺之仇・

他日要之前山・出西郭・弔白草墳・墳一培・謂義士瘞於是・封樹不完・立短碣而已・環碣白草怒茁・如鏃如矛・狀異常菉・故云・相與嗟悼久之・

今年（干支）（某）月・衆民會錢修墳・請撰詞具石・余思專制之世・里巷匹夫・發憤取義・名垂志傳・式閭訪墓・心儀其人・尚論之以諗來者・又奚可辭・乃書曰・清道光二十八年戊申秋八月二十有二日・香山縣龍田村民沈米字志亮者・與郭金堂及吳某・陳某・刺殺澳門總督於望廈・報公怨也・

初・葡人越界侵龍田望廈・毀我廬墓・肆殺人・愬官・官置不問・士民悲激・無可爲計・志亮不能忍・逼而出此・至是民皆歡呼・謀資之令逸・而葡人方詣軍門索志亮甚急・鄉薦紳鮑俊以爲若逸則禍及鄉・以好言尼志亮・志亮宣於衆・言恨既平・死何憾・奚逸以累公等・遂提人頭與金堂赴有司就獄・金堂語志亮曰・爾有母・無子・不如我・爭承罪・而卒坐志亮・未幾金堂亦死獄中・制府徐廣縉援自首末減・初欲生之・數與鮑俊謀之・葡復甚之・而卒不能生之也・嗚呼・誠可恫已・

慨自鴉片戰爭敗績・外人諗我弱昧・連檣紛至・窺沿海之地・强凌衆暴・訂不平等條約・不一而足・葡人遠在明代・先履吾土・由占而租・背約肆恣・當香港未割・英船之來東南亞者・皆泊於濠鏡隩・故縣志紀葡患・屢及英人・英葡合祟・由來久矣・志亮仇讎事發・正値清廷怵惕外禍之時・廷寄嚴諭行省莫啓邊釁・疆吏尸位畏葸・每民夷相構・爭之公庭・則官・紳・相・維・恒屈己順敵・甚至死吾民以謝異族・復有罔利姦宄・引虎入室・倀噬同類・視沈郭諸子・奮臂赴難・不愛其軀・立意較然・不欺其志・其人其事・雖百世而猶光也・余平生視物・以殺爲戒・然援筆及此・中情惻惻・不敢以儒生繩墨之論短之・銘曰・

至大至剛・其氣浩浩・鎌刲一尺無情惱・鈎落仇頭如刈草・於戲軻匕良椎奚足道・

伍朝樞　一八八七年生　一九三四年卒

字梯雲・新會人・年十一隨父赴美就讀・年十九歸國・治國學・既而赴英進倫敦大學・專習法律・以第一人卒業・尋入林肯法律研習院深造・應英京大律師試・復冠其曹・民國肇興・任湖北外交司長・旋卸職赴北京・充外交部條約委員會會長・

二年・膺選爲衆議院議員・時國體初更・列强遲疑觀望・莫肯率先承認・朝樞乃援引國際公法前例・爲長文登諸倫敦泰晤時報・各國視聽・爲之轉移・聘問乃通・四年・任國務院參議兼外交部參事・適籌安會成立・亟思羅致・袁世凱權勢方張・朝樞處境尤危・卒不顧一切呈辭本兼各職・閉門謝事・至袁死始復出・六年・棄官南下・七年・廣州軍政府成立・任外交次長・越半載・歐洲罷戰・開和議於巴黎・朝樞奉命爲全權特使・偕北方諸代表折衝尊俎・拒簽凡爾塞和約・九年・中山先生任非常大總統・朝樞仍任外交次長・翌年・父廷芳卒・復居滬瀆・十二年旋粤・任大本營外交部長・十三年國民黨改組・被推爲中央黨部商民部部長・中央執行委員・政治會議委員兼秘書長・十四年・國民政府開府廣州・任國民政府委員・司法委員會主席・兼領廣州市市政委員長・適承沙基慘案之後・省港罷工風潮亙十七月・朝樞苦心調度・措置悉當・規畫市政・綱舉目張・聲聞益著・越二年・革命軍克復南京・出任外交部長・時新都初建・國基未固・內則寧漢對峙・外則所謂寧案懸而未決・丁茲時會・因應倍難・任事之初・即籌所以取得各國承認之途徑・冀增進國際地位・十七年春・奉派駐美全權代表之命・與美國政府討論修約事宜・先後三年向美外部磋商關稅自主・撤廢領事裁判權諸要案・爲日後國家收回主權之張本・十八年九月・國際聯盟大會在日內瓦舉行・以我國首席全權代表當選大會副會長・會中提出修改不適用條約建議・歐洲諸國・横加非難・朝樞據理力爭・卒獲通過・十九年・再被命爲我國首席全權代表・出席國聯第十一屆大會・力爭我國在國聯行政院當選理事之資格・二十年・寧漢參商・朝樞棄職歸國・抵粤・被推爲代表參加寧粤和議・既選爲司法院院長兼國民政府委員・辭不就・被命爲廣東省政府主席・兼瓊崖特別區行政長官・朝樞早建開發瓊崖之議・爲中山先生嘉納・至是夙願始償・乃堅謝主席職・欣然受特區之命・奈以有力者固撓・竟不果行・二十三年病卒香港・年僅四十有七・

海珠公園記

珠江爲吾國南部諸水所會歸・其流經省治者・介南北兩岸間・有海珠石・僞傳賈胡沉珠於江・化爲石・因以名焉・舊有慈渡寺早廢・其李忠簡公祠・爲宋賢李昴英讀書故址・郡人即此建祠以祀・

海珠雖密邇市廛・然每當風朝月夕・舟楫往來・烟水微茫・絃謌雜響・四時之景・皆足觀覽・士夫燕叙・恒集斯地・稱羊城之名勝焉・然終以地當衝要・禁詰所重・雉堞環繞・儼成重鎮・蓋不自近年始矣・

民國以來・益稱多故・六年國會被迫解散・孫大元帥倡議護法・前海揔長程公璧光暨先君子均后先南下・躬與斯後・於此建海軍部焉・

朝樞侍居其間・每見程公與先君子籌維大計・辨析疑難・念國難方殷・吾粤負荷獨重・思所以激厲羣志・奠安鄉國者・曾不自惜其身之勞瘁也・

逮程公殉國・邦人追念功德・相與建像紀念・而先君子亦以十一年六月之變・憂勞逝世・追維前迹・敢或墜忘・俯仰之間・彌增惕厲已・

十四年七月・國民政府成立・粤難漸平・與民更始・朝樞忝長市政・以海珠一隅・尚駐軍旅・宜踵前議・闢爲公園・爰請駐軍他徙・屬工務局長林君逸民速事規畫・經始於十四年十二月起・三月蕆事・自茲以後・都人士女・游止其地・豈徒覽物怡情・撫時遺興而已・蓋將瞻仰遺像・緬懷勳烈・念昔戎事所禁・瞬易爲同樂之場・當憬然革命之功・必

期諸建設．有不奮然興起．相與努力者歟．是爲記．中華民國十五年三月新會伍朝樞記．

雙龍內洞記遊

民國二十二年四月十二日．偕劉君毅夫．鄒君殿邦．暨內子何寶芳．遊雙龍洞之內洞．鄉人言婦女至此者．未之前聞也．同遊者除鄉導外．地方人士則王局長一整．程君錦堂．蔣君聯甫．鄭君金海．方君招理與焉．

余等易鄉人衣．草芒鞋．涉水過膝．洞口出水僅尺許．乃傴僂入．行四五丈達內洞．蓋與徐霞客三百年前入洞時情形相類也．

內洞軒敞如外洞．而石乳奇突．洞頂成二龍形．一青一白．尤以青者爲奇．洞右有兩小洞．無特異處．洞若盡底．後現小口．石低垂如內洞口狀．而進行之難倍之．蛇行泥石中六七丈．手足損破．同來亦有止步者．入內尚不能直立．坐而已．一小瀑布四五尺許．凌空而下．鄉人云．來自朝眞洞．亦可觀也．整理金華山勝蹟籌備會索書．因以爲記．伍朝樞．

林直勉　一八八七年生　一九三四年卒

字紹軒．晚號魯直．東莞人．早年參加同盟會．任少年中國晨報編輯．鼓吹革命．宣統元年．在香港籌策廣州新軍起義．張羅經費．傾家以助．辛亥後．佐粵督胡漢民軍政．民國三年．討龍之役赴廣州灣策動．被法租界當局捕解安南繫獄．後獲釋．十年任非常大總統府秘書．十一年陳炯明變起．所部圍攻總統府．直勉先得消息．强挽中山先生出走．安登楚豫艦．得免於難．十二年．亂事敉平．出任廣東省府秘書長．十三年．任大本營秘書兼會計司長．十四年．國父逝世後留粵．雖在寓養痾．因涉刺廖仲愷案被捕下獄．獲鄧澤如吳稚暉等昭雪．始平反出獄．二十三年．以肺病不治逝世．年四十有八．直勉精書法．尤擅隸書．爲近百年之傑出書家．

與馮康侯書

康侯兄道祉．六月茗談舍下．不數日君便告別．爾時知君偕陸兄先相翁北行．直與貞林白宣克明到江干握別．適輪甫啟．只目送耳．悵惘何可言．何可言．旋誦手札．知已抵都門．春闌雨雪尚侵人．得無頓增感慨回首故鄉耶．最是江南好風景．雪湖邊細柳新芽．羣山寒松．蒼勁之氣不改．靜味之．寧不可樂．

京中多慕君篆刻．求者日盈於門．其忙想甚於在鄉時也．囑臨孔宙碑一通．直以素非所習．且書篋中無善本．故轉臨禮器碑側．鄧時曾言漢搆結構不一．有方整者．有疏散者．有謹密者．有縱肆者．有肉好圓美者．有骨節畢靈者．有肅穆者．威重者．有澹遠者．有閒靜者．有樸拙絕無姿致者．有奇怪不可名狀者．韓勑碑皆兼有之．而其碑側尤縱肆奇峭．直也何敢幾及．自愧學淺筆力弱．即未能古茂淵疋．苟免俗氣．便是根柢不謬．能循此漸進．神與古會．十年廿年或有可觀．君何以教之．下筆時至悤遽．書至册末．猶以爲未盡也．只得於北字旁略署三小字．欲題上欵及跋．均無下筆餘隙．然禮器碑側已臨三分之二矣．而直亦神疲力竭矣．陸兄一册．容日散臨各碑．或改用間格册頁．隨臨隨寄

之・

孝則兄欲得展堂先生書・未識展堂已寫就否・渠望之彌切也・並懇轉白・直言・不一・民國十九年春三月五日直勉・

書魚珠蟹山先大總統孫公蒙難碑陰

民國十一年六月十六日・陳烱明稱兵叛變・圖弑先大總統孫公於粵秀山・不得逞・以既據長洲要塞珠江左岸各砲臺隊・可封鎖我艦・使不克順游下駛・且以近官山北亭等處及員岡南亭一帶支河・水道圖所駐深度爲低水度以下三英呎至八英呎・艦隊又不克退避・故於月之九日・復傾兵自新洲一帶來犯・發魚珠要塞砲擊公座艦・而兼海軍第一艦隊司令溫樹德重受敵賂・劫持海圻肇和等鉅艦附逆潛遁・逆以爲必陷公於絶境・事先有具以告公者・公乃鼓勵永豐楚豫章及廣東海防司令陳君策所部將士・並命今國民政府主席蔣公籌策應戰・部署不少紊・大本營行營設於長洲魚雷局・首被砲毁・秘書李君祿超・暨長洲要塞司令馬君伯麟・幾中彈死・同時別働隊司令徐君樹榮・海防陸戰隊隊長陳滌・率所部與逆鏖戰・均以衆寡不敵・僅以身免・是日午後楚豫艦長招君桂章・駕艦率豫章艦反攻逆壘・悉向中山砲臺射擊・聲震遐邇・勢頗壯烈・然猶莫能稍戢逆燄於萬一也・旋以長洲各礮礮門・既爲溫逆騙去・而溫部海陸戰隊又不爲我助・反以資敵・故變計轉駛新造・此孫公之應變・赫赫猶在心目間也・迨去年虎門要塞司令陳君慶雲・偕直勉登臨縱覽・隨指鉅砲曰・陳逆嗾使轟擊座艦者・實爲魚珠蟹山砲臺之逆軍・當時我艦隊頗不弱・只以急不遑擇・致誤目標・故卒不克耳・顧吾同志仗義討賊・成敗利鈍・夫何足計・是役足使天下知仗義討賊者尚有人在・則誠不虛此一戰與・今者・陳君慶雲追惟孫公蒙難之艱貞・及其大無畏之精神・足以永存不朽・因闢斯臺爲公園・請胡公展堂爲文・立碑於其上・復以直勉曾與斯役・並屬記當日概況・以資後人觀感云・

討袁時代石龍之一役

袁賊叛國稱帝・龍濟光竊據廣東爲虎作倀・國人咸思討袁・吾粵則討龍軍四起・其中足紀者・有石龍之役・是役・徐連勝統軍隊兩營・五年八月・先於增城發難・佔仙村石灘・更進石龍・俟集合他部隊・乃攻省會・石龍一隅之地・四面受敵・賊兵數次來犯・相持至二十餘日・其勇敢堅毅・過人多矣・當徐連勝之屯兵石龍也・各方同志・多來援助之・徐擁鄧鏗爲任司令・而李揚敬・薛岳・羅翼羣・葉顯・林樹巍・伍蕃・鄧以洪諸同志・分任工作・直勉・陳白宣暨僑越諸同志等・則任餉糧之籌集焉・斯時石龍儼然一軍政小集團・各方同志・至有議遷省議會來石龍開會者・其精神集中於此地也可知・部署略定，即分兵沿車路・南佔深圳・並分一部攻博羅・一部守增城・一部仍守仙村一帶高地・以砲兵爲主力・先取守勢・廣九鐵路・可爲聯絡・可以運輸・而攻擊敵人・亦最便利・我軍得利用鐵路・已佔優勢矣・

留石龍部隊將及一營・龍賊以我軍司令部在石龍・故派兵分路來犯・先由僞將李嘉品由惠州率隊沿東山兩岸兼程而下・一路至上南下南・一路至田寮・我軍由營長易健暨參謀

鄧以洪等・率兵迎戰・敵以野戰砲自遠向我陣地射擊・而我軍砲隊・又遠在仙村・未能調回應戰・一時兵士懾於威力・陣地綫幾至動搖・幸營長易健驍勇・不顧利害・冒死向敵衝鋒・敵方不知我兵力虛實・見衝鋒隊風馳雲湧而來・遂大挫・前頭部隊一經後退・其後頭部隊亦相繼而奔・有如諺所謂兵敗如山倒者・我軍本可乘勝進擊・因兵力過於薄弱・一擊退敵人・即集合隊伍・固守黃屋洲・以俟司令全部計劃決定・奉有命令・乃得移動・

敵以李嘉品部既敗於東江上游・復派兵乘軍艦數艘・民船十餘艘・由東江下游東莞縣城混合防軍・共千餘人來犯・敵一路沿東江左岸鰲峙塘峽口・由廣九路鐵橋向北衝至・一路軍艦沿江與之協攻・我軍集重力於鐵路南端・並禦其軍艦・而敵之乘民船者・將到鐵路橋邊時・便率隊東江右岸・以爲左岸應・我軍爲固守計・只利用鐵路借爲堡壘之用・主力雖然在橋之南端集中・然數無多・實只百餘人・百餘之衆・焉足以應千餘之敵・我軍只有鼓其革命勇氣・以與敵拚死生之一途・只得有進無退耳・是役鄧鏗・徐連勝・鄧以洪均在橋之北端火綫上指揮・支持竟夜・無少餒・敵懸重賞・嗾一營長領隊由橋之南端・衝至橋之北端・卒爲我軍徐部連長梁鴻楷・親自使用機關槍掃射而斃・敵軍見營長斃於橋上・腦蓋亦脫・大驚而潰・我軍乘勢用機關槍射敵兵・敵屍落江中・敵艦怯亦不敢前往東江右岸者・則避匿鄉口・劫掠鷄豚柴米以爲夜餐・鄉中惡之・詭言我軍如何如何戰勝以懼之・其一部份來犯者・又屢戰屢敗・敵氣愈餒・且我軍利用火車・由仙村調用生力軍二百餘人加入戰綫・隨將火車來往疾馳・連續不已・虛張聲勢・血戰一夜・拂曉・敵方損失約二百人・遂全綫潰退・我軍損約數十人・是役所以能克敵者・只靠勇氣而已・越數日・敵方改由虎門防軍一營・協同他部一營・欲在深圳沿廣九路攻我石龍・我軍以屢勝之師・一與接觸・即佔其陣地・敵不復能反攻・鄉人咸謂我軍先聲奪人所致云・我軍在石龍支持三星期・餉源缺乏・兵力單薄・幸石龍民衆能急公好義・盡其力所能致・助餉助械・以備軍用・旋陳烱明以徐鄧可用・兵亦善戰・即來石龍藉詞運動民軍・以吸收徐部・林直勉諸同志不欲・鄙之不與合作・乃次第離石龍・石龍自陳來後・士氣反懈怠・而助餉者・亦不復如前之踴躍矣・

先是龍賊以各方義師將向省會進攻・故即集厚兵力於省垣・以圖抵拒・是竟因此次延長戰爭・滇桂軍攻至石圍塘・不得渡白鵝潭・雙方損失甚鉅・且波及民衆方面・朱慶瀾奉北廷命來粵・任巡按使・朱持調和之談以緩兵・龍亦願緩兵一時・以圖苟延・於是一方言停戰・一方集其主力・由省會乘鐵甲車掩護步隊砲隊・先陷仙村・我軍以兵力太弱・砲彈無接濟・不得不向石龍退却・敵遂乘勢追擊・致石龍爲其佔奪・時九月初旬也・

是役最得力者徐連勝・徐雖退出石龍・而壯志不稍減・七年時・在福建黃岡奮勇討逆・卒至中彈身死・如徐君・殆古所謂以死勤事者・

故中將徐君之碑

以義始以利終者夥矣・以利始以義終者・何其尠與・嗚

呼・可慨哉・吾黨自劉師培以迄陳烱明輩・咸慾念寢熾・謀利一己・致棄信背義・陷于反革命之途・其始也・未嘗不以義理自詡・文章自飾・其終也・則舉凡所謂義理者・皆置而不顧・孜孜然惟利是趨・豈其始終不知天壤間有義理歟・抑其理性漸爲獸性所侵奪歟・此誠吾黨迄猶太息不置者・

即如滇之楊希閔・桂之劉震寰・初以陳烱明禍黨叛國・謀殺元首・故奮發興師・聯軍致討・迨擊破陳軍・進佔省會・乃割據自大・囊括財富・然猶以軍糈所資・權宜一時已耳・初未有以始於義終於利罪之・

及先帥孫公崩殂・唐繼堯野心勃發・肆其鼓簧・惟以同利號召・曩者・先帥爲厚集革命實力故・特授以副元帥職・唐方據滇稱尊・肆情聲色・拒不奉命・迨孫公崩殂・乃因以爲利・反與楊合・妄稱副帥・傾兵至粵・借元首高位・楊與朋比・冀發展所謂大雲南主義・同惡相濟・如水就下・莫克反省・劉佔粵後・蔽于私慾・孽孽爲利・唐楊利以誘之・劉惟俯首帖服・相率稱兵・圖償其無等之慾・黨國之阽危・民生之疾苦・寧復措意者・

總參議胡公漢民・代行帥職・以先帥云亡・國邦殄瘁・軍閥輩狡然思逞・在所必誅・軍官學校校長蔣中正・受先帥命・訓練黨軍・方成勁旅・胡公與籌發兵討之・粵軍旅長陳銘樞・何彤・團長蔣光鼐・鄧彥華・奉命率兵自潮梅旋師・擊白雲山逆軍正面・湘軍總司令譚延闓・與粵軍旅長梁鴻楷・陳濟棠・自西北撼其背・軍長李福林・於河南與海軍攻其側・徐君樹榮時隸李部任第五警備司令・則出擊中流砥柱一帶・以爲各軍應援・君平生驍勇・身經百戰・創瘢斑然・以所部自陸攻敵・不若以軍艦夾擊之收效尤弘也・乃駕艦督所部・攻敵右翼・期一鼓殲滅之・孰意被敵槍擊・而遽以身殉也・嗚呼・可悼哉・

君家素瘠貧・少時・未嘗讀書・迫而流爲綠林・常疾富資財者不勞而獲・養尊處優・己固飢寒・而飢寒者・盈天下皆是也・略取所得・薄以自贍・豐以濟人・故恒結怨于富者・而交歡于貧無以爲生之隣里・民國初年・剪髮改元・君因略聞革命之義・栩栩欲動・冀效力吾黨・而無由自荐・迨民十一年六月・孫公蒙難・屯師長沙・君乃藉岑鏡波引見・承曉以大義・遂忠勇奮發・願爲前驅・餉彈自籌無所利・求諸向義軍隊・尚難其選・傳曰・無私・忠也・君其有焉・

至七月上旬・陳逆賄溫樹德脅海圻艦・率肇和艦投降・嗾魚珠砲台發砲・向我軍艦猛攻・並以陸軍襲我長洲總台・海軍陸戰隊・且怯於逆勢・相繼以降・而君挺身率所部逆抗・寡衆不敵・退深井・至楚豫艦晤余述戰況・且以求帥座撥兵再決一死戰爲請・旋奉命翌晨攻車尾砲壘・君於拂曉・荷鎗振臂・爲士卒先・直撲南石頭敵陣・軍勢以振・孫公多之・顧左右曰・勇敢好義如徐樹榮・殊不多覯・然君於十四年六月九日・卒以義烈終矣・旋奉大元帥令・追贈陸軍中將・嗚呼・可敬孰甚・

君生平無緣求學・與仕宦者殊・仕宦者每口義理而心利慾・以厠身黨籍・自視不凡・一旦臨小利害・則獸性畢暴・末由文飾・如劉師培・如陳烱明・如滇之唐楊・與桂之劉輩・爲世共棄・豈所謂縉紳者不道歟・以義始・以利終・世間不惟彼輩己也・君若少受名師之訓・得聞革命之道・則能

終於義者・焉知其不能始於義歟・鄧君彥華二三同志・愴懷義烈・爰於君死事處・建碑彰之・其詞曰・

以大義忘利・以黨國忘己・以殺敵忘死・嗚呼・浩氣磅礴兮・充塞乎天地・

民國十九年十月　日

五烈士墓碑記

五烈士瘞藁於此二年餘・吾黨海內外同志乃爲建墓立碑以旌其義・嗚呼・可慨哉・民國十一年六月十六日・逆賊陳烱明叛・逆將葉擧率兵犯公府・謀弒元首・大肆焚掠・直勉隨今大元帥孫公間道赴長洲・率艦圖靖亂・十九日・謝烈士八堯造楚預商殺賊計曰・北伐軍返戈贛南・黃司令明堂復起義欽廉・頃與鄧伯曜鄭行果譚振范運焜約暗殺逆首・以爲之應・則亂不足平・憶民國五年・朱執信先生・嘗爲余言陳烱明陰險凶悍狀・今陳竟叛矣・天下寧復能容此獠・朱先生嫉惡如仇・苟未殉國・當以匕首洞賊胸・吾輩後死・寧不奮勉・言時・目眦盡裂・若不勝其悲憤者・直勉感泣・且泣且勉其行・然不意其於七月十六日・與鄧鄭譚范四烈士・竟被執於逆賊・而遽以身殉也・

嗟夫・吾人日以忠誠犧牲諸義詔人・而人或得寅緣・且肆其鼓簧・以取爵位・當道以指天誓日・一若可信・或授之兵柄・或委掌民政・及陳逆倡叛・彼遂蕩志附勢・披靡以盡・求激昂大義・蹈死不顧・如五烈士者・卒尠・寧不重可慨哉・謝烈士被執之翌日遇害・踰三日・鄭鄧譚范四烈士隨之・咸暴尸白雲山麓・顏色如生・見者謂其氣尚足吞逆賊・

嗟夫・可以勵百世矣・中華民國十三年十一月十日・林直勉撰

抗逆衞士題名碑記

廣州中山紀念堂建築管理委員會建衞士紀念碑於　先大總統孫公駐蹕之粵秀山麓，以余曾隨　孫公蒙難・稔聞當時衞士抗逆之況・屬爲文以記之・余以外衒熱烈者・恆不若剛毅木訥之忠誠・居高位蒙厚祿自古敢死者尠・行伍士卒爲國犧牲者多・觀抗逆衞士・甯不慨然興感與・民國十一年六月六日・逆賊陳烱明叛於廣州・爲曹錕吳佩孚諸賊應・遣其將葉擧・率兵犯公府・謀弒元首・冀逞其簒奪之私・時公府衞士僅六十餘人・槍械不滿三十・死守粵秀山・奮勇抗敵・逆兵多至四千餘・而卒莫能奪・嗚呼・陳逆當時仍於政府任陸長總長要職・乃稱兵搆亂・自取罪戾・以視六十餘衞士各盡厥職・爲國奮鬥・其爲賢不肖・相去何如也・

是年八月十五日・孫公之言曰・逆賊槍擊不已・繼以發炮縱火・務使政府成爲煨燼・而置文於死地・人民之生命財產・悉受蹂躪・十三年元旦・又曰・吾黨數起義師・自鎮南關河口・三月廿九廣州之役・十月十日武昌之役・無不以寡敵衆・自民國成立後・革命之師・難日益增・而其精神・則反不如前・惟陳逆叛時・戍守粵秀山之衞士姚觀順等・與叛兵血戰兩晝夜・堅持無綏・誠爲近所罕見・觀去歲東江戰役・我軍三萬進薄惠博・逆僅二萬・竟莫與敵・以此衡諸衞士・益見衞士之難能矣・故特褒奬之・以嘉其勇敢焉・

顧孫公崩殂・于茲五載・反側時起時仆・且有暗結外

敵・危害黨國之徒・毒燄方張・其罪等於陳逆・鋤而去之・惟執兵衞國之同志是賴・余不武・願步衞士之後・執鞭從之也・今者刊抗逆衞士姓名於左・傳之永久・凡我同志・其念之哉・

隊長　姚觀順

侍衞副官　黃惠龍　馬湘　陳煊

偵緝員　陳寵韶

衞士　馮俊　黃森　何良　陳海廷　蔣桂林

鄭耀　容卓廷　鄒海　馮朝　黃仲虎

梁有賢　陳桂標　劉少溪　劉禮泉　蔡鐵俠

陳威　曾國輝　李東英　曾明　馮建廷

譚森　丘堪　蔣福卿　張停　陸福卿

馮漢明　梁雲　王桂昭　鄧勝欽　張禧

王玉　陳標　楊帶　王基　楊勳

李球　蔣安廷　馮桂林　彭啓　蔣慶禧

鄺景雲　汪德　陳松　韋漢雄　黃世祥

丘炳權

馮鴻翥

一八八七年生
一九六六年卒

字漸逵・順德人・叔雲子・世其家學・民國十六年移居香港・創立三達學校・旋受聘官立女子師範學校・漢文中學・聖保羅中學等校教席・前後數十年・成就良多・曾與時流結碩果社・唱酬甚盛・遺作馮漸逵先生詩存・伯道無兒・由女影仙刊行・

送同事施泉先生之廣州序

適彼樂土・班景倩之登仙・超乎生天・謝靈運之成佛・丁茲金虎殺節・朱鳶戍秋・宋玉增悲・杜陵託興・愁心未沫・忽聽驪歌・囈語聊攄・藉鳴蟻悃・吾友施樂三先生・份份君子・藹藹吉人・薛枕楹書・淵源家訓・抱馮衍之志・滂渟雲飛・具長卿之才・玓瓅江靡・斯固莞城之特・而吾黨之英也・

矧復文肆佉盧・聲蜚國子・楚材晋用・學成而屈擁皐比・蕭規曹隨・後至而恰同袍澤・方謂苔岑契合・昕夕過從・詎圖霹靂晴天・風流雲散・蒼黃違難・紛北轍而南轅・車笠同盟・類東勞而西燕・泊乎客夏・重覩君儀・惜髀肉之復生・喜頭顱之無恙・畢萬筮仕・張祿更名・委吏乘田・直同乎遊戲・處女脫兔・莫測其端倪・然而魚服堪虞・牛刀悔用・雉膏不食・雞筋難糜・爰效彭澤之歸來・一似紀侯之大去・佗城歡聚・潭府春生・嘗考叔之羹・蘐闈含笑・割東方之肉・蘭閣調情・從此天馬行空・神龍掉尾・測交遍乎白社・締昏恰是朱門・（施君原配朱兆莘女）適異國而遠趁星軺・入仕途而高騫雲路・亢宗願遂・報國勛高・得意哉君乎・難堪者僕耳・

太史公留滯周南・閔子騫徘徊汶上・傈然無侶・邈焉寡歡・越禽單棲・有唱誰應・池魚涸沫・索處少噓・跼地蹐天・別風淮雨・蔭雲力薄・進步心灰・聽趙邠卿戹屯之歌・唾壺擊碎・唱溫庭筠懊惱之曲・鐵板敲殘・王子敬之青氈・吾家舊物・秦韜玉之金線・蓬門自傷・筆耕墨耨・利既薄於

販鼠賣蛙・食走衣奔・苦有甚於抽肝涉血・天胡此醉・我將安歸・靜言思之盡然傷矣・

嗟乎・天地雎刺・風雲澒洞・遘紅羊之刼・柴望驚心・作朱鳥之吟・謝翱痛哭・覽旄邱之葛・致慨式微・聆蜀道之鵑・奮飛何自・如此寂寂・眞使鄧禹笑人・舉世茫茫・空嘆高邱無女・

幸與先生沆瀣氣合・香火緣深・獿人在前・匠石攘臂・所冀憫蘇何聖之沉隱・作高密侯之提攜・一有機緣・愼毋金玉・書修荐禰・力事推袁・俾絃歌爲三徑之資・庶廣厦叨萬間之庇・已焉哉・臨歧此日・把蘦何時・借簡雍（時簡醫生餞行並邀我作陪）之酒杯・作顯父之祖餞・試折長亭之秋柳・萬縷牽愁・倘逢天末之賓鴻・一緘惠我・癸未八月・

碩果詩社第三集序

今何時乎・而不見夫烽烟之調調・旌旗之飄飄乎・而不聞夫鐵翼之隆隆・雷鼓之鼕鼕乎・玉弩驚天・金甌捽地・同室相斫・民生殿屎・丁斯時而猶欲抽肝涉血・研京鍊都・以一區區毛錐子・羼於瑂戈鐵馬間・傎乎哉・害其不知務歟・雖然雖然・武終不可不偃也・文終不可不修也・國粹欲絕不絕之交・斯文將喪未喪之際・不賴砥柱・誰堵狂瀾・吾輩引以自蕿・於時有碩果社之設・

尺波電謝・瞬歷一百五十期矣・初集二集且鋟梓久矣・五鯖合爨・百花成露・敝帚自珍・聊以見志・茲又續刋三集・而徵弁言於余・

吁嗟乎・紅羊遘刦・黃鳥興歌・份份君子・薈萃此邦・

香火緣深・沆瀣氣合・休沐多暇・結習不忘・輒相與尊酒論文・人棄我取・當其撚髭曼吟・會心微笑・曾不知咫尺外之滄海橫流・風雲澒洞也・斯非遺世獨立・瓌寶善藏者乎・

顧以奇侅之士・綴學之儒・緯武經文・弸中彪外・乃不作茅茹之拔・而爲金柅之繫・不作含和之吐・而爲不平之鳴・欝欝居此・相煦以沫・靜觀世變・盡然傷矣・嗚呼・蝸龍爲蝘蜓・鴟鴞爲鳳凰・天道難諶・我辰安在・胸春眉繭・余欲無言・

代某社團賀何東爵紳伉儷花燭重逢雙壽序

天長地久・仙人傳不老之丹・花好月圓・壽宇晋宜春之酒・際此菊標晚節・梅見天心・欣維何爵士先生暨淑配麥夫人合巹重逢・杖朝雙慶・光騰戚郈・喜溢門閭・克享洪庥・允推盛德・輸財卜式・懷愛國之心・興學文翁・廣作人之化・斡旋和局・思造福於蒼生・宦遊宗邦・善貽謀於哲嗣・肇修人紀・爰迓天休・瞻弧帨之同懸・三多駢集・跂台婳之並耀・百福攸歸・樹長蔭乎菩提・花疊開乎吉慶・劉樊偕老・瞬逾周甲之年・梁孟相莊・再衍齋眉之喜・東鶼西鰈・續好夢於韶齡・北燭南油・張華燈其不夜・沈香煖擁・崑醴甘斟・同人等忝附驥旄・藉鳴蟻悃・擴萬間之廣夏・久隸帡幪・惜百金之露臺・免加租稅・既富方穀・在福則冲・羨純蝦之方臻・卜遐齡之未艾・兕觥好酌・麋壽同祈・且折花枝・當海上之籌・爲摭蕪詞・作房中之曲・頌曰・

沄沄香海・宅於南陬・篤生爵士・敻絕凡流・不卑埔

鸞・價重王侯・蜚聲萬國・而亞而歐・純固得天・壽登八秩・身其康强・子孫逢吉・乃唱乃隨・同心黻佩・君子好逑・嘉偶曰配・老人婺女・璧合雙星・洞房春暖・花燭熒熒・蒂並芙蓉・音諧琴瑟・國入陀移・天躋兜率・瑤池捧爵・玉樹霏香・永錫難老・長發其祥・

林翼中 一八八七年生 一九八四年卒

號家相・合浦人・年十八就讀廉州中學・時革命風湧・乃加入同盟會・辛亥武昌兵起・與黨人羅侃庭等在廉州舉義嚮應・迨南北和議告成・進廣東高等師範深造・卒業後任教中學垂十年・民國十三年・轉職國民革命軍第十一師政治部主任・與師長陳濟棠至爲契合・後濟棠位至總戎・鎮守南粵・翼中入幕・參與密勿・謀斷獨多・十六年奉派蘇聯考察紅軍政治・歸撰蘇聯現狀一瞥・揭發俄人覬覦中國野心・書經再版・見重一時・旋應聘黃埔軍校任政治總教官・十八年任廣東省政府委員・越二年兼民政廳長・六載任內・整飭吏治・盜匪熸息・閭里乂安・政績昭著・尤以創設政治深造班・甄選縣長・培養縣政人員・因才任使・設立廣東自治工作人員訓練養成所・調訓各縣區長副・縣參議員・及舉辦地政人員養成所・訓練地政人員・悉秉建國大綱規定・奠立施政基礎・著有廣東省地方自治概要・與廣東地方紀要二書・可爲文獻之徵・二十五年辭職歐遊・撰歐遊瑣記・二十九年歸國・共赴國難・任中央訓練團指導員・旋農林部成立・濟棠首任部長・請調翼中爲政務次長・一度代理部務・三十二年當道遴選爲廣東省臨時參議會議長・越三年・參議會成立・被舉爲議長・在任七年・獻替可否・盡其言責・一九五二年・移居香港・出任珠海書院監督・凡十五年・及年八十始謝事恬退・翼中自律謹嚴・攝生有道・將屆百齡而神明不衰・九十後裒其浮海以來所爲文編曰海嶠晚穫集印行・一九八四年病卒・年九十有八・

廣東軍事政治學校政治深造班同學錄序

古人有言・學而後入政・未聞以政學者也・古之入政者・何所學乎・往籍未之詳也・政治深造班日以政治訓諸學員・其性質與鄉時課吏館・儲才館大略相類・而其所授學科・視課吏儲才較適實用・且令受軍事訓練・期養成習知軍事之政治人才・且富有彈性・可先期畢業・是皆特異之點・然則類而不類也・

諸學員入學以還・校長・副校長・教育長常常以修己之道・治事之方・與夫服務之定則・接物之要義・一一詳爲訓示・翼中復於每週之六日・召集談話・有時又爲個別之談話・翼中所欲告諸學員者・平日已盡量發表・無隱無靳・茲者諸學員索序畢業同學錄・蓋諸學員修業期滿矣・

當未畢業以前・計離校同學・任縣長者二十一任・任局長科長科長員者五十有奇・此數十人者・多能以努力任事・爲人稱許・諸學員他日出而任事・無論閒劇・皆殫材力・能具裴行立試縣自效之心・必獲召信臣所居見稱之美・諸學員其求有所表見哉・

往昔行政人員・但選資格・不注重學問・其所設施・罕有良好之成績・上不能副政府之委付・下不能饜民人之屬望・諸學員則所謂南金荊玉之選也・副委付・饜屬望・匪異人任・惟諸學員・諸學員保團結之精神・取同一之步驟・積極進行・毋負其學・庶有豸乎・抑余思之・世之任事者・義主苟容・則同流合汚・志務釣譽・則標新立異・同流合汚者・必出敷衍・標新立異者・流爲虛矯・二者皆不足以爲

林翼中

政・諸學員當無患此・倘有一若此者・吾黨宜箴之・砭之・以期相與有成也・

尺蠖齋詩文集跋

許生憲安・携其先高祖竹湖先生之尺蠖齋詩文集來・請爲識數言・夫詩所以涵泳性情・故可以興觀羣怨・文所以綱紀萬彙・故可以立言垂遠・是則二者之作・固非徒事推敲・與恣意逞奇・以求媚世駭俗爲已足也・

先生自少時苦學・以至成進士・凡身所歷・皆紀以詩・其後由兵部郎中放外・以候補知府權任権稅釐金諸事・雖處膏腴之地・究非先生本志・乃益縱肆於詩・於是詩益多・其交遊故舊・行踪閱歷・與夫平生志事・胥可於詩見之・非但範水模山・揚葩振藻而已・至鄉園夢之作・刻畫鄉中風物・瑣屑而詳盡・情趣盎然・鄉人讀之・必尤覺其親切可喜・文雖不多・然皆意旨深遠・固亦卓然有以自見者・

先生立身謹飭・有用世之志・終以不肯屈順權貴・至欲降格求一權署州縣而不可得・遂以抑鬱磊落之情・一發之於詩・以盡抒其胸中之所蘊・引身畢志・遽止於此・是誠有不得已者焉・然先生雖不得志於時・第其詩與文・固自有其不朽者在・嗇於此而豐於彼・是豈非先生之幸也歟・爰書數語以歸之・

欽州之光復

欽州原爲廉州府屬之一散州・清末改爲直隸州・欽廉兵備道署即設於此・自法佔安南・以隣接之故地位日趨重要・中法戰後・散兵游勇・偏於桂省上思州及欽廉各地・惟人民皆知我軍在安南迭獲勝利・諒山之役・大敗法軍・戰績尤爲彪炳・法國早有將遠征軍撤退之意・而滿清政府昧於敵我情勢・竟亦放棄安南・安南人民隨軍逃入欽廉者不少・顚沛流離・殊爲悲慘・而參加戰事之將領馮子材劉永福（劉義）均居欽州・自戰事結束・失業軍人・無以爲生・乃組成幻燈影戲・名劉義打番鬼相思戲・繪有戰事圖片數十幅・三人爲一組・輪流到各墟市放影・並加以解說・（五人同時觀看每人收銅錢二枚）各墟市以毗連關係・規定趁集日期・每旬三日爲一墟期・故彼等得藉此以解決短期之生活・放影時將安南戰事・大事渲染・民衆激於愛國心理・對於滿清政府之顢頇・益增憤慨・革命思潮・日益滋長・三那之役・原係農人不堪糖捐之過重負擔・及捐商辦理不善・因而引起反抗・三那爲那麗那思那彭三墟市總稱・毗連成三角形・盛產蔗糖・捐商於糖運入市時・即徵收捐稅・某日有農人挑糖入市・已繳捐稅・以糖即日未沽去・或未沽清・乃於次日再挑到隣市發賣・而捐商又强要抽稅・農人以糖已納稅・今又重徵・心有不甘・遂起而反抗・毆打捐商・農人乃被捕・此原係三那一隅之事・倘善於處理・不致釀成大變・時有士紳劉思裕・在地方上頗有聲望・平日於滿清官吏所爲・已深致不滿・乃向政府力言捐商之非・要求釋放農人・官吏受捐商賄賂・不獨不允所請・且以抗捐罪名・呈通緝劉思裕等・於是所有產糖之地・農人皆參加反抗・到處張貼官迫民反及革命性之標語・革命黨人亦乘機竪旗起事・清廷乃派軍鎭壓・王和順所組之民軍・與農人聯合與之相持月餘・卒以清軍勢大・（除廣西軍隊外・趙聲所率之新軍亦到鎭壓）衆寡懸殊・遂告不

支・墟市鄉村・多被摧毀・鄉民被擊斃拘捕者不少・王和順之民軍及革命黨人・曁參加是役之士紳・均於失敗後逃入安南・革命活動・頓告消沉・嗣後雖有黃明堂鎮南關之役・黃興自安南攻欽州之舉・然以各重要地區・清廷皆駐有重兵・人民亦因兵燹之後・僅保殘喘・不敢起而響應・而有所行動・

武漢擧義・粵省垣光復・各地羣起響應・廉州革命黨人既殺防軍分統楊尊任・宣佈光復・欽廉兵備道兼防軍統領郭人漳於廉州獨立時・猶大駡革命黨人擧事之非・此時見大勢已去・亦宣佈反正・將軍政事務交由馮相榮（馮子材之子曾任江西某道臺）以督辦名義・維持地方治安・自率軍赴粵省垣參加北伐・欽州遂不流血而告光復・

廉州之光復

廉州唐代設置・元改爲路・明改爲府・清因之・府治設於合浦・原轄合浦靈山欽州三屬・欽州自於清末改升爲直隸州後・僅餘合浦靈山二縣・地處粵省之西南部・東北爲桂省所環繞・西界欽州・僅東隅與廉江爲界・爲與粵垣廣州交通孔道・南面臨海・有地名北海・闢爲商埠・冠頭山握港外・位於北海與海南島之間者爲潿洲斜陽二島・並爲海疆要區・六萬大山綿延境內・地形複雜・人民從事耕讀・沿海則事漁鹽・民風淳樸・守信尚義・

民國前七年余考入廉州府中學堂肄業・廉中爲合靈兩縣學生求學之地・初本安靜向學・嗣以學生中吳淮友潘承鎏等（皆清秀才）赴省垣肄業・亦有學生戚友原肄業於省垣者・潛以當時出版之民報・揚州十日・嘉定三屠革命軍・曁各種禁書以及排滿書籍等寄閱・一部分同學於秘密輾轉閱讀後・因而互相結合・情緒激昂・教員中亦每有於授課時或閒談中・發揮對滿清不滿之言論・而當時所授學科・以經學爲要目・春秋左傳之外・兼及公羊・且於講解時每以嚴夷夏之防・申明微言大義・學生之革命思想・於是逐漸恢張・欽州三那事起・影響所及學校課堂・亦爲人焚毀・須停課修理・復課後・各同學復集・除革命書籍接到後・仍輪流閱讀外・對三那事變・亦時有評論・同學劉應時於國學頗有根底・好爲異言高論・對於教員葉某所授功課・時提出質問・葉係以府學教諭兼任教員・又以議員身份出席省諮議局・對於禁賭案・曾投否字票・號爲否議員・更爲同學所鄙視・上課時有以鞋擦地發聲以表示鄙夷之意・葉不能忍・乃向郡守告密・劉應時遂被知府傳去・後悉僅受普通的告誡・並無其他處分・同學咸以爲清吏恐生事端・故作痴聾・益無顧忌・時校中除余外・加入同盟會者不少・已分爲二三組活動・蓋介紹入黨者不止一人・故互不相屬也・而於劉應時事發後活動雖如常・對外益爲緘默・其故爲放言高論者・則本未入黨・僅屬同情革命而已・

郡城之閱書報社・爲縣立小學教員許某所主辦・亦有革命書籍可以借閱・或供秘密閱讀・於是知小學中亦有從事革命或同情革命者・又有赴日本習體育歸來之王維世倡設體育會・並到各校任體操教員・常發排滿言論・因是革命運動已漸普遍・辛亥三月廿九日之役・死者七十二人・港報紀載革命運動經過綦詳・凡死者之家世言行・以及殉難時情形・均

有述及・閱者大爲感動・無不以能參加是役爲榮・謂縱因是而死・亦算快事・

是年夏・余已畢業・靜候提學使批准赴省垣復試・以成績優異・被選留校授新生功課・迨武漢舉義・各省響應・羅侃廷李時欽等奉命抵廉・與蘇用五約余等會談・謂軍隊及綠林中人經有聯絡・俟機舉義・惟靈山方面以余與劉應時張百非暨寧姓同學（爲附城巨室）等有交誼・請余赴靈山接洽策動・並須速返共商大計・余乃與陳作瓊赴靈山・獲悉施唐山楊某（忘記其名爲楊淵如之子在省垣肄業者）已奉命主持其事・稍事接洽・值廉城已反正・電促余返・

廉城原駐有防軍・由分統楊尊任（郭人漳之甥）統轄・其餘如北海鎮游府都府等武官・知府知縣等文官・所屬雖有不少官兵・然皆非能戰者・但以之對付革命黨則綽有餘裕・惟是時省垣已光復・各地皆風聲鶴唳・廉城除楊分統外・各官吏多作逃亡之計・對於革命黨之活動・似已不及注意・羅侃廷雖爲附城人・以外出求學多年・識之者不多・而李時欽則識之者更少・被二人各穿西裝表現革命黨人姿態・與謝彪（幫帶）劉武臣（哨官）等接洽・表示運有炸彈槍械甚多云・劉謝等懍於炸彈威力・又悉三月廿九之役・總督衙門亦被攻破・總督謹以身免・遂深信之・答應擔任各種任務・而蘇用五石菊秋等則運動附城土匪參加・伺機起義・某夜鎮臺衙門圍墻被炸崩一幅・劉武臣劉德威等即佔據鎮臺衙門・（總兵已離署）謝彪一聆炸彈聲響・即率親信向楊分統開槍射擊・當場將之擊斃・並斃士兵數名・餘衆皆降・各衙門官吏・以事變突生・多聞風逃匿・無心反抗・在擾亂中・所有庫房之財物・軍械處之槍械・均被搶掠一空・次日・即以欽廉軍政分府都督陳武名義宣佈反正・光復廉城・而陳武者・實即中學教員蘇用五之化名也・

軍府設於小學堂・各機關首長有一定時間聚會・商討重要事務・時軍府首長爲都督陳武・參謀長李時欽・軍政部長鄧益能・財政部長羅侃廷・民政部長廖杏齋（兼合浦縣長）係前中學教員・經各人請來者・聞余返・略詢靈山情形・余具告之・並介紹謝彪・劉武臣等軍官與余相見・謝彪原爲上八團綠林・後投誠爲幫帶・短小精幹・年約四十餘歲・自以爲反正有大功・趾高氣揚・目空一切・其餘佩帶襟章者・除秘書長林賞亭暨郭李衿等爲小學教員外・其餘諸人・多爲余未認識之操附城語者・旋秘書某以交通部長襟章與余・余以出入須檢查・乃受而佩之・惟實無事可辦・即有亦不能辦・日到軍府殊覺無聊・蘇都督（即蘇用五）旋派余與石菊秋（都督之親信）之子石某赴沙崗招撫其地綠林・時適三點會開會・（晚間名放枱）首領梁某・穿無袖之紅色八卦袍・披髮握劍・先拜天地・及略與各級頭目及舊會員周旋後・即登枱高坐・受新入會者之參拜・次第飲血酒・約二小時始竣事・余因得目睹三點會開會情形・隨與該首領會談・並無結果・（不允將其所轄會員開到廉城駐紮）實則彼欲利用余等參加・以增加其聲勢而已・後擬再派余往其他各地招撫・均婉辭之・

軍府成立之初・廉人以陳武名字・殊感陌生・羅侃廷・李時欽等均服西服・出入有從者手持或背負包裹笨重之圓形物體・見者以爲即某晚炸崩鎮臺圍墻之炸彈・聲勢頗壯・後

既悉陳武即中學教員之蘇用五．軍政部長鄧益能即中學生鄧世增．財政部長羅侃廷即小學生羅人然．曾赴省垣光華肄業者．其餘參加者．多爲中小學教員或學生．已爲人所輕視．石菊秋以都督名義．日發委任狀．以爲如此多方延攬．可以擴充勢力．馴至土劣乘機羼入．品流複雜．益形紛擾．同事中已乏合作精誠．日事紛呶．余覺投降之軍隊．已有不聽羈勒之跡象．收編之綠林．既無實力．又不相統屬．乃私詢羅侃廷李時欽等以實際情形．發覺危機四伏．險象環生．於是始向東三團聯絡鄉團增加力量．以備緩急之議．以余與東三團中紳耆素相稔．且彼等平日對余頗推重．囑余負此責．從速設法聯絡．以爲聲援．當時僅軍政部長鄧益能自以爲對軍事有把握．認余之主張爲過慮．甚至疑余不滿現在位置．欲借故離去．至是．余乃決回家．就近與各耆紳接洽．不意離廉城抵家三日．即聞防軍叛變焚掠．軍府解體．

數日後羅侃廷李時欽等抵余家附近之白沙墟．約余晤談．始悉自余離開後．形勢益爲惡化．所招撫之綠林．雖着令不准入城．惟因無統一之管理．凡受撫者皆各設辦事處於城內．不時聚集多人．到處騷擾．謝彪亦收編無賴．大事擴充．且以領軍餉未能依照其虛報官兵之數發給．早懷怨望．又受土劣之煽惑．欺軍府之無能．欲乘綠林不法．商民被騷擾不堪．明示將所有綠林繳械改編．暗圖增加個人實力．各幫綠林一聞此訊．（係參加軍府之土劣．故放聲氣使之聞之）大爲恐慌．即行發動變亂．放火搶掠．初時防軍僅新編之無賴部分與綠林常通聲氣者．參加焚掠．後以無人制止．各部分亦均有參加．城內外四處火起．鬧成一片紛亂．除有堅固之房屋者外．商店居民被焚掠婦女被奸淫者．不可勝計．誠空前之浩劫也．軍府中人以職權關係．平日已無切實聯繫．亦無統一之指揮與可靠之兵力．（各人所有僅收繳之軍械臨時僱用之衞隊）一旦變起．手足無措．會議結果．只有逃走．（聞會議時廖杏齋曾說林某眞本事．預先離開．以免受此虛驚云．實則余當時亦想不到事情變化如之速．余之離去．不過係爲大局設想而已）．蘇用五石菊秋爲附城人．可逃匿之地甚多．鄧益能．廖杏齋．同返其家鄉．（南康）羅侃廷雖爲附城人．但不敢居留．並隨李時欽同行準備赴高州依蘇敬修（愼初）．余亦同去．到達高城不久．以內部發生糾紛．蘇敬修奉命任爲陸軍第二師師長．組織軍隊．準備參加北伐．余等亦隨赴省垣．以原非軍人．師部無可位置．乃與羅侃廷入虎門北伐將校團受訓．迨南北和議完成．將校團改組．調惠州．羅侃廷旋退出入北京軍需學校．余入高等師範．余之革命工作．至此告一段落．

廉州叛變之綠林暨收編之防軍．各將所掠得之財物分途竄去．或返其家鄉．謝彪所部掠得財物及婦女尤夥．將之用牛車裝載．馬匹搬運．浩浩蕩蕩．不下千數百人．原擬竄到六萬大山．不意剛過石康．即被鄉團民衆．沿途襲擊．所擄婦女．多被放還．財物被鄉民奪取者不少．能到達六萬大山者實已無幾．叛軍綠林去後．廉城漫無秩序．耆紳以團局之槍械已被繳去．無力自衞．甚至自己房屋．亦被騷擾．擾攘逾月．有自稱黃明堂民軍到駐．稍後由徐維揚奉命率兵駐防．地方治安始逐漸恢復．

靈山以廉城光復後．施唐山楊某等遂起而驅逐縣知事．

宣布反正・靈城遂告光復・楊姓與鄰鄉周譚二姓積不相能・過去曾發生械鬥・自楊某參加革命成爲邑中要人・周譚二姓至爲妬忌・且恐楊姓乘機報復・乃於楊某返鄉途中・糾衆襲殺之・並殺其祖母等・未幾・施某亦以病逝世・靈城隨由欽州所派軍隊駐紮鎭守・楊某之父楊淵如（鑑泉清歲貢生）曾以其子被殺事向防軍控告・軍方認爲仇殺係地方案件・應由縣政府處理・遷延不決・楊淵如時爲臨時省議員・乃赴省垣向上級控訴得直・周譚二姓首要乃被拘押・構訟經年・余在高師肄業・有時與楊淵如晤會・此一切乃楊淵如所親告者・迨民國二年夏・龍濟光入粤・楊淵如返鄉病逝・周譚二姓首要亦瘦死獄中・此事後詢之靈山友人始悉之・

廉州光復・商民慘遭浩劫・叛變之軍隊與招撫之綠林・到處爲患・四鄉土匪乘時蠭起・歷時有年・地方人士・對於軍府中人至爲痛恨・祇以原日都督蘇用五之弟蘇敬修方爲陸軍第二師長・其親信均在省城任事・饒有潛力・而從前所謂地方紳耆・以民國成立・過去頭銜・而無形消失・更無人敢出名控告・商人中有向政府控訴者・當局以此乃爲革命黨事・當然置之不理・其曾參加革命之青年・則以缺乏做事經驗之故・致在家鄉闖出大禍・方自疚於心・且皆出外以求深造・對過去之事・皆緘口不言・故當日實情知者甚少・蘇用五等以蘇敬修自民國二年夏・曾任五日都督後・即行踪不明・嗣後社會上已無蘇氏兄弟等之消息・其後羅侃廷在汕學義殉難・李時欽於贛州王八嶺之役陣亡・所有奉命舉事者已不存在・更無有人能知眞相・余雖曾參與其事・亦無人詢及之者・僅於我之青年時代徵文中略及之耳・

唐重庭先生墓碑

先生諱萱・字春卿・號重庭・姓唐氏・廣東新會人・世爲望族・高王父寅亮公・曾王父金華公・皆舉於鄉・父亦能世其業・壯歲赴美設舍講學・先生年十七・涉洋往省視並就學焉・後歸國・進北洋大學・旋考選公費留美・得耶魯大學文學士及支加哥大學教育碩士以歸・

先生以建國之本・端在教育・遂專志於此・顧先生早年於教育貢獻雖多・而後則以鹽政顯・誠可謂能者無不能也・先生之於教育也・值民國肇建・出任廣東教育司署科長・及廣東高等師範校長・時當鼎革之後・士多因循守舊・先生則鋭意改革・不辭勞怨・造就人才綦多・而於考選學生公費留美・所得士猶衆・皆能有所樹立・位躋顯要・後雖求去・然其成就卓卓・固已載之口碑矣・先生之於鹽務也・實自奉天鹽稅局長始・爾後遷調者・十有七省・三特區・及內外蒙古・凡閱二十有六年・所歷幾遍全國・而以在粤爲最久・皆能實事求是・興利除弊・充裕國庫・利厚民生・內外皆以爲能・惟以素甘淡泊・年未六十即引去・使能更進而大用・其成就豈可量耶・

解組後・應廣東國民大學聘・登壇講學・恒以得復理舊案爲喜・晚年居港・雖優游頤養・猶未嘗忘國事・其憂傷慷慨之情・猶往往於言談間見之・一九六八年九月二十一日・以病卒於家・春秋八十有六・葬於長沙灣墳場・夫人陳氏・賢淑能教子・克盡主內職・先先生三年卒・子二・景榮・景端・

江　瑔　一八八八年生　一九一七年卒

字玉泉・號山淵・廉江人・廩生・廣東高等學堂畢業・民國元年・當選爲國會衆議院議員・秉持正義・治學刻苦・卒年僅三十・著有讀子巵言・詩學史・姓氏古音考・說部芙蓉淚・辣女兒・山淵閣詩等・

論九流之名稱

九流之名・見於班氏藝文志・昉於劉氏略・古無有也・周秦之世・官失其守・百家爭鳴・而諸子之學興・然未有九流之名號・荀子非十二子・雖舉其名・而不列其家・莊子天下篇・於儒家外・亦舉彭蒙・田駢・愼到・墨翟・禽滑釐・老聃・惠施・公孫龍之疇・亦不指其爲某家之學・司馬論六家要指・始舉儒・道・名・墨・法・陰陽・然其數祇六・而未有九也・

劉氏譔七略・班氏本之爲漢志・始定九流之名・後世沿而用之・垂二千餘年而不變・大柢所謂某家之學者・皆綜其學術之宗旨言之・必其宗旨純一・可以貫澈初終・成一家言者・而後舉其綱以括其目・然竊援名以核實・惟名・法・墨・農・陰陽五家・爲名正而言順・（按墨爲學術之名・與名法諸字同・非墨子之姓・詳見下・）餘皆於理有未安・未知命名之意・始於何時・析而爲九・創於何人・（按劉班當必有所本・）殊大惑而不可解也・

古者・通天地人曰儒・周官大宰・儒以道得民・與師對舉・又大司徒・四曰聯師儒・是儒爲術士之稱・（見說文）有道德有道術者之通名・（見周禮太宰疏・及漢書司馬相如傳注）・不特儒家得稱爲儒・即諸子百家無一而非儒也・雖儒行見於禮記君子・儒見於論語・然孔門未嘗標儒之目・學以自號・墨子雖有非儒之篇・然亦泛指當時之儒者言之・亦由孔子勿爲小人儒之意・乃九流之目・首列儒家・一似非孔門之士・不足以獵斯號也者・何也・豈以儒有儒義・言孔子之道可以潤身而澤民耶・則百家之學皆有之・不獨儒家・豈以儒有儒儒緩之義・儒家實有此病・因以號之耶・恐非命名之初意・況荀子一書・言儒字甚多・如云偸儒轉脫・（見脩身篇）爲儒弱畏事之意・（見楊倞注）荀子・儒家也・豈有舉此不美之名・以自名其學哉・

大氏所謂儒家者・本於周官儒以道得民一語・謂儒即以六蓺教民之保氏・（見鄭注）孔門傳六蓺之學・故加以儒之號・然六蓺爲上古三代之史・爲當世之所共有・非孔門所得而私・且孔門之六蓺・實傳於道家之老子・不以名其師・反以名其弟子・亦未合於理也・

故竊以謂儒爲學士通稱・不能獨加於孔門之士・而與八家並列・乃後世强謂儒爲孔子之道・（見淮南子俶眞篇注）又謂能說一經者謂之儒生・（見論衡超奇篇）質諸孔門・何有是哉・

道之爲物・大之足以彌綸天地・小之足以無間身心・精深廣大・不可方物・然亦道術之通稱・猶孟子所云若大路・然諸子百家・莫不苞涵大道者也・乃獨舉道家之名・以目老莊之徒・則諸子百家・皆非道耶・若云道者指玄妙之道言・然道家所言・雖迹涉虛無・不可端倪・而實皆檃栝治平天下

之旨・觀漢志道家・首列伊尹太公・而下及於管子・皆勳業爛然・聲垂後世・尤顯著易見者・是言雖玄妙・而道實非玄妙・即以玄妙爲道・則彼博大平易・人當共由者・將何以名之耶・

大氐命名道家之故・實由於老子之道德經・然道經德經・以首句之道字德字而得名・如關雎麟趾之類・古人著書・素有此體・非老子深意所在・無關宏旨者・乃掇取其書之半名・而爲其一家之專號・恐非老子之所願・且老子書本名道德經・非名道經・與其掇其半名而曰道家・何如掇其全名而曰道德家之爲瘉耶・

從横一家・廑蘇張數人爲之・持其利口長舌・巧捷齊給・游說於諸侯之庭・以獵一時之富貴・此在戰國之世・說士之風盛行・固足以驚人而動衆・而究無切實之學問・若儒墨名法諸家・足以成一家言・不特其意在希榮取寵・異於古之行人之官・且夸誕無學・又與遠西之雄辯家相去絕遠也・況從横者・一從一横・迥不相侔・蓋蘇張之術不同・宗旨各別・明爲二家安可納於一家耶・

雜家之學・兼儒墨・合名法・而兼取各家之長・大氐諸子之書・不能屬於各專家者・可以隸於雜家・此在學者分析學術之派別・以寓天下之羣書・其於各有專家之名者・既各從其類・若夫既無專名・又不能附於各家之下・則不能不以雜家之名統括之・此誠爲不得已之苦心・（按近世學者・於分析事類・或條舉約章・往往有列舉及總括之二法・其可以指數者・既列舉於前・恐有罣漏・則以凡字及其他等字・以總括於其後・九流之中有雜家・想其命名之故・理亦猶是・然如其說・則宜以雜家居九流之末・列於第九・其理始順・今班志列雜家於第八・反居農家之前者・亦未可解・豈以農家之學・傳者甚微・不及雜家之盛・故列之於前耶・）然既曰雜則並畜兼收・宗旨必不純一・古之名爲一家之學者・必有純一之宗旨・以貫澈其初終・既雜矣・何家之可言・雜則非家・家則不雜・未可混而一之・既曰雜・又曰家・則不詞之甚・況雜家之學・出於議官名之曰雜・與議官之意何涉・是則雜家之名・於理亦未當矣・（按下章別推論雜家之學・非駁雜不純・及其出於議官之故・）

凡玆之類・命名之意・均有未安・總之儒爲學士之通稱・非孔門所得獨有・道爲學問之總滙・非老莊所得自私・曰從横・曰雜・又未得爲專家之名・然九流之名・其來已久・而儒道二字・又常見秦漢以前之書・韓非子亦以儒墨並舉・稱之爲顯學・則劉班二氏・必有所承受・至若命名始於何人・其意又何在・則不可考而知矣・

論儒家不能與經部並立

劉班分析學術之流派・既立六蓺略・復列儒家於諸子略之中・所謂儒家者・蓋皆傳述六蓺之學者也・二子之意・大氐以爲立六蓺爲一略・所以尊孔子・列儒家於諸子・所以析派別・其爲意最深遠・雖然・其例殊未可通也・

儒家之學・既云出於司徒之官・必淵源於保氏・以六蓺教民・儒家傳六蓺之學・故以儒稱・是以班氏論儒家・亦謂游文於六經之中・莊子外物篇・亦云儒以詩禮發塚・是則儒家之得名・雖出於保氏・而實由於六蓺・無六藝・則儒家之

名無由成・舍六藝而稱儒家・非眞儒家也・

然傳六藝之學者・首推孔子・則孔子當爲儒家之首・孔子之六經・尤當爲儒家箸述之首・今儒家無孔子名・祇云宗師仲尼・而經又別隸於六藝類・一似經自經・儒自儒・似孔子非儒家・似儒家非傳六藝之學・是眞未可解者也・

既以儒家名孔門之士・而孔子反不列名於儒家之中・孔子之六經・又列於儒家之外・然則儒家由何而得名・又何者始爲儒家之眞耶・班志於諸子略篇末・綜論其學・又云・雖有蔽短・合其要歸・亦六經之支與流裔・班氏之意・所謂諸子者・合儒家而言之耶・抑離儒家而言之耶・班氏必曰合儒家而言・然儒家即傳六藝之學・爲六經之正傳・與彼八家絕異・不能渾言之曰・皆六經之支與流裔・且既云支與流裔・則儒家與六藝・是二而非一・又明甚矣・

況經部之中・如禮運爲子游作・檀弓即檀弓作・中庸爲子思作・孝經爲曾子作・喪服傳爲子夏作・論語爲門人之作・統歸經類・而漢志儒家・別有子思二十三篇・曾子十八篇・漆雕子十三篇・宓子十六篇・何以同爲孔門弟子・且同出一人・而或列經類・或列儒家耶・設以六經爲孔子所手訂之書・與他書不同・故歸入經部・其他非孔子手訂者則否・則尚與儒家略別・然班氏六藝略・下及於論語孝經小學・非經孔子之手訂・且名曰六藝・而其數不祇六・亦與命名相戾・而後世於六經之外・更有七經九經十一經十三經之目・於是經部之中・多非孔子手訂之書・故孟子一書・漢志列於儒家・後世則入於經類・而後人說經之作・亦復可以意爲出入・經部與儒家・遂漫無區別・斯蓋立例不善之過也・

兩漢以後・諸子式微・而六經之學・如日中天・爲儒家學者・往往擧百家九流之名・則斥爲異端・置其書而不屑讀・而不知光明醇正之儒家・亦在百家九流之中・譬雜羣中而詈羣影・己影亦爲所詈・如史所載漢武帝表章六經・罷黜百家・驟而觀之・則似儒家亦在罷黜之列・蓋立例不善・斯所以不能名正而言順・抵觸岐迕・紛雜而不可通・其爲學術之害・非淺鮮也・

竊謂經部與儒家・二者不能並立而兩存・或併經部而入於儒家・或併儒家而入於經部・斯可以無前者之病・或謂若此不足以尊孔子・則非也・余固素尊孔子・深惡夫王充劉知幾諸人・肆然爲問孔疑經之篇者也・然與其徒尊孔子・而不明孔子之學・何如明孔子之學・而道益尊・善乎汪中之言曰・自儒者言之・孔子之尊・固生民以來所未有矣・自墨者言之・則孔子魯之大夫也・而墨子宋之大夫也・其位相埒・其年又相近・（見中墨子序）紀昀之言曰・子思孟子・後來論定爲聖賢耳・其在當時・固亦荀卿之曹偶・是猶朱陸之相非・不足訝也・（見四庫書目提要）是可見孔孟之學・雖遠過於諸子・而在當時・各鳴其所學・亦諸子之一也・況六經爲古來教人之具・而傳之於道家・非孔子所自作・今列儒家於九流之首・列六藝於儒家之首・曷嘗非尊孔子哉・

丘倉海傳

清政不綱・仁人志士揭櫫民主之義・播厥聲於寰宇・辛亥倡義・若疾風滌塵垢・不半載而奠共和之局・數千年之帝制・於焉以熄・故言共和之紀元・必推端辛亥焉・然竊謂共

江瑔

和之制．辛亥之前已有行之者．不徒見諸空言．且徵諸實行．建總統．開議會．定國旗．更官制．遠挹唐虞之遺風．近掇歐美之良制．共和之規模遂麤定．其時．固在辛亥以前十餘年也．不過．兵威不足．國力未充．外無援兵．民無固志．朝廷已棄珠厓．鄰省亦視同秦越．登高而嘯應者無人．遂不旋踵而霧解煙消．等於曇花一現．大好山河．拱手而授於異族．其中之志士仁人．血欲化碧．志已成灰．歸去無家．惟效杞人之大去其國．如臺灣之丘倉海者．其事足憫．其志又可哀．雖其地限於一隅．其事不逾數月．然實爲辛亥倡義之先聲．而海外孤臣血淚之所聚也．又詎可聽其霾湮汨沒而無傳乎．作丘倉海傳．

倉海姓丘氏．臺灣產也．中國舊制．尊親有諱．往往因一字之諱．舉國不得用其字．甚至祖父相傳百代不變之姓氏而亦易之．如漢之奭氏避元帝諱．易爲盛氏．莊氏避明帝諱．易爲嚴氏．自古既然．丘氏爲避孔子諱．淸雍正禁民間不能用．故臺灣之丘氏．自鄭氏滅後．即與中原同．盡加邑旁而爲邱．其實固與明以前之丘氏爲同族也．丘氏者．臺灣之望族也．其民族雖非繁賾．然咸能自樹立．不與尋常庸夫相儔伍．故能爲臺民所瞻仰．入臺而訪其邦之士大夫．無論識與不識者．必舉丘氏以對．倉海之祖父．均以詩書起其家．至倉海而益顯．

倉海諱逢甲．字仙根．軀幹魁梧．高十尺以外．廣額豐耳．兩目奕奕生奇光．言論風生．往往一語驚四座．聲震屋宇．幼負大志．於書無所不讀．老師宿儒咸遜其淵博．所爲詞章．凌厲雄邁．不愧古之作者．尤善詩．恒寢饋於李．杜．蘇．黃諸家．去其皮而得其骨．弱冠弄柔翰．即嶄然露頭角．父兄見其詩．那擊節嘆賞曰．此異才也．爲秀才時．毅然以天下爲己任．恒爲大吏陳國家大計．朗然若視指紋．自此．名動公卿間．王公大臣爭欲羅致之入幕府．倉海則岸然掉頭去不顧也．未幾．舉於鄉．旋捷進士．殿試點主事．是時．聞見彌廣．閱歷愈深．既有地位．亟思展其夙所抱負．以爲國家用．而臺灣之禍作矣．

臺灣在大海中．位於福建之南端．地形如彎弓．北高南下．周寰幾三千餘里．東繞高山．西薄巨海．島中一望平原者六百餘里．遠峯聳翠．嘉樹青葱．茂林修竹．相望於道．北至淡水洋．鷄籠城．與福建相近．東面則琉球也．島之外．復有沙隄起伏相生．環抱若龍．此外．則鹿耳門者．島之門戶也．澎湖嶼者．島之屛障也．澎湖在島之西北．共三十六嶼．惟西嶼最高．餘皆平坦．自厦門至澎湖．水色青黛．深不可測．舟行甚險．由澎湖東南行．一日可抵鹿耳門．誠天然良好之軍港也．其地土廣人稀．土蕃復巢穴於中央．罕與人民交接．元．明以前．除漁舟外．鮮通於中國．明末．爲紅夷所據．鄭成功逐紅夷而有其地．復移民以殖之．荊榛頓闢．鄭氏據地形之險要．與淸相持且三十餘年．以稍延明室一線之正朔．子孫不競．宏業莫纂．康熙甲子．遂滅於淸．而明之正朔絕．淸已得其地．闢爲郡縣．稱臺灣府．隸於福建．後設臺灣道．光緒乙酉．始建行省．分爲臺南．臺北．臺中三府．升淡水廳爲臺北府．設巡撫駐焉．而閩浙總督實兼領之．

初爲臺灣巡撫者爲劉銘傳．繼之者爲邵友濂．兵事將起・友濂求樞府內調・淸廷乃令臺灣藩司唐景崧署巡撫・以廖德勝爲提督・景崧令總兵劉永福移軍守臺南・而自守臺北・方欲有所設施・日籌防禦之策・而其時中東之戰・我軍大潰・朝廷已割臺灣全省之地拱手而贈於日本矣・先是・同治末年・有琉球船遇颶風漂抵臺灣・死於生番者五十四人・日本商民四・亦漂至遇禍・是時・適日本遣副島種臣・柳原前光等來中國訂通商之約・約已成・前光至總署・言生番事・總署大臣毛昶熙・董恂答之曰・番民皆化外・不服王化・猶貴國之蝦夷也・前光曰・生番殺人・貴國捨而不治・敝國將問罪於生番・昶熙曰・生番既我之化外・伐與不伐・惟貴國自裁之・日本夙未有敢欺中國之心・此言一出・遂知中國不足畏矣・

同治十三年・日本以西鄉後道爲都督・征臺灣生番・先致書於閩浙總督李鶴年・鶴年覆書拒之・不聽・日軍登陸・熟番迎降・熟番與生番爲世讎・導日軍擊生番・敗之・進焚村落・深入至牡丹社・生番殊獷悍・不畏死・伏叢莽間・時起狙擊・日軍不敢進・屯田於龜山・爲久駐計・鶴年聞於朝・舉朝大震・急詔海疆戒嚴・令沈葆楨督福建水師赴臺・嚴守備・別遣潘霨・夏獻綸就西鄉從道議・久不決・將決戰・閩撫王凱泰率兵二萬五千將渡臺・時・日兵不服水土・受暑瘴・多死亡・聞大兵至・遂議和・要償兵費三百萬元・葆楨力爭之・淸廷懼起釁・乃卒償金五十萬・日軍遂奏凱歸國・自是益輕中國矣・逮因朝鮮事而起中東之戰爭・日軍更默出師・攻取臺灣之文良港・襲據澎湖・海道中梗・臺灣已成孤懸之勢・及我軍之敗績・兵艦盡沒・大連・旅順相繼淪陷・九邊烽火・夜達甘泉・舉國驚惶・涕泣無措・淸廷乃命李鴻章向日本議和・將奉天南部從鴨綠江抵遼河口鳳凰城・海城・營口諸要鎭以及臺灣・澎湖曁所屬諸島嶼盡割讓與日本・是役戰爭僅在中國北部・而割地乃及於南部臺灣・殊出於意料之外・此約一成・無可挽回・臺灣數千里之地・遂歷萬劫而不復矣・

臺灣者・倉海父母之鄉也・休戚與共・較他人爲尤甚・朝廷於土地之割棄・雖不足介意・所難堪者・臺灣之遺民耳・方兵事之初起也・倉海已竊竊憂之・太息曰・天下自此多事矣・日人野心勃勃・久垂涎此地・彼詎能恝然置之乎・於是・日集鄉民而訓練之・以備戰守・復以大義相鼓勵・涕泣而語之曰・吾臺孤懸海外・去朝廷遠・不啻甌脫・朝廷之愛吾臺・曷若吾臺民之自愛・官兵又不盡足恃・脫一旦變生不測・朝廷遑復能顧吾臺・惟吾臺人自爲戰・家自爲守耳・否則禍至無日・祖宗廬墓之地・擲諸無何有之鄉・吾儕何以爲家耶・倉海斯語・一字一淚・言未已・已哽咽不能成聲・聽者咸痛哭・願惟命是聽・時・兩軍初戰・割臺之議未起・倉海已慮及之・可謂有先見之明矣・及景崧與永福交惡・分兵而守・倉海又引以爲憂・

景崧者・古所謂處士虛聲者也・初爲吏部主事・有知兵之名・越南戰事將起・景崧自請赴越南・招撫永福・永福爲廣西思州人・端慤敢戰・咸豐間・廣西亂・永福率三百人出鎭南關・時・粵人何均昌據保勝・永福逐而去之・遂據保勝・所部皆黑旗軍・所向無敵・屢殪法兵・黑旗之名震越南・越南授爲三宣提督・加一等男爵・洵當時一健將・亞於

馮子材者也・景崧已招永福・中法和議成・張之洞薦永福於朝・授欽州總兵・旋移駐臺灣・景崧亦以功授臺灣道・旋擢藩司・兵事將起・清廷以景崧知兵・特命代友濂爲巡撫・然景崧既與永福共事於越南・意見不同・怨讐日深・既爲臺撫・遂自守臺北・移永福軍於臺南・

倉海以景崧雖號知兵・而防禦敵寇遠不逮永福・全臺形勢・盡集於臺北・臺南非其比・臺北失・足以牽動臺南・臺南失・未足以牽動臺北・景崧一人守臺北・無永福以佐之・恐守之非易・臺北一破・臺南將孤守・無能爲矣・乃急詣二人許・爲之調停意見・思所以阻永福之軍・使勿行・焦脣敝舌・繼之以泣・景崧終堅持不爲動・二軍遂分・倉海出而嘆曰・其殆天乎・厥後・景崧坐誤事機・臺北失守・永福孤守臺南・相持數月・卒無以救臺灣之亡・一如倉海之言・不爽銖黍・倘景崧能捐私怨而急公義・俯就倉海之請・則臺灣未必終亡・即亡亦未必若是之速・可敢決也・倉海之智・可謂燭照而數計矣・

割地之議既起・舉國大譁・羣詈鴻章爲賣國・憂國之士數千人・上書力爭之・詞頗激昂・中外諸臣奏章凡百十上・臺灣臣民爭尤力・清廷高頗動・欲改約而約不可改・時・俄・德・法出而抗日・日頗懼・許還遼東・臺灣終不肯還・夜半換約於煙臺・適臺灣舉人以會試在都・伏闕上書・涕泣而爭・清廷不顧・特命景崧率軍民內渡・又命李經方爲交割臺灣使・舉數千里之土地・數千萬之人民・草草交割於日艦中・倉海哭曰・余早知有今日矣・雖然・臺灣者・吾臺人之所自有・何得任人之私相授受・清廷雖棄我・我豈可復自棄耶・乃首倡臺灣自主之說・呼號於國中・登高一呼・全臺皆應・其間忠義之士・尤慷慨憤激・痛詈清廷之負臺民而力贊倉海之議・乃羣推倉海爲起草・倉海遂草定臨時之憲法・建議臺灣爲民主國・選總統・副總統各一人・開議院爲立法機關・定官制分內部・外部・軍部等之名稱・製藍地黃虎國旗・以爲國徽・羣皆贊成・次乃議總統爲何人・衆意屬景崧・倉海知景崧之不足以有爲也・遲疑而未決・然景崧負時望・爲臺民所歸・且景崧外亦無他人足以當斯位者・永福雖善戰・然居末秩・未爲民所重・不獲已・卒從衆議・某日・乃集紳民數千人・鼓吹前導・詣撫署・上臺灣民主國總統印綬於景崧・景崧朝服出・望闕九叩首・旋北面而受任・大哭而入・即撫署爲總統府・電告自主・於清廷言遙奉正朔・永作屏藩云云・清廷已棄臺如遺・無所顧惜・此電不足以動其憐・適爲所嗤笑耳・且既曰屏藩・即不能謂之自主・此實景崧一人之私電・臺民所未知也・副總統羣以屬倉海・倉海不獲辭・乃爲副總統・兼大將軍・大權仍景崧操之・於是乎・臺灣遂爲自主國矣・臺灣自主・設官分職・部署略定・省官不願留者聽其內渡・有留者・亦有去者・是時・日本命樺山資紀爲臺灣總督・兵艦將大集・臺中兵力薄弱・餉又不繼・乃乞兵・乞餉於沿海各省督撫・無有應者・又命陳季同介法人求各國承認自主・皆不答・景崧復不善治軍・軍中時有變志・軍士多外省人・非土著・於臺灣之得失・漠然無所關心・日以嬉戲爲事・自什長李文奎殺方副將於撫署・景崧不能正文奎之罪・反令充營官以安之・軍士遂欺景崧之無力・浸驕不可制・至是・益紊亂無紀律矣・倉海深以爲憂・時進

策於景崧・又請嚴肅軍紀・雷厲風行・殺一以儆百・景崧均不從・倉海不獲已・訓練鄉團義兵以備變・傾家財以爲兵餉・不足・則乞諸義士以助之・孳孳矻矻・昕夕不敢懈・然一念及國步之艱難・未嘗不終夕徬徨・涕泣如雨也・

未幾・日艦大集・先發兵攻基隆・景崧命吳國華守三貂嶺・復命營官包幹臣馳往助之・幹臣爲人畏敵而喜功・倉海知之稔・阻景崧不可用・景崧不聽・卒以僨事・方吳國華之守三貂嶺也・防守頗嚴・偶與日軍偵探隊遇於途・奪勇擊之・斃日兵官某・日軍大潰・幹臣適馳至・不發一矢・遽奪日兵官首級歸・冒爲己功・以報大捷・吏民皆賀・國華方追逐日軍・忽聞幹臣奪己功・憤怒不可遏・遽舍日軍・回兵追幹臣・日軍瞰之・亟返旆・遂奪三貂嶺矣・是時・基隆危急・分統李文忠等會師援之・日軍已密佈・文忠等屢戰皆敗北・景崧復命黃義德屯八堵爲後援・義德性怯而多詐・方之幹臣爲尤甚・倉海復請於景崧・更遣他人代之・景崧亦弗許・義德至八堵・聞日軍勢盛・膽幾喪・遂舍八堵馳歸・詭言獅球嶺已爲日據・八堵迫近敵營・不能駐兵・日人懸金六十萬購總統頭・故亟馳歸以防內亂・倉海知其詐・面斥之・景崧默然・莫敢詰・其實・獅球嶺尚未失・自義德馳歸・其地空無一兵・翌晨・日軍遂拱手而得之矣・是夕・義德所部爲索餉大譁・倉海請斬義德以謝臺民・並嚴懲一二亂兵爲首者・以厲其餘・景崧不敢從・倉海嘆曰・禍患之來・迫於眉睫・尚不能整飭軍紀・徒畏葸游移・坐令其譁變・天下事尚可爲乎・

次日・城中聞日軍將至・互相驚擾・老幼紛紛逃竄・軍兵蠢蠢有變志・景崧束手無一策・傍晚・潰兵爭入城・沿戶淫掠・客勇・土勇互相鬥・積尸遍地・中軍護勇爲內應・總統府火發・光燄燭天・景崧大駴・捨奔逃外無他術・亟微服挈一子而逃・妾易男服隨之・雜難民中・竄出城・疾附英輪至厦門・置臺灣事於不顧矣・倉海聞之哭曰・吾臺其去矣・誤我臺民一至此極・景崧之肉・其足食乎・

時・游兵淫掠無厭・全城無主・居民遷避一空・倉海急舉義兵・勦游兵於城內・冀死灰復燃・或可再振・然府庫軍械・盡入游兵手・義兵勢不支・遂大敗・倉海孤身遁鄉間・游兵大掠三日・日軍尚未至・德商畢狄蘭以書告・日軍乃從容以兵來收城・倉海收集散亡・義師復集・聞日軍至・伏於途而擊之・顧日軍勢張甚・倉海敗亡之餘・軍容不振・無殊以螳螂之斧而禦隆車之隧・故又大敗・全軍盡喪・倉海僅以身遁・復匿於鄉・臺北遂爲日有・

是時・永福尚堅守臺南・日軍攻之・數月不能下・倉海思往依之・道中梗・不能行・而臺北已陷・諸城邑聞臺南義聲・咸耀躍思奮・倉海復與之約・定期起兵・圖恢復・爲日軍所偵知・防備周密・無隙可乘・日軍復以臺灣自主事爲倉海所首倡・嫉之甚・嚴索之・倉海竄身深菁窮谷間・幸脫於禍・而恢復之志不稍替・未幾・永福力不支・臺南亦失守・倉海知大勢去・無可挽回・乃亦痛哭辭故國而行・臺灣遂亡矣・

倉海既內渡・遂入廣東・家於嘉應州・買屋居焉・杜門不出・謝絕親友・自署爲臺灣之遺民・日以賦詩爲事・而故國之思以及鬱伊無聊之氣・盡記於詩・詩本其夙昔所長・數

十年來復顛頓於人事世故家國滄桑之餘・皆足以鍛鍊而淬礪之・其所爲詩盡蒼涼慷慨・有漁陽三撾之聲・如飛兔騕褭絕足奔放・平日執干戈・衞社稷之氣慨・皆騰躍紙上・故詩人之名震動一時・又往往側身南望故鄉故國掩映於蒼煙暮靄中・迷漫不可見・念一身之無屬・獨愴然而涕下・又有時酒酣耳熱・與二三知己談故國軼事・輒虬髯橫張・怒髮直竪・鬚眉噓噏欲動・氣坌涌而不可遏・識者莫不哀之・是時・大吏聞其賢・屢招之・倉海均婉謝不肯出・祇願擔任教育事宜・大吏遂聘之爲廣州府中學校校長・旋又任兩廣方言學校校長・學生出其門者千餘人・咸端志勵學・克承厥緒・光緒末年・各省盡成諮議局・倉海爲粤人士所推轂・選爲議員・旋舉爲副議長・高談雄辯・四座皆驚・於地方積病・尤日思所以推陷姦廓清之・如禁賭一案・其最著者也・

是時・種族革命之説騰播於全國・倉海喜曰・是吾志也・吾欲行民主於臺灣・不幸而不成・今倘能成於中國・余能及身見之・九死所無恨也・倉海斯言・竟成讖語・革命之功方成・倉海果憂勞成病矣・清命既革・倉海以楚國之望・推爲教育司長・不惜勞困・黽勉從公・復登廣告於報端・復其原姓爲丘氏・未幾・南京代表團成立・粤中推倉海爲代表・及臨時參議院告成・復選倉海爲參議院議員・忽忽就道・兼程而行・及抵南京・而伏疾遂發・自知不起・亟倉皇返粤・遂卒於嘉應州鎮平山居・卒之日・遺言葬須南嚮曰・吾不忘臺灣也・及葬・執紼而哭者數千人・臺灣遺民之在廣州者・哭之尤慟・既哭而復輓之曰・憶當年禍水滔天・空拚九死餘生・隻手難支新建國・痛今日大星墜地・祇賸二三遺老・北面同哭故將軍・

山淵曰・臺灣一荒島耳・成功開拓之於前・銘傳經營之於後・今日人皆本成功・銘傳之舊而擴張之耳・臺灣舊不通於中國・鄭氏篳路藍縷・拓其地以延明祚之一線・清廷竭數十年之兵力必欲降其衆而有之・既有之不能以自守・復以資於日本・是清廷不特負臺民・且無以對鄭氏矣・倉海以臺灣孤臣・首倡自主・崎嶇艱苦・卒以無成・寄意於詩・以自哀其志・死之日猶不忘故國・其心之苦・奚讓宋・明末祚諸遺民・世徒以詩人目之・奚足以知倉海之志耶・然當日握全臺之權者・惟景崧・景崧優游養禍・不戰自潰・使稍聽倉海言・或不致此・是亡臺灣者・景崧也・景崧既遁・知兵之名掃地以盡・卒客死於廣州・無人過問・倉海之死・人盡哀之・嗚呼・臺灣雖亡・倉海不死矣・

龎雄傳

吳川地瀕海・海水衝擊・波濤淜湃・昕夕聲震人耳・人民處其地・咸有海國之觀・而活潑沈摯・冒險之性質・爲尤富・龎雄其著也・雄姓龎氏・字甦漢・吳川之上蒙人・家頗寒・其父璧如先生・恒以課士爲業・先生篤於學・知華夷之辨・每持之以訓示諸生・雄稟承父訓・益卓犖有大志・卒以一死報國家・先生有子矣・

雄少年時・即負奇氣・落落不羣・膽尤壯・遇事輒勇往直前・一時罕其匹・而貌則溫文爾雅・恂恂然有儒者氣象・不肖其爲人・能讀父書・惟祇舉大義・尤關心於一代盛衰興亡之跡・每讀史至夷狄入主中原・即怒髮上竪・拍案大叫

氣怦怦而不可遏・不知者以爲病狂・而不知其愛國之心・根於天性也・書法尤精到・寫小楷秀妙入神・然生平最憎趙孟頫・以其以有宋華族・低首胡元・是別有肺腸者・其書法雖傾倒一時・不足學也・

年稍長・衡覽中國事・益潸然涕下・恒欲以一身爲國用・苦無術・偶談於鄉搢紳先生・莫不目瞠舌捲・神喪色沮・急掩其口而羣詈之曰・騃兒子・胡敢作此大逆不道・想滅吾族矣・坐是益悵悵無所之・有時冗坐斗室・怒目睁視・口翕張欲動・扣之則無聲・終日不言不笑・不寢亦不食・有時撫斗酒・發峻嶺・箕踞坐・解衣痛飲・大醉倒於地・醒復大哭・適前僞督募召新軍令至高州・衆人猶未敢前・雄振臂起曰・此吾投筆時也・有親友等以爲苦欲沮之・雄曰・不有今日苦・何以有後日樂・不有吾苦・何以有天下樂・吾輩死且不畏・奚區區之苦耶・卒應召隸炮兵・入伍後・昕夕操練・不辭勞瘁・思有以養成偉大之體格・密察軍中情形・知新軍可用・乃於暇日密動以華夷大義・及中國君主專制・屠戮人民之慘・口講指畫・繼以泣・衆爲動・咸相結約・相機而行・指天日以誓・

己酉冬・倪映典欲起事於廣州・雄喜甚・立趨倪與之盟・且商進行之策・次年春正月・新軍力未固・爲袁樹勛李準所擊・遂潰敗・倪死亂軍中・雄僅以身免・乃赴香港・渡日本・歷經南洋各島・與諸黨人聯絡聲氣・而籌第二次之進行・時同舉事者・因事已敗・多有散者・各黨人爲籌舟車費・使歸鄉里・雄獨不肯・泫然泣曰・國之不存・家於何有・匈奴未滅・何以爲家也・卒不行・以善書故・乃爲同黨司編繕書報文稿之事・秋七月・知新軍力復厚・恐外無應者・乃遄歸高州・以聯絡高雷廉瓊各府之同志・以壯其聲援・時政界疑日甚・乃欲擬由梅菉設一藥房・爲西部之機關・蓋以梅菉爲高州各縣之中樞・而士庶複雜之場也・旋因集資匪易・卒不果・十一月・復渡東洋・翌年返省垣・而有三月廿九之事・時趙聲黃興率黨人入省垣・定期大舉・然部下多別省人・不解粵語・恐言語不通・彼此捍格・乃以雄爲舌人・兼主管一切往來文件・時事已洩・政府捕甚急・進不能・逃亦不得・廿九夕・黃興遂率衆攻僞督署・聲動天地・黨人無不以一當百・雄寓於旅舍・職司文牘・可不必與攻戰之事・然聞事起・心躍然動・興勃發・不可自止・急拔鎗趨隨黨人後・直攻督署之二堂・立殺數人・旋官兵大集・風捲雲湧・裹數重・衆寡不可敵・乃退出・雄與諸黨人轉戰達旦・且戰且走・目擊黨人死傷過半・屍首相枕籍・流血凝於地・作赤色・誓不獨生・四月初一日・遂束手就縛・縛時坦然無張皇色・沿途談笑自若・恂恂然仍不失其往日儒者之氣象・及就訊・慨然承認不少諱・并直述起義之情形・及痛詈官場之腐劣・痛快淋漓・聽者感動・述畢・復大笑・詰以同黨姓名・則舉徐錫麟汪精衞以對・復問曰・爾至此得毋悔乎・雄厲聲曰・吾視死如歸・立志已久・祇恨一死未足以盡責・男兒死耳・詎似爾等之首鼠兩端耶・言時聲色俱厲・眼眥欲裂・聞者皆辟易・聲洪大震屋宇・梁棟搖搖欲動・審官無人色・不敢與之辨・麾出斬之・臨刑時・神色如平時・首墮地・離數武・猶見其怒目睁視・口翕張欲動・望者悚然而生畏・時年僅二十有一云・

羅文幹 一八八八年生 一九四一年卒

字鈞任・番禺人・年十七・留學英倫牛津大學榮譽班・專攻法律・獲碩士學位・宣統元年歸國・任廣東省審判廳廳長・三年・應學部留學生考試・賞法科進士・民國元年・任廣東都督府司法司長・旋升廣東高等檢察廳廳長・二年・辭職北上・任北京政府總檢察廳檢察長・四年八月・籌安會成立・文幹秉公犯難・參劾該會組織非法・袁世凱竟置不理・十一月・憤然辭職南下・與湯覺頓徐勤勸粵督龍濟光倒袁・不果・五年・袁死黎繼・七年・北上任修訂法律館副總裁・八年・巴黎和會揭幕・以考察司法名義赴歐・在英考獲大律師資格・十年十月任中國出席華盛頓會議代表團顧問・十二月・任司法部次長・十一年一月・兼大理院院長・九月・轉任鹽務署長兼幣制局總裁・同月・王寵惠組閣・任財政總長・任內・發行公債・須以關稅擔保・爲稅務司英人愛格蘭所撓・文幹毅然將其免職・英使莫敢異言・當時在列强壓迫下・關稅無自主權・文幹之敢作敢爲如此・十一月・舊國會衆議院議長吳景濂・副議長張伯烈・因嫉視王內閣・誣指財長羅文幹簽訂奧國借欵展期合同時納賄・將其非法繫獄・舉國譁然・總統黎元洪知處置失當・特派大員孫寶琦等迎接出獄・文幹要求依法辦理・拒不出・卒須審判程序無罪釋放・十五年・國民革命軍奠都南京・移師北伐・日寇出兵濟南阻擾・文幹激於大義・勸張作霖自北平撤兵・退出關外・革命軍得以紓途順利渡河北進・促成全國統一・居功殊偉・十七年・受聘爲東北邊防軍司令長官公署顧問・二十年・任接收東北委員會委員・是年任國民政府司法行政部部長・二十一年・兼外交部部長・二十二年・奉國府命出巡新疆・調解馬仲英盛世才之爭無效・經海參威回國・十二月・辭去外長兼職・明年十月・復辭司法行政部長職・二十七年一月・任國防參議會參議員・六月・任第一屆國民參政會參政員・三十年在樂昌染瘧疾卒・年五十四・

張君勱國憲議書後節錄

民國十一年冬・被陷入獄・君勱適自南來・到獄探視・翌日寄贈其新著國憲議一書・不數日・法庭宣告無罪出獄・至未卒讀・今再入獄・又半月餘矣・寂然苦坐・日執君勱書自遣・閱讀數遍・予見與君勱略有相同異者・執筆書之・或亦君勱所樂聞歟・（獄中既無參考書・復無朋友討論・罣漏必多・此篇之草・聊作獄中消遣品・强述其所見云爾・）

憲法者・所以定國家之組織・明定立法行政司法權之行使・不容混亂・納之於軌道也・無憲之國・三權行使・悉憑專制政府之喜怒・立憲之國・則法律分明・不容假借・然而國與國異・其機關之組織・其權限之大小・其制度之異同・則此國不能强以學彼國也・故起草中國憲法・中國之歷史・中國之人情風俗・不容或忽・民國初立・人但知國體改變・則羣相率抄襲法美之條文・例如約法及天壇草案・此數年間・各省割據・聯省之議一倡・則又相率援德美瑞士等制度爲成例・彼有之・我不可無之・彼無之・我不可有之・此皆不可也・君勱之書・間亦不免此病・君勱若不以予爲多言・願略論之・

法也者・所以興利除弊也・他人之法・行之有利・我行之・亦將有利者・則可採之・他人之法・行之有弊・我行之・亦將有弊者・則可去之・他人之法・行之有利・而我行之無利者・則不宜師也・他人之法・行之無弊・而我行之有弊者・則宜去之・或我之利弊不同者・則宜自定我之法・不必斤斤以他人爲準・可爲天下先・自創新法・今人每立一法・必先曰・某國如此如彼者・是攷據之學・非立法之學

也．英國世界言憲法之祖者也．其創議院制．選舉制．出於自然進化．其人權受侵害也．大憲章．人民請願書．及保身令．即著爲定條．議會專横也．則創解散之例．政府溺職也．遂成不信任．則內閣應解職之制．士杜活朝．司法不能獨立也．皇室令內．遂定法官保障之制．國王濫税也．謙頓案後．則非得國會同意．不得增一毫之税．簡言之．其一法一制．無一是强學他人者．後世他國．效其定憲．乃成抄襲之風．强解亦由是以起．美誤會英爲三權鼎立．以成總統制．總統大權．而於任期內失職．則國人無如之何．法仿其內閣信任制．而其效其運用之法．將其質問權解散權變本加厲．故法內閣命運．恒不數月．內閣成爲政客投資之具．法又强學英之人權宣言也．而不師其保全令之設．學其司法離行政而分立也．而法官登庸升轉．操於行政之手．司法卒不能完全獨立．故不自審學人．未有得當者也．

譬之人衣服然．衣服者．所以禦寒暑也．其衣服之材料裝束．應視其國材料之出產．宮室之構造．天氣之冷煖爲準．故苟能禦寒暑．斯足矣．而昔年國體改革．議員先生．亦並此而師美法．穿洋服之制．以爲非如是．無以表示我之共和國體．然今歷十年．試問當日主張燕尾服高帽者．已否覺得夏天太熱乎．冬日太冷乎．冬裘夏葛．我有之數千年．不此之求．惟學檀香山土人．日以仿歐美服裝爲得意．吾竊恥之．髮辮於衛生及種種不便．應去之也．不必以改設共和．然後去之．長衫馬褂．足以禦寒暑．而經濟便利也．不必以帝制既廢．而不穿之．今憲法亦猶是也．我而國體共和也．則僅能採法美等制而行之．我而言分權也．則僅能採美德瑞士加拿大等之善制而行之．不必斤斤於其先例．若彼雖未有新法．而我覺得我不可不有以興利除弊者．則我自定之．自行之．毋須日事攷據．徒滋煩擾也．

君勱主張聯省主義曰．今日之中國．中央．固不能學中央之事．各省亦未見其能學各省之事也．處此斷潢絕港之中．而研究著手之次第．其先中央乎．其先各省乎．我斷然不疑曰．先各省而已矣．然而今日中央與各省所以不舉其事之故安在乎．君勱亦嘗言之矣．軍閥不去．則無聯邦．督不廢．兵不裁．則無聯邦．國民無教育．投票不按選民冊．則無聯邦．故國之亂也．單一固亂．聯邦亦亂．君勱又言．中國不能集權．然中國果曾集權乎．前清及項城時．以集權稱．然前清及項城時．中央之權．遠不及德美聯邦政府之權．各省自練軍隊．各省自定幣制．中央政府如官吏任命權外．何集之有．君勱又言．聯邦乃世界大勢之所趨．並引北美等爲例．然北美等固自有共和素來之歷史．其各邦或人種不同．或宗教不同．或言語不同．法律不同．風俗不同．簡言之．大抵皆先有邦而後有國．我則何如乎．我則先有國而後有省．人種．宗教．法律．言語．文化．無不同．彼由邦而必使成國．今我已成國．而再强分爲邦．予期期以爲不可也．

中國今日之患．不在單一．不在集權．其患在野心家之自亂．在於無制者．昔秦廢封建．設郡縣．尚可謂之爲集權制．其時中國不過中原數省．故國與地方之事易舉．殆時閱數千年．版圖已變．行省增加．中央政府惟問其是否服從．每年解京欵若干．不問其地方政事之興廢．是已流於無制．

羅文幹

若强謂爲制・則祇可謂奴主之制・故今日之急務・於各省不分裂之外・猶應使中央與地方之百政幷舉・使中央地方之政舉・則在劃分其權限・地勢使然・不得不如此也・其政由中央行之而有利於國・則以之屬於中央・其政由省行之而有利於國・則以之屬於省・故權之應如何分集・一以便利爲準・不必重省而輕國・亦不必重國而輕省・不能因劃分權限・而事事强與他國之先有邦後有國者相同也・况中國二十二行省・貧富不同・人民智識・尚未劃一・若以省爲本位・則富省愈富・貧者愈貧・開通者愈開通・閉塞者愈閉塞・開通之省・則百政皆舉・貧苦阻隔之省・百政將廢・事有必至・理有固然矣・况貧者之野心者・能勿侵犯富省乎・桂之侵粤・滇黔之犯川・豫之吞鄂・可爲明證・昔貧省年有鄰省協欵・蓋亦有故矣・是故今日中國・兵果可裁也・野心家果不自相殘殺也・則其制之改定・在化無制爲有制・純以便利標準而劃分權限・務求中央及二十二行省之百政俱舉・人民安居樂業而已・毋須特標曰聯省共和國也・至將來制度之名稱剖析・則異日法學家理論家之事・非謀國者之事也・

君勱於其發端論曰・天壇草案・應宣告死刑・其理由謂其措詞大抵出於圓融・而對症發藥之條・概所未見云・中肯之至・使予爲陪審員・當必授以有罪案也・

中央與各省權限之劃分及國憲中之省憲大綱

君勱論中央與各省權限之劃分・謂宜仿加拿大・將雙方之權限・同時列舉之・其理由謂列舉中央權限者・所以保障中央也・列舉各省權限者・所以限制各省・不得以剩餘權抗中央也・若夫雙方列舉之上・各冠以總原則曰・全國利害之事・中央主之・地方利害之事・各省主之・此後苟有新事權發生・則根據此原則而制其所屬云云・處今日毫無能力之中央・與割據之外省・至理名言・舍此末由・果能如是・則昔日有名無實之集權主義・中央尚有多少之權・今日分裂藩鎮之地方主義・尚有多少限制之法・其總原則亦明白清楚・苟有解釋機關・當易行也・（而君勱此數語・顯足證其意・中央與各省劃分者・亦不外取便利主義・國與省並重矣・）

國與省既以便利主義而劃分權限・則省之組織・亦宜予以多少之權・自定制度・蓋二十二行省情狀・貧富不同・地勢及人才互異・若强爲一律・詳細規定・事實不能・惟各省程度不齊・國憲中若不規定具體大綱・俾有率循・則或將影響國家之安寧・人民之幸福・君勱主張㈠各省應服從中央憲法・㈡國憲規定省憲大綱・具見苦心・惟君勱主張各省政治組織・可隨所好・任以一種空泛制度・聽其試驗・則未免太險・須知試驗制度・其代價殊貴・成立一良制度・固須流血・推翻一惡制度・更須流血・南京約法・當時草率以快一時之意・而此十餘年中・藉口南京約法流血者若干次・國家元氣已損傷殆盡・前車之鑑・稍明事理之有心人・今日不宜再作制度試驗之語矣・

君勱於省憲大綱・僅曰省設省議會・予以爲應明定其爲一院制・及其選舉大綱・與長省以解散之權・又省長任免・不妨定各省先選舉二人或三人・由中央選擇其一之法・苟其有違背憲法・抵抗中央之舉・中央得交國事法院褫職或懲戒・至省長及省議員與其他官吏・只問是否中華民國人民・是否合法選舉・任命・不必問其是否是本省人・或定其曾居

住本省若干年之限制・又貧省政費不足者・亦應特加規定・得請願國會・代向鄰近富省請求接解協欵・其偏僻省分・人才及物產缺乏者・鄰近開通之省・亦應負有精神及物質扶助之義務・以上具體方法・爲我國省與國必不可少之關連要素・省治則國治・省亂則國亂也・君勱亦嘗引聯邦制之先例矣・謂邦之爲邦・名雖爲主權團體・而其主權上固大受限制焉・則假令雖尊重省憲・又何不可援人之先例・代省憲規定具體有益之大綱乎・君勱亦嘗言曰・省自治之所以可貴者・便於政務進行耳・用人得當耳・既抱此目的・則雖天下之不韙・宜放胆以求之・毋須模棱不敢下斷語也・毋須德美瑞加有先例乃敢定制也・毋須再流血以試驗制度也・

羅翽雲（年生　年卒）

字藹其・興寧人・前清舉人・內閣中書・民國後返里設館授徒・曾任國立中山大學語文學教授・精於訓詁・著有客方言十二卷・

客方言自序

粵有客籍舊矣・客者別乎主而稱之也・稽諸往牒・元和郡縣志載程鄉（即今梅縣地也）戶口・無主客之分・惟太平寰宇記・元豐九域志・皆分主客・是主客之名・當起于宋・然自宋迄今・緜歷千年・已成無客非主・而我輩曷爲仍以客稱・曰・客之所能同化者戶籍也・而其不能同化者禮俗也・語言也・禮俗以昏喪爲著・其緐文瑣節・婦人女子・齗齗爭辯・自常人視之・不值一噱・而攷諸禮・乃皆皎然・如日月經天・江河行地・往往足以解釋經疑・若夫語言・尤多周秦以後・隋唐以前之古音・林海巖曰・客音爲先民之逸韻（客說）陳蘭甫曰・客音多合周德清中原音韻（嘉應州志方言引）黃公度曰・有方言廣雅所不能詳注・而客話猶存古語者・有沈約劉淵之韻已誤・而客話猶存古音者（客書後說）三君之說・皆爲知言・今且詳引音學大師之說・以爲客音存古之徵・錢大昕曰・古音字紐・有端透定・無知徹澄・有幫滂並明・無非敷奉微・章炳麟歎其言淖微閎約・非閉門思之十年・弗能憭也・今攷客音・知與照無別・穿與徹無別・牀與澄無別・其無舌上音・與中州音同・而謂知爲低・與古讀支如鞮合也・謂値爲抵（値得曰抵得）與古讀直如特合也・謂中爲東・（中心曰東心）與古讀中如得合也・謂至爲鼎・（至遠曰鼎遠・至好曰鼎好）與古讀至如疐合也・謂涿爲篤・（雨溼衣曰篤溼）與古讀涿如獨合也・是皆舌上歸爲舌頭・與錢氏之說符・其證一也・

輕脣之音・讀爲重脣・錢氏之援證博矣・今攷客音・如謂飛爲卑・謂負爲輩・謂分爲奔・謂糞爲笨・謂斧爲補・則皆呼入幫紐也・謂扶爲蒲・謂甫爲譜・謂肥爲皮・謂馮爲蓬・謂吠爲焙・則皆呼入滂紐也・謂舞爲毋・謂微爲眉・謂尾爲米・謂無爲茅・謂巫爲謨・則皆呼入明紐也・他如切紡以披養・切發以脯遏・切問以謨慍・切覆以圃屋・船方呼爲船幫・蓮房呼爲蓮滂・脚踏呼爲脚盤・藩籬呼爲波籬・若斯之類・更難枚擧・皆輕脣讀入重脣・與錢氏之說合・其證二也・

章炳麟曰・古音有舌頭泥紐・其後支別・則舌上有娘紐・半舌半齒・有日紐・于古皆泥紐也・今攷客音・如兒氏切爾・爾聲今在日紐也・而客音則讀泥上聲・而主切乳・乳

聲今亦在日紐也．而客音則讀能去聲．如甚切飪．壬聲．又曰紐字也．說文．大熟曰飪．今謂飪作泥淫切．聲近南．徵之於古詩．飲餞．於禰．韓詩作于泥．易繫于金柅．子夏傳作金鑈．則爾入泥母也．古爾音與乃近．爾聲之嬭．奴蟹切．音乃．古文作𠄎．則乳古音亦如乃．今謂牛乳．俗書作牛奶．則乳人泥母也．釋名．男任也．又曰．南之信任也．淮南天文訓南呂者任包大也．南與耐聲相近．如淳漢書高帝紀注．耐．猶任也．並以聲爲訓．則任人泥母也．此合乎章氏紐歸泥之說也．廣韻脂部．女夷切出尼柅怩呢等字．看部．女交切出譊鐃呶怓等字．今皆入娘紐．客音則女夷切者讀同奴低切．與泥不異．女交切者讀爲奴豪切．如惱轉平．徵之於古．夏堪碑．仲尼作仲泥．知尼泥同音．而凡尼聲字從之．韻會．譊．尼交切．音鐃．與廣韻異．則皆入泥紐也．此合乎章氏娘紐歸泥之說也．大抵客音讀娘．概與疑混用疑母．不必用娘母也．至日紐之字如然而若．兒戎冗擾．仁議柔辱．今語皆歸影喻．如饒肉蹂日．冉染任入．熱輭人忍．客皆歸疑紐．以客人不能作日紐也．足與章說互相發明．其證三也．

此皆論母紐也．顧炎武曰．眞諄臻不與耕青通．然古人於耕青韻中字．往往讀入眞諄臻．今攷客音．耕青韻嬰聲諸字．與眞韻因聲諸字．無以別也．清韻之情貞成盈呈．與眞韻之秦眞臣仁陳．無以別也．青韻之經屏萍荓與眞韻之巾貧蘋頻．無以別也．眞韻之親．音與清同．臻韻之臻．音與精同．就如顧說非三百篇之正音．抑亦秦漢之古音矣．其證四也．

江永古韻標準．陽唐爲一部．而分庚韻字屬焉．蓋今庚陽不可合．而古庚陽不甚分也．今攷客音．如迎讀如娘．庚讀如剛．氓讀如忙．阬行讀如杭橫．衡讀如王．入陽韻矣．徵之於古．文子精誠篇．以迎韻藏傷．小東詩以庚韻襄章箱．七月詩以庚韻筐桑．說文氓．下云．從民亡聲．讀若盲．假借爲甿．則古音固讀迎庚氓爲娘剛忙也．（娘剛忙俱用正音）楚詞大司命．以阬韻陽翔．莊子天運．以阬運長剛常量．雄雉詩以行韻藏．北風詩．以行韻涼雱．載馳詩．以行韻蝱狂．氓之詩．以行韻湯裳爽．三百篇用行字者凡二十五．皆如行列之行．與陽韻．則古音固讀阬行爲杭（正音）也．荀子佹詩．以橫叶堂將强皇匡．楚詞九辨．以橫叶霜臧黃傷當．采芑詩．以衡韻央皇瑲．韓奕詩．以衡韻張王章鍚．閟宮詩．以衡韻嘗剛將房洋慶．宋玉風賦．以衡韻揚芳堂房．則古音固讀橫衡爲王（正音）也．庚陽不分．於古有徵．客音存古．其證五也．

段玉裁曰．江韻音轉近陽韻．古音同東韻也．今攷廣韻．楚江切出悤穖摐鏦等字．此今音也．而客音讀悤．如倉紅切之聰．釋名．悤聰也．於內窺外．爲聰明也．顧氏引左傳文十八年明四聰注．聰本亦作悤．風俗通．人君者闢門開窻爲四聰．是窻聰古本同音．穖訓種類篇．祖叢切音宗．摐訓打鐘．唐韻又七恭切音樅．鏦訓撞刺．漢書吳王濞傳．使人鏦殺吳王．注蘇林曰．鏦音從容之從．皆韻東．所江切出雙雙艭𨇅愯䉶等字．此今音也．而客音俱讀如私宗切之鬆．南山詩．以雙韻庸從．急就章十二．以雙韻僮縱工筩同龍聾容兇．大戴保傅．以雙韻葱．（句中韻）愯字或作悚．長發詩．以悚韻勇動竦總篗艭𨇾躞・從雙得聲・古並韻東・都江切出樁字・此今音也・而客音讀如職戎切之終・唐韻古音・舂書容切・亦韻東・五江切出㟐字・客音讀如許容切之兇・士江切出漴鬃字・客音讀如作冬之宗・凶聲字本入三鍾・宗聲字本入二冬也・許江切出啌谾字・苦江切出腔羫䯷𤶠崆控涳椌悾諸字・客音皆讀如苦紅切之空・空聲字本入一東也・女江切出𦗢憹噥膿鬞毴𪇰饢諸字・客音皆讀如奴冬切之農・農聲字本入二冬也・文字多從偏旁得聲・瀧讀如龍・琮讀如宗・橦讀如童・並同此例・蓋江部今音近陽韻・古音同東韻也・客音存古・其證六也・

段氏又曰・今音多侈・古音多斂・案侵覃談鹽添咸銜嚴・凡古皆閉口音也・今自西北各省以至大江南北・京音寧音吳音皆讀音如寒刪先眞文元之類・惟閩廣及浙之溫州等處・猶有閉口音・而客音於此九部之字・全讀閉口・是尤古音之遺・而未經變遷者也・其證七也・

段氏又曰・古無四聲・僅有平上入三聲・今攷客音・長樂（今改五華）人不能作去聲・凡去聲皆轉爲上聲・以此類求之・如戒之音亟・至之音質・所謂周秦漢初之文・有平上入而無去者・或以爲怪・而不必怪也・是亦攷古之郵也・其證八也・

夫客之先自中原轉徙而來・凡土田肥美之鄉・水陸交通之會・皆先爲土著占據・故所居多在山僻・陵谷隔絕・山川間阻・保守之力・因之益强・語音不變・此爲大原矣・客人占籍・偏于西南各省（廣東廣西福建四川）而廣東實其本部・廣東客籍偏于東西北江・以及下四府（高雷欽廉）而嘉應惠潮諸屬・實其本部・各屬之中・音皆大同・而當以梅音爲客音之主・以梅音紐韻分明・不相糅越・於古尤近也・興甯之音・視梅雖稍有出入・然如讀筆如不（爾雅・不律謂之筆・郭云・蜀人呼筆爲不律・不律二字・即筆字之切音）讀混如困・（即昆去聲・孟子文王事昆夷・宋石經作混夷緜詩・混夷駾矣・說文引作昆夷・混本昆聲・字故古同音）讀色如塞・（中庸・不變塞焉・鄭康成注・塞或作色・是塞色古同音）讀間如干（干讀正音　聘禮記・及馬相間・鄭注・古文間作干・考槃・在澗・韓詩・澗作干・易・鴻漸於干・荀王注・干・山間澗水也・干即澗之借・是間之古音如干）讀奸亦如干（左・成十六年傳・奸時以動・釋文・奸本或作干・以奸本干聲字也・）讀顏如岸平聲・（史記晉世家・屠岸賈・漢書古今人表作屠顏賈・是顏岸古同音・）亦古音也・此外他縣客音・疾徐高下・互有不同・而脣吻匪遠・大氏古韻所以不能强合者・皆方音爲之・方音所以不能盡合者・皆雙聲爲之・明乎雙聲叚借之理・而後可以讀古書・明乎變聲流變之例・而後可以通方言・沈休文精於四聲・而誤解昕天・爲錢曉徵所譏・以不明雙聲故也・客話本中原舊語・而至今日・與中原之古音不盡合・與中原之今音又不盡合者・皆雙聲遷轉之故・推尋故言・理其經脈・固士夫之責也・

竊意古代文字・與語言合一・古人之文・即古人之言・故湯盤康誥・於今爲佶屈聱牙者・於古未必不言從字順・後世文字・與語言爲二・援筆而書之文・非即衝口而出之語・於是俗言雅言中待繙譯・教者學者・同受困難・余謂我輩今日已處文言歧異之代・則今日教人識字解義之外・宜兼辨音・教人爲文・求雅之功・當先譯俗・凡不能譯俗爲雅者・不善作文者也・則不能譯雅爲俗者・即不善解書者也・昔者康成注禮・時引方言・叔重說文・亦徵俗語・晚近郝氏之疏爾雅・王氏之疏廣雅・咸用先例・蓋以古語奧折・非證以今語不能通・反是以思・今語變遷・非證以古語・其能通乎・此余於客方言之作・所以斤斤求是也・明客方言者・始鎭平黃香鐵石窟一徵・事僅椎輪・梅溫慕柳撰次州志・因式廓

之・黃氏之書・以字名爲主・溫氏之書・以古音爲主・視黃氏覯審・楊恭桓者・亦梅人・作客話本字・但比附聲合・義尠貫通・章氏刺取溫楊二家言六十一事・爲嶺外三州語・附於新方言之後・其所發正・蘊畢宣矣・雖傳聞異詞・偶有不照・顧其表章客音・和齊民族・厥功甚偉・余爲此書・用章義例・或有通變・不越前軌・數年以來・得則輒筆・積稿叢殘・如秋風敗葉・徧地飄零・懼歲之不吾與也・追亡逐逋・日不暇給・汰而存之・得若干條・復類而分之爲若干卷・未敢自謂悉合・雖然・鄉壁虛造・望文生義・蓋不敢出也・知音之士・匡其不逮・而救正之・所欣幸焉・羅翽雲序・

黃際遇 一八八八年生 一九四五年卒

字任初・號疇盦・澄海人・性穎異好學・年十七・東渡日本・入東京高等師範習數理科・暇則與陳衡恪黃侃從章太炎治文字聲韻之學・清末學成歸國・講授於天津高等工業學堂・民國三年・任武昌高師數學系主任・教務長職・九年・教育部派赴歐洲考察・並研究數學・獲芝加哥大學碩士學位・回國後・歷充國立中山師大中州青島等大學教職・及河南大學校長・一度出任河南教育廳長・九一八事變後・於二十四年返粵復任教中山大學・學校播遷滇南・際遇留居香港・洎校遷粵北坪石・乃不避艱險突破封鎖線回校・寇犯坪石・避地臨武山中・慕其名而立雪問字者・踵接肩摩・環請遷居邑城・主講於力行學校・爲諸生授十三經及文字學・三十四年・日寇既降・隨校返廣州途中・舟次清遠峽・失足墮水・公子家器奮不顧身・躍水救援不及・遂罹於難・際遇富才藝・於學無所不窺・尤精數學・嘗發明一定積分定理・蜚聲中外・畢生勞瘁・啟迪後來・未阨於敵騎肆虐之時・乃隕於結伴還鄉之際・士林同聲悲悼・

政府明令褒揚・表其志行高潔・遺著有初等代數學譯注・Gwderman 函數之研究・潮州八聲誤讀表・班書字說・疇盦數學論文集・萬年山中日記等・

徵刊丁雨生中丞百蘭山館政書啟

雨生先生・嶺東竹箭・海南明珠・由純吏而名臣・合儒林於文苑・一洒處士虛聲之恥・豈直潮州耆舊之賢・以言著書・亦盈佰卷・（公所著有詩文全集・百蘭山館詞・巡滬公牘淮鹺公牘・淮鹺擇要・藩吳公牘・撫吳公牘・吳閩全稿・手訂法人遊探記・地球圖說・西法兵略七種・牧令書輯要史・治書輯要・持靜齋書目各如干卷・）得其緒論・可當百城・對策一封書・咸仰斯人之不出・藩吳八個月・至今吏治猶師之・而棗板所傳・麈于鱗爪・禮堂寫定・文鬱薰膏・其經國謀猷・畢生精力・尤在百蘭山館政書十四卷中・入告爾后・胥賈生之至言・老無宦情・猶留侯之畫策・知閉關之不足以自守・則創水師・興農政・皆力行之・以新子之國・謂投鞭之不可以斷流・則籌遠交・謀近攻・是臥榻闌也・豈容人鼾睡・公固嘗言國家爲重・千秋爲輕・吾黨亦謂豈秦無人・謀適不用・乃公薨一年・而有甲申之役・又十年・而有甲午之役・又未十年・有庚子之役・太息徙薪無力・想公猶涕淚於九原・詎乏補牢之書・惜莫傳天人之三策・謹按全書四十萬言・寫成一千餘紙・經公手定・比諸心傳・擧凡整軍經武・柔遠撫僑・錢穀刑名・鹽漕保甲・竭股肱之力・達古今之變・施之當日・既以通民隱而洞吏情・垂諸方來・亦謝以千金不易之字・

潮之爲州也・去京師萬里・苦海禍千年・稽公之禦盜綏民・籌邊靖海・犖犖大端・纍纍名牘・百蘭政書・其燦然者矣・近之不慚東莆襄敏鄉賢・上之亦方元敬石齋國士・至於

文章茂邑・美不勝收・政學兼施・布在方策・半山萬言之策・同耀千秋・宣公一日之書・可成數百・而兵燹之賜・金石爲摧・摧國粹之亡・文獻猶痛・其卒使吾儕子孫不復上窺吾鄉六十年前有此一介臣焉・憂深慮遠・心盡晝周之有如此者・庸非今日吾儕之罪也・夫際遇等或見及琴書・或聞及詩禮・高山仰止・發楹徬徨・一片瓣香・陳經列庚子之拜・千狐集腋・成裘藉庚癸之呼・竊意諸君聞先生之風・當共深後死之責・挹其廉泉之惠・注彼寫宦之資・親覩汗青・無羨頭白・一編可遺・豫卜世有達人・百世之下・如友士之仁者爾・刻書一瓻・還書一瓻・略具左方・條陳概要・謹啓・

述書上

黃際遇

書之爲事・本以記姓名而已・獄讞日繁・刀筆苦之・別爲隸書・便於輿皂・急就章興・解散隸體・漢俗簡惰・漸以行之（此四語節書斷所存王譖語）波磔猶存・別名章草・其非此者・謂之草書・（節黃伯思東觀餘論語）說文叙云・漢興有草書・董仲舒傳草稿未上・屈原傳云屬草稿未定・似草書之名・本於稿書・鍾張二王・大張其軍・匆匆不及草書・尤言其愼也・時已簡體大行・紆徐爲姸・意之所之・法可不論・省瀍之從廌以爲法・厺與之舁・聲以爲與・漢碑晉刻・所在而然・召陵解字・難障百川・陳留石經・廑傳三體・江左風流之後・新學塵拂之餘・禮且不爲我輩設・書又豈足萬人敵・泉明讀書・不求甚解・東山得札・題後答之・蓋脫略簡易之勢然矣・

卿之爲卿・但存偏旁・門之爲門・劣得輪廓・以意爲之・而業大尊・草聖縱筆・吾書意造・如有神女曹畫虎・視犬之字不如狗・固亦倡優所畜・主上所戲弄・一經有力・負之以趨・九萬扶搖・萬流欽仰・其時芣苡采女・免置武夫・口授竟成佳札・曳泥亦解彼怒・龍門廿品・鮮傳書撰之人・墩煌千年・猶庋藏經之字・文章行行・未盡彣彰・紙筆紛譌・殆難覼縷・渡江名士・顧影自憐・韓陵片石・狗吠僅免・北碑南帖・就此分畺・嫵媚獷麤・各馳背道・貞觀文物之盛・如日中天・昌黎伯文起八代之衰・復有魯郡公以書援天下之溺・大小麻姑・立楷學之極則・爭言僕射・流行草之芳徽・結字合乎六書・用筆本於二篆・欲令正俗合契・隸分共原・正中有行・今不背古・法既彰矣・而不過於嚴・神既和矣・而不傷於流・旋中矩而周也中規・心既正斯筆無不正・仰止山斗・不廢江河・餘姚虞錢唐・褚北海率更・雖年輩稍前・駸驟天縱・而或則食古未化・格磔仍存・或則變今未能・法意交敝・然亦莫爲之前之君子・使我如登不見來者之幽臺・有宋諸賢具體而微・坡公涪翁・有志未逮・才力故足追古書法・乃以從衆信賢者之不免・能無望古而遙集也哉・

夫道既若大路然・其間必有名世者・豈無陽冰恕先上武斯相・懷素智永・承祧右軍・篆草分鑣・後先一揆・芬芳史牒・流落人間・而泰山僅留羽毛・載乘如此寥寂・建炎以後・數至初明・落落千年・悠悠長古・晦翁楷法・廑樹典型・道人麗書・殊慚宗室・香光晚出・號祖二王・其書大昌・入清滋熾・宗之者崇以牛耳・毀之者指爲蝥蟲・而法乳懷仁・兼祧蘭叙・永嘉之風未沫・筆塚之胤如存・未可以其畫禪室隨筆之不經・華亭里談之遺行・一眚一德・混爲一

黃際遇

談・晚有二王・（王雅宜 王鐸覺斯）張以文祝（衡山 允明）細書狂草・妙絕人寰・諸子故未及古人・自一時之雋也・後之作者・已不逮矣・

曠勝淸一代・亦僅二王・（夢樓 艮常）稍追明風・劣見古意・簡潔岸峭・尚無擁腫之習・自諸城儀徵・恣爲碑說・適便不學・煽爲俗風・大興未脫館閣之羈・懷寧時遺形聲之誤・安吳雙楫・祇善談兵・湘鄉脊令・止知其意・涇縣弟子・至乏滕更之徒・板橋狂流・遂滋曼生之蔓・書雖小道・乃亦遂無可言者矣・

別有懷璞者流・好學沉思・經有顓門・辭無支葉・洞六書之故・通八體之原・不言自芳・未歌而韻・書名或掩於其學・眞蹟恥落於凡夫・論世者未必知人・求書者莫穿其戶・寧汨於狐貉以同盡・行且濬淵潭以自淪・引老姥爲知己・挹古人而失笑・以茲說字・何異談禪・嘗掃敝廬・特懸名墨・伯安惜抱・心焉儀之・里甫謝・子高黃・里有仁焉・又有杭縣章・揭陽曾・蘄春黃・武進屠・並有著書・咸標獨造・義甯陳思曾畫品・上虞經子淵印章・可突冬心・無慚撝叔・居然千里一室・異代同情・近接遐思・我師我友・我思諸友・已儕古人・後之視我・又將奚若・乙丑餘生・（乙丑十四年十一月上海歸舟・沈於詔安・僅以身免）艮悔少作・丙子去魯彌感壯遊・頗思臥碑・重拂塵硯・去背古之太甚・補壯學之未行・庶幾墮緒茫茫・復時聞鳴聲喔喔者・張有不作・幾見復古之篇・竇泉云遙・乃賡述書之賦爾・

述德徵言題辭

夫以孔文學之有重名・忘年而結爾汝之交・公沙穆之遊太學・定交乃在杵臼之間・伐木丁丁・雞鳴膠膠・往往遇于班荊・期之千古・而況乎挹淸叔度之坐・問奇子雲之亭・嘗託累世之通家・更復爲羣而拜紀者乎・落葉尺深・庭椿已拱・江山易老・謦欬如新・折梅寄嶺外之人・春風永挹・索米困長安之市・舊雨可懷・用迹前塵・載歌往德・

憶昔戊戌之冬・日方向莫・登堂有客・設饌無雞・獲以髫年辟咡執燭・與林宗共載・望若松喬・狀李邕魁儀・觀者阡陌・予兄詔之曰・此揭陽高士姚先生也・汝得從先生遊矣乎・閔余不造・蹭蹬秋風・庚辛之際・乃及先生于鮀江撰杖之所・逐流廢學・釋篋而嬉・猶不以其不可教而不教之・後二年・先生遂觀光京師・陟泰岱・載譽河洛之間・我來自東・則聞姚丈嵩生先生・辱在下邑・主于先大夫・持論互日夜・興學勸教之外・無枝詞・微丈言・汝幾不卒所業・先君雖終・言猶在耳・拜東巖夫子之賜・逾于百朋・卜南安門第之昌・不待五世・

玉步雖更・薪木未毁・鐵沽館舍・迭爲賓主・姚氏而外・羣從振振兮蔚起・其遊學京朝者以十數・皆暱于余・余日爲蠅頭書・則競先匿去・以爲笑樂・醍醐酪乳・萃于一門・遏末封胡・何止二到・酷肖其舅・有阿士之文章・何妨不櫛・傳左芬之賦頌・人但屈指東南之竹箭・我尤推心杜孟之寶田・一經一籯・其效可觀矣・祇今觀之・又二十年間事耳・

當年舞勺舞象之侶・靡不各本所學・顯用于時・嶺南固不乏耆儒・姚先生最爲老師・三推祭酒・靈運穎生・興言祖德・士衡文賦・祇頌淸芬・推于自出之耳仍・共隆百年之心

祭・凡以使末俗咸知君子之澤・遠士傑士・不待文王而興也・無改淑世之勤・寄其終身之慕・永錫爾類・信夫孝之大歟・獨念際遇受讀父書・見知早歲・亦曾伏闕從大家之讀・摩肩寫太學之經・而食粟略同曹交・誦言妄比臣朔・既無名于達巷・徒奉手于通人・重勞他山・錯此頑石・汚爲故楮・亦識精思・能無甚慙下文・軫懷知我・手述德徵言一卷・遙致南州儒子之芻歌・投李報玖・卒章永言東海太公之化焉爾・

秋園先生七十壽序附

夙聞天下談士相聚而言・但願一識荊州・野王縣令慨然歎曰・去人遠矣羊叔子・際遇昔以嶺東童子・叨計公車・久耳楚南先生・不翅儒域・楚南・秋園先生之前字也・何令人傾慕一至於此・隴西流落之言・恐沒世不復如此人・右軍毛骨之譽・先生文驚海內・未及光武軍中之年・賦哀江南・成于甲午蹙國之日・禁中傳誦・致恨不與同時・馬上露布・傀焉不能終日・未見先生者・以爲必宿儒耆學・如八九十者也・

儒冠誤我・且以爲天下憂・學劍不成・去而學萬人敵・南豐二字・終屬先生・北宋半山・嶄然後起・匡衡抗疏・劉向傳經・員餘慶岸然以半千易名・嶺以東繇是有桐城之學・古文掩于八比・震川韞山・儷語棄自中年・異之曾亮・述學三九・幾索解人・傳燈六一・善哉居士・劉蕡不第・我輩羞顏・羅隱無名・秀才說過・要是一千脈鈞之重・豈特二十七松之賢・天方薦瘥・終身不復東面・時無所後・吾道于焉西行・文翁石室之遺・錦江澤永・尹珍函丈之下・牂牁流長・時先生年方强仕・而道濟天下有如此者・出偶與人國家事・與賓客言・退却常在山水間・驢子背上・收武林六橋淑氣・并入秋園・挹燕趙三疊悲歌・譜成學苑・插架三千多於筍・樹人百年國之本・醉經樂志・澤古頤情・老猶聰明・沈麟士之手寫・聲出金石・劉海峯之心傳・因聲求氣之名言・口語即成師友・畸剛畀柔之微旨・張吳廑及阼階・并有著書・未慳度與・所藏篋衍・都爲不刋・畏廬侈數授徒・以文鳴者・廑有蜀劉揭姚・末學所見選本・吾粵文者・止於曲江玉生・一師私說・頗引爲榮・百家著錄・亦非定論・夫以彥和覲於一字・猶自負車・知幾不調十年・幾頻投閣・南學祭酒・一現優曇・貝海徵文・孤青梨棗・此則陛下好武・而顏駟好文・亦例諸阮生嗜貨・與祖生嗜屐而已・

天或未喪斯文・世殆渾忘此事・而先生入此歲來・年七十矣・滿眼干弋・幾人知故・稱心斧鑿・并世寂寥・屬孔李通家・李張小友・魚泉濡呴・蛩駏依馳・微武子兮吾誰與歸・撫正平曰正得祖意・漫漫西望・常嘆今去之鄭生・滔滔東流・不復撫弦於成子・山民槀筆・深徇修撰臥榻之知・寧人鮮文・敢峻天生壽親之請・室邇人遠・我勞如何・無以爲禮・侑之以歌・歌曰・

道未墜地・兩晦曀天・思子東山・忽焉三年・魔高十丈・道高幾許・子所至者・去天尺五・二王三洪・以學世家・今於南安・胡云不如・古稱上壽・百有二十・才過半耳・道在不息・經儒多壽・自古而然・段桂朱王・實爲之前・非經壽儒・非壽不儒・琴書千古・風雨一廬・鶴清而

頎・樹聲皆韵・嵩亭之前・長眙庭訓・黃岐蒼蒼・榕江湯湯・回翔朗洄・如何可忘・

翁輝東

一八　年生
一九六三年卒

字子光・潮安人・早歲參加革命・奉派潮汕同盟分會秘書・民國後・歷任大埔縣長・廣東通志館纂述員・上海國醫學院教授・廣東省文史館駐外館員・嘗自撰回憶錄・對近百年史事・地方文獻及潮汕方面之革命經過・有翔實報導・

海濱鄒魯論

我潮人士之自讚潮州曰・海濱鄒魯・而各志書・亦相互援載曰・海濱鄒魯・夫海濱鄒魯之美譽・果何自而興乎・我人或未之思也・考唐元和・昌黎刺潮・興學育才・令趙德爲潮人師・其牒文云・此州學廢日久・進士明經・百十年間・不聞有業成貢於王庭・試於有司者・當此之時・潮本海濱・固未便以鄒魯稱也・嗣歷晚唐・經五代・以至宋初・又未見一人登高科・嫻述作・鳴於世者・當此之時・潮猶海濱・宜未便以鄒魯稱也・間讀王象之輿地記勝・引圖經・有潮自太平興國・始有聯名桂籍者一語・蓋自唐憲宗元和十四年・以至宋太宗太平興國四年・經過一百五十七年・（即西曆八百一十九年至九百七十六年・）有海陽人謝言・始於是年・登進士第・且列鼎甲第一・（是爲潮州第一個狀元・）眞宗景德三年・林從周再登進士・（宰相王欽若最獎引之）・大中祥符三年・許申又登進士・亦爲鼎甲第一・世人莫不訝爲破天荒・此海濱鄒魯之譽之所由來也・

附註・唐時稱狀元頭者・皆爲主試所定・猶後之會元也・宋朱弁曲洧舊聞云・

狀元之目・始之召辟・本朝科擧取士・當以省試第一人當之・今呼廷試第一人爲狀元・非也・可知宋以後皆以廷試首名爲狀元矣・宋時亦以廷試第二人爲榜眼・然眼必有二・故第二三人皆稱榜眼・朱知嚴以第三人及第・王禹偁贈以詩曰・榜眼科名釋褐初・可見也・而探花之名・則以全榜年最少者當之・如秦中記探花宴・以少俊二人爲探花・非必第三人也・但不如何時始・以第三人爲探花・如戴塡竄璞云・本朝故事・吳且榜則以馮振爲探花・是南宋後始以第三人爲探花也・潮自明季・馮元澗笏・爲海陽令・建鼎甲坊於邑庠・即列邑人鼎甲之第一名者・如謝言・許申・陳希伋・林大欽等・第二名者・如王寶・第三名者・如姚宏中等・於匾上則是謝許陳林皆狀元・王爲榜眼・姚爲探花也・

本段末句・此海濱鄒魯之譽所由來也・按陳堯佐送人登第歸潮陽詩一首云・休嗟城邑住天荒・已得仙枝耀故鄉・從此方輿載人物・海濱鄒魯是潮陽・

詩題所謂送人者・疑即送黃程・許申・林從周諸人・所謂城邑天荒者・即指潮州・所謂潮陽者・亦指潮州・非潮陽縣也・蓋潮州在唐天寶元年・名潮陽郡・隸福建・乾元元年・復稱潮州・前後共十七年・自後仍沿故名・如韓愈詩・夕貶潮陽路八千之類是・

其後林翼（從周之叔）・林成同於大中祥符八年登進士・仁宗朝・則有黃程等（表一）登進士・哲宗朝・則有林

從可等登進士（表二）．潮州文物．驟興於北宋．所以當時陳文惠公堯佐．乃有海濱鄒魯之詠也．

附註．林東莆潮州風俗論云．潮自國都以至閭閻．人人悉通孝經之義．由里中市井．以至海濱．家家傳周孔之書．是以李德裕有我邦文獻之稱．陳堯佐有海濱鄒魯之詠也．又林先生體國經野經云．有宋興國之際．諸賢相接踵．則潮之郡國．遂名爲鄒魯者．亦豈無謂哉．蓋諸賢之生於宋也．有古今希闊之慕．故託此名以昭一代之盛．殆猶天下唐虞美談耳．否則諸賢未出之始．不過如儋國象郡耳．鄒魯名邦．胡爲乎來哉．

先是咸平二年．閬州陳堯佐．字希元．登進士第．授秘書郎．坐言事忤旨．降潮州通判．到潮後．修孔廟．戮鱷魚．一．傲遊西湖．二．選潮民之秀者勸以學．其時從學有黃程．許申．林從周輩．皆所獎引．嗣堯佐自潮召回．携程與偕．欲畀以恩澤通籍．程獨不受．以遜同舍生從周．嗣程．申．從周皆登科．海濱鄒魯之譽．雖出於堯佐之口．實播於程申從周通顯之後也．

附註．一．陳堯佐捕鱷魚辭云．水之怪則曰惡兮．魚之悍則曰鱷兮．二者之異不可度兮．張氏之子．年方弱兮．尾而食之．胡爲虐兮．煢煢母氏．俾何託兮．予實命史．顏斯作兮．害而不去．道將索兮．夙夜思之．哀民瘼兮．赳赳二吏．行斯恪兮．矯矯巨尾．迎而搏兮．獲而獻之．觀音樂兮．鳴鼓召衆．舂而斮兮．而今而後．津其廓兮．二．陳公有遊西湖詩云．附郭水連山．公餘獨往還．疎煙魚艇遠．斜日寺樓閒．繫馬芭蕉外．移舟菡萏間．天涯逢此景．誰信自開顏．

雖然．我人苟不再自振奮．雖詩書甲第．盛於一時．詎能嗣續於百世．立見鄒魯休風．倏忽寢滅．我儕後起．將於何處瞻仰前徽而誇耀當世耶．孰意天矜嘉德．人啓斯文．縱遭時會偃蹇．播遷於靖康之世．而大嶺以南．絃歌不輟．翠華飄泊．甫定臨安．即於高宗建炎二年．潮人聯袂登科者．有如王大寶等（表三）．紹興朝．登科者．則有黃煥國等（表四）．乾道朝．則有劉少集等（表五）．淳熙朝則有林桂生等（表六）．紹熙朝則有孫少勉等（表七）．嘉定朝則有薛宏鼎等（表八）．淳祐朝則有紀善甫等（表九）．寶祐朝則有許君輔等（表十）．譖其間．三經則爲昆季．滋汶實則弟兄．大寶宏中．各捷巍科．順之張雷．俱爲宦裔．（順之盧侗之孫．張雷張夔之曾孫）．宏鼎開全潮理學之先河（薛侃之先祖）．經國結趙已止之危局．衣冠黼黻．蔚然巨觀．吁其盛哉．

附註．寶祐四年登科錄．文天祥爲該科狀元．中著載第四甲百四十八人陳經國．字伯大具慶下年三十八．三月十八日子時生．本貫海陽縣南城坊人．又陳所著龜峯詞三十一首．俱調沁園春．與文信國在潮陽弔雙忠廟祠全同一調．論者謂爲有感文山之忠盡悲壯而發．

以上所陳．皆就科第而言．似未足以盡鄒魯之概．若吳子野以一布衣．而見重於眉山．觀東坡與子野書．有白雲在天．引領何及語．於可概見．郭叔雲．鄭南升．探討聖學．卒入紫陽之室．觀其屏棄浮言．闡明格致．遵守家法．傳播遺編．至今朱子家敎．宏駿於嶺嶠．並世人詎得以炎徼遐裔薄視之耶・況夫禮教之傳播也・詎止扢雅揚風・家絃戶誦已哉・實賴以孕育一代之氣義大節・故當局勢艱危・宗社變置之日・人競傚忠・士凜矢操・不見夫元將索多・塡壕塞塹圍攻潮垣時・馬發以一摧鋒正將・嬰城固守・至度不可爲時・乃即全家自縊・大義凜然・陳德安讀書家園・賊僕金永・逼以非禮之婚・闔戶偕焚・不陷非義・加以文文山摯勤王之師・間關惠潮・道通潮陽・詣雙忠廟・擘劃石壁・調沁園春詞・一・刑白馬以祭張許時・其悲壯之概・衝過霄漢・陸秀夫則由闢望・奮抵崖門・潮人張達扈從・其妻陳壁娘悲歌送別・二・卒負少帝沉海・魂歸靑澳・張世傑夫人許氏・與元兵戰於饒平之百丈埔・不敵・許竟殉難・如此孤忠勁節・過化存神・默移潛化・沁我潮人心脾・至今餘韻・猶流潮士・終元一代・潮人士少有登科食祿虜廷者・原因宋有三仁之廟宇・高冠執笏・正襟危坐於韓夫子祠之側・斯舉不爲無關也・（三仁祠今已廢矣）・

附註・（一）文天祥調沁園春詞云・爲子死孝・爲臣死忠・死又何妨・自光岳氣分・士無全節・君臣義闕・誰負剛腸・罵賊張巡・愛君許遠・留取聲名萬古香・後來者・無二公之操・百鍊之鋼・嗟哉人生・倏忽云亡・好轟轟烈烈做一場・使當時賣國・甘心降虜・受人唾罵・安得留芳・古廟幽沉・遺容儼雅・枯木寒鴉幾夕陽・郵亭下有奸雄過此・仔細思量・（二）陳壁娘平元曲・三年消息無鴻便・咫尺憑誰寄春燕・何不將我張郎西・協義維舟同虎闈・無術平寇報明主・恨身不是奇男子・倘妾當年未嫁夫・願學明妃獻西虜・元人未知肯我許・我能管瑟又能舞・幾回聞難幾欲死・未審張郎能再睹・

斯時踪蹟我潮・所有瑰意琦行・林壑鳴高・如戴希文者・博古通經・自號野民・敦行誼於鄉里・若張魯庵者・著古衣冠・經日危坐・郡縣屢辟不出・家禮悉遵文公・盜過其門・相戒勿犯・而李子羽則閑詩禮・通春秋・執醫術以避亂世・護節義而待明時・周伯玉與妻偕隱・屢擧茂異不就・人稱海濱冀子・値海冥沉錮之秋・具蟄伏幽閉之概・是我潮人綿衍鄒魯流風之善焉者也・

豈知久蟄思啓・久伏思起・迨元社已屋・明室崛興・林仕猷制行於鄉・聲名動於京國・（宋濂朝京稿末集中有林氏詩序一篇）林希蔭以父母先歿・終身不擧孝廉・洪武朝・蔡福南翰苑蜚聲・爲永祿之前鋒・鄭士庶陟居諫垣・啓謇諤之言路・於是楊壁邱俊等・（表十一）彈冠相慶・聯翩踔登永樂之廷・謂非元季潮士・守節抱忠・懷材獻璞之所致・我不信也・嗣經泰順朝・則有李惠柳彰等登科（表十二）再歷成宏朝・則有柯漢等（表十三）登科・德靖之間・陳江陳洸・兄弟兩居科道・楊琠楊瑋・昆季同司諫垣・楊驥楊鸞・孔懷入陽明之室・（一）虞畿虞賓・友于登左丘之堂・（兄弟共著春秋別典四庫存書）蕭鑾・蕭龍・蕭端蒙四代躋登石渠・薛俊・薛侃・薛僑・薛宗鎧・一家俱懷忠藎・（二）林東莆以一儒士・陡擷大魁・學垂華巖講旨・（三）翁襄敏由名進士・軍權在握・爭繫明室安危・（四）林井丹典學兩浙・當世共仰文宗・唐伯允疏正石經・至今人仰絕學・周光鎬虎視鷹揚・提師數渡□水・林忠宣維桑敬梓・僇力三見浮屠・（御史塔急

水塔涸溪塔皆公所修建。）黃綱庵黃玉田。善文善治。棣萼聯輝。許班王（五）郭正夫（六）死孝死忠。日星垂象。慨自風嶺效靈。韓江輝媚。全城磅礡。玉簡英華。靈異鍾秀。燦爛光明。詎止海濱鄒魯。實臻盛世唐虞也矣。緬懷林光祖。黃國卿。章熙。郭維藩。陳昌言。蘇志仁。成子學。聯袂登科時。人已譽爲甲辰七俊。再睹郭之奇。辜朝進。黃奇遇。宋兆禴。李仕淳。梁應龍。陳所獻。楊任斯。辜占桂籍後。世相誇尚戊辰八賓。蓋所以別於宋代趙德。許申。劉允。林巽。盧侗。張夔。王大寶。吳復古等之爲潮州前八賢者。詎非後先輝映者耶。當夫嘉萬之世。潮士縉笏上京。典司部曹者。數達一百七十餘人。（見當時某公記載）此時已有御街白話之諺。語雖俚俗。然究與海濱鄒魯之涵義。實互爲內外者也。由斯以談。潮州文化。蕃於宋。而遜於元。乃竟澎湃於明代。彬彬然。勃勃然。例之中州上國。詎見軒輊也歟。

附註。（一）王陽明祭楊驥文有云。昔尚謀爲吾言。潮有二鳳。蓋指楊鸞楊驥言也。後相繼皆爲吾得。而今失其一矣。傷哉。（二）薛宗鎧廷杖誓志詩云。大奸在位。毒流搢紳。爰及三年。憤積神人。乃披忠悃。乃籲帝宸。維帝時嘉。俟時而行。維彼奸讒。揑構誣繩。維帝赫然。迸茲佞人。爰逮小臣。亦寘於刑。於皇明聖。實余寡誠。大奸既去。遑恤我身。陽德方亨。永底乂寧。（三）華巖講旨云。東莆子久次華巖。諸生日就大義辨釋。反身而誠之道遠矣。（中略）諸賢須知聲色名利。耳目形氣。皆是天性。思善思惡。意動不靜。意無動靜。皆是心安。無染之謂性。見障之謂安。心本無染無障。故無思無慮。無可無不可。不雜形色。而無累。故無取舍。不事智見而神通。故無意緣。故曰寂。然不動。感而遂通。天下之故。天下何思。何慮。天下殊途同歸。百慮一致。心之體也。是以君子擴然大公。物來順應。洋洋優優。與時由由。無爲物居。無爲物初。所惡於智者。爲其鑿也。諸賢須知此心原無鑿。妄動妄便發。不動嗜欲絕。有志之士。順性而行。有俯視萬物。與天地同健之心。天命之休。庶或知之。從茲存存。直抵康衢。不疾而速。不行而至。其機在我。直不知老之將至云爾（下略）（四）唐順之贈翁東厓塞下曲十八首錄四。三晉連年苦被兵。九重拊髀付豪英。詔書更不從中御。萬里長城一委卿。太師昔日定南荒。親把長纓繫莫王。寄語老胡須自愛。射飛休得近邊牆。君侯生長在炎州。塞外層水草木愁。祇憐軍士猶寒色。臘盡轅門不御裘。營平謀國最深忠。每與公卿見不同。但使湟中無盜寇。不須麾下有邊功。王愼中贈翁司馬奪情總制易州十首錄四。漢室築壇求大將。人人自詫得兵權。廟謨知用詩書帥。徽璽直敎到海濱。聖主宵衣念北陲。微臣敢復顧家爲。登車慷慨雙行淚。一爲公家一爲私。象珥琱弓矢百廬。千官立仗聽傳呼。忽看宣付翁兵部。百萬人中一丈夫。天爲世難生英傑。帝遣邊人識略韜。掃盡四郊防敵壘。淸夷天步靜神皋。（五）許班王即許國佐。明末劉公遠破揭陽。其母被捉。自至賊營求代。被殺。（六）郭之奇交趾被執成仁詩二首錄一。成仁取義憶前賢・幾代同心幾自鞭・血比其弘新化碧・魂依望帝久爲鵑・曾無尺寸酬高厚・惟有孤丹照簡篇・萬卷詩書隨一炬・千秋霜管俟他年・

迨滿清入主中夏・我潮人士・不論科名文藻・大異宋明・計自北平定都以還・遞邅至順治十五年・始有謝光瀛・李士漢・蕭翔材・翁如麟者・名登科甲・而文會所趨・競尚公安竟陵之習・靡靡之音・促促之氣・可以謝宗鍹陸漢東曾華蓋楊之徐諸人字裏行間見之矣・雖然・積之厚者・其流必先・腥膻之氣雖臨・浩瀚之風未替・以故有清初葉・明風尚流・所以雍正八年・庚戌登科者有餘夢鳳等・（表十四）十一年癸丑登科者仍有姚錦川等・（表十五）乾隆元年丙辰・登科者有劉啓振鄭大進等・（表十六）十年乙丑登科者・有劉大河等・（表十七）雖然登科多人・然皆典職郡縣・少有歷致卿貳者・只賴鄭勤恪總揆直隸・楊黻時典試山西・斯爲海濱點綴色彩而已・馴至清季・丁雨生以貲郎・綰轄疆圻・何如彰由翰林・懋膺軺使・此外勛陪寂寞・官轍寡儔・難比正嘉之世・雲蒸靄蔚・拔茅連茹也者・是時大埔林達泉・條陳潮州事宜・有官斯土者既鮮昌黎・居海濱者・遂殊鄒魯・讅其語恉・雖側重吏治以言・要見轉移風氣之乏賢達耳・間有一二高遠之士・如李璋煜巡潮・即命馮奉初學博・蒐集潮州遺文・集名耆舊・張南皮督粵・見我邦文風萎靡・遂飭建藏書樓於金城之巔・刻全漢書於嫏嬛之室・有志力挽狂瀾・惜爲時已晚・挽救無從・嗟我潮人・祇有情殷嚮往・策勵來茲已爾・

統括宋祚三百一十七年・潮人登科・計有一百七十二人・明祚二百七十六年・登科者則有一百五十七人・元代薄祚・只九十年・祇有進士八人・清朝截至乾隆二十八年止・計一百一十九年・亦有一百二十五人報捷・自後一百餘年・登第寥寥・揭陽一縣・自嘉慶七年楊芝登科後・祇有曾習經一人・海陽一縣・自道光十三年楊開會登科後・以至清末・未有繼者・潮陽一縣・於最近日只有鄭邦任・范家駒二人・大埔祇有楊國璋楊如璋何壽朋三人・惠來則有翁有儀一人・豐順則有鄭家蘭一人・其他鮮有所見・苟非殂豆之場・鞠爲茂草・何至如是頹敝・然此僅就科第以言・其他文章著述之盛衰・亦有與之同例者・重爲論列於後・

自古文以載道蓄道德者・必能文章・後世政學分途・善作述者・詎精吏治・文學政事・孔門尚與分科・鼓瑟爲邦・學者盍各言志・要之我潮往哲・或專精壇坫或兼立廟堂・未便以一體繩之也・有如宋之林草範・不就儀曹・南歸讀易・乃著易範・王元龜擘劃邊政・猶然留心經術・便著詩書易解・盧元伯結廬西湖山・則著周易訓義・陳伯大有慨危局・獨著龜峯詞・王仲行循吏有聲・且著潮州記・陳恩仲嫻於述作・更著揭陽集・他如戴希文之著航錄・楊宗瑞之著經世大典・且爲金宋二史總裁・至及明代・王抑之則著宋史補・許洪宥則著易經管見・謝文浩則著大易說義・林遜則著尚書經義・陳天資則著東里志・薛尚謙則著研幾錄・圖書質疑・翁襄敏則著平交紀略・總督奏議・薛清墅則著清墅集・薛虞畿則著春秋別典・唐曙臺則著二程語類・伊川年譜・郭忠節則著稽古編・古詩評語・夏宏則著銘乾子篆譜・清陳衍虞・則著明世說・古今比事・許日熾則著夏邑士宜記・李芳園則著

平臺遺策．鄭之僑則著六經圖考．丁日昌則著百將圖說．撫吳公牘．此乃舉其大且巨者．已見汗牛充棟．其他積年感憶．應酬文．未暇章論及矣．獨惜地方低窪．空氣陰濕．蟫蠹叢生．葆藏匪易．稍移歲月．輒笥篋散亡．是以名牋孤簡．未觸人世眼廉．佳版善篇．反歸名家鄴架．鄙陋所見．如春秋別典．稽古篇．鵝湖講學記．則存書於四庫．宋史補．則見於曝書亭記載．伊川年譜．更鈐竹朱蛇之私璽．其餘罕有聽聞．原因愛護縑緗者．未釀成風氣．斬削棃棗者．反遭人訕謗．便是有志之士．樂於刋書．又踏粗造濫製．版本艮窳．行間疏密．字句脫漏．俱不講求．行數多寡．版心闊狹．開度尺寸．概未合式．但求有書．任憑簡陋．難登大雅之堂．何能行遠傳久．其於浴沂風雲歸詠鏗爾之淳風．似尚未臻淪浹也．

余今竟賅括以言．潮州文化．雛形於常袞程旻．肇創於韓愈趙德．昌明於堯佐黃許．祖述於朱熹郭鄭．煊赫於陽明楊薛．降至璋煜南皮．有志復興．而未見大效．坐視鄒魯休風．日見淩替．有志之士．不無爲潮人憂也．

附註．常袞唐德宗建中宰相．謫爲潮州刺史．建學校．勸農桑．人蒙其敎．（見林東莆風俗論）程旻．古程鄉人（程鄉爲潮州屬縣．淸雍正十一年．始以程鄉改設嘉應州）悃幅無華．不慕榮達．行義著聞．鄉邦信服．與常袞同時．先趙德以化俗．（宋淸東莆體國經野論旨）．

輓近以來．海內外人士．唱建大學於潮州．奉令興辦文獻委員曾於各縣．展覽先賢遺像於汕頭．苟我潮人．能繼往開來．宏遠謀．敦宏毅．醞釀激越．則鄒魯餘風．重興於今世．詎爲難事．斯則千萬人拭目以俟．詎止輝東個人所企望也耶．中華民國三十六年．盛夏之月．翁輝東子光甫完稿於潮垣之梓園．

附歷代登科錄簡表（就行文中摘出其實不只此數）

（表一）宋仁宗朝．黃程．林巽．鄭禋．鄭夔．劉默．許因．許聞一盧侗．許開．胡仲堪．秦度．

（表二）哲宗朝．林從可．陳希伋．張參．劉允．陳洵仁．戴安之．古革．許勘．許居仁．王棐．林經國．

（表三）高宗建炎朝．王大寶．吳廷寶．楊譚．鄭煥．魏思問．王艮弼．陳輯．方可．張轂．

（表四）紹興朝．黃煥國．黃時晦．彭延年．魏思兼．魏元受．黃唐．許居安．方愼．莫凝．黃煥章．翁興權．馬宗傳．林大受．鄭國翰．陳式．王中行．

（表五）乾道朝．劉少集．劉滋．劉汶．謝時等．

（表六）淳熙朝．林桂生．林庚．吳與箕．段碩輔．陳幼順．楊弼．翁慶僎．

（表七）紹熙朝．孫少勉．盧順之．許宣．許騫．

（表八）嘉定朝．薛宏鼎．姚宏中．張雷．陳恪．

（表九）淳祐朝．紀善甫．趙希逸．徐源．柯起龍．金亮．趙希眞．周裕．

（表十）寶祐朝．許君輔．陳經國．

（表十一）明永樂朝．楊壁．黃嘉．陳季芳．鍾鏞．羅維政．阮瑄．王靖．黃炯．洪廉．劉玘．許忠．吳璠．林

厚・張文寶・黃貴・林貴・陳允・邱俊・

（表十二）奏順朝・李惠・許倫・鄭文奎・鄭安・劉蔭・徐虔・張綱・陳士室・蕭鼎・王銓・柳彰・

（表十三）成化宏治朝・柯漢・林璞・鄭諒・吳裕・陳軒・姚紹・謝珪・吳一貫・鄭雋・王昂・鄭朔・謝湖・翁理・劉裴・鄭瓊・盛端明・李春芳・

（表十四）雍正朝八年庚戌・徐夢鳳・謝國史・林鵬飛・張夢麟・李瑜・許騰鶴・葉志寬・楊仲興・李元皐・侯如樹・

（表十五）十一丑年癸・姚錦川・藍鎮奎・邱瓊華・金茂和・饒鳴鎬・蔡蕃・林蓮茹・

（表十六）隆朝元年丙辰・劉起振・鄭大進・何序美・詹豹略・楊黼時・邱元遂・劉嘉發・

（表十七）十年乙丑・劉大河・陸日昇・袁鍊・王銓衡・方天寶・楊成梧・楊濱時・陳可奇・羅國寶・林世忠・

潮州文概自序

輝東少時・每好鄉先哲所爲文・偶有所獲・輒鈔錄習誦・視韓柳歐蘇文尤爲有味・一若生斯長斯死斯之人之言行・堪爲服膺而最足資表率者・毋亦囿於聞見・隘於心思之故之有以啓之歟・

泊廿餘齡・教育材肇敏兩小學・益肆隘見・探討鄉先哲言行・以課兒童・日積月累・輯爲鄉土歷史鄉土地理等教科書・上之學部・給予版權・爾時一州風行・千百小學・多採是書爲教本・輝東本窮人・於無意間・獲霑餘潤・資爲修學之階梯・勿敢漫云沾丐於人人・然自食其力・自學其身・其收穫之豐・迥非意料所及・後十餘年・政學濫竽・百無成就・迴顧昔時・日對羣兒・夜檢陳篇・其艮好光陰・歎爲得未嘗有也・

丁卯殘冬・游於婁江・行篋蕭條・難饜心目・餘閒散步・每至太倉圖書館・展閱羣書・是館儲書十餘萬卷・特闢鄉人著述部一區・卷數占五分一・瀏覽之際・怦然見人之篤好其鄉・誠有過於輝東萬萬・而迴視吾鄉先哲所遺傳之文章典籍・不啻什百之與千萬・是未始非吾後生小子不好其鄉之過也・

輝東於時於鄉先哲所爲文・好而彌篤・稔知人莫不好其鄉・未敢謂爲隘陋・艮用自壯・忽翻然歎曰・縱有充棟之遺書・尤遜一篇之傳誦・是以發憤而從事於文概也・

是書輯錄・起己巳夏・終壬申秋・雖因淺錮・搜索爲難・然朝攬書・暮對亂紙・恍惚昔年以鄉先哲言行課兒童時也・

潮汕方言自序

紀元之廿二年・上海申報六十周紀念・印行丁文江・翁文灝・曾世英・分省地圖・有言語區域一頁・題曰潮汕方言區・（潮州十屬・及於廈門・）譒潮汕方言・於國家版圖・占一位置・且海內學者・肯定古音存於潮州・惟潮方言・作者尚少・致知音者・未爲有系統之探討・（章炳麟嶺外三州語・略及豐順大埔・）論者惜之・粵稽堯典・湯湯洪水方割・今潮呼大水爲洪水（音若紅水）・洪水傷堤・呼曰割脚・禹

貢・厥土惟塗泥・今呼土爲塗・土含水者・呼曰塗泥・又曰・厥篚織貝・今呼棉花爲膠貝・（即吉貝・）又曰・百里賦納總・（說文・禾稿成束曰總・）今呼稻草成束爲草總・又曰・終南惇物・至於鳥鼠・今呼鼠爲鳥鼠・（見卷十四）・春秋桓八年・宋公齊侯衞侯盟於瓦屋・今呼屋爲瓦屋・莊十一年秋・宋大水・左傳・解作淫雨・今呼大雨爲大水・孟子塡然鼓之・注曰鼓音・今呼鼓聲曰塡塡響・史記晋世家・成王削・桐爲珪・封虞叔於唐・今呼桐音如唐・（見卷十六）・此皆潮語音同虞夏之彰明較著也・上古語文合一・當時援筆而書之・即是衝口而出之語・於今留傳吾人者衆・如目便呼目不作眼・毛便呼毛不作髮・觀便呼觀不作看・睍（音掩）・便呼睍不作窺・襲便呼襲不作害・鞭便呼鞭不作打・爇便呼爇不作燒・碩便呼碩不作老・厚便呼厚不作多・細便呼細不作小・畏便呼畏不作怕・春便呼春不作卵・此音字義俱顯之一類也・

或因都野間隔・能言之野老邨姁・不能作書・知書之文人學士・竟不知言・以致餉爲厭飽・不知作餉・殀爲轉臥・不知作殀・祗爲衆多・不知作祗・芾爲紛亂・不知作芾・藪爲鳥巢・不知作藪・眼爲限際・不知作眼・卯爲卯眼・不知作卯・捙爲夾出・不知作捙・此音義顯而字晦之一類也・或因字體越僻・學者未事深求・以致臨文周張・依傍替代・如痓每作瘦・瘷每作癢・痳每作狂・癑每作裂・搉每作拍・勢每作賢・醰每作淡・淖每作稀・趭每作追・蹍每作踏・冪每作蓋・纚每作連・絀每作欠・倩每作僱・抖每作縮・緬每作緊・劖每作扯・麷每作香・（見卷九・及校勘表・）此義顯而音字晦之一類也・或因流俗相傳・只存聲音・執管操觚・不知所謂・如醯誤作鮭・徽誤作揮・攎誤作驢・轂誤作滾・揎誤作穿・佻誤作吊・纖誤作娼・孅誤作晶・閬誤作案・闞誤作撼・大夫誤作打埔・嫧婔誤作渣畝・此音顯而字義晦之一類也・

自古方言轉變・多由雙聲疊韻・（孟勉變聲・考老疊韻・○或曰・沈休文不明天昕・爲錢曉徵所譏・顧亭林不解明芒・爲時人所笑・○陳訓正謂雙聲疊韻・多起於婦孺及下級社會・論者以爲知言・）海澄饒方面・語尙雙聲・如拍呼匹拍・啜呼戚啜・掃呼勝掃・疊呼飭疊・灣呼伊灣・曲呼缺曲・究之匹・戚・勝・飭・伊・缺・亦爲拍・啜・掃・疊・灣・曲・流俗不察・每以上冠之音爲無字・蓋不知雙聲爲之也・潮普惠方面・語尙疊韻・如拍呼拍擸・啜呼啜扻・掃呼掃漏・疊呼疊粒・灣呼灣端・（下平）・曲呼曲麼・（上入）・究之擸・扻・漏・粒・端・麼・亦爲拍・啜・掃・疊・灣・曲・流俗不察・每以下殿之音爲無字・蓋不知疊韻爲之也・山川阻隔・語囿於方・窮簷矮屋・言趨利便・開・齊・合・撮・不加謹嚴・平・上・去・入・常務苟且・如增流增聲之增・訛爲贈流贈聲・上平作下去讀矣・敷秣之敷・常作府秣・上平作上上讀矣・毅本音義・俗呼樂毅若樂宜・下上作下平讀矣・臧本音臟・（如罾）・俗呼臧致平如臟致平・上平作下上讀矣・決本音玦・俗呼決口如倦廉・上上作下去讀矣・正本音政・因避秦諱呼正月如晶・上去作平讀矣・熯本音漢・俗呼熯火如亨・上去作上平讀矣・由是之故・音讀雖有少差・字義本無二致・（潮州府志・方言章云・潮人言語侏儒・多與閩人同・故有其音而無其字・案是語不審・以此寡學・謬充軒猶使命・大放囈語・誣蔑潮人・修志乘者・亟宜正之・）雖經多方引證・逆知狃於隘陋・不通音轉者・每自菲薄・常起疑慮・以爲古音何事存於潮州・雅言遽得播於海隅・爰不揣固陋・搜求歷史・藉揭邦人之惑・

原始潮民・來自中原・唐高宗朝・陳政陳元光父子・先

翁輝東

後開府潮泉．隨從部曲．幾千百人．上自佐貳．下至伙夫．寇平而後．多占籍潮漳．（名單猶存饒平陳氏族譜．民國廿五年．廣東中山圖書館．嘗經刊載．惜此時不在手頭．）間讀閩通志陳元光請置漳州謝表云．茲鎭地極七閩．境連百粵．左衽居椎髻之半．可耕乃火田之餘．原始要終．流移本出於二州．（指河南之光山固始）窮兇極惡．積弊遂踰於十稔．（指土寇藍蕾等．陳元光父子．皆殉於賊．）至今潮之陳氏．許氏．沈氏．李氏．盧氏．劉氏．趙氏．薛氏等．皆隨從之胤．當時陳封穎川侯．許封昭應侯．（據韓山許氏譜．有許陶者．總章二年．隨元光平寇．至宋而有許申．）沈封武德侯．（先住莆田．後始遷潮．）李封輔勝侯．（據李氏譜載有李伯瑤者．助平藍蕾．）盧．（有盧震者．助李計誘藍蕾．其嗣有盧侗．）劉．（至宋有劉昉．）趙．（後有趙德．）薛．（後有薛壹）各著勛績．一時閥閱相尚．有如過江之王謝．嗣或避亂播遷．（據各姓族譜．潮人占籍．二三由於隨宦．六七由於播遷．直接從於福建．間接從於河南．其源因及時間有五．一．唐僖宗乾符五年．黃巢陷福州．王仙芝餘黨曹師雄寇二浙之時．二．乾符六年．黃巢陷廣州．浙江節度使高駢．請遣兵遮邀循潮二州之時．三．中和元年．屠者王緒作亂．陷光州之時．四．光啓元年．光州刺史王緒．悉擧光壽二州兵五千渡九江江西．陷汀漳之時．五．爲是年八月．王潮伏殺王緒．引兵圍泉州之時．皆見綱鑑．又時人陳鐸珍兒旅行記云．潮汕人民．是中原民族．因黃巢作亂．由河南遷來．）相率入潮．豈惟話言悉中土之故．閭里盡吁俞之音．即如禮敎．在在見爲汭之風．一一如成周之制．如新春游神．搢紳扈從．此鄉人儺．朝服阼階之故事也．（論語）元日鄉里．製猙獰紙像．祀以香鏃．驅之河濱．名曰趭殃．此方相氏毆疫之故事也．（方相猶幻想．見周禮夏官．）鄉族多建宗廟．各置烝嘗宗子．冬至行三獻禮．此春祭秋嘗之故事也．（王制）成年男子．稱父兄命．字以族字．標貼祠壁．禮樂告廟．此序昭穆之故事也．（禮記）男子十五年．母製新衣．祀九子母於床前．此古行冠禮之故事也．新婦初進．三日謁祖．此廟見之故事也．冬季偏祀諸神．名曰送神．此三代合祭神祇之故事也．（三代祭神．夏曰嘉平．殷曰清祀．周曰大蜡．）豈惟禮敎．民俗亦然．元旦書神荼鬱壘張貼門眼．此法黃帝桃符禦鬼也．（見山海經）履端七日．家家讌七樣羹．此倣朔方氏占書紀人日也．（見本卷九）元月燈首．盛饌

餉客．此煮屠蘇酒飲人也．六月廿六．農夫婦子．祝祀田頭．此操豚蹄．持盂酒．禳滿車粟也．（淳于髡傳）寒食野祭．掛紙墳頭．此綿上山紀介子推也．天中端午．龍舟競渡．羣食粽球．此汨羅江吊大夫也．上巳踏青．踵蘭亭修禊也．九月風箏．效台城飛空也．輝東漫游四方．歷覘各地．古語古風．無如潮之濃厚．求其故．匪謂風文明．反勝中原．洵以潮僻嶺外．俗尚保守．益以退之．（韓愈請置鄉校牒云．此州學廢日久．夫十室之邑．必有忠信．此州戶萬有餘．豈無庶幾者．）文饒．茂叔．子瞻．（蘇軾與吳子野書云．潮州自文公未到．已有文行之士如趙德者．蓋風俗之美久矣．）十朋．晦庵．廷秀．君實．履善．皋羽諸君子．遷謫僑寓．過化存神．民風彌敦淳厚．明會稽車份潮州論云．昌黎以詩書禮樂爲敎．潮人始知文學．明興．文運宏開．風俗丕變．冠婚喪祭．多用文公家禮．故曰海濱鄒魯．（中略）然營宮室．必先祠堂．明宗法．繼絕嗣．重祀田．篤宗誼．鄉曲有詩書吟誦之聲．彬彬乎文物甲嶺表焉．

矧自漢晉以還．國家大器．屢易其主．古語雅風．數經變亂．惟我潮土．正朔易而文化不移．讀儀徵鎦光漢序章氏新方言．益恍然矣．中有言曰．

抑自東晉以還．胡羯氐羌．入宅中夏．河淮南北．閒襍夷音．重以蒙古建州之亂．風俗頹替．虜語橫行．而委巷之談．婦孺之語．轉能保故言而不失．此則夏聲之僅存者．昔歐洲希意諸國．受制非種．故老遺民．保持舊語．而思古之念．沛然以生．光復之勳．蘿蕍於此．今諸華夷禍．與希意同．欲革夷言．而從夏聲．又必以此爲嗃矢．

輝東有感斯言．所以是書之作．上雖窮稽典謨．下則重視俚諺也．雖然．余生也晚．居今數千年後．侈譯古語．敢

謂萬無一失．縱屬徵核．猶貽人以字不通俗之譏．豈知語文若不一致．於文詞啓事．不能表眞摯之情懷．供錄書契．烏能成確實之信讞．揆之實際．詎得無害．間讀羅翽雲自序客方言有云．

余謂我輩今日．已處文言歧異之代．則今日教人識字解義之外．兼宜辨音．教人爲文求雅之功．當先譯俗．凡不能譯雅爲俗者．不善作文者也．不能譯俗爲雅者．不善解書者也．昔康成注禮．時引方言．叔重說文．亦徵俗語．晚近郝氏之疏爾雅．王氏之疏廣雅．咸用先例．蓋以古語奥折．非證以今語不能通．反是以思．今語變遷．非證以古語．其能通乎．

輝東甚韙其言．繼思客家．以梅屬爲宗．而清雍正十年以前．梅名程鄉．尚與潮同隸府治．迺客方言．代有述人．黃釗・楊恭桓・溫仲和・羅翽雲等．而潮獨闕．且有關文化．猶如此其重．所爲斤斤於此者．職是之故．年來偕蟫魚並隱．與落葉同堆置饑寒．冒溽暑．攖疾病．忘歲時．偈處海壖．漫翻叢帙折衷章氏新方言例．輯潮方言一十六卷．追忘逐逋．不舍晝夜．懼歲之不我與也．書成．獻之同鄉諸君子．咸以爲善．促即殺青．窮年矻矻之心．不無稍慰．獨念余不知音．遽操弦琴何能節奏．願讀者念其愚而矜其行．庶消祇悔焉．

馬駿聲　一八八八年生　一九五〇年卒

字小進．又字退之．台山人．家素豐．遨遊美洲．澳洲．新西蘭．馬來亞．夏威夷．菲律賓等地．曾任國會議員．工詩．爲南社社員．抗戰時任教廣州大學．隨校內遷曲江．晚年旅居香港．一九五〇年病逝．

西漢黃腸木刻考

一．西漢黃腸木刻之發見

據番禺汪宗衍孝博跋西漢黃腸木刻拓本云．

民國五年丙辰五月十一日．台山黃葵石治地於廣州城東之龜岡．發見南越古冢．冢中有一堂三房．高約數尺．三房合廣一丈六尺．堂在房北．深約一丈四尺．廣一丈二尺．上下四旁．有大木數十章．相湊密築．木長丈餘．廣尺餘端有隸書刻字．其可辨者．計有甫五．甫六．甫七．甫八．甫九．甫十．甫十一．甫十二．甫十三．甫十四．甫十五．甫十六．甫十七．甫十八．甫廿．共十四章．餘皆殘破朽壞．其數不能詳．

依上文所言．此木刻發見之日期．爲民國五年五月十一日．（但海寧王國維靜安作跋．誤以爲甲寅乙卯間．）發見之地．爲廣州城東之龜岡．發見者．爲台山人黃葵石．（但王跋僅謂粵東南海人治地）而譚鑣呈文則增香山李文樞一人．譚氏當日是廣州文廟奉祀官．兼任廣東通志局員．聞木刻發見之後．曾親往調查．悉心攷察．其言固足徵而可信

馬駿聲

也・茲謹全錄原呈於左・以資談此木刻掌故者之助焉・

二・此爲南越文王胡塚中之物（距今已二千〇五十八年）

廣州文廟奉祀官譚鑣上朱省長慶瀾請保存南越木刻文字呈文一件・

呈爲古物發見・懇請保存・以資文化事・竊職奉委廣州文廟奉祀官・經將到差日期呈報在案・查各省文廟・多有古物收存・藉壯聖域觀瞻・而備士林研究・故京都文廟・則有周石鼓文・西安文廟・則有秦繹山碑・紹興南昌文廟・則有漢石經殘字・廣州亦吾國繁盛都會・而文廟獨濯濯無有・殊爲闕事・職奉委伊始・聞有台山黃葵石・香山李文樞・於廣州東郊三里許・東山廟前・購得官產龜岡一地・建築樓房・掘土丈餘・發見一南越王者遺冢・中有一堂三房・堂在房北・共深二丈四尺・堂廣一丈二尺・三房共廣一丈六尺・塚屋高八尺・上下四旁・用堅厚香楠密布・木外護以木炭・屋之上蓋・木多朽壞・房空無棺・尚有頭骨一片・手足骨數節・發掘時即信手毀棄・又有殘破木片數枚・似棺木剖毀蛙毀之餘者・銘誌無存・無從得其主名・冢堂中則有周秦西漢古物甚夥・除黃葵石・李文樞・所自收回四十八件外・工人分占散沾・已無可追詰・惟其冢屋大木・尚多存在・職因兼廣東通志局員・以此事關地方重要・親往調查・悉心考察・於冢堂鋪地各木端・搜索得西漢隸書木刻文字・其可辨者・尚有甫五・甫六・甫七・甫八・甫九・

甫十・甫十□・甫十二・甫十三・甫十四・甫十五・甫十□・甫十八・甫廿・初未解甫爲何義・後詢悉此種有文字之木・爲塚堂鋪地木條・乃知甫爲鋪之省文・其字畫方整・間有參差・不作俯仰姿勢・純爲西漢隸法・其五・七・九・字・尚沿篆體・異於東漢諸碑・是冢雖無銘誌・已足表示其爲西京古蹟・況此外尚有證據甚多・冢中古物・陶器最多・無一係隋唐以下有釉以物・形式與商周彝器多同・其陶器之檠・鼎・尊・罍・亦皆周器・其尤珍尤古者・至有周尺九寸穀璧一・八寸穀璧一・爲周代公侯聘享天子之所用璧・以此殉葬古物・推想其營葬時代・必距周秦尚近・又可知所葬者必爲南越王者・故能有此寶器爲殉葬之物・又有鏡四・職所得一爲繆篆・餘皆秦篆・或大篆古文・不可盡識・瘞錢尤足爲此冢時代之碻證・計冢中所得古泉・有秦大半兩百飲・漢呂后八銖之半兩百餘・漢文帝四銖小半兩千餘・而漢武帝之五銖僅數枚・此外更無他種古泉・以此推知其營葬時代・必秦半兩未廢・而漢五銖已流布・其漢武帝未滅南越時無疑・案漢武帝鑄五銖在元狩五年・上距南越武王佗之死凡十九年・冢有五銖・必與佗無關・史記言南越文王胡・死在遺太子嬰齊入漢後之十餘年・考漢助南越擊閩・在建元六年・而漢使諷越嬰齊入侍・又在其後・大約當元光元年・循是至元狩五年爲十六年・胡死當在其時・又史記言嬰齊死在元鼎四年之前・上距元狩五年凡五年・是兩王之死時代相近・正直漢武帝初鑄五銖之時・其冢皆得有五銖爲瘞・然嬰齊冢・經於孫

馬駿聲

吳黃武五年發掘・事見太平寰宇記所引南越志・則此冢當爲南越文王胡者・此后尚有南越王興・然其嗣王位纔一年・即爲呂嘉所殺・國亦隨之而亡・未必有此木屋堅厚葬物多美之冢・南越志言嬰齊冢中有純鈎干將莫邪・爲周秦古劍・此冢亦有蒲穀二・穀璧二・爲周秦古玉・其以古物殉葬・正事同一例・水經注・南越王佗死・有秘奧神密之墓・此冢入土深至二丈餘・不爲銘誌・殆沿用其先王佗神秘之葬歟・職聞保存古物・爲文明各國公例・遜清亦將此事編入地方自治章程・民國內務部著爲通令・而存儲古物・備士林研究・又爲文廟應有之事・職以爲此冢之玉銅石瓦各物・非貴則破・不適於文廟陳列・惟此有文字之木・所刻乃由篆變隸之迹・爲學人研究文字源流不可闕乏之資料・況海內西漢文字・存者甚少・石刻僅有五鳳・朱博・河平・天鳳數種・即銅器瓦甓・亦復寥寥・海內木刻之文字・端方得北齊高僑造板・已驚爲絕無僅有・至若廣東所出之金石・上溯至孫吳之竟・晉永嘉之甎而止・求一漢字而不得・今竟獲見此西京木刻・誠爲曠代瓌奇偉麗・驚心動魄之寶物・允足冠冕海內・無論廣東矣・烏可聽其散失耶・計此本都十又四章・於丙辰五月十一日土出・迄今已四閱月・職始偵得・委棄路旁・容易毀壞・殊爲惜之・敢請鈞台・迅予保護・援照各省文廟之例・移置廣州文廟・以資珍守・而備研究・伏祈察核批示・畀得祇遵・附呈拓本十四紙・廣州文廟奉祀官譚鑣謹呈・

案譚氏此呈叙述此木刻出土之歷史・固甚詳明・而攷據古冢之時代・斷定爲南越文王胡所葬・尤爲精確・譚氏乃梁任公之表兄・積學士也・且與任公同邑・故任公當時曾爲保存此木刻一事・致書與朱慶瀾云・

表兄譚仲鸞（小進案仲鸞爲譚鑣之字）・吾鄉篤學之士・弘識博聞・罕與倫比・頃具呈請保存南越文王胡冢黃腸木刻・事關保存古代文字・希賜留意・

譚氏謂南越文王胡是死在漢武帝之元狩五年・以此年始鑄五銖錢爲證・（說詳呈文中・）案元狩五年・爲公曆紀元前一百一十八年・則此木刻距今（一九四〇年）・已有二千零五十又八載矣・

三・此木刻爲我國最古之木刻

考我國古代木刻之最壽者・據宋洪适隸釋所載・漢益州太守高朕修周公禮殿記・刻楹柱上・由初平至宋・逾千年不朽・今已不存・其存於今者・有端方藏北齊高僑造板木寫字・滇南吳道子大樹觀音像・閩縣唐天祐大王庵池記・韶州南華木刻造像記・隴西慶陽郡范純仁屋梁題字・都門民舍古藤元大德題字・然皆是北齊以後物・況漢代木刻・在宋時已稱爲絕無僅有之物・今存西漢黃腸木刻・去宋時又已數百年・不特可視作吾粵奇寶・即譽爲曠世珍品・用以冠冕海內・亦無遜色・若使龔定菴生于今日獲覩此木刻・當不復有南天金石貧之恨矣・

四・粵人藏此木刻者姓氏一覽表

案此木刻出土後・委棄道傍・無人置意・自經新會譚仲

鸞審定是西漢遺物・呈請移歸文廟保存・好古之士・咸詫爲奇寶・競求得一章・珍藏欣賞・甚至能獲有初拓全文者・亦榮幸莫名・小進尚記當日分藏此木刻者凡若干人・列表如左・

甫五・甫六	新會譚　鑣藏
甫七	新會梁啓超藏
甫八	台山黃葵石藏
甫九	順德蔡寒瓊藏
甫十	新會林澤豐藏
甫□一	台山黃葵石藏
甫十二	中山李文樞藏
甫十三	台山黃葵石藏
甫十四	新會譚　鑣藏
甫十五	中山李文樞藏
甫十□	新會譚　鑣藏
甫十八	中山李文樞藏
甫廿	番禺汪兆鏞藏

計譚氏共藏四章・黃李二氏各藏三章・梁蔡林汪四氏各藏一章・至於拓本・以予所知・當時北京教育部適有咨文到粵・徵集地方碑碣石拓刻本・故曾精拓本刻全分送部・並分寄京師圖書館展覽・嗚呼・今日此兩分拓本・未知曾否隨故都而淪陷・若上述譚氏等七人所分藏之木刻・其亦果依然無恙乎・此次廣東文物展覽會中・吾竟得重見番禺葉玉甫先生所藏之甫五・甫七・甫十・不禁目爲之驟明・愁爲之頓破・憶昔曾君雲楦（新會人・名傳軺・精攷古學・且工詩詞・年二十五・以痨疾死・爲亡友曾式如文玉之姪・）有詩云・桂陽太守周君光・舊刻而今已盡亡・（原注・神漢桂陽太守周府君功勳之紀銘・舊在曲江・集古錄隸釋均著錄・碑有漢唐二刻・漢刻亡於宋末・唐刻亡於明後・）舊刻而今已盡亡・撐住南天金石氣・西京大木夜生芒・所謂西京大木者・提指此黃腸木刻而言・吾深望玉甫先生善爲保持此碩果僅存之西京大木・以撐住南天金石之氣也・

五・何謂黃腸

黃腸・舊說曰・葬具也・漢書霍光傳・賜便房黃腸題湊各一具・蘇林注・以柏木黃心・致累棺外・故曰黃腸・按謂以柏木黃心爲槨也・文選謝惠連祭古冢文・黃腸既毀・便房已頽・是矣・故王國維以此黃腸爲槨木・惟近人楊樹達撰漢書補注補正謂・黃腸以石爲之・蘇林說以柏木黃心・致累棺外者・非也・想必是據周禮方相鄭注所云・天子之槨柏・黃腸爲裏・而表以石焉・以立論・此殆未知黃腸本用木制・後世或兼以石爲之・或易以石爲之・鄭氏之注・蓋以漢制說周禮・故其所用之石・亦謂之黃腸也・北京大學考古室藏有黃腸石七事・其六爲永建物・（永建爲東漢順帝年號・公元一二六年）其一無年月・端方亦藏有黃腸石西事・一爲陽嘉元年物・（公元一三二）一爲建寧四年物・一爲熹平元年物・一爲熹平三年物・（案建寧熹平皆爲東漢靈帝年號・建寧四年即公元一七一年・熹平元年即公元一七二・熹平三年即公元一七四・）然皆是東漢所作・石以代木・案端方藏熹平元年之石・有更黃腸三字・王國維云・更者・代也・遂引此爲

以石代木之證・小進以爲黃腸當是木名・而非葬具之名・因柏木黃心・故曰黃腸猶言黃心之柏木・心與腸・異字同義（內裏之義）也・黃腸是木・固無疑矣・

六・甫之釋義

或問・此木刻之甫字・厥義云何・案甫乃鋪之省文・與周旅鋪同・周旅鋪銘・□叔作德郡旅鋪・甫字復省末一點・與西漢朱博殘碑・第六行捕字・甫旁正同・詩大雅・鋪敦淮濆・鋪・布也・小雅・乃安斯寢・箋・乃鋪席也・與羣臣安燕之樂也・禮樂記・鋪筵席・陳尊俎・鋪皆敷陳之義・此乃冢中鋪地之木・故冠以甫字而系以數目焉・如端方所藏熹平元年一石・上刻第九百二十五・熹平三年一石・上刻第四百四十三・陽嘉元年一石・上刻第卅二・此木刻所記甫五甫六以至甫廿・正復相類・古代制作甎瓦・亦每喜紀其數目・不但木石爲然也・

七・何謂題湊

漢書霍光傳云・黃腸題湊・或問・題湊二字・果何義乎・案檀弓鄭注云以端題湊也・正義云・槨木皆從下累至上・始爲題湊之向也・言木之頭相向・而作四阿形也・釋文云・題・頭也・湊・聚也・漢書顏師古注引蘇林曰・以柏木黃心・致累棺外・故曰黃腸・木頭皆內向・故曰題湊・今此冢上下四旁・用木累成・與鄭注・孔正義・蘇林說皆合・其爲黃腸題湊無疑・但槨木與黃腸題湊・是一是二・亦有研究之價值・據王國維所言・乃混而爲一・惟曾傳軺則謂槨與題湊・本是二物・其說曰・王國維跋曰・此槨木也・漢時謂之黃腸・軺案王說・非也・史記優孟傳云・臣請以玉爲棺・文梓爲槨・楩楓豫章爲題湊・又王跋所引霍光傳注應以內梓宮句梗槨句黃腸題湊爲句・是槨與題湊・固二物也・龜岡所得者蓋槨木・王氏遠指爲黃腸・實未之深考・予別有文詳論之・

曾氏此說・見所作題西漢孟璇殘碑詩第三首末句・西京大木夜生芒・下原注・至其所著駁王氏跋一文・予未獲覩・故不敢論定二說之是非・但予以爲王氏遽指槨木爲黃腸題湊・固屬可議・而曾氏斷定龜岡出土者・云是槨木・亦未肯苟同・惟曾氏謂槨與題湊・固是二物・則甚精確・綜而言之・龜岡出土之木刻・應是黃腸題湊・蓋以黃心之柏木・累成題湊・冢之上下四旁・皆密布黃腸也・今所存甫幾甫幾之木刻・乃鋪地之黃腸・故特刻一甫字・以爲標誌・利便工匠營造此冢時・不至顛倒錯亂・其上蓋及左右前後之木・當必別刻有記號・或作上幾・右幾・左幾・前幾・後幾・等字・惜多朽壞・復經工人分占散沾・僅得此寥寥十有四章有字之木・以供吾人研究而已・且據汪跋云・出土之木長丈餘・廣尺餘・今存木刻・亦非復當時原有之尺寸・嗟此奇寶・竟成殘缺・實乃一莫大之憾事也・聞陸君丹林言・曾於黃文寬家中・見陳大年蘿生所藏黃腸木刻長丈餘・刻有甫十一・今未知尚存否・

黃冷觀先生傳

先生諱顯成・姓黃氏字・君達・別字仲弢・號冷觀・亦

馬駿聲

號崑崙．中山長洲人．父屺香孝廉．爲吾粵大儒．同光間．與陳蘭甫．何小宋諸先生游．以經史詞章之學著．晚年主廣雅書院講席．先生歲十三．從學其中．英敏宿慧．造詣湛深．卓越儕輩．受知朱彊邨學使祖謀．彙攷之日．面譽其文思英雋．爲後起秀．時先生年纔十八而已．餘事爲詩．亦廻異凡響．古體多豪邁奔騰．於太白東坡爲近．律絕諸作．早年綺麗．瓣香溫李．或偶法定庵．晚歲覃思精微．以深遠閎澹爲意．則復頗思聖俞矣．

清季光宣之際．民族主義昌盛南中．先生著籍同盟．毅然以鼓吹革命爲己任．與李憐庵．鄭岸父等．創立香山旬報．香山週刊．邑人景附革命．輸財捐軀．清社以屋．激揚之功．良足多矣．民國肇建．黨中號爲文人者．多表功干祿．覬覦膴仕．而先生隱居閭里．淡泊明志．筆耕自養．蓋先生稟性耿介．少無宦情．故大元帥孫公任以參議．靖國聯軍總司令唐公聘以顧問．禮羅靡遺．皆不式序．但遙領虛銜而已．惟十三年討賊軍興．今粵省主席吳公建東路總指揮之節．先生以故人從戎軒．決策籌餉．若將有爲．然事畢遄還香江．息影蓬廬．固未嘗與酬勛之列也．

袁氏竊國．將謀稱帝．先生時主持香山純報．發揮讜論．聲罪致討．爲粵督龍逆濟光所忌．下令封禁．乃易名曰岐江日報．仍持正不撓．掊擊帝制．視前益烈．終遭緹騎誘逮．繫獄經年．幸免於死．先生雖在縲絏之中．而泰然自處．弗輟著述．十年舊夢．廿年心影錄．軍獄瑣記三書．皆先生於鐵窗土牢間．嘔心泣血而成者也．迨袁敗龍逃．獲釋來香江任黨報事．未幾．返邑主民華報．嗣再至香江．主大光報．兼司香港晨報筆政．餘如華字日報．循環日報．中華民報．中和日報．超然報．莫不有先生之文章焉．先生著作等身．三十餘載．少日所爲樂府歌謠．疊經喪亂．藁已無存．而撰述小說．不下三百．爲世所稱．其中傳游俠者十之四．如大俠青芙蓉．滄溟俠影．里巷偉人傳．迺其傑構也．言情者十之二．如青萍芰恨記．桃花山莊．鴛鴦槍．情坎記．幽蘭懷馨記．今婦人傳等作．哀感頑豔．情文兼至．讀者美之．此外多爲社會小說與閭里逸聞．若劍庵裨膾．檮杌新史．畸人獨行傳．人禽之判．詩人綠萍．是皆超超元著．禹鼎溫犀．固未可視爲小言詹詹也．自九一八以後．先生作風．爲之驟變．觀其野火．狼烟鵑淚．黃海之血．白狼河北．紅樓紫塞記諸篇．壯懷激烈．同仇愛國．情見乎詞．可以覘先生之苦心孤詣矣．先生平昔所作說部．雖喜用文言．但亦嘗撰新體白話小說．曰太平山之秋．曰牧人與犬．凡數十種．言近旨遠．流麗安詳．絕非時流支離褊淺之詞．粗製濫造之品．所堪望其肩背也．

吾曾與先生談論所謂通俗文藝．吾以爲俗誠俗矣．通則猶未．苟非積學深思之士．必不能爲俗而且通之文．先生亟稱．吾說甚衷于理．而自承所爲稗官家言．率爾操觚．排日脫藁．抽絲作繭．煮字療饑．無足傳也．此雖爲先生撝挹之語．然有以知其志不在此．而心良苦矣．世之人多以說部爲先生所擅長．舊學爲先生所殊能．而抑知先生於政治．經濟哲學．社會學．及國際問題．固靡不窮究也．吾曾見其爲循環．華字．超然等報．所撰社論．批評政治之得失．經濟之利病．社會之臧否．國際之離合．無不特具卓識．深中肯桀・且著有近代思潮批判一書・都十餘萬言・於近代哲學思想・條分縷析・若數家珍・讀者稱善焉・蓋先生治學甚勤・博貫載籍・九流百家之言・古今中外之說・有得便讀・讀必愼思・推求閫奧・欣然忘食・故能發爲文章・事信而不誕・義直而不回・情深而不詭・體約而不蕪・其旨遠・其辭文也・

先生夙以樹人爲志・育英爲樂・故當其主香山旬報時・亦曾受邑令鄭僕蓀之聘・兼任烟洲兩等小學校長・循循善誘・鄉人沐其教化者・至今猶稱道弗休・十五年春・爰在香江・立一學校・名曰中華・懸博學篤行四字・以作校訓・且嘗爲文・用紀斯事曰・港居以來・時苦伊鬱・面目不諧於俗・性行復與世相乖・在此二十年中・所爲勖志篤行・以爲報社司纂事者・亦既五六・今所收穫・悉成稊稗・又未嘗不自笑耕耘之無當・而胼手胝足之適足以自苦也・故欲息影爲童蒙之求・以稍彌其過而慰其情・乃育中華中學之設・蓋先生深感乎世變日亟・彀音孔繁・立言以覺人・固未若立學以覺人之深且切也・

立學伊始・値大罷工・港中華僑・相率避地・故門下著籍者・弗逮三十・然先生不以是而自餒・邁進勇前・辛苦撐捂・未及三年・徒已逾百・迨先生捐館之日・則復幾四倍此數・且諸生斐然成章・薪槱棫樸・蜚聲南服・微先生之訓迪有方亡繇及是也・

先生嘗云・敎之爲道無他・曰眞・曰愼・曰勤而已・眞則能不欺・此非細故也・敎師於一事一物之微・而可以諱非爲是・飾亡爲有・以取欺於人・使青年學子・尤而效之・且又甚焉・欲其他日不詭僞違邪・欺世盜名・以爲人羣之蠹者・蓋未之有也・臧孫達曰・今滅德立違・以臨百官・百官象之・其又何訴焉・況青年學生・感受至强・判別至銳・即幸不致受其師之僞・以賈之他人・而對師之敬仰・已爲之消替矣・寧有當乎・吾人亦知師之所爲・一一皆爲學子之欲模仿而因襲・則一語一默・一擧一動・皆不可以不愼・夫誨之莊敬有禮之詞・或捍格不入・倘一示以市　俚俗棘耳劌心之語・則琅琅上口・捷於桴鼓・敎之以應對進退之節・或矯强而不易行・使一示以佻㒓輕狂儇薄澆漓之狀・又軒軒以從・迅若傳命・夫此非敎育者有意爲之也・然一不檢則失詞・再不檢則失容・固損於師範・而學子所感受・更永永莫能拔・在振刷國人精神・挽救社會頹廢之今日・果欲爲國家社會・造就端莊沈毅・活潑勇敢之青年・而尤當愼之又愼矣・勤之爲道・固爲處世立身之礎石・不勤未有能成功者也・敎育事業・尤當刻苦耐勞・鍥而不舍・然勤矣・而不知使學生發生興味・則又與三家村之塾師・日堂皇高坐・持戒尺拊擊几案・使書聲如鴉喧雀噪・無片息之安者・何以異・蓋知所用吾勤者・實不在此・先生之言若是・余與先生共事數載・視其所以・觀其所由・察其所安・固無一而出眞・愼・勤者・先生蓋躬行之君子也・志道據德・依仁游藝・有如文中子所謂同不害正・異不傷物・內不失眞・外不殊俗・生平無他嗜好・而惟怡寄墳典・雖牽以物役・孜孜無怠・居家孝友・與人忠信・秉心塞淵・不夷不惠・其於義利是非之介・確然如黑白不可淆亂・是殆古之所稱爲狷者歟・

先生容貌魁梧・精爽壯盛・然繫獄之日・攖風溼疾・厥

後久治弗瘳・寖虧血氣・益以累歲辛勤・鬻文講學・積勞成瘁・以民國二十七年一月十三日・病歿於香江・春秋五十有三・配楊氏・系出中山隆都望族・克相其夫・持家有則・男子子七・祖芬・祖貽・祖雄・祖耀・祖同・祖坊・祖民・而長男祖芬・出嗣乃兄伯英先生・次男祖貽・五男祖同・皆先卒・女子子二・寶珍歸順德左氏・寶羣歸南海梁氏・咸能讀父書・持躬淑愼・無忝所生・明德之後也・先生歿後二日・卜窆於香港仔之華人永遠墳場・適與熊鳳凰希齡窀穸比鄰・鳳凰固蓄德能文且工吟詠之士也・若其有靈・當不使夜臺無李白・沽酒與何人之嘆矣・

馬小進曰・自余所及見・吾黨蓄德能文之士・砥行立節・不以浮名苟得爲務・終始若一者・厥惟二冷・曰潘冷殘・曰黃冷觀・冷殘以畫鳴其胸中不平之氣・晚年逃于禪・若冷觀・則以文鳴其胸中不平之氣・而晚年隱于儒・所趨雖殊・然肝膽照人・有如白雪・冰心一片・常在玉壺・是皆能善保其冷也・二子其名爲冷・惟吾嘗讀冷殘之天荒・冷觀之野火・熱血熱淚・時從字裏行間流出・忽斷忽續・忽急忽緩・而有以知其憂世憫民之志・固未嘗一日去諸懷・於戲・此二冷之所以爲冷歟・如冷觀者・則又熱其腸・而冷其眼也・二冷皆爲吾之知交・冷殘歿後・吾嘗爲文以叙其行誼・持藁就正于冷觀・冷觀笑語余曰・吾冷何如彼冷・他日吾或先子而逝・子其亦能勿忘吾冷乎・冷觀雖長余數年・然其精神壯盛・膚革充盈・亦數倍于余・遽料・其竟先我而休耶・

於戲・冷觀云亡・今既百日矣・中華中學諸生・屢請余叙述冷觀先生之嘉言懿行・使後來者有所矜式・義弗容卻・因取其嗣君祖雄所爲行實・及余所知見者・編次爲傳・寧詳毋缺・使後之徵文獻者有考焉・惟小進困頓於江湖之上・聲名不徹於鄉邦・而文又不足爲一家之史・以傳先生・殊自恧也・吾爲此傳・亦聊以慰諸生心喪之悲・且求無負吾友生前所託云爾・

黃任寰

一八八八年生
一九五一年卒

字旭南・別署慚書劍廬・梅縣人・廣東陸軍速成學校畢業・歷任粵軍獨立第一師師長・第四軍軍長・任寰宅心仁厚而好學・欲效前賢以儒術治兵・有儒將風・輕財重義・輒以軍費節餘發動兵工建設地方・鄉人德之・卒年六十四・

重修南漢修慧寺千佛塔記

踰郭門而東・三里餘至東山・山袤而南趨・陂陀緜屬・沿江流而下・中嶤然而特高者爲塔岡・故老所傳・昔州牧王公者輔・自齋洲寺移建鐵塔于此・齊洲寺者・故南漢修慧寺舊址也・往客廣州・聞光孝寺鐵塔尚存・嘗與友訪之・供護完密・嶷然如其舊製・而吾邑所建者・幾於寂寞泯滅・至光緒季年・先達黃公度先生・獲其遺片・作長歌張之・名始大著・物之顯晦固有時・若斯塔所處地固非僻・登訪者無□鑿之勞・乃今並其移置興圮之詳・亦不可攷・斯豈非一憾耶・

夫二劉昏虐・其事不足稱・而撫攬遺物・足以攄詩人之歎慕・動羣士之愴思者・固以吾邑先民手澤所貽・以是爲最古焉・曩時屢有重修之議・而迄未成・頃歲于役贛閩・數過里門・嘗與縣長彭君精一履其地而思復之・今年春・奉命移

師本邑・乃與彭君暨盧君秋達・分任鳩貲之責・而由彭君董其事・于原址塑塔七級・按其部位・分嵌塔片於上・外爲亭二層以護之・亭外爲廣場・沿岡治蹬道・以便登陟・倚亭而望・則雙流滙于目前・遠巒交于檻外・隔江原隰菀然・具淸曠之致・有足增新思而祛痼疾習者・豈僅憑吊舊跡已哉・塔片咸移自黃氏人境廬・比施工・復掘獲塔邊一片・并嵌入之・至于銘詞佛名之攷釋・則黃氏詩序已詳之矣・茲故不復及云・

吳鐵城

一八八八年生　一九五三年卒

中山人・生長江西・肄業九江同文書院・嗣留學日本明治大學・淸末・與林森起義九江・響應武昌・推翻淸室・爲實行革命之始・民國二年・討袁未成・亡命日本・旋奉孫總理命赴檀香山主持黨務・五年回國・任大元帥府參軍・兼討賊軍司令・十年膺香山縣民選縣長・十二年任廣州市公安局長・兼警衞軍司令・遇商團作叛・以一局之力爲主・敉平亂事・十八年・出任立法委員・奉命赴東北勞軍・游說張學良歸政中央・完成全國統一・厥功至偉・嘗言不到東北不知中國之大・不到東北不知中國之危・發人深省・廿一年出任上海市市長・値一二八年變・週旋戰事中・常終夜不寐・及訂停戰協定・即提倡建設大上海・積極擴展治安實力・市民以家長稱之・廿七年調廣東省政府主席・卸職復・歷任中央秘書長・海外部長・行政院副院長・立法院副院長・外交部長等職・抗戰期間・組織國民外交協會・建樹咸多・三十八年赴台・聘爲資政・鐵城於海外僑況瞭解尤深・幾度赴東南亞及日韓菲等國宣慰・所至溫情熱愛・感動僑胞・復創立華僑協會・多所擘劃・一九五三年病卒・年六十有五・

國父家世源流考序

國民以吾黨總理・首立三民主義・創建中華民國・拯救民族・樹立民權、厚裕民生・勞身苦思・以事邦國・至於彌留・猶叮嚀囑咐・勗以奮勵之道・用使感召所及・賢良蔚起・實維總裁・以承以繼・統一國家・萬端經緯・指麾全民・對侵略國抗戰・至於今遂巍然爲世界正義人道獨立自由平等之保障・萬聲唱和・崇心報功・因悉尊總理爲國父・相與景行仰止・期之歷萬世不衰・而學者引述遺訓・亦悉云國父・不以別稱・自有中國以來・國民紀念元勳之尊號・未有如斯之深廣也・

然吾則以爲學者之紀念國父・尤當並致力於國父家世源流之研討・不以名號之尊崇爲已足也・蓋數典忘祖・固爲學者之汚・而不知國父之源流所自・則其家世傳襲・無自而明・而其偉大志業之植基所在・亦無由認識・往者余奉命出主粤政・常於暇日・與二三人士・討論世事・詢以總理上世源流・多不省悉・即偶有摘取一二曾至總理故里巡禮所見以報告者・亦世次斷續・事蹟未具・嘗以謂學者不欲盡其職責則已・不然・於總理家世源流之闡揚・有不可忽者・比政府已因國民羣意・明令以國父尊事總理・則其家世研究・更與國家功令有關・爲義蓋彌重矣・粤人上世・多自中原南徙・國父原籍何地・於何時徙粤・其輾轉遷移・必有與國史演變有關係者・信能蒐集資料・爲之窮討極研・明其年代之傳演・究其層累之遺襲・就其遷移之途程・究其感受之所發・則於國父偉大志業之由來・必有能更洞澈而使人興起者・非

徒足以闡揚國父家風世德已也・

然吾又以爲學者之紀念國父・亦當並致力於國父畢生歷史之研討・不以克明其世系源流爲已足也・蓋國父立承先啓後之偉志・爲救國救世界之偉業・百折不撓・屈而愈厲・精神所感・氣機所動・學說所被・昭乎日月・不足以擬其明・塞乎天地・不足以擬其廣・自非有瑰瑋光昌之史才・爲之秉筆纂述・實不足副其鉅偉・而環顧今日史家・其能就國父一生史實・網羅散佚・悉索舊文・彙爲傳記長編・以備國民參證者・尚無聞焉・其能就國父一生大智大勇大德大業・與其日常起居言動・撰爲專門傳記・以備國民普遍諷誦者・更無聞焉・此則殆由史家謙遜未遑・有以致之・然學術乃天下公器・信能勸於蒐討・愼於考訂・屬辭命意・力追光瑋・則大輅始於椎輪・華袞肇於粗服・必有能勒爲鉅製・以自見於世者・匪唯國父偉績・永垂不朽・而其書亦由是俱傳也・

然吾復以爲學者之紀念國父・更當並致力於國父學術思思想之闡發・不以已明國父一生歷史爲已足也・蓋國父之之所由革命建國・皆以其所首創之三民主義爲機樞・而三民主義之底蘊與運用・則以國父全部學術思想爲理則・方今世界學術・已以反侵略戰爭之演進・證明其必以國父之學說與思想爲指導原則・蓋以西歐近世第重視科學研討與技術訓練・而忽於精神修養・與人世大同・生存共進・諸理想之認取・故其弊也・或流於德意日等侵略國之窮兵黷武・挾科學與技術以戕賊民生・或流於其他國家之富而不仁・華而不實・智而無勇・終亦難爲人類生存共進之引導・而國父之學說與思想・則以人世大同・生生不息・爲其哲理體系・與最高鵠的・而其學科學研究・技術訓練・與精神修養・人格擴展・爲情理雙溶・德智交進・品業共建之途徑・又不致復蹈西歐近世畸形發展之覆轍・故其說如行也・匪特可使民族民權民生諸問題・根本解決・與民族民權民生諸共業・無窮建樹・且可期之爲人世立一永不致以戕賊民生之最優學術・其應爲今興世界學術思潮之指導原則・無待論也・今國人爲文人張三民主義之條貫者多矣・其能以國父全部學術思想之深究・闡揚其所以領導世界學術思潮之卓義者・則未多見・必如何覃研精思・以闡揚其極則與體系・以爲世界學術壁闢新路・創進新業・斯則尤爲學者之專責也・

抑吾復以爲學者之紀念國父・益當並以實踐國父所創立之三民主義・以效忠國家爲幾極・而不以已明國父學術思想之卓義克以領導世界思潮爲已足也・蓋國父以世界大同・生存共進爲人類最高鵠的・故其革命運動・始之於中國之全民・終之以世界之人類・而其運用方式・則以民族自由・民權平等・民生樂遂・爲機樞要領・人而不欲其民族國家之自由平等・不欲其國計民生之强實利樂・斯亦已矣・不然・則於三民主義之躬行實踐・有不可一日忽者・人而不欲世界躋於大同之境・人類安於生存共進之鄉・則亦已矣・不然・則於三民主義之躬行實踐・亦有不可一日忽者・際此强寇侵陵・肆無忌止・國土淪崩・生民塗炭・凡我國民・尤非實踐三民主義・受政府驅策・竭其智能物力・不足以屏衞民族・維繫民生・而學者之言動・尤爲青年所表率・必如何以三民主義之昭示・爲立業行事之準則・以專門學術研究之深造與心得・貢獻於國家・以助成政府抗戰建國之大業・則尤爲學

者之大任也．

興寧羅香林同志．向治史學．熟於民族國家盛衰消長之理．而尤深於本黨史乘．教授於國立中山大學．蓋有年矣．頃以發現國父上世家譜舊本．爬羅抉究．益以歷年所得資料．錯綜互證．以所闡發．撰爲國父家世源流考一書．始晚唐孫誗．自河南陳留．以堵禦黃巢變亂．遷江西寧都．越五傳有承事公者．復遷福建長汀河田．至明永樂間．有諱友松公者．再遷廣東紫金．是爲國父上世入粵始祖．又十二傳．有諱連昌公者．以連世參與反清義師．兵敗流散．於康熙間自紫金遷居增城．旋再遷中山縣涌口門村．是爲國父先世遷居中山縣肇祖．又二傳有諱殿朝公者．自涌口門村．遷居翠亨．是爲國父高祖．蓋自友松公至國父．已十八代焉．所考得之世系與事蹟．皆明備爲前此所未曉．其發現之多．可敬佩焉．羅同志乞序於余．余以其好學深思．忠貞奮發．嘗謂其必有更爲宏偉之貢獻．故爲略述學者紀念國父應有之職責歸之．而並以商榷全國學者．倘亦全國學者與羅同志之所心會也夫．是爲序．

憶述總理言行二三事

——爲紀念總理八十六週年誕辰而作——

吳鐵城

涼風天末．又屆深秋．十一月十二日總理誕辰將至．秋窗明淨．默坐追思．恍覺總理生前一言一動如在目前．親炙重溫．益深景嚮．總理逝世距今二十六年．冥壽八十六．其一生赫赫事功．觥觥大德．彰彰在人耳目．舉世咸仰．固無庸再贊一辭．惟曩昔隨侍驂從．雖承訓甚淺．而耳提面命．聲欬所聞．威儀所接．即瑣事片言．亦有足以仰窺總理之大者．玆略述其平日生活人所鮮知之嘉言懿行二三事．藉闡潛德幽光．其亦讀衆所樂聞者歟．

總理於前清光緒三十三年間（一九〇五）在倫敦圖書館看書的時候．一天遇着俄國一位著名革命黨人．總理問他．「俄國革命要多少時候才能成功．」他答．「要一百年．」他問總理．「中國革命要多少時候可以成功．」總理說．「三十年．」而俄國革命於一九一七年成功．距說話時十二年．我們辛亥革命成功（一九一一年）早俄國六年．距說話時間僅六年．俄國初期推倒沙皇統治的是克倫斯基政府．其第一次大戰俄德激戰方酣．列寧利用民衆厭戰心理．提出「停戰要麵包」的口號．把克倫斯基政府也推翻了．這種成功是利用時機．有點近於豪奪巧取．中國革命由總理個人倡導．赤手空拳．經過近二十年的奮鬭．到辛亥卒告成功．中國革命在當時的時勢環境．要比俄國艱難得多．故常舉此事鼓勵同志．並常說．「鼓吹革命」．意即創造革命環境．鼓勵革命風潮也．

在革命初期．總理以其理論和熱誠來說服同情革命者很費唇舌．往往說服一個人要花上半年數月的時間．甚至有遭閉門羹之餉或背後譏罵者．但總理抱着宗教家傳教的熱忱毅力．不斷宣傳．由說一二人而至百數十人．積土爲邱．一點一滴做起．辛亥革命以前的黨人不滿千數．而清室因此遂屋．總理說話深入淺出．使人易於了解．並受感動．總理之兄孫眉公．起初還不明白革命主張．經總理反復陳明．也就傾家析產以助革命．當時反對總理的人說．你們千萬不要去聽他說話．祗要聽過他的話便會着迷地的相信他．在滬粵時．或有擬向總理質辯．及同志中有牢騷者去見總理．但一經接談解釋．無不滿意而出．可見總理說話的動人力量如何．

總理重言諾．守誓詞．在民元就職臨時大總統時．他在告國民書裏說．「民國成立．交即解職．」後來清室退位．他就把總統讓給袁世凱．當時有很多同志極不贊成．但總理爲踐諾言．終排衆議．中華革命黨成立之時．黨人均具誓詞．總理率先宣誓．總理對於誠信兩字．始終貫澈．

總理從民六護法南下至十四年．時局魚龍曼衍．擾攘不已．北方軍閥黷武私爭．粵局亦內叛迭起．總理前後往返廣州六次．計民六年八月．粵非常國會舉總理爲大元帥．民七年五月．粵非常國會爲桂系岑春煊．陸榮廷所挾持．將大元帥制改選爲總裁七人．總理辭職離廣州赴滬．民九年粵軍回粵討莫榮新．總理於民九年冬回粵．十年五月就非常大總統．民十年冬總理北伐．赴桂林設大本營．民十一年六月十六日陳烱明叛變．總理於八月九日離粵赴滬．民十二年一月十五日討賊軍入廣州．陳走東江．總理於二月廿一日回粵．民十三年九月十三日第二次北伐．總理赴韶關設大本營．十一月十二日離粵應段祺瑞邀北上商國是．這一段時間．應付紛紜局面．奔波於粵滬津各地．勞瘁極矣．北上時已略有不適．沿途風浪很大．使胃失常．肝病遂發．竟至不起．爲國爲民．詢所謂「鞠躬盡瘁．死而後已」者．

民十二三年間．滇桂軍楊希閔．劉震寰盤踞廣州．恣睢跋扈．魚肉市民．無所不爲．總理極爲痛心．有一次對之大加譴責說．廣東爲我桑梓．諸君來粵是爲革命．革命是救民不是擾民．擾民便是反革命．今各軍所爲．民心積怨．諸君反躬自問．何以對我．更何以對老百姓．」又滇軍師長范石生尤稱暴虐．范與楊庶堪私交頗篤．時楊爲粵省長．總理囑楊警告范石生．蓋總理每聞軍風紀敗壞及擾民之事．莫不髮指皆裂．有一次在辦公室中．欲以首磁壁．法文秘書韋玉見狀惶急勸阻．並電話告我．其愛護老百姓「如保赤子」之心．於此可見．

總理患肝病．常認爲胃病．一度有由日本友人萱野長知及山田純三郎介紹日本醫生來華診治．勸多進不易消化食物．以刺激胃的機能．增加消化力量．總理以爲然．自是進食．多用粗硬之物．且歡喜吃鹹蛋．云有助於胃的調理．粵人吃鹹蛋．不喜剖開．在殼碎一洞．以箸淘挖而啖．粵人嗜吃．俗諺有「食在廣東」之稱．三十年前．即有百元之魚翅酒席．民十二年．楊希閔宴總理於廣東農林試驗場．席上有價值百元魚翅．總理當時似有所感觸．徐言曰．「我爲粵人．魚翅亦爲粵之名饌．但吃此尚屬第一次．」時我叨陪末座．總理復顧我曰．「鐵城亦曾嘗過此價昂之佳肴否．」我答以此亦初次．我暗揣此時主人聞之．不知心中當作如何感想．

總理仁慈寬大．對人過失．每冀其能悔過自新．陳烱明叛變後．仍據東江惠州．總理回粵．陳一次攻至石牌．一次攻石龍．民十三年總理北伐設大本營於韶關．時本黨長老吳稚暉先生由鄒海濱同志陪同赴韶關晉言．求總理許其有自新之悟悔．稚老一片婆心．幾爲揖下．總理仁恕爲懷．乃勉允由陳書面謝罪・但陳終不知悔・至十四年東征軍攻惠州方消滅其勢力・時古應芬任大本營秘書長・我兼參軍長・更憶民十二年間・有一天・湖北同志田桐報告大元帥・云有上海法國租界巡捕房偵探楊玉山秘密來廣州・此人在滬爲虎作倀・曾逮捕許多黨中同志・應加逮捕懲辦・（最近不久・偶然居正先生談世事・承告知・以往在上海法租界同益里時一度被捕・即爲此人引捕他・）我即將楊逮捕（其時我任廣州公安局長）・凡在滬爲楊陷害的人都出來作證・審訊結果・判決槍斃・我呈報總理核批・總理未有批示・總理夙主廢死刑・從不批示殺人・雖亂世不能不用重典・但於其仁慈惻之心爲不忍・又有一次・一個以前反對總理的北方小官僚・大概潦倒不堪・竟來廣州想見總理找點小差事・同志中有主張將其拘禁者・總理說・他已景況堪憐・不接見他就是了・何必將之治罪・其不念舊惡如此・十一年間・程天斗在粵籌備廣東省銀行・在外國印鈔票・運到時陳炯明叛變・未發行・存儲沙面・其後事定回粵搬回・少去一箱・有人告發程事先已偷運香港發行・總理即扣留查辦・組織軍法庭・派胡漢民爲審判長・我爲檢查長・程辯不承認・總理關照不可用刑逼供・他說・「給他硬餅乾吃・不准飲水・他就難受了・」

民十年總理赴桂林督師北伐時・孫夫人宋慶齡未隨赴桂林・僅到梧州送行・即由我陪送回廣州・因爲那時有許多幹部同志以爲「婦人在軍中・兵氣恐不揚」・不贊成總理挈夫人同在軍次・總理笑頷從之・這種守舊觀念・總理或不置懷・所以然者・從納衆言也・

總理好客・對人和藹有禮・來見之客・無論何人均予接見・一天・有兩位外國人踵見・馬湘時爲侍從副官・傳稟總理曰・「有兩個「番鬼」・」總理語之曰・「什麼「番鬼」・何不言西人・」蓋「番鬼」爲粵人稱西人之俗語・頗不雅・其在廣州居住觀音山總統府時・常與陳少白・楊鶴齡・尤烈在一起・闢觀音山上文瀾閣以居之・生活與共・言談不拘・人謂爲嵩山四友・其時還邀約吳稚暉・張靜江・章太炎諸老友同來居住・但或以道遠・或以事阻・均未能來・且曾一度邀章太炎任總統府秘書長・蓋總理每喜有老友在左右・可以縱談各事・孫哲生同志性不喜應接・偶厭見客・人有微詞・總理以爲失禮・囑我傳言頗致誨示・總理健談・但客來如談及其當時所注意之問題者・則聽取意見・不厭求詳・亦申說己見・滔滔不倦・而其學問廣博・無不中肯・

初・總理擬在粵創辦中央銀行・已發表林雲陔爲行長・宋子文同志從滬由美學成歸國・孫科・陳友仁・伍朝樞及我商及以爲宋子文爲宜・由我等陪同孫夫人赴石龍見總理・子文亦偕行・時總理在石龍督師・以車廂作行轅・總理曰・子文爲一初歸國留生・對革命未有功勛・俟有勞績再說・後林雲陔未就行長職・始由宋子文主其事・慘淡經營・遂有以後基礎・開辦之時・總理諭知我由公安局借撥三千元・今手諭尚存中央銀行・

總理就任臨時大總統後・不久・廣東有一般海外老同志及社團・電保其兄孫眉公爲廣東省大都督・時胡漢民隨總理到上海轉南京・辭廣東都督職・由陳炯明繼代・總理得電爲之嗟訝不安・當即電復各同志・中有「知兄莫若弟」一語・表示從政非其所宜・孫眉公在檀香山茂夷島經營牧場・規模甚

大・總理早年在檀讀書時即由其資助・爲人樂善好施・當地士人都稱爲「茂夷王」・嘗傾家以助其弟革命・一子名昌・於民六護法之役海軍南下時・乘小輪航次黃埔・爲砲台守軍發生誤會・殉職・

總理的生活極爲樸素簡單・飲食儉省・以調理胃病關係・或在晚間吃一小碗燕窩湯・爲惟一奢品・在士敏土廠大本營時・無浴室設備・以上海帶來的行軍用帆布浴盆代替磁盆・性嗜讀書・民三四年間我到檀島・許多老同志・爲我道述總理幼年在檀島讀書及後在檀島創立興中會時生活故事・云總理常到檀島圖書館閱覽羣籍・偶有餘錢・輒用以購書・其好學精神・實爲人所不及・故生平藏書亦豐・在滬在粵常直接向外國訂購書籍・其所閱讀不拘名著與否・如去年來臺之威廉博士・曾著一書名「經濟史的詮釋」(Economic Interpretation of History)・並非暢銷之書・總理亦購閱之・總理又愛讀地圖・用紅藍鉛筆縱橫註劃・有一同志爲其專掌地圖・爲大本營參軍鄧彥華・地圖中有不少是海關所測繪水道圖・因此總理對沿海岸的海港情形・瞭若指掌・改良國內河道・時加注意・如珠江道・總理初擬塡塞省河・使南北兩岸相連・在河南以南另闢一港出珠江口・所以有內港計劃・後以工程浩大・未易舉辦・將省河江面船舶地點・重新調整・此內港計劃・後由林雲陔・劉紀文開其端・歐陽駒於卅七年長市政府時完成堤岸工程於後・可見總理在軍事倥傯中・對國計民生的建設・未嘗須臾或忘・總理常言「革命須有高深的學問」・殆爲其體驗得來的訓言・惜其藏書於陳炯明叛變時・大半焚燬於觀音山・

總理平日常喜在家運動・民六至十一年在滬時・每日暇輒在花園草地上作槌球戲(Croquet)・亦喜遊山・每到一地必約三數同志登山遊覽・揣其用意一則作爲運動・一則藉此視察當地險要形勢・在粵時嘗登白雲山・與數同志步行攀臨山上摩星嶺・我亦追隨左右・總理沿途偶問我亦知解救燒山的方法否・其法從燒山之處四週先縱火燒留隙地・則火到自然可熄・赴梧州時登覽北山・指點撫河水流形勢・到各地登高峯・亦其一癖好・

總理衣式素尚整樸・民元二年間・常着西服・自討袁由日返滬・以迄十三年冬北上至逝世・都常着中山裝・在室內・間或穿中國服・唯對剪裁方面・則甚注重務求合體・每見同志中・服式有不稱身段者輒多指點・總理穿戎裝時甚少・就我個人記憶所及・一次在南京任臨時大總統・和全體同僚合拍一照・身着軍服・一次在南京祭明陵時・另一次在廣州就大元帥時・穿軍大禮服・其他集會時均穿中山裝・最後在天津張家花園拍一照・則所穿爲藍袍黑褂中服・時已面有病容・

總理在北平臥病時・段氏欲邀總理左右一二人入閣・無人以應・後楊庶堪同志請示總理是否可參加・總理以段不守政治上合作諾言・無政治道德・甚以爲憤・在病榻對楊曰・「提防敵人會軟化你・你不怕嗎・」段的詐僞・使總理刺激而病加深・卒告不治矣・

杜國庠 一八八八年生 一九六一年卒

字守崇・澄海人・日本東京第一高等學校・京都帝國大學經濟系畢業・南社社員・歷任澄海中學校長・北京大學教授・廣東省文教廳長・畢生致力於學術研究・亦能詩・遺著有杜國庠文集行世・

戊戌變法運動的思想側面

一

歷史的事實・以康梁爲領導者的戊戌維新運動是因戊戌政變而失敗了・但是它在文化思想上的影響却不因政治上的失敗而消滅・相反的・却因政治上的失敗・更展開了革新思想的宣傳和運動・配合了當時革命派的運動・準備並促成了辛亥的革命・所以・作爲晚清以來的文化思想運動的一環・戊戌變法運動的思想側面・是值得研究的・

凡是一個時代的思想・都有它的來源・也有它的去路・它留給後代的影響・往往至於數十百年・例如宋儒的理學・單就思想本身上說・它有輸入中國很久的佛家思想做它的基礎・同時有千餘年的儒家思想的傳統・所以・理學一旦建立以後・卒之支配了宋元明三朝達五百餘年（一〇五〇——一六〇〇年）之久・而且和科擧結合在一起・在清代・雖有反理學的所謂漢學盛極一時・然而最大多數的知識分子還是籠罩在程朱的思想底下・不能解放出來・以古爲鑑・可知興替・在文化思想方面・是一樣地適用的・研究戊戌變法的思想側面・用意也在這裏・可惜手頭資料太缺乏・不能充分展開・

戊戌維新運動・是發生於太平軍革命運動失敗之後的・太平天國的農民革命・因爲中國經濟發展的落後・還沒有堅强領導的階級・革命領袖們的戰略錯誤・導出腐化和內訌・封建地主出身的官僚知識分子以及外國資本主義幫助了清朝統治者・革命政權雖然曾經達到了十七省・維持了十五年（一八五〇——一八六四年）・但卒不免被清廷消滅・以失敗告終・

經過了這次的農民戰爭・中國的民族運動・不但絲毫沒有達到目的・反而由於清廷一貫的寧贈朋友・不給家奴的政策・外患日亟・英法聯軍之役・甲午中日之戰・無一不大敗輸虧・喪權失地・使中國陷於隨時有被列强瓜分的危險・同時・清朝官僚的腐敗顢頇①・貪汚剝削・又使戰後瘡痍無由恢復・人民無以聊生・而咸同以來・曾左張李等的所謂新政又僅僅便宜了官僚資本・甲午之役・海陸軍全歸覆滅・眞相畢露・戊戌的維新運動・就是這樣的內外形勢所促成的・

戊戌運動・發動於當時的愛國知識分子及少數略知外事的士大夫・因爲起於太平軍革命失敗之後・他們都主張採取和平的手段・由上而下的變革——即變法維新・因爲由上而下・就必須採取說服的方式・所以必須提出所以變法的理論根據・這就使這一運動的思想側面・好像比太平軍革命的見得顯著・盡管他們所謂變法的內容並沒有太平軍革命那麼廣泛和豐富②・可是它到底是一個相當有計劃有體系的運動・所以和曾國藩的倡言學夷技以制夷・張之洞的高談中學爲

體・西學爲用・薛福成的主張變法只限於商務礦務・巧工制造・火輪舟車等・李鴻章的提倡洋務只限於路礦郵電・軍需兵器的生產等等・大不相同・正如譚丕謨所說・

中國海陸軍在甲午之役全軍覆滅・憂時之士如康有爲・梁啓超・譚嗣同等・才感覺到只吸收西洋的技術・還不能走上富國强兵的康莊大道・康氏更認識西洋之所以富國强兵・自有它的哲理爲其基礎・因而企圖變法維新・以冀挽救中國的危亡・他們不僅是接受西洋的藝・而且接受西洋的道・在文化上移植西洋現代的學術思想・在政治上採取西洋的君主立憲・在物質上則吸收西洋一切現代的設備・（清末的民族文學・見讀書月報第三卷第九期）・

這些・梁啓超在戊戌政變後・都給以充分的發揮・梁氏在政變原因答客難中也說・

故言變法者・將欲變甲・必先變乙・及其變乙・又當先變丙・如是相引・以至無窮・而要之非全體並舉・合力齊作・則必不能有功・而徒增其弊・

他又引康氏的說話・

故康先生之上皇帝書曰・守舊不可・必當變法・緩變不可・必當速變・小變不可・必當全變・又曰・變事而不變法・變法而不變人・則與不變同耳・

這就是他們和曾左張李等的新政不同的地方・也是他們用以批評張李等的枝枝節節的辦法爲補苴罅漏・愈補則愈漏的根據・因爲主張全變・所以他們必須找到它的理論上的根據・在當時・作爲他們的根據的・主要是今文學派的公羊學

說和可能得到的西洋的學術思想・雖同時也穿插了一些佛學・但那不過便於行文・資爲談助而已・對於那運動・沒有多大關係・①

二

戊戌維新運動・雖說是士大夫知識分子所發動的・但康有爲的有名的公車上書・也僅僅有一千三百餘名舉子的簽名・因爲當時的知識界・最大多數的讀書人・大都熱中於學業・不要說根本變法的思想很難得到他們的嚮應・就是那盛極一時的清代學術的主流——所謂漢學・也簡直和他們不發生關係的・因爲清朝自順治二年（一六四五年）開科・即仿明朝制度・以八股取士・所謂制藝的出題・都依據四書・五經・四書主朱子集注易主程傳・詩主朱子集義・書主蔡傳・春秋主胡安國傳・禮記主陳澔集說・完全依據程朱宋學・策論詩等備格而已・一般讀書人的眼光不出程朱的範圍・中間雖曾停止八股・但不久即復舊・所謂漢學・那是中式以後・才有少數人去研究它・和廣大的士子・可說毫不相干・洪亮吉做貴州學政時候（一七九二年——）・曾奏請以禮記鄭玄注易陳澔・格於部議不行・（見蕭一山清代通史卷中）・即此一端・可見舉業自舉業・漢學自漢學・更說不上什麼經世致用的了・梁啓超曾描寫科學的毛病說・

揣摩腔調・言類俳優・點名對簿・若待囚虜・担簦累累・狀等乞丐・搜索挾書・視同穿窬・糊名摸索・乃似賭博・舊本重書・若選鈔胥・夫國家之取士・取其才也・取其學也・取其行也・今以俳優鈔胥畜之・以囚虜

穿窬視之．欲士之自愛．欲國家之能受其用．何可得也．（變法通議論科舉篇）

但在科舉未廢時．這樣的士子．爲數極多．其力量也絕大．足爲變革的阻碍．梁啓超又說．

即如八股取士．錮塞人才之弊．李鴻章張之洞何嘗不知之．何嘗不痛心疾首而惡之．張之洞且嘗與余言．以廢八股爲變法第一事矣．而不聞其上疏請廢之者．蓋恐觸數百翰林．數千進士．數萬舉人．數十萬秀才．數百萬童生之怒．懼其合力以謗己而排擠己也．（政變原因答客難）

在學術隆盛時代．知識界中還有少數人在做着漢學之類的學問．到了學術衰落時候．就連這點書本上的學問．也沒有人做了．吳汝綸的天演論序云．

吾則以謂今西書之流入我國．適當吾學靡敝之時．士大夫相矜尚以爲學者．時文耳．公牘耳．說部耳．舍此三者．幾無所謂書．……凡爲書．必與其時之學者相入．而後其效明．今學者方以時文公牘說部爲學．而嚴子乃欲進之以可久之詞．與晚周諸子相上下之書．吾懼其傑馳而不相入也．……（晚清文選）

嚴復譯赫胥黎的天演論在光緒丙申（一八九六年）．在中日戰爭之後．戊戌變法之前．但它的出版則在戊戌（一八九八年）當年．這序當作於一八九六至一八九八年間．可見戊戌前後．知識界是怎樣的風氣．由這樣的士大夫去辦張李所謂新政．又怎能不至於失敗．王冶秋先生在民元前的魯迅先生書中．有一段述及魯迅十八歲（一八九八年）時所考進的江南水師學堂的情形說．

這學校（按指江南水師學堂）雖然有很高的桅杆．下面張着網．可以練習爬桅杆的技術．這可以算是有些洋氣了．而一個游泳池因爲溺死了兩個學生便塡平了．上面還特別蓋個關帝廟．借這關夫子的威靈．來鎭壓水鬼．並且爲着超度亡魂的關係．每年七月半還得請一羣和尚到雨天操場裏放焰口．魯迅先生還記得看見一位紅鼻胖大的和尚．戴上毗盧帽．捏訣．念咒．回資囉．普彌耶吽．唵耶吽．唵．耶．吽．

所謂咸同新政．就是握在這樣的士大夫——官僚的手裏．康氏所謂變事而不變法．變法而不變人．則與不變同耳．對於當時．眞是一針見血的警語．此外．佔人口最大多數的農工商等．略識字的（以及不識字的）人民．則爲三國．水滸．封神．西游乃至施公傳．濟公傳等等小說的思想所支配．戊戌政變後不久（一九〇〇年．庚子）所發生了的義和團的反帝運動．就是以這種思想爲背景的．

這種晚清時代中國思想的分野．如果不看淸整個思想界的分野．而專一注意於思想的主流．即只注意於思想的縱的發展．而忽略了它的橫的分佈．是不能獲得正確的結論的．過去論清代學術的．似乎都忽略了這一點．所以不憚煩冗地先行述說如上．

三

康梁變法維新的運動．其主要的理論根據爲今文學派的公羊學說．而康有爲就是這一學派的集大成者．

杜國庠

經今古文之爭．漢時已鬧過一次．那時劉歆幫助王莽．曾爲古文經傳周禮．逸禮．左傳及詩毛氏傳爭立博士．發動爭議的爲古文家．而晚清今古文之爭．開始以公羊傳爲中心．其次乃及於他經．主動的爲今文學家．今文學派的公羊學說所以成爲變法維新的根據者．則因這學說有所謂通三統．張三世的說法．可以証明制度當隨時因革．愈改而愈進．又有孔子受命改制之說．可以尊孔創教．以與西來的基督教對抗．而且托古改制的說法．也便於提出他們認爲適合時勢的主張．所以康氏著新學僞經考．雖仍繼續着漢學者治經的考據方法．但他所認爲的孔子的微言大義．却往往是一種托古改制．在大同書中．尤爲顯著．所以．梁啓超說．

> 近人祖述何休以治公羊者．若劉逢祿．龔自珍．陳立輩．皆言改制．而有爲之說．實與彼異．有爲所謂改制者．則一種政治革命社會改造的意味也．故喜言通三統．三統者．謂夏商周三代不同．當隨時因革也．喜言張三世．三世者．謂據亂世．昇平世．太平世．愈改而愈進也．有爲政治上變法維新之主張．皆本於此．有爲謂孔子之改制．上掩百世．下掩百世．故尊之爲教主．誤認歐洲之尊景教爲治強之本．故恒欲儕孔子於基督．乃雜引讖緯之言以實之．於是有爲心目中之孔子．又帶有神祕性矣．（見清代學術概論）

公羊家言．本來就多．非常異義可怪之論．（何休公羊傳注自序）．和所謂讖緯之言．正是同一路數．知道康氏目的在於托古改制．則雜引讖緯．更不足爲奇了．

晚清的今文運動固由康氏集大成．並用了它去做變法的理論根據．但是今文學派的勃興．却有它的歷史的環境的根據．從思想發展的本身來說．在乾嘉時代盛極一時的漢學．實導源於明清之際諸大師如顧炎武．胡渭．閻若璩．黃梨洲等．他們鑒於明季空疏不學之弊．故繼承了明中葉以後反理學的思想．提倡實事求是．又感於宗社之變．志圖光復．故又力主經世致用．後來．清朝的政權漸固．壓迫日增．文字之獄屢起．學者爲了免禍保身起見．漸漸趨重於實事求是．而放輕了經世致用．凡學術有觸時諱的都不敢講習．所以乾嘉以降．即研究史學地理學的．也全趨向於考証方面．像天下郡國利病書之類的著作議論．早就沒有了．可是經過了乾嘉盛期之後．訓詁方面．已經許多大師發明殆盡．幾乎沒有發展餘地．而名物制度的考証．又以實物無存．從書本裏不容易得到一致的結論．所謂實事求是的精神．就無從貫徹．並且訓詁考據的學問．其最後的目的原在於明了古人著書立說的眞意．而眞正的考據．也非從全書前後文字去作貫串會通的解釋不可．所以．徹底做去．必然就要越出考據的範圍而走向義理方面去．所以．當其盛時．戴東原著原善及孟子字義疏証．已經表現了由考據走上義理之路這個傾向．稍後的焦理堂的性善解．也是同一傾向的作品．又．漢學家一面既示人以復古（實則以復古爲解放）．一面又教人以懷疑．既可復至於東漢．又何曾不可以復於西漢．乃至直接於孔孟．既可以懷疑王肅的僞古文尚書．又何曾不可以懷疑服．賈．馬．鄭所根據的經傳．所以嚴復要說．

> 孔子之道．剝極於有明．而國初（即清初）顧．閻．錢．戴諸儒．已由名物制度．以求東京之學．中葉以

後．莊．劉．龔．魏諸儒．又從羣經大義．以求西京之學．以是卜之．他日必有更進西京．以求六藝者．（論八股存亡關係．見晚清文選）．

這是學術發展本身必然的趨勢．促使今文運動興起的．另一方面．自道咸以來．國步漸艱．清廷的淫威也日減．漢學的煩瑣無能應世變．而經世致用的必然要求也促進學者的眼光由書本而移於現實．所以學者遂漸注意於講求微言大義的今文之學．而研究今文學者如龔自珍魏源之流．也同時注意於邊疆及海外的問題．到了集今文學的大成者的康氏．即進一步用它去做變法維新的理論根據．以發揮他自己托古改制的意見了．這是很自然的（這一段多據梁氏說）．

康氏最重要的著作有三種．第一爲新學僞經考．証明劉歆所爭立博士的經傳如周禮．逸禮．左傳．及詩．之毛傳．都是僞經．都爲幫助王莽．故謂之新學．二爲孔子改制考．說明六經都是孔子所作．以托古改制．不但孔子這樣．周秦諸子的著作．都是托古改制的．三爲大同書．則爲自己的創作．以春秋三世之義說禮運．謂昇平世爲小康．太平世爲大同．並雜以佛學及當時所能得到的西洋思想和知識．而貫以自己的理想．以成其一家之言的（參看清代學術概論）．梁啓超說．

有爲雖著此書（大同書）．然祕不以示人．亦從不以此義教學者．謂方今爲據亂之世．只能言小康．不能言大同．言則陷天下於洪水猛獸．其弟子最初得讀此書者．惟陳千秋梁啓超．讀則大樂．銳意欲宣傳其一部分．有爲弗善也．而亦不能禁其所爲．後此萬木草堂學徒多言大同矣．而有爲始終謂當以小康義救今世．對於政治問題．對於社會道德問題．皆以維持舊狀爲職志．自發明一種新理想．自認爲至善至美．然不願其實現．且竭全力以抗之遏之．人類秉性之奇詭．度無以過是者．（清代學術概論）

這本不是康氏秉性之奇詭．而是他受了他的社會階層所限制．譬如他主張公羊學．却偏略去九世復仇之義不談．主張保皇而不認爲與公羊的大義矛盾．都屬於這類限制．主要原因．是害怕革命．但由他托古改制的觀點說．寧是很自然的．

康氏的今文學說及其變法的主張．當時頗能得到青年知識分子的歡迎．幾乎成爲維新派的共通理論．他的弟子梁啓超等不消說．當時的青年思想家譚嗣同很快就接受這一學說．以爲組織其仁學的重要因素．至如英國留學生後來以譯西洋哲學邏輯社會科學出名的學者嚴復也受了他的影響．嚴復說．

昔孔子有以見天下之至頤．而觀其會通．以行其典禮．端門受命後制百王．其敎有微言．有大義．所謂中人以上．中人以下者也．傳微言之學者．有子．子思．孟子．傳大義之言者．曾子．仲弓．荀子．此二派者．孔子之時．便日參商．迨及末流．截然相反．孟子言性善．荀子言性惡．孟子稱堯舜．荀子法後王．孟子論孔子．推本於春秋．荀子言孔子．推本於禮．……漢世六經家法．强半爲荀子所傳．……故先秦兩漢皆蘭陵之學．而非孔子之宗子也．（論八股存亡之關係）這是嚴氏接受康氏學說影響最明顯的証據．嚴氏尚且如此．可見康氏的今文學說在戊戌前後影響的廣大．

可是．戊戌政變以後．淸廷的對外畏葸諂媚．對內欺騙壓迫的使倆．完全暴露．所以有識的愛國人士．多由變法維新而轉向於排滿革命．談及國故．則揭擧春秋九世復仇的大義．禮運天下爲公的理想．都是康氏所故略所不主張實現的．對於他所樂道的通三統張三世等等．則隨同君主立憲之說不復引起青年們的興趣．至於新學僞經考和孔子改制考的作爲辨僞的考據方法方面則不然．當他發表的時候．雖沒有多少人能夠理解它①．可是後來得有崔適的繼承．著史記探源和春秋復始二書．引伸有爲之說．益加精密．民國以後．錢玄同顧頡剛等．又加以發揮．終於超越了今文學的範圍．給與研究中國古代學術者以相當重大的影響．而且方興未艾．崔適說．

新學僞經考字字精確．自漢以來未有能及之者．又說．

康君僞經考作於二十年前．專論經學之眞僞．弟向服膺紀（昀）阮（元）段（玉裁）兪（樾）諸公書．根據確鑿．過於國初（指淸初）諸儒．然管見所及．亦有可駁者．康書則無之．故以爲古今無比．若無此書．則弟亦兼宗今古文．至今尚在夢中也．（一九一一年給錢玄同信．見錢氏重論經今古文學問題．引自古史辨第五冊）

錢玄同也說．

玄同於一九一一年二月謁崔君請業．始得借讀新學僞經考．細細籀繹．覺得崔君對於康氏之推崇實不爲過．

又說．

我因爲確信新學僞經考是一部極重要極精審的辨僞專著．故二十年來對於青年學子們常常道及這書．認爲這是治國故的人們必讀的一部要籍．無論是治文學的．治歷史的．治政治的．乃至治其他種種國故的．都有讀它的必要．（重論經今古文學問題）

關於孔子改制考．錢玄同也極推崇．並認爲治國故應「超今文」而爲進一步的探討．他說．

說到史料．不但古文經靠不住．即今文經中靠得住的史料也就不多．因爲其中羼雜了些儒家．托古改制的文章．關於這一點．最先發明的也是康長素．他作孔子改制考．說所謂五帝三王的政制歷史都是晚周諸子（孔子也在內）的托古改制．不是眞事實．其中有一篇六經皆孔子所改．據宰我問．墨子非．滕之父兄百官皆不欲爲証．皆是．雖其持論不無過當．所引証據的材料也有些欠謹嚴……．康氏這個創見．當時的人大都不能了解他．不肯相信他．……康說出後．越二十餘年（孔子改制考成於一八九八年）．到了近來．才有幾位好學深思之士來研究這問題．以頡剛先生所創獲爲最多．他們的態度都是超今文的．但他們實在是接受了康氏所發明而更進一步的探討．（左氏春秋考証書後）

可以說康氏的著作．對於後來的影響．不在經說方面．而在於考証方面．而且這方面．還要跟着國故的研究．而展開延續下去．這恐怕是康氏始料所不及的吧．

四

自鴉片戰爭以後・外患日深・每與外力接觸・未有不敗・於是有識之士・多留心於經世致用・由經世致用而言富國强兵・由富國强兵而談西方的學術思想・這是很自然的趨勢・不過對於西洋的學術思想的認識・自有深淺不同・如李鴻章・張之洞等・也言西法・興工廠・辦翻譯・但其範圍不出於技術制造之外・又錮蔽於舊思想及本身的利害・故他們的口號爲中學爲體・西學爲用・同時因爲輸入的西洋學術・多淺薄貧弱・偏於天算工藝・故已認識西洋的道者如康・梁・譚等・也不能有高深的成就・但西洋的思想學術構成了戊戌運動的思想上的一因素則毫無可疑・梁啓超說得很明白・

甲午喪師・舉國震動・年少氣盛之士・疾首扼腕・言維新變法・而疆吏若李鴻章張之洞輩・亦稍稍和之・而其流行語則有所謂中學爲體・西學爲用者・張之洞最樂道之・而舉國以爲至言・蓋當時之人・絕不承認歐美人除能制造能測量・能駕駛能操練之外・更有其他學問・而在譯出西書中求之・亦確無他種學問可見・康有爲梁啓超譚嗣同輩・即生育於此種學問飢荒之環境中・冥思枯索・欲構成一種不中不西即中即西之新學派・而已爲時代所不容・蓋固有之舊思想・既深根固蒂・而外來之新思想・又來源淺觳・汲而易竭・其支絀滅裂・固宜然矣・（清代學術概論）

中國輸進西洋學問・原始於明季・自明徐光啓李之藻等廣譯算學天文水利的書・才開始把西洋書籍介紹進中國・前清樸學大師・多通天算・他們研究學問的考証方法・實頗受了它的影響・而晚淸時代給與譚嗣同等的影響的西洋學術・則大都是所謂格致類的譯書・當時江南制造局還附設有譯書機關・譯有敎科書二三十種・李善蘭・華蘅芳・趙仲涵等任筆受・他們的學問都有根柢・對於所譯的書・責任心和興味都極濃厚・所以成績尙有可和明季徐・李相比・此外・西洋在中國的教會・也還有一些譯書・光緒年間・所有翻譯書籍・大抵就是這些——明季徐・李及教會所譯的書及制造局所譯的二三十種格致類的教科書而已・前者多出於教士之手・自然不能越出基督教義所能容許的範圍・其與名理有關的・至多是名理探之類・後者則爲實用的教科書・又在中學爲體・西學爲用的指導思想之下・當然也不會有什麼高深的名哲書籍・並且・在當時中國產業的發展程度・能夠接受的也只能是天算水利以及初步的格致書籍・名理探介紹進來後・很少有人注意・就是這個緣故・

在戊戌之前・對於西洋學術思想・最能接受而運用得最有成就的・首推譚嗣同・我們可以從仁學中看到他的成績・梁啓超說・

嗣同幼治算學・頗深造・亦嘗盡讀所謂格致類之譯書・將當時所能有之科學知識・盡量應用・又治佛學之唯識宗・華嚴宗・用以爲思想之基礎・而通之以科學・又用今文學家太平・大同之義・以爲世法之極軌・而通之於佛學・嗣同之書・蓋取資於此三部分・而組織之以立己之意見・其駁雜幼稚之論甚多・固無庸諱・其盡脫舊思

想之束縛．戛戛獨造．則前清一代．未有其比也．（清代學術概論）

譚氏自己在仁學中也說．

凡爲仁學者．於佛學當通華嚴及心宗．相宗之書．於西書當通新約及算學格致社會學之書．於中國書當通易．春秋公羊傳．論語．禮記．孟子．莊子．墨子．史記及陶淵明．周茂叔．張橫渠．陸子靜．王陽明．王船山．黃梨洲之書．

由此觀之．譚氏的思想實很複雜．又因當時所能吸取的西洋學術思想那樣淺觳易竭．故也不免幼稚．但他的構想雄偉．規模宏大．却和他那冲決網羅①的精神．十分配稱．而又貫徹着他那眞摯的熱情．使人今日讀了仁學只覺得它可愛而忘其幼稚．這種大胆的企圖．正如梁氏所謂欲將科學哲學宗教治爲一爐．而更使適於人生之用的．梁氏說此計劃（即治一爐的計劃）雖不敢謂終於無成立之望．然以現在全世界學術進步之勢觀之．則似爲期尚早．況在嗣同當時之中國耶．這種企圖．在仁學中是失敗了．但這不是學術程度的問題．而是方法論上的問題．不但當日不能達到．就是將來也決定永遠沒有可能的達到的．因爲他沒有看清科學和宗教的本質是根本矛盾的東西．就是程朱和陸王也有他們不可融和的觀點．籠統治爲一爐．而欲其不相反發．結果只有牽强附會的了．這一層．梁氏也沒有見到．太虛論中國今後之文化有這樣句話．

程朱宋學．……近人更有誇爲歐洲十八紀理性派源泉．或緣飾柏拉圖．康德哲學及形式數理邏輯出以新姿態者．將謂如此之新儒統復建．即足爲新中國文化．則試爲一析言其未當．（大公報一九四三年九月十九日星期評論）

對於太虛的批評的當否屬另一問題．這裏不談．但他所要批評的對象．確是晚近表現出來的一種「緣飾」附會的作風的產物．如果可以說是像譚氏那樣的治爲一爐的作風．則這種作風應該終止．因爲由這作風是决計不能建設出新的文化來的．

話歸正傳吧．在仁學中．譚氏的攻擊清朝．排斥名教．謳歌民主．重視科學．傾向物觀等等．都足以代表戊戌時代思想的新的方面．給與辛亥以前的革命運動及以後的啓蒙運動以很大的影響．

這個方向．戊戌政變以後．由梁啓超和嚴復繼續發展了．梁啓超於政變後避地日本．仍繼續創辦雜誌．有清議．新民．國風．新小說諸報．他的目的雖在宣揚自己變法革新的主張．但對於中國後來文化的貢獻上．他的隨時盡量介紹世界學說．却比他的政治主張要大得多．他的筆鋒常帶情感的文字．也確能做到他自己所謂「新思想界之陳涉」了的．

嚴復——在戊戌那年．也被光緒召見．他有擬上皇帝萬言書．未及進呈而政變起（收在晚清文選）．可見到他對於變法的見解．——於政變後也不再參加政治運動．唯埋頭翻譯．是有計劃地介紹了西洋近世的思想的第一人．這是他和梁氏不同的．所譯有赫胥黎的天演論．亞丹斯密的原富．斯賓塞的羣學肄言．約翰穆勒的羣己權界論和名學．甄克思的社會通詮．孟德斯鳩的法意．及耶芳思的名學淺說等西籍．

這些書・除天演論出版於戊戌那一年以外・都是後來陸續出版的・就是影響最大的天演論・直接對於戊戌運動也未及發生影響・所以嚴氏譯書・寧可說繼續着戊戌運動新思想的傾向而給以發展的・這也是將來益將發展而且應促其發展的傾向・天演論有「例言幾條」・中有云・

譯事三難・信・達・雅・求其信已大難矣・顧信矣・不達・雖譯猶不譯也・則達尚焉・……今是書所言本五十年西人所得之學・又爲作者晚出之書・譯文取明深義・故詞句之時間有所顛倒附益・不斤斤於字比句次・而意義則不倍本文・題曰達恉・不云筆譯・取便發揮・實非正法・……凡此經營・皆以爲達・爲達即所以爲信也・……信達之外・求其爾雅・此不僅期以行遠耳・實則精理微言・用漢以前字法句法則爲達易・用近世利俗文字則求達難・往往抑義就詞・毫厘千里・審擇於斯二者之間・夫固有所不得已也・……

這些話反映了當日的實情・在當時自有不便用利俗文字的困難・倘用通俗文字便沒有人讀了・所以吳汝綸在天演論序文說・

今西書雖多新學・顧我之士以其時文公牘說部之詞譯而傳之・有識者方鄙夷而不知顧・民智之瀹何由・此無他・文不足焉故也・文如幾道（嚴氏字）・可與言譯書矣・……今赫胥黎之道……嚴子一文之・而其書乃駸駸與晚周諸子相上下・然則文顧不重耶・

但是嚴氏似也知道這是不可爲訓的，故其例言又云

什法師有云・學我者病・來者方多・幸勿以是書爲口實也・

因爲他處處求雅・極力追摹晚周諸子・所以在有識者間雖然風行了二十來年・但讀者的範圍究竟不廣・減少了不少的傳播力・而且往往不免因爲求雅以致犧牲了達信・所以嚴譯的書現在已很少顧客・而他所謂爲達即所以爲信也的說法・不免流爲近人寧錯而務順・毋拘而僅信的劣譯・所以嚴氏所謂信達雅的譯法・也相當影響了後來的翻譯・直到不久之前・這個翻譯方法才算得到了合理的解決・

五

總而言之・戊戌運動的思想・因受了當時歷史環境所限制・只有那個樣子・也只能有那個樣子・在繼承中國舊有學術方面・它把清代漢學的懷疑精神推前了一步・雖其今文學說僅可說是中國二千年來的經學的終結・而其辨僞的態度和方法却是今後治國學者所應該接受的・至於那以復古爲解放的方式・則是應該予以拋棄的・

其次・它復活了清初經世致用的精神・由書本而實物・由名理而科學・空談而實用以求眞理的傾向・是値得接受的・但其牽强附會的缺點・則是應該矯正的・

因爲我們現在的綜合・不是治爲一爐就完事・而是要批判地接受西洋現代的進步思想・消化吸收它而求其中國化・而使中國的思想現代化・今後正宜應用它那辨僞的方法於批判接受西洋思想方面・弄淸它的系統派別而分別予以接受・像分別接受本國文化遺產一樣・一九四三年十月・

劉景堂

一八八八年生　一九六三年卒

字伯端・晚號璞翁・番禺人・與叔子平弟叔莊並轡騷壇・嘗與廖恩燾等組堅社・提倡倚聲・關賡麟葉恭綽遠從北京邀入咫社・南北吁喁・士林屬望・著有滄海樓詞・宋詞精解等・

滄海樓詞自序

兩宋詞人・惟東坡白石變化莫測・古今論者・罕窺其奥・元明無足數・有清一代・浙常兩派・迭爲雄長・蛩聲於台鼎彝俎間・探驪何得・固亦難言・洎乎同光・百年以還・奇才崛起・如蔣文王鄭・於浙常之外・各標新異・彊村晚歲・兼衆美而總其成・猗歟盛矣・

然深心微旨・僅見於宋詞三百首選・及題清代諸名家詞集後望江南二十六闋・後之學者・仍多茫昧・難免歧趨・余生也晚・且僻處遐陬・未獲親聞咳唾・六十而後・自謂於此道頗有悟入・率爾成聲・得百餘闋・又何敢追較前賢・寸心得失・姑略存之・知我者其在水雲雲起之間乎・癸巳冬月劉景堂・

三十六溪花萼集序

有清光緒末年・予年二十二・供職廣東提學使司署之學務公所・始交伯歇・非惟共事・兼同隸總務科・一時名宿・如邱仙根・況晴皋・陳伯瀾・覃孝方・沈養源・許少白諸公・或充任某學堂監督教員・或充任視學員・每當公餘・輒相邀爲文酒會・尤好作詩鐘之戲・伯歇寓小北都府街・門榜

三十六溪兪・予休沐日輒訪劇談・因而得交叔文・叔文供職警務處・繼亦參加學務諸子之會・

伯歇詞近清代浙派・可與粵東葉南雪・汪芙生・沈伯眉三家比美・予詞得力於伯歇啓廸爲多・伯歇詩學義山・逮其暮年北上・與羅癭公黃晦聞唱和・詩格稍變・謂之與年俱進・亦無不可・叔文民國後去國・來茲坐臯比五十年・教學相長・所存詩不多・稍遜伯歇・然亦自有面目・異於流俗・今其後人・搜二公遺作・得若干首・顏曰三十六溪花萼集・屬予爲序・予與伯歇叔文數十年知交・讀其遺編・如見故人・予亦侵尋老矣・謹綴數言・以誌嚮往・公元一九六一年十月番禺劉景堂時客香江・年七十五・

丁穎

一八八八年生　一九六四年卒

字竹銘・茂名人・東京帝國大學農學部畢業・回國後・從事農業教育與科學研究・歷任廣東農業專門學校・廣東大學・中山大學農學院教授・院長・華南農學院院長・中國農業科學院院長・全國科協副主席等職・穎對稻作科學有特殊貢獻・創立區制選種法・品種多型性及系統分類法・在稻作科學發展上占有重要歷史地位・遺著有中國栽培稻種的起源及其演變等名著・

廣東野生稻及由野稻育成之新種

一・引言

我國稻作爲世界中之最古者(1)・而稻種來源迄今猶未爲世却所知・誠憾事也・作者自一九二六年夏在廣州附近犀牛

尾澤地發現野生稻以來・先後在珠江流域之番禺・增城・從化・花縣・清遠・三水及鑒江流域之茂名地方發現野稻多種・於分系栽培(pedigree Culture)中・並利用野稻之自然雜交容易・生長容易及對於不良環境抵抗力强之特性・育成普通栽培稻之新品種若干種・據作者所知・由水稻自然雜交之分離育成種鮮有良好者・而由野生稻育成栽培稻則尚未有聞・茲謹將野稻栽培・新種育成及與我國稻種關係約略選之・以就正於我國農學界・其詳當俟後專册刊布之・至編中所有關於植物學之參考材料・得陳煥鏞教授之供給殊多・觀察調查事項・得黃體昭技助之協力殊多・特志於此・以表謝忱・

二・野稻産地及我國稻作簡史

野稻先後發見於印度・緬甸(2)・錫蘭(3)・爪哇波羅洲(4)・越南(5)・澳洲(1)・菲律賓(6)・非洲(7)及巴西(8)各地者殊多・而據 De Candaalle 氏則野稻原産地當爲由越南以至印度一帶・其餘産於美洲各地者・當爲栽培稻之野性化種・氏於我國則疑有野稻存在・以我國稻作遠古於印度故也・惟野稻發見・則直至一九一六年紐約植物園長 E. D. Merrill 氏始於本省石龍至羅浮山麓地方採得而簡略記載之(9)・

我國稻種來源及野稻記載・稽之古籍・概屬闕如・惟稻名之見於說文・爾雅及其他載籍者甚繁・其耕種利用之見於詩・禮・子・史者亦多・而原始栽培則信爲神農・淮南子（公元前二世紀）神農教民播種五谷・高誘注以稻當其一是也・據說・神農在公元前約三一〇〇年・其後約在公元前二三〇〇年前爲唐虞時代・禹疏九河・與益予衆庶稻・植於卑濕・民食稍調（據史記・禹本紀）・稷教民種稻及其他百谷・推行愈廣（據詩經・周頌・閟官及孟子・藤文公上）・至公元前一一三四年以後爲周代・於周禮專設稻人一官・至公元前約六八〇年之管子時代・乃有陵稻（即陸稻・見管子・地員篇）・至公元前三五〇年之東西周時代・乃有水稻之灌溉設備・戰國策（公元前一世紀）所謂東周欲爲稻・西周不下水是也（參閱丁穎・谷類名實考・農聲九九期・一九二八年）・

古籍之可信程度者何・茲不具論・而我國稻作確遠在印度以前・其稻種必非來自印度・即可斷言者・考漢許愼說文解字（公元二世紀前期），釋秏云・秏稻屬・引伊尹云・飯之美者・南海之秏・伊尹距公元前凡約一千七百五十年・當時南海稻米已聞名於中洲・作者以爲實中原稻種來自廣東之一証・而從文字構造上言之・廣東語謂稻爲禾(Ho)・而秏字之毛義爲野草・則伊尹當時所稱秏・或即南海之稻・亦未可知・且秏與稻稌均爲一聲之轉・即在文字學上・我鄉稻種亦當謂其來自廣東也・——呂氏春秋・本味篇・伊尹曰・南海之秏・

如上述・我國稻種當來自南海・南海地方自古當有野生稻（秏）存在・即謂廣東現有之野稻自羅浮山麓西南至鑒江流域分佈約一千六百餘里者・其非偶由栽培種逃出・而爲我國水・陸栽培稻之原種・亦屬可信也・

三・廣東野生稻之植物性狀

據現在本省各地所發見者・均爲蔓生・紫莖・有芒・黑稃・紅米種・其產地概爲澤地・就犀牛尾野生稻種宿・其纖維根概粗大・從生於水面下及土中・莖由言根性之莖節生出・長有300厘米以上者・其出水部分多有高達130厘米者・葉色濃綠・葉基綠帶紫・葉質粗硬而葉肉薄・莖直生・其最長莖之頂葉長約37厘米・闊0.9厘米・葉鞘色紫・面光滑・葉緣有毛・葉舌無色・先端二分・葉耳色紫・成纖毛狀・開花期在沼澤地內者・爲時極長・約自10—12月・開花時刻約由午前10時至午後3時・間有至午後5時者・開穎時間概長・凡1—3小時・雄蕊六枚・與普通栽培稻同而發育多不完全・其藥不開放者極多・即開放而花粉發育不完全・不能發芽受精者亦多・柱頭亦與普通栽培稻同而色特紫・穎合後・柱頭夾留於外方・於開花時授粉絕少・故結實者不及1/10・而且多有自然雜交者・

穗形疏散・其最長莖之穗長約35厘米・穗梗15厘米・穗節7—8個・穗枝10—12枝・谷粒概灰黑色・Roy氏所謂野生型者是也(10)・谷粒芒長約9厘米・未熟時紅色・熟後普通色・谷粒長9毫米・幅27毫米・厚17毫米・粒形略爲平行形・外稃間有微凸者・稃端色與稃同・護穎(auter glume)長約當谷之1/3・糙米概紅色・形與谷粒相近・其胚比之普通栽培稻者小・野稻谷粒發芽能力弱而且緩・其發芽率不過20%餘耳・野稻結實既少・且於未熟以前・概行脫落・故不能於熟後收之・

如上述・犀牛尾野稻之特性・似與其他珠江及鑒江流域者・無大懸殊・而其形態習性・則多與栽培種略異・惟在植物分類上則若與 Oryza sativa L. 初無二致耳・若就野稻分離系統與普通栽培稻之人工交配F_1代之結實度觀之・計惡打粘XWI-10之3個體之F_1・結實度爲73—93%・W6-3X竹佔之4個體之F_1結實度爲73—93%・W6-3X竹佔之4個體之F_1結實度爲53—74%・即野稻自然雜種之分離個體・亦多有結實達70%以上者・據加藤氏研究結果・凡稻種親緣相近者・其雜種之結實度恒高(11)・是則本省栽培稻與野稻之親緣關係頗爲密切・可想見也・

四・新稻種之育成經過及品種特性

據上述觀察結果・野稻之栽培價值本無可言・惟生長容易及對於不良環境之抵抗力强・乃野生植物之通性・且此種育種法・在果樹上收得良效亦多・其在禾谷類上亦未嘗無試驗餘地也・作者自發現犀牛尾野生稻後・即就其根株採取單株植於農場水塘・計一九二六年收種・一九二七年單粒播植・一九二八年分系繼植之・一九二九年冬得W2-2及其他自然雜種分離之固定系統・一九三〇年後・續行W2-2單株植之特性觀察及多株植之收量試驗・計至現在止・這個W2-2之與收量有關之特性尚無劣變傾向・而其生育旺盛・對於寒害・熱害及不良土壤等不良環境之抵抗力特强・且收量亦豐・實爲本品種之優點・爰定爲一新品種・而以本中山大學名・名之爲中山1號・自本年始・將本品種種子少量分發廣州以南各地試植之・

除上揭新品種外，尚有 W1c-18-2、W1c-2-3、W1c-70-2、W1-10-1 及 W5c-17-5 等比之前品種更饒希望之固定種，其收量試驗則定自本年起行之。此外自一九三八年起所行栽培種與野生稻之人工交配者，現亦固定具有相當希望之數種，其收量試驗亦擬自本年起行之。至中山 1 號之品種特性略述如下：

中山 1 號爲犀牛尾野生稻自然雜種之無芒無色白米及直生之隱性分離固定種，據作者就野稻自然雜種分離之各系個體調查結果，芒爲單性雜種，與 Hoshino (12)、Mendiola (13) 及 Yamaguti (14) 諸氏觀察所得者同。米色亦爲單性雜種，與 Hector (15)、Mckerrel (16)、Thompstone (17)、Van der Stocks (18)、Parnell (19)、Kato (20) 及 Mitra (21)諸氏所得者同。葉鞘色有單性及二性雜種與 Hector (22)、Parnell (19) 及 Mitra (21)諸氏所得者同。莖直生與蔓生則爲中性雜種，與 Percival 氏所得於小麥者同。然茲所得結果，僅就其自然分離者調查之，其有待於人工雜種之証明者尚多也。

本品種發芽能力强而且整，於 3 月中平均氣溫約 20° 時，以 Lieben berg 氏發芽試驗器試之，每組百粒，三組平均，在本品種至置床第 4 日發芽者爲100％，其他18個栽培稻品種（貯種法同上）由置床之第 3 － 8 日發芽者，僅由81－95％耳。於 6 月中氣溫約27℃時，以 Petri dish 試之，則本品種於第 2 日者爲99％，而其他11個栽培稻品種於第 3 － 5 日發芽者僅由83－97％耳。

本品種分蘖能力亦强，與野稻之多蘖相近，但稈長則中等，據一九三〇年單株植 1,200 科之調查結果，其有效分蘖數爲 28.94±0.043 株，稈長爲 90.07±0.078厘米。

葉頗硬直，色濃綠，至成熟期，黃變者仍少，其 30 個體之最長莖之頂葉長平均爲 43.37 厘米，葉寬爲 9.00 毫米，葉端高出穗端爲 20.5 厘米，葉身與穗軸所成角度約 30 度內外。

本品種爲晚季中熟種，預定播期 7 月 1 日，移植期 8 月 1 日，出穗期10月初，收獲期11月初，開花時刻多在正午，與野稻之先後參差極大者不同，且各科各株之出穗期亦頗整一，其 1,200 科之出穗期（10月7.72±0.026）之標準偏差不過 1.58±0.018 日耳。又本品種穎花之開閉時間及授粉狀態亦與普通栽培稻品種同，其柱頭亦不披出夾留於穎外。

穗形頗傾仄而不散，不實粒絶少，其 1,200 科之最長莖之穗長平均爲 20.76±0.04 厘米，每穗粒數爲 91-86±0.28 粒，每 1 厘米之粒數爲 4.24±0.01 粒。

谷粒無芒無色，粒形與 Graham 氏谷粒分類之第一級相似(24)，其千粒重三次平均爲 24.89 克，20 粒三次平均長爲 8.69 毫米，幅 2.95 毫米，厚 2.17 毫米。

糙米爲玻璃質米，平均千粒重爲 19.64 克，長 6.53 毫米，幅 2.21 毫米，厚 1.82 毫米，米之棱角不高，米胚亦小，惟發芽力强，有如前述。本品種糙米品質頗佳，惟飯質則略粗，與一般由赤米育成種之米質相近，或亦野性獨有之一征也。

本品種產量頗豐，對於不良環境之抵抗力尤强，如 1931 年 9 月末，氣溫驟降至 14℃內外，及 1931 8 － 9 月間・氣溫繼續在26°C以上・凡普通栽培稻品種均著受不良影響者・而本品種之受害程度特微・又如晚季植後3周內外・普通栽培稻品種多有萎黃病(Chlorosis)發生・而本品種之受害亦微・是以就豐凶考照試驗之與本品種熟期相近之竹占・油占及齊眉3品種之收量比較之・在1931年度3品種平均收量爲348斤者（部畝）・本品種則爲415斤・在1932年度3品種平均爲294斤者・本品種則爲422・即兩年平均計・本品種約比之其熟期相近之3品種增加30%也・茲將本品種三年間每畝谷收量（斤）及平均列示如下・

區別	Ⅰ	Ⅱ	Ⅲ	平均
一九三〇年	五三七十五〇	五三〇十六〇	一	五三九十〇五土一十三三
一九三一年	三八〇十〇〇	四二六十二五	四四一十二五	四一五十八三土一三十四二
一九三二年	四三六十二五	四三〇十〇〇	四一一十二五	四二三十五〇土四十九二
平均				四五五十七九土六十一九

注・一九三〇年每區面積爲8／10畝・一九三一年後每區面積3平方丈・換算畝牧量如上・

五・總括

1.我國稻作爲全世界中之最古者・而稻種之來源・迄今猶未明了・茲將作者在珠江及鑒江流域新發見之野生稻栽培經過及與我國稻種之關係並由野稻育成新種之概要述之・

2.廣東野稻分佈區域・就現在所知・自羅浮山麓以至鑒江流域・凡亘1,600餘里・我國稻種來源・從稻作史及文字學上觀之・當以來自廣東野生稻爲是・

3.廣東野稻概自然生長於澤地・而爲宿根繁殖之蔓生・紫莖・有芒・紅米種・其結實粒於成熟前極易脫落・然結實者平均不及1／10・因花葯及花粉發育多不完全故也・若就其與栽培稻雜種者觀之・則結實度多有達70%以上者・是即野生稻親緣覺與普通栽培稻殊近也・

4.野稻似無栽培價值・而由其自然雜交之分離育成品種則生育極易・對於寒害・熱害及萎黃病等不良環境之抵抗之極强・收量亦頗豐・計經育成之中山1號・其植物特性與普通栽培稻無甚懸殊・其收量三年平均畝計約450餘斤・此外・自然雜交・人工交配之固定而有栽培希望者・尚有多種・現尚在繼續試驗中・

中國栽培稻種的起源及其演變

引言

作物品種起源和演變的研究・在生物學理論上和農業生產實踐上都具有重要意義・稻爲多型性植物・在野生型(Oryza sativa L. f. spontanea)和栽培種中都分化形成很多不同的類型・特別在我國・稻種分佈區域遼闊・環境條件複雜・具有悠久的栽培歷史・從而在長期的人爲培育選擇下・特適於各個地帶或各個地區的栽培類型就比之其它作物特多・根據這些多種多樣的物種資料和古代歷史與語文上的豐富記載・以及出土遺物的事實說明・著者曾分別就我國的野生稻和籼粳稻的地理分佈・稻作的起源和區域的劃分・提出過一些初步意見（丁・1933・1949・1957）・現根據這些有

關的和其它的研究結果·就我國栽培稻種的起源和最主要的栽培類型·即秈粳稻型·早晚稻型·水陸稻型·粘糯稻型等的演變形成作一綜合闡述·以期明確稻種類型間的系統關係·並使品種選育和栽培研究多獲一些理論基礎·但問題的有關方面非常複雜·有待今後研究補充的還不少·敬望閱者指正·又本篇關於古典的文獻和年代方面·得華南農學院圖書館主任梁家勉同志幫助很多·特此感謝·

一·栽培稻種起源與野生稻

作物種一般起源於野生種·水稻也不會例外·關於我國稻種起源研究的資料·除華南普遍有野生稻種分佈外·還有不少與野生稻有關的古典記載和歷史上的栽培發展過程可資參考·如漢許愼說文解字·（一二一年）的秜字·魏張揖埤蒼（約二二七—二三二年）的穞字·晋呂忱字林（約四一九年）的秜字·均指田野間自然生長的稻的植物·三國志·吳書更明顯地說·黃龍元年（公元二三一年）由拳（嘉興）野稻自生·南史·大通三年（五二九年）吳興生野稻·新唐書·玄宗本紀·開元十九年（七三一年）揚州奏穭稻生·而以戰國時代（公元前二〇七年前）山海經·海內經說的最明確·所謂西南黑水之間·有都廣之野（南方）·爰有膏（滑澤）菽膏稻·百谷自生·冬夏播琴（殖）·指明了距今約二千多年前·華南地帶有自然生長的豆菽和稻谷·而且冬夏季都可以播種繁殖·

康德爾 (A. De Candolle, 1884) 著作物起源時·估計中國有野生稻·並認定由亞洲南部的中國迤西到印度孟加爾一帶·稻的存在比其他作物爲早·至一九一七年·墨里爾在廣東羅浮山麓至石龍平原發現野稻 (O. sativa L.)·一九二六年著者也在廣州市東郊犀牛尾的澤地發現·隨即於廣州外圍的番禺·增城·從化·淸遠·三水·西南至陽江·茂名·吳川·遂溪·西至廣西西江流域各地·均發現有野生稻廣泛分佈（一九三三年）·給古典記載以事實証明·這個野生稻在台灣也早有發現·農民叫作鬼禾·陽江地方也叫作鬼禾·吳川地方則成爲與稗草差不多的稻田有害雜草·

除一般認定爲栽培稻（包括秈粳稻）的祖先的野生稻外·一九三二和一九三三年中山大學植物研究所在海南島崖縣南山嶺下和小抱扛田邊發現疣粒野稻種 (O. meryeriana Baill.)·日比野等（一九四二）認爲本品種廣佈於海南島的沼澤地方·保亭縣附近並有類似疣粒野稻的栽培種·這個種於一九二六年在台灣也有發現 (Masamune: 1942)·小粒野生稻 (O. minuta Presl.) 在中國雖未發現·但中山大學植物研究所於海南島南淋嶺·豆守嶺等處發現小粒稻的栽培種 (Merill: 1940)·前嶺南大學標本室也在廣西信都縣採有類似小粒種的栽培稻標本（戚經文·一九四八）·最近據雲南思茅縣人民委員會關於發現野生稻的報告（一九五六年）·由該縣農業技術推廣站金崇禮在普洱大河沿岸橄欖溝邊傾斜肥沃地上發見有野生稻·根有地下莖和鬚根及根毛·能多年生長·地上莖節約八個·莖形圓·近節部爲實心的·能從地上節的葉鞘內分出枝條·葉片厚硬無毛·色深綠·穗有枝梗4—5個·每枝約有谷2—3粒·粒不易脫落·產地在林地附近·據就谷粒觀察結果·稃色青·粒形長·內穎狹小·只及

粒幅1／4·護穎短小·只及粒長1／8·稃無毛·有不規則的疣狀突起·疣端無芒或間有短芒·米淡棕紅色·這個野生稻與非洲的光身種(O. glaberrima Steud.)頗相似·在印度西北邊省也發現有光身種·並能與普通種(O. sativa L.)雜交(Ramiah: 1953)·但就它的谷殼疣狀突起和上列植物性狀看·則與我國台灣·海南和與雲南毗連的緬甸·印度所見的疣粒野稻相同·因暫定名爲疣粒野稻種(O. meyeriana Baill.)·雲南栽培種與這個野生種相似的·昆明有李子黃·在粒型和石碳酸鑒定上近似籼稻·但在脫粒性和稻瘟感染性上則近於粳稻·這樣的品種在各縣屢有遇到·而以安寧縣最多(程·一九五五)·除上述通常野稻(O. sativa L. f. spontanea)外·所有疣粒種·小粒種等與我國栽培稻種的關系還有待研究·但華南成爲野稻品種的自然繁殖地帶·則可使古典記載完全得到事實証明·

栽培稻的祖先·一般認定的即上述廣泛分佈於亞洲南部以至南洋一帶的野生型(O. fatua＝O. sativa L. f. spontanea)(Roschevicz·1931)·這些野生型如華南沼澤地方所發現的·與栽培的籼粳稻特別與籼稻無大差別·只分蘗散生·穗粒稀疏·不實粒多和脫粒特易·與栽培稻種不同·此外在安徽巢湖流域淹水地方也發現過野生稻·形如蘗稻·因而有認爲是蘗稻祖先(周·一九四八)·但把它的種子作普通種栽培時·它的生長和結實情況完全與普通水稻種同·因之只好認爲是野性化的稻種·

在印度·有認定小粒野稻(O. minuta Presl.)爲小粒栽培稻的原種(Koernicke: 1885)·或葯用野稻(O. officimalis Wall.)與某些水陸稻種有關(Watt: 1908)的·但這些種在植物形態上與普通栽培種有很大差異·如前述的疣粒種稃面特有顯著的疣粒突起·葯用種特別具有地下莖·小粒種爲四倍體植物·從而在亞洲可以完全肯定爲普通栽培稻的祖先的·就只有普通稻的野生型(O. sativa L. f. spontanea)一個品種·非洲的栽培種除一般的是由亞洲傳入之外·在熱帶非洲地方有與當地野稻的短舌種(O. breviligulata A. Cheval et Rochr.)和光身種(O. glaberrima)類似的·但這些非洲特有的栽培種還未傳達到當地地區以外·從而廣泛傳播於世界各國的品種也只好認定是來源於普通稻的野生種(Copeland: 1924)·

從我國古籍管子·輕重戊篇·陸賈新語·道基篇·淮南子·修務訓等記載(民族傳說)看·我國稻作開始於公元前約三千年的神農時代·爲世界稻作最古的國家·至公元前二千年前後(尹·一九五五)的仰韶村新石器時代的遺迹·發現有栽培稻的植物體和種粒(Edman: 1939)·至公元前十二·三世紀間(公元前一四〇一－一一二三年)的安陽殷墟的甲骨文中·便發現有稻字·這說明了我國稻作文化在那時已發展至一定程度·同時民族傳說關於稻作的古典紀載的可靠性·也獲得一定程度的事實証明·還有一般認爲信史的漢初司馬遷(公元前一四五—?)的史記·記有黃帝(約公元前二十六世紀)栽培五種谷類(黍·稷·稻·麥·菽)·和大禹·后稷·伯益等(約公元前二十一世紀)疏治九河·教農民在低濕地方種稻·至周代(公元前一一二二—二四九年)在黃河流域已有相當大量的水稻栽培·周代(公元前一

一二二一四八一年）春秋絕筆前所遺留下來的民歌（即最可信的古典詩經），曾有不少明確的描寫，並有周代出土的鐘鼎文關於稻米供作旅行食用等的記載，加上春秋戰國時代（公元前七二二—二二一年）稻作灌溉事業的發展，著者因而認定我國稻作可能發軔於距今五千年前的神農時代，擴展於四千前的禹稷時代，至二千二百年前的周代，就相當廣泛地把我國在黃河流域栽培水稻的基礎奠定了下來（丁，一九四九）。

印度和我國同爲古老的稻作國，但康德爾 (A. De Candolle: 1884)，認爲印度的稻作起源在我國之後，據察脫傑 (Chatterjee: 1951)，約公元前一千年的阿闍婆吠陀 (Artharva Veda) 贊美歌中始見稻字 (Vrihi)，北印度巴佛哈那加 (Bahudhanaka) 的游得希亞 (Yaudheya) 民族確知有稻，是在距今二千年前，其他梵文古籍提及稻的，概在公元前第一，二世紀間，這個稻字 (Vrihi) 的語音系統與我國稻 (Dau, Tao)，稌 (Tu) 等完全不同，反之，華南在古代（伊尹時，約公元前一七五〇年）稱稻爲秏 (Hao，見說文解字），今云南傣族稱稻爲毫（據程侃聲私人通信），在閩南，廣東各地的福老語稱稻爲 Deu 或 Teu，西南山區民族（苗）古語稱稻爲 Tsuo（西村，一九二八），越南稱稻爲 Gao，又泰國稱稻爲 Kao，著者根據我國五千年來的稻作文化創建過程，並由華南與越泰接連地帶的野稻分佈和稻作民族的地理的接壤關係，特認定我國的栽培稻種是起源於華南。

根據歷史，語言和出土遺迹各方面的研究結果，全世界栽培稻種的起源和傳播，一在公元前一，二世紀由我國東傳至日本（安藤，一九五一，野口，一九五六），二在公元前第十世紀間由印度西經伊朗入巴比倫，後傳至非洲和歐洲，至新大陸發現後入於美洲 (A. De Candolle. 1884. Blankenburg. 1935)，三在爪哇於公元前一〇八四年已開始植稻，但南洋各地的稻作文化則是在公元前一千年前後澳尼民族 (Austronesian) 由大陸南下時所傳播的（宇野，一九四四），從而形成南洋的 Beras（米）和 Padi（谷）的特別語系，至於印度栽培種起源於本土或來自中國，還沒有定論 (Ramiah. 1953)，察脫傑引馬提哈善 (Mahdihassan) 之說，謂拉丁語的 Oryza 非來源於印度語的 Arishi，而是來源於我國寧波方言的 Ou-Li-Zz，印度語的 Arishi，非來源於印度本土，而是倒稱寧波方言的 Li-Zz 爲 Zz-Li，再轉爲南印度語的 Sali，這個說法的確實性如何，我們沒有掌握什麼論斷的材料，但印度稻作起源在我國之後，和我國稻種沒有來自印度的可能性，當然無可懷疑。

此外關於引用我國古籍問題，要說明一下，近三，四十年來，古史學家對神農懷疑很多，但懷疑不等於否定，在史前期的神農事迹雖屬於民族傳說，但如易經，左傳，國語，管子，孟子，呂氏春秋，淮南子等不限於一家一說（諸子百家中），而相當普遍地把神農創建我國農業文化的事迹記載起來，這些古籍與荒誕的神話不同，而具有相當高度的紀實價值，已爲古代制度文物研究者所熟知，故關於神農事迹，在未有其他確切的否定論証以前，就可作爲一定程度上的理論根據。

丁穎

二・籼粳稻種的演變

根據我國幾千年來稻種的起源・演變和栽培發展過程・在生產實踐上關係最大的稻種類型・一爲籼粳稻種・二爲早晚熟種・三爲水陸稻種・四爲粘（黏）糯稻種・就中籼粳稻可認定爲地理分佈上即受地勢高低或緯度高低的氣候條件（主要是氣溫）所影響形成的產物・連作稻的早晚季或單季稻的早晚熟種爲季節分佈上即受年中日照長短長法的時候所影響形成的產物・水陸稻爲地土分佈上即受田土的水分條件（水田或旱地）所影響形成的產物・至於粘糯稻・則在栽培過程中由植物特性最明顯的澱粉性變異所選別栽培的類型・與其他某一植物特性如紅白米・大小粒等種的變異形成甚大區別・因而作爲一個特性變異的例子提出・

籼稻與粳稻的區別・在距今一千八百多年前的許愼說文解字（公元一二一年）已分稻種爲粘與不粘（黏）的兩大類型・即籼（稴・籼）爲稻不粘者・而粳（秔・粳）則爲稻之粘着・這是我國對籼粳特性的最先區別・正如段玉裁說文解字注（一八〇七年）說・稻最粘的是糯・次粘的是粳・不粘的是籼・此外古籍中還以芒的有無・熟期遲早・香氣多少・稻穗短長・谷粒大小圓扁等爲籼粳區別的特徵（丁・一九四九）・依植物特性的區別・還有劍葉開度大小・葉片大小・長短・軟硬・葉綠濃淡・葉毛多少・稃毛多少・莖稈大小・長短・軟硬・穗頸長短・彎直・稃毛稀密・長短等的不同・依生理特性的區別・還有谷粒吸水・發芽和生長遲速・耐肥和耐寒性强弱・對稻瘟病抵抗性大小等的不同（盧・一九三四・管・一九四六）・關於現代的籼粳稻種研究・加藤等（一九二八）首從雜種結實性和品種間的血清反應來區別籼粳・他們把粳定名爲日本型 (O. sativa subsp. japonica Kato)・籼定名爲印度型 (O. sativa subsp. indica Kato)・而似乎還未知道所謂日本型是在公元前一・二世紀間來自中國・也未知道那時在中國已劃分稻爲粘與不粘的兩大類型・其後塞里姆 (Selim: 1930) 就籼粳花粉母細胞作核仁個數的觀察・濱田（一九三五・一九三六）就芽鞘・中莖和第一葉作黑暗定溫中的生長觀察・也肯定加藤之說・但據寺尾和水島（一九三九・一九四二）就日印兩型雜種親和性的觀察結果・還有中間型存在・且雜種親和性與加藤的籼粳形態區別和與濱田的幼芽三器官的觀察結果也不一致・寺尾等根據他們的研究結果・推想稻種由南方原產地向四方傳播時・因長期的自然和人爲淘汰關係・在產生日印兩型之前・可能產生種種類型・這些類型由於地理和人爲的隔離繼續存在時・那就可能使各地品種相互間的雜交親和程度造成相當複雜的現象・隨後網彥一關於日印兩型的核仁數現察（一九四四）和關於谷粒對石碳酸的着色觀察並幼苗對氯酸鉀的抗毒性試驗（一九四七）・也認定印型的地理的分化相當複雜・管相桓等（一九四六）的兩型核仁數觀察・也沒有一致的區別・松尾（一九五二）搜集日本和其他各國水陸稻種 1431 個種進行植株類型的觀察結果・大別世界稻種爲A・B・C三類型・A爲日本型粳稻・莖强硬・耐肥・多收・葉濃綠無毛・易感稻瘟病・B爲印尼型粳稻・莖强硬・葉色淡・葉毛少・抗稻瘟病性比A型强・C爲印度型・即籼稻・莖柔軟・葉色

淡・葉毛多・抗稻瘟病力更强・他並認爲這些品類形成是以對世界各地的風土適應性爲主因・但所有上述秈粳的雜交親和性强弱或性狀異同等複雜問題・如果根據氣候生態型的理論・就可認爲是隨地理分佈的不同環境條件所可能影響到的品種變異現象・而獲得更爲簡明確切的理解・

如上述秈粳・在我國於公元第二世紀初已明確・粘與不粘的兩大類型・據古典紀載・公元前後數年間在黃河流域所發展的稻作文化概屬於粳稻・那粳稻爲我國古代在黃河流域栽培稻種的代表（丁・一九四九）・當時傳入日本的也是粳種・一九五三年在洛陽市郊的漢墓瓦倉中發現類似粳型稻谷和其他谷類多種（文物資料・7）・對於古籍記載更給予了候相當証明・但當時栽培於江南地方的主要屬於秈種・如《說文解字》提及伊尹時代（公元前一七〇〇年前）的南海之秏也應是秈種・直至魏晋（公元二二〇－四二七年）古籍提及稻種的・還以秈稻概括粳稻（魏張揖廣雅）・或直指粳種爲秈種（魏李登聲類）・自宋大中祥符四年（公元一〇一一年）從福建取運占城稻（原越南種）三萬斛（十斗爲一斛）分給兩浙江淮三路作種子・播植於高旱的民田・此後江淮以北漸多秈稻・

在長期的封建統治和地主剝削階級控制之下・談不上從根本上改進地力・發展生產・因而旱生耐旱耐瘦的秈種・就在黃河流域逐漸占着重要位置・所以至一九四九年全國解放以前・如陝西由漢中至陝北・河南由淮河上游至黃河之北・河北的五河上游都有不少的秈種分布・但由於地理的環境條件和品種的適應性能關係・自黃河流域迤北至西南高原・主要仍爲粳稻分佈區域・其他如淮南地力豐饒地方・太湖稻作高產區域・湘粵閩贛山區・以至熱帶的海南五指山少數民族地區・台灣高砂族地區・約由500-2000米內外的高地（俞・一九四四・一九四五・卜・一九四五・繆・一九四五・丁・一九四九）・也有粳種存在・至於分佈華南地帶的平地粳種・只有一般的晚季大糯（粳糯）和台灣特育成的平地粳稻蓬萊種・更南至越南和赤道直下的爪哇・也有多少粳種（水島・一九四八）

根據上述秈粳稻種的栽培發展過程和地理分佈看・秈型稻種是適宜生育於熱帶和亞熱帶的華南和華中的・粳型稻種是適宜生育於氣候暖和的溫帶和熱帶高地的・現分佈於亞洲・非洲熱帶和其附近地區的・也幾乎全屬秈型稻種・由於栽培稻種是起源於熱帶和其附近沼澤地區的野生種（O. sativa L. f. spontanea）・秈型稻種又爲栽培稻種的基本型・那我們就有理由認定・粳型稻種爲隨着地理環境・特別是在熱帶高地和溫帶區域・受着溫度條件的影響所分化形成的特適於暖和環境的氣候生態型（丁・一九四九）・這些推定・依各維廉・程侃聲等（一九五五）和雲南省農業試驗站（一九五七）近來關於雲南秈粳種垂直分佈的調查結果・更獲得明確的根源・

據程侃聲等整理雲南稻種結果・雲南雙季稻區年平均溫在17℃以上・一月平均溫15℃以上・十月20℃以上・一般秈稻地區年平均溫17℃以上・粳稻地區則16℃以下・最低的如麗江・昭通・年平均只13℃上下・且雲霧過多・產量低減・從地形高低的稻種垂直分佈看・1750米以下的爲秈稻帶・

1750-2000米的為秈種與粳種交錯地帶．2000米以上的為粳稻分佈地帶．有例外的．如開遠平地也有一些粳稻．而不盡是秈種．所有秈種在雲南稱為掉谷或白谷．脫粒較易．粳種稱為連枷谷．割把谷或冷水谷．脫粒較難．這個脫粒難易的區別．與分佈於長江．黃河流域各地的秈粳種也大致相同．但有特殊的．如滇西德宏自治洲的秈稻概難脫粒．此外西南高原粳稻的植株較高．葉較長闊．與分佈於太湖流域和黃河迤北的頗有不同．卜慕華（一九四五）和咎維廉（一九五六）特稱為高原粳．

據程侃聲等觀察結果．秈粳交錯地帶的品種類型很複雜．有些品種很難從形態上或石碳酸反應上加以識別．在同一品種和形相相似的植株中也常見秈粳混雜的類型．這些複雜現象．就在秈稻地帶中也常有發現．例如鳳儀縣的葉里藏和臨安早．昆明縣的大白掉．對石碳酸處理根本不變色．但中間混有10－28%的變色種子．而巍山縣的紅米早谷（秈型陸稻）則全不變色．有些雖稱為掉谷．但實際上是連枷谷型．如昆明的冷水掉．胭脂掉．原屬粳型．可是都易脫粒．且帶有石碳酸染色的谷粒11－30%．從谷粒長短大小看．也不是沒有交錯的．如昭通紅殼為粳型．但長幅比達2.32倍．鳳儀紅皮谷也是粳型．但長幅比達1.93倍．曲靖三百子是粳中混秈．長幅比達1.97倍．其它長幅比小的秈種也屢見．又從殼色和播種期看．霑益小青芒．曲靖麻線．安寧白麻早等帶紫麻斑色種和其它適宜於早播早植的．一般多屬秈型．粳型中雖然也有麻殼的．但不論殼色如何．一般均屬於中遲熟種．適宜於遲播遲植．

雲南因地勢高低而氣溫差異極大．稻作生育在由海拔100米以下的熱帶性平地直達2400米以上的溫帶性的高原．稻種原是熱帶性的．但也是多型性的．由這些基本型的植物個體．隨栽培高度的逐步上升而不斷地發生環境適應性的分化變異．致形成適宜生育於溫度16℃以下．海拔1750-2000米以上的粳型稻種．且在1750-2000米上下地帶形成種種式式的秈粳交錯的過渡類型．這是完全可以想像的．由低緯的熱帶及其附近的高地所演變生成的粳種．再經人為的傳播和選擇以獲得特適於高緯地帶的粳種．這也是完全可以想像的．著者根據這些品種類型的地理分佈和有關的理論．確認粳稻為由栽培稻基本型的秈稻所分化形成的一個氣候生態型．並根據秈粳兩型彼此不同的分佈地帶．植物性狀．栽培條件和我國勞動人民於公元前已在黃河流域顯著地創造出粳型稻種栽培的農業文化成果．因而確認秈粳為我國稻作發展過程中的兩大品系類型．特定名為秈亞種 (O. sativa L. subsp.hsien Ting) (hsien = sen) 和粳亞種 (O. sativa L. subsp. keng Ting)（丁．一九四九）．這個粳種．管相桓 (Kuang. 1951) 曾稱為中國型．蘇聯則稱為中國日本型．

三．早晚季種的演變

我國栽培稻種．如上述．起源於華南地帶的野生稻．這些野稻是一年一次在冬季的短日期中出穗成熟．為短日性植物．華南和西南高原以至華中一帶的雙季晚稻或單季晚稻種也與華南野生稻同屬短日性植物．可是華南以至華中的早季稻或單季的早熟種則屬中間性植物（對短日和長日植物而說）．華北．東北和西北一帶的也屬中間性植物．這些中間性型的稻種起源問題怎樣．與短日性型種的親緣關係怎樣．是一個應該研究的問題．

如上文所引述的．約在戰國時代成書的山海經．已記載今之華南一帶．與今之海南島同有冬夏播殖的早晚季稻．楊孚（第一．二世紀間）異物志也說．交趾稻夏冬又熟．農民一歲再種．可知早季稻的起源很古．但公元前八世紀以前的民歌詩經．豳風的七月那一篇中．有十月穫稻一句．周代的十月約當今之九月．豳在今之陝西西部．那裏的割稻期間當今也在九月．而稻穗分化．發育開始期則約在七月．此時日照時數約爲14小時．能夠在此時開始發育的．只有中間性的早熟稻種．也就是在公元前第八世紀以前．栽培於黃河中游的．已與今所載培的同爲早熟品種．至晋（二六五－四一九年）郭義恭廣志說．南方有蟬鳴稻．蓋下白稻．青芋稻．累子稻．白漢稻．約六七月前熟．又說．南方有蓋下白稻．五月穫後．九月復熟．左思（約二五〇－三〇五年）三都賦．吳都賦（二九九年前）也說．國稅兩熟之稻．這都說明了南方在第三世紀確有早晚兩季的稻作．此後酈道元水經注（第六世紀初）也說．九眞（今在毗鄰我國廣西的越南境內）七至十月種白谷．十二至四月種赤谷．唐書還說．開元十九年（七三一年）揚州（華東）有再熟稻 1800 頃（但這也許只是再生稻）．

據植物學的形態．生理和作物栽培學上的觀察研究結果．南方的早季稻與北方的早熟種是同一類型（丁．一九五七）．而與晚季種的親緣極近．如磯永吉（一九一九）就台灣籼稻調查結果．早季種比之晚季種稃色較濃和有頗多的棕黑色斑點．葉鞘和葉面的茸毛較少．稻株生長姿勢較密集．出穗欠整齊．米色欠光滑．腹白程度較高．但這些當是對於早晚季環境條件不同的反應．而不是本質上有多大差異．在早晚季種雜交關係上也不見有什麼特殊現象發生．可是把早季種或單季稻區的早熟種作爲雙季稻區的中季種（中間作）．晚季種或冬季種（雪禾．冬禾）栽培時．一般雖然可以正常生長發育（適種另說）．但相反．如果把晚季種或單季稻區的晚熟種作爲早季．中季或冬季種栽培時．它的出穗結實時期仍然與經常的晚季或晚熟種的相差不遠．這顯然是早晚兩類型的光照階段發育性有不同．可是品種形成的因素和系統關係究竟怎樣．前人還未研究．

關於稻的光照階段發育性或光周律的研究．自吉井（一九二一）以來的觀察結果很多．都認定稻爲短日性植物．只因品種（如晚季稻的中．早熟種或單季稻的中熟種）而對短日（8－10小時）處理的反應程度稍有不同．但早季或單季的早熟種對於短日處理則反應極少或全無反應．當長日處理（24小時）時．晚季或晚熟種全不出穗．早季或早熟種也反應很少（福家．一九三一．近藤等．一九三四．加茂．一九四四）．換句話說．早季或早熟種在溫度條件可以滿足生育要求的範圍內．生育期大致有定．而與這個時期的日照長短關係極小或完全無關（吳．一九五二）．

從植物學特徵和雜交關係看．早晚季或早晚熟種只好當作同一類型．但在光期發育性上則彼此差異非常顯著．這個差異的形成過程和品種的系統關係．我們作過的實驗觀察．

得到以下一些初步結果·據我們關於水稻周年播植的出穗期變異現象的觀察結果·當9月下旬至11月中旬播植短日性的晚季稻種（晚金風等三個品種）時·有些個體在越年10月出穗·與晚季播植的晚金風同時·但也有些個體在越事春夏間出穗·與冬季播植的中間性的雪禾或早季播植的早金風同時·這表示出中間性的早季或早熟種可能由短日性的晚季種或晚熟種通過光照階段發育條件的不同·由基本型的植物個體變異而形成這個系統變異的新類型·據蘇聯很多的實驗結果·栽培植物在光照階段中·由於不同的發育條件所引起的個體間遺傳性變異是不少的（諾維科夫·一九五三）·那我們就可能認定中關間性的早季種或早熟種是由廣大勞動人民在長期的生產實踐或不時栽培中·從一年一熟的秈或粳型的短日性種通過不同的日照條件所選得的氣候生態型·這些中間型的早熟種田較低溫的北方移到較高溫的南方時·出穗成熟期提早·與短日型的晚熟種南移時出穗成熟期提早一樣·從而我們如果分別稱短日性種爲感光型·中間性種爲感溫型·就錯綜複雜·反難理解（網·一九五二·和田·一九五四）·

這個中間性稻種類型的分化形成和選擇栽培·在生產發展上關於高溫地帶的年中稻作分佈（早·中·晚季種等）和高緯地帶的高溫期中稻作分佈·有極其重大的意義·如前述·公元前第七世紀以前在陝西地方（豳）·就能夠栽培這樣的早熟品種·公元前在南方（都廣）也能普遍栽培早季稻種·

四·水陸稻種的演變

水稻（並深水稻）與陸稻的親緣關係和演變過程·異說頗多·華德 (Watt: 1908) 認爲印度陸稻和珍野生的葯用種 (O. officinalis) 有關·拉米亞 (Ramiah: 1951) 認爲深水稻當來源於陸稻的宿根種 (O. perennis)·也有認定水稻來源於陸稻的（濱田·一九三五·Burkill·1935）·但在稻作歷史最悠久的我國·最先栽培的是水稻而不是陸稻·其它依植物形態·生理或解剖學上來研究水陸稻類型的·還有各種不同的意見（耶雷金·一九五〇）·

我國稻作見於距今五千年前的神農時代·古籍最先記載的是管子·陸賈新語·淮南子等·淮南子·修務訓說·神農相度土地乾濕肥瘦高下·教人民播種五谷（黍·稷·稻·菽·麥）·這個開始就播種在下濕地方的·無疑是水稻·隧形訓還說·江水肥仁而宜稻·說山訓最明確說·稻生於水·而不生於湍瀨之流·司馬遷史記·夏本紀說·禹（約公元前二十一世紀有疏九河·命令伯益與庶民稻種·播植於低濕地方·公元前八世紀以前詩經·白華說·彪池北流·浸彼稻田·周禮（公元前第三·四紀時書）特設稻人·掌管低濕地方的稻作·並定有相當完整的灌溉排水制度·最具體的是戰國策所說（約公元前三百年前後）·東周地方要種稻·但西周地方把水堵塞·不讓水向東流灌下來·漢末期（約公元二一九年前）楊泉物理論說·稻爲灌溉作物品種的總名·左思三都賦·魏都賦（公元二六五－三〇五年）說·水植稌稻·而且在春秋戰國時代（公元前七二二－二四七年）·已有大

規模的灌溉工程・如在今安徽的芍陂・河南的鄴渠・四川的都江堰・陝西的鄭國渠等等・使水稻栽培事業獲得很大的發展・相反・在公元前數百年間的古籍記有陸稻的只有管子・地員篇的陵稻和禮記・內則的陸稻・且在稻字上加上一個陵字和陸字・雖然是個後起名稱・和由稻這個東西發展起來的・此外在周代遺留下來的金文（稻嫖敦）上・還有左側下方從水的稻字（容庚金文編）・象徵稻是生於水中的東西・下面再就水稻的植物特性同異・系統發育和類緣關係等問題作簡要的分析・

水陸稻種的特性差異・在植物形態上很少・而在植物生理上則相當多・但從個體發育關係看・水稻與陸生作物不同的特適於沼澤生長的（與沼澤植物的野生稻相似的）器官・在陸稻方面還具備着・或當水陸稻種轉換環境栽培時也同樣轉變着・例如幼芽第一眞葉的發育不完全・根・莖・葉枕・葉鞘・葉身和中肋的通氣構造・水陸稻種是一樣的・因水旱播植的環境條件不同而水陸稻種的根毛或無或有・和莖葉保護組織的發達程度或優或劣・也對於水陸稻兩類型的密切關係提供了極其重要的判定資料・

據小倉（一九五一）綜合各研究者關於水陸稻種性狀的比較研究結果・陸稻種比之水稻種在發芽時需要空氣較多・需要水分和濕度較少・需要溫度較低（15℃時發芽比水稻快）・種子吸水力較大・在幼芽時不完全葉的葉身較長・葉幅較大・對氯酸鉀的抗毒性較强・莖成長後根的滲透壓較高・葉的液汁濃度對於水分減少時的適應性較大・植物的耐旱性較强・關於分蘗・水稻種由第一眞葉的腋芽發育成蘗的很少・陸稻很多・但生勢概弱・至第四節分蘗以下・則陸稻比之水稻生勢概强・至高位分蘗又比之水稻概弱・關於全株莖葉穗粒・陸稻比之水稻的莖較粗硬・葉幅較大・谷粒也較大・糙米剛度較小・澱粉粒較大・單位面積的谷米產量較少・生長對於土壤水分的需要量較大・所有這種種不同的性狀・大都直接或間接與環境條件的水分生理問題有關・

由於地土條件・特別是由於土壤水分多少引起了環境適應的變異・從有在一個地方的籼或粳型的早晚水稻・就可能由基本型的植物個體馴化形成一個適於旱性的地土生態型(edaphic ecotype)・同時在根莖葉的器官組織中仍保存一般旱作物所無的通氣組織（耶雷金・一九五〇・Grist: 1953）・使能夠比之其他旱作物特適宜在多雨地帶或多雨季節中的生育・實際上在華南有不少的水陸兩用種・在幼苗耐旱檢定時・也常常發現水稻種有比之陸稻種耐旱性更强的・此外野生種經人工栽培馴化而直接成爲陸稻種・當然也有可能・

深水稻或浮水稻・據我們觀察結果・也是由沼澤生長的野稻或通常水稻演變的地土生態型之一種・它與通常水稻特別不同的・是分蘗期間節間在水中伸長・由各節生出許多不定根或分蘗・在生長期中・只要稻株不全部被潦水淹浸（沒頂）3－5日以上・就可能隨着水位上漲而莖葉逐漸伸長・最長的達到五米以上・其他特性除莖葉的通氣組織比之一般水稻更發達・以及長芒・紅米等特適於水中生長和粗放栽培之外・與一般水稻種無大差別・如巢湖野稻和西江深水稻（馬・一九五五）・當作爲通常稻栽培時・就完全看不到水

 丁穎

中匍匐生長的現象・

五・粘糯稻種的演變

據古籍記載・我國古代在黃河流域栽培的是粳（秔）稻・至漢初始見糯稻・明代始見秈糯（丁・一九四九）・如周代詩經・浦田・黍稷稻粱・農夫之慶・豐年・多黍多稌（稻）・亦有高廩（倉）萬億及秭・鴇羽・不能藝（種植）稻粱・父母何嘗（食）・這是大量栽培・供給平常食用的粳稻・但也用以釀酒・如詩經・十月・十月穫稻・爲此春酒・春秋時代的左傳・稻醴（酒）粱糗（乾飯）・都似乎以粳釀酒・或以粳種的最粘者釀酒・而未見有糯稻專名・至漢初（公元前第二世紀）始見糯稻品種・但仍沒有專名・如禮記・月令・秫（糯）稻必齊・是借稷秫（粘性强的粟）之秫字來作糯稻的名稱・以後如氾勝之書漢成帝時・三月種秔（粳）稻・四月種秫稻・魏張揖廣雅（太和時）・秫・糯（稻）也・晉崔豹古今注（惠帝時・二九〇－三〇六年）・稻之粘者爲秫・晉書・陶潛傳・乃使一頃五十畝種秫・五十畝種秔・均借用秫字・至唐陸德明（約五五〇－六三〇）經典譯文（五八三－五八八年）引晉呂忱字林・始專稱爲糯爲糯・並注明爲粘（黏）稻・以後就通用糯字・但至第五・六世紀間・江東（華東）仍少糯米・據梁陶弘景（四五六－五四六）名醫別錄・藥方有稻米和粳米俱用的・稻米白如霜・江東無這種米・粳米即常食米・有白赤小大的不同品類・這個色白如霜的稻米當然是糯米・但我國自開始稻作以來・雖有了三千多年・而糯稻栽培仍少・又在這些時期以前的糯種似乎均屬粳種・至大中祥符四年（一〇一一年）・由福建運取占城稻三萬斛分給江淮兩浙栽培以後・秈稻種大量向北方傳播・至明黃省曾理生玉鏡（十六世紀中期）・始載秈糯・他的書中有糯種13・其中早熟種2・晚熟種11・早熟種中有名秈糯・粒最長・四月種・七月熟・這顯然是早熟長粒的秈型糯種・明代各省志書還區分粘稻和糯稻爲兩大類・即粳糯和秈糯統稱爲糯・普通食用的粳和秈則統稱爲粘（丁・一九四九）・明季時珍（一五七八）本草網目・則稱粘爲占・

粘稻與糯稻的主要區別在粘性的强弱・說文解字已經解說過・稴（秈）・稻不粘者・而粳稻則粘性較强・糯稻粘性最强・就中粳糯（華南和西南均稱作大糯・卜・一九四五・俞・一九四五）又比秈糯（華南稱作小糯）特强・糯米色當未乾時現半透明色・乾後現蠟白色・糯米粒中具有可溶性澱粉和糊精・還有麥芽糖・當澱粉溶解在碘酒或碘化鉀溶液中時・由於粘米澱粉吸碘性大・致溶液變爲藍色・反之糯米澱粉吸碘性小・溶液因見棕紅色・據田所（一九二三－一九三四）研究結果・粘糯澱粉的化學性和物理性因澱粉生成時的縮合度大小而各有不同・這個縮合度與品種和產地（特別是溫度）有很大關係・據潘錫龍（一九四八）就福建邵武秈粳糯各一品種的糊化遲速與溫度和時間關係的觀察結果・要澱粉糊化達一定標準時・如果時間有定・則糯的需溫最低・粳次之・秈最高・如果溫度有定・則糯的需時最短・粳次之・秈最長・計秈米澱粉糊經20分鐘處理的・約與粳5分鐘和糯（粳糯）4分鐘處理的相等・這個需溫情況與各品種的澱粉生成時所要求的環境條件有關・與秈・粳・粘・糯生育期中

的耐冷和耐旱特性也似乎有關。

粘糯特性除澱粉性和一些生理現象外，在植物形態上區別很少，而且粘與糯的雜交結實度也很高，糯稻也常有突變爲粘種的現象（榎本，一九二九），大田栽培的糯種中也常有自然雜交的油身米（農民名稱，重複受精現象）出現，從而糯稻就只可認爲由粘種特性之一的澱粉性變異所形成的栽培品類，而不必在分類上另定爲一個變種（如稱爲 O. glutinosa Lour.）。

六、摘要

關於我國栽培稻種的起源和類型的演變形成問題，茲根據我國野生稻和栽培稻種類型的地理分佈，以及豐富的古籍記載，悠久的栽培歷史發展過程，出土遺迹，國內外其他有關文獻的綜合研究結果，摘要如下。

（1）華南的野生稻有普通栽培稻的原種 (O. sativa L. f. spontanea) 和疣粒種 (O. meyeriana Baill.) 共二個種，所有栽培稻種除個別地方有少數品種類似於疣粒野稻種或有些類似於小粒野稻種 (O. minuta Presl.）外，一般屬於普通栽培稻種 (O. sativa L.)。

（2）我國栽培稻種可分爲秈粳稻型，早晚稻型，水陸稻型和粘糯稻型共四個主要類型，秈粳稻主要是因栽培地帶的溫度高低不同而分化形成的氣候生態型，早晚稻主要是因栽培季節的日照長短不同而由秈或粳型中分化形成的氣候生態型，水陸稻是由栽培地區的田土水分多少不同而由秈粳和晚稻中分化形成的地土生態型，粘糯只是稻種特性中最明顯的一個澱粉性變異形成的栽培種型，這些類型的系統關係如下表。

野生稻 (O. sativa L. f. spontanea)
{ 秈亞神（O. sativa L. subsp. hsien Ting）
 粳亞種（O. sativa L. suesp. kêng Ting)
} { 晚熟種 早熟種 } { 水稻 陸稻 } { 粘稻 糯稻 }

（3）我國於公元前在黃河流域創建稻作文化的栽培種主要是粳型稻種，現分佈於這個地帶迤北和西南高原並熱帶高山的區的，主要仍是粳型稻種，分佈於熱帶和亞熱帶平地的各季節和溫帶平地在高溫季節早熟的主要是秈型稻種，著者在以前曾認爲這是我國栽培稻種的兩大系統，並借以廣布於國內熱，溫帶的低，高地和國外的朝鮮，日本諸國，因根據我國古代的秈粳分類法，定秈型稻種爲秈亞種 (O. sativa subsp. hsien Ting)，粳型稻種爲粳亞種 (O. sativa pubsp. keng Ting)，並認粳種是由基本型的秈種所分化形成的，現據雲南省維廉教授，農業試驗站主任程侃聲等關於雲南稻種垂直分佈的調查研究結果，更相信秈粳類型演變的看法是符合事實的。

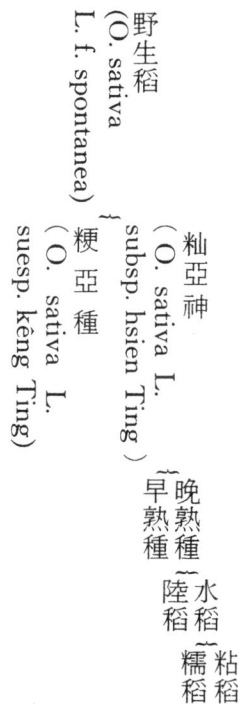

（4）在我國南北各地帶中出穗成熟於短日季節的，爲短日性的連作晚季種或單季晚稻種，出穗成熟於長日季節的，爲中間性的熱帶和亞熱帶的早季種，中季種和冬季種或溫帶的早熟種，根據我們周年播植的實驗結果，這些中間性的早

季種以至早熟種·是由基本型的短日性的晚季種或晚熟種主要受不同的光照條件所影響而變異形成的·這個早熟性的稻種於公元前千數百年間已栽培於我國的黃河中游和西南地區·由於這個類型的選出·就使熱帶和其附近地區的全年各季節和溫帶地區的高溫季節都能夠大大地把稻作事業發展起來·

(5)根據我國史前時代的民族傳說和以後的信史記載·自開始栽培以至隨後逐步發展的稻種都是稻·古文稻字還有象徵稻生於水中的字形·而陸稻則爲後起的名稱·並根據水陸稻特性差異在植物生理上雖較多·而在植物形態上則極少·且沼澤植物特具的體中通氣機構依然殘存在陸稻的植物體中·又當水陸稻體的栽培環境轉變時·有關的植物器官也隨着有所轉變·著者因而認定陸稻是由基本型的水稻種受到不同的土壤水分條件所影響而分化形成的·

(6)我國公元前的周代已以稻米釀酒·至公元前約二世紀有糯(秫)稻出現·至公元第三世紀間始有糯稻專名·根據植物遺傳變異和生理化學上的研究結果·糯稻是由基本型的粘(占)稻特性之一的澱粉性變異所形成的品種類型·與一般由某一個植物性狀變異所形成的栽培類型無多大差別·

(7)應注意的是·多型性的稻種·隨着環境關係·栽培條件或本身的生理生化關係而演變形成秈粳·早晚·水陸·粘糯等多種多樣的種型·故爲了適應今後農業生產上的要求·而對稻種再進一步加以人工選育改造的可能性當然是很多的·同時從栽培環境條件的調整改造·使品種優良特性得以積極發揮的可能性當然也是很多的·

許崇清 一八八八年生 一九六九年卒

字志澄·番禺人·年十七·赴日本留學·並加入同盟會·宣統三年·輟學回國參加辛亥革命·翌年再東渡·民國八年·畢業日本帝國大學文學部·進研究院·九年歸國·出任廣州市教育局長·十三年·升廣東省教育廳長·實施收回教會學校管理權·禁止在校傳教·並開展工人識字運動·尋移居上海·在東方雜誌發表反對讀經之說·時論壯之·先後任廣東省政府委員·國立中山大學校長·抗戰軍興·中大西遷雲南澂江·繼遷廣東坪石·崇清主持遷校備歷艱苦·並兼第七戰區編纂委員會主任委員·勝利後·任教中山大學及江蘇社會教育學院·一九四九年受廣州軍委指派·接管廣州大學·明年·重長中大·更被選爲全國政協委員·廣東省副省長·廣東省教育工會主席·中國民主同盟中央常務委員兼廣東省主任委員·中國民主促進會中央常務委員兼廣州市主任委員等·一九六九年病逝·年八十一·崇清生平精研新康德哲學·孔德社會學·赫爾巴特教育學·亦爲首將愛因斯坦相對論介紹到中國者·有關教育與哲學論文·數十篇·散見各報刊雜誌·輯爲許崇清教育論文集·

批評蔡孑民在信仰自由會之演說幷發表吾對於孔教問題之意見

正月十二十三兩日中華新報連載蔡孑民先生演說·先生之意將欲說明孔子是孔子·宗教是宗教·國家是國家·謂三者義理有別·故孔子與宗教二名不能幷用·國家與宗教二名不能幷立·是以孔教與國教二名皆不可通·乃欲定孔教爲國教·尤爲乖舛云云·究其詞理·紛紜淆雜·意旨難曉·謹就報上記錄剖析而明辨之·還以質諸當世俊哲·予豈好辯哉·將以解惑耳·茍記錄有誤·批判之責予則任之·

先生曰·夫所謂宗教也者·乃人對於心靈上之一種制

裁・此制裁出於自己之願欲・故謂之信仰・此第一節・似是宗敎定義・但文理錯亂・將以釋宗敎之義耶・將以釋信仰之義耶・抑將以明宗敎信仰之義耶・孰爲主題・頗難推斷・所謂故謂之信仰云者・承上文此制裁出於自己之願欲之詞・然則先生以制裁之出於自己願欲者爲信仰也明矣・因某出於自己願欲故謂之信仰・此論理上當然之指歸也・誠如是・則所謂制裁者何・所謂願欲者何・所謂信仰者何・所謂制裁而出於願欲・及制裁而出於願・欲者・何以而爲信仰・均須剖析明白・然後詞義可曉・乃於先生演說之中則吾未之見也・演說中第二節上古之世・草昧初開・民智淺陋・則見可驚奇疑異之事・信以爲神・崇而拜之・……宗敎之說・乃從此起・云云・只說宗敎意識之起源・非說宗敎也・持論與斯賓塞相仿佛・而疏於斯賓塞・蓋斯氏於驚異之感情以外・更加知力作用以輔之・以想像爲宗敎意識之源・較勝於單純驚異之感也・斯氏謂初民蒙昧・因驚疑而憑空虛臆・以呼吸爲生氣(Animus)・謂生氣即靈魂(Spiritus)・靈魂即重我(doubleego)・如是想像・逐漸推廣・及於萬物・都有靈魂・用生振怖・崇而敬之云云・爲說至簡・但人何以對於靈魂而生其惶懼・此惶懼之心何以即是宗敎的機能・斯氏猶未洞徹其理也・苟從其說・則神話(Mythen)之感興・將何辭以解之・斯賓塞所說尚不可通・則驚奇疑異一隅之說・其不能獨傲也明矣・蔡先生竟援用之・於以立一家言・則根帶不固・①於以疏登其夫所謂宗敎也者云云之定義・則血脉不貫・與第一節內容毫無聯絡・於制裁・願欲・信仰之義無所發明・乃若生死周循・善惡爲報・……勿敢爲非作惡・此宗敎之所由用也一節・似釋制裁之義者矣・制裁之義若果如是・則制裁者宗敎之用非其體也・至於有宗敎……乃能戒愼恐懼於其所不睹一節・亦是列擧宗敎安心立命彰善去惡之用・仍無以闡明宗敎之本質・拾其體而明其用・終不能彰宗敎之奧義也・然則所謂宗敎也者果何所指乎・蔡先生之定義果何謂乎・制裁制馭而裁仰之謂也・自由意志之對也・夫所謂宗敎也者乃人對於心靈上之一種制裁云者・自文詞之形式觀之・當解作人制馭其心靈・而裁抑其自由意志・此種制裁・即是宗敎・是即宗敎者・人之裁制而加諸一己之心靈者也・所謂人者何所指・何謂心靈・人而裁制其心靈果何事乎・先生之所謂人者・謂生物學上之動物人乎・抑謂哲學上之人格人乎・由前之說・則人與心靈之對立・爲自然科學的人與精神科學的心之對立・自然科學的人對於精神科學的心・而能加之以制裁・如是・而爲宗敎・則宗敎實禽獸食人之敎・肉欲橫流之敎・行將傾倒天地・滅絕是非矣・由後之說・則爲人格與心靈之對立・然二者之區別如何・關係如何・人格對於心靈有何權利而能加以制裁・先生無所說也・且先生於同一此演說中・亦曾言・仍不足以解大主造之功也・悉天地間有主宰焉・雖一草一木莫不有其專屬之神・善惡爲報・有宗敎而人類之善德以彰・惡德以去・乃能戒愼恐懼於其所不睹矣・由是推之・宗敎信仰之中有神焉・以司善惡降禍福・亦先生所明認者矣・司善惡降禍福當然是制裁之一種・然則人對於心靈上之一種制裁與神加諸人之制裁・其間差別如何・先生於其宗敎定義則只言人對於心靈上之一種制裁・於其疏登則只說神對於人之制裁・二者相同不異耶・

概念茫昧・抽象失當・詞理蹇澀・論法錯亂・此仆所以伏案終日不得其解者也・推原其故・實緣先生不能脫離乎心理之羈絆而馳騁乎論理之通衢耳・無已請忖度先生之心理乎・先生讀書・得其形影・浮游於腦際・一旦收視反聽・耽思構想・無數表象 (Vorstellungen) 郁然云起・紛紜揮霍・形難爲狀・先生乃不能御之以邏輯・制之以條理・發表之際・僅將其記憶原形翻成詞句・其義理雖足以謀合於一已・其文詞或足以觸發他人之聯想・若以比擬學說・則粗疏膚淺矣・

曩昔曾讀新康德學派泰斗德國西南學派領袖 Windelband 著 Einleitung in die Philosophie 1914 此書第二篇第三章論宗教問題・精辟絕倫・頗得我心・茲勉譯其大概於左・蔡先生之宗教定義文詞雖不可解・然自其心理摸索之・或與此同歸也・

（上略）是故聖 das Heilige 也者・非與眞善美之普遍妥當價值 (das allgemein-gultige Wert) 有別也・斯三價值・而關涉於超感覺的實在・則此三價值其物 (an sich) 即聖地・然此對於超感覺的實在之關係・孰懸設之・介乎應然 (sollen) 與必然 (mussen)・規範 (die Norm) 與自然法則 (das Naturgestz) 之間・有意識之矛盾 (antinomie) 焉・懸設此關係者・即此 (autinomie) 也・廣其義以言之・即此良心之直接經驗也・良心者自其性質言之・實二元的對抗意識也・蓋具有規範者亦此良心・違背此規範且必然違背之者・亦同此良心故也・於是能批判之主觀・與所批判之主觀・亢立於良心之中・而成自我分裂之態・如此狀態・非不能取証於社會心理學・然而滯於一隅・終不能盡其全體也・以良心之二元亢立・歸諸規範的全體意識與個人的特殊能力之抗行・意亦可通・惟此全體意識如與論風俗因襲諸事・斷非固定絕對之相・因時變易・隨歷史之進化而發達者也・此際全體意識之發達・雖本乎個人對於全體之反抗・然此個人之反抗・決非出於意氣自用好勇鬥彊・必有所依仗而後敢毅然與此風行一世之評價 (Bewertung) 相對拒也・其所憑籍者何・至高之審判永久之天則是也・學者思想家以是揚其凱歌・改革者以是立其理想・藝術家以是構其作品・是故斯人也・其良心皆能超絕乎全體意識之社會的表現形式・而洞徹超絕的形而上的本質者也・然而從來迷罔詭詐之舉多有之矣・顧豫言者憑仗至高審判之權利猶依然存立無渝也・是固認識 (Erkenntnis) 範圍內可公認之關係・而於倫理生活審美生活之中亦無能毀棄之者・誠如是・則此一關係實足以証明人格之超經驗的關係無疑矣・良心也者・其爲社會現象也・則成立於社會的共同生活之實在・其爲超絕時空之價值意識・則成立於豫期超世間的審判之精神的生活根據・社會的意識既爲經驗至高之總會・則良心之絕對權利根據・當然超乎經驗以上・是以價值生活・當然要求形而上的根據・人格之超經驗的生活關係而以神名・則神之實在可謂與良心自體同爲所與 (gegeben)・神之實在如良心之實在也・是以意識此關係之價值生活・即是神人和合之生活・是即謂之宗教・但此思想關係非可以經驗的思惟証明也・必然 (Notwendig) 蘊蓄於評價本質中之理想要求也・此評價之形而上學的根據・不因其爲信仰而妥當 (gelten) 也・架空虛臆積變可成信仰・此根據不如是其浮泛也・此人格之超經驗的關

係・實康德 (Kant) 所謂純粹理性之事實 (die Tatsache der reine Vernunft) 也・宗教問題之所以得爲哲學問題之一・而確具眞實性者・實本乎是云云・

其後人智日開・文化漸進・……生存競爭・物欲熾張之結果・乃幾幾乎今日盡世界而爲之戰・噫爲此大試驗者・果屬於無意識之偶然事實耶・抑將由其教訓漸以開世界眞善之門耶・一節・先生將欲以之説明現代宗教心之根據者也・誠如先生言・則宗教者不過騷人文士之感興耳・豈其然乎・晚近宗教哲學者 E. Troeltsch 著 zur Frage des religiosen Apriori 1909) 闡明宗教之先天性 (apriori)・學説雖非無瑕瑾・然以窺見今日宗教哲學問題之所在・則綽有餘裕・研究宗教哲學者必讀之書也・

「國家之説爲今至愚」句・於是足以窺見先生之非國家主義・非愛國主義矣・但先生又曰・不過我人生長弱國・不能不由至愚以進・是先生仍於一定程度內承認國家之必要也・是先生心目中亦有一理想國家無疑矣・何者今日國弱・則守其至愚・他日國强・則遷於至善・遷守之際・必有限度・此一限度・自國家一方觀之・應是理想之國也・然則既已承認其必要矣・既已懷抱其理想矣・猶揚揚然號於衆曰・此天下之至愚也・自欺欺人・言行之不徹底・莫如此甚・凡是紕謬・推其來源・實由後段國家論中・然所謂達其生存之目的云者・乃謂屬於身體的非屬於心靈的一語・身體則屬於國家・心靈則屬於教會之一語・乃中古時代國家與教會爭權之際・教會所設之遁辭・將以愚民者也・先生竟援用之・先生度量則宏矣・社會契約之説・數百年來已成夢語・攻之者難免無的放矢之譏・吾復何言・若以國家目的爲保持身體的安寧秩序・予雖不敏・何敢緘默・夫國家者・人文國家 (Kulturstaat) 也・文化人 (Kulturmenschheit) 之至寶亦文化 (Knltur) 中之至寶也・蔡先生有何權利・何所憑籍・而滅絕之・國家之不能滅絕・猶文化之不能滅絕・亦猶歷史之不能滅絕也・夫我壯嚴華美之中國・黃帝之所開辟・大漢民族之所經營・四萬萬神明貴冑生長死葬於斯・承傳四千餘年之歷史・爲東亞文化之大源・行將發揚光大其雄姿・以表率天下萬世・人爲上智・故勝其任・祇爲至愚・無乃乖剌・國家目的・因國民之精神而異・亦因時代之變遷而異・是故古代希臘民族以國家爲自己目的 (Sebstweck)・亞里斯多德曰・國家成立於國民之先・因部分不能先全體而成立也・是故國家之目的・不在保持個人之福利・而個人對於此人類至高之目的至寶之國家・則當犧牲一己云云・羅馬人雖承認私法之獨立・而於公法上則爲希臘同其主義者也・至若日耳曼民族・於國家思想猶未發達之前・則重個人人格・重家族・重種族・而以國家爲補助團體・教會權勢隆盛之世・教會掌握保護文化全權・國家則專司軍政・司政・警察之事・於是國家竟成教會之執行機關・國家與教會分離後・國權漸張・於是擴張軍備・改革財政・爲當時急務・其結果至因助長納稅能力而干涉國民產業・國家遂以警察爲最高手段・反抗此警察國之特質・主張以法律維持國家之目的・而以國家爲個人之保險團體者・是爲 Kant, Fichte, V. von Humboldt, 然其說卒不行・至 Hegel 而國家竟成絕對精神之至高表現矣・凡是所以証明國家目的之不一・隨時勢變遷國民精神而高下其度者也・國民而懷抱遠大之理想・則國家目的因之而光大高遠・反是・則國以衰滅・蔡先生而欲毀其國・則保持生存之目的斯足矣・使先生能默然自守・深藏不發・吾復何言・而乃聲言於衆・謂爲主張其良心學問之所安・則予不能已於言矣・予批判先生演說之動機實存乎是・至若我大漢民族當以何事爲立國之目的・請於後段言之・

孔教問題爲事至複雜・斷非定義之比較・章生作經義之故技所能解決・必須從文化史・政治史・思想史・社會心理學・宗教學・宗教哲學諸方面着眼・不然・終至聚訟紛紜・各是其所定・各非其所非・人心不同・各如其面・客觀妥當之眞理 (dieobjektive-gullige Wahrheit)・永無顯現之期矣・

夫孔子之教・本與今之宗教 (Religion) 有別・識者所共認也・然自漢武定尊以來・我國民之崇奉之如崇教者已二千餘載矣・此不可湮沒之歷史事實也・而其態度與德國新人文主義者之醉心希臘文化視之竟若宗教者稍異・誠如是・則孔子以何原因而轉成宗教乎・此我輩所首當窮究之問題也・

經也者・古代之官書猶史也・所以志錄文化・當時我大漢民族之精神風習政治法律道德宗教無一不包函於其中・孔子刪定之所以明古先聖王治國濟民之術・損其事實而存其模範・世人不察・以爲是即孔子之所以治國濟民・於是孔子之所述・竟成孔子之所作・而孔子遂成五經之主・五經之史・猶是政教合一之史也・宗教色彩爲尤著・由是五經之主・竟成宗教之主矣・此孔子宗教之所由成也・凡是皆社會心理歷史過程 (geschichtlicher Vorgang) 之所產・機緣至妙其成也・非成於成之日・其所由來固甚遠也・雖然是固我國民之宗教・而非孔子宗教也・

戰國之後・秦並天下・不二世而宗廟墜・漢楚爭霸・人心苦離亂・冀望新理想・新生活者・猶羅馬帝國晚葉之羅馬人及 Goten Vandalen 等諸蠻族也・漢武之定尊孔子・猶基督教之人主歐洲也・孔子刪定之五經・其效力影響猶新舊約也・五經博士程朱之學・猶煩瑣哲學 (Scholasticism) 也・二千年來我國文化之不進・猶歐洲之中世紀也・誠如是・則宗教改革之舉・當在立定國教之先・於是孔教之本質・及孔教流弊之所由來・爲第二問題・

僕平生讀書頗愛大學・以爲孔氏遺書此爲最精・其所以首揭治國平天下之道者・孔氏之理想蓋存乎此也・春秋三世之義・亦所以明此理想耳・孔子述而不作・則孔子之理想本乎古代漢族之國民生活・國民精神也・無疑矣・斯孔子平天下大一統之理想・即我漢族之政治理想・是固二千年來未發之至寶也・挽近南海康氏・則依附泰西學說・以春秋三世之義爲古今進化之故（見康氏禮運注）・實混淆理想與自然之說・比孔子于 Darwin, 不足以光大孔子也・自然之法其運行存乎天・理想之義其實現存乎人・春秋三世之義・非所以明天道乃所以盡人事者也・其所謂大同・所謂大一統者・既爲我漢族之理想・既以我漢族爲本・則此大一統之理想・當然爲漢族中心之世界一統主義也・炳若天日矣・此大漢民族中心之世界一統主義・其爲文化主義・而非並吞主義・征服主義也・可以王道之說証之・自古王霸之辨多矣・類皆局束於訓詁而不能發揚其理想之論也・大一統之義・即大漢民族中心之世界一統主義・王道即文化主義・所以輔大一統主義俾軌於正者也・大道之眞在乎是・其餘則末也・乃後世奉行之者・偏重國家・以盡舉一國之雄俊而致之於用・爲實現其理想之上策・於是舉賢良・設科舉之法行・而天下之民競修儒術・高功上爵之榮・倉廩采邑之富・足以動人・而個人的社會功利主義以興・力不副志者甘於小成・而利祿之途以啓・每變愈下・竟形成我國今日之人心・今日之政治・凡科學之所以不昌・文化之所以不盛・無非由此偏滯一隅・上勸下行之大錯鑄就之也・爲今之計・要在發明・孔子之大道・掃除從來之謬見・復懸其大一統之理想・以爲國民精神統一之標幟・張大學問致用之眞義・以去其偏於爲政之宿習・振興教育・以啓發我民族之天聰・而昌明其文化・實現其理想・區區憲法條文之存廢・何足輕重哉・

各事其事・不相抗拒・而相贊助云者・謂局勢之調和・非謂實質之一致也・事物既爲二而非一・則無論其局勢如何調和・其實質如何化合・自其內面觀之・不過一關係狀態耳・二事物依然是二非一也・誠如蔡先生言・國家是國家・宗教是宗教・則除捐棄國家・獨存宗教・或滅絕宗教・獨存國家・或如天堂・教國不分外・二者界限不能相廢也・惟其不能相廢・而相贊助・故有定其名而並存之・以表示其關係之要・是以有國教之名・國教云者・國民全體所信奉之宗教之謂・於文法上・國字爲形容詞・所以形容教與國之關係・非謂國即教・教即國也・其關係固甚自由也・白馬云者・馬而其色白之謂・所以形容其馬色・非謂白即馬・馬即白也・其關係固甚自由也・馬之色不一・而有白馬之白・白其色者非獨馬・而有白色之馬・國民之心性不一・則其所信奉之教理不同・於是有某國之宗教矣・宗教之教理不一・則信奉者因其心性而趨向相異・於是有所謂奉某教之國矣・國教云者・表示國家與宗教之關係者也・苟於二者之間成其關係・則國教之名以立・事所應爾・云何不可・如 H_2 與 O_0 化合成水・而水之分子式則以 H_2O 表示之・非獨無碍事理・且足顯其眞相・故曰國與教二者界限不能相廢而相贊助・是以有定其名而並存之以示其關係之要也・蔡先生之理論則反是・先生既曰・國家與宗教其所以各有事業相成而不相廢者以此・其所以各盡其事分離而不合者以此・其所以宗教之中有國家無害宗教之事・國家之中有宗教無害國家之事・其所以相認而互爲贊助者以此・是先生亦明認國與教二者亢立而互相贊助矣・既已承認其有相助之關係・而又否定表示其關係之名・謂國與教二字不能相和・是何取義・是何論理・先生又曰・宗教之中有國家無害宗教之事・國家之中有宗教無害國家之事・其所以相認而互爲贊助者以此・故既講國家爲其界綫・即無宗教再爲界綫・既講宗教爲其界綫・即無國家爲其界綫云云・是誤認二事物之相關係爲二事物之相合同也・二事物相合爲一・而後其界限始可以相廢・苟二事物不相和同・則無論其關係如何密切・彼此之分終不能沒也・國與教相認而互爲贊助・國與教之關係也・非二者相合爲一也・既爲關係而非合一・則二者界限不能廢也・既言國家云・何不可又言宗教乎・國與教云・何不可並立乎・

許崇清

圖(一)

圖(二)

圖(三)

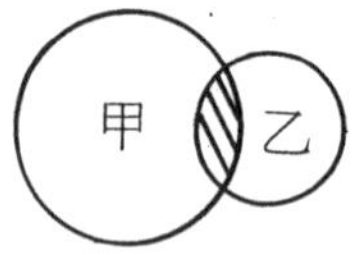

圖(四)

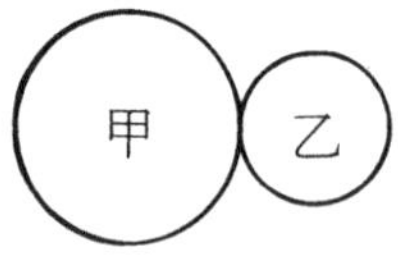

圖(五)

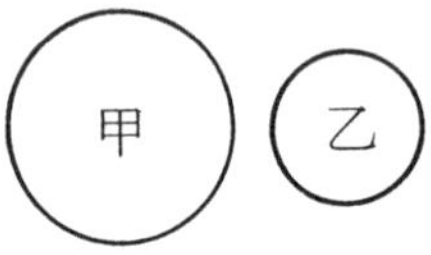

圖(六)

上列六圖・(二)(三)(四)(五)(六)圖皆有界限可分者也・關於(一)圖則不能指示甲乙之界限・然其所以不能指示甲乙之界限者・以其相合而不分也・非以其不能和合也・蔡先生則曰・既論國界即不論教界・……既論教界即不論國界・……故國教二字即不能和・合之則不成名詞・既言國界與教界相和合矣・如於(一)圖既言甲界即不能舉乙界・既言乙界即不能舉甲界・又謂故即不能相和・自相矛盾猶不知誤・乃謂他人强名爲詞・則按之邏輯亦勿能通・如是邏輯・吾無以名之・名之曰・蔡先生自揭其陰私之邏輯可矣・要之蔡先生初意本欲說明國家是國家・宗教是宗教・義理各別・不能强合・以圖示之當爲國(七)(八)・

其後又言・宗教之中有國家無害宗教之事・國家之中有宗教無害國家之事・其形式當作圖(九)(十)・

圖(七)

圖(八)

圖(九)

圖(十)

再承上文言・故既講國家爲其界綫・既無宗教再爲界綫・既講宗教爲其界綫・即無國家再爲界綫・則圖式當作圖(十一)・

圖(十一)

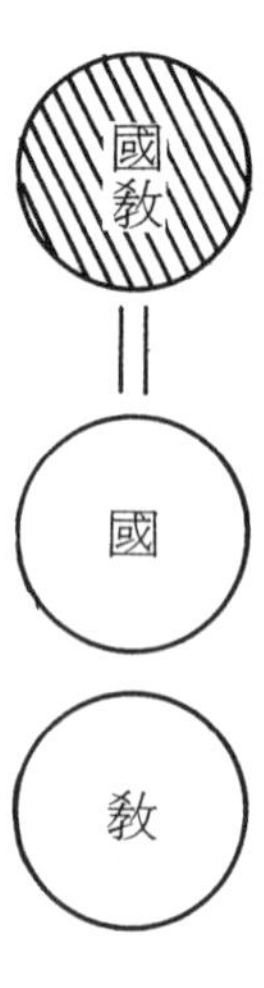

圖(十二)

至於結論・則曰・既論國界・既不論教界・既論教界・即不論國教・故即不能相和・是既合之・而又謂其不能合也・既分之・而又合之・而又謂其不能合・如圖(十二)・離離合合・千姿萬態・范成大「轉影騎縱橫」之句・不足以形容其狀也・

注・圖(九)爲歐洲中古時代之關係・圖(十)爲近世以後之關係・

廣東文徵續編　卷十

王雲五　一八八八年生　一九七九年卒

字日祥・原名鴻楨・號雲五・以號行・中山人・生於上海・七歲啟蒙・記憶理解力特强・吐屬不凡・有徵聯語屬對・獲首獎・十四歲・出爲五金店學徒・夜入校讀英文・以成績優異・連升三級・十六歲・父命休學・助理經商・旋進同文館肄業・夜任英文助教・十八歲・應聘爲英文教員・翌年轉教中國公學・受業高弟有朱經農胡適輩・宣統元年・李瑞清在滬辦留美預備學堂・聘兼教務長・民國肇建・中山先生當選中華民國臨時大總統・徵充總統府秘書・蔡元培首任教育總長・邀爲相助・旋任國民大學教授・十年・出任商務印書館編譯所所長・自壯至老・致力出版事業・其主持譯印世界學術名著・及萬有文庫・大學叢書・中國文化史叢書・雲五社會科學大辭典・中山自然科學大辭典・中正科技大辭典・人人文庫・岫廬文庫等先後問世・二十六年抗戰軍興・參加國民參政會・三十五年・任經濟部部長・翌年・轉國府委員兼行政院院長・三十七年・改財政部部長・在台灣歷任「考試院副院長」・「行政院副院長」・並聘爲資政・兼「國立」故宮博物院管理委員會主任委員・主持院務達二十八年・退休後・任政治大學政治研究所博碩士論文指導・栽成至衆・國內外各大學咸欲授予博士學位・雲五以生平無畢業證書・以自求學問爲樂・多遜謝・嗣以韓國建國大學堅請・爲促進文化交流・乃接受其所贈名譽法學博士・慶熙大學亦贈予大學章・謝政後・著述尤多・前後百餘種・一九七九年卒・年九十有二・

博士考

事有奇合者・莫如博士一詞・我國宿有博士之官・與西洋流行Doctor一詞・其始皆爲教授之任・然至今日兩詞均用爲最高之學位・而使此兩詞如是對譯・則殆由東瀛人士之媒介・茲當行政・考試兩院會同公布博士學位評定會組織規程及博士學位考試細則之際・爲正名定分・對於博士一詞・似有略考其歷史之必要・

一

博士之稱・我國遠在二千餘年前經已使用・班固云・按六國時往往有博士・掌通古今・應劭漢官儀曰・博士秦官也・博者・博通古今・士者・辯於然否・漢書稱・武帝建元五年・初置五經博士・其任務以五經授生徒爲主・間復以其淹博之學識・備政府之問對與特別任使・例如孔光爲博士・數使錄冤獄・行風俗・後漢博士之分科任教・聲譽卓著者・如易則有施・孟・梁丘・玄氏・尚書則有歐陽・大小夏侯・詩則有齊・魯・韓諸家・禮則有大小戴・春秋公羊傳則有嚴氏・顏氏・其時春秋左氏傳尚未立學官也・嗣日益推廣・增立學官既多・博士人數頗衆・至元帝之世・乃立京氏易・平帝時又立左氏春秋・毛詩・逸禮・古文尚書・平帝元始四

年．改博士爲博士師．後漢兼而充之．其於任教之名實尤符合．此猶專就太學而言也．

晉武帝咸寧二年更立國子學．北魏設四門學．隋立書．算二學．唐又增設律學及廣文館．共爲七學．皆隸國子監．七學各有其專收之學生．據淸吳翌鳳鐙窗叢錄稱．唐制．國子學學生七十二員．取三品以上子弟若孫爲之．太學百四十員．取五品以上．四門學百三十員．取七品以上．此皆按階級區分者也．至於律學．書學．算學．分別以專攻律令．文字及算學爲對象．廣文館以攻進士業者爲對象．則按所修學科而爲區別者也．

關於唐代之在學生人數．據通典卷五三禮一三．則國子學生徒三百人．太學五百人．四門學千三百人．律學五十人．書學三十人．算學亦三十人．凡二千二百一十人．而廣文館不與焉．此則與吳氏之說不同者．

現代設學．或因應生徒之需求而延聘教師．或則師生同時並置．然漢代初置五經博士之時．尚未招致生徒．其所置博士．彷如現代之研究員．以研究其心得之經學爲出發點．稍後．認爲有傳授所學之必要．自元朔五年（西元前一二四年）始爲博士置弟子五十人．其後於初置五經博士之建元五年（西元前一三六年）者已十二年．斯亦類乎先有研究員而後招收研究生矣．據漢書儒林傳．「（博士弟子）復其身．太常擇民十八以上儀狀端正者補博士弟子．郡國縣官有好文學．敬長上．肅政教．順鄉里．出入不悖．所聞令．相．長．丞上所屬二千石．二千石察可者．常與計偕．詣太常．得受業如弟子．一歲皆輒課．能通一藝以上．補文學掌故缺．其高第可以爲郎中．」

茲將兩漢以來先後設置之各種博士．分別略予述敍如次．

五經博士．又稱太學博士．武帝建元五年初置．宣帝黃龍元年稍增至十二人（見漢書卷一九上百官公卿表）．初．書惟有歐陽．禮．后．易．楊．春秋．公羊而已．至孝武世．復立大小夏侯尚書．大小戴禮．施．孟．梁丘易．穀梁春秋．至元帝世．復立京氏易．平帝時又立左氏春秋．毛詩．逸禮．古文尚書（見漢書卷八八儒林傳贊）．大小夏侯．謂夏侯勝及勝從兄子建也．京氏．京房也．嚴氏．謂嚴彭祖．顏氏．謂顏安樂也．大小戴．戴德．戴聖也（見兩漢博聞卷十）．

國子博士．晉始置．以教國子學生徒．國子．周制也．晉武帝初立國子學．隋煬帝改爲監．正官名祭酒．皆一位之元長．古者得主人饌．則長者一人舉酒以祭地．故以祭酒爲稱．周封兄弟同姓．成王時彤伯爲祭酒．主親屬．秦漢因之．晉武帝始制國子祭酒．國子博士．助教（見明王三聘古今事物考卷四）．國子博士與五經博士或太學博士之差別．與其謂爲設科之不同．無寧謂基於生徒之階級．蓋國子學學生皆爲三品以上者之子弟．而太學學生則取五品以上也．惟是生徒階級縱有差別．教授身分則無殊．晉江左增國子博士十六人．品服同太學博士（見通志二十職官略第四）．又元明所置博士皆不分國子學太學（見續通典卷三十一職官九）．

四門博士．據後魏書劉芳表云．「太和二十年立四門博士・於四門置學・按禮記稱・天子設四學・鄭玄註・四郊之虞庠也・今以其遼遠・故置於四門・請移與太學同處・」從之・是爲四門博士之始・其後・北齊置四門博士二十人・隋五人・唐三人・其設教亦以經學爲主・與五經博士及國子博士之差別・亦僅在生徒之階級耳・其所掌爲七品以上侯伯子男之子爲生及庶人子爲生者・元和中・韓愈爲四門博士・才高數詘・官又下遷・乃作進學解以自喻（見續通典卷三十一職官九）・

律學博士・晉始置・屬廷尉・梁曰胄子律博士・屬廷尉・陳亦有律博士八人・唐因之・初置一人・嗣增爲三人・移屬國學・掌敎文武八品以下及庶人之子爲生者・以律令爲專業・格式法例兼習之（見通志卷五十四職官四）・宋改置律學博士一人（見續通典卷三十一職官九）・

書學博士三人・唐置・掌敎文武八品以下及庶人之子爲生者・以石經・說文・字林爲專業・餘字書兼習之（見通典卷五十四職官四）・唐以後即不置（見通典卷三十一職官九）・

算學博士・隋始置・唐置二人・掌敎文武八品以下及庶人之子爲生者・二分其經以爲之業・習九章・海島・孫子・五曹・張丘建・夏陽侯・周髀等及綴術緝古之術（見通志卷五十四職官四）・及宋則三分其經以爲業・元豐七年・詔四選命官通算學者許於吏部就試・其合格者上等除博士・中次者爲學諭・隸太史局・崇寧三年令附於國子監・清改設算學館・不置博士・雍正十二年設敎習十二人・

廣文館博士四人・唐天寶九年置・掌領國子學生業進士者・宋・遼・金・元・明皆不置（見續通典卷三十一職官九）・

自宋以降・專科諸學・如廣文館・書學・算學與律學不復置・而太學・國子學與四門學亦併而爲一・明代國子監設博士廳・置五經博士十五人・主講說經義文字・南京國子監亦另設博士三人・清代則於國子監中置博士滿漢各一人・掌闡明經說・以助敎迪・蓋由分科設敎・一變而爲共同施敎者也・

上所擧述諸博士・皆屬國子監範圍・然有兩種特殊學校・不屬於國子監者・亦置博士・特擧述之・

㈠武學博士・宋慶曆三年設置武學於武成王廟・以阮逸爲敎授・八月罷・以議者言今古名將如諸葛亮・羊祜・杜預等豈專學孫吳故也・熙寧五年樞密院言・「古者出師・受成於學・文武弛張・其道一也・乞復置武學・」詔於武成廟置學・紹興十六年詔修武學・掌以兵書・弓馬・武藝誘誨學者・元豐官制行・以博士代敎授・紹興二十六年詔武學博士・學諭各置一員・內博士於文臣有出身或武擧出身曾預高選充其學諭差・後又除文臣之有出身者（見通考卷五十七職官十一）・

㈡宗學博士・宋元豐六年宗室令鑠乞建宗學・詔從之・既而中綴・南渡初・建學嘉定・更新置四齋・後再增三齋・宗學博士・舊諸王宮大小學敎授也・至道元年・太宗將爲諸皇姪等置師傅・執政謂環衛之官・親王比當有降・乃以敎授爲名・咸平初・遂命諸王府官分兼南北宅敎授・南宅者・太祖太宗諸王之子孫處之・所謂睦親宅也・崇寧五年又改稱某

王宮宗子博士・位國子博士之上・靖康之亂・宗學遂廢・紹興四年始復置諸王宮大小教授二員・隆興省其一・嘉定九年十二月・復置宗學・改教授爲博士・又置宗學諭一員・並隸宗正寺・在太常博士之下・諭在國子正之上・俸給賞典依國子博士（見通考卷五十七職官十一）・

　諸博士・不論所屬如何・皆有一共同點・即其下無不設助教若干人・稱號固偶有不同・任務殆無差別・一以輔助博士施教爲主・是則博士之以教授爲專任・更可藉此而獲得旁證・

　此外尚有若干種特殊之博士・其稱號雖與任教爲專業之博士相同・而任務則有別・請併述之・

　一爲太常博士・魏官也・魏文帝初置・晉因之・掌引導乘輿・王公以下應追謚者・則博士議定・端委佩玉・朝之大典・必於詢度・歷代皆有・隋有四人・唐因之・甚爲清選・資位與補闕同・掌撰五禮儀注・導引乘輿・贊相祭祀・定誄謚及守祧廟等事（見通志二十略職官略第四）・

　二爲欽天監博士・清置・其中時憲科有滿洲三人・漢軍二人・漢人十有六人・掌推天行之度・驗歲差以均節氣・天文科亦置博士・滿洲三人・漢人二人・登觀象臺・考儀器・以窺乾象・刻漏科則置博士漢人六人・掌調壺漏・測中星・審緯度・以諏時日（見清通志卷二十八職官六）・

　三爲翰林院五經博士・明代置十六人・清代二十六人・皆聖賢先儒之裔・明十六人中世襲者聖裔二人・其他則顏氏一人・曾氏一人・仲氏一人・孟氏一人・周氏一人・程氏一人・邵氏一人・張氏一人・朱氏二人・劉氏一人・清二十六人中則孔氏北宗一人・南宗一人・元聖周公・復聖顏氏・宗聖曾子・亞聖孟子・先賢仲子・閔子・冉子伯牛・冉子仲弓・端木子・言子・卜子・顓孫子・有子・周子明道・程子伊川・程子・張子・邵子後裔各一人・朱子後裔二人・先儒韓子後裔一人・關氏後裔三人各掌奉祀之事（見續通志卷一百三十五職官略六，清通志卷六十七職官略四）・

　四是聖裔太常博士一人・清置・掌奉聖澤書院祀（見清通志卷六十七職官略四）・

　上述各種・雖具博士之名・然實際上或爲專家之別稱・如專司典禮之太常博士與專司歷象之欽天監博士・又或爲名譽之職銜・如聖賢後裔之五經博士及太常博士・皆與以任教爲專業之博士不同也・

　以上爲中央機關所置之博士・然稽之史乘・亦不乏地方上之博士・爲州郡所置・其性質雖與國子監各種博士不盡同・仍不失其爲教授之意義・此類博士別爲二種・

　㈠州郡經學博士・漢郡國皆有文學掾・後漢光武問功臣曰・諸卿不遭際遇・自度爵祿何所至此乎・鄧禹曰・臣少嘗學問・可充郡文學・歷代多闕・隋潘徽爲州博士・唐府郡置經學博士各一人・掌以五經教授學生・多寒門鄙儒爲之（見通志二十略職官略第六）・

　㈡州郡醫博士一人・唐開元十一年七月置・制每州寫本草百一集驗力與經史同行・其年九月御撰廣濟方五卷・頒行天下・貞元十二年二月御撰廣利方五卷頒天下・自今後諸州府應闕醫博士・宜令長史各自訪求遴試・有人藝業優長堪效者・即以其名申聞請行・已出身人及有前資官與正授・未出

身人宜令權知．四考後州司與正授．吏部更不復選集（見通志二十略職官略第六）．

二

茲就西文Doctor一詞略溯其源．是詞原出拉丁之Doctorem．初爲教授之意．依史則編制之牛津大字典曾列擧其意義之演進順次如下．㈠教師也．㈡擅長教授方法而適於教學者．㈢教會中之耆宿（Doctors of Church）．指以學術見重於世之早期神甫．㈣大學校養成適於任教之人．轉而爲在大學校任何學科中獲得最高學位者㈤卓越之神道學者．卓越之法律學者．㈥醫師．綜此六義．一二均指教授．是其起源本爲教授．與我國歷代國子監博士之意相符．第三類指宗教上之耆宿．在我國尚無切合之比．必不得已．太常博士或近似焉．第四義由學校養成適於教授之人．而畀予稱號．則我國唐代七學中算學造就之學生．「就試合格者上等除博士」．亦頗相類．第五義爲卓越學者之敬稱．在西歐中古如Thomas Aquinas常被稱爲Angelic Doctor之例．在我國尚無可比擬．第六義則爲專家之職位．西方以之稱醫師．而不論其曾否獲得此一學位．在我國欽天監博士．雖非從事教授．以其需要專門學術無殊於專科之教授．畀予博士職稱．亦重視學術之道也．

Doctor之最初應用於學位上，在十一二世紀之交．其時義大利之波洛拿大學最先授予此一學位．繼之而起者爲法國巴黎大學．時爲十二世紀之中葉．英德等國踵隨其後．美國爲新興國家．其授予學位．當然更後．歐洲各國學位與英美學位有一重大差別．即歐洲各國大都只授Doctor一級之學位．縱然法國學生在獲得此學位以前經過考試有充當中學教員之資格者得先授Licentiate之稱號．德國則研究神學者．於獲取Doctor學位以前．亦得先授Licentiate稱號．是則法德二國在有限的範圍內．最多只授兩級學位．若更嚴格言之．則授予唯一之學位以前．充其量只可多授一種稱號．

英美現行學位分爲Doctor．Master及Bachelor三級．除Doctor一級與歐洲各國完全相同外．Master與歐洲各國之Licentiate似同而實異．蓋英美之Master須於修畢大學三四年本科課程後繼續研究一二年始獲得之．此與德法兩國學生尚未修畢大學課程．僅達成某階段或經教師資格考試及格而授予者不同．又Bachelor稱號或學位之獲得．必須修畢大學三四年之課程者．與法國之Baccalaureate（除法科外）僅代表中學校畢業程度者．尤異其趣．在英國．Bachelor之稱號於十三世紀最初出現時．原非視同學位．僅認爲具有攻讀學位之資格者．但由於條件逐漸提高．終獲得初級學位之地位．而在此初級學位與最終學位Doctor之間．亦逐漸構成一個中間的學位．而稱之爲Master．

國家學術之興衰．初不以其所採取之學位制度爲準．然各國不同學位之高下．則未嘗不可資以比較．以英美之Bachelor與法國之Baccalaureate相比．英美業已經過三四年之大學修業．除高等普通學識外．至少已獲有初步的專門學識．自非法國之以畢業中學爲原則者可比．縱然其中學程度或較高．因此英美之Bachelor不妨稱爲初級學位．即學士學位．而法國之Baccalaureate只能視同一種稱號而已．又以英美之Master與德法之Licentiate相比·則英美業已經過四五年之大學修業·除於獲得初級之學位時已有初步之專門訓練外·更繼續研究一年或二年·較之治神學者之中期考試及格或經過教師資格考試及格者·其在專門學識方面·大體亦較有進步·因此·英美之Master固不妨稱爲中級學位·即碩士學位·而德法兩國之Licentiate·或僅作爲稱號·或最多視同英美之初級學位·但Doctor無論在英美固視爲最終之學位·即在德法亦視爲惟一之學位·由於此一學位同爲英美及歐陸各國領受學位者之終極目標·假使學位確爲學術水準高低之有效衡量·似當就此一學位領受者的造詣相與比較·而不當就其他學位或稱號相比·

此一終極的學位Doctor·前此在西方含有教授之意義者·原爲重視其學識高深·足以啓廸後進也·然自十一二世紀以來漸引伸爲代表研究程度的學位·寖而此一新形成之意義·竟取原有教授資格之意義而代之·迄於今·獲得此終極學位之人固多有擔任教授者·然任教授者則非必爲具有此終極學位之人·此在英國舊式大學的老教授·其例尤爲常見·蓋因每一級學位·輒視其成績·分爲合格（Rite）·優異（Cum Laude）·特優（Magna Cum Laude）·最優（Summa Cum Laude）四等·凡獲得初級或中級學位·而成績列最優等者·輒爲母校留充助校·積資升至教授·而藉其教學相長之造詣·不待最高學位之領受·已達於學術崇高之地位矣·此種特殊人材·除獲有名譽學位之贈予外·鮮肯按部就班而爭取最高之一學位者·於是最高學位與權威教授又往往歧爲二途·

此種現狀·不僅在西方爲然·即在我國亦所常見·我國舊日之博士·教授也·我國舊日之進士·多數人視爲代用之學位也·歷代在國子監任教之博士·大都以其經術徵用·未必盡爲貢舉出身之人·然其所訓練之生徒·擢巍科而登高第者·屢見不一·即以唐代之廣文館而論·其所訓練之學生·固以業進士者爲主·此輩一經就試及第·即成進士·換言之·即獲取相等於最高之學位·而爲之師者·在出身上依然故我也·

最高學位之名詞既由教授演進而來·宜其合而爲一矣·顧其繼續演進之結果·又發生二者分離之趨勢·則其未來之演進究將如何·殆亦有一加探究之必要·

一管之見·竊以爲衡量學問固不必視學位之有無與高低爲準則·然學位之授予·則必須經過適當的研究與程序·任何國家·皆有特殊成就之人材·而無取乎按部就班之訓練·但爲養成大多數之人材·與建立系統的研究風氣·則學位之授與·自應限於曾經相當時期與規定程序之研究者·因之·任何人·縱爲權威之教授與卓越之專家·苟未經歷適當之研究時期與程序·自不宜輕易授予學位·反之·經過相當時期與規定程序之研究者·縱不必爲特異之人材·未嘗不可授予學位·此與歷代之學術大家·不盡爲科第中人·如我國古昔之博士多非進士及第者·殆相附合·最近行政考試兩院會同公布博士學位考試細則之制定·即基於此原則也·

三

Doctor之譯爲博士·竊敢斷言非出自我國之創意·我

國夙以學人・進士代替西方之學位・而視博士爲一種教官・且因使用博士稱號者尚有太常博士及欽天監博士・甚至不專以教官視之・職是之故・西人之研究我國文字學術者・亦同具此觀念・余童年讀廣學會出版之美國李佳白及林樂知等著作・無不自署爲美國進士・則以進士視爲Doctor之當然譯名也・我國中英文對照之字典・最早出者莫如鄺其照之華英字典・余童年讀英文・恒利用此書・其所譯Doctor一詞・除通稱之醫生外・兼譯爲進士・清末京師大學堂開辦・其所定通儒院（大學畢業後之研究院）畢業生之出身亦爲進士・又留學畢業生考試・在授予翰林院編檢・主事・中書・知縣等官階以前・仍給予等於學位之進士・舉人出身・凡此皆足證我國對於西洋Doctor・Master・Bachelor之舊譯・不外爲進士・舉人・秀才也・

其後改譯Doctor爲博士・Master爲碩士・Bachelor爲學士・無疑是採取日人之譯名・日本之開始授予學位・遠在我國以前・其學位分爲學士・博士二級・依我國歷代之官制・學士官階恒高於博士・如此輕重倒置・或非我國原譯所當採・日人則無此拘束・博士在我國舊日・除若干例外・殆爲教授之別稱・日人使用漢名既較自由・間或能保持古義・與Doctor在歐洲初時之應用・如出一轍・其取以對譯・殆由於是・我國在甲午以後・遇事輒模仿日人・故於博士・學士兩詞悉採日譯・不暇權其輕重・亦一時之風氣・至於碩士・日人固無此學位・然以是詞始見於我國五代史張居翰傳「忠臣碩士日益疏」・原意爲行端學博之士・今以之爲中級學位・如爲國人創譯・似不無失當・度亦採自日譯・故意義不免有此變更耳・

余因是有不能已於言者・近來國內流行許多新名詞或翻譯名詞・國人以爲傳自日本者・其實多已見諸我國古籍・日本文化本由我國東傳・久而久之・我國隨時代之變遷而不甚使用者・日人仍繼續使用・但往往亦因時代之變遷與國情之殊異・表面雖仍其舊・意義不無變更・近數十年間又由日本回流於我國・國人覺此類名詞生疏・輒視爲日本所固有・似此數典而忘祖・殊非重視國粹之道・試舉顯著之數例・日之所謂「天皇」・始見於我國舊唐書高宗紀「改皇帝稱天皇」・日之所謂「文部」・亦見於我國舊唐書百官志・蓋即吏部之意・他如日之所謂「浪人」・則見柳宗元所撰李赤傳・日之所謂「家督」・見史記越世家・日之所謂「配當」・見周禮地官疏・日之所謂「支配」・見北史唐邕傳・日之所謂「印紙」・見舊唐書食貨志・日之所謂「下女」・見楚辭・日之所謂「報道」・見李涉所爲詩・日之所謂「意匠」・見杜甫所爲詩・此外類是者不勝枚舉・其意義或與我國古籍相若・或因轉變而大相懸殊・十餘年前・余曾集新名詞三千七百有奇・刋爲新名詞詞典・逐一述其在我國古籍之來源本意・其中多數皆自日本回流・而爲國人一般視爲日本名詞者・茲對於博士・碩士・學士三名詞之譯定・平心而論・碩士・學士以我國古義考之均不甚適當・獨博士一詞・古義今譯・無不吻合・尤以與Doctor一語之由教授演進爲學位者・堪稱奇合也・

談中國文化復興

王雲五

要談文化復興・首先得明瞭何謂文化・文化一辭在我國首先見於周易賁卦的象傳・其言曰・「文明以止・人文也……觀乎人文・以化成天下」・孔穎達易正義曰・「觀乎人文以化成天下・言聖人觀察人文・則詩書禮樂之謂・當法此教而化成天下也」・程伊川易傳曰・「人文・人倫之倫序・觀人文以教化天下・天下成其禮俗」・就我國的舊說・可知所謂文化者・即指詩書禮樂・人倫之倫序與其成爲禮俗也・清人彭申甫謂・「大而言之・則國家之禮樂制度・小而言之・即一身之車服・一家之宮室」・其言頗合・蓋文化指一民族之進化・無所不包蘊・非一端一節所能標示也・近代史學者及人類學者對於文化之意義・大抵釋爲「生活之樣式」Life mode・其義乃指營生活於地球上之人類・分爲若干人種或人羣・各以相異之方式而營其生活・美國學者桑戴克氏所著世界文化史之導言稱・「文化之發展也・逐漸累進・變遷繁賾・又常無規律・易言之・即某一人羣或某時期之文化有一方面異常進展・而別一方面大退步者」・舉例言之・我國春秋戰國之際・思想發達・學說紛紜・諸子立異鳴高・眞是百家齊鳴・但到了漢代・特別尊崇儒家・以其著作別立經部・諸家著作仍稱諸子・是爲我國文化之一大轉變・足證文化不僅國與國異・則一國之間・亦往往因時代不同而有異也・

我國文化・在晚周百家齊鳴之際・設未遭遏抑・其進展當無限量・惟自遘秦火・復處於獨裁之下・不免窒塞・及西漢興起・偃武修文・提倡文化・惟獨尊儒家・經子分途・幸而儒家秉承孔孟之敎・主張平正・於是一脈相承・迄於宋末・其後邊疆民族・蒙古滿洲先後入主中國・這些民族・本來已直接間接接觸過中華文化・入主以後・復漸爲中華文化所同化・對於中華文化尚無何貶損・獨自清末・西方文化挾其船堅礮利・以萬鈞之力壓迫我國・初時尚以中學爲體・西學爲用之姿態出現・繼則全盤西化之主張漸盛・晚近數十年接觸更爲頻繁・任何方面受西方文化之影響者殊多・除民主與科學・我國雖早已植根・霖雨滋潤・受益自屬不淺・獨倫理方面・由於民族各有背景・宜於甲者未必盡宜於乙・我民族文化夙具韌性・一方面維持固有・一方面並不排他・自佛敎傳入以來・合理容納・未嘗無補・獨西方有關倫理之文化・加以現今異說紛起・考慮接受・不容不特別審愼・尤以百年來受西方文化之衝擊・適值我國國勢不振之時・異乎漢唐强盛之世・彼時接觸佛敎文化・根本既固・插枝當可平添燦爛者有別・

中華民族的文化・雖然歷劫多次・卒仍復興・惟自□□控制□□以來・憑藉其所謂□□□□・對我民族文化・摧毀業已不少・最近尤變本加厲・驅使無知無識之無量數少年・以紅衛兵名義・對□□上我國殘餘之文化・更摧毀不遺餘力・甚至□□中稍具人性者亦羣起反抗・當此之時・我在臺同胞爲維護傳統之文化・實有起而保衛文化之必要・但保衛是消極的・其積極方面當是復興運動・歐洲在中世紀之所謂文藝復興・係對古希臘羅馬之文藝受日耳曼蠻族破壞窒塞的反抗行爲・而其結果不僅復興古代之優美文藝・並啓發現代

之文藝與科學・是則復興之影響・不止是消極上之保衞的・而且是積極上發揚光大的・

現在進一步・就倫理・民主與科學三方面略論中華文化有復興之必要・當然所謂復興正如上文所說・不限於消極上的保衞・而是企求積極上發揚和光大・

中華民族之倫理・以維持秩序爲其目的・周易說・有天地然後有萬物・有萬物然後有男女・有男女然後有夫婦・有夫婦然後有父子・有父子然後有君臣・有君臣然後有上下・有上下然後禮樂有所錯・蓋鑒於天道之四時運行・秩序井然・故法天以整飭秩序・此爲中華民族倫理之出發點・至由此推廣而特別重視之德目・則有三項・一爲孝・二爲仁・三爲恕・

孝爲愛之本原・在親子之間・尤以愛親之情發於孩提者爲最早・孔子以孝統攝各種行爲・百行以孝爲先・又認爲不孝有三・無後爲大・因而奠定中華民族繁盛之基礎・本來親子之愛・雖下等動物莫不具有・且兇猛如獅虎・無不愛其幼兒・其幼兒亦無不以愛相報・惟其間之愛・不能持久・一經長大能自立・便各自獨立營生・親子不再相親愛・惟有人類能恒久保持其愛・父慈子孝・至死不渝・死後仍長久維持其追思・西方習俗・幼時親子間之篤愛無殊我國・惟既長則子女多獨營生活・至有兒孫滿堂而老父或老母孑然度其孤寂之晚年者・西士雖不乏孝子・然其視我國相去固不可以道里計也・

仁爲儒家之主要德目・孔子曰・仁者愛人・平日所言之仁・則以爲統攝諸德完成人格之名・孔子又曰・知者不惑・仁者不憂・勇者不懼・蓋從知識・感情・意志三方面・而以知仁勇名其德者・其中仁爲基本之愛・故有「親親而仁民・仁民而愛物」之語・親親爲孝・由孝親推廣而愛人・再由愛人推廣而愛物・換句話說・則以孝爲出發點・而推愛於一般人類與物類也・

恕・就是以自己之好惡而律人・子貢問・「有一言而終身行之者乎・」孔子曰・「其恕乎・己所不欲・勿施諸人」・此一德目・基督教中亦有之・所謂己所欲則施諸人是也・前者以己之所惡而切戒施諸他人・後者則以己之所好而不憚施諸他人・語法雖微有別・而實際即一也・

中華民族數千年來・服膺於上述三項德目・而以能身體力行爲最高目標・社會上瀰漫了此三項德目・蔚爲一種優良風氣・宜其繁盛不已也・

次言中華民族之民主思想・中華民主思想表現最早者・莫如尚書之以人民代表天・例如「天視自我民視・天聽自我民聽」・又如「天聰明・自我民聰明・天明畏・自我民明畏」・又如「天矜下民・民之所欲・天必從之」・簡直把無形之天變爲有形之民・又尚書皋陶謨稱・「天工・人其代之」・其意蓋謂天意由人代爲執行・其人即爲天子・天子究竟怎樣執行天意呢・觀乎上文「民之所欲・天必從之」等句・便顯然駕在天子頭上的並不是無形之天・而是有形之民了・孔子家語疏證有・「君者舟也・庶人者水也・水可以載舟・亦可以覆舟」・孟子更說得明白而具體・那就是・「民爲貴・社稷次之・君爲輕」・孟子還有更露骨的一段話・是・「君之視臣如手足・則臣視君如腹心・君之視臣如犬

馬・則臣視君如國人・君之視臣如土芥・則臣視君如寇仇」・斯不僅對民意必當尊重・甚至對其臣僚亦有尊重之必要・此外非儒家之周秦諸子亦多有民主的表示・例如老子稱・「聖人無常心・以百姓爲心」・管子稱・「政之所興・在順民心・政之所廢・在逆民心」・文子稱・「以天下之目視・以天下之耳聽・以天下之心慮・以天下之力爭」・唐宋以後・邵雍有言・「愚而不可欺・弱而不可勝者・民也」・程頤有言・「民可明也・不可愚也・民可教也・不可威也・民可順也・不可强也・民可使也・不可欺也」・由上舉諸例・我們發見愈後出者・其對君民之關係・措辭愈緩和・而不若先秦之露骨・則以秦漢以還・政制愈趨獨裁之故・但無論如何・民主之觀念・或隱或顯・終未泯沒・然而明末清初之黃黎洲在其名著「明夷待訪錄」中，竟不憚提出君客民主的主張・其言曰・「古者以天下爲主・君爲客・凡君之所畢世而經營者爲天下也・今也以君爲主・天下爲客・凡天下之無地而得安寧者爲君也」・這簡直恢復孔孟原來之主張了・

最後・以科學而言・則我中華民族在秦漢以前業有指南車及造紙之發明・後漢有渾天儀與地動儀之創製・宋元之交又有火藥之創製・且曆算與算盤之發明亦甚早・足見中華民族固未嘗漠視科學也・徒以宋明以還・科舉盛行・學者皆埋頭於括帖・不僅未暇注意科學與技術・甚至子史範圍亦難遍及・清代注重考據・其所用方法雖多有合於科學・其題材仍囿於文史・不足以比擬廣泛之科學研究也・

居今日而提倡文化復興・在倫理方面首當發揮我國古代之學說・加以闡揚・並依現代的方式與合理的態度・而使之益加豐富與光大・在民主方面・當根據我古聖先賢之民本思想・折衷西方之民主制度・切實研究推行・在科學方面・必須珍惜我國古代科學發明之光榮・迎頭趕上西方之科學造詣・由於我國人頭腦之優秀・旅居美國人士發展爲卓越科學家者不可勝計・使能針對國家之需要・埋頭研究・以爲國用・前途正未可限量・不可因後進而稍自餒也・

商務印書館與新教育年譜

民前十五年一月（公元一八九七年・清光緒二十三年・丁酉）商務印書館創業於上海・先設印刷所於寶山路・

時在甲午對日首次戰爭挫敗後三年・戊戌維新前一年・中國在創深病鉅之際・蘊釀革新運動・此一運動以辦理新學堂・從事新教育爲中心・新學堂之最早開辦者爲設於北京之同文館（時在公元一八六二年・清同治元年・壬戌）・次則爲設於上海之廣方言館（時在公元一八六三年・清同治二年・癸亥）・皆以教授外國文爲主・隨後各省先後開辦各種學堂・如福建之船政學堂（公元一八六九）・上海之正蒙書院（公元一八七八年張煥綸所創辦）・天津之電報學堂（公元一八七九年）・天津之水師學堂（公元一八八〇年李鴻章奏辦）・上海之電報學堂（公元一八八二年）・天津之武備學堂（公元一八八五年李鴻章奏辦）・廣東之水陸師學堂（公元一八八七年張之洞奏辦）・南京之水師學堂（公元一八九〇年南洋大臣奏辦）・武昌之自强學堂（公元一八九三年張之洞奏辦）・天津之中西學堂（公元一八九五年天津海關道盛宣懷奏辦）・南京之陸軍學堂（公元一八九五年張之

洞奏辦）・凡此或爲專業・或爲普通・皆按需要而設・初無整個系統・及公元一八九六・即商務印書館創立之前一年・刑部左侍郎李端棻疏請於京師設大學堂・各省府州縣皆設學堂・並設藏書樓・儀器院・譯書局等・始爲整個新式學堂系統之濫觴・然猶待六年後之公元一九〇二年張百熙奏進學堂章程・新學堂系統方具體化・商務印書館則於此六年間之第二年應運而起・期以新式印刷業贊助此革新運動・然此新式印刷業之興起・實亦有賴於初步出版事業予以支持・

商務印書館之發起人四名・皆爲服務於教會所設之上海美華書館之職工・其中夏瑞方・高鳳池二人從事業務・鮑咸亨・鮑咸昌昆弟二人則從事工務・因鑑於上海讀英文者衆多・其所用課本大多數係英人爲印度學生編輯之英文教科書一套・共五六册・其流行名稱爲Indian Readers（印度讀本）・是書並無中文注釋・讀者與教者多感不便・發起諸人靈機一動・認爲如能附入中文注釋・既便教學・營業定佳・於是商請一位牧師名謝洪賚者代爲譯注・並將該書訂定中文名稱爲華英進階・其首册則稱華英初階・譯注將竟・先以華英初階一册試探市場・初版先印二千册・由夏瑞方君親向各學校推銷・甫二旬・即全部售罄・得此鼓勵・於是集資本四千元・由發起四人・各投資一千元・最先在上海江西路德昌里租賃所謂三樓三底房屋一幢・購印刷機數架・創辦一家印刷所・兼營小規模之出版事業・先由夏瑞方及鮑咸亨咸昌昆弟共同主持・二鮑主持印刷・夏氏則出外推銷自印之華英初階進階全書・並接受外間委託印件・三君既獨立經營・即辭去美華書館原職・及營業漸發達・高鳳池君亦辭職加入・最初一二年獲利頗厚・因上述之英文讀本・附有漢文注釋・爲當時創舉・極受英文教師與學生之歡迎・銷數甚廣・同時接受之外間印件・因鮑氏昆弟・有多年技術經驗・親自主持・亦甚發達・故開辦未及兩年・已覺原租之印刷所房屋不敷應用・乃於次年・即光緒二十四年遷居於北京路順慶里・共佔房屋十二楹・等於原有三樓三底房屋之四倍・並添購印刷機若干・一面擴充排版設備・此外又設一個小規模的營業所・自是外來印件雖與日並增・出版則僅限於一部英文讀本・尚嫌不足・却以無適當人才堪以主持編譯・於是零零星星不免接受若干外來書稿・大都由日文翻譯而成・龐雜不精・且多由於直譯・難免措詞生硬・印刷發行以後・多不能持久・初期之出版物・僅有一部流傳至民國時期之日文譯本・即所謂日本法規大全・余尚及親見・爲書百册・合裝一木箱・此爲彼時最大規模之出版物・而亦成本最鉅・耗去資本不少・於是商務印書館由獲利豐厚之成立初期一二年・漸因開支日鉅・其他出版物・虧多於盈・財務周轉・亦漸感困難・乃增招外股・以資應付・

初夏瑞方君因承接印件・輒奔走於當時之文化機關之間・在南洋公學中認識其漢文總教習張菊生（元濟）・張君早年入翰院・有聲於時・且不時提倡新學・然與康梁之維新實無關係・戊戌新政挫敗・六君子成仁・康梁亡命・張君以原無關係・坦然置之・却被波及・受革職永不叙用之處分・於是南下回籍・道經上海・爲與商務印書館同年成立之南洋公學聘任漢文總教習・張君與該校西文總教習之美國福開森博士相處甚善・互相交換語文之教學・於是原通中國語言之

福開森君進而通達中國文字・原未習英文之張君・因是亦能通英文・夏君因南洋公學不時有中文印件委託外間辦理・藉此時與張君接洽・至是乃以投資・並主持編譯相商・經張君詳加考慮・卒應許參加・並爲專力主持商務印書館編譯之任・遂辭南洋公學・以就商務之職・自時厥後・商務印書館一改面目・由以印刷業爲主者・進而爲出版事業・其成爲我國歷史最長之大出版家・實始於張君之加入・至高夏二鮑君之創業・殆可稱爲其前期耳・或謂商務印書館之名稱・自今日觀之・似不若其他出版業命名之堂皇・尤以就其七十餘年之實績衡量・商務印書館無疑是實過於名・加以其英文譯名Commercial Press・輒被外人誤爲一種報紙・或爲一家商業印件的印製所・幸而英文譯名之下・尚殿以Ltd.「股份有限公司」一詞・尚可認前者爲一專名・後者爲其性質・然無論如何・總不若正名爲Publishing Co.（出版公司）・而將「商務」一辭略爲推廣・或較名正言順・顧吾人若一回念七十餘年前之環境・我國門戶開放・實以通商爲主要目的・西方國家之強我開放門戶者・亦無不側重通商一事・彼此鮮有提及文化或其他關係者・於是對外人開放之口岸・稱爲通商口岸・南北兩要區設置南北洋大臣・實則爲南北洋通商大臣之簡稱・彼時我國朝野對通商所以重視者如此・商務印書館發源於通商口岸之上海・其最初發起人亦皆服務於隨西人通商而來之傳教士附設機構・加以原發起人之最初目的・實亦認定以印刷事業爲經營商業之目的・老老實實・不誇大其詞・逕稱爲商務印書館・在彼時・亦最適宜・後來由於一位名學人之參加・並值清廷興辦新教育・利用印刷機構・以進行教育所必需之出版物・實質雖改・而名稱既已習用・與其名過其實・不若實勝於名也・抑我國古來重農輕商・然商業極重信用・一言爲定・彼此從不爽約・對外通商之初期・西人與我國商人往來者・往往不訂書面契約・僅憑一時口語・因此商務二字・在我國本來寓有誠實可靠之意・今商務印書館・自創始至今・七十餘年・主持人一貫極守信用・爲同業共知・是則顧名思義・亦未嘗不發生恆久作用也・

創編萬有文庫的動機與經過

民國十八年（公元一九二九年・己巳）一月二十八日至二月一日中華圖書館協會在南京金陵大學開第一次年會・到五十餘人・改選袁同禮・王雲五等十五人爲執行委員・

同年二月任命易培基爲故宮博物院院長・同時成立理事會・

同年四月商務印書館創刊萬有文庫初集・由余主持一切・余於事後曾撰有創編萬有文庫的動機與經過一文・茲附載於左・

我創編萬有文庫的動機・一言以蔽之・不外是推己及人・就是顧念自己所遭歷的困難・想爲他人解決同樣的困難・我少年失去入校讀書的充分機會・可是不甘失學・以努力自學補其缺憾・讀書・愛書與聚書之癖也就與日俱增・久而久之・幾於無書不讀・因愛書而聚書・既漫無限制・精力物力也就不免有許多非必要的浪費・中年以後・漸有覺悟・適主持商務印書館編譯所・兼長東方圖書館・後者以數千萬冊的私藏圖書公開於讀書界・前者又有以優良讀物供應讀書

界的可能・自從東方圖書館以專供商務印書館編譯所同人參考的涵芬樓爲基礎・而改組公開以後・我的次一步驟・便想把整個的大規模東方圖書館化身爲千萬個小圖書館・使散在於全國各地方・各學校・各機關・而且可能還散在許多的家庭・我的理想便是協助各地方・各學校・各機關・甚至許多家庭・以極低的代價・創辦具體而微的圖書館・並使這些圖書館的分類編目及其他管理工作極度簡單化・得以微小的開辦費・成立一個小規模的圖書館後・其管理費可以降至於零・這一事經過了約莫兩年的籌備・卒於民國十八年四月具體化・而開始供應於全國・這便是萬有文庫的印行・

在那時候・我國的圖書館爲數不多・除了極少數稍具規模者外・其他所藏的圖書多偏重古籍・缺乏新著・間有兼藏新書者・門類亦多未備・許多基本的圖籍每賦闕如・尤其是分類編目均賴專材・而由於圖書館人材之短缺・得人既非易事・即幸而得之・其經常開支勢必佔據了購書費的重要部分・但是雖有圖書而無適當的分類編目・圖書的效用也就不免要打一個大折扣・

我自從民國十年主持商務印書館編譯所以來・五六年間・廣延專家・選譯世界名著頗多・並編印各種治學門徑的書籍・如百科小叢書・國學小叢書・學生國學叢書・新時代史地叢書・以及工商師範算學醫學體育各科小叢書等・陸續刊行者也不下三四百種・有了這樣的基礎・我便可以進一步推廣其組織・作更有系統的編輯出版・除就漢譯世界名著及上開各叢書整理擴充外・並插入國學基本叢書・初擬湊足一千種・都二千册・命名爲千種叢書・嗣思千種之數猶有未足・乃定名爲萬有文庫・分集編印・以一萬册爲最後目標・平均每册以六萬字計・全書出齊・當括有六億字之優良讀物・等於四庫全書著錄全部字數三分之二・我認爲如能以當時一千餘元的代價・使已設的圖書館增加一萬册包括新舊學識的有用圖書・或使尚未設有圖書館的所在・藉此而建立一個小型圖書館的基礎・當是極有意義之事・由於該文庫每書都按照我的中外圖書統一分類法一一分類・並供給各種互見的書名片・那就未曾受過圖書館專業訓練的人大都可以擔任管理・我很希望藉此種種便利・得以很短的時期建立萬千所的新圖書館・使窮鄉僻壤中有志讀書之士・皆獲有圖書館服務的便利・把我少年以迄中年的讀書全靠自己花錢聚書的困難・掃除其大半・

此一計劃自民國十八年開始印行萬有文庫第一集二千册・因中經一二八事變・商務印書館瀕於危亡・其未竟之功・遲至民國二十二年終・始告完成・而初印的五千部已悉數分配於國內各圖書館或私藏之中・其籍本文庫而新辦之小圖書館不下二千所・民國二十三年・我又從事於萬有文庫第二集之印行・該集內容雖與第一集同爲二千册・而第一集所組成的叢書爲數十三・第二集所由組成者只有四部叢書・其重大區別・即一方面加重國學基本叢書與漢譯世界名著的分量・前者由一百種增至三百種・後者由一百種增至一百五十種・且範圍與程度均較第一集加重與加深・他方面更以自然科學小叢書三百種及現代問題叢書五十種・而代替第一集所收農工商醫等十一種小叢書・此其大較也・越一年・我又輯印叢書集成初編・其中包括有最精要之叢書百部・所收古籍

原約六千種・去其重出約二千種・實存四千一百種・原爲三萬七千餘卷・去其重出者後・減爲約三萬卷・當四庫全書著錄者三分之一・亦仿萬有文庫版式・分訂四千冊・連同萬有文庫一二兩集・合爲八千冊・設非抗戰突起・我將續編萬有文庫第三集・亦爲二千冊・如此則萬冊之目標當不難於民國三十年以前達成矣・

茲將我所撰行萬有文庫第一集緣起附後・

圖書館之有裨文化・夫人而知・比年國內圖書館運動盛起・而成績不多覯・究其故・一由於經費支絀・一由於人材缺乏・而相當圖書之難致・亦其一端也・以言舊書・則精刻本爲值綦昂・縮印本或竟模糊不可卒讀・以言新書・則種類既駁雜不純・系統亦殘闕難完備・因是・以數千元巨資設置小規模之圖書館・而基本國籍往往猶多未備・抑圖書館目的在使圖書發生極大之效用・故分類與索引之工作洵爲必要・當此圖書館人材缺乏之時・得人已非易易・幸而得之・然因是不免增加經常費用・或使經常消耗於管理方面者・反在添圖書之上・凡斯種種・皆圖書館發達之障礙・亦即文化發達之障礙也・

不佞近主商務印書館編譯所・踵張菊生高夢旦二公之後・見曩印四部叢刊・闡揚國粹・影響至深且鉅・思自別一方面植普通圖書館之基・數歲以還・廣延專家・選世界名著多種而漢譯之・並編印各種治學門徑之書・如百科小叢書・國學小叢書・新時代史地叢書・與夫農・工・商・師範・算學・醫學・體育各科小叢書等・陸續刊行者・既三四百種・今擬廣其組織・謀爲更有系統之貢獻・除就漢譯之世界名著及上述各叢書整理擴充外・並括入國學基本叢書及種種重要圖籍・成爲萬有文庫・冀以兩年有半之期間・刊行第一集一千有十種・都一萬一千五百萬言・訂爲二千冊・另附參考書十鉅冊・果時力容許・後此且繼續刊行・迄於五千種・則四庫舊藏・百科新著・或將咸備於是・本文庫之目的・一方在以整個的普通圖書館用書供獻於社會・一方則採用最經濟與適用之排印方法・俾前此一二千元所不能致之圖書・今可三四百元致之・更按拙作中外圖書統一分類法・刊類號於書脊・每種復附書名片・依拙作四角號碼檢字法注明號碼・故由本文庫而成立之小圖書館・只須以認識號碼之一人管理之・已覺措置裕如・其節省管理之費不下十之七八・前述三種之障礙・或可由是解除乎・

雖然・選擇書籍・至難之事也・吾今所計劃者・非以一地方一圖書館爲對象・乃以全國全體之圖書館爲對象・非以一學科爲範圍・乃以全智識爲範圍・其困難尤異夫尋常・即如國學書籍・浩如煙海・本文庫第一集所采・僅限百種・驟視實甚簡陋・然欲使久陷飢渴之讀書界・獲糗糧以果腹・此中所選皆人人當讀之書・並依適當進程・先其所急・又如世界名著・浩博逾乎國學・其間選擇分配・尤爲困難・一方既謀各科各類之粗備・他方復求各派學說之並存・總期讀書界得就此狹小範圍・對於世界之萬有學術・各嘗其一臠・此外新編各科小叢書・亦一一按其重要之程度而有相當之著述・又千種之中・比例力求均勻・只有互相發明・絕無彼此重複・此即私心所懸爲鵠的・而企圖達到者也・

同年九月・商務印書館印行萬有文庫第二集・

茲將余所撰緣起附後・

印行萬有文庫第二集緣起・

民國十八年・余創編萬有文庫第一集・嘗揭櫫其緣起數事如左・

（一）比年國內圖書館運動盛起・而成績不多覯・究其故一由於經費支絀・一由於人材缺乏・而相當圖書之難致・亦其一端・

（二）萬有文庫之目的・一方在以整個的普通圖書館應藏之圖書供獻於社會・一方則採用最經濟與適用之排印方法・更按中外圖書統一分類法・刋類號於書脊・每書復附書名片・除解決圖書供給之問題外・將使購書費節省十之七八・管理困難・亦因而大減・

（三）國學書籍浩如煙海・世界名著廣博尤甚・萬有文庫第一集千種中・治學門徑之書佔八百種・國學基本叢書與漢譯世界名著僅各佔百種・故所選只限於最切要之書・果時力容許・後此當繼續刋行第二集三集・以迄於四五千種・則四庫舊藏・百科新著・或將咸備於是・

今距本文庫第一集創編時五年矣・中經一二八之變・商務印書館瀕於危亡・文庫未竟之功・不絕如縷・同人備嘗艱苦・鍥而不舍・及二十二年終・全集竟得與世相見・而初印五千部亦已分配於國內外圖書館或私藏之中・余幸能始終其事・殊自慰也・考文庫第一集之購藏者・固以圖書館佔多數・而藉文庫第一集以樹其基礎之圖書館・尤比比皆是・朋儕及教育界人士來自各省內地者・輒稱道本文庫對於新興圖書館之貢獻・謂爲始意不及料・而以編印第二集相勉・乃就五年前所懸擬者切實計劃・慘澹經營・半載於茲・而本文庫第二集之目錄始粗定・發行有日・除述其與第一集之相關外・於彼此相異之點・亦不可無一言・

本集與第一集既爲一貫之計劃・則組織上有其相同者・自不能無相異者・相同者原以竟未竟之功・相異者自可彌往昔之闕・國學基本書籍與世界名著爲數極繁・第一集僅各佔百種・第二集而後自宜逐漸擴充範圍・此組織上所不得不相同者也・農工商醫師範百科各小叢書爲治學門徑之作・第一集規模粗具・第二集自可別闢門徑・此組織上所以不妨相異者也・余本此原則・從事編制・於是第一集與本集雖同爲二千冊・而第一集所由組成之叢書爲數十有三・本集所由組成者爲數僅四・其重要區別・即在一方面加重國學基本叢書與漢譯世界名著之數量・前者由百種增至三百種・後由百種增至百五十種・又一方面以自然科學小叢書及現代問題叢書二種而代第一集之農工商醫等小叢書十一種・夫自然科學之亟待提倡・盡人而知・顧非有廣汎而通俗之作・將無以通其門徑・本集內容自然科學小叢書二百種・即所以導讀者達於此祕奧之府也・又現代問題千變萬化・備極複雜・吾人日處現社會中・苟昧於當前問題之進展與各專家對於解決各問題之意見・將不免有後時代之嫌・本集內容現代問題叢書五十種・即所以導讀者隨時代之轉輪而俱進也・

本集書目・在草擬時最感困難者・莫如國學基本叢書・蓋國學書籍既多・當讀者亦不少・而本文庫目的在依適當進程・先其所急・本集所收雖多至三百種・究屬有限・選擇標準既不敢憑少數人之主觀・亦不宜據片時之判斷・故於易稿

三四次後．更取近人關於國學入門書目十三種作客觀的衡量．斟酌損益．至再至三．結果三百種中未見於各家入門書目者．只十四種．此即爲求各科各類之具備．而不得不補充諸家所漏列者也．他如漢譯世界名著．因各國關於書評及選書之作多而備．選擇之難雖稍遜於國學．然我國讀書界之需要．未必盡同他國．彼之所必需者．或非我所必需．故除以各國書評或選書之作爲一部份根據外．不能不參酌本國之特殊需要．取舍之間．亦嘗經長期間之探討也．

本集各書．在編纂上最覺複雜者．莫如現代問題叢書．此類創作．在國內外出版物中尚鮮其例．本叢書目的．在盡量搜集關於各問題之資料與意見．而爲提要鈎玄之編述．俾研究一問題者．得一書．不僅獲鳥瞰的印象．並可依其導引．漸進於本問題之全領域．惟編纂時對於資料之搜集與意見之分析．均需要長時間．專家既恐未暇及此．非專家又不易窺全豹．爲解決此困難起見．經與若干著名大學合作．每一問題均由有深切研究之教授一人領導研究生一二人合力擔任．俾得以其專門研究之長時間搜集所當研究之資料．且在專家領導之下從事工作．自不難有滿意之結果也．

總之．萬有文庫第一集之編印．對於讀書界雖微有貢獻．同人固不敢以過去之成就．而稍自滿也．今當第二集發行之始．余益感責任之重．願與編輯同人益加奮勉．惟是學識淺陋．計劃容未有周．國內學者能不吝教正．使第二集將來之成就．視第一集尤有進．豈惟同人之幸．讀書界實利賴之．中華民國二十三年九月二十三日王雲五

附有萬有文庫第二集編譯凡例

(一)本文庫第二集一如第一集．目的如左．

(甲)以人生必要的學識．灌輸於一般讀書界．

(乙)所收書籍與第一集銜接而範圍益廣．翻印舊書擇注疏精當．少有訛誤之本．迻譯外國書籍．則愼選各大家之代表著作．以信達之筆譯爲國文．

(丙)全書系統分明．各科完備．有互相發明之效．無彼此重複之嫌．

(丁)以最廉之價將各科之書供給於圖書館或私人藏書者．凡已購本文庫第一集者得此．規模益備．凡未備第一集者得此．亦可獨立成爲規模粗具之圖書館．

(二)本文庫第二集正編內容約一萬二千萬字．計書七百種．訂成二千册．每册高市尺五寸二分．寬市尺三寸五分．版式一如第一集．用上等道林紙印刷．外加參考鉅籍兩種．內容七千萬字．分訂二十八鉅册．

(三)本文庫第二集括有左列各叢書及册數．

(1)國學基本叢書二集．三百種．

前項分訂一千二百册．每册平均六萬餘字．約共八千萬字．

(2)漢譯世界名著二集．一百五十種．

前項分訂四百五十册．每册平均五萬字．約共二千四百萬字．

(3)自然科學小叢書初集．二百種．

前項分訂三百册．每册平均四萬字．約共一千二百萬字．

(4)現代問題叢書初集．五十種．

前項分訂五十册・每册自五萬字至十五萬字・約共四百萬字・

(四)參考鉅籍兩種・爲檢查便利起見・版式特別加大・印成三開本・高市尺八寸・寬市尺五寸七分・布面精裝・每册厚約一千面・計開・

(1)十通　係以正三通・續三通・清朝三通及劉氏清朝續文獻通考合組而成・全部連四角號碼索引字數約共四千萬・原書縮印爲二十鉅册・索引一册・共二十一鉅册・

(2)佩文韻府　連四角號碼索引・字數約共三千萬・原書縮印爲六鉅册・索引一册・共七鉅册・

(五)本書全體字數・約共一萬九千萬・較四庫全書之七萬萬餘字・等於其四分之一而强・

(六)本集正編排印本・均用五號鉛字・節省紙張而不至有傷讀者目力・

(七)本集參考鉅籍・均就初印大本縮印・十通字體較五號字稍大・佩文韻府條目較五號字稍大・注釋約等於六號字・

(八)本集各書均照王氏中外圖書統一分類法分別將類號印在書脊・並各附目錄片若干張・凡購置本集之圖書館一如第一集・既可省分類之煩・管理費節省尤多・

(九)本集正編中之國學基本叢書三百種・多至八千卷・通行舊本需價在一千二百元以上・連同漢譯世界名著等三叢書及十通・佩文韻府等之通行版本・需價當在二千元以上・現經彙訂劃一版本・全部只售預約價三百六十元・不購十通及佩文韻府而專購正編二千册者・預約價三百元・

(十)本集正編二千册・自中華民國二十四年三月起限二年半出齊・每半年發行一次・計四百册・參考鉅籍兩部分訂二十八鉅册・自民國二十四年三月起限一年半出齊・每半年發行一次・計九鉅册・最末一次十鉅册・

(十一)各叢書目錄另加說明・

(十二)各叢書選定之書・如將來有較善之本或較佳之作・得酌量更易・但册數絕無減少・

國學基本叢書二集說明

(一)本集所收各書・皆國學基本要籍・都三百種・分訂一千二百册・每册字數平均六萬字・約共八千萬字・(二)本集取材較第一集爲廣・種數亦三倍於第一集・

(三)本集分爲・(1)目錄學・(2)讀書扎記・(3)儒家哲學・(4)道家哲學・(5)釋家哲學・(6)雜家哲學・(7)社會科學參考書・(8)政法・(9)軍事・(10)教育・(11)文字・(12)音韻・(13)方言・(14)算學・(15)天文曆法・(16)時令・(17)植物・(18)動物・(19)醫學・(20)農學・

海外僑胞紀念國父百年誕辰實錄序

昔叔孫豹論三不朽曰・「太上有立德・其次有立功・其次有立言・雖久不廢・此謂之不朽・」故世人凡能德被生民・功垂百代・言爲世則・三者居其一・即能歷千秋而不朽・縱觀歷史人物・能一身兼備此三不朽者・殊不多覯・有能兼備而不疑者・其惟我

中華民國國父孫中山先生乎・

國父天縱睿智・先知先覺・身當中國危急存亡之時會・秉持中國文化道德之傳統・發揮先天下之憂而憂之大仁・順

乎天・應乎人・故能領袖羣倫・承先啓後・激動民心・創造時勢・一舉而推翻清室・使中國免於豆剖瓜分之禍・爲亞洲振動自覺自强之機・爲中華刱新局面・爲東亞開新紀元・其德被羣生・何止億萬・中國自滿清中葉・閉關自守・積弱百年・列强挾堅船利礮與天演理化之學・以排山倒海之勢而俱來・不特摧枯拉朽・更使我民族自信心喪失殆盡・

國父本崇高之理想・創建國之宏謨・以行易知難學說・作心理建設・以建國大綱・爲政治建設・以實業計劃・成經濟建設・藉破國人心理之大敵・出謬誤思想於迷津・其功業之巨・不啻旋乾轉坤・尤能恢復民族之自信心・締造國家之新面目・百世之下・永蒙其庥・

十九世紀以來・西風東漸・中國首當其衝・學說紛紜・莫衷一是・國父繼承華夏一貫道統・融合古今中外學術源流・著述三民主義・以企求中國國際上地位平等・政治上地位平等・經濟上地位平等・作迎頭趕上之計・亦永爲中華立國之本・其天下爲公之大同思想・尤爲世界各國政治家追求之目的・一言而爲天下法・舉世已普沾澤惠・

雲五何幸・少壯之年得侍・國父左右・親沐訓誨・如坐春風・每憶親睹國父之偉大處・精深廣博・浩瀚無涯・深信國父之弘仁・讜論・碩德・元勳・用能永垂不朽・其來有自・益增其景慕之思・

一九六五年十一月十二日・欣逢國父誕生百年紀念・全國各界追懷勳烈・僉謀大張慶典・報德崇功・特於一九六四年九月一日成立「中華民國」各界紀念國父百年誕辰籌備委員會・辦理各項紀念事宜・以闡揚國父之不朽功績・雲五蒙公推主理其事・歷時一年又八閱月・荷諸君子盡力協助・在經費籌募言・則全國同胞踴躍輸將・捐款竟達七千餘萬・在慶典活動言・則朝野一致普天同慶・熱烈莊嚴・在紀念館建築言・則設計出新・美侖美奐・在學術論著編纂言・則文章華國・垂教無窮・在中山學術文化基金言・則惠澤長流・意義深遠・至於其他各項重要活動・莫不情緒熱烈・盛況空前・

在國外方面・世界各地僑胞・早於一九六五年初・紛起組織籌備機構・進行各種紀念活動・計有六十一個地區・共達八十六個單位・而其地區之廣大・遍及亞・美・歐・非・澳五大洲・其活動之繁多・或捐建紀念亭堂・或鑄立國父銅像・或設置紀念學校・或創設中山圖書館・或出版文物・或集會宣揚・咸足以反映僑胞熱愛祖國之心情・尤以香港・澳門・新加坡・馬來西亞・寮國・法國等政治環境特殊之地區・同樣熱烈舉行慶祝活動・富有戰鬪性之意義・充分發揮我堅韌宏毅・不屈不撓之民族精神・令人感奮良深・

茲當籌備委員會正式結束・爰將世界各地僑胞僑團辦理紀念　國父百年誕辰各種活動情形・纂爲「國外僑胞紀念國父百年誕辰實錄」・以紀此百年難遇之盛事・雖未能表達國父之偉大人格于萬一・然實足以反映全球黃帝子孫一致景仰之心聲・爲二十世紀六十年代留一隆重之紀念・其影響所及・深信必能垂久而至於無疆也・

四部要籍序跋大全序

余於民國二十二年得是書於濟南書肆・原名蠡測編・都

百冊・咸出一人手鈔・而闕其人姓名・稿中所收四部要籍之序跋三千九百餘種・以其撰人有爲清嘉慶時人者・則是書之成當在清嘉慶間・全稿逾二百五十萬言・雖出自搜集鈔錄・然彼時公開之圖書館無多・訪書不易・以一人之力終始其事・需時當不下十年・而此隱名之學者鍥而不舍・卒觀厥成・其毅力誠有足多者・惜其名不傳・未能盡余表彰之責耳・

圖書之序跋恒薈萃全書菁華於一文・且多出自名手・其文章議論亦多可誦而可貴・以視四庫全書提要出於一時之館臣手筆・爲文千篇一律・雖問有評騭而不敢輕發議論者迥異・是書集三千餘種要籍之菁華於百冊・取攜檢閱・尤稱便利・彼時余坐擁百城・閱覽雖較常人爲便利・然是書無時不置案頭・則以從序跋而獲得一書之鳥瞰・苟興趣與時力容許・自可藉此爲引導而進讀原書・不則亦無異嘗其一臠・有助於我對目錄學領域之擴展也・

同事某君覩是書於余案頭・欣賞不已・勸余推己及人・付諸手民・以廣流布・因於二十四年畀商務書館北平分廠印行・以卷帙繁・且無時間性・製版進行略緩・迄二十六年秋北平淪於日軍掌握・僅成其半・厥後余輾轉入內地・對平廠既失控制力・對是書亦不復聞問・及三十五年夏余自重慶東下・旋脫離商務書館・平廠始以是書所排鉛字樣張全部・連用局部殘闕之原稿復還於余・因悉在淪陷時期・平廠主者爲維持工人生計・仍令繼續排版・竟未竟之功・惟以印刷發行殆無希望・後半部遂未留紙型・於是此僅存之樣張無異取原稿之地位而代之矣・

三十七年冬余解職南下・以居處未定・藏書多至數萬冊・轉運庋藏皆感困難・遂暫託人保管・而行篋所攜之少數書籍中・是書即爲其一・去年春來臺作久居計・亦以自隨・於此私藏圖書散失殆盡之時・益常以是書供閱覽・友人張岳軍張曉峯二先生先後見之・認爲有關我國文化頗大・慫恿就排校本景印・公諸同好・嗣復得陳雪屏先生贊助・預購若干部以充實臺省各校之藏書・於是余在十六年前印成是書之夙願・因中經多故・至今始獲償・

是書在排版時・因平廠校讎同人夙富經驗・又能悉心從事・故錯漏較一般排印本爲少・茲既準備景印・更謀減少魯魚亥豕之誤・復就全書覆校一過・而附勘誤表於書末・固未敢信爲盡免錯漏・然掃落葉之工作已不遺餘力矣・

本書係案經史子集編次・每類又分甲乙丙丁數輯・而殿以附編・即混合經史子集補遺於一冊者也・此以供閱讀自無問題・然爲便利檢查・則篇名與著者索引之編製或亦有其需要・擬俟全書出版後・補製篇名與著者總索引・別刊一冊・分別按拙作四角號碼檢字法及筆畫法排列・以省檢閱之勞・

抑余尚有一言者・序跋文字之可貴不僅在我國爲然・即在歐美亦無不重視・美國哈佛大學前校長伊理愛・查爾博士於其主編之哈佛古典叢書五十巨冊中・以序跋名作佔其一冊・惟歐美序文多屬自序・而我國序跋則他人所作與撰人自序同爲常見・伊理愛博士稱述自序之可貴・謂「作者於其長期工作告成時・無異步下講壇・置身於聽衆之間・爲面對面之懇切談話・揭示其所懷希望與恐懼・爲己身所經歷之困難博取同情・並爲預期可遭遇之批評提供辨護・在冗長篇幅之

全書中・作者的人格向爲其鄭重的態度掩蔽者・驟然於自序中露其眞面目・即此一端・縱無其他理由・自序文已値得在此古典叢書中佔一重要地位」・此特就自序的效用而言・至若他人的序跋・則有如余在上文所稱・往往合書評與議論而一之・殆別具一種重要性矣・

中山縣志序

我國方志・集地理傳記制度風俗藝文於一編・實爲各地方最完備之史書・且省有省志・府州縣有府州縣志・編著殊普遍・又同一方志・代有新編・余曩主上海商務印書館筆政・所屬之東方圖書館藏書冠全國・搜羅方志亦多至四千餘種・以全國千八百餘縣計・除省及府州外・一縣平均佔二種以上・及罹一二八之厄・藏書盡燬・自民國二十一年秋開始重建・四五年間・余爲該館大量訪購圖籍・除其他不計外・方志一門復得千四百餘種・皆爲較後出者・蓋以效用言・後出之方志・資料實兼新舊・縱版本不如舊刻・內容自更豐富也・

我中山縣・原名香山・自宋紹興始就東莞縣之香山鎭及新會等縣之沿海地區・建置爲縣・迄明代・邑人黃泰泉先生爲一代大儒・著作等身・其所編香山志八卷・今已失傳・清季所修香山縣志・就余所知凡四種・首爲康熙十二年刋之申良翰等修纂本十卷・次爲乾隆十五年刋之暴煜修纂本十卷・三爲道光八年刋之祝淮修黃培芳纂本九卷・四爲光緒五年刋之田明曜等修陳澧等纂本二十二卷・入民國・知香山縣事厲式金・應邑人之請從事續修・延邑紳汪文炳張丕基總其成・凡十六卷・其取材斷至清末・爲吾縣志最後出之本・合田本二十二卷・更爲吾縣志最詳盡之本・

一九六〇年冬・留台邑人組織之中山同鄉會屆滿一年・余忝膺理事長之任・竊認爲最有意義之紀念・莫如在流亡海島之今日重刋後出而最詳盡之邑乘・使留此之數千邑人與散居海外各地之數萬邑人・對可望而不可即之故鄉・藉斯編而神遊・緬懷大好河山・益堅其□□之意志・因是・就「內政部」所藏・假此二書・付諸景印・

抑有進者・吾邑自清末誕生偉人・手創民國・後起之士・俊彥孔多・對於國家與學術之貢獻盛極一時・方興未艾・其立功立言・咸有足資紀載・垂示來茲者・吾同鄉會他日有餘力・當更就□□五十年來之同邑人物藝文・肆力訪求資料・續撰二志・構成三編・苟能實現・自必蔚爲大觀・惟茲事體大・非得海內外邑人之協助不爲功也・

景印將竟・謹述經過・並誌期望・

六

中華字源序

字書之爲用・不外從形聲義三方作適當之銓釋・舊日對字形之研究・不出小篆與鐘鼎文・自殷墟發掘後・始悉更古者尚有甲骨文・聲之研究・舊日學者常斤斤於今古之別・然爲實用計・自以統一今日之讀音爲主・政府採行注音符號以來・遠在東南亞之華僑・來自粵閩而向操方音者・其接受新教育之子女・無不擅長於標準之國音・義之研究・則演變至今・去古既遠・淺言之・固重今義・窮究之・則不能不追溯原始・英國牛津大字典・依史則之銓釋・原委遂得分明・

我國文字．起於象形．與世界採象形文字之古國多有相通者．埃及與巴比倫之象形文．世知其然．余曩嘗訪伊拉克．於其國立博物院中．目擊一古印章．作田．與我國之田字正同．東西巧合有如是者．

我國古音．傳至南方者多尚保存．余對印度Hindu唐代譯爲天竺．初頗怪之．及悉我粵臺山（今開平縣）之方音．讀若Hoishan．其他凡屬T音者．皆讀H．始恍然於唐音「天」字所含之T讀若H．故譯印度爲天竺．足見臺山保存唐音．經千百年而不變．

形聲兩項．追溯源流．固極關重要．惟線索一經尋繹．尚不難爲正確之處理．字義如僅就流行之今義銓釋．自無困難．然若追溯原始．則須遍檢諸書．從最初以迄最近．卷帙旣繁．且古代圖書往往僞託撰人．號稱最早之作．實際未必如是．加以我國古書浩如淵海．首須選定必要之作．次則確定其寫定之時．然後分就其中檢取待銓釋之字．認定其意義．貫通其脈絡．鑑定其演進．余前主編中山大詞典．對於釋義方面．即採此方式．以抗戰乍起．十數年搜集之資料八十餘萬片悉陷於大陸．僅得以其中「一」字所屬各條編印爲中山大詞典一字長篇．不下一百萬言．

余來臺以後．屢聞李敬齋先生以多年之力．編著中華字源．今歲始殺青．余獲讀其例言與舉例．認爲在形聲義三方面皆有極精當之作述．僅就釋「馬」字之例而言．則形的方面．篆隸而外．遠及卜辭鼎器．使讀者一望而知其本原．聲的方面．則古音今音並列．極便比對．義的方面．則據以銓釋者．由易說卦而論語．亦合於史則．所附詞語．凡有來源可考者．無不舉而出之．是則不僅符合書名所示．堪稱中華字源而無愧．實亦兼具一般詞典之用．余以敬齋之鍥而不舍．卒竟全功．大有助於我國字學之研究也．故樂爲之序．

重刊宋寫本太平御覽序

太平御覽爲宋四大書之一．其他三者爲太平廣記．文苑英華與册府元龜．太平御覽又爲宋三大類書之一．其他二者爲册府元龜與山堂考索．除太平廣記屬子部小說家．文苑英華屬集部總集外．其屬於類書之三種中．兩種爲帝王勅撰．厘山堂考索爲章俊卿私人之作．

在勅之兩部類書中．太平御覽始於太宗之太平興國二年（公元九七七）三月．詔儒臣從事編纂．自經史子集以及百家之言．博觀約取．書成於太平興國八年十二月．賜名太平御覽．其規模之鉅．雖略遜於眞宗勅撰之册府元龜．實遠勝於唐代之北堂書鈔與藝文類聚．故在類書中堪稱空前．

太平御覽受命編纂諸臣．爲翰林學士李昉．扈蒙．知制誥李穆等十七人．皆一時之選．全書千卷．分五十五部．四千五百五十八類．各部詳略不一．以類數言．最詳者爲職官部．佔四百十四類．次爲四裔部．佔三百九十類．又次爲皇親部．人事部．皇王部．鱗介部．藥部．分別佔二五七類．二三四類．二二三類．二〇七類及二〇三類．以卷數言．最多者爲人事部．佔一百四十一卷．次爲兵部．佔九十卷．又次爲職官部．佔六十七卷．其他佔四十卷以上者有皇王部．禮儀部．地部．

御覽引書多至一千六百九十件．外有古律詩．古賦．銘

王雲五

箴・雜書等類・不具錄・以今考之・失傳者十之七八・失傳諸書・由於因襲唐代諸類書・仍其前引書・非必宋初盡存者・然藉御覽而保存今已失傳之古籍・實不在少數・古代類書之可貴・殆以此爲最・又其保存古訓・可藉以訂正宋以後經史刋本之譌・亦有足多者・舉例言之・毛詩東門之栗「有踐家室」・踐・作靖・靖・善也・言有善可與成家室・尙書「敬授人時」・人・作民・與日本足利學本合・又如禮記「夫婦齋戒沐浴・盛服奉承而進之」・多「盛服」二字・「以致天下之和・以達天下之理」・多「以達」二字・故可補今本禮記之闕・孟子「不方十里・不方百里」・多兩「方」字・亦可補今本之闕・至所引諸史・足爲今本訂誤者亦多・不具述・

以版本言・御覽告成之後・殆歷太宗眞宗二朝・至仁宗朝始付剞劂・淸陸心源氏曾藏有北宋刻御覽殘本・觀其中避諱闕筆・可推定爲仁宗時刋本・堪稱北宋官刋之母本・玆略舉宋以來諸刻本如次・

一・北宋刋本・明代已不全・淸乾嘉間流出人間者・僅三百餘卷・約佔全書三分之一・

二・南宋閩刋本・何年刋行及現時是否存有殘帙・皆不得而知・

三・南宋蜀刋本・寧宗慶元五年・蒲叔獻爲成都府路轉運判官兼提學學事・於是年七月取御覽刋於治所・是本海內已無存・海外惟日本尙藏有殘本二部・分別爲宮內省圖書寮及京都東福寺所有・

四・明倪炳校刻本・海內惟國立北平圖書館藏有一部・

五・明活字本・國立北平圖書館亦藏有一部・

六・淸汪昌序活字本・嘉慶十一年・揚州汪氏用活字校印・

七・淸張海鵬刻本・合宋刻殘本・及諸家舊鈔本校刻・

八・淸鮑崇城刻本・嘉慶二十三年・歙縣鮑氏據明倪炳刻本及明活字本・並參酌鈔本校刋・

九・廣東重刋鮑氏本・光緒十八年南海李氏學海堂就鮑刻重刋・

十・石印本・光緒二十年・上海積山書局印・

十一・日本仿宋聚珍本・日本安政二年（淸咸豐五年）・就明人影宋鈔本以聚珍版印行・

本書・通稱四部叢刋三編本・係借自日本帝室圖書寮及京都東福寺藏南京蜀刋本・民國十七年本館前輩張菊生（元濟）先生赴日本訪書・先在岩崎氏靜嘉堂得見陸心源舊藏北宋殘本三百六十餘卷・嗣復於帝室圖書寮京都東福寺獲見宋蜀刋本・雖各有殘佚・然視陸氏舊藏爲贏・因乞假影印・凡得目錄十五卷・正書九百四十五卷・又於靜嘉堂文庫補卷第四十二至六十一・第一百十七至一百二十五・此二十卷均半葉十三行・同於蜀刻・自餘尙闕二十餘卷・及殘葉・則用喜多村直寬之聚珍本補宋刻・遂成全璧・具詳張先生對本書之後跋・

總之・在上述十數種御覽版本中・宋刋已爲希世之珍・明刋・張海鵬刋與汪氏活字本皆不易得・其較通行者爲鮑刻・重刋鮑刻・石印及聚珍四種・石印者字體過小・訛誤亦多・聚珍多據鮑刻・而鮑刻與重刋鮑刻・譌脫不少・皆非善

本・本書據宋蜀刊本影印爲主・少數補綴・亦皆據善本精校・實爲現今通行本之最佳者・已有定評・

余近年重主商務印書館・先後編印鉅籍多種・其在舊籍方面・以版本見長者・如四部叢刊初編・續編・及百衲本二十四史等・以搜羅廣博著稱者・如叢書集成簡編等・以參考便利爲主者・如佩文韻府・嘉慶重修一統志等・本書以版本言・實與四部叢刊等齊觀・而以效用言・則又有參考便利之必要・因仿佩文韻府例・以二頁爲一面・擴大版式爲十六開・由原書一百三十六册・精裝爲七鉅册・又因原書目錄・至爲詳盡・所有五十五部・千六百餘類・皆列載於目錄之中・一一注明卷數・檢查上尚無另編索引之必要・此與佩文韻府・在目錄上僅列韻目・而內容所含詞藻多至五十萬者・大異其趣・未編索引・即以此故・

續修四庫全書提要撰序

一

世間事往往有動機不盡純正・而效用甚廣者・試以帝王所爲而言・明成祖得位不正・及局勢大定・乃集文人編纂永樂大典・蔚爲鉅籍・其動機原欲弭草野之私議・其效用竟保全許多古籍・凡原本散佚失傳者・後世藉大典而輯成不少之佚書・清高宗以異族繼主中華・因其父祖對明末清初不乏詆譭滿人之著作・大興文字之獄・尚不克收鎭遏之全功・乃採取表面溫柔而右文之策略・通令各地方大吏盡量訪購遺書・並鼓勵獻書・藉以編纂曠代之四庫全書・經再三督策・卒達廣徵書籍之目的・於是分別由纂修四庫全書之文臣・詳爲審查・偶有認爲違礙之處或抽燬或全燬・然後分爲著錄與存目兩類・著錄書都三千九百四十九部・先後發繕七部・分藏於京內外七館・是爲四庫全書所收之書・又有存目之書・則僅具書目・並未收入於四庫全書者・都凡六千八百一十九部・約倍於著錄之部數・兩類均撰爲提要・分別編入四庫全書總目提要之內・

存目無論矣・即就著錄之三千餘部而言・其中已有六七百部爲世所罕見・或竟失傳・商務書館半世紀以來・初時迭次努力・期將全書景印・以廣流傳・顧一再受沮・未能實現・厥後以物力維艱・先其所急・僅就其中罕傳之珍本・分集景印・除初集二百餘部・已於上海初版千分・嗣又在臺灣重版數百分外・現爲紀念建國六十年・決續印第二・第三・與第四集・俾使罕傳之本六七百部悉數流傳・雖無景印全書之名・而有其實・

二

我國文化發展最早・印刷術之發明亦最先・因而圖籍之多・夙稱浩如淵海・除四庫全書著錄之部連同存目之部・合萬部有奇外・乾隆時代存在人間之圖書實尚未悉數搜羅無遺・蓋中國幅員至廣・大多數人民散處鄉區・加以行政效率不彰・在高宗雖有網羅一切之心・結果斷難免漏網之實・

乾隆以後・國人著作益多・印刷亦益便利・迄今約二百年新出圖書固甚夥・而清末禁網日弛・入民國禁書悉解禁・因而纂修四庫全書以後之新作與新發見之圖書・已足夠續修

全書之資格・然實現是學者・既非清末皇室・亦非民初政府・前者積弱既深・救亡之不暇・後者軍閥互爭不已・豈能顧及右文・他如個人與社團・更無此魄力・於是發動之者乃爲日本之東方文化事業委員會・而利用日本退還我國之庚子賠款爲經費・該委員會從事此學之動機爲何・吾人姑置勿論・惟至少有一點與永樂及乾隆纂修鉅籍時之事實相似・即謀安撫我國文人是也・然日方委員・如京都大學教授狩堂直喜博士・東京大學教授服部宇之吉博士等・皆爲純粹學人・即其主辦人橋川時雄氏・亦以研究楚辭極有心得・獲得文學博士學位・而我國受聘從事編撰人士・亦多爲有數學者・故提要內容・多甚精當・結果有裨於文化・則無可諱言・東方文化事業委員會成立於一九二五年・即民國十四年・創設伊始・即決定續修四庫全書之工作・然觀其初期所聘我國人士爲研究員者・僅限於前清遺老・其初意固不難推測・及至一九三四年・即民國二十三年・改由橋川時雄氏主持・對人事方面・積極調整・增聘當時在平津一帶的若干學者爲研究員・同時並與住在華中華南以及海外若干學者取得聯繫・除專任研究員多爲各類圖書提要的主編或整理人外・至各書提要的撰稿人・則按撰稿之篇數或字數送酬・此項續修工作・僅限於撰寫提要・與乾隆時所修四庫全書・除各撰提要外・並就原書續錄七分・分藏各館者不同・

三

查東方文化事業委員會對於選撰提要之圖書・定有原則三項・每項附以細節若干如左・

原則第一項

四庫全書編纂以前的書籍・而爲四庫全書未收者・括有細節若干如左・

（甲）佛教經典・四庫全書原收不過數十部・與現存之佛經數相差過遠・續修提要則盡量增收注解佛典之書・尤重佛經的史傳與有關中國佛教史之著作・

（乙）道教書籍・四庫全書原收僅約二十部・由於道教與中國民族思想及生活均有重大關係・故在續修提要中・選擇重要的道藏六百種・一一爲撰提要・

（丙）明人著述・在四庫全書編纂時・多被歧視・絕鮮收入・其被收入者・輒經删改・剔除違礙文句・續修四庫全書中・特別注意明人著作・乾隆時之提要有不當之評語・亦酌予修正・

（丁）禁燬書的提要・凡在四庫全書編纂時・被列入禁書之部分圖書・皆予撰寫提要・

（戊）小說戲曲・在四庫全書未被收入者・續修提要・對於現存海內外的我國著名古典小說戲曲・皆予撰寫提要・

（己）有關生活技能・現實政治之書籍・特予注重・

原則第二項

四庫全書編纂以後的書籍・

此項原則包括左列數節・

（甲）纂修四庫全書之時・生存人之著作概不收入者・現皆盡量收入・

（乙）纂修四庫全書之時・原已印成未及發現之書籍・

（丙）纂修四庫全書以後・迄於民國新撰之書籍・

(丁)後出之方志・爲數頗多・皆盡量撰著提要・

原則第三項

雖有四庫原收之書・但以後發見更好・更完整之版本時・續修提要皆就原有提要改作・

基於上開三原則及所附細節・東方文化事業委員會所據以撰著提要之圖書・括有左列各方面・

(一)該會自行訪購之圖書・據稱自一九二五年至一九三四年間・其所搜購之圖書・共費用四十萬銀圓・此項圖書當時存放於與該會有關的東方文化學院・目前日本京都大學尚有其目錄・其中各府州縣志達三十餘種・僅次於商務書館涵芬樓舊藏之四千餘種・而全燬於一二八之役者・

(二)北平圖書館藏書・

(三)北平故宮藏書・

(四)北平各公私立學校藏書及遼寧奉天圖書館藏書・

(五)私家如北平傅增湘・天津李盛鐸・長沙葉德輝・大連羅振玉・上海劉氏嘉業堂・及常熟瞿氏鐵琴銅劍樓等之藏書・

(六)日韓兩國藏書・如日本之內閣文庫等・及朝鮮李王奎章閣所藏・

(七)英法各著名博物館及圖書館藏書・特指有關敦煌或流傳海外之其他珍本・係由該會委託留居英法之中國學者就近撰寫提要・

由於上開豐富的資源・據我國何朋氏在日訪問原主持人橋川後的簡介・所撰提要之書多至二萬部以上・嗣以戰時經費不足・部分成稿尚未付油印・戰後橋川氏返日・將原稿連同該會自購之書・悉數移交於我國負責接收人沈兼士・以後情形・因大陸淪陷・便無法知悉・

本書資料・係就現在日本京都大學人文科學研究所所藏油印本・括有已撰之提要一萬零七十部・雖未窺全豹・然已當乾隆時所撰提要著錄部分之三倍・

四

關於撰著提要及負責整理之人・據橋川氏告我國何朋氏・共有八十五名・皆爲積學之士・其中尤多爲目錄學者・至於負責各類整理工作之人・大致如左・

(甲)經部

易類　柯劭忞・吳承仕・尚秉和・黃壽琪・　書類　江瀚・倫明・　詩類　江瀚・張壽林・　禮類　胡玉縉・吳承仕・黃壽祺・吳廷燮・　春秋類　楊鍾羲・倫明・姜忠奎・　羣經總義類　江瀚・倫明・孫海波・　四書類　倫明・劉汝霖・　樂類　江瀚・高鴻逵・　小學類　馮汝玠・孫海波・　石經類　馮汝玠・孫海波・　附錄緯書類　劉澤民・

(乙)史部

正史類　班書閣・　編年類　謝興堯・　實錄類　吳廷燮・奉寬・　紀事本末類　謝興堯・　別史類　孫光圻・　雜史類　謝國楨・　詔令奏議類　陳鍪・　傳記類　倫明・謝國楨・　史鈔類　未詳・　史表類　全部工作由吳燕詒一人擔任・　載記類　未詳・　時令類　孫光圻・　地理學　班書閣・　方志類　特設方志編纂

部・由各編纂者分別擔任其本省方志提要之撰著・　河渠類　茅乃文・　邊防類　未詳・　山川類　未詳・　古蹟類　許道齡・　遊記類　未詳・　外記類　未詳・　輿地類　茅乃文・　職官類　謝興堯・　政書類　奉寬・　目錄類　未詳・　史評類　班書閣・　金石類　劉節・

（丙）子部

儒家類　劉澤民・　兵家類　韓承鐸・　法家類　未詳・　農家類　韓承鐸・　醫家類　夏孫桐・　天文算法類　謝國楨・　術數家類　高鴻逵・　藝術類　余紹宋・班書閣・　譜錄類　孫作雲・　雜家類　謝國楨・　類書類　未詳・　小説類　傅惜華・　釋家類　劉澤民・　道家類　張壽祺・　墨家類　孫人和・班書閣・　縱橫家類　孫人和・　名家類　孫人和・

（丁）集部

總集類　劉詩孫・　別集類　由於別集特多・故依省別分類・撰寫提要者・分別擔任各本省之別集・如楊樹達專撰湖南省之別集・趙錄綽專撰山東省之別集是・

詩文評類　余寶齡・　詞曲類　陳鍫・

至於海外藏書・則分別由彼時留居各該地之我國人士擔任撰寫提要・例如董康與孫楷第專任日本內閣文庫所藏之明人小説・王重民與向達則專任大英博物院與巴黎博物院所藏的西域史輯及敦煌寫經提要・

五

余與續修四庫全書提要資料之接觸・記得係在三四年前與政大同事王夢鷗教授閒談所及・其時日本京部大學人文科學研究所平岡武夫教授適來華・並承訪問・因詳詢經過・知提要之油印本現存該研究所・多至四萬餘葉・經考慮後・遂託平岡教授代向該研究所商洽・爲商務書館攝成三十六開照片全分・以供考慮印行・及照片寄到・首先發見不能逕照原稿印行・蓋原稿係按成稿之年分排比・每年成稿・再按四部分類・故非將各年成稿彙總重編不可・在從事於彙總重編之時・又發見油印文字・尚有模糊不清者・於是不得不委託專家詳爲校正・假使即就重編與校正之攝影片景印・是書應早已全部出版・然以油印本行格太疏・每面僅容二百餘字・且全稿或打字・或鈔寫・體例不一・如照原式景印不僅有欠整齊・且多至四萬面・成本重而售價昂・不得已改爲鉛字排版・約得八千面・分訂十二冊・較之原式景印・須訂爲六十冊者・方便多矣・且如此辦理・一時之成本雖增・永久之成本隨而大減・購讀者之負擔・亦可大減・因是・自開始排版・迄全書完成・需時不下二年・茲決於民國六十年一月開始・每月出版一冊・全書十二鉅冊・於是年終全部問世・另編索引一冊・則於明年三月印製完成・

是書撰寫提要者・盡量列名於所撰提要之前・（原稿中有若干提要不列撰人者・格於事實只得從闕）且按照各書之性質・分由專家撰寫・較諸原四庫提要・撰者皆不具名・且對帝王負責・措詞不得不拘謹・又續修四庫提要之撰人・多

爲知名之士・擧例言之・如董康・倫明・王重民・趙萬里・馮承鈞・向達・吳廷燮・謝國楨・楊樹達・余紹宋・傅增湘・瞿兌之・羅振玉・柯劭忞・江瀚・胡玉縉・徐鴻寶・李盛鐸・主式通・邵瑞彭・楊鍾義・王照・江庸・王樹枏等・尤其特著者也・

續修四庫全書提要・雖尚未能按原定計劃全部完成・即以現存日本京都大學人文科學研究所之部分・經攝照編入於本書者・其所收圖書・較諸乾隆間所修四庫全書之著錄部分・已多至三倍・茲先將甲部提要一爲比較・便知其梗概矣・

(甲)經部

	原四庫全書著錄之部	續修四庫全書
易類	一五八部	一九九部
書類	五六部	二五一部
詩類	六二部	三〇五部
禮類	七九部	一〇二部
春秋類	一一四部	一七六部
孝經類	一一部	八四部
石經類	無	三六部
五經總義類	三一部	三〇七部
四書類	六三部	四四四部
樂類	二三部	一五部
小學類	八二部	四三三部
彙編類	無	三二部
共	六七九部	二三八四部

此外如

(乙)史部

	原四庫全書著錄之部	續修四庫全書
正史類	三八部	五五部
編年類	三八部	一一五部
紀事本末類	二二部	一〇九部
別史類	二〇部	五七部
雜史類	二二部	三九五部
詔令奏議類	四一部	五六部
傳記類	六〇部	五一二部
史鈔類	三部	一部
載記類	二一部	四五部
時令類	二部	一〇部
地理類	一五一部	二四五三部
職官類	二一部	九八部
政書類	五七部	一六三部
目錄類	一一部	五〇部
金石類	三六部	一九七部
史評類	二二部	六〇部
外國史類	無	四一部
彙編類	無	二六部
共	五六五部	四四四三部

(丙)子部

	原四庫全書著錄之部	續修四庫全書
儒家類	一一二部	九二部

兵家類	二〇部	五部
法家類	八部	二〇部
農家類	一〇部	六一部
醫家類	九七部	二〇二部
天文算法類	五六部	三八部
術數類	五〇部	二三部
藝術類	八一部	二六二部
譜錄類	五五部	無
雜家類	一九〇部	二一六部
類書類	六五部	一九部
小說家類	一二三部	二一二部
釋家類	一三部	二一八部
道家類	四四部	九三部
耶教類	無	四九部
回教類	無	三部
西學格致類	無	八七部
雜叢類	無	四九三部
彙編類	無	二二部
共	九二四部	二一一五部

（丁）集部

	原四庫全書著錄之部	續修四庫全書
楚辭	六部	二部
別集	九六五部	八一七部
總集	一六五部	四四部
詩文評	六四部	四部
詞曲	八一部	二六一部
共	一二八一部	一一二八部

以上合經史子集而言・原四庫全書著錄之部共三千四百四十九部・而續修四庫全書已撰提要歸入本書者・則有一萬零零七十個・等於三倍弱・即將原四庫全書存目與著錄合計・亦不過一萬零二百六十八部・相差不過百分之二・

總之・書籍提要爲讀書之最佳門徑・集萬部有奇之書籍提要於一書・未觀原書・先讀提要・將可獲一鳥瞰之印象・不致茫然無所措手・惟是寥寥數百言之提要・欲以概述百十卷之圖籍・在對其書研究有素者・固不難一揮而就・否則亦須飽讀圖書・擅長於把握大體者・始易着手・東方文化事業委員會・廣徵學人・各按所長・分撰提要・另以對各類研究有素之人・擔任各該類之主編或整理人・庽有覆校之意・以昭愼重・雖以戰事轉劇而停頓・未能盡竟原計劃之功・然即此已成之稿・爲量已三倍於乾隆間原修四庫全書著錄之部數・因是・亟宜印刷問世・以續流行已久之四庫全書總目提要・且圖書之編著出版・日有增加・復日益加速・三數十年後・即使三數十年前續修計劃已全部完成・定然仍有增修之必要・自東方文化事業委員會續修四庫全書停頓之日・以迄今後三數十年之新著新編・連同續修未完之部分・從事一度再續修・其責任似當屬於國家最大之圖書館・例如中央圖書館・以此爲中心而聯繫海內外各大圖書館及私人藏書家・盡擧所藏・以供編撰提要・則遺漏者當可減至最低限度・至於具有最長久歷史之出版家如商務印書館者・現方印行乾隆時原修之四庫全書珍本數集・連同原修之四庫全書總目提要・

今又擬印續修四庫提要・則將來再續修之四庫提要・其印行之責自亦無可旁貸也・

查原四庫提要由商務印書館印行者・其書末附有詳盡之索引・按拙作四角號碼檢字法排列・極便檢查・此次續修四庫提要・自亦有仿照編製四角號碼總索引之必要・茲以本書印行在即・特爲敍述經過與期望如上・中華民國六十年一月五日王雲五謹識・

附註——本文有關東方文化事業委員會續修四庫全書經過之資料・多承平岡武夫教授供給・並以何朋先生刋入崇基學報之續修四庫全書提要簡介爲參考・謹併誌謝・

古音蠡測序

平生爲學・從不敢强不知以爲知・余固耆於求知・因而沈耽縹帙・窮年搜檢・涉獵所及・自笑龐錯・所惜於音韵一門・雖亦偶有涉及・終於研求浮泛・至今猶慚腹儉・松陽葉芝先生窮廿年心力・成古音蠡測一書・都卅萬言之巨著也・屬序於余・不啻使夏蟲語氷・將不知何以爲對・惟藉以補生平未讀之書・應爲快事・余既昧於音韵・今持斯卷・得遂管窺・心竊喜之・以其或有補於譾陋也・

芝生世居松陽・地僻於浙南萬山中・交通梗阻・與外鮮通・間有客來是邦者・咸訝其方言特異・宛如身遊異域・有舉其方言問義於芝生・而莫之能對・因存疑之以求解・寖從鄭康成箋注毛詩中得悟松陽語・殆爲古音・然終未敢作定論也・嗣入青田陳辭修先生幕・戎行靡止・歷覽山川・所經川浙湘桂粵閩諸省・發覺僻壤方言・雖相隔數千里・而其發音頗多近似・益足證古音存於僻壤・當無疑義・從而致力於古音之探討・容心於訓詁音韵諸書・萃各家之說・審音考古・佐證方言・由古今音變中・求得八大原則・製爲古音左證表・竟將徐鉉所稱・「古音失傳・不可得詳究」・爲之否定・其有功於我國古音韵之闡發・豈輕薄爲文輩所可並論邪・

斯卷讀竟・察覺我國語音之變遷・殆始於五胡十六國・其時朝鮮・匈奴・羯・氐諸族語言・始入中原・元世祖入主中國・遼金語已爲先驅・清世祖入關・滿洲語繼入・乃有官話與方言之別・官話即外來音之華語・方言爲言爲原有之古音語・方言受官話之感染・逐漸演變・久之・古音殆消失・遂成今之國語・惟絕嶺窮鄉・爲羌戎所不及者・則古音仍在・故欲探求古音・舍僻壤方言必不可得・例如吳音「水」讀「矢」・吾粵「臺山」語讀「漢山」・又「印度」唐譯爲「天竺」・證之隋唐音韵諸書・足證其今古同源・臺灣稱讀書爲「讀册」・書之稱册始於漢・春秋前以漆書於簡・故以册爲書・則又知「讀册」定爲春秋前語也・

我國文字之組成・具形音義三要素・流傳數千載・形存義顯・無大變化・惟音則隨語而變・故自隋陸法言以四聲分韵・撰切韵一書後・繼而起者・有孫愐之唐韵・陳彭年之廣韵丁度之集韵・明清兩代・自顧亭林以下・講古音韵者尤衆・要之・皆不外以反切分聲之清濁四聲・或溯源而稽古音之演變・雜說紛陳・莫衷一是・今芝生探本窮源・糾其謬誤・可收發聾震聵之功・余深佩其治學之勤・因不憚布鼓雷門・以序其端・

孫科文集序

王雲五

今歲爲孫哲生先生八秩雙慶・友好羣謀所以爲紀念者・除組織籌募學術基金委員會外・最要任務莫如搜集先生數十年之言論・彙刋專集以壽世・除籌募委員會以近百之人民團體組成・並承謬推余主持外・另行成立言論編輯委員會・廣事徵集・約得百萬言・以歷時甚久・播遷頻仍・尚未必搜羅無遺也・編輯之責・梁寒操・鍾天心諸先生已任其勞・印刷發行余敢不盡棉薄・因屬所主持之商務印書館獨任之・排印將竟・編委會屬余爲序其端・余以事前已有張懷九・梁寒操兩先生大序・勉附驥尾・似不得不略異其趣・張序詳述先生事功與學術・梁序則分心術・學術與治術三方面・縱橫交錯・對於先生已盡其推崇之能事・余識先生雖始自民元・然共事之久・接觸之頻・遠不若二公・蓋余與先生實際共事者・只有政治協商會議之一月有餘・與國府委員會之一年・此外則民國二十年代余主編「中山大辭典」將成・最後得先生主持之中山文化教育館合作・甫匝歲・即以抗戰播遷而終止・故就共事之久・益以同志之雅而言・余欲於二公序文之範圍稍有增益・難矣・

無已・其惟專就序言序・即就所序之論文集・略述所見乎・序之原始・起於序傳・序者・敍也・序傳・謂著書者之自敍也・漢書謂之敍傳・我國始見於屈原之離騷・其後揚雄・班固之書皆有之・其在歐美・則美國哈佛大學前校長伊理愛・查爾博士所主編之哈佛古典文庫五十巨册中・以序跋名作佔其一・而稱述自序之可貴・謂爲・作者於其長期工作

告成時・無異步下講壇・置身於聽衆之間・爲面對面之親切談話・揭示其所懷希望與恐懼・爲已身所經歷之困難博取同情・並爲預期可能遭遇之批評提供辯護・在冗長篇幅之全書中・作者的人格向爲其鄭重的態度掩蔽者・驟然於自序中露其眞面目・即此一端・縱無其他理由・自序文已値得在此古典文庫中佔一重要地位・此特就自序的效用而言・然而他人的序・無論在我國與在歐美・皆淵源於自序・而較後出・在歐美則自序爲多・他序較少・我國反是・顧無論如何・他序雖合書評與議論而一之・以既出一源・伊理愛氏對自序所爲之定義・當可或多或少適用・換言之・即就書之內容・爲著者向讀者作面對面之懇談也・

本論文集分爲八篇・第一篇爲主義與學術・第二篇・制憲與立法・第三篇・革命與建國・第四篇・經濟建設問題・第五篇・教育・文化與青年・第六篇・國際問題與中國・第七篇・黨務與民衆運動・第八篇・雜著・每篇之下・再分各類・類下・則列所收諸文・擧例言之・如第一篇分爲・壹・研究主義的方法・貳・三民主義與建國・叁・三民主義與文化・肆・科學與學術・伍・專論・共五類・又第六篇分爲・壹・戰前國際局勢與中國之關係・貳・戰後世界問題之研究・叁・美國的政治・經濟及社會・肆・國民外交與華僑之貢獻・共四類・其中惟第五篇教育・文化與青年・所收論文較少・不另分類・然先生熱心教育文化與青年問題・其論著斷不止於本篇所收之六文・意者・有如余在上文所稱・或未必搜羅無遺・是則繼起徵集・似尚有其必要也・

然即就所搜羅未必詳盡之論文二百六十餘而言・實已洋

洋大觀・舉凡社會科學・人文科學・國內問題・國際問題・固已無所不包・即於自然科學與應用科學亦多觸及・其範圍之廣・往往非同一人之力所能深入者・而先生咸能言之有物與成理・其淹博誠足令人敬佩・此固由於先生之八十述略所稱・在加大讀書時・主修文科・兼修理科・奠下廣博的基礎・實則更有賴於先生平生讀書不厭之習性・就余所知・數十年身居要職・政務鞅掌之人士・始終保持其學者風度・好讀書而喜新知・有如先生者・我國政壇上・能有幾人・

猶猶記抗戰時期・先生與余同處陪都重慶・均常出現於公開講演場所・先生之講詞・尤以有關國際問題者・無不兼具數字與統計・如數家珍・且時見其衣囊中・威有西書或外文雜誌・足證手不釋卷・故能言之有物・反之・余以太平洋戰事起・藏書盡陷滬・港・隻身幸而留渝・彼時外國書刊・得之奇難・故余所講・大都避免具體・而私心對先生之能飽讀戰時國外刊物・輒不勝羨慕・直至被推報聘英國・每入書肆・有如過屠門而大嚼・盡旅費之所餘・傾囊返國・訪新刊之要籍・滿載而歸・此種情形・始稍有改變・

然余不能諱言者・由於任職之不同・余較先生未免多一出版書籍之便利・又以身經多難・敝帚自珍・故恒以講詞及零篇著作・編印成書・藉便保存・習慣殆成自然・故民五十三年罷官以還・就手邊及各圖書館保存書刊中・自力搜集舊文・另行分科編印・不數年已逾十部・其未編印者・尚有若干部・此以視先生之零篇作品・或分載於各種期刊官書・或竟存稿散佚者・一旦從事於徵集彙編・孰難孰易・自不待言・是則「言論編委會」之辛勞可佩矣・

最後・爲序傳者・對於本論文集所收各文・如能就其特點作具體的推介・似亦爲應有之責・無如內容多至百萬言・余最近又日昃不遑・竟未能就原稿一一細讀・無已・姑就各文標題分類略述所見乎・第一篇第壹類研究主義的方法中・所列「研究國父遺敎應根據科學方法」及「研究國父遺敎應注重研究科學」兩文・均强調科學方法與科學研究之重要・科學方法原可適用於任何事・以先生之淵源家學・認爲研究國父遺敎有此必要・自必正確可信・同篇第貳類三民主義與建國中・則列「三民主義的新中國」・「建設三民主義的新中國」及「重建三民主義的新中華民國」三文・咸重視新中國之建設・尤以第一文之撰作・早至三十二年二月五日者・實可謂慧眼獨具矣・同篇第叁類三民主義與文化中・所列「三民主義的新文化」及「宏揚固有文化發展科學研究」二文・均於維持固有文化之中・不忘創造新文化・由此可覘先生對於文化的卓越見解・第二篇第壹類制憲與立法中・所列「新憲法與五五憲草」及「現行憲法與五五憲草之比較」二文・以五五憲草之最高主持人・躬與政治協商會議對於五五憲草之修改・從而過渡於現行憲法・其敍述與評斷・定然正確而公允・第三篇第壹類民主與治國的關係中・所列「過去的亂源與今後的新希望」一文・第貳類抗戰建國的意見中・所列「中國的前途」一文・第叁類反□復國勝利之途中・所列「現代世界中的民主問題」一文・莫不與建國有重大關係・以先生之遠大眼光・定有精闢的意見・第四篇第壹類北伐時期的建議計劃中・所列「建設公路的重要」一文・第貳類抗戰時期的經建問題中・所列「論戰後第一期經建原則」

一文・及第叁類台灣經濟發展與有關問題中・所列「十五年後之台灣」一文・皆屬經濟建設之大計・先生或則提倡甚早（民國十五年）・或則燭照機先・均值得目前實施經濟建設者之鄭重考慮・第六篇第壹類戰前國際局勢與中國之關係中・所列「三民主義與世界改造」一文・第二類戰後世界問題之研究中・所列「改造世界的十大原則」一文・及第肆類國民外交與華僑之貢獻中・所列「我對外交政策的態度」一文・咸能把握時機・建議採行積極政策・以打開新的局面・上所舉述・厪其犖犖大者・其他足供國人注意者・不勝枚舉・又除此以外・有一最值得閱讀之文・即先生為本書所撰之「八十述略」・以約莫三萬言之短文・不僅就其過去八十年的生涯・作一扼要忠實的自述・且於六七十年來之革命史・多所闡揚・任何人對此文皆宜一讀・編委會以之冠於篇首・誰曰不宜・

鄒　琳　一八八八年生　一九八四年卒

字玉林・大埔人・卒業北京法政專門學校・歷任屏山內江縣知事・司法部司長・兩廣鹽務處長・財政部秘書長・次長・廣東省財政廳長・廣東省政府秘書長・廣東省銀行董事長等職・遺著有粵鹺紀實・

粵鹺改革略史

古代改革之略史

大禹任土作貢・青州有貢鹽之品・是爲鹽・見於書之始・厥後管仲治齊・煮海以爲鹽・而鹽之出益盛・惟當是時徵渠展之鹽・祇屬東海・禁聚傭之煮・第及北海・南海之鹽・始於何時・書厥簡略・不得其詳・漢因桑宏羊之請・分部置均輸鹽鐵官凡二十八郡・南海居其要・而粵鹽紀載・見諸史册・唐劉晏總榷諸州鹽鐵・奉命得乘傳遍行天下・南海蒼梧桂林等處悉遵法度・宋開寶四年・詔榷嶺南鹽・天聖而後・海東西場共有十三・並領於廣州・歲煮五十一萬三千六百八十六石・以給東西二路・慶歷間・轉運使李敷王繇請運廣州鹽於南雄・以給虔吉・繼三司判官周湛・復請運入虔州・嘉祐末令廣南鹽入虔汀・元豐三年・詔東莞靖康等十三場歲煮二萬四千餘石・以給本州及封康英韶端潮惠賀恩新連梅循南雄州・西路之昭桂州江南之南安軍白石石康二場・歲煮一百五十萬斤・以給本州及容白欽化蒙龔藤象宜柳邕潯桂梧橫南儀鬱林州又高竇春雷融瓊崖儋萬安軍煮以給本州無定額・大率煮海有亭戶・鹽丁鬻於官・或折租稅・亦有役軍士定課煮者・惟時兩廣之鹽・皆屬於漕司・量諸州歲用而量給之・紹興八年・詔廣州鹽歲以十分爲率・二分令欽廉雷化州官賣・餘八分行鈔法・又詔廣東鹽九分・鈔法一分・付產鹽州縣出賣・紹興三十二年・廣東鹽額廣州九・潮州二・惠州三・南思州二・竇州三・廉州一・高欽雷化各二・淳熙十六年・復二廣官搬官賣鹽法・賦稅所入・積世益增・元承宋代・分界行引・太宗世額定每鹽一引・重四百斤・價銀十兩・世祖中統二年・減爲七兩・至元十三年・既取宋・江南之鹽所入尤廣・每引改爲中統鈔九貫・遞增爲五十貫六十五貫・至大至延祐增爲一百五十貫・國用所出・鹽利居十之八・惟至元五年以廣海額鹽歲有積欠・於一萬五千引內減去

五千引・以紓民困・明置廣東海北二提舉司・廣東提舉司・領十二場・海北提舉司領十五場・額發大引鹽七萬三千八百九十五引・繼定日課・鹽法每灶戶一年計辦鹽一千二百八十六斤有奇・每二百斤折一小引・連耗鹽計六引有奇・謂之全課・給工本鈔每引二貫・其鹽上官倉聽民以口給納鈔・在官每歲二提舉・照場分徵・課將小引鹽七萬七千三百一十六引・折大引鹽三萬八千六百五十一引・課足引額・餘鹽聽召商中買・惟收商引目之稅而已・後定折課之法・每熟鹽一引折鹽二錢三分・生鹽一錢七分・於是灶戶乃有課銀矣・其召商買鹽之法・有商人・有水客・水客赴場買鹽回省兌商・每熟鹽萬斤・抽官價十兩・生鹽減十之一・潮商則兌於廣濟橋・高廉則兌於就近府州・商人兌買於水客・而告往他所發賣・每正鹽一引・帶餘鹽六引・共徵餉費銀一兩九錢五分・順德等九埠・則赴場自買・廉州則水客即爲商人・其告往發賣之地方・則廣東各府州縣五十餘埠外・而廣西之桂林柳州梧州潯州慶遠南寧平樂太平思恩鎭安十府・田龍泗城奉議養利五州・湖南則桂陽郴州及衡永二府・寶慶一府則淮粵並行・福建則行於汀州・惟行於江西者・或專行南贛・或兼行袁臨吉・或止兼吉而不行袁臨・乍停乍復・議若聚訟・綜觀前後・粵鹽產出較遲・而其發達亦較晚・故及元明・紀載較詳・

清代改革之略史

有清一代・改革最大・其初兩廣鹽政爲巡鹽御史專差・嗣令督撫兼理・復改驛鹽道爲鹽運司・凡興革之事・所屬質正於運使・白於制府・而後宣於治境・湖南衡永寶三府及郴州桂陽州原食粵鹽・康熙六年仍改衡永寶爲淮岸・致各處不能通銷・鹽引壅積・乃不計疆界・而桂陽州及所屬之臨武藍山嘉禾郴州及所屬之宜章永興興寧爲樂桂埠引地・郴州之桂陽桂東又衡州府之酃縣爲仁化兼銷埠・雍正間闢貴州古州行銷粵鹽・招商承辦・雲南界接廣西・東北之廣南開化二府・去阿陋各井・比粵海爲遠・向由粵商私運濟銷・乾隆初・奏改廣南府暨彌勒師宗羅平三州・歲由廣東買運生鹽二百萬斤・已而罷三州議・開化一府・除文山縣仍食阿陋井鹽外・歲定・買粵鹽一百二十萬斤・十七年復增入文山・加配二十萬斤・十九年總督鶴年以廣東歲需滇銅十萬斤・雲南亦歲需粵鹽一百六十六萬餘斤・道途險遠・轉運稽遲・請准銅鹽互易・歲於滇粵適中於廣西百色之所屬剝隘地方交割・二十四年・復加鹽三十萬斤・撥彌勒州行銷・三十年再加五十萬斤・分給廣南府寶甯文山二縣・領食計共銷粵鹽二百五十一萬七千三百三十三斤零・三十七年・彌勒州仍銷滇鹽・嘉慶十二年・開化府及文山縣歲銷九十萬斤・並改食井鹽・惟廣南寶甯銅鹽互易如故・二十五年以轉運稽延・經總督阮元奏請歸百色埠商帶運・於是鹽歸商辦・銅鹽案分・向例行鹽粵商係里下報充・三年一換・名爲排商・弊端百出・嗣改舉報殷實之戶・充爲長商・然有埠場之分・場商出資以收鹽・埠商運鹽以行銷・惟場商資本微薄・灶戶所產鹽斤・不能儘數收買・以致場多賣私・康熙五十七年裁去場商・由運庫先後籌出帑本銀三十六萬兩・分交場員・灶戶產鹽・顆粒皆官爲收買・給官置糟船二百七十餘號・發給水腳・運回東關潮

僑・存倉候配・各埠配鹽・按包納價・特埠商運鹽多係先鹽後價・且素非殷實・行之日久・積欠累累・前發帑本・全歸懸宕・倒革各商・至五十餘埠之多・乾隆五十四年・另籌辦法・將省河一百五十埠總而爲一・湊集商捐一百四十萬兩作爲鹽本・擇出資商中老成練達者十人・總司經理・設綱局於省城・更就四面埠地總滙之處・設置東西南北中平六櫃・分隸各埠謂之改埠・歸綱・但總商因無自銷埠地・辦理不力・疲埠欠餉・輒用鹽本墊解・不十餘年・虧至六十餘萬之多・未及彌補清楚・而此十人已半物故・家產蕩然・嘉慶十七年・裁去總商・即於埠商中之老練者擇選六人・經理六櫃事務・定爲三年更換一次・並改綱局爲公所・謂之改綱歸所・迄宣統元年・孔法徠等統承全綱・組織鹽商公所・第一年認餉五百八十萬兩・逐年遞加・詎省配每包收餉四兩四錢五分・餉鉅價貴・私鹽充斥・以致銷數短絀・竭蹶萬分・民國改元・因而不敢續承包商制度・從此日即衰微・終淸之世・曰包商時代・

民國改革之略史

民國成立・正鹽商公所竭蹶萬分・埠歇商散・不敢續承・時當鼎革之初・軍需浩繁・籌餉孔急・因爲臨時集款之計・將中西北三櫃區域・悉行開放・聽商民自由售賣・每鹽一包（二百斤）納餉三元・即准其指定地點・領證運銷・引目之名・遂以告終・民國三年・因善後借款合同・設立稽核所・此自由售賣制・爲總所會辦丁恩氏所主張・於是率行不廢・沿海各埠・初仍商承・至是亦先後虧餉・取銷改爲自

由・並於潮橋添設運副・廣西改組榷運局・以爲運使之助・所有鹽稅・均交稽核所設收稅局經收・省河配鹽・遞增爲每百斤徵稅二元五角・潮橋僑上・與省配同・橋下則爲一元五角・其餘沿海各區坐配一元二角五分・附場七角五分・民國十年・銷流最旺・稅收所入・達一千萬元以上・產鹽之區有墩白淡水大洲碧甲小靖石橋海海甲・雙恩・電茂・博茂・白石・惠來・海山・兼東界・招收兼河西・隆井兼小江等場・又續設烏石・三亞兩場・共爲十七場・產鹽既日盛・而銷區亦日廣・湘贛行鹽・侵入淮岸・引地皆十數縣・惟以頻年軍事・道途多阻・此中損失・當非鮮少・然十年份銷數・猶超越歷年之上・倘獲時局安寧・積極整理・則其發展更未可限量・

葉夏聲　一八八八年生　卒

字競生・台山人・日本法政大學畢業・早歲奔走革命有功・勇往好辯・歷任廣東都督府參議・教育司長・司法司長・南京臨時政府秘書・衆議院議員・建國滇軍參謀長・江西駐潯外交司長・廣東公立法政專門學校校長等職・著有西行逐日記等・

國父民初革命紀略自序

昔晉公子重耳・出亡十有九年・周遊乎列國・介之推嘗割其髀股以啗公子・重耳復國・介子獨無所得・乃隱於緜上・學室自焚・後世薄重耳而哀之推・君子曰・其過在狐偃趙衰・而不在重耳・然而之推亦不能無過也・何則・介子急

功而慕利・怨天而尤人・固宜其自經溝瀆死耳・若夫・郭英一箭・奠定朱明・功大未封・英不爲介・而公論自足千古・此殆所謂修其天爵・而人爵從之者歟・

國父　孫公・致力國民革命・凡四十年・非無開國成務・翊贊大業如介子郭四之儔・以共天下・顧追隨左右・終始不渝・患難相從・艱危與共者・今　元首外・求之先達・得一漢民・只今健存・自推居戴・第逝者已矣・覺陶二老・方燮理陰陽・國史館長張公溥泉・曾以紀述　國父先德相屬・而二老撝謙・辭以鞅掌・夫崧高維嶽・五院適均・垂拱平章・賢勞可想・每念九齡已老・無復韓休・斯文曷喪・紹武伊誰・誠不勝感慨繫之矣・

劉子尊權・協修國史・乃承傳諭・下問區區・自揣白頭宮女・漫道狐禪・月旦春秋・則吾豈敢・獨念民初以降・幸隨鞭蹬・色笑親承・以逮賓天・從無睽索・每覩革命未成・流離顛沛之狀・未嘗不深長太息・爲　國父痛・誠以　國父出疆四載・不啻尼父之在陳・月貫百緡・何異平原之丐米・迴溯當時・五陵裘馬・各自輕肥・巴黎紐約・恣意遨留・上下古今・雌黃信口・可曾記開國元后・正蓬首垢面・日與當年豐沛・臥薪嘗膽・吞氈齧雪・以圖匡復之苦・而一念艱難締造之不易耶・

夫使首事者而爲封建之遺物・摹擬之偶像・或赫然夙踞高位之權門・坐擁皋比・以待黃袍之加身者・斯不外芻靈傀儡之屬・卑之無甚足道・彼成仁取義・諸先烈・亦何能捐七尺之軀・流五步之血・以爲一人求富貴・而顧乃肯摩頂放踵・肝腦塗地・前仆後繼・再接再厲・獨爲　國父效死弗去・沒齒而無怨言者・斯即誠之感人・故士爲知己者死也・

遠稽前史・橫覽五洲・幾曾見愛國之士・慷慨赴義・從容就死之多・有如吾黨者乎・田橫義士五百・明末忠臣三千・烈則烈矣・然徒以殉君・非以衞國・匹夫爲諒・又何取焉・抑今日自詡青年・忝膺民社・侈言解放・共證盟心・而乃因緣時會・取青紫如拾芥・抑何其易也・此豈所謂不流血之革命歟・其擇術亦良得矣・

嗟乎・天生五才・民並用之・造時勢者爲天才・造於時勢者爲人才・今天才遠矣・即人才亦等鳳毛・滔滔者天下皆官僚也・如此而言匡濟・戛戛其難哉・

回顧民國成立之初・　國父鑒於討袁之敗・猶赤手空拳・奮臂一呼・與股肱心膂寥寥同志・守死善道・以圖恢復・精誠感召・不逾月而從者數百人・不逾歲而爲國捐生者又數百人・此絕非椎埋屠狗之輩・要皆開國之始・膺懋賞而策奇勳之雄・顧乃於大義當前・曾不惜糜軀斷脰以殉三民主義・此豈今日呼吸口號・招搖過市之紈袴惡少・所能望其肩背者哉・

然則丁茲末刦・彼數典忘祖・得魚忘筌者流・當紙醉金迷・香檳鷄尾之會・倘亦有飲其水者懷其源之意歟・盍不一讀吾書・而思厥先祖父暴霜露・斬荊棘・以有尺寸之地・善養浩然之氣・而致其良知乎・余也皤然老矣・龐眉顏駟・易歷三朝・皓首伏生・幸存五典・知而不言・竊恐言之無日・所以恐懼受命・而不克辭其耿款也・中華中國三十七年歲次戊子十一月十二日葉夏聲謹識於廣州・

後序（本序事實曾於黨史史料編纂委員會登記有案）

葉夏聲

余自民國紀元前八年・時年十五・即受引荐投身洪門・十七歲入同盟會・追隨　國父・致力革命・迄今已四十有五年・此四十餘年中・余除信仰本黨主義・擁護　國父並最高領袖外・從未兼跨其他任何派系・致成爲黨中一孤露無依之孽子・顧余殊不以此爲意・曾於民二三年間・秉承　國父之授意・貿然制定袖珍革命方略・確定黨國旗幟・起草五權憲法・審定建國方案・堅持土地國有及耕者有其田主義・謂宜由國家發行債券・徵購非自耕土地・期配租與自耕農・與本黨平均地權之初旨符合・並與時代潮流不相違背・均曾蒙國父嘉許・於以奠定革命大業・國家根本・不無足備　國父遺教之參考・惟余常感坐言不如起行・性耽實際工作不屑屑於文藝・清末即埋頭苦幹・躬行革命・不惜力排衆議・舌戰羣儒・堅定不屈・辛亥三月廿九之役・事前事後・均挺身以犧牲相期許・株連入獄・處之泰然罔敢矜伐・鼎革後・憤袁賊禍國・請纓鋤奸・雖阻於袁黨之破壞・不遂所願・然憑河暴虎・其志不衰・剛膽沈着・熱心慧敏・甘犯萬險・毫不内怯・於是民十以後竟薄卿相不爲・投筆從戎・置身軍校・旋即不惜冒險犯難・親入虎穴・九死一生・以達成任務・完遂志願・民國十一年　國父廣州蒙難之後・還居上海・余是時方受滇軍總司令張開儒之知遇・任爲參謀長・爰冒萬險・微服溯西江而上・運用膽略力排萬難・督滇桂聯軍東下・討平陳逆炯明・迎　國父返粵・奠定最後革命策源地・啓國民革命成功之基・次則濟南慘案以後・張作霖引日寇自衛・拒我革命義師北上・余時方領騎兵・乃親率輕騎・襲取北京・斷平津鐵道三日・阻日軍自津北上・效穎考叔之先登・反動爲之匿跡・北伐賴以促成・三則民國二十五年・西南之役・隱謀獨立・聯合反蔣・兵指湘南・賴余率先入告・有助戎機・迅歸統一・四則七七以後・余奉命化裝北上・工作兩載・屢殲頑敵・旋調蘇滬・奉命從事反間・潛踪江浙・上及京漢・百方活動・苦幹八年・惜是等工作・有縱無横・連絡盡失・各自爲戰・每誤機宜・且兩度被留・一度餓僵・雖終告脫險・惟所如輒阻・卒勞而無功・矜高逞能・要亦何益・繼思種瓜者未必得瓜・種麥者何嘗食麥・曲突徙薪無恩澤・焦頭爛額爲上客・古今同慨・每念太上立德・其次立功・其次立言・今立德則無其位・立功則頻遭貪冒・立言則徒災梨棗・幸余平生薄有先見・料事如著・日寇必於世界第二次大戰前侵華・及非聯美無以勝日・此兩說・早經於民國二十三年在美公開宣言之・西行逐日記刊行之・而在二十八年冬返渝述職時・余除著抗日論集一書・力言日地方素無自衛武力・攻之必敗・暗示登陸日本之必成・旋向　元首力陳聯俄無益・貢聯美制日四策・（一）訂盟約・（二）購美械・（三）借艦隊・（四）擴空軍・惟元首英明早已見及・立派宋子文赴美・促成日美宣戰・與此次勝利結果・如出一轍・頗堪私慰・同時所獻内治四策・如戰後土地公有・廢除地主・俾增田賦・亦蒙三十四年五月六中全會議決施行・主張貫澈・不勝感慰・本年八月・中央頒行新幣・確定本位・已實行　國父民生建設・余在本年二月十五日上書早申前說・惟鄙見以爲中國根本生產不足・而非有餘・似無限制輸入・管制物資之必要・而經濟是否以施用壓力爲原則・自亦爲學術上一問

題・主張開放外滙・停止緝私・以平物價而維幣値・經即以未暇專電陳請考慮・恐亦將成余最後一次之預言矣・

自問生平寢饋興居・不忘救國・於黨於國・可信無虧・爲易爲難・問心無愧・尋至家破人亡・貧無立錐・自信已恪盡職責・獨惜鄒衍孤忠・不爲世諒・李廣驍勇・偏乃數奇・命也如斯・無可尤怨・是以迭遭厄閏・事不逢辰・而每念生丁文亂武犯之世・寗殺不辱・本勇士之慨・死傷無痛・故視死如歸・（余前年軍中曾撰死傷無痛論以勵同志）昔屈平廢而有澤畔之吟・太白寃而有牛渚之蹈・悠悠功罪・千載難明・寂寂泉臺・帝閽何在・天視民聽・任其自然・左右國人・恣其褒貶・余將何所知・則亦何足顧念哉・然則是書之作・殆近獲麟・而非疾沒不稱之意也・知我罪我・付之天下後世而已・

高奇峯

一八八九年生
一九三三年卒

名嵡・以字行・番禺人・劍父弟・少孤苦・寄食他人家・屈爲小役・劍父稍能自立・即竭力培養・使努力學藝術・十七歲隨兄赴日・專習繪事・以傾心革命・與中山先生時相過從・遂隸同盟會・廿一歲歸粵・作品驚人・與兄齊名・稱二高・越歲爲民國元年・從劍父在滬主持眞相畫報・因揭宋敎仁案血跡秘密・爲袁世凱政府通緝・亡走日本・袁死・歸國創審美畫館・以闡發藝術爲主旨・七年回粵・以畫敎廣東工業學校・嶺南大學聘爲名譽講師・而別創美術館授徒・十五年廣州中山紀念堂建成・政府求其所繪海鷹白馬雄獅諸圖飾壁・緣平日刻苦自勵・折中中外畫法・自成一家・遂聲聞日廣・十八年以瘁力繪事過度・積勞成肺疾・養痾珠江二沙島・顏所居曰天風樓・杜門謝客・蕭然物外・二十年比利時學辦萬國博覽會・其中國際藝術展覽・奇峯得最優等獎・個人分數冠世界各國畫家・各地博物館爭購其傑作・享譽國際・一時無兩・廿一年・德國舉行中德美術展於柏林・國府專聘奇峯爲出席代表・北上途次・失足墮地・宿疾遽發・病逝上海・年僅四十五・奇峯本性孤高・與世寡合・致身革命而不慕榮利・中山先生亟稱之・歿後・國府褒揚・公葬金陵棲霞山・主席林森爲題畫聖高奇峯之墓・著作有奇峯畫集七輯・新美學・美感與敎化・新畫學美術史・詩及書法則散見諸書刊中・

論畫

繪畫與社會

我以爲畫學不是一件死物・而是一件有生命能變化的東西・每一時代自有一時代之精神特質和經驗・所以我常常勸學生說・學畫不是徒博時譽的・也不是聊以自娛的・當要本天下有飢與溺・若已之飢與溺之懷抱・具達已達人之觀念・而努力於善性利羣的繪事・闡明時代的新精神・所以我們學畫・除了解剖學・色素學・光學・哲學・自然學・古代六法・畫學源流應當研究外・同時更應把心理學・社會學・也研究得清清楚楚・明白社會現象一切的需要・然後以眞善美之學・圖比興賦之畫・去感格那混濁的社會・慰藉那枯燥的人生・陶淑人的性靈・

繼承與革新

我從前是單純學習中國古畫的・並且很專心去摹擬那唐宋各家的作品・後來覺得其優美之點固多・然傾向哲理・也易犯玄虛之病・而且學如逆水行舟・覺得不集衆長・無以充

實其進展之力．漢明帝時．西域畫風之輸入．藝術上得了外來思想的調劑．於是畫學非常發達．日臻昌盛．此其明證也．所以我在研究西洋畫之寫生及幾何．光陰．遠近．比較各法．以一己之經驗．乃將中國古代畫的筆法氣韻．水墨賦色．比興詩情．哲理詩意．那幾種藝術上最高的機件．通通都保留着．至於世界畫學諸理法．亦虛心去接受．擷中西畫學之所長．互作微妙的結合．並參以天然之美．萬物之性．暨一己之精神．而變爲我現時之作品．

寓意與比興

一人一時一地的美感．究屬一人一時一地的事．倘若與衆兼善．則不能不記載此種美感．以期普利羣生．但是記傳足以叙其事．不能載其形．賦頌可以咏其美．不能借備其象．惟圖畫之制．可以兼之．昔人言之綦詳．故有心細道者．多托花木．鳥獸．人物以比興諷世．以興復人之美感．如木蘭蓿莽．比志向的堅貞．翠竹蒼松．表凌寒之節操．以騏驥蕙蘭喻君子．鵜鴂荊棘喻小人．寫紫荊枯榮．鶺鴒急難．冀興起兄弟之友愛．及羣胞團結之精神．畫慈鳥反哺．孝羊跪乳．以增人子的孝思．

畫有感興始有生命

美感原係人所同具的．與孟子所謂人性本善相同．但社會環境迫人．故多人隨處忘不了利害的計較．把天然的美感及美德．就轉給了那利害計較的犧牲．

論畫法

繪事要旨爲何．不外畫法之四格．六法．六要．四格者．應物象形．創意立體．曰神格．筆簡形具．得之自然．曰逸格．墨妙筆精．心手相應．曰妙格．雕模造化．學力深邃．曰能格．六法者．曰用筆．曰象形．曰賦色．曰佈局．曰模寫．六要者．曰神．曰清．曰老．曰勁．曰活．曰潤．

羅海空 一八八九年生 一九四二年卒

字落花．以字行．開建人．務古好學．浸潤百家．少嘗投身行伍．戎馬關山．忞遊萬里．耳濡目染於長江大河．浩瀚無際．可謂拓展胸襟．收歸毫素．其所成就．雖曰人力．似有天助焉．生平最服膺冷殘潘達微．畫亦多摹擬．書法習魏碑．爲古文辭．奇崛而絕雕刻．有時不脫駢偶之習．間亦出於艱澀．往往一篇數體互見．詩詞則清秀婉麗．極哀感頑艷之致．民國十五年．達微於香港循環日報發刊美術特刊．書畫方面責落花肩負之．十七年．閩人杜其章有香港書畫文學社之設．延落花主持．一時名士畫人咸集．落花賣文爲活．落拓潦倒．略無蓋藏．日寇陷香港．友朋星散．求貸無門．餓病交煎．卒困躓而終．年五十四．遺著有零汀洋文派羅落花文集．由友生付梓．

陶元亮學

梁卓如曾著陶淵明．彼於元亮之學之志．泛然而未諳其所歸．余讀竟爲之大笑．然卓如功名之士也．惡足以窺元亮哉．且一人之行．繫諸一代之學術．倘未諳晉代之學．遽拾一枝一節以論其人．則失之遠矣．余此文成諸數年以前．秘不肯示人．今殘醉回時．值雨涼秋爽．因略爲點竄．以就正

於君子・至此文亦仿六朝體爲之・讀者以爲如何・

元亮爲千古之傳人・然其學亦爲千古不傳之學・自晋迄今・舉世無知元亮者・何則・以其學之不可以言詮也・廬山惠遠・蓮宗也・空虛靜寂・邁老莊上・而元亮爲之攢眉而去・蓋以生天成佛爲多事耳・生天成佛且不耐・何有乎黃農虞夏・何有老莊孔墨・何有乎齷齪蹩躠之聖賢豪傑哉・

灌園黃綺之道・弗傳於天下久矣・非不傳也・難爲之傳也・何以故・欲爲之傳・而老莊孔墨之言皆勿足以形容之也・彼欲自傳・而黃農虞夏之道・又勿足以比擬之也・如是・則吾之說窮矣・彼之道亦窮矣・故曰・道不可言・可言非道也・

吾嘗於史傳求黃綺灌園之學矣・其志幽・其道默・其行隱・其德潛・淵乎其無窮・渺乎其不可測也・欲名莫能名・欲道莫能道焉・爲其不能名而强名・不能道而强道之・於是乎謂之爲逸民・謂之爲獨行・爲隱士・於亂世橫潰陷溺之中・使貪者廉・懦者立・法令政教失其效・端賴區區此輩耳・故此輩之激人心・矯濁世・比聖賢豪傑爲尤重・是知聲色之於化民末也・

茅鹿門曰・冉伯牛無一言一行傳於世・而孟軻亟稱之・天下後世莫不信之・此冉子之道所以高於七十子也・可知士之賢・寗在其有言行哉・余得因鹿門之意而爲之說曰・人不必有一言之善・一行之奇・爰可以垂萬世而無窮・放四海而皆準者・冉子是也・夫天下之可傳非言也・若可傳・而非至言也・天下之可信非行也・若有行・必非至行也・天下之至言至行・不必有言行也・若夫元亮即其流焉・故其爲詩曰・既已不遇茲・且遂灌我園・又曰・咄咄俗中惡・且當從黃綺・是知黃綺灌園・元亮之所願學也・黃綺灌園之言行・皆不傳於後世・而千古以下・只可會之以意・（注・現在所傳百子全書之灌園於陵子係僞書）此元亮撫無絃之琴之深意歟・（注・陶詩曰此中有深意・欲辨已無言・又曰達人解其會・逝將不復疑）黃綺灌園之言・吾不得而見之矣・吾竊求其道於元亮焉・

昭明與晋書・俱爲元亮立傳・顏延之爲之作誄・樂天東坡爲之箋詩・然此輩惡足以知元亮・元亮神於酒者也・吾嘗於酒中求之・夫不知酒之性者・不足以知陶之爲人・不知物之情者・不足以知陶之爲詩・酒能醉人・亦能醒人・酒能滅性・亦能見性・何者・天地萬物之樞機・不外乎動靜翕闢・醉醒動靜之端也・滅見翕闢之端也・見滅醉醒・而人性物情之變化生焉・蓋道心爲微・天眞潛於怳惚・無明明昧・藏識朕於渺冥・（注・無明藏識用內典語）故灌醴有降陟之功・（注・禮記・祭法疏・祭以酒灌地・神感而降）沆瀣爲精華之宅・（注・見李善楚辭注）古人酒醴之設・在物爲感・在人爲發・通物我・交神明・於是乎資焉・故曹大家云・人參天地・有生之最靈者也・誠能至其精誠・則通乎神靈・感物動氣入微矣・蘇子瞻云・在醉常醒・孰是狂人之藥・得志忘味・始知至道之腴・是知古之人皆思求酒之德・以至其道・然世之居糟邱者亦多矣・舍劉伶阮籍王微李白陶潛外　・迄千古無幾人也・

王績之北山酒經・田錫之麴本草・何剡之酒爾雅・皇甫崧之醉鄉日月等・强作解人耳・於酒非有眞知眞悟也・夫不

知酒．安知醉．不知醉．安知醒．酒人吾未之見也．吾少時曾見畫家何劍士．歌者月姬．劍士畫皆使山河大地．草木禽魚皆醉．月姬哭．能使狂夫暴客．癡男怨女皆醒．劍士飲．日必盡數十斗而醉．所以養其俠．月姬飲．日不盡一勺而亦醉．所以養其悲．二者之量雖勿同．至飲而能醉．醉而能俠且悲則一也．劍士醉而死．平生不知酒之味爲如何．惟知憤貪鄙汚濁之行．月姬醉而死．平生亦不知酒之味爲如何．惟知悲憔悴窮愁之事．是劍士與月姬之醉．皆足以千古者也．然則．悲憤激昂之士．乃可以酒陶冶之者矣．

是故欲知酒之性．當知酒之義．欲知酒之本義．當知酒之初形．攷古文酒作酉．象形也．翁覃溪釋許慎曰．酉之爲字．本酉於接．古文酉作亞．亞對待闢闔之象也．亞爲青門．出萬物也．亞爲秋門．入萬物也．夏后氏造字之意．若水在壺．所以就人性之善惡也．故酒之爲德．聖以致其聖．狂以致其狂．清以致其清．濁以致其濁．故古倜儻之士．不得志於時．必借酒以發其幽抑沈鬱．使嵚其慷慨之氣．排湯而出．充塞乎天地之間．後世挹其風．懷其德．醉人於千載以下．其陶然而酣．酡然而醺．庸詎在麯麥之間哉．

夫醉．沈酣之謂也．天下之物．所以能醉人者．又靡獨酒也．雲光黛色．花香鳥語．高文絕藝．無不足以致人於醉．惟酒之醉人爲最著耳．沈酣激發之始也．故王子安曰．烟霞召我．相望道術之門．文酒起予．放浪沈潛之地．起也者．則啓發之謂也．又曰．懷放曠寥廓之心．非江山不能宣其氣．負鬱怏不平之思．非琴酒不足洩其情．洩也者．則闢闔之謂也．是則王子安召理之玄．又超乎殷周秦漢之上者矣．

元亮之道．有同乎柳下惠．柳下惠聖之和者也．攷晋書元亮傳．刺史王弘．甚欽遲潛．自造焉．潛稱疾不見．既而語人曰．我性不狎世．因疾守閑．幸非潔志慕聲．豈敢以王公紆軫爲榮耶．夫謬以不賢．此劉公幹所以招謗．若子其罪不細．是言也．吾嘗於彌正平文見之曰．甯順從以遠害．不違世以喪生．又曰．不懷寶以賈禍．不飾表以招累．惜正平知之而不能持之．此爾所以不如陶也．

晋書又云．元亮生平未嘗有喜慍之色．唯遇酒則飲．每醉則融然．元亮之詩亦曰．何以稱我情．濁酒且自陶．又曰．不覺知有我．安知物爲貴．悠悠迷所之．酒中有深味．元亮斯言也．吾嘗於鴻烈書通其意曰．通乎太和者．惛然若醉．甘臥以游其中．而不知其所由也．所謂不知所由者．則悠然迷所之也．然則元亮者．是以醉而養其太和者也．和．酒之元德也．故古人用之以合歡．然和又天地之至道也．體至和之道．以御萬物．則葛天無懷之極治也．而常人得之．亦能使賁育失其勇．虎豹斂其暴．秦楚喪其威．孟門夷其險．鴆砒敗其毒．于將銼其鋒．故淮南子曰．人有形而無損心．有綴宅而無耗精．夫癲者趨不變．狂者形不虧．神將有所遠徙．憂患不能入．邪氣不能襲．此和之至．亦酒之至德之至．亦道之至也．故侯方域亦曰．今夫虎．見人無不噬者．然遇嬰兒則舍之．神不動也．不敢觸醉夫．避其氣也．欲求制虎者．嬰兒之神．而加以醉夫之氣近之矣．此元亮之酒．所以賢於嵇康阮籍劉伶之酒．蓋得夫酒之和者也．

學者知夫元亮之酒．吾於是乎敢言元亮之學．吾昔投桂邊毒龍潭求夏仲御之學・入鴻濛之墟・游大荒之野・浴渾淪之樸・懷太上之醇・以爲處笏漠之境・息撓攖之機・或巢由沮溺之意・庶幾見焉・如其不能・則大禹之風・太伯之烈・嚴遵之志・黃公之節・可得而攀也・茹草披蘿・蜷殼甘蜊者三年・洒罔然無毫髮悟也・惟知巢由沮溺灌園黃綺・爲古代之絕學・其道淵默・其學不傳・而後世學者・謬焉以黃老莊列之說附焉・嗚呼・黃老莊列・非特蔑以比巢由沮溺灌園黃綺・抑且梁鴻孫登夏統陶潛亦有所未逮也・吾恐天下學者疑吾言也・雅欲掇數子之道・著爲專書・用別乎孔墨黃老爲一流之學・奈流離羈旅・僕僕無一日暇・當秋燈病榻之畔・夜不能寐・恒思發奮爲之・太息先人遺書萬卷・藏家鄉烽火中・至今勿知殘蠹何似・客居蕭索・只有引睡破書數卷・安足以資余搜讐引據哉・況憂患餘生・胸中記憶・强半遺亡・興懷今昔・能不使予淒愴傷心也耶・

以是攄年歲日月所積・著陶元亮學・使學者知元亮之學與詩・皆有所本・而晋代之有元亮・亦非無因也・自來學術飈流・不病於泛濫・而病於壅滯・何者・決潰橫溢・激湍萬里・雖汩汩無際・然終歸於海・若涸於溝瀆・必叢膻穢而釀淤腐・漢末學者・好爲破碎之學・執膠固之論・斷斷焉用自瞥翳也・久矣・桓靈以還・至求一識時之士・亦不可得・況通儒乎・是直謂之無學可也・

逮夫魏晋明哲・鄙章句之陋・奮然思豁而通之・以救錮滯之弊・於是競爲放達之行・以破頑固・各自爲方・相與異同・故其學凌亂駁雜而無統紀・然摩鈍盪穢・足爲一代宗風者・其唯玄學乎・夫玄學者・世多以老莊之道括之・不知晋魏之玄・固超乎黃老莊列孔墨荀楊之外也・晋之玄學・濫觴於何晏王弼・而後世學者・亦只慨稱之曰王何・不知王何各自爲學・其說若楊墨之絕不相通・輔嗣之學・造端於易・乘大化而任自然・至其所以能乘大化而任自然者・曰機・輔嗣所謂機・即易所謂知機其神・先天而天弗違之道也・故其說曰・聖人體無・無又不可以訓・故不說也・老子是有者也・故恆言無所不足・聖人茂於人者・神明也・同於人者・五情也・神明茂・故能體沖和以通無・五情同・故不能無哀樂以應物・是聖人之無非無也・以無機而待天下之機・若兵家所謂懸如强弩・守如發機是也・以一心之靜・制天下之動・若兵家所謂以治待亂・以靜待譁是也・是故王輔嗣之學・余謂之玄學有機宗・

平叔之學・芒墨湫漻・持太一・養太素・侗然又駕乎易道之上・厥爲調陰陽・理萬變之關鍵者・曰無機・夫太極不受陰陽以闢闔・則造化失其權・聖人不示萬物以情・則天地失其權・無權則天下亡其力・天下亡其力・則無治人・亦無治於人者・故無治天下之至治也・無權天下之至平也・治與權・亂之始・故欲泯亂始・須滅機心・故曰・聖人者・無喜怒哀樂者也・無喜怒哀樂・則雖天地鬼神莫得而測之矣・何吉凶悔吝之能及哉・若曰・寢萬物之爭・在制天下之動・弭天下之亂・在息萬物之機・故孫登亦曰・火生而有光・不用其光・人生而有才・不用其才・即亡機之謂也・是故平叔之學・余謂之爲玄學無機宗・元亮之學・與平叔之學相彷彿・惟元亮所傳者詩・詩只可以窺其意・平叔所傳者文・文可以見其道・學者因何陶之學・亦可以略窺晋代玄學之一宗也・

王霸辨

羅海空

余年來翫味陳同甫先生之學．頗有所得．故於孔子降生日．攄余年來所得於同甫先生者．著王霸辨．當否．願海內學者有以教之．

去年冬．余歸省於鄉．窮谷日短．森雪滿山．踞爐擁絮．篝燈枯坐．檢先人遺書存諸西楹者．殘叢蠹蝕殆半矣．因取陳龍川集讀之．亦霉脫漶漫不完．冒砭骨嚴寒．摩挲睡眼．默誦徹旦．掩卷而嘆曰．儒兼王霸．相用而不相非也．秦滅六經．坑儒生．孔子之道．不絕如縷．漢興．諸博士各守師說．爲訓詁章句之學．而大義寖微矣．董子繁露．白虎通德．間傳王霸之旨．但語焉不詳．其義闇而不彰．後世淺陋之士．遂疑儒不用霸．是則儒之學．又豈分裂破碎至於八而已哉．（注．韓非子顯學篇曰．自孔子之沒也．有子張之儒．有孔思之儒．有顏氏之儒．有孟氏之儒．有漆雕氏之儒．有仲良之儒．有孫氏之儒．有樂正氏之儒．）謂仲尼之門．五尺之童．羞稱五霸．此漢儒之所僞託也．非孟氏之言也．公羊穀梁．義皆出於仲尼之徒．春秋大桓文之功．而論語亦曰．微管仲．吾其披髮左衽矣．謂之非聖人之言可乎．

迨宋陳同甫出．迺毅然拓萬古．倒一時．使王霸之道．復歸於儒．功甯在孟軻下哉．（注．陳同甫曰．自孟荀論義利王霸．漢唐諸儒．未能深明其說．伊洛諸公辨析天理人欲．而王霸義利之說．於是大明．然謂三代以道治天下．漢唐以智力把持天下．其說固使人不能心服．而近世諸儒．遂謂三代專以天理行．漢唐專以人欲行．其間有與天理暗合者．是以亦能久長．信斯言也．千五百年之天地．亦是架漏過時．而人心亦是牽補度日．萬物何以阜蕃．而道何以長存乎．）山居寂寞．油然欲衍同甫之說．一振頹廢委靡之士氣．唯經論論上下數千年諸儒之說．轇轕者使之縷然．晦闇者使之晰然．其事非不學如余所能任也．雖然陳同甫曰．天地而可架漏過時．則塊然一物耳．人心而可牽補度日．則半死半枯之蟲耳．余又惡可以不勉哉．

於是攄余之所能言者而言之．曰．儒者欲天下之民無不動也．老氏欲天下之民無不靜也．歸藏首坤．老氏之言也．周易首乾．儒家之言也．故曰．乾健也．終日乾乾．夕惕若厲．又曰．天行健．君子以自强不息．此儒家之眞諦也．儒者之教在乎動．故以禮樂節文勤其民．其於靜也．則凜凜焉．故儒者懼人之靜而昧其性也．於燕居閒處．猶敬戒之．曰．莫見乎隱．莫顯乎微．此持之於心者也．朝廷則道禮義之序．燕處則聽雅頌之音．行步則有環珮之聲．升車則有鑾和之音．居處有禮讓則度．詩云．淑人君子．其儀不忒．正是四國．此持之於身者也．聖人知其然也．故周南以風化天下．傳曰．風者風也．上以風化下．下以風刺上．又曰．風以動之．教以化之．是欲天下之民．無日不趨乎動也．動則强之徵也．主靜之說勝．天下之民弱矣．厥禍之烈．不浮於晋之虛無．漢之黃老耶．其學泛濫於宋．而汗漫乎明．世儒惑於濂溪之太極．用爲道本．是納萬物之明明者爲昏昏矣．矯列聖之孜孜者爲靡靡矣．於是天下之士．放然以弛其慮．天下之事．潰然而墮其理．造化翕闢之機．奄奄然泯矣．今之學蔽極矣．不有以彰之．世將狃焉莫之省．而儒者經綸天下之大經・終古篡於釋老・余夕愓若厲・迄用纘遺緒・昭丕烈・明儒者垂世立極之道動而非靜・剛而非柔・使大過之後・而有明夷・庶幾國恥可振・物恥可興也・

竊聞聖人法道・道法天・今夫天・鼓之以雷霆・潤之以風雨・厲之以霜露・運之以寒暑・四時行焉・百物生焉・歲功成焉・其機固無須臾息也・唯其不息也・故悠久・萬物生於天而成道・聖人修道而成教・欲其蓄而不夭・孳而不殰・必有以動之・是故聖人之於民也・勤之以德義・游之以禮樂・臨之以勞・使四時行・然後萬物生焉・聖人法道・道法大・天所以爲悠久爲不息者・固無須臾不動者也・萬物生於天・成於道・聖人修道而爲教・惡得不以動爲樞機乎・欲其生之不病・必也有以動之・故老子曰・戶樞不朽・流水不腐・此生之經也・

聖人之於民・勤之以德義・游之以禮樂・使之勞而勿佚・敬而勿怠・雍雍然而化乃成・詩云・勞之來之・匡之植之・輔之翼之・使自得之・此之謂也・儒者欲民之興仁也・故羣之・欲民之羣也・故必偶之・必偶之奈何・曰・恐其靜而至於忍也・劉因曰・靜生忍・忍而必至於殘・故離羣索居・獨鶩遠引之士・其性日與衆乖・而成其爲冷酷・以是刻薄寡恩者・多起於草澤・斯由寥寂之極・而流於橫暴歟・余爲此言・則稟宋明諸儒主靜復性之旨者・必閧然而非之矣・

不知漢代之釋仁・與言爲人之事・則同於余之說・鄭注・仁者人也・讀如相人偶之人・以人意相存問之義・正義・仁者人也・親親爲大・仁謂仁愛相親偶也・若曰・行仁之始在於羣・羣者・偶也・不羣之鳥也鶩・不辟之獸也暴・儀禮聘禮・公揖入・每門每曲揖・注・每門輒揖者・以相人偶爲敬也・釋曰・以相人偶者・以人意相存偶也・春秋傳執未有言舍之者・正義云・仁者人也・言仁恩之道・以人情相愛偶也・吾以是知先列聖列辟之欲泯民之爲殘暴也・必也偶之・偶之莫過男女相居室・由夫婦而父子・由父子而兄弟・爾乃民日相偶・則日相愛不知其仁・榛狉之俗・婚姻之制不行・民乃禽居而獸處・雜交於野・而不能常偶・故其性兇殘狠鷙・毋以異於禽獸・劉因謂縛虎之急・一怒固在者・其所見似無殊於余也・王霸之略・機在動靜・故余於未言陳龍川之學・而先明儒家動靜之機・蓋動靜之機・關於明諸儒之學・至大至鉅也・

畫人水經

古今畫人・苦心孤詣・竭慮殫精・畢生用其聰明才智於山石樹木・樓閣人物者・有之矣・未聞有致其力於水者・夫天下之名山大麓・高岸危棧・非水不能見其秀・亦非水無以見奇譎也・世傳夏珪燕文貴有長江萬里圖・吾只見之趙松雪王弇州輩之詩耳・於圖則年代懸遠・湮沒而不可求矣・

今夫水・關荊董巨・有傳其法者・唯其法止於用筆墨以狀其勢・曰・此而海・此而河・此而江湖・此而瀰滸・此而激湍・此而飛瀑・但於其色・未有能窮其變者・余茲憾焉・惜余跼蹐環堵・不能遍歷域中波濤澒涬汪洋之勝・唯委蛇荒江老屋之下・搜索殘叢・綴古籍所載・間及於水色者・拾而疏之・以爲六法之助・當否未敢自信也・

述異記云・睢渙二水・風過水面微波蕩漾・其文往往成

五色・五采相組・錯綜爲文章也・又名勝志云・秀水・在秀水縣麗橋東・値天和景明・水光都呈五色・士人感其氣・文思雋發云・程縣程江・以其水自程汶鄉故名・旁有百花洲・週週數百步・相傳洲東有五色水・絢爛如錦・因名之曰錦江・武闇陜路記事・旋彝陵三百里・過浣紗河・有浣紗廟・其地之人云・昔伍胥過秦關・追之者急・幾不免・遇有女浣紗於河濱・憊而乞漿於女・既啜・自言爲胥・囑其隱之・欲行・又叮嚀焉・女叱之・自投河死・胥哭於河畔・水騰沸五色・今士人不忍飲其水・湖廣當陽縣・紫盖山中・分南北二山・頂上四垂若織・林石皆紺色・下出綵水・綵水五色・變幻無定也・然水之能成五色・非神異也・水涵虛無色・映煙雲光景以變其素・烟雲光景之變化無狀・而水之色亦變化無端也・而世之畫人・不審洲汀巖壑・林花岸草・朝霞夕照之色・概謂山之必青・水之必綠・則於山水之色・失之遠矣・

前聽引據・言畫人之於渲染水色不必盡綠與碧・亦言其色當與林花岸草・朝霞夕照相融會・第使水之色・與山之色相調和可矣・至水之色有定者・莫過於黃河・黃河之水自天上來・歷數折然後入於中國・合衆流而混濁爲黃・若繪黃河山嶽・則著色於水者・又非黃不似矣・愼蒙名山記云・朝鮮金井山・在慶尙道東萊縣・縣北山頂有石高可三丈許・上有井圓十五尺・深七尺許・有水常滿・旱而不竭・色如黃金・水經注・黃水出零陵縣西・北連巫山・溪出雄黃・故流從山中出者・其色黃一・一統志天合縣西北有銅溪・其水黃如銅・故名・是則水之色・非黃而已也・著以金色・使與青綠之山林相映・亦非荒誕無稽也・莊子云・黃帝遺玄珠於赤水・今雖不詳何地・但水之色有赤者・吾輩畫人・縱染胭脂着水爲赤・亦不能謂之無徵也・攷地志・貴洲畢節有赤水河・舊名水虺・唐則天皇帝・傲雲南檄文・有赤虺河・即指此也・源出芒部・經紅土川東流入川・每雨漲・水色作深赤・是則漆園之赤水・或出寓言・而赤虺之河・則又非盡謬也・

莆田城山有紅泉・在觀察廟後・水作紅色・朱竹垞詩有紅泉綠之句・又豈故爲險語哉・揆之於史・周考王時・河水赤於晋龍門三日・秦武王三年・渭水赤者三日・周昭王三十四年・渭水又赤三日・後漢安帝永初六年・河東池變色・皆赤如血・元初二年・潁川襄城臨水化爲血・晋武帝太康五年六月・任城魯國池水皆赤如血・安帝元興二年十月・錢塘平湖水赤・劉聰建元元年正月・平陽地震・其崇明觀陷爲池・水赤如血・槎庵小乘云・萬曆四十六年四月・禮部呈云・本月京師宣傳城河水赤・臣等隨於二十五日親詣觀看・見西自宣武門外・東響閘起・至正陽門外御河閘止・約長里許・水色盡赤・深紅紫暗・狀如積敗之血・委係異常・相應提請修省・是則水因氣候之殊・其色忽然殊常者・往往有之・又不必關乎災異也・余嘗偶爲友寫黃山脂圖水・錄此解嘲・且題宋李秠句云・紅流停自靈砂液・深處應藏九轉丹・楚雲女士適過余・笑曰・咏泉水之紅者・不始於口・謝靈運賦已有訊丹砂於紅泉語・殆爲秠之所據乎・江西志・紅泉在南城縣麻源第三谷・水自砂中流出者・其色皆紅・楚雲又引杜陽雜篇云・寶歷元年・南昌國獻玳瑁盆・浮光裘・照夜犀云・其國有酒山紫海・酒山之味如酒・飲之甚醉・則經日不醒・紫海

色如爛椹．可以染色．其魚龍龜鱉沙石草木無不紫焉．子以其意入畫．當有別趣也．以藍綠之色．混而着水．固古今畫人所常用．地志廣州有綠礬山．山出綠泉．邱壑之間．多產礬石．水色深綠．是水色之深綠．非盡爲海水也．福寧州有藍溪．源出天姥山．每歲八月中．溪水變藍．相傳天姥染衣處．居民於時．漚藍染帛者滿於溪畔．其色最麗．人謂之爲寧藍．帛至霉爛．其色不變．此水之深藍者也．

若水之黑者．見諸於禹貢導黑水至三危．而入於南海．其說彌古矣．唐薛元鼎云．河之源．出自崑崙．分赤黃黑青．各自爲河海川瀆．此其說異乎諸家者也．山海經云．西南流注於當塗．而黑水出焉．禹貢黑水西河惟雍州．華陽黑水惟梁州．又曰．導黑水於三危．入於南海．即今麗江．滇之瀾滄江潞江二水．皆由吐蕃西北來．迤邐入於雲南．即府城西南五十里．出吐蕃嗟和縣甸．南流永昌羅岷山．少東．至順寧府境．又東歷景東境入南海．即禹貢所稱黑水是矣．迤西之水．經蒙氏立國．以此爲四瀆之說．黑水之在雍州．名黑水者有六．若其入積石河者．迺平涼．及寧夏衞之黑水．而非張掖之黑水．輿地志．肅州有黑水．南流去積石幾及一二百里．不與積石相通．此爲禹貢之黑水無疑．咸通中．樊綽宣慰安南．著爲蠻書曰．蠻水之南流入南海者有四．曰區江．曰西洱河．曰麗水．若瀰滄江．其曰麗水．即古之黑水也．又西洱河與漢志榆葉澤相貫．榆葉漬成黑．故其水之色變黑．又益州有黑水祠．此川成都安縣之黑水．而非禹貢之黑水也．梁四公記云．黑谷之北有漆海．毛羽染之皆黑．吾粵始興縣西亦有黑江．源出翁源縣界．水黑如墨．吾憾昔過翁源．未涉其地．察其果否．余惟讀韓昌黎集．有題黑江詩．故時時憶之．亦曾以濃染所繪山水餘紙爲墨江圖．聞品泉者云．泉之黑者．味較他色之水爲雋．余讀游宦紀聞．亦有此語云．玉乳泉在丹陽縣練湖上觀音寺中．本一小井．舊傳小潔如玉．連州太守張思順．以淳熙十三年．沿檄經田專訪索．僧麔額曰．此泉變爲黑色．已十數年矣．初疑其紿．乃親往驗．果如墨汁．嗟愴不已．因題壁云．觀音寺裏泉經品．今日惟存玉乳名．定是年來無陸子．甘香收入柳枝瓶．明年．攝邑．六月出迎客後至寺．再汲泉又變白．置器於若雲行水影中．雖不極清．而味絕勝．是則若圖玉泉煮茗．不妨略著淡墨矣．陝西文縣有白水在城外．源自松州赤磨嶺．流下東北．至縣境．其色如乳．宋閻蒼舒詩云．廣深無際鬢眉白．遇者魂驚不敢窺．爲詰世人雖具眼．誰知此地有天池．

送虛雲和尚住持南華寺

兀然而弗誘於物曰戒．確乎而不易其素曰定．斯儒者用是以持其氣．僧伽用是以持其心者歟．世衰道微．邪說詖行盈天下．天下之士．沈溺於功利．苟可以至於聞達．苟可以便其淫荒者．雖降志辱身．亦赧然爲之．人禽之別．不辨久矣．士果卓然自拔於衆狂．吾謂必從戒慎恐懼始．孰謂戒慎．曰．處羣陰相剝之際．非終日乾乾．夕惕若厲．弗足以自存其性．弗克以自成其德．夫邪色不入於目．戒慎之至也．惡聲不入於耳．恐懼之至也．斯寧修其身而已哉．

儒曰．敬生靜．靜生定．吾心定．而萬物自定矣．定所

羅海空

以治亂也・君子之學・撥亂世而反之正・非拳拳者・惡足以服膺哉・若禍福猶嬰吾之念・利害則奪吾之心・吾之志且昧於安危・吾之精且搖於得失・吾之一身・猶且日在徬徨紛擾之中・以之及物・得不棼乎・及其棼也・則相競以智・相傾以巧・彼爲欺詐・我爲恣睢・天下之事・將沸然潰敗渙汗而不可收拾・惡足以成物哉・故曰・人必有所不爲也・然後足以有爲・不爲・非戒而何哉・有爲・非定而何哉・以是・吾之於儒也・守伊川主靜之語焉・於釋也・守臨濟戒定之旨焉・

竊以爲息當世之譸張・戢一時之杌棿・舍是不足以撐柱之・舍是不足以網羅之・已欲立而立人・已欲達而達人・吾以身爲士則・敢不戒乎・吾以言爲世法・敢不愼乎・臨濟法印・必歸乎戒定者・用以絕鬥諍也・夫如是・則持臨濟之旨者・不必以毘盧釋伽爲佛・而以自身爲佛・我守僧伽之戒・即佛矣・天下惡有不守戒律之世尊乎・我修禪宗之定・即佛矣・天下惡有不修禪定之菩薩乎・是臨濟起宗門之衰・救末法之刦者・殆以行不以言也・

今虛雲和尚・戒嚴而行淑・名德之懋・播於震旦・彼宗之碩彥・圖張皇恢拓禪宗之緒・自東甌鼓山湧泉寺・迎主南華・人天龍象・匪不歡喜・簪笏搢紳・匪不誠敬・夫豈不曰・曹溪有公・則病者可起・僨者可振・瞶者可明・聾者可聰・壅者可拓・滯者可宏耶・或曰・虛老雖淳淳其仁・淵淵其淵・非勅雷霆而提日月者也・其自身成佛則可・冀其使世界一切衆生盡皆成佛・恐非所任也・余曰・否・臨濟在明季・法運中微矣・漢公出・返其綈於密・以高峯之心爲心・以覺範之法爲法・宗風再振・洋溢乎中國・施及蠻貊・揆厥用之以起信者無他・戒與行也・今嶽嶽之虛公・又何異乎漢公哉・虛公赴粤北・道過香江・余以公此行繫乎臨濟之盛衰也・爰攄所畜以爲此序・至其事蹟・詳於佛教會紀略・不贅・

笳聲集序

鄭子春霆・與余相知十餘年・其人眞摯英敏・邁往多奇・海外名流・交遊殆遍・對客清談競作・妙旨猋發・聞者解頤・以是文酒之會・非春霆不懽也・比國難作・春霆遽弓衣革縛・以材官蹶張從軍旅・聞者駭其雄傑・烽烟海甸・雨雪河梁・蜎蜎者蠋・吾與春霆不相見者・兩閱春桑矣・玉笑珠啼之伴・絃么管脆之旁・對酒不飲・思吾子行役・爲之黯然神傷・去歲嶺梅初胎・春霆忽來爐峯海澨・集其盾鼻之作・名曰笳聲者示余・要余敘其耑・

夫笳即角也・角形聲如角・故白虎通云・角・躍也・躍萬物者也・角之爲聲・悲壯而激越・聞者思奮・故主兵者以之厲三軍・騰士氣・吾春霆於風蕭馬鳴・雲黃日落・蒿目瘡痍・愴懷板蕩・雖未縣龍沙・郡瀆鹵・而撫鳴劍抵掌・志馳伊吾之北矣・是則春霆笳聲之集・其志其行・足以叱餖飣・愧呫嗶詩之佳語之麗・猶其餘事也・矧春霆方盛年・他日文章功烈未可限量・斯集也・不啻雲中一鱗・惡足以盡春霆哉・然竊聞之・君子行不貴苟察・名不貴苟傳・唯其當之爲貴・春霆笳聲之作・發乎情之所不能自已・蓋以或燕燕居息・或盡瘁事國・或息偃在牀・或不已於行・或不知叫號・

或慘慘神勞．或棲遲偃仰．或王事鞅掌．或湛樂飲酒．或慘慘畏咎．春霆皆掇而拾之．以成歌咏．此又殆詩而史者歟．此笳聲之所以傳也．己卯春羅海空落花序於赤柱山下．

稗雅

文今日蕪穢極矣．文敝則病道．政敝則病國．法敝則病民．習敝則病俗．衰世之徵也．昔我列賢列辟．開物成務．必先正其本焉．然非變化氣質．弗足以爲教也．非移風易俗．弗足以爲政也．夫如是．而風雅正變之際．詩人視爲治亂興亡之所由歟．

政成於風．教成於俗．故毛氏曰．風．風也．教也．風以動之．教以化之．然風教之行也．在乎得萬物之性．順萬物之情．扶之翼之．而納民於軌．厝俗於醇．然納之厝之．而必審其情．情發於聲．聲成於文．樂記曰．治世之音安以樂．亂世之音怨以怒．亡國之音哀以思．仲尼惡鄭聲之亂者何．惡其音煩而俗弊也．於是乎正雅頌以匡救之．使里巷歌勞傷逝者．咸發乎情止乎禮．此稗雅之所作也．

「聖人不作．禮樂莫興．吾輩處今日而昌言風雅．得毋爲識者所笑乎．但鷄鳴風雨．居亂世．思君子．不能無所冀焉．稗穀之似者也．非遂能穀也．今之稗以雅．冀其似雅也．非敢謂遂至於雅也．」如文嬗六代．淫豔佻巧．辭頹靡極極矣．迨有唐神龍開寶．作者岔起而振之．大雅淵然復陳．世運未有剝而不復者．敝極而變．變而庶幾復於道矣．

唯君子於其變也．必惕若戒慎．故易曰．終日乾乾．反復道也．而姜西溟則曰．變而復古．所變之古非即古也．防其漸．憂其變．則當與古人相悟以意．相契以心．此稗雅之所稗雅歟．懷美人而不見．靈均所以騷繼風也．騷與風相類乎．不相類也．亦相悟以意．相契以心．求不類之類耳．是則騷亦風雅之稗者乎．

題陳蘭甫書

陳蘭甫先生．以道德文章名天下．其學之邃．其行之卓．毋用吾人重爲之贅．至其書．則與李若農鄧鐵香先生並傳於粵．今粵士之言書．無不以三先生爲法．亦莫不以三先生爲則也．吾聞書畫皆以氣勝．氣有剛柔．剛柔者．人得之於天．稟之於性者也．蓋乾剛坤柔．性之德也．非勇怯强弱之謂也．人非聖人．受性必有所褊．人之善學古人者．當審其性之所褊而爲之道．使剛者至其剛．柔者至其柔焉．各成其道．以至其用．此之謂成物．亦謂之成道也．

周易六十四卦．各具特性．何則．性之剛柔．各有所褊故也．剛柔糅雜．亂德也．乾以剛爲德之正．坤以柔爲德之正．苟至於亂．則悔吝生焉．天地聖人無道也．以萬物之道爲道．蘭甫先生書畫之風．爲粵之士所傾倒數十年矣．余揆其所能至天下之士於傾倒者．皆以靜穆勝．或有板刻少之者．夫先生之所以至其道者．以靜以穆．與世之縱橫倜儻者殊．非淺嘗之士．得而領略也．詩文書畫．以靜穆爲極致．靜豈易言哉．非善養者．孰知其端倪哉．持其志．毋暴其氣．養之之功乃至．氣充於中．發諸於外．見諸於事．施諸於物．然後淵淵焉．醰醰焉．從容周旋．無不中禮．此蘭甫先生所以能以書畫爲道者歟．世之善爲書畫者．亦有不任道而任氣者矣・誦離騷・飲美酒・空其中便無滓・待其有觸而動・則如蹈伏弩・如決江河・一發而不可禦・若日月星辰之於天也・山川草木之於地也・雲霞風雨・雷霆霜露・鳥獸蟲魚・雖繪無所施其工・陶甄無所施其力・歷算無所窮其數・燦然森然・煥乎斐乎・何一而非氣爲之也哉・

蘭甫先生乃兀然以道御氣・以氣及物・使日月星辰・山川草木・雲霞風雨・雷霆霜露・鳥獸蟲魚・與吾同氣・此五帝以德治天下・齊萬物之道歟・是則蘭甫先生之畫・余又惡可以畫論哉・

王竹虛

此王竹虛之遺作也・聲塵寂寞・世莫余知・魂魄一去・有同秋草・竹虛物化・倏忽十餘年矣・當世之士・豈特漸忘其人・而且漸忘其名・斯可悲也・竹虛畫・譎詭滮漫・變化不測・如髡殘道濟・而竹虛狂且狷・貧且賤・術雖神・不爲世所稱・故竹虛遂窮死・其死也・如蟬之殭而死・鶗之啼而死・蚌之枯而死・人漠然莫之悼・莫之哀也・

竹虛余曾一獲見之於羊石・矍然而瘠如病鶴・布袍濫縷・面目垢膩・科頭跣足作道士裝・性奇癖・苟非所與・雖長揖於途・亦茫茫而去之・人或疑其爲瘋・唯余冷師則敬而禮之・語余曰・竹虛畫・海內無出其右者・奈世方以聲華門閥相尚・無知竹虛者・竹虛其終窮乎・竹虛無家・槀臥龍藏寺廡・與諸丐伍・人索其畫・展長縑於敗几・點染之・巍峯峻嶽・煙雲風雨・修篁喬木・葱葱鬱鬱・生於腕底・淋漓盡致・人莫審其如何下筆・所用杯碗・水墨皆汚漬・至賦色爲花草禽蟲・則神明煥然・妍麗無匹・人彌莫審其何以得至於是也・

市有狡獪・醉竹虛使畫・畫成・狡獪使善書者・署古人名於幀・售之・無不大其所獲・以是今傳古人名蹟・出於竹虛者至多也・聞諸前輩・述竹虛之言曰・士捐父母・棄廬墓・來輦轂之下・甯求達其道於天下哉・彼之志・賤夫狷介猖狂之所爲・務求得其所欲・然此輩處心積慮・唯徼倖於夤緣趨附・巧取豪奪・至富貴利達以驕人耳・夫充其孜孜於富貴之念・安往而不流於盜跖禽獸哉・人見夤緣趨附之士・蠅營狗苟・至於利・至於達矣・則靡焉是羨是慕・昔之皦皦自潔・反自怨自艾・是則是效・遑問其道之聖與貊哉・

於是盜跖之道・禽獸之行・迄用薰炙於天下・狷介猖狂者・人反以其道異乎盜跖禽犢・疑其行之怪・詬之詆之・誹之謗之・詛之咒之・放之逐之・排之擯之・縶之縲之・使之厄窮顛沛・轉而死溝壑・斯殆天乎・夫天與道不並立・天不能生聖人・聖人欲以其道變禽獸而人之・是逆天之行也・故周孔之演易也以逆・春秋之統天也以道・吾不能與物夷猶・惡得不窮・由是觀之・竹虛之學又豈區區之畫所盡哉・

述者曰・學用以致功名富貴・而其人之所學也可知矣・然古之士・亦有不爲功名富貴而爲學者矣・吾於狂狷接輿數數見之・鄰都稷下・則迄未之能遇也・間一遇之・其竹虛先生乎・未竹虛之所爲・非人之所能爲也・豈竹虛憤世士之卑汚苟賤・明明爲利・故寧窮乏其身・思有以激而昂之・矯而正之也乎・

黎母廟

開建之俗・男女皆並耕而食・樵與牧亦如之・詢其俗之所由始・曰・邑・粵之邊壤也・爲中原聲教之所弗及・且萬山叢壑環之・草樹蓊鬱・蠻煙瘴霧瀰漫四時・蛇龍虎狼之窟也・人附盾而耕・荷戈而牧・以禦毒蛇猛獸・非武不足自存・我先民居是間者・男强而女弱・族之人曰・女孱而柔・不能耕而粟・牧而肉・時而於虎狼・是墮我武也・不如生而立殺之・以絕强暴之覬覦・族之耆又僉同之・相聚歃血刑牲而盟曰・舉嬰而女・敢匿而不殺者・衆棄之・既盟・廬落女兒之啼幾絕・

有黎姑者・生而蹻健・誕而聲若豺・父以爲雄而喜・母審而爲雌而悲・佯衆以雄・懼久不能隱・僞以夭殤蒙其夫・裹以敗纊・委諸林臯・鳥而覆之・兔就而乳之・有牛醫過其側・女遽呱呱以泣・醫趨視・覩其異・囊以歸・鞠而育之・黎姑童・力能扼奔牛・長挽强能射虎・諸族咸神其勇・醫乃揚以爲女・衆欽其武・亦尊而敬之・醫爲黎女言其生之厄・黎女憤然號於衆曰・願舉女者・使予撫之而勿殺・予教以執干戈・挽弓矢・以護牧耕・倘爽厥職・余鬻以餵飛鳶・衆可之・黎姑遂爲衆女母・生聚教訓十年・諸女射虎斬蛟之功多於男・以是黎姑率諸族之女・要諸族之長・歃血刑牲・告山嶽之神而毀其盟・遂罷殺女之約・詔諸女曰・諸族之殺女・非其父母之忍於不仁也・諸女習於孱弱以自殺也・人無强力以維其生・殺之・亦宜也・我能强・力可自衞也・養可自贍也・外可侮自捍也・孰能殺之・黎姑老而死・諸族之女德之・廟祀之以爲聖・今邊女之生・女之嫁・猶廟以告也・君子曰・嗚呼・黎姑・仁人之澤遠矣・

袁葦岸

自賀至開建・八桂之萬山盡矣・山既水盡・亦瀠洄不激・而洲而堵・迤邐宛曲・彌數十里・蒼蒼然皆蘆葦也・紓流清澈・魚蝦鮮美・是宜江鄉者也・然沿江烟波浩渺・曠然無釣者・何歟・江之漁・相競於上流・上流之魚・多且鉅・見餌而貪・魚之小者・力不能與大魚爭・因去而之下流・漁者以下流所獲不豐不之顧・獨吾鄉葦岸先生垂綸於是・先生淸諸生也・孤介多才氣・矯然不與時世爭・蕭然環堵・人以先生爲窮・而先生則怡然自以爲不窮也・岸不與世接・遂無所事・日惟手通鑑讀之・故岸善論史・於古今治亂興替之變・能發人所未發・余先大父知岸賢・惜岸獨善其身・而其學不顯於世・率余拜岸於其廬受業焉・余至・岸方罷釣・且曝且讀史於簷下・秋高氣肅・風鳴樹上・黃葉瑟然・墮岸簑笠殆滿・岸悠然不覺也・余大父呼岸・席岸側坐・乃以意告岸・岸喜・示以讀史之要・疏其節目・破其磥砢・無不渙然而解・余聞岸言・大好之・汲汲修治・至日夕忘疲・有所疑・欲折之於岸者・則昧爽起・臨江干覓之・岸釣往往易其處・秋江多煙・漠漠恒不知岸之所之也・余挾册木立・俟朝曦上・遙望有竹箬皜然隱約蘆葦間如白鷺・則岸必在是矣・岸嘉余黽勉・談娓娓竟日・逮余戍湘邊・岸始逝・今十年矣・岸之學・余至今尚未敢謂能窺其涯岸也・夫岸・村夫耳・其志行碌碌無以過人・惟於史則鈎深至遠・世之人無一

及之．余嘗反覆而思其故．世之人以學爲學．岸焉將以至其用也．岸迺不然．彼以學爲玩．學焉以養其無用．詎知世之學愈無用者．愈爲庶士之所忽．巢林棲壑者．獨能詳焉．是以余之於人也．視汲汲求爲用於世之士．吾縣知其所學必不篤．其所養必不深．吾可易而侮之．但遇巢林棲壑．日爲無用之學以自玩者．吾惕然未嘗放慢之．斯吾鑒於葦岸之淵默．確知荒江老屋之下．常大有人在也．

莫翁之鶴

羅海空

　余長邊陲亂山中．松蓊蓊鬱鬱於峯巒巖壑者．其數以萬計．雖然松之數逾萬．而可觀者恆寡．靡特松之可觀不易．人之能知夫松者彌不易．何歟．余聞諸山之人曰．松非百年不足觀也．五十年其形始固．又五十年其氣始充．必也形固氣充．而偃蹇兀傲之神乃具．余祖母生於冲鏤山．邊陲雖多松．冲鏤之松則秀且拔．冲鏤之人．其族皆莫也．莫翁能讀書．知醫藥．冲鏤之人之疾病痛苦．畜牲之眚災夭扎．賴翁以生以育．以蕃以殖．以是冲鏤之人之於翁也．敬之如神明．如雨露焉．

　余髫齡．莫翁迎余居其家．翁之家．有庭可半畝．庭有松兩本．翁愛之甚．朝夕優游憩息於其下．翁之庭之松與他松異．不風而濤．四時稷稷淘淘易其聲．令人悠然生遺世之思．翁謂余曰．翁家昔在嶺之北．松去家幾三四百武．翁愛松．知此松爲山之俊．晝之永也．宵之深也．恆枕之而臥．惓惓然思移宅於松下．使寤寐盤桓於松．然苦爲宅乏資．心慆慆勿得遂．遂奮然．歲時自力耕而拓其畝．得粟則廩儲之．孜孜越十稔．計糶之足以爲材木磚瓦以宅．於是自負板築而經營之．狹其室．敞其庭．所以避炊烟溷垢之薰蒸我松也．今宅於松下．忽忽又越十年矣．松之花．比昔彌榮．松之針．比昔彌翠．吾少時．曾豢鶴一雙．余好之．朝夕供鶴之糧．必豐必潔．故鶴與吾甚相得也．但窺鶴之意殊悵悵．蓋以嶺北無佳松．鶴無所棲止也．終不樂．悒悒別余去．然鶴．吾故交也．雖去．余心不能無懸懸．風清月白．余陟岡徘徊望其反．卒卒二十年．鶴不一反也．或偶來他鶴．亦逡巡而去．從未之或留．余迄用悵悵．自余宅於斯松之下．曩者豢於余之鶴．亦飄然戾止．

　余聞莫翁之言．默爾而思．喟然而歎曰．夫酒足以至伶也．琴足以至康也．奕足以至秋也．骨足以至狗也．腥足以至蠅也．腐鼠足以至飛鷹也．名利足以至天下士也．唯鶴．品至潔者也．性至傲者也．翔寥廓以爲宅．餐灝氣以爲糧．弗可以祿餌．弗可以勢屈者也．今翁乃能至之．是翁之志與鶴之志．相契以神者乎．故仍不待邀而自至．不必招而自來．悠然與相得於亡言之外．推翁之爲術．其所能至者．豈鶴而已哉．雖巢由可也．雖沮溺可也．雖安期洪崖亦可也．何則．凡至難至之物．以道不以智．道奈何．曰．審所欲至者其性之所樂而樂之．鶴之性．樂於松者也．南山之松．蓊蓊鬱鬱滿於巖壑．翁甯盡能樂之哉．翁能辨松貌之古．聲之韻．影之瘦．逈焉獨異乎南山之蓊蓊鬱鬱於巖壑者．乃先至之至鶴．於是翁之所樂即樂之所樂也．翁其用志之純．用心之苦．甯一朝一夕也哉．

　翁之於松．弗懈於夙夜．至既得松矣．不惜矻矻勞十年於隴畝・躬之親之・築宅於松之下・而翁遂得松而有之・有松則所有鶴也・彼矯矯之鶴・雖潔雖傲・不爲翁屈・能不爲松屈乎・不爲翁來・能不爲松來乎・是則翁之至鶴亦巧矣・昔燕昭王爲金台以至士・余笑曰・若王・惡足以至天下士哉・士果望金台而向燕・則天下之賤士耳・賤士至而國無不亂者・此燕所以終亡於賤士之相競・蓋王室之之術拙也・

喜馬拉雅山遊記

此喜馬拉雅最高峯也・余劍師曾攀登其巔・攝此一角・歸以贈余・且爲余語其壯游所至・使余記之曰・印度喜馬拉雅山・即內乘之所謂須彌・又名之爲須彌廬・今譯爲喜馬拉雅者・蓋示雪山之意也・山自無始來・至於今日・四時漫漫沒於森雪・草木禽蟲之耐冰雹者・叢然葳蕤其中・厥種逾億萬・人疑劍師往印度寫生・意必皆熱帶景物也・詎知其不然・劍師冒險登須彌山・藺足蒙毳・描寫雪山事物尤多・山勢擘空起・橫拖東西五千里・巍然仰摩帝闕・俯瞰全球・方輿學者・稱之爲世界之屋脊・蓋謂陵轢世界諸峯之上也・

山積雪偶溶・則陡然波濤磅礴・撼地挾石而怒奔・聲咆哮如鉅雷・震驚數百里・經康瓊眞加山而直瀉・汪洋浩蕩・銀濤玉液・皚皚綿延二百里・光澈二界・人稱之曰雪海・康瓊眞加山者・世界之第二高峯也・

可異者・惟五指山矗矗峙立・不埋於雪・人謂雪飛至該山・則廻翔避去・登此山之巔者・遙矚星月皆出於足下・層巒葱翠・點點浮森雪如青螺黛貝・烟嵐縹渺・朝夕倏忽萬變・天竺諸峯・神秘不測恒類是・釋迦牟尼・昔居鷲嶺・翠堵坡・即內乘所謂浮屠是也・鷲嶺爲毒龍鷙鳥之藪・戾癘陰翳・非有道者不能近・金剛座在摩健駝國・即釋迦牟尼成聖處也・貝多經云・佛悟道時・須在此國・否則大地震動・諸佛菩薩皆淪劫灰・蓋謂此國藉該山之重・而鎭壓羣魔也・

雷音寺・則在大吉嶺・有世尊說通圓無漏正法之講壇在焉・後入布丹國・布丹與廓爾喀爭教權・構兵・大法遭厄・布丹爲廓爾喀魔王所敗・魔王眼射兇燄・舌煽慾火・燔毀梵天布金宮闕・遂據有布丹・播揚外道・布丹氣候溫暖・萬花盈野・經歲不凋・靈禽仙蝶・嚶嚶栩栩・蔽空繞樹・斯內乘所謂衆香國者是也・

佛既滅度・魔王破滅戒律・蠱蜮男婦・使白晝裸體・恣意行淫・燬佛莊嚴妙相・以黃金鑄歡喜佛億萬尊・供諸七寶座上・受男婦頂禮・衆覩大幻摩登伽淫穢諸行・迷失本性・各奉一像・如法交媾・或集男婦共浴衆香海・爲無遮會・以極敗德・彼教神秘・不垂經典・祇授密義・聞諸其徒曰・人之性・根於慾者也・故曰・天生民有欲・浮屠氏懼人慾之熾・而滋爲物害也・於是立戒以爲之防・律至嚴也・義至密也・堅忍刻苦・巢居巖處・以求枯寂・殘賊肌體・以求斷滅・使天下之人・持之守之・皆塊然以處・憒然而游・形如枯木・心如死灰・雖然・天下之人・凜於兵火禍亂之相踵・迄由於人欲之爭・有以激釀之・遂相率皈依浮屠之教・以冀消弭者・不乏其人・試問其徒億萬・眞能持之守之而無怍者・果有幾人乎・且防民之欲如防川也・橫潰泛溢・則漫爲鉅浸・天下受其戾深矣・

是以吾之爲教・迺反於是・因人之欲・而條之達之・令

天下之人・各得其需求・融融然・陶陶然・如登諸春臺・不待刑而明之・法以威之・而天下爭鬥殺害之禍息矣・夫人不得其欲則怨・怨積則怒・怒積則爭・由爭而殺・由殺而亂・殺亂不已・必至萬物於滅絕・是以浮屠氏之教・彼自謂曲突而徙薪・吾則以爲揚湯而止沸也・故吾務盡萬物之所欲・以極天下之樂・則怒心泯而乖厲禳矣・余揆彼教之言・有似夫楊朱縱欲之旨・唯楊朱務縱一己之慾・而彼教務極天下之淫・行雖不同・其道則一也・

當廓爾喀異教徒入主布丹也・其徒諱其暴行・其事湮沒難徵之矣・但詢諸布丹之寺僧云・彼道有歷劫悟道者・起而誹擊彼教・鬥殺甚烈・彼教遂爲新教徒所摧敗・執魔王而磔之・以髑髏作鼓・骿骨作笳以禮佛・故讚佛時・手鼓足蹈・跳踴號笑・作諸天王舞態・以祝浮屠之再興・彼土產蝶類最富・陸離詭幻・不可名狀・有大於黍・有纖於黍・朝曦初上・花露猶零・蝶則盤桓紛飛於郊郭・其羽軒軒・相抱相撲・交鬚疊股・濛濛然墮蝶粉如霧・今大吉嶺博物院・搜集彼土蝶類逾六百種・亦極天下之奇觀矣・

大吉嶺崎嶇險仄・行旅苦之・幸該土風俗・夙以婦女充夫役・婦女中多佳麗・工言說・嬈曼得人歡・其傭值最昂者・且能爲人任傳譯・游者霜橋雨驛・得此娟娟相與平章花草・以慰塵勞・其用意亦誠善矣・錫蘭區君宗洛工爲韻律・曾爲吾劍師題喜馬拉雅山游記云・異方花柳嬲人魂・夾道趨承皆婉嫿・玉臂不見守宮砂・紅梅却點壽陽額・酒酣扶上五花驄・都倩美人纖手掖・盖紀實也・

丐碑

余自墮地至今・風塵殄瘁・卒卒三十餘年矣・入世以還・悍然孤行其志・讀書盡萬卷・實不知智愚作何解・非不能解也・爰以智愚之淆・誠有至余於不可解者耳・雖然・不可解・余又安得不求有以自解・遂妄有爲行吾心之所安・吾則自以爲智・違吾之心至於不安・吾則以爲愚・雖然・斯余之所謂愚耳・余不能不以余之所以爲愚智・求得解於世・詎知世之所謂智愚・往往與吾異・吾平居以爲智者・世乃愚之・吾平居以爲愚者・世乃反智之・以是世之智愚・遂與吾心常乖迕也・

吾性倔强・是己而非人・遂乃益與世相左・嗚呼・余遂窮於世矣・然而余顒顒自疑・我窮於世乎・抑世窮於我乎・是又彌非余所能知者矣・吾鄉之長老相傳・六年前有烈女易孃死於節・吾鄉之人・僉以烈女之烈也・醵金而廟之・則要余爲文以序之・余曰・噫・余生也晚・去節義之世遠矣・吾鄉人之所謂節義・正世之誚爲迂腐也・何則・今之士・無一節者・今之士・無一義者・譸張傾軋・以自亂其國・行將見國之士大夫・盡爲奴虜・奴虜可爲・尚有何節義之可言哉・天下之大・人類之衆・又奚許奴虜言節義哉・今節義於寖微寖滅之際・乃出諸吾鄉鄉愚之口・是國雖亡・族雖奴・猶有一二節義之士・未絕於吾鄉之愚・是吾鄉之愚・吾安可不崇之以爲吾族之智・吾國之賢哉・

吾鄉人之語余曰・初吾鄉有女丐易・以烈死・鄉之人義之・吾鄉有男丐鄒・又以義死・鄉之人仁之・仁與義・節與

烈．非世之所重也．而吾僻於荒陋．婦孺皆重之．是仁義節烈．雖爲世病．未爲吾鄉病也．子縱徇吾之請而爲之文．得罪於世．而不得罪於鄉．其爲之又何害．且吾鄉持子之文．勒諸於僻陋之鄉．非勒諸於五都之市也．世之士夫．將胡從而見之．是子雖爲之．不虞得罪於世也．余以鄉人之言是也．遂書之曰．

鄉東郭有易翁鄒翁．皆有腴田．阡陌相連．衡宇相望也．易翁以女字於鄒翁之子．毋何．易翁業敗．其產歸於鄒翁．尋易翁貧死．婦女淪於丐．鄒翁悔婚．子不可．翁逐其子．人傳其憤蹈海而死．易女聞之．爲其夫設主而喪．自幽土室．塌四壁防强暴．將餓以殉．其母憫之．爲代丐而活之．女得不死．毋何．母道斃．女不之知也．有男丐斑白者．掩其母．瘞諸原．立石以誌之．代易女之母丐而活女如初．蓋女既自幽．以牖哺飮食．代母以丐之非母莫之辨也．毋何．易之女縊死．斑白之丐．求其夫鄒．撫其屍而斂之．鄒子伏屍哭．女目忽瞬．血淚簇簇蔽面下．鄒子心大動．夜刎於其妻墓側．斑白之丐．昧爽踉蹌哭而來．負土掩骸．使與烈女同穴．明日．斑白丐率其徒六七人至墓．封之樹之．殺牲塗血於墳者．羅拜．團而飮於墳下．大醉．投杯盤於谿澗．長嘯而去．是夜．鄒翁之居大火．鄒翁葬灰燼．鄒宅之人無一免者．或曰．鄒翁死於盜．或曰．鄒翁死於厲．吺吺聚訟．今莫辨也．吳友菖齋聞之而歎曰．易與鄒．皆以義而淪於丐淪於死者也．各自是其所是．非其所非．豈假計天下之是之非之哉．一己之是非．其良知能辨之．其良能能行之．天下之人．又安足以審吾之是非哉．吾人生於天地間．只有是非耳．安有利害耶．只有意氣耳．安有死生耶．豪傑之死生．隨其是非而決．死生如是．況窮達乎．

蕉花蕉葉與樓齊永晝沈沈夢亦迷

余昔學爲詩於羊石．風檣月榭．霧閣雲牕．相與共晨夕者．皆一時英髦．良辰美景．酒邊劍底．而韵事亦至多也．滄波變綠．舟壑潛移．夙昔朋儕．飄如秋帶．蹎蹶於世途．皆抑鬱不得志．韶華易逝．卒卒二十餘年．悲今日之山川悠悠．憶當時之言笑晏晏．回想歡娛．味同揀果．余少耽幽寂．僦居紅藥洲舊院．院昔爲淸道咸間吾粵經師講學之所也．院庭饒花木．余樓居．樓繞紅闌十二．喬柯衝霄．夏日樹影陰森．淸涼如水．樓間英石錯峙．叢植於石間者．芭蕉也．絲雲靄靄．映人眉宇．即余紅藥懷舊詩所謂蕉花蕉葉與樓齊．永晝沉沉晝亦迷者是也．

當時儔侶．才氣橫騖．以爲天下事可以才智取．意態稜厲．如蒙夷修而長．以詩名．喜虹短而鷙．以精劍術名．頌瑜孤瘦如鶴．目短視．愷悌逾儕輩．以書名．碩湘厚重．工書記．以畫名．劍霜纖而嫵曼．唇嫣如塗脂．以琴名．余比諸子少．於諸藝無一長．唯諸子雅好與余作深談．余爾時愛寫十三行．暇則席蕉陰拈管．拂硬黃臨之．劍霜立余側．觀余書．池墨涸即爲余研之．又潔冰盤剝荔．浮以冰屑．置余前．余且書且啖．且與劍霜作雅謔．蒙夷來．劍霜則覆盤以紙．背蒙夷食之．蒙夷覺其吻動．抱其腮以嗅之．使呵氣以卜其味．知爲荔也．遍索于余室．不得不休也．蒙夷疏狂．詩麗而則．獨居多作賦思．雲鬟玉臂．縈于寤寐．劍霜有弟曰宛雛．朗潤如玉．蒙夷酖酒風狂．馳心宛孌．余思弄之以爲戲謔．蒙夷至情人也．性情摯不猜．遂顛倒於狡獪．病幾殆．

余以蒙夷眞摯之易惑也．俟深宵人靜．鐍戶挽宛雛．偎坐鐙下．乞宛雛飾爲淑媛以欺之．宛雛初不可．捽余髮．唾余面．余泥首哀之．迺掩面笑曰．姑試之．余喜．密購裙舄．置余榻．使宛雛易之．曉牕無人．簾垂香細．余開匳呼宛雛起．塗脂以著其頰．染黛以著其眉．膏其髮馥然．朱其唇使嫣然．嗚呼宛雛．回眸一笑．傾城姝也．余折柬邀蒙夷．抨既去．余與宛雛倚欄眄其來．炎歊六月．簾北曼陀羅皚皚如積雪．花氣髮香．膩人魂魄．余耳語之曰．我見猶憐．何況老奴．宛雛力推余．毋何．階下粉蝶驚飛．榴花雨落．蒙夷昂藏至．蒙夷修而長．雖土木形骸．然龍章鳳姿．皎然如臨風玉樹．驚才絕艷．同輩倜儻英發．無出其右者．見而叩余意．余曰．余妹昨自羚羊峽來．誦君粵台懷古．欲一瞻風儀耳．蓋文人好誇大．人有慕其文藻者．必引爲知契．蒙夷病此尤甚．既就坐．余喚宛雛．蒙夷目注之．搴簾一顧．不覺心醉．爲留至夜半．猶挽宛雛立花陰噥噥軟語．余遠而睨之．宛雛低鬟．脉脉略掠余以眼波．余爲之忍雋不禁．旦日．蒙夷洗囊市珍巧以爲媚之．殊欵欵．余教宛雛佯暱之．蒙夷大惑．余又教宛雛苛索之．蒙夷固貧．懼不得當．僕僕日日稱貸以買歡．神志昏亂．余與宛雛覘其瘁．且笑且憐．而蒙夷迺昧然勿覺也．

余與宛雛既得珍巧．輒立典之．呼畫舫．泊鰲洲．挾妖姬．飲美酒．沈湎流連至向曙始返．既而蒙夷貧病交侵．索逋者環立於室．余恐其爲情死．遂携宛雛易服視之於榻．白余欺．蒙夷執宛雛手．淚泫然奪眶出曰．余之愛君．非形骸所能間也．宛雛零涕以慰之．至浹旬而後起．蒙夷今潦倒於壇坫．宛雛傭書於南溟．南飈掠節．殘月規櫺．我思伊人．惄焉如搗．

楓霞嶺

龍門生封禪書．范蔚宗西南夷傳．文之鉅麗也．古今無有擬爲之者．煩熱如火．山居習靜．懷古遙集．寤寐馬范．作楓霞嶺以自遣．

楓霞嶺．粵邊之窔奧也．西接蒼梧之埜．懸空矗立．草樹渥丹如血．石赭煙怒．形勢險惡．鷙鳥弗敢巢也．猛獸弗敢穴也．平睇白雲如練．浮空青葱莽者．桂之木桑也．仰視巒雲如火．燒河漢而欲沸者．粵之冲漏也．楓霞嶺．則界天而下奔．挾風雷．變暘雨．簇簇瀰漫於山谷者．楓也．嶺之有楓．邈焉而莫知其杞也．其葉委積於地．露以湛之．雨之滋之．風以蠱之．日以昫之．蛹而爲蠶．蠶之老者．修徑尺．毛角森然．文斕斕如豹．嶺上之蛇．以蠶爲糧．蛇感其氣．燁若珊瑚．奇毒．人畜踐其影亦死．嗚呼．是非人之所居也．而鄧曼六蘇則誕是．

鄧曼六蘇．粵邊之美神也．邊之人言智勇者．咸大之．邊之人．睢睢盱盱．昧然弗知世有墳索也．彌弗知世有聖哲也．曰．非至性至情．不能爲大智大勇．聖人性之至也．大勇情之至也．六蘇猺女也．蔚以其容．奪千山之秀．余家邇猺山．瘴斂木落．陟岡見遙峯沓沓．迷茫於紺烟紫霧之表者・是六蘇之所居也・粵若稽古在昔・猺用以治猺者・厥德爲美・蓋猺湮厥世系・禽蓄獸殖於四裔之外・其俗無大德大庸者・迺以美爲神・儒書曰・五百年然後王者興・王者不世出・而猺之美神尤不世出・然具用以爲美之率者・迄與世異・靡容德之邁特巳也・必嬉於虺之谷・虺谷淵淵・莫我毒也・媟於虎之穴・虎穴陰陰・莫我噬也・舞於蜂之陵・蜂陵蔑蔑・莫我螫也・於是納諸大麓・烈風暴雨弗迷・邊之人乃曰・我神之德・能禳庶物之惡・化陰陰之戾而爲之祥・天地隨其顰笑爲喜怒・草木隨其欣戚爲凋榮・吾神之美・過仁遠矣・有牧鄧曼・顏若舜華・六蘇嬪焉・六蘇之嬪於鄧曼也・邊之人叢妬於曼・曼飲於流・衆投藥以毒之・曼樵於澤・衆伏弩以射之・曼怡怡然・游於鴆鏃之間・胥無害・邊之人以曼受命自天・乃莫之敢黷焉・

猺之山・漫漫其流・泛而爲谿・聚而爲壑・猺之溪・青青其蒲・故溪以蒲名・蒲谿之水・涓涓十里・明漪無滓・淺淺弗沒踁・陸離灼爍・於羅瀾波縠・璜而壁而・圭而笏而者・瑩瑩之白石也・青蒲紛披於上・荇藻參差於下・非褰裳不可得而涉也・谿畔有屋・螺如貝如・掩映於蒼煙綠雨之外・斯六蘇之所居也・谿光如鏡・女所鑑也・猺流如膏・女所浴也・女之所鏡・水爲之香・女之所浴・水爲之膩・猺山之猺・僉曰・猺之德微矣・百年來・山川之神弗錫我以嘏・弗降我以神・使我草木不華・禽獸臞臞・牲畜夭扎・衆實懟焉・今六蘇夸容瓌態・靈我昊天・姁我庶類・格於上下・光被四表・我猺當作之尸・作之巫・克配上帝・爲我子孫無疆之休・猺之族・巫最尊・猶世之有君師也・神巫尤貴・猺之禮神巫也・必以春・寅賓日出・平秩南陔・老巫執龍皮之鼓・昭告於有衆曰・天氣下降・地氣上騰・我神巫丕膺眷顧・被寵渥於厥躬・神巫某・欽若上下・兢兢業業・夙夜夤畏・薰於原・沐於河・以事我山嶽之靈・承天之庥・立我蒸民・以柔我庶類・老巫率六蘇裸而薰於原・邊之人・玁阿魏而燔之・伐柟檀以燎之・六蘇紓皓腕・合星眸・朝日而拜・玉葩蚌潤・瓊乳椒發・邊之少艾咸曰・膚莫神巫皎也・禮成・老巫又率六蘇裸而浴於河・邊之人・筐百花之英・湮於上流・六蘇握綠鬟・滌蠟股・揚輕歌・漾微波於中流・邊之少艾僉曰・體莫神巫芳也・

於是・遂以六蘇爲巫以配神・楓霞嶺・神之墟也・不可以牧・牧則褻神・唯妃神巫者・神帡幪之・假神節・驅牛羊於澤藪・魑魅魍魎弗之敢肆・以觀其德・以徵其誠・若牧者爲封豨長蛇所噬毒・衆詛之弗虔弗恪・干神怒・神其殛之・殛・而神巫則卜於神・重錫之偶・故神巫之所卜・歲時死於封豨長蛇者相踵・六蘇愛鄧曼・知神巫之節・不足以拒毒噬・然非擁節而牧於嶺・雖相愛・不得遂其匹・迺涕泗以命鄧曼・曼曰・吾弗得遂其戀而生・痛於被噬毒而死・慷然杖節赴之・六蘇泣送諸楓霞之下・謂曼曰・吾不死於蜂陵蛇窟・非神也・幸也・天幸不可常徼・吾懼子之終弗可以返也・子其勿往・曼曰・吾聞愛之摯者・誠之至者也・誠之至・與神明通・鯨之牙可拔・虎之頷可探也・愛之醇者無欲・無欲可以至太和・至太和者・陰陽眚沴不能賊・況蛇龍虎豹之噬毒乎・鄧曼遂行・六蘇抱而持之・風吼於林・瘴布於嶺・獸嗥而龍吟・聞者毛髮以戴・六蘇悸以怖・沫以膏

之・淚以沐之・引鄧曼以躋於嶺・蛇臥於道者避焉・虎嘯於邱者伏焉・卿雲糾縵於天際・嶺之羣醜盡匿・六蘇喜與鄧曼駢襟而休於楓霞之嶺・容光相射・燁若朝陽・上暢九垓・下沂八埏・相與噓而爲鳳鸞之音・昆蟲凱澤・百禽和之・其鳴雝雝・衆芳媚之・其蘭馥馥・遂相締媾於巔・白雲幔之・丹霞衾之・山下之衆・仰而祝之者千萬人・曰・若鄧曼者・眞神巫妃也・述者曰・愛亦大矣哉・美亦神矣哉・人苟能至其愛・則愛亦聖也・人苟能持其美・則美亦聖也・

吾聞諸乾鑿度云・有太易・有太初・有太始・有太素・太易者・未見氣也・太初者・氣之始也・太始者・形之始也・太素者・質之始也・氣形質不乖・美也・氣形質相和・愛也・不乖則道與之合・相和則天與之通・太上之道也・故鴻烈書云・太上之道・跛行喙息・蠉飛蠕蝡動・待而後生・莫之知德・待而後死・莫之知怨・此太上之治也・太上無欲・非無欲也・所欲不乖於道・所爲皆得於和・故禽獸蝮蛇・無不匿其爪牙・藏其螫毒・無有攫噬之心・此六蘇鄧曼所以履虎尾而不變・涉大川而不沒者乎・

零汀洋

天下之士・相聚而誚此間之無文也・久矣・余始而疑・繼而懟・恚然登紅香爐峯頂望海以吊之曰・此昔之龍脈也・滄波浩瀚・萬怪蟠鬱・古今不乏投淵蹈海之士・披髮抱器・倘徉於是鄉者・彼日與江豚河伯相習・沈酣其汗漫汪洋・冲溶恣肆之狀・發爲文章・必有排撼天日・吞吐平陸之氣・兀然與世殊異・孰甘牢歷千古・蒙垢含耻・受天下之讓訾・迄莫有以自奮・而爲海之百神辱哉・

昔余失意於中原・黯焉自竄於紅香爐峯・大爲文訶詆當世豪傑・居有頃・與吾友夷齊遇・夷齊曾築廬於海雲深處爲漁廬・地僻而幽・屋亦老且朽矣・昔爲某教士所居・教士去・屋遂無居者・垣將圮矣・簷壁矮而古・綠苔紅蔓・漶蝕陸若繪・晨夕龍腥蜃雨・漠漠朝夕・夷齊謂余曰・子居此浴曦陽而餐灝氣・倘假日月之力・子之文必與夙昔異・吾信此魚龍之鄉・大有造於吾子也・余謝夷齊之眷眷・昧然蜷伏・以飲以啄於其中・拓牕面海坐・冥霧茫然・日必停午而後破曙・故吾寢輒伺停午霧散而後興・此間烈風霆雨時行・自爲起滅・距此以外・迄未嘗風・未嘗雨・雖風雨亦迄未嘗如此間之烈且霆也・當風雨之驟至也・余則急塌壁堵戶・非喘急倉遽・弗克淑事・蓋風雨之至至猝也・既・戶堵壁塌・余又悶然以爲苦・洒鑿孔外矚・覺青螺斗室・如泡如沫・捲入洪濤怒浪・余似與曼衍之鱗甲・騰躍之天吳・以嬉以游・惘然不知其身之爲龍爲魚爲鮫人爲海若也・駭與喜並・秉燭撫膺・頻頻自顧其影・何者・恐吾形骸之非復故我也・

日暮・老蛟十萬・捧明月出海・滾滾大踰車輪・光徹三界・照珠宮貝闕・澄瑩如見・毋何・陡爾徵候變・波心突湧鯨魚・如陵如嶽・硼然・冰輪爲之敲碎・片片散海面如玻璃・其景物倏忽幻滅無端有如此者・動於心而駭於目・爲余有生以來所未覩・於是・汩汩然於吾思者・沛乎亦不能自已・遂爲零汀洋文派・與天下之士角環偉・驅其嫚薄洶溢之勢・橫騖大陸・泛濫六合・以一洗千古零汀洋無文之恥・是亦此間之士之務也歟・

陳安仁 一八八九年生 一九四六年卒

字任甫，東莞人，出身廣東高等師範學校，同盟會員，辛亥起義，任同盟軍部秘書，民國七年任南洋英屬華僑教育總會議長，十二年特派南洋荷屬觀察黨務，主持天聲日報，十三年回國歷任嶺南大學秘書兼政治訓育主任，國民革命軍總政治部編審委員，國府僑務委員，國立中山大學教授，並在故鄉創辦明智學校，觀瀾中學，塘厦中學，抗戰時任第七戰區編纂委員會委員，第九戰區少將參軍，三十五年出任立法委員，生平勤於述作，從事海內外各報館特約撰述數十年，遺著有文明家庭教育法，學生鑑，學生修養談，人類進化觀，人生問題，中國政治思想大綱，中國文化史，中國文化演進史觀，六代時代學者之人生哲學，中國近代政治史，中國近代經濟史觀，中國近代民族復興史，中華民族復興史，中國農業經濟史，孫中山之思想及其主義，文學原理，社會觀等書。

廣東文獻之回顧與前瞻

一　導言

嶺南北負五嶽，東南瀕海，自古與中原隔絕，羈棲之客，謫逐之臣，視爲畏途，文化之開發，較中原爲遲，自漢末至五代，北方避亂者，多居於此，宋亡之後，君臣間關萬里，欲保持半壁江山於粵海一隅，忠義志士，磅礴雲天，明社覆亡，清酋統治，士夫奔馳於科學功名，周旋鞭辟，正氣消沉，所幸會黨秘傳，太平天國，揮戈起義，演驚天之偉業，孫公中山，率領羣黎，樹革命之正氣，廣東之爲廣東，遂炳耀於兩間，夫一國之文化精神，寄託於典籍之中，而典籍之著述，爲學人畢生之偉業，此文獻之徵，固爲不可緩置者，邇年播遷滇粵，各方圖書，遭敵騎蹂躪，多已散失，斯篇之作，已缺搜羅之工，復省參考之籍，空泛疏陋，不言而喻矣。

中國文獻之淵源，甚爲悠遠，所謂天府，石渠，典籍之府，足爲歷史上之生色，然以歷代鼎革，舊藏殆盡，例如董卓之亂，漢獻西遷，蘭台石室之圖書縑帛，軍人皆取爲帷囊，梁元帝，敗沒於江陵，取藏書而焚之，每隔百數年，蕩佚灰燼，思之愴然於懷，泰西之邦，中古以還，即以教會及王室爲保存文獻之中樞，所藏歷千年之久，未嘗失墜，近世以來，此種機關，變爲國有或市有，以管理保存之得法，曠世寶典，愈積愈富，我國自首都以至各省鄉會，無一完善之圖書館，無一充實之博物館，無一全備之藝術院，此學者之治文獻，每感困難，況復加以書厄，欲期武偃文揚，亦奚可得，昔人有言，秦皇馭宇，吞滅諸侯，先王墳籍，掃地以盡，此則書之一厄也，孝成之代，求遺書於天下，及王莽之末，並遭焚燼，此則書之二厄也，鴻都東觀，秘牒塡委，屬西京大亂，一時燔蕩，此則書之三厄也，魏文代漢，秘集典籍，劉，石，憑陵，從而失墜，此則書之四厄也，永嘉之後，寇竊競興，南北朝之世，公私典籍，悉送荊州，及周師入，蕭繹悉焚之外城，此則書之五厄也。

「覩喬木而思故家，考文獻而愛舊邦」，予論廣東文獻，不禁有今昔之感，抑又思之，考文獻命名，端賴典籍，演繹要義，固貴經史，參以歷代會要，以及百家傳記之書，信而有徵者從之，乖異傳疑者不錄，所謂文也，論事則先取之奏疏，次及諸儒之評論，以及名流之燕談，稗官記錄，凡一言一事·可訂典故之得失·證史傳之是非者·則採而錄之·所謂獻也·是故·文獻者求之往史·而擷其英華·以資評價·而來軫方遒·文獻足徵·亦可資奮發也·

二　從書院講學制以論廣東之文獻

在科學時代·書院爲士子藏修之所·院內有名宿·講學授徒·開發風氣·轉變學術思想·如宋代之古成·羅孟郊·李昴英·崔與之·鍾玉嵒等·實爲當時文教上領導之權威·北宋景德年間·英德郡守王仲達·始建涵暉書院於英德南山涵暉谷間·以居名儒石汝礪·此爲廣東最早之書院·廣東正式書院之創立·在寧宗嘉定年間·如禺山書院·番山書院·相江書院·豐湖書院·相繼而興·明代廣東書院·較宋元兩代爲增·尤以嘉靖萬曆年間·粵東有數位理學名儒·提倡講學·書院創設不少·當時分爲官立之書院·與私營之書院兩種·前者爲士大夫公餘之暇·講說六經·習讀射法·聽陳弭盜·訪搜遺文之地·後者爲名儒召集生徒·講明心性·標榜道學之地·當時廣東書院·佔有講學上之勢力者·爲湛若水·萬曆中·忌講學·毀及院舍·有司奉行·急若風火·而名賢寤寐之地·遂爲烟蔓之場·清代異族入主中國·以科舉制藝·牢籠天下之才·曾禁止書院之創設·考其用意·不外防止羣衆結黨·以壓制民族思想之復活·各提督學官·督率教官·所注重提示者·只經書義理之空談·雍正元年·命各省改生祠書院爲義學·其立心可知也·在清代各朝中·創建書院之數量·如康熙六十一年中·官立之書院六十九·私立二十一·雍正十三年中·官立之書院二十·乾隆六十年中·官立八十二·私立二十一·嘉慶二十五年中·官立三十一·私立二十·道光三十年中·官立二十四·私立二十二·咸豐十一年中·官立四·私立二十四·同治三年中·官立十四·私立十七·光緒二十年中·官立十四·私立十七·總計康熙至光緒末年·二百七十年中·官立之書院約二百五十間·私立一百五十三間·當時所謂書院·實涵三種·一爲講學課士·一爲鄉約性質·宣揚教化·一爲紀念官賢·兼爲課講·省立之書院·多設於省會·府立之書院·多設於府城·州立或縣立書院·多設於州縣城·各鄉邑之書院·多爲義學之變相·義學比之書院·規模較小·諸鄉堡教士之地·或稱書院·或稱義學·名雖分實則一·廣東省城自明以前·士子入學讀書·無所謂書院者·迨康熙二十二年·江南蔣伊初·任糧道·建穗城書院·二十三年·廣州知府漢軍劉茂溶·建珠江義學·由是學校而外·始別有生童同學肄業之所·清代書院之分佈·以廣府屬西江下游爲最密·其次爲韓江流域·或潮州府屬·又其次爲高州府屬·肇慶府屬·瓊州府屬·最疏爲雷州府屬·從地理環境之優劣·而爲人文盛衰之所寄·廣州文獻·從書院之普遍設立·而保存者·實不少也·阮元主粵政·開學海堂·提倡樸學·張之洞主粵政·開廣雅書院·提倡實學·其著然者·

三　從學者著述方面以論廣東之文獻

我國書契之興·歷時四千餘年·著錄所及·浩如烟海·琳瑯滿目·不可究詰·實世界文明之古國·亞東文獻之奧區·夫歷代之志文也·尙矣·以之經緯人羣·則足以弘建樹

而致治功・以之淑善身心・則足以秉彝倫而貞末俗・故典籍著錄・誠足爲文獻之珍藏也・茲略述廣東歷代學者著述・以資參證焉・集記・如張九齡之曲江集・釋法海之六祖壇經・葛長庚之白玉蟾集・崔與之之崔清獻集・孫蕡之孫西菴集・王佐之聽雨軒集・歐大任之歌虞部集・霍韜之霍文敏公全集・霍與霞之霍勉齋集・黃佐之泰泉全集・丘濬之大學衍義補・李之世之鶴汀集・李之標之覓汀集・李之龍之寒窗感寓集・袁崇煥之袁督師遺集・張家玉之張文烈遺集・區懷瑞之碧山草堂稿・李秩之闢徑集・李孫宸之建霞樓全集・伍瑞隆之臨雲集・少城別業近草等集・黃畿之皇極經世書傳・陳克儉之南墅集・歐必元之歐子建集・蘇葵之吹劍堂集・韓上桂之朶雲山房遺稿・黃公輔之北燕巖集・唐伯元之醉經堂集・陳明之唐明通紀・釋光鷲之咸陟堂集・釋今無之光宣台集・徧堂行集・林承芳之竹窗稿・黃居石之自知集・郭翡之嶺海名勝記・屈大均之翁山文外・翁山易外・四書考鈔・皇朝四朝成仁錄・明季南都殉難記・陳吾德之謝山存稿・陳邦彥之陳巖野集・陳恭尹之獨漉堂集・梁朝鍾之喻園遺集・海瑞之備忘集・淳安政事集・翁萬達之稽衍集・林大春之井丹林集・陳子壯之禮部存集・黎遂球之蓮鬚閣文鈔・張邦翼之嶺南文獻・薛侃之薛中離集・張喬之蓮香集・王隼之文苑綜雅・錢以塏之嶺海見聞・陳蘭芝之嶺南風雅・嶺南名勝記・胡方之鴻桷堂集・徐作霖之海雲禪藻集・羅學鵬之廣東文獻・程可則之海日堂集・呂堅之遲删集文・溫汝能之粵東文海・溫汝适之曲江集攷證・溫承恭之溫氏家集・郭淳之嶺南叢述・廣東名儒言行錄・吳榮光之辛丑消憂記・李遐齡之容安堂集・零存稿本・陳澧之切韻考・說文聲統・東塾讀書記・菊坡精舍集・張維屏之珠江集・車騰芳之瑩照閣集・譚鴻墀之廣東海防彙覽・陳微言之南越遊記・譚瑩之樂志堂文略・譚宗浚之遼史緒論・希古堂文集・潘仕成之海山仙館叢書・龍春巖之敬學軒文集・韓榮光之黃花集・陳在謙之國朝嶺南文鈔・彭泰來之端人集・王國憲之瓊台耆舊集・凌揚藻之海雅堂集・劉應麟之南漢春秋・張鎮孫之見面亭遺集・吳文正之立亭遺集・袁景之史雋・張寶雲之聽香閣集・李洵安之杏莊脞錄・潘南皐之九畹堂文集・朱次琦之朱九江先生集・朱氏傳芳錄・李殿苞之碧梧園鳳岡集・何瑞麟之世貽堂存集・羅惇衍之羅文恪公奏文集・何子莪之星使使東述略・金錫齡之劬書室遺・陳璸之陳清端集・陶邵學之頤巢類稿・簡朝亮之讀書堂集・荔香集・饒鍔之天嘯樓集・勞肇光之霄鵬遺著・江箋辰之江孝通遺集・陳伯陶之勝朝遺民錄・瓜廬文牘・東莞遺民錄・潘飛聲之說劍堂集・沈宗畸之京華瑣錄・蘇玄瑛之曼殊全集・以上爲集記類・而關於經史之著述爲少也・詩詞・如陳獻章之古詩教解・趙介之南園前後五先生詩・何吾騶之元氣堂詩集・何準道之蕎園詩鈔・蔣晃之瓊台詩話・鄧雲霄之鄧詩選・黎民表之瑤石山人詩草・屈大均之翁山詩外・凌藻揚之嶺海詩鈔・王佳之嶺南一大家詩選・王後來之鹿嵐詩集・梁善長之廣東詩粹・黃寬之自然堂遺詩・饒慶捷之桐陰詩集・張錦芳之逃虛閣詩集・陳昌齊賜書堂詩鈔・宋湘之紅杏山房詩鈔・黃培芳之香山詩鈔・曾習經之蟄庵詩存・溫汝能之粵東詩海・溫汝适之携雲齋詩鈔・何夢瑤之菊芳園詩話・吳光之飲蘭露館詩鈔・石雲山人詩集・

李光昭之鐵樹堂詩鈔．伍園葵之月波樓詩鈔．陳澧之象山詩鈔．陳衍虞之蓮山詩鈔．梁九圖之嶺表詩傳．紫藤館詩鈔．黃玉堂之黃玉堂詩集．譚宗浚之荔村草堂詩鈔．張維屏之國朝詩人徵略．黃遵憲之人境廬詩草．梁元超之竹林詩略．何元之江上萬峯樓詩鈔．蘇廷魁之守柔齋詩鈔．王國賓之天覺樓詩鈔．李雲鸞之嘯台詩集．胡期錞之眠琴樓詩鈔．葵顯原之銘心書屋詩鈔．黃子高之知稼軒詩鈔．招茂章之橘天園詩鈔．李遐齡之勺園詩鈔．張琳之玉峯詩鈔．李可蕃之華平山人詩鈔．龍應時之天章詩鈔．潘憲勳之龍庵詩集．何時秋之松菊山房詩鈔．麥近之作是堂詩鈔．楊永衍之粵東詩鈔．何瑞丹之誠齋詩鈔．甘啓元之甓庵詩存．劉彬華之嶺南四家詩選．何鞏道之越巢詩集．何栻之南塘詩鈔．葉夢草之四世詩鈔．劉嘉謨之聽春樓詩鈔．賴學海之賴虛舟詩草．梁玉森之藹儁詩鈔．馮譽驥之綠伽楠詩稿．杜游之洛川詩鈔．鄧承修之鄧承修詩文鈔．伍崇曜之楚廷耆舊遺詩．簡朝亮之讀書堂明詩．康有爲之南海先生詩集．曹秉哲之紫荊吟館詩集．黃玉堂之蓮瑞軒詩集．陳伯陶之瓜廬詩鈔．張其淦之千遺民詩．黃節之蒹葭樓詩等．詞如沈世良之粵東詞鈔．黃玉堂之黃玉堂詞集．楊永衍粵東詞鈔．吳蘭修之桐華閣詞鈔．姚師雅之景石齋詞略．呂福瑜之竹林詞鈔．梁煦南之迂齋詩詞．葉英華之花影吹笙詞等．（三）理學．明代廣東理學有兩宗傳．其一爲陳獻章．獻章爲新會白沙里人．故號白沙．初學於吳康齋．後居鄉里．另闢一家．所謂江門學派之先祖．其學以虛爲基本．以靜爲門戶．以四方上下往來今穿紐凑合爲匡郭．以日用常行分殊爲功用．以勿忘勿助之間爲體認之則．以未嘗致力而應用不遺爲實得．有明之學．至獻章始入精微．其喫緊工夫．全在涵養．喜怒未發而非空．萬感交集而不動．論者以爲活孟子．彼之同學胡居仁（敬齋）評其靜坐法有流於禪．乃爲之辨解曰．佛氏教人說靜坐．吾亦說靜坐．吾之調息．近於佛氏之息數．定力似禪定．然與禪學不同．禪學與吾儒不同．毫釐之間．便分霄壤．」彼爲挽救明初儒學之沉滯．乃自程朱之學出發．參考禪學而加以新意．成功近陸學之一種學派．白沙之學．在於收歛近裏．一時宗其教者．能淡聲華而薄榮利．不失爲清苦自甘愼修獨行也．氏著有白沙子八卷．文集二十八卷．其一爲湛若水．廣東增城人．號甘泉．弘治五年．舉於鄉．從陳獻章游．不樂仕進．十八年會試賜進士．授翰林院編修．時王守仁在吏部講學．若水生平所至．必建書院．以祀獻章．初與守仁同講學．後各立宗旨．守仁以致良知爲宗．若水以隨處體驗天理爲宗．一時學者遂分王湛之學．著有甘泉明倫十卷．遵道錄十卷．問辨錄六卷．及格物通一百卷．明清兩代．廣東受白沙甘泉理學思想之啓導．使吾粵晚近文化．不致寂然無聞．溫汝能云．「粵東瀕大海．宅南離．山禽水物．奇花異果．如離支珊瑚玳瑁之屬．莫不秉炎精．發奇采．而民生於其間者．往往有瑰奇雄偉之氣．幡鬱胸次．發於文章．」又云．「粵東居嶺南之間．會日月之交．陽氣所極．陽則剛．而極必發．故民生於其間者．類皆忠貞而不肯屈辱阿世．習而成風．故其發於詩歌．往往瑰奇雄偉．凌轢古今．以開闢成一家言．此則東粵之風也．」吾叙廣東學者之著述．亦有感而然．

四　從維新運動時期以論廣東文獻

展開中國近代史之時期・維新運動爲一開創之偉業・主領其事者爲廣東人・而其在文獻上所貢獻即思想之解放也・清代考證學派之諸學派中・有一派稱春秋公羊學派・此派之動機以考證學派已發展無餘地・於是向新境地而鑽研・乃發現西漢之今文學・西漢今文學之典籍散失・其完全存者爲公羊傳・今文學派中・援用公羊春秋之世之義與九世大仇之思想・以論國家之政治・而成維新運動之偉業・茲特據此時期之著述・以論廣東之文獻・（一）康有爲・有爲字廣夏・號更生・廣東南海人・少從朱次琦遊・博通經史・好公羊家言・光緒十五年・伏闕上書・不報・十九年・舉於鄉・復於廣州築萬木草堂講學・二十年・與梁啓超組新學會・謂非變法自強・無以救中國・値中日和議將成・乃聯公車上書諫阻・語至激壯・又値德人進佔膠州灣・瓜分之勢且成・遂伏闕上書・乞變法圖強・反覆申引・沉痛剴切・鄉人張蔭桓・數薦諸翁同龢・同龢乃薦之於德宗・德宗令在總理各國事務衙門京章上行走・時慈禧・榮祿・皆守舊・阻撓新法・新黨多被捕殺・有爲聞變走日本南洋羣島・立保皇黨於海外・又遊美洲・復歷歐澳・成十一國遊記・署名更生・有爲早年酷好周禮・嘗引之著政學通議・後見廖平所著書・乃盡棄其舊說・著新學僞經考十四卷・又著孔子改制考二十一卷・其變法維新之主張・實本於此・創作有大同一書・與社會主義多契合・而激進且過之・誠火山上之大噴火也（引梁啓超語）・此外著述有孟子微二卷・春秋筆削大義微言考十六卷・廣藝舟雙楫一卷・南海詩集十三卷・又有春秋公羊傳註・孟子大義述・均未刊行・（二）梁啓超・啓超字卓如・廣東新會人・十四歲應試學士院・補博士弟子員・光緒十五年・舉於鄉・康有爲講學於萬木草堂・啓超執弟子禮・受陸王之學及史學西學梗概・二十年代表公車一百十九人・上書陳時政・二十二年赴上海・編時務報・批評政事・爲時所重・二十三年・至湖南主講時務學堂・二十四年主辦大學堂譯書局時務・亡命日本・發刊清議報・遊美澳後・重返日本・創新民叢報・嗣後又創新小說・政論・國風・庸言・大中華諸雜誌・晚年所著書・有墨子學案・墨經校釋・清代學術概論・先秦政治思想史・歷史研究法・歷史研究法補篇・諸子略考釋・古書眞僞及時代・朱舜水年譜・辛稼軒年譜・桃花扇傳奇考證・飲冰室文集等・爲文平易暢達・可說爲新文化運動之前驅・誠爲廣東近代文獻之特色・亦可爲新思想之陳涉也・其他・與維新運動不論直接方面與有關係者・得兩人焉・其一爲黃遵憲・遵憲字公度・廣東嘉應州人・官湖南按察使・嘗出遊日本英美南洋等處・歷官各國參贊公使・在外交界中著有聲譽・在日本時・著有日本國志四十卷・變法事敗・大捕黨人・或奏匿遵憲處・有旨令兩江總督查看・旋以搜查無着・得旨放歸・遵憲奔走中外・見聞廣博・嘗以古文家抑揚變化之法作古詩・取離騷・文選・樂府・歌行之神理・入近體詩・爲清末解放詩文之一大家・其一爲戴鴻慈・鴻慈字少懷・廣東南海人・光緒二年進士・改庶吉士・以編修督學山東・曾充雲南鄉試正考官・日韓啓釁・及和議成・鴻慈奏善後十二策・一審敵情・以固邦交・二增陪都・

以資拱衞・三設軍屯以實邊儲・四築鐵路以省漕運・五開煤鐵以收利權・六稅烟酒以佐度支・七行抽練以簡軍實・八廣鑄造以精器械・九簡使才以備折衝・十重牧令以資治理・十一對羣僚以勵交修・十二變通考以求實用・殊得爲政要端也・三十一年出使各國・考求政治・歷十五邦・凡八閱月・歸國與載澤・端方・尚其亨・李盛鐸等・裒輯列國政要百三十三卷・歐美政治要義十八章・會同進呈・論者謂負知新之譽焉・以上四傑・爲廣東文獻史上・生色不少也・

五　從革命運動期間以論廣東之文獻

明社覆亡・忠臣義士・存兩間之正氣・磅礴宣洩・爲民族意識之遺留・著之詩歌・見之義舉・而在廣東・都有一貫相承之系統・爲廣東文獻之光輝・自屈翁山撰皇明四朝成仁錄・彙輯崇禎・弘光・隆武・永曆四朝死難諸臣・著爲傳記・其記永曆朝死事者・在廣東有前廣州殉難記・後廣州殉難錄・南越起義臣傳・東莞起義臣傳・封川死事傳等・均爲文化精神之表現・其他明亡以後・廣東之民族詩人・如屈翁山・鄺湛若・陳元孝・王邦畿・吳猷・伍瑞隆・高儼・張穆・陶璜・王應華等・噴發民族熱烈之情感・於詩歌寄託之中・而醞釀民族革命之解放運動・演成驚天動地之偉業・爲廣東精神曝露之焦點・漪歟盛哉・茲略爲引論之・太平天國之革命運動・爲現代中國國民革命有聲有色之序幕・滿清統治中國・爲期將近三百年・倘非有太平天國之革命・而搖撼滿清鞏固之陣營・爲辛亥革命作一大伏流・則滿清之傾覆・實不易也・太平天國之革命運動・爲民族意識最高揚之時期・觀諸洪秀全之奉天誅妖檄・諭救人世檄・奉天討胡檄・討清詔書檄・告招賢文等篇・爲革命文獻之寶典・此其一・

中國近代之國民革命・爲孫公中山所領導・孫公之領導革命・一方注重實際之革命行動・一方注重學術思想之宣傳・彼之學術思想・應適應時代之要求・社會之需要・民族之期望而發揮・一方又爲時代之前進・社會之發展・民族之復興而發揮・彼繼承中國過去之歷史文化學術思想而又改造之・提倡科學之主知論・以改變中國數千年來之行艱論・提倡互助之進化論・以區別世界百數十年來之進化論・彼之學術思想・以救國救種爲基礎・同時以救世爲目的・以掃除世界之帝國主義・以破壞爲手段・同時以建設爲目的・以掃除歷史上傳統之專制主義・獨裁主義・階級主義・特權主義・而創造爲民所有・爲民所治・爲民所享之完美大同之最高社會・彼所著之三民主義・建國方略・建國大綱及興中會宣言・中國同盟會宣言・臨時大總統就職宣言・國民黨組織宣言・中華革命黨宣言・討袁宣言・規復約法宣言・護法宣言・就大總統職宣言・國民黨第一次全國代表大會宣言・北伐宣言・均爲現代革命文獻稀有之寶典・爲廣東文獻百世不絕之光輝・其黨徒中已逝世・而於廣東文獻有啓導貢獻者・如朱執信之朱執信集・劉思復之思復文存・胡展堂之三民主義連環性・陳少白之興中會革命史要・廖仲愷譯之全民政治論・尚生者如陳安仁著之社會觀（一九二〇年星加坡出版・孫公中山特爲之序・序見總理全書之五・第四二三頁及氏所著之孫先生之思想及其主義・本書約十五萬言・一九二一年孫公開府廣州・特派陳氏爲澳洲特派員・又派南洋羣島特派員・

奔走澳洲・婆羅洲・紐絲崙・南太平洋・南洋・菲律濱・紐經尼・大溪地・巴城・一九二三年十月返國後所寫・出版後經中央審定爲大學教本）・在革命學術思想上・亦能各致其力・此其二・廣東過去之文獻・比較中原爲後起・爲落後・此不能諱言・然而廣東在近代維新運動期間・革命運動期間・有兩大主流・爲廣東文獻之點綴・則澤展伊洛之源・鐘應銅山之谷・此其時矣・

六　廣東文獻之世界化

中國文獻・爲廣東文獻之淵源・廣東文獻・爲中國文獻所推廣・廣東文獻之世界化者・即中國文獻世界化之涵意・即廣東文獻不能以一方所限・而當開展爲世界文獻之一環・自世界發展史言之・廣東以不能一隅自限・自地理交通發展言之・廣東亦不能一隅自限・廣東在近代歷史上・爲對外商業交通接受外來文化之最前綫・漢代時・廣東已與海南諸國交通・六朝以後・廣東與外國交通逐盛・中國對外洋交通之路線・一爲交趾・至七世紀時・交趾之地位・遂爲廣東所奪・唐代廣州之地位・更爲重要・宋代因承唐代之盛・廣州對外貿易與交通・日漸發達・有明中葉以後・歐人來東方貿易・我國商業・遂由國家之性質・變爲世界之性質・歐人最先航行中國通商者爲葡萄牙人・明武宗正德十一年・葡人以帆船來廣州・此爲第一次歐洲船舶東渡之始・自後傳教士東來・各種譯述・日益發達・如天算學・地理學・農學・哲學・兵器學之輯著・亦盛極一時・廣州遂爲接受西洋文化之重鎮・且以廣東海防綫之沿長・對於世界各國之交通益便利・今後廣東文化與中國文化・同向世界之滙流而進展・而在文獻上・當隨科學之譯著而致力・則新興文化之創建・愈可以卜之矣・抑又思之・中國古代文化・世界各國・殆莫之京・中國上古文明之特色・即典籍之完善是也・世界各國・印度自來不重記載・埃及亦稀極古之史・巴比倫諸國・其古代史大半出於掘藏之推證・而我國古代史籍之早・典籍之博・實可謂世界各國中・首屈一指・梁啓超曰・「合世界史通觀之・上古史時代之學術思想・我中華第一也・中世史時代之學術思想・我中華第一也・惟近世史時代・則相形之下・吾汗顏矣・雖然近世史之前陣・未有艾也・又安見此偉大之國民・不能恢復乃祖乃宗所處最高尚・最榮譽之地位・而更執牛耳於今世之學術思想者・」然欲期吾中國文化之並駕齊驅・首宜對於「世界文化・迎頭趕上」・廣東濱海・與世界交通最繁・以地理環境之關係・當從科學文獻物質文明而努力・爲中國文化之承繼與開創・則廣東精神・磅礴鬱積・必能爲民族之復興與文化之復興也・

七　結論

不佞述廣東文獻・以對日戰時典籍參證之缺乏・只能爲概括之叙述・自知語焉不詳・此不能不待高明之繼續成其偉著也・廣東文獻・自明至於有清・較爲開拓・而據其所成就者・除維新時期之文獻及革命時期之文獻・可爲廣東人生色不少者外・其餘著作・皆以理學文學詩歌見長・若語於近世科學文獻之著作・則甚少・此不能不期諸方來之努力者也・西洋近代文化・除政治經濟文學史學哲學之外・尤致力於科

學・西洋近代科學之進步・星馳電掣・其速度已駕哲學文學等學而上之・如天文學上海王星之發現・分光鏡之發明・理化上之物質不滅說・能力不滅說・X光之應用・週期律之創立・射光體上之發見・生物學上之動物哲學・比較解剖學・普通形態學・醫學上之人工殺菌法・地理學上之宇宙論・太空上之核子論等・均爲世界文獻學上之重要貢獻・廣東今後文獻之動態・於此當三致意焉・

人生哲學自序

陳安仁

「玄丘烟煴・瑤臺降芬・」非所論於實證科學的時代・而人生問題・實爲現實社會所考究致力的問題也・本書於前四十餘年・在星加坡教育總會議長任內・及星洲養正學校國文主任教課期間所寫・上卷曾刊登叻報撰述欄・並由上海商務印書館代爲印銷於南洋一帶・民國十三年春・任教於嶺南大學・成中下卷・集上中下三卷・彙刊於上海泰東印書局・至民國十八年時・已三版・今距出版之物・已四十二年於茲・邇年在香港崇基・珠海等校兼任教授時・再審閱所存之孤本・覺其內容理論・皆爲人生哲學思想的範圍・故對人生問題之命名改爲人生哲學・內容思想全部仍舊・而詞句略有改訂成上下兩編・茲承九龍光明書店刋行以廣其傳・盛意可感也・

夫人生哲學・是以人生統一之自由意志・貫澈人生之全生涯・而達到世界高尚之正義的人道的合理的之謂也・使人生統一之自由意志而失其主要之目的・則人生亦無何種之意義矣・皮亞士（Charles Pierce）於一八七八年・著如何可使吾人觀念明斷・爲行爲之準繩・爲人類行爲之效果云・實用主義・是根據此一原理以立論・然人類之行爲・不但以個人之實際爲要義・而當以人生具眞正高尚之目的爲要義・奧國維也納大學教授耶魯沙林（Willian Felu Jerusalem）視人之感覺・必與思維合作・而後知識生・康德以概念無知覺・便是虛空・知覺無概念・便是盲目・但我以爲人生無認識的眞知與眞理・而合於人生眞正高尚之目的者・則人生爲空虛・人生之云爲者爲盲目矣・康德以人之判斷・由於先驗・然當知先驗・要實踐人生高尚之目的・而後完成其統一之堅强意志・世界與人類未來改造之新機・皆視此目的懸之・易詞言之・即視人生眞正與之目的與世界眞正之目的懸之・

哲學與歷史之目的一致・在於確定理想之人生・哲學・科學・以研究宇宙之全體爲職志・人生之完整・與宇宙之完整・成爲一體・使人生成爲美滿的人生・世界成爲美滿的世界・而後可也・自柏拉圖以後・至中世紀之末・以爲人生之目的・在求對於人生的道理（A theory of life）・我謂・今世紀對於未來的世紀・在求對於人生眞正高尚之眞理・以維護人類世界友愛精神（即基督博愛之義）於不毀不滅・使人類得康莊安和世界樂園之境也・本書四十年前爲此目的而寫的今之再版・亦樹此目的・有待於人類世界目的而努力也・

一九六二年三月卅一日著者序於九龍美麗都小寓・

劉紀文　一八八九年生　一九五七年卒

原名兆銘．字紀文．以字行．東莞人．生於順德．早歲追隨國父及諸先進奔走國事．鼎革後以勞績派送日本深造．畢業法政大學．其後赴英國倫敦經濟學院．劍橋基督學院研究經濟．又奉派美國考察市政．以長於主計理財．在日本即任中華革命黨財政部員．民國後歷任廣東金庫監督．廣州市審計處長．大本營軍需處長．國民革命軍總司令部軍需處長等職．當轉餉繁急之時．運籌悉當．支應無衍．功績早著．北伐時在粵任廣東省政府委員兼農工廳長．定都南京後叠任南京特別市首任及第三任市長．江海關監督．廣州特別市市長．其在首都．事屬創建．肇啟洪規．艱難締造．百廢俱興．其在穗市．建設尤多．如海珠鐵橋．西南大橋．市府合署．播音臺．新電力廠．中山圖書館．增設小學．創辦勷勤大學等．政績斐然．二十六年重任廣東省政府委員．旋調審計部政務次長以至代部長．在職凡十三年．紀文從政．敭歷內外．中樞稽勳．迭頒獎章．晚年旅居美國．病逝異邦．

廣州市經界圖序

正經界之說．為古今言政者所宗．在昔藉為分田制祿之標準．厥後則為清釐田賦所據．庶政推行．罔不致力於是．在人事日繁之今日．兼處百端待舉情況紛錯之廣州．將欲為完善之設施而先以計劃．尤急有賴於精密之經界圖．顧分區測量．肇始於民國紀元十五年．祇據人民牒報．隨報隨測．環市面積．既無以窺其全．復紊亂散置而莫之董理．市政設計如道路及其他建築．每苦無可考索．市民地訟平亭．亦時費研求．

紀文承乏市政．乃亟飭所司從事經界之製備．然茲事體大．非有多數人才與久長時日．未易遽語完全．爰就其有者加以整理．未備者概行實測．先定全部之地形．繼核分區之面積．復稽其有無登記以明地籍．釐經別緯．製為全圖．使全市幅員．瞭如指掌．此後市區設計．得以全局統籌．民衆畛域之爭．亦按圖可攷．惟道路改闢．移步換形．益以繪製匆迫．滙零為整．難免積差．以云精密．未敢遽期．俶落權輿．胚胎粗具．自茲以往．益求明備而改進焉．雖未能驟成大觀．庶聊供參攷之一助云爾．中華民國二十二年一月劉紀文序．

廣州市第一次展覽會序

本會此次舉行展覽．其在市政方面者．曰公用．曰工務．曰教育．曰衞生．曰土地．曰財政．曰社會．其在實業方面者．曰農具．曰畜牧．曰種植．曰蠶絲．曰田料．曰農產．曰染織．曰化學．曰飲料．曰機器．曰電器．曰手工．曰醫藥．曰工料．在其他方面者．曰古物．曰美術．曰文藝．曰偉人烈士之遺蹟．曰黨義政綱之圖說．凡力所能致者．胥廣搜博採而駢列焉．然本會之眞意如何．在供觀摩備參攷資觀感是已．

蓋時至今日．以言市政．我廣州雖市廛繁庶．建設與時俱增．惟經緯萬端．改進自無涯岸．其不敢故步自封以求進展者．吾人之志也．

以言實業．吾粵雖有豐厚之物產與悠久之經濟地位．惟頻年因國際貿易尚入超過鉅．以致實業凋敝．民生困難．然則如何使國產得實驗研摩．以求精進．此則吾人之責也．

以言其他．則革命以廣州爲策源．珠江文物夙稱昌盛．當此國難方殷人羣競進之日．其所以勵民氣振鴻業者．勢不可以忽視．是以精英羅列．物品臚陳．揚先烈之徽音．窮文化之跡象．其意義之重大．固不徒快耳目娛心意而已也．爰集展品之精英．攝照製版．纂綴成篇．命名曰廣州市第一次展覽會．用備國人參考借鏡之資．於文化之發揚與實業之促進不無小補也．中華民國廿二年十一月劉紀文序．

廣州市經界圖第二册序

史有地志．凡方域山川風俗物產皆載之．周置六官．以司徒爲地官．所以明疆界之區別．丁役之徵調．賦稅之均輸．至周且備．蓋猶去井田之制未遠也．然地志僅詳記載．而地圖則便鉤稽．經界輪廓．瞭如指掌．故古稱地理曰版圖．戶口疆域皆於圖證之．廣州土地遼廓．民物殷繁．而戶籍之紊亂．經界之混淆．無可究詰．常啟人民爭訟之端．於是民廿一而有經界大圖之編印．

考廣州市界有三．曰原有區域．曰權宜區域．曰擬定區域．民國十三年．奉先大元帥令．以擬定區域爲市範圍．東至東圃車陂．南河南黃埔．西至增埗對河半島．北盡白雲山．水陸面積約二十九萬餘畝．今省主席林公雲陔前長市政時．悉心規畫．由市心推及郊外．道路開闢．交通便利．於以有今日繁華璀璨屹立華南之廣州市．

紀文不敏．忝綰市符．既思努力邁進以副職守．亦應接踵成規以發揚前光．爰於就任後．亟謀製備經界．越年廣州市經界圖編就印行．今復繼編第二册．將附郊測量完竣各土地分圖彙成一帙．都爲一百七十二幀．以備郊外有業權及關心經界者之參攷．或亦爲土壤細流之一助與．中華民國二十五年四月劉紀文序．

廣州市平民宮記

墨子曰．天下百姓皆尙同於天．有一而不同於天．災猶未去也．此爲人民平之義．爾雅釋宮篇．宮謂之室．宮與室爲互訓．此爲民居名宮之義．自秦以民爲黔首．以宮爲王居．而古義遂晦．晚近世變日大．農村破產．瑣尾流離．民居蕩析．廣州號稱殷富．而失業避亂者集中於都市．以謀朝夕．往往求一廛之託而不可得．乃至風餐露宿．民生日困．流弊繁多．

前討逆軍第八路總指揮陳公濟棠惄然憂之．撥天一輪船案罰款六萬圓爲平民棲息建設之費．牒市政府主其事．並推市黨部委員林公翼中會同董理．前市長林公雲陔交工務局擇地規劃．選定高第街前軍事廳故址．由是鳩工庀材．飭匠程役．有不足．由市府籌撥以竟厥事．經始於民國十九年夏．落成於民國二十年冬．

樓四層．軒窗洞達．採光換氣．咸適其宜．鱗次櫛比．編以甲乙．秩然有其序也．爰定極少之租值以惠平民．慮秩序之或紊也．釐章則以部勒之．慮逸居之無教也．設夜校以訓誨之．設書報閱覽室以瀹其智能．設消費合作社以勸其互助．更爲之介紹職業．或選院習藝．貸資作販．凡足以調劑平民生活者．皆悉力以圖之．是舉陳公濟棠提倡於前．林公雲陔主持於後．而林公翼中襄同經畫．用底於成．

紀文承乏市政。幸接前規。敢不益求完備。以紀述諸公之志願。然而萬間廣厦。古嘆其難。雖市府加設平民宿舍從事補苴。而芸芸市民尚多無以爲家之嘆。衆生無窮。願益無盡。是所望於邦人君子。中華民國二十三年八月一日劉紀文記。

趙　超　一八八九年生　一九六□年卒

字勇超。台山人。廣東陸軍小學。南京陸軍中學。保定軍官學校畢業。曾隨孫大元帥任侍從參軍十二年。歷任軍事委員會。國民政府中將參軍。參謀本部總務廳中將廳長。廣東省臨時參議會議員。廣東省第一區行政專員兼保安司令。

國父北上及在平逝世經過

民國十三年冬。十一月十三日。午後一時。自廣州大本營（河南士敏土廠故址）乘永豐艦出發。全城文武官員。及外賓到艦相送外。有民衆代表學生代表。約百餘人。又民衆及學生列隊恭站兩岸者。數以萬計。聯義社。海員工會。機器工會等社團。更雇小輪十餘艘繞艦相送。沿途大放鞭炮。將抵車歪炮臺附近。時值潮退。爲砂擱淺。總理登指揮塔詳示航道。得趨坦途。艦長（歐陽琳）以次。無不五體投地。五時後。艦抵黃埔寄碇。總理未登陸。軍校校長蔣中正。教育長王柏齡。及上校主任何應欽等登艦覲見。夜半潮漲。再鼓輪赴香港。十四日午前九時抵達。港政府派警察總局局長及陸海軍官員制服佩章。代表到艦歡迎。並請問升禮炮事。總理命超轉達謝意。謂感謝貴總督盛意。及有勞各位。太客氣了。我即轉輪。無意登陸。請不必升炮。謝謝。隨即登日郵船「春洋丸」。而駐穗總領事佐佐木。及駐港日領日僑。又同志山田純三郎（烈士山田良政胞弟）。港各界代表等二百餘人。先在該輪佇候。（旅港同志及社團分雇小輪多艘。於拂曉先越港口歡迎。登艦燃放鞭炮）。延至正午十二時方啓輪。航行四十餘小時。至十六日午前十一時抵滬。到碼頭歡迎者。除同志外。有外賓民衆學生數萬人。（各租界警察加崗警衛）。途爲之塞。車行甚緩。沿途店戶均升旗鳴炮。其熱烈情況。得未曾有。駐滬凡六天。十七日午後三時。往南京路「精益」配眼鏡。是總理第一次配眼鏡也。

因河北兵燹後。仍未通車。輪船亦少。大部份隨從。先後由輪赴津。總理則於二十一日午前。乘日郵船「上海丸」轉神戶。隨從赴日者有夫人宋慶齡。及李烈鈞。戴季陶。黃昌穀。黃惠龍馬湘等。滯留神戶六天。日人頭山滿君及犬養毅代表。及我國留日陸海軍士官全體學生。約七十人。遠道來迎。頭山滿君領一富商某。同寓旅館。與總理會談數次。二十五日。總理在某學校演講亞洲民族應共同携手。歷數小時。方畢其詞。（黃昌穀曾紀錄）。該校大禮堂僅容千人。聽衆竟達三倍。前列坐地後列站立恭聽。十二月一日。自神戶乘「北領丸」赴津。四日午後一時抵津。歡迎民衆。倍於滬社。段執政代表許世英。徐樹錚。張作霖總司令代表張學良。暨當地軍民首長及外賓。而日租界當局。除到碼頭外。更令警察局。全體動員防護。轂擊肩擦。途爲之塞。三時方抵日租界旭街張園。（張彪之別墅。段執政借來招待總理作行館。）

總理稍休息．於四時三十分往河北曹家花園訪張作霖．正擬首途．爲記者團所包圍．時天陰欲雪．微雨．總理站在車前．記者爲拍一照（長衫馬褂．右手持手杖．左手持毡帽）．萬不料此一照像．即爲總理最後之遺容也．總理與張作霖談約五十分鐘．回行館後．至夜半．總理覺頭重．身熱．胃部劇痛．即延德醫克禮大夫診治．未甚見效．至耶穌聖誕．接各地來電及賀片甚多．總理大悅．隨分頒隨從人員各銀元三百．作冬衣裝備之需．及元旦後．且能起床命副官馬湘．衛士李榮扶至客廳．與諸同志談笑．（在座有汪精衛．王正廷．葉恭綽等八人）．迄二十日（夏曆十二月十二日）專車晋都．克禮大夫．許世英．徐樹錚．張學良等亦相隨．抵站歡迎者．有段執政府代表內務總長龔心湛（注意．總理在倫敦使館蒙難時．龔爲高級館員．主張以最毒害對總理者）．及各部總次長等文武高級官員百數十人．警察總監朱琛以次總動員．外賓有俄國大使加拉罕（當時只俄國先將公使升格爲大使）率其文武高級官員十餘．各國公使及代表逾十人．均制服佩章．民衆學生．萬人空巷．甚至攀登樹上及屋頂者．觸目皆是．實爲北京有史以來空前熱烈之歡迎場面．車抵前門站時．雨雪逾寸．歡迎者歡呼聲若巨雷．總理先駐節於前門外商所辦之六國大飯店．執政府賃定五樓全座爲招待所．翌日超與汪君商決．只要五樓東南角之一小部份．餘盡退回．計十有六天．

總理抵京後以有病之故．民政各機關派汪精衛．軍事各機關派超代表報聘．總理在都．日常除克禮大夫診視外．更延聘中外醫師多人診斷．衆醫相商．蒙總理採納．決於二月六日午前入協和醫院．翌日施手術．又於二十四日午前遷入行館（在西城鐵獅子胡同十號顧維鈞公館．執政府預借來的）．當時有國內名醫．及日本歐美醫師．以私人或學會名義．針對病狀．貢獻處方者．不知凡幾．而美國之煤油大王駱斐爾先生．因是懸獎五百萬金元．爲發明治療「癌」特效藥．又京城名國醫陸仲安大夫．每晨必到行館診視．二月二十四日午前（約十時）簽署遺囑．三月十二日寅時（是日整日陰暗．氣候在冰點下數度）遂離塵世而歸天國矣．嗚呼．

總理殂謝．天尚未曉．諸同志以遽丁大變．均哭不成聲．

總理飾終典禮．關於行館佈置．商由許世英率領執政府派來招待人員負責辦理．汪精衛發言．要尊重總理家屬意見．哲生君以哀痛逾桓．無從作答．何香凝忽自宋夫人房出．轉達宋夫人意旨．高聲曰．要基督教儀式．哲生君點首．繼又稱．先生生前說過．要如列寧那樣製殮．希望遺體可以久留云．旋推定隨總理北來之武官五員．及李朗如．李蟠．馬超俊共八員．恭挽總理遺骸．重返協和醫院防腐．

十二日上午九時許．段執政聞報．立令停止辦公．並通令全國下半旗誌哀．各閣員前往行館弔唁．即派柏文蔚．王來爲政府治喪代表．又即發出明令．「前臨時大總理孫文．倡導和平．肇我中夏．辛亥之役．成功不居．仍於國計民生．悉心擘畫．宏模毅力．薄海同欽．本執政宿慕耆勳．亟資匡濟．就職伊始．敦勸入都．方期克享遐齡．共籌國是．天胡不憖．遽奪元勳．軫念艱虞．彌深愴悼．所有飾終典禮．著內務部詳加擬議．務極優隆．用符崇德報功之至意．

此令」・

十四日午前・總理遺骸・除由美醫師施行大解剖外・行館同志・推戴恩賽・及超恭視施術（檢出心臟肝膽腸胃・而膽與肝・似滿佈鐵銹色黃斑點・膽囊內更積有三顆多角形灰白色之結晶物・大者如銀杏・分別盛入大小數瓶・浸以酒精）・民國十八年奉安秣陵・聞曾向協和醫院取回附葬云・

十九日執政府發出指令云・「臨時執政府指令・第三百七十六條・令內政部長龔心湛・呈遵議孫前臨時大總理飾終禮節・並擬舉行國葬・以示優隆・繕摺呈鑒由・呈悉・准如所擬辦理・此令」・

總理大殮時・衣黑絨甲種大禮服・大禮帽・皮鞋・用欖形黃色輕便西式棺木・殮畢・由教會執事十餘人・衣黑長袍・捧長白蠟燭前導・同志張繼・李烈鈞及超等十餘人・恭舁至協和醫院禮拜堂中・牧師領衆唱詩・禱告・讀經畢・瞻仰儀容・後仍由牧師及執事人等・導出聖堂・奉移至前門中央公園・先由執政府財務委員孔祥熙預爲佈置一切・舉行公祭凡十四日・各國節使均親臨致祭・段執政原定二十四日親臨弔祭・旋稱足疾・未果・（據稱洗腳後・不能穿回皮鞋云）・派內務總長龔心湛代表・暨全體閣員・及執政府秘書長梁鴻志・大禮官黃開文・前國務總理顏惠慶軍事廳長張樹元・臨時院院長姚震・善後會議秘書長許世英・京師警察總督朱琛・警衛司令鹿鍾麟・憲兵學校校長殷學潢・及各院局主管・各商署簡任以上・執政府侍從等百餘人前往恭祭・主祭龔心湛獻花圈・內務部禮官蘇源泉恭讀祭文畢・由總理家屬謝禮・並由李烈鈞致謝詞・「邦國不幸・元首上賓・舉國悲哀・山頹安仰・中山罹病之始・承執政府派員視疾延醫・厚誼隆情・靡不週至・今日開弔・復蒙執政躬臨祭奠・並致哀詞・實深感德・回憶辛亥建國・中山倡之・而合肥和之・馬廠起義・則合肥倡之・而中山和之・是中山與合肥在民國已往歷史・已有至大之關係・爲全國人所景仰・曹吳亂國・聯合興師・合肥與中山又共扶國難・是合肥中山在最近歷史・其密切之關係更有異於尋常者・中山與合肥・實爲吾國兩大支柱・茲不幸折其一・此後兩公應負之責任・則合肥一人獨負之・羹沸頻年・四百兆同胞陷於水深火熱者・不獲綏濟須臾・想合肥視民如傷・必有以慰天國良友・及海內同胞者・烈鈞代表致謝・而遠引及此・聊表同人敬慕賢者之意耳・惟合肥察焉・」民衆到祭者・日必數萬・又各國政府外賓・國內各級政府・華僑・社團・同志・均有花圈或輓聯（詳 國父哀思錄）送選・獨建國豫軍總司令樊鍾秀特製一大素花橫額・橫十餘尺・高五尺餘・當中大書「國父」兩字・其唁電輓聯・均稱國父・是公開稱總理爲國父者・樊氏第一人也・

四月二日天氣清和・又由中央公園奉移至西直門外三十六里之西山碧雲寺・殯儀行列・縱長十餘里・俄大使加拉罕・亦隨衆步行至碧雲寺（全長約七十華里）・所循路徑兩旁人山人海・異常肅穆・寺內後山石塔・地勢高峻・需要另架木橋・用天車大槓・由侍衞及同志數十人挽靈而上・安於正中之白石塔內・塔外特製堅固兩扇鐵門・中鐫有青天白日黨徽・（門開則黨徽分而爲二）同志們不滿此等作法・特質詢汪精衞・汪答係執政府孔委員祥熙所設計云・

同日指定黃馬兩副官及隨來衞士組成護靈處・輪流負責護靈・

總理華櫬奉移西山後・有美籍醫師獻議欲求遺體保存・應灌以防腐藥油・同志等以其言之成理・故又在京中另尋一具黑色如漆扣之有金石聲之楠木方形古式巨棺・內可容藥油盈尺・且因天候而更換之・

俄大使加拉罕聞總理噩耗・自行拍電返俄・由莫斯科用急行專車（據稱足要十三天）趕運一滿插銀色紙花・棺底有四孔之巨型華貴棺木來・但不適用・（二十六日午後忽然送到行館・事前咸無知之者）・

民國十五年秋・張逆宗昌叛軍抵京・竟欲搗毀總理遺骸・護靈衞士李榮等（黃馬兩副官適返粵）恐遭變故・急速更換最普通極輕便之棺木・於夜間奉移附近庄房・叛軍離平後多日・方始迎回楠木棺內・

民國十七年冬・超奉令隨林森・吳鐵城・鄭洪年三專員・晋京迎櫬時・總理遺骸則又更易乙種禮服（藍袍・黃褲・白襯袍・小帽緞鞋・白手套・紙扇）・於民國十八年五月二十二日・又換美製古銅巨型方棺・天面鑲有青天白日黨徽・內有長厚內玻璃蓋者・

民國十八年五月二十四日晚十一時・迎櫬南下後・（計停在碧雲寺四年又二十二天）・將總理原用之甲種大禮服裝入楠木棺內・仍安放石塔中・鐵門外恭勒一碑曰「孫中山先生衣冠塚」・乃民國十八年五月廿五日胡漢民敬書者・

李景康 一八八九年生 一九六〇年卒

字鳳坡・南海人・民國四年以首屆第一名畢業香港大學・歷任本邑中學兼師範學校校長・香港政府教育司署視學官・官立漢文中學暨漢文師範學校校長・性耽文藝・主持學海書樓與碩果詩社・亦善繪事・深研陶器・家藏名壺甚夥・名曰百壺山館・著有文集詩集及與張谷雛合著陽羨名壺錄行世・

廣東疆域沿革提要

一　概論

廣東得名所自・或云粵東在湖廣之東・粵西在湖廣之西・因以名省・其說出於附會・江藩已論之甚詳・蓋湖廣之名・始於元代・而宋代已有「廣南東路」「廣南西路」之稱・此不足爲據者一・況南粵位置・實在湖廣之東南西南・而不在東西・此不足爲據者二・稽諸史乘・「廣東」省名・實先得「廣」字於前漢・後得「東」字於唐代・蓋漢武分置南海・蒼梧・合浦・三郡・皆統治於交州刺史・而續漢書郡國志・既謂蒼梧郡廣信・劉昭注漢官・復云刺史治縣名廣信・且有廣布恩信之訓釋・則交州刺史治在廣信・可無疑義・迨東吳黃武七年・割南海・蒼梧・鬱林・高涼・四郡・立廣州・交趾・日南・九眞・合浦・四郡爲交州・永安七年・又分立交・廣・二州・其命名「廣州」者・緣刺史治在廣信・故取縣名「廣」字以爲州名・迨及唐代・分嶺南爲東西道・始有「東」字之稱・其後北宋分置廣東・廣西・兩路・乃取法於唐・而元明淸三朝因之・「廣東」名稱・遂爾

成立・再考漢之廣信・即今之封川縣地・交州刺史所轄三郡・今屬粵東・粵西・兩省・封川以西爲廣西・封川以東爲廣東・明改廣東行省・蓋淵源於此也・

至於吾粵歷代建置之因革損益・與政制之變更・國防之推移・交通之發達・海禁之漸開・內外貿易之發展・外國文化之輸入・莫不有密切之關係・而最關重要者・尤在漢族之南遷・蓋漢族逐漸南來・則戶口日增・文物日盛・墾闢日廣・是以州郡之更易・雖與朝代爲轉移・而縣份之建置・實隨時代而增益・試考吾粵封建・自漢迄晉・尚屬寥寥可數・迨及南朝・由宋迄陳・則封王於吾粵者二十有七・封爵於吾粵者四十有五・隋唐皆混一海內・而唐代封王於吾粵者亦十有三・宋明兩代・則封爵於此者二十四人・封王於此者十有五人・雖其中不盡就國・而衣冠文物與戶口之寖盛・概可想見・此外則中原民族南來・尤以東晉・南宋・明季爲三大關鍵・若夫後世之官吏寖多・居留寖廣・則又其次矣・吾粵州郡・自劉宋而驟增・吾粵縣名・自朱明而頓益・蓋皆國運之變遷・與人口之孳長・有以致之也・

若夫地方分治・前代莫不以州郡統縣・蓋州治・郡治・所在・必握若干縣政治軍事交通之要點・而就近督察吏治・關係尤非淺鮮・時代高遠者・茲勿具論・即就前清而言・督撫司道而下・復設知府知州・則防下之意・未免太深・民國光復・自軍民分治而後・巡按使（後改省長）廳長之外・劃分全省爲六道・似屬繁簡得宜矣・而一道所轄・多者竟達三十縣・而悉爲繁盛之區・少者所轄祇僅四縣・而悉屬僻遠之地・則其失不在道制・而在統轄縣數之不均・迨後廢除道制・僅以縣府爲地方行政單位・而吾粵幅員遼闊・稍遠縣份・殊非省府各廳見聞所及・則其失又在絕無就近督察機關・其弊在於防下過疏・反不如前清之防下過密・蓋過密雖有縛束之嫌・而過疏則有放任之害也・中央有鑑於此・故近年劃分全省爲九區・每區分設行政督察專員・而所轄縣數・多者不過十六・少者不過七縣・皆斟酌於國防與督察吏治之間・則較諸六道與縣單位之制・似爲矯枉得中也・至於區署縣府組織之完備與否・是另一問題・然縣府之職責繁重・除僻陋縣份而外・每感職員與經費之不足・以致近年推行新政・多成具文・則又爲有識者之所共喻・無可諱言也・

抑尤有進者・吾國地方分治・歷代相沿・莫不政由上出・是故盛衰興替・莫不繫於中央用人之賢否・與政制之得失・而歐美政治開明之國・地方自治・莫不政從下起・通常庶政・中央僅負督察與指導之責・考其得失・則政從上出・不免牽一髮而動全身・上級變遷・地方即受影響・政由下起・則上級縱有變更・地方庶政・仍可推行無礙・吾國民智・今雖未能普及・然逐漸推行自治・以培植地方分治不拔之基・則於抗戰建國前途・殊關重要也・

茲述吾粵疆域沿革之提要・先考本省沿革之大略・次照現行區制・分述每區沿革之梗概・而每區之下・簡叙屬縣之建置時代・庶幾由省而區・由區而縣・以明統系焉・

二　本省沿革

廣東省境・唐・虞・夏・商・周・皆屬荊揚二州・蓋惠潮嘉三屬・當逮揚州・（考古輯要並以韶屬逮揚州）其餘則

李景康

多逮荊州・（禹貢於吾粵無明文・諸家多臆測之說故不敢斷定）惟周則地稱南越・亦名揚粵・秦定陸梁・則為南海象郡・而統治於南海尉・漢定南越・初置南海・合浦・珠崖・儋耳・等郡・後併儋耳入珠崖・繼罷珠崖・而僅設二郡・蓋中東各屬・俱入南海郡・西南各屬・俱入合浦郡・惟北路之南雄入豫章・韶連入桂陽・肇羅入蒼梧耳・後漢因之・亦設二郡・而隸屬於交州刺史・刺史治廣信・今廣東封川也・（江氏炳燭室集以為封川・羅氏中國近世輿地圖說以為蒼梧・今從江說）三國屬吳・二郡仍設・惟以高陽分置高涼・高興・二郡・南韶連分置始興郡・且以雷・瓊・廉・欽・屬交州・其餘則盡屬廣州・司馬繼興・因而不改・劉宋而後・略多更置・如廣州則南海・高涼而外・別建新會（今新會）・東官（今寶安）・宋康・海昌（今高州東境）等郡・高州西境・與雷・瓊・廉・欽・等・則分屬越州・領臨漳・百梁・合浦・隴蘇・安昌・宋壽・諸郡・南齊則割高州之茂名・電白・置永寧郡・化州置高興郡・廉州西境置封川郡・而均隸於越州・惟廉州之靈山・則屬寧浦・而劃入廣州・欽州則劃入交州・此則其小異耳・梁因南齊舊制・復增高州・新州・隴州・合州・崖州・安州・黃州・東陽州・暨安遠・陽山・連江・南巴・電白・杜陵・陽春・高要・梁泰・新寧・梁德・定州・定海・等郡・陳又置清遠郡・隋平陳後・盡廢諸郡・以廣・循・潮・高・端・瀧・合・崖・欽・等州領縣・大業初・始復南海・龍川・義安・高涼・信安・永熙・合浦・珠崖・寧越・等郡・而廢諸州・唐則屬嶺南道・而領廣韶二十五州・五代則南漢割據・置廣端二十五州・宋

屬廣南東路・領廣韶十一州・德慶・英德・肇慶・三府・若化・高・雷・欽・等州・則屬廣南西路・元則中東北路・屬廣東道宣慰使司・而隸江西行省・西南各路・則屬海北海南道宣慰使司・而隸湖廣行省・（稱行中書省後世簡稱行省）明則改為廣東行省・領廣・肇・韶・南・惠・潮・高・雷・廉・瓊・十府・羅定一州・清朝大致無異・惟連州舊屬廣府・欽州舊屬廉府・嘉應舊屬潮州程鄉縣・皆升直隸州・（直轄於藩司）南雄一府・陽江一廳・亦改直隸州・此則稍異耳・（中國近世輿地圖說）民國光復・省界仍舊・而盡廢府州廳・一律改縣・復分全省為六道・曰粵海・（轄縣三十）曰嶺南・（轄縣十一）曰潮循・（轄縣二十五）曰高雷・（轄縣十一）曰瓊崖・（轄縣十三）曰欽廉・（轄縣四）後復廢道・以縣為地方行政單位・（民國廿五年在瓊崖增置三縣連前共九十六縣）最近分省為九區・因包括直隸州廳・故與前清九府頗有出入・此其大略也・今之區制・既與歷代州郡廣袤不同・由今溯古・僅能挈其綱要・茲特分述區縣沿革之梗概如左・

三　第一區

行政督察專員駐南海・所轄九縣・六屬前清廣州府・二屬肇慶府・一為赤溪廳・

廣州各縣（肇府沿革見第三區）禹貢屬荊州南境・或云揚州・周為百粵地・各有種姓・（漢書地理志）秦置南海郡・設南海尉以典之・（晉書地理志）前漢為南越國・省御史監之・武帝平南越・復置南海郡・並立郡守・元封五年・

屬之交州・後漢末・移交州來治・（後漢郡國志）獻帝建安中屬荊州・而荊州牧劉表復自置交州刺史・（舊志）三國吳（大帝）黃武五年・改置廣州・（廣州之名自此始）晉置廣州南海郡・刺史任重者爲持節使都督・輕者爲持節・皆加平越中郎將・及平南將軍等號・（歷代職官表）得自署守令・南朝仍晉舊制・宋初置平越中郎將・齊以西南二江川源深遠・別置督護・專征討之任・平越中郎將置佐史・隸於廣州・（南齊書州郡志百官志）隋文帝廢郡・遣柱國安撫嶺外・仁壽元年・改爲番州・（煬帝）大業三年・復曰南海郡・隸屬揚州・（通考）唐（高祖）武德四年・復曰廣州・置總管府・（玄宗）開元二十一年・置嶺南節度使・節度朝覲・則置留後・（肅宗）至德元年・嶺南節度使領二十二州・而駐節廣州・（懿宗）咸通三年・分嶺南爲東西道・改嶺南節度爲嶺南東道節度使・（昭宗）乾甯二年・改稱清海軍節度使・（新唐書方鎮表）五代爲南漢國都・改稱興王府・宋復稱廣州府・隸清甯軍節度・後改翔龍府・元順帝改爲廣州路・置肅政廉訪司・明太祖復改廣州府・隸廣東布政使司・清代因之・設廣州知府・民國改嶺海道・置道尹・今設第一行政區・所轄九縣如下・

【南海】秦置南海郡隋置縣・【番禺】秦以南海附郭置番禺縣・宋太祖開寶五年併入南海・仁宗皇祐三年復置縣・【順德】明代宗景泰三年析南海地置・【中山】宋高宗紹興三十二年分東莞縣地置香山縣・民國改中山・【新會】南朝宋武帝永初元年置新會郡・陳廢郡爲縣・【台山】明孝宗弘治十一年析新會縣地置新寧縣・民國改台山・【開平】明神宗萬曆初於新興縣置開平屯・後割恩平新興新會地置縣・【恩平】晉分高涼縣置・唐元宗天寶初曰恩平郡・肅宗至德二載改縣・【赤溪】清穆宗同治間析新寧縣置赤溪直隸廳・民國改縣・【附廣州市】市區行政與鄉區行政繁簡不同・歐美早已劃分・故民國五年設市政公所・十年改市政廳・十三年設市政府・劃南番縣地爲市區・二十六年擴大區域・西北括南海之恩洲堡・東達黃埔・南併番禺之崇文廿四屬市政府・直隸於省政府・

四　第二區

行政督察專員駐曲江・所轄十五縣・六屬前清韶州府・三屬連州・兩屬廣州府・兩屬南雄州・一爲佛岡廳・南韶連各縣・禹貢屬荊揚二州・（南連屬荊・一說韶州屬揚）・春秋戰國之世・韶州屬越・連州南雄屬楚・秦代則韶屬南海郡・南雄屬豫章郡・連屬長沙郡・（舊唐書地理志元和郡志）漢初韶州屬南越・武帝平南越・隸桂陽郡・立郡守・後漢置始興都尉・三國吳分桂陽南部（南韶連三屬）置始興郡・治曲江・南朝宋改韶屬爲廣興郡・齊復曰始興・梁析韶屬爲東衡州・南雄爲安遠郡・連屬爲陽山郡・隋文帝改東衡州曰韶州（取州北韶石爲名・韶州之名自此始）廢安遠郡屬南海・廢陽山郡爲連州・（連州之名自此始）唐初合韶州南雄曰番州・厥後屢有更易・至（肅宗）乾元元年・復改韶州・連州一度改郡・肅宗復曰連州・置韶州連州都團練・五代則韶州南雄屬南漢・連州初屬楚・後歸南漢・宋改韶州曰韶州始興郡・南雄曰南雄州・（以河北路有雄州・故加南

字．南雄之名自此始）連州曰連山郡．以嶺南綏御戎夷．置經略安撫使．兼都總管．以統制軍旅．（宋史職官志．又舊省志安撫總一路兵政以知州兼充）元代（順帝）至元間．分置韶州．南雄．連州．各路總管府．徙廣州按察司於韶州．明代置韶州府．南雄府．且併桂陽入連州．厥後復置連州．屬廣州府．府設府尹．州設知州．清代則韶州府仍舊．改府尹曰知府．雍正五年．始改連州爲直隸州．南雄初領保昌始興二縣．嘉慶十二年降爲州．僅領始興．民國改嶺南道．轄縣十一．（現屬第二區）今改第二行政區．所轄十五縣一局如下．

【曲江】漢舊縣屬桂陽郡．三國吳爲始興郡治．唐至清爲韶州治．民國改縣【南雄】清仁宗嘉慶十二年改南雄府爲直隸州．民國改縣【樂昌】梁武帝析曲江縣地置梁稱化縣．隋文帝開皇十八年復改樂昌．【始興】三國吳分南埜置【仁化】．南齊分曲江縣地置．宋開寶五年併入樂昌．眞宗咸平三年復置【翁源】．梁元帝承聖末置．縣界翁水之源因以爲名．【英德】五代南漢於湞陽縣置英州．宋甯宗慶元三年升英德府元兩度改路．復降爲州．明太祖洪武初降爲縣．【乳源】宋孝宗乾道二年分曲江樂昌二縣地置．以縣北鍾乳嶺得名【連縣】．隋罷陽山郡爲連州．厥後屢改州郡．清改直隸州．民國改縣．【連山】．隋文帝仁壽元年改廣澤縣曰連山縣．清嘉慶間改綏猺同知．後改廳．民國改縣．【佛岡】清嘉慶十八年析清遠英德二縣地置廳．民國改縣．【清遠】梁武帝分始興郡置清遠郡．隋廢郡爲縣．【從化】明弘治九年析番禺縣置．【花縣】清聖祖康熙二十四年析番禺南海地置．

【附安化管理局】局設連縣．管理連縣連山兩屬猺民．

五　第三區

行政督察專員駐高要．所轄十三縣．九屬前清肇慶府．三屬羅定州．一屬廣州府．肇屬各縣．漢前同廣州府．西漢爲蒼梧．南海．合浦．三郡屬地．三國吳分隸廣交二州．南朝宋武帝改屬南海郡．梁武帝始分置高要郡．隋廢郡置端州．後改信安郡．唐初復曰端州．五代屬南漢．宋初稱端州高要郡．（哲宗）元府三年．置興慶軍節度．（徽宗）重和元年升肇慶府．（肇慶之名自此始）元曰肇慶路．明洪武元年復改肇慶府．清代因之．羅定州則漢屬蒼梧郡地．晉屬晉康郡．齊置廣熙郡．梁改平原郡．隋初稱瀧水州．大業初置永熙郡．唐武德四年復置瀧州．天寶初改開陽郡．乾元初復曰瀧州．五代屬南漢．宋開寶六年廢州．以瀧水縣屬康州．南宋屬德慶府．原屬德慶路．明初屬德慶州．萬曆四年改縣．置羅定州．（羅定州之名自此始）直隸廣東布政使司．清代因之．民國廢州府．肇慶府改置高要縣．羅定州改置羅定縣．悉逮粵海道尹．今屬第三區．轄縣十三如下．

【高要】梁爲高要郡治．隋爲端州治．民國改縣．【廣甯】明世宗嘉靖三十八年分四會縣置．【開建】西漢封陽縣地．南朝宋文帝元嘉中分置開建縣．厥後屢改州郡．宋初復置縣．【鬱南】晉分端溪置都城縣．厥後屢改郡縣．明萬曆五年分置西寧縣．民國改鬱南．【新興】東晉穆帝永和七年分置新寧郡新興縣．厥後屢改州郡．明初復置縣．【四會】漢舊縣屬南海郡．唐屬廣州．宋改屬肇慶府．【封川】梁置封州・隋改封川縣・厥後屢改州郡・明復置縣・【高明】明憲宗成化十一年分高要縣地置・【雲浮】漢端溪縣地・宋併入端溪・明萬曆五年復分德慶州及新興縣地置東安縣・民國改雲浮・【羅定】漢端溪縣地・明置羅定州・民國改縣・【德慶】宋紹興元年升康州爲德慶府・明初降爲州・民國改縣・【鶴山】清雍正九年割開平新會縣地置・【三水】明嘉靖五年分南海高要縣地置・

六　第四區

行政督察專員駐惠陽・所轄十一縣・七屬前清惠州府・四屬廣州府・惠屬各縣・漢以前同廣州府・漢爲南海郡・博羅縣・東晋分屬東官郡・南齊移東官郡治懷安・梁改置梁化郡・隋廢郡置循州總管府・（元和郡志取循江爲名）大業元年・改置龍川郡・治歸善縣・唐武德五年・復曰循州・置總管府・天寶元年・改置海豐郡・乾元元年・復曰循州・五代屬南漢・（烈宗）乾亨元年・改稱禎州・宋（眞宗）天禧四年・改稱惠州・（文獻通考避仁宗御諱改惠・惠州之名自此始）宣和二年・賜名博羅郡・元至元十六年置惠州路・明初改府・清代因之・民國廢州府・隸屬潮循道・今屬第四區・轄縣十一如下・

【惠陽】漢博羅縣地・陳置歸善縣・民國改惠陽・【博羅】漢置・【海豐】東晋分龍川縣地置・【紫金】明穆宗隆慶三年分歸善長樂二縣地置永安縣・民國改紫金・【龍門】明弘治九年析增城縣地置・【陸豐】清雍正九年分海豐縣地置・【河源】南齊分龍川縣地置・【新豐】明隆慶三年分河源英德翁源三縣地置長寧縣・民國改新豐・【東莞】漢南海郡博羅縣地・東晋爲東官郡寶安縣地・宋開寶六年始置東莞縣於今【寶安】・晋成帝咸和六年分南海地置寶安縣・明萬曆元年改新安・民國復稱寶安・【增城】後漢分番禺縣地置・

七　第五區

行政督察專員駐潮安・所轄九縣・八屬前清潮州府・一爲南澳廳・潮屬各縣・漢以前同廣州府・漢爲南海郡揭陽縣・晋改置海陽縣・咸和中分屬東官郡・（安帝）義熙九年・改置義安郡・梁兼置東陽州・後改瀛州・隋平陳後・改稱循州・十一年分置潮州・（元和郡志以潮流往復・因以爲名・潮州之名自此始）大業初復爲義安郡・唐武德四年復爲潮州・天寶初改潮陽郡・乾元初復置潮州・五代屬南漢・宋稱潮州潮陽郡・元置潮州路總管府・明洪武二年改稱潮州府・清代因之・民國廢州府・屬潮循道尹・今改第五區・所轄九縣一局如下。

【潮安】漢揭陽縣地・晋初改置海陽縣・民國改潮安・【潮陽】晋義熙九年分海陽縣置・【揭陽】漢置・【澄明】明嘉靖四十二年析海陽揭陽縣地置・【饒平】明成化十四年析海陽縣地置・【普甯】明嘉靖四十三年分潮陽縣地置普安縣・萬曆十三年改普甯・【豐順】清乾隆三年析海陽揭陽大埔嘉應地置・【惠來】明嘉靖四年析潮陽海豐地置・【南澳】清置南澳廳・民國改縣・【附汕頭市】市在澄海縣・民國初潮循道尹駐此・後設市政府・直轄於省政府・【南山管理局】局在揭陽・乃縣屬之鑛業區・多產鎢銻・

八　第六區

行政督察專員駐興寧・所轄九縣・五屬前清嘉應州・三屬惠州府・一屬潮州府・嘉應各縣・漢以前同廣州府・漢爲南海郡揭陽縣地・東晉後爲義安郡海陽縣地・齊始分置程鄉縣・屬義安郡・唐屬潮州・五代南漢分置敬州・宋開寶四年改稱梅州・宣和二年賜名義安郡・元至元十六年改梅州路・尋降爲散州・明洪武二年廢州爲程鄉縣・屬潮州府・清代雍正十一年升直隸嘉應州（嘉應州之名自此始）嘉慶十二年・升嘉應府・復置程鄉縣・十七年復改州・廢程鄉縣・民國廢州府・屬潮循道・今改第六區・所轄九縣如下・

【興甯】東晉分龍川縣地置・【五華】宋天禧二年分興甯縣地置長樂鎮・熙甯四年升縣・民國改五華・【蕉嶺】明思宗崇禎六年分平遠程鄉縣地置鎮平縣・民國改蕉嶺・【龍川】秦置・厥後歷改州・明初仍改龍川縣【平遠】・明嘉靖四十三年分程鄉及興甯縣地置【連平】・明崇禎六年割和平河源長甯翁源四縣地置連平州・民國改縣・【大埔】・明嘉靖五年析饒平海陽縣地置・【和平】明武宗正德十三年分龍川縣地置・【梅縣】宋置梅州・清改直隸嘉應州・民國改梅縣

九　第七區

行政督察專員駐茂名所轄八縣六屬前清高州府・一屬肇慶府及陽江直隸廳・高州各縣・漢以前同廣州府・漢爲合浦郡高涼縣地・梁爲高州地・（高州之名自此始）繼復分置電白郡・陳代改置高涼永熙二州・唐初屬高州・貞觀八年分置潘州・二十二年徙置高州・天寶初年・改高州曰高涼郡・潘州曰南潘郡・乾元初復稱高州・潘州・五代屬南漢・宋開寶五年・併潘州入高州・仍稱高涼郡・（眞宗）景德元年改置竇州・元至元十五年置高州路安撫司・十七年改總管府・明曰高州府・清代因之・陽江廳漢屬高涼縣地・三國吳置高涼郡・梁屬高州・分高涼縣置陽江縣・（以縣境陽江爲名）唐貞觀二十三年屬恩州・（昭宗）大順二年移恩州治陽江・五代屬南漢・宋稱恩州恩平郡・元至元十三年置南恩路總管府・十九年改爲散州・明初廢州爲縣・清代同治九年升直隸廳・設同知・民國廢州府・高州陽江俱屬高雷道・今屬第七區・所轄八縣如下・

【茂名】隋置・晉有道士潘茂名於此成仙・故以名縣・【電白】梁置電白郡・明成化四年置電白縣・【信宜】唐武德四年置信義縣・宋太宗太平興國間改稱信宜・【吳川】隋分高涼縣置・以縣西吳川水得名・【廉江】唐武德五年析石龍縣置石城縣・天寶元年改廉江縣・宋開寶五年併入吳川・後復分吳川置石城縣・民國再改廉江・【化縣】宋太平興國五年置化州・厥後屢改州郡・明洪武十四年復爲州・民國改縣・【陽春】梁置・【陽江】・清改陽江廳・民國改縣・【附梅菉管理局】局在廉江・民國初稱市・今改局・實一商業區也

十　第八區

行政督察專員局駐合浦・所轄七縣・兩屬前清廉州府・

三屬雷州府・兩屬欽州・廉雷各縣・或云禹貢揚州南境・秦代皆屬象郡・漢則雷爲合浦郡・廉爲合浦縣・三國吳改合浦曰珠官郡・（宋書州郡志・漢武帝立合浦太守・吳黃武七年改合浦曰珠官）廉屬則劉宋（明帝）泰始七年・分置越州・隋大業初改祿州・尋復置合浦郡・唐武德五年復曰越州・貞觀八年改稱廉州・（廉州之名自此始）五代屬南漢・宋太平興國八年・廢州置太平軍・咸平初復置廉州合浦郡・元置廉州路總管府・明洪武二年改廉州府・尋降爲州・屬雷州府・十四年復置府・清代因之・雷屬則梁（武帝）普通四年分置合州・太清元年改稱南合州・隋初復曰合州・治海康縣・大業初廢州・仍屬合浦郡・唐武德四年・復置南合州・貞觀元年更名東合州・八年始改雷州・（雷州之名自此始）天寶元年置海康郡・乾元元年復名雷州・宋曰雷州海康郡・元至元十五年置雷州路安撫司・十七年改總管府・明洪武元年改雷州府・清代因之・欽州亦漢代合浦縣地・劉宋分置宋壽郡・屬越州・齊建元二年・割屬交州・梁武帝於郡置安州・隋開皇十八年始改欽州・（欽州之名自此始）治欽州縣・大業初改置寧越郡・唐武德四年復置欽州・兼置總管府・天寶初復稱寧越郡・乾元初再名欽州・屬嶺南道邕管・五代屬南漢・宋開寶五年移治靈山・南宋復移治安遠・屬廣南西路・元至元十五年・置欽州安撫司・十六年改總管府・屬海北海南道・明洪武二年升欽州府・八年復降爲州・以治安遠縣併入廉州府・清代因之・光緒十三年始割合浦・靈山・兩縣益之・升爲直隸州・且分置防城縣・民國廢州府・欽廉兩屬歸欽廉道・雷屬歸高雷道・今合三屬爲第八區・所轄七縣如下・

【合浦】漢置・【靈山】隋開皇十八年分合浦置南賓縣・唐天寶元年改稱靈山・【海康】漢置徐聞縣・隋改置海康縣・【遂溪】唐天寶元年併椹川鐵杷二縣改置遂溪縣・【徐聞】漢舊縣・隋改徐康・唐貞觀二年改徐聞・【欽縣】南宋置安遠縣・明改欽州・民國改欽縣・【防城】清末光緒十三年分靈山縣地置・

十一　第九區

行政督察專員駐瓊山・所轄十六縣・屬前清瓊州府及崖州・瓊崖各縣爲禹貢揚州西南傲外地・（漢書賈捐之諫伐珠崖疏・珠崖非禹貢所及・春秋所治）春秋戰國爲揚越地・秦末屬南越・漢（武帝）元封元年置珠崖・儋耳・二郡・（昭帝）始元五年罷儋耳郡・（元帝）初元三年併珠崖入合浦爲都尉治・後漢仍屬合浦郡・三國吳（大帝）赤烏五年復置珠崖郡・唐武德五年置崖州・（崖州之名自此始）貞觀元年置都督府・五年分置瓊州・（瓊州之名自此始）天寶初改崖州曰珠崖郡・瓊州曰瓊山郡・乾元初復曰崖州瓊州・俱屬嶺南道・（德宗）貞元五年・移都督府於瓊州・五代屬南漢・宋開寶五年・廢崖州・（神宗）熙寧四年移瓊州治・崖州故地仍曰瓊州瓊山郡・（徽宗）政和元年置靖海軍節度使・元初曰瓊州・天歷二年設乾寧軍民安撫司・明洪武初改瓊州・十四年升瓊州府・清代因之・民國廢州府・改立瓊崖道・轄縣十三・今改第九區・所轄十六縣一局如下・

【瓊山】漢初・珠崖郡地・後置朱虛縣・後漢曰珠崖縣・

宋熙甯四年移瓊山縣來治．【澄邁】隋分珠崖郡地置．以境內邁山得名．【定安】元至元三十一年分瓊山縣地置．【文昌】唐武德五年分珠崖郡置平昌縣．貞觀元年改文昌．以縣南文昌江得名．【瓊東】元至元三十年分樂會縣地置會同縣．民國改瓊東．【樂會】唐顯慶五年析文昌縣置．【臨高】唐武德五年置臨機縣．開元元年改臨高．【儋縣】漢元封初置儋耳郡．唐武德五年改儋州．民國改儋縣．【昌江】隋分儋耳郡地置昌化縣．民國置昌江．【萬甯】．唐貞觀五年析文昌縣地置萬安縣．五代南漢改萬甯．【陵水】隋大業六年分珠崖郡地置．以縣北陵拱水得名．【崖縣】宋開寶五年改崖州．清改直隸州民國改縣．【感恩】隋置．【保亭】民國廿五年分崖縣地置．【白沙】民國廿五年分陵水縣地置．【樂東】民國廿五年分樂會定安縣地置．【附化黎局】局設瓊山．主管各黎洞化育事宜．

十二　附租割地

香港舊屬新安縣地．清道光廿二年割讓於英國．九龍半島在其北．咸豐十年租借與英．訂期九十九年．復於光緒廿四年展拓租界至沙頭角．今名曰新界．

澳門舊屬香山縣地．明嘉靖三十年租借與葡國．年租五百金．清光緒十三年割與葡人．至今疆界未經劃定．

廣州灣舊屬吳川縣地．清光緒二十五年租借於法國．訂期九十九年．歐戰後華府會議．法允交還．但未實行．

石灣陶業考

石灣陶器．歷史悠久．本爲吾粵著名產品．而稽諸省府縣與佛山等志．或言之過簡．或略而不言．較諸江蘇宜興陶器．僅肇自明代正德年間．幸獲士夫守宰之提倡．久已專書迭出．名播中外．未免相形見絀．每念惟土物愛之旨．久已引爲憾事．近承朋輩匡助調查．輯成是篇．尤以吳德明．梁世培兩君資料爲最．幸而得備梗概．至於詳細增補．則有待於異日矣．

一．創始

石灣在南海黃鼎司．與五斗司毗連．今屬第十區．其地倚山臨水．山以大帽爲着．嚮產陶坭．水則西江支流．自三水而下．左折入佛山爲汾江．右折入石灣爲石灣江．既擅交通之利．本宜於陶業發展．可惜其地陶業始於何時．衆說紛紜．文獻皆不足徵．殊屬憾事．茲將考據與調查所得．分述如次．以資斷定焉．

（一）石灣陶工記爲近人所作．謂石灣陶器始於晉代．但未舉出實據．無徵不信耳．

（二）陶器考引搜神後記．謂王文獻曾令郭璞筮其一年吉凶．璞曰．「當有小不吉利．可取廣州二大罌盛水置床帳二角」．因此又疑石灣陶器創於晉代．此說亦屬虛渺．雖郭璞曾言「廣州大罌」四字．而晉代廣州．實包括惠州肇慶一部．區域遼闊．豈能斷其出於石灣．況近年附城之西村增步兩鄉．已發現陶窰舊址．專家驗其陶片．由晉至明遺物．莫

不具備・是則晋罍出於石灣之揣測・更難成立・

(三)雨村筆記載・「廣州光孝寺有大甌・六祖時飯僧用之・韶州南華寺亦有之・大與相若・」後人因疑其其出於石灣・此說與晋罍出於石灣之說・同一附會・

(四)陶器考又云・「或云始於宋・或云始於元明・故老傳聞・謂明末李尚書岱問奉命往潮州辦貢瓷・順道返・見石灣地方可以建窰・並能容納工人・即行建築・」最後一說・亦屬傳聞之誤・因李岱問乃萬曆進士・而石灣遺傳陶器・已有宣德成化舊物・宣德乃宣宗年號・先於神宗萬曆九朝・實早一百四十七年・成化乃憲宗年號・先於萬曆五朝・亦早一百零八年・況石灣虞帝廟(俗稱陶師廟)・創建於嘉靖年間・其時陶業必臻興盛・乃有此舉・嘉靖亦先於萬曆兩朝・凡五十一年・可知創於李岱問之說・殊背事實・而創於宋元之說・則下列兩條・可作根據・

(五)石灣居民姓氏・本甚龐雜・而聚族最衆者・有陳・林・霍・梁・張・楊・潘・羅・廖・黎・何・伍・黃十四姓・考其族譜・多自宋末移居其地・著錄最確者爲龐氏始祖・於寧宗開禧元年初至石牌頭・至今有石牌頭街・足資考證・而石灣侯王廟碑記・所述初到氏族・皆與龐氏族譜相近・是則石灣於何代開鄉雖無志乘可考・梁照葵孝廉斷自宋末・不爲無據・然則陶業肇自宋末元初・最爲近理・蓋石灣田畝無多・可耕之地復太卑下・即鎮內較高街道・每年必經潦水漲淹・以宋末一時聚族之蕃・又有他途藝工資生・揆其情勢・必以陶業爲謀生之具也・

(六)吾粵陶器・宋代以陽春・陽江爲最著・其說見於雍正廣東舊志・至今陽江傳器・彰彰可考・惟宋後則寂然無聞・而其釉色製作・除護胎光釉之外・甚肖石灣陶器・況據調查所得・至今少數石灣陶工・尚有遄返陽江省墓者・是則宋元之交・必有陶工來自陽江・所以石灣出品・大致相類也・

(七)佛山某君藏有「石灣陶器考」墨稿・據謂先代所著・未經付刻・此書溯源於宋代陽江窯・次述陽江陶匠・因東莞白善陶坭較優・故有建窰於東莞製器者・厥後由東莞再遷石灣・始設祖唐居・蓋白善坭質雖幼白・而輕脆易爛・不如石灣坭之堅實耐久・然兩度遷移・皆無年代紀載・殊爲可惜・但陽江與石灣陶業具有淵源・則亦證佐之一也・

根據五六兩說・石灣陶器既當發軔於宋元之交・此外尚有疑問・值得吾人研究者・則鑑藏家每談石灣傳器・最古僅言明代・而每談陽江傳器・必稱宋代・若信此習俗相傳之說・豈非陽江陶工隨趙宋而亡・石灣陶工乘朱明而興・宋後既無陽江陶工・何以石灣陶匠尚回陽江省墓・而石灣舊器・逼肖陽江出品・明前既無石灣陶業・宋末各族聚居其地者・又何以聊生・蓋胡元一代・中斷九十一年・爲時非暫也・以作者推斷・陽江陶器因以宋代爲盛・故宋後出稱之品亦以宋窯・揆諸情理・宋後雖有若干陶匠遷往東莞・或分遷石灣・亦斷無全體舉家他徙之理・必有若干安土重遷者仍守故業・況陶業資本・莫大於建窰・陶窰爲不動產・無可遷移也・是以明前石灣雖有陶器・大抵以日用粗器爲多・罕入鑑賞・故無可傳・迨及明代天下安定・玩品隨之日增・業務亦臻鼎盛・是以延至嘉靖年間・始能創建陶師廟・內而釐訂行例・

以杜內部之鬩爭・外而樹立團體・以杜外界之濫入・大抵其時陶業初盛・聲名始著・故後世鑑賞家縱遇元代石灣器・必目之爲明・亦猶縱遇元代陽江器・必目之爲宋也・而況雍正省志・旣以兩陽陶器並稱・乃近世鑑賞家僅言陽江而不言陽春・陽春未必絕無傳器・究不如陽江之著名・故混而爲一耳・（中華民族來源甚遠而以漢唐兩代爲最著故習俗必稱漢人唐人亦其例也）至於石灣陶業蔚起・而兩陽東莞陶業・皆由零替而逐漸消歇・自然因交通不如石灣之便・銷埸不如石灣之廣・是以石灣寖盛・而兩陽東莞寖衰・厥後石灣業務大盛・而兩陽東莞陶業隨以消歇・其間互爲消長・理所必然・可惜每地所經時代・尙無文獻足徵耳・

二・分行

石灣陶業訂定行例・尙有薄籍可稽者・僅傳自天啓年間・初分八行・今則擧其綱要・共別爲廿三行・若析爲細目・約有五十餘行・此則僅就每行內部分職而言・非分行之界線・若製造品物・不能逾越範圍・仍以廿三行爲綱領・非兼入一行者・不能兼製該行出品・而此二十三行・復區別爲大中小行・所謂大中小者・初因器物暢消與否而定・其業務鼎盛者・自然執業人衆・故稱大行・次曰中行・再次曰小行・原非地位高下之別・此外石灣陶業・尙有上窰中窰下窰之稱・僅緣地分上中下約・亦非辨別優劣之名詞・至於每行名義・則相沿已久・非加以註釋・不易明瞭・玆將各行名稱分列如次・

大行凡九

海口大盆行・海口乃石灣地名・所製俱最大瓦盆・

水巷大盆行・水巷亦地名・所製俱次大以下瓦盆・

橫耳行專製高身瓦煲柄橫出・故稱橫耳・

花盤行・兼製花盤花瓶・及宇瓦脊之人物鳥獸花卉・

白釉行・白釉二字以內塗白釉爲標準例如茶盤雖外塗綠釉・而內塗白釉者・亦歸此行・此外一切器具・凡在他行範圍之外而外塗白釉或內塗白釉者悉歸之・

墨釉行・專製外塗黑釉之大小⿱宀山盅・黑釉二字以外塗釉色爲標準・

邊缽行・專製企身雙耳大瓦煲・

埕行內分點爲五社・分製大小瓦埕・

缽行・專製粗用瓦缽・

中行凡八

塔行・專製大小瓦塔・

缸行・舊稱高缸行・專製大小水缸魚缸浴盆等器・

紅釉行・專製各行範圍外之紅釉陶器・

扁罅行・專製農家慣用之無蓋無釉大小瓦罌・

大⿱宀山行・專製貯藏食物之有蓋瓦缸・

下窰煲行・下窰乃石灣下約地名・此行專造中小型煲・

中窰茶煲行・中窰乃石灣地名・此行專製大型茶煲・

薄金行・專製墳墓所用安葬骨殖之陶器・因比金箱較薄・故稱薄金・

小行凡六

公仔行・專製各種玩具之大小人物鳥獸及點綴石山之小陶器・

茶壺行・專製瓦茶壺・
尾燈行・專製瓦燈盞・
盞碟行・專製油埕酒埕等之埕口盞・
金箱行・專製瓦棺・俗名金箱・
電具行此行始於民國四年專製電線電燈電鐘所需之各種瓷質零件百餘種・

上述各行・劃分製器界線・不容侵越・但每行應製器皿・俱沿習慣・其詳細甚為煩瑣・故僅舉其大略・然每人例許兼行・是以有志工匠・有人兩行至十餘行者・惟名義略有輕重之別・蓋上述二十三行・有六行不稱陶師（即紅瓩行中窰茶瓩行茶壺行公仔行金箱行電具行）斯則習俗使然・無甚關係・惟入行最困難者・厥為繳納基金・殊非貧戶所能負擔・例如入邊罅行・因其業務最盛・須納千餘元・尾燈等行業務最小・亦須二三百元・惟一人入行・無論子孫多少・俱有承襲權利・參加職業之時・僅納例金三元至八元・數之多寡・因行而異・是以石灣人士・非業陶器者・或富有之家・亦每每入行・蓋一人入行・將來可省歷代子孫基金也・至於基金之昂・亦自有故・良以行頭積款甚豐・大行為最・中行次之・小行更次之・凡行友壽終・例贈賻金——大行約百餘圓・小行亦二三十圓・行友有此卹終之款・新入者自當昂其基金・其用意不盡在於限制也・且查行頭公款・不盡由於基金累積・而泰半由於行友每日多製若干出品・以工值撥歸公款・凡在失業期間・例須本行發資給養・可無凍餒之虞・是則行例實寓救濟與互助之深意・其規制未可厚非・不容以陋習二字・抹煞一切也・

三・陶坭

陶質不同・大致區別為土坭瓷坭兩種・而兩種之中・各別高下・石灣雖屬陶器名鎮・但取土於斯・綿歷數代・自感不足・久已取給於外縣・以土坭而論・則以東莞常平橫瀝一帶出產者為上坭・番禺郭塘等地出產者為中上坭・清遠從化增城各屬出產者為中坭・至今石灣大帽山所產者下坭・陶廠欲購外縣土坭・先向各地定購・售者用船運至石灣・賅括坭價工價・每百觔約值一角有奇・每船約載十萬觔・約價百餘圓・瓷坭則多產於清遠中山及寶安三縣・暨香港茶果嶺龍虎灘等地・而以清遠香港瓷坭為優・其餘次之・近聞肇慶七星巖附近・瓷坭最為幼白・可稱上乘・惜未採用耳・無論土坭瓷坭・以入土最深者為佳・坭質既幼・復無雜質揉混・故質地既優・人工亦省也・

四・製法

陶器製造之程序・大致分四階段・茲述其梗概如左・

（一）搏坭・坭土常含雜質・吾國舊式工藝鮮用機械・故必用人力搏之・遇有碎木五金等物・即須拾出・每百份純坭・須參陶砂二十至三十五分・參砂多寡・視其坭質如何・及所製器皿之大小而定・此種陶砂・並非水底河灘之浮砂・乃取自山地深約一丈之下・體量勻幼・方能適宜・參砂之後・搏之使勻・然後傳於坭牆・令其吸去水份・至適宜為度・再行用足蹲之・使生黏性・乃可製坯・

（二）製坯・製坯之法・人物鳥獸之精者則用手揑・器皿

則或用模型・或用車盤・大抵圓形粗笨之器・須有大量出產者則用車盤製之・俗名曰「作」・若有方角或圖案花紋者則用模製之・俗名曰「印」・既成之坯・即就日光曝之・乾約四五成・即須收置廠內・俟其乾透然後掛釉・若巨大器皿・須入窰焗之・然後掛釉・方無破裂之虞・

（三）製釉・石灣釉原料甚多・然各擇所宜・產於本省者十居八九・近年石青價昂・須用外國藍色顏料・然不勝火力・色澤黯然・遠遜土產顏料之佳・此則江西瓷器亦然・人所共喻矣・至於石灣釉色名目甚繁・不能殫述・然細詢著名工匠・謂多數名目・俱由骨董商與鑑藏家各自酌立・其中抽象名詞・更非工匠所知・作者偶憶吾國茶葉・名稱凡百數十種・閒嘗細詢閩贛辦茶商人・則謂採買時僅分青紅兩種・及後製法不同・因而名目繁興・以此例彼・想亦同一理由也・並查製釉之法・絕不參以油質・初以桑枝禾稈松柴・各就釉色所宜・分類煆灰・（禾稈灰可購自農家）掘地作坎・分別春成幼粉・春後漂去粗質・和水鍊之成釉・紫色與古銅色・則改用牙灰（即榖殼灰）與蜆殼灰・此外各擇所宜・參以各種原料・茲述各種通用釉色名詞・並擇尤叙其製法如左・惟此篇僅重實際・若釉色之淵源考擇・茲概從略・

紅釉　醉紅・坤紅・年紅・粉紅・硃砂紅・寶石紅・石榴紅

綠釉　深綠・乳綠・淡綠・葱翠綠・瓜皮青

黃釉　杏黃・栗黃・乳黃・醬釉・古銅色

藍釉　深藍・淺藍・紫釉・粉藍・寶藍・藍均・彩毛

黑釉　紫黑・紫金・玳瑁

白釉　月白・葱白・灰白・萬曆釉

紅釉不須參入顏料，僅以上述各種灰釉爲本・惟醉紅則參以眞金及微量玻璃屑・和以水銀・水銀易散・故燒後難得全美之品・其餘紅釉則免眞金・代以硼砂信石石墨・加以重量玻璃・使受熱力溶化而成膏澤之色・但所用信石硼砂・色澤隨時偶有微異・份量復無一定標準・火候亦無準確度數・是以燒後深淺・出於偶然・無從固定・

綠釉必參以極幼銅屑・深綠用舊金花（即神紅花）作屑・嫩綠用新銅屑・乳綠則和以燒鎔玉屑・春成幼粉・調釉鬆之・

紫色與古銅色・皆須以石璞春成幼粉・漂淨參入釉內・（石璞之名出自堪輿家・土質上層爲浮泥・倘地有氣脈・第二層爲石璞・第三層爲眞土）・

紫藍器物・以燒後現三稔花色者爲難得・（紅釉器偶現三稔花色尤難）蓋三稔花色淺紫・最爲名貴雅淡・

紫金釉僅用北江石墨・細磨灑之・或用筆點黑・外紫加釉燒後便成紫金二色・

白釉之有幼小裂紋交錯者・謂之萬歷釉・俗稱襞裂・或曰逼裂・因其白釉而有裂紋・如白璧之裂・即謂之襞裂亦無不可・其製法以玉石外璞燒溶・冷後春成幼屑・以水漂之・取其浮於水面者・和以最硬性之白釉白坭・研之使勻・先將陶坯焗透・然後掛釉・再以九百至一千度火力燒之・火力稍弱・則黯然無光・且不成璧裂紋・火力過强・則必燒壞・而火候久暫・亦成問題・故得一全美之器・殊非容易・外國仿製我國陶器・嚮以法國爲最精・惟萬曆釉則無法仿造・是亦

可寶之國粹也・

藍釉則自乾隆以後・多用外國顏料・（英德日俱有）惟色澤總欠明淨・至今則每況愈下・非設法採取本國鑛質石青・匪特漏卮之一・且難踵美前人・查吾粵連縣一帶・本產石青石綠甚豐・可惜乏人開採・以故寶藏未興耳・

變釉之名・以石灣陶器爲盛・所謂變釉・大略可分爲兩類・一爲意外之變・一爲意中之變・例如製成白釉花盤數十箇・燒後一兩箇忽現一二小幅紅釉・絕非與紅釉陶器並燒黏來・此爲意外之變・然細思之・大抵釉筆內心洗滌未淨・上釉時緩緩從筆內流出點滴宿釉・因而燒後發現・似爲近理・世俗雖視爲神奇・此種意外變釉・斷非從天外飛來也・至於意中變釉・本極尋常・掛釉時先上淺釉・復加深釉・燒時爲火力鎔化・自然變幻莫測・色澤明亮與否・則視乎釉質之良窳・與火候是否適宜・若深淺濃淡不齊・雖有美惡之別・殊非人力所致也・

（四）燒窰・陶業資本・以建窰所費爲最鉅・窰之最大者・長約中尺五十餘丈・闊八尺餘・高六尺餘・最小者長二十餘丈・闊五六尺・高尺許・俱以老匠習知陶性火候者建之・位置必在山麓斜坡・由下繼續建上・俾火力可以逐步上升・最高處爲煙突・最低處爲爐口・窰之內壁用坭築成・此外俱用磚建・爐口開三企穴・用以初步投薪舉火・初步舉火・必用鉅柴・取其燃燒較久・窰之兩旁・依次分設穴孔・送進製成器物・所燒品物・必用缸罌覆載之・送進後用磚掩閉旁穴・除爐口用鉅柴外・火候已足・即從窰面第一列小穴投薪・由上投下・適中內列陶器之旁・蓋除爐口企穴之外・每進一步・必於窰面預開五小穴・窰內每列陶器・必有相當距離・預留燃薪之地・由是每列火候已足・旋投薪於次高一列・按次遞進・投至最後五小穴爲止・除爐口用鉅柴外・由第二至最後一列・俱用適宜薪度・每柴長約一尺至尺一・闊約七八分・且須逐條投入・每次不能多投・柴質則以易化灰燼者爲佳・木油多而耐燃者反不適用・柴有油膠質者・須久浮水面・浸去膠油・始適用也・惟習慣相沿・嚮由最低爐口企穴起火・火力上升・窰內氣壓過强・因而陶器每多破裂・完好者成本自高・近年改從窰之中部兩旁・增建廂形爐口・改從兩旁爐口起火・窰內氣壓銳減・陶器破裂者少・成本因而較廉・此亦進步之足述者也・

燒窰工役・自然以習知陶性火候者司之・全體雜役・皆受指揮・窰形有大小長短不同・火候因之而異・但以平均計算・每窰土坭陶器・約燒廿四小時・甕坭器物・須加火候兩倍・約需七十二小時矣・其次各辨陶質所宜・火候有老嫩之別・宜於嫩火者則投薪較少・土坭製品・略和鉛粉入釉・尤爲易熟・瓷坭製品・非加北江石灰・必有久燒不熟之虞・此外凡用外國顏料之品・俱宜嫩火・本國原料・始耐老火・凡用外國顏料製品色澤必黯・蓋緣火候不足・必無透亮之理耳・

五・名工

石灣陶業綿歷數代・名工自應輩出・惟士夫官吏・皆以小道漠然置之・志乘尚且從略・何暇表彰名工・大抵雖有名手・乏人重視・自不敢作傳世之想・故製品多無章款・茲就

調查所及・略述如次・以俟異時增補・

吳南石堂李鳳廷嘗閱佛山某君所藏石灣陶器考墨稿・先述宋末陽江工匠有遷東莞開窰者・出品鈐南石堂楷書印・茲查傳器間有而圖案無釉者・底鈐吳南石堂楷書方印・土質較石灣略輕・厥後再遷石灣・乃創祖唐居・惜該墨稿未載遷移年代・以其爲石灣窰淵源之一・而先代名工可稽者僅此一家・故首述之・

祖唐居明代石灣陶業名家・其最早而可稽者・以祖唐居爲最・出名以祖述黃綠藍三彩唐陶爲宗旨・故曰祖唐・是以傳器亦多黃綠藍釉・然綠釉每嫌色澤未純・故以黃釉爲勝・藍釉則較罕・製品之下・鈐橢形楷書諮文印曰祖唐居・印面多蓋薄釉・或器底全部著釉・或僅髹印面・近年贗品甚多・惟作風陶色釉色不同・印章書法亦異耳・或鈐草堂居印者・則又贗品之誤也・

陳文成　明萬曆間人・制釉極精・予嘗覩友人藏一花瓶・高尺許・腹作凸形文姬歸漢圖・五色斑駁明亮・而瓶肩粉作硃砂色・大爲鮮艷可愛・瓶底正中鐫一「六」字・想是製品號數・旁刻「萬曆丁酉陳文成塑」八字・蓋製於萬曆二十五年也・

楊昇　明代石灣名工・所製花瓶等器甚佳・底鈐楊昇行書陽文橢形印・

可松　明代石灣名工・已佚其姓・所製多古銅色花瓶・上蟠兩螭・蓋仿周代蟠螭銅瓶也・

文如璧　順德人・康熙間石灣名工・因出品著名・子孫遂以文如璧爲肆號・所製多花瓶及文房用具・吳荷屋嘗定製白釉彩毛釉筆架・底鈐印章曰「搜盡奇峯打草稿」・蓋淸湘詩句也・此外有石雲山人陽文篆書方印・此陶肆閉歇於光緒年間・已綿歷八朝矣・

來禽軒　乾嘉間石灣名肆・製器鈐來禽軒篆書橢形印章・

春草堂　傳器有鈐春草堂楷書方印者・詢之石灣老商人・無有知者・想必嘉道以前遺物・

黃炳　石灣人・字雲渠・生於嘉慶末・卒於光緒二十年間・壽八十有奇・故手製出品流傳甚夥・蔚爲石灣陶匠一代宗工・雲渠頗知書・所製人物鳥獸・皆樸茂別饒神彩・尤工製鴨與鷓鴣鵪鶉・毛羽工細分明・陰陽可辨・故不著釉・獸類則雙目烱烱有神・（據石灣老匠謂雙目僅用釉製）牙齒潔白・而剛銳有勢・此兩者爲潘玉書所不逮・所製器皿・嘗爲粵督張之洞所賞・遺傳品多無章款・成名後或鈐「雲嶼氏」陰文楷書長方形印・或用幼竹署款・

陳祖　石灣人・黃炳弟子・工製人物・

陳渭巖・淸季石灣人・所製動物・形神畢肖・尤工塑像・嘗造張之洞陶像・高約四尺・神貌如生・以是其名益著・

潘玉書　石灣人・渭巖弟子・卒於民國廿四年・少習鳥獸人物・後遊景德鎭・專攻人物・歐戰時隨役往法國・對於人體骨格筋肉・益事研究・返國後以製故事人物負盛名・間作裸體像・饒有歐化作風・則受法國美術影響也・偶製鳥獸・不過適應門市需求・非其精心作品・然不善製釉燒窰・而兩者皆爲梁晋生擅長・是以兩人合作・相得益彰也・

梁百川　清季民國間石灣人・所製人物別饒書卷氣・嘗塑廣成大仙像（即廣成子）・眉宇間活現仙靈豐彩・今存新界大埔墟省躬草堂・

陳富　清季民國間石灣人・以舊名工而富新思想・廣州中山紀念堂全副瓦脊人物鳥獸花卉皆出其手・所作新出品・有全副製酸瓷具・爲兩廣硫酸廠採用・其他化學儀器瓷盤潔具・輸及上海各地・

吳超　字德明・清季民國間石灣人・首創電燈電線電鐘等瓷質器具・凡百餘種・爲電具行之開創人・其出品爲省市政府採用，風行一時・

劉壽康・清季民國間石灣人・工制人物鳥獸・

陳惠南　民國石灣人・工小型人物・高約三寸至五寸・饒有風致・

蘇潤　民國石灣人・本出書香之家・書法趙松雪・工畫梅竹・精製小花盤・字畫皆其手筆・

廖堅　民國石灣人・善製蟛蟹蟚蜞青蛙・有躍躍欲動之勢・又文按：據余所知石灣陶器名工・製人物者尚有劉佐朝・楊炎坤・潘鐵逵（玉書弟）溫奇・霍洋・溫仲靈・製鳥獸者有黃炳高足廖榮・

六・名勝

石灣名勝・見於梁照葵石灣六景記・曰陶窰煙火・曰九龍出洞（指石灣江九派支流而言）・曰萬簡朝宗（石灣江中流成一大灣・大富黃借岡矗立・岸畔船舶往來・帆檣如織・故名萬簡朝宗・）・曰隔水柴歌（對岸地名曰柴基・西北兩江運柴多貯於此・勞作者多作歌・故曰隔水柴歌）曰蓮峯書市（蓮子岡有蓮峯書院・右連豐甯寺・左鄰漢帝廟・岡麓爲鬧市・因此得名・）・曰塔峯夕照（大帽山爲石灣羣山之冠・上有七級浮屠・高逾百尺・今已傾圮・移建於蓮峯書院左側）・以工業區而略有點綴・亦饒別趣・惟最値遊人瀏覽者・則爲與陶業淵源有關之陶師廟矣・（陶師廟即虞帝廟・深凡三進・後殿奉祀帝舜・以其嘗陶於河濱・器無苦窳・故奉祀爲師・左右兩旁以陶朱關羽配享・大抵范大夫取其善賈關壯繆取其壓勝也・）

七・結論

查石灣陶業全盛時代・共有陶窰一百零七座・容納男女工人六萬有奇・而衰落時期・五年前僅餘陶窰六十餘座・執業工人不及二萬・全盛時代全年出品約値二百萬圓・衰落後僅値六七十萬圓・向日銷場・本省則以廣肇兩府爲多・外地則以港澳南洋各埠爲最・查其失敗・不外三種原因・一則由於故步自封・不求技術之上進・出品種類之日增・（惟創造電具瓷具硫酸瓷具潔具等差强人意）與銷場之推廣・即日用器皿・除廚房用具而外・久已日就消沉・寖且絕跡於都市・凡事不進則退・理無二致・物競天擇・此消彼長・所以難免天演之淘汰也・二則由於舶來品與日俱增・銷場日爲所奪・名貴用具則來自歐美・低廉用具則來自東瀛・所以此衰彼盛・適成反比例也・三則近年潮州瓷器頓形發達・工價既廉・運輸亦便・因而成本甚低・競爭甚易・而楚弓楚得・挽回漏卮不少・惟石灣陶業・終亦不振・倘能發揚蹈厲・知所

興革・豈不能與潮瓷平衡發展・分道揚鑣・共振本省實業・作者所以引爲痛惜者也・

至於石灣陶業分行・平心論之・本有存在之價值・例如上述之經濟互助・已是未可厚非・況推究其分行本旨・亦爲職業上之應有辦法・不背經濟原理・蓋陶器種類甚繁・非分工製造・甚難完美・是以分行出品・雖未足言詳細分工・亦屬粗淺之分工合作・俾可分途進取・此不背經濟原理者一・次則各種器物・原無固定之供求・而任何職業之盛衰・俱繫於供求之消長・倘不分行製作・則求過於供之出品・人皆趨之・供過於求之出品・人皆棄之・推其結果・則求過於供者・將驟變而爲供過於求・供過於求者・將驟變而爲求過於供・由是工人取捨於一時之供求・勢必兩失其利・而交受其害・事緣某種出品之供求・因時變易・勢須分行製作・始克各自保持・各收機會之利益・原屬一種調劑辦法・此不背經濟原理者二・但行頭雖有存在之價值・而每行支配出品・在分行之初・縱或斟酌得宜・第相沿太久・時世不同・勢須有所酌改・始免偏枯之弊・例如大盤花盤等行・銷場雖略退減・尚能保持相當地位・至若尾燈盞碟等行・在煤油燈煤汽燈電燈未發明以前・及白鐵罐未通用之時・自然爲日用必需之品・但自煤電燈及白鐵罐盛行以後・早已日歸淘汰・非從新支配出品・及各自研求新式出品・必有若干行終歸消滅而已・是以分行之利弊・其中應興應革事宜・欲振興石灣陶業者・非詳加檢討・無從着手也・

縱核石灣陶業不振之根本原因・端由智識未開・因而罕謀發展・更或阻礙發展・例如梁巨川孝廉嘗以缸行資格・捨規從矩・自製方形酒缸・竟爲行友搗毀・（見石灣六景記附陶器考）即此一事・可概其餘・故欲根本補救・非從教育着手不可・但農業工業教育・皆非普通學校所能勝任・故欲振興石灣陶業・必須以該地各級工作・爲規劃課程之根據・即讀書寫字算術之基本科學・亦須擇其宜於陶業者爲教材・始免南轅北轍之譏・此外化驗原料・改善工具・測驗火候・輸進中外美術之思想技能・暨工資成本之統計・對外銷場之升降圖表・及調查銷場之升降理由・與各地需求之特殊器物・皆爲陶業學校應有之責任・但我國晚近雖曰不乏專門人材・而究竟通才難得・凡從外洋學成歸國者・每每不察本國本土實際情形爲根據・而恆以所學之國爲標準・所以枘鑿失當・格不相入・結果只耗財力光陰・一無所成・因而萬方同慨也・據梁世培所述・昔年有在美國學成陶工回粵者・創窰於廣州河南・舉凡一切釉料工具・皆購自美國・成本已高十倍・而所聘本土技術工人・皆茫然不知運用・以是耗盡資本十餘萬圓・終歸失敗・此即前車可鑑・所以陶業學校・只宜以輸入學識學理爲宗旨・更以逐步改善其固有者爲實際・初步着手・不妨事事仍舊・第教育必須體察每級工作如何改善・仍須自行試驗・試驗成功・尚須體察工人程度・劃分次第階段施救・方有成效可期・而況任何工業・須以原料工具取給於本土本國爲原則・工具儘可隨時改善固有之物・或仿製舶來之品・否則未見其效・先消滅土貨市場・而增長漏巵矣・矧來源操縱於人・匪特成本過高・偶或來源斷絕・即足制其死命・縱或無礙・而本身僅獲勞工報酬・終屬爲人作嫁・究於本土實質・無大裨益也・次則工商鄉土觀念・與行

頭觀念既深・凡屬陶業學校教職人員・不妨盡使入行・以免根本或存反感・倘能慎選其行籍子孫・早已備悉情形者・派往外洋研究・則爲事擇人・更可駕輕就熟・且收乳水交融之效也・

（附識）此篇脫稿後・偶憶林鈞鑄先生先代業陶於石灣・因訪之於大埔山居・特以石灣陶業創始年代爲問・承告以五十年前・尚見水巷有一陶師廟・狹小如土地祠・乃創建於宋代・惜未記其年號・後亦傾圮無存・因有現存之陶師廟・規模宏大・故同業對此初創之小廟・不復注意云・由此觀之・予斷石灣陶業創於南宋末葉・幸無乖誤矣・

陽羨砂壺圖攷序

陽羨砂壺・肇造於明代正德間・士夫賞其樸雅・嘉其製作・故自供春大彬以還・即見重藝林・視同珍玩・壺藝著述・代有其人・蓋前賢精神所寄・即國粹攸關・良有以也・推原其故・約有數端・茗壺爲日用必需之品・陽羨砂製・端宜瀹茗・無銅錫之敗味・無金銀之奢靡・而善蘊茗香・適於實用・一也・名工代出・探古搜奇・或倣商周・或摹漢魏・旁及花果・偶肖動物・咸匠心獨運・韻緻怡人・几案陳之・令人意遠・二也・歷代文人・或撰壺銘・或書欵識・或鐫以花卉・或鋟以印章・託物寓意・每見巧思・書法不羣・別饒韻格・雖景德名瓷・價逾鉅萬・然每出匠工之手・鮮文翰可觀・乏斯雅趣・三也・備斯三者・則士夫之激賞・豈徒然哉・

輓近泰西・酷嗜吾國藝術・書畫瓷銅・國粹所託・而重價蒐羅・精華垂盡・已堪惋惜・僅陽羨砂壺・探討未深・復爲扶桑人士網羅以去・關懷國粹者・不禁俶然憂之・

予與張子谷雛・抱陸羽盧仝之癖・興伯高槎客之思・深惜朱堅而後・壺藝著述・百載無聞・典亡求野・已爲昔賢所慨・矧朱氏壺史・復渺然不易得耶・因而搜集前賢著錄・旁諮博採・圖說兼收・合編是書・聊繼前軌・自金沙僧以迄端午橋・編爲壺藝列傳・附以攷證・使其條分緒析・統系釐然・麗以叢談題詠・都爲上卷・凡兩家庋藏・暨朋儕名玩・益以載籍刋圖・悉爲慎選攝影・都爲下卷・雖區區壺藝之微・無關大雅・然我棄人取・不免惟土物愛之思・斯編者之微意也・若謂附驥前代士夫・自矜博雅・則吾豈敢・

建國廿三年正月下浣　　李景康叙於香海百壺山館

七言律法學隅序

同事葉次同詞長偶談課詩之難・予謂授近體詩當以句法始・以章法終・次周韙焉・屬予發凡起例・先從七律著手・編作課本・聊示學子律梁・於是上溯唐宋・下迄清代・選句分類・甄別標擧・合綜所得句法凡數十種・可謂繁矣・夫以七言律句之微・而法度變化・繁賾若是・宜乎初學者每一展卷・有如波譎雲詭・茫無涯涘而莫知所從也・

是編先別句法之異同・次示章法之恆軌・庶幾由句窺章・朗若眉列・聊爲初學者擧一反三之助・未敢謂前賢法度・悉盡乎是也・

或謂方虛谷昔編瀛奎律髓・標擧詞旨警句・猶爲紀文達公所呵・今乃並句法而分析之・無乃穿鑿乎・抑知文達所

李景康

云．乃為上乘說法．而茲編之旨．僅作小乘梯航．未可同日語也．矧以詩三百篇之作．皆至情至性之所流露．雖曰人籟．實同天工．初無所謂學．更無所謂法也．後之治詩者．既目之為學．復步武其法．縱極高妙．已落第二義諦．而非古之所謂詩矣．

抑尤有說焉．學詩如參禪．未悟則法不可無．既悟則法不可著．下根之士．以指為月．雖達摩說法．終成葛藤．上乘之器．則見月忘指．一超直入．不為法病也．然則析句分章．又曷足為詩病歟．編纂既竣．爰綴數言以為之弁．

學海書樓講學錄第一集序

學海書樓創始於癸亥．廣藏書籍．備供衆覽．而賴煥文太史復敦請陳子厲溫毅夫朱聘三區徽五區桂海岑敏仲諸太史．曁何翽高俞叔文兩先生．相與登壇講學．冀揚國粹於失墜之餘．意良厚心良苦也．幸而鼓之舞之．垂二十年．一時海隅治學之風．為之丕變．其流風餘韻．至今稱道不衰．是則諸先生倡導之功為不虛．而其事亦足紀矣．

然而中經倭變．同人星散．書籍器物．蕩然無存．書樓不絕如縷．雖寇氛告靖．同人先後返港．逐漸規復舊觀．書籍且比前增益．然而昔年之講學名宿．早已相繼殂謝．今日尚存者．惟岑俞兩先生耳．同人鑒於遭時否塞．於今為烈．乃相與竭其棉薄．延攬時賢．輪次講學．庶幾重振墜緒於兵燹之餘．以副煥文先生創辦茲樓之本旨．迨亦後繼者應有之責歟．

茲將兩年以來擇存講稿．付之剞劂．名之曰學海書樓講學錄第一集．庶幾聽衆得於暇時省覽．裨補記憶之所不及．未聽者亦可人手一編．如對講座．此同人付刊講學集之微旨也．

況茲樓創辦迄今．綿歷三十寒暑．雖陵谷有變．而斯樓幸存．殆天之未喪斯文也歟．編纂既竣．同人屬予為之序．因書其梗概．以告讀者．

現代詩鈔第一集序

詩為文學之菁華．故五經之文尚矣．然而感人最深者．莫如毛詩．而詩三百篇．感人最深者．又莫如國風焉．蓋作者發於至情．有不求工而自工者．故詩之可貴．今古皆然也．夫我國詩教昭垂．歷久不墮．故每代繼世而興．將必網羅前代之作．輯為一代之詩．付之剞劂．以餉後人．舉其著者．如全唐詩．全五代詩．宋詩鈔．明詩綜．皆其例也．

至於沈歸愚清詩別裁．為五朝別裁之一．雖網羅未備．而選及作者．已達八百餘人．亦足以窺清初至中葉之大凡矣．迨陳石遺輯近代詩鈔所選作者．自清季以迄民初．亦達三百餘人．將來復見太平．輯為有清一代之詩．俾與唐宋後先輝映．則此二書．已足供其大略矣．

惟三十年來．未聞有繼陳氏而興者．故同人不自揆度．倡為現代詩鈔冀以保全時人篇什．與陳氏詩鈔之滄海遺珠．是亦珍惜我國文學菁華之一道也．雖三十年間．為時甚暫．似可有待於將來．抑知三十年來．內爭外患．喪亂相尋．墨稿之燬於兵燹者．不知凡幾．我國文學菁華．損失不為不多矣．方今國人違難海外．不可勝數．其行篋所藏．豈鮮佳作．即親友遺篇．亦在所多有．加以世居海外之僑胞．不乏風雅之士．所存吟稿．尤非陳氏搜求所及．今皆羅而致之．分期付梓．以免再遭兵燹．難於掇拾．對於保存國粹之菁華．豈無少補歟．第一集編纂既成．因書同人之旨趣．以告讀者．藉作喤引焉．甲午仲冬叙於香海．

紀賴太史等保全宋王臺遺址

民國肇造．遜清遺老多覓地隱居．增城賴煥文太史任教於香港大學．同時東莞陳子厲太史．僑寓九龍城．兩先生交誼素篤．煥文先生有暇．輒渡海過訪於瓜廬．其時予肄業大學文科．間或隨行．每與子厲先生清談片刻．相與躑躅於宋臺遺址．兩先生徘徊瞻顧之餘．輒興異代相感之思．一次且邀李瑞琴君同行．頗有保全古迹之想．而未及切實籌商也．

某年七月．工務局佈告將宋臺遺址出投．瑞琴君向業建築．且營地產．以是詗知最早．亟走告煥文太史．先生乃致電大學副監督伊理雅爵士．請其轉電梅督．收回成命．俾得保全古迹．蓋其時副監督乘暑假之便．往遊北京也．梅督許其請．宋臺遺址．遂獲幸全．迨副監督返港．工務局長提議．古迹雖維護．惟其地遼闊．究宜劃定地段．俾界外公地．仍可開投．以重庫收．賴太史乃轉商李君瑞琴．李君毅然以捐建石垣自任．華民政務司夏理德．旋奉命會同工務局長．踏堪宋臺遺址．劃出地段數畝．前臨公路．後瀕海灘．左右相距若干丈．定爲疆界．瑞琴君遂沿界捐建石垣．且於路傍建立牌坊．俾使遊人登覽．子厲太史爰撰宋王臺新築石垣記．煥文太史書之．以碑文付託瑞琴君．以資泐石．寖假夏理德退職返英．陳賴兩太史亦先後捐館．迨日人佔據香港．刻碑之事．遂告寖息．

逮至香港光復．瑞琴君嘗過訪．問予可否轉商華民政務司署．仍將碑文泐石．且建碑亭護之．予極韙其議．願盡棉力．可惜瑞琴君旋以病聞．數月後竟告逝世．是以陳太史所撰碑記．僅見於瓜廬文賸．未遑刻石也．子厲先生對於宋臺事迹．考據綦詳．散見於宋臺秋唱瓜廬詩賸瓜廬文賸諸書．當年復有官富場草墨稿．予嘗借抄．惟迭經遷徙．繼遭兵燹．久已遺軼矣．

又先生嘗告予．一日策杖宋臺鄰近．見農人鋤地種植．發現破碎古瓦不少．乃僱土人二三名．往臺下海灘細爲搜尋．歷時三日．幸獲完整瓦鐺一具．花紋粗樸．作赭墨色．蓋宋王行宮瓦鐺也．先生曾賦詩紀之．具載於宋臺秋唱．瓜廬詩賸二書．今港府闢其地爲宋皇臺公園．蓋根據梅督任內保全古迹之成案也．而賴太史之功．誠不可泯．故爲之紀．

香港大學講師林棟君墓誌銘

林君諱棟．原名朝棟．字世權．號東木．天資英邁．穎悟過人．而倜儻脫略．不拘小節．初就傅於南海佛山鎮．以風會轉移．世趨新學．年十二．留學香港聖士提反中學肄習英文．既以優異卒所業．適香港大學初立．與予肄業文科．遂訂交焉．凡君負笈所至．每試必冠其曹．師友交推重之．迨以首屆文學士第一人卒業．鑑於世俗馳騖西文．敝屣國學．莘莘之徒類皆虐古榮今．數典忘祖．恆與予盱衡風會．相與太息．乃同謝徵聘買舟歸羊石．同執贄於丁閣學伯厚太

李景康

史之門・

東木涵肄古籍・於學無所不窺・文章英邁駿發・出入漢魏六朝・耆宿多稱道之・性不喜詩・然偶涉吟咏・亦沉博絕麗・若具夙慧・素嗜清游・翺翔兩粵名勝者凡數載・旋就浙西某英文中學之聘・休沐多暇・汗漫於東南靈秀之區・翛然自得・

乙丑歲・星洲政府以中文視學官徵之・旋港就道・顧謂予曰・「我輩夙昔所懷・本蘄戮力宗邦・有所建樹・然吾與子弟弗能隨泯泯者相俯仰・雖楚材晋用・未遂初衷・聊假此爲提倡國學之基・庶祁祁學子克端趨向・亦夙志也・」既之任・誘掖多士・一以融貫新舊爲要歸・輿論翕然・至今猶有去思・迨香港大學擬創中文學院・予隨區徽五賴茘垞兩太史之後・忝膺起草之責・歲己巳・學院告成・爰招君旋港任繙譯講師・講貫數載・多所造就・甲戌四月二日・西環煤汽局猝爾爆炸・燔及君居・生平積蓄悉燬於火・君負重傷・進政府醫院・即夕溘逝・年四十有五・聞者莫不惜其才而悲其厄也・

方君家毀創重・煢然病榻・急召余而告之曰・「予羈旅之身・家屬壅隔・且無恆產・子盍爲我謀之・」及君歿・予爲經紀其喪・力所未逮・徵諸故舊以完其事・代請大學撫卹以贍其家・然事出倉卒・未遑盡禮・猶有遺憾焉・

夫聰明卓犖之士・世所罕覯・溯予童年受書凡十餘載・相與共庠序而同所業者無累百千・所閱承學之士不爲少矣・求其懷抱異質天資過人如君者竟不可得・是則東木得天獨厚・可謂蔚爲一方之秀者矣・具卓絕之資而又力學以底於

成・乃天奪其壽・未遑鍛鍊其才使其有所建樹・更罹諸慘酷之災・毋亦生死有命・天道未可測耶・抑豐於彼者必嗇於此耶・

君體貌俊雅・灑然有晋人風度・惟賦性抗直・每際清談風發・率常屈其座人・持論相左者必施雋語譏折之・以是譭之者衆・君則跌宕自喜・處之晏如也・君原籍新會・自乃祖明翕挈家佛山・迄君凡三世・考溢修・妣郭氏・子三人・君居長・無子・女一人適同邑李氏・六月上浣・其淑配任氏・介弟樹攀・子婿辛耀自佛鎮蒞港・將扶靈柩歸葬於佛山王芝竇之原・以予知君最深・因請予爲文以表其阡・爰述其生平並爲之銘曰・「山蘊玉而增輝・川藏珠而益秀・安子宅兆・垂諸悠久・韜子光華・山川並壽・」

鄒伯奇先生傳

鄒伯奇・字一鶚・又字特夫・南海泌冲鄉人・生於前清嘉慶廿四年・邑諸生・聰敏絕人・數歲入塾・於朱子集注・能通大義・稍長・羣經義疏・俱悉心研求・會戴文節公熙督學東粵・試廣屬文童・問音韻源流・先生所對・灑灑千言・備極詳贍・遂拔博士弟子員・

嗣後閉戶覃思・於六書本源・無不洞達・於羣經中・凡有關天文算學・先儒未發者・或發而未明者・一經先生確證・皆昭晣無疑義・嘗自言漢儒之蔽在泥古・宋儒之蔽在師心・學者說經・不宜有所左右・必遠徵近取・求之實事而是・返之心內而安・方爲適當・其治學宗旨・恆以此爲鵠的・由是旁及諸子・並及西法・能薈萃中西之說而貫通之・

尤以墨子書爲與西法暗合．並謂墨子設械守城．而西人善製器械．西人用鏡映相．墨子已早備其法云．其創解多類此．

先生亦嘗自製攝影機．其自攝照片．歷久不變．民國三十年．猶及見之．先生於算學．著有學計一得二卷．補小爾雅度量衡一卷．對數尺記一卷．乘方捷術三卷．測量備要四卷．於天象學著有甲寅恒星表．赤道星圖．黃道星圖．各一卷．並自製測量器械羅盤日規等物．邑人嘗請其繪南海縣圖．不日蕆事．而精審翔實．爲衆推服．生平寡所嗜好．執業甚篤．靜坐生明．多有神解．治學應事．莫不皆然．

道光末．洪楊尚未舉事．鄒氏固泌冲巨族．嘗產甚豐．紳耆推先生主理宗祠公箱．先生曰．謬承父老過愛．不敢不遵．但須將資產任由伯奇處置．不復干豫．方敢受命耳．衆可之．先生遂將蒸嘗田產盡行脫售．密將白銀蓋藏．迨洪楊之役告平．遂出藏鏹購回田產逾倍．自是鄒族嘗產益豐．族人子女讀書．咸有補助．先生之賜也．

同治甲子．郭嵩燾撫粤．以先生專精數學．特薦於朝．請置之同文館．以資討論．有旨督撫咨送．而先生淡於榮利．且自謂不宜於仕宦．堅以疾辭．後曾文正公國藩總督兩江．在上海開機器局．製造鎗炮輪船．並欲於局旁設書院．請伯奇出任數學教授．屬前任督學劉熙載致書達意．而先生家居奉母．終不就也．

同治八年五月．無病而卒．年僅五十有一．世稱鄒徵君．先生散篇著述．有西法皆古有論．王制九州周禮九畿禹貢五服辨．明堂會通圖說．太歲無超辰說．夏小正南門星考．宣夜說．終日七襄解．周初黃赤大距周天度里考．古尺步考．嘉量形制考．深衣考．戈戟考．釋阿．夏紫笙算書遺稿序．道鄉集跋．備載於吳道鎔太史廣東文徵．

贊曰．我國士林大患．在耽虛理而遺實際．積弱之源．端在是矣．鄒徵君治學之方．以求之實事而是．返之內心而安．方爲適當．何其識之卓也．君著述皆有裨實學．且能自製器械．復能料事如神．可謂無愧所學矣．然豐於才而嗇於命．未克施諸功業．惜哉．

鄧警亞　一八八九年生　一九七三年卒

本名元璋．三水人．早歲畢業兩粤醫學堂．光緒三十一年在東京投身同盟會．旋在香港加盟及兼三水同盟分會會長．翌年．孫中山先生遣其兄慕韓就星洲馬來亞各地會員設立同盟會支部並創辦中興日報．警亞追隨工作．宣統二年．與慕韓．潘達微等合組平民報於廣州．不一年以資金不足停刊．復與潘達微創刊平民畫報．其時安南已割讓法國．警亞因同盟會員蘇少樓之介．獲識安南志士潘佩珠與王族阮述．說服二人結合．從事光復故土．成立振華興亞會．支援越南革命軍．並爲籌款組軍．民國後．歷任大元帥府內政部僉事．大本營宣傳局總務科長．廣西省長行署僉事．廣西財政廳主任秘書等職．

清末黨人利用粤劇宣傳革命

遠在半世紀前粤劇最繁盛時．廣東有所謂「志士班」者．實始於香港話劇「振天聲」．該班創辦者爲興中同盟會老黨員．充中國報督印人之陳少白．（新會外海鄉人）乃繼日本留學生所組織之春柳社而起．其目的在鼓吹革命．而非圖營利．因劇本和佈景新穎．備受香港人士歡迎．如「父之過」．「自由花」．「格殺勿論」等．全由陳氏編撰．而畫景則名畫家關蕙農所繪・（關亦曾師事居廉）當時全用軟景・隨振天聲之後・則有琳瑯幻境・（係由港中之工商人士組合）以梁天來告御狀一齣最賣座・清平樂則屬後起之秀・（乃中華革命黨人所辦）均係白話劇・到演唱粵劇志士班之出現・稍遲於振天聲・最爲先進者・乃省港新聞記者黃魯逸（順德人）黃軒冑（香山人）歐博明（三水人）合組之優天影・魯逸專任編劇和導演・軒冑除撰曲外兼扮演女丑・而歐博明則當正印武生・延聘退休名旦角牡丹錦爲師傅・教授技術・

演員之蜚聲於舞台者・則有鄭君可（旦角）姜魂俠・李少帆（丑角）靚雪秋（小武・廖仲凱之弟）・次要台柱有小生王秀峯・（日本留學生）花衫李瑞莊・龐一鳳（二人出身後改業編劇）・網巾邊則爲梁大公何少榮・該班最突出者係運用白話度曲・一洗過去全以廣東官話入唱詞舊套・演出名劇則有黑獄紅蓮・賊現身官・火燒大沙頭・大鬧沙基・尉遲公大戰關雲長・徐錫麟行刺恩銘・虐婦報等齣・其主旨在反滿清反封建・劇本多屬諷刺和滑稽類型・所以能風靡一時・

黃軒冑本革命黨員・歐博明・黃魯逸均當地進步黨員而潛伏在珠江三角洲之同盟會員・亦相率利用戲劇宣傳革命・何侶俠・陳鐵軍（南海人）則組成振南天班・而東莞之陳鐵軍又另起醒天夢・演出熊飛戰死榴花塔・袁崇計斬毛文龍之鄉土歷史劇・爲清廷所忌・下令緝捕陳氏・而廣府及南海縣差役・則誤將振南天之佛山陳鐵軍捕拿入獄・經同志分頭營救・或逃脫香江・或保釋在外・繼續工作・

其他黨員爲陳修明（佛山人）仍愍不畏懼・續起現身說法社・自任丑角・而以老藝人洋狗仔爲導演・其主要演員則有駱錫源・新周瑜利等人・均飲譽舞台・逮庚戌新軍起義失敗後・女黨員吳麗珍及其姪女朱基・出資在港創立醒同羣女科班・三月廿九前曾挈同年齡稍長之藝徒往來省港擔任輸送炸彈駁殼・該班成員向來活躍於梨園中者・有朱次伯（麗珍兒子）李雪芳・蘇醒羣輩・同時・進步人士所組織者・尙有移風社及名花衫馮敬文隸屬之警世鐘・雷亟異（即俏麗康）所在之天演台・以上所述皆滿清末葉與民國初元粵劇中和話劇之志士班也・

當時社會人士號稱此項劇員爲九和友・以其不屬於戲行中之八和會館・而獨樹一幟也・因此不能在戲業資方聯合之吉慶會所接受各縣市僱定枱腳・故所至黯淡・且演唱各劇多含有破除迷信之曲白・所以各鄉鎮之神功戲・均不能僱演志士班・是以不能與傳統舊班抗衡・且資金棉薄・一切道具均遠遜於吉慶會所屬各班・此爲其命運弗能持續・終於自行解散之原因・而各演員除轉業外・多投向吉慶會館懷抱與八和中人混合・共同生活矣・

洪憲王朝嵩山四友

當籌安會秉承袁政府意旨・倡議變更國體・改民主共和爲君主立憲・併策動各省勸進・以非袁莫屬相號召・極盡其威逼利誘之能事・以製造民意故推戴之電・紛至沓來・袁氏認爲時機已熟・不日黃袍加身・乃陸續進行其南面稱尊之措施・遂效法漢惠帝以商山四皓爲友之學・徵聘趙爾巽李經羲徐世昌張謇等・爲嵩山四友・趙爾巽山東人・由翰林院編修

出身・外放知府・洊擢道員・按察・布政等職・宦遊於貴州浙江湖北・湖南・安徽・陝西・甘肅・新疆・山西各省・光緒廿八年・由山西巡撫轉湖南巡撫・陞戶部尚書・又外任盛京將軍・四川總督・宣統三年・調爲東三省總督・至清室退位・又任東三省都督・直至民國元年冬・始辭職・及民國三年再出而爲清史館總裁・兼參政院參政・

李經羲安徽合肥縣人・乃李鴻章嫡姪・歷任四川永寧道湖南鹽糧道・湖南按察使・福建布政使・調雲南布政使・光緒廿七年・陞廣西巡撫・翌年・轉雲南巡撫・辭職後・再起爲貴州巡撫・二次任廣西巡撫・宣統元年・擢雲貴總督・民國二年・出任袁政府之政治會議議長・三年轉爲參政院參政・旋調審計院院長・四年一月辭職・

徐世昌直隸人・少孤・受袁世凱之叔父撫育・與袁爲總角交・故情誼深摯・由翰林院編修出身・義和團事變之後・始露頭角・藉袁之推薦・扶搖直上・光緒卅二年・已官至民政部尚書・卅三年・轉任東三省總督・歷時二年・及袁氏失勢・彼仍屬不倒・調爲郵傳部尚書・宣統三年・以協辦大學士兼軍機大臣・辛亥革命之後・任溥儀師傅・民國三年・袁氏解散國會・任其爲國務卿・四年始辭職・

張謇・江蘇南通州人・前清狀元・翰林院修撰・吳長慶督師屯駐高麗・聘充幕府・優禮有加・時袁世凱以微員亦隨軍出發・因其爲主師之上客・屈節事之・故得爲營務處總辦・自此袁乃漸露頭角・故袁甚德之・未幾・張謇還原籍・經營實業・成績超著・聲譽日隆・宣統元年・被擧爲江蘇省諮議局議長・武漢起義・袁世凱東山復起・掌握內閣全權・派張爲江蘇宣慰使・不應・又任爲農工商部尚書・亦不肯就・且鑑於大勢・贊同共和・南京革命政府成立・孫大總統任其爲實業部長・此老爲嵩山四友中・骨頭最硬・始終不肯爲袁氏屈・袁亦無如之何・其風度賢於趙李徐三人遠矣・輿論以是稱焉・

汪宗準　一八八九年生　一九七六年卒

字君直・號蟄庵・番禺人・兆鏞子・廣東高等學堂畢業・監督吳道鎔極奬譽之・朝考賜擧人・派爲農工商部主事・民國肇造・任廣東軍政府海軍司科長・廣肇羅鎭守使署參謀・討袁討龍諸役・與妻兄朱執信聯絡密謀奔走其事・胡漢民廖仲凱掌省篆・延爲秘書・參與密勿・歷任南海番禺順德新會高要陽江諸繁縣縣長・所至有聲・前後創修高要縣志・南海佛山忠義鄉志・續修番禺縣志・又捐資創建番禺圖書館及陳東塾先生祠於禺山中學・歲時致祭・著有孟子研究行世・

孟子研究自序

戰國時・功利燄熾・仁義道熄・孟子起而闢邪說・距詖行・然後孔學復昌・蓋其義理正大・辭語警闢・有以動人易・而感人深故也・今之世界・幾成以科學相轟殺・機謀相陷害之局・世變之亟・莫亟於此時矣・箇人與箇人間・相扶相維・互助互愛者・雖尙甚多・而以傾軋仇殺爲能・自私偏比爲本者・亦復不少・人欲橫流・亦莫甚於此時矣・於此而欲一掃鬥殺悲慘之陰霾・好利忘義之惡習・非變換人心不可・欲變換人心・非昌明孟子之學・使人人皆知如何爲人之道・有以明辨義利・而復其本然同然之善不可・

汪宗準

第孟子七篇・凡二百六十一章・章各獨立・而事物之理・橫言之・則各方面往往互有關連・非融而會之・參觀互證・難識其通・竪言之・又各有本末・非條而理之・溯源尋流・難析其微・識其通矣・析其微矣・尤貴整理而貫串之・握其要而勾其玄・方有深造自得之妙・收運用自如之功・是以先儒論學・莫不首重研究之方・亦各有其獨到之處・此則吾於研究孟子之始・所深欲借鏡者也・

劉元承問仁・程頤敎以類聚聖賢所言仁處・而自加體認・（註一）朱熹讀書・謂諸家異同最可觀・宜窮盡其辭・而參考窮究之・（註二）陳澧讀孟子・謂分類順序・則不待論說而自明・（註三）梁啓超研究歷史・則有鳥瞰式與解剖式・（註四）胡適研究哲學・則重貫通・（註五）五氏所論・皆問學有得之言・用本其說・先類聚孟子各章之主要者・尋出其脈絡條理・分爲若干節目・復類聚諸家註疏言論・足資啓發者・各附章末・其有衆論紛紜未衷一是者・則特設專目・復分別類聚而參考窮究之・頓覺條理分明・意義湧現・

顧猶有進者・諸家論學・不無門戶之見・如性善性惡之爭・義內義外之爭・義利之爭・尊德性與道問學之爭・行知之爭・理氣之爭・理欲之爭・莫不與孟學有關・於此竊有取於孫奇逢・章學誠之說・（註六註七）只問理論是非・期可發問孟子之義・不欲定於一尊・稍存門戶之見・蓋諸家異同・誠如孫奇逢所謂入門之異・併存而加以修正補充・往往愈覺完密・勝於偏執不化也・又誦詩讀書・不可不知人論世・編首冠以孟子事實・終以孟子弟子攷・期便研究而已・

此次違難來港・暑期有以補習論孟來請者・出以授之・似易有進・自維學殖淺薄・僅出摭拾・愧無發明・行篋有限・搜集未盡・尤多掛漏・第念目下青年・百學待治・時間精力・均極有限・與前此專治經史・可以潛心思繹反覆玩味者不同・則提要勾玄・一覽可得・鑑別推論・事半功倍・似尚不無小補・值此否塞之時・人心亟待移易・則此編亦未必無分毫之助・用忘其鄙陋・以諗同好・倘承不棄・予以指正・俾得斧削增益・則尤馨香以祝者爾・是爲序・

註一

劉元承問仁・程頤曰・「此在諸公自思之・將聖賢所言仁處類聚觀之・體認出來・」宋程灝程頤河南程氏遺書第十八・此後簡稱程遺書・

註二

諸家說有異同處・最可觀・謂甲說如此・且搼住甲・窮盡其辭・乙說如此・且搼住乙・窮盡其辭・兩家之說既盡・又參考而窮究之・必有一眞是者出矣・（宋朱熹朱子全書卷六・）

註三

滕文公爲世子章・朱註云・「孟子之言性善・始見於此・而詳具於告子之篇・然默識而旁通之・則七篇之中・無非此理・」萬章問不見諸侯何義章・朱註云・「更合陳代公孫丑所問者而觀之・其說乃盡・」燕人畔章・朱註采林氏曰・「若以第二篇十章十一章置之前章之後・此章之前・則孟子之意・不待論說而自明矣・」澧案・此朱子敎人讀孟子之法也・宋史儒林傳楊泰之所著有論孟類・近時林月亭學正

伯桐有孟子章類一編・惜未見其書也・（清陳澧東塾讀記卷三・此後簡稱陳讀書記・）

註四

如何讀歷史・纔能變死爲活・纔能使人得益・依我的經驗・可以說有兩種・一種是鳥瞰式・一種是解剖式・1鳥瞰式・這種方法・在知大概・令讀者於全部書・或全盤事・能得一個明瞭簡單的概念・好像乘飛機飛空騰躍・在半天中・俯視一切・看物撮影・都極其清楚不過・又可叫做飛機式的讀史方法・2解剖式・這種方法在知底細・令讀者於一章書・或一件事・能得一箇徹始徹終的了解・好像用顯微鏡細察蒼蠅・把蒼蠅的五臟六腑・看得絲絲見骨・這種方法・又可以叫做顯微鏡的讀史方法・（梁啓超中國歷史研究法補編總論第一章・）

註五

哲學須有第三層整理的方法・這第三層可叫做貫通・貫通便是把一部書的內容要旨・融會貫串・尋出一箇脈絡條理・演成一家有頭緒有條理的學說・（胡適中國哲學史大綱第一編導言・）

註六

聖一也・而清任和不同・仁一也・而微箕比不同・總之各成其是而已・……陸子靜朱元晦畢竟皆豪傑之士・異而同・同而異・此中正參悟・（清孫奇逢夏峯先生集卷九讀十一子語錄書後・此後簡稱孫集・）

大凡儒者立論・以不謬於聖人爲極詣・而所入之途・不必盡同・如適邦畿・從山・從水・從陸・途各不同・期歸於邦畿而已・從山所見皆山・從水所見皆水・從陸者烏得而非之・從陸所見皆陸・從山從水者又烏得而非之・及抵邦畿・則同一邦畿之見而已矣・蹊徑迂曲・俱可相忘也・紛紛異同・牴牾之見・則見山者言山・見水者言水・見陸者言陸而已・何怪乎・（孫集卷九題白鹿洞聚講四條後・）

朱陸安得許多同異・道問學與尊德性・原是一樁事・正不妨並存・見聖道之大・各人入門不同・……後之學者・見有人尊信陸子者・則極力擯斥之・見有人指摘陸子者・則極力推獎之・此與朱陸何涉・適足以明己之拘而不大・千古學術・豈一己之意見・遂爲定評哉・（孫集卷九題晦庵文鈔・）

註七

徇於一偏・而謂天下莫能尚・則入主出奴・交相勝矣・所謂物而不化者也・（清章學誠文史通義卷二博約下・）

曹　毅　年生　一九五四年卒

字宏道・南海人・少與兄碩・泰・同受業萬木草堂・而兩兄早卒・戊戌後隨有爲遊歷諸國・比歸青島・教授其子女讀書・有爲歿・乃南返・設教鄉中・有虛白齋詩文集・

萬木草堂口說

漢儒經術約有二派・一微言大義之學・一章句之學・夏侯勝傳言・勝從子建・師事勝及歐陽高・左右采獲・又從五經諸儒問與尚書相出入者・牽引以次章句・具文飾說・勝非之曰・章句小儒・破碎大道・李尋傳言治尚書・與張無故鄭

寬中同師・寬中等守師法教授・尋獨好洪範災異・蓋是時已分道揚鑣矣・

六經之序曰・詩書禮樂易春秋・無以詩先易者・其顛倒之者・自漢書藝文志始・蓋藝文志即劉歆七略也・

劉歆創僞古之學・而鄭康成成之・因時勢而變亂天下・至曹操喜用跅弛之士・舍棄經學・操嘗云・不孝不弟・我能用之・

禹謨・舜典・湯誥・伊訓・太甲・說命・微子之命・君牙・君陳等廿五篇・皆魏王肅所僞・又家語小爾雅皆其所定・蓋欲奪康成之席云・

古書之有目錄者・自漢書藝文志始・

齊詩亡於魏・魯詩亡於西晉・韓詩亡於北宋・

清代校書・聰明以王引之爲最・精實以顧千里爲最・

唐經學甚微・其傳至今者・僅李鼎祚之周易集解・史微・周易口說・陸淳之春秋纂例而已・至昌黎論語筆記則僞書也・

宋元經學開於歐陽公・義理開於范高平・宋元學案以泰山居先・未爲公論・當以歐陽及范爲首，又當以范爲先・張橫渠親受禮經於高平・其學後折入於程子・而以數學教授洛中之邵子・其學亦中絕・故惟程學一統・程子之學・一傳於羅仲素・再傳於李延年・三傳朱子・而朱子遂集宋學大成・

其他宋儒・周子從中庸發出太極圖說・其學略與大程子相近・張南軒與朱子同時・氣質純粹・而讀書不多・呂東萊學甚粗・惟學問之博・爲中原文獻之傳・經史掌故・皆能淹通・要非孔子之學・葉水心人甚聰明・而識論過高・其弟子只能爲文章之美・遠遜朱子後學・陳同甫甚有氣・而遊於葉水心之門・同時陸子靜之學・原從大程子來・其直指本心・雖得於佛學・亦有補於朱子之學・其語錄甚可觀・惟文字略有武斷氣・王伯厚之學・精博而得朱子之學少・黃東發甚精微・而不出朱子範圍・朱學之後・當以眞西山魏了翁二人稱首・要之北宋之學・發端自盧陵高平・集成於程子・南宋之學・朱子爲宗・而陸子與之角立・

朱陸之辨・南宋朱張呂陸四大儒・張呂與朱近・陸則分道揚鑣・朱學養於陸・而包陸在內・朱子以能窮理・頗似曾子・陸則頗有孟子之學・朱正而陸偏・此公論也・至朱學風靡宋元明數代・爲其學者・不可數計・陸學則僅有文天祥謝枋得爲其學之餘・白沙陽明出・始講陸學・蓋自明正德年間中分也・

白沙學於吳康齋・主靜・莊定山近之・時黃文裕能言禮・篤守朱學・爲當時大儒・廣東禮學・多出泰泉・時與白沙分道揚鑣・白沙於孔子講求甚精・比王學後來之放恣者迴異・於詩字皆用功・嘗居陽春臺・靜學三年・發明心學・自嘉靖以來・皆宗之・其學氣象光大・似非得自康齋・於嶺表自明其學・無攻朱子・其悠然自得之處・尤非易及・弟子湛甘泉・與王陽明並稱王湛・到處表章陳學・立白沙祠凡九十餘所・惟邱瓊山等攻之・是褊狹之過也・

陽明以大學有格物・乃格庭前一竹・七日不得通・因攻朱子・而以致良知之說爲主・非之者以爲近六祖佛學・然知行合一之說・最好緊切・今日本盛行之・但不講求學問・不講求禮法・是其疏處・其學養魂・其修攝則兼養魄・後分江

西浙江二派・弟子以心齋念庵最著・

張　虹　一八九〇年生　一九六五年卒

字谷雛・號申齋・順德人・早歲習繪事・得其理趣・長遊滬濱・因日本畫人橋本關雪之介・遍訪日本美術專校・居二年回滬・與高劍父周覽吳越山水・繼居廬山三載・悟雨靄雲山爲畫境・乃滙合南北宗諸法・以造物爲師・遍遊海內名山・三至北平・出居庸關・西遊桂黔蜀・出鄂湘贛皖・復至京滬・南返港澳・教授生徒・寄情詩畫・所藏三國・六朝・隋唐五代・宋金元明清名家書畫・佛像・經卷・玉石等頗富・系統獨備・虹善繪山水・常懷玉抱書・有嗜茶癖・頹然居市中・與流俗無所忤・而胸次黑白井然・出言吶吶若不自勝・亦奇士也・遺著有敦煌圖像徵考錄・元畫宗・陽羡砂壺考・寄傳庵書畫彙記・甲骨文拾零・古玉石器文字考釋・旅途彙稿・委懷集・論畫詩・海隅酬唱集等・

元畫綜

元畫梗概

時代變遷・風尚自異・畫道取法自然・自然物象・萬古無改・而畫之者・意態各殊・風趣互異・蓋畫者各憑意匠・而鑒者當以意窮之・茲篇就有元一代繪畫之風尚・及其派別之概略・與承傳之綱要・分別論列・非就元代胡族之藝術而論也・然胡族之藝術・其源本出印度・亦可稍揭一二如左・

據元史阿爾尼格尼博囉國人也・其國人稱之曰巴勒布・幼敏悟・異絕凡兒・稍長・誦習佛書・期年能曉其義・同學有爲繪畫裝塑業者・讀尺寸經・（即造像經又名度量經）阿爾尼格尼聞之・即能記誦・及長・善畫佛・及鑄塑佛像・凡兩京寺觀之像・多出其手・有劉元者・嘗師阿爾尼格尼・學西天梵相・亦稱絕藝・元字秉元・薊之寶坻人・始爲黃冠・師事青州杞道錄・傳其藝・至元中・凡兩都名刹・塑土範金搏換（搏換者・摶土偶上而髹之・已而去其上髹泉・儼然成像云・）爲佛像・出元手者・神思妙合・天下稱之・所爲西番佛像多秘・人罕得見者・

如阿爾尼格尼乃胡族之善藝者・自元世祖兼併中原以後・胡族素慕中原文物・所學悉從吾華・其固有之藝・因之而改・如高克恭・先世西域人也・張孔孫（善畫山水竹石）其先世出遼之烏若部・高張二人・本塞北胡族也・而所爲繪事・俱承吾華宗風・是以趙宋雖亡・唯吾華文化・幸得承傳無間・但時代既異・風尚因之而改・故茲編特就時代爲區分焉・

攷兩宋繪事・以院體爲正宗・自開國之始・即置翰林院・以待先代遺老・畫臣與焉・降及大觀・宣和之世・時主（宋徽宗）妙於繪事・此風尤盛・優遇畫臣・爲歷代之冠・列朝侍班・畫職居首・並援太學先例・勑令畫院課題・佈告天下・以招畫史・其時以善畫爲能・可作干祿之具也・由是評藝者・以院體繩之・定其優劣・唯院中應制之作・矩矱嚴密・備肖物形・不能少縱・迨宋室南渡・畫院之制猶存・二百餘載・相沿成習・故宋畫之精深華妙・有由來也・胡元入主・院制不存・畫人各展其天才・派別因之而羣起・此元代畫法之所以一變也・元代畫史・咸屬諸高人畸士・羽客道流・皆先朝遺逸・如錢舜擧・倪子擧・張仲敏・鄭所南諸公・既悲亡國之痛・不屑屈節而仕・得以繪事自娛・發其高韻・揚其

藻思・風流相尚・雅妙相賞・問有所作・率成於詞翰之餘・元畫之異於兩宋・此其樞紐也・宋畫倡盛於朝廷・元畫成就於草野・故宋畫精深華妙・元人變以淸洒淡逸・宋畫用筆剛勁・元人運人柔和・宋畫備肖物形・元人隨意揮灑・宋畫渲染重複・刻劃盡致・元人變以皴擦・渾化其中・此宋・元畫異同之大略也・昔董思翁嘗舉蘇・晁二公之・詩以判宋・元畫學之別・東坡詩曰・論畫以形似・見與兒童鄰・作詩求似詩・定知非詩人・此詩譏誚宋代院體之過求形似・即爲元代反求意匠之張本・以道詩曰・畫寫物外形・要物形不改・詩傳畫外意・貴有畫中態・此則宋畫也・宋元畫之不同・於此可見・

元代畫人・各展其天才・自造新意・遂開高逸之途徑・唯繪事以創意爲難・至其成就・菁華互發・各有指歸・然師資所自・皆不自諱・元人山水・首重董北苑・僧巨然・但諸家之學董巨・各有變局・使北苑巨然重開生面・當時畫史・亦有墨守矩矱・克厥承傳者・如胡廷暉・沈孟堅・吳屋・張遠諸人・皆臨摹逼肖・王若水雖肖古・而不泥古・仍襲前人堂奧・孫君澤・陳君佐・師法馬・夏・道士丁淸溪・王景昇・寫釋道・學王輝・李嵩・朱君璧界劃樓觀・顏秋月畫鬼・俱守宋法・朱澤民・唐子華・姚彥卿・曹雲西・皆師李成・郭熙・俱爲前人蹊徑所限・不能自立門戶・未可作元畫觀也・故略而不論・

肇元代之宗風者・首推錢舜舉・趙松雪・高房山・三家・繼其盛者・黃子久・王叔明・倪元鎮・吳仲圭四家・至方方壺與趙善長・乃四家之佐耳・茲學諸家之取源・約略言之・錢舜舉・法北宗李昭道一派・北宋之師昭道者・趙伯駒・伯驌・舜舉取資於趙氏・花卉師趙昌・（畫史會要）人物師李伯時・稱具體焉・（容臺集）・趙松雪・遠宗王右丞・近接趙令穰・晚年規摹董北苑・巨然・（松雪集）・房山初用二米法・寫林巒烟雨・晚年更出入董北苑・故爲一代奇作・（柳待制集）・房山法米氏父子・米家畫・從北苑而來・删其繁複・北苑雲山烟樹・祇露根株・以點葉高下・取其成形・此即米畫之脫胎也・（容臺集）其與房山爭拙法於海岳菴者・則有倪子擧・子擧爲吳興高士・（東維子集）其畫眞蹟未見・無可論列・文人畫肇始於王右丞・董源・巨然・李成・范寬・爲其嫡派・李龍眠・王晉卿・米南宮・及虎兒畫法・皆從董巨而來・直至元四大家・黃子久・王叔明・倪元鎮・吳仲圭・皆其正傳也・（容臺集）・黃王倪吳四家・皆築基於北苑巨然・而兼採諸家之勝・子久法荊浩・關仝・李成・郭熙・略參馬遠・夏圭・（弇州續集）・叔明・汎濫於唐宋諸名家・（容臺集）・元鎮斟酌荊浩關仝・樹法郭熙・李成・石採北宗鈎斫之勢・（畫絮）・仲圭往往有摹古之作・亦非專師巨然・（容臺集）・方壺・脫胎於米家・（南田跋語）・善長師董北苑・荊浩・關仝・（圖繪寶鑑）（雲林集）・

墨竹一道・元代最盛・故工者甚衆・率多取法文與可・（嘗見與可眞蹟・濃墨作面葉・淡墨作襯葉・今此法不傳・）黃華老人・劉自然・王澹游・各開宗風・學者甚衆・李息齋繼其盛・據趙松雪所論・仲賓（字息齋）少時・見人畫竹・從旁窺其筆法・始若可喜・旋覺不類・輒歎息舍去・後從王

澹游・既見黃華墨蹟・又迥然不同・又復棄去・迨至錢塘・得文與可一幅・欣然願慰・自後一意師之・兼善畫竹・加青綠設色・至劉自然黃華老人・皆一代宗風・柯敬仲吳仲圭俱法與可・最知名・王孟端其次也・雙鈎竹法・自王右丞而後・傳於南唐李後主煜・宋之黃筌父子・元之黃華・王澹游・房山・松雪・俱有兼善之妙・張遜・則獨善厥長・元畫創造新意・以山水一門・能手最多・其次則墨竹・至人物・花鳥・樓閣・與宋法略有異同・故不具論・

元代諸大家姓字別號及生卒年歲考

姓字別號	生之年	備考	卒之年	備考
錢選・字舜舉・號玉潭・又號巽峯・（李竹嬾集）		宋景定間鄉貢士・（畫會要）		年約六十餘歲・（歷代名人年譜）
趙孟頫・字子昂・其燕居處曰松雪齋・號松雪道人・有亭名鷗波・別號鷗波・	生於宋寶祐二年甲寅九月九日（元史本傳）	官至翰林學士承旨・榮祿大夫・或以承旨・或以榮祿稱之・謚文敏・或以文敏稱之・吳興人・或以趙吳興稱之・	年六十九歲・卒於元至治二年壬戌六月・（元史本傳）	長黃子久十一歲・
高克恭・字彥敬・號房山・		官至太中大夫・刑部尚書或以高尚書稱之・		
黃公望字子久・號一峯・又號大癡道人・又號聖蹟・（據兪氏所藏大癡蹴金圖）	生於宋咸淳五年己巳・	本姓陸・繼永嘉黃氏・（輟耕錄）平江常熟人・（畫史會要）衢州人・（容臺集）	年九十・卒於至元十八年戊戌・（歷代名人年譜）	入明尚在人間・年八十有六・不知所終・（無聲詩史）・長王叔明三歲・
王蒙・字叔明・號黃鶴山樵・山樵・又字叔銘・（無聲詩史）香光居士（辛丑消夏錄）	生於宋咸淳八年壬申・（歷代名人年譜）	與曹雲西同年而生・（歷代名人年譜）	洪武乙丑・以胡惟庸案・被逮卒於獄・（明史本傳）	林泉清越圖題云・至正六年・時年七十又五・（庚子消夏記・）以甲子計之・

				生於宋咸淳八年・卒於洪武乙丑・據此叔明享壽一百零三歲・或有訛誤・誌以待考・（長雲林二十八歲）
倪瓚・字元鎮・署名曰東海倪瓚・或曰懶瓚・變姓名曰奚玄朗・或曰玄映・又曰幻霞・別號五・曰・荊蠻民・淨名居士・朱陽館主・蕭閑卿・雲林子（雲林集）	生於元元貞十年丙午正月七日・（雲林集）	據無聲詩史云・明初被召不起・人稱之倪徵君・或稱倪高士・	年七十四歲・卒於明洪武七年甲寅十一月十一日・（雲林集）	元季四家・大癡年最長・雲林年最少・
吳鎮・字仲圭・號梅花道人・或以梅沙彌稱之・	生於元至元十七年庚辰・（歷代名人年譜）			年六十餘歲（嘉禾志）長元鎮十八歲・江邨消夏錄載梅道人作墨竹譜卷・題云・至正十年夏五月一日・梅道人・年已七十一矣・據此則嘉禾志所載年六十餘不確・
道士方從義・字無隅・號方壺・	方壺生於元・至明洪武尚在・與高太史棣同時・（無聲			

	詩史）			
趙原・字善長・（楊基云名元）	姑蘇人・（無聲詩史）山東人・（圖繪寶鑑）			

寄傳庵所藏古玉石器考釋序目

曩歲居海隅・謝旡量丈南來・嘗與往還・商討古玉石器考釋・斯時余之藏器・僅列釋名目次・旡量將還蜀・乃爲余撰序・雅意殷殷可感・旡量交游・見聞廣博・收集古玉・獲觀南北士夫・新得圭璧琮璜之屬「北自流沙・西及蜀中・南自粤以至於交趾・其出土者・皆同一制作・因念上古時・聲敎所及之遠・抑初民制器軌範・何以偶同若此・莫能明也」・（節錄旡量序文）

余所收集・分列十類・一曰器用・初民之世・以石作器・攷古之士・舉新舊石器劃分時代・然余之辨別上古之器・驗其琢磨之工・辨其形制・審其穿孔・欹斜高下之狀・以爲在銅器時代之先・琢磨之工具未備・遞至銅器時代之製作・其穿孔圓整而且直・殆銅石之器並用・石器時代之過程・此其大概也・是故有新舊石器之別・辨其制作之蛻嬗・以石斧・玉斧・演而爲圭・石疱丁演而爲璧・爲璜・石搥・演而爲琮・其他璋・笏・環・瑗・由石器用演進・可徵攷也・

二曰禮器・圭・璧・琮・璜・是也・故書以禮器爲祭器・奉祀天地神祇・人民生活所需・賴器用以取獲・圭・璧・琮・璜・爲禮器・象徵器用之功・人民信從・其形所軌範之相同・非偶然也・故曰・蠻陌之邦行矣・天子執圭・古制以禮器等邦國・載籍可攷也・

三曰服御・四曰佩飾・君子以玉比德・故稱德配・周禮服御之器・以明貴賤・天子純全・注謂全玉也・上公用龍・五玉二石・詩曰・充耳琇瑩・琇瑩美石也・子男同一位・半玉半石・卿大夫有佩玉・士佩瑜・石之次玉也・遞至漢代・自天子・至王侯卿士・以玉爲佩・而佩石之制已替・漢志可攷・第以服御・佩飾之分別・以便銓次・

五曰・風俗・六曰・宗敎・初民之世・風俗之遺・至今猶有傳焉・神祇之信奉・方相氏見於周官・儺神儺臉之形制・遙溯先民・風俗傳器・略可考見・宗敎儀軌之興起・在風俗之後・而器物形制之遞更・分別銓次・

七曰・官守器・周禮守邦國以玉節・而漢制因之・以玉爲符節・說文云・琥・發兵瑞玉也・至隋唐之世・中經變亂・而形制名稱遞更可攷・如玉麟符・玉魚符・南北朝傳佩・同爲官守之器・並爲一類・

八曰・貨幣・古代以玉爲幣・流傳散見・有長垣一貨・玉質古篆文・（貨作化・友人陳蘿生得一品・區蓁常得一品・）余嘗寓目・徵之史籍・戰國幣制不詳・難以查考・漢

志所載・新莽以石雜鏈爲幣・不能行・玉幣有半兩・貨布・同爲新莽之遺・標舉類別・

九曰飾器・周禮天子玉路・注云・天子之車有五路・猶行路也・玉路以玉爲飾・是故秦漢乘輿・以玉爲飾・具見史傳・殷紂作玉杯・咸以爲啓奢靡之漸・至中古之世・卿士之家以玉爲飾・殆難備舉・傳器散見・列爲一類・

十曰玩器・六經俱重玉・時代演進・競爲奢靡・以玉比德之旨相悖矣・而世人第知・以玉爲禮器・乃封建之遺也・自封建破壞・庶人以玉爲佩・富有之家以玉爲玩飾・又何嫌焉・彫琢精巧・以宋工爲著・明人陸子剛・以精工聞於世・清代乾隆・玉工之精・媲美宋工・檢校傳器・當可辨也・以玩飾之器爲殿焉・

石製之器・與玉之區分・說文所載・石之次玉・而玉石之名稱繁多・如珣・琨・玗・琳・及今治許書之學者・亦不能詳焉・何者爲璆・琳・何者爲璆・琨・即今產於何地・殆難徵攷・古稱東方之產美玉・有醫無閭之珣・玗・琪・說文云・琪・美玉也・今則以爲錦州石・南北朝有文字鐫刻玉佛像・審辨其質・今則以爲黃花石・古代荊山・藍田・垂棘之璧・以美玉著・今則無聞矣・惟或則古者採掘已盡・亦不可知・惟羣玉山・仍有產玉・不若和闐之美・自漢通西域・和闐採掘・以琅玕・琉璃爲著・而世人盛稱漢玉・即此之故・漢以前之美玉・產自禹域・見於禹貢・世稱夏禹玉・三代傳器・略可考見一二・近代以緬甸翠玉爲美・然而翠玉入土・受土浸之變異・翠色黑暗・不若白玉入土・玉質堅致・三代遺器之新出土・原色白玉・瑩潔光澤・與緬甸翠玉之質相

比・其優劣可辨別・至於琢磨之工・形制之取象・隨時代而演進・古質今姸・難以强同・宋工仿古之器・鑑者尚可辨識・

友人詢余・而爲嗜古而違創制之旨・余告以徵考古器物之遞遷・初民石器・演爲禮器・石鏃・兵戈・演爲玉矢・戈・象徵和平・古者君子佩玉・以節行止・審辨古器形制・歷史演進之程序・可供玩索・詎可以謌頌先民創器用之功・譏爲復古之誚耶・政教文物之演進・往拾遺文・吾人尚可誦讀・而往哲遺物・豈可不知耶・典章文物・並世而傳・嘗聞周因於殷禮而損益・漢承秦制而迭更・史傳所載典章文辭・而不能戴其物・賴有史實流傳之散見・略可窺見一二・是故前賢有集古錄・博古圖・或則考釋圖文而備載・或則僅次其圖而爲錄・或則考釋輯錄・晚近古器物先後出土・有前賢所未見者・而今人得見之・端賴考證審辨・雖博洽之士・覽遍載籍・亦不能盡識其名稱形制・而詳其用・豈載籍有未備耶・先民遠矣・創制之功・文物之美善・千載之下・起人輿嘆・而傳器之有文字・可徵年歷・故書所載・可資印證・豈敢附會臆說・强爲肯定・有未識其名稱・當注明待考之器・依類附載・

惟是世人每以形制更迭而致惑・有以仿造而滋疑・見仁見智・難爲論定・每遇同好・輙與商榷・審辨攷釋・分列十類・次於上輯・古玉石錄印・次於下輯・以便披覽云・辛丑歲秋八月・重爲寫定・叙於寄傳龕・

目次類別

甲・器　用玉斧二品附載石器圖　石斧一　石針一待考　石

砮矢三品　東漢建初尺石質　玉權一　器用類大小共九品

乙・禮　器鎮圭一・三代器　圭一石質楚器　琮一三代器　玉鏃一　戈一・楚西陽册一・蒼玉質楚惠王册　禮器六品五品三代器

丙・服御類其一塗共十一品　其二璏四品　其三笄一品　其四簪一　其五珈一有篆文杞女歸　其六瑱二品　其七環二品　附佩玉圖　其八珩一品　其九佩璜二品瓊　其十珠二品　珩璜瓊珠三代器　其十一衝牙二品漢器　其十二琚一品　其十三琚　二品漢器　其十四璥大小共九品　其十五瓏佩一品附佩玉圖　服御類大小合計四十一品・

丁・佩　飾其一白玉佩斧東周器　其二佩琮二品一漢器一宋工仿古　其三佩觿二品　其四佩𤨲一品有篆文　其五佩環一漢器有文字　其六佩玦一宋工仿古　其七璫一品　其八步搖三品　其九帶勾二品　其十佩蟬二品　佩飾十六品・

戊・風俗類其一方相一品漢工　其二儺面大小四品　其三剛卯五品考待器一　其四琀二品　其五玉豚二品　其六俑二品翁仲朝士裝・二寺人裝・一甲士裝・一芻靈形・一共七品　其七雷神三品風雷佩一品　其八肖神像三品十二肖屬大小十品　其九瓏一說文禱旱玉也・春秋稱龍輔見左傳佩瓏一宋工仿古　其十天官像・一壽星像・一福星像・一共三品　其十一考子像二品　其十二雙喜環一　其十三玉鎖二品　風俗類大小四十九品

己・宗教類其一玉儺符一六朝工　其二玉符一品附銅符一　其三道教法器玉珌劍飾有文字　其四道像一　其五六朝佛像一品　其六羅漢像一　其七佛教法輪　其八僧伽衣圈一　其九景教十字架一白玉質　宗教器共九品　另附件一

庚・官守器其一琥有篆文漢將軍三字說文發兵瑞玉　其二傳篆文軍字軍中傳器　其三東漢阜陵王虎符一玉質虎文　其四長城路工傳石質　其五西漢左馮翊府傳　其六陳城路工傳　其七北朝日用傳佩　其八隋玉麟符　其九唐玉魚符附載武周龜符銅質　其十唐左武衞將軍傳佩合符完整　其十一玉符　合符完整　官守器十一品另附件一

申・貨　幣其一新莽貨幣二品石質雜鏈　其二玉質布一　其三玉半兩一　附玉幣拓本　貨幣共四品

壬・飾　器其一玉質特品器有篆文釋名待考　其二槓隅頭一玉質　其三蟬形飾器玉質　其四系璧形飾玉質　其五旋轉形飾器玉質　其六劍珌白玉漢工　其七刀珌碧琅玕漢工　其八琫珌二品　其九琫三品　其十宋宣和內府含環蒼玉鐫宣和元年造飾器共十三品

癸・玩　器其一虎鎮緬甸玉入土　其二龍　文佩有篆文朝鮮琉璃玉明代仿古　其三卷籤大明御制翠玉　其四卷籤有文字清代乾隆內府器　其五蟬形器白玉乾隆工玩器五件

張　虹

上列十類一百四十五品另附件二件寄傳庵藏品

敦煌圖像徵考錄序

茲編輯錄宗教圖像·溯其原起·笈中所收·自六朝迄唐代·區區之蹟·殆難賅其備也·僅舉所知·宗教圖像盛於南北朝至唐代其後雖有繼往之迹·亦未聞有超越前軌而振起·可略而不論·吾國繪事·肇自史皇·與文字創製同功·遠自三代兩漢見於載籍·雖有未備·述其所由·上古之蹟·難以考全·張彥遠歷代名畫記·叙畫之源流云·「夫畫者成教化·助人倫·窮神變·測幽微·與六籍同功·四時並運於天然·非由述作·……無以傳其意·故有書·無以見其形·故有畫·……見善足以戒惡·足以思賢·留乎容形·式昭盛德之事·具其成敗·以傳既往之蹤·傳記所以叙其事·不能載其容·賦頌有以詠其美·不能備其像·圖畫之制·所以兼之也·」……斯論稱允·

自漢晋以來·天竺佛教圖像·傳播中國·君上敬禮·士庶崇奉·由來遠矣·是故像教之盛·遍及唐代·及今遺蹟流傳·雖非廣佈·略可得見·茲編敦煌石室蘊藏散逸宗教圖像·敝篋收存·有文字題記·年代可攷·徵之史傳·銓而次之·評者以宗教圖像之創製·超越人生境域·寓意諸天莊嚴法相·見仁見智·詎難論定·與採繪山川物類·肇自然之性·成造化之功·則有別也·

品鑑者察其旨趣·徵之記載·南朝陸探微有「春岫歸雲圖」·「蟬雀圖」·梁元帝始製「松石格」·開欣賞畫藝之漸·唐人振發·斯風頓啟·遞五季兩宋·愈臻美備·以此檢

校西方繪事·自由發展之粹薈·脫離宗教思想之楷模·考其年代之演進·殆在中國之後·而風盛於·世界·及今東西方文化交融·尤爲密邇·藝事之興起·人類視覺靈感·思想之啟發·具有共通之軌·故曰道猶路也·審其遞遷之迹·隨時代運會而轉移·是故美惡優劣·異同之辨別·非茲編論述之旨·列舉宗教圖像·乃中古之世·綜合東西方·妙藝之成就·錯縱互見·先民啟迪於前·遙接千載之上·徵之史傳記載·印證遺物流傳·誌其梗概·分別條貫·檢點敝笈集存·寫本經卷圖像·彙爲上卷甲編上輯·茲錄簡舉圖像·分列年代序次·便於刋佈·晚近敦煌石室發見蘊藏·寫本有題誌年代可據·有「太上玄元道德經卷」·卷末題記「建衡二年庚寅五月吾墩煌郡索紞寫已」·（十七字一行·此卷寄傳庵藏品）建衡三國東吳孫皓紀元·二年公元二七〇年·即西晋武帝泰始六年·敦煌藏品發見·以此卷紀年·年代最早·當中以唐人寫本卷最夥·題記最晚有「至道元年·僧道猷往西天取經牒」·（此牒北平中央圖書館保藏）北宋太宗紀元至道·元年公元九九五年·藏品寫本·題記紀年·先後相距七百二十五年·以此推之·敦煌藏品之積累可概見·至於敦煌石室開鑿年代·前秦苻堅統治河西走廊·建元二年·即東晋太和元年·歲次丙寅·公元三六六年·次第增闢·世稱莫高窟·仿傚西域寺院·雕刻佛像·壁上彩繪·有千佛洞之洞稱·歷南北朝·至北宋之世·秘洞蘊藏·何年封閉·年月不詳·僧人因避兵亂·築土牆·飾以壁畫·以蘊藏寫本文字驗之·約在宋太宗眞宗之間·幾及千載·年歷悠久·至晚清之世·光緒二十六年·歲次庚子·公元一九〇〇年·守洞道士王圓籙·因掃除洞內·壁上積穢·土牆隨積穢

瀉陷・偶爾發見洞內・秘藏寶庫蘊積・及今敦煌圖籍・顯現赫奕於人間・分散流傳世界各地・不可復聚・順德中齋張虹谷雛甫序於寄傳菴

陽羨砂壺圖攷序

我國壺藝之談・自朱石楳而後・聲沉響絕者凡百餘載・予夙好斯道・年來島居多暇・從事蒐羅・凡朋儕之夙嗜庋藏者・如蔡寒瓊・區夢園・唐天如・潘蘭泉・李鳳廷・鄒靜存・葉次周・李鳳坡諸子・咸互相過從・煮茗觀摩・揚扢斯藝・或郵筒相寄・闡秘探奇・壺天歲月・送老消閒・幾忘人世間之有理亂也・李子鳳坡・鑑於國粹所存・斯風久泯・慨然倡爲合編壺攷之議・遂相與從事稽載籍・考遺書・辨僞眞・分雅俗・萃兩家藏器暨蔡區諸子名玩・愼選刊圖・以發斯藝之精蘊・展國粹之潛光・復承黃濱虹・鄧秋枚・王秋齋三子・遠自歇浦吳門・物色珍品・於是編訂期年・不覺裒然成帙・然聲應氣求之助・則上述諸子・貺我良多・蔡子寒瓊・搜集尤富・此編者不敢掠美者也・壺藝雖小道・倘昔日之聲沉響絕者・或得斯編之助・繼起有人・發揚而光大之・則我國藝林不無少補耳・

張虹敘於碧山壺館

陳煥鏞　一八九〇年生　一九七一年卒

字文農・新會人・民國八年畢業美國哈佛大學森林系・回國後歷任金陵大學・東南大學教授・十五年起轉國立中山大學任教・在校創辦農林植物研究所・主持其事・曾兼廣西大學教授及廣西經濟植物研究所所長・一九五七年建設華南植物園・爲中國熱帶及亞熱帶植物引種馴化基地・普及植物學實驗知識・復主編南海植物誌及中國植物誌・發表新品種逾百・至爲國內外學人所重視・煥鏞治學嚴謹・勤於著述獎掖後進不遺餘力・植物學專家多出其門・

中國木蘭科新屬新種

觀光木屬　新屬TSOONGIODENDRON CHUN, GEN. NOV.

常綠喬木・葉互生・具柄・全緣・葉脈羽狀・葉柄具托葉痕・托葉與葉柄貼生・早落・花兩性・單獨腋生・具梗・花被片三輪・共九枚・同一輪花被片疏離・全部同形但不等大・外輪的最大・雄蕊多數・密集・雌蕊羣隱藏其中・花絲圓柱狀・花葯內向・葯室線形・近邊緣縱長開裂・雌蕊羣具柄・心皮少數・復瓦狀螺旋排列・部分相互連合且基部與中軸混生・受精後全部合生・形成近肉質・表面彎拱起伏的聚合果・胚珠在每一心皮內一二—一六枚・成二列迭生・聚合果大・成熟時木質・乾後各個心皮的拱面在中部縱長分裂成兩個厚木質的果瓣・果瓣近基部橫裂・單獨地或幾個聚合成羣自中軸脫落・種子核果狀・外種皮肉質・紅色・垂懸於宿存的延長・絲狀・有彈性的珠柄上・

本屬花的大小・形狀・香味和含笑花（Michelia figo [Lour.] Spreng.）頗相似・但雌蕊羣不超出雄蕊羣之上・成熟心皮脫離中軸・果的特徵和楊椰木屬（Talauma Juss.）極相近・但楊椰木屬的花頂生・雌蕊羣無柄・每一心皮內只有二顆胚珠・成熟時僅基部橫裂而背部決不開裂・

故不同·

本屬是爲了紀念在發展我國近代植物科學事業中貢獻出畢生精力的前輩鍾觀光教授（一八六九—一九四〇）而命名·

觀光木　新種Tsoongiodendron odorum chun,sp. nov. P.1 XXXV et XXXVI

喬木·高達二〇米·樹冠郁茂·樹幹粗壯·樹皮淡褐灰色·具深皺紋·內皮平滑·有香味·當年生小枝稍纖細·平滑·具稀疏的皮孔·葉的下面·葉柄·芽及花梗被黃棕色糙伏毛·葉厚膜質·通常爲長橢圓狀披針形·大小不等·大的長一二—一七厘米·寬四點五—七厘米·小的長達一〇厘米·寬四厘米·頂端稍收縮·呈略急尖的尖頭·基部急尖或寬鈍形·欖綠色·乾時兩面變褐色·上面光亮·除凹陷的中脈被小柔毛外·其餘無毛·網脈纖細·下面晦暗·中脈及網脈上具散生糙伏毛·葉柄長一點五—二點五厘米·密被柔軟的糙伏毛·基部擴大·托葉痕幾達葉柄中部·花芽的苞片爲佛焰苞狀·外被短柔毛·開花前一側開裂·花雖同形·但生於當年頂生小枝葉腋內的全部不育·花梗長六毫米·略粗壯·花被片長橢圓形·頂端稍鈍·外輪的長一七—二〇毫米·寬六點五—七點五毫米·中輪的略小·內輪的長一五—一六毫米·寬五毫米·雄蕊羣長一〇—一三毫米·雄蕊四〇—四五枚·長七點五—八毫米·花絲長二—三毫米·雌蕊羣長一〇毫米·心皮一〇—一二·狹卵形·密被糙伏毛·花柱鑽狀·硬化·長二毫米·無毛·雌蕊柄粗壯·長二毫米·具槽·密被糙伏毛·聚合果垂懸於具波狀凸起皺紋的老枝上·長達一三厘米·直徑九厘米·通常爲長橢圓形·有時上部的心皮退化而呈近球形·外果皮薄·肉質·欖綠色·有蒼白色大型皮孔·乾時深棕色·具顯著的黃色斑點·中果皮的纖維木質化·厚一—二厘米·內果皮薄·草黃色·光亮·果梗極粗·長寬幾相等·一—二厘米·種子在每一心皮內四—六枚·橢圓形或由於互相擠壓呈斜橢圓形而略帶稜角·長一五毫米·寬八毫米·

廣東·樂昌·捲涌前企坑·果黑色·有褐色斑點·一九三一年一月二日·高錫朋五一一〇九·樂昌·大洞·一九三一年一一月二二日·高錫朋五一九二八（模式標本·藏華南植物研究所標本室）·茂名·大坡區·生於密林中·罕見·一九五六年一一月一三日·李祥禧九〇〇七六·高要·廣利區·生於山坡疏林中·一九五六年一二月二三日·黃成一六二六四〇·一九五七年二月二九日·黃成一六二六五六·一九五七年四月六日·林萬濤三〇六一五·英德·滑水山·一九五六年八月五日·徐祥浩八〇六·一九五六年八月二三日·林萬濤三〇四二五·一九五七年四月六日·胡紹明〇一一六·生於密林中·一九五七年九月一四日·譚沛祥五七〇一五·一九五九年一〇月一一日·梁樹生二四〇·仁化·城口鄉·生於密林中·一九五八年九月一九日·鄧艮七六七七·

海南·五指山·一九三二年一一月一一日·左景烈·陳念劬四四二五七·瓊中·營根區·一九五六年一〇月二三日·陳少卿一〇八六一·

廣西·龍州·那曳·八角山腳·一九三五年六月二三

日·高錫朋五五三五九·陽朔·金堡新村·生於山谷密林中·一九五八年一一月一日·秦俊用·黃甫一〇〇四八九·江西·井崗山·一九六〇年二月一日·嚴楚江三二七〇·

本種樹幹挺直·樹冠稠密·濃蔭密茂·花芳香·可提取芳香油·內皮亦有香味·木材紋理細致·既可爲棟梁之材·亦可供製樂器及其他細工用材·爲優良的行道樹及造林樹種·應予繁殖推廣·

木蘭屬Magnolia Linn.MAGNOLIA FISTULOSA（FINET ET GAGNEP）DANDY IN NOTES BOT. GARD. EDINB. 一六·一二四·一九二八·

絹毛木蘭（新擬）

補充描述·常綠喬木·幼嫩部分被白色絹毛·葉下面粉白色·被微柔毛·葉脈上有白色疏柔毛·葉柄的托葉痕幾達頂部·花被片三輪·象牙色·背部具稠密顆粒狀乳突·外輪的三片長橢圓形·頂端鈍·長約四點五厘米·寬一點二厘米·背面中部密被絹毛·內輪的三片闊倒卵形·頂端圓形·長約四厘米·較闊的部分寬二點八厘米·外面僅基部被絹毛·最內輪的三片匙狀長橢圓形·頂端鈍·中部以下漸狹·長三厘米·寬一點八厘米·雄蕊密集成長約四毫米的雄蕊羣帶·花葯長六—八毫米·果長橢圓狀·長四點五厘米·寬二點五厘米·成熟心皮革質·舟狀·長二厘米·頂端延伸成粗而彎曲的尖端·被棕色短柔毛·果瓣的邊緣有皺紋·種子未見·

海南·保亭·一九五二年三月七日·陳少卿七七五七·一九三五年四月二二日·侯寬昭七二〇五九·一九三五年六月六日·侯寬昭七二七四〇·一九五八年·吊羅山採集隊二三六六·二七二三·三一五七·

分佈·越南河內·

樂東木蘭 新種MAGNOLIA LOTUNGENSIS CHUN ET C. H. TSOONG. SP. NOV.

常綠喬木·高達二〇米·直徑九〇厘米·全株無毛·樹皮灰色當年生小枝·稍纖細·葉革質·堅硬·橢圓形或狹橢圓形·長六—一二厘米·寬二點五—三點五厘米·頂端急尖·基部楔形或狹楔形·上面深綠色·光亮·下面暗綠色·兩面乾後變褐色·邊緣軟骨質·略背捲·中脈兩面凸起·乾時變紅色·側脈每邊九—一三條·上面平坦·下面稍凸起·葉柄無托葉痕·長一點五—二厘米·近半圓柱形·上面平或有淺溝·托葉與葉柄不貼生·花未見·果倒卵形或橢圓形·頂部圓形·長三點五—四厘米·直徑三厘米·雌蕊柄長約四—五毫米·雄蕊脫落後的疤痕帶長約二—三毫米·成熟心皮一〇—一二枚·橢圓形·長一八—二二毫米·寬約一二毫米·頂端具細尖頭·種子在每一心皮內一—二顆·紅色·橢圓形或橢圓狀卵形·長七—一二毫米·寬約七毫米·

海南·安定·五指山·一九三二年一〇月八日·陳念劬·左景烈五〇一二二（模式標本）·五〇一二三·樂東·昌俄嶺·一九三六年七月一日·劉心祈九八二一九·東方·尖峯嶺·一九五三年五月一五日·陳汝愛·張冰明七六五四·

廣東・乳源・一九三六年一〇月一九日・李耀二〇七二・湖南・莽山・一九五六年九月三〇日・李丙貴五九・

本種與雲南產的光葉玉蘭（M. nitida W.W. Smith）接近・但後者果較大・長五—六點五厘米・橢圓狀長橢圓形・雌蕊羣柄長六—八毫米・雄蕊羣的疤痕帶較長・心皮及種子多數・

含笑屬Michelia Linn. *Michelia shiluensis* chun et Y. Wu, sp. nov.

石碌含笑　新種

小喬木・當年生小枝無毛・乾後黑色・較老的小枝暗灰色・稍粗糙・有縱長條紋・頂芽狹橢圓形・長一〇—一二毫米・徑四—五毫米・外面被橙黃色・有光澤・緊貼的柔毛・葉革質・兩面綠色・乾後變褐色・倒卵狀楔形・長八—一二厘米・中上部寬四點五—五厘米・急短尖・頂端鈍・基部楔形・通常偏斜・葉脈在葉面中部以上略下陷・中部以下具槽・側脈每邊一〇—一二條・纖細・網狀細脈稠密・上面較下面凸起・葉柄無托葉痕・細弱・基部膨大・長二—三厘米・托葉早落・花未見・果梗側生・長約二厘米・雌蕊羣柄長二—二點五厘米・直徑約三毫米・心皮多數不發育・被灰色小絨毛・成熟心皮少數（約四枚）・橢圓形・稍不對稱・果瓣長八—一〇毫米・寬五—八毫米・幾無皮孔・除邊緣具微絨毛外其餘無毛・種子腹面平・背面拱形・闊橢圓形・長八毫米・直徑六毫米・紅褐色・

海南・東方・石碌・霸王嶺・一九五八年・海南勘察隊（林業廳）九〇六六九（模式標本藏華南植物研究所標本室）・保亭・太平鄉・一九五一年八月一五日・羅光茂六〇一七九・

本種與莫氏含笑（M. maudiae Dunn）近似・但後者的區別點在於芽大・無毛・葉下面粉綠色・乾後稍帶粉白色・雌蕊羣柄基部膨大・圓錐狀・心皮無毛・成熟心皮較大・長一點二—二厘米・具顯著的皮孔・

香翰屏

一八九〇年生
一九七八年卒

字墨林・合浦人・初習法政・後轉陸軍・畢業廣東護國軍第五軍軍官講武堂・投粵軍第一師・由連營遞升至團長・民國十七年・升第四軍第十二師師長・二十一年・擢第一集團軍第二軍軍長兼廣州公安局局長・廣東中區綏靖委員・二十三年以忠言被謗・辭本兼各職・歸里韜養・二十五年奉召復出任第四路軍副總司令・二十六年・抗戰軍興・任第九集團軍代總司令・率部轉戰淞滬蘇浙各地・旋回粵重任第四路軍副總司令・二十八年・改第九集團軍副總司令兼第四戰區挺進隊東江指揮所主任・二十九年・調閩贛粵邊區總司令・勝利後・任廣州行轅副主任・廣州綏靖公署副主任・翰屏資兼文武・雖領師幹而文質彬彬・有儒將稱・善草書・以臨池爲樂・生平禮遇文士・爲世所重・暮齒流離・蟄居海澨・清苦自甘・卒年八十九・

黃子律先生暨德配鄧孺人雙壽序

聞之德彌劭者年彌高・仁愈宏者福愈大・是以高允布德・壽頌百齡・竇鈞施仁・福蔭五桂・信乎壽者酬也・乃至德之協應・福者備也・乃育仁之會歸・理有固然・非可倖致

也．

洪維中華民國四十八年七月廿一日爲吾友黃子律先生八旬晋二攬揆之辰．哲嗣張慶典．同人謀祝嘏．而命翰屏爲之辭．翰屏解甲息元朗．曩爲兒輩擇師．僉曰鍾聲校長．比抵校．覩哲嗣文而有禮．誘誨循循．乃命子女四人遊其門．已而識先生於春風化雨中．知其紹衣家學．淵源有自．爰述其懋德深仁．以爲先生壽．

先生籍寶安．淸贈儒林郎．敕授委用訓導增貢生品琮公之子也．生六月．嫡母喪．三歲而孤．匍匐即喪次．哀毀如成人．事生母陳太安人盡孝．四歲問書仲兄．默識二十四孝掌故．一日．見太安人績而淚．因跪問故．太安人以生計入不敷支告．先生急慰曰．盍埋兒．師郭巨得金故事乎．太安人去績．置諸膝．破涕爲笑．恒述於人前．時僅六齡耳．

太安人六旬時．右股患陰疽．七十日不能下牀．先生日夜侍其側．寸步弗離．太安人嬰宿酲．寢前須搗薑熨酒．和胡椒吞服．始眠酣．否則腹劇痛．先生數十年事之無倦．遇遠行備物惟謹．返必甘旨以奉．色養至九十有三．先生廿七歲．病幾殆．以未得終事老母．祈天永命．疾忽瘳．至誠格天．此純孝之德足述一也．

先生少孤．事兄如父．出告反面．盡其禮．事無大小．必稟而行．故兄弟間至老怡怡．曾爲兄納貲貤封司馬．並爲猶子援例入國學．蘄兄寵榮．而不吝財物．此敬兄之德足述二也．

先生律己嚴．五欺四知．時銘衾影．深惕孟子禍福求諸己之訓．病後課躬益密．日必自省辨功過．並焚香告天．今仍恪遵明聖經寶訓．守功過格弗怠．太甲曰．顧諟天之明命．詩云．相在爾室．尚不愧於屋漏．於先生得之．此修身之德足述三也．

先生饒智勇．初居鄉．適族人有與鄰莊姓以婚媾肇小釁者．適第三村早與有夙冤．欲藉此修怨．暗濟凶器．擬迓輪時突襲．圖一網得逞．族人已被推入陷阱中．先生洞燭其奸．以事迫．非有佛家我不入地獄誰入地獄之精神．兵家置之死地而後生之勇氣．不足弭巨變．而救全族．立邀集紳耆．飛奔至其地．於槍聲中竭力彈壓．禍遂以寢．全村賴安．至雪八命之寃．使石厦村一塵不驚．解林黃兩姓之門．免赤尾村螳臂當車之險．其後莊某因案株連．婦子睽而復合．寡姊侍婢逃遁．偵騎緝而復還．胥先生力也．此秉仁匡濟之足述四也．

先生幼劬於學．年廿四．以小三元補博士弟子員．尋授增貢生．鼎革後．明哲保身．不偏不黨．曾充香港江夏堂記室．旋棄去．深慨孔道凌夷．謂聖功基於蒙養．教育端自正始．乃歷主五柳美善達德等校講席．以朋友自遠．多感向隅．爰創立鍾聲小學於元朗．用期宏奬．甫期年．好評疊至．雖中厄倭氛．而氣益振．志益勵．戰後苦心孤詣．力事革新．黌舍巍然．裁成日衆．樹人大計．耆齒不忘．此宏仁敷教之足述五也．

抑又聞之．先生少時．相薄聲細．術者醫者．咸斷其年之不永．自祈天後．不但相脈頓變．今且登大耋．望期頤．豈天人感應．所以報施善人者歟．

夫居家則孝親敬兄．立己則砥節礪行．處世則與學成

務·此仁智之事·得一已難·先生乃兼有之·此荀卿所謂美意延年·易傳所謂積善之家·必有餘慶者·非偶然也·

德配鄧孺人系出名門·愔愔有桓少君風·先生嘗疾亟·孺人鬻婢濟醫藥·矢死以明其志節·先生有詩云·卿道果然眞化鶴·與君同到奈何天·蓋紀實也·先生大病後·淹纏累歲·生計益蹙·孺人百計支柱·復禱於帝君·果邀天眷·獲貲鉅萬·作降祥·天鑒之矣·

先生友于情篤·曾於處境寬時·闢一商肆以贍兄姪·已而折閱·屢空如昔·孺人坦然·仍躬操井臼·略無怨尤·至於敬老濟貧·慈卹嫠孤·事尤難以一二數·去臘花燭重逢·康疆相嬺·今冬十一月廿八日·爲七旬晋九生朝·魯頌曰·魯侯燕喜·令妻壽母·謂聲姜與成風也·孺人殆一身兼諸·

哲嗣劍白建五兩兄·克承庭訓·書香勿替·女五皆嬪高門·男女孫十九·幼學壯行·各有樹立·翰屏識先生有年·歡聯詩酒之餘·嘗與論學·恆惄焉於世衰道微·謂宜溥宣聖教·期經正民興·讜論危言·實佩之久·竊惟剝極思復·異時撥亂反正·先生將以伏生之年·明經學·覺後知·樂泰階昇平·享無量之福壽·豈不懿歟·然則彼蒼之錫以多福多壽·蓋非第篤一家之慶·誠欲存碩果以大牖斯民也·蘭玉稱觴戲綵之日·試誦此以諗賓座·二老人或輾然爲進一觴乎·

陸軍中將二等雲麾章國民大會代表弟香翰屏拜撰·

段四惕先生遺墨序

四惕先生書·取古篆隸諸家筆法以爲法·更轉勒勁·結體疏落·巧不逾矩·拙有餘姸·方之近代名家·幾虞壓倒·顧生前知之者鮮·死十年·夫人發其笥·得遺墨百十幀·都爲鑑賞家重金易去·先生書名始大顯·

翰屏生幸同時·緣慳一面·偶得至契梁君寒操壁間·見少無通俗韻聯語·墨酣筆暢·恢恢有容·叩之·即先生書也·因而求得世亂同南去詩箋小幅·並聞積有影片若干·竚待醵資彙印行世者·翰屏投荒海角·閒散無聊·因請任其責·携之香港·商之南天書業李君吉如承印·又得我東官宗人棣方·任釋文安排諸役·書遂告成·此豈徒彰先生能書·抑亦以貽臨池者以矩矱云爾·先生將無憾乎·壬子春三月合浦香翰屏序於九龍青山道枇杷晚翠之廬·時年八十有三歲·

梁式恒

一八九〇年生
一九□□年卒

字達常·番禺人·兩廣電報學堂畢業·歷充廣西及廣東電信局局長多年·先後開辦電報·電話·無線電收音等訓練班及電信人員養成所·粵桂兩省電信人員多由其培成·抗戰軍興·京滬陷落·式恒任桂電報局長·爲使電信與軍事配合·朝夕籌劃·擴充機線·使前後方聯絡賴以維持·桂柳危急·倉卒之間又率領員工七百餘人及器材數百噸作有秩序之撤退·厥功至偉·抵貴陽後·奉委爲交通部第三區電信管理局副局長兼第四戰區電信聯絡專員·勝利後·奉派廣東區電信接收委員·旋接任廣州電信局局長·殘破之餘·排除萬難·迅復舊觀·頒以獎章紀功·

廣東電信之沿革

我國自辦電信·始於遜清光緒七年十一月初八日即西元一八八一年十二月二十八日·迄今已有八十九年歷史·惟自籌架設電線·則起源於前清同治十三年（西元一八七四

年）．當時船政大臣沈葆楨．鑒於日本窺犯臺灣．局勢嚴重．爲靈通情報鞏固國防計．特會同閩浙總督李鶴年等．呈請清廷設置電線．清廷雖善其言．而疑慮不決．未即實行．迨光緒五年（西元一八七九年）．直督李鴻章．以南北洋事務緊要．消息貴乎靈通．且因關於國際交涉事件．中樞與駐外各使節．通信尤須迅捷．故興辦電報．不容再緩．當即雇用丹國電報技師自大沽北塘海口炮台至天津．架設電線．試通軍報．成績甚佳．乃於六年（西元一八八〇年）秋．於奏報巴西議約竣事摺中．附片請設「南北洋電報」並請先於軍餉內．籌款墊辦．俟辦成後．仿照輪船招商章程．擇公正商董．招股辦理．其文略謂．「用兵之道．必以神速爲貴．是以泰西各國．於講求鎗炮之外．水路則有快輪船．陸路則有火輪車．飛行絕迹．而數萬里海洋．欲速軍信．則又有電報之法．於是和則以玉帛相親．戰則以兵戎相見．海國如戶庭焉．近來俄羅斯．日本國．均效而行之．故由各國以至上海．莫不設立電報．瞬息之間．可以互相問答．獨中國文書．向恃驛遞．雖日行六百里加緊．亦已遲速懸殊．查俄國海線．可達上海．旱線可達恰克圖．其消息靈捷極矣．即如曾紀澤由俄國電報到上海祇須一日．而由上海至京城．現係輪船附寄．尚須六．七日到京．如遇海道不通．由驛必以十日爲期．是上海至京僅二千數百里．較之俄國至上海數萬里．消息反遲十倍．倘遇用兵之際．彼等外國軍信．速於中國．利害已判若徑庭．且其鐵甲等項兵船．在海洋日行千里．勢必聲東擊西．莫可測度．全賴軍報神速．相機調援．曾於大沽北塘海口炮台試電報．以達天津．號令各營．頃刻響應．從前傳遞電信．尤用洋字．必符翻譯而知．今日改用華文．較前更便．如傳秘要事．另立暗號．即經理電線者．亦不能知．斷無漏泄之慮．現自北洋以至南洋．調兵饋餉．在在具關緊要．亟宜設立電報．以通氣脈．如安置海線經費過多．且易蝕壞．如由天津陸路循運河以至江北．越長江由鎮江達上海安置旱線．即與外國通中國之電線相接．需費不過十數萬兩．半年可以告成．約計正線支線．橫亘須有三千餘里．沿路分設局棧．當年用費頗繁．擬由臣光於軍餉內酌籌墊辦．俟辦成後．仿照輪船招商章程．擇公正商董按股集資．俾令分年繳還本銀．嗣後即由官督商辦．聽其自取信資．以充經費．並由臣設立電報學堂．教練中國學生．自行經理．庶幾權自我操．持久不敝．如蒙諭允．應請飭下兩江總督．江蘇巡撫．漕河總督．轉行經過地方官．一體照料保護勿使損壞．臣爲防護緊要．反復籌思．所請南北洋設立電報．實屬有利無弊．」旋經清廷批准．並着妥速照辦．乃由李氏設立電報學堂於天津．聘請丹國技師傳爾森及克利欽生教習．訓練學員．又在天津成立電報總局．派盛宣懷充任總辦．並於津之紫竹林．大沽口．濟寧．清江浦．鎮江．蘇州．上海等七處．各設分局．自翌年（西元一八八一年）春起．開工設線．首尾並進．歷八閱月而工竣．共用湘平銀十七萬八千七百餘兩．乃定於是年十一月初八（西元一八八一年十二月廿八日）開放通報．此實爲國有電信之第一日．政府爲紀念以往．策勵來茲．特於民國三十六年明定每年此日爲電信紀念日．其用意實至深遠．

我國電信事業．自創辦以迄今日．其建設過程．可分爲

梁式恒

六個時期・

第一爲創辦時期・前清光緒七年（西元一八八一年）至宣統三年（西元一九一一年）・光緒七年津滬線完成・電報傳遞效用既彰・各省紛請增設・國庫不堪負擔・遂採用官督商辦制度・在全國商業繁盛區域・廣設電報機線・其他邊遠及貧脊地區・則未注意及之・嗣各省漸知電信之有利可圖・又紛紛架設官線・形成官商對峙・各不相謀・至光緒卅四年（西元一九〇八年）始將全國官商電信收回國營・在此時期電信事業雖粗具規模・但缺乏通盤計劃・未能奠定良好之基礎・

第二爲停滯時期・民國元年至民國十六年・民國成立以後・內戰時起・各省電信設備・多被破壞・陷於停頓・此爲電信最停滯之時・

第三爲發展時期・民國十六年至民國廿六年・北伐完成後・政府勵精圖治・電信建設突飛猛進・各大都市裝設自動電話・（廣州市於十六年起裝置）・奠定全國通信之基礎・在此十年中・事業本身之整頓與發展成就最多・

第四爲抗戰時期・民國廿六年至卅四年・抗戰軍興・大後方之電信設備不足以應需要・自政府西遷・即妥定計劃・以西南西北爲建設重心・在艱難困苦之中・完成西南西北通信網・使陪都重慶與各戰區均能直接聯絡・並構成防空情報網以防敵機轟炸・同時整修陳舊機件・加强民用通信・電信員工在此階段所表現之成績・殊屬不可磨滅・

第五爲復員□□時期・民國卅四年至卅八年・抗戰末期・勝利在望・乃遂照總統之「中國之命運」・籌劃重建大陸電信・復員後首從重慶至漢口・西安至徐州・漢口至南京・漢口至廣州・漢口至北平・南京至北平六大幹線之整修着手・各重要都市之電話・次第鳩工修復・對於外商在港登陸水線・則爲確保主權作進一步的決策・以領海內水線及電報收發權完全屬我爲原則・他如人事章則・財務管理等亦更臻嚴密・一面根據「迅速」・「準確」・「普通」諸目標・加强服務・不遺餘力・頗得中外之好評・不幸□□作亂・電信設備・每日不在破壞之中・電信員工爲配合軍事或身臨前線・努力强修・或堅守崗位維持通信・頗多可歌可泣之事績・

第六爲□□抗俄時期・即現階段之電信・卅八年軍事運轉・幸賴事先預作準備・存滬港大批材料及外滙款項安全轉移臺灣・並秉承政府建設臺灣之國策・員工同注一心・克難實踐・將臺灣電信從廢墟中再立基礎・由復舊而步入擴充・一切設備及業務量均已超過日據時代之數字甚多・配合軍事・便利民衆均有顯著之成績・

吾粵之有電信・有線電方面國內部份係於清光緒七年（西元一八八一年）津滬線竣工後・津滬電報總局招集商股繳還官本・並勸集商股先行接造由滬至粵沿海各陸線・翌年實行官督商辦・光緒九年展設蘇州經杭州・浦城・福州・廈門・汕頭・惠州以達廣州報線・稱爲滬廣幹線・光緒十四年官線已達南雄・光緒卅四年商線通達廣東各大埠・國際通信・亦於是年由東興與越南蒙開接線通報・無線電方面國內部分係於清光緒二十年間（西元一八九四年）・在廣東督署內及前山・威遠各要塞並各江防艦艇・設置馬可尼舊火花式

無線電機．以作江防通信之用．光緒廿五年（西元一八九九年）又增設新機裝設兩廣軍用無線電報機．民國初年．交通部在廣州設立電臺．民國十年．國父在廣州就任非常大總統．廣東正式設立無線電局．隸屬粵軍總司令部．初期專爲軍用．派鍾正玠爲首任局長．並向美國購置新式機件及聘請美國技術人員嘉雲等多人爲顧問．同時成立廣東無線電專門學校．訓練電務人員．一年畢業．惟僅辦一屆．以後即未續辦．又次第成立分局十處．兼收商報．民國十五年．總統領導北伐．第一軍和第四軍均配備無線電隊．隨軍北征．舊式電話．於開辦電信時期即已普遍設置．民國十六年．廣州市開始改用自動電話．民國廿四年交通部曾向英國標準電報電話公司訂購三．五瓩報話雙用機三部．分裝上海．漢口．廣州三處．此爲我國使用無線電話之始．旋又於汕頭廣州間．汕頭上海間添設無線電話．國際方面之無線電報通信．係於光緒廿六年（西元一九〇〇年）裝設廣州與河內．澳門．香港等直達電報電路．自此國際電報傳遞更爲迅捷．長途電話方面．民國廿一年．我國政府鑒於日本之圖我日亟．電信與國防之關係又極重要．利用美國庚款採購增音設備．積極建設全國長途電話網．民國廿三年架設華南各區長途幹線．工程極爲艱鉅．此外．廣東省政府與香港方面興辦廣州香港間地下電纜．內中卅餘對心線．裝用符荷線圈．線長一百六十餘公里．聲音極爲清晰．爲我國最早使用地下電纜之長途電話．廣州市內電話係於光緒廿九年（一九〇三年）興辦．其後由廣東省政府主辦裝用自動式機件．於民國十八年完成．歷年擴充達八千三百號．

廣東電報．原係兩廣合辦．設置兩廣電報總局於廣州．自清光緒卅三年（西元一九〇七年）分辦．分別在廣州及桂林設立電報總局．當時由於內戰相尋．電報機線．常遭破壞．迨至北伐告成．始漸次整修更新．國內報話通訊咸稱迅捷．七七事變前．廣東全省計有電信局八十餘處．有線電報機以莫爾斯機爲主．韋斯登快機爲輔．無線電以收發報機爲主．報話雙用機爲輔．抗戰時期．除有部分機件拆運後方以維持後方通信外．其餘因拆遷困難．損失甚重．抗戰勝利後．廣東電信．迅速恢復．機線設備．更臻完善．有線電路可由廣州直達蒼梧．衡陽．贛縣．韶關．興寧及香港．省內各地四通八達．無線電報電路可通海口．湛江．邕寧．柳州．貴陽．桂林．重慶．長沙．漢口．天津．南京．上海．福州．厦門．臺北．汕頭．．及湛江至海口．汕頭至上海．厦門．臺北等地．無線電話由廣州直達漢口．湛江．茂名．韶關．興寧．汕頭．昆明．貴陽．南京．上海．福州．厦門．臺北．並以超短波電路三路直通香港．及由湛江至海口．茂名．北海．茂名至海口．以及汕頭至厦門．福州等無線電話電路．短波電話由廣州至江門．蒼梧．衡陽．長沙．漢口．韶關及惠陽等地．並由江門至新昌．韶關至衡陽．贛縣等電路．因此營收倍增．民國三十五年．電信總局．擬將廣州電信局繼南京．上海．北平．天津．武漢．重慶之後．改制爲特等局．但以當時廣州市內電話係由廣州市府辦理．爲統一事權及加强發展．曾與廣州市府洽商收歸國營．所有一切債務由交通部清還．奈市府未予同意．以致改制未成．誠屬憾事．

以上所述．僅屬廣東電信事業數十年來變遷之大概．掛一漏萬．知所難免．回憶過去以至現在．電信事業已由最簡單之符號傳遞．發屬至衞星傳播之彩色電視．其進展之速．可謂一日千里．將來□□□□．電信事業之重建．必較抗戰勝利重建時期艱鉅百倍．尙所關懷電信之熱心人士．共謀重建發展電信事業．以適應新時代需要．則幸甚矣．

饒　鍔　一八九一年生　一九三二年卒

字鈍鉤．又字鈍安．晚號尊園居士．潮安人．讀書好古．尤長於考據之學．建天嘯樓蓄書五六萬卷．日夜鑽研其中．遺著有慈禧宮詞一卷．西湖山志十卷．饒氏家譜八卷．潮州藝文志若干卷．天嘯樓集五卷．

潮州西湖山志自序

宇內名蹟以西湖稱者三十有六．杭州最勝．粵東名西湖者凡三．惠州最勝．杭州西湖．余以癸丑四月曾遊其地．留連湖上．浹旬而後返．惠州西湖則心久眷慕之．而未能即往者也．潮州附郭之郊．有濠可半里．而窪然深以長者．因其居於城之西．亦名曰西湖．其上有山．嶄然屹立．以臨於湖之厓者．曰西湖之山．其山孤拔特起．高不百仞．而上多尋丈之石．穹谷湛巖．縱橫相錯．湖水則漪漣盪漾於其前．四時朝暮．風雨陰晴．雲煙嵐氣之卷舒．林鳥溪聲之唱和．物像意態．莫不各極其趣．固一郡登臨之勝也．

自唐迄清．湖山或顯或晦．改革而後．益荒蕪而不修．迨今副總指揮湘南洪公鎮潮之明年．政舉人和．慨然懷古．

始爬梳而掃除之．榛莽去而竹樹列．丘隴平而亭臺起．一泓之水．橫之以橋．半畝之田．闢而爲囿．於是昔之爲狐魅鼪鼯窟宅．人跡罕至之地．今則氓嬉士逸．往來絡繹．而足不停履矣．

余以州人．輒從公後遊其地．喜故迹之重新．又憾無好事者爲之徵文考獻．以誌其盛衰興廢．乃退而紬集見聞．參稽志乘．旁蒐遠討．訂僞補遺．而時輒附以己意．成西湖山志十卷．嗚呼．吾之爲是山志也．夫豈無意於其間哉．

凡天下名山水．苟得有能爲其山水增重之人至其地．徜徉憑吊．乃或發爲文辭．形諸歌詠．則後之讀其文與詩者．益爲之概慕不已．而其山水亦因之而爲世所重．若杭惠之西湖．其丘壑之勝．登臨之樂信美矣．然不有樂天東坡爲之遊止臨觀．形諸文章．播之篇什．又焉能聲施至今而不朽哉．潮州西湖．僻處海隅．形勝雖遠不及杭惠．顧自洪公重闢之後．煥然一新．已迥非曩日之舊．以公之武烈．固足爲茲山增重．而深崖窮谷之境．必有俟於幽潛之士而後彰者．庸詎知彼之能爲其山水增重之人．不因是接踵而至也哉．余故爲志以待之．

民國十三年歲次甲子夏月．潮安饒鍔自序於天嘯樓．

感舊詩存序

吾潮近日詩人之有聲於當世者．丘部長仙根之雄奇．曾參議剛甫之沉麗．丁主事叔雅之宕鬱．其片言隻字．往往流播海內．爲賢士大夫所傳頌矣．顧皆身後蕭條．遺編零落．部長有嶺雲海日樓詩鈔．歿後其稿失傳．主事之歿齒猶未也．而篇章亦放佚殆盡．參議則下世稍晚．詩雖流傳較廣．然近日番禺葉氏所蒐集刊布者．亦不及什之二三．則甚矣．文章之於世．傳之如此其難也．

揭陽郭子餐雪．工於吟詠．故與三先生友善．其平居唱和投贈之什夥矣．自三先生歿．郭子落莫無所向．既傷故人之逝．又愍其詩之散亡．於是悉集平昔所與往復者．釐爲一卷．曰感舊詩存．而俾余爲序．

余往讀向子期思舊賦．而歎士之負絕藝之終不可恃也．及讀王漁洋感舊集．又歎士雖不遇．乃至偃蹇以死．而文字猶有時得藉友朋之力以傳也．今郭子之集是編．固子期思舊之意．而其掇拾叢殘．使三先生之詩．終不至於全沒者．其功又豈在漁洋下哉．

夫人之於世也．得一友焉．雖不才．而聞其死未嘗不流連慨歎也．其人苟才．雖未與爲友．而聞其死．亦未嘗不流連慨歎也．夫不才而友．與非友而才．生或並世．或曠世而憫今弔古．猶不能無感焉．而況乎既友且才．生同時．處同里．風流蘊藉．有杯酒唱酬談笑之雅者．一旦離羣索居．繼以凋謝．而追念舊遊．摩挱遺墨．有不益爲欷歔太息者哉．此郭子於三先生之歿．所爲愴然若不可爲懷．而尤亟亟于是編之輯也．而余之爲郭子序是書也．眷懷先進．雖欲無動于中．其可得乎．

天嘯樓藏書目序

黃氏梨洲有言．讀書難．藏書更難．藏之久而不散則難之尤難．余謂天下之物．無有不散者也．奚獨夫書．嶺東藏書之家．最著者．首推豐順丁氏．而我邑城南林氏．西關朱氏．亦以富藏書有聲於時．丁氏之書．自雨生中丞歿後．未及十稔．已放失殆盡．朱氏所藏．後人亦不能守．其斷簡祕册．大半歸余．惟林氏書．今尚屹然無恙耳．

夫古人藏書．所爲讀書也．爲讀書而藏書．則書既得其用矣．書得其用．雖及身而散．有何不可．曾見孫慶曾所藏書．書盡處輒鈐一印曰．得者保之．蓋孫氏明知書之必散．故爲此放達之言．其襟懷誠有不可及者．

吾家世業農商．至鍔之曾祖行輩．始以儒業顯．然所肄習．大抵科舉帖括之文．少時見先世所遺舊書二櫥中．惟四書．五經．易知錄及兔園寒陋小册數十種而已．自先仲兄次雲．性好購書．尤喜談詩文小學．所蓄書乃稍稍出於時文之外．而鍔幼侍兄讀．雅有同好．見兄買書輒喜．猶苦未得徑塗．後從坊肆得張文襄書目答問．購歸閱之．始憬然於天下之大．作者之衆．而學問之事．眞淵博無涯涘矣．

由是輒就性所喜者．按目尋購．日就月將．遂積至五六千卷．辛亥之變．余留滯鮀江．行篋所藏．盡淪兵火．歸里而後．復重以喪亂．而舊家之書．因亂散佚．余反得以賤價．從容兼收．四五月間．復增益至萬餘卷．迨甲寅屏居海上．於江浙舊藏．復別有所弋獲．十餘年來．或鈔或購．羅置益夥．今古前後所得．已居然六七萬卷矣．

昔顧炎武之曾祖蓄書．但求有字．而牙籤錦軸．不計其工．余性固嗜書．而不喜擇古本．不爭價値．惟求有字．與顧氏同．又賦性疏惰．當其欲而未得．百方搜購．往往形諸夢寐．及其既得．則如獲異珍．盡日夜哦誦．丹鉛讎校．狠

藉滿紙・既終篇・又忽棄置・不甚愛惜・此又與時流藏書家之矜詡宋元舊槧・珍祕不示人者有異趣也・

今歲之春・閒居無事・略就舊所藏者・重加整理・爲之區分位置・而庋之一樓・復編集爲目錄二冊・俾便查檢・嗟乎・余之喜蓄簡籍・用力可謂勤矣・憶往與先兄讀書樓中・嘗約同遍覽全史・今言猶在耳・而先兄下世・忽已六年・余竟以人事覊牽・未能克踐宿願・爲之泫然且愧・苟天假之緣・或得遂吾初志・則繼此以往・我其終老於書叢矣・

永樂大典目錄跋

右永樂大典目錄六十卷・共二十四冊・山西靈石楊氏連筠簃叢書內・抽出單行本也・首有文皇御製序・考明實錄・成祖永樂元年癸未秋七月・（藝風堂文續集卷四作九月）諭翰林侍讀學士解縉等・發祕閣書・按韻字類聚經史子集百家天文地志陰陽醫卜僧道技藝之言・備輯爲一書・明年十一月・進所纂韻書・賜名文獻大成・與其事者・凡一百四十七人・既而上覽所進書・尚多未備・遂命重修・敕太子少師姚廣孝・侍郎劉季篪・與縉同監修・而以翰林學士王景・侍讀學士王達等爲副總裁・徵召中外官・及四方老師宿儒・緇流羽士・有文學者充纂修・國學郡縣學能書生員繕寫・開館於文淵閣・命光祿寺給朝暮膳・與其事者・凡二千一百六十九人・至五年十一月書成・更賜名永樂大典・即此書也・凡二萬二千八百七十七卷・共萬二千冊・（按此書卷數各家紀錄不同・酌中志作二萬二千八百七十卷・一萬一千九十五冊・養新錄作二萬二千二百十一卷・一萬一千九十五冊・鮚埼亭集作二萬二千七百七十七卷・台凡例目錄共一萬二千冊・御製文序作二萬二千九百三十七卷一萬二千冊）御製文以冠之・以卷帙浩繁・未能刊木・後移貯文樓・孝宗雅好讀書・常置案頭索覽・嘉靖四十一年壬戌・三殿災・世宗亟命救出・書幸無恙・明年・詔閣臣徐楷照式撫鈔一部・書手凡一百八十八人・每人日鈔三紙・每紙三十行・每行二十八字・至隆慶改元始畢・正本貯文淵閣・順治中・移入乾清宮・副本貯皇史宬・雍正中移貯翰林院・（按嘯亭雜錄云・嘗聞徐崑山先生述聞・李穆堂侍郎言皇史宬所藏永樂大典較今翰林院所貯者多一千餘本・蓋即姚廣孝解縉所修初本・繕寫精工・非隆慶間謄本之所能及・似翰林院所貯之外皇史宬別有藏本・又藝風堂文集永樂大典考・嘉靖中選禮部儒士程道南等一百人重錄正副二本・命高拱張居正校理錄畢・仍歸原本於南京・其正本貯文淵閣副本貯皇史宬似文淵閣皇史宬之外・又有原本貯在南京者・正本至嘉慶丁巳・乾清宮災・遂燬於火・副本則雍正時已失去二千餘冊・及光緒庚子拳匪倡亂・毀翰林院・攻各國使館・於是所稱碩果僅存之永樂大典・已盡付劫灰矣・）當時此書多爲各國使臣取去聞東京英倫博物院中尚有此冊（此目錄二十四冊・可謂珠亡櫝在・後之覽者・亦可見當時風尚・其神魄之大・搜羅之富・有非後世類書叢書・所可比擬也・）

又按大典一書・舊時皆備官家乙覽・外臣鮮得賜觀・雍正時臨川李穆堂侍郎紱在書局始借觀之・乾隆壬寅・大興朱笥河學士筠・請將大典古書善本・世所罕見者・擇取繕寫・各自爲書・以復舊觀・得旨允行・今四庫全書中從永樂大典鈔出者・經部六十六種・史部四十一種・子部一百三種・集部一百七十五種・共四千九百二十六卷・其後錢心壺給諫儀吉・又曾請重輯大典・未盡之書・雖議格不行・然前後私家至翰苑鈔錄者・實繁有徒・如全謝山先生祖望・徐星伯先生松・胡書農學士敬・孫文靖公爾準・繆筱珊太史荃孫・皆於四庫所收之外・鈔輯不少云・

蕁園記

己巳十一月・余構天嘯樓落成・明年二月・於樓之下度隙地爲閣南向・而名之曰飲光・閣之西繚以短垣・中植篁篠・曰浮筠塢・其東曰盟鷗榭・榭之上爲四望臺・而曲池之水・環榭東流・來會除下・於是構亭池上・而橋其兩端・名

亭曰湛然·名橋曰碧虹·循池東北行·攀石磴·登小山·及其巔·復有亭翼然·曰引翠·由亭下山·折而南·入山洞·一徑度石梁·陂陀起伏·築室其傍·曰雙簃·簃之前·地稍平坦·曰拙窩·有門曰畫中遊·出門·雜蒔薜荔梅桂之屬·曰綠陰深處·由此西行·可達逑軒·其傍更闢小門·與盟鷗榭相値·即內室入園之通道·而余署其額曰北垞·自北垞迴行至飲光閣·周其地廣袤不及畝·雖蕞爾不足道·然樹焉·石焉·池焉·橋焉·亭焉·榭焉·修廊曲折·儼若園然·故余遂亦園之·而謂之蒪者·蒪即茆·取詩思樂泮水·薄采其茆之義也·

曾讀曾子固宜黃縣學記云·凡人起居飲食動作·至於修身爲天下國家·皆自學出·由子固之言觀之·則人之於學也·其可少乎哉·然非造之深·味之久·終莫能至於道致其用也夫·余曩者·亦曾從事於此矣·爲之勤而未始有得也·今幸獲有斯園以居·優遊偃息·俯仰從容·無所繫於其中·而浩然有以自足·其於爲天下國家·固非吾今者之事也·而修身養氣·强勉問學·則敢不惟日孜孜·蓋余自是將屏人事·絕嗜欲·發樓上藏書而耽玩之·以蘄由學進而知道之味·如詩采茆之譬·且以是詔我後之人·使曉然於立身處世·一胥以學爲本·舍此而求樹立·固末由也·既以名園·並爲園記·而命長男宗頤書而鐫諸壁·俾時省覽·知警惕云·

重修泗坑友溪公祠碑記

木生乎土·成於榦·而蓊鬱於枝葉·水出乎山·流於地·而汜濫於江海·人之生也·始於一人·而衍爲百千萬人·其浸假以滋蔓·猶乎木之與水也·宗祠也者·君子所以敦本睦族·明血統·別親疏·而嚴昭穆之序者也·故愼終追遠·子孫之於祖考·人譬之木本水源云·

我饒氏自宋末四郎公由汀州遷潮之神泉·四傳至元貞公·當元之季·始避兵程鄉·來家松口·其初卜居銅盤·越六世而再遷泗坑者·是爲友溪公·神泉銅盤故皆有宗祠·以祀始遷之祖·惟泗坑自公遷後·歷祀二百·宗祠始克成立·今距建祠時又百餘年矣·歲久不修·棟宇漸以圮壞·於是公之後人子康·震我·樣夫等·慨然追念先澤·將葺而重新之·乃寓書潮安·來謀於鍔·蓋鍔之先世·亦友溪公之苗裔也·自友溪公之徙泗坑·迄於今茲·十有四葉·而坑上孫枝·屈指僅百有餘人·其由泗坑遷宅他所者·如惠州台灣·胥出於公之後·雖閱世近·而生聚較之坑上尤盛·即吾潮安之饒·數十年間·亦丁口進至五六十人·則公之明德遠矣·

子康之尊人鏡彬先生·嘗謂鍔曰·二世祖妣廖孺人墓在馬山之下·環墓山明水秀·談堪輿者推爲松口第一·而靈氣所鍾·故老相傳·謂尤利於遠方之嗣人·是語也·其信然耶·吾聞饒氏自明以來·泗坑一派·累代孝悌相繼·以力田教其子孫·未嘗一登仕籍·昔人稱賢者之後·必有大興·今子康果負儁才·歷宰繁邑·宦績卓然·而震我樣夫·又皆少年英俊·眞樸有文·樣夫尤盡心敦本致敬之義·曾出財收掩族祖無後之塚數十起·爲宗族里黨所稱·是泗坑之饒·歷祖潛德隱行之未食其報者·觀於子康樣夫·蓋自是流慶將無窮矣·祠凡若干楹·中祀友溪公·自公以下十四世·旁列附

享．子康等既倡修於始．鍔亦捐金以助其成．既訖事．坑上宗人僉謂鍔宜製文以誌歲月．鍔誼不可辭．乃爲述吾宗遷徙始末．與夫先德垂留之厚．爲吾人所宜加勸者．俾樣夫歸刻諸壁云．

區芳浦

一八九一年生　一九五一年卒

名普春．以字行．南海人．兩廣高等工業學堂卒業．初供職德慶東莞五華諸縣府．旋任教省立第一中學等校．民國十五年轉充師旅團政訓人員．受知於總戎陳濟棠．累升至第八路總指揮部政治部主任．並兼攝梧州市長．廿一年奉簡爲廣東省政府財政廳廳長兼財政部廣東財政特派員．在位四年．整理國稅省稅．開源節流．庫有盈餘．實業以興．粵民誦之．抗戰時出任農林部高等顧問．兼總務司長．逾年辭職．三十八年春．再任廣東財政廳長．時軍事倥傯．度支短絀．夙夜屏營．憂勞致疾．迫以病辭．赴美求醫．逾年卒．春秋六十有三．芳浦器度端凝．好讀書．工書法．著有「讀書扎記」「見聞雜錄」「澹園吟草」「澹園文集」．

廣東財政紀實序

古者理財之政．莫備於周官．太宰司會所掌．以九貢九賦九功九式之法．致邦國之財用．而其會計又以參互攷日成．月要攷月成．歲會攷歲會．錯綜而鈎稽之．審核精嚴．實開後世計學之祖．史記平準．於此濫觴．近代東西洋各國．導源分流．尤其後焉者爾．

吾粵財政．清末有財政說明書．民國以來．迭有刋品．以財政要覽較爲詳明．其餘月刋公報等．然皆就事登錄．或略而弗詳．詳而弗要．或囿於行政範圍．別重措施方面．夫以粵省之大．收入之繁．不可無以紀實也．援集僚屬．詳攷周咨．窮日月之力．成財政紀實一書．舉凡財政機關之沿革．光復後之變遷．紀元以來收支之實數．金融變遷之狀況．咸朗若列眉．不獨攷查計政者．得所導師．即人民納稅．亦曉然於財政公開之態度．罔或疑慮．其效用之大．又不僅備列一省之蓋藏已也．

抑又聞之．國家藏富於民．百姓不足．君孰與足．古有明訓．吾粵歲收繁頣．比以三年施政計劃．歲入之數．不僅如周制十一之征．然皆取之於民．用之於民．如孟子所云．多取之不爲虐．況斯編所列於財政歷史遞嬗之遷流．與今後財政之新趨勢．窮源竟委．包括靡遺．使百粵之民．家喻戶曉．增長生計之智識．其觀感又當何如耶．

書既成．爰詮次其顛末於簡端．以諗來者．民國廿二年十二月．南海區芳浦序．

陳濟棠

一八九〇年生　一九五四年卒

字伯南．防城人．早歲加入同盟會．民國二年．畢業廣東陸軍軍官速成學校．由下級官佐遞升至旅長．十四年．任第四軍第十一師長．駐防高雷欽廉．從事綏靖工作．旋與所部不協．請假赴蘇俄考察．十六年回任．調駐廣州．翌年．升任第四軍軍長．晋國民革命軍第八路軍總指揮．兼廣東編遣區主任．與廣東省主席陳銘樞並肩而治．對肅清土匪．修築公路．興辦教育．建設地方發展航運等．成績斐然．十八年．創辦廣東軍事政治學校．自兼校長．培養訓練軍事與行政人材．二十五年．出任抗日救國軍西南聯軍總司令．二十六年下野出洋．回居香港．日軍侵港．冒險出走．間關入渝．中央任以農林部長．勝利後．奉派兩廣宣慰使．三十八年．出任海南行政長官．旋赴台灣．受聘爲總統府資政及戰略顧問．越五年病逝台北．

重刊孝經註解序

孝經一書．孔子爲曾子傳孝道而作也．自孔安國註古文．鄭康成註今文．晋武撰講義．梁武著義疏．經說久風行於世．顧猶未列之學官也．厥後唐玄宗御註．開成間刻石國子學．孝經乃與五經並重．自宋而後．司馬君實．朱晦庵．吳草廬諸先生爲之解指．刋誤考訂．微言大義．益復賅備．於以垂教萬世．陶淑羣倫．通神明而光四海．教澤之涵濡．誠敻乎其不可尚哉．

夫孝者．天之經也．地之義也．衆德之基．而百行之原也．以正人心．以敦教化．以篤民彝．以弭亂源．舍此蓋末由也．故經曰．聖人因親以敎愛．則其敎不肅而成．其政不嚴而治．所由天下和平．灾害不生．禍亂不作者．胥是道也．

喪亂以來．政失常軌．士騖奇衺．人趨偏激．禮教廢隳．綱維盡圮．以浪漫爲開明．蔑倫紀於敝屣．甚者搢紳士夫．儼然人望．而內行瑣瑣．天親之愛．庭闈之間．乃至不堪問道．嗚呼．夜氣梏亡．横流瀰漫．有心世道者．所爲悁悁然悲．以爲居中國．去人倫．率獸食人．人將相食．禍變之來．殆罔知所終極也．

濟棠積苦兵間．未嘗學問．恫大道之淪胥．懍危亡之無日．竊謂欲弭今日之亂．必自正人心始．正人心必自尊崇孔孟．保持人人固有之道德始．庸言庸行．易知易能．返而求諸本原之地．放而施諸四海之內．則孰有逾於孝者哉．爰於軍事之暇．取坊間唐玄宗御註司馬光指解孝經原本．釐其章句．訂其訛謬．付梓重刊．飭發軍校．俾人手一編．朝夕探討．以涵養其德性．濬發其孝思．遠紹古昔聖賢以孝治天下之盛治．並樹末流放僻邪侈之大防．夫而後人心可得而正．教化可得而施．民彝可得而保．大道昌明．亂源自塞．傳曰．人人親其親長其長．而天下平．夫孰知郅治之隆．固起化於庭闈之內哉．中華民國二十二年癸酉八月　日陳濟棠．

香港脫險記

日寇在香港爆發戰爭時．余適在港．在未脫險前．有傳余已被捕者．有傳余已在廣州播音者．有傳余已在南京者．飛語流言．不一而足．海內外人士．疑信參半．及後知余確已脫險歸來．謠言頓息．惟能知當時經過實情者蓋鮮．知交過訪．輒殷殷垂詢．惟余生性木訥寡言．此事又非短語所能盡述．故往往不願置答．即答亦不能詳盡．此殊有負友好拳拳關切之意也．茲略述梗概．以備必要時瀏覽焉．

民國卅年時余在渝長農林部．七月十九日（舊曆六月二十一日）忽接香港來電．乃中西醫生聯名拍發者．云內子莫潄英血中尿毒病．人事藥物俱已用盡．無法挽救．余閱電後．以妻病危子幼．非余返港一行．將無人能決策主理．遂決意向蔣總裁請假．廿一日適星期日．乃專函陳布雷先生．代我陳請．即日邀准假廿天．廿三日即乘飛機抵港．與各中西醫生會面．皆謂現時藥物．對血中尿毒症．尚未有所發明．今所希望者．只病人本身力量．足以抵抗而已．直至假

陳濟棠

期已滿・病狀仍無進步・復續假三十天・嗣後略有轉機・乃作回渝計・不料太平洋戰爭突發・八日晨七時・日機竟飛臨九龍啓德機場投彈・其聲隆然・余當時不信家人防空演習之說・即時乘車至醫院視內子・及至・則醫院已奉令限病人即日離院・移醫院交軍用矣・余乃以車載內子及長女佩馨歸東山台住宅（是時佩馨女適傷寒症愈後）・復遣車至對海九龍接小兒等・而港政府已於此時下令・禁止九龍居民渡海來港・故兒等無法前來・江君茂森與其眷屬亦同被困九龍・江君乃代余照料兒子者・余急以電話請羅紳旭和來・約同見港督交涉・下午二時羅紳至・同車先至警司署・已得特別准許・故無須再見港督矣・四時九龍家人與茂森眷屬均連袂渡海而來・余心稍安・惟東山台住宅・既無防空洞設備・又無糧儲蓄・難題孔多・未易解決也・旋得友人孫家哲君送來白米五大庣包・並附以臘肉鹹菜等・鄰居馮强家君有一防空洞・翌日得其允許・乃令小兒等先行入洞・三日後復於馮强家屋簷下張帆布帳幕・置行軍床於其下・爲內子漱英下榻之所・余與江茂森君則席地而臥・敵機至始行入洞・至諸孩子在洞住者・日久在洞中・余感空氣不足・易於生病・故常出屋邊瞭望・敵砲彈落於何處・以便照料孩子離洞・規定短小時間・呼吸新鮮空氣・余戎馬半生・此種生活・本已爲尋常見慣之事・但內子病未痊癒・諸看護又爲軍事調用・李醫生雖介紹一看護・但該看護竟到一日則離去矣・子女均屬幼稚・忽逢此劇變・於吾心不無戚戚然矣・三日內李樹培醫生・每日尚到東山台住宅・與內子打針一次・在槍林彈雨中・李醫生猶能前來・令余感甚・

當時唯一上策・惟有能及早離港耳・八號午後・我已請陳籌碩同志用余名義代電蔣總裁懇派機前來・接余及家屬赴渝・十日荷復電照准・余喜可知矣・不意十一日九龍匪徒大肆劫掠・秩序紊亂・且聞來機已在南雄失事・十三日啓德機場又復失守・乘機赴渝之擧・乃告絕望・自時余益陷於艱苦之途矣・在此數日間・余與內子籌商再四・俱不能盡一善策・至十八日・敵已渡海登陸・在銅鑼灣作戰甚劇・余已知香港決難久守・內子亦以事急不忍以私情害公義・乃告余曰・「日寇欲得子以爲傀儡者必甚於他人・子一生革命歷史・將何以自保・晚節將何以自全・其化裝私行毋稍需需・事之賊也」・余早有此意・惟恐傷內子之心・故不忍言・今內子先我言之・言以一婦人・能明大義若此・心極感佩・即將寄子託妻之重任・付託江茂森君・時適有何予珍女士來・乃化裝偕行・至跑馬地・覓得四邑商人鄒某・其時砲火連天・鄒云・「目前無辦法・汝可暫至嶺南學校俟停戰三天內・我去接汝・」何並云・「人少不能籌劃潛行・須配備二三十人乃可」・其言奇異・令人生疑・夫化裝私行者所以避耳目求機密耳・而集衆策劃・人龐言雜・適足可僨事・何其矛盾至此・余深恐其鹵莽敗吾事・遂復折回東山台住宅・覓友人沈以甘籌商善策・時鄧瑞人・張之英・黃居素等亦來會・鄧云・「我鹽公司有林紹榮其人者・機警可靠・可否請他帶汝出險耶」・余頷之・鄧即以電話告林君・謂茲介紹摯友到君處・有要事奉商・如見面時・請妥爲照料云云・十九日午・余即化裝再下山・臨行時・召兒女云・有人問我行踪・可言我於十二日乘飛機到重慶去矣」・對內子云・「余

生平行事・一本正義仁愛・昔日歷險已多・均能履險如夷・此行可決無危險・汝可安心・今後余暫改名爲何養・此名是我革命時所用之名・是余幼時乳名也・惟汝病後體弱・復以衆子女相累・則誠苦汝矣・今後須以人爲重・不必以財物爲念也」・復囑江君茂森云・「汝須負責盡忠・爲余照料家人」・時沈以甘君即遣一僕爲余負行李而行・是時也・家憂國難・叢集藐躬・離妻別子・孑身孤竄・余腸幾寸寸斷矣・余未至林君處・先赴鳳飛台道正中學校・此校爲黃君冠章所主辦・既至・砲火甚烈・冠章與余至一靠近坭牆較厚之室・認爲比較安全也・校址與吾兄維周所避居之房子・距離甚近・乃往訪之・談時略進粥糜充飢・維兄邀余暫時同居・余謂吾已決心離港矣・彼復詢余今後通信地址・余謂逃難人見機行事・實無定所・遂返校・時念白樂天詩句「田園寥落干戈後・骨肉流離道路中」・不禁黯然自傷矣・

是夕在校中・長兒樹坤到來作伴・共榻臥・與內子臨別後・除零用外・予我金錢數枚・以備萬一之需・媳婦樹坤妻與冠章太太將金錢爲余藏縫鞋底・終宵勞碌・代余整裝・廿日晨到鳳輝台下十一號林君紹榮處・彼此不相識・彼問我何人來有何事・余答云我乃陳某・來請汝帶我內地去・彼云・此事關係重大・恐負不起責任・余聞言・知其不輕諾・已決其必不寡信矣・且觀其人厚重機智・信其可託也・乃以國家大義責之・彼甚爲感動・遂意決・是夜彼預爲策劃・終夜佈置・廿一日早・囑余至雲咸街華僑中學暫住數日・俟停戰三天內彼來會面云・當取米約卅斤・並臘味鹹菜等・遣其堂表弟某甲隨余・又以五十元酎金搭某一公家汽車而往・抵校・即以電話至以甘・詢問余家人消息・彼云・「自十九日君離去後約二小時・東山台馮强家宅即中砲彈起火・燃燒甚烈・貴眷均在馮宅下防空洞・不能出・幾乎全葬烈燄中矣・幸得自衞隊救熄・現令夫人既攜長女佩馨・幼子得寧・乘馬醫生車赴中環伍梯雲夫人家・其餘子女均赴藍塘道孫家哲家去矣」・余驚慰交感之餘・乃回憶當九龍匪風最熾時・余本維持地方治安之心・撥出手槍兩枝・提倡組織東山台自衞隊・餘盡用木棒作武器・不料此次竟賴自衞隊之力・免家人於大難・余平素恆言・「救人即所以救己」・至此乃知益信而有徵矣・當救火時砲彈續續而至・自衞隊不避危險・卒死傷數人・其勇敢誠足多者・余至今仍耿耿不能忘懷・恆思有以能報之一日也・廿二日至廿六日以自來水大鐵管被炸裂・飲水來源告絕・某甲雖赴山洞取水・然杯水不足以蘇涸鮒・有時取不到・無以爲炊・幸行李中內子於余臨行時・置餅乾一罐・鮮橙數枚・得以稍解饑渴・廿五日香港已全告陷落・自此余遂置身於敵人勢力範圍之下矣・日人索余益急・危機四伏・隨時有被捕之虞・幸余生平素養・每遇大事・均以鎮靜處之・故始終心思不亂・下午七時余以爲電話必不通矣・始一試之・竟能與以甘通話・深以爲奇・以甘云・此處旁人不少・非汝同道・請不必多說話・蓋深恐洩漏也・

該華僑中學尚有學生十餘人居住・每於日夜間・或唱歌・或唱留聲機器・或打麻將・及其他賭博・置戰爭慘酷於腦後・余更感慨此殖民地之教育・誤我國家民族不少也・

廿七日下午五時・林君依約來會・認爲居此多日・不宜再留・乃引余至中環興發祥號・此店是鄧瑞人之姪所開設

者・林君每日必外出・夜必歸來與我作伴・余以多日臥無墊褥・腰部受寒劇痛・雖飲食亦不能起坐・林君欲爲我聘醫生・余以港中醫生・著名者均爲余所素識・故寧忍痛・不允許也・不意兩天後・林竟與我同病・余反轉促其覓醫・謂汝食藥效驗・我可照劑服矣・彼乃往覓著名中醫羅某就診・三服而痊・彼僞對羅云・「予有長兄約年五十與予同病・但平時胃弱・可依方服藥否・」羅云・「吾方至神・何不可耶」・余遂照服之・確然而癒・時腰痛雖止・然蜷伏蟄居・如坐針氈・自忖萬一遭捕・何以自處・自不能不預爲之計・乃自語曰・「讀聖賢書・所爲何事・孟子不云乎・生亦我所欲也・義亦我所欲也・二者不可得兼・則舍生而取義・今日余所處境遇・則其言不啻爲余說法矣・」便即遣林君至以甘處取鴉片錢餘・預爲成仁取義之具・僞云・預備肚痛時藉以自療・林君更爲覓命書龜殼等・以備必要時可化裝爲星相士・掩人耳目・卅一年元月三日以甘來云・「汪已派僞廣東民政廳長某到處尋訪・謂汪渴欲公出任軍事委員會委員長・余始知日人廣張網羅之餘・僞組織者更甘爲鷹犬矣・余心更添一層憂慮・四日更有前十餘年之友二人來訪・勸余暫行隱匿・勿作逃遁想・待必要時・可出面維持大局・意圖脫逃・實屬危險・並邀我住某人家中・謂可保無虞・余已喻其來意・即答曰・「革命者只有走直線・不能走曲線・更不能作投機之想・余爲三民主義信徒・豈能爲個人利害計耶」・復出所藏鴉片示之・以表決心・彼等見余堅決・知不可奪志・乃曰・「吾等實無他意・不過以此時圖衝破羅網求免脫・事實危險不能行・意欲保全吾公・留作中國政治一線生機・故來勸阻耳・見仁見智・不能强同・公既如是其堅而決・吾等亦復何言」・遂興辭而退・余於彼等行後・知興發祥更不能留・遂於五日遷至一賣白粥小店寄住・租一小房・訂明月給其一百元・與賣白粥及賣漿餅爲活者作友約一星期・早晚在室內小房散步數十步，以免體弱・增加步行逃難之足力・與林君約・此後少來往・用避人耳目・自五日至九日無日不急圖渡海過九龍入粵・然日人無日不鎗殺渡海者・不敢行・林君認此路線過於危險・不若及早改變・於九日晚謂余曰・「汝如能耐苦者・可由西環坐小船赴大澳・總較渡九龍被日人鎗殺爲佳・」余深以爲然・余在興發祥號時・居住樓上・該號夥伴・多日出夜歸・至夜間・余恆詢其日中所見所聞之事・具知日寇在港・每日不是殘殺同胞・便是强姦婦女・若一一記之・誠恐罄竹難盡・茲略記一事・亦足以概其餘矣・有某賣米店・店外以長繩攔阻行人・而有證購米者方許入繩內待購・有一少婦・携一年約三齡之小孩・越繩而入・日兵見之・乃即捕之・褫其衣・婦以爲日兵之所欲者・在取其衣耳・欲行又不許・復褫其裳・婦拒之・日兵親自强褫・致全身赤然露衆目・婦羞極而泣・孩亦大啼・且時嚴寒戰慄・抱孩遁入附近一店中・幸店主憐其遇・取舊衣裳與之・倭寇雖日日以中日親善欺人・但其所爲・已令人痛恨入骨髓・永永不忘・行見其心勞日絀・慘受苦報之補也・

十日林君赴西環偵查・果無日兵在・吾意益決・十一日四時卅分鐘・即啓程・計至西環須步行十五里・沿途目擊持證購米者・踵趾相接・長數里・每人每日限購米六両四錢・在淒風慘雨中・體弱者往往暈倒路側・亦有鵠立終日・空手

而歸者・百年繁盛之香港・曾幾何時・竟成一鬼市地獄・余心酸楚萬狀・不禁慨然淚下矣・上午七時已抵西環・竟發現猙獰之日憲兵兩名・持鎗岸立・然誠出余意料之外・當時林不化裝・余隨之・儼然爲一隨從・日兵先搜余身・見有興發祥名片一張・鴉片一盒・別無長物・認我爲黑籍中人・另眼相看・揮手令去・再搜林君・取去港幣廿元・亦准通過・凡行人經過者・多數樂於納賄・以免留難・聞其日中收入・爲數不菲也・余當時一若漏網之魚・倏然急與林君下舟而逃・余幸於此日行耳・次日・倭寇爲搜索所欲捕得之人，即一律禁止出口・此誠不幸中之大幸也・船駛未遠・又遇倭寇小輪・被搜查・幸亦無事・至中途・忽遇一快艇・上載盜七人・圖截劫・船夫令吾等勿聲張・拉足帆悝急駛・船去如箭・賊睹狀追之不及・亦不開鎗・惟望洋興嘆而已・下午二時抵大澳・香港鹽公司有辦事處於此・店中辦事三員・亦爲林君所素識者・大澳本屬於香港之島嶼・已有日兵一連駐守・彼時余雖未能脫離虎口・然比之蟄伏香港時・心情已較安寧矣・

在大澳住鹽公司・市上海鮮充斥・余食指大動・日日入廚自事烹調・有人問林君曰・「此何人歟」・林以新來廚役對・余爲安全計・亦樂於以廚役自居・是時與林君商決・循鹽公司運鹽路線入山中・惟靜待一星期始有船・當時海面不靖・約聯合三舟同行・林爲人極精細・一切稍涉違禁物品・一概棄置不運・辦事人中有欲介紹某鄉人某附舟返里・乃順德人・在港曾充教授者・攜妻一・前亦執教鞭於某校・生一子僅十二天・林以舟小人多爲辭・未允所請・余睹狀・心爲惻然・對林云・「同是逃難同胞・抑何拒之之甚耶」・林云・「再加彼等・汝臥處亦將發生問題矣・」余謂・「此時豈是求安適之時耶」・林不得已許之・十七日下午三時啓碇・倭寇檢查船來檢查・其兩船無女眷者・皆准許放行・檢查至船・見有婦人在・凝視良久・隨曰・「此姑娘殊不惡」・余船遂被扣留・並說明天始准放行・如不遵令・永不准汝等離大澳云云・林此時頗怪余・且謂產婦汚穢・招此災危・爲意中之事也・目睹兩舟聯翩行・吾舟獨留・余心亦爲忐忑不安・林據理與日人力爭・謂留難實無理由・繼之日人非理可喻・復謂婦人產子僅數日・留之無異獲石田・愼毋作耕耘想・日人熟思良久・始悟・卒許開船・此時比其他兩舟約遲六十分鐘矣・苟非產婦・雖有韓柳之筆・蘇張之舌・恐無濟於事矣・惟時値寒冬・西北風頗大・浪湧如山・船輕小無貨・危險孰甚・余在此一小時內・吐嘔數次・其苦不堪言狀・船剛出口・東南風大作・嚴冬遇此・可謂奇事・於十七日下午四時張帆行・夜半十二時已抵中山縣民衆埠・昔日李青蓮「朝辭白帝彩雲間・千里江陵一日還」・想亦不過如是耳・是誠一快事也・民衆爲僞組織地區・因須覓人帶路・故逗留四天・旋查知自大澳約同連駛之兩船・已遭賊劫・無一到達・余以一念之善・竟免於大禍・豈冥冥中・固有主宰耶・廿一日乘小船經順德大良・是夜宿舟中・翌日繼向新會猪頭山進發・猪頭山乃爲僞軍所在地・由猪頭山至自由區塘下・須經一頗爲廣闊之江灣・往往遇日艦・是亦危險境界也・船家與僞組織通・恆有暗示・凡見嶺頂旗竿上披蓑衣者・則知無敵艦・否則有矣・時袁帶已知余經此途・早派人

前來晤訪・林君以消息已洩・知之者・則不止袁帶一人・若更遷延時間・則險象有不可思議者・故不暇計日艦之有無・即冒險速渡・渡至半海・已發現日艦・距離約六七千密突・吾舟五撐齊發・如端午競渡者然・吾意即使日艦追捕・未必能及・即發砲追擊・亦未必能中也・正在危急逃避中・適有一小火輪通過・爲日輪截搜・余舟乃得安然達彼岸・乃另僱一小艇赴塘下・塘下爲自由區・至此・乃可謂得安然脫離虎穴矣・香港鹽公司亦有辦事處駐此・店中人爲林君洗塵・並約該處士紳數人・約余與陪・席間談及時事・有某人謂陳濟棠已入廣州播音並有說而到南京播音者・余云據余所知・陳濟棠確已到渝・彼等聞之皆大喜・余詢以謠言實事・始知余在港備嘗艱苦九死一生之日・正鄭人相驚伯有流言四布之時・先烈瞿式耜有句云・「九死自甘遑惜苦・千秋公論亦隨緣」・不啻爲余詠矣・余自塘下經鶴山高明白土・搭肇梧輪渡赴梧州・登輪渡後・向船中經理租賃臥室・已得允許・惟適值飯時須稍候・林君紹棨乃導余入經理臥室・請稍坐以俟・以余衣服襤褸・經理已現不怡色・故彼於飯時・劇飲暢談・一若已忘其事者・余久坐不能耐・但亦無可如何也・飯畢・船經理至・林乃急詢之曰・「承允臥室如何」・彼漫應之曰・「無房」林曰・「汝公司總經理・皆爲予所識・請勿見拒之甚也」・彼憤然曰・「汝識他不識我・何用」林曰・「無論識與不識・經商目的・在求財而已・要錢多少・我可與你」・彼厲聲應之曰・「有錢不行・萬金亦不行・汝奈我何・極其所至・不開船而已」・余至此・已如箭在弦上・不能再忍・乃詢船中夥伴曰・「船上有無軍政人在」・夥伴答

曰・「有陳公俠軍長在」・余曰・「汝即往說陳濟棠請他」・該經理聞言・面色驟大變・前倨後恭之態・判若兩人・連連急呼開房不已・陳軍長至・睹狀大驚・以爲有不測之變・急足返・令其駁殼隊前來保護・知其誤會・余乃述其所以・並云・「余前在粵時・待商人如此厚・今也余爲難民・其待我如是虐・尚得謂有人心耶・現余以中央委員之資格・處彼以虐待難民之罪如何・」公俠曰・「應如何懲戒・請以見示」・余曰・「罰彼金五百元・且用彼之名義捐助肇慶醫院・以作善舉・否則須禁監一月・二者任其擇一可也」・經理在旁聞之・喜出望外・連呼曰・「吾願罰金」・經德慶時・始敢不隱眞姓名・舟中晤陳軍長公俠・請其携電稿託鄧總司令龍光拍發・將脫險經過呈報蔣總裁・及告知余長官・李主席・

但在歷險時・凡所身歷俱極艱苦・以致百病叢生・沙眼・咳嗽・香港腳・皮膚病・且胃病復發・應有盡有・幸在港避難時・無論匿居何所・每日上下午必繞室步行數千步・故跋涉尚能支持・因是決心取道岑溪羅定信宜暫到茂名休養・一面探聽內子等消息・至儲良坡內兄冠儒家・數日即接樹坤兒婦携扶繼祖母及諸孫抵廣州灣之信・當即指示伊返防城鄉居・歷時十日度・即接江茂森君自河源來電・知內子漱英・已率子女至河源・乃在茂名候之・伊等經老隆韶關桂林柳州・沿途得故友照料・經時一月・始抵儲良坡・余郊迎之時・見伊等携扶而來・斯時也・余涕淚沾襟・歡情若狂・所謂悲喜交集・心頭上下不知其爲酸爲甜爲苦爲辣矣・旋成律詩一首云・「亞洲遍地擧烽烟・倭寇鯨吞勢餤天・親愛家人

棲異地·流離羣衆哭連年·香島別妻傷肺腑·鑑江聚首話團圓·幸叨祖澤源流遠·夫婦同徵錫福全」·入室之後·互道所經艱阻·始知內子寄伍梯雲夫人家時·宅邊爲飛機炸彈所中·牆向外坍·幸免於難·後各自奔走·乏人照料·乃力疾徒步走堅道胡展堂夫人家·由阿梅使妹扶行·佩馨女及幼子得寧隨之·暫在胡宅避難·數日後·復遭日兵搜索·乃遁入廚房破柴·僞作女僕·得免日兵騷擾·其餘孩子在孫君家哲處·蒙其視如子姪·照料極爲週全·惟日兵仍探搜不已·歷時約廿餘日·且以不得余行踪消息·知不可在港久留·決心率子女離港·由何予珍雇保鏢數人偕行·雇船直駛沙魚涌·循車江入內地·於黑夜舟中·又遭賊洗劫一空·保鏢一人死之·可謂迍邅極矣·携幼女沿途乞食三日·夜宿禾稻中·幸有保鏢陳某尚有良心·盡其所得貳千元給之·勉强繼續成行·行五日始抵河源·得余舊日袍澤救濟·始能返抵茂名·內子久病體弱·其苦楚之狀有甚於余·復遭匪劫·多增一次之虛驚·其艱苦更可想見·憶余在東山台與內子臨別贈言囑以人爲重·不必以財物爲念·不料竟成讖語矣·余在興發祥號時·判斷澳門過一二月後·必有船開行廣州灣·曾書一片及各項注意點·托一友人交江茂森君云·「內子等將來應循澳門廣州灣入自由區」·並囑某一友人早日代送諸孩子到澳門候船·而內子病後稍休養一二月·俟澳灣船便·即送返茂名·不意此託以友不忠實·均未到達·致內子等增加一次浩劫·亦一憾事也·然世界人類·遭此空前浩劫·死亡者枕藉·余家人口·竟獲安全·此非上蒼所佑·祖德所賜·曷克臻此·余豈敢復作他想·以困苦自憂耶·余經世五十年·至感得安樂富貴之友雖千百·共難患之友一二難能·如江森茂君孫君家哲輩·庶可稱在港患難之中·爲余忠義友矣·余且感想當日非余返港·內子之生命·必於病在嚴重時·爲雜亂之主張所誤·非余在港·則諸孩子必不能過港避於馮强住宅之防空洞也·非內子素明大義·能賢相於余·則余亦無此次脫險也·非內子之心靈·於其久病餘生·艱苦處理瑣務·則港變之損失·更有如水洗也·故略述梗要於此·以存眞相焉·本記成於歌樂山齋·惟沿途感念殊多·故附敎言以結之·「歌山高聳接雲霄·齋舍書聲似不遙·戎馬廿年增感慨·三年施政付東潮·」

余在港時經托友人相機送家人至澳門·俟得間轉赴廣州灣返鄉·當時若能照余定計劃而行·家人自可減少磨折·豈不甚善·然天下事·不如意者十常八九·因內子念夫情切·以余離港後·久無消息·焦急不可言狀·竟出厚資自雇保鏢·買舟率幼小兒女直駛沙魚涌·未抵岸時於黑夜遇海盜洗劫·財帛衣物被蓋爲之一空·內子病後之身·所遭若此·亦云苦矣·幸嚴冬不太寒·沿途乞薯充飢·夜則覓稻草取暖·冀免飢寒·最稚子女·以足弱不能行·乃取筐蘿盛之直趨河源·時有保鏢陳某人者·其人頗俠義·憫家人所遇·以其身所有國幣貳仟元盡贈內子·且囑稍待·俾其返家再籌·是亦可謂善心人矣·惟內子以其家曾作綠林客·恐其存心叵測·深致疑慮·乃不待之而行·又中途有僞組織某漢奸某·見余小兒女慧秀可愛·欲買之·內子乃婉辭拒絕·彼認爲不中抬舉·憶唐代胡人安祿山破長安時·貴人公子·流離失所·杜工部睹狀·心極不忍·乃作哀王孫詩以哀之·其中有句云·

「腰下寶玦青珊瑚・可憐王孫泣路隅・問之不肯道姓名・但道苦困乞爲奴」・其境遇與今日比照・誠無所分別・所可分者・彼腰間尚有寶玦珊瑚・猶搖尾乞憐求爲人奴・此則無衣無食・猶不肯爲人收買・可知古今人氣節與民族精神・大相逕庭・推其原因・實由國父數十年革命奮鬥・所予民國者・其偉大誠不可思議矣・至河源已是自由區・及抵龍川・昔日相知綈袍之贈・盤食之賜・紛至沓來・至可感也・至是・可謂已免於飢寒之厄矣・所最奇者・未抵龍川前・天氣奇暖・嚴冬遇此・亦云妙矣・至此忽復大寒・否則恐早爲路旁凍骨矣・謂非祖德綿長・天公有意於其間・其又得耶・內子到河源時・已得余安抵茂名消息・即沿途不稍留・直經韶關桂林柳州返鄉與余會面・

孫科

一八九一年生　一九七三年卒

字哲生・中山人・國父哲嗣・五歲隨母赴檀香山・就讀聖安東尼學校・十六歲進聖路易士學院・民國成立・一度返國・隨再赴美入加州大學・授文學士・進哥倫比亞大學研究院・修政治經濟理財・授碩士・民國六年・任大元帥府秘書・七年兼國會書記・十年任廣州治河督辦・十一年出任廣州市首任市長・十四年國父薨逝・國民政府成立・被推爲國府委員・十五年・復任廣州市長・兼廣東省政府建設廳長・八月兼任國民政府交通部長・倡導航空郵政・十六年任中央特別委員會委員兼國府財政部長・十七年與胡漢民・伍朝樞赴歐考察・回國後・提國民政府組織法及五院組織法・是年獲選考試院副院長・旋兼鐵道部長・以建設新政見稱・二十年冬任行政院長・二十二年復任立法院長・二十五年中蘇文化協會成立・舉爲會長・從事國民外交活動・二十七年以特使三訪莫斯科・接洽軍事外交

工作・三十四年勝利還都・出任國府副主席・仍兼立法院長・三十七年轉任行政院長・翌年辭職赴美洲・一九六五年赴台參加國父百年誕辰慶典・歷任資政・「考試院長」・並訪韓國接受贈勛及韓國中央大學名譽文學博士・一九七三年病卒・遺著有都市規劃論・廣告心理學概論・地方自治開始實行法・中國之前途・孫哲生言論集・八十述略・廣州市政憶述・並繙譯羅威爾著公意與民治・

廣東文物卷首序

蓋聞五嶺鍾靈・三江毓秀・俗成鄒魯・文章燭牛斗之光・天入滄溟・人物壯山川之色・陸生新語・治亂垂兩漢之宏謨・張氏鴻篇・興亡著千秋之金鑑・自斯以降・代有傳人・文信國之大節・詩紀零丁・陳恭尹之孤忠・集傳獨漉・彤廷抗疏・海忠介直節同欽・赤雅成書・鄺湛若高風共仰・鴻文無範・間氣長留・日月炳其聲華・乾坤彰其義烈・若夫經傳一代・甘泉之理學爭推・策獻萬言・邱濬之政聲卓著・黃茅風冷・人訪白沙之書・紅袖香添・客讀龍眠之畫・亦復絕俗超凡・震今爍古・況乎家慕風騷・俗耽文雅・曹倉鄴架之藏・夏鼎商彝之玩・恍如湧瑯嬛於世上・現宛委於人間・炳炳琳琳・蔚爲國粹・吾粵文化・猗歟盛矣・

一自東島寇横・南天雲黯・仙城夜警・鐵鳥晨飛・雪霆震而萬椽摧・風鶴驚而五羊陷・礫璠共盡・柏梁一夜之災・圖籍同焚・咸陽三月之火・慨洛下衣冠運息・荆棘銅駝・痛江陵文武道消・縹緗烟燼・吁其酷矣・則有王粲辭家・蘭成去國・管寧浮避世之槎・祖逖擊渡江之楫・鶯花依舊・望故國於江南・風景全非・羈萍踪於島上・俯仰江山・愴懷鄉

國・發思古之幽情・攄懷舊之蓄念・歎斯文之墜緒・理國故於淪胥・於是搦管潛思・燃脂冥索・競抒偉見・發爲翔學壽世之文・獨出新裁・摛成扢雅揚風之作・此廣東文物專集所由輯也・

爾其綱擧目張・門分類別・或方輿研討・述疆域之叢談・或學術闡揚・補藝文之舊志・或蕭書倪畫・爲月旦之品評・或漢瓦秦甎・資滄桑之考證・或記鄉賢傳經之雅化・變俗移風・更宏國父建國之鴻規・經天緯地・或摭拾異聞・紀民族英雄之遺事・或網羅遺著・表詞林先哲之清芬・抽姸騁秘・分道揚鑣・綜集百家・彙爲一帙・聚八音之雅奏・曲叶雲韶・合百川之波瀾・滙爲溟渤・洋洋乎・浩浩乎・洵藝林之鉅著也已・

吾知是集一出・匪獨輝增梓里・價重鷄林・存國粹於山河破碎之餘・闡文化於兵火摧殘之後・而諒山却敵・馮劉之偉績猶存・秣陵建都・洪楊之遺風未泯・洵足以廉頑立懦・振頽靡之民風・見賢思齊・奮激昂之士氣・將見聞風以起・平倭不讓戚繼光・接跡而興・扶晋自有謝安石・河山光復・待賡樂府鐃唱之歌・嶺海敉平・喜賦杜陵鄉還之什・斯作者深意歟・吾將馨香祝之矣・是爲序・

國父家世源流考序

國父家世源流考・國立中山大學教授羅君香林所撰述也・羅君深治史學・探究國父家世源流・且十年矣・所闡發・皆明確・或有以譜乘世系・多侈言祖先華寵・不足深究而幾研之者・是不如世系研究・有其重要意義與嚴密法則也・

周官・小史・奠世繫・辨昭穆・中土重視家世研究・由來久矣・此蓋以纂述世系・辨識考妣・則於先人之盛衰消長・與其氣宇魄力・皆可究其眞際・明其傳襲・而就其先人適以生存演進之美質・勉自奮勵・爲之發揚光大・則其爲益於人羣社會・必愈進愈增・而總集人民譜乘・爲之歸納・則大之足以闡揚全民族氣宇魄力・剛柔强弱之由來・小之足爲闡明優生遺傳諸學之取證・與撰述人物專史參稽也・社會組織・家族制度・雖因時漸改・彌進彌易・然生民之所由延續・要不離乎男女居室・種人之所由演進・要不離乎世代層纍・昭穆之辨・世繫之紀・雖形式有時而易・而其功能固歷萬世不悖也・則世系研究・顧可忽哉・

抑就人羣學術思想與習俗性格之淵源探討言之・世系研究・亦有不可忽者・蓋家世素習・雖與生理傳襲無關・然歷代相承・足爲生民教育之助・而每以影響生民性格・由生民性格・又以影響其人學術思想・故學術思想之探討・溯本窮源・亦賴譜系研究・昔人纂修譜乘・雖未必盡述其族世傳習俗・然必記其祖宗居址與婚配・就其祖宗居地與所婚配女系・證以其他資料・探其接觸外緣・必能明其習俗・以究其性格所由構成之底蘊・更以其人性格・與其所歷教育經驗・尋其學術思想淵源・則雖未必命中・相去顧不遠矣・而譜乘所述先人家風世德・亦有足使其子孫感發興起者・故世系研究・小之可明一族一家存歿人物性格與學術思考之始基・大之可爲綜合歸納・以尋求全民之思維傳襲・其關係・不綦重耶・

孫科

世系研究之法·始於資料蒐討·而終於事蹟闡揚·資料蒐討·雖爲類繁賾·神而明之·無在而不資參考·然大要以家世譜乘·祠宇木主·墓志碑刻·家世口碑·國史方志·私家著述爲主·家世譜乘·雖誇飾傅會·往往而有·然所述歷代居址·與其遷移轉徙之迹·及晚世系昭穆·與人口消長·婚姻姓氏·固無僞也·善爲考訂·必能於其家世演進之眞際·有所闡發·而祠宇木主·與譜牒相輔爲用·可資互證·墓志碑刻·則於其人德業事功及當地觀感有關·亦足資闡發·而家世口碑·則更以輔助文字紀錄所不足·民族意識·每賴之傳遞·故爲學人所並重·而國史方志·則每並載先民世系資料·取用亦多·私家著述·則於生民得失之經·每多窮源竟委之論·亦治世系源流之學者所不可廢·特校考疏沉·提要鈎沉·爲不易耳·

若就所獲資料·以之闡揚與家世有關之事蹟·則其方法之嚴·更有不可忽者·如以所考定資料·擷其所載世次丁口與居地·及所婚配之姓氏里居·爲之統計·以究其時間演進·空間播遷·則其盈虛消長之迹·必可盡明·如復以所考資料·就其歷代遷移事蹟·與其學術道藝·聲聞志節·職業生計·爲之綜合分析·究其人文演進·精神傳襲·環境影響·則其盛衰興替之迹·亦可盡明·若復就其盈虛消長·盛衰興替之迹·而更以分析比較·以明其因果關係·其爲益且更溥也·此就世系已明晰者而言之也·至其幾經兵燹·譜乘散佚·或轉徙他鄉·原籍扞格·舊譜未見·則其研究之法·又當先爲建立假設·旁徵博引，尋求實證·或分別調查·以爲闡發·其艱鉅抑又甚焉·此爲世系研究之個別法則·若綜

合個別研究成果·而更爲比證歸納·則全民族盈虛消長·盛衰興替之所由所屆·亦思過半矣·故謂世系研究無其學術功能者·直自愚耳·非知言也·

羅君此書·於資料蒐討·事蹟闡發·皆慘淡經營·成之匪易·貢獻實鉅·蓋即所謂世系研究有其明效大驗之實證也·惟余尚欲有所言者·羅君所考·自國父上世入粤始祖以還·誠賅矣備矣·然自晚唐以至趙宋·其各代名諱事蹟·與自贛遷閩經過·則第條列大體·未遑詳述·斯固資料不備·有以致之·而閩贛之仍須調查·以別爲一書·亦至明焉·抑國父以外·海內豪俊·相與追隨效命·以助成革命建國大業者·其家世源流·亦須綜爲考述·以羅君之史學才識·而黽勉不輟·吾知其必繼此更有述作也·

羅君以此書乞余點竄·余佩其勤篤·因略論世系研究之意義與方法如此·若其所已闡發·則此書具在·不復贅焉·是爲序·

民國三十一年五月五日　孫科

馮自由革命逸史序

吾黨之有革命機構組織·肇端於檀香山之興中會·彈指星霜·已易五十寒暑·在過去悠久期間·革命工作·艱難險阻·迭遭挫折·總理以先知先覺領導於前·先烈先進發揚蹈厲繼承於後·義憤所激·精誠所貫·冒鋒鏑·擲頭顱·以與異族政府及官僚軍閥相搏擊·壯志毅力·炳如日星·在在皆爲可歌可泣之事實·

開國以還·坊間革命史籍·出版雖如雨後春筍·不下百

數十種．然求其確徵無訛者．則百不得一二焉．尋因探緒．則以史實浩繁．整理不易．老成凋謝．追述維艱．於是好事者或摭拾無稽讕言．或無從辨別史料之眞僞．或隨所好惡鋪張壓抑．或將己名附入．藉此邀功．有一於此．則是非顚倒．黑白難分．寖假史跡淹滅．習非成是．遂使開國至今三十餘年．汗牛充棟之書．幾成爲餖飣獺祭之本．言念及此．感慨系之．

馮自由先生爲吾黨之先進．博聞强記．著作等身．年逾舞勺．即加入興中會．親炙總理．從事革命．於總理創業垂統之偉績豐功．嘉謨嘉猷．以及諸先進經邦緯國之精神．致命遂志之奇節．莫不親見親聞．參與其事．其於南方及國外之黨務與軍事活動．躬爲主持者．歷有年所．民國成立．出長稽勳局．旁求博采．訪查考訂．於海內外同志效忠黨國之勛勞事績．更深明晰．曩年以所蒐集數十年資料與訪問耆舊所得．證之本身之見聞經歷．著成中華民國開國前革命史．革命逸史各二集．均屬吾黨珍貴史料．取材精審．考證確切．依歷史之演變．辨性質之異同．發潛德之幽光．揭淸政府之黑闇．或莊或諧．或顯或晦．經其筆述．莫不趣味盎然．歷歷如繪．感人至深．出版以來．不脛而走．一版再版．風行遐邇．今者將其近年著述．輯爲革命逸史多集．內蘊豐富．與前相埒．彰善癉惡．正謬補闕．一人一事．均堪爲景仰先烈之資．加强國人對本黨之認識．瞭然民國締造之艱辛．閱歷之險阻．確立共同之信念．而振發其愛國保種之心志．奠定民族復興之始基．則其直接間接貢獻於黨國者．誠不淺矣．謹書數言．以爲之序．

中華民國三十三年六月下浣孫科序於陪都

馬超俊先生言論選集序

廣東台山馬星樵（超俊）先生．弱冠之年．即追隨國父．參加革命．常侍左右．親承薰炙．飽飫革命之理論學說．服膺主義．終身不二．

國父以其係粵省華僑機工．初賦予策動革命工運之重責．而星樵未負所託．自淸末銜命返國．喚醒滬漢粵港各廠工人之革命意識．設香港研機書塾．廣東機器工會等組織工人大團體．參與黃花崗起義．武昌起義諸役．忠勇奮發．凌厲無前．及民國締建．而革命之功未竟．所有魯省東北軍討袁．南下護法．以及平粵．討逆諸役．無不秉承國父之領導．策動勞工．率先赴難．冒險攻堅．出生入死．奮不顧身．最難能可貴者．則在勞工運動中．策劃盡力．而在功成之後．輒退居無名英雄．其忠懇恬澹．惟國父知之最稔．國父逝世後．以今總統蔣先生克承遺志．完成革命使命．竭誠效忠．奉事惟謹．始終無間．四十年來．翊贊中樞．爲尹畿輔．藎籌謀國．仁愛牧民．無論在立法．行政．僑務．軍事．黨務各方面．莫不樹卓異之勳猷．巍然爲廊廟之柱石．

夫有德者必有言．星樵爲我國從事勞工運動之第一人．對於勞工行政．勞工立法．勞工組織．與國際勞聯繫．均率先倡導．現代國家所注重之勞工福利．勞工教育．勞工保險諸項．亦無不悉心參究．指導實施．尤對共黨誘騙工人．妄倡階級鬥爭與無產階級專政之邪說陰謀．擯斥最早．誅伐最力．故曾著有中國勞工問題．三民主義勞工政策．比較勞工政策．勞動法與草案及中國勞工運動史等書．均為闡揚三民主義理論．闢斥共黨謬說之皇皇鉅著．猶憶勞動法典草案初成．經民十八年中央全國代表大會審議通過．咨送立法院為起草勞工法之主要參考．來台編著之中國勞工運動史．歐美各大學圖書館均採選為參考讀物．一時紙貴洛陽．洵與星樵之功業．並垂不朽．近本黨同志又集其歷年在各報章刊物所發表之言論文字．及各項散稿．輯為言論選集五編．就正於余．並挽為序其端．余與星樵共事革命工作將近五十年．相知最深．今細繹全稿．至覺星樵對於論著之寫作．講詞之撰述．書札之往還．文字之酬應．胥皆以．國父之遺教與領袖之訓示為依歸．循中華文化一貫道統．本忠黨愛國而立說．張四維八德以示人．無偏無頗．惟信惟忠．質樸切實．言如其行．於是益佩星樵之為至誠人．宜其忠純篤敬．建開國之規模．為反共之砥柱．中庸之贊美至誠曰．維天之命．於穆不已．又曰文王之所以為文也．純亦不已．惟至誠而無息．純一而無息．天之行健．深遠綿長．必完成大業也．

　客歲紀念國父百年誕辰．共謀發揚中華文化．與繼承道統之三民主義．奠定□□□□．救人救世之基石．經蔣□□定是日為我文化復興節日．今年復組成文化復興推行委員會．躬自主持．篤實履踐．付諸施行．茲星樵言論選集之梓行．實為響應文化復興運動之先聲．不僅為本黨同志謀邦從政之借鑑．青年國民立身處世之楷則已也．故樂而為之序．

國父逝世與國民政府之成立

民國十二年十月．曹錕賄選總統．國父隨即下令討伐．翌年秋．我辭去廣州市長職．持國父函．偕同陳劍如．謝旡量．由上海經日本至韓國．到瀋陽．往見張作霖．商量討伐曹錕和吳佩孚．從前聽說張作霖是土匪出身．以為他粗魯驃悍．及見面之後．方知他長得非常清秀．個子不高．不像土匪一類的人物．那時．他正忙於進攻山海關．由他的兒子張學良在前方指揮．當時．我是住在旅館．他每天早上派專車接我到他辦公室．共進早餐．吃的是小米稀飯．生活非常簡樸．飯後．照例由他的秘書長帶著一個秘書和各方的函電公文．向他報告．並請示意見．他聽完之後．逐一用口頭指示．由秘書紀錄辦理．一百多件公文．不到一小時就處理完畢．非常迅速．當我和張作霖達成協議後．他的軍隊．不久即打通山海關．進抵天津．曹錕亦隨之下野．

　先是國父於十月間打了一個電報到奉天．說他即日北上．要我請譽虎（葉恭綽）．韶覺（鄭洪年）同到天津等候．十二月．國父自日本坐船抵達天津．我去接他．黎元洪．章士釗等人．當時都在天津．有一次黎元洪請我吃飯．問起先父從前在上海．每月開支若干．我不好意思講得太少．說大概總要一千多元．他大為驚異．說．一千多元怎麼夠用．我平均一個月的花費．總在五萬元以上．先父到達天津時．因氣候嚴寒．加以旅途勞頓．漸感不支．發冷發熱．肝亦覺痛．延德醫診治．勸其勿過勞動．各界來賓進謁者．都由戴季陶．汪精衛和我分別接見．十二月八日．病始稍痊．十八日．段祺瑞派代表葉恭綽．許世英到津請謁．先父於聞知段祺瑞以「外崇國信」為由．主張尊重不平等條約．以換取外交代表團對臨時執政府的承認．甚為氣憤．面斥業・許曰・「我在外面要廢除那些不平等條約・你們在北京・偏偏想尊重不平等條約・這是什麼道理・你們要陞官發財・怕外國人・還歡迎我來做什麼・」從此肝病復發・脈搏驟增・

先父病勞日趨嚴重・以天津不適於調理・於三十一日移寓北京之北京飯店・經外醫數人會診・斷爲肝病・並由先父指定德醫克利主治・每日臨診一次・先父北上・原是於曹錕去位後・應段祺瑞・馮玉祥・張作霖等之請・期能召開國民會議及廢除不平等條約・果如此・則內可使政治趨於常軌・外可解除帝國主義者加於中國人民的束縛・乃段祺瑞私心自用・所作所爲・完全與先父及本黨所主張者相反・因使先父病情日益增惡化・

到了翌年一月貳十六日・經醫生施行手術・檢查肝臟・均已硬化・雖用雷錠放射・亦已無效・二月某日・張靜江先生認爲西醫既無效果・主張改服中藥・經諸侍候疾同志與我將此意稟於先父・他認爲住西醫院而暗服中藥・爲不誠不信之事・絕不可爲・如必服中藥・則須先遷出醫院・十八日・自協和醫院移居鐵獅子胡同行館・由中醫陸仲安診治・仍無進步・二十四日・醫生告以病已無好轉可能・諸侍疾同志遂推汪兆銘・宋子文・孔祥熙和我進入病房・先父亦自知病將不起・問我等有何意見・可直說・聲音微弱・兩眼時張時閉・此時我悲痛不已・已不忍言・由汪兆銘婉言請其給予全黨同志以教誨・先父聽畢・沉默良久・始鄭重言曰「我的病如果能夠好轉・欲言正多・當先至溫泉休養・好好思索一番・再向汝等言之・如果病竟不起・你們任意做去・我尚有何話說」・我等又再請・先父仍曰・「此時我如多說話・實多危險・我在之日・尚有無數敵人圍困你們・一旦我死・此輩將毫無顧忌・向你們進攻・必欲你們軟化屈從・你們如取强硬態度・危險甚大・我如不言・你們可以相機應付・其事反較易辦」・兆銘堅請・先父乃曰・「我已著書甚多・要說的話・大體皆盡於此」・兆銘復曰・「雖然先生著有建國大綱・建國方略・三民主義及第一次全國代表大會宣言・全黨同志自當竭誠奉行・以完成先生之理想・惟尚望總括數語・以示我等」・先父曰・「然則要我說些什麼呢・」兆銘答曰・「我們已草一稿・想讀給先生聽・先生如同意・就請簽字・如不贊成・則請先生口示他語・我可筆記」・先父曰・「可・你且讀來我聽」・於是兆銘乃將預保寫遺稿逐字讀之・先父甚感滿意・這就是現在的「國父遺囑」・另備有家事遺囑一紙・讀罷・亦表滿意・惟尚未簽字・我等退出病房・即赴政治委員會報告・由在場各委員一致簽字證明・暫歸兆銘保存・擬於先父危急時・再請簽字・

三月一日起・請留學日本之王綸醫師・每隔一日注射日本當時最新發明之治肺癰針劑一次・此時神志甚清明・體溫亦正常・猶念念不忘東江討逆情形・同志們告以蔣校長已統率黃埔學生軍參加作戰・銳不可當・連戰皆捷・已與粵軍進向潮汕・先父聞之・甚爲欣慰・諭速電令嘉獎・到十一日・一切藥物皆告失效・午正・遍召同志及家屬至牀前・告曰・「現在要分別你們了・拿前幾日所預備的那兩張字來・讓我簽字」・兆銘即奉上遺囑稿及墨水筆・由先父逐一簽名・並經張人傑・吳敬恒・汪兆銘・宋子文・孔祥熙・邵元冲・戴

傳賢・鄒魯・陳友仁・何香凝及我和我的妹婿戴恩賽等十餘人署名爲證明人・汪兆銘爲筆記者・

稍後・並以極安靜之態度・諭各同志曰・「我此次北上・爲謀和平統一・所主張之方法・即開國民會議・實行三民主義與五權憲法・建設新國家・今因病苦・不能痊瘉・生死原非所計・惟數十年致力國民革命・所抱定之主義・尚未完全實現・不無遺憾・希望各位同志努力奮鬥・早日召開國民會議・達到實行三民主義和五權憲法的目的・則我在九泉之下・可以瞑目矣」・語畢・覺精神甚疲倦・呼吸益困難・仍斷斷續續呼出・「和平奮鬥・救中國」數語・延至翌晨九時三十分・遂與世長辭矣・時爲民國十四年三月十二日・享壽六十歲・

先是・段祺瑞執政府內務部議決治喪辦法・決用國葬・全國各機關下半旗三日誌哀・駐北京使節團亦下半旗相弔・民衆更如喪考妣・哀慟逾恒・後來・本黨中央執行委員會在京委員會含哀開會・僉主葬儀用國民禮制・以示平等・拒絕臨時執政的國葬令・同時遵照遺命・遺體用科學方法防腐之存・以南京紫金山爲安葬地・十五日舉行大殮・十九日移靈中央公園社稷壇・沿途民衆護靈致哀者・約十二萬人・二十四日發喪致祭・先後前往者達數十萬人・四月二日・安厝於北京西山碧雲寺・送殯者達三十萬人・

先父之生也・爲救中國而生・其死也・亦爲救中國而死・推翻滿清帝政・雖已及身而成・惟三民主義之徹底實行・建國工作之全面完成・則尚有待全國同胞與全黨同志努力以赴・至不孝如科・繼志述事・兩皆未逮・衷心慚恧・無

日釋懷・今後自當在蔣總統領導之下・竭盡棉薄・以達成先父畢生理想・用慰靈爽・

民國十四年六月間・本黨中央執行委員會舉行全體會議・決議以中央執行委員會爲最高決策機關・改組大元帥府爲國民政府・建國軍與黨軍皆改編爲國民革命軍・同時積極整理軍政財政・七月・國民政府正式在廣州成立・採合議制・由中央執行委員會推定汪兆銘・胡漢民・張人傑・譚延闓・許崇智・于右任・張繼・徐謙・林森・廖仲愷・戴傳賢・伍朝樞・古應芬・朱培德・程潛和我爲委員・以汪兆銘爲常務委員兼會議時主席・胡漢民・譚延闓・許崇智・林森爲常務委員・八月・由本黨發表改組國民政府宣言・於是粵軍許崇智・湘軍譚延闓・滇軍朱培德・鄂軍程潛都自請解除總司令職・將軍權交還國民政府軍事委員會・軍權遂歸統一・時我亦爲軍事委員會委員之一・其時廣州各界爲援助上海「五卅慘案」・舉行民衆大會・會後示威遊行至沙基口時・英軍忽開槍掃射・同時停泊白鵝潭之法艦亦發炮轟擊・被害者有民衆六十人・軍事學生三十餘人・傷者伍百餘人・是爲「沙基慘案」・案發後・政府僉主依國際公法提出交涉・請求嚴懲兇手・賠償死傷者家屬・並保證不再發生類似事件・迨交涉已有眉目・政府派我和傅秉常去北京・擬與段祺瑞執政府外交部取一致行動・詎知段氏軟弱・意見紛歧・軍閥之不足與有爲・罔顧國權民命・於此可見一斑・

民國十五年一月・本黨召開第二次全國代表大會・選舉蔣中正・汪兆銘・譚延闓・胡漢民・于右任・朱培德・經亨頤・宋子文・柏文蔚・伍朝樞・丁惟汾・戴傳賢・甘乃光・

陳友仁・李烈鈞・王法勤・劉守中和我等三十六人爲中央執行委員・十一月・國民政府任命我爲交通部長・仍兼廣州市市長・廣東省建設廳長・廣州市黨部組織部長等職・迨北京伐軍進抵長江・國民政府遷至武漢・我便辭去廣東方面的職務・專任中央工作・

民國十六年夏・國民革命底定南京・上海・其時・本黨各方面都已認清共產黨企圖破壞本黨之陰謀詭計・乃先後實行清黨・爲力求團結・並於是年九月・協力組織中央特別委員會・我也是委員之一・同月・我改任財政部部長・交通部長一職・由王伯羣繼任・王寵惠主司法部・伍朝樞主外交部・蔡元培爲大學院長・汪兆銘・胡漢民・李烈鈞・蔡元培・譚延闓爲常務委員・丁惟汾等四十七人爲國民政府委員・

民國十七年一月・國民政府增設建設部・要我擔任部長・宋子文則繼我出長財政部・後來・因爲前外交委員會有一決議・推胡漢民・伍朝樞和我前往印度・小亞細亞・埃及・土耳其・意大利・德國・奧大利・德國・奧大利和英・美等國考察政治・經濟・故未就職・惟是年二月・中央政治會議開會・我和幾個委員曾提議・請增設「中華民國建設委員會」俾負專責・早日促成國家之建設・獲得通過・決定以中央各部部長・各省建設廳長及其他首要二十二人爲委員・張靜江・李石曾・孔祥熙・葉楚傖・宋子文・鄭洪年・魏道明・陳果夫・曾養甫・王徵和我爲常務委員・所以・我雖未就建設部長職・但此一階段國家建設的策劃・仍參與其事・

民國十七年六月・國民革命軍收復北京・李石曾・王寵惠・傅秉常諸先生正旅居巴黎・我和胡漢民・伍朝樞先生的考察旅行・正好也到了巴黎・大家見面・相約於某日去郊外公園野餐・餐畢閒談・忽由伍先生提議說「北京既已收復・全國完成統一・軍政之治從此告一段落・我們何不把握這個時機・向中央建議・開始試行五院制度」・大家對這個意見・原則上都表示同意・不過所謂「五院制度」・僅屬中央政治體制的改組・範圍還嫌狹小・商量的結果・推我起草一份「黨國訓政大綱及應付外交方法」的草案・經大家仔細商酌定稿後・即電陳中央・經中央政治會議決議・分送第五次中央全會及國民政府辦理・其後・胡・伍二先生都先我返國・我因想去美國聘請一位顧問・來京任職・故專程赴美・在普林斯敦大學請到克謨勞博士（Dr Kemmerer）・乃繞道紐約・溫哥華等地・於是年九月乘輪抵滬・

中央既已接受我們的提案・復由戴傳賢・張靜江・李石曾・王正廷・蔡元培・吳敬恒諸先生向中央政治會議提出「國民政府組織法草案」・會議決定推蔣中正・譚延闓・胡漢民・李烈鈞・李濟琛・何應欽・王寵惠諸同志和我及原提案人等組織審查會進行審查・另外・並推定蔣中正・胡漢民・戴傳賢・李石曾・張靜江・蔡元培・王寵惠・吳敬恒・譚延闓諸同志和我起草五院組織法・十七年十月三日・本黨中央常務會議通過「中華民國國民政府組織法」及「中國國民黨訓政大綱」・並分別通過五院組織法・八日・常會決議任蔣中正爲國民政府主席・譚延闓爲行政院院長・馮玉祥爲副院長・胡漢民爲立法院院長・林森爲副院長・王寵惠爲司法院院長・張繼爲副院長・戴傳賢爲考試院院長・我爲副院

長・蔡元培爲監察院院長陳果夫爲副院長・國民政府委員會除以上諸人外・尚有楊樹莊・閻錫山和張學良等・此外・中央政治會議亦决議任命行政院所屬各部部長・計有內政部長閻錫山・外交部長王正廷・軍政部長何應欽・財政部長宋子文・交通部長王伯羣・工商部長孔祥熙・農礦部長易培基・教育部長蔣夢麟・衞生部長薛篤弼・司法行政部長魏道明・鐵道部長和交通大學校長二職由我兼任・古應芬爲國民政府文官長・

以上所述・就是中央接受我們提案將國家由軍政期轉變爲訓政時期的政府體制・

廣州市政憶述

一・擔任廣州市長的緣起

民國十年初・粵軍奉命討伐桂系軍閥莫榮新・將其驅逐離境・時粵軍陳烱明部自東江向西進抵石龍・余隨廖仲愷・古應芬等自廣州・香港・分途乘廣九鐵路火車趨石龍・與陳烱明・鄧鏗（字仲元・時任陳之參謀長）等會合・商謀善後事宜・一同進駐廣州・到廣州後・陳烱明奉總理電令・以粵軍總司令兼任廣東省省長・陳乃邀廖仲愷任財政廳長・古應芬（勷勤）任民政廳長・廖先生向陳烱明建議派我接收廣東督辦治河事宜處及廣州市政公所二機構・

若干年前（民四年乙卯）・廣東的東江・西江和北江同時發生一次大水災・造成很嚴重的損失・北京政府乃指撥廣東省海關附加稅爲治河專款成立治河處・派譚學衡爲督辦・譚學衡於討莫期中・感粵局紛亂・因懼禍已先時離粵他適・祇留助理人員呂燦銘等在廣州維持未畢事務而已・余接長治河處・亦以督辦名義行事・並派美籍華僑劉持以坐辦名義爲助手・至於市政公所・則早於前年成立・莫榮新自任督辦・以警察廳長魏邦平（麗堂）・財政廳長楊永泰（暢卿）爲會辦・其任務着重在拆毀城垣・開闢馬路・余接受市政公所時・由魏邦平在警察廳任所之主任秘書陳恭綬代辦交代・魏邦平則以粵軍第三師師長名義活動・對市政事宜・一概不理・

二・創建新市制

接收市政公所以後・余覺舊制僅限於拆城開路・任務既過於單純・規制亦顯欠健全・而事權復漫無標準・乃向省署建議・主張另建新制・組織一現代化都市市政系統・在省署會商此事時・由廖仲愷提議任余爲廣州市市長・授以創制全權・

余於現代市政政制之研究略有心得・蓋當民國三、四年間・余肄業於美國加州大學本部時・嘗研讀過歐美各國政府之組織運用・受該校政治學系主任名教授包羅斯博士（Poof David P. Barrows）之指導（包氏在我於一九一六年畢業後曾升任加大本校校長）・

關於近代市政・則於在另一名教授呂德博士（Prof. Thomas J. Reed）指導之下亦有相當研究（呂教授於余離開加大後・亦離校・就任美國東部某市市經理（City Manager）之聘・成績卓著）・余受命創制廣州新市制・即

於當日窮一夜之力起草「廣州市暫行條例」五十七條（余在所著「八十述略」一書中寫爲「廣州市組織條例」貳十條・乃一時記憶之誤・合此更正）・時余方寄居於廣州南堤基督教青年會宿舍・手頭既乏參考資料・而平時所讀過的有關此類問題的書籍・亦因存於澳門家母之住所・都無從利用・但條例草就先送廖仲愷先生審閱・廖先生竟深爲首肯・再提省署會議決定・亦照原文通過並公佈施行・其時蓋民國十年二月中旬也・

新條例施行後・市政首長・乃將督辦會辦名義改爲市長・市政公所之名稱・亦同時廢棄而改爲市政處・其後再改爲市政府・市政廳除秘書處外・並分設公安・財政・教育・工務・衞生・公用等六局・各設局長一人・市長・六局局長連同所屬有關主管人員・合組成市行政會議・凡各局所屬提出之建議・或施行時發生困難問題・或事權涉及二局以上引起爭論・而市長不便或不願獨斷解決者・均照例提出行政會議決定之・

市政廳爲行政機關・此外並設市參事會及市審計處・前者爲市政諮詢機關・首任參事會主席鍾榮光（惺可）先生・乃粵中名人・嶺南大學即係其所創辦・並曾任校長・後者爲市財政監督機關・首任處長劉紀文（後曾任廣州・南京兩市市長）・

三・市府人事概述

公安局的名稱・係余就美國市制中之 Bureau Public Safty 移譯而得・亦即警察署或局・首任局長由當時兼職省警察廳之魏邦平兼任・惟其人頗自負專斷・對於市政改制甚不謂然・故終其公安局長任內・未嘗出席過市行政會議・事無巨細有關該局者・均交由其主任秘書陳恭綬代拆代行・陳亦常以公忙・未曾足履市廳・公務往還・不過派人代爲傳達而已・

余於第二次任市長時・公安局長一職乃由吳鐵城接任・廳局間的隔閡始得泯除・當時六局中責任最繁重而事情最難辦者厥爲財政局・因爲它不僅是負責市政的度支・即革命中心機構的大本營・無論軍費政費・亦多賴其籌維乃得度過難關・因此・歷任財政局長多存五日京兆之心・而不能久於其位・就余記憶所及・在前後三次接掌市政合計不滿五年期間中・曾任財政局長者不下五六人之多・依其到任先後爲序即蔡增基・李思轅・鄧召蔭・陳其瑗和李祿超等・教育局長始終爲許崇清・似未嘗換過人・工務局長初爲程天固・此人後來曾任市長及駐墨西哥與巴西等國公使・程天固辭職後・繼任者爲林逸民・他是美國普度大學土木工程系的畢業生・余在鐵道部任時・曾派任爲連雲港港務局長・現留居美國・衞生局長初爲閩人胡宣明・他是美國紐翰・霍浦金斯大學的公共衞生學博士・在任僅數月・因其不通粵語・辦事不便而辭職・其繼任人爲李奉藻與司徒朝・兩人都是醫師出身・

公用局名稱・亦余所稱・亦余所創・即英文之 Bureau of Publci Utility・掌管自來水・電燈・電話與交通車輛等事・自來水原屬公營・電話亦係市有・惟電廠則屬商辦・公用局長由李作榮・馮偉等先後負責・

余初接管市政時・身邊本無幹部・臨事乃邀留美時同學

與返國後所認識的同志友好數人襄助爲理・記得市長辦公室總務科長是劉啓明・他係早年檀香山歸僑・後改名劉維熾號季生・機要秘書楊耀焜（星垣）・亦旅檀歸僑・曾任教於檀島華僑學校・星垣年齒較長・人多以楊老師稱之・爲人木訥誠懇・守口如瓶・凡事經其手無宣洩者・余後任職中央政府交通・財政・鐵道各部・皆隨左右專辦私人書札・大陸陷匪時・星垣已告老鄉居中山縣城石岐・未及逃出・後聞爲匪迫害慘死・臨危尚高呼・國民黨萬歲・蔣總統萬歲・云・另有馮百礪者・曾在菲律賓任黨報主筆多年・返粵後受余邀約・亦屈就市政廳秘書職・老同志許直臣・當國父在檀香山創立興中會時・彼即爲加盟入會之一員・嘗任隆記報撰述・華文學校教員・市政改組時返粵・年已近七十・復改名許翥號蟄伸・余委爲市立圖書館館長・後來又任香山縣縣長・還有林繆琚者・亦旅檀香山老黨員・余童年在檀香山茂宜島初入天主教士所立之聖安東尼小學（St. Anthony School）時・曾寄居林先生家・林鰥居・有子三・長經・仲飛・季曉・均長於余多歲・余初任市長不數日・忽見渠來訪・目的在求一小差事・明說以不須弄翰墨者爲宜・余考慮數日・祇有市政廳尚缺閽人・彼竟樂就・不以爲忤・迨至陳炯明叛變・倉皇離去・彼遂不知所終・又・一日余在治河督辦處辦公・忽有年長訪客求見・因未持名片・口操新會口音・左右不知爲何許人・欲擋之門外・余以爲不可・乃延入・一見驚訝・蓋即余在茂宜島先伯孫眉公所立家塾之啓蒙老師黃端祥鏡湖先生也・相見甚歡・彼並無所求・謂已告老鄉居・因聞余在省城・特買舟專程求一晤而已・事隔五十餘年・記憶猶新・感慨系之・自此一晤・老師亦不再來・其終竟如何・非所知矣・

四・市財源

民國十二年春・陳逆炯明被粵軍許崇智等奉國父命回掃蕩後・余等自香港・澳門再度會合於省城・余亦奉命二次接長廣州市市長職務・清查市庫・竟不名一錢・回憶於半年前・陳逆叛變・炮轟觀音山總統府・市府負責首長被迫星散時・市庫所存於廣東省銀行之備用現款・計尚有一百數十萬毫銀・未及提出・今再度接事・乃竟分文無存・都被叛軍搶掠盡淨・

國父於驅除叛逆後不久・從上海回粵・乃將廣州城對岸之河南水泥廠（粵人稱爲士敏土廠）前後兩座洋樓・改爲大元帥府・余之辦公處所——市政廳與治河處——均位於河北南堤・小汽艇渡河到達南岸・需時不過十五分鐘・至爲方便・以故余每日早晚必渡河到府探訪消息及聽候命令・其時府方急務・每日都爲籌款問題・國父亦不時親下手令・着市長籌給××軍事餉或經費若干・余常身帶一小册子供記錄此類數目及應支付日期・以免有誤・總之・爲付籌應是項開銷・平均每日必需三・五萬元毫洋・每月則累積至百數十萬元・如是者逾年・至粵局比較統一・軍人逐漸就範時・軍餉之由市廳負擔者・始得以減輕・

因當時革命政府尚偏處廣東一隅・不能在別的省市寬籌財源・而革命工作的推展又刻不容緩在需要錢・廣州市是廣東最稱富饒之區・自不能不給予政府全面支持・市財政除了

負擔上述鉅額的度支外・其本身的各種建設・更非錢莫辦・原來在市政公所時期・其開辦工程等初期經費・概由省財政廳撥付・市政廳成立後・舉凡市政建設・人事支出等・均需自行籌措・在此情形之下・勢不能不廣開稅源以濟時艱・是故在余第一・第二兩任市長內・大半時間都耗費於籌款籌餉籌革命經費中・

上面說到從前市政公所開辦工程的初期經費・是由省財政廳撥付・所謂初期經費・實即拆城費用・等城垣拆卸後・方出賣城牆拆下之磚石可供築造之用者・以充繼續施工之挹注・市廳工務局成立後・亦蕭規曹隨・以拆城為籌款之補助辦法・但此項收入究屬有限・所謂杯水車薪・實不足應付市府之行政・建造等浩大開支・如不加强稅捐的徵收・則一切都無無從着手・

談到稅捐的徵收・舊日之省警察廳・以及改制後之市公安局・對於市內警察經費之維持・亦有其自收自付的獨立辦法・有一種叫做「房捐警費」的・即係由該局直接徵收・凡在市區內之商鋪廠房乃至一切有業權住戶之民居樓屋・每月例須繳納房捐・依據官廳公佈之估價稅率・由主管派警員按戶按月徵收・抗繳或逾期者・並得科以罰款・因此・公安局可以不靠市財政局發放經費・亦能自給自足・

至於教育・衛生兩局本為祇有支出・毫無收入的機構・自應由財政局撥給經費・工務局直接亦無收息・但因工務建設的成果・可說是生財機關・蓋開馬路可以由財政局向沿路民家店鋪・徵收築路估定之受益費・在美國都市・此項收入名為「特別估定捐」（Special Assessment）・市府對西濠口之蓋渠築太平南路・以及後來對沙面隔岸沙基馬路之開闢・都用此種估定捐受益費辦法・結果都很成功・很滿意・公用局因有取締車輛（包括人力車・獸力車・輿轎・汽車等）之責・亦有牌照費的少量收入・勉資挹注・

六局中財務收支最大者・當然應數財政局・在革命期間・大宗的收入來源・計有左列數類・

一・市公有產業・細分之又有・

甲・拆城開路所剩餘下來的畸零地段・城牆在未拆除前・兩旁的空閑地段・本屬廢地・不可以利用為建屋基址・故無經濟價值・一旦拆除・改築馬路大道・則前此無用廢地・轉瞬間變為黃金地帶・企業商人・歸國僑胞・都趨之若鶩・爭相競買・為市府闢一意外財源・

乙・街坊廟產・廣州之老城新城・每街每巷・都有公共廟產・其始由住民或善男信女所零星捐贈・積累有成・則購置附近房屋地產生息・由廟祝主持・或地方劣紳所把持・據為私有・財政局乃公告市民・開辦街坊公產之申報・查實後一一標售・並給申報人以應得之獎金・

丙・長堤沿江北岸碼頭地位・廣州市北岸長堤東西距離頗長・由西濠口至東堤・沿岸皆係渡船或專業船隻停泊處所・除開「天字碼頭」及「海關碼頭」等保留公用外・所餘碼頭地址尚多・財政局乃經過公告・招商承標・其產權仍屬市有・使用權則移轉為商有商用・除承標價值須當時繳清外・尚有碼頭租應分期繳納者・

二・徵收稅捐・往日在廣州有所謂苛捐雜稅・名目繁多・不勝枚舉・雖經市局整理・存優汰劣・仍有不少稅捐為

他處所無者・糞捐即其一例・以故吾人在粵時・嘗開「天下未聞屎有稅・廣州惟有屁無捐」的謔語・令人捧腹・致其不得不爾的理由・前文已備言矣・茲不重複・總之・國家處非常時期・祇有大家竭盡所能・出錢出力・共度難關・始克有濟・否則・「皮之不存・毛將焉附」・

至於徵收的方法・不一定由財政局或其附屬機構經辦・時尚沿用招商承辦之老辦法・財政局得將某項捐稅公告招商承辦・以報價最高者爲得主・承包商報價若爲一百萬而實收二百萬・則多餘之數悉歸包商自理・局方可以不問・

五・初期業績

余接長市政之初・前任市政公所已拆通南城接連永漢路之永漢門（原似爲永清門）・但北通財政廳新署（楊永泰任內所建）之雙門底重門・因屬重要古蹟・其上置有「銅壺滴漏」之古代時計・相傳爲漢時遺物・故暫予保存・新市廳經過考慮・以雙門底雖係重要古蹟・但阻礙交通・不得不拆・消息傳出後・所有城內之所謂「九大善堂」紳士與「七十二行商」・聯合一致反對拆遷雙門底並移置「銅壺滴漏」・鼓勵無知市民・指爲破壞風水古蹟・必將禍貽全城・甚且醵資僱買流氓小販・於夜間舉行提燈遊行・沿途大叫口號・後經余召集善堂商董等詳加解釋並曉以革命大義・風潮始息・「銅壺滴漏」後遷置於海珠公園・

工務局此期工作・集中於繼續拆城・先拆南城・次及西城・東城・最後祇保留北城一段不動・原因是南城拆後・改築惠愛路疏導東西交通・拆卸東城・亦可打通東郊東山一帶新興住宅區・至於西城則接連西關・其地爲廣州人烟最稠密之區・西城北段・後改築太平路・南段因有西濠口・乃六脈渠一大出入水渠口・欲改造馬路・祇有將西濠大渠加蓋・馬路建造在蓋上・

此舉又鬧出大風潮・蓋善堂商董・多以西關爲彼等之根據地・其地地盤低窪・每遇雨季・西江水漲・便成澤國・一若臺北盆地・好在當我們提議改西濠爲馬路時・余所兼管之治河處・經由外籍柯總工程師 Major Olivercrona 之設計・已在西北江上游之蘆苞建築新式活水閘・作用正在防阻西北江水漲使西關無被浸之患・但一般市民對於新治水工程的作用・毫無理解・甚至上層階級如善堂商董等亦然・他們遂故技重演・開會・遊行・接二連三・鬧個不停・余不得不再召開談話會・並介紹柯總工程師向大家解釋・事態始告緩和・

西濠蓋渠築路完成後・馬路兩旁商鋪地價立即高漲・受益者始知其利何止十倍於往昔・至此從前持激烈反對態度者・今乃額手稱慶矣・

工務局首任局長程天固・係余昔日加大同學・惟所學爲政治經濟而非土木或建設工程・所幸局中有幾位好工程師・一位爲伍希侶・原係廣州通商初期所謂潘・盧・伍・葉四大家族之一的伍家後裔・曾留美專攻土木工程設計・廣州著名開路工程・其始計大都出於其手・一爲彭回・檀香山美籍華裔・亦專研究土木工程・彼之著名業績在疏浚廣州之六脈渠・原來廣州城係瀕臨珠江巨鎮・所有食貨轉輸惟江是賴・公共衞生亦靠珠江・六脈渠即珠江之支流・每逢潮漲・江水入注・洗刷全城支渠所積汚穢・一俟潮退・六脈渠中積存之

汙水·自然沖湧奔流珠江以出海·故於維持全城之衞生清潔·厥功甚偉·但日久失浚·汚泥堆塞·則又成害患·新市政推行之始·我們就注意及此·時彭回任總技師·余遂委以清浚六脈渠之責·彭爲人不苟然諾·但一經受命·則不辭辛勞·雖赴湯蹈火在所不計·是能勇於任勞怨者·旋據彭君報告·始知原日六脈渠其闊十丈者·今只得三五尺·深淺亦如之·且渠道路線湮滅已久·稽考古籍圖案·都不可尋·彭本人率領助手不得不實地跟蹤訪尋·結果發現渠面多半被人民非法霸佔·有在渠上築室者·今欲清理路線·加以修浚·實太費苦心·然彭君終能完成其事·誠值得大書特書矣·

余所記憶技師中第三人爲楊錫宗·亦留美人才·有一事迄今未忘者爲廣州中央公園之設計·在市政公所時代·即由楊董其事·余接管不久·親往視察·見園之設計·有如幾何圖案·園址本爲舊日撫臺衙門·後半部多爲百年古木·應予保存不動·楊則不顧·凡彼認爲有礙其幾何圖案者·皆將之砍伐·待余臨視時·祇有大榕樹一株尚歸然獨存於後花園·後聞在劉紀文市長任內·因闢建市府合署大樓·後花園悉被徵用·則此碩果僅存之古木·想亦不保矣·

六·三次職辭職經過

從民國十年到十五年·我曾三度主持廣州市政·第一和第二兩次的任職·我在前面已經約略談到·不再重復·至於第一次的離職是在十一年·這年六月十六日·陳逆烱明的部將葉舉作亂·炮轟觀音山總統府·國父脫險抵海珠海軍司令部·坐鎮永豐艦上平亂·翌晨·余即携同家人避居隔江之嶺南大學某美籍教授住宅·並即報告國父·請示進止·承諭此刻急需在軍餉經費·着趕赴香港·澳門·向親友同志設法·余奉命後單身趁省港輪船抵達香港·即訪候楊西岩·伍學熀·林護及永安公司之郭泉與孫智等旅港忠實同志協商籌款·一切尚稱順利·嗣以家人寄居嶺大當非久計·商諸羅延年同志·承指示並介紹認識港商蔡寶善·蔡君慨邀余擧家寄住其宅·余在港暫居約二週·始搭船過澳門·至龍田村家慈寓所·共敍天倫之樂·旋復返港·與諸同志謀討逆平亂事·幸而所謀皆奏效·不出一年·陳逆逃遁·廣州亦隨之光復·

第二次辭職是十三年·是年夏·廣東革命根據地愈趨穩固·本省及各外籍軍人亦漸次就範·總理遂決定發動對北方的軍事行動·以討伐曹錕·吳佩孚諸封建軍閥·建立北方革命的基礎·乃派孔祥熙赴北京聯絡馮玉祥·鹿鍾麟等傾向革命的北方軍人·復命余辭去市政職務·前往東北訪問張作霖·時奉直之戰已發·張子學良正督戰於山海關外·

余奉命即日準備·將市長職務移交後任·臨去前曾親草告別市民書發表·遂由廣州出發·從海道自香港趁船到上海·再轉船去日本·經門司復換船至朝鮮之釜山·改乘火車經漢城·平壤·過安東直抵瀋陽·此爲余第二次辭廣州市長之職·

余離粤後·由李福林承乏遺缺·李爲粤中民軍統領出身·時已任軍長·雖僅略識之無·但爲人誠實可靠·對大本營之拱衞頗著勞績·然以軍人兼理市政·多感不便·不久亦復請辭·其繼任人則爲外交世家之伍朝樞（梯雲）先生·

國父於民國十四年三月十二日在北京鐵獅子胡同行館病

逝・余隨諸同志由林森（子超）・孔祥熙（庸之）等先生領導・辦理公祭及移靈西山碧雲寺等善後事宜・前後經過約三個月期間・始告竣事・余即南下返滬寓稍爲休息・再於六月中・下旬回抵廣州・時粵中同志正協商改制・撤消大元帥府・由中央委員會推選同志・行合議制・創立國民政府・創立國民政府・國府委員中余亦忝列一席・嗣省政府亦隨之改組・余復受命兼省府委員暨建設廳長・爲時不久・廣州市長伍朝樞先生因事去職・中央又命余兼理市長缺・是爲余第三次主持該市市政・

不一年・中央決議誓師北伐・推任□□□蔣先生爲國民革命軍總司令・率領諸軍北向前進・黃埔軍校學生軍表率羣雄・所向無敵・十五年冬・師次南昌・武漢・中央遂又決議成立國民政府各部・余乃受任交通部長・因急於北上・未及在粵成立部之組織・俟抵武漢時・始成立交通部於漢口平漢鐵路局大樓・余既隨中央北上・所有在粵職務・若省府委員兼建設廳長・治河督辦兼市長等地方職務・均以無法兼顧・乃於十六年春一併辭去・專任中央工作・至此余於廣州市政不復發生關係・所幸繼任同志・如林雲陔・劉紀文・程天固・歐陽駒等・均能努力建設・遂使廣州市政聲聞遐邇・爲中外所矚目也・

七・任內幾件難忘的事

一件是爲溫雄飛貸其一死・某日晚上・余在大元帥府聞有粵人某叛逆・私通陸榮廷・自南寧秘密到廣州・想圖謀不軌・已爲軍警拘捕・明早當押赴東較場執行鎗決・翌晨七

時・余以電話詢問公安局長吳鐵城・「昨日所捕逆犯・已否執行・」吳答尚未・大約當日午前必可執行・余即於是日上午八時急渡江至元帥府晋見國父・承問此來何事・余稟告聞軍警方捕獲逆犯溫雄飛・將於今日執行鎗決・擬請收回成令・俾以自新機會・國父當即首肯・下令公安局取消前令・查溫雄飛本亦同盟會員・民元前旅居舊金山・曾加入少年中國學社・爲「少年中國晨報」寫文章・並曾受檀香山黨機關「自由新報」之聘・承乏盧信遺缺爲主筆・民元返國・當選國會議員・乃從茲與軍閥政客發生關係・余於民元前一年在舊金山與之相識・深知彼係一書生・斷無造反本領・乃力爲成全・有其一死・渠後在南京任立法委員・亦余所提名者・行憲後・立法委員之產生改爲選舉・則不知所終矣・

二・鄧鏗（仲元）遇刺殞命・在陳炯明醞釀叛變前期・發生一件驚動中外的暗殺案・即粵軍參謀長鄧鏗之遇刺而死・民國十一年三月廿四日・天氣晴朗・適逢星期休假・仲元邀余相偕去東北郊外瘦狗嶺一帶馳馬・是日早膳後即乘車出發・經沙河而進・馳馬至午後四時乃回沙河・就店用晚飯畢・回城已約在夕陽西下時・是日馳騁郊外・心曠神怡・盡歡而歸・不料翌日三月廿五日仲元因友人自香港九龍乘火車來城・準時驅車到大沙頭車站候迎來客・即在站前下車時被兇手開鎗擊倒・傷中要害・雖經醫生急救・仍不治而死・事後陳炯明聞報・照例下令追緝・企圖掩蓋天下人耳目・時國父偕胡展堂先生等在桂林聞訊・固知殺鄧鏗之主使人必爲陳炯明・因恨鄧贊助革命軍之北伐也・

三・發生「沙基慘案」・在余第三次接長市政時・仍繼

續開闢新馬路其中沙基一段．由於其地毗鄰沙面英法租界．相隔一狹窄水道．與沙面有兩道橋樑可通行人．沙基開路．先須拆除沿途店鋪．業主且須讓地．所需經費不資．因援例採行前述特別估定受益費辦法．凡拆遷鋪面．收用民地．及建設路面一切費用．都由該地店主負擔．毫無怨言．所以然者．亦因開路成功後．沿路地價．突飛猛漲．交通比前更爲方便．市況亦較前繁榮得多之故．查沙基一帶爲米糧業集中之區．所有業主．多係豪商鉅賈．開路所影徵地．徵費．故均得輕而易舉．順利進行．

當沙基開路尚未完工時．於十四年六月廿三日忽然發生巨禍．即所謂「沙基慘案」是也．這一事件原起於我方學生民衆抗議帝國主義的迫害．發動遊行示威．當遊行隊伍行至沙基時．對岸的英法水兵．突然向行列開鎗．死傷不計其數．遂造成廣州的空前慘案．事後平息．工務局繼續施工．將沙基馬路完成．於翌年行開路通車典禮．遂在慘案發生地點．建碑立石．再正式命名爲「六月廿三路」．以紀念慘案死事者．

四．「南堤小憩」俱樂部之設．緣本黨於民國十三年改組前．先由總理指派若干同志任臨時中央委員．負責起草總章．籌設市．區黨部及小組．同時聘請蘇俄人鮑羅廷爲黨的顧問．指定廖仲愷與余等數人與鮑談話．作爲改組的參考．廖．鮑等嘗假南堤市政廳會議室爲商談之所．市政廳的毗鄰．有一商建新樓．亦位於南堤．當經吳鐵城等發起．租得該新樓二層全座．設立「南堤小憩」俱樂部．爲從政同志聚餐．休息．談話之場所．總理亦嘗假以爲特別活動之用．如當時．總理曾應沈卓吾同志之請求．用粵語．國語講演．灌製留聲片．即係假「南堤小憩」爲之．此種錄音片經黃季陸同志之整理．現尚保存．並已有複製品發行．

五．英國領事詹美遜之老氣橫秋．余在廣州市長任內．時常與沙面之各國領事有所接觸．記得當時各領事中．最爲老氣橫秋．目中無人者．當以英總領事詹美遜（Sir James Jamieson）首屈一指．陳烱明任省長時．一年一次邀約各國領事歡宴．於省長致詞畢．詹以領袖領事身分起立致答詞．因彼年輕時原爲英外務部派來廣州專攻粵語之官學生．以故粵語異常流利．此次致詞．循外交慣例．彼當然以英語爲之．而以我方交涉專員李錦綸充任通譯．但李父雖係廣東臺山人．早年旅美．娶美籍德裔婦人爲妻．錦綸遂在美國紐約生長．十餘歲時隨父歸鄉．略讀國文．程度不深．稍長．復返美入神道學院．畢業後再回粵．爲教會作宣教師．所以對國語國文．不太深究．這次詹的講詞中．多引述「論語」一書．當講至「六十而耳順．七十而從心所欲」一段．李不知出自何典．譯成粵語．遂不可解．詹爲之忍俊不禁．立用粵語加以朗誦．在場同人均覺難過．李更甚焉．可見詹某之惡作劇．總在使人下不了臺也．

其時余與市府同人．均屬年當力强．所謂不知天高地厚者．詹某則已近六十退休之年．宜其看我們一羣青年．不在眼內．不數年．北伐成功．余已擔任國府高級首長．一次坐郵船由香港返滬．不期與渠遇於船上．則見其前倨後恭．判若兩人．民十七年春．余隨胡展堂．伍梯雲先生奉命出國考察．又在英倫本島碰見詹某．英國帝國派往海外之高級官員・在任時趾高氣揚・不可一世・及其退休歸國・則一如常人・無復當年威風・詹蓋其一例・其次則爲曾任香港總督之金文泰（Sir Cecil Clementi）・所謂學一反三・餘不多贅矣・

六・美國副領事之跋扈・程天固長工務局時・建議將長堤西段・自博濟醫院圍牆起往西一帶・拓寬路面・以利交通・因事關改善路政・便利行人・自然邀得市府批准・在未施工前・工務局會同財政局・先向博濟醫院交涉・請其將該院面臨長堤馬路邊沿之磚砌圍牆・予以拆除・並移去磚石・俾便馬路施工・博濟則認爲拆牆讓地・應由市府當局與之商妥補償・始肯執行・因而遷延多時・未克實現・工務局乃竟下令限期拆遷・苟仍推託・自當由局派工匠代爲拆移・雙方爭持未決・該院竟向美國領事館告狀・指爲損害美僑產權・請求援助・美領事館亦未經事先正式向市府提出交涉・即指派一年輕副領事・直然來市長辦公室求見・余時尚未知來意・立予該副領事接見・該副領事年少無知・出言不遜・竟向余恐嚇・謂工務局拆遷令如不立予撤回・領事館將下令停泊於沙面對岸白鵝潭之美國炮艇・限時開炮轟擊市政廳・余聆此無理嚇詐・立予駁斥・並要求其上級提供書面請求・再行處理・至此彼亦自知理虧詞窮・始行退出・余即通知工務・財政兩局會同博濟協商補償損失問題・事乃獲得和平解決・而拓寬路面亦得如期完成・惟以一副領事・膽敢開口即以兵艦開炮・來恐嚇革命政府之地方長官・足以證明當時的帝國主義者・厲行所謂「炮艇政策」（Cunboat Policy）・誠非虛語・

按・博濟醫院當時尚爲美籍基督教傳教士所主辦・若干年後・始將產權移轉於嶺南大學・準備作爲嶺大開辦學院之附屬醫院・

七・陳友仁的湖北口音・陳友仁・綽號「黃臉老番」生長於西印度羣島中之千里達（Trinidad）・父母均廣東惠州客家人・因自幼離鄉・從當地習慣・日常在家中亦只操英語・所以友仁根本不懂國語・友仁童年性聰明・畢業當地中學・即考入英國牛津或劍橋）・研究法學・考取大律師（Barrister at Law）・仍回千里達執業・民國成立・急思歸國一新眼界・遂於六・七年間單身返國・住北平數年・創辦英文日報・鼓吹革命・國父在粵開府・友仁乃南來追隨・初任大本營英文秘書・旋又受命爲大本營航空處長・例須宣誓就職・但友仁不識國文・不能說國語・頗感困窘・同輩郭泰祺（復初）・乃將誓詞以拉丁字母音譯爲國語・由郭口授・念熟後始就職・當時觀禮者咸異之・莫名其妙・僉謂友仁何以能操湖北口音也・

又一次・美國駐北京公使麥慕瑞（Mac Murrary）來廣州訪問・時陳友仁以外交代表資格・在芳村寓所晚宴款待・時方暑熱・飯後羣集在花園草地聊天・友仁在余旁・美使坐正對面・美使知友仁不懂國語・乃問・「陳先生居廣州已有年・能說粵語否・」陳答・「我來此不久・尚未學會・惟北京話還可以・」美使隨員翻譯官某・立操北平國語對陳有所話說・陳向余耳語・問・「他說些什麼・」余不得不爲之翻譯・好在圍坐草地者・座席隔離頗遠・美方人員不一定聽得見耳・北伐軍到達武漢時・友仁嘗擔任外交・乘勝收回漢口

之英法租界・不平等條約之終於廢除・實自友仁收回漢口租界始・

恭述國父二三事

改建祖宅　國父自任設計

民國紀元前二十一年（公元一八九一年・清光緒十七年・辛卯）九月十八日（公元十月二十日）我在廣東省中山縣翠亨村的祖宅出生・是年國父爲二十六歲・

據先母說・我家這間祖宅・到我出生時有一百多年的歷史・房子的牆是用泥土・蠔殼和石灰築成的・有一尺多厚・且因中山與臺灣一樣・每年都有颱風・所以屋頂亦多爲木樑瓦頂・瓦頂的蓋法也是一排凸一排凹・鄉人都以其排數的多寡稱爲幾個「坑」・藉以計算房屋的大小・坑數越多・房子越大・反之越小・

就質料講・我家這間祖宅原也是建築得很堅固的・不過時間久了・很多地方都不免漸漸朽壞・同時老式的建築方法・不太重視通風和衞生的原理・因須防盜竊・所以門窗都開得很小・陽光和空氣均嫌不足・所以房間裏總有些陰暗潮濕・使住在裏面的人覺得不甚舒服・加以這時候我家的人口頗有增加・原有的房子已不夠用・故計劃予以改建・

我出生不久・先伯父德彰公從檀香山滙回來二・三千元銀幣作爲改建房子之用・先用其中一部份錢向鄰居買了一小塊地皮・當時鄉下並無所謂建築師・如果讓舊式的泥土匠來辦・恐怕仍會忽略了通風和衞生的必要・蓋好的房屋・還是和原來的樣子差不多・令人失望・因此・國父就自己設計・自己繪圖・其他一切鳩工庀材和監督伕工之事・也都由國父獨負其責・

蓋好的房子・就是現在許多書刊所載・國父故居照片那個樣子・外形和當時澳門一帶的西式房屋相似・一樓一底・正面有七道拱門・拱門之內是一間方形的正廳・供奉著祖宗的靈位・再往左右兩廂裏面和樓上・就是客房卧室・家中各人都能分住到一間・即使不常在家的・也有預備的房間・可以應用・這幢房子後來雖然重修二・三次・屋瓦和木樑都曾換新・但原來的規格則一未變點・

有一件事特別值得一提・就是國父當初設計這幢房屋時・曾經做一次觀念上的革命・原來當時鄉下人蓋房子的傳統慣例・是要把正門朝向東方・但國父卻將我們這幢新建的房子・改朝西方・許多人都不知其所以然・殊不知我們新買的這塊地皮・如果一定要把房子朝東建造・正好對着鄰居的後門・同時沒有一點回旋的餘地・十分侷促・改朝西邊・則是一片綠葉扶疏的樹林・鄉人稱之爲「風水林」・像這樣美麗的「天然公園」・實在不容易找到・能夠不費錢・得因利乘便的加以利用・豈不是一件很理想的事・

從這小事・我們可以看出國父那種不拘泥於陳說的獨立特行性格・

生活儉樸買書則不怕花錢

國父有一個把別人送給他的旅費・全部用以買書的故事・已爲大家所熟知和樂道・我不必多說了・我要說的是用

一個比較的事實・來證明國父生活的儉樸・

民國十三年秋天・我辭掉廣州市長職・奉國父之命・偕同謝无量・陳劍如二君到奉天去聯絡張作霖討伐曹錕和吳佩孚・完成任務以後・又接到國父打到奉天來的一通電報・大意說他即日就要北上・囑我邀約譽虎（葉恭綽）・韶覺（鄭洪年）二人同到天津等候・那時黎元洪・章士釗等及其他多許曾經當過北洋軍閥的人也都聚在天津一帶・有一天・黎元洪請我去他家吃飯・因爲相見甚歡・無所不談・他問我・「你老太爺住在上海時每個月要用多少錢・」我不好意思講得太多・說大概要一千多元・他聽了大爲驚異・說・「一千多元怎麼夠用・我平均一個月的花費・總在五萬元以上呢・」我們知道黎元洪的用費・比起當時那批腐敗的軍閥來・還算是很儉樸的・但和國父比較・他的生活還是優厚達五十倍之多・則國父生活的儉樸清苦・也就可想而知了・

國父一生爲了救國救民・完全達到渾然忘我的境界・對於個人的衣食給養之資・從來不曾措意過・從前吳稚暉先生講總理行誼說・國父是「品格自然偉大・度量自然寬容・精神自然專一・研究自然精博・」我們也可以說國父的生活是自然儉樸・國父的生活雖然儉樸・但買書卻很捨得花錢・祇要是他認爲對革命事業有助益的書・總會想盡方法不計代價的去得到它・到手以後・便於公忙之暇細心的去研究其中的道理・決不像某些附庸風雅的人一樣・買回來便往書架上一放・裝裝門面・作「博覽羣書」狀・其實根本就沒有翻過一頁・看過一行・我們想像得到・像國父這樣具有眞摯・熱烈的革命志節與情操的人・天生就是先天下之憂的人・如果說他的日常生活中有什麼特別快樂的事・大概讀書要算是最快樂的了・

國父平日看報・國際國內新聞和社會動態・固然是他最感興趣・從不忽略的・新書出版的廣告也受到特別的注意・遇到他還沒有看過的書就先把廣告記下來・然後按圖索驥・一定要得到那本書爲止・他在隱居上海從事著述時每年向書商訂購外文新書・總要耗費四五千元美金・平常與同志或朋友談話・總愛問對方最近看過一些甚麼書・也把自己近來讀過的新書告訴對方・所以・國父和人談話的主要內容・大抵不出革命和讀書兩個範圍・爲革命而讀書・讀革命之書・也可以說・構成國父一生的・實在就是革命和讀書兩件事・

國父讀書的範圍

要知道國父讀書的範圍・可先看民國八年・國父在上海和邵元冲先生的一段談話・邵先生問・「先生平日所治甚博・於政治・經濟・社會・工業・法律諸籍・皆篤嗜無倦・畢竟以何者爲專致・」國父答道・「余無所謂專也・」

邵又問・「然則先生所治者・究爲何種學問耶・」國父曰・「余所治者乃革命之學問也・凡一切學術・有可以助余革命之智識及能力者・余皆用以爲研究之原料・而組成余之革命學也・」從此可知・國父讀書是不分中外古今・一切學術・只要能夠助長他的革命智識和能力・都成爲研究的資料和範圍・所以能博大精彩・若無涯涘・

我也是從小受了國父的影響・養成一種從多方面吸收知識的興趣習慣・至今不渝・回憶我在檀香山讀中學時・有一

次·國父從英國回來·送給我一百多本的英文版的世界文學名著·要我閱讀·這對我以後的英文修養·打下良好基礎·我入加州大學讀書·國父特別叮嚀我要文科與理科並重·不要專攻一門·現在要研究科學·講求造就專才·例如學工程·念天文·地理的·也只懂得他們所學的那一門·而不懂其他的學問·這樣固然能肆應現代社會的需要·但卻不足以成爲一個社會的領袖·要成爲一個社會的領袖·必須有懂得各種學識的通才而後可·要靠專才是不夠的·所以我除了英文·德文·法文和拉丁文·本來有相當基礎外·正式功課則主修文科·兼修理科·理科包括有天文·地理·地質·生物·古生物·人類學等·此外·我還選修了政治方面的「各國政府」及「地方政府」·法律學方面的「羅馬法」和「英美法」·其他經濟學方面的如銀行學·會計學·統計學·保險學着部門我也研修過·當時美國發生全國鐵路運費管制問題·銀行則採聯邦準備制度（即今中央銀行）·我對這兩件事復感興趣·覺得可以作爲我國將來處理這類問題的借鏡·故又選修了「鐵路運輸」和「銀行學」·在哥倫比亞大學攻讀碩士學位時·我還研修了「新聞學」·

這一時期的課外讀物·幾乎是國父從各地寄來的書·如果他在南洋一帶旅行·就寄些中國的線裝書來·到了歐·美·便寄英文的各種名著來·像「通鑑記事本末」·讀「通鑑論」·「進步與貧窮」·「達爾文遊記」·「物種由來」·「互助論」·「麪包的征服」和「莎士比亞全集」等等·都是我在那時期曾經讀過的書·記得我所收到的書中·也有不少關於各種思想和主義的著作·但是沒有一本是馬克斯和恩克斯這一類人所寫的·可見國父雖主張博覽·但對於馬·恩等共黨徒的邪說詖詞·還是不讓我去研究·

國父讀書的態度和方法

一般人讀書都有一個共同的毛病·就是容易讓自己的思想的觀點·不自覺的跟着作者的路線走·如果看到兩本意見完全相反的書時·就迷惘·瞻顧·無所定其依違了·這是什麼道理呢·就是因爲自己毫無主張·缺乏辨別是非的能力·所以聽公說也有理·婆說也有理·自己反而成了一株東倒西歪的牆上草·搖擺不定·國父在「孫文學說」第三章曾告訴我們一種讀書的態度·也許說是一種方法·他說·「如能用古人而不爲古人所惑·能役古人而不爲古人所奴·則載籍皆似爲我調查·而使古人爲我書記·多多益善矣·」

這一「不惑」與「不奴」而後「能用」·「能役」·眞是讀書治學第一要緊功夫·因爲不惑始能辨別·不奴始能作主·不然的話·老是被人牽着鼻子走·則讀書愈多·反而靈明愈昏·心智愈蹩·此身不啻成了各種不同的思想的交戰場·所以·國父在回答邵元冲先生的問話中·强調一切學術·都衹是「研究的資料」·而不把它當作奉之唯謹的經典或教條·

由於國父是採取這樣超脫的態度去讀書·所以一空依傍·沒有門戶之見·而後推陳出新·發明許多偉大的思想和制度·這些思想和制度·誠如吳稚暉先生所說·「不但爲中國有了新治術·而且爲世界有了新貢獻·」

十八·九世紀·西方的學術思想界·出現了幾種異常新

穎的思想·被當時的人奉爲金科玉律·千古不刊之論·但經國父仔細研究·繼發現它們都各有其毛病·不得不加以糾正·否則難稱健全·甚者且足以爲禍人類·

一是孟德斯鳩的三權·孟氏在他所著的「法意」一書中·主張將政府的權力分爲行政·立法·司法三權·互相牽制·彼此均衡·但國父實際上考察了採用三權憲法的國家·發現「不備的地方還是很多·而且所生流弊也很不少·」這是什麼道理呢·就是彈劾權如果歸到立法權裏面·議會便容易挾制政府·考試權如果歸到行政裏面·則用人機關同時又是考試機關·既難期公平·也容易發生夤緣私進的毛病·所以國父便主張把孟氏的三權益以在我國行之已數千年的監察·考試二權·合成一種五權憲法的制度·此外·權能分開和均權制度·也是國父的大發明·是他不惑不奴和獨立思考所得的結果·

一是盧梭的「天賦人權」思想·盧氏在他所著的「民約論」一書中·主張人類生而平等·各人都有天賦的權利·盧氏這一主張·不但當時沒有人反對·而且還促成了美·法等國的革命·可見他的影響是很大的·但是國父研究他的道理·從歷史進化上講·民權並不是天生出來的·而是時勢和潮流所造就出來的·「故推到進化的歷史上·並沒有盧梭所說的那種民權事實·這就是盧梭的言論沒有根據·」同時國父認爲·如果讓壞人也和好人享有同樣的權利·那是「假平等」而非眞平等·壞人一定會用這些權利來進行反革命的工作·爲害人羣·國父爲了糾正盧梭此一想思·就創造了「革命民權」的主張·祇有那些從事革命或贊助革命的人·繼配享有這樣的權利·

我們知道·權利好比一件武器·如果拿在好人手裏·可以除暴安良·發揮積極的作用·一旦落到壞人手裏·便會增加他爲非作歹的力量·危險孰甚·因此可知·國父的「革命民權」說·要比盧梭的「天賦人權」說更合於事實·也更高明·

一是達爾文的「物競天擇」思想·達氏在他所著的「物種由來」一書中·認爲物種的進化乃是競爭的結果·弱肉強食是自然的定律·後來帝國主義者和野心家們·就把這套理論引用到人事上來·窮兵黷武·到處挑起戰爭·兩次世界大戰·未嘗不是受了達爾文思想的影響·但是國父早就看出了這種思想的危險與不正確·他說·「從前學說·準物質進化之原則·闡發物競生存之學理……只求一人之利益·不顧大家之利益·今日世界日進文化·此種學理·都成野蠻時代之陳談·不能適用於今日·今日進於社會主義·注重人道·故不重相爭而重相助·」國父認爲物種進化是由於鬥爭或有可能·人類的進化則決不是由於鬥爭·而是能互助合作的結果·並認爲「社會國家者·互助之體也·道德仁義者·互助之用也·」這是很合事實的·且有助人類在安定·和平中創造共同的福祉·

一是馬克斯的「唯物史觀」·「剩餘價值」和「階級鬥爭」思想·國父除了用「民生史觀」來反對他的「唯物史觀」·用「社會價值論」來駁斥他的「剩餘價值論」·用「社會互助」代替他的「階級鬥爭」以謀均富·安和與樂利外·並批評他這種偏激謬妄的思想·頂多祇能算是一個「社會的

病理學家」・而非「社會的生理學家」・眞是一針見血・千古不磨・

一是國父研究我國爲什麽停滞不進的道理・發現「知之非艱・行之維艱」的謬誤・徒使中國人但能坐而言・不知起而行・乃著「孫文學說」以闢之・

上舉數端・都是因爲國父讀書的態度和方法十分正確・所以能見人之所未見・發人之所未發・爲人類思想史寫下光輝的新頁・

國父著作的謹嚴

有一次・鄒海濱（魯）先生向國父請教鑑別文學的方法・國父說：「很容易・一篇文章能當做一章讀・一章文章能當做一段讀・一段文字能當作一句讀・這便是好文章・因爲唯有這樣的文章全篇氣勢纔能貫注・作文之道亦如此・」這個鑑別文章的方法・實際就是國父著作所持的態度・無論是長達百萬言的皇皇鉅著・或是僅僅數百字的短文・用字都力求經濟・決不拖泥帶水・行文都力求理則的發展・層次分明・內容力求精確・即使是細微末節無關宏旨的地方・還是一點都不馬虎・

記得一九一八年我隨侍國父住在上海莫理哀路二十九號・是年十一月間歐戰停止・上海各界人士都認爲是一件大喜事・鳴放爆竹・相與慶賀・國父就在這時開始研究「實業計劃」・主張國際開發中國・在着手撰寫這部書以前・許多地方他都親自去做實地考察・另外蒐集了不少的參考資料・房間裏無論牆上掛的・桌上放的・地上鋪的・都是各地方的地圖・每天自晨自暮・都在這些地圖上畫來畫去・其用心之專・用力之勤・眞正到了廢寢忘食的程度・他自己研究還嫌不夠・經常邀請蔣夢麟・郭秉文・李耀邦・余日章・余友漁・顧子仁等先生一起討論・總要做到無懈可擊才肯罷休・像這樣謹嚴的治學態度・實不多觀・至足爲後學的楷模・

國民政府委員新會伍公墓表

孫科

伍公梯雲既殁之明年・其孤競仁等・將琢石表德・揭之墓道・而請文於予・嗚呼・自公之殁・而交鄰議約・喪其元龜・朝野思公・若晋國之誦隨會・予友公十數載・知公之所涵負・百未一紓・而國難且未有已・今以文表公・豈公之志哉・顧義不可辭・謹書其大節・以告行道・

公諱朝樞・字梯雲・世居廣東新會・曾祖諱日成・祖諱社常・皆有碩德・考諱廷芳・字秩庸・以明法及使絕國顯・公其冢子也・公少學於美京・歧嶷殊衆・長治法律・於倫敦大學・以第一人卒業・應英京律師考試・復冠其軍・歸國膺里選爲衆議院議員・時民國始建・外人觀望・公以英文著論・轉移列强視聽・聘問乃通・民國四年・官國務院參議兼外交部參事・久之・知總統袁世凱有異志・謝事家居・世凱死・視事如初・會復辟事起・公遂浩然南歸・佐總理開西南護法之局・尋以軍政府外交次長奉命參巴黎和會・與北方諸代表・並力折衝・不簽和約・厥功最著・九年・總理就任非常總統・公仍任外交次長・翌年六月・秩庸公卒・公居喪盡禮・徒居滬濱・十二年旋粤・以外交部長隨總理致力革命・中經變故・而風烈彌見・十四年・國民政府開府廣州・公任

孫科　陸幼剛

國民政府委員・司法委員會主席・領廣州市市政委員長・自沙基搆難・粵港罷工者・十七閱月・公噢咻彌綸・市政以擧・越二年・北伐告成・建都南京・仍任外交部長・時方有寧案・外人責難於我・又啗我以小惠・公不爲威懾・不爲利動・每有宣言・輒以尊崇國際公法・擯斥外人在中國之特殊地位爲旨・在官七月・膺使美之命・駐美凡三年・先後向美當局商榷關稅自主・及撤廢領事裁判權諸要案・領事裁判權雖未能即廢・而關稅卒獲自主・公之力爲多・其間復奉命參日內瓦國際聯盟大會者再・海牙國際法編纂會議者一・公於大會中主修改不適用之條約・不遺餘力・衆强交沮之・而卒韙其言・書之於策・海牙議國家賠償責任・公執言侃烈・如莞外交時・二十年・甯粵偶有違言・公歸國斡旋・其持論之公・任事之勇・一如十六年調停甯漢意見時・精誠所感・卒歸歡好・旋還選任爲司法院院長・國民政府委員・辭不就・復被命爲廣東省政府主席・兼瓊崖特別區行政長官・公蚤建開發瓊崖之議・爲總理嘉納・至是乃堅謝主席職・欣然受特別區長官之命・旋以故竟不果行・自是公棄官適野・將旁行郡國・詢求利病・未二歲・而公遽卒・

嗚呼・公處難而能艱貞・當官而思利濟・其淵辭博辯・足以折外人之心而無所撓・其辭高居卑・欲以所抱措諸百里・足以風當世・而樹民治之先聲・予與公訂交在民國六年之夏・相期許國・以道義相切磋・公燕談之私・不廢籌度・若縮小省區・若憲法中明定身體出庭狀制度・皆公所累道而不厭者・可謂持身重於圭璋・謀國貞如金石・然而生不竟其施・沒不永於年・抑可悲已・公生於淸光緒十三年閏四月二十五日・其卒以民國二十三年一月二日・年四十有七・母何氏・生母葉氏・皆健存・配何氏・生子三・競仁・慶培・繼先・皆幼・女五・豔莊・適何・礪瓊・適馬・礪瑜・礪瑛・礪琨・皆未字・事聞國府・軫悼予奠醊・頒帑金以治其喪・是年三月十一日・葬公於廣州市一望崗・公生平事蹟・具於國史・茲但就其憂勞幹濟之大者最而書之・勒諸貞珉・以垂於無極・中華民國二十四年　月　日具官孫　科表

陸幼剛

一八九一年生
一九八□年卒

信宜人・國立北京大學畢業・歷任廣州市教育局長・廣東省政府秘書長・廣州市參議會議長・國民黨中央監察委員・大學教授等・早歲從吳道鎔・黃節諸耆宿遊・復與胡漢民・古應芬・胡毅生・林直勉・陳融・黃君璧等善・談詩論畫・兼擅書法・著有大學制度考・梅園詩稿・幼剛書畫集等・

林公雲陔墓誌銘

中華民國三十七年十月四日中國國民黨中央監察委員審計部審計長林公卒於位・政府篤念耆勳・派員治喪・飾終之典惟隆・靈輀南下・葬於廣州東郊金鋒園・同志與市民迎櫬執紼者逾萬人・嗚呼・何令人哀感之深耶・公其黨國之干城・今世之完人歟・夫革命乃順天應人之神聖大業・固賴有賢明先知先覺之領袖・與救國救民之主義・然恆仗忠貞廉明博學多能之志士・篤行不怠・以輔弼之・完成之・公其儔也・江湖風波・舟楫折摧・故擧國哀之・公逝世十六周年・其留美國子女崇誠・崇明・崇正・崇直等擧行家祭・禮畢・

羣以幼剛隨公服勞黨國三十餘年・粗知公生平志事・請誌其墓・藉資泐石・幼剛雖不文・義不容辭・

公姓林・諱公競・字雲陔・號毅為・以字行・民國紀元前三十一年生於廣東信宜縣・其先世學優而仕・有令德・考光卿公・隱居讀書・以詩畫自遣・妣李夫人・明慧治事・懿行聞鄉里・公生有異稟・方額豐頤・性沉默摯誠・不苟言笑・七歲就外傅・居考妣喪致哀盡禮・雖苦煢獨・而益勤奮・姑夫梁宗渠孝廉愛公聰穎・館於郡寓・使與其子澤寰同受業於名儒林樸山明經・經年學乃大進・治經以義理為重・不事帖括・其人格修養與治平之道・已奠定於斯時矣・

當惠州起義失敗・革命思潮澎湃・公深嚮往・紀元前八年・與鄉人譚惠泉等組織新高同志社・由廣州灣廣購懸禁革命書報讀之・益知清廷之顢頇・毅然加入同盟會・與先兄匡文勠力雄辯學舍・資為南路革命中心焉・

紀元前六年・赴廣州肄業兩廣方言高等學堂・獲交朱公執信・益矢堅貞・庚戌・新軍起義・亟回籍響應・事雖未成・而清吏之膽已寒・廣州辛亥三月廿九之役・公運輸彈藥・助攻督署・及朱公執信受傷・公為裹創・脫之於險・武昌事起・奉統籌部令・赴香港領械回高雷主持反正・時清兵備道彭言孝・新軍協統黃士龍・各擁重兵・嚴緝黨人・公會同志於鴻漸館・決作殊死戰・密調民軍防營黃元貞張錦芳迫高州城・林樹巍率信宜選鋒隊首發難・且策動新軍幹部投誠・於是黃士龍態度曖昧・彭言孝勢孤・公乃率同志攻入道臺衙門・宣佈反正・就都督職・時為九月四日・繼促各縣同志一致討虜・指顧間南路底定・公以任務既達・解職・赴穗助胡大都督漢民掌機要・旋奉派赴美國・進紐約聖理喬士大學習法律政治・得碩士學位・八年歸國・總理孫公召赴滬淞・佐理黨務・及為建設雜誌撰文・並奉命將建國方略英文稿三編譯成中文・即該書第四計劃鐵路系統・第六計劃礦業經營・及結論所擬國際戰爭商業戰爭階級戰爭之和平對策是也・九年粵軍回粵・隨總理歸・任廣州登記局長・實施土地新政策・繼兼廣東省教育會編譯處主任・為士林所推崇・總理率師北伐・大本營設桂林・任公為金庫長・繼改度支處長・

十一年・粵軍總司令兼廣東省長陳炯明叛變・總理明令聲討・北伐軍由贛回師・攻韶關不克・腹背受敵・乃取道贛粵邊境・向閩推進・公挾公帑步隨・履荊棘・攀巉巖・手足龜裂・面目蚊傷・且荒地缺糧・以薯葉充饑・晏如也・聞士兵誤食桐油・嘔瀉病發・為取藥救治・敵人追至・幾被俘獲・及抵永泉・始易服秘密經福州赴滬・故文官長胡漢民詩有云・萬死還隨北伐師・蓋指此耳・既謁總理・奉命趨香港協同籌餉討逆・迨東路討賊軍總司令許崇智回師・以缺餉滯留潮汕・公迅將前所籌港幣三十餘萬派幼剛齎赴前方・以利軍需・粵難敉寧・厥功甚偉・因拜廣州市長之命・循撫商民・新猷展布・嗣調長廣東高等審判廳・轉職檢察長・兼大本營法制委員・審訂民刑法・擬訂制憲程序・為法治實施準備・

十三年兼財政部次長・十六年復任廣州市長・廣州地當衝要・自改特別市後・政務益繁・公謀建成現代化之都市・以應人民食住行育樂各需要為目的・如建珠江大鐵橋・闢黃

埔大道・擴建水電泥各廠・展拓市區・增闢公園・改善衞生醫院各要政・首見施行・教育則質量並重・學風則動靜兼顧・餘若天文臺・博物院・圖書館・養老院・均次第完成・尤以設置市立銀行・使金融流暢・百廢斯興・考績稱最矣・

先後三長粵省財政・一長民政・均受命於危難之間・既濟即退・二十年膺簡命・任廣東省政府主席・兼建設廳長・施政五年・整飭吏治・隱定金融・擴展教育・創立大學諸大端・莫不悉力以赴・而建設尤著成績・如闢全省公路幹線・增設飛機場・開發羅浮山植林・設製糖・紡織・肥料・硫酸・蔴包・各廠・大小凡二十有八事・至於稻種之改良・甘蔗之繁殖・於國計民生・裨益至大・向爲總統蔣公器重・二十五年調贊中樞・任審計部部長・憲法既頒・續任爲審計長・前後十二年・對於制度之改進・附屬機構之增設・遞年推行・使中央於地方財政之收支・進入正軌・微公之忠貞・曷克臻此・

當還都伊始・適公宏敷計政之十周年・僚屬設筵致賀・鐫石章以表功・公堅辭不受・因改作慶祝勝利聯歡會・公始醵金參與・仍璧還石印・語人曰・恨不十年讀書・其廉明謙遜・又如此者・

公自赴難入蜀・以繁劇攖心・臟腑失調血壓漸高・仍不辭勞瘁・逝之前日・召開審計會議・發言過多・患腦充血症・昏厥不治・享年六十有八・公爲執政黨之從政黨員・司黨之風憲・故雖從政而對黨極恆具熱誠・在粵疊充廣東省黨部執監委員・使黨之政策・每透過政府以實施・而同志之行動・胥符於黨之綱記・十二年・奉總理派爲臨時中央候補執行委員・起草宣言及黨綱章程・自第二屆起迄終身・屢被選任中央監察委員・曾兼常務委員・每遇黨記議案・常以法官之持平態度・秉同志之親愛精誠・審慎處理・與林公子超所見略同・尤好合無間矣・曾代表本縣出席第一屆國民大會・宣達民隱・獻替良多・

公器宇恢宏・內涵剛毅・思以闡揚三民主義建立民有民治民享之國家爲職志・而畢生致力亦在此・故能堅守不淫不移不屈精神・勇於赴義・持正不阿・不干祿而祿及・不求名而名歸・歷居顯要・無積蓄・不私營・其用人也・先同志與專家・而私親不與焉・主粵政時・革除度支獎金制度及一切陋規・凡與外商購進機器之佣金・靡不涓滴歸公・居處簡樸・食無兼味・戰時糧缺・長官例有配給・公每以讓諸屬下之微祿者・趨衙乘馬・屏汽車不用・以節燃料・其剛介儉約多類此・其所羽翼總理・股肱總統・克成革命大業・鞏固邦基・亦耑賴亮節清操爲之・是則不特建有不可磨滅之事功・抑且具備革命之偉大人格・以爲世範・念人亡邦瘁之言・豈不重可哀也歟・元配陸景賢女士・勤儉持家・人欽淑德・五十年一月病卒臺北・男子子四・崇眞・崇明・崇仁・崇義・女子子三・崇誠・崇正・崇直・均卓爾自立・謹誌公行誼涯略以勵來茲・並繫以銘曰・

高涼峻秀・挺生瓌碩・從龍翠亨・三民是則・爰振黃魂・驅虜揮戟・光復枌榆・登壇師克・功成報命・經綸富墨・開府羊城・勇殲反側・繼膺疆寄・丕隆政績・業懋審計・黨記勤飭・赴難西川・抗戰建國・還都受降・遽喪元

德・丹旐南颸・父老哀默・列烈東臯・佳城歸息・有後必昌・過者必式・逝滅赤氛・銘勳貞石・中華民國五十三年月日陸幼剛敬撰於美國羅省客次・

何公克夫傳

何公克夫字小園・廣東連縣人・少挺秀有異稟・鐵面猿臂・距躍捷健・覩清季內政窳腐・外患日亟・慨然有攬轡澄清之志・乃棄文習武・民國紀元前六年畢業陸軍將弁學堂騎兵科・翌年加入同盟會・國父以公篤實果敢・堪作干城之選・屢委以重任・公服膺革命大義・時思實踐・志誠行篤・之死靡他・用能完成使命・毋負所期焉・

欽廉之役・公隨同胡毅生往任指揮・是年冬・佐國父倡義鎭南關・地多瘴癘・從者患之・公體强健・倍興奮・出生入死・無倦態懼容・庚戌春・新軍舉義於廣州・公倡導其事・失敗後・奉國父命入昆明組同盟會・後之西南革命勁旅・乃其成果・

辛亥三月廿九黃花崗之役・公任華僑選鋒隊長・率隊同黃興進攻清兩廣總督衙署・遐邇震慴・是役殉難者七十餘人・公力戰・脫重險・是年秋・武昌舉義・公率隊克復韶州・大局粗定・民國以建・乃辭南韶連分府都督・來省佐胡都督主辦全省民團・寓兵於農・培養自衞力量・四年袁世凱謀稱帝・公出任中華革命軍廣東北路討逆軍總司令・再造民國・公與有力焉・

厥後軍閥專恣・時局杌隉・十餘年間・不遑寧處・公叠膺綏靖大任・或兼長民牧・德政及民・翕然從風・以民望所歸・廿五年被選充國民大會代表・制訂憲法・抗日軍興・參與決計・廿八年赴難入陪都任監察委員・卅七年由廣東省參議會選任監委・復司風憲・有直聲・公叠任顯要・然臨財不苟・終無餘帛・其故居爲清史所毀・李仲仁縣長及邑人請以拆城餘磚爲建復・公卻之曰如營私財・將何以對國父及黃花岡諸同志於地下・義利之辨類此・

公嘗臨國父所書養成樂死之志氣・革除貪生之性根聯懸座右以自勵・所作詩文多慷慨激昂・但不存稿・以意志當於行動見之・公掌四會縣篆時・例調受訓・值黃花節・某巨公登壇致詞・忽覩公站行列間・悚然曰・當年選鋒隊何隊長在座・應由其報告・羣以驚佩目光注視・公無德色・婉卻之・意既是事實・崇敬不必自我口出也・

公事母至孝・晚年耽內典・益謙沖・不食牛肉・以其爲民食・不辭勞瘁也・公兼資文武・賦性孝慈・不愛錢・不惜死・善養浩然之氣而叠建殊勳・於開創民國・再造共和・制訂憲法・及對日抗戰爲其畢生致力大業・餘若亮節清操・政績善行・莫不昭昭・天下共仰・穆穆何公・誠人傑也哉・黨國之典型也・可以風世・三十四年四月病逝於位・享年七十歲・遺言火葬・朝野哀悼・政府篤念舊勛・明令褒揚・邺如禮・

傅保光 一八九二年生 一九三一年卒

中山人・美國密執安州立大學農學士・農業化學碩士・一九一八年回國應聘廣州嶺南大學農科教授・嗣兼農藝系主任・蠶桑系主任・主編農事月刊及英文版嶺南科學雜誌・一九二七年廣東省設立蠶絲改良局・保光以嶺南蠶桑學院院長受聘兼任局長・在任四年・對業務創建與學理研究・傾其全力・使廣東蠶桑培植・繅絲方法・大事改良・提高生絲出口品質・在蠶絲發展史上步上現代化科技道路・功績至偉・

蠶絲研究述要

嶺南大學蠶絲學院對於蠶種桑絲之研究狀況及其最近所取之方針・

I・蠶種之研究　粵省天時多濕・溫熱亦高・原產蠶種結得之繭・大都形小層薄・浮絲多而舒解難・顆體輕而絲量少・比如大造一種・水結頗多・繅製上亦較江浙日本者爲難・故爲求吾粵絲業澈底改良起見・當自改良蠶種始・一方先從土產之輪月大造着手・以科學的嚴格採選・汰弱留强・存優去劣・反覆行之・用爲原種・他方則輸入外來佳種・以與本校採選之純種交配・製成雜種・或一代交配種・以冀品質日臻上乘・絲量亦日就豐收・茲將現經改良之蠶種成績・述其梗概如下・

A・由選種結果所得之大造・成績頗佳・除頭造堪以飼養外・可利用冷藏法・在寒造飼育・又若建有合宜的蠶室・小心而飼育之・則第二第六兩造・亦不難獲有相當酬報・至於輪月・無論其爲青繭或白繭種・現在選得十餘種・比諸鄉間未經改良者・飼養較易・絲質較佳・產量亦較豐・就此十數種中・仍擬繼續進行優選・以期得最優美之種類・

B・由雜法改良而得之交九號雜種・蠶壯絲强・頗爲各地蠶農所喜養・惟其性好通爽・非有合宜蠶室・不易獲得佳果・故當第三・四・五等各造之時・其成績之有無・胥於蠶室之適否覘之・但頭・二・六・七等各造・天氣適宜・蠶室雖惡・亦易收相當效果・又有交二十號一種・繭形雖小・但質堅而重・絲量頗多・飼養容易・亦難種中之佳品也・

C・由一代雜交法而得之一代交配種・類皆蠶健絲多・堪作絲繭種用・如碧交及輪六十二號……等・其著者也・

飼育上之影響——改良蠶業・首重蠶種・次爲飼育・如蠶兒之飼料・蠶室之溫濕度・空氣・光線・潔淨・及其他養蠶上所歷之程序・其設施之當否・與事業之成敗有關・查吾粵蠶業・雖曰得天獨厚・年可養蠶七八次・惟年中氣候變幻無常・影響及於蠶兒・而蠶農對於蠶兒所受之不良環境・又復狃於舊習・不善應付・雖有佳種・尚招損失・此又飼育法之亟當改良者也・去年經施種種試驗・很得結果・有如下例・——

1.施行兩回之蠶卵催青試驗・結果以華氏七十五至八十度催青爲最適宜・以其蠶卵孵化齊整・蠶兒發育强健・飼育經過期短・繭質較佳故也・

2.施行五次之桑葉品質試驗・所得成績・當春夏之交・氣候多濕・養蠶桑葉・所含水分宜略少・夏秋高溫多濕之時・則桑葉宜富有水分・倘桑葉過於老硬・宜略噴之以水・如此・方有良好之收獲・至於萎桑・及蒸熱桑・不宜飼養・

免其發生病害·

3.施行二回之桑葉壯嫩程度試驗·結果·——①第一·二·三·齡幼蠶·宜用嫩葉飼育·②無論各齡蠶兒·最忌給壯嫩混合之桑葉·

4.施行二次之湯浴後冷藏試驗·結果越年種·施行人工孵化之湯浴後而冷藏·實有損害蠶兒之發育·及害蠶兒之生理·倘不得已而必須冷藏者·其冷藏期間·以不逾五·六·天爲合·

5.施行兩回之餉食適期試驗·其成績·於眠蠶脫皮齊起後·給桑不可過遲·否則有發育不齊·體質羸弱·死亡率多·繭層過薄等弊·

6.施行二次之給桑回數試驗·其結果·夏秋期養蠶·雖以高溫乾燥之氣候·每日給桑共六回便足·既無損於繭質及其產量·又可省勞節桑焉·

現在之研究方針——別爲二端·第一研究其環境的影響·第二研究其交雜的關係·前者既就冷藏·溫濕度等·對於蠶兒之發育情形·成熟期間·及其產卵遲速等之影響而研求之·例如蠶兒在濕少溫高之天時·發育速而成熟早·其產卵期亦速·否則反是·是也·後者則就其特性之遺傳·或外貌與其賦性的關係而研求之·例如蠶之斑紋·與雌雄之關係·繭之色澤·與品質之關係等是也·

Ⅱ桑之研究·本省桑種·品類複雜·葉形各殊·肉質亦異·須施行純選·以保持其優點而育成純種·即栽培法與刈採法·亦當求其適合·庶桑之產量日增·而品質亦日佳也·曾舉行下列之試驗研究·——

1.關於桑苗之選擇·分爲次列四項·(a)葉質選擇——由試驗得知葉片長寬之差異能率愈小·則葉形與葉面積之大小·漸趨一致·故其生長狀態·不易變遷·而品種亦較爲固定·(b)枝節選種——此項試驗·專注重其生長能力·即選其枝多節密之苗·至於葉之品質·形態·可無計及·(c)早生選種——其選自安南與粵省南部者·比選自北省及日本者·結果與理想相違·此或關於桑苗生理·與一切環境所致·(1)粵桑種類選擇——以其芽之位置·及其枝節之狀態等爲標準·用資鑑別而選擇之·

2.關於蟲害之防除·分爲下列五種·(a)蟋蟀·(b)蝗蟲·(c)天牛·(d)蚱蜢·(e)金毛蟲·就中以天牛之害爲最烈·但可利用一種美麗紅眼金黑色之小蜂·以防除之·——此種雌蜂·恆覓天牛之卵刺入而產卵於其內·約經廿八至卅五日·方可成蟲·破其寄生卵而飛出·其消滅天牛之功甚著·

本上述之試驗研究·以期養成一種質良豐收之桑·及一種能適應年中各造需要之桑·且保持桑之健全·

抑有進者·利用荒山地種植樹桑·以擴大栽桑面積·而使地無遺利·

Ⅲ絲之研究　粵絲原具有特長之點（已見上文）·倘能繅製適宜·銷路自暢·如條份求其勻整·類節務使剔除·保存其異常的絲光·維持其固有之柔性·使纖細合度·粗幼平勻·此繅製法之亟當研究·以圖改良者也·試就實驗所得·舉其概要·以明一般·——

a·改換繅絲時所用之撚式——就本校研究結果·得比較單撚式與共撚式之得失如下·

單撚式——⑴女工所管絲緒・不限於雙數・⑵無擘較之弊・故得絲高而斤兩輕・成本少・⑶一緒可行則工數得以減輕・⑷工手之能率・可盡量展施・

共撚式——⑴女工所管絲條・限於雙數・⑵有擘較之弊・故得絲低而斤兩重・成本大・⑶斷一線而牽動他線・費時耗工・莫此爲甚・⑷因絲緒兩進・每不能展施工手之能率・

據本校試驗成績・單撚式比共撚式每製生絲一斤・可減輕原料（乾繭）二兩・節省四分之一工・

又據在官山同和絲廠試驗所得・則每斤絲用繭・採用轆較者・可減少九錢左右・以每製生絲一擔計・約可節省十工內外・又就繅製時所得之亂絲而言・共撚式比較單撚式多至兩倍以上・由是觀之・則轆較與鑪較之優劣・不待智者而辨矣・

b・煮繭之研究——繅絲之初・宜否煑繭・對于繅時之難易・及製品之優劣・大有關係・本校因以科學方法・施行煑繭試驗・其結果・絲條潔淨・色澤均佳・比諸不煑繭者・其整潔成分・超越至五分之一左右・又據軒尼絲廠（Cheney Brother）報告・由煑繭所得製品・其潔淨程度・可多至一成云・

但用煑繭式製絲・較諸不煑繭者・每製生絲一斤・須多用原料二三兩・不宜於製普通絲之用・

c・製造水結之改良——本校對於水結之製造・歷經試驗改良・具有成績・蓋條結特長・色澤潔白・其品質既較普通所製者爲勝・則價格自高・且據試驗結果・依新法製造・可減輕開解費三分之一焉・

Ⅳ蠶病理研究——吾粵蠶病・以微粒子爲最烈・軟化病及膿病次之・硬化病則較少・查各蠶農・每年因病害所招損失・爲數頗鉅・故本校對於絲業方改良・從積極方面着手・當改良養蠶・栽桑・製絲各種工作・同時又從消極方面做去・則當預防蠶病・免受損失・因將研究之要點・列舉於次・——

a・微粒子之研究——本校採用巴斯德 Pastuer 檢蛾法・製成之無毒蠶種・施行特別飼育試驗・其成績甚爲顯著・不獨微粒子絕無發生・即其他病症・亦屬罕見・又另試行普通飼育以比較之・結果所得・發生是病之蠶・不及百分之五・惟調查各鄉農民・其採養本校蠶種者・是病之損害・約由百分之三十以至百分之五十・其飼育鄉間蠶種者・則受微粒子之患・平均有百分之七十之多・

考微粒子病之發生・若由先天遺傳而來者・每致全造失收・大招虧損・但在飼育期中・由後天傳染而來者・其發病早者・爲害頗鉅・可達至百分之七十五損失・惟其傳染遲者・則爲害不著・或且得較大之繭・此種特殊的現象・曾經試驗得來・殊爲有趣味之研究・

b・軟化病之研究——本校對於軟化病・曾施以相當之研究・最近尋出一種菌類・能令蠶體軟化而死・現尚未考出其防治之法・明年仍擬繼續研究・以審知其病原而設法防除之・

改良廣東蠶絲之商榷

傅保光

粵省出品・絲爲大宗・實業經營・亦以絲業爲最要・舉其優異・約有三點・吾人試披閱歷年生絲出口概算・粵絲輸出品・佔全國三分之一有奇・此關於出品者一・粵絲柔軟而絲光特强・非蘇浙日本所能企及・此關於品質者二・吾粵氣候溫和・適於蠶桑・春冷冬寒・亦能飼育北方蠶種・故一年之間・可養蠶至八造之多・此關於產量者三・有此三端・此五十年前・所以世界絲市・爲我國獨佔・而我國生絲出口・又以吾粵爲次多也・

晚近四十年來・徒以蠶農墨守成規・政府不加督勸・吾粵絲業・遂呈江河日下之勢・至將世界市場・拱手以讓諸日人・良可慨也・

返觀日本・自明治維新以後・即銳意改良蠶業・將固有之陋習・廓而清之・代以新式合理的技術・對於飼育・製種・進種・除病・繅絲・選種・栽桑各項・分類研究・次第實行・務以最少之生產費・而得優良且多之產量・此爲根本改良政策之一・當時日本政府・更令蠶商互助・合作營業・有烘繭組合——繅絲組合——販絲組合等・使蠶絲生產品・盡量推銷於國外・遇絲市疲憊之時・又撥國帑以爲救濟・使蠶農絲商兩方・不致因一時失意而棄其業・且設有蠶絲中央會・爲宣傳之總機關・一方刺探需要國之市況・及其採點・以引起本國蠶絲商之注意・一方又極其逢迎顧主之能事・將其出品之優點・向外商盡量宣傳・以實現其政府與人民合作之精神・於是日本絲商・有操縱供生絲於世界市場之權・而需要國商民・亦樂於採用・此又爲獎勵國外貿易之一策也・

比者訓政伊始・民生爲重・吾粵蠶絲・爲國產冠・出口之多・關夫國庫至鉅且深・可不急起直追・以與日人爭衡乎・茲參酌本省情形・借鑑日本・擬振興吾粵蠶絲・定爲方案・可分積極消極兩策・次第而實施之・

（甲）積極政策

第一改良蠶作　考吾粵從來所飼育之蠶種・爲二化性之大造・及半多化性之輪月・此二者・其品類均屬複雜・亟須改良・以成純種・又粵繭以天然品質之關係・絲量少・浮絲多・舒解難・須採用外地品種之適於本省氣候飼育者・選作純種・以備與本土固有良好之純種交配・製成一代交配之絲繭種・關於原種改良者此其一・

查世界蠶業發達之國・如日・意等・對於絲繭用之蠶種・多盛行一代交配種・以其蠶體强・絲量豐也・吾粵亦可利用此法・以製絲繭之種・蓋製成一代交配種之目的・一方在保持土種之所長・他方又採外來種之優點・以補其缺・冀得一蠶强絲豐之品種・以供絲繭之用・關於製種改良者此其二・

良種育成後・須有適當之貯藏・以保持其特性・而免病蟲害及氣象變化等的刺激・此冷藏法之所以亟宜仿效也・蓋蠶卵在冷藏庫中・感受人爲之冬寒・於生理上・受有莫大之利益・舉其利益・約有三點・㈠蠶種冷藏・得一定溫度保持・則發育齊一・蠶病稀少・體强繭美・㈡不受外界氣象變化之影響・品種的優點・不致中途惡變・㈢冷藏蠶種・可隨時由庫取出・催靑孵化・以適合於桑造・關於貯種改良者此

其三·

按粵省天氣·陽歷四五月時·梅雨經旬·溫高濕重·蠶兒發生微粒子及軟化病·膿病等·其損失甚大·硬化病則較少·此外蛆害·則發見於七八月間·其損失亦有百分之四五·統計上列各種病蟲害所受之損失·幾達五成·折半計之·亦有二成半之損失·則直接爲病蟲害之預防·間接講求蠶兒養生·衞生等方法·以期減少損失·增加收量·亦爲當務之急·關於防除病害者此其四·

查粵省育蠶·多用茅寮·陳設簡單·佈置零亂·蠶桑器具之貯藏·與育蠶者之寢室·均同一處·窗戶細小·空氣不足·光線缺乏·傢具什物·又復滿積塵垢·地面用泥壓成·污穢殊甚·實有礙蠶之生理·凡溫度濕氣等之變化·無法調節·用桑既不注意·給食又復失宜·至於除沙·上簇等事項·亦多粗放·此養蠶家所以一遇天候不良·雨多濕重之候·即遭失敗·良有由矣·關於飼育改良者此其五·如上所述·蠶兒因受微粒子·及軟化病膿病等之侵害·而招損失者·約佔二成·倘能採用冷藏·改良蠶種·檢驗蛾體·飼育有方·蠶病自然減少·若更能爲充分的防除蠶害·則生絲產額·可增一倍·查廣東每年生絲產額·可七萬餘擔·每擔值廣毫一千三百元算·共值九千一百萬元有奇·若生絲產額增加一倍·其數爲十四萬餘擔·共值一百八十二兆元有奇·比較每年可增九千一百萬元方收益·其關係於國庫民生·豈淺鮮哉·

第二改良桑作　查吾粵桑種·至爲複雜·而栽培亦未盡合法·以致產量不豐·地有遺利·殊有改良之必要·

一·改良現有品種　查吾粵省土桑　品類至雜·葉片大小不齊·肉質厚薄不一·故須設法選種·保持其美點·以育成純種·

二·改良栽培法　吾粵栽桑·概用密植式·且多行實生播種·每致距離過密風光不足·易誘起病蟲害·況實生之桑·發育較遲·葉形較小·未見其利·當擇地制宜·定其植距·可行插條·或接木繁殖·則桑之生育適宜·產量亦當增進也·

三·提倡山荒植桑　吾粵山荒頗多·堪以栽桑·察其地勢·雖較高燥·不適於低刈桑之培植·惟採用耐旱性之樹桑·以爲栽種·亦未始非開拓桑區·利用土地之一法也·粵產桑種·無論富於鬚根之大同桑·與主根發達之鶴山桑·及其他土種·均能抗熱耐旱·發葉早而收穫速·若疏其植距而行中刈法·可養成樹桑·以適於山荒生育·他如外省產之川桑·魯桑等·亦適於此目的之栽培·因川桑易種易活·成樹成條·隨地可生也·又魯桑發芽雖遲·收穫頗豐·堪爲夏秋蠶之飼料·亦堪採種·此於地利經濟·各有攸關·故亟宜提倡山荒植桑·以推廣桑區而宏地利·

查廣東現在栽桑各地·其收量·每畝平均約有二十三擔左右·如選其良者·育成純種·施以適當栽培·產量自增·若更利用山荒·擴大栽培面積·則產量當必遞進·本省桑田面積·向無正確之統計·大抵爲九十萬畝有奇·若用以栽培所選得之種·較之用普通桑種·（因桑種淆雜·葉量不一·預計每年每畝平均可多產葉量二成·（約四擔六）就全面積計之·每年可多產四百一十四萬擔·每擔平均價值·約爲二

元四角．計之．則每年可增九百九十三萬六千元之收益．此於農民經濟上．關係頗鉅．故選擇品類．育成良種．改良栽培各項．均爲切要之圖．

第三改良製絲　查本省蠶農．對於蠶兒結繭．及由繭抽絲之際．未聞利用新法．而簇室溫度變化無常．致繭層組織不勻．及煮繭時．繭內各部成熟不齊．結果．繭量減少而絲質惡劣．又烘繭不適度．非至霉爛．即易焦黃．繅絲之項．煮法不良．用湯不潔．均能貶損繭質．減低繅絲能率．應速改良．不容緩忽．茲就實驗所得．用雙撚式繅絲．不如用單撚式爲有利．蓋後者繅絲百觔．可減少繭量二十觔以上．每觔以二元四角計算．可省費五十元之譜．若所用之繭爲交配種．利用單撚式繅絲時．每女工每日所繅之絲．可倍其量．此應用新法繅絲之利．固彰明較著者也．故自乾繭．煮繭．繅絲．括絲等手續．均應加意改良．力矯前弊．務使適合世界需絲國之需要．則絲業前途．庶有豸乎．

欲按照上列各項．次第實行．當由政府設立蠶業試驗場．育種場．及模範製絲廠等．以充試驗而資改良．方不致徒托空言．無裨實際也．又本省蠶業技術人才及推廣人才．尚稱缺乏．則創設學校．以造就此項人才．亦爲必要．

第四改良販賣　蠶農售繭於販家．販家祇知圖利．每將劣繭攙入良繭中．轉而賣於繭棧．此種射利手段．爲販家之惡習．乃繭棧亦優與相容．視爲慣技．馴致繭質之美惡不分．優劣混淆．縱有佳良之繭．亦被攙雜而貶其價值．以故蠶種無人改良．繭質因而退化．遂爲外人詬病．而絲業日衰矣．況同業之間．恒相猜忌．所謂合作互助．共成一販賣團體之組合．殊爲罕覯．又政府方面．向與商民隔膜．未聞如日本之有蠶絲中央會之設．以表現其上下合作之精神也．處今日而欲謀改良．內之．烘繭之營業合作．生絲之販賣合作．以及檢查生絲等級．均由政府指導絲商．促其自動的破除陋習．切實進行．外之．則由政府設一對外貿易通訊機關．隨時刺探國際間之需要．同業國（如日本）之影響等．立即報告各地農商．使明瞭其情況．而急起應付．則粵絲銷路．當可暢行無阻也．

第五經濟援助　經濟之盈虛．與實業盛衰．有密切關係．而調劑挹注其間．端賴銀行．蓋銀行之制．萬國風行．藉以裨補國民經濟．振興實業．吾粵絲業．爲本省實業之中堅．乃連年失敗．一蹶不振．推厥原因．未始非經濟縛束．有以致之．欲改良及發展絲業．當即設立銀行．以解除經濟縛束爲必要．其辦法．可由政府出資創辦．或附設於中央銀行．（此爲絲業銀行）又或由本省絲商．及海內外熱心維持絲業各界人士．共同籌辦．且當按照蠶絲出產地（如順屬容桂．南屬官山．九江．及清遠等地．）之情形．分設枝行（此爲蠶業銀行）予農工以經濟上的援助．利率不防減低．貸期亦可久暫．總以裨益農民．促斯業之發展爲主．日本明治維新後．振興蠶業．曾用此策．現在建設緊張時期．政府注重蠶絲之際．宜若可採用也．

第六調查統計　調查爲着手之先．統計爲比較之母．本省之栽桑．養蠶．製絲．販賣．等事情．及蠶農之生計狀況．均應調查明確．以爲抉擇改良之預備．至若栽桑面積．養蠶家數．以及每年產桑量．每造出繭總數．生絲產額．蠶

桑市價等等・又須有確實的統計・以便歸納而資比較也・

第七製定法規　政府對於蠶業・尚未製定法規・以促改良而資保護・有應釐訂者如左・

一・奬勵生絲直接出口　此項法規製定後・可即頒布施行・

二・强制生絲檢查　檢查所成立時・即頒布施行・

三・取締各地附征繭捐　除釐稅外・各地苛抽繭捐・須即設法取締而禁止之・

四・取締蠶種　俟蠶種改良原種製成後・當由政府設法推銷・乃將農民飼之劣種・勸令廢棄・並製定法則取締之・

五・取締繅絲廠　凡屬於絲廠之設備佈置・及女工之待遇等項・政府認爲不合時・當設法取締之・

第八改良蠶農生活　蠶業係屬一種營業・須有相當設計・始操勝算・查粤省蠶農・大都貧苦・缺乏教育・無相當知識・祇耐於習勞・而缺乏改良能力・故經營設計之間・當然落伍・斯事業無從發展・收益難冀增加・則農民之苦況如故・政府負振興蠶業之責・同時即宜改良蠶農生活・以增高其經濟地位・而佔事業之發展・改良之法維何・在令各縣屬・設立蠶業平民學校・俾各農民以時講習・或令各鄉・酌撥地方公欵・開辦公共蠶場・及模範蠶室・內備調劑溫度濕度各種器械・應用新法・使成績優良・同時派員指導・並提倡營業合作事項・以促進蠶農改良互助之觀念・由是則蠶農知識日增・團體日固・事業自易改良・收益可望增進・斯蠶農生活・漸臻良好矣・

第九提倡織染事業　吾粤生絲・爲出口大宗・前已述及・徒恃外人採辦・易被挾持・試觀蘇浙絲業・較廣東爲活動・未始非出口與土織並行・爲其主因・本省大規模之絲品織染廠・似尚缺乏・亟應提倡開設・以推廣職工事業・而擴充生絲用途・同時對於繭殼利用・水結製造等事業・亦盡量奬勵・期與原料出口・相輔而行・免被外人操縱・則需要供給兩方・互相因應・視今日專靠國外銷路・更形活動矣・

第十奬勵人造絹絲　吾人對人造絲之出品・常起一種感覺・以爲人造絲，可爲生絲之代用・抑知人造絲之耐水性・不及生絲遠甚・且其纖維易起毛頭・爲其缺點・查近日中外人士・崇尚錦繡・絲織物之銷流日廣・惟絲織品中・純用生絲製造者・固屬多數・但近數年來・因技術進步・生產費低減・而人造絲之產量日增・因而一部分之織品・以人造絲爲原料・似有影響生絲之用途而貶其價值・抑知人造絲之品質・實不如生絲之佳・已如上述・紡織家・每兩種雜用・以供需要・故爲人造絲擴張其用途・不啻爲生絲推廣其銷路也・且日美兩國人造絲之出品輸入內地者・日有增加・此又吾粤亟宜奬勵人造絲之製造・直接可免利權外溢・間接即推廣生絲銷路之一策也・

（乙）消極政策

第一免稅釐　查粤絲負稅・重於蘇浙・自民國十三年以來・更遞年激增・當時每擔生絲進出口稅・共銀六十元左右・連公債賑欵・約達七十元以上・而上海生絲・每擔抽進出口稅・約合廣毫三十二元有奇・同類異稅・輕重迥殊・吾粤絲業日就衰落・有由來也・現計粤中絲廠・負擔稅餉頗鉅・其資本短少者・營業不振・以致絲之產量日少・絲之品

位日低．演成今日衰落之現象．良用慨然．補救之方．惟在減輕稅餉．豁免繭釐．以舒商困而已．查意國獎勵人造絲．日本獎勵生絲．均注重護稅制．以扶植絲商向外發展．故成績粲然．最近國府主張．亦擬實行修正稅制．以維國脈．去年九月一日．省府明令減征土絲稅釐．悉照民國十五年未增收以前．舊制征稅．其出口內地稅一項．且於去年七月一日．海關稅率．折半征收．以慰全省絲商喁喁之望．足見政府軫念民生．維持蠶業之至意．如再加以體恤．酌予減征．則歷年絲商希冀減輕成本．以圖外競之宿願．亦遂得償．絲業前途．將必另呈異彩也．又繭爲絲之原料．既征絲稅．則繭釐當然免征．查蠶繭一項．東西北三江．均有出產．而省內轉運．釐稅重重．就中尤以西江爲可驚．征額幾佔繭價十分之一．是繭未成絲．已先負重稅．既成絲又負擔鉅征．病農害商．莫此爲甚．倘政府誠意振興絲業．則豁免繭釐一項．亦不容或緩者也．

第二獎勵直接輸出　查現行貿易制度．係合數間絲廠．組織一絲莊．僱定賣手．以與沙面洋商交易．間接之損失固多．而受人以操縱之權．其害尤甚．日人摧殘吾粵絲業之手段．已漸顯露．若不急起直追．以圖挽救．終爲絲業發展之礙．補救之方．當由政府豁免生絲出口關稅之全部．或酌減其一部．俾內地絲商．樂於直接運輸歐美．不致爲居間者挾持．如是．則吾粵生絲．或可於外國暢銷．爭回地位也．

實施以上政策應設下列各機關

（甲）關於試驗方面．

——育種場　勸銷試驗已有成績之蠶種並指導蠶農飼育方法

蠶業試驗場——改良蠶種研究育蠶栽桑及防除病蟲害等技術

模範製絲廠自烘繭以至製絲工作．實行應用新法改善．爲本省絲廠樹之模範

（乙）關於貿易方面

生絲檢查所　檢定絲之品級．以便輸出外國或流銷內地．

貿易通訊社　以刺探國外絲市狀況需要情形．及關係國之出品數量．代用品之影響等．

販賣合作社　蠶農售繭及絲商賣絲各有組合．實行互助以免爲販家所挾持及經紀所壟斷．

（丙）關於經濟方面

營業合作社　如烘繭合作．繅絲合作等．實行互助以利進行而便改良．

蠶業銀行　設於蠶業繁盛之區．援助蠶農之實施改良．及救濟其事業．

絲業銀行　設於廣州以協助絲商之經濟

（丁）關於育才方面

蠶業專門學校　由省教育廳設立．以造就高等技術人才．

蠶業中學校　分初級及高級兩部設立．以養成技助及推廣人才．

蠶業平民學校　於各地農村盡量舉辦．以普遍蠶農應具之知識．

（戊）關於推廣方面

公共蠶場及模範蠶室　於各縣屬酌量舉辦．以促進農民之改良蠶室及飼育法等．

絲品織染廠　利用機器織染及設法改良水結繭殼等製造．又關於人造絹絲一項亦當研究仿製．

此外關於本省蠶桑絲業之調查統計．及各項法規之釐訂等事項．悉由本省主管蠶業行政機關．負責辦理．或由政府組織委員會處理之．

陳公博

一八九二年生　一九四六年卒

乳源人．年十六加入同盟會．廣東法政專門學校畢業．民國六年再入北京大學哲學系．嗣與譚平山．譚植棠在廣州辦羣報．兼廣州法政專門學校教師．又與陳獨秀等組織社會主義青年團．並充廣東省教育會宣講所所長．十年一月佐陳獨秀在廣東成立中國共產黨支部．七月以廣東代表資格．出席中共一全大會．十一年脫離共黨．翌年赴美．入哥倫比亞大學研究經濟．獲授碩士學位．歸國任廣東大學教授．七月任廣東省農工廳長兼軍事委員會政治部主任．十五年一月任國民黨二屆一中全會中央常務委員．二月任國民政府教育行政委員會委員．六月與陳友仁．宋子文奉派爲解決香港罷工全權代表之一．赴港與港督金文泰交涉．七月．革命軍興．任北伐軍政務局長．十六年三月當選二屆三中全會中央常務委員兼工人部長．九月再任總政治部主任．十一月．因不滿南京特別委員會．南下廣州．轉赴上海．刋行革命評論．主張改組國民黨政策．與汪兆銘組織改組同志會．世稱改組派．十八年三月．國民黨開除其黨籍．同年．與顧孟餘．潘雲超等刋行民心週刋．主張繼續先總理改組精神．又在上海創辦大陸大學．任校長．十九年四月．携共同宣言至太原．擁閻錫山主政．汪兆銘主黨．馮玉祥．李宗仁主軍事．與中央對峙．召開所謂擴大會議．旋瓦解．二十年．恢復黨籍．同年任實業部長．二十三年．赴南洋考察華僑經濟．二十四年．行政院長汪兆銘被刺．辭去部長職務．二十六年．任中央黨部民衆訓練部部長．以專使名義奉派赴歐．爭取意大利保持中立．二十七年．出任國民黨四川省黨部主任委員．十二月．汪兆銘潛赴河內．發表豔電．主張和平．公博借機由滇入越．勸兆銘祇發表國是主張．勿另組政府貽人口實．兆銘不能從．二十九年．僞國民政府成立於南京．以篤於友誼．身陷溷濁．出任僞立法院長．軍事委員會副委員長．政治訓練部部長．上海市長等僞職．三十三年．兆銘病逝日本．公博以僞行政院長兼代國民政府主席．日敵投降．以通敵罪處死．遺著有寒風集．四年從政錄．我與共產黨．八年的回憶．苦笑錄．陳公博先生文集．

四年從政錄自序

我這篇「四年從政錄」僅是記述一部分職權內經過的曲折和困難．其實這幾年就是中國外交．內政的總清算時期．這幾年內值得和應該記述的也太多了．例如自鴉片戰爭以後．有中日戰爭．中法戰爭．英法聯軍之役．庚子之役．直至九一八事件發生．更不斷的有上海．熱河．灤東諸役．這是今日中國歷史上外交的總清算．又例如自辛亥革命以後．有袁世凱稱帝．張勳復辟．護法．北伐．以至國民政府奠都南京．國步日艱．人民日困．別的不必說．自甲午賠款起．直到今日．中國所負的內外債無慮數十萬萬．在民二十二至自二十六這一個階段．是財政最窘迫的時候．這是今日中國歷史上內政的總清算．

我不幸的適在這個時期做了一個被清算人．同時很引以爲幸的．適在這個時期也替國家盡了一點義務．然而這些清算現在還正在開始．其間的經過．實在不能而且不好立刻去詳細記述·爲什麼·因爲人的關涉的確太多了·我時常這樣想·倘使英前首相萊佐治在十年以前·歐戰期間的人物個個還依然健在·他那本大戰迴憶恐怕不能那樣·毫無忌憚的出版·

不過我們也不好將所有失敗責任都歸咎於歷史和祖先·我們自己何嘗不要負一部分的責任·即以我個人而論·辛亥的革命·國民政府的成立·國民革命軍的北伐·武漢政府的時代·廣州共產黨暴動的苦鬭·北平擴大會議的召集·有些我要負一點責任的·有些我要負一部分責任的·甚至有些我要負全部分責任的·至今回想起來·有些眞該懺悔·

無如一個稍肯負責任的人·在國家危迫時候·總有他的企圖·即是想在他手上「要把中國弄成怎樣一個强盛的國家」·這個企圖·說抽象一點是希望·說具體一點是志願·我雖然歷經鬥爭·稍感疲乏·但對於這種希望和志願·還是不肯隨便抛棄·所以依舊憑着一向的勇氣·直前邁進·希圖拿現在的努力·彌補已往的懺悔·

我在南京四年·的確就太少了·我時嘗對汪精衞先生說·「我們對於建設沒有多大的成功·國人是可以原諒我們的·因爲財政太支絀了·我們也可以原諒自己的·也因爲財政太支絀了·可是我時時發現·要錢纔能辦而辦不動的猶可說·有時不要錢可以辦的也辦不動·這又何以自解·國人和我們都可以原諒自己·但是將來的歷史不能原諒我們的·

爲什麼會這樣·其中理由·非身在當局的·必不能領悟·就是身在當局的·有時自己也並不一定領悟·我無以名之·祇有名之爲「時代的困難」·我想這些困難·古今中外都會有的·只是當局的人們隱忍不說罷了·我這篇「四年從政錄」也不是發牢騷·也不是求洗刷·祇是供給一點現代的史料·預備作將來歷史上的一個答復·

末了·我這篇文章·自問還算是一本實錄·內中記載也有踏實的理想·也有確當的經驗·也有值得討論的政策·也有不容易找的材料·從前從政的人們·似乎還沒有寫過這麼坦白的一本書·我雖然沒有意思把牠的價值估得怎樣高·但確信留心今日中國實踐經濟的人們都值得一看·

民國二十五年四月一日序於南京·

苦笑錄自序

這本書是記載過去幾件大事的實錄·淸楚了它的事情·同時也明白了它的意義·內容既這樣簡單·實在沒有「序」之必要·但我想一想·爲什麼我名之爲「苦笑錄」呢·又似乎應該略略加以說明·既要說明·那便是序了·反正要寫幾句卷頭語之類·我不如索性直喚它是「序」·

政治的內幕·太複雜而且太變幻了·彷彿夏天的天氣·萬里晴空·驕陽如火·你偶然見着天際橫着一抹淡淡的微雲·也許不大而且絕不經意·然而這一抹淡淡的微雲·一陣便倐然變成了驟雨·一陣或者倐然變成了狂風·身當其事的人們·自己也難得知道它變幻的來源·也難得知道它演化的結果·要防患未然罷·本來似乎沒有患·要補救事後罷·竟直使你來不及救·只有像大風雨裡的孤舟·聽着它漂流·聽着它簸蕩·有時連身命也要聽天由命的讓其浮沉·在當時遇事時·固然使你哭不得·笑不得·只有苦笑一下·即在今日

我把筆記載·事已隔了許多年·還是感覺哭不得·笑不得·也只好苦笑一下·

我寫這本紀載·是不希望讀者當作正史讀的·正史是什麼?等於我們過了一天·拿鉛筆在月份牌那個日子畫一個符號·例如今日是一月一日過去了·就在一月一日那格上横一畫·但一月一日之內所經過的事情太複雜而且太變幻了·那横的一畫絲毫也不能表示它的原因和結果·民國十四年國民政府成立·我知道將來正史是必會大書特書「民國十四年七月一日國民政府成立於廣州」·但國民政府成立前所醞釀的種種喜劇·正史是不會記載的·國民政府成立後所引出來的種種悲劇·正史也不會記載的·並且歷史是人做的·人有時老老實實的在製造一段歷史·也有時虛虛僞僞的會磨滅一段歷史·歷來正史的編年紀事不必談·即自創業的皇帝以至於揭竿的英雄·關於他們的本身誰沒有過奇異的傳說·祇是成則爲王時候·那傳說便變了神蹟·敗則爲寇時候·那傳說倒變了鬼話·就算是不值一談的鬼話罷·有時也會被人磨滅得乾乾淨淨·一點不給它記上歷史·

我不希望讀者把這本書當正史看·難道我希望讀者把這本書當小說讀嗎·那又不然·大凡小說多少總帶點臆想·帶點虛構·否則情節如詞藻都太平凡·動不起讀者文學上的興味·可惜我這本書根本沒有臆想·也沒有虛構·情節是那麼平淡無奇·詞藻是那麼單調乏味·它也沒有文學的價值·它也不合小說的體裁·只好當作一種零碎史料·幫助讀者於讀正史時候·偶然「疑不能釋」·拿它作翻案的張本·

什麼是寫這本書的動機呢·那是我完全爲着打不平·我知道將來國民革命正史出版時·一定有許多事實被抹煞的·一定有許多朋友受寃枉的·我爲着打不平·所以要寫這本書·我固然喚它是「苦笑錄」·但讀者喜歡時也未嘗不可以喚它是「洗寃錄」·

爲着從事政治十幾年·境遇把我挫磨到一點稜角也沒有了·一點脾氣也沒有了·祇是愛打不平的天性·無論政治怎樣把我壓迫·始終沒有毀滅·依然特立·我想想大概爲着遺傳的關係罷·也許爲着陶鍊的關係罷·我爲什麼提起遺傳呢·我父親就是「路見不平·拔刀相助」的一流人·他爲革命丟了他固有的地位不惋惜·他爲革命花了他整個家產不懊悔·我身上有了這種倔强血液的成分·自然帶了只問心之所安不問事之成敗的天性了·我爲什麼提起陶鍊呢·我在少年時即在革命裡翻觔斗·兒童時代便學會那馳馬試劍·聽慣了那任俠仗義·使得我後來成功了一個重然諾輕生死的一個儍人·

血統既有倔强的遺傳·環境又有那奢遮的陶鍊·所以我一生做事都愛犯困難和冒危險·難道我眞愛困難和危險嗎·絕不·祇是我遇困難時·心想我今日眞碰着困難了·如果我能夠把困難克服·豈不極有趣味·我碰着危險也有同一的想像·假定危險終於跳不過·最險也不過是死·無緣無故而碰到死·你想天下事更有比它有趣味的麼·

我自少很有愛好文學的傾向·我發夢也想不到會做政治家·我不但對於政治沒有興趣·而且素來就對於政治討厭·滿清時代的政治已夠我討厭了·民國時代的政治更夠我討厭了·大概也因遺傳關係罷·終於命定了要我走上政治的一條

路・誰叫我生就打不平的天性呢・少年時候跟着父親鬧革命・自己何嘗有見地・有主張・不過看見滿州人統治了中國・故而要打不平罷了・民十四由美回國・何嘗想從事政治・祇見國民黨侷促一隅・一般所謂老同志的・都避義如浼・袖手不顧・故而要打不平罷了・對於反蔣・我何嘗想兩次首先樹起大旗來作急先鋒・也是看見蔣先生陰騺譎悍・要硬繃繃的搶領袖・故而要打不平罷了・

除了打不平之外・寫這本書也恐怕帶幾分浪漫的氣息・我始終當人生不過是那麼一回事・做人有做人的責任・而做人也有做人的興趣・我對於事是絕對負責的・但責任完成之後・我要保持我的性靈・遠的不必說・就在實業部的當時・我辦公比別人到得早・退値又比別人走得遲・但一離辦公廳之後・把門一關・心想・「且讓部長的公博先生暫時關在這裡・我自己的公博先生要自由一下了・」因此・說實在話也是我的保持性靈・終不成因我從事過政治・便再不容許我說實在話?政治眞是令人夠受了・為着政治・有時你不能不說心內不願意說的話・為着政治・你有時又不能說心內十分願意說的話・我扮要角・念戲詞・眞太久而且太多了・我今天不能不本着我的性靈・痛痛快快寫些「求其心之所安」的實在經過・

我為什麼寫這本書的理由算是說完了・我還想補一下白的・差不多在這本書裡・誰都受過我的批評・讀者不要說・「人人都不對・難道天下間只有你一個好人嗎・」我絕不承認我比別人好・或者我承認我比別人更壞・不過既名實錄・應該存眞・我既不願無聊的揚善・也不願有意的隱惡・一筆一筆的紀實・並不是故意揚己而抑人・況且這本書或者在我死後才能出版・天下更無死了才找人晦氣之理・

這本書雖然寫好・我知道出版是無期的・政治上的內幕差不多完全給我揭穿了・我不願意政治還因我這本書重復惹起軒然的大波・我只有把這份草稿對錮起來・倘若我命長的話・等到書中人物有三分之二以上作古才付刊・倘若我命短的話・那讀者或者可以比較的快些和這本書相見・

民國二十八年六月公博序於香港

張炯

一八九二年生　一九六六年卒

字公略・平遠人・年十五・畢業潮嘉嶺東同文學堂・補廩生・少懷大志・加入同盟會・參加辛亥潮汕光復之役・鼎革後・致力教育・歷任汕頭正始學校校長・嶺東商業學校教席多年・民國二十年・高等財務行政考試及格・分發審計部・先後從事計政十餘年・迭著業績・退休定居台灣・從事著述・撰十三經注疏數十萬言・歷年吟咏古近體詩一千餘首・輯為滄海一粟樓詩集行世・

巴蜀集自序

抗日戰爭之前・余以審計部駐外協審・奉派服務於上海市審計處・二十六年「八一三」之役・日寇來侵・迫使我國全面抗戰・越三月・我師西移・上海淪陷・後乃疏散返里・二十八年五月叠奉審計部電令調部・七月二十日自家啓程・經粵・湘・桂・黔入川・八月十八日抵渝報到・旋奉派駐中央振濟委員會及駐重慶市政府主辦就地審計・又派參加重慶空襲緊急服務救濟聯合辦事處兼任稽核組組長・二十九年十

一月十八日奉令交卸駐中央振濟委員會職務．三十年二月廿四日奉令交卸駐重慶市政府職務．而重慶空襲服務救濟聯辦處亦改組爲陪都空襲救護委員會．於二月十六日成立．余因前已奉令調贛．乃於改組部署．就緒後．呈辭兼稽核組組長職．三月四日離會．六日乘車南下．於四月二日馳抵泰和任所．

自離家之日起．至抵泰和之日止．爲時計十八閱月又十有四日．在此期間．除奉公勤職外．偶值感事懷人及友朋酬酢．亦常以文學自娛．不廢吟咏．抵贛後．檢點存稿．計得古近體詩二百五十二首．（鈔存略有删節）恐其遺散．乃輯而存之．以其爲旅蜀所作．乃名之曰巴蜀集．編入滄海一粟樓詩稿中．語云．「敝帚自珍」．此之謂也．

夫詩言志．歌詠言．言爲心聲．故詩詞之作．最足以表現其人之眞性情．又詩「可以興．可以觀．可以羣．可以怨」．「不學詩無以言」．故自來學者不之廢．余於公餘之暇．亦頗以此調節其生活．陶冶其性靈焉．惟自慚學無根柢．言乏雅馴．辭不能達其意爲可哂耳．民國三十年四月張烱公略自序於贛之泰和．

何彤

一八九二年生　一九七二年卒

字葵明．順德人．少懷大志．初入廣東陸軍小學轉陸軍第四中學．升保定軍官學校第一期畢業．留校任教．民國九年粵軍自閩回師．任第一師連營長．遞升至團旅長參謀長．十五年．任國民革命軍第四軍少將副官長．十七年．調任兩廣緝私局局長．二十年．任中央訓練總監國民軍事教育處處長．二十五年．復任旅長職．二十七年．出任廣東汕頭市市長．旋升廣東省政府委員兼民政廳廳長．三十一年．兼任軍政部廣東省補給委員會秘書長．以運籌軍糈有功．授景星勳章及勝利勳章．三十四年廣東省府改組去職．當選爲廣東省參議會副議長．三十七年．轉廣東省第一區行政督察專員．三十八年．任內政部次長兼代部務．一九五二年以陸軍中將退役．定居台北．主持廣東同鄉會務．倡辦僑生獎助學基金．盡瘁二十年．於一九七二年病逝．春秋八十有一．彤立身方正．至誠待人．有孝行．母死．朔望必展墓．風雨無間．居官廉潔．馳譽政壇．道德情操．均有過人處．故有廣東聖人之稱．晚年痛心社會風氣敗壞．著因果報應錄數十萬言．勸人爲善．以敦治本．

蔡乃煌以鴉片禍粵記

流毒中國數百年之鴉片烟．在清末光緒三十一年．梁士詒隨唐紹儀赴西藏訂約．乘便在印度調查鴉片烟土之一切情形．歸國後．陳請楚止鴉片．因此有光緒三十三年中英互訂禁烟條約．又於宣統三年．繼續訂約．當時經英國派員查勘．也認爲中國禁烟已有成績．當梁士詒唐紹儀提議禁烟時．袁世凱亦贊成其議．因此禁約得以成立．袁世凱亦與有力也．不謂民國成立後．袁世凱已貴爲元首之尊．竟因謀帝位．嗾使其爪牙楊度等衆．組織籌安會．欲藉鴉片以籌運動費．主其事者即爲曾任上海道之粵人蔡乃煌．其時爲民國四年八月．正在帝制運動已至最緊張時期．籌安會製造民意之把戲．一幕一幕上演．但經費所需不少．楊度向袁克定自告奮勇．負責籌款三十萬元充運動費．其時蔡乃煌適在北京．乃向楊度條陳變相弛禁鴉片之議．楊度自然欣然答應．蔡乃煌即與烟商磋議．將舊存於香港上海之六千餘箱印土．准許烟商將存土沽清・但因中國私土甚多・阻礙印土銷路・故擬由烟商報效款項・每箱四千五百元・約可得二千八十餘萬元・以爲查禁私土經費・楊度認爲有此偌大款項・於帝制進行當有大助・乃請袁世凱任命蔡乃煌爲江西江蘇廣東三省禁烟特派員・其實三省之中・江西・江蘇・祇爲陪襯・目的祇注意廣東方面而已・蔡乃煌到廣州後・附袁之龍濟光・張鳴岐二人以有利潤可以大揩油水・自然樂於協助・即由蔡乃煌擬具招商售賣烟膏辦法・與龍濟光・・張鳴岐聯名致電內務財政兩部・請求核准備案・電文大意謂粤省印土滯銷・由於私土充斥・其原因一由毗連港澳・海線延長・奸商偷運甚易・將欲隨地設防・費無所出・一由緝私紅獎・向恃罰款・若非人士併獲・賞款即成無着・雖有嚴令・無以示勸・而奸商影射洋旗・抗繳報效・一經入口・隨地洒賣者亦間有之・長此以往・不特允繳之報效難收・而意外之責言且至・乃煌與龍濟光張鳴岐等・再四籌商・根本解決非從取締運售下手・別無辦法・擬一面與洋商議定限制入口銷數・並指定收買機關・洋商之銷數有着・則干涉無自來・收買之機關既定・則洒賣之弊絕・一面擬於禁烟局附設藥膏檢查所・凡洋土入口・均由該所收買・聘用醫師・加入戒烟物料・製成藥膏或藥片・驗明頒售・藉以掃除烟害・惟收買洋藥・需用資本甚鉅・至少亦非四百萬不可・公家庫空如洗・無可籌撥・擬招致殷實商人全數籌墊・將來售賣藥膏・如有餘利・以四成歸官・六成歸商・倘有虧折官不過問・由商人自行賠墊・並設法勸導原有土商・一體加入・舊有行棧・均勒令停業・凡購運銷售事宜・均由檢查所經理・並於分銷買賣・訂章嚴行取締・務使購運有一定之數・買賣有一定之人・根柢既清・監察自易・其緝私經費紅獎・並由該售價提撥・另訂賞罰專章・期於必行・似此辦理・庶查緝可期得力・而烟害可冀漸清云云・

其時梁士詒燕蓀任稅務處長・接到蔡乃煌等電文後・以蔡等擬設烟膏檢查所・並招商墊款承辦烟膏專賣・其法窒礙難行・因而駁覆・並將電稿咨送內財兩部徵求同意・趁蔡等尚未實行招商承辦・從速發電制止・其電稿略云・「粤省印土滯銷・由於私土充斥・現擬取締運土・自是正辦・惟因此而擬設藥膏檢查所・附於禁烟局・且擬招商墊款承辦・舉動重大・跡近專賣・不特出本處權責之外・亦失國家行政體面・現山東將軍巡按使・及四川巡按使來電・均不以粤辦法爲然・且恐英國要求賠償・無以對付・種種窒礙・殊難推行・尚望會商將軍巡按使・妥籌取締私土辦法」云云・旋接內政部咨復贊成照所擬電稿拍發・惟財政部長周學熙・已知蔡乃煌所擬招商承辦專賣烟膏之辦法・原來替帝制籌措運動費・由袁世凱長子克定及籌安會首要楊度指使辦理者・對稅務處電粤阻止・周學熙不敢贊成又不敢反對・祇作出圓滑之答覆・略謂蔡特派員等所擬限制入口箱數・指定收買機關・並於禁烟局設藥膏檢查所・如果辦理得法・於緝私裨助至多・私土既少・印土銷路自暢・英人似不致有索賠之要求・且廣東災役・地方需款孔亟・該特派員等於緝私之中・設籌款之法・似亦具有深意・如慮辦理不善・將來或滋流弊・似不妨責成該特派員於入手時・愼選妥商承辦・以昭鄭重・愚見如此是否有當・尚祈卓裁・如荷同意・即請將電稿

酌予修正爲荷云云・

梁燕蓀接到周學熙復函・又列舉不便允許蔡乃煌在粵招商埶款承辦藥膏專賣之三大理由・向周學熙解釋・同時更以私人名義・致電蔡乃煌云・「粵省印土滯銷・由於私土充斥・擬取締運售・並設藥膏檢查所・招商埶款承辦一節・士詒絕對不贊成・因粵私是土藥非洋藥・運私非奸商是軍人・今取締但及洋商洋藥・不及土藥土販・與包銷土藥何異・此種辦法・實係專賣・招商承辦・不過託名・將來熬膏必需是無稅之土藥・售膏悉歸同氣之私人・假公濟私・害及全粵・粵民何辜・驅入黑籍・乞將原議打消・並轉達龍張二公爲禱・」此電可謂義正詞嚴・假公濟私一語・對蔡乃煌亦罵得痛快・又以財政部既不贊成聯電阻止・即會同內政部電粵・而蔡乃煌竟不顧梁燕蓀之反對・於十月一日・實行開辦・事後始由龍濟光・張鳴岐聯電內政部・稅務處拒絕阻止辦理・梁燕蓀卒莫奈之何也・

蔡乃煌雖與龍光濟・張鳴岐互相勾結・以鴉片籌帝制費・滿以爲對袁世凱稱帝立下殊勳・詎圖袁世凱之帝夢難圓・龍濟光之郡王亦不能永保・卒致被龍濟光下之於獄・提其槍決・人皆以爲蔡乃煌鴉片禍粵之現眼報・然據當時政界人物傳出消息・謂蔡乃煌之被槍決・其死因半係與龍濟光分贓不勻・半係受當時輿論之攻擊・龍濟光自袁世凱死後・爲欲保全廣東地盤・暗向護國軍方面送秋波・殺蔡乃出護國軍方面向龍濟光提出要求・龍濟光與蔡乃煌初無交誼・故樂得犧牲蔡氏以保存祿位云・

劉侯武

一八九二年生
一九七三年卒

潮陽人・七歲喪母・從叔携往滬・就學梅溪學堂・年十三・叔死回籍・入潮陽東山學堂・旋往廣州轉學述善學堂・再升廣州兩廣高等工業學堂・並加入同盟會・助姚雨平參與辛亥三月二十九日之役・鼎革後・被派潮汕辦黨・民國二年・討袁失敗・名列通緝・逃匿暹羅・僑領鄭智勇饒於財・任俠尚義・曾與國父約・願秘密輸將以助革命・連續捐款達五十萬元以上・而侯武實經紀之・是時或參與戎幕・或主持海外黨務・僕僕風塵十餘年・十四年・隨軍東征・奉檄宰潮安縣・越年・參與北伐・中原底定・以勞績簡爲監察院委員・二十三年・以彈劾鐵道部長顧孟餘・辦理正太・平漢・隴海・津浦等鐵路向外借款案・喪權辱國・舞弊貪污・雖受主政者諂以爵祿・不爲動・直聲震朝野・二十六年・南下巡迴監察・所至有聲・二十八年・中央派爲廣東廣西區監察委員兼軍事委員會軍風紀巡察團委員・四出勤求民隱・糾舉貪污・瀆吏爲之斂跡・勝利後・任清查敵僞產業清查團委員・三十六年・辭職返里・倡辦潮州大學・以時局影響不果行・三十七年・膺潮州修志館主任委員・生平重視地方文獻・監察兩廣時・廣徵志乘・已搜得粵桂兩省府縣志百餘部・惜以離任播遷・未及整理重刊・晚年滯留香港・獲悉番禺吳道鎔太史所輯廣東文徵巨帙謄印稿仍存香港大學馮平山圖書館・徇文士之請・徵得同邑陳氏殷商慨捐鉅金付印・衆推爲廣東文徵編印委員會主任委員・主理其事・詎出版僅半・遽捐館舍・而保存鄉邦文化之功・誠不可沒也・

六十年來海外潮州人物志序

今之治史學者・恆言中國文化・迺內陸文化・其發展在農業方面・代表保守性・而西方文化・迺海洋文化・其發展在商業方面・代表進取性・此從其大別論之・因文化風俗之殊異・故評論地區性人物・其重點各有不同・

農業社會所崇拜人物·以德性爲主·如古代陳留·襄陽·益州各郡耆舊傳所述人物·多爲特立獨行·德劭之師儒·若歐美日本各大城市所崇拜之人物·以才能爲重·其出版之名人錄·多爲長袖善舞·工商之巨子·然其書有助於地區性人物之研究則一也·

吾潮郡自隋唐以來·日臻開發·風俗敦厚·論者謂有海濱鄒魯之風·自海通後·丁壯梯山航海·拓殖至東南亞等地·赤手空拳成大業者·不乏其選·近六十年來·旅居港九·星·馬·泰國·越南各地潮僑·致力工商事業·尤卓犖有成就·至於枌榆誼重·興學育才·當仁不讓·更靡論已·

其負笈歐美·及講授上庠者·學術顯攻·道器交融·足以冠冕當時·蓋吾潮地區·兼有內陸海洋文化之長·用能平流共進·蔚然可觀也·然不有闡述·雖美而不彰·深滋懼焉·余友陳君禮傳·曩共事於兩廣柏署·明敏有識·近撰成六十年來海外潮州人物志一書·敍事翔實·議論英偉·甚有斷制·是可傳也·故樂爲之序而歸之·

一九七四年七月廿九日潮陽劉侯武敬撰·時年八十有三·

北欖挽蒲壽苑記

劉侯武

予友余君子亮·有別墅二·其一在檳城丹絨武雅·其一在泰國北欖挽蒲·皆旅遊勝地也·抑其措施·有超於尋常萬萬者·是不可以不記·其在丹絨武雅者·舊英國天主教會產業也·當日軍南侵·檳城陷落時·教會人士·瀕於饑餓死亡者屢矣·而皆因余君得濟·洎世界和平·教會以是地爲酬·堅辭不可·其地負山襟海·敻絕塵壒·每值假期·士女麕集·蓋與人同樂·余君無所吝焉·其在北欖挽蒲者·則余君六十壽辰·用以贈與泰國紅十字會者也·曰壽苑者·泰國紅十字會意也·以爲余君既以此自壽·亦以此壽世人云爾·

歲戊申春·予應旅泰潮陽仙波鄉劉氏族人之邀·嘗宿是苑·是苑也·佔地八十英畝·則余君塡海而成之也·而又濬渠以通潮汐·潮漲·則魚蝦入焉·及汐·閘啓網張·魚蝦不可勝食也·有游泳池三·淺可二尺·宜小童·中可四尺·宜初泳·深可廿五尺·宜嫻泳者·皆合國際標準·大會堂一·座位可容二千餘人·開會·演奏·宴集·無不宜也·大療養院一·邃然而深·廓然而靜·水族館一·燦然而備·爛然而美·其樓臺·亭榭·屋宇·則星羅棋佈也·而樹木之廣植·花草之栽培·無不應有儘有·豐縟芊緜·芬芳明艷·凡所以悅目而娛心·怡情而養性者·胥於是苑得之·余君之經營是苑·蓋窮十餘年之人力·而財力不計焉·雖然·猶未止也·或曰·「不以遺子孫·何也」·答曰·「恐墮子孫志也」·

昔范文正公置義田以贍其族·子孫不與·而子孫代有達人·後世播爲美談·以此較之·余君豈遠乎哉·且其六十之年·又有余氏基金委員會之設·用以辦理社會公益·以垂久遠·此非超出尋常萬萬者歟·記之·以爲世勗·

佛曆二五一一年（一九六八年）二月十七日農曆歲次戊申雨水·劉侯武謹撰並書時客次曼谷·

陳母鄭太夫人墓表

民國紀元五十八年歲次己酉·思親節後十日·同邑世好

陳君式欽來寓告余·已爲亡母鄭太夫人營塋於香港柴灣佛教墳場·葬祭之禮·未敢或違·且謂萱堂棄養時·蒙吾丈撰詞題像·揚吾母德·銜感弗諼·今忽忽二十二年·世變靡常·靈櫬歸祔原籍無日·乃就僑地卜葬·安窆既畢·謹述母氏生平懿行·乞爲表墓之文·藉光泉壤·嗚呼·當今民風澆薄·邪說橫流·愼終之念·視爲迂腐·罔極之恩·鮮有圖報·而式欽孝思不匱·能盡其禮·誠足多者·

謹按·太夫人姓鄭氏·係出潮陽金浦望族·幼嫻內則·端淑明慧·深得堂上懽·擇配甚嚴·年二十五·始歸同邑陳光遠先生爲繼室·陳氏世代經商·富而好施·光遠先生前猷繼踐·壯歲即赴滬主持行業·始娶元配鄰鄉郭氏·郭太夫人早卒·續絃同邑鄭氏·自此內顧無憂·專心外務·鴻案相莊·人頌其美·而鄭太夫人孝慈勤儉·純出天性·事舅姑如父母·諧娣姒如姊妹·親睦鄰里·拊循幼小·對人接物·藹然可親·夙興夜寐·鉅細躬操·示範兒媳·垂老不輟·陳氏素封·而脫粟布衣·自奉至約·施衆卹貧·則毫無吝嗇·婦儀既備·家道以興·

光遠先生展鵬程於海外·及其垂暮之年·乃作知歸之倦鳥·民國七年息影家園·與邑中父老致力鄉閭建設·舉辦義塾·資助寒畯·以是成育者衆·里人至今德之·並創立敬愛新制小學·作啟蒙示範·每歲經費悉由己出·復設局贈醫濟貧·各科藥品均備·仁風義舉·衆望翕然·而太夫人實贊助之·民十八年春·光遠先生歿於鄉·享壽六十有六·太夫人秉承遺旨·訓勉兒孫·纘其餘緒·所生子式欽·薰陶德教·克誦清芬·侍高堂而勵先業·雖曰趨庭善稟·寧非閫闈之誨乎·

太夫人生平無他好·惟禮佛念經·日以行善爲樂·式欽近年捐資二十萬元創辦佛教小學於港島·復徇余請·刋布廣東文徵叢書一千套行世·弘法興文·有聲於時·而太夫人之靈實啟佑之·

太夫人生於前清光緒二年二月初十日·卒於中華民國三十六年夏曆二月十八日·享壽七十有三·子三·長式艮·前室郭太夫人出·次式欽式津·太夫人所出·式津早故·孫十人·式艮所出者曰鴻祺·鴻釗·汝燔·汝城·式欽所出者曰鴻謀·奇謀·英謀·遠謀·建謀·立謀·皆學業有成·曾孫多人·俱幼讀·

黃　强　一八九二年生　一九七□年卒

字莫京·龍川人·廣東陸軍小學·法國里昂大學畢業·歷任粵軍總司令部參謀長·師長·廣東省保安處長廣東第九區行政督察專員·抗戰時被派負責越南至國境運輸軍械交通器材任務·勝利後再赴越南協助盧漢接收越南·並參加日軍受降工作·旋返粵任敵產管理局局長·嗣赴台灣省任高雄市市長·卸職後前往南非洲法屬馬達加斯加定居·

馬來鴻雪錄前言

南洋羣島·即亞細亞洲南部之馬來羣島·北通亞洲·南臨澳大利亞·島嶼縈迴·有如繁星錯落·論其形勢·已自不凡·況地近赤道·土質肥腴·霖雨調勻·風霜不侵·農產物濃茂繁沃·歲必豐收·故物產之富·甲於全球·復以管理嚴

密．隰埴無驚．各項庶政．次第舉行．工商得以努力經營．發展所業．遂有突飛猛進之概．據世界實業界批評．本世紀工商業之進展．首推南洋羣島．其爲世界所重視．蓋不自今始矣．

吾國一水之隔．移殖最早．徒以政府昏庸．昧於大勢．竟讓後我而來者．着着爭先．光宣之間．雖偶有南洋考察之使命．亦屬空談．無補大計．共和以還．內訌不已．私爭蠻觸．全國騷然．人民呻吟於官．軍．匪．三害之下．殘喘僅留．生趣滅絕．環顧世界．歐非澳三洲．固無吾人謀生之餘地．即美洲亦禁止華工入口．其可以覓斗粟寸縷者．厥惟南洋英荷兩屬之殖民地．故頻年航海前往者．絡繹不絕．查星加坡埠去年華僑移入．超過移出之數．竟及二十四萬餘人．即以本年正月份計之．移入二萬九千三百一十六人．比較移出超過一萬九千八百六十二人．五月份則移入三萬一千餘人．假此推之．僅以星加坡一埠計算．則本年華僑移入．當在三十萬人左右．是則吾國與南洋之關係．謂非一大問題．夫豈可得．據西人調查．華人之居留南洋羣島者．數達七百萬．財產達千萬百萬以上者．不可勝數．經濟權力．殆爲華僑所操．夫以如許之僑胞．經營如許之實業．其中成績．殊多可紀．余曾三渡南洋．夙有調查之志．均以事不果．民國十五年初夏．與林君發初有菲律濱之游．回抵星洲．客窗有暇．並得林君襄助．乃決心致力於各項事業之調查．卒以三十日之時間．偕友人李君鍾岳．乘汽車環遊馬來半島一週．見聞所及．拉雜記之．聊以備留心南洋問題者之參考云爾．

五指山問黎記序

五指山位瓊島之中央．延袤數百里．出海六千餘尺．磴道崎嶇．長林蓊鬱．黎．苗．侾．伎．環山之麓而居．不與漢人雜處．既殊其方言．異其習尚．則情感斯背．往往因薄物細故．椎牛擊鼓．持衆鬬毆．死傷壘壘焉．漢人鄙薄．視之若魚鱉走獸．擯之編氓之外．其戶籍糧稅．皆不入於有司．在昔官斯土者．多陳議其事．攷之志乘．要無過勦撫二途．

今夏陳公眞如．獨倡築路之議．謂彼我習見．意則相融．勦與撫實無所用．聞者怪焉．蓋數百年來．勦撫互行．而黎漢之情且相越愈遠．人方疑行之者猶未能盡其術．外此寧有他途．尋常之見．錮蔽舊說．大率如此．

余承陳公之命．經畫路線．南過嶺門．趨水滿．登絕頂．入幽邃．而出保亭．時方九秋．天高氣爽．歷訪黎族諸峒．所至殺牛雞相俟．備盡東道款曲．貽以剪刀明鏡菸絲針線之屬．則大喜捧腹．歡不自勝．相與游息於洪泉大木之間．神志空寥．令人忘機絕俗．其風習甚長厚．重信義．勤操作．諸峒長丁壯．大抵嫻瓊音．余留連山中者十餘日．朝夕與諸黎遊．意甚恬適．不欲亟歸．因思舊籍所載．時俗所傳．詆爲獷悍荒怪．不可以敎法繩治者．艮屬虛誣．而益服陳公之論之有當乎事實．

山谷之民．囿於鄙陋．無文字傳述．末由自致遠大．然秉質溫良．有君子之德．但能條達輻湊．闢治道路．使黎漢錯迕．頻頻相接．耳目已熟．久而自遷．治黎之道．果不在

於勤撫間也．茲將途程所紀．稍加整理．以貽相知．非敢自託於著作之林．聊供茶餘酒後談資云爾．中華民國十七年十二月黃强自序

鮑少游　一八九二年生　一九八五年卒

初名紹顯．字堯常．中山人．幼受書．性不好嬉．獨躭繪事．十二歲．父命隨兄東渡日本．十五歲以首名畢業華僑同文中學．弱冠考入西京美術工藝專校．自是專習繪畫．越四年亦以首名畢業該校．以所作夾竹桃巨幅獲東京舉行日本全國帝展大會獎．被譽爲支那少年畫伯．孫中山先生在日接談．備致嘉勉．囑以藝術報國．十七歲以優異畢業最高學府專門學院．時民國七年北京政府聘爲美專主任教授．婉卻之．復入研究院深造．十年偕淑配曾麗卿女士歸國開畫展於滬濱．夫人工刺綉．旅日時有支那神針之號．翌年再東渡．十六年高劍父親渡日本迎爲廣東省佛山美專及廣州市美術畫主任教授．十七年蒞香港．創辦麗精美術學院授徒．前後五十餘年．弟子逾千數．曾作金禧紀念師生畫展．作盛大演出．至獲好評．少游九十後．猶作畫授徒．自强不息．亦人瑞也．所著有中國畫六法論．三十年藝苑經驗談．中國畫鑑賞法．百鳥詩集．錦綉河山詩集．畫論集等．

中國山水畫皴法之探討

小引

香港美術畫壇．近二十年來之發展．非常蓬勃．似有一日千里之氣勢．只就中國畫方面活動而言．亦已比前邁進一大步．回憶在二三十年代．僑居香港之中國畫家．人數雖非多而仍有新舊派之分．互相對立．界限分清．甚至有黨同伐異之傾向．當時港僑中專業繪畫．並設專校教授美術國畫者．亦只少數而已．

今日之香港藝壇．比前已大不相同．據最近消息．只就中國美術會之報道．自從一九七九年．由該會主席何敏公等各位主事人發起．籌建會所成功．在九龍白加士街．購置中國美術會址．舉行慶祝雅集．予被邀出席．並由全場大衆三百餘人推舉不才主持揭幕典禮．自後發展迅速．今已擁有會員五百餘人．尚多有志於中國美術僑胞．而未入會者不少．至於社團或個人畫展．幾乎無日無之．文藝之進展可謂空前盛況矣．

現在之香港畫壇與美育機構．除香港大學．中文大學既皆有藝術系之創設．此外私家所設學院教授畫法者．其數亦與日俱增．從事研習丹青者人數日益衆多．於是不獨畫法門派．既有差別．而主持美育者．其宗旨主張自難一致．勢所必然．根據近所聞見．各家各派之論藝宗旨．各據其人之學識派系．而有異同．由是分門別類．各有主張．就筆者所知學其大要．例如．

(一)有倡說——香港藝術創作．必需有歸屬感．

(二)有主張——無論中西畫．必須要有香港獨立性．

又或有其他主張．如主倡要推動新水墨畫活動者．各家主旨．不一其說．就中尤有不能不提出而必須加之以研討者——因有某氏．其所倡之說未免太過奇特驚人．此或因他留學歐美時．受了西方未來派．或抽象派．野獸派之影響．故敢傲然大放厥辭．但以我中華民族之歷史文化關係．及傳統文藝美術之立場論之．則其所發表之高論．未免駭人聽聞

矣・

談藝不宜偏激

嘗見報載・有自歐美留學歸港・任職於大專之藝術系某教授・發表談藝論說・主張中國繪畫・應隨時代而進展・這是對的・他繼說・國畫要創開新生面・也沒有錯・但至其結論・竟然主張・例如（一）中國山水畫之「皴法」・今日概應廢除・（二）中國之繪畫毛筆・亦應廢棄・且又自假設問題說・「寫畫・定必要用畫筆嗎・」繼之又爲了表示其學識之淵博・舉出北宋大書畫家——米芾（元章）・早已用過蓮房寫畫・藉以證明其廢棄畫筆說之正確・

上述某教授之談藝主張・殊足令人驚異・如此驚世駭俗之言論・公然當衆宣揚・其影響於後學青年者至大・誠恐青年學子因之疑惑而誤入迷途・吾人於此不能不對之研討而糾正之矣・今試先論中國畫用筆問題・然後再對於山水畫之皴法應否廢除・加之以詳細探討・

中國畫筆問題

關於中國畫筆・應否廢棄・可以分兩項來探討・試將愚見分列如左・

中國筆歷史的功效

考據中國文藝書畫・所用毛筆之沿革・據歷史記錄・當秦始皇時代・有武將蒙恬・嘗將大軍三十萬・佈防北方・築長城・威震匈奴・他雖是武將・卻有心思始創・利用枯木爲管・而選用鹿毛及羊毛製成中國毛筆・其後經過歷朝改良精製・而有鼠鬚筆・鹿狼毫・羊毛筆・雞毛筆・茅筆以及兎毛筆・兼毫筆等・以迄現代・其類益多・而筆鋒更有長鋒・短鋒・鬚眉・蘭竹……各等長短不同・剛柔各別種類・又有大・中・小楷等・分門別類・各適用於種種書法・繪畫之用・其有益於中國文化藝術之發展・功效極大・不待智者而皆知之矣・

中國筆之靈妙變化活用・輔助我中華民族文藝文化之進展・二千餘年來其功效之巨大・在傳統歷史上已表現無遺・試概括以言之・例如・歷代之史書文章・詩詞歌賦以及書法・繪畫・無不因有此毛筆紀錄下來・經過各朝代改良進展・而煥然發射出我民族文化藝術之光芒・史實具在・無論何人・苟有常識皆不能否認者也・學例言之・如太史公之「史記」・班固兄妹之「漢書」・以至韓・柳・歐・蘇之文章・李白杜甫之詩・溫・韋・蘇・辛之詞・皆由憑着此筆紀錄而流傳萬古・次如書法之篆・隸・行・草・繪畫之勾勒填彩・六法之氣韻生動・永字八法之變化運用・又無不因有長短毛鋒筆——自由靈妙之運用・而一一巧妙的表達出來・故能蔚然發爲國家民族文藝之特獨光彩・而馳譽於古今國際・漪歟大哉・我中國毛筆之功用・雖歷萬世而不能磨滅者也・

徵諸歷代之文藝聖哲名流・如秦時程邈之改大篆而作隸書・晉代書聖王羲之（子獻之亦善書法）鐵劃銀鈎之字法・顧虎頭（愷之）之畫・三國時鍾繇與唐代草聖——張旭之狂草・上述秦・漢・晉三代著名各大家之書畫・下至大唐之吳道子・李思訓・王維三大家之繪畫・其體裁派別雖各不相同・而所用書畫筆無異・這又可證明同一之中國書畫筆・隨

着作者之靈感運用而生出變化無窮無盡之效果矣・

至於宋・元時之李龍眠・趙孟頫之白描人物畫・「八十七神仙卷」之流暢的長長密密・柔美中而蘊藏着勁力之線條・尤足以證明中國畫筆之靈活微妙活用和功效・史冊所載・實不勝枚舉・

上文所歷述・可證中國數千年來之文化文藝遺蹟昭彰・光耀萬國・談論藝文者・豈可憑一知半解・一時感情衝動而妄發狂言・是故中國自古以來・儒家聖賢君子・夙已有愼言之戒也・

至於某氏所舉證——所謂北宋書畫大家——米芾（元章）之用蓮房作畫・亦不過乘一時高興・偶然遊戲爲之耳・據史傳所記・米芾爲人・性奇矯好勝・風趣而又固執・故其日常生活言行・每每有奇特怪癖・出乎人之意表者・例如所傳・「米顛拜石」・又嘗將宋帝所賜墨硯・倒藏衣襟中・他之奇特性情舉動・殊異尋常・故偶而乘興用蓮房作畫・不過是其遊戲人間之一端而已・

據畫史所傳・清代著名之畫家高其佩・亦嘗戲作「指畫」而不用筆・此或因於茶餘酒後・乘興作樂・今日每當書畫雅集・亦常有人仿高其佩而以指染墨作畫者・因爲了引起大衆興趣・偶一爲之・固無傷大雅・究竟以蓮房或指作畫・固不如用筆之變化生動・凡我畫壇同道・無不知之・豈可因米芾之偶用蓮房・高其佩之一時用指・而遽下結論・主倡・「中國畫筆可以廢棄」・如是一時說滑了嘴・尚可原諒・然而舉出米芾偶用蓮房・引以爲廢棄中國畫筆作證・而遽下定論・抑亦不合邏輯・此理淺顯・凡對於文藝書畫稍具常識者・必能了解・無待贅言矣・

中西畫筆之利鈍比較

上文已將中國書畫用筆之性能和功效・細說清楚・此處不必再贅・今欲將中西畫筆互相比較其功用利鈍・只須一究其製作與性能・而加之以討論便可・考西方畫筆之製造形式・雖分別有圓錐形與平扁形兩種・而仍以平扁形者佔多數・作畫時運用起來・遠不若中國畫毛筆之能自由運轉・揮灑如意・蓋被形體所限制也・此其一・

其次・西方畫筆無論其形爲圓或平扁・但其所用筆鋒毛材料・大多屬堅硬性質・則運用時・其能活動變化程度・必有一定限制・其自由靈活輕巧・自然必不及中國畫筆之方便・更無可疑矣・此其二・

中國書畫用毛筆・其製造之精妙・已如上文所歷述・況其毛鋒之長短・肥瘦・剛柔等性質・無不備具・簡括的論其功能・即是中國畫筆之活用性能・大之既可潑墨淋漓・氣勢磅礴・小之又可以細入毫芒・如春蠶吐絲・而收到細緻綿密與飄忽生動之效果・

試舉實例・如在中國畫山水畫方面・自古以來・早有「皴法」之發明・經過歷代隨時進展・遂有・披麻皴・解索皴・折帶皴……等不下十六種之多・又如在人物畫方面・其描寫人物衣衫袍褲等之衣褶畫法・也有所謂——「十八描法」・其中包括有柳葉描・竹葉描・蚯蚓描・折蘆描・鐵線描・馬蝗描等・而如高古遊絲描・行雲流水描・柴筆描・釘頭鼠尾描・以及戰筆水紋描・尤爲含有特性之衣褶描法・我們只看到這五花八門之名目・已可想象其功用變化之多・蓋

鮑少游

在「十八描法」之中・計有描線種類性能・各有廣狹・剛柔・乾濕等等筆法・這必經過無數實踐經驗・一一改良進步・然後始能運用靈活毛筆所劃出之描線・對於種種不同之人物・適宜的應用起來・而收到偉大之效果・故在中國美術史上・自古已傳有・吳道子畫人物・有「吳帶當風」之美譽・又傳三國時代——曹不興・又有「曹衣出水」之故事・可證中國畫筆性能之靈妙而多變矣・

總括起來・可以說——中國畫筆之靈妙功用是無窮無盡・可以千變萬化・對於所欲描寫對象・或大或小・可剛可柔・以及肥瘦・乾濕等筆法變化・無不可以如意揮毫・自由自在・比諸西方畫筆・其優劣利鈍・誠有天淵之別・由此探討之結果・則中國畫筆之應否廢棄・其利害關係之大・可以概見・而吾人不能不加之以充分注意矣・

中國山水畫之皴法

我中華民族之精神文化・是自秦漢以來・受了老子莊子之影響的・老莊思想・夙已流佈人間・故我國文人和藝術家・好山水・樂自由・而愛賞自然之風習大行・久已養成樂居林泉・親炙自然風景之習慣・於是自必爲山水大自然美所熏陶・至其結果・我們之思想文藝・皆受了大自然之極重影響・徵諸我國歷代之文藝・如詩如畫・都可以證明此點・

因爲詩人畫客多隱居於山林・朝夕與大自然接近・初由欣賞愛慕・進而深心了解大自然美・於是感物興懷・觸發靈感・遂以文藝爲摹擬・正如詩序所云・「人生而靜・天之性也・感於物而動・性之欲也・夫既有欲矣・則不能無思・既有思矣・則不能無言・既有言矣・則言之不能盡・而發於咨嗟詠歎之餘者・必有自然之音響節奏・而能已焉・此詩之所以作也・」一詩一畫・可以說這兩種文藝皆由此而產生・宋代大文豪蘇東坡說過・「王維詩中有畫・畫中有詩・」因王維高隱於輞川・常與大自然接觸・欣賞之餘・由於深感興趣・憑着靈感而創作其詩其畫・此是一證・

談到中國山水畫之皴法問題・究竟皴法始於何時・爲何人所首創・其後又如何發展・這一連串之疑問・我們應先加之以分析探討・至明白了解後・則對於中國山水畫之皴法・應否廢棄疑題・亦可迎刃而解矣・

溯源五代

中國山水畫之「皴」法・溯源伊始・在美術史上・獨立用一皴字之紀錄・始自北宋韓拙所著・「山水純全集」・

但予以爲在韓拙之前・似應提出大有功績於山水畫法之進展者・尚有二人・這即是・五代之荊浩・和五代迄宋初時之范寬・斯二大畫家・皆隱居於山林・而悟徹畫理・他們對於山水畫皴法・似都大有功績而不可埋沒・試查考此二人之事蹟和著作・便可知其對於山水皴法・大有關係・這雖屬予「想當然」之言・今且從二人之傳記考查・或可證予言之並非謬妄矣・

荊浩是五代時大畫家・隱居於大行山洪谷・自號洪谷子・著有「筆法記」・其六要論中・有「搜妙創眞」一條・他師法大自然・嘗寫生貞松數萬本・又對其他樹木・以及自然地形流水之變化・雲霞烟靄之出沒・無不加以注意・在其

遺作「匡廬圖」中・又可看出他對山水岩壑之遠近表現・與峯巒山石之佈置・曾費苦心研究・由這些事實看來・可知他對於山石之紋理——皴法・必然曾加注意研究・不過紀錄文章上・當時尚未有「皴法」之名詞而已・

范寬五代至宋初之大畫家也・其對於大自然山水之愛好・師法自然・頗與荊浩相同・嘗說・「與其師人・不如師諸造化」・隱居於終南山・與太華山附近・歷史上說・「范寬欣賞自然景物而得山水之精神・潛心領悟畫理・他主張（一）學古人不如學自然景物・（二）以物爲師・不如以心爲師・由此觀之・范寬既欣賞天然山水・師法自然・對於山峯岩石之畫法・必曾深心研究・故能「得山水之精神」・綜觀其事蹟・正合乎張文通之名論・「外師造化・中得心源」之旨・足以垂範後世矣・

如上所述・雖屬鄙見「想當然」之推測・但按諸事理・亦大有可能性者也・今且依據史實・探討山水畫皴法・循着時代而進展之程序・

北宋時代・韓拙著作「山水純全集」・始談及皴法・本來在此之前・北宋山水畫著名大家郭熙・在他的傳世名畫——「早春圖」山水畫中・既曾用了「雲頭皴」・又其論畫名著——「林泉高致」篇中・曾提出「皴擦」之名・並曾加之以解釋云・「以銳筆橫臥・惹惹而取之・謂之『皴擦』・」這是討論山水畫法而提到一個「皴」字之始・只是與擦字連用而成一名詞而已・

其後到了韓拙・在其所著——「山水純全集」・開始將這個「皴」字獨立起來・而有某某皴等等名目・而且詳細的分析說・「有披麻皴者・有點錯皴者・或斫垜皴者・或橫皴者・或勻而連水皴者・一畫一點・各有古今家數・體法存焉・」韓拙此段文中所說之皴法・共有五類・但五種皴中・既有一「橫皴」由縱橫二字相對性論・則亦必有縱（直）皴矣・不獨此也・我們更可用事實證明之・舉例來說（一）・如荊浩之名作——「匡廬圖」中・即有直皴・（二）・試看唐代・李昭道之「春山行旅」圖・圖中之直皴・尤爲非常明顯・又如北宋許道寧之「漁父卷」中・金代——武元直之「赤壁圖卷」中・皆大大的用了直皴・然則山水畫之皴・自唐・五代後・已共有六種・絕無可疑矣・

宋元演進

到了南宋・和元代・中國山水畫之皴法・繼續長成而發展・大約共有十種之多・其畫皴之法各不相同・此或因其人之居處各異・所習見山岩石質・各有差別・而畫家之性好・各有異同・則其筆下畫成之皴・自異其趣・試大略舉出如左・

南宋・李唐（一一二七——一一六〇）之萬壑松風圖——小斧劈皴・

元・黃公望（一二五〇）富春山卷——披麻皴・

元・趙孟頫（一二九五）鵲華秋色卷——解索皴・

元・高克恭（一三〇九）雲橫秀嶺圖——米點皴・

元・倪雲林（一三〇一）小山竹樹圖——折帶皴・

元・王　蒙（一三八五）深林疊嶂圖——牛毛皴・具區林屋圖——骷髏皴・

連上代所傳下來·巨然之麻皮皴·郭熙之雲頭皴·與范夏之雨點皴·共計起來·已有十種矣·但皴法變化多端·唯在後學者神而明之耳·

明——汪珂玉之進步

元代之後·到了明朝·中國山水畫之皴法·隨着時代之進展·而活潑發展·明朝之著名畫論家——汪珂玉（一六四三）著作了「珊瑚網」一書·在其目錄「圖法篇」中·列成一表·並在各皴法名下加註·照錄之·竟多至十四·五種·比諸宋初韓拙之「山水純全集」·不只皴類多了·且又或加註說明·可證皴法之發展·更加清楚而又進一步了·其皴石法之紀目如左·

麻皮皴·董源·巨然——短筆麻皮皴·

直擦皴·關仝·李成·

雨點皴·范寬·用之·又名芝麻皴·

小斧劈皴·李將軍（思訓）·劉松年·

大斧劈皴·李唐·馬遠·夏圭·

長斧劈皴·許道寧·顏輝·（又名雨淋牆頭）·

短筆劈皴·巨然·江貫道師巨然亦用之·

泥裏拔釘皴·李唐·夏圭學李唐亦用之·

拖泥帶水皴·米元暉·

除右列名目外·還有·亂雲皴·彈渦皴·鬼面皴·骷髏皴等名目·汪珂玉還在「拖泥帶水皴」名下加註說明畫法云·「先以水徧抹山形·坡石大小之處·然後蘸佳墨·橫筆拖之·」又在·「馬牙皴」名下·說·「如李將軍·趙千里·先勾勒成山·卻以大青絲着色·方用螺青苦綠碎皴染·兼泥金石腳」·

我們看了汪珂玉此段文章·其表中既有數種新奇有趣之名目·又加註歷代山水名家——某人用某皴·已比之韓拙交代得更清楚明白·況且又在拖泥帶水·及馬牙兩皴名下·將其怎樣畫法·也一一詳細解釋明白·其有益於研究皴法之功·可謂巨大·前無古人了·

清——王安節集大成

清朝王安節（概）·在康熙時（一六七九）·創作了「芥子園畫傳」·在其「畫學淺說」一節中·也說到山水畫之皴法·有云·

學者必先潛心學某一家皴·至所學既成·心手相應·然後可以雜採旁收·自出爐冶·陶鑄諸家·自成一家後·則貴於渾忘·而先實貴於不雜·約略計之·披麻皴·亂麻皴·芝麻皴·大斧劈·小斧劈·雲頭皴·雨點皴·彈渦皴·荷葉皴·礬頭皴·骷髏皴·鬼皮皴·解索皴·亂柴皴·牛毛皴·馬牙皴·更有披麻而雜雨點·荷葉而兼斧劈者·

統計其所舉出名目·一共已增加到十六種皴法了·

芥子園畫譜·比之汪珂玉之「珊瑚網」·其皴法名目已多了兩種·不獨此也·此畫譜之最好處·是比以前諸書·更附添了畫圖·照其圖例計之·又多了折帶皴·米點皴·及泥裏拔釘皴·合計起來·即是在芥子園圖傳中·所有皴法名目·已增多到十九種矣·

關於中國山水畫之皴法問題·上文一氣說來·已將皴法

之溯源．及其隨着時代．而發展進步之程序．一一詳說了．總括一句．應以清代王安節之功績．爲最偉大．試舉出其要點如左．

一．王安節芥子園將皴法數目．增高至十九類之多．

二．按照畫法明目．一一不嫌繁苦．加上插畫．並附說明．指導後學．數百年來．人們可以按圖學習．成爲後學之津梁．

三．傳古來皴法之規範．揭出山水自然之秘奥．流傳迄今數百年．蔚爲不朽之著作．

四．芥子園畫譜．更流傳韓國．越南．日本等鄰國．傳說英國．德國皆有譯本．把中國文藝．影響到國際．

統觀上文對於中國山水畫之皴法．分析探討之結果．可知我國之歷代——由五代北宋至清朝．（即由十世紀——十七世紀）．文藝家們費去了多少精神心血．始博得此碩大之果實．我們今日縱覽世界各大國美術史．包括西方之油畫．水彩畫紀錄上．尚未能發現有——歷時千年以上而有系統的．研究大自然山水．對於峯巒巖石．整套的專門畫法．有如我中華山水畫之皴法者也．

由此觀之．我們對於「皴法」．正宜珍之重之．加意繼承傳統而加深研究．更期望將來之改良進步．凡我美術界同道．希望都能負起一部份責任焉．

石濤．大千與皴法

由於探討皴法問題．追究皴法之溯源．和其進展過程．即是由十世紀而至十七世紀．皴法隨時代而進步之史實．已可概見一斑矣．

但由十七世紀後．直至現代二十世紀．對於中國畫之皴法．大有關係而不能不一提者．尚有大畫家二人．這即是十七世紀之石濤與現代之張大千也．

十七世紀著名之大畫僧石濤．本是明代朱姓王孫．明亡．自幼即流亡出家避禍．故其別號極多．如．大滌子．苦瓜和尚．瞎尊者等皆是．在論畫方面．著有．「苦瓜和尚畫語錄」．馳譽百世．其山水畫法．大異尋常而富有創作性．我們讀到他的「畫語錄」．其文章好用奇拙字句．每每顛之倒之．讀來雖不大順口．但其中蘊有談皴精義．不可忽略而置之．今試選擇其皴法章第九篇中．雋妙之句．錄之如左．

筆之於皴也．開生面也．山之爲形萬狀．則開其面非一端．世人知其皴．失卻生面．縱使皴也．於山乎何有．……或石或土．徒寫其石與土．此方隅之皴也．非山川自具之皴也．如山川自具之皴．則有峯名各異．體奇面生．其狀不一．故皴法自別．有捲雲皴．沒骨皴……皆是皴也．

又云．必因峯之體異．峯之面生．峯與皴合．皴自峯生．峯不能變皴之體用．皴卻能資峯之形勢．不得其峯何以變．不得其皴何以現．峯之變與不變．在於皴之現與不現．皴有是名．峯亦有是形．如．天柱峯．蓮花峯．仙人峯．五老峯．峨眉峯．回雁峯……是峯也居其形．是皴也開其面……而其結論．有云．是故古人．虛實中度．內外合操．畫法變備．無疵無病．得蒙養之靈．運用之神．正則正．仄則仄．偏側則偏側．若夫面牆塵蔽．而物障有不生憎於造物者乎．

我們讀了石濤如上精論・雖或覺其有難解之句・但覺其含有眞理・殊感佩服・總括一句・我覺得「畫語錄」中・這些精切的對於皴法之理論・都是由於他四處遊覽・潛心觀察大自然之山形水態・能以自然爲師・經過無數實踐寫生・悟徹了大自然山水之精神・方能寫得出來・否則何能道此隻字・我以爲石濤主旨是警告人們・不要死守某皴某法・而要在深心致意欣賞山川・細察峯巒邱壑之天然文理・這眞是不可放過之美術精論・又可以說這是對於只知仿古者・很好之當頭棒喝也・

其次・當代名畫家之張大千・其對於山水畫之皴法・又有何高見呢・

在多數藝壇同道中・對於中國歷朝山水畫・研究之精博・與描寫筆法之熟練・莫如大千・回憶三十餘年前・應畫友黃般若之邀約・並携予之新作「濠江春曉」長卷・共赴澳門訪大千・於燈紅酒綠之夜・切磋談笑・也曾提山水畫「皴法」問題・坦誠各抒所見・予曾說過・中國之「皴法」對於山水皴之重要・但不宜拘守某家某皴・而不能變・且同一作者・同一畫中・不妨兼用兩種不同皴法・並舉出元代黃鶴山樵（王蒙）爲例・於慣用得意之牛毛皴外・有時兼用他類皴法・而能巧妙運用・如天衣無縫・……二君皆爲之頷首・

大千手掀美髯・一笑發表他之高見說・畫山水畫・最重皴法・古人已發明有種種名稱・這大概是就各名畫家所見眞山水・而體會出來的・憑其所見山石形狀・而命名爲某某皴……如北苑之用「披麻皴」・江南之山也・范華原之用泥裏拔釘皴・北方之山也・我的意思・山水皴法・只要用得各適其宜便好・」於是予與般若皆學杯而贊成其說・大千逸興大發・並即提筆爲我之「濠江春曉」・賜題跋語・今張黃二君皆往矣・感念疇昔・曷勝惆悵・

其後大千出了一册畫譜・內容非常豐富・其中就有山水皴法篇・既一一舉出皴法之名・又親筆皴了插圖示範・畫好十一種皴法・用彩色攝影版印刷（民國五十年出版）・這比之王槪之芥子圖畫譜之木刻版・又再進了一步矣・

結論

因爲有人談藝・竟提倡要廢棄中國畫筆・和中國山水畫之皴法・恐其說可能影響後學青年・而誤入迷途・這是予寫本文之意旨・上文已將山水畫之皴法・由十七世紀起・畫法之溯源・成長發展・直至二十世紀——現代・沿革歷史詳細說過・下面再提出關於皴法・我之兩點意見・以結此篇・

皴法之科學的價值

有人論及・皴法是中國山水畫之靈魂——大有其歷史的價值・上文已可證明而無疑矣・但予以爲不只如是・按諸物理似還有科學的價值・何以言之・試伸鄙見・

予非物理學家・雖未能對於皴法・從科學上證明・一一爲之解說・但照自少年以來遊踪所見・各地之大自然山水・其峯巒邱壑之形狀・岩石之紋理・頗多與皴法符合・而令人感覺大自然之美・爲之欣賞不置者焉・試列擧一二如左・

一・捲雲皴・似科學家所謂「火成岩」・民國十三年遠遊日本北陸奇勝——東尋坊・嘗對之寫生・其山岩石質堅硬極似捲雲皴・也有渾似雲頭皴者・士人告予此是火山遺跡

也・

二・折帶皴・石質雜土・橫紋・似由長期水浸而成・而應是「水成岩」・倪雲林常用之・或因他隱居五湖・多見此也・

三・大小斧劈皴・質堅勁・李唐・馬遠・夏圭用之・同一山上可見此兩類・本港太古城對面山麓巨石・正是大斧劈・青山海岸・赤柱・石澳・台北橫貫公路・烏來瀑・北投・日本四國寒霞溪等地・皆可見之・

四・拖泥帶水皴・質兼泥石・似屬水成岩・本港石澳・新娘潭・台北北潭・日本西京都嵐峽・皆有此・

五・荷葉皴・山狀如荷葉倒置・日本保津川・嵐峽・台灣橫貫公路一部分皆曾見之・而吾鄉中山縣白石村之北——某村之大山尤多此皴・且極明顯・民國二十五年回鄉拜山時・始發現而注意欣賞之・蓋此種山較難遇見也・

六・馬牙皴・民國四年遊日本四國——寒霞溪奇勝・登高一望・遠岫如馬牙鋸齒・排列成行・嘗寫生後而以之入畫・

此外如披麻・解索等皴・至屬尋常・隨處可見・且易描畫・故今人畫山水者多用之・幾佔畫家人數百分之八十也・

以上所述之多種特色之「皴」・論其石質・山形紋理・頗多與科學物理符合一致・自應有科學的價值・可惜予未能多舉其例而證之耳・

作畫不必泥守皴法

上文一路寫來・對於皴法之歷史・種類・功用等・都探討過了・由此可知「皴法」・在中國畫山水之重要性・因爲

這些皴法之發明與隨時代而演進・實實在在・經過古今皴家・費了無限精神心血・然後獲得此偉大的・文藝上成果・故今日應否捨棄之・按諸事理・將必有公論・可以不言而喻矣・

然則・「皴法」既有重要價值・一位畫家當臨練作畫時・有無遵守一定皴法之必要呢・竊以爲我們畫友・凡學習研究中國山水畫者・必須先具有對於皴法之常識・藉以增加其創作之功效・但絕不可泥守某一固定皴線・而不知變化應用・此意尤爲重要・我還記得三十餘年前・與黃般若訪問大千於澳門時・三人曾討論過「皴法」・我便說過・一個畫家不必死守一種皴法・且同是一幅畫中・也應可以運用二種以上皴法・只須要用得其宜・和要用之自然渾合・而無礙於全畫之意境便可・徵諸古代大畫家遺作・亦未嘗無此例證也・

又如上節所述石濤「畫語錄」所謂・「筆之於皴也・開生面也・山之爲形萬狀・則開其面非一端・世人知其皴・失卻生面・縱使皴也・於山乎何有・石濤此節文章已說得非常明白・意思即教人作皴・要注重山水之全貌氣氛・而不可只知注重皴法・而致墮入「謹毫失貌」（顧愷之名論）之弊也・

其次・再看大千之論「皴法」・他說・「畫山最重皴法・古人已有種種名稱・祇不過就其所見的山水・而體會出來的……所見之形狀如何・遂名叫某某皴・並非勉强非用此皴法不可」……・又云・「山水皴法不必拘泥・祇要看適於某一種皴・就用某一種皴法・」上述石濤與大千對於「皴法」之意見・字句雖有異同・而說理則如出一轍・可謂・英

雄所見略同・

竊以爲凡屬文藝之創作・必定各有規範・詩也畫也・文章書法・音樂也・皆有其法・無法則難成功・然而所謂法・所謂規矩・以至山水畫之皴法・皆一定器耳・一定之器・即猶同死物也・要在作者之能靈活運用・始有生氣・故畫人而只知死守古人皴法者・則其所作・必難隨機變化・而欲達致……謝赫六法中之「氣韻生動」・難乎其難矣・

百鳥新詠序

繪事中・花卉翎毛一門・實爲中華畫法之特長・至足爲我藝術史增其光彩・今歐美畫法雖號稱發達・然翎毛畫法・猶未能獨立・抑其描繪鳥類翎毛・固遠不及中國畫之輕妙神韻也・

近在本港中環置地廣場曾看過一歐美名家之雀鳥畫展・月前又特往富麗華酒店參觀十九世紀鳥類專家的雀鳥畫——五百餘幀展覽・據報道・這些都是約翰哥特氏筆下所繪成的水彩畫・全部以亞洲區所產鳥類爲主・他由二十三歲起・專心描繪鳥類・一生共繪成三千九百九十九種世界不同的雀鳥・並曾出版了不少巨大的鳥類書籍・故有十九世紀鳥類專家之美譽・又寫了三百篇鳥類論文・如上所述・這兩位畫鳥專家・論資格畫歷・不只足以代表歐西花鳥畫・或更可稱頌之爲不世出之偉大翎毛大師了・但據予細心注意・觀察欣賞之結果・他們之畫鳥法・雖極其細緻美麗・但總覺板刻而缺乏神韻・未免有如我晉代大畫家顧虎頭（愷之）所謂・「謹毫失貌」之弊・說句不客氣的話・這些畫・雖可供作物理學・動物學之參考標本・但在純藝術上之價值・不無疑問了・本文引此爲證・可見所謂・歐美畫翎毛法・遠不及中國畫之輕妙神韻・恰好成爲鐵證・而非妄言矣・

考我國花鳥畫法・自宋代前已臻完妙・其後代有名家・傳之至今・有千餘年之歷史・其藝術之昭彰炳耀・遺跡具在・記錄綦詳・可考而知也・李唐以前・年代湮遠・且不具論・自五代以來・徐黃二趙（趙仲穆・趙昌）・已妙得傳神・宣和而後・名家輩出・其間自元迄淸・如王若水・呂紀・林良・以及錢舜舉・蔣南沙・鄒小山・新羅・白陽・八大輩翎毛妙手・遺緒相沿・未嘗失墜・雖或派別非同・手法各異・惟其如是・更足以窺中國翎毛畫法之進步・蓋在中華美術史上・花鳥畫之能獨立成科・亦已久矣・所可惜者・自近代仿古之畫風盛行・學者不復體察自然・仿古亦但求形骸・陋習相沿・精彩盡失・夫仿古以考究前賢作意・固爲畫學修養之一方法・然苟非天賦聰明・能鑑別得失以爲去取・則胡蘆依樣・但得古人之糟粕而已・夫徒尚形式而遺精神・其藝已無足道・況仿古必藉粉本・粉本之佳音・既百不得一・古人眞跡・尤更難求・苟非富厚之家・得承若祖若父之遺蔭・普通人士更何從一窺古賢手跡・吾國各地・多未有博物館之設・假之他人・則更難乎其難矣・

故以前學子・非幸遇良師・極其量・多不過師事芥子園畫傳・此書編述翎毛畫法較詳・可算坊間第一佳本・至若市上其他石印畫譜・大概互相抄襲・或印製模糊・以是爲師・轉足自誤・且藉此不完全書本・抑亦無從得到物體之眞相・遑論其他・此中苦處・著者蓋嘗試之矣・

鮑少游

著者幼嗜丹青・尤好鳥類・憶童年就學・每値綠窗餘暇・輒事塗鴉・惟苦無良師・乃就坊間・窮搜參考資料・其時雖有石印畫譜・然實難得佳者・及獲閱芥子園畫傳・大喜過望・於是稍事臨摹・略得形似・然欲進爲著彩・則又茫然無從入手・胡亂爲之・又雅不欲・且其所載鳥類・不過數類・又未一一標示名目・附加說明・故所指示初學者・只係籠統之畫鳥法・至其所載畫法歌訣・亦至抽象・欲從而窺鳥之色彩形似・尚不可得・求其神韻・更何望焉・當時矻矻窮年・終未滿所志・乃自發奮力學・復出國遠走扶桑・專攻美學・既復稽考古籍・搜觀遺製・上窺唐宋・下及明清・回思所學者・二十載於此矣・又以平生於繪事而外・獨愛禽鳥・愛其歌聲之美妙天然・色彩姿態之娟妍雄秀也・乃復籠而聚之・餌而養之・學窗閒坐・靜審其聲韻姿態・以涵養其詩情畫意者・十年如一日・當留學於東瀛也・暇則遨遊於動物園・博物館・以爲寫生・積以歲月・稿本遂多・由是而對於普通禽類之聲形性態・已多深印於腦海・今執筆寫鳥・略可意到筆隨・雖或未極傳神之妙・然而胸有成竹・已無刻鵠類鶩之虞・差足以自慰矣・

南歸而後・創辦美術學院・廿載於茲・而集予門下者日衆・平時畫課・諸生依次伸紙研墨・隨意請爲粉本・無不即如其意・揮毫與之・所寫各異・不下千數矣・而初學例由花卉翎毛入手・故所爲花鳥尤多・惟課稿皆即委諸該生・絕無存本・諸生常恨各得麟爪・而未窺全豹・曾屢請予著刊花鳥全集・俾得集其大成・

憶昔與王君雲五・梁君寒操・同寄寓香江・兩位皆曾勸予・應編印函授花鳥畫法講稿・使遠地莘莘學子・有志丹青者亦得求門徑・學習翎毛畫法・而不限於本港青年・其意至純而情可感・奈牽於事・未暇及此・

曩歲暑假・偶與知友談詩・忽動吟興・試作詠鳥詩百律・竊維詠物詩・其體物者不可以不工・狀物者不可以不切・古之詠物者始見於詩經・灼灼寫桃花之鮮・依依極楊柳之態・杲杲爲日出之容・瀌瀌擬雨雪之狀・此實先導其源・其後六朝始備其制・唐人更擅其美・自是以來・更有以一篇之工・擅名千古者・例若崔鴛鴦・鄭鷓鴣・謝蝴蝶・楊春草・袁白燕之詩・無不繪影繪聲・不即不離・佳話永留・增人感興・然而詠物之詩・每易即於拘泥而難工・自度非長於拈韻・尤不足以語此・況篇篇詠鳥・倍覺或窮於應付・徒以前人詠鳥之章・殊屬非多・其於鳥類・尤似未備・吾人每値畫成・而苦未易得適切之題句・且回憶昔年修學翎毛之苦無參考・詩成・因再就各鳥類・附以說明・並錄前賢題詠・於其形態色彩之外・更搜錄傳說故事・參以科學分類・而略偏重詩文趣味・本擬更爲百鳥寫生畫集・俾得對照而易明瞭・然後付梓・利便初學・惟假期既滿・畫稿雖得八十餘事・其仍有須俟整理者・茲事斷非咄嗟可就・於是諸弟子復以先刊詩集爲請・方擬姑徇衆意・付之梓人・而略備同道繪事之參考・當此之時・香港適發生戰事・諸子既如星散・少游戰火餘生・亦未暇重理舊稿・茲以南華日報執事不棄・囑將拙稿刊諸報端・自維學淺・掛一漏萬・自所難免・課餘草成・魯魚之誤・未克再校・然重違衆意・卒以應命・亦聊以就正於世之先進云爾・一九八二年五月　少游序於麗精畫苑

陳　策 一八九三年生 一九四九年卒

字籌碩・瓊山人・幼隨父居星洲・稍長・回國就學・考入黃埔水師工業學堂・革命軍興・返瓊州首義・浴血作戰受傷・宣統三年加入同盟會・民國四年・與海校同學密謀討袁・事敗走香港・六年・參加護法之役・粵督莫榮新跋扈抗命・策護衞中山先生登同安艦・奉命炮轟督署・卒使莫懾謝罪・九年粵軍自閩回粵・任廣東航政局長・十一年任廣東海防司令・值陳烱明之變・所部砲擊總統府・策迎中山先生登永豐艦・聯合他艦反攻之・旋隨駕赴滬・十二年中山先生回粵開大元帥府・任爲江海防艦隊司令・逮江海防艦隊歸併・任海軍局顧問・十八年至二十年・迭任西南政務委員・海軍第四艦隊司令・海軍第一艦隊總司令及海軍學校校長等職・二十一年秋赴歐美考察・返國任軍事委員會海軍軍令處長・二十六年任虎門要塞司令・二十七年春辭職赴香港就醫・任國民政府駐港軍事代表・三十年日軍侵港・率同志助英軍防守・迨港九相繼失陷・乃突圍脫險轉渝・三十四年・奉派爲廣州軍事特派員・兼廣州特別市市長・計劃協同盟軍反攻粵垣・敵軍投降・首先進入廣州・執行市長職務・致力善後・嘉惠市民・歷時僅一載・以勞瘁致病請辭・三十八年任廣州綏靖公署副主任・力疾從公・是年八月病卒・

協助香港抗戰及率英軍突圍經過總報告

謹呈者・策自去年中央第六次全會以後・先後奉中央命代吳鐵城同志・主持港澳總支部・青年團・及宣傳專員辦事處・振濟委員會等任務・以殘缺之軀・初不敢貿然承命・顧懍於國家民族之艱危・復受總裁精神之感召・堅信抗戰必勝・建國必成・昕夕黽勉・罔顧勞瘁・上秉中央之指示・下賴同志之努力・工作尚能循序推進・幸未隕越・此次港九英日戰事爆發・即策動同志僑胞・參加英軍抗戰・協助維持治安・歷時凡十有八日・頗得友軍同情・惜香港英軍兵力薄弱・難以持久・至終淪陷・我國軍馳援不及・策於敵軍佔領香港時・迫不得已・率回英海陸空軍戰士及隨侍七十餘人・先後乘六魚雷快艇・突圍出海・策艇殿後・爲敵軍發覺・砲擊槍射・彈密如雨・策左腕中彈・英將士死傷者四人・機壞艇將沉・乃與英將領躍入海中鳧水脫險・迴顧隨侍・僅徐亨同志在側・而余兆騏同志忽已失踪・生死未明・相從患難・欲救無及・悽痛何已・今策幸全生命・仍得繼續努力黨國・一息尚存・誓當與敵周旋・以雪國族深恨・抵韶後・經醫取出子彈・少事療養・玆創傷已漸就痊・謹將經過・敍述如次・

香港戰前情勢・時張時弛・敵閣議雖決仍與美繼續談話・而東條・東鄉・又發表反美演詞・迨來栖晤美副國務卿威爾斯・雙方意見差遠・美已決干涉敵機轟炸滇緬路・美衆院復通過八十萬萬元國防經費・敵對美質問・雖提答復・但始終盤旋武力侵略政策・與美國務卿赫爾所持之基本原則・

絕無協調可能・香港至是遂浸沉於戰時雰圍中・

十二月一日・港政府發表緊急疏散令・公佈在職務上無留港必要而能携眷遷移者・應即離港・並預疏散專輪・而敵僑則自乘白銀丸・徹往廣州・所餘僅五十餘人在港・此時英艦隊及主力艦威爾斯王子號・已抵星加坡・增强遠東防務・敵亦將其在星僑民徹退・爲英艦截留・因此我軍令部鄭副廳長介民・奉命至港視察英方防務・與策同訪港督・英陸軍司令・參觀要塞砲台及一般情勢・原擬乘輪轉赴星加坡馬尼拉視察・但得英方通知・恐敵艦報復・請改乘飛剪號赴馬尼拉・七日・港府公佈準備付任何緊急狀態命令・所有志願兵一律實行陸軍法三個月・並召集志願兵入伍・港滬粵澳輪船・連日又皆奉英方命令・先後徹離港海・交通停頓・商業咸受影響・人心浮動・同時據報・深圳・南頭之敵軍戰車六十餘輛・及砲隊馬隊・已紛向九龍新界移動・局勢殆已入極嚴重階段・然一般觀察・仍以爲敵使與美談話・尚未宣告決裂・而敵軍經我抗戰四年餘・既深陷泥淖・即實力物資與英美較量・亦未必遂敢冒險・遽揭南太平洋戰幕・然敵陰謀暴恣・迷戀軸心武力侵略政策・絕無顧忌・終於燃起戰火・

戰事爆發於八日晨四時半・是時策在九龍寓・接蔡參謀重江・轉來英軍部電話・敵已在馬來西亞暹羅灣之南登陸・檀香山珍珠島・馬尼拉等地・悉有敵機轟炸・當即分別通知中央留港各同志注意・七時・與蔡參謀渡海過港・沿途敵機二十餘架・已在上空・分批轟炸・九龍啓德機場及深水埗兵營等處・美飛剪機一架・中航機四架・英偵察機一架・練習機數架・均被炸燬・抵港後・即與鄭副廳長訪英陸軍司令・

商軍事合件及作戰計劃・旋返總支部約集幹部同志商決召集中央駐港各機關代表大會・以謀齊一步驟・參加抗戰・並接洽飛機・先送一部份留港中委回國・又與鄭副廳長會商・既決定協助友邦・騈肩作戰・須則一人先向中央報告・以事聯絡策應・策以職守所在・復諳港九情勢・留港主持・鄭副廳長則偕英軍代表・乘機離港赴渝・嗣華民政務司及華人戰時督察處主任羅旭和・約商協助運輸人力及分配糧食問題・即派劉世達同志代表往晤・決定代徵汽車・司機・伕役・及分設糧食站・舉辦平糶・午後・敵軍主力進攻九龍新界英軍防線・入夜・益增援猛攻・英軍奮勇抗戰・聞敵死傷數百・是日・港府爲維持後方治安糧食・限制九龍居民・非有特許證者不能渡海・港九兩地・遂入戰時狀態・

十日晨・中央駐港各機關代表・齊集總支部開會・推策主席・策宣示敵於與美談話未決裂時・突擊英美之無耻及・英・美・蘇・反侵略陣線必獲最後勝利・與我國大軍・旦夕即可馳援南下以解港九之圍・次述英方對我方之要求・各機關應齊一步驟・發動僑胞・供給人力・維持治安・協助英軍抗戰・決議組織「中國各機關駐港臨時聯合辦事處」・推策爲主任委員・分設秘書・軍警・外交・情報・宣傳・財務・交通・糧食・總務九組・秘書組由劉世達・陳劍如諸同志負責・軍警組由蔡勁軍・張惠長・歐陽駒・余兆騏・沈哲臣・王新衡・蔡重江・張炎・陳藉・黃昌裕・楊鼎中・楊簡・司徒龍諸同志負責・外交組由溫源寧・吳子祥・余兆騏・劉世達・羅翼羣・楊德昭・唐士暄・洪起諸同志負責・情報組由陳素・沈哲臣・王新衡・梁景安・王人麟諸同志負責・宣傳

組由陳訓畬・任玲遜・鄧友德・陳素・陳劍如・蔡重江・黃馮明・江裕昌・李韶清諸同志負責・財務組由中・中・交・農四行・廣東省銀行・廣西省銀行・福建省銀行・中振會九區辦事處・中央信託局負責・（惟中央銀行經理鍾鍔經迭邀請・表示無暇參加・亦不派代表出席・致其他各行・均觀望不前・）交通組由徐亨・司徒寬・鄧浩章・侯澄滔・幸列侯諸同志負責・糧食組由王淑陶・周尚志・鄧志清・葉克繩・王君偉・區聯昌・陳冠夫・黎明諸同志負責・總務組由吳子祥・黃劍棨・鄭壽恩・黃令騶・何永亮・袁柳溪諸同志負責・即分頭開始工作・辦事處設總支部所在之亞細亞行・定每日上午九時爲會報時間・並電中央報告・嗣港督代表麥都高（Macdougal）・英軍部代表博差（Boxer）・警司代表米耶（Mayer）・華民司代表那夫（North）・同到亞細亞行晤商討論作戰及治安事宜・並定每日會報交換情報・同時・復請英軍部・警察司嚴密搜捕敵方潛伏港九之間諜・及汪僞派來之漢奸・勿任其蠢動・刺探軍情・擾亂治安・旋復商請中航公司設法派機・先送留港各中委回國・奈中航公司總經理黃寶賢・多方口稱無機可乘・數度交涉・卒無結果・據報・該公司職員・乃至眷屬・均密乘機離港・

午後英軍退守大埔・元朗防線・港九海面交通停斷・物價暴漲・糧食缺乏・治安問題・岌岌可慮・因與幹部同志集商・亟謀維持救濟・即由宣傳組印發告僑胞書・並由各報散發號外傳單・勸諭僑胞抑平物價・維持秩序・十日・各報發表我政府正式對日・德・義宣戰原文・及中・美領袖分勉國民演詞・與我蔣委員長告軍民書・義正詞嚴・僑胞無不感奮激昂・而前線敵軍猛攻大埔・元朗・英軍退守沙田・荃灣・九龍之孤單・已恢復自由・爭先參加作戰・曾一度將敵擊退・敵機乃結隊分批・襲炸荃灣及昂船洲等處・另以一部敵軍坿荃灣之背・戰事益趨劇烈・英軍復向後徹退・九龍市區秋序混亂・商店民居多遭敵方潛伏暴動之第五縱隊・與敵諜漢奸及地方歹徒・搶掠洗劫・因即派同志保護留九龍之中委至港・向中航公司商請派機先送留港之中委及各機關重要主官離港・多方交涉・仍歸無效・是晚・策秉承中央意旨・在港廣播・勉勵僑胞・沉着鎮靜・嚴守秩序・協助友軍反抗狂寇・十一日・得警司通知・已先後捕獲敵諜漢奸二百六十餘人・其重要者二十餘人・即執行槍決・又陳廉伯煽動香港士紳・散佈和平謠言・聯請港督與敵議和・亦經捕獲・午後・港督代表偕警司來訪・謂敵第五縱隊・已在九龍暴動・本港得到情報・香港之第五縱隊・亦將於今夜暴動・請即發動僑胞・肅清暴徒・共維港九治安等語・

先是・九龍敵諜漢奸・在深水埗等處・假借白副總長崇禧名義・散發委任狀・召集歹徒・陰謀暴動・當時據報・曾與沈哲臣諸同志籌商撲滅辦法・並即轉知港府留意・今港督・警司・既派員前來接洽・尤宜盡力協助・即召集沈哲臣・王新衡・劉世達・余兆騏諸同志・及香港青洪幫領袖張子廉・劉伯琴・馬華逸等商決・由沈哲臣・余兆騏・張子廉・劉伯琴・馬華逸・五同志偕同英方代表至警局會商・由警司俞允時（Evens）報請港督決定・原擬港九雙方・同時發動撲滅第五縱隊暴徒・惜英軍已決定於是夜放棄九龍・故決集中全力・防衛香港・乃與陳劍如・陳素・吳子祥・余兆

騏・溫源寧諸幹部同志・商定於翌晨開會時決在中國各機關聯合辦事處下・組織「香港中國抗戰協助團」(A.B.C.D.Chinese Corps Hong Kong)・在未開會前・先用忠義慈善會名義・是晚即命沈哲臣・徐亨・張子廉・劉伯琴・馬華逸・謝奮生諸同志・發動二千餘人・分段嚴守防衞・肅清敵僞暴動份子・十二日晨・各機關代表開會・通過中國抗戰協助團組織・衆推策兼任團長・以各幫會領袖爲主幹・設立指揮部於跑馬地・派沈哲臣同志爲代表・協同張子廉同志・負責指揮・當即劃分香港繁盛地域爲三區・東區爲跑馬地・灣仔一帶・派劉伯琴同志負責・中區爲中環・上環一帶・由駱天一・鄺熙林・兩同志負責・西區爲西營盤・西環一帶・派謝奮生負責・賴各同志之忠勇奮發・鎮壓有力・在抗戰期間內敵諜漢奸諸鼠輩・卒不敢蠢動・

是日英軍安全徹退香港・敵軍遂進佔九龍・即企圖渡海進攻・先遣敵機偵察・知非付重大犧牲代價・難驟得逞・改採威脅詐取策略・由敵陸軍總司令部具函・派二敵軍爲代表・挾同在九龍所俘之英婦女二名・其一爲港督秘書李士之夫人・由九龍乘汽艇豎白旗渡海至港・投函港督誘降・大意略謂「日軍已佔九龍・英軍無力保守香港・應即投誠・並限下午二時答覆・否則即向香港進攻」・港督常予嚴詞拒絕・策獲訊後・乃與張惠長・歐陽駒・陳劍如・陳素諸同志・商討香港英軍抗戰計劃・期有助於友軍之作戰・並督策聯合辦事處同志・加緊推動各項工作・尤應特別盡力於協助維持治安秩序・十三日・接到七戰區余長官及粵省府李主席來電・謂我先頭部隊・十二日已抵達樟木頭・精神爲之振奮・一般僑胞・聞我軍已向香港邊境推進・亦甚讙躍・惟整日敵砲・紛向沿岸轟擊・敵機復分批輪炸市區・燬壞多處・死傷極衆・即派同志多人爲代表・分往被災各處慰問遭難僑胞・並令幹部同志・發動救護難民工作・

十四日下午一時許・敵軍又遣和平使者自九龍渡海來港・携函投送港督・作二次迫降・其函由敵陸軍中將酒井隆及海軍艦隊司令新親一署名・內容首讚英軍作戰英勇・治安秩序良好・次述爲尊重人道及避免中國百萬人民之塗炭・要求英軍投降・並提四項條件・(一)即刻停止戰爭・(二)將軍權交與日本・政治仍由英國負責・(三)所有軍械糧食及物資不得破壞・(四)請於本日下午五時前派全權代表於半島南面渡海前往會商・並謂如不答應・亦將軍事據點・移離民居・港督仍函復拒絕・略云「責任所在・不能答應要求・且爲着人道與敬神・請其勿再作同樣之要求・」我方得訊・益感覺協助友軍・制裁强敵・其責任愈爲重大・晚在跑馬地忠義慈善會指揮部・召集司徒美堂・沈哲臣・張子廉・馬華逸諸幹部同志・徹夜商討・決定選編精壯勇敢同志千人・協助特務警察至此已達一萬五千人・皆我族忠勇愛國之熱血健兒・十五日・召集幹部同志檢討救濟難民工作・接周雍能同志由澳門來電・謂前向澳門葡督請其商請敵方・准由中立國派輪前來搶救港九僑胞婦孺事・得葡督覆知・此議已爲敵拒絕・此事於開戰時・接周同志來・請轉徵港府同意・曾即派劉世達同志・與華人代表羅昭和及華民政務司商榷・徵詢港督取得同意・茲得來電知已絕望・午後策復秉中央意旨總裁指示・勉勵僑胞・協助抗戰・並令宣傳組・加發勸諭

文告・並發電中央報告・復電七戰區余長官・粵省府李主席・催詢我援軍前進情形・蓋僑胞之望我軍馳援解圍・如大旱望雲霓・即英人及其他盟國僑民亦同此感想・十六日據警司愈允時表示・對我方人員之協助作戰・維持治安・成績良好・備致讚許・並稱因其特警察力量單薄・不數分配・請求我方再選派四百人・協助防守街道要隘・及維持防空洞秩序・當即允如其請・立加選派四百人・分別前往警司所指定地・積極負責工作・

十七日我跑馬地忠義慈善會總指揮部・因遭敵機轟炸・遷至摩理臣山道・西環倉庫・中環海軍船廠・七姊妹電力廠・火油倉・亦先後中彈起火・煙燄蔽天・焚燒不熄・死傷僑胞數百人・當即派員分往救護慰問・十八日・徵雨黯慘・敵機敵砲轟炸不停・全港電燈熄滅・賴我忠義同志之勇敢努力・秩序仍極良好・召集司徒美堂・沈哲臣・張子廉・馬華逸諸幹部同志在總指揮部開會・

夜半・聞北面機槍聲密集・知敵已由北角潛渡登陸・情形危急・乃決定此時我方人員應即直接參加友軍前線作戰・立命挑選精壯勇敢・嫻習槍法・曾上戰線之同志・首批一千人・即請英之發給槍械・準備與敵肉搏・保護香港・十九日侵曉・據報敵軍一部・確在北角太古船塢登陸・英軍猛烈迎擊・形成拉鋸狀態・雙方膠着・而敵又繼續渡海增援・英魚雷快艇・向海而潛渡之敵軍截擊・毀沉其竹木排橡皮艇頗多・敵軍死傷數百・英軍亦被敵擊沉魚雷快艇兩艘・同時鯉魚門砲臺・又告失陷・戰局更形危殆・上午・在總支部與英軍部・情報局・警司・各代表會報・討論作戰計劃・策提出我方已決挑選精壯勇敢有作戰經驗者首一千人・志願加入英軍前線戰鬬・請徵詢港督意見・並請發給槍彈・午後・據報銅鑼臺之乍甸山據點・有登陸之敵四十餘人盤據・即電英軍部警司・請派武裝軍警四十名・並立命沈哲臣同志・即選派便衣同志二百人會同軍警・馳赴乍甸山將敵撲滅・但因英軍遲延不前・又不肯將其槍彈借用・卒不能達到殲敵願望・

二十日・據報・黃泥涌峽之麓藍塘道・昨夜發現敵軍人入民居・搜掠食品衣物・姦污婦女・戕殺頗多・中委許崇智・陳濟棠・李福林等・已遷入市區・即派同志分往慰問・又據報敵軍已在鰂魚涌商務書館印刷廠設司令部・並在太古船廠碼頭運大砲登陸・英軍迄無增援・形勢緊迫・傍午・英軍部警司各代表來會報・知英軍部情報科長博差（Boxer）肩部中彈受傷・改派空軍少校渥司福特（Oxford）出席・當託其轉致嘉慰・並復提選派同志一千人加入前線作戰之議・英方代表・咸表示深信香港・尚能固守・如我援軍趕到・即可解圍・廿一日・晨・據報敵軍千餘・分由鯉魚門・筲箕灣・兩線渡海・雖被英軍砲擊・死傷多人・仍不斷渡海猛攻・銅鑼灣大坑及附近一高岡陣地・已被敵軍佔據・

上午・召集中國駐港各機關同志會議・並商討經費問題・中・中・交・農・四行代表・皆未出席・迄無結果・而策先後以私人名義・向歐陽萬里同志所借國幣二十五萬元・司徒龍同志所借國幣二十五萬元・徐享同志向港商譚尚宜君所借國幣十萬元・劉世達同志向港商鄭子嘉君所借國幣三十萬元・均將用盡・（業經有電呈報告有案・）電請中央撥款・又未滙到・迫不得已・乃暫向英滙豐銀行借款・每日借

出港幣三萬元．蓋工作人員已達一萬五千人．每人日發伙食港幣二元．計算此數．適夠支應．是日復自率幹部同志．巡視各區．慰問被難僑胞．市區內僑胞．連日雖在砲火震天之下．糧食甚感困難．但因我糧食組王淑陶及教育部駐港專員周尚諸同志率同教育界青年．組教師服務團．分設糧站．發散食米．協辦免費食堂．每日窮苦僑胞之就食者．達數十萬人．秩序均尚井然．

廿二日自來水機管遭敵砲毀斷．全市水源停絕．據公佈．廿四小時至三十六小時．可能修復．但據報敵軍已佔領水塘．深慮食水既斷．亦成嚴重問題．而戰爭仍在北面山區蔓延．英軍數扼守金馬倫山．及黃泥涌峽一帶陣地．英勇抗戰．然敵軍仍紛紛登陸．人數已達數千．東北角太古糖房對山高地．敵人已架築砲壘多處．正急遽展開攻勢．據居住已被敵佔領之銅鑼灣同志電話報告．敵軍方向該處居民搜集便裝．準備混入市區．又强迫居民助其運送砲彈．婦女之慘遭獸兵姦汚格殺者殊衆．尤爲憤恨．乃決命沈哲臣同志將所有挑選之武裝同志．擴組爲三個大隊．並特別挑選二百名．即編爲敢死隊．嗣據沈同志復報．已在摩理臣山道編組完成．並定每人先發獎金五十元．及死傷醫恤獎勵辦法．因即催請英軍部速發槍彈．英方允每人發手榴彈二枚．短槍一桿．擬即抄襲黃泥涌峽山背敵軍機槍小鋼砲陣地．以解金馬倫山及大坑道之圍．顧各忠義勇敢同志．終夜候命．而英方之槍彈．迄未送到．越日．山區地帶．戰事劇烈．上午會報．咸認局勢危急．應準備應付劇變．午後．敵以大量部隊襲攻．英軍山區前線指揮部．卒告陷落．加軍少將勞森（Lowson）及其參謀等廿餘員．力戰陣亡．得報深爲悼惜．入夜．槍聲緊密．敵軍又進攻史塔士道及跑馬地．英軍退據摩理臣山道隘口．與已佔領黃泥涌之敵相持．並轉入混亂巷戰狀態．廿四日．接英軍部告．敵生力軍連日源源增援．英軍應戰．已疲憊不支．除非我國援軍此時能趕到．實難挽救危局．因預計我軍已調動多日．必能兼程來援．入夜．英軍部送到手榴彈廿箱．左輪槍七十五桿．經數日之求．此時乃始送來．正集合待發．英軍忽又來請改期緩動．而此時敵由跑馬地發出之砲聲．連續不斷．知敵黨欲以全力進奪市區．戰局演變．至是已危如累卵．焦急萬狀．

是晚適爲耶蘇聖誕之前夕．策與余兆騏．徐亨兩同志．及梁寒操夫人等．均在告羅士打酒店．因默思昔年觀音山之役．與西安事變．總理總裁皆鎮靜持正．浩氣奪人．雖臨艱危．終乃脫險．迴念及此．胸懷豁然開朗．不覺躊躇滿志．乃語余．徐．二同志及梁夫人云．「如我國援軍不能趕到．香港一旦失陷．決冒險突圍．寧死不願作俘虜．」並於護照上自書「不成功則成仁」數字．復走筆疾書二函．一稟父母．一致策婦．胞弟籍適來在側．遂交其携往．籍茫然不知將何爲．又不敢問．提書含淚俯首援步以去．此時中情雖苦．然以臨大節而不可奪．意既堅決．覺心境寧靜．態度更爲從容．

廿五日晨．敵軍進攻灣仔市區．英軍禁止居民奔入中環．午後．敵軍便衣隊迫進花園道英軍部．距大亞西亞行聯合辦事處僅數百碼．情勢緊迫．接英軍部電話．謂港督以英軍傷亡既多．供應困難．後援不繼．官兵疲乏．而敵先頭部隊既迫近花園道・砲位悉燬・已作最後決定下令停戰・策答以本人決計突圍・諸君有願相從者否・並詢有無艦艇可用・據稱・僅剩魚雷快艇六艘・可交指揮・且謂各高級將領・多願隨同突圍・因請速作準備・我頃英軍遠東情報局長麥都高（Macdougal）・助手羅斯（Ross）・空軍少校參謀渥司福特（Oxford）・海軍中校滿地高（Montagoe）・陸軍少校作戰科長高靈（Gorng）・上尉麥美廉（Mcmillion）・警察督察長魯濱遜（Robinson）等十餘人馳至・其時各同志均工作在外・策左右惟余兆騏・徐亨兩同志・及侍從楊全在側・敵軍槍聲漸近・倉卒之間・未及通知諸同志・乃即率同英軍將領・分乘汽車西行・馳赴香港仔・沿途見居民尚安定・崗哨英軍・亦如常狀・初不知港督之已決意放棄香港・

到達香港仔海濱時・爲下午四時十分・五艇已先開行・遂率英軍將領及諸隨侍下艇殿後・動輪甫半里許・已爲淺水灣西角岸上之敵軍發覺・即密集機槍掃射・幸駕駛技術優・疾向海口突進・天晴・斜日照海尚明・快艇目標顯露・岸上敵軍機槍集射・密如雨注・艇上輪機忽中彈損壞・停不能前・旋轉海波中・艇長及二士兵・先後中彈・遠東情報局長麥都高亦中彈傷左臂・俄而策頭部砰然作聲・知有彈中・幸適戴鋼盔防護・未受傷・而左腕又忽中一彈・血流如注・急用手巾裹紮・顧艇被彈洞穿入水・將沉沒・乃命各將領及隨侍・各躍入海中・散開凫水向海口小島前進・敵軍機槍猶繼續向海中諸人密集射擊・策既失一足・又傷一手・雖早諳水性・然天寒水冷・以一手一足・於彈雨的咻咻中・衝波逐浪・自料難於倖免・當此九死一生之時・迴思往歲追隨總理・從事革命・早置生死於度外・此次突圍・早具犧牲決心・以報祖國・賴國父在天之靈・載沉載浮・歷二小時半・黃昏始達鴨脷洲旁小島・與徐亨同志攀礁石上岸・豈料對岸敵軍之機槍・復向此小島遙射・並用燃燒彈焚燒島上草木・火光遠照・境尤險惡・惟天不絕人・島麓有小山坳淺灘亂石嶙峋・急蛇行涉水趨避・旋命徐亨同志・復入海泅水往鴨脷洲東角找尋小艇・速來營救諸將領・徐同志於天黑如墨・敵我不分・槍彈紛飛之際・復奮勇入海・掠波而前・幸遇先開行之五艇・即派小舟來救・計在冰水寒風中已歷三時餘・檢點人數・艇長與英兵三人殉難・隨侍余兆騏同志・亦告失蹤・不知所在・而夜已十時・急命各艇向前疾進・航行半小時・發見敵艦探照燈光・料該艦約在距離大鵬灣里許海面・遙聞該艦有掃射機槍聲・惟因我快艇結隊疾行・機聲響亮・該艦殆疑我魚雷快艇來襲・熄燈逸去・我快艇卒毅然衝過敵之封鎖線・

午夜一時許・抵達南澳岸・當地游擊隊梁總隊長永元・率隊來迎・因命速派小艇・將各快艇中軍用品無線電機搬出・既畢・曉色微明・即將各艇鑿沉・免以資敵・策等既抵國境・雖尚在淪陷區域・皆已釋然・因詢游擊總隊長梁永元・悉該隊皆我族之義民・自動武裝・散處南澳海岸部衆千數百人・時出襲擾敵後・極願爲國效力・惜尚未經正式收編・策與英突圍・梁極感動・力請率隊護送・衝過敵軍防線・乃命爲前導・先抵石橋頭村・恐白晝有敵機偵襲故改夜行・至黃母圩小宿・破曉前進・經鴨母脚・大林坑・塘埔・樟樹浦・橫過淡平公路・時淡水坪山・均在敵手・我部隊橫

過敵防線・卒未遇敵・遂循西湖而達隔田・所歷各村墟・皆在淪陷區內・且已有僞組織・但各處居民・見策率英軍突圍經過・紛來迎迓・策皆一一召集其父老子弟談話・宣示中央關懷人民德政・且各犒賞現金・勉其毋忘國族深仇・努力自强・以候我軍反攻・爲解倒懸・明晨取道新墟・傍晚・達鎭隆・乃知我援軍曾疾進至此・因香港已陷・昨方奉令徹回・益歎英軍之不能再支持數日爲可惜・越日經伯公坳晚抵惠州城・當即電總裁報告・住惠兩日・復率英軍乘電船離惠・江行五日抵龍川・改乘汽車・兩日抵韶關・沿途所過地方・軍警機關・黨部・社團・先後開會慰問英軍・詢作戰突圍經過・均由策與英將領分別報告・策原擬抵韶即赴渝・惟左腕之彈未取出・創口發炎・醫生囑須割彈療治・未能遂行・故先遣英將領滿地高七人・先後赴南雄・桂林・乘機飛渝報告・梁永元隨同來韶・已請七戰區司令長官・委爲游擊隊第一縱隊・令即回南澳擴編隊伍候命・連日接中央駐港各機關同志來電報告・先後由港退出紛抵惠陽・請求救濟・乃決在惠・韶兩處分設臨時聯合辦事處・命陳素・沈哲臣・劉世達・徐亨四同志・負責收容退出人員・聽候分配工作・以上所陳爲策協助英軍抗戰十八日及突圍脫險經惠來韶之經過・

綜觀此次戰役・

（一）英軍配備兵力・計英兵四千餘・加拿大兵四千餘・非洲兵二千餘・印度兵二千餘・義勇軍及武裝警察二千餘・共約一萬五千人・量既單薄・質亦複雜・且多缺乏作戰經驗・雖槍械精良・大砲射程遠勝於敵・卒難持久作戰・高射砲及高射機槍・雖密佈成網・因無戰鬬轟炸飛機・不能握取制空權・與敵應戰・亦爲終陷失敗之一主因・而敵軍兵力・初爲一萬五千・其及川・鈴川・八島等部隊・皆自號關東軍精銳・嗣復絡繹增加・總數據英軍部稱爲二個師團・而我方情報則約達二萬以上・戰略似較優於英軍・在主力推進之前・輒先以敵機投彈威脅・進攻山地・每利用其小鋼砲密集轟擊・但進取則頗紓緩・士兵似甚顧惜犧牲・無衝鋒陷陣精神・其卒能佔領港九・原非預有勝算・殆得之於一時之僥倖・

（二）八日晨・戰事爆發於敵機轟炸啓德機場・下午・敵軍始進攻九龍新界邊境・英軍在開戰之前夜・方召集士兵歸營・戰起倉卒・不能扼守邊界由地據點・與敵相持・而昂船洲要塞砲臺被燬・敵已拊荃灣之背・遂不得不向後徹退・致市區秩序混亂・敵之第五縱隊・遂得乘機騷動・擾其後方・十一晚・即放棄九龍半島・歷時僅二日有半・所有砲壘・倉庫・物資・據英方稱已予破壞・而我方情報則未及破壞悉以畀敵・迨全部徹退香港・又因英方兵力單薄・環島海岸遼闊・不能縝密增防・徒守山地・恃大砲與敵轟戰・致筲箕灣一帶海岸・兵力虛弱・予敵以可乘之隙・潛渡由此登陸・及廿五日下令停戰・放棄香港・其砲械倉庫物資車輛等・亦多未及破壞・據敵公佈・俘虜英方機關槍一千二百餘挺・大小砲二百餘門・步槍彈藥尤多・以如是數目・皆棄置不自燬滅・盡爲敵有・寧非可惜・

（三）當戰事開始時・港督・軍部・警司・即逐日派代外來會報・我方輒提供作戰計劃之意見・盡量供給所得敵軍情報・策動武裝人員・參加作戰・協助防禦・組織敢死隊一

千人・請求加入前線抄襲敵後・與敵肉搏・派出加入特務警察人員・前後一千四百餘人・助其撲滅敵諜漢奸與地方歹徒・召集忠義僑胞・達一萬五千人・助其維持治安秩序・各大公司商店・亦均派人保護・照常營業・在戰爭十八日內・迄無搶劫發生・代徵汽車司機・伕役・工人・前後一千五百餘人・助其運輸械彈・構築工事・派遣青年教職學生六百餘人・助其處理廿二處糧食站・分發食米・逐日發出戰報文告・各報號外・並作廣播・曉諭僑民協助抗戰・保守秩序・安定物價・黨辦之國民日報・延至敵軍佔領全島之後・廿六日始告停版・港督・軍部・警司・對我方多次懇切表示感謝・而我方之對同盟友軍・亦已悉盡人力物力之所能・以助其抗戰・而無遺憾・

（四）我方之助友軍抗戰・純以國家立場・在與國之間・應表示國家偉大風度・故關於經費問題・只可自行籌措・不便仰賴英方・

當時經迭電中央陳請發滙・惟緩不濟急・乃由策與各同志・以私人名義・向當地愛國僑胞・先後籌借國幣九十萬元・勉强應付・

（五）廿五日・敵軍登陸・人數劇增・前鋒迫近中環・英軍疲憊不支・港督下令停戰・策與英將領會商・願率不願降者突圍出海・英將士願相從者七十餘人・乃乘僅存六魚雷快艇突圍而出・幾經險阻・卒還祖國・沿途得游擊隊梁永元部之護導・又衝過淪陷區而抵惠陽・梁部潛伏敵後・忠誠愛國・援助友軍・殊為感奮・故電陳總裁訓勉・並請七戰區收編・

（六）今後港九工作・在原則上・宜全部採取秘密方式・其不能冒險工作者・應悉予甄別裁調・除已在惠韶兩地分設臨時辦事處・策劃港九工作・乃收容徹退人員外・至工作計劃・容俟另文呈請察核・謹呈・

講學記

簡詠述

年生　一九四一年卒

字師韓・順德人・朝亮子・幼承庭訓・博通經史・壯年設教佛山・從遊者衆・民國三十年日寇陷粵・憂憤成疾・卒於簡岸・著有師韓詩文集・

予講學八年矣・皆明經術稽史事・以通時務也・設講堂・諸學子皆中國深衣・端容以聽・昭禮學也・禮以學之用也・庚午歲五月庚子・說書鴻範篇・武王彝倫之言・客二人來・問之則國之命吏・來視學者也・所謂視學員也・主人曰・徧觀之・居・畢吾經說・可以與客言矣・將畢矣・彝常也・倫理也・武王革命・求常理之叙以安其國也・禮曰・親親也・尊尊也・長長也・此謂常理也・親而不親之・尊而不尊之・長而不長之・其勢必亂也・於是而經說畢矣・進而與客言矣・視學者・一西服一深衣・予始以深衣者為正吏也・而非然也・西服者正也・客坐・主人曰・今說書鴻範篇也・經之理義・無分於古今也・若文行忠信也・忠孝節義也・智仁勇也・中外之所同也・所謂施及蠻貊者也・理義原於天・天豈有舊哉・今有新之說・乃以斯為舊・其新非必新也・其舊非眞舊也・故尊尊之義・古以尊君・今以尊政人・其義一

簡詠述

丘念臺

也・政人得尊・非不利也・今之黨員曰・忠實之員・即忠信之忠也・故曰・無分於古今也・

客曰・經學專科・國令原不禁也・觀於課文・進之者七・有申言吳子在德不在險者・曰・其在於今・若飛機之不足恃也・主人曰・其喻確也・機而無德以馭之・必以資敵也・客曰・然・凡事必求蓄道德之人以成之也・有申言晏子折衝樽俎者・累數百言・主人曰・斯以明知禮之效也・以禮而弭兵・效之大者也・吾皆以其原文而修之・不相揜也・苟更其稿・而後謄眞・是欺其父兄也・且彼日久・亦弗自知何言之爲師言也・客笑曰・誠然也・有美書法者・主人曰・學兼求八法也・不求八法・十年而後・國其無善書者哉・吾之告學子者曰・書體必肅恭也・眞書行書草書不可亂也・若眞書而草筆也・行書而麤也・草書而拙也・皆未聞筆法者也・吾授學子以筆法・筆法熟而字畫工・假之以碑範・三年而書學可觀也・五年而有成也・客曰・斯國粹也・求之宜之・臨何法帖也・曰・唐石經也・小子以其唐石經進・客觀之・主人爲之陳其本末焉・客曰・始教以何學也・曰・始教以禮・次教以孝經・次教以古文辭・禮取其通於今者・應對進退之節是也・所謂人之模範也・最切用者也・故夫其學問文章也・必稽之而後知也・應對進退也・即其身而見之也・不可揜也・教莫急於是矣・且禮明而教刑斯措也・人而不知禮・凡事皆亂・國家所由敗也・孝經之義・皆以禮行之也・客曰・古文以何法爲教也・曰・皆以其原文而申之・文法自明也・今市售作文諸捷法・不足觀也・若夫語錄不文・不足以行遠・不令爲也・中國九州・其所以能一之者・以文言之不

繫方音・能四達也・斯中國文字之特長也・彼西文者・必西語而西讀之・其不及中國也・遠矣・示以課題・有言馬路之制者・主人曰・馬路其不始於今邪・周公之世・蓋有之矣・城市闢馬路・其亦不始於今邪・五代之世・蓋有之矣・小子其以手錄通鑑言馬路者進・客觀之・而主人陳其義也・曰・其廣直可稽也・主人曰・吾常告學子曰・學也者・非徒識字求溫飽已也・當爲國家柱石之人也・中流砥柱之人也・國家無是人也則失色矣・斯其可也・足以爲人才也・若夫斷斷於衣食之末・區區於名物之閒・非人才也・客興辭曰・沮事久矣・暇日幸相過從也・遂鞠躬而別・君子曰・是日也・非有知其來者也・而禮貌肅如也・經義煌如也・辯言豁如也・文章煥如也・八法美如也・唐碑展如也・掌故昭如也・皆分定故也・

丘念臺　一八九三年生　一九六七年卒

原名琮・逢甲子・幼承父志・以光復臺灣爲己任・故易名念臺・日本東京帝國大學礦山開採系畢業・回國後・供職瀋陽兵工廠・及遼寧西安等煤礦・日人侵佔東北三省・念臺心切報國・毅然從戎・隨馬占山部轉戰黑龍江一帶・塘沽協定後・返粵任廣東省工業專科學校校長・國立中山大學教授等職・七七事變後・投身軍旅・任職第四第七兩戰區・領導青年組織戰區服務隊・於惠潮梅各地發動抗日救國工作・勝利後・致力救濟流落大陸臺胞・歷任「監察院委員」・「總統府資政」・一九六七年赴日公幹・以高血壓病逝東京・著有嶺海微飆・姜石遺稿・夫人梁竹君亦能詩・合編爲竹石樓詩稿・

嶺海微飆刊後記

丘念臺

一九六二年四月十六日「嶺海微飆」的最後登載完畢了・這篇描繪我六十八年間的生活經歷・和我今後的意志與期望的自述・由一九六一年七月一日起・在中華日報副刊連載達九個半月之久・除了星期・假日和脫稿日以外・繼續登載了二百一十五天・約計有二十七萬多字・

在拙作連載的期間裏・台灣省內的讀者們・不斷寫信給我和報社・或查詢其中情節・或探問出版單行本日期・不少青年學生還寫信要我送贈照片・並請求我接見他們・金・馬前線的官兵們・每常來信致問・對我所述的某些史事與某些意見・表達其寶貴的感想・香港某出版社・也曾寫信給報社・希望把拙作予以轉載・惟因此稿係特約撰述・只好請報社函復婉拒了・不過無論讀者提出任何要求・我總根據實情自行函告・或由報社答覆・藉表致謝的微忱・

海內外讀者們・爲什麼這樣關心拙作呢・講文字・只是平鋪直敍・論內容・則自慚淺薄空疏・若說其中情節有些吸引人的地方・我想・也許是我平生對人對事・坦率眞誠・完全說的老實話・使得他們感到爽暢懇摰而已・

我寫這篇「嶺海微飆」的目的・本來打算提高現代青年的生活興趣・和發揮其自我教育的意志・當全稿登畢以後・回頭一看・好像並沒有多大達到這個目的・這固然有些是由於文字運用的技巧問題・但主要的・還是因爲我自己生涯中言行事蹟的貧乏・和對國族對社會沒有多大貢獻的緣故・所以我在這篇刊後記裏・想綜合我六十八年來的修身處世的見解和經驗・扼要地寫出來・提供活動於大時代的青年們參考・藉以補充我企期提高生活教育目的之不足・

我童年立基的修身・是得力於家庭教育・學校教育和社會教育・其次是自己的立志力行・大概以這些效果來講・家庭教育佔十之四・學校教育佔十之三・自己立志佔十之二・社會教育佔十之一・所以古人說「人莫不樂有賢父兄」・又說「孟母擇鄰」・因爲童年的環境・是立基修身的根本啊・我童年時代之所以能夠立志向上・不趨下流・一心要在學業事業上勝過他人・以及在生活行爲上要能勤儉忠實・那都是出於家庭父母與尊長們的教育爲多・

說到成人立業時期的修身・那就複雜了・由少年・而壯年・而老年的修身・綜括扼要的來講・論語上孔子有說・「少之時・血氣未定・戒之在色・及其壯也・血氣方剛・戒之在鬬・及其老也・血氣已衰・戒之在得・」這個「色・鬬・得」都是人類天賦必需的心性・因爲色心是延續生命・鬬心是擴大生命・得心是充實生命・所以孔子所謂「戒」・並不是叫人完全戒絕・乃是教人愼勿過度的意思・色心・鬬心・得心・都是在有接觸・有機會・有勢力時才表現的・必須適時愼懼・力加控制就是了・

不過色心這事兒・不僅是少年時代所當警惕・就是包括老年・壯年・少年各時代・都要愼加注意的・老年人・由於精力・壽命・經驗等關係・控制色心比較容易・但當宴安逸樂・淸閒得意的時際・仍然可能着迷招邪的・壯年人・雖然事業心重・志大行高・對色心控制力較强・而在有財・有勢和休閒的環境下・還是極容易陷入危險・至於少年人・雖然

丘念臺

恐懼心．羞恥心和移動心重．對於色心．容易爲事物被動的阻止．但他們自動的控制力是很薄弱的．一旦接觸密．玩戲久．或誘惑物來．好奇心起．衝動性發．那就必然陷入亂境了．而且少年心性未定．易受迷惑．身體發育未全．易受毁損．所以孔子特別指出說．「少之時．血氣未定．戒之在色」啊．

我生平雖也受過女色的搖惑．但並沒有妨害我的學業．事業和身體．不過．我總覺得．童年時的矇昧無知與被忽視．少年時的安裕閒居與孤獨遠遊．比較容易招致禍害．尤其有惡友．惡書．惡畫．惡婦或多情女子的引誘時．那就更危險了．到了壯年的老年．若在名利得意之時．則須特別加以注意．我因童年時教育環境好．少年即能立志向上．勤勞奮進．早已曉得貴名譽．重學課．保身體．所以．我對所遇到的色關．很少不能衝破的．而且還能勸導友人衝破色關．

說到壯年期的鬬心．自我離開學校出社會做事以來．幾十年間．確實受過不少的侮辱．輕鄙．譏笑．怒罵．也受過了不少的陷害壓迫．讒謗寃誣．以及屢遭排擠嫉忌．挑撥離間．可以說生活際遇上種種鹹．酸．苦．辣的滋味．都已嘗過了．在這一過程中．雖然處處都想起來和他們決鬬爭勝．但幸而我時時感悟到應該爭取最後的勝利．不要爭一時的意氣．寧願吃些眼前虧．免致斷却長遠的路．所以．時常忍抑自己的心性．採取以柔制剛．以弱克强的方策．着眼遠大．圖謀長期的作戰．

我相信善必有祥．惡必有殃．正義最後必然勝利．我以勤奮勝虛僞．我以忠誠勝陰謀．我拿仁．勇．忠．義服務國

族社會．來做對外鬬爭的工具．以求最後的勝利．雖然現在大陸還□□□．□□□□□□□．是我和大家的恥辱．但我鬬爭了幾十年．得到了現在的社會地位．沒有弄到焦頭爛額．身敗名裂．這也算是祖宗先人的德蔭．國族同胞的愛護了．

再說到老年期的得心．自我出社會以來．不是沒有希求得財．得位與得名的心．但是我不想得不義之財．不想得無利於民的位．不想得非己力獲致之名．我歷來做事．只求盡其在我．不問收穫．只問耕耘．我想努力了自然有得．因爲我相信物理學「能力不滅」的法則．我爲了人人．則人人也必然爲我．

我在少年時代．由於功名心重．所以財利心輕．絕少爲利祿享受而求財．到了壯年．非但財利心輕．而且因感慨國破民困．連爵位心也輕了．到了老年．對於財心．位心更爲淡薄．無非是感到世亂年荒．播遷海隅．財多豈能保．位高有何榮．同時覺得一個人的獲致聲名．有的是造作出來．也有偶然碰上的．這都不會永久存在．所以對於名心便也淡薄了．現在．我只想爲國家民族建立些平淡而不朽的功業．和切實而益衆的德業．這可以算是我老年拙昧而不自量力的得心吧．

我童年的立基．誰是大都靠家庭．學校和社會的教育．以及自己的立志．到了成人後的立業．我尚能不犯血氣上的三戒．遠出異鄉．學工有成．業工有就．由工轉政．也能逐漸發展．追隨賢豪參加了抗日復土．□□□的大業．數十年來．屢歷艱危．幸還不致挫敗而達今日的地步．這些立業

上的成就．我想．由於自己修養．奮鬬和能力者．約佔十之四．由於周圍環境的力量．約佔十之六．這個十之六．若再分析起來．大概朋友．先輩．長官和社會．佔十之四．家族佔十之一．因緣和機會及其他．佔十之一．而家族中．協助我立業最大的．是我的妻．

我由童年而成人的修身見解和經驗．已經說過了．現在我想說我的處世的見解和經驗．以供青年們的參考．我的處世信念．

第一．是助人爲快樂之本——黨員守則第十條的指示．因爲人類是羣生動物．必須互助互愛共謀發展．如果照共產黨的見解．人人都是爭鬭仇視．損人利己．那還成什麼世界呢．就實際生活而說．自己一個人決不可能單獨存在．也不能完全取助他人以求發展．那麼．人生該怎樣去求取生存和發展呢．我認爲．自己樂於助人．即是自己創造發展．而且我平生做事．寧人負我．毋我負人．寧犧牲自己去爲他人．絕不犧牲別人來爲自己．這是我處世第一個信念．

第二．是擴大自己的意志爲大衆的意志．循此目標鍥而不捨．則自己的事業也將擴大爲大衆的事業了．明白的說．如能立志爲國家民族服務．爲世界人類服務．那麼．自己就會成爲國家的人物．乃至世界的人物．我生平事業的目標．一是爲中華民族．二是爲中□□國．三是爲台灣出生故鄉．四是爲廣東祖居地．五是爲祖先父母．六是最後一項．才爲自己與家屬及子孫．這是我處世的第二個信念．

第三．我認爲勤能補拙．誠可動天．因爲能勤勉．業就會專．自然會有成功．那就不是拙了．因爲有眞誠．言行足以感動他人．就可消除一切障礙．而事業也必隨之發展了．這是我處世的第三個信念．

第四．孔子說「惟天爲大．惟堯則之．蕩蕩乎民無能名焉」．凡人處世．如能以天地之心爲心．順應自然．涵育萬物．胸襟何等闊大．何等雍容．小言之．一切生活．如能在自然．勤勞．誠懇中前進．必然會發生樂趣．如果不安份．不素位．「這山看見那山高」．「他人園裏的蘋果好」．那就必然到處無樂趣．到處感覺不滿．胸襟也就狹隘困蹙了．這是我處世的第四個信念．上述四個信念．是我一生做人處世的見解．也是我做到今日地位的經驗．我敍述了六十八年來修身．處世的見解和經驗．也可以稍稍補充了我的這部自述．期能達成提高青年們的生活興趣．與鼓舞青年們的教育意志的目的．

我撰作這部自述．由於年來公私太忙．而且精力不及昔日．不能自己一筆寫成．所以要合兩個人的力量．才積年累月地把它寫成了．實在費了不少的氣力．工作大概可分爲六段．（一）編目錄．（二）口述和筆錄要點．（三）依要點寫稿．（四）補充修正．（五）修飾整齊．（六）送編付印．這六段工作．由一九六〇年五月着手編寫．一九六一年七月一日起開始連載．到一九六二年四月十六日入全部刋畢．前後足足花了兩年時間．眞是不輕易啊．這部自述裏頭．除了書名是我定的．目錄是我編的．前言和刋後記以及抗日工作的檢討一節．是我寫的以外．其餘所有各章節的文章．都是中華日報主筆林世璋君一人的手筆．我不過在有些地方加以補充正而已．標題上的圖版．也前後經過兩位報社同人的繪製・變更了三次・希望更明顯地表現「嶺海微飆」標題的意義・又標題下的著者署名・本來我想用「丘念台口述・林世璋筆記」的・但徐詠平先生主張用「丘念台自述」・說是爲使讀者感到比較親切・並達成教育大衆的關係・所以我也從命了・

這一部書・雖然很鄭重的撰述完成・但我想・文字的瑕疵・考慮的不周・觀察的疏忽・傳聞的錯誤・必然還是不少的・而且也有不得不曲筆和隱諱的地方・但對於提撕青年・鼓舞青年的目的・並沒有違背・所以書中欠妥之處・還請讀者多多指正・多多原諒・

我這部自述能夠寫得成・我要追溯和感謝慫恿我的幾位同志・一九五九年冬・由於中華日報前社長曹聖芬兄的極力敦促勸勉・我才大胆決定寫的・等到鄭品聰兄接任社長・又再繼續敦促・選派了林主筆世璋來口詢筆錄・全力編寫・董事長蕭自誠・總主筆楊幼炯・徐詠平諸兄・也極力協商編刋諸務・於是・就於一九六一年七月一日起・在中華日報南北兩版副刋同時刋出了・當然・總社及南社總編輯趙蔭華・俞棘・副刋編輯趙振東等諸兄・以及所有校・排・印的工作同人・也都給了我很大的幫助・所以這部書的完成・並不是我個人和短時間的力量所能辦到的・誠如我在前面所說・我一生事業上的成就・都是靠周圍社會・朋友・同人的力量・這正是一個例證・我應當深深感謝上述協助我的諸位同志・尤其曹・林兩兄・又自從這部自述在報上陸續刋出後・時常有內外父老兄弟來信讚勉催促・這些・我也應當在這裏表致謝意・當然啊・高嶺上的一陣疾風・是要靠樹木來表現・大

海裏的一沫浪花・也要靠水流來鼓盪的・這就算是我的刋後記吧・一九六二年四月十二日丘念台寫於台北市重居敝廬・時年六十九・

陳伯莊　一八九三年生　年卒

名延壽・以字行・番禺人・美國哥倫比亞大學畢業・歷任「國立」政治・大夏・「中央」各大學教授・財政部煤油特稅處長鐵・鐵道部司長・京滬鐵路局長等職・以辦理路政・有聲於時・

愚園詩草自序

少時留學・匣中攜有十八家詩鈔・課倦就寢・輒誦此自娛・返國後曾試作一二詩呈先君・贊其「薄祿羈人伏櫪馬・高情自我戾天鳶」一聯・謂可學詩・然終先君之世・未再學作・不能承親心之歡・其爲憾何如也・

同學黔人諶湛溪習礦愛詩・爲人雋永怪僻・民十五冬同客武漢・日日過余談詩・其後南京同事・北平同遊・往往以詩見投・勉爲和答・久之遂亦自動有作・間有欣賞思懷・必詠而後快・初甚欲作白話新體・第新體之格律未立・無所憑依・新時代之情意境未有大作者爲之美化・無所取材・故終循最小阻力綫・緣用舊體・而電鐵世界之新景物・二十世紀之新意緒・什九如鉗在口而不能出・能詠範圍・於焉以狹・私心竊有憾焉・

夫一代新體之創成・必在舊體已不足適新事物之變・以啓其先・必有民間作品爲其初型・必有無數作者之嘗試・漸發明其新格律・必經大衆欣賞之取舍傳播・漸留積其新精

華．尤必有斷代天才．應會而出．盡發其蘊藏．質言之．乃社會之產品．而非一二人之烈也．白話體必有其蘊藏．必有其優美格律．特未發明而未成立耳．若其為詩必在其能歌詠．必與音樂有密切關係．誦之而聲韻鏗鏘．播之於樂而其美益著．彼持去廢韻廢誦之說者．不啻否認歌為詩之祖．其欲採外國詩歌格律節奏者．更漠視言語文字之個殊特性．其作品之能否成立．自有大衆欣賞定其留去．且新體之能成立．斷不在求大衆化之道德動機為之驅役．而在舊體之已敝也．

今舊體誠不足以適應新變．然余既安於最小阻力以吐其欣賞思懷．則不過勞者自歌．非求傾聽．可以自悅怡．不堪持贈君者耳．惟採用今韻．不憚以林叶明．以冥叶心．又決不肯以辭害意．故表伯張漢三先生評為黃河之水挾砂礫以俱下．運技拙而存原意．砂礫固所不辭．朋輩又有指某詩學某人或某時代體者．然余絕無此意．若終落模倣窠臼．適足徵所用之體已敝而已．雖然．既此些許．先君亦未及見．其為憾何如也．民國廿八年十二月十六日即己卯十一月初六先君七十一週生辰紀念後一日伯莊自序

論治道．並試作治道新釋

（一）對於儒．法．黃老三家治道的歷史觀

在西方政治思想未流入前的舊中國．兩千多年人們所談的治道．不外三大體系．即孔孟的儒家治道．申韓的法家治道．和黃老治道．舊中國談論到三家治道．大抵都側重在道德的批判．很少談到這些治道的歷史解釋．又因中國的社會結構 social structure 自漢以來．沒有大變動．而政治則呈一治一亂的循環．誤認此比較靜止的社會結構為必然的．不變的．因此．便覺得治道也該是不變的．「雖百世．可知也」的．舊中國沒有機會知道別的歷史系統——如西方歷史系統——未能從比較的研究．體會出「動」dynamic 才是社會的正常性．體會出中國社會結構之靜止為偶然．而非必然．因此．未能了解到治道．是要適合社會動的需要的．是引導社會的動到一種理想境界的政治道理．

本文試從純歷史觀來討論三家的治道．並指出從前錯覺之所以發生的理由．

孔孟的儒家治道．亦即所謂王道．其核心思想為「仁」的一字．為「先王有不忍人之心．斯有不忍人之政．」其治道的要旨．為父式的仁慈．為理想化的堯舜禹湯文武周公之政．其理論體系．成於孟子．而其被統治者之接受．則直到漢武帝時才開始．先於儒家治道而實行的．為法家治道和黃老治道．

最先實行法家治道的為商鞅．他要富國強兵．毫不留情地摧毀了發展耕戰的障礙．這些障礙．也就是貴族階級的特權．也就是憑藉着「先王之制」的威靈而存在的封建制度．人們對於古老的東西．是抱有「殺老牛．莫之敢尸」的畏懼．所以他先拿徙木示信聳動視聽的行動．來建立信賞必罰的新觀念．新體念一立．他便向貴族特權進攻．不分貴賤．一律施以齊之以刑的禁．他的變法是變制度．尚法是任刑．都以摧毀貴族特權封建制度為目的的．變法的結果．是以絕

對的權力．歸於君主．開了權力一元化的新局面．

秦自孝公至始皇．用了法家．造成了權力統於一尊的大統一．從此以後．中國能夠發揮統一的大力．成爲東方的羅馬．是法家之功．同時．掃淸了可以牽制王室的任何權力．使英國式的憲政民主發展．無由出現於中國．這種發展在初期所憑藉的封建基礎毀盡了．是法家之罪．不分貴賤．一律齊之以刑．演進爲「廷尉者．天下之平也」的法治觀念．是法家之功．（張釋之對漢文帝說．案件沒有交廷尉之前．天子隨便可以處理．交後便不得干涉．這正是法家的精義．表示天子是制法者．不是行法者．）富國强兵而統一．養成了力的勝利感．絕對權力．歸於一人．養成了太阿在握的自肆感．初期毫不猶豫地打倒貴族．後期便肆無忌憚地用嚴刑峻法來防範人民造反．成了「力」的迷信者．是法家之罪．儒家的核心思想是「仁」．法家的核心思想是「力」．所以一則被尊爲王道．一則被斥爲霸道．

至於黃老治道．實爲承法家「樣樣都要管」的大失敗之後．在感情上痛恨苛擾．蕭曹來自民間．身受其痛．在理智上認識了力的限度（力之窮）來了一個大反動．來一個一百八十度的大轉向．一變而爲「一切最好是不要管．」在漢初七十年．恰恰碰上了大戰後農業復興的順境．和大統一後版圖擴張的順境．而收成效．其實與黃老的核心思想無涉．黃老的核心思想．一面是玩弄人性的．另一面是主觀地希冀停止社會發展的．他所謂順自然．無非隨着人性人欲地自然．在仁義上．不管他對不對．一味取之以順．這豈不是玩弄人性嗎．老百姓最好是混混噩噩．一輩子不見可欲而「動腦筋」．明明是人事日繁的．他却想最好是小國寡民老死不相往來．這豈不是妄想停止了歷史動輪．揮其魯陽反日之戈嗎．英國十九世紀初期的放任主義 laissez-faire 剛碰上了工業初學的發展．西漢初期的無爲主義．剛碰上了農業的復興．所以在當時．都收了效果．過此以往．都不適用．而不得不被摒棄了．「治」是積極的行動．是要「施於有政」的．無爲的治道．祇是一種理想．其偶然成功．無異中了頭彩馬票而致富．漢武以後．儒家治道．支配了中國（至少在政治思想上）．此後所謂黃老之術．祇是玩弄人性的壞心術．是治術而非治道．

這裏所想指出的要點是．法家治道．積極促成了社會結構的大轉變．黃老治道．碰上了社會經濟的大恢復．都把社會從一個境地帶到另一個境地．秦自孝公至始皇．不但改變了社會的內容．並且改變了社會的結構．蕭曹只變了社會一部份的內容（經濟恢復）而沒有變其結構．兩者之所以能通．因爲他們都合了他們當時社會的動向．一個有意地促成了社會的變動．一個偶然地順應了社會的需要．

儒家治道．是父式的仁慈．這是理想的方面．在實施方面．却是「檢幾樣非管不可的才管．不易管而且不易收效的．一概不管．」的是折衷於申韓黃老之間．一面鑒於法家「樣樣都要管」的大失敗．與夫黃老「一切最好是不管」的不再可能而演成的．既然管．便要拿出「爲民父母」的「以仁存心」做去．這是儒家的道德精神．

兩千年來．思想上受了儒家治道所支配．而由於另有所在的原因．社會的內容轉入循環的動．其結構却留滯於不變的靜・在思想與這樣社會客體的偶然巧合・加强了儒家的觀念・認爲得道則治・失道則亂・認爲治亂有循環・而治道是不變的・父式的政體是不變的・由於沒有另一個歷史系統・來做比較・沒有能夠從另一觀念找出社會內容循環・而結構不變的眞因・因此・動象的循環觀・本體的不變觀・恰又與陰陽五行的宇宙觀適合・更加强天人合一觀・天道不變・治道亦不變觀・

中國社會內容循環・結構不變的眞因在那裏呢？這是由於地理位置・加上了維持孤立王朝的政權所用的治術而來的・除却北魏・遼・金・元及清初期・有他們自己的部族・做王朝統治權的擁護者之外・大體說來・王朝政權・是法家廢封建而開出來的孤立於上的政權・是高高地孤立於廣大無垠的農村社會之上・孤立於版圖遼闊・交通不便的領域之上的統治權・而儒家治道的實施・是「檢幾樣非管不可的才管・不易管而且不易收效的・一概不管・」恰恰對這樣的客觀環境・非常適用・大一統的治術・最要者有二・一爲不容人民有生殺之權・一爲以選擧制度來緩靖秀傑的「天民」・「從車千乘」・「俠以武犯禁」在所必消滅・這是收回生殺權的初步・操有致鉅富之源者・即有生人之權・養士之資・鹽鐵國有・官管均輸・在其始雖爲了財用・後來的鹽茶榷政・其始亦雖爲了財用・而其效則把這些致鉅富之源收回・至少必使由此致富的鉅商・必須仰承官家的鼻息（如鹽票制度）・如此便收回生權・人民出入邊塞則難管・所以禁民出入邊塞・又把殘餘的生殺之權收回・選擧制度・在其始原爲設官分職之需・到其後・便得到「天下英雄入彀中」的自覺・

這幾樣要政的結果是怎樣呢・是窒塞了獨立商業的發展・窒塞了殖民運動・拔擢了秀傑天民・窒塞了下層階級的自覺・於是在大山限其西・大海限其東的地理位置下・老在政權孤立・生產農村・商業微弱・經過兩千年不變的社會結構中・演出一治一亂的循環・而其循環的基本動因・衹有兩個・一爲人口的消長・又其一爲王室傳子制度・

不論孔孟治道怎樣好・不論開國英主・怎樣想盡方法・立盡制度希望能夠維持政權之綿延・而無奈一傳再傳・三千粉黛的腐化力必然產生孱昏之主何・跟着來的外戚權臣官僚豪紳・貪婪害政・兼并害民・一天甚過一天地增加了人民的痛苦・增加了承平既久・人口日增而耕地壓迫所帶來的痛苦・因此・治而再亂・成爲必然的・亂後人口大減・易於施治・英主再出・政權有力・亂後再治・又成爲必然的・二千事來政權之轉移・不外循了三個方式・（一）人民革命・（二）外族征服・（三）權臣簒奪・而藩鎭割據衹是權臣簒奪的局部化・

以上對三家治道的歷史觀・是想說明幾點・（一）法家的治道・是促成了戰國至秦始皇這期內社會結構之轉變・（二）漢初的黃老治道・碰上了農業復興的順境・（三）漢武後的儒家治道・一・因爲他道德精神的崇高・發生了情感上的崇拜・二・因爲大一統的治術・和地理位置・演出結構不變・內容循環・發生了社會本體不變的錯覺・合起來成了治道不變的錯覺・

「仁」是人心所同然的道德範疇・「父式的仁慈」衹是

合乎君主政體的治道・前者有永久的價值・後者祇有制度的價值・而不能有永久的價值・認明這點・和認明舊中國社會結構的靜止發生於兩個偶然的條件・（一・大一統治術・二・地理位置・）再認明法家治道和黃老治道的過渡作用・至少對於今後實現民主該採取什麼治道的思考・多少有一些幫助・

（二）試作治道的新釋・附論王道

「道」的原始字義・是一條道・引伸言之・有韓愈的「由是而之焉之謂道」的抽象意義・把近代的話說來・便有「行動總路綫」的意義・

為便於說明起見・現先以三民主義為例・指出中山先生對實現民權和民生主義的治道・民權主義・給我們一個理想的政治結構・民生主義給我們一個理想的經濟結構・兩者都是存於理想中而冀其實現的社會結構・中山先生「從訓政到憲政」是實現民權主義的行動總路綫・他的「平均地權・節制資本・和發達國家資本・」是實現民生主義的行動總路綫・假如我們可以說前者是實現民權的治道・後者是實現民主的治道・那末・「治道」兩字可以得到新涵義・新解釋了・

為甚麼要把「行動總路綫」作為「治道」的新解釋呢・驟然看來・這不是太過勉強附會嗎・不是削足適屨嗎・唯唯否否・筆者之試作這個新釋・其理由是基於下列的當前一個迫切的要求和把這要求略加分析後・便要碰到的兩個重要觀念・

實現自由民主・這是當前最迫切的要求・如何實現民主・如何在對共產黨作殊死戰的過程中實現民主・對這個最迫切問題的答案・便是在今天特殊環境下・到民主之路的行動總路綫的前瞻藍圖・這必須是切中實際而又具有歷史透視historical perspective 的前瞻・是任重道遠的施政之道・所以我們便可以說・這是今後實現民主的治道・

從這個問題着想・便立刻碰到兩個重要觀念・（甲）為「治道」或「行動總路綫・」在政治理論上・應該怎樣安排其地位・（乙）中山先生對於王道是稱許的・王道就是儒家治道的精神・在人類進步的全面觀方面・和在中國歷史延續性的個別觀方面・對王道精神・該作怎樣的批判・

（甲）政治是以心服（說服）和力服（强制力）來實現社會價值的行動・如自由・平等・博愛等等社會價值是政治行動之目的・所謂「政者正也・」係以行動來建立所以實現社會價值的制度・來糾正或禁止一切防害這制度的行為・民權主義所想像的政治制度・和民生主義所想像的經濟制度・即所以實現自由・平等・博愛等社會價值的社會結構・社會結構是總稱・政治及經濟即為構成社會結構的各別個體・社會價值是人心之所同然的・主義所想像的社會結構是超個別國家・超個別歷史系統的・因為他所要實現的社會價值・為人心之所同然同尚・故其他想像的社會結構有普遍的可欲性乃至可用性・但一到施用於一個具體社會・一個個別國家・便要理會到個別的國情・個別的國際環境・歷史延續・和其當前的社會結構與內容・針對這個別的種種・而擬定其行動的總路綫・總指向・這是何等重要的東西・從當前的起點結

構・走到理想結構・在施政上要行得通・必須要有透視歷史的遠識・這樣的總路綫總指向・其賅括性自然要很大的・愈賅括・則愈抽象・但以其針對實際・又不能不有具體性・總路綫總指向爲更具體的政策所由生・所以他比政策爲更抽象・他既爲「由是而之焉」的政治總路綫・何妨稱之爲治道・正以其極端重要・所以要特別注意・正因爲要吸引注意・所以才試提出一個生硬名稱把他絆住・

再以民權主義爲例・「從訓政到憲政」是治道・而建國大綱即爲由此而生的政策・而以後種種自治法令又爲根據這政策所發生的實際行動・如作圖解說明之・可如次・

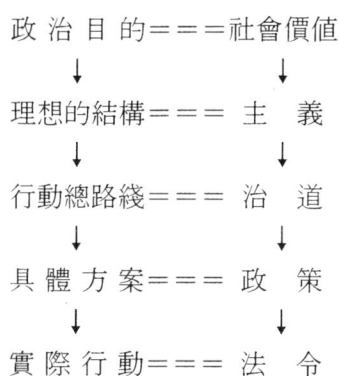

政治目的＝＝＝社會價值
↓　　　　　　↓
理想的結構＝＝＝主　義
↓　　　　　　↓
行動總路綫＝＝＝治　道
↓　　　　　　↓
具體方案＝＝＝政　策
↓　　　　　　↓
實際行動＝＝＝法　令

由此類觀之・「治道」爲承上起下的關鍵・顯然地今後在對□□□作殊死戰的過程中・必須有一個切中實際透視歷史來實現民主的治道・以爲今後政策法令的總指向・

再把舊日的儒家政治思想・作一圖解如下・

社會價值＝＝仁　澤
↓　　　　　↓
主　義＝＝不變的君主政體
↓　　　　　↓
治　道＝＝父式的仁慈

從這個圖解比較看去・治道的新釋・便不覺得太勉强附會了・生硬誠然・何以生硬・因爲以前看社會結構是靜止的・今後我們要以歷史透視・認明其爲變動的・以前認爲治道是不變的・今後要强調其過渡性・（法家和黃老的治道・在古代明明收了過渡的效用・）

（乙）王道不是父式仁慈的治道・而是這治道的精神・如果祇是父式仁慈的政治・中山先生不會那樣稱許他的・一句家喻戶曉的話是・「王道不外乎人情・」這是說他不但合理而且合情・他是留有餘地・富有人情的・所以「罪疑惟輕・功疑爲重・與其殺不辜・寗失不矜・」所以「治道去其太甚・」一部英國政治發展史・進步得迂緩到使人不耐煩・他們雖無意於王道・而恰恰得到王道的大功・又如一個市井皆通的名詞・是「王道聖藥・」這是說這藥性溫良・雖不能馬到功成・却斷斷不會發生不良的副作用・霸道則不然・譬如你用來蘇液來消口腔的毒・細菌固然殺了・而口腔也燒爛了・蘇聯的□□革命・正是如此・資本掠奪固然消滅了・而人民帶上手鐐脚銬・

「教學如扶醉人・扶得東來西又倒・」社會改革・正復

如是·凡事都不祇有一面的關係·各種社會價值·都是互相牽連的·人類進步·不能拔苗助長·不能硬要他做「挾泰山以超北海」式的超人動作的·近代社會思想之所以縈迴於自由與組織之不易兩全·進步與安定之不易兩收·也正爲此·王道呢·祇在不爲已甚·不圖近功·近功而可致·又何必不致·社會問題·就在大功不能急成·爲已甚·則易發生不良的副作用·眞正的大建設·如實現民主·如實現社會主義·正復如是·

這樣批判王道精神·似已闡明其對人類進步的普遍適用性·既普遍適用·便不必再問其歷史延續的個別性了·

李漢魂

一八九三年生　一九八六年卒

字伯豪·吳川人·幼讀鄉校·即以能文名·年十七赴省垣考入廣東公立法政專門學校·憤清廷朽腐·受國父感召加入同盟會·辛亥革命後·投筆從戎·考進陸軍小學·續升至保定陸軍軍官學校第六期畢業·以學術優良·稱高材生·民國八年加入戎行·自裨佐以遞部隊長·十五年追隨國民革命軍第四軍北伐·汀泗橋·賀勝橋·東西洪橋·臨潁城諸役·戰功彪炳·半載之間·由中校團參謀長晋升至中將師長·二十一年任廣東西北區綏靖委員兼獨立第三師長·二十四年調東區綏靖委員兼第二軍副軍長及第六師長·二十五年西南事變·中樞兩廣·政見紛歧·醞釀興兵·漢魂以國難當前·何堪內鬨·遂於防地棄印離職·表示決心·發出通電苦勸總司令陳濟棠息兵團結·共禦外侮·並呼籲廣東各將領共體時艱·化干戈爲玉帛·卒促使陳氏下野·還政中央·一時輿論·備致贊揚·粵局底定·改任第一五五師師長·隨升六十四軍軍長警備潮汕·二十七年春請纓北上抗日·奉准開赴隴海路綫·歸德羅王砦之役·大破敵寇精銳土肥原部第三師團·當即奉令擢升第二十九軍團長·嗣武漢告急·轉調南潯綫·指揮三十一個師與敵週旋·獲九江馬迴嶺德安大捷·因功晋升第八集團軍副總司令·仍兼二十九軍長·是年十月粵垣淪敵·漢魂奉令調任廣東省政府主席·並兼三十五集團軍總司令·授命於危急顚沛之時·暴敵海陸空交侵之際·陷區頻續·遍野哀鴻·主政七年·支持抗戰·撫輯流亡·飽嘗艱苦·勝利後功成身退·調派衢州綏靖公署副主任·三十六年請准出國考察·三十八年春奉召返國效命·初任總統府參軍長繼長內任部·而時局遽更·無能爲力·乃辭職挈眷赴美謀生·一九八六年六月病逝紐約·春秋九十三·漢魂文武兼資·治軍從政·並展奇謀·惜銳進急功·每招時妬·然苦心報國·亦近代之偉才也·生平慕岳飛之爲人·故編撰岳武穆年譜以問世·遺著有李漢魂日記上下集各二册·及東游散記等·

上陳總司令濟棠諫請息兵電

廣東總司令陳口密·自西南揭櫫抗日·舉世騷然·因名實之不符·遂盈庭而聚訟·倘不懸崖勒馬·將由筆舌之爭·演成鬩牆之禍·無論勝負誰屬·然國事不堪問矣·決計伊始·職幸參末議·不獨高級將領不敢苟同·即二三元老亦持異議·誠以國難已深·天良未泯·既不忍目覩鈞座躬蹈不義·更不肯背鈞座而別有所圖·垂涕而道·據理而爭·竊謂古之諍子諍臣·當不過是·方幸鈞座察納愚誠·翻然變計·目標祇在抗日·領導仍仰中央·而西南兩機關冬(二日)電之主張·亦未違此旨·各將領用即分途返防·整戈待命·距突來請纓改號之支電·政委會又從而嘉納之·浸假而逾兵鄰省·搖撼中樞·星火燎原·間不容髮·用是軍心惶惑·輿論沸騰·社會蜩螗·金融紊亂·而道路紛紛·更有以對日諒解之言相疑責者·職固深信鈞座斷不出此·然敵方講張爲幻·

故弄玄虛・蛇影杯弓・曷云能已・即如汕頭方面・年來以交涉頻繁・敵艦踞泊・未曾或離・乃自西南高唱抗日後・竟悉數他駛・頓呈河淸海晏之象・而角田一案・至是更絕口不提・豈懾於抗日聲威・而望風畏避耶・又何怪相驚伯有・轉爲親者所痛也・顧苟安片刻・好景不常・敵都我馬首徘徊・釁觸未發・樓艦橫海・昨又重來壓迫矣・其西崗司令冬日訪職・肆行恫嚇・咄咄迫人・業經電請速官有效辦法・俾得保我主權・惟奉電覆・仍無確切指示・而敵方着着進迫・不可終日・以言空談・則壇坫氣奪・以言物戰・又孤掌難鳴・至於低首下心・喪權奪國・則固非以抗日號召之西南所應有・亦非良心未死之職所忍爲・跋前躉後・動輒招尤・忠憤耿耿・痛心曷極・職備員東區・責重守土・然海疆之戍卒盡撤・國防之設備毫無・曩曾構築工事矣・然假想之敵・尚迷其方・令更羽檄紛馳矣・然敵愾之心・人異其趣・坐使外交失其憑藉・將吏無所適從・此職所爲負戟長嘆・悲憤塡膺・望北指之旌旗・痛南風之不競者也・

竊以爲抗日救國・人有同心・不過旗幟固極鮮明・言行更宜相顧・筆槍舌劍・祇堪取快一時・離析分崩・結果適以資敵・乃者二中全會・期已屆矣・統籌大計・中央自有權衡・當不因一着以誤全局・而敵人邇來對華北既猛進突飛・期生吞而活剝・對西南更縱橫捭闔・圖鷸蚌之兼收・本集團軍既誓爲抗日救國而犧牲・自應披髮纓冠・當仁不讓・豈宜捨近圖遠・坐誤時機・

夫示抗日之決心・應揮戈而東指・經職再四建議・未蒙採納・一着之失・全局幾危・今者寇患益深矣・國人交謫矣・果能及時反旆・固我東陲・將所以求於中央之對日絕交抗戰者・先作持滿以待發・則義聲所播・壁壘一新・消隱患於無形・開壯烈之新局・振臂而起者・豈獨半壁西南已哉・顧或者乃鰓鰓以中央將躡我之後而乘我之危爲慮・苟非卑怯之夫・即爲巧佞之輩・大局之壞・此實尸之・誠以目前國家之出路・民族之生機・厥爲統一與抗日・我果於行動上獲得民衆同情・誰敢甘冒不韙與民爲敵・中央而爲納我請求・共圖禦侮・我方感舊不暇・尚復何求・倘若乘我於危・授人以隙・則誰爲戎首・誰是漢奸・萬夫所指・其有歸矣・寧不愈於目前之無的放矢耶・職救國有心・回天無力・謬秉疆寄・心竊恥之・用是掛印封金・拜還大命・嘔心瀝血・敬盡忠言・

倘蒙鑒其愚忱・顧名思議・回師抗日・統一救國・則東身待罪・固所不辭・棄諸市朝・亦無所悔・否則從井不能救人・淸白未敢自玷・惟鈞座自以諒我矣・抑再有所聲明者・職此次愚莽之舉・他出於愛國愛民之至誠・受良心血性之所驅使・事前絕未對任何方面有所接洽・事後亦非對任何方面有所企圖・國難亟矣・我身安寄・世有復興民族之領導者耶・負弩前驅・誓作馬前之卒・如時不我許・則乘桴浮海・當爲含石之禽・皎皎此心・可質天日・至東區現狀・李參謀長當能維持・各項存款約二十萬元・敬謹存儲・分毫不敢有所苟用・合併陳明・統希鈞察・不勝徬徨待命之至・

告廣東各界同胞書

漢魂自去年夏揮軍北上・轉戰隴海南潯・別我故鄉・倏

李漢魂

逾八月・雖曾屢挫敵鋒・依然未收失地・深愧無以慰我故鄉父老・遠承垂念・感慰益深・當德安之戰正酣・而廣州之警耗忽至・救援莫及・淪陷以聞・寇禍滔天・空前浩劫・南天回首・悲憤塡膺・奉命回師・星火就道・方冀於雲山珠水間與敵血肉相搏・求得當以報我黨國及諸父老兄弟姊妹之深厚・乃途次謬膺新命・轉主省政・自維一介軍人・未諳治理・雖曾涉政・實愧無功・拜命徬徨・莫知所可・惟念艱危受命・責不容辭・攖冠急難・義無反顧・且當抗戰間・政治軍事相輔而行・相資於用・報國之道・自不限於一途・並深信我各界同胞・値此風雨同舟・必能橫流共濟・用敢勉承艱鉅・與我父老兄弟姊妹相見於撐持掙扎中・奉命以來・凡百周慮・且懷於爲政不在多言之誡・故向無片語以告我久別之鄉人・乃者視事兼旬・端倪略備・而默察我三千五百萬同胞・喁喁望治之切・芸芸待拯之殷・對於施政方針・亟欲一明究竟・此又有不能已於言者・謹貢一得之愚・以資互勉・

此次抗戰・不特爲我國有史以來存亡絕續之關鍵・亦即進化史上優勝劣敗之淘汰場・吾人果欲生存・不甘淘汰・自當以抗戰高於一切爲前提・作各方面之發動・舉凡才智事物・一切公諸抗戰之所有・一切公諸抗戰之所用・亦即一切爲保衛自己生存而犧牲・以犧牲而博取最後之勝利・此實我全國同胞人人應有之覺悟與決心・特以吾粵是國際門戶・是革命策源地・是抗戰生命線・吾粵同胞已往之貢獻於國家民族者至多至大・生存鬬爭之意志・勇往邁進之精神・史册昭垂・可歌可泣・今者省境已爲獸蹄所踐踏・光榮已爲現實所摧殘・此三月來・敵蹤所至・焚殺奸掠・慘極人寰・凡有血氣・均應認敵寇爲不共戴天之仇・尤應視抗戰爲無可避免之事・人人抗戰・處處抗戰・目前一分困難・即將來十分幸福・目前一分痛苦・即將來十分成功・漢魂當本此意・加緊政治動員・以協助軍事而收復失地也・至若何時然後可以達此目的・則視乎全省上下覺悟與努力之程度以爲衡・不過吾人所深堪自信者・則順民生活・斷非富於民族精神之粵人所能忍受・偏安生活・更非我鋒鏑餘生之漢魂所甘爲・臥薪嘗膽・沼吳有日・目的所在・不達不休・此當爲我各界同胞告者一・

抗戰以來・環顧省內・漢奸輩出・貪汚愈熾・土劣變本加厲・順民比比皆是・正氣之消沉極矣・夫正氣者・人類最高尚最偉大精神之謂也・人秉是氣・必能盡忠・取義・守廉・知恥・以之處世・則社會清明・以之爲政・則政治整・以之禦侮・則可戰勝敵人・復興民族・故今日以言治粵・首在爲政者先充滿浩然之正氣・尤應同時發揚而光大之・發揚之法・莫急於褒揚忠義・選用賢能・剷除貪汚土劣・肅清漢奸土匪・以及厲行禁煙禁賭・抑尤進者・丁此非常時期・吾人秉氣之正・莫正於參加抗戰以保持我獨立之主權・莫正於參加抗戰以收復我既失之領土・莫正於參加抗戰以報復我全國數百萬死難同胞之大恨深仇・莫正於參加抗戰以湔雪敵人歷來所加諸我之奇恥大辱・如是民族正氣一經發揚・國家自可復興獨立・漢魂以此自勉・並勉同僚・尤望我父老兄弟姊妹身體力行・倡導宣傳・蔚成風氣・藉使正氣伸張・邪氣泯滅・而收上述之效果・此當爲我各界同胞告者二・

本省自敵寇侵擾以來・我同胞之直接間接罹難者・未可

數計・戰禍所及・農輟耕・商罷市・工失業・流離載道・凍餒堪虞・而青年學子・難民難童・轉徙播遷・路途飲泣・尤爲社會重大之損失・極人世未有之慘劇・凡此敵寇兇殘之所賜・何一非吾可愛之同胞・政府於此・被髮纓冠・引爲己責・刻經成立省振濟會・計劃分區進行・從事難民難童救濟・失業失學救濟・以及疾病災害救濟・惟茲事體大・且限於戰時庫收銳減・勢難同時並舉・仍當分別緩急・次第實施・有一文錢・做一文事・有一分力・盡一分心・以求一方面減少人民戰時所受之痛苦・一方面維持國家抗戰所需要之力量・並且吾人今日所決死爭持者・爲民族國家永久之生存・而非人民本身現時之苦樂・吾人今日痛苦之代價・即將來民族國家之勝利與長存・人民對此種痛苦・祇有忍受・祇有堅持・尤應於痛苦中須臾勿忘殘暴之倭寇・鼓起餘勇・打破難關・蓋吾人所恃以制敵者爲持久戰・而吾人所受艱難困苦之程度・當與抗戰之時日以俱增・必須咬實牙根・切毋臨難苟免・戰勝左券・即在於斯・總之・政府對於救濟事業・正在積極進行・尤望我有錢有力之同胞・念茲劫裏災黎・悉是軒轅一系・痌瘝在抱・飢溺爲懷・各盡所能・同襄義舉・此當爲我各界同胞告者三・

抗戰以還・民亦勞止・吾人爲爭取永久之生存・原不惜一時之痛苦・惟抗戰至此階段・決勝已不在都市而在鄉村・主力已不在士兵而在民衆・爲充實持久抗戰之力量・遂行復興民族之國策計・政府對於民力之培養・當認爲目前施政之要圖・至培養之道・竊以爲有待於一方面從事培養・當認爲目前施政之要圖・至培養之道・竊以爲有待於一方面從事鄉村經濟之建設・一方面從事於人民之組織與訓練・使其生計充裕・信仰堅定・精神團結・能力健全而後可・吾粵鄉村經濟既極衰弱・而自治自衛亦未完成・現應積極從事於生產之獎勵・水利之講求・以及整理交通而利商運・提倡合作以濟困窮・更利用災區難民・授田墾殖・轉移都市資本・開發農村・庶幾鄉村經濟・得以逐步興盛・人民生活・得以日就改良・至若自衛自治・目前既具模形・惟須加以改善・詳細辦法・固有待於斟酌考詢・而改善方針・則首在下述三要點・第一・在不增加人民經濟負擔之下・充實其質方面之能力・而其要在幹部之養成・第二・在不妨礙人民生產工作時間之下・增加其訓練方面之項目・而其要在學得所用・第三・防止假借特殊地位或民衆力量・遂行一己之私圖・而其要在領導之得人・關於實施以上鄉村建設及民衆自衛自治等之幹部・刻經設所訓練・以備推行・至若禁止增加人民非法擔負・節約社會額外消費・亦在嚴厲執行・造成風尚・藉保充盈之元氣・奠定民族復興之始基・此當爲我各界同胞告者四・

上舉所述・俱以三民主義爲依歸・若失地能收復・正氣能發揚・則民族主義可以實現其大部份・實施救濟・培養民力得成功・則民生主義得有相當解決・民權主義亦可確立不拔之基・惟包羅萬象・不能一一舉括・尤難同時實施・祇有就其事之急要・及力所能勝者・積極推行・循序漸進・求速固恐不達・求全有待將來・且施政機構之未臻完善者・則從事調整・以期運用靈活・財政之因戰事影響而稅徵雜亂收入銳減者・則急圖整理・以期維持度支・人才之未被登庸・或

因戰事影響而流落者・則多方延攬・以期人盡其才・抑尚有二事與我諸父老約者・第一・爲政每患下情不能上達・凡屬民情之好惡・或官吏之貪汚・悉望舉報・俾助耳目之不及・第二・爲政每苦上令之不能下行・其敢玩視功令・甚或背道而馳者・政府必執法以繩・決不寬假・漢魂百戰餘生・今幸假我機緣・得與各界同胞相見・尤慚下馬主政・服務鄉邦・欣愧之餘・百感交集・諸父老所屬望於漢魂者固殷・而漢魂所祈求於諸父老者尤切・立穩腳跟・挺起腔膛・拿出良心・沸騰熱血・共矢精誠・分途努力・勿驕勿餒・自力更生・在平時如此・在抗戰亦如此・在建國之中・更應如此・必勝必成之偉業・再接再厲之精神・願與我諸父老兄弟姊妹同之・謹貢區區・尚祈明鑒・

留別廣東各界同胞書

漢魂奉命返粵主政・瞬將七載・値寇難之方亟・正時會之多艱・精華淪胥・交通阻絕・加以本省缺糧特甚・難民衆多・與我父老昆弟・艱苦支撑・心力交瘁・自維德薄能鮮・建樹未如所期・深愧無以對父老昆弟・茲者・抗戰勝利・山河重光・讓賢息肩・此正其會・經電呈中央請辭本兼各職・已蒙俯准・並奉調第三戰區副司令長者・遂我初服・行就征途・頻年患難・風雨同舟・一朝別離・情何能已・我父老所眷念於漢魂者固切・漢魂所耿懷於我父老者倍殷・竊報國之道・不限一途・愛鄉之心・無殊兩地・惟聲氣之應求・自精神之通感・謹綴數語・以資共勉

漢魂下車伊始・首以發揚民族正氣・曾與諸父老約・嗣復列舉五約六則・爲各僚屬立身治事之準繩・數年以來・我父老昆弟姊妹與全省公教人員・忍受一切苦難・竭盡最大努力・或流血流汗・或出力出錢・或勤勞蹈厲・窮且益堅・或忠勇堅貞・見危授命・風聲所樹・尚足以表現至大至剛之正氣・公爾忘私之精神・此回顧約言・深用惕勵・爲我各界同胞告者一・

漢魂奉命主政之日・正値寇禍滔天・災民遍地・東扶西倒・百孔千瘡・幸我文武百僚・全省賢達・仰體艱危・同心戮力・使社會日趨穩定・政令得以推行・於救死扶傷之中・作生聚教訓之計・我全省同胞・尤忠義奮發・勞止不休・用能增產節食・而糧食克渡難關・前仆後繼・而兵源賴以不絕・舉凡戰時要政・尚能黽勉以赴・此緬懷點滴成果・撫視深鉅創痕・爲我各界同胞告者二・

戰時施政・大都不免因軍事影響而減其效能・故歷年行政措施・或因敵寇而横被摧殘・或遇困難而徒耗精力・雖竭其忠誠・殫其智慮・一面敬謹奉行中央法令・一面力求適應地方環境・終以種種艱困・未克悉照計劃如期實施・以致民困未能盡蘇・吏治未能盡理・民意機構・僅奠基礎・人事制度・僅具雛形・應興之利・尚多未舉・應除之弊・尚有未革・念志事之未遂・實職責之滋慚・此深省以往・切望來茲・爲我各界同胞告者三・

漢魂以一介軍人・受命於艱危之會・上體國策・下察輿情・六年以來・夙興夜寐・未敢告勞・一本公誠・持以勤毅・竭股肱之力・繼以忠貞・所與我各界同胞相見於血淵骨嶽者以此・所自求俯仰無愧者亦以此・惟以行能無似・學養

未純・對於處事接物之間・執法用人之際・或期許之厚・而責備過殷・或求效之速・而操切過甚・或以儒家精神・而失之於寬・或以法家手段・而失之於猛・雖與人以共見・實自責之宜嚴・此退思省察・益用進修・爲我各界同胞告者四・

前事不忘・後事之師・景物依然・河山無恙・別矣・故鄉父老昆弟姊妹・吾粵同胞已往貢獻於國家民族者至大・而犧牲亦至多・現抗戰勝利・憲政實施在即・富强康樂可期・惟建國工作之艱鉅・視抗戰或且過之・所需於我百粵同胞更大之努力者仍亟・深盼吾粵同胞・在新任羅主席領導下・竿頭更進・日新又新・加緊復員・完成地方自治・促進三民主義新廣東建設・爾後本省每一成就・漢魂欣欣鼓舞之情・實不啻躬親其盛也・成功不必自我・耕耘不問收穫・建國必成之偉業・願與鄉邦賢達同之・

蘇偉明

一八九四年生　一九三五年卒

字守潔・號豹翁・南海人・少孤・侍母孝・博聞强記・輕財重義・但嫉惡不能容人・人咸畏之・與三水李應偉爲摯友・相切䃺・及長・入新聞界主筆政・發言稜厲・嘗爲上海精武體育會記室・嗣又執敎台山中學・均不樂而去・往來廣州香港間・沉鬱流離・惟以小說筆記議論・宣諸報章・文奇旨遠・聲名大起・而爲主政者所忌・譚延闓嘗銜其文有殺伐之音・民國二十四年七月九日自港往廣州・入吏署不出・遂失所踪・偉明好司馬遷韓愈曾國藩之文・近代則私淑林畏廬・爲文氣勢雄厚・有儒俠氣・李應偉爲輯文豹一覸一卷・

與湘中兩兄書

書問蓮舫五兄・潛庵九兄安好・天地闊絕・兄弟分離・長別十年・相隔萬里・瀟湘夢斷・思何可支・比者・湘鄂戰機・已在弦上・念兄嫂姪輩・奔避兵力・食息不皇・如辛亥戊午往事・瑤姪磔死・廬居被燔・舊涕未沫・新愁軒起・眞所謂憂從中來・不可斷絕也・

我王考實生我輩二十有一人・十五年前・惟大兄大姊二兄前死耳・歲時伏臘・聚首家園・族大宗繁・羨動閭里・豈意齒髮未侵・而鶺鴒多喪・荊樹前毀・姜被不溫・今一父三母・既委骨巴山・而兄弟姊妹・存者不逮其半・存而在粵者・更不逮其半・零落如此・莫不愴懷・每當淸明重陽・展掃塋碣・松楸如故・人影已稀・徘徊墓道・蟲聲亂來・高樹悲風・視聽愁慘・逝者不作・生者如斯・靜言思之・乃不自知其尚爲人也・

六兄今年又北走南安・嫂與瑜姪皆往・兩人兩影・唯八兄與明在粵耳・寒食節近・觸景心摧・兄爲羈客・弟作恨人・人生慘痛之遇・再無逾此・而我輩乃萃適斯境・能不低頭飮泣・黯然銷魂矣乎・

憶癸亥重游漢口・盤桓半旬・總角之交・一時盡散・七兄又遷家蜀中・自維三十之年・歷時非久・而光景前後不同至此・則今日海角天涯・不易並合・再遲十年二十年・相顧頭白・容顏難辨・而諸姪乃無一能說鄉音・豈不析故家爲秦越・儕同氣於路人哉・

此所以朝而悲思・暮而耿耿・不能寐也・明畸零一身・初不與室家嗣續之念・諸姪如肖・自克纘承王考緒美・而益廣其宗・而明今茲所處・惟有瘁志讀書・待明時以效於世・以不辱父母淸白之遺・流行坎止・聽諸天命・十年闊別・所

以告慰兩兄者如是・報父母光宗族者・亦如是而已・今因靄如表兄來湘・附攜近像二幀・敬達左右・見像如見人也・世亂唯爲體自愛・臨箇於邑・不盡欲白・十弟偉明頓首・

與章士釗先生書

行嚴先生執事・世變之亟・莫今爲甚・小人道長・正誼沉銷・國是不可爲・雖甚愚者亦明白・而執事乃以整飭紀綱自任・駭濤所薄・誰則能嬰・當執事拜命中樞之時・明逆覩其必無善果・蓋是非閿絕・如今日不投時好・無以自存・北京士子凶橫・凡其所爲・開歷史未有之奇局・非偕之猖狂・比周爲惡・則尼山復起・亦無令聞・

今執事不察・躬與爲忤・中其忌而發其隱・已之逸而毆之勞・此猶祈蕩婦以貞操・責大盜以揖讓・初則不聽・終則羞憤而亂矣・明怵於是・雖非舊游於執事・而愛慕賢才・思效忠告・拘牽人事・久畜未發・曾不半載・而焚書毀室・禍遂興於是・乃歎夙計之不吝・正誼其益隳矣・

幸天心未盲・砥柱猶在・椽筆無恙・讜論益多・讀大譔言達旨幽・感慨系之・然執筆云云・正明之所祈於執事者也・明聞之・報國救世之道多塗・操術殊而爲用也同・當今之世・謂必居高明强有力・始可悉其舉措以責功・此不通之論也・以德德人・以學學人・小則行於鄉黨・大則化及天下・如胡瑗孫復石介之所爲・豈必待有其位・然後能集事而奏功哉・

雖然・處亂世不可有才・有才則忌者衆・才而當路・在勢加衆・然才而能害不才者之爲姦・又加衆焉・近者徐銅山之死・與執事之蒙辱・胥職此故・且今日俳倡之風・夐絕千古・拱辰一網打盡之計・乃鑰於擁兵囂國挾冊干政者掌中・執事身當其衝・甯有幸理・今執事處草野矣・忌者不必無・而必不甚・不甚則克行其道矣・瘡燼之餘・理其故業・以文章爲斧柯・以學術爲鐘鐸・起沉淪於庠序・維頹圮於閨帷・拯此膏肓・舍執事其誰屬也・

昔滿人入主中土・夷夏弛儆・文物典章・漸以陵替・人心委靡・學術大衰・而顧炎武王夫之孫奇逢之徒・窮居草茅・講道論學・說出而風被天下・彼其移易人心風俗・賢於糾墨・至雍乾之世而不衰・迄今三百餘年・承學之士・多猶景仰其行・而誦言其業・是知欲收風草之效・在野乃優於居官・而邪曲害公・方正不容・如今之世・欲行其道・在野益優於居官矣・

今執事以學風世・朝刊夕布・愈於昔之槧板成書・而所積又良足以傳世・而謂旦旦以鳴・猶不足起陷溺之人心・救文章於已弊・人非沉醉・不爲是言・執事勉之矣・成敗雖晦於一時・功罪必明於來日・偶罹眊豫・終獲明夷・抱道君子・其又何憾・昔范滂稱郭泰・同不失正・貞不絕俗・今明以加執事・執事其思所以不失正絕俗之道・而又果持所謂正言不諱以危身・雖九死猶未悔之志者・盡舍其學以詔世・是不啻賜國人以既盲之視・而生士子以已死之心也・明不敏・馨香祝之・蘇偉明頓首・十二月十日・

朱九江先生遺詩序

吾粵詩風・自張曲江始著於世・至宋元中落・明末前又

大昌・陳屈梁三家・既鷹揚於前・於是程可則・王隼・方殿元・馮敏昌・宋湘・譚敬昭・黃培芳・張維屏輩・相繼興起・肇修斯學・傳之數十百年・逮清末而不衰・其末也・朱次琦・黃遵憲・康有爲・復以詩鳴・而九江先生爲尤傑・後生小子・瞻仰昔賢之所爲・不禁有執卷低徊・臨風沐拜者矣・

九江先生之歿・去今才四五十年・而世士徒衒於其吏治經說・多不復知其工詩・雖先生及物之形・不寄乎詩・然尋其蒼鬱寥廓之辭・溫柔敦厚之旨・穆其如歎・邈乎其如有思・讀其言・諷其音・亦足以見其爲人矣・先生之沒也・臨死・悉自燔其稿・今門弟子簡竹居朝亮所集纂・遺漏實多・余常引爲大憾・懼先哲懿美・遂與逝者同泯滅・每與任匏庵孝安言之・未嘗不握腕太息也・

日者匏庵書來・媵以先生詩十有九首・謂藏之馮君雲芝炳文家・雲芝與先生忘年交・即先生詩中所稱爲馮四者也・今年齒踰七十・隱矣・而念先生不釋・寶先生手澤如珍・今一旦鈔集外詩稿・郵匏庵以畀余・其不欲泯滅往哲遺徽・與余一其志・故余樂爲表露・使世之德先生・才先生者・讀其詩・興其感・益以思乎陳屈梁方張宋諸子・上逮唐代・下及黃康・即而求之・涵詠而深思之・淑其性而毓其中之所蘊・其裨益德業・云乎能量・此則不徒償雲芝發古闡幽之心・余與匏庵亦竊竊慰・即先生平生不欲以撰著自侈・今若是・度亦不以爲忤矣・

余聞之嘯璈羅先生・十三四歲時・嘗朝先生於鄉里・年七十許・雙目有光芒・白髭數根・體清癯而不罷・衣履樸素・道貌盎然・今讀先生詩・憶羅先生言・瞑目搆想・彷彿如見先生於燈下也・乙丑三月朔・後學南海蘇偉明序・

黑旗劉永福將軍傳序

予讀定海三將殉國事・甚怪以梅曾亮之才・爲王錫朋傳文未工・視左丘明紀鄢陵城濮諸戰・相去萬里・錫朋智勇高一世・死甚烈・曾亮所記述・促促無動人者・韓愈傳張巡・柳宗元傳段秀實・歐陽修傳王彥章・莫不如此・乃歎文章與時俱降・而錫朋所遇爲不幸也・

欽劉永福以游俠橫行桂邊・投身爲國・忠貞終始・天下聞名・清末朝無人・疲忝不武・有事疆場・蹙地喪師・損金買耻・獨永福提兵轉戰日南・釁鼓染鍔・虔劉不遺・霍衞能軍・威震荒服・蓄其讎愾・馘敵帥・斧其齒牙・飾以爲佩・所爲雖野・誠愛國雄心人・今死餘十年・未聞有謀不朽之者・予其痛歎歎・將軍懷奇抱能・不獲彰大於後・願世有能盛發其潛・久久不可得・今乃得三水李君健兒・健兒交予二十年・誓言永好・出肝胆相見・知者稱予二人交似石・舉世無以易也・邇年來健兒力治司馬遷書・賣文養妻子・有氣節・所爲文加進・十年前・予甚畏之・於是健兒以其尊甫往嘗官欽州・習知其家國小大事・承先人志・閔永福事多湮沒・奮然次所聞・並諸簡牒符節檄令露布之屬・以爲書・祈溥其傳・聲茲邦國・而六榕寺僧鐵禪・久參帷幄・永福同姓劉・申宗族之誼・尤篤審其言行・夙於予與健兒・今遂以永福事大告健兒・足其不足・茲書成・吾知其必有以塞國人之望也・

蘇偉明

宣統中·廣州西關富家子·樂犬馬·縱游酒食·每日曜·連轡東郊上·飲息鞭亭·垂暮乃返·以爲常·當是時·鄰水李準·以水師提督鎮廣州·有女善騎馬·急裝顧盼·俱諸少年馳騖風塵中·一時有盛名·予好騎而不艮馭·嘗厄於女·蹶脛五創如羊·伏小旗亭欄畔·瘖不能語·女大笑樂·既飲食·挺然復速奔·衆盡爲眙·罔敢躡·於是有白髮老人·衣緇衣·乘黑牝·自沙河石橋·怒騎而西·一瞬間·距越女尋丈·頻頻回頭視女·女震慴·中道如縶·諸少年因復躍上馬·逐視女·女赧然頃之·遂不見白髮老人·予急問肆主·縱塵而馳者其誰·乃知是黑旂將軍劉永福也·則大歎異·恨不識其人·心志之·

國變後·予家遂毀·東郊遂無諸少年踪跡·女亦嫁人·而永福爲民團總長·思戢昏將毒卒·利賴閭巷·衆不醒·故無功·因引去·予恨其輕出·猶賢其心·益思與相識·卒不耦·壬子清明白·謁墓出郭·永福祀其祠堂沙河·遭逢道上·不復昔時雄武·因甚視之·無爲中介·卒不耦·尋予違離鄉井·爲僇人·數載歸來·永福則已死矣·今執筆論說其人·而文以壽之者·乃爲余健兒·健兒念之哉·所爲文即不敢望韓柳歐陽司馬遷·鑄詞奇詭·然敍事嚴法度·能稱其質者·其益深思之·以神其用·以高出曾亮所爲·乃無負永福地下也·南海蘇偉明序·

書蔡公時事蹟

自頃日本兵剞東魯·虔劉我黎庶·賊殺我將官·而交涉員蔡公時·遂乃中兵以死·余舊游公時·永念國殤·中心如燔·因爲粗述其平生行誼·以訊當世·

公時江西雩都人·嘗游學日本·爲文論聯邦制度·與殷汝厲汝耕兄弟·並有能名於時·民國八載·李烈鈞長參謀部廣東·公時久久官科長·與楊賡笙余維謙輩友善·其爲官·以脩學敏行風其僚·人咸敬而懷之·當是時·魏邦平以警察廳長亂捕人·尤嫉余·關楚璞·雷奇·目爲三凶·笶諸學生排日本必捕之·楚璞雷奇夜走江海·余獨不畏不行·益糾衆干烈鈞·請持正誼·烈鈞聞之太息·然爲勢無以益我·其後羣報館終未被暴力燬·說者謂未嘗不因烈鈞爲諍言驚邦平·而不知主張最力者·其是蔡公時也·

余以是遂游公時·年有三月·略知其爲人·公時短小如弱夫·與人交·謙和有禮·工書法·學何道州·甚肖·烈鈞偶有題簽·十九出其手筆·嘗書韓昌黎元和聖德詩遺余·知余愛韓文也·不謂故人手澤·不三年遂敗於兵·在江門軍亂失去·至於今·其人又作北邙新鬼·追思昔游·既痛逝者·行自念也·

公時官粵時·家南堤僑商街·知交過談·恒以小菜相餉·或彈碁以相娛·有所爲皆韻雅·今橫死如此·雖天下不必福善人·然吾知碎心於其人者·當有感矣·

公時家世·余不甚審·但知其見今年約四十一二耳·傷哉·公時爲人·磊落不羈·無名士氣習·嘗過飲榕蔭園·不名一錢·則貰酒以行·肆主知其人·不予索也·生平愛爲詩·而不多作·余所見者·僅香江重陽行一首·今爲介當世·吉光片羽·已覺可珍·讀其詩·可見其人矣·

詩云·香江有客愛重陽·手把茱萸陟翠岡·棲遲異域無

幽侶・爛漫秋光惹恨長・芥蒼沸目青無路・仰見危巖嵌烟樹・上有傑閣聳雲霄・巍巍石壁迷花霧・古苔漸逐屐齒生・微風輕颺松濤聲・緣葛徐行始坷坎・登高曠望廉莊平・長空秋水不知天・指點塵寰幾處烟・欄干屈曲蟠林麓・奇石嵯峨立道前・陰濃日下房櫳靜・霞飛雁繞帆檣影・誰家來闢三三徑・此間妙入非非境・相逢樵客問山名・如斯勝地誰經營・擲薪似吶喞喞語・始自前朝奈粟爭・三章約法嚴如網・大好河山稅與人・荒島而今四季春・我聞此語長太息・萬籟寂寥風習習・遊鞭東指夕陽斜・細問歸途心轉急・浮沉主變幾滄桑・無奈他鄉勝故鄉・五夜幾驚烽火赤・頻年惟見菊花黃・隨流趨下衆聲冷・蕭條不似來時景・乍聽風送往還潮・回頭雲障東西嶺・歸來煮酒餐清英・想見南山萬里情・持杯吮筆澆塊壘・翻作香江重陽行・

馬占山將軍別傳

蘇偉明

馬占山今以一擧名聞天地間・提饑軍轉戰・婁衄强敵・誠忠勇之士也・顧其行誼・世鮮知之・即有稍稍爲紀述・語焉不詳・或矛於其實・友人高要朱直・往嘗係官瀋陽・習占山逾歲・今遭外艱歸・過島中語予占山事甚晰・用爲聲之於世・以流其德・使知其人・不唯景仰英雄已也・作馬占山將軍別傳・

馬占山者・字秀芳・遼之遼源縣鄭家屯人・移籍懷德・今爲懷德人・父某・夙爲牛皮商庫倫・聚蒙古女・生占山・及其弟松山・松山早死・占山餘二十歲・父逢盜死大漠中・盡喪其貲・而母留庫倫不返・時在遜清光緒間・占山既失父母・無以歸・夙習蒙古人也・精騎馬射擊・憤盜戕其父・因投爲馬賊・巢於黑龍江鳳山縣之石廠山・勢甚峻・幸得復仇・遂以勇冠其類・

先是・東三省諸高官自鐵良・張錫鑾・馮麟閣・皆以招降馬賊戕邊鄙・而周樹模爲黑龍江巡撫・實降占山・占山既降・猶鬱鬱不得志・則伍卒・殆國變・張作霖漸有聲名・作霖則麟閣所降者也・樂拔擢其類・於是吳俊陞・張景惠・巴英額・汲金純・皆得爲千夫長萬夫長・占山友英額・英額時隸陶斌英部・因薦使爲騎兵排長軍中・是爲占山爲軍官之始・其後勳白狼・功官團長・勳蒙匪陶什洮・功官旅長・晋官師長軍長・皆統騎兵・以至於今・

於是日兵襲黑龍江・主席萬福麟宵遁・而以守土責占山・占山可之・力戰月餘日・坐無援・退守・而日兵爲所敗死者・前後殆數千人・甚畏之矣・東三省久見凌日本人・其無識者・畏日本如虎・而鄭家屯邇泗洮鐵路・尤爲日本人目中物・借故興事・以利其慾・占山雖椎魯不文・桑梓之故・積所痛心・甚怨日本人也・

日本陸軍大將前台灣總督柴五郎之游東三省也・次於鄭家屯・當是時・占山奔其姑母之喪・歸鄭家屯・諸高官置酒饗柴五郎・柴五郎倨傲・即日本人會賓客・習以酒後爲餘樂・衣和服・正其衣襟若甚文・相聚爲射・如吾國古昔鄉飲酒時所爲者・柴五郎以茲爲中國古俗習・思驗今之人能不能・今共坐者多軍人也・因邀衆莅其行館・距的七十步・植身矢之・柴五郎餘六十歲・矢十發皆中・衆爭抵掌頌其能・而吾國諸軍人爲之數人・無有十中其六者・柴五郎因大笑・

迨及占山射・於時占山職卑次最末・執弓微笑・植立發二矢・蹲發二矢，俯發二矢・背身自腋下發二矢・奔發二矢・騎而背發二矢・凡十弍發皆中其中・於是柴五郎大驚汗下・握占山手・久久不能釋・占山瞬之以嘻・遼人至今稱美其事・占山擅持鎗擊物・其能有如射・欲得必中・東三省羣軍人中・無有及之・皆能其能・而惜其性泰剛烈・心所持人不能易之・平居好衣緇色衣・雖軍服亦違制以爲・不肯易其所好・作霖生時・嘗以是斥之・終不易也・性樸儉・不常親近女色・舍名馬與獒無他嗜・馬與獒凡十數頭・咸手自畜之・不爲苦・邊人多修偉・而占山偠小如常人・此誠異其類者・

妻趙・黑龍江泰來縣人・故侯補衆議院員從之女・人甚賢・嘗從巴陵劉盛（王旁）學・盛以老婦提倡女子教育・造福黑龍江・自少時稱趙賢・而趙今果賢・與占山夫婦誼甚篤・有子有女・子名奎・女名淑琴・皆成立・於是占山今餘四十歲・且有孫矣・

贊曰・占山力戰强敵・乘時雪宿恨・忠貞英勇・不讓古人・一射之微・已寒日本名將之膽・何其爽颯也，然則無怪其能挫强敵・如今痛哉痛哉・乃有幸其無救以敗・敗以死・媚敵苟安・圖固其祿位者・占山能軍・今未老・忠勇動天地・爲人類之祥・爲國家之光・吾祝其必不敗死也・即敗死・亦不失爲大國男子・況今雖退守・尚能衰兵憚敵耶・爲之執鞭・其不辭矣・

順德廖公墓志銘

廖公子香既喪之十有一載・公子桐史・手行狀愀然以質

於明・將於中華民國某年月日歸葬順德白石鄉飛鼠崗・乞爲陷幽之文・永其先德・明不文・即遂爲之・其何以揚景烈・信百世・雖然・如公行誼・遭賊虐如此・哲士所爲痛心也・明即不文・其持何義以辭・遂序而銘之・

序曰・公諱浩材・字殿芳・號子香・順德廖氏・廖之宅於順德・其鄉曰扶閭・爲望族・世係具載家譜・二十傳・至純賢・力田致富・子清泉・遂以儒術顯・生子三・公爲其仲・清泉雖飫於家・輕財好施・遂窮其畜・及卒・遂無以盡禮・是時羣佃積負萬金・或闚公・謀於佃蔵父喪・公則不從・曰吾其別貸・以完子職・誠索之亟・佃力不逮・即逮矣・其是寡恩・非父志不孝・立呼羣佃語・以所以布券燔靈位前・皆俯首緩緩行・咽涕而去・至於今稱道不衰・

公少小聰茁・逮壯名文於時・而試終始不售・則慨然舍去・歸理鄉事・垂四十年・掖掊忠邪・外內和介・一衡於度・惟義是鏑・人無敢幹以私・勝朝末葉・提督方耀何長清壁軍順德・提其師以治盜・計清鄉・材公之爲・檄董其事・公甚謫姦慝無所庇・里門以完・餘二十年・閭巷不聞午夜叫讙者・而公遂植死於是矣・

中華民國六年十月二十一日・鄰賊吳孝・齒夙怨・呼其徒阮茂二十人以往・急裝持械・夜盜公以走・鐫土窖中・寘之死・公大怒罵・不屈・伺隙謀脫賊・中賊詗・遂及於難・公實生遜清道光三十年・至於是・春秋六十有八・當是時桐史實佐戎潮州・得報・日夜踔千五百里跣歸・榜厚金・市公遺骸・僅得之・公之卒也・賊孝見公瞋目披髮・血汚面・譟而奔之・賊孝震怖走・醒以告人・人漫應之・而賊孝遂於其

夜中兵以死・賊孝死不三月・羣盜盡誅・於是鄉人走相問・怒語悲呼・公靈不爽・而桐史大憾遂釋矣・

公平居精研關閩濂洛之學・程朱學尤篤・晨微更冷・恒力詔桐史讀書指・篤實踐履・無鶩駿遠・而姦於其私・其後桐史牧東莞增城開平・參戎幕・秉權政・慈惠廉介・克諧輿誦・其爲縣尤有治聲・桐史雖賢於性・忠於職・實範公之教也・配張無子・側室生子四・長孔訓・即桐史也・次孔詢・盧出・孔訢孔諄・陳出・女子子七・適劉・適張・適梁・適何・適梁・適何・適何・孫男驤衢・女畹蘭適麥・畹蕙適李・畹茗適許・畹蓀畹荃・皆恂恂自愛・能紹公之教者・銘曰・

人無不死・乃有重輕・克宅於義・道則不盲・不問何死・惟問其行・行之允淑・雖死猶生・嶽嶽廖公・勤身以事・擢擿艮姦・坎於有位・田有耕氓・野無緹騎・延延廿載・一邦永治・維彼艮士・遂膏賊刄・賢之一身・殲之一瞬・善不必福・古言實信・禍福何恃・芳烈是振・峨峨飛鼠・幽宮在茲・幽宮誰藏・是實人儀・傳之萬祀・克永厥垂・刻詞貞珉・以奠龜螭・

冼玉清

一八九四年生
一九六五年卒

女士南海人・幼受業於陳子褒灌根學塾・治文史・旋入香港聖士提反女校習英文・復從李鳳公習繪事・婉淑知書・能詩善畫・一九二四年畢業嶺南大學中文系・以成績卓異・留校助教・遞升講師教授・兼文物館館長・一九二八年・曾應燕京大學之邀北遊・得與時流論學・所見益廣・自是潛心著述・傳業後進・半生盡瘁於嶺大母校・一九五二年轉任中山大學教授兼中山紀念館主任・一九五五年退休・仍領廣東文史研究館副館長・一九六五年病逝廣州・玉清夙慧而劬學・治史精審・尤肆力鄉邦文獻・有不櫛進士之稱・著有更生記・廣東鑒藏家考・廣東女子藝文考・流離百咏・廣東叢帖敍錄・廣東文獻叢談・趙松雪書畫考・廣東印譜考等及論文多種行世・稿本待校訂未刋者有近代廣東文鈔・近代廣東名人生卒大事表・廣東醫學名人志・嶺海遺珠等・

與楊果庵主任書

玉清一介弱女・未識綺羅・不諳世故・徒欲不負所學・爲社會稍盡綿力・而嶺南大學之執政者・亦不以其不才・既聘爲文史科教授・復委爲博館主任・殷斯勤斯・以期無負職責者・十二年矣・無奈魂雖强而魄則弱・食既少而事偏繁・積日累勞・遂爲二豎所妒・一病幾死・七日乃蘇・自夏徂秋・纏綿累月・精神雖復・調養仍殷・正擬告退節勞・以讓賢智・而南大之執政者亦以爲玉清個人計・則宜從事將息・爲學校大局計・又當減政節流・因公及私・莫如將所任各職・與以解脫・不意先生不大謂然・又以爲爲玉清個人計・則體力既復・不可無所建白・爲學校大局計・則人師難得・不可無所矜式・有公無私・莫如厚加幣聘・慰留仍舊・兩議莫決・遂事折衷・省去教授・俾免過勞・仍主博物・俾得盡

力・於是間接又間接・婉轉復婉轉・以探求玉清意見・而不知早略有聞・二者均感・蓋既感學校之爲個人計・尤感先生之爲大局計・微學校・不能見先生之高誼・微先生・不能見學校之過愛也・

惟是柳綿弱質・襪線短才・受惠若驚・有懷待白・區區一玉・寧値得偌大問題乎・且也知己固不能不感・而自知尤不可不明・計自入校以來・十有二載・其居職不可謂不久・其心力不可謂不盡・乃除口講指畫之外・祇撰得趙松雪書畫考二卷・管仲姬書畫考二卷・梁廷枏箸述考二卷・萬里孤征錄六卷・粵東印譜考一卷・隨筆四卷・文集四卷・詩集二卷・詞鈔一卷・粵東著述錄四十卷・以供學子參考・近復著近代文學史・尚未脫稿・而國立中山大學更强以廣東藝文志見委・研松握竹・所事彌繁・以輕盈如葉之病軀・作著述等身之奢願・擧鼎絕脰・恆恐不勝・況南大賢才・斗量車載・玉清何人・而足輕重・以言國粹・當俟諸天下昇平・以言人才・無需此不櫛進士・此知難之宜退一也・

近年以來・金融恐慌・影響及於學務・既不能爲源之開・又安可不爲流之節・節流無法・惟有裁員・校中各系・既無員之肯裁・先生所主之國文系・遂不得不爲之倡・而玉清則逢其會矣・在先生雖不我遐棄・在玉清亦素非尸位・況嗜好與俗・既殊酸鹹・去就之間・尤徵品格・與其若即若離・曷若獨來獨往・天下無道・卷懷大有其人・國家將亡・氣節乃在女子・此知止者不殆又一也・

玉清女子也・長城以南・五嶺以北・倦游載返・弱病生寒・海內賢豪・幸猶識我・里閭故舊・尚有其人・健婦把鋤・負郭之田十畝・小姑居處・寢饋之書一牀・龜甲古文・蠅頭小楷・秋燈夜雨・搦管伸縑・一卷偶成・寸心自喻・人皆以爲枯寂者・已正樂其清淨耳・所難恝者・同事舊雨・問業諸生・相叙十年・離羣一旦・行者方傷郤曲之謌・送者共悵自厓而返・而誼兼師友如先生者・尤不能已於懷矣・恤恤乎・愀乎・悠乎・人皆集於菀・已獨集於枯・涼風起天水・君子意何如・

廣東叢帖叙錄引言

叢帖之刻・始於宋而盛於前明・若東山堂帖・寶賢堂帖・眞賞齋帖・停雲館帖・餘淸齋帖・鬱岡齋帖・墨池堂帖・戲鴻堂帖・渤海藏眞帖・其較著者也・

滿淸崛起塞外・統治中原・以書畫爲知識階級所嗜好・故亦從而研究之・愛好之・尊尚之・提倡之・以爲可通於學問性情・故歷朝每事刻帖・若康熙二十九年之摹刻懋勤堂法帖二十六卷・乾隆十二年摹刻三希堂法帖三十二卷・十九年摹刻墨軒法帖四卷・三十四年重刻淳化閣帖十卷・四十四年復刻快雪堂帖五卷・在上者既竭力提倡・在下者亦好之彌篤・此當時盛行刻帖之第一原因也・

嘉道之間・海內富庶・叢書叢帖之刻・盛極一時・風氣既開・吾粵亦蒙其影響・於事達官貴人從事焉・富商巨賈亦從事焉・其時潘盧伍葉四姓・以營商致鉅資・於是結交文士・附庸風雄・思欲留名後世・以垂無窮・以爲刻書刻帖・可期不朽・此當日廣刻書帖之第二原因也・張之洞勸刻書說・謂南海之伍・刻粵雅堂叢書・五百年後・姓名必不湮

沒．此風既開．各思出奇制勝．於是羅致文人．經營題跋．刻書之外．刻帖亦盛極一時．其犖犖大者．若海陽鄭潤之吾心堂法帖．南海葉夢龍之貞隱園集帖．友石齋集帖．風雨樓集帖．南海吳榮光之筠清館集帖．順德梁九章之寒香館法帖．南海伍元蕙之南雪齋集帖．番禺潘正煒之聽颿樓集帖．南海孔廣鏞廣陶之嶽雪樓集帖．南海伍元蕙之澂觀閣集帖．南海葉應暘之耕霞溪館集帖．番禺潘仕成之海山仙館叢帖．高要梁振芳之怡園集帖．豐順丁日昌之百蘭仙館集帖．皆綿歷年月．不惜鉅資．選石勻整．欵式畫一．搨成裝爲書册．不煩裱背．張伯英謂此粵帖之別出心裁．可爲法式者也．

老粵人刻帖．始於清乾隆四十七年（一七八二）鄭潤之刻吾心堂帖．終於光緒八年（一八八二）丁日昌之刻百蘭山館藏帖．維時恰一百年．其中全盛時期爲道光十年（一八三〇）至同治五年（一八六六）。此三十六年間．吳氏葉氏潘氏實爲中堅人物．摹古之刻．粵帖本自遜人．吳氏筠清館葉氏風雨樓尚有可觀．潘氏海山仙館．伍氏南雪齋則瞠乎其後．緣其所選底本不精．故結果自難超越．藏眞之刻．吳氏葉氏與摹古未畫鴻溝．潘氏海山藏眞初刻．羼入索靖出師頌．是知其摹古與藏眞亦未釐分清晰．厥後區畫分明．遂成叢帖兩大壁壘．此潘氏之成就．或由於刻帖之經驗乎．以選擇言．則海山仙館與聽颿樓皆務博貪多．風滿樓較有別擇．筠清館吳氏精研有素，眼光獨高．且不競美．人已刻者．我不採之．故內容稱善．其所著帖鏡一書．海內罕覩．康有爲以未見爲憾．乃作書鏡以相媲美．即廣藝舟雙楫是也．體例編次．吳氏爲優．鉤摹當推葉氏．博侈則不及潘氏矣．然博而不擇．又何取焉．潘氏摹刻雖多．而編目最劣．如晉王獻之字竟在元楊維楨後．宋蔡京字又在明僧道衍後．方孝孺字．分數部刻出．方帖一入明人．一入清人．題跋又分二處．且竟以題跋爲名蹟．故統系遠遜筠清館也．

至於各家碑石．現亦已易主人．友石齋之石．歸香山莫鶴鳴氏．貞隱園石．歸鶴山易蘭池家．筠清館石．在佛山吳采南家．風雨樓嶽雪樓海山仙館摹古藏眞石．歸佛山區贊深．南雪齋澂觀閥石歸北平滿洲人俊啓．耕霞溪館石歸高要何昆玉．聽颿樓石仍存潘正煒後裔．寒香館石則在佛山．石之所以多留佛山者．蓋遷移爲不易矣．

余於碑帖．素昧淵源．以治目錄學故．粵帖輒有過眼．深恐日久年湮．此殘存者將隨散佚．因叙錄其目．以資保存．幷便按圖索驥．上編祇屬叙錄．下編則爲研究．其流傳比較考異諸點．頗費用心．發表尚俟異日．即此區區者．其書籍之假借．編排之次序．內容之指示．麥華三羅原覺黃子靜三君之助力爲多．特表出以誌謝悃．三十七年雙十節南海冼玉清寫於琅玕館．

廣東第一部科學著作——楊孚的異物志

研究廣東植物的人．許多都引嵇含的南方草木狀．以爲是廣東最早的科學文獻．殊不知楊孚的異物志．比嵇含的著作還早三百多年．異物志是廣東第一部關於動植物學．礦物學與人種學的著作．

關於楊孚的生平．我們現在知道的．他是東漢時的番禺縣下渡鄉人．東漢章帝建初年間（公元七六年）曾在朝廷任

議郎的官職・這位科學家爲人梗直・屢次上書直諫皇帝・

異物志一書看來至今還有一定的科學意義・其中有幾點是特別值得注意的・其一是關於水稻的記載・當代我國傑出的水稻學專家丁穎教授曾發表一篇題爲中國栽培稻種的起源及演變的學術論文・丁穎教授估計中國古時應有比其它作物更早的野生稻・並認爲栽培稻種應起源於亞洲南部的中國及印度一帶・丁穎教授的論文博引古書・可惜沒有引用這部近一千九百年前的科學著作異物志・異物志云・「交趾稻・冬夏一熟・農者一歲再種・（一年兩造的意思）・」漢代時・交趾包括廣東・廣西・安南・楊孚的著作・可以視爲丁穎教授的論點的佐證之一・同時・從異物志的記載・也可以窺見我國古代的耕作技術的發達・其次・異物志有一段談到蔗糖的製作・也很值得注意・原文云・「交趾所產甘蔗・味特醇好・長丈餘・頗似竹・斬而食之・既甘・榨取其汁・如飴餳・名之曰糖・又煎而曝之・既凝結・如冰磚・破而食之・入口消釋・」由此看・在公元一世紀的時候・廣東的勞動人民已懂得製糖了・這對研究中國製糖史・也是有幫助的・中國文獻中關於製糖的記載・異物志起碼可以算是最早的一部・其三・異物志提到的一種竹布同樣值得注意・據說・當時南方人還不會養蠶繅絲・也不會種棉紡紗・却能利用竹的纖維來織布・這是研究竹的利用史上不可忽視的一項・

此外・異物志記載的芭蕉布・我特別感興趣・記得一九五三年春・廣州一家麻袋廠曾用香蕉纖維和黃麻混合織造麻袋成功・大大降低了成本・翻閱異物志・我發現在公元一世紀前・我們已經利用芭蕉纖維來織布了・這不是一件驚人的事嗎？異物志云・「芭蕉莖取鑊煮之爲絲・可紡織・女功以爲絺綌・」張德鈞先生在兩千年來我國使用香蕉纖織布一文中・認爲楊孚是第一個給我們報道了廣東人用芭蕉纖維布的故事・這是見於文獻記載的開始・但這個事實・必然在楊孚文字記載以前就有了・這個判斷是正確的・

讀異物志・深感我國勞動人民智慧的非凡・也是我國古代科學技術的發達而感到自豪・

廣東最早一部小說——劉軻牛羊日曆

唐朝曲江人劉軻所作的牛羊日曆・阮元廣東通志藝文略列入小說類・所以這是現存最早的廣東作者寫的一部小說・

牛李黨爭・舊史學家認爲是唐朝一件大事・黨爭由憲宗元和年間開始・至宣宗大中年間爲止（公元八〇六一八五九）・這五十餘年間・兩黨哄爭不絕・牛黨以牛僧孺爲首・李宗閔・三楊（楊寧・楊虞卿・楊漢公）等附之・李黨以李德裕爲首・而鄭覃・李紳等附之・李黨代表六朝以來的世族地主・以經術禮法爲其家學門風・牛黨代表高宗以來的進士詞科新興地主・以詞賦文彩相標榜・兩黨來自不同的社會政治集團・自然有其不同的思想傾向・他們結成私黨・彼此傾陷排擠・造成政局的極度動蕩・

新舊唐書・資治通鑑・東觀奏記等書・都述及此次黨爭・主要是寫它的輪廓及大事・至於劉軻的牛羊日曆・却是一部利用文藝形式進行政治爭鬥的小說・站在一個官僚地主集團的立場來攻擊另一個官僚地主集團・以達其政治目的・不過・客觀上也多少暴露了封建官僚地主彼此爭權奪利・不

擇手段・以及生活上腐化墮落的醜態・令人看到這些集團人物的卑鄙・和封建社會的腐敗・

這書因何名爲牛羊日曆呢・牛指牛僧孺・羊指楊虞卿等・羊楊二字・同音假借而已・

何以見得這書是李黨攻訐牛黨的書呢・試看它寫牛僧孺的結黨營私說・僧孺與內官楊承和相結納・不數年遂登台座・附上罔下・其門生雖卑冗・不周歲至大僚・它寫楊虞卿的弄權說・虞卿兄弟元和中幷登進士第・二十年來・上撓執政・下干有司・若黨附者・朝爲布衣・暮拾青紫・其或輸金袖璧・可以不讀書爲名儒・不識字爲傳業・主司束手・公道盡矣・它寫牛僧孺與楊虞卿的親昵說・兩人夾街對門・列燭往來・時人謂之半夜客・寫牛楊筆舌的厲害說・京師語云・太牢筆指牛僧孺・少牢口指楊虞卿・南北東西何處走・寫楊虞卿贊楊漢公的口才說・此子掉三寸舌・能易人五臟・都是從第三者的口中・揭露牛黨的浮薄・寫得很生動的・它寫楊虞卿說服李愿・把美姬名眞珠的送給牛僧孺・也令人憎恨那些官僚地主的糜爛生活・

但是這本書攻擊敵手又是不擇手段的・例如它寫牛僧孺生母的蕩治改嫁・便是罵及別人的父母・又說牛僧孺私撰周秦行紀・書中呼德宗母親爲沈婆兒・暗指僧孺無君・這也是有意傾陷・周秦行紀原本不是僧孺作的・這樣做法・是相當卑鄙的・

作者劉軻・字希仁・唐憲宗元和末約「八二〇」進士・累官侍御史・出爲洛州刺史・爲文精邃・與韓愈柳宗元齊名・白居易稱他所著的翼孟・得聖人之旨・唐書藝文志著錄他的三傳指要十五卷・帝王歷數歌一篇・全唐文載他的文章十餘篇・今有劉希仁文集行世・

廣東最早一部醫書——釋繼洪嶺南衛生方

前人視爲治南方疾病的祕鑰

道光年間・阮元編的廣東通志・藝文略著錄清代以前的醫書十五種・其中十二種注佚・三種注未見・其未見三種之中・有太平聖惠方一百卷・是宋代南海陳昭遇等集體輯錄的・至于個人編輯的醫學專著・當以嶺南衛生方爲最早・阮元的通志對此書不著撰人・其實此書的作者就是元代僧人釋繼洪・我翻閱北京中醫研究所圖書館目錄・偶然發現有這部書・因去信請求借閱・輾轉經過三年時間・始由北京圖書館補製部製成攝影膠卷付來・因爲材料得來這樣困難・而此書又是現存廣東醫書最早的一部・故特爲介紹・以供世之研究醫學者參考・

此書的作者釋繼洪元代河南汝州人・早歲南來・其他事迹不可考・原書有元代海北廉訪刻本・明代景泰間（一四五〇年）廣東省署重刻本・但流傳不廣・日久連木板都不復保存了・直到明代正德八年（一五一三年）・廣東布政司羅榮借得抄本復刻傳世・明代萬曆四年（一五七六年）・又出現了一個複刻本・但三種明刻本都不可得見・如今我所見的是日本大梯謙晉造一八四〇年校刊的・據梯謙的序文・我們知道・日本的刊本是依據從中國傳去的抄本校刻的・

現在看到的這本書・還有兩篇序文・一篇是羅榮做的・

一篇是鄒善做的．這兩篇序文都說．南方的氣候與北方不同．南方人或北方來客採取北方的一般治療辨法．往往有失．所以特別着重嶺南衞生方．羅榮說．吾知生于斯．寓于斯．繼今黽勉以衞生者．舍是書何求哉．鄒善說．一日獲嶺南衞生方讀之．曰．此仁人之用心也．可見他們對這本著作的評價是頗高的．

我研究全書的內容．覺得此書有三個特點．㈠它不偏於仲景之峻猛．又不偏於劉張之攻伐．強調體察受病的原因．而給以適宜的藥物．又結合到每個人的年齡．體質．性情．勞逸情況與習慣而變通處方．㈡它特別注重瘴瘧．詳引諸家理論．因爲瘧疾是南方最容易感受的疾病．㈢強調針對嶺南氣候水土而治嶺南人的病．有這三個特點．無怪前人這樣重視此書．視爲治南方疾病的祕鑰了．老實說．這種從實際出發．結合地理．氣候和病人的各種條件而研究醫學的醫學思想．直到現在也是正確的．

廣東第一部海外風物誌——黃衷海語

我省前人著書．談及外國的甚少．明世宗嘉靖十五年（一五三六）黃衷寫成的海語．可算是最早的一部．也是較有價值而影響較大的一部．

海語的作者黃衷．字子和．南海人．中過進士．曾任廣西督糧道．湖南巡撫．官至兵都右侍郎．後被妒忌他的人所誹謗．家居不仕．晚年很少外出．但喜與出過外洋人的談海外的事．往還既多．彼此熟悉．他們便一邊說．黃衷一邊記．時日既久．積稿漸多．他就把稿子整理而成海語一書．書中所述．雖非黃衷親眼所見．但出於海船中的番客．舟師．舵卒所親見．比之山海經．神異經等誕幻不經者．可信者又較多．此書雖係記錄所聞．但遣詞造句．都是黃衷出自心裁．四庫提要稱其文章高簡．我認爲他行文學柳宗元．文采是不錯的．

全書三卷．分四類．內容都是記南洋風物的．可與宋趙汝括的諸蕃志．明張燮東西洋考等互相參證．對研究南洋的風俗物產有一定價值．

曾經見重一時的海語．自然有它的優點．略言之．㈠如風俗類中記暹羅滿剌加兩國的刑政．婚姻．農工．商賈．及捍災禦侮之事時．所說暹羅人多信佛．重僧．有火葬和鳥葬等習慣．至今仍不失其眞實性．㈡物產類中介紹了蘇木．象牙．犀角．胡椒．可作香料的荼蘼露．入藥的片腦．製飾物的伽南香．頂骨能製利物的海鶴．珍貴食品海燕窩等．可考見當日我國與南洋的貿易情況．從進口貨品類之多．可以想見當時的對外貿易是頗爲發達的．㈢海語中有畏途類．是敍險阻的山水．其所記的萬里石塘．萬里長沙．即今日之西沙南沙羣島．這些羣島爲我國往南洋航行必經之路．水深而多暗礁．風浪險惡．所產鳥糞．可供作肥料．海語說此地風沙獵獵．有無數大鳥．從今日實地考察看來．也相當正確．根據此書的記載．這些地方向來屬於中國．

海語也有缺點．有些地方是傳聞失實所造成的．例如．書內把猛火油說成是一種樹的津液．能製火器．能腐人肉．其實．早在公元九五八年．占城國王就曾遣使貢猛火油四十八瓶入中國．近人章鴻釗所著石雅中．以猛火油入石油類．

韋鴻釗的說法是可信的．那麼海語說它是樹的津液．顯然是錯了．又如海驢條．海語謂得其皮製臥裀．善人御之．終夕安寢．不善人枕借其上．魂乃數驚矣．這未免近於附會．而且涉及迷信．

明清數百年來．此書的材料．已經屢爲人所引用．最近中國科學院廣東分院研究海外交通的同志向我打聽有關這方面的文獻．我認爲海語一書是值得介紹的．就是一般讀者．如果有興趣的話．翻翻這本書也可以增長一些知識．

粵人所撰論畫書籍提要

品畫之書．代有作者．南齊謝赫作古畫品錄．實開其端．唐張彥遠撰歷代名畫記．自謂於鑑別有一日之長．宋劉道醇撰宋朝名畫評．事實足資考核．宋郭若虛之圖畫見聞志．流派頗稱賅備．宋董逌作廣川書跋．多考證之文．元明以還．代有作者．近年人民美術出版社所印於安瀾編之畫論叢刊．採書五十二種．網羅稱備．而於粵人僅收鄭績畫學簡明一書．未免尚有遺珠之憾．因就目之所及者十種．撰爲提要．俾世之研究粵畫者．資參考焉．

西園畫評一卷　明刊本

明博羅張萱撰．萱字孟奇．別號西園公．生於嘉靖三十六年丁巳（一五五七）．萬曆十年舉人．三十三年爲中書舍人．纂輯內閣藏書目錄．後在蘇州任關榷之職．芟剔蠹弊．大學士申時行撰榷政碑頌之．官至平越知府．萱能畫．有鑑賞名．在蘇州時．藏家往往以所藏相示．間或見貽．間或交換．故亦頗有收穫．後歸隱於鄉之西園．崇禎十四年辛巳卒（一六四一）．年八十四．著有西園存稿．西園聞見錄等書．

此書乃西園題跋四卷中之第四卷．題畫四十一件．辨析眞僞頗具眼光．對於畫家傳記更爲詳悉．其題謝樗仙雅繪卷．謂畫有三病．用筆忌板．忌刻．忌結．又謂畫必於意外求筆．筆外求意．故筆可不足．意宜有餘．作畫與作字同一機．意在筆前．此書家要訣．亦畫家要訣．皆爲知言．所題自仿李唐筆意小卷謂．六法小技耳．一筆不自古人中來．皆非合作．筆筆皆自古人中來．亦非合作．可見萱主張以學古爲基礎．仍須自出新意．變化從心．乃爲合作．

初學藝引三十二卷　乾隆十四年刊本

清揭陽李仕學撰．仕學字亨敏．號遜齋．雍正乾隆間人．貢生．乾隆五年任順德教諭．又任新會教諭．天津經歷．

此書爲初學游藝而作．分詩．文．書．畫．琴．棋六引．其中畫引四卷．有漱芳居單行本．卷一論畫．卷二畫體．卷三畫法．卷四畫學．

辛丑銷夏記五卷　道光廿一年刊本

清南海吳榮光撰．榮光字伯榮．號荷屋．又號石雲山人．生於乾隆三十八年癸巳（一七七三）．嘉慶四年進士．官編修．累官湖南巡撫．兼署兩湖總督．榮光出於阮元之門．故鑑賞具有淵源．生平嗜法書．名畫．吉金．樂石．冢書壁簡．著有歷代名人年譜．吾學錄．石雲山人文稿．石雲山人詩集．筠清館金石文字．綠伽楠詩鈔諸書．以道光二十三年癸卯（一八四三）卒於家．

此書爲榮光六十九歲所撰．所收自唐至明名蹟一百四十六件．體例仿高士奇江村銷夏錄．而精審過之．榮光鑑別第一注重考據．其跋唐人秋嶺歸雲卷．謂自書畫史．雲煙過眼錄等名蹟所錄．不無異同．而書畫家不求考據．但以意見所及．佳則眞．否則贋．其實後人眼光．未必盡能照到古人深處．故必以考據爲依歸．第二注重辨僞．五代周文矩賜梨圖卷末有柳道傳僞跋．袁叔英梨詩．並删汰之．第三重視臨本．其跋沈石田模黃大癡山水小幅．謂原本未必能長留天地間．故有名之蹟．端賴得人傳模．以開悟後學．遇模古之本．必當亟收．俾六法不絕加線．第四不偏重文人畫．其跋董文敏仿張僧繇小幅軸．謂論畫者皆以有書卷氣爲上乘．然書卷塡胸．而出筆枯槁者．仍爲糟粕．第五善於比較．評王石谷．惲南田最爲平允．謂石谷長南田一歲．南田恥爲天下第二手．以山水讓石谷．而獨寫花卉．但石谷雖工臨仿．而於元人冷淡幽雋之致．或遜南田一籌．

常惺惺齋書畫題跋二卷　同治十年刻本

清南海謝蘭生撰．蘭生字佩士．號里甫．生於乾隆二十五年庚辰（一七六〇）．嘉慶七年進士．選庶吉士．迭主粵秀．越華．端溪三大書院講席．文得昌黎家法．詩宗大蘇．書學顏魯公．繪採吳仲圭．董香光．善鑑別．以道光十一年辛卯卒（一八三一）．年七十二．著有常惺惺齋文集．詩集詩書．

此書題跋全用散文．論畫能採其淵源所自及眞僞之故．其評韓太冲山水謂評書畫必先知其人之品概．則眞僞立辨．而畫之佳處亦盡出．其評李龍眠羅漢謂其輕描淡寫．正合吳道子．韓太冲古法．不必濃墨勁筆云．其題倪雲林樹法謂出自李營邱．第删繁就簡．略變面目而已．其題大癡山水謂點法簡淡似倪迂．而微妙深細．不易尋窺．其評情湘山水謂筆墨奇極．其源實出自大癡．第小變面目．又謂此公一落筆便有天外奇境．飛上筆端．又謂其縱筆所爲．不無荒野過甚處．及其精詣．則麓台．石谷．難夢見矣．其題仇十洲山水謂畫之贋本．無多於仇實父．試思畫既精細．實父年又不永．一生能作幾許畫．而至充滿市廛乎．人謂其臨模北宋．越小越妙．此卷亦數寸而具千里之勢．筆法淸蒼入古．豈徒以姸媚見長乎．其題惲南田山水謂正叔天姿高妙．時有逸筆．人以爲從四家變出．不知實尋源於松雪．有冷淡幽雋之致．又謂正叔山水．筆意超雋靜穆．實出石谷之右．吾粵畫人．動輒寫米．輒墮惡道．不値識者一哂也．其評黎二樵畫册云．二樵好作沒骨．實師藍田叔．而筆弱不能如田叔之雄厚．以上所評八家．皆精切入微．非深於畫理者不能道．余紹宋書畫書錄解題謂里甫書畫俱精．實由所見者富．所蘊者深．故持論多獨到之談．鮮膚泛之語．可謂的論．

繪事隨筆一卷　稿本

清香山黃培芳撰．培芳字子實．又字香石．晚號粵嶽山人．生於乾隆四十三年戊戌（一七七八）．嘉慶九年副貢．

歷任乳源・陵水・大埔敎諭・肇慶府訓導・學海堂堂長・能詩喜畫・以咸豐九年己未卒（一八五九）・年八十二・著有浮山小志・粵嶽子・香石詩話諸書・此書爲培芳題畫之作・共三十則・謂雲林山水不畫人・寫蘭不著土・可見心跡・又謂二樵少用乾擦・未免減色・張默遲簡而能厚・非二樵・藥房所及・人但知二樵筆高・而不知吾家虛舟尤高・虛舟即黃丹書・後有講册頁章法・謂作詩至十首八首以上・必講章法・作畫何獨不然・册頁大抵以十二幅爲率・中間分而觀之・淸濃奇灑・無所不有・淸濃相間・奇灑側出・始成大觀・此皆有心得之言也・

李躍門百蝶圖四册　道光十七年寫刻本

淸南海李國龍撰・國龍字躍門・國子監生・乾嘉間人・與黃培芳・張維屏等倡和・通韻學・能詩工畫・尤以畫蝶知名・以詩・酒・琴・棋・書・畫爲六友・著有六友堂詩鈔及五經切音切字問答諸書・

李躍門百蝶圖四册・一至三册言畫蝶用水墨法・只用鉤勒・黑白分明・至第四册稍爲變易・訂有工筆六蝶式・寫筋非常細緻・即世所謂抄生・揣摩此書・可以盡畫蝶之能事・

藤花亭書畫跋四卷　咸豐五年刋

淸順德梁廷枏撰・廷枏字章冉・號藤花亭主人・生於嘉慶元年（一七九六）・歷充越華・粵秀書院監院・學海堂學長・林則徐督粵・詢以籌防戰守・爲繪海防圖・祁墳・徐廣縉並聘入幕・襄辦事務・歷修海防彙覽・粵海關志・並著有夷氛聞記・南漢叢書等三十餘種・以咸豐十一年卒（一八六一）・年六十六・

此書題跋・計卷一手卷五十六件・卷二手卷六十九件・卷三夾册二十二件・卷四立軸四十二件・共二百件・書畫相兼・廷枏自謂・隨見必有所觸・隨觸必有所言・或考其人・或論其事・或即其法矩以證其流派・或因其片紙而及其生平・語無常宗・文無定體・藉此可窺此書之體制・

按廷枏收藏・積自先世・其祖善長・父禮覲・皆喜收藏・兄彝・亦喜聚宋元名蹟・後皆歸藤花亭・廷枏薪水所入・亦效乃翁・然以舌耕之人・不同於達官富賈・不能斥鉅資爲收購・故所藏不盡精審・余紹宋書畫書錄解題卷十一謂未見是書・並引順德胡祥麟所告・謂此書就所藏臚列其名・其孫佽侯出示者皆是書所載之品・大致贋鼎及殘墨者爲多・余曾讀是書・則內容並非臚列其名・每件皆有跋語・如跋趙文敏獨樂園圖記・考出作書年齡與書蹟不符・跋沈石田意筆山水・謂工拙不繫夫粗細・古人名圖・多指一名山・不過其中之平正反側・分出輪廓・以浩氣行夫其間・其亭台樹石・則隨手點綴・故就山而論・則粗中之粗・就點綴論・則粗中有細・石田翁百忙中不害其爲傳作・則氣爲之等・皆有考證・有見解・非盡如胡祥麟所云也・

今夕庵詩鈔一卷　光緒廿六年刋

淸番禺居巢撰・巢字梅生・一字巢父・號梅巢・生於嘉慶十六年辛未（一八一一）・工詩書畫・人稱三絕・與馮詢・陳艮玉・倪鴻・楊永衍等爲友・曾游幕江南・廣西・以

同治四年乙丑（一八六五）卒·年五十五·

此集詩不多·酬應外·多題畫之作·其中有讀畫絕句三十四首·論石濤諸家·人各一絕·余紹書畫書錄解題讚其立論平允·其論石濤云·筆頭那識祖師禪·寂照空虛近自然·但覺淋漓元氣溼·不知是墨是雲煙·論惲南田云·生平能事每推王·各有光芒兩頡頏·若比詩禪求解脫·獨饒神韻似漁洋·其論黎二樵云·四家久著南樵說·三絕還歆絕世姿·藏去有無論清俗·惟應狂簡似倪迂·其論謝里甫云·本無一法法無名·粉碎虛空自渾成·透得臨池關鈕在·固應人有折釵評·以上所論諸家·可謂切當·因居巢能畫·故能體會深入如此·

夢幻居畫學簡明五卷　同治三年寫刻本

清新會鄭績撰·績字泓振·號紀常·生於嘉慶十八年癸酉（一八一三）·候選同知·僦江樓於太平煙滸·以畫意結構·黃培芳贈詩云·小閣迴瀾近海旁·太平煙滸對扶桑·神仙莫作高深論·酌酒看花鄭紀常·所寓名夢幻居·著有夢香園賸草·畫學簡明諸書·

此書卷首有鄭績自序·謂素有畫癖·而於古人筆法墨法·由淺入深之旨·詳究造化生成之理·因理之所當然·復思其法之所以然·日有會心·隨筆論記·以俟有志畫學者采覽·則知此書是由積累經驗·抒其心得寫成·非率爾操觚者可比·卷一爲山水論·內分總論·泝古·論形·論忌·論筆·論墨·論景·論意·論皴·論樹·論泉·論界尺·論設色·論點苔·論遠山·論題款·論圖章·卷二爲人物論·內分總論·泝古·論工筆·論意筆·論逸筆·論尺度·論點睛·論肖品·卷三爲花卉論·內分總論·泝古·論樹木·論草木·論藤本·卷四爲翎毛論·內分總論·泝古·論山禽·論水禽·卷五爲獸畜論·內分總論·論獸畜·論鱗蟲·而以總跋殿焉·全書著重山水·人物·而以花卉翎毛獸畜附之·其論山水·認爲必須考究形象·今人多忽略形象·故畫焉而解爲何物·豈復成爲繪事耶·其論人物·認爲以工筆寫人物·不能以意筆寫樹石配之·一幅兩家·殊不合法·皆爲知言·又謂是書詳立規矩·使學者有階可升·至神明變化·出乎規矩之外·而仍不離乎規矩之中·所謂從心所欲不踰矩云·

萬木草堂藏畫目一卷　民國七年石印本

清南海康有爲撰·有爲初名祖詒·字廣厦·一字更生·號長素·生於咸豐八年戊午（一八五八）·初問學於九江朱次琦·博涉羣籍·光緒十九年舉於鄉·講學於廣州萬木草堂·二十一年成進士·授工部主事·時中日和議將成·有爲聯名公車上書諫阻·二十四年·國事日亟·乃次第上書言變法圖强·德宗從之·是爲戊戌百日維新之役·失敗後流亡歐美·以民國十七年戊辰（一九二八）病歿於上海·著有大同書·孔子改制考·新學僞經考等凡經史子集約二百種·

此書乃民國六年有爲行書手寫本·記其所藏名蹟者·其畫目自唐楊庭光地獄變相圖至清乾隆受天百祿織畫凡三百四十件·雖云畫目·而每代畫目前均有論列·有爲論畫·以形神爲主·而不取寫意·以著色界畫爲正·而以墨筆粗簡者爲

別派・以爲象形類物・百國皆同・故歐美古畫・與六朝法同・惟中國近世以禪入畫・自王維作雪裏芭蕉・後人誤尊之・蘇米棄形似・倡爲士氣・元明大攻界畫爲匠筆・故畫法衰敝・夫士氣固可貴・應以院體爲正宗・庶幾可救五百年來偏謬之畫論云・其論唐畫・謂色濃而氣厚・以寫形爲主・有武梁祠畫象遺意・五代荊・關・董・巨之山水・黃筌・周文矩之花鳥人物・貫休之佛像・皆冠百代爲畫宗師・由質而文之導師也・五代畫有唐之樸厚而新開精深華妙之體・至宋而集大成・變化至極・論大地萬國大之畫・十五世紀以前・莫中國若也・元四家大癡・雲林・叔明・仲圭出・以其高士逸筆・大發寫意之論而攻院體・明清從之・皆爲寫意之說・擯呵界畫爲匠體・皆爲偏見云・

以上所列十種・除初學藝引之畫引未見外・餘皆一一過眼・著書之人・大抵皆工繪事・蓋六法不深・必無獨到之見也・此外如潘正煒之德馭樓書畫記・葉夢龍之風滿樓書畫錄・孔廣陶之嶽雪樓書畫錄・等皆敍述名品・記其紙絹尺寸・載入前人題跋・以論畫言論不多・故不兼採・海陬孤陋・宇內碩學・幸進而教之・

招子庸與粵謳

（甲）珠江花舫之風月

未言粵謳之前・當先言珠江畫舫之風月・余引黃培芳香石粵謳序・可以恍忽見之・「子不覽夫珠江乎・素馨爲田・紫檀作屋・香海十里・珠戶千家・每當白日西逝・紅燈夕張・衣聲綷綵・雜以珮環・花氣氤氳・蕩爲烟霧・穠纖異致・儀態萬方・珠女珠兒・雅善趙瑟・酒酣耳熱・遂變秦聲・鼉鼓夜午・游舫漸疏・於是雛鬟雪藕・纖手分橙・蕩滌滯懷・抒發妍唱・萬籟如水・三星在天・華妝已解・香澤微聞・撫冉冉之流年・惜厭厭之長夜・」粵謳卷首蓋珠江冶遊・穗市才子富人・視爲風流韻事・而珠娘之宛轉善媚・艇饌之調製宜人・固別饒風味者・觀譚瑩玉生之描寫・如・「花露舲唇炮鳳宴・人窺簾角試鶯天・」「欲斷腸應燈又炧・最銷魂是酒初終・」「醉後似聞呼負負・畫成端合喚卿卿・」「不稱小家惟碧玉・可能夜盜似紅綃・」（樂志堂文續集1:59）觀以上諸聯・可見風光綺旎・

珠娘善度曲・引吭按節・欲往仍迴・幽咽含怨・將斷復續・音能感人・所謂粵謳者也・李文泰有珠江消夏竹枝詞云・「彈斷銀絲碎玉箏・曉風殘月夜冷冷・不知解得誰心事・一樣清歌百樣聽・」「歌場散後語喃喃・月落船頭忍不堪・忽聽寒蟬如訴怨・兩三聲過海珠南・」（海山詩屋詩話2:11）

（乙）粵謳不始自子庸

粵有摸魚歌・盲詞・皆婦女所喜唱・其調長者曰解心・即摸魚之變調・珠娘尤喜歌之以道意・番禺馮詢子良・以進士歸知縣班・回藉候次・好流連珠江畫舫・縱情狎遊・與順德邱夢旟魚仲・及招見庸輩六七人劇縱進珠江花埭間・唱月呼風・競爲豪舉・詢以摸魚詞語多鄙俚・變其調爲謳使歌・其慧者隨口授即能合拍・於是同調諸公・互相則效・競爲新唱以相誇・薰花浴月・即景生情・杯酒未終・新歌又起・或弁舫中流・互爲嘲謔・此歌彼荅・餘響縈江・珠江遊船以百

數．皆倚棹停歌．圍而聽之．此亦平生第一樂事也．好事者採其纏綿綺麗．集而刻之．曰粵謳．與子庸輩所作同其擅場．然粵謳中凡善轉相關合者．皆詢作也．詢易簀時．案頭尚有此本．曾指以示其子恩江曰．此爲某作．而摺其角．然他時有以問詢．詢弗言也．（雪廬詩話頁2）觀此可知粵謳實始於馮詢．不過其書已不存．今所傳者．惟子庸刻本耳．

邱煒萲菽園謂馮詢爲粵中詩豪．歲晚編集．將少時綺語．一切毀棄．其旨雖別有在．未始非見子庸讓一頭地云．

（丙）子庸之粵謳

（子）內容．粵謳全書四集．爲一冊．凡九十九題．得詞一百二十首．刋於道光八年．出版於西關澄天閣．其內容多寫男女之情．尤偏於寫妓女生活．寫淪落青樓者之哀音．其弔秋喜一闋．尤情至文生．凄惻動人．酒闌燈灺．跂脚胡床．一再哦之．輒覺古之傷心人誰不如我．秋喜珠江歌妓也．與子庸昵．而服用甚奢．負債纍纍．鴇母必令其償所負始得遣行．秋喜憤甚．不忍告子庸．債主逼之急．無可爲計．遂投水死．子庸驚悼．不知所措．遂援筆而成弔秋喜一闋．沈痛獨絕．非他人所能强記．一時遠近傳誦．或謂秋喜後爲漁舟救護．重慶生還．歸身子庸．而此作已傳偏珠江．刪無可刪云．可見粵謳當日之盛行．（邱煒萲五百石洞天揮麈錄6:15）

弔秋喜之傳誦．又可於黃遵憲懷陳乙山詩見之．「珠江月上海初潮．酒侶詩朋次第邀．唱到招郎弔秋喜．桃花間竹最魂銷」．人境廬詩6:15

（丑）體裁．粵謳爲地方文學．用廣東俗語方言以抒發情感之詩歌也．黃伯思謂屈宋之文皆書楚語．作楚聲．紀楚地．名楚物．故謂之楚辭．粵謳其流亞矣．而粵東方言別字．亦藉此多所考證．不苦詰屈聱牙．

粵謳多用興體．如桃花扇．船頭浪．花心蝶．瀟湘雁．孤飛雁等．皆言他物以引起所詠之詞．而桄榔樹．垂楊柳．花心蝶．等則爲比體．

其章法極爲流動．無平仄之限制．至於用韻亦不嚴格．通常以詞韻爲準．數韻可以通押．但俗語俗字．有順音者亦可以押上．

用典不嫌其俗．凡街談巷語小說皆可採用．曲終常有感歎詞．如唉．罷咯．呀．君呀．郎呀．等字眼．蓋粵謳是謳唱者．故用感歎詞以爲曲終之暗示．

（寅）文法．粵謳雖爲謳歌小技．然其筆法之妙．非窺透文章三昧者不易企及．如花有淚（粵謳頁23）純用引賓陪主法．以月無痕以陪花有淚．又如桃花扇（粵謳頁57）用分疏法．一開一闔．以桃花之薄命與紙之薄情互相對照．又如分別淚（粵謳頁37）一首．從反面作綱領．而用筆推深四層．尤爲獨到．

（卯）聲韻．子庸精曉音律．尋常邪許．入於耳即會於心．蹋地能知其節拍．故所輯粵謳．雖巴人下里之曲．而饒有情韻．擬之子夜讀曲之遺．儷以詩餘殘月曉風之裔．一時平康北里．譜入聲歌．雖羌笛春風．渭城朝雨．未能或先也．（同治南海縣志20:3）

畢竟粵謳聲韻．以黃培芳作序所言爲最適當．其言曰．仍復抒彼南音．寫伊孤緒．幽咽含怨．將斷復續．其意悲以柔・其詞婉而摯・此繁欽所謂哀感頑艷・凄人肝脾者・梅花老農題詞云・當筵誰是心如鐵・忍聽低頭唱一聲・瓣香居士題詞云・怪底此花能解恨・有人偷付雪兒歌・瑤仙題詞云・似唱江沙腸斷句・人人爭學抱琵琶・（粵謳卷首）觀此則謳聲之凄惻動人可知矣・

（丁）粵謳之逸事

（子）弔秋喜・秋喜以戀子庸而殉情・上文已言之・不贅・

（丑）除卻了阿九・聞後子庸又昵一美妓名阿九・曾作謳云・「除卻了阿九・重有邊一個銷魂・你靚得咁凄涼・鬼火都要讓你幾分・我睇你面似桃花紅到肉緊・腰支成咁樣・叫我點得唔溫・你行近船頭光閃一陣・」按此謳不載粵謳中・

而阿九性極慧・亦隨口能謳・以子庸善畫蟹・因爲謳謔之云・「勸你唔好畫蟹・畫到冇的精乖・你肚裏無腸人地識嘥・橫行沙面幾咁襤褸・最怕畀大石壓親就唔得了賴・我勸你向潘盧伍葉早日躪埋・」採訪册此謳暗喻諷刺・可以意會・不可以言傳也・

（寅）點算好・至於點算好一篇・則爲子庸下第有感而作・當其羈滯北京・時値元旦・下第舉子爲團拜之舉・拜畢・請子庸唱粵謳・子庸信口唱點算好一篇・全座皆爲泣下・（採訪册）蓋其能動同情者之心弦也・其言曰・點算好・君呀・你家貧親又老・八千條路咁就冇一點功勞・虧我流落呢處天涯・家信又不到・君歸南嶺・我苦住京都・長劍雖則有靈・今日光靈未吐・新篁落籜或者有日插天高・孫山名落朱顏槁・綠柳撩人重慘過利刀・金盡床頭清酒懶做・無物可報・珠淚穿成素・君呀・你去歸條路替我帶得到家無・」（粵謳頁54）字裏行間・處處暗寓失意文人羈留在外之悽楚・洵令人感動之作也・粵謳類此者不一而足・舉一爲例・讀者可自參也・又如嗟怨薄命云・嗟怨薄命・對住垂楊・……捨得我唔嫁東風・我心都冇異向・偏要替人擔恨去國離鄉・……虧我癡心一點都付在陽關上・……身後唔堪想……又嗟怨薄命・對住寒梅・點能學得你獨占花魁・高插你在胆瓶・我羞作對・晶瑩玉質・問你幾世修來・……須忍耐・留得青山在・還清花債・依舊可以得到蓬萊（粵謳第8頁）其寫下第舉子・欽羡玉堂中人之心事・活現紙上・

（戊）粵謳之作意與出版

子庸是富於同情心與富於悲感之人・自從受秋喜投江之大激刺・對於青樓便起無量悲憫之心・故粵謳中十之八九爲描妓女可憐生活・大凡描寫戀愛之詩文・約分二種・第一描寫肉慾・或受性慾之縛束者・第二描寫幽情或顯示同情之感動・子庸之粵謳是屬於第二種・讀其並言可知・弁言有題句云・越謳篤摯・履道士願・欲聞請以此一卷書・普渡世間一切迷沈慾海者・又鹿野題詞云・一段婆心解說微・如悲如勸復如譏・苦心要向情天解・翻笑波羅誤雪衣・（均在粵謳卷首）則其作意可知也・程灝伊川云・人言此是鴛鴦侶・我作哀鴻一例看・白樂天居易云・同是天涯淪落人・相逢何必曾相識・子庸悲憫之懷・未有異致也・

據傳說謂珠江某妓・山東人・其父來粵候補・貧死於粵・柩不得歸・女淪爲妓・子庸知而憫之・乃爲擇配寒士・

冼玉清

並發刻粵謳・以售得書值運柩回山東云・（採訪册）

（己）粵謳之餘音

自子庸撰粵謳・一時文人・爭相祖述・以後寫此類文字之人甚夥・粵謳遂成一種公名・繆艮蓮仙其卓卓者也・自道光末年・喜唱弋陽腔・謂之班本・其言鄙穢・其音侏㒧・幾令人掩耳而走・而嗜痂逐臭・無處無之・求能唱粵謳者邈如星漢・永嘉之末・不復聞正始之音矣・此風會遷流・可爲浩歎者也（同治南海縣志本傳）

冼夫人非姓洗

吳晗先生曾發表冼夫人一文・近日廣州上演粵劇嶺海風流・亦叙隋朝越族女英雄冼夫人事・但姓氏則作洗・北方人寫洗字・廣東人寫冼字・兩説並出・不知所從・因我是姓冼・有些人就和我討論起這個問題來・故爲文發抒己見如下・

姓氏的形成・因素甚多・其犖犖大者・有以下幾方面・一・以國民氏・如唐・虞・商・蔡・吳等是・二・以邑爲氏・如蘇・毛・郗・鄔等是・三・以地爲氏・如池・穎・濟・關西・東郭等是・四・以次序爲氏・如孟・仲・伯・丁・第五等是・五・以爵爲氏・如公・侯・王等是・六・以官爲氏・如上官・司徒等是・七・以謚爲氏・如莊・嚴・文・武・閔・桓等是・八・以技爲氏・如巫・卜・陶・屠等是・九・以植物爲氏・如林・李・杜・楊等是・十・以動物爲氏・如牛・龍・馬・熊等是・有人認爲冼姓當屬地名那類・應從氵旁・並提出許愼説文沒有冼字・只有洗字・故姓

冼應是姓洗・又謂唐韵也沒有冼字・至宋韵乃有・冼字爲後人所造・應以古韵之洗之爲是・

我認爲上述主張冼應爲洗的理由都不能成立・

查地理書我國沒有冼字的地名・故從地名之説不能成立・

説文僅得九千三百五十三字・許多字都沒有收入・最明顯的是・説文成於姓劉的漢朝・而書中就沒有劉字・本字作鐂・難道姓劉的都要因説文無此文而要改姓鐂嗎・況且許愼説文只著錄經籍所有之字・冼字是百越方音・並不見於經傳・所以不見於説文・如過要依説文改冼姓爲洗姓・天下斷無此理・

冼姓是越族舊姓・是廣東土著特有之姓・正如蔡升元所謂因其方言・以爲姓氏也・原是越族之姓・外省罕有此姓・如果有・大約是從廣東分支去的・土著民族特有姓氏應有特殊讀音與特殊意義・其特殊讀音就是讀銑・上聲・其特殊意義就是此字只作姓氏用・除此並無其他用處・有些人把姓氏略改點畫・務得受姓之始・以附會於中原大族・此學殊爲無謂・

談音韵之書・當以隋陸法言切韵爲最古・此書已佚・然廣韵亦隋唐間書・此書確無冼字・但我們不能據此就説冼字不存在・冼字是局部地區的方言字・全國不通用・故廣韵不收・並不奇怪・廣韵中的洗字・分見薺・銑兩部・薺部之洗字・音先禮切・洗滌義・銑部之洗字・音蘇典切・注又姓・一字多義・讀音各別・自古有之・就不能據此遂謂無冼字・

就歷史文獻而言・冼姓的祖先・晋忠義公冼勁・其姓是

從冫旁的．譜牒記載．早於廣韵．只以冼氏世居嶺南．非江北人士所熟知．故凡外省人著書．其冼姓人物必改姓洗．這由於他們不知有因方音得姓之冼字．至於百家姓沒有冼字．這更不足爲奇．因爲許多流行的姓氏．此書都沒有收入．

明代張自烈撰正字通．冫部洗字注又姓．文義本甚明白．康熙字典依平水舊音．不注又姓．把冼字改隶氵部．後世據以爲是．各種紛歧由此而出．凡遇冼姓人物．無不改從冫旁．冼姓遂失却廬山眞貌．其實康熙字典一書只收字四萬七千三百五十．此中錯漏不少．道光十一年．王引之進呈字典考證十二册．即更正了二千五百八十八條．其冰部之冼字．音義未備．並漏了注又姓二字．是應該加以更正的．

本來作姓氏用的字．該根據氏族典例來考證．尤應尊重當地人民的族譜及著作．明嘉靖十四年戴璟所修廣東通志．萬歷二十九年郭棐所撰萬姓統譜．冼字均從冫旁．北京國子監有明代進士題名勒石．自宏治至萬歷．冼族舉進士者四人．石刻冼字均從冫旁．八畫．冼姓在粵將近二千年．各房祠堂匾額以及墓志碑銘．無不從冫旁．實物班班可考．冼夫人故鄉高州的冼氏族人．姓氏均從冫旁．可見冼夫人並非姓洗．根據約定俗成之例．冼姓沿用悠久．不能因説文家．音韵學家之言而改作洗字的．

廣東女子藝文考後序

余年來纂修省志．博搜羣書．婦女專集．輒有過眼．隨成編目．所積漸多．爰有廣東女子藝文考之作．計得書一百零六種．作者凡百家．就地理分配．計順德二十二家．番禺一十九家．南海香山各十二家．吳川東莞新會各四家．海陽三家．嘉應州茂名各二家．清遠博羅陽春石城電白信宜艮德大埔恩平陽山各一家．元和歸嘉應州者一家．德清歸順德者一家．大抵吾粵文風．以廣州府之順德番禺南海香山爲盛．加以交通利便．易爲風氣．作者之衆．理固宜然．而高州比他府州爲多者．則以高州府府志吳川縣志石城縣志皆經李文泰纂修．李本通人．又知詩者．故採高州女子集部特多．此又人事提倡之力也．至於外府僻縣．刻書不易．即有書矣．而流通爲難．其中坐是埋沒者．亦所在有之．

就人事而言．則作者成名．大抵有賴於三者．其一名父之女．少稟庭訓．有父兄爲之提倡．則成就自易．其二才士之妻．閨房唱和．有夫婿爲之點綴．則聲氣易通．其三令子之母．儕輩所尊．有後嗣爲之表揚．則流譽自廣．其受父兄影響者．若李心月女李晚芳．郭敎諭女郭眞順．陳炎宗女陳霞浣．余經女余玉馨．熊兆祥女熊葉飛．方殿元女方彩林．王隼女王瑤湘．林蒲封女林蘭雪．梁無技妹梁郢．梁苹田妹梁思靜．謝仲坃女謝方端．陳華封女陳賢．凌魚女凌潔眞淨眞．梁偉雁女梁純素．陳次文女陳廣遜．黎重光女黎玉貞．尹德明女尹蓮仙．李履和女李毓清．麥德沛女麥英桂又桂．招元儲女李招民．邱士超女邱掌珠．李長榮女李梁氏．史善長孫女史印玉．梁廷枏女梁媛玉媞玉．吳榮光女吳尚憙．梁嶸女梁梅先．陳希獻女陳蓉裳荔裳．張維屏女張秀端．潘恕女潘麗嫺．居恒女居慶．黎兆棠女黎春熙．簡嵩培女何簡氏．張兆鼎女寶雲鐵生．劉釗女劉月娟．范引頤女范菑．皆家學淵源．其來有自者也．其受夫婿影響者．若鄒士操妾余雲馨．許炯妻余玉馨．何允衍妻劉祖滿．朱疇妻易氏．屈大均妻黎靜馨．何艮勤妻陳廣遜．馮德濬妻鄭珊．呂堅妻張芬．李樹滋妻梁耀金．黃儀彰妻鄭貞德．梁有成妻劉慧娟．余方中妻張蘭清．何六湖妻黃芝臺．梁一峯李如蕙．林熙春妻吳月素．李蓉舫妻葉璧華．徐啓元妻黃璇．蔡竹生妻李佩珍．潘飛聲妻梁藹．麥鳳華妻黎素心．皆唱酬有侶．問難有人者也．其受子姪影響者．則梁煒成立．爲其母李晚刻集．朱實蓮爲其母易氏刻集．劉世馨爲其母謝方端刻集．凌日雲爲其姊凌潔眞淨刻集．王之馴爲其姊之淑刻集．龍令憲爲其姊唫薌刻集．王安福爲其母李毓清刻集．李龍光爲其母梁耀金刻集．梁宮翼爲其母李氏及叔母陳菱洲刻集．梁泰亨爲其母李如蕙刻集．于式枚爲其母居慶刻集．鄔慶時爲其母屈鳳竹刻集．皆後起有人．泉壤生光者也．以上三者．氣類相引．因果自然．較諸無根之芝．無源之醴．其難易殆不可以道里計．則人有幸有不幸也．

學藝在乎功力．吾國女子．素尚早婚．十七八齡．即爲人婦．婚前尚爲童稚．學業無成功之可言．既婚之後．則心力耗於事奉舅姑周旋戚黨者半．耗於料理米鹽．操作井臼者又半．耗於相助丈夫．撫育子女者又半．質言之．盡婦道者．鞠躬盡瘁於家事且日不暇給．何暇鑽研學藝哉．故編中遺集流傳者．多青年孀守之人．若陳賢．凌潔眞淨眞．梁純素．黎玉貞．尹蓮仙．李招民．梁梅先．許小蘊．居慶．范菑．李袁氏．鄭貞德．張蘭清．葉璧華．屈鳳竹等．皆孀居數十載者．陳霞浣．張寶雲．簡貞女皆未嫁而夫亡者．此輩大抵兒女累少．事簡意專．故常得從容暇豫．以從事筆墨也．至於弱年謝世者．遺集煌煌．又大都受乃父乃夫乃子之藻飾．此亦無可諱言者．此篇於搜集材料時．得黃慈博．黃秩南兩先生惠借書籍．稿成又蒙汪憬吾．張漢三兩先生訂正數則．並爲誌謝於此．民國二十七年冬南海冼玉清識

流離百詠自序

中日衅起．講學危城．穗垣既淪．避地香海．旋以不肯降志．孑身遠引．顧玉清有家濠鏡．尚餘薄田．使歸而苟安．未嘗不可．以隔岸觀火．優游得計．乃人之以爲樂者．我甘避之．人之以爲苦者．我甘受之．冒硝煙彈雨之至危．歷艱難凄痛之至極．所以隨校播遷．輾轉而不悔者．豈不以臨難之志節當勵．育才之天職未完．一己之安危．有不遑瞻顧者哉．

間關內地．茹苦含辛．哭甚窮途．愁深故國．成流離絕句百首．雖非如天寶哀時之吟．子山江南之賦．然敵氛所及．游踪隨之．人事之變．感舊以之．宗邦之亂．孤懷憂之．往往淚與墨流．痛定思痛．是用存其本眞．輯而成帙．世有同類．當亦鑒其志也夫．民國三十五年三月南海冼玉清序於琅玕館

連山書院

明代宗天順六年壬午（一四六二）．連山遷縣治於小水邪渡二溪之間．五排傜人出入隘口．城垣狹窄．僅容四十餘家．風俗頑陋．當時傜僮交攻．日尋干戈．無暇講習．士多狃於故習．不克振拔．貧者俟子四五歲．即引以入塾．至十

四五歲則易業・率以爲常・其間師所授課・多老吏獄牘・若謂能記憶十餘通・可以免服賈力田矣・是謂童子習於訟牘・其蔽一也・或去而習爲道士術・乘夜跳鬼・科醮之言・鄙俚汚口・而士人信之甚篤・有疾率用此輩・不服醫藥・雖至鄙吝者・於此則弗惜・所謂儒士習爲道士・其蔽二也・富者誦腐爛之試牘・期應童子試・若倖而入於庠・如位極品・侈然自足・不復科試・日日砣砣招訟・居間冀收漁人之利・平日持吏長短・慫慂奸猾・以左右瞻分勝負・持之以行恐喝之術・所謂沉埋於惡爛之時文・挑撥於害人之訟獄・其蔽三也・俗陋如此・宜士荒於學矣・

康熙四十三年甲申（一七〇四）・湖南襄城李來章來守是邦・思欲挽頹風・興廢墜・乃於西郭大塘之上・建連山書院・廣六丈・深倍之・開堂列廡・定學規・置書籍・教以爲學次序・讀書次序・而以聖賢之道爲歸・於是連人始知問學・來章字禮山・康熙十四乙卯舉人・事實見所撰連山書院志・

十二石齋

佛山松桂里有十二石齋・梁福草九圖別業也・齋爲程溱湟可則故宅・即戢山草堂舊址・齋中庋書萬卷・梅花草堂偏其左・一覽亭居其右・前對紫藤館・下疊石山十二・大者蹋地聳出・小則架以盤盎・或峙・或坐・或臥・如人立・如獸蹲・奇態異狀・錯雜竹陰樹影間・望之若金精山十二石峯・吾友梁賜達因治粵秀公園・曾偏歷江浙名園・謂蘇州拙政園之石・亦有所不及云・九圖又在富榮街築汾江草廬・與詞人鴉集爲觴詠地・內有韻橋・石舫・个軒・笠亭・種紙處・水禽塢・鎖翠灣諸勝・此君耽風雅・與張維屏・羅文俊・陳澧・岑澂・黃培芳・陳璞等爲文字交・著有十二石齋叢錄・十二石齋詩話・紫藤館雜錄等・亦道光間一名士也・

陳子褎先生

先生名榮袞字子褎・號耐庵・別號婦孺之僕・顏所居曰造瓶齋・署讀書處曰崇蘭書室・榜講處曰灌根草堂・廣東新會外海人・生於同治元年二月十一日（一八六二）・光緒四年戊寅年・十六入泮・奕奕有文名・庚寅廿八歲講學廣州・設館於六榕寺花塔後之友石齋及芥隱堂・學生六七十人皆年長應科舉者・癸巳舉於鄉・選五經魁・名列南海康有爲先生前・但先生讀其文題謂不及・往謁大服・即執贄萬木草堂稱弟子・其新思想新智識即孕育於此・時雙門底有聖教書樓・爲基督徒左斗山所主持・專售上海中國教育會及廣學會所著譯之新圖籍・先生日往縱觀・恍然於西國政教所在・攻讀萬木草堂二年既窮研羣經諸史・復誦習英文・開始鷄貓等字・恍然於大學中庸窮理盡性諸奧義之未適宜於童蒙時期・其改良教育之動機・即胚胎於此・

戊戌公車上書・强學會保國會之成立・先生躬與其事・八月政變・與韓文學樹園倉皇東渡・得老教育家橋本海關之導・偏觀該地中小學・尤服膺福澤諭吉・慶應義塾之宗旨與方法・返國後實施改良小學教育・力行孤詣・人因命之爲福翁・初設蒙學書塾於澳門荷蘭園・創辦蒙學會・編輯婦孺報・刊印婦孺須知・婦孺淺解・婦孺釋詞・婦孺三字四字四

冼玉清

字書・婦孺新讀本・婦孺詞料・七級字課・及諸史小識等書・盧湘父君謂其編書由康氏鼓勵・例言亦康氏手定云・民國七年・遷校香港・從學者益衆・以民十一壬戌卒於香港一九二二・

先生軀幹魁梧・目短視・而發聲如洪鐘・步履凝重・行路不左右顧盼・其授徒不避勞瘁・雖助教多人・而古文經史字課等重要科・必親自講授・大小課卷必親自批改・恒至深夜不輟・其教寫字也・恒每日自書字格與諸生臨摹・溽暑之天・衣紵麻衣・運筆之時・右臂發汗・衣袖盡濕而不以爲苦・其教作文也・倘諸生有未得竅者・恒自撰示範文與課卷一同貼堂・其不憚煩如此・其教初學也・以婦孺須知教實字・以婦孺釋詞教虛字・復自撰婦孺新讀本以配合此實字虛字・又日教學生塡字譯文串句・使運用此實字虛字・故學子自覺日日進步・其教高年級生也・以後漢之氣節與宋元明之理學・與諸子相砥礪・故蒼生一氣之吟・腥羶一切之戒・共凜凜焉・

先生一生未嘗任一官半職・未嘗受政府徵辟・大吏推轂・所著書數十種皆小學教育之書・未嘗以疏釋經傳・考訂圖籍・改革政治自任・其所辦學校始終未嘗向政府立案・並未設立校董會・亦無委員會教員會之名・學校有英文數學理化國語諸科・高級生需日點讀廿四史通鑑・四朝學案等書・而校名亦稱爲書塾・舍大而取小・求實而去名・先生之寂寂無聞以此・其難能可貴亦在此・課餘恒集諸生爲課外討論・以誘掖其思想・其誨人不倦之精神・使學子翕然悅服・不愧一眞正教育家・先生性率直・無城府・無宿怨・能急人之

急・與接者無不感其誠懇・留深刻之印象・逝世將三十年・而徒侶猶稱道眷慕不少衰・其感人之深如此・

記大藏書家倫哲如

五十年來・粵人蓄書最富而精通版本目錄之學者・當推東莞倫哲如先生・先生名明・生於光緒元年十一月（一八七五）・性絕慧・其父曾宰江西崇仁縣・愛蓄書・先生受其薰染・髫齡即嗜書・年十二縣差有解餉至省者・輒託爲代購圖書・自謂一生聚書自此始・弱冠入庠・旋補廩生・光緒二十七年庚子辛丑恩正並科・以第九十名擧於鄉・明年至京・肄業京師大學凡五年・時値庚子亂後・王府貴家儲書大出・先生每游海王村及隆福寺・必載書歸・又友潮陽曾習經・研求討論・自是所得愈富・大學畢業・復得擧人銜・光緒三十三年返粵・主講兩廣方言學堂・時南海孔氏・鶴山易氏・番禺何氏・錢塘汪氏・藏書散出・先生得擇購之・宣統二年入張鳴岐幕・民國六年復北來・任參議院秘書・十三年任河南道清鐵路秘書長・十八年赴瀋陽任奉天通志館協修・先後住北京三十餘年・歷任北京大學・北京師範大學・輔仁大學等校教授・課餘輒以訪書爲事・其求書與士大夫之靠肆夥挾書候門者異・日日遊行廠肆及冷攤・凡書册爲人所忽視者・輒細意翻閱・每於灰塵寸積中・殘册零帙中・得見所未見之佳本・復闢通學齋書店・以便裝書求書・嘗謂得書以儉・以勤・以恆・儉以儲購書之資・勤以赴遇書之會・匣中琳瑯・有得之捷足者・有得之預伺者・有得諸跟蹤而求者・其求書不避煩複・初得一本以爲佳・繼得更佳者・隨將前本易去・

更得更換・今所存者・大抵皆原刻初刻本・新鈔本亦擇精紙・命端楷寫之・其全神貫注如此・宜乎物聚於所好矣・

京穗而外・復屢至天津・開封・南京・武昌・蘇州・杭州・懷慶・衞輝・清化・所至皆得善本・伯樂一顧而凡馬空・先生於書・彷彿似之・

先生自謂胸中之目錄・十倍於眼中之目錄・又謂書之爲物・非如布帛粟米・取之市而即給・不得已乃以鈔書補購書之窮・有鈔之圖書館者・有鈔之私家所藏者・又有力不能致而鈔之坊肆者・有鈔自原稿本者・有鈔自傳鈔本者・有猝不易得而鈔自刻本者・故所居恆有三數鈔書人隨之・鈔後校讎・晝夜不輟・某歲津沽書賈以重資購入翁方綱未刻稿・先生以價昂不可致・乃託言介紹出沽・攜歸旅邸・盡三晝夜・錄副而還・其用力鈔書如此・獨惜鈔後每缺釘裝・疏於整理・大抵事繁・不及兼顧歟・先生不修邊幅・餘資悉以購書・室人交謫不之顧・嘗有詩云・卅年贏得妻孥怨・辛苦儲書典笥裳・蓋紀實也・

至其讀書眼光・有特獨過人者・嘗謂書至近代始可讀・固不同於腐儒之厚古薄今也・每嗤藏書家貴古賤今・崇遠忽近・張之洞書目答問・葉德輝觀堂書目・及於近代・歎爲有識・故其聚書屬於近代者尤多・番禺陳融顒園書樓・先生教其盡買清代詩文集・其旨趣可見也・又謂四庫書不完不備・而以清代爲最疏漏・蓋忌諱太多・搜採未盡・進退失當・別著續修四庫全書芻議以論之・又謂四庫全書總目提要著錄雖豐・由今視之・皆糟粕耳・欲據所見書再作提要・以賡績之・故顏所居爲績書樓・大抵先生畢生宏願・在續修四庫提要・其續修芻議・發表於民國十四年・惜時局紛擾・不能竟其志・其已成零稿・散見於燕京學報中・

予識先生・在民國十八年春・時予得嶺南大學休假漫遊北京・王蘧秋湄亦自滬至・一日同遊小市書攤・與先生相遇於鴻春樓・談文甚契・翌日贈詩云・粵嶠知名早・京華識面新・錦東來墨客・絳幔拜經神・林下論文友・閨中不字身・驚聞歸計急・家有倚閭人・余僦居錫拉胡同女青年會・先生每得佳槧・輒以相眎・又同訪傅增湘沅叔及北京圖書館・看所藏善本・余之留意版本自此始・六月余南歸・先生撰五言長古四首送行・第三首暢論吾粵學風・一時傳爲佳作・翌年先生應日本斯文會之邀・赴日審查古籍・約余同行・余以事不果往・廿二年北京有人倡鈔四庫全書・先生早不滿於四庫全書・以事由傅增湘主動・礙於交情・不便反對・乃與訂條件・全書內容須改換較善之本・且須精校一次・傅亦允之・乃邀余來助・余以教務亦不果往・然書問往來不輟・曾和余長韻詩十餘首・廿六年七月・先生以家事南歸・預約兩月言返・抵穗後即至嶺南校齋相訪・過從甚殷・余力規其洗脫舊日文人放浪不羈惡習・以篤實周愼爲務・先生作詩相謝・有積過如山去日長・悚然一棒下當場句・其服善如此・未幾蘆溝橋事變・交通梗塞・先生寓其第六女家・忽患腦充血病・全身癱瘓・幾瀕於危・廣州淪陷・乃返故鄉望牛墩・輾轉於新塘橫瀝之間・時土匪猖獗・聲言扒村・先生一夕數驚・苦不可言・而鄉間無書籍・又無可談之人・日惟作詩以自遣・御批通鑑輯覽一書・已翻閱數次・幾可背誦云・

余隨嶺南大學遷校香港・先生來信謂鄉間不可居・欲來

港就專館教席・余與馬鑑許地山兩公熟商・都冀其來・但難求棲止之地・遂爾中止・先生來詩云・跼蹐窮鄉一峌長・艱難屢覓避兵場・戰爭道阻音書梗・憂患心勞筆硯荒・果帝暴秦甘蹈海・所思之子悵橫江・黃冠白刄吾何任・切欲從君一審詳・則其志之苦可知矣・先生久欲編印續嶺南遺書・其弟子李棪勁庵允經紀其事・並允向粵督陳濟棠措款・先生盡以所藏粵人著述秘籍授之・李君來香港執教・以書寄存北京大學圖書館・先生來書囑訪李君求交代・李君唯唯・其後鄧之誠文如教授亦有函來・囑轉告李君速敎爲處理・今李君遠適異國・秘籍之下落如何・中心耿耿・蓋編印續嶺南遺書・乃粵人應有之事也・時北平圖書館館長袁同禮守和久滯香港・先生欲以個人藏書歸公・囑爲關說・卒以條件不符而罷・當其鄉居・曾作鄉園憶舊七言絶句數百首・積稿盈寸・謂恨不能與余擊節賞之・已而香港亦淪陷・余再隨校遷曲江・音問遂斷・

抗戰勝利・余重返廣州・知先生已於三十三年（一九四四十月）病終東莞故里・至爲惋惜・因函商其北京家屬・請以藏書歸公・卒歸北京圖書館・成先生志也・先生性和易・學問淵博・於書無所不讀・工詩文・下筆如飛・尤擅疊韵詩・每每一韵疊至五六十首者・所著有建文遜國考疑・漁洋山人著本考・續四庫全書提要・續修四庫全書芻議・辛亥以來藏書紀事詩等・尤以藏書紀事詩爲士林重視云・

一個實踐教育家——楊果菴先生

一・事略

楊果菴（壽昌）先生作古矣・其學問與操行・十年來之嶺南學生無不知之・五十年來之廣東學界亦無不知之・其稟性之純摯・態度之誠懇・辨事之認眞・處事之不苟・爲學之精勤・皆足爲後輩模範・故楊先生之死・不獨余個人失一良友・實社會失一導師也・

先生以同治五年丙寅（一八六六）四月廿三日・生於惠陽縣屬之大堂圍村・少聰穎・有至性・童年如成人・少讀書於惠州豐湖書院・山長番禺梁節庵鼎芬讀其文・歎爲著作才・節庵曾長端溪書院・先生從焉・光緒十二年丁亥（一八八七）張之洞督粵・開廣雅書院於羊城之西・復聘節庵任山長・光緒十四年戊子・節庵調選端溪學生十人肄業廣雅・謂之端溪十子・先生時二十三歲・十子中之卓犖者也・廣雅課程・分經史理文四科・先生專理學・寢饋宋元學案・以程朱爲依歸・尤刻意於悔過自新・每日作日記・其動機與行事有未安於心者・必鄭重特書・痛悟修省・筆上無所隱諱・節庵偶閲其日記・大驚歎・謂其學行爲諸生中第一・嘗贈詩云・閒居萬物照心魂・陶器單衾與我存・一月出林添淨綠・數花當戶及黃昏・讀書前輩難同世・問字諸生已在門・須使九流分派別・猛思江海正渾渾・詩見節庵遺集卷一也・

光緒二十年甲午（一八九四）先生廿九歲・中恩科舉人・是科薩廉爲主考・劉福姚副之・題爲顏淵問仁一章・

光緒廿八年壬寅（一九零二）卅七歲．任兩湖書院分校．秋以母病返粵．任惠州勸學所所長．兼惠州師範學堂校長．

光緒廿九年癸卯（一九零三）卅八歲．鈕惕生永建爲兩廣武備學堂監督．以廖仲元之薦．聘爲該校教員．

光緒卅一年乙巳（一九零五）四十歲．吳玉臣（道鎔）任兩廣高等學堂監督．聘主經學以代蘇器甫（若瑚）．

宣統元年己酉（一九零九）四十四歲．兼存古學堂教習．

宣統三年辛亥（一九一一）四十六歲．廣東反正．有省教育部之設．姚永祥爲部長．先生副之．

民國元年（一九一二）四十七歲．祝韻琴爲兩廣陸軍學校校長．聘爲歷史教員．

民國三年（一九一四）四十九歲．廖叔度任兩廣高等師範校長．聘爲經史教員．

民國六年（一九一七）五十二歲．任廣東大學教授．

民國十年（一九二一）五十六歲．任民選惠陽縣縣長．初政府明令每縣公舉候選縣長二名．惟惠陽人民全體一致舉先生．足見衆望所歸．在職禁賭甚嚴．執法甚正．不爲一般人所喜．卒不能久任．

民國十三年（一九二四）五十九歲．任中山大學教授．

民國十五年（一九二六）六十一歲．任嶺南大學教授．余以是年初識先生．

民國廿七年（一九三八）七十三歲．十月十二日時局嚴重．嶺南大學遺散婦孺．員生分赴港澳．先生謂港澳米珠薪桂．非寒士所能支．惟退居內地爲長久．乃應連縣長何春帆之招．率家避地連縣．十七日離嶺南大學．廿四日抵英德縣之連江口．狄機炸極劇．覓舟北上不得．先生深憂嚴懼．廿七日入住西洞村黃鼎臣家．一面去函連縣縣長派船來接．十一月一日即重陽後一日自西洞村來信問時局及索寄港報．十一月八日在西洞村起病．十七日連縣來船接先生至陽山縣屬之黃金灘．以下午一時病終舟中．十八日午船至連縣．何春帆來接．睹先生遺骸．哭之慟曰．所以接先生來者．一爲避難．二爲改善連縣教育也．今先生乃死於旅途．匪獨先生之不幸．亦連縣不幸也．云云．連日連縣大轟炸．延至十九日下午四時始在雙溪亭外之沙灘露天成殮．陳屍兩日．無法備衣衾．敝袍破帽．皆平日所用者．荒涼情況．行路見之．皆爲流涕云．是夕草草葬於雙溪塔畔之小丘．荒土數坏．不封不樹．一代儒宗．齎志竟逝．可哀也矣．

二、行誼

甲、父子之誼：惠州孝子最著者爲江孝通逢辰．孝通以哀毀動鄉里．有江孝子之稱．先生不爲奇行．然其事父母左右就養．實行曲禮之教．里人無不知之．父七秩壽辰．先生遍饗鄰近數鄉之人．以博父歡．又至廣州寰樂園宴客．名流畢集．一時傳爲佳話云．

乙．夫婦之誼．先生行事悉遵古禮．新婚之日．婦至揖之以入．及寢門．揖入．即席又揖．婦木然不答．先生出告父曰．婦至．吾接以士婚禮之儀．可謂盡敬矣．婦人與丈夫爲禮應俠拜．今婦東不爲禮．何以共處．父曲爲解釋．乃相安・婦歸十餘年無子・其父望抱孫・爲置簉室・先生不從・父責以無後爲大・不得已從焉・先生終以此爲畢生大憾・屢爲余言之・曰・余終身服聖賢之服・豈應有二妻者・

丙・師友之誼・先生受知於梁節庵・而尊重師門・不以存亡有所改易・節庵歿後・每年諱日・必設奠肅拜・終其身如一日・又嘗手錄節庵遺詩三部・一藏家園・一贈番禺縣令陳樾・一置懷袖間・復重爲整理・去夏七月擬付剞劂・以時局嚴重不果・此稿今不知流落何所矣・去春余從崔伯越先生借得節庵遺墨一帙・以示先生・先生即購臘紙影摹一過・什襲藏之・節庵有子窮居舊京・先生存問賙給不輟・此皆人所難能者・

文昌潘存孺亦先生受業師・先生待潘氏子亦如梁氏子云・

其故舊受職於機關或學校者・遇將更易・先生輒不辭勞瘁・向主事者力爲轉圜・此等事余屢見之・

丁・愛國・暴狄肆虐・先生痛心疾首・談話所及・則慷慨激昂・踔厲風發・去夏和陳斠玄兼簡石太始詩有・相期殺狄同頡頏・招邀徒侶語太始・渡江擊楫齊奮起・之句・惜不及見中原之底定也・

戊・嫉惡・先生從無疾言遽色・惟每及流行之人及非理之事・則連聲斥爲可惡・

己・耿介・先生歷任武備學堂陸軍學堂教習・兩粵軍政長官・多曾受業・先生從不干謁・亦鮮與往來・此次避難・若肯來港・則門生故舊・擧目皆是・不患無以爲生・然甘道路栖皇・亦不肯稍易其志・卒以客死・故先生之死・謂其殉操守可也・

庚・不苟・㈠借書・潘君以古本樂府詩集求售・先生勸余買之・余請借閱數日・先生曰・不可・友人寄物於我・我不得其同意・不能轉借他人・君固我所深信・本無其他・若欲參閱・時時都所歡迎・但未得物主同意・而借其物與他人・於法律與手續皆不合・此我所不爲也・㈡借紙・某日余爲鍾玉文君書冊頁而誤一字・齋中適無紙爲償・乃向先生求借・先生曰余適亦用罄・若急需者・即著僕人渡江購奉何如・余乃指室中堆積如丘者問之・先生曰・此爲友人所求書者・雖閣置多年・友人物・我不能妄用・即買回瓜代・亦非原物・何以對友・卒著僕往購焉・以上二事・雖類拘迂・然古人謂一事苟則其餘皆苟・見微知著・於此足以覲先生矣・

辛・認眞・先生辦事極精細認眞・在嶺南每年考入學試及閱試卷・必屬余共之・余亦樂爲分勞・事前必面徵同意・答應後仍以專函訂實・每召集系務會議及屬作布告等・除面告外必以書面預達・從未有片言相許而據作實事者・至於學科編定及學生成績布告・無不正楷精書・其周到如此・凡新生試題・必親自擬就・從未有錄自坊刻藍本者・

壬・廉正・先生兒女衆多・修脯入不敷出・嶺南每月一日始發薪・而先生則月底家用早罄・恒於月之廿四五至南大銀行透支下月薪水・雖困乏至此・從不背歎老嗟窮・更不肯向門生故舊借貸・取予不苟・義利必辨・先生蓋兢兢焉・

三、學問

先生服膺程朱・由理學而入經學・其功力在於居敬窮

理・以端莊整肅爲敬之入頭處・提撕喚醒爲敬之接續處・湛然純一爲敬之無間斷處・精明不斷爲敬之效驗處・不求虛靜・以爲敬則有主・此得力於胡敬齋・而實恪守朱子家法也・其從理學入經學・亦與顧亭林經學即理學之說相符・亦即朱子道問學之意・至先生說經・喜以今日之新學說比例之・與孫詒讓之周禮政要黃人俊之格致古微論方法相同・

昔吳康齋克己安貧・操守不懈・不輕箸述・惟日錄一書・記其平生爲學之功・先生亦然・授徒數十年・日耗其力講習評騭之中・故著述不多・余所見者有・

㈠果庵學說二卷・傳鈔本・黃秩南家藏・此書述其治宋元理學之功力及心得・㈡孟子文學研究一卷・嶺南學報抽印本・此書分析孟子文章・大抵爲課徒用本・㈢讀經問題專論・東方雜誌讀經專號本・此書承認讀經之有用・惟對於讀法則再三剖析・蓋不是盲從之讀經・而是有方法之讀經・㈣整理陳東塾遺稿・嶺南大學圖書館購得東塾筆記遺稿一百六十冊・皆手鈔本・先生分門別類・重爲整理・每則加以發明・自謂爲用力之作云・此書一部分已在嶺南學報發表・㈤文集二卷・手鈔本・序跋之類爲多・

四・在嶺大瑣記

先生以民國十五年入嶺南・初住爪哇堂宿舍・與學生同居・有客到訪・慣偕往市場之太平洋商店食木瓜・每日到格蘭堂國文系室辦公・早晚則至市場之小飯店用膳・故贈容元胎詩有格蘭堂室啜苦茗・太平洋店餐木瓜之句・

先生早晚必步行校園・月明之夕・輒約國文系同事陳德芸君同行・國難後此興遂輟・德芸邀其行亦不往・曰・一旦警報至・吾當領家人至避難室・今不能縱個人興致而累一家張皇也・其小心負責如此・故德芸輓先生聯云・淡宕嶺南春・多年杖履追陪・三徑好同明月夜・悽涼粵北路・爾日家鄉淪陷・孤舟長繫故園心・三徑月明・蓋紀實也・

十八年秋・余迎先母霍太夫人來住校齋・先生與先母年相若・老年人談話較洽・故每邀先生共飯・以佐談興・先母棄養・先生輓聯云・孝女作名師・憶板輿迎養書堂・曾陪侍盤餐・千歲稱觴娛壽母・善人多幸福・看梓舍蜚聲世界・盡秉承慈訓・九原含笑荅夫君・自謂此聯尙恰切云・

先生年雖高・而活潑眞誠・寬和大度・在課室講書・至忘形時・每每不知手之舞之・足之蹈之・有柳子厚口講指畫遺風・長言詠歎蓋慣見矣・興到時或唱蘇東坡大江東去・或唱岳武穆怒髮衝冠・間唱孔云亭桃花扇傳奇・聲達戶外・一日賴生礽昌問曰・先生年逾七十・尙日日授課・不太勞耶・曰・馬伏波八十歲・尙領兵討五溪蠻・區區課事・何足道也・相與大笑・

某生作文痛詆朱子・先生心非之・乃刻意批改其文・卷末批曰・少年氣盛・無怪筆墨尖利如此・假以歲月當能趨於醇和・某生悅服・

先生不問世務・一日談次・余以此相規・先生曰・敬謝善意・然君之不懂世故・亦我所久欲相規者・君讀書雖多・然君之本身・總不脫孩稚氣・不知世人有機械心・亦不知世間有邪辟事・以此應世・無往而不吃虧・雖然・此固君之特短・亦君之特長也・一笑而別・

先生爲國文系主任・華僑班國文課程・本由先生所定・後以英文系某教授化學系某教授反對・委員會乃由多數取決改今制・先生極不以爲然・然無如之何也・以後每次會議及華僑班國文課程事・先生必正色聲明曰・今制如此・乃委員會所定・非我所贊同者・國難後國文系擬開新科目・德芸君欲開國防地理一科・爲社會系某教授化學系某教授所反對・卒不能成立・先生起立力爭數次・聲詞俱厲・先生素融和・在廣座絕不假借者・有此二事・

五・結論

徐信符君與先生相交久・相知深・聞先生卒・嘆曰・楊先生三代以上人也・今世不可復覯矣・桂南屏君謂其不染塵埃淸似水・獨甘淡泊直如繩・朱介如君謂其誠慤懇摯最不可及・詹菊人君謂・文章操行一致者・先生有之・總觀數君推許之言・先生當之無愧色矣・易曰・君子以教庶無窮・先生有焉・

記鍾榮光校長

（一）歸葬嶺南

民國三十六年一月七日・爲嶺南大學校長鍾榮光先生歸葬之期・去先生之終・已五年矣・是日學校舉哀・國旗半下・沿路樹幹・滿貼標語・皆頌厥勳猷・崇其德澤・俾稔其行實者・撫事而增感・素昧生平者・緬懷而嚮往焉・

上午十一時・格蘭堂鐘聲報哀・全校人士・屬集北閘迎

櫬・蓋靈柩已於昨日從香港運抵廣州・下午二時在博濟醫院開祭・今日始運回康樂・自江干上溯・夾道植立者逾二千人・皆襟帶白黑紗・逶迤里許・銅棺過處・衆首低垂・列隊送至懷士堂者・爲教職員・小學生・中學生・大學生・工友・懷士堂滿掛輓聯花圈・極肅穆莊嚴之致・

下午二時在懷士園開追悼會・金湘帆校董・主席胡繼賢講述先生生平・其後校董會代表金湘帆・教職員代表李應林・美基會代表香雅各・同學會代表簡又文・學生會代表莫少寧以次起立致敬詞・宣讀誄文・家屬答詞及祝福唱詩畢・已逾四時・乃發引至旗杆下梁發墓旁安葬・嶺南慈父・遂於校歌聲中歸土矣・

（二）香港之喪葬

回憶先生患心臟病・始於民國二十九年・翌年・從海防返香港休養・病益劇・九月同學發起起七十五齡祝壽大會・并號召嶺大百萬基金運動・先生乘肩輿至六國飯店餐室・說話已不能成聲・以後日趨嚴重・附中學生銀樂隊・已練習哀樂・學生亦練習送殯步伐・蓋知先生不能久留人世也・及香港戰起・先生臥病榻上・猶問戰事如何・家人但答我軍反攻・節節勝利而已・十二月廿五日香港淪陷・廿八・其藍塘道住宅爲日軍徵用・鍾夫人遷先生於嶺英中學・翌日遷六國飯店・旋以飯店人聲嘈雜・乃再遷養和醫院・由李樹芬醫生主治・越二日・日本酒井中將來訪・鍾夫人答以先生病重・酒井似不置信・入病室・展先生衾・撫其雙足・曰・余奉汪主席電來問候・祝校長早日回復健康・先生但堅臥閉目不

答・酒井致敬去・時重慶報紙傳先生被辱積憤死・非也・至卅一年一月七日晨四時・遂病終於養和醫院・

八日上午十一時出殯・由跑馬地發引・權厝東華醫院義莊・時香港失陷未久・風雲蕭瑟・草木皆兵・沿路行人・輒受檢查之苦・況舁茲重柩・邁此長途・幸酒井中將致祭時・同學洪鈞以通過證請其簽字・得免滋擾・日兵且在在致禮焉・是日送至義莊者約十人・可記憶者爲朱有光曾昭森司徒衞陳汝銳洪鈞等・余挽弟子盧文海梁伯衡作伴・蓋走此僻靜陰森之路・步步爲營也・八月余隨校入曲江・聞陳符祥以是冬葬先生於華人基督教墳場云・

（三）大館之師友

先生生平大事・人所周知・至於瑣事趣聞・有爲人人所不注意者・其待余之優厚・余又有不能已於言者・因寫三四五數段・

年譜謂一八八四年・先生從吳道鎔老師遊・按是年爲光緒十年甲申・先生十九歲・進陳石吳館・是館爲陳石樵・石星巢・吳玉臣三人所組合・爲廣州大館之著名者・與江孔殷蔡乃煌等同學・民國後先生見吳氏・猶以師禮相事云・

先生未進陳石吳館之前一年癸未・曾讀書於陳劉合館・陳爲陳天如序球・劉爲劉曙亭・陳劉合館第一次課題爲無友不如己者・先生得第一・其警句云所見不符・亦何爲同席交言・貽他日失身之悔也・謹於始焉可也・當日八股必遵朱註・而先生所作不從朱註・作者固奇・而陳天如取其第一亦異事也・然此數語溯洄史事・洞達人情・確有獨到之見・

（四）辦報之辨正

據胡繼賢撰我所認識的鍾榮先生有他在廣州主辦廣東省有史以來第一家報館名叫可報・招觀海編鍾校長年譜有一八九六年辦可報・博聞報・安雅報・事實與時期皆有出入・因爲考證如下・

（甲）博聞報

按一八九六年即光緒二十二年丙申・先生爲博聞報主筆・登載詆毀基督教文章・大爲教會所不滿・西教士要求廣東政府封報捕人・先生親往謁領事・名片書廣東學人鍾榮光・領事服其膽氣・允爲緩頰・先生託教會長老左斗山向西教士解圍・斗山竭力奔走・博聞報爲道歉故・乃發表一文・贊頌基督教一神之合理・事遂和緩・是爲先生與基督教發生關係之始・

當時先生感左斗山之仗義・斗山亦愛先生之才華・過從漸密・時報館之煙榻・常見斗山坐床沿說教理・津津不竭・先生則倦臥靜聽而已・蓋斗山欲引先生爲教徒・故不惜舌焦脣爛如此・翌年先生往還於格致書院・

二十六年庚子・李鴻章爲兩廣總督・施奉派議和大臣・以巡撫滿洲人德壽署兩廣總督・德壽佞佛・勤持經說・故有德婆婆之名・時滿人同情拳匪・以反對拳匪者爲逆黨・報紙消息・有不利於拳匪者爲逆黨・以是目辦報者亦爲逆黨・値博聞報登載拳匪勝西軍潰敗新聞・西人恚甚・乃請廣東政府封報・翌日復轉載上海報描寫西太后脣厚口大・德壽認爲不敬・卒下令南海縣查究・沒收報館・

博聞報既沒收．同人尚有餘勇．乃改立名目．繼續出版．改爲安雅書局世說篇．拳匪平．乃改爲安雅報．

（乙）安雅報

安雅報爲博聞報之後身．主辦者爲梁伯尹．主筆爲朱鶴．譚汝儉．詹菊人．先生無暇與其事．蓋先生以光緒廿四年戊戌一八八九入格致書院．以後從事教育．則先生辦報時期固甚短也．

丙可報

宣統三年．廣東省諮議局提出禁賭．擬由議員投票表次．其贊成禁賭者書可字．反對者書否字．時賭商極力運動議員．賭禁竟弛．與論譁然．

當時陳炯明之票連書數可字．乃辦一可報．主張禁賭及提倡革命．主筆爲朱執信葉夏聲鄒魯．是則可報之主辦．遲於先生辦博聞報十二年．是時先生赴美爲嶺南籌款據年譜並未參與其事．據此則先生祇辦博聞報．並未辦安雅可報．特爲辨正．

（五）軼聞趣事

（甲）格致書院時期

光緒二十四年戊戌（一八九八）先生三十三歲．入花埭格致書院爲漢文總練習．同時在校上課．學習英文算術及各種自然科學．與史堅如烈士爲同學．堅如奔走革命．偵知巡撫德壽佞佛．每晨必在巡撫衙門之後樓誦經．乃僦一屋於後樓坊．（即巡撫衙門之後）預埋炸藥．計時爆發．冀死德壽．豈知爆炸過時．德壽拜佛已畢．藥力又不猛．卒塌數屋．而德壽不死．越二日．堅如往看塌屋遺痕．偵探見其形迹可疑．遂逮之．倘堅如知機遠颺．當不至被捕也．時先生與吳節微等．極力營救堅如．且曾偕美國人尹士嘉同謁總督．卒以過遲無效．

堅如既爲格致書院學生．則格致書院當然在嫌疑之列．爲避堅如黨禍．書院乃於庚子遷澳門．一九〇〇

（乙）澳門時期

光緒二十六年庚子（一九〇〇）格致書院遷澳門．以荷蘭園原生學舍爲校址．改名嶺南學堂．先生仍任漢文教習．學生課文．有贊同基督教者．必加密圈．

先生體格頎長．其弟品三較短小．兄弟同任教嶺南．學生與以高鍾中鍾綽號．一日上歷史堂．麥鼎華固惡作劇．問曰．中宗是高宗之子否．中鍾高鍾借音．先生一笑置之

先生在澳門．曾兼任蒙學書塾體操教員二年．蓋先生與先師新會陳子褒先生（以後簡稱褒師）爲甲午同年．彼此互相敬重．而兩人性質與宗旨均不同．先生高明而褒師沈潛．先生發揚而褒師篤實．先生講基督教而褒師講宋元理學．先生欲培植領袖人才而褒師在培植基層人才．先生冀嶺南成大學．而褒師則致力於婦孺教育．名其講學之所曰蒙學書塾．褒師服先生之規模闊大．而先生服褒師之刻苦忍耐．光緒己亥．褒師辦蒙學書塾於澳門．編纂新教科書．實行男女同學．爲我國改良教育之前驅者．乃聘先生爲體操教員．以一曾吸鴉片之科學中人而教體操．當時引爲佳話也．

蒙學書塾男女同學．而校規極嚴．有男女學生不相聞問之明令．姊弟亦不同席交談．習慣成自然．一時校風甚美．

從無資人以口實者・先生亦遣女蔚霞從學焉・時蔚霞進校門・適有男生欲出・蔚霞遂回身退・值先生與褒師隨至・先生責蔚霞曰・何不招呼汝之男友・褒師大不謂然・兩人遂默默久之・

其後蒙學習塾畢業生多轉學嶺南・羅有節・廖奉獻・廖奉恩・陳桂嫻・周文剛・陳肇祥・盧景端等其先輩者也・

（丙）康樂木屋時期

光緒甲辰（一九〇四）嶺南學堂復遷廣州・在康樂購地二十餘畝・建木屋數間・爲臨時校舍・發今日之市場區是也・時有羅星海者・爲光緒間之廩保・與先生交厚・嘗語人曰・惺可做槍・月入逾千・今在嶺南・月薪僅二十五元・而處之泰然・且其前後迥若兩人也・遂隨先生服務嶺南・且信教受洗・以余論之・則先生所以篤信宗教者・謂基督教能救其靈魂也・蓋先生平昔所過者・爲極浪漫極腐化之生活・而宣教士所過者爲最規則最純潔之生活・兩兩相比・遂覺今是而昨非・遂幡然悔改・所謂放下屠刀・立地成佛・然亦非絕大聰明者不能・

華教職員在木屋取一室爲俱樂部・以爲閱報品茗閒談之所・中學監學孫雄爲活動份子・請先生題一扁・先生執筆題落花風室・或問其義・曰・唐詩有茶煙輕颺落花風之句・諸君在此吸煙評茶・得毋颺及落花風也・相與輾然・

光緒三十四年戊甲・三江水災・先生在穗發起救災賣物會・自任總幹事・使各校女學生招待員售物員・已而香港澳門同時發起得款甚鉅云・

光宣之間・先生與李戒欺羅少翱等・爲社會事業運動・如提倡禁烟・禁賭・築鐵路・救水災等是也・當時人人皆知剪髮之合理・而對於易服則有是有非・就經濟與習慣言・則多主張剪髮不易服者・故香港有剪髮不易服會之成立・成立之日・遍邀志士演說・而先生演辭謂無須固執・應與人以自由・其結論爲可易可不易・人贊其得中・

（六）余於先生之認識

民十二年・余解中學專任教員之席・當時中學校長葛理佩・代監督白士德均甚躊躇・以爲美國大學小學有女教員・而中學絕鮮用女教員・蓋中學男生・最難管教・非女子所能駕馭・尤非青年女子所能駕馭・陳仲偉孫雄謂余非普通女子・力請試之・卒不失陳孫所望・遂開女子教中學男生之始・十四年・余轉教大學・以迄今日・

十六年嶺南收回華人自辦・聘書送至・任余爲博物館館長兼註冊處副處長・余愕然・以問秘書李熙斌・熙斌反以一時雙長相賀・不得已乃往見先生・是爲余與先生第一次會話・先生曰・嶺南自有馬丁堂即有博物館・初由葛理佩・高魯甫・巴羅贊諸教員搜集標本相贈・余遊蹤所至・亦買風土物歸贈博物館・以供大衆觀摩・吾子性好藝術・婆娑其間・當感無限興趣・但館中品物・種類不一・亦是極貴重難得者・應有一齊整精細之人料理・吾子當勉爲其難・博物館現雖雛形・將來必有擴充光大之日・吾子勉之・至於註冊處事・則註冊處之對象・在上爲呈報政府・在下爲應付學生・亦應得一有記憶力有定性之人擔任・有記憶力則能熟認學生・有定性則能留心整理案牘・按時呈報政府・而無耽閣疏

忽．吾子暫居副座．俟練習嫻熟再商．余固辭曰．欲註册處效率高．須終日坐辦公室．加以博物館瑣碎之事．余寧有分陰寸晷以從事教學乎．乃辭註册處而就博物館．卒蒙許諾．

十八年夏．余應周鍾岐之招．北遊舊京．抵北平後．下榻女青年會．平漢火軍車務員鄭子湘知余來自嶺南．適遇先生．遂以余抵平消息告．時先生適與廖奉恩及華僑數人來平．事前余絕不知也．而已得先生書．囑至中央飯店一晤．余遵命．先生謂日間將與懇伯張蔭棠（以後簡稱張伯）赴西山石居．囑余參觀故宮博物院古物陳列所．以爲辦博物館借鏡．越數日得先生來信．邀余入石居．簡又文君驅車偕余往．石居在西山之香山．爲前清和珅生祠．亦壯麗．亦幽雅．極林泉之勝．張伯購爲別墅以遺餘年者也．先生介余見張伯．張伯雖七十老翁．而文秀古雅．目炯炯有慈光．曾任駐藏大臣．駐英駐法駐美公使．熟晚清掌故．而愛國心甚摯．余住石居七日．日聆兩老人談古論今．自謂如讀無字書也．時唐紹儀有任駐美大使消息．張伯倩余致書紹儀．條陳在美宣傳國貨．以塞漏卮之策．余爲撰萬言書．坐白皮松下．朗誦於兩老人前．兩老人再三點首也．

時馬季明君任燕京大學國文系主任．延余主教燕大．講文學概論．楊金甫君任清華大學教務長．延余主講詩學．余以問先生．先生極力挽留曰．嶺南極需人．尤需一心一德以教育爲終身事業之人．吾子生活單簡．又恬靜無其他野心．於嶺南最爲理想．就第二方面言．嶺南爲吾子母校．人地皆熟．又無政治色彩．於吾子性質亦爲相宜．願毋他適也．且北平爲國內菁華所聚．清華燕大．不患教授無人．嶺南僻處海陬．聘人不易．吾子必毋行．嶺南必不負吾子者．時張伯從旁力陳服務桑梓之重要．余遂打消就他之意．其感人之深如此．

時先生日與張伯叙話．口有道．道嶺南．耳有聞．聞嶺南．又力陳辦公益事業之造福．張伯竟慨然允捐贈石居爲嶺南辦藝術院．囑余留平收集內務府造辦處之圖案材料以爲準備．又囑周澤岐爲接收委員．其後先生南歸．事有中變云．

十九年夏．先生以九家村一宅居余．余又愕然．蓋嶺南成例．單身者居宿舍．與學生同生活．從無獨居一宅者．惟已婚而久任者乃有此權利．此余所爲愕然也．以問先生．曰．吾子在校服務久．應有一藏修之所．以安頓精神．況吾子收藏圖書彝器多．亦宜有一地方以爲陳設．且吾子相識社會勝流不鮮．學生親故亦多．有一宅以招待親朋．是吾子體面．亦學校體面．可安居之．此宅雖小．亦係自居．將來俟有更佳者．當爲謀喬遷也．當是時國文系同事五人．楊果庵黃仲琴住爪哇堂宿舍．容元胎吳重翰住廣州．日日渡江授課．惟余得一住宅．即所顏琅玕館者也．此種特別優待．余深謝先生之周到優渥．抑余對於待遇．從未啓齒要求．而按級而升．自然而至．且有出於意外者．祇有感奮圖報耳．舍妹妙清．四齡余即教其讀書．文字順適．寫靈飛經至妍麗．二十年夏．圖書館館長譚卓垣君語余．謂欲妙清就職圖書館．囑爲致意．時妙清任香港律師樓秘書．未能就也．翌年．譚君又以此請．余問譚君何愛於妙清．曰．此鍾校長意也．校長謂吾子才然索居．不免寂寞．若有一親近之人．護持照料．則吾子可以安心久任云．於此又見先生爲謀之精

細・其自謂富貴性情貧賤骨・英雄肝胆女兒心・殆非虛語・

先生曾至琅玕館・見壁間懸余集杜句蕭灑送日月・寂寞向時人・一聯・喟然曰・蕭灑送日月可矣・何必寂寞向時人・我之人生觀當不如此・雖然・裴子野一生篤志・吴季重中歲宴歡・珪璧之修・士各有志也・

自維駑劣之姿・夙荷青眼・顧性迂拙・既不能苟合取容以悅世・又不能趨勢騖利以干時・抱殘守闕・黯然匿影以安其無用・有負先生期望矣・

尾聲

先生之歿・有爲作年譜者・有爲撰行述者・致輓誄者・揄揚感歎・令我增高山仰止之思・編特刊者・羅列畫圖・使人挹冬日春風之愛・珠玉在前・余何敢置一語・顧軼聞趣事・人人所不知不道者・每足爲觀微知著之資・其材料多採諸先生故人・及參考當時書報・而陳德芸君見告尤多・至於先生待後輩之厚・受者無不銘感・恨不能一一爲他人言之・至其待余・事實其在・書此聊志不忘・所謂情動於中而形於言也・

若論先生對嶺南之勞績・自有公論・善乎香雅各牧師之言曰・先生雖死・而精神不死・甚德澤時時充滿嶺南・無先生則無嶺南・雖寥寥數言・世有善頌者・無以加乎香牧也・

三十六年一月十日脫稿於嶺南大學

端溪書院之師生情誼

冼玉清

古人極重師生之誼・有一日爲師・終身爲父之語・肇慶端溪書院・爲昔日吾粵人才蔚盛之學府・嘉慶四年己未（一七九九）・欽州馮敏昌（魚山）掌教該院・時有陽江姚天培者・以農家子奮志學問・有高要譚仁表者・縣府試及入學皆冠軍・人稱小三元・有開平張應龍者・敏昌評其文謂平輿之淵・有二龍焉・今生可謂一龍矣・三生皆勤學慕道・乃數月之間・相繼殂謝・敏昌作三子詩以哀之・

嘉慶二十一年丙子（一八一六）・江西趙敬襄（竹岡）來院・掌教凡五載・有瓊山周偉字渭川者・力學有文・以嘉慶二十五年正業欬血死・年三十一・敬襄作哀周渭川七律一首・並邀知渭川者同作・以寫哀思・八月・湖南韓文起（蔚庭）又卒於瓊山旅次・年僅二十四・其父哭之慟・亦繼卒・敬襄又有哀韓蔚庭云・身世由來泡影中・獨嗟鍾毓費天工・沉珠業已傷吾子・泣玉何堪繼乃公・聚散因緣知有定・雲霄屬望竟成空・可憐摧折丹山翼・竹碎桐枯憾未窮・其詩序云・嗚呼・生實雋材・氣質過於沉靜・余每以發揚規之・不期竟止於此・命也如何・余以新正聞耗・忍不作詩・今晨端坐・秋風蕭蕭・有觸於懷・依周渭川韻成茲數語・更不敢乞同人屬和・以益余悲耳・觀此詩與敏昌哀三子詩・可見前哲師生之誼如此・

此外鄞縣全祖望有天章精舍示諸生詩・仁和杭世駿有留別端江諸子詩・大興翁方綱有示端溪書院諸生詩・馮敏昌又有勵志詩示書院諸生・皆獎勤誘掖・親切父兄・諸詩見黃登瀛端溪書院志卷三・

冼玉清

黎簡與袁枚

順德黎二樵（簡）・詩書畫有三絕之日・足跡不踰嶺表・而名流來粵者・多樂與訂詩文交・當時錢塘袁子才（枚）・以詩古文詞主東南壇站・遊蹤所至・倒屣歡迎・子才以乾隆四十九年甲辰（一七八四）四月來粵・蓋其弟香亭官粵也・抵粵後・屢欲訪二樵・而屢爲二樵所拒絕・此事世人多知之・而不得眞確證據・余曩藏二樵致袁升父兩札・可爲第一手材料・海內文人・函來垂問者不一而足・顧近年居宅不定・書物分散存放・無從搜覓・昨忽於敝簏得之・因爲發表・以餉世之研究黎簡及袁枚者・

第一札云・近有一翁・自以爲才士・無骨氣・人亦從而諛之・看其詩與其人品・皆卑鄙不堪・至其詩話・則有似所謂對夫淫妻・對父淫女者・師生之道・在此翁無人相矣・即略行而觀文・亦不足取・是直欲以韻語爲宣淫之具矣・彼在省中曾相訪・愚昧未出村・正以不相見爲幸・何也・彼此固不相下・而思以年齒壓我・我立行・自信與彼大逕庭・我自有可信・自有可樂者・其來也・汚我東樵・彼只知以門生爲弄兒耳・惡足以知名岳也・升父以爲何如・簡白・

第二札云・立天下之名易・立千秋之名難・昨札所論此老・吾弟肯以千秋之名與之否・愚凡一再觀其詩・至竟無一好處・所關風化者大矣・頭巾氣道學腔不可作・直頭不檢點・倫常上亦不可作・二者寧有頭巾道學樣也・更有無知之輩護其短者曰・此君詩講性情・此直是丈二帽子語・但凡詩人・未曾捉筆時・即知持此二字作榜樣・究其所歸・實不知此二字爲何物・彼所云性情者・無過是淺率二字之脫影耳・何曾知所云性情也・……今此老則惟以淫靡宣著於天下・則以爲才子風流之所不諱者・不復知天下有羞愧之事・以此爲性情・可以爲天下好惡之本心耶・愚謂此老直以師生爲□□（作者注・此二字已漶漫）・以文章爲宣淫之具・嗟夫・才子固如是乎・愚屢以此老饒舌・不是爭門戶起見・誠以賢弟公子家風・恐墮此習・昔阿難爲摩登伽女攝入淫室・尚有將毀戒體之事・倘非如來令文殊急往護之・阿難休矣・……

按升父名堂・贛州人・官參軍・袁春舫之子・余謂子才來粵之年・已六十九歲・而二樵僅三十八歲・其能求見二樵・謂爲禮賢下士可・謂爲愛才如渴亦可・二樵婉却不見可耳・而復致書升父罵之・毋乃過甚乎・

順德兩二樵

人人皆知順德有詩人黎二樵・而鮮知在前更有一薛二樵・因分別叙之・

薛始享字剛生・明末諸生・遭亂匿跡於西樵羅浮之間・自號二樵山人・博學好奇・工詩古文詞・下要岐黃龜策日者堪輿家言・皆洞其要・尤善老莊・晚更潛心佛學・受記於華首宗室和尚・又從鼎湖在犙和尚受戒・嘗遇異人授以劍經一篇・又蓄一古劍・十年一磨・因又號劍公・與鄺露・屈大均・陳恭尹等遊・朱彝尊至粵慕其名・始出山一見・其詩意格高遠・畫竹石亦有奇氣・所著詩有南枝堂稿・文有蒯緱稿・

黎簡字簡民・又字未裁・父居肆粵西・以乾隆十二年丁

卯（一七四七）生於南寧・少穎悟・獨遊巖洞・得其峯巒起伏勢・便能潑墨作山水・年十五奉母歸粵東・始肆力學問・乾隆四十五年選拔貢生・足不踰嶺・淡於進取・海內人士想望風采・督學使李調元・潮陽令李文藻・學士翁方綱及王昶・黃景仁等皆與訂詩文交・嘗往來東西兩樵間・因自號二樵・中年多病・與妻梁雪相依於藥爐茶鼎間・暇則吮毫爲遠近山水屏條・其畫法由梅道人上追董北苑・書學李北海・詩則由山谷入杜・而微妙精深巉・刻峭削・不愧爲三絕・以嘉慶四年丁未（一七九九）卒・著有五百四峯堂詩鈔二十五卷・藥煙閣詞一卷・

順德之第三二樵

　順德有薛二樵始亨・黎二樵簡・余已爲文述之・容奇有梁謬者・字謬然・亦號二樵・謬善書工畫・篆刻亦妙・嘗書額於巷外曰・有鄰居・知書者過・輒駐觀不忍去・所畫山水・人物及動植飛走・無不隨物肖形・蒼古秀勁・直入古人堂奧・性高潔・日以翰墨自娛・或披羽衣作道士裝・舁數石大瓢・貯服食其中・徜徉山水間・好遊東西二樵諸勝・因自號二樵・偶繪於南進士縣省會・有達官過・詫爲神似・以重價購之・再索不應・卒時年未及艾・流傳無多・所遺短幅廣幀・鑒藏家珍如拱璧・歿後六七十年・尚有遺篋庋高閣中・其家人夜嘗見犬馬往來・或聞人發篋聲・下樓聲・步屢嬉戲聲・搜其篋・有畫稿存焉・既而篋爲人取去乃寂・相傳爲妙畫通神云・陳勤勝所記如此・與李子長畫貓・鼠見驚走・同一神話・姑錄出・世有補嶺南畫徵略者・不妨補此一傳也・

番禺三怪

　嘉慶道光間・番禺文人・有三怪之目・三怪即崔弼鼎來・劉華東三山・黎光弼左垣・皆中嘉慶六年舉人・皆潦倒一生・略述其事如下・

　崔弼字積匡・號鼎來・員岡人・少時才氣縱橫・時賢傾倒・顧坎壈名場・年五十五始中嘉慶六年舉人・侵觴謁祖・而病歸溘逝・其遇亦可悲矣・家極貧・賣文爲活・而廉介自守・南城曾燠方伯愛其才・特賙以粟帛・不受也・其祀灶詩云・甑釜幾虛三月火・香煙猶薄小徐雲・詠米詩云・稱薪數爾珠珠貴・寫帖求人字字難・則其貧窶可知・曾在番禺東浦及東莞到滘爲童子師・而潛心學問・著有珍帚編詩集及波羅外紀等書・詩集中敘當日海寇事甚悉・

　劉華東字子旭・號三山・少負才伎氣・遇事敢言・爲文縱橫奇譎・不受繩削如其人・世以文怪目之・中嘉慶六年舉人・有新會富商龕緣當道・以其父祀鄉賢・入祠之日・於明倫大會賓客・張樂設飲・邑人士非之而無如何・華東審知顛末・上書制府陳不可・制府不之理・還其書・華東乃以書付梓・題曰草茅坐論・其書遠近傳誦・於是闔邑士紳・爭來見華東・不期而會者二百餘人・華東乃爲祭文・詣鄉賢祠謁陳白沙栗主讀而焚之・伏地大哭・聲振屋瓦・於是與諸士紳聯名呈大府暴富商之罪・巡撫・道府・承審官等皆迎上峯意恉以利害・華東不爲動・富商遣人啖華東重金・亦不爲動・清廷命大學士章煦侍郎熙昌來案問・卒黜商父祀・而華東以印草茅坐論革去舉人・是舉也・華東坐牢南海縣署者五月・對

簿公庭者十數次・艱苦備嘗・旁觀股栗・而華東無沮色無軟詞・然以後悒鬱無聊・頹然自放・當其計偕北上・流連京邑・跌宕不羈・有贈歌者王翠齡七律百首・傳誦一時・故崔弼贈詩有領下明珠出渺茫・京華誰不識劉郎句・朝鮮使臣金正喜尹載烈亦索其詩字以歸・華東詩不存稿・隨作隨棄・余只見其並州少年行云・結交屠狗亦王孫・腰劍離離古血痕・坐不垂堂堪喻大・家貧容易受人恩・亦可見其感慨矣・年六十四卒・

黎光弼字從輝・號左垣・市橋人・爲文醖釀經史・取徑獨別・制義亦崛奥・生平貌古視端・孝友出於天性・母病目將盲・光弼每晨漱口跪母前舐其目・母得不瞽・大興朱珪撫粵・課士於越華書院・見光弼文大賞之・北上春官不第・乃登蓟丘・眺桑乾河・指點黃金台・驚慨傷懷・歸數年遂卒・崔弼珍帚編卷七・哭黎左垣有・膝下萊衣空作繖・眼前楚些但招魂・及窮交落落添風韻・老淚蕭蕭作雨聲句・則光弼卒時父母尚在也・　冼玉清

謝瀛洲　一八九四年生　一九七　年卒

字仙庭・從化人・法國巴黎大學經濟碩士・法學博士・歷任元帥府大本營法制委員會委員・國立廣東大學法學院長・廣東省課吏館長・考試院參事・國立中央大學教授・北平大學法學院長・廣東省教育廳長・廣東高等法院院長・司法行政部次長・部長・最高法院院長・爲吾粵一法律專才・著有五權憲法大綱・

中華民國憲法論自序

中華民國憲法・醞釀十載・卒於民國三十五年十二月二十五日經國民大會之通過而完成・此爲中國之根本大法・其內容分十四章・都凡一百七十五條・可稱燦然大備・若就實質方面・細加審察・其中有值得頌揚者・亦有應予考慮者・不忖愚昧・輒紓己見・以質高明・此或足爲研究憲政之一助也・

所謂值得頌揚者・如自由權利之保障・甚爲周密・中央地方權限之劃分・甚爲適宜・而基本國策之釐定・亦甚能切合環境・滿足國計民生之需求・此其最著者也・惟關於中央政制之設計・未能接受權能劃分之理論・盡量削弱國民大會之地位・以增重立法機關之權力・使中國政治・退處於代議制度・則殊堪惋惜耳・

對於此種缺憾・當時參加制憲之國大代表・多已痛切陳詞・祈求補救・但處於黨派協商之束縛下・卒不能不有遷就・此即負起草重責之王寵惠先生・亦已慨乎言之・「余亦知本憲法爲各方所不盡滿意之憲法・然正因其爲各方所不盡滿意・故能爲各方所接受・」是足以窺見制憲當時之環境矣・

然根本大法關係國家之前途・全民之福利・非一黨一派所可得而私・更非個人之成見所可得而左右，自應虛心研討・以求盡善・凡有利於國家及人民者・應接納之・凡有害於國家人民者・應摒棄之・使憲政得順利進行・國基因之而鞏固・此爲國人所屬望・亦即本書之微意也・茲者憲法雖已頒布・然倘欲加以修改・尚非無適法之途徑・可資遵循・行憲後之首次國民大會・瞬將召集・願於此留意焉・中華民國三十六年十月五日・謝瀛洲序於臺灣省政府・

王寵惠先生傳略

先生字亮疇・原籍廣東東莞・民國前三十二年（西曆一八八一年）生於香港・祖父元琛公・長於文學而篤信基督教義・於遜清道光二十七年受洗禮・爲廣東首進教會之信徒・著有聖道東來考・醒迷論・及歷艱明證等書行世・時大陸反教之風甚熾・故避居香港・因以爲家焉・父煜初公・於文學亦有高深之成就・曾著中日戰輯及拚音文譜・前者敍述當時戰爭實況・後者爲我國文學採用註音符號之先河・以傳教之便・居於荷理活道七十五號之道濟會堂・任該堂牧師・其隣爲雅麗氏醫院・國父適習醫於是・課餘輒赴會堂・相與縱談・時先生年甫六七・陪侍左右・得獲親炙・故先生與國父有深厚之淵源・

先生幼年入聖保羅學校・習英文・課餘則從業師周松石補習漢文於家中・旋入皇仁書院肄業・至第四年級・適甲午之後・盛宣懷創辦北洋大學於天津・以美人丁家立爲校長・赴港招生・先生應試獲售・入該校法律系・民國前十二年（西曆一九〇〇年）以最優成績畢業・該校課程・中英並重・先生之學問基礎・即奠於是・

北洋大學畢業後・回家省親・旋應南洋公學之聘・任英文及地理教席・逾年・赴日本繼續法政之研究・尋復游學歐美・得耶魯大學法學博士・考取英國律師資格・並被選爲柏林比較法學會會員・曾將德國民法譯爲英文・爲英美各大學通行之教本・民國初年・著有憲法芻議・憲法危言・比較民法等書・爲學者所珍視・其後對於訓政時期約法及現行憲法之制定・多所貢獻・現行民法刑法之立法原則・亦大致皆採納先生之見解・曾兩度任海牙常設國際法庭法官・對於國際糾紛・輒引證事例・提出公平適當之意見・各國學者及政治家之留心及此者・無不驚佩其精深宏博之學識・因之・向來對於黃種人之過低估價・亦從此改變・民十二・重游法國・法國最高法院特約莅院演講・以得瞻仰其言論風采爲榮焉・

先生早年即加入同盟會・追隨國父・不避艱險・從事革命事業・當任教南洋公學時・秦鼎彝（字力山）在大通舉義失敗・被緝逃滬・先生匿之於寓所・逾二日・始爲之購備赴日船票・親送登輪・先生留學日本時・曾集合同志・創辦國民報・鼓吹民族革命・國父甚嘉許之・恐其經費之不繼・且予資助焉・同時・日本各報載有清廷割讓廣東於法國之傳說・遂發起組織廣東獨立協會・以爲同盟會之外圍・當地華僑・多贊助之・民國前八年・國父居紐約・先生適就讀於加省省立大學及耶魯大學・屢奉召赴寓所・商討革命方略・是年國父發表之英文對外宣言・即出於先生之手筆・

辛亥革命之前兩週・先生由歐返國・及武昌起義成功・被推爲廣東省代表・與各省代表集會於南京・選國父爲臨時大總統・先生奉派賚當選證書・迎國父於滬上・國父抵南京・籌組臨時政府・以外交部總長一職・屬望於先生・先生力辭・並以伍廷芳當時爲民軍外交代表・建議由彼轉任・國父不聽・並謂・革命外交・非君莫屬・卒不許辭・遂勉膺艱

鉅・時年僅三十耳・

民國元年・國父讓位於袁世凱・先生與各部總次長・同時告退・國父特頒金質中華民國開國紀念章・以留永念・獲此者・僅臨時政府高級官員十數人耳・

袁世凱就任大總統後・以唐紹儀爲內閣總理・延先生爲司法部總長・歷時僅數月・與袁氏政見不合・遂隨唐內閣總辭・

辭職後・受聘於上海中華書局・任英文編輯部主任・民國四年・袁世凱潛謀稱帝・嗾使黨羽・組織籌安會・該會首要梁士詒・以美人安得遜Roy Anderson與先生習・派其赴滬游說・謂・君主立憲・合於中國國情・欲借大筆・爲文鼓吹・如承許諾・則政治高位或現金五十萬・二者任君選擇・先生聆竟・不加考慮・立嚴斥之・並謂・余之筆專爲共和民主而寫作・不能以擁護帝制受辱・且君曾爲中華民國臨時政府對外宣傳共和・今竟以此相勸・實出意料之外・君志雖變・余則不能同流合汚云云・」其詞嚴義正・態度光明・可以概見・

民七以後・先生任職北京政府・論者以爲先生已脫離革命陣營・先生聞此非議・輒腹笑之・蓋先生之任職北京・實由於國父之派遣也・故在任職期中・信使往還・連繫不斷・且於革命黨人之掩護・革命事業之進行・不避艱險焉・民十・北京政府派先生及施肇基顧維鈞爲代表赴華盛頓・出席太平洋會議・在會議進行中・先生突然提出取銷日本二十一條款之要求・以爲此種苛酷條款・若任令存在・則國際間無從調協・太平洋無法太平・日本代表幣原對此意外提案・當時深感失措・祇以須向本國請示爲詞・作暫時搪塞之計・其後日本卒不勝與會各國之外交壓力・不得不宣佈放棄其在東三省之特權・此爲弱國外交之初步勝利・至於膠濟鐵路問題・亦爲會議中重要議題之一・先生力主收回自辦・方在折衝樽俎之中・而北京政府已與日本洽妥喪權條件・訓令代表團遵行・先生對此・悲憤已極・遂祕密告知當時代表國內民衆團體之蔣夢麟・使赴紐約・轉電國內・反對北京所洽妥之屈辱條件・國內聞此消息・憤激異常・吳佩孚亦起而響應・通電指摘・梁士詒內閣・因之而被推翻・民十一・國父在滬・策劃討伐陳烱明・先命許崇智率師攻閩・欲取以爲基地・當福州危急之際・閩督李厚基迭電北京・請兵請款・急如星火・時先生任北京政府內閣總理・乃運用職權・予以阻遏，卒使李厚基餉盡援絕・不能固守・許部因之得以完成使命・佔領全閩・就上述三事・足見先生雖任職北京・而心存黨國・可謂不負國父之所付託者矣・

民十七・國民政府奠都南京・以先生爲司法院院長・對於上海法權之收回・領事裁判權之廢止・民法之修訂・以及法院之普設・司法人員之訓練・曾盡其最大之努力・對日抗戰期中・歷任外交部部長・國防最高委員會祕書長・雖在敵機疲勞轟炸之下・而工作迄不少休・在此期間・國府主席蔣公兩度出國・民三十一・訪問印度・翌年出席開羅三巨頭會議・均指派先生隨陪・贊勷大計・民三十四・盟邦舉行舊金山會議・先生爲我國代表之一・對於世界之集體安全・曾本其識驗・提供極可寶貴之意見・行憲以後・復任司法院院長・駕輕就熟・益著新猷・迨三十八年・□□□神州・大

陸□□・代行「總統」職權之李宗仁・亦留美不返・故「政府」雖遷臺灣・然中樞無主・人心不安・時先生方養疴香港・對斯情勢・愁然憂之・乃力疾來臺・共赴□□・抵臺以後・日本衆議院議長幣原・仰慕盛名・屢邀赴日・作短期學術演講・先生以中樞興革・方待勷翼・乃婉辭之・邇年以來・先生雖間感不適・然對於「司法院」院務・未嘗去懷・常力疾主持大法官會議・使解釋案件・不致延擱・其對謝「副院長」冠生・相知有素・俾倚甚殷・謝君亦感懷知遇・力圖報稱・故事無巨細・悉循常軌・所謂相得益彰・斯無忝焉・

先生秉性謙和・置個人權位於度外・閒常言笑・有恂恂儒者之風・惟大義所在・則奮起力爭・雖權貴亦所不避・平素律己甚嚴・自奉甚薄・喜恬靜・厭惡無益之應酬・居常手不釋卷・法學以外・涉獵羣書・常識之豐富・亦非普通人士所可及・元配楊夫人早喪・繼配夫人朱學勤女士・原籍天律・女子師範高材生・善特家政・兩人籍貫雖分屬南北・然情感無間・故家室之內・生趣盎然・公子大閎・爲元配所出・曾游學歐美・英國劍橋大學碩士・獲劍橋建築學會一等獎・美國哈佛大學建築師・得有榮譽獎狀・現開業於臺北・有聲於時・陽明山日本大使官舍・爲其得意作品之一・

記女權運動之沈女士芷芳

沈女士名芷芳字素曼・其先出自浙江山陰縣・以累世宦粵・遂爲番禺人・至父孝芬早孤・以授徒爲業・設求是學堂於省城之祖居內・其內弟汪兆銘・外甥朱執信・表姪史堅如等皆出其門・芷芳其第五女也・少承庭訓・稍長・肄業省立女子師範學校・被選爲代表・出席廣州學生聯合會・與何君覺甫遇・共同努力會務・相知日深・結爲夫婦・嗣升學高等師範・及中山大學文科得學士位・與鍾婉如鄧不奴陳逸雲等組織女權運動同盟・提倡女子參政・

民國十二・三年之間・廣東爲國民革命策源地・民運方興・皆本純正・初無派別・及爲□□□人沁入・陰謀操縱・致糾紛疊起・復以外力之支撐・當道之容縱・勢其兇悍・芷芳與其夫覺甫雖無憑藉・慨然以正義爲己任・先在學生會及女權會內與之對抗・繼則聯絡各羣衆團體響應・義聲所播・風氣爲之一變・卒使社運不致爲□□所把持・以動搖革命基礎・世論高之・

會國民政府在粵成立・汪兆銘任主席・以戚屬關係・深知芷芳夫婦之才・欲羅致爲助・於就職前夕・約在家中討論當前政治局勢・芷芳夫婦將□□之行動及陰謀詳爲分析・並向之忠告曰・如當道之左傾親□政策不變・則黨權政權將迅速爲□□所篡奪・而當道之自身亦必不保・汪氏則謂・現方有賴於彼・容徐圖之・沈氏夫婦以其無意接納・遂辭歸・共夫甯長甘淡薄亦不苟從・後汪氏再託其姊（即芷芳之母）轉邀任職・均不就・仍本向旨致力羣衆運動如故・民十六年清黨後・芷芳始出任廣州市教育局科長・旋調省立女子師範校長・未幾・陳公博由武漢回粵・組織特別委員會・反對南京國民政府・誣芷芳爲反動派・撤其職・並以陳妻李氏繼任・全校員生罷課拒之・陳無法收拾・竟解散女師・改辦女子中學・因陳等之異動・□□之熖復熾・遂有廣州暴動焚城之禍・

迨廣州□亂敉平・芷芳轉任私立敎忠中學女中部主任・思由是建立端莊淳樸之校風・以糾正輕佻奢靡之惡習・每日晨早佇立校門・見有衣服逾制・或施脂粉者・輒懇切勸誡・並親捧盤爲之盥洗・學風因而整肅・輿論稱之・芷芳之夫覺甫嘗從余游・且同事反□工作・即□□目爲「士的派」者・故深知芷芳之爲人・當余任職廣東敎育廳派沈充督學・以嚴明勤愼稱・至余調任・芷芳乃回原職・嗣日寇南侵・廣州淪陷・敎忠遷澳門・勢甚艱困・而芷芳戚屬多任敵府要職・擬以母病誘其回粵・芷芳知一入陷區即難復出・遂決然以民族大義爲重・留書辭母・間道入西江・並在鬱南縣連灘復校・迨民卅三年日寇陷西江・倉卒與留校員生百餘人裹糧避居縣屬內瀚山中・艱險備嘗・其任事之忠貞・不爲暴力所屈有如此者・

光復後再任女師校長・旋調督學・而廣州又復淪陷於□□矣・芷芳奉令疏散・寄寓香江・受崇眞英文書院聘爲中文主任・兼訓育主任・一本端樸之風爲訓・晨守校門以整肅學生之服裝儀態・亦邀時譽・比歲以超齡屢辭・獲准退休・方擬隱居沙田・與夫從事著述・不幸於一九六九年十月廿九日以腦溢血不治逝世・權厝荃灣華人墳場・天不假年以竟其志・惜哉・會葬之日・在港親友及女師・敎忠・崇眞等校學生聯同致祭・數逾千人・在臺「國史館長」黃季陸・「僑務委員長」高信・分別以懿範足式及敎範留芳題旌・崇眞校友會期刊特出專號紀念・亦足見其感人之深矣・

嗟夫・芷芳以一女子生當時世紛亂之秋・早年即嚴辨正邪忠奸之別・而不爲利之所誘・力之所屈・卓然有以自立・屢經艱險抗志不撓・致力敎育亦能自成端莊樸實之風・雖在流離不失素守・其操行之不易諸當世之士夫者・竟由一女子出之・豈非足以勵俗而可傳者歟・至其提倡女權而能遵循婦道・效力社會而能兼顧家庭・人多稱其具女誡之四行者不復列舉・獨書其行事之與世道有關者備史乘之採擇焉・

淩鴻勛

一八九四年生
一九八一年卒

字竹銘・光緒三十年十二歲・考入廣州府中學・十七歲畢業・授優貢・適郵傳部上海高等實業學堂(南洋大學前身)招考官費生・應試獲第一名・民國四年以土木科第一名畢業・時交通部與美國橋樑公司協商・派土木科畢業生至該公司實習・鴻勛獲首選・在美三年・夜間兼在哥倫比亞大學選課・民國七年・以父喪歸國・初任職京奉鐵路・嗣調交通部路政司考工科・視工錦朝・川漢・京漢等路・並任京漢鐵路工程師・九年任敎母校南洋大學・尋代理校務・並籌備政組爲交通大學・十年一度受聘赴廣西省當局計劃地方交通建設・十一年四任南洋大學校長・後改稱交通大學・十八年任隴海鐵路工程局長・二十一年任粵漢路株韶工程局長兼總工程師・比路費出自英國庚子賠款・停頓已十四年・後與英約四年內完工・鴻勛以其時日侵華北・該段關係重大・緊急施工・三年半完成・使戰時武漢戰爭能繼續支持・二十六年調湘桂鐵路工程局長・二十九年調築天水至成都段・以抗戰款絀・材料不能取得・奉命改建寶鷄至天水及天水至蘭州綫・並兼西北公路管理局長・爲一生工作最艱苦之時・三十四年調任交通部常務次長・未幾日寇投降・復以政次代理部務・三十八年辭去本兼各職・赴香港任敎及譯書・旋應聘台灣「中國石油公司」董事長・在任二十年以至終老・鴻勛對國家社會建設・貢獻良多・且領導中國工程師學會・當選中央研究院第一屆院士及歷屆評議員・交通大學授與榮譽博士・遺著有中國鐵路志・詹天佑先生年譜・七十年來中東鐵

路・中蘇鐵路・中蘇航空・四年從政回憶・七十自述・自訂年譜・及交通工程專著論文多篇又與高宗魯合編詹天佑與中國鐵路一書・

關於詹天佑的三個問題

凌鴻勛

詹天佑爲我國政府所派首批赴美留學幼童之一・學成歸國後幾年即致身鐵路之建築・旋受命總司京張鐵路工程・爲中國工程師負責興築一條工程艱鉅鐵路之第一人・此爲中外人士所習知・惟百年前風氣初開・報刊較少・公私記錄遠不如今日之盛・計詹氏於光緒七年（一八八一）回國・至光緒十四年（一八八八）始入鐵路任事・中間歷七年之久・在此七年間・詹氏做過那些事・頗難詳加查考・蓋以詹氏十二歲即離祖國・廿一歲才回抵上海・廿一歲在今日尚是在學之年・未膺較重之任・何況當時近代建設之事才開始・是以回國後的幾年間尚無一固定之事以展其才能・在閩在粵播遷不定・因此任事之記載雖有片段・而無系統可言・

民國五十年・即詹氏誕生之一百年・作者思爲詹氏寫一年譜・曾費了一年多的時間・搜集中外各方資料寫成初稿・由中國工程師學會印行・此篇問世以後・各方反應不一・其中較爲重要尚爲今人所研討者・則有下列兩事・

在水師學堂一段及曾否參預中法海戰問題

作者編述詹氏年譜時・最感困惑即爲詹氏在進入鐵路之前的七年間・曾任過何事・各家於此雖有所載・惟詳略概不一・且有矛盾或差異之處・以詹氏初出任事・又用違所學・原不會有很多可述的事蹟・而且在九十年前・中法戰起・戰場情況瞬息萬變・各方報導更難免有矛盾與差異之處・作者在年譜中對於該幾年所記的眞確性原不敢自信・自慚未習史學・於典籍之查證實甚疏略・

詹氏年譜刊出之後・新時代雜誌民國五十年第一卷第七期書評欄內・載有歷史博物館長包君遵彭對凌著詹天佑年譜幾點商榷一文・此文長逾萬言・考證豐富・讀之不勝欽佩・其中提出拙著所稱水師學堂的名稱問題・以及學生練習・服務・教習等名詞先後不一致・與對於原著所述一年後即當教習疑爲太快・又謂詹氏未曾於光緒九年任教習・這幾點引證甚多・作者以手邊此類書刊太少・未即多爲查證・包氏此文實爲拙作詹氏年譜的一項修正補充・空谷足音・令人興奮・

關於詹氏曾否參加甲申中法馬江海戰一事・包氏根據清季外交史料所載・及當時上海道邵友濂等不同來源之報告・謂「沒有提到揚武艦還攻或繼續發砲之事・」又根據閩海疆會辦張佩綸奏報馬江失利摺文・其中述及揚武艦者則祇謂・「法人以五大船一魚雷船合攻揚武・揚武爲敵魚雷所碎」幾句・包氏謂「此係負責疆吏向朝廷提出之正式奏報・根本未提到揚武艦還攻敵艦繼續發砲情事」・又謂根據督辦福建軍務左宗棠奏摺稱・「福星・振威・飛雲・福勝四船死戰不退・而揚武著名堅大之船僅還一砲」・因此包氏根據這些負責調查官員所述・並比照張佩綸的奏摺沒有一言提及揚武戰績・認爲揚武在此戰役中迄無所表現・當不會有詹天佑等人還攻敵船繼續發砲英勇之舉・

以上包著多方引證・至爲欽佩・詹氏曾在揚武艦服務或

練習而不是在揚威艦・別的記載有謂詹氏在揚威艦者・承包氏引證・作者幸未有錯・至於年譜中所述光緒十年中法馬江之役詹氏應戰之一段・作者係根據「中央研究院」近代史研究所所藏總理各國事務衙門越南檔原本第一〇二四號文件中・載有上海江海關道邵友濂轉報一八八四年七月初五日晋源西字報所載之福州消息・即詹氏年譜第二十四頁所述・其時英美等國曾有軍艦在福州海外觀戰・該報所言詹氏應戰一則・容非虛構・又查近代史研究所所藏越南檔第一〇二一號文件內載・

七月十三日美國公使揚約翰函總理各國事務衙門・以中法閩省之戰中國官兵均甚出力・其中尤爲出力者則係揚武船內由美國徹回之學生・該學生計共五名・點放砲位甚爲合法・極其靈巧・均奮不顧身・直至該船臨沉沒時・衆人均已赴水逃生・該學生等方行赴水・內有一學生戰歿於陣・本大臣接閱之餘・實深欽佩・想該學生等出洋習業・曾有謂其惟務洋學・恐於中國事理諸多未諳・難爲有用之才・茲閱前因・足見其深明大義・均能以死力報效・實爲不負所學・是該學生等上足以仰副貴國之裁培・下亦足以特表一時之英俊・尚望貴國於幼童出洋一事・嗣後仍按時學辦（按幼童出國已於光緒二年起停派）・將見人才輩出・貴國興盛之基自然蒸蒸日上・

此函在外交文件中鄭重其事・應有所根據・函中雖未明指詹天佑之名・但此函及其他資料中均確定船上有五名留美回國學生・晋源西報且有五人之姓名爲黃季良・詹天佑・吳其藻・容良・薛有福・且特別敍述詹氏有膽勇・又查越南檔第一〇二四文件中尚有下列的一段・

江南製造局有一由美回華學生名祁祖彝・曾接揚武船之出洋學生來電・謂揚武船將沉之頃・由美回華學生五名自船跳躍下水・除不見容良外・餘四名都平安到岸・

此與美使楊約翰函中所述符合・而生還四人中應有詹氏在內・

作者根據上述幾項資料・是以在詹氏年譜中有甲申應戰之一段・包氏認爲張佩綸馬江失利一奏・以好大喜功之張氏對於揚武發砲還擊以及詹氏等表現英勇未提一字・其他海軍史料亦無記載・認爲無此事實・惟張奏所未提不止詹氏一人・如謂張奏未提即無其事・難道黃季良・吳其藻・薛有福諸氏以及容良殉職之事都屬虛構・以上中西各記載以主觀與容觀不同・遂有互異的說法・九十年後之今日・事更模糊・甚盼歷史學家與海軍前輩於此加以考訂・俾資證實・

車輛掛鈎是否詹氏所發明

在拙作詹氏年譜之編後一段・作者曾否認國內相傳已久鐵路車輛自動掛爲詹氏所發明之說法・此書刊行後・社會對於此點引來不少的反應・有直接致函作者・有投書於「中央日報」・（因作者曾在「中央日報」寫過一短文述及此事）・其中一件 原文說・

中國在二十世紀機器時代落後・也只有這一點・況業經大家公認・並給後代作一點鼓勵・否則我國對二十世紀發明一無所有・況你所知的亦不過是片面言辭・詆毀中國・居心何在・今後對中國有損無益的要少作・並且要問問良心・

又一件說・

先生發表鐵路自動掛鈎美國早已採用・不應歸功詹天佑等語・請問先生爲何不早講・如果先生在五十年前發表・我們還不知詹天佑歷史・此時此地・先生公開發表・實應負破壞國民心理的責任・有更正的必要・

又一件說・

閱「中央日報」所載的一段言論・不敢苟同・希望查證時候應該找最正確的爲立言根據・同時請你注意自己民族的尊嚴・又一件說・先生說火車自動掛鈎非詹天佑所發明・而係美國詹尼所發明一事・聞之不勝驚詫・先伯父及先父曾隨詹公任事多年・常言當時列車每在駛行中發生脫節事・當時鐵路技術人員多係外籍人士・作者按京張鐵路從未雇用外人對此亦無善策・後來詹先生發明自動掛鈎・始免除中途脫節之事・此乃國人所共知者・

又一件說・

詹天佑發明車輛掛鈎一事・載之於小學教科書・教科書是經「教育部」審定的・難道「教育部」也會有錯・以上各件來者都有姓名有地址・我覺得這事有點嚴重性・幾乎使我成爲名教罪人・因不克逐一答覆・乃在一九六一年四月三十日送「中央日報」一公開信・答讀者的詢問・至教科書一節・則函「教育部」請其查明・如所載不確・宜予删除・以免給下一代以不實的記載・公開信如下・

連日接到好幾位讀者來信・對我所引證火車自動掛鈎不是詹天佑先生所發明表示異議・說我祇憑一面之詞・發表謬論・應負破壞國民心理的責任・又問我詆毁中國於心何在・我看了非常惶恐・我可以敬告各位讀者・在退出大陸以前我在國內鐵路服務過三十年・也曾在詹氏領導下做過事・我就未曾在任何文件・書籍或記錄上或在任何鐵路前輩口中看到或聽說過掛鈎是詹先生發明的・但社會上確有這項傳說・我爲了寫一本詹先生年譜・曾就這事經過一度之考證・根據美國鐵路協會的記載・美國鐵路初期也是用鍊鈎來聯接車輛・但早在一八六九年即開始作各種自動掛鈎的試驗・其時詹氏才九歲・自後美國鐵路經過了多年的不斷研究・才有了重要的進展・其時美國各鐵路所用自動掛鈎式樣甚雜・到了一八八七年始由車輛製造協會決議採用現在美國一般鐵路所用的一種掛鈎・這事還在詹氏初入鐵路服務的前一兩年・是由詹氏發明的說法我認爲有澄清的必要・(下略)凌鴻勛一九六一年四月廿八日・

自從一九六一年這個問題揭起之後・各方辨證多端・事實已甚明顯・作者以爲這重公案應可從此結束了・不謂事隔十餘年・到了民國一九七四年四五月間・作者獲得京張鐵路照片百餘張・皆爲前時所未見・特選其中最富價值者一百張放大・趁六月六日工程師節・在臺北「國立」歷史博物館作一次公開展覽・並於展覽期間・應博物館何館長之邀・在該館作了一次描述詹氏平生與京張鐵路的公開演講・在演講的末一段・作者亦曾提及自動車鈎不是詹氏所發明・不謂講完之後・遭一位「國民大會」代表胡君鍾吾的激烈反駁・據一九七四年六月十七日臺北聯合報所載胡君說・「詹天佑在世時候大家就知道他發明鐵路掛鈎・當時他不辯白・就是證據・」又謂・

「原籍安徽的詹天佑是研究徽州方秀水特製的羅盤結構以及吸收美國掛鈎．創造詹天佑掛鈎．當年方秀水做羅盤是爲了便利徽州等地的山道通行．京張南口站一段崎嶇險峻．詹天佑決定使鐵路作之字形而上．所以才研究方秀水羅盤．一共拆了十五個羅盤．才悟出安全掛鈎的製作原理．詹天佑以一中國人好不容易發明一件東西．即被反駁推翻．這是小題大做．希望大家提出證據來．證明詹天佑確實是掛鈎的發明者．」作者很了解胡代表不會是一位鐵路從業者．所言祇是和詹氏先代有安徽同鄉之誼．故極力爲詹氏作辯．作者不相信詹氏會有空閒研究如何便利徽州等地的山道通行．至於因拆下十幾個羅盤才悟出安全掛鈎的製作原理．製出自動掛鈎．去解決南口一帶崎嶇險峻鐵路的運行．這說法眞是聞所未聞．作者當時祇答以歡迎一切有關此事的繼續研究．及找尋可靠的資料．

茲事過後不幾天．於七月四日收到一位當代學術知名人士來信．茲錄如下．

竹銘先生．昨日在聯合報載有台端與胡鍾吾代表辯論詹天佑先生是否爲火車自動掛鈎之發明家一問題．此事數十年前已載在教科書．國人以此引以爲榮．今若欲翻案．似應向美國專利局查案．一．詹來斯（作者按．即指Janney）與詹天佑是否爲一人．二．詹來斯之發明是否與詹天佑所發明者完全相同．三．同一發明在東西兩地同時產生亦有可能．不一定一個抄襲另一個的．四．發明不一定在鐵路界服務才有可能．先有發明．表示他對鐵路有興趣．然後實地參加．何嘗不可．總之一二兩點能先查淸．始有論據．若謂此乃傳說．亦應查明此一傳說之由來．似非詹來斯即可變爲詹天佑也．此次否定詹之發明證據似太不足．叨在友好．故敢直陳．尚請諒之．敬請近安．弟〇〇〇敬啓　六月十八日

作者接信後．認爲當代學者既有此懷疑．應去信有所解釋．因於七月八日復信如後．

〇〇先生有道．六月十八日惠書不悉何故至七月四日方才得收．稽復爲歉．鐵路掛鈎問題多承明教．至感高誼．茲謹將弟所知列舉如後．

（一）根據美國幾種權威典籍所載．早在一八六九年美國鐵路即開始作自動掛鈎之研究．以謀代替舊式不安全與動作慢之鍊接（詹天佑先生於一八六一年其時年九歲．）各鐵路及廠商乃各有其設計或式樣之發展．至一八八五年已有三千種不同之註冊．於是認爲有急待統一掛鈎式樣之必要．以便各路車輛過軌聯運．曾開始作一連串之重要試驗．費時兩年．至一八八七年才由全國製車協會召集各路會商．一致通過採用Maj. Eli H. Janney所創製之直形自動掛鈎．自後此式掛鈎迅速地取代所有其他各種掛鈎．而爲美國鐵路自動掛鈎之標準．其時詹氏年二十七歲．尚未入鐵路服務．謂係詹氏所發明．在時間上顯無根據．

（二）詹氏係美國土木工程師會會員．該會例於其出色會員身後作成傳略．在年刊上發表．一九二〇年（即詹氏逝世之翌年）該會之年報曾刊出一篇甚詳細之詹氏事蹟．爲詹氏長婿王君金職（亦該會會員）所撰．中國工程師學會有此一册．於詹公發明自動掛鈎事並無提及．王君任京漢鐵路工務處長時．弟供職粵漢路．與之時相過從．弟任粵漢工程局長

時・詹公之子文琮在工務處副處長・王詹二君爲詹公最親近及傳其所學之人・均不承認鐵路自動掛鈎係詹公所發明・現在臺鐵路老輩曾任國內各鐵路機務及運輸高級職務者尚有十幾人・亦均否認此事・

（三）自一九六一年拙編詹天佑年譜問世後・各方對掛鈎問題反應不一・弟覺得有澄清之必要・曾於一九六一年四月三十日致「中央日報」一公開信・答復讀者詢問・是年五月九日・臺北聯合報載有署名丁惠曾一文・又一九六一年五月廿三日「中央日報」載有署名言曦「詹天佑鈎」一文・六月四日「中央日報」又載言曦「再論詹氏鈎」一文似可參考・

（四）在此期間・有人謂小學教科書中有詹天佑發明車輛掛鈎之記載・並謂教科書是經過教育部審定・不會有錯・弟對此頗有懷疑・曾函教育部查明予以澄清・如不確實・則宜刪改・以免青年常留此錯覺・

（五）事經十餘年・至今年六月歷史博物館展出京張鐵路工程照片時・邀弟對詹公與京張鐵路作一演講・弟亦曾强調詹公發明車鈎傳說之不確實・當時即遭一位胡君之强烈反駁(即執事所聯合報之所載)惟胡君所說羅盤與自動掛鈎兩者風馬牛不相及・將其拉在一起・作爲佐證・其構想實匪夷所思・聯合報嗣於六月二十日曾登有讀者單君炳慶一信・單君在鐵路機廠任主管多年・所言與典籍所載及在臺一般機務老輩所見符合・

（六）鐵路自動掛鈎係 Major Janney 所發明創造・中外東西各國鐵路界早成定論・惟自一八八七年至今已八十餘年・此八十餘年中因鐵路運量之增高・機車車輛之增大行車・速度之增加・與製造材料之改進等等・例如初時掛鈎拉力祇須二三十噸・現則至少須八十噸・以前掛鈎用鑄鐵・現則須用鑄鋼・掛鈎的形式・大小・零件配置・與使用方法等細節已不知改過若干十次・祇是像兩手相攫而結合之原則未變・詹氏在京張鐵路時・鑒於此路坡度之陡・列車運行之難・對於掛鈎可能想有所改進・在臺詹氏之孫同基及孫女樹義曾告弟幼年在其老家見有一具掛鈎之模型・人稱爲詹天佑掛鈎・是以傳說或由此而起・

（七）自最近發生論議後・弟曾再函教育部國民教育司・請其一查現行小學教科書尚有無詹氏發明掛鈎之記載・得復已遍查現用教科書・載有關於詹氏主築京張鐵路之一節・但並無詹氏發明掛鈎之記載・

綜上所述・詹天佑發明鐵路掛鈎之傳説斯時似應作一結束・不知以爲有當否・手此復頌時安・

弟淩鴻勛拜復一九七四年七月八日此信去後・又於七月十八日再得其一信如下・

竹銘先生・詳函奉悉・謝謝・惟仍不能解決詹天佑是否發明自動掛鈎之謎・其理由如下・一・自一八六九年至一八八五年鐵路掛鈎之註册者共有三千種之多・其中是否有詹天佑之一種在內・應予追查・因一八八五年詹氏已卅三歲・其進入鐵路服務之年爲廿九歲・以詹氏之富於創造進取之精神・在掛鈎方面略用腦筋・極有可能・其時美國方面已有三千人動腦筋・不一定事事抄襲他人也・二・詹氏可能自己想出一種掛鈎・而應用於京張・同時美國方面從三千種不同之掛鈎中選定了一種・可能與詹氏應用者相類似・詹氏知道了

美國亦既有之・遂不以自己之發明爲奇・否則在五六十年前弟何以已聽到詹氏之發明消息耶・三・吾人並不以詹氏有未有此發明爲了不起・惟深信此一傳聞必有其來源・應予澈底查究・決不能以美國並未用詹氏之發明即認爲詹氏決未有此發明也・蓋同一時間在世界上不同之國家發明同一件東西有例極多故也・四・教科書中何以有詹氏發明之報導・後來忽又取消・其原因何在・亦應澈查・五・往昔西人認爲自然科學爲彼等所獨有・李約瑟氏始一一找出證據・以駁其妄・吾人於此宜讀重出之・弟故不惜辭費・與兄討論之也・敬請道安・弟〇〇〇七月十二日

此信謂一八八五年詹氏已卅三歲實係二十五歲之誤，其時尚未進入鐵路服務・又作者於前一復信已分析甚詳・故此信未再作復・其實作者早已函請旅居華府之友人代爲向美國國會圖書館及專利局詳爲查問，得復在掛鈎史中未查到詹天佑之名・在發明國家中亦無中國在內・至上述三千種之掛鈎設計註册則未能詳細查得・

作者於本年十月初王雲五先生所捐贈之雲五圖書館開放之後數天・即到該館查得 Charles G. Abbot 氏（麻省理工大學博士・曾在 Smithsonian 博物館服務多年所著 Great Inventions 第一九八—二〇〇頁中・有關於詹尼氏發明車輛掛鈎經過之一段詳細記載・茲節譯如下・

詹尼氏（Eli Hamilton Janney-1831-1912爲美國 Virginia 州人・在美國南北戰爭時隸李將軍之下爲一低級軍官・戰後乃在 Alexandria, Va. 一倉庫任職・美國鐵路開始之半世紀中・車輛與車輛之間的聯結係用笨重的鐵鍊牽掛・而兩鐵鍊之末端尚須人工在兩車接近時將其對準・再施放一栓・才能聯繫・詹尼氏每日經過鐵路調車場・眼見牽掛之工人時被兩車撞傷・甚至撞死者・因開始沈思應如何改善・以減少此類時常發生之不幸事件・

一日・詹尼氏偶將自己之兩手用四個手指扣起・覺得一鬆一緊・甚爲方便・由此悟及車輛掛鈎之可用此方式來代替鍊結・遂以晚間餘暇自製一木質模型・經多次之思維認爲倘依此作爲掛鈎・必須具備如下條件・1.簡單・2.易於操作・3.各件須有足夠之強力及4.製造價格較廉等・如是經過八年的創作與試驗及改進・才用鋼製成此式之自動掛鈎・而於一八七三年四月二十九日獲得註册專利・

但詹尼氏並無力自行設廠製造後得其友人之助・在當地的鐵工廠製造了幾套・而試用於一條舊鐵路・結果甚也圓滿・詹氏知道這尚不能引起美國大鐵路之注意・乃再花了十年時間・逐步加以改進・並接洽了許多間鐵工廠・最後一間在匹士堡的鐵工廠對此有興趣與信心・允出資爲其製造・給予詹尼氏以權益金・由此經賓州鐵路（Pennsylvania Railroad）定製了一百套試用・亦證明甚爲成功・

這時候美國各方面研究新式掛鈎而得到註册者數以千計・各鐵路的試用與反應意見殊不一致・但都認爲全國應有統一的標準・以利路務・但應用那一種・各方以本身利益關係・紛爭了數年之久・直至各州甚至聯邦國會認爲此事重要・責成各鐵路迅速商決・此項任務從來加諸美國車輛製造協會（The Master Car Builders' Association）・由其聯合各鐵路製車主管・於一八八七年在水牛城（Buffalo, N.

Y.）郊外特鋪一條用各種不同的曲線與上下高坡的鐵路・邀請各鐵路主管與製造商，帶同各式掛鈎・當場各個試用・結果公認詹尼氏所製之式樣為最佳・遂為該協會採用為全國標準・後來加拿大墨西哥等國均規定須用此式・詹尼氏仍繼續研究改進・特別對於客車之掛鈎・嗣後其子亦終身繼續其父業・不斷有所改進・

以上為美國詹尼氏發明車輛掛鈎之最詳實紀載・無可置疑・計詹天佑生於詹氏之後三十年・詹尼氏初試註册係在一八六六年・其時詹公才六歲・一八七三年詹尼獲得其改進設計之正式專利權時・詹公才十三歲・一八八三年本薛文尼亞鐵路購用詹尼氏掛鈎一百套時・詹公才二十三歲・水牛城學行全國驗試採用詹尼氏式樣時・詹公才二十七歲・尚未入鐵路做事・詹尼氏花了二十多年的研究試驗與改進・其間遭遇過不少困難與挫折・當時各鐵路主管不關心工人之傷害，且不願花錢改進才獲得成功・而謂其姓之中文譯名與詹天佑相同・遂以訛傳訛・積非成是・請問這是否應當改正之事・作者是最崇拜詹氏之一人・但對詹氏發明掛鈎之說實不敢盲從・作者雖不反對於此再加研究・查考・但認為此事鑽牛角尖之所為・相信不會再有新的資料足以推翻作者之論斷・

詹氏是否會作山水畫

上面所述兩問題有關國故・反覆研究推論・不厭求詳・自有其價值・不謂近年尚發生了一件甚微小而似是而非的問題，姑為述之・亦詹氏生平傳記的一小插曲也・

一九七三年某月日有客來訪・袖出一幅云係詹天佑先生所作之山水畫・囑為鑒別・作者展閱・知係一橫幅山水畫・長約三尺・寬約一尺・題為西陵山水圖・上款署培成仁兄雅正・款末署弟詹天佑作於宜昌川路工次・兩小章都不是詹天佑或眷誠等字・作者雖不懂山水畫・但看來似非一初學而無根柢者所能為・頗疑詹氏一生為路事奔波勞碌・安有閒情逸致來到工作地作畫・因約詹公之孫女樹義女士及孫同基君同來展閱・樹義女士固習國畫者・惟據其姊弟同稱・從小即未聞其祖有作畫之事・老家亦未嘗見掛有其祖所作之國畫・對於此幅之眞偽均為搖首・此中可異者・詹氏確曾於光緒二十八年一九〇二奉清廷之命・臨時調去趕築一條由京漢鐵路高碑店至梁格莊之所謂西陵支線・（西陵係清幾位帝王陵寢之總稱）以便慈禧太后可乘火車去祭陵・西陵是與詹氏有關的・又宣統元年（一九〇九）川漢鐵路決先修宜昌至萬縣一段・十月在宜昌開工・先是已調用幾位京張的工程師去開工・詹氏嗣亦為當局所邀被聘為川路總工程師・以京張工程時已告一段落・遂於是年年底赴宜昌一次・至翌年二月即由宜昌北返・去展築張家口至天鎮一段工程・是以畫上所題宜昌川路工次云云・亦有其依據・反覆思維・仍認為此非眞品・惟偽造者不作京張路風景・而故弄玄虛・用西陵為題・以宜昌川路工次為作畫之處・亦甚有其匠心・現在此畫仍在臺北・倘有好事者能詳加鑒別・亦可一解此謎・如認為確是詹公所作・不但於詹公生平多此一段有意義之記錄・而此畫亦會驟增其價值了・

鐵路節的來源及其意義

淩鴻勛

我國一年間各種節日眞多・舊日的端午節・中秋節・重陽節等・已有千年以上歷史・是家喻戶曉的・近半世紀來・我們擧行的節日有些是國際性的・如勞動節・婦女節等・名目繁多・而我國自己創立的節日如青年節・詩人節・父親節等等・更層出不窮・有許多是屬於職業性的・如軍人節・工程師節・醫師節等・也有以事業爲名的・如郵政節・電信節・航海節・司法節等等・每年擧行紀念・都各有各的意義・近聞鐵路界人士將於今年六月九日擧行首屆鐵路節・路界團體及個人紛紛向我問及此事・引起我的興趣・我想對於所謂鐵路節的來源有向讀者介紹一下的必要・

中國鐵路的起源

世界之有鐵路已有百四十多年・我國在清末太平亂事初定以後・同治三年（一八六四）・即有一位英國鐵路工程師到中國來・向朝野各方遊說興築鐵路的利益・及在華興築幾條幹線的計劃・我國當時閉關自守・未曾加以理會・但中國之提出鐵路兩字即始於是時・距今已一百零一年・其時已在英國創建鐵路之後四十年・英人對於在華築路的宣傳・推動得甚爲積極・上面所說英國工程師來華之後才一年（同治四年即一八六五）・即有一位英國商人携帶了一批小鐵軌和一輛小機車到達北京・在北京城的宣武門外鋪設了一條長一里多的鐵路・小機事即在其上往來行駛・引得市民詫爲怪物・甚至謠言紛起・結果由治安機關勒令該英國人將其拆去・此

雖然是一種宣傳或嘗試的性質・而且短期內即被拆去・但這可以說是鐵路輸入我國及我國土地上有一條鐵路的開始・

由此經過了九年・到了同治十三年（一八七四）・在上海的英國商人（即後來的怡和洋行）以上海開埠以來商務日見繁盛・曾請准地方當局在上海閘北老靶子路起・築一條小鐵路至吳淞・以省黃浦江一段水運的轉折・此段路長約九英里・係用二英呎半的狹軌・光緒元年（一八七五）興工・光緒二年正月二十日（一八七六年二月十四日）初次用小機車在已成的一段路軌上行駛・地方當局以沿線人民不免驚奇・恐發生意外・曾勒令停工一個時期・其後又行復工・到達了吳淞・客貨都稱便・不料全路開車才一個多月・有人在軌道上行走・躲避不及・爲火車所撞倒斃命・其時朝野對人命看得非常之重・今火車發生撞斃行人之事・非同小可・於是大起交涉・結果由我政府備價款銀二十八萬五千兩・將鐵路財產全部購回・不設法防止事故的再發生・而却把全路軌道掘起・將路基剷平・所有車站房屋亦都拆毀・以示決絕・這條小鐵路的興築尚在日本第一條鐵路（東京至橫濱）興築之前・遂不幸而夭折・後來京滬鐵路的淞滬間支線是二十年之後所重新建築・並不是原來淞滬小鐵路所改建的・

唐胥鐵路的開始

中國鐵路的眞正開始而爲今日全國鐵路網中最早的一段・要算是由河北唐山到胥各莊間的運煤鐵路・當淞滬小鐵路拆毀後的一年・輪船招商局總辦唐廷樞氏以輪船要靠烟煤做燃料・因派人到河北開平及唐山一帶找到良好煤礦一區・

請由直隸總督李鴻章批准開採・但煤斤要由礦區運輸出來才能供輪船之用・因於光緒五年（一八七九）由李鴻章氏請准請清政府・由開平礦務局出資・自唐山起至胥各莊建一鐵路爲運煤之用・並派礦務局的英籍工程師金達氏主持其事・正在籌辦間・政府內忽有人提出反對・清廷竟收回成命不准興築・礦務局以既然不能修路・因轉而想在胥各莊至蘆台之間開闢一條運河・但因唐山煤井到胥各莊尚有七英里的距離・其間地勢又高低不平・開河工程太大・仍須鋪設鐵路方能解決運輸・因政府一般守舊派當時所以反對鐵路的主要理由爲使用蒸氣機車・第一易傷行人・第二機車冒出的黑烟有傷禾稼・礦務局乃陳明運煤車輛改用騾馬在軌道上拖行・不用機車拖引・此段鐵路才奉准興築・當時有一部份人士主張爲節省經費計・宜採用二英呎半的軌距・築小鐵路・惟金達氏則認爲狹軌對運輸量限制太大・即日本開始建築鐵路採用三英呎半的軌距金氏亦認爲不宜用之於中國・中國地大物博・鐵路有其前途・力勸當局採用英國通行的四英呎八吋半（英國本土及歐美大陸同採用）的標準軌距・此建議爲當局所採納・此一段十八華里的鐵路遂於光緒七年（一八八一）五月興工・十一月完工・初時確係以騾馬拖帶煤車・後來由唐廷樞多方向政府解釋・才准使用蒸汽機車・此段鐵路不久南北分向展築・成爲一條長八百五十公里的京奉鐵路（後又稱北寧鐵路）幹線・此一標準軌距的決定與我國後來鐵路的發展有重要的關係・

鐵路節日的訂定

中國鐵路開始甚早而進展則甚慢・且許多幹線都因借外款興築的關係・多由外人把持・直至國民政府成立之後・遵循國父的建國方略・積極推行興築新路與整頓舊路・於是本國鐵路界人士始完負興建與管理之責而逐漸抬頭・惟每逢中外人士詢及我國鐵路係起於何時・頗難作肯定的答覆・宣武門外小鐵路之鋪設與拆毀固不能算・即淞滬小鐵路之興築亦祇曇花一現・既建而又拆毀・說起來有點戲劇性・不甚大方・於是路界人士咸公認光緒七年（一八八一）唐胥一段爲我國鐵路的眞正開始・所有北京與淞滬小鐵路的故事不算入紀錄・但此祇是定了我國開辦鐵路的年份・却沒有查出開工是那一天・也沒有想到定一個鐵路節・

大陸徹守以後・舊日鐵路界人士不乏播遷來臺・一九五五年・作者計算一下・下一年一九五六年應是我國鐵路興築的七十五年・不可不有所紀念・因建議於交通當局屆時辦一個鐵路七十五週年紀念展覽會・而展覽會應於何月何日舉行・又因此想到要查一下唐胥鐵路係那一天開工・就交通史路政篇記載所及・唐胥段開工破土之日係光緒七年陰曆五月十三日・是日係公元一八八一年六月九日・因此就定了六月九日爲鐵路七十五週年紀念展覽會開幕之日・展覽會在臺北省立博物館舉行・展出唐胥鐵路最早使用一輛自製機車的照片・唐胥段開車典禮的照片・以及清末提倡修路的領袖人物・如李鴻章・張之洞・盛宣懷・詹天佑等大福油畫像・此外尚有各種圖表模型・展覽會共開了好幾天・觀衆數萬人・

郵局並趁此發行紀念郵票．頗極一時之盛．這可以說是第一屆鐵路節的舉行．

作者曾經建議．所有籌備經年之展覽品及圖片模型等．收集不易．宜善為保存．或趁此恢復前在北京所創設的一所鐵路博物館．又建議此紀念日年年宜舉行一次．惜沒有有力的反應．今年如舉行鐵路節．應是第二屆而不是首屆．由光緒七年數起．則中國興建鐵路到今年已有八十四年了．

我國鐵路之興建．在交通事業來說還在航業之後．但其進展較航業為速．以全國的國營事業來說．國有鐵路資本之大．尚無其他事業可與倫比．鐵路的興替．在過去七十年中．更與國運有莫大的關係．時下說者每謂鐵路已為一種落伍的交通工具．今後陸路交通除飛行外．應可以公路代替鐵路．且每引美國鐵路客運業務的衰退為例證．而不知我國幅員之廣．現有鐵路絕不能應光復後之長期需求．日本鐵路網總算已密．而近事尚以四千億日圓的鉅款．建築一條由東京至大阪的標準軌距超級鐵路．每小時速度達二百公里以上．以應工商業的急劇發展．近且聞會向西展築．即美國亦並不以鐵路業務衰退而自餒．鐵路界現正擬參考日本超級鐵路的興築．而開始研究在東部由波士頓經紐約而至華府的超級鐵路．因此我人似不必徒唱高調．而應於目前的鐵路事業和他日光復大陸後的鐵路重建下些工夫．過去鐵路員工在建國期間的貢獻與在抗戰與戡亂兩役的努力與犧牲．宜使國人長留印象．鐵路節日的紀念甚有其意義．作者極盼望此一紀念日成為一永久的紀念日．年年舉行一次．勿忘記已往數十年締造的艱難與將來任務的重要．

中國鐵路志前言

中國之有鐵路．自唐胥段興築成功數起．已有七十年．而自淞滬路最初之發動．則已有八十年歷史．此八十年中．舉凡我國社會的轉變．思想的醒覺．經濟的發展．以及政治的演進．國運的隆替．在在與鐵路問題有關．其中前半期由滿清統治以至民國初年這一段時間．官書尚繁．關於鐵路的紀載尚較完備．其見諸私人傳記者．如李鴻章海軍函稿．張之洞奏摺．以及盛宣懷愚齋存稿．梁士詒年譜等．對於鐵路的初期興辦．尚可覓得不少的珍貴資料與文獻．民國二十年．交通部與鐵道部合編由關賡麟主編之交通史告成．其中路政一編．共有十八巨冊．所舉各路的淵源變遷．以及建置規制．燦然具備．且在清末民初檔案中摘錄不少有關重要文件與統計．尤足供人參考．惟此編祇屬於史料性質．卷帙浩繁．披覽不易．且其紀載僅至民國十五年為止．十六年以後．北伐告成．國府定都南京．此後十年間為我國鐵路有計劃發展的時期．此時期中舊路的整理．與新路的籌築．事極繁賾．卻無公私有系統的著述．至官方所發表．則祇有不連續的年報或年鑑．私人文字亦祇偶見於書報雜誌或專刊．殊未足以顯示國家的整個政策．國際的合作歷程．與此十年間路政的重要演變．

民國二十年．日人發動九一八事變．侵據東北以後．東北各路遂與中央脫離．其經營情形祇在日人報告中得之．二十六年蘆溝橋戰役驟起．首都倉卒徹遷．昔日部路文卷從此開始散佚或毀失．而臨時首都重慶又因時遭空襲．案卷一再疏散・整理爲難・勝利以後・各路復員・而昔日文件圖表統計賬册蕩然不復完整・至東北各路則以蘇聯的阻撓・致我方未能順利接收・各項重要資料尤多喪失・未幾共黨倡亂・部路一再播遷・雖大部份部卷已疏散臺灣・然比較重要者於由京遷粤・由粤遷蓉及由蓉遷臺的亂離狀況中・損失不少・今後不但於稽察往事難以着手・即將來重返大陸・從頭整理・當更感覺困難・近年在臺鐵路界人士於此頗表關心・以爲我國近三十年來之鐵路事業・關係於國家盛衰與世界安危者・其艱苦經營的經過・行將日久漸忘・引爲可惜・

作者自民國初年服務鐵路起・即好保存資料・其有重要鐵路設施・或計劃估計統計等・每喜抄存・其時祇以工程建設爲限・自後主持鐵路工程・且涉管理行政・凡有重要事項或數目字・每筆之於案頭日記・查核時擧手即得・不必有待於調卷之煩・積而久之・遂成習慣・所搜存亦不以工程事項爲限・凡中央重要決策設施・甚至他路之經畫進展情形・見諸報章或公報者・每爲剪存・單行刋本搜集亦多・自日人發動戰爭・京居淪陷・以前資料・散失殆半・然自後益覺資料之可貴・抗戰後於役於西南與西北・工作繁張・戰局變化亦大・於整個鐵路變遷的經過不無脫節・其後入襄部務・由重慶勝利還都・以至戡亂再度徹出南京的四年時間・於鐵路興廢和其大概・日記積存更成巨帙・幸經多方保存・所有燬餘文件尚能運達臺灣・年來稍加整理・覺其中有彌足珍貴者・私人搜存・不應久閟・幾經知友之督促・遂不揣簡陋・從事編一部「中國鐵路志」・將八十年來中國鐵路歷史・採其精華・攬其概要・以便於鐵路界人士之參考・與關心鐵路者之閱覽・似亦作者應有之責任・

在今日而言鐵路歷史・並編纂成志・實有不少困難・蓋旣以志名・則在縱的方面必須時期一貫・不能有所脫節・而在橫的方面又須事項完整・不能有所遺漏・此書分上下二編・上編總述・依鐵路之全面問題如組織・管理・建設・運用・財政・統計・以及對外關係等・其敍述爲橫的性質・下編則就每一路加以分述・以期每路由始至今・所有籌劃建設及運用經過・爲縱的叙述・但鐵路事業在在皆專門問題・而執筆紀述・專於營運者・未必熟知工程・精於技術者・或未必兼諳財政・因此昔年鐵路史編每覺有偏輕偏重之弊・此編自亦不能例外・而在縱的方面・在此圖卷散佚之際・實難顧到每一角落的繁複經過・及戰時事態的急劇變遷・因此事實固不免遺漏・時期又難免脫落・作者未治史學・初不知着筆之難如此・此編資料一部份參考他家著述與官方的報導・一部份採自多年搜集與抄存之資料・其餘一部份則從各路舊日同仁中旁搜集採・或輾轉查詢而來・雖於此曾特加努力・以求近三十年來之重要演進得稍補公私著述的缺略・然自問距離完整固甚遠・回憶交通史路政編在承平時期竭交鐵兩部數十人之力・歷三四年時間・始得成書・我何人斯・敢妄言繼續前人之業・但私念若不乘時加以整理・則不特當今關心路政者查考爲難・而且零編斷簡・日久恐更易散失・因此鼓起勇氣・編此史略・而不因個人之疏陋與工作之艱鉅而却步・當世賢達與路界同人如能指其謬誤・補其不足・則不獨作者之幸而已・

鐵路志自是歷史之一種・而其內容則多與地理有關・我

國各地地名在近數十年中頗有改易・每使參對爲難・省區管轄範圍亦有若干變遷・即路名亦有先後不同・此編在一般叙述中多用現時代名稱・而叙其歷史則多沿用當時所通用之地名或路名・以存眞相・至於鐵路上許多專門名詞先後譯名不同者・則盡量改用現時名稱・以期易於瞭解・至各時期所用的幣值單位・則一依其舊・俾留其本來面目・

我國鐵路與東西各國發生關係・至爲繁複・凡我政府或各鐵路與外國公私機構所訂有關鐵路的條約・協定・合同・換文等・數以百計・就早年所訂的借款合同與抗戰前後所訂者一爲比較・頗能得知其優劣之所在・與國際合作途徑的變遷・惟合同條文每極冗長・且多屬於手續上之細節・無關宏旨・本書以篇幅關係・未能將合同全文照錄・僅將其重要有關之條文摘錄・庶易明其大概・讀者欲知其詳細內容・自有鐵路借款合同彙編等可資參考(見編未參考資料一欄)・惟抗戰前後爲北寧鐵路葫蘆島築港・隴海鐵路連雲港築港・首都輪渡・湘黔鐵路・成渝鐵路・京贛鐵路・完成滬杭甬鐵路・廣梅鐵路・湘桂鐵路・南鎭段・叙昆鐵路等所訂的向外借款或借料合約・均在上述彙編出版以後・本書雖亦摘錄其主要條款・但其全部內容仍有待於彙編的續訂・庶可得知早期與近國際合作精神上與技術上不同之點・

鐵路選線固爲技術問題・但影響於建築資金・與路成後之維持保養・經營運用・甚至左右一路數十年的榮枯・乃極重要・作者曾參考不少的選線報告・於路線重要問題稍有所記述・使讀者得知取捨之經過・與路線網組成的關係・至於選線的技術細節則從簡略・

要看鐵路的運用成績・必須憑多年的統計・我國鐵路會計及統計自民國四年起始有統一的法則可循・自後二十年間的鐵路年度統計大致尚可參考・惟自九一八以後・東北鐵路統計即不完整・抗戰後則更因戰局與幣值的不穩定・而呈不正常的變化・本書所引數字因此亦難作一合理的比較・讀者欲得不同時期的數字・祇可於各年度的官方統計中求之・

鑒往所以知來・考古乃能論今・我國鐵路雖踵法歐西・但其創始不算不早・以淞滬鐵路早期發軔論・其時間尚在日本與辦鐵路以前・在我國國營事業中・國家的投資以鐵路爲第一位・就人才而論・路界精英之輩・悉爲國家所網羅・然八十年來的經營・以我國幅員之廣大・才有差近三萬公里鐵路・以視他國・瞠乎其後・其間外力的侵入若干・權利的喪失如何・國防民生的利賴有幾・國有鐵路何故進展遲遲・民營鐵路何故未能發達・凡此皆足耐吾人的尋味・今後反攻復國・鐵路一項在軍事上與經濟上的重要性爲人所共知・而如何利用過去的經驗・以求日後經營的順利・以配合國家與社會的需要・則全在舉國上下的努力・此編祇述往事・而不欲多加論列・所盼讀者自爲體會・

此書所記・起自同治年間・大陸各路記至民國三十六七年左右爲止・臺灣鐵路則記至一九五三年爲止・各路除述其經營經過外・並將沿線依其路別或區域製爲簡圖・俾於各路的環境及其聯繫・與當初設計及比較選擇・得以一目了然・另於編末附入中國鐵路大事簡明年表・及鐵路里程總表以資參考・

此書之編著開始於一九五三年初・至一九五四年五月脫稿・

中間經過不少路界先後同人的助力・其中王君奉瑞對於東北鐵路資料・除君名植及陳君德年對於各項機電資料・多所補充・他如袁君夢鴻・侯君家源・鄭君華・段君品莊・徐君承燠・李君國均・周君賢頌・張君志禮・許君延煇・王君艮卿・李君枝厚・李君炳瑗・沙君燕昌・歐君福松・李君孟暹・陳君悅韶・文君伯常・蔡君春曦・梁君寶善・楊君祖慶・龔君理澂・章君煥昌・方君松生等・或查詢資料・或訂正疑訛・均有不少的匡助・而此書原稿均經徐君名植與陳君悅韶全部校閱・所附各圖則由陳君孝墉與范君德霈代爲描繪・更爲心感・至於此書之能以告成出版則多得秦君啓文與王君開節之鼓勵・於此並誌不忘・

遐菴彙稿序

民國十九年庚午・爲番禺葉遐菴先生五十攬揆之辰・門人故吏・曾有遐庵彙稿之刋印・以壽先生・越十歲・先生花甲之年・同人有彙稿二輯之發起・顧以抗戰軍興・未遑剞劂・勝利以還・同人先後東歸者・過滬必趨謁先生・先生欣然爲道其數年來堅卓不屈之經過・並出示其感懷近作・而先生今年已六十六矣・同人必彙稿二輯・既已付印・茲復將一二兩輯與先生年譜合刋一帙・以餉當世・

竊思先生四十餘年來・政事學術文章・爲中外所景仰・而其事功之獨著於當時而垂於久遠者・則以交通建設最關重大・

我國近代交通・肇始於清末・而發展於民初・先生於此時期・歷職郎署・數長交通・於專門學術・無所不窺・尤熟於民生情故與國際措施得失之林・故凡所擘劃・皆創前人未有之成規・定今後百年之大計・人以其出處・卜交通四政之興衰・而先生獨慨然於樹人之不可以緩・求才若渴・舉賢如恐不及・試讀彙稿各編・論其文章・泰半皆四十年來交通史料・衡其事實・則舉前人所不能爲・不敢爲者・先生盱衡時會・知其不可爲而爲之・

先生秉性剛毅・不能和光同塵・益以當時橫政之所出・不能安其職・行其志・僅僅伺隙乘時・以求實施其一二・復性不諧俗・致退處於江湖寂寞之區者・十有餘年・然今日國家之所取法・後起之所秉承・皆不出乎先生所手創之宏規・與所倡導之風氣・先生之成就・自不以在位與否而差其毫末也・

鴻勛自海外負笈歸來・即受知於先生・厥後出任路工・掌教交通大學・完成粵漢鐵路・先生以在野之身・而時時左右之・督責之・

鴻勛愧於先生政事文章・未能窺見步趨其萬一・茲幸邦家再造・得重親先生顏色・並幸得預於刋印茲編之役・所以壽先生者・當爲先生所許・抑亦海內人士仰止先生者・所同以先睹爲快者歟・是則非止鴻勛一人之私幸也已・是爲序・

中華民國三十五年十月門人凌鴻勛拜序・

自訂年譜序

余志學不早・中年以後始對近代史發生興趣・曾收集昔賢年譜或回憶錄之類不下數十種・不論其爲古人或時人也・年譜有出於後人之所編述・時期相距百數十年者・近則多屬

淩鴻勛

近人或時人之所作，亦有自訂之年譜，如吾師茹經老人唐蔚芝先生其年譜即其所自訂，惟至七十歲爲止，尚在其歸道山之前二十餘年，其後未見有續編，而時人所作他人之年譜亦有僅編至其人若干年齡爲止，即作一階段者。

自訂年譜與他人所編訂者頗有不同，後者對於其人之整個事蹟每不夠清楚，尤其是早年之事，考證較難，如事過境遷，則更無從取斷或補充，自訂年譜則可補此缺憾，但他人所編者若非以超然客觀態度，則隱惡揚善容或不免，至於自訂於有作法之不同，或過於謙抑而簡略，或則流於渲染，而於眞理或事實有所距離，惟無論如何，閱讀一人年譜不但可知其人之一生家庭，學行，師承，修養或事蹟，且可就其時代之推移得一印象，並可與同時代其他史料作一參考對照，或可發現中間若干隱藏之處，余雖對近代史有興趣，究非研究史學之人，於此自不足以言深入也。

余以工程學生，一生大半時間從事鐵路之興築，中間曾廁身於工程教育數年，近二十年轉事工業，皆屬片面工作，不能說對國計民生有何關係，然有生近八十年，正是中國經歷有史以中最大變遷的時期，茲所記述雖或個人小事，然切身所經有關社會及文化的變遷，可以反映出一事成敗利鈍之由來，與當時一般政治和社會環境所影響於事業之處，容可作他日之參考，內中記載或有爲官書所不及，而足以補其殘缺，此則編者區區之意也。

余生長於粵東，因此對於早年有關粵事及粵人比較敘述稍多，余畢業於上海交通大學之前身，後來曾任該校教授及校長，在重慶及到臺後又曾參與籌備復校之事，與此校有多年深切淵源，故對於該校事所述稍多，早年一般教育事項亦偶涉及。

余對於政治素無興趣，祇以所從事之鐵路事業都屬國營，時與大局有關，後來又在交通部贊襄部務數年，正值抗戰復員，和談，戡亂，徹退，幾個緊張階段，所經之事容有與國運興衰政局變遷發生影響，是以國家大事，甚至世界大事，較有關聯者，亦偶有所敘及，近二十年濫竽國營工業，稍有所述，殊無系統可言也。

技術事項雖屬專門，惟其中有若干基本問題不獨與事業息息相關，亦有與國家大計不容漠視者，例如鐵路軌距之寬狹，技術標準之高低，電信系統之分合，尤其涉及國際交涉之事，每有極重要技術問題之存在而被忽視者，抗戰勝利後東北天題之綜錯複雜，應付棘手，可爲殷鑒，本編偶有所述，亦本此旨。

余自負笈出外求學即有日記，幾經變亂播遷，余未遺失，因得藉以草成此册，惟個人記錄仍不免有所錯誤，至記憶上之錯誤亦屬難免，因之更瞭解信史之不易寫，此册經門人徐君名植爲之全部校閱，改正不少，應於此誌感，一九七三年一月淩鴻勛自序

中國鐵路事業發展史

一　中國鐵路的發軔

鐵路爲一國的交通重要事業，舉凡社會的變遷，經濟的發展，文化的灌輸，政治的演進，軍事的成敗，都與鐵路息

息相關．我國經營鐵路已有七十餘年歷史．以前清光緒七年（一八八一）．建築京奉鐵路之唐山至胥各莊一段開始．距今爲七十五年．其次爲光緒十三年（一八八七）．臺灣鐵路基隆至臺北一段的興建．距今爲六十九年．此七十餘年來鐵路事業的發展．不獨對我整個國家有重要的影響．即鐵路本身的工程建設與管理運用亦有不斷的改進．在整個中國學術進化史上亦有其重要地位．

二　滿清時期的經營與台灣鐵路的建築

我國鐵路．最初爲英人所表演之北平宣武門外小鐵路及淞滬窄軌鐵路兩短綫綫．雖不久即拆去．但國人觀感所及．對鐵路事業漸有認識．其時之駐外使臣如郭嵩燾．薛福成等．封疆大吏如李鴻章．左宗棠．張之洞等．均主修築鐵路．以圖自强．以直隸提督劉銘傳所擬築路政策．以北平爲中心．築南綫兩條．北綫兩條．較爲具體．雖經時仍有守舊耆臣．多方阻撓．然胥各莊至唐山一段鐵路．繼續展築．南通天津．北通山海關已具幹綫雛形．甲午以後大開借款築路之局．由鐵路總局．先後訂立蘆漢．正太．滬寧．汴洛．粵漢．津浦．道清等各路借款合同．以及滬杭甬．廣九等路的借款草約．但其時分綫興建．尚無整個計劃．且借款合同．折扣苛刻．用人行政．多受牽掣．材料購置．附帶酬金．行車進款．亦須提撥酬勞費用．在這一段期間．雖新路興築甚有進展．惟路權的喪失．爲最可惋惜之事．

臺灣鐵路之建築．除唐胥鐵路接至天津外．實爲我國早期之興建鐵綫．其時劉銘傳氏巡邏臺灣．以便利海防．奏准清廷．於光緒十三年（一八八七）設立鐵路局．先築基隆臺北一段．爲程二十八公里．於是年四月動工．至光緒十七年（一八九一）竣工．同時於光緒十四年（一八八八）．自臺北南行．繼續展築．經桃園．中壢以達新竹一綫．計長七十八公里．至光緒十九年（一八九三）通車．自是由基隆至新竹共長一〇七．七公里．此路採用三英尺六英寸軌距．橋工大小七十餘座．以淡水河橋樑爲較大．全段用款一百二十九萬五千餘兩．至新竹以南路綫．原擬繼續展築至臺南．因劉銘傳去職．路工亦停止進行．翌年即爲甲午戰役．我國戰敗．割臺澎於日本．故新竹至高雄．及東綫一段．統於日治時代完成．

三　民國初期的鐵路與國父的鐵路系統

民國成立以後．政府設立交通部．決定鐵路國有政策．將各省擬辦之鐵路．一律收歸國有．並擬舉借外債．以充築路資金．民國元年．津浦路之黃河鐵橋完成．南北兩段通車．東北之吉長鐵路．亦同時竣工．民國四年粵漢鐵路廣韶段通車．南潯鐵路亦於同年竣工．民國七年．粵漢鐵路湘鄂段由武昌通至長沙．民國十二年．京綏鐵路展築至包頭．惟民國初年．以高瞻遠矚之目光．統籌全局．擬就全國鐵路網．作將來路綫指南者．迄爲國父孫中山先生．國父於辛亥革命南北統一之後．辭去臨時大總統．接受全國鐵路督辦一職．惜未及一行其志．第一次世界大戰結束後．國父手訂實業計劃．擬於十年內建設十萬英里鐵路．其目的在移民內地．建設實業．開發資源．充實國防．並謀國際交通的聯

淩鴻勛

絡・其宣示原則四項・⑴必須最有利之途・以吸收外資・⑵必應國民之所最需要・⑶必期抵抗之至少・⑷必擇地位之適宜・以格於當時政治狀況・未克實現・然原則所訂・足爲圭臬・西北西南諸幹綫多依此興築・其十年建設之明確藍圖・誠不愧我國百年建國之偉大導師・

又民國初年至北伐一段期間・東北各鐵路之建築・異常進展・如四洮・洮昂・奉海・呼海・吉敦・吉海各綫・先後興工通車・在此一段期間・交通部對路政之整理・亦頗有足述者・如設立統一鐵路會計委員會・全國鐵路審查會・鐵路技術委員會等・並頒布統一鐵路會計則例・鐵路行車規則・鐵路客車貨車運輸通則・鐵路技術標準・及各項規範書等類・使全國路政有一定之規則與準繩・實足爲後來示範・

四　國民政府成立後領導建設的成果

民國十七年北伐完成・國民政府定都南京・特於行政院下添設鐵道部・以便執行鐵路建設工作・並決定將有關退還庚子賠款及海關盈餘作爲築路基金・公佈庚關兩款築路計劃・以示自力更生的決心・在路綫方面・以我國往年築路偏重華北・而長江以南祇有幾條短綫・尚乏幹綫的形成・因擬完成粵漢・並興築京湘・京粵・福昌・粵滇・滇湘等綫・以便拱衞南京國都・當時計算六年以內以庚關兩款發行公債・可得四億零八百五十萬元・約築成四千公里的鐵路・此項計劃雖未能全部實施・但爲政府對鐵路有整個計劃的首次・其後粵漢的完成・和隴海鐵路靈潼・潼西的展築・均利用中英和中比庚款・即爲此一政策的效果・同時爲促進路政起見・

(一)提倡地方主辦・如民國十八年・浙江省之杭江鐵路（杭州至江山）・其後復向銀行借款・及借用一部份中英庚款購料・於民國二十三年通車至玉山・其後展築成爲浙贛鐵路・又民國二十一年山西省之同蒲鐵路・由晋省獨力修築・於抗戰前由風陵通至大同・以上兩路・開省辦鐵路之先聲・

(二)開放商辦・如淮南礦務局・修築自田家庵至裕溪口之淮南鐵路・長達二一四公里・除運煤外・並經營其他客貨運輸業務・又上海紳商於民國二十二年創立江南鐵路公司・修築南京至蕪湖・旋展築至孫家埠・長達一七五公里・上述兩商辦路綫・極具規模・

(三)開闢築路借款新途徑・其時以國府成立後・政治清明・幣值穩定・政府對舊債着手整理・信用漸著・因與德・英・法各國公司及中國銀團等洽商籌借工料各款・以備完成浙贛鐵路・並建設湘黔・京贛・成渝等綫之用・頗有成就・其後雖因對日抗戰・湘黔・京贛等綫・不得已中途停頓・但中外銀行團及歐洲工業界對我國鐵路投資之信仰・較前顯著・亦我國政治安定・債信確立的重要因素所致・

五　抗戰期間的鐵路和勝利後的五年建設計劃

民國二十六年七七年變・我方奮起抗戰・原有全部鐵路計劃發生極大變化・其施設事項・可歸納如下・一爲增强抗戰力量發展後方交通・自首都遷移重慶以後・抗戰後方以湘・桂・黔・川・滇等省爲輔翼中樞之主要地區・其時湘桂鐵路衡桂段於二十七年年底即已通車・而湘黔鐵路則以戰事停工・所有器材移往湘桂展築・後來粵漢開始拆軌・亦移運

湘桂・因得將湘桂路展築至柳州・同時因各路材料及機車車輛運抵柳州後・即利用此項器材開始建築黔桂鐵路・通至都匀爲止・對後方軍民運輸・頗有貢獻・至成渝鐵路於動工後・法國材料到達香港時・長江交通業已阻塞・無法轉運・未能鋪軌行車・二爲打通國際路綫・其時以沿海各埠多爲日敵所據・不能不謀開後門・以溝通國際要道・其來以廣西之通越南・雲南之通緬甸・最爲重要・自湘桂路開始興築以後・即擬由桂林經柳州南寧以達鎮南關・與越南鐵路連接・並取得法銀團合作・供給材料借款・由越南入國界・已鋪軌八十公里・旋以日軍在北海登陸・工作始行停止・

至滇緬一綫・早有開闢動機・惟以英國對國際時局・未能明晣・至有封閉滇緬交通之事・後經交涉・復得美國支持・乃決興築滇緬鐵路・以工程艱鉅・日軍投降後即未繼續修築・在此時期・又築敍昆鐵路・以接通川省與昆明之交通・雖未能全部完成・但頗盡一部份接駁的任務・三爲加强抗戰信念・維繫鐵路人才・有西南西北幾條路線的測量・和寶天鐵路的修築・於三十四年年底通達天水・而天水至蘭州一段・亦經動工・對開發西北・增强不少信念・在此時期・兼利用各路徹退人員・進行鐵路新線的研究・如蘭州至新疆烏蘇・蘭州至寧夏・蘭州至青海・成都至康定・西昌諸縣・作爲戰後第一期路線建設的參考・

民國三十四年抗戰軍事行將勝利之際・經由中央設計局會同交通・國防・經濟・財政各部・研究戰後第一期五年鐵路建設計劃・其主要條件・爲促進工礦農商事業之發展・與開發邊疆・繁榮社會爲標的・其所擬路線範圍・除東北原有路線不少・不擬增築外・其餘各線・(1)完成敍昆鐵路霑益至威寧段・東展至貴陽・築川黔・成渝・天成・天蘭諸路・北延至哈密・擔成第一幹線・(2)完成湘桂路來賓至黎塘段・南展至湛江・(3)築清江至贛縣鐵路・南展至曲江・與平漢・粵漢所構成的南北第二幹線相銜接・(4)完成京贛路南段・經歙縣・貴溪・南平以達福州・俾與津浦路構成南北第三幹線・並自南平展築・經漳平・梅縣以達石龍・與廣九銜接・復自漳平通至漳州・以達廈門・(5)爲開發西北計・修築包頭經寧夏至蘭州路線・構成東西第一幹線・(6)築開封至濟南鐵路・使與膠濟・隴海兩路相銜接・形成東西第二幹線・(7)完成湘黔路湘潭至都匀段・使東與浙贛線・西與貴陽・昆明線相銜接・構成東西第三幹線・(8)築成都至樂山・內江經樂山至康定・宜賓至自流井諸線・以開發川康富源・(9)完成滇緬鐵路・使西南出口貨通南洋以輸出歐洲・(10)築蘭州至西寧鐵路・使甘青兩省之政治中心相接・(11)築承德經赤峯至通遼鐵路・加强東北與內地各路之聯繫・(12)築長治致清化鐵路・以開發沿線煤田・(13)築花園至襄陽鐵路・爲將來西安至漢口之一部份・或爲紫陽入四川之一段・(14)築柳州至三水鐵路・溝通西南與廣州・(15)完成黎塘至鎮南關之線・以聯接西南國際交通・計此項第一期建設路線・約爲一三・八八六公里・同時擬訂建立機車・車輛・橋樑・號誌・風軔・電訊等製造廠共十四所・以供應築路工具器材之用・此一擬議中的各路新線・均經當時測量或勘踏・爲一比較極具體而有相當根據的計劃・雖二次世界大戰結束以來・國內整個局勢已有變遷・將來實行時・自應有若干修正之處・但此計劃足爲今後之重

要參考・可無疑義・

六　近代中國鐵路技術上的發展

綜計過去七十餘年來・我國鐵路雖受內在與外來的許多影響・進展較遲・然在艱苦奮鬥中・亦中不少進步之事足一述者・

第一在技術標準方面・早年所定建築標準・係依當時之運輸情況爲準則・運輸量少・則機車較小・而建築標準亦因之較低・嗣以我國鐵路業務發展甚速・機車能力日須增大・加以列車次數增密・速度增加・於是建築標準在過去四十年間曾有幾度的提高・例如軌條重量・唐胥創建時爲六十磅（臺鐵初建時爲三十六磅）・嗣改爲正線八十五磅・次要路及民營鐵路均不得低於六十磅・抗戰後更提高爲幹線一百一十磅・九十磅・七十五磅等數種・以應付日在增高中之機車重量・鋼橋載重・亦因機車與列車之載重日增・而曾幾次提高標準・

第二・在選定路線方面・早年築路多假手於外人・致有與國策及國情不盡適合・又每因時間短促・於路線技術方面未能詳爲研究・自後我國工程人員日多・而自後築路又漸漸由平原地帶進入山岳地帶・對於選擇路線・不但應從整個線網與一綫的經濟價值着想・即本身的技術問題影響於一部的建築・資本維持經費與建築工期者・關係至鉅・故民國以來對於路線選擇・比較以前仔細許多・且每由主管部門於時間許可下・廣泛從事於踏勘及比較工作・有時且施行航空測量・於困難地形地帶之研究・獲助不少・

第三在機車車輛方面・早年借款各路各依其借款國之製造購買・致式樣紛繁・性能大小・皆漫無標準・致影響於行車及養護甚爲嚴重・其後訂定標準大綱・減少種類・增加機車之牽引力・五十年間由初期平均牽引力三萬五千公斤增至六萬三千公斤・其大者高至十萬公斤・而機車之總數量・亦漸由五十餘噸增至一百三十餘噸・近年且漸使用油類燃料以代替燃煤・挽鉤高度則抗戰勝利後・已將全國機車車輛鉤高由一〇九二公釐改低爲八九〇公釐・俾降低車輛的重心・而增加車輛的容積・至車軔則近二十年所有三四十噸貨車之原用手軔者・一律改爲自動風軔・於行車安全獲有保障・貨車則逐漸淘汰輕型及二軸之小車・而代以四十噸之鋼車・客車亦多所改善・抗戰勝利後・原即擬廢除高等客車而改善低等客車・以期逐漸統一等次・此種計劃至已在臺灣鐵路實行・臺鐵且日益添用柴油客車・舒適而行速・行車成本因之較低・

第四・在行車保安方面・自機路行車密度日增・速度加快・則行車保安全爲重要・早年築路・每於此未曾注意・因之時有路已通車・而號誌等保安設備尚付缺如者・自後陸續添裝・而重要車站則逐漸添用聯鎖裝置・將一站之所有號誌機閘柄與轉轍器閘柄・均集中於號誌樓而聯鎖操縱之・繼復在大站使用全電式與繼電式之聯動裝置・臺灣鐵路近年已有五站裝用繼電式・而調度電話之裝設・更使車輛之使用效率大爲增加・凡此皆技術上之種種改進・近以世界上對內燃機之使用日漸發展・電子之應用於運輸者日廣・將來趨勢定必有更大之進步・故我國全部鐵路之建設與管理・無不與中國

學術史・息息相關・甚願當代學者・與鐵路界從業人員・努力而光大之・

記廣東境內粵漢鐵路的興築

淩鴻勛

在我國大陸上幾條鐵路幹線中・粵漢鐵路性質頗有特異之處・以長度論・除了隴海和平漢外・以粵漢鐵路爲最長・（幹線一〇九六公里）・以創辦時間論・清廷當時以鞏固北洋海防・拱衛京師爲優先・長江以南各路如粵漢之發動反在北寧和隴海平漢之後・以築路工程時期論・除了隴海經過四十幾年外・以粵漢之拖延爲最長（由光緒二十四年・一八九八創始・至民國二十五年一九三六全路通車・共經三十八年）・粵漢鐵路曾擬商辦・民國成立以後政府收回全國幹路爲國有・獨特許廣東境內一段的粵漢仍由廣東粵漢鐵路公司繼續商辦・此亦爲其他大路所無・至粵城鐵路全路・開始簽約的是一個廣東人・最後負責完成的也是一個廣東人・亦是巧合之事・

粵漢由借款而贖路而商辦

前清光緒二十二年（一八九六）・清政府對於鐵路即以籌築平漢・滬寧及粵漢爲首要工作・由於不願英法比等國太過在華取得築路的優勢・願意邀由美國投資・乃由中國駐美使臣伍廷芳博士與美國合興公司商洽・於光緒二十四年（一八九八・在華盛頓訂立建築粵漢鐵路（由廣州至漢口）合同・借款英金四百萬鎊（後改爲美金四千萬元）・簽約後以廣州對岸之石圍塘經佛山至三水地帶人烟稠密・貨運亦盛・決定先修此廣三支線・於光緒二十七年（一九〇一）開工・嗣合興公司內部發生問題・工作遲緩・僅光緒三十年（一九〇四）築成石圍塘至佛山雙軌線十七公里・佛山至三水單軌線三十二公里・幹線則僅築造土方若干・旋即停工・此爲此路發軔之始・

因合興公司逐漸將粵漢底股售與比法兩公司・粵漢路上美籍人士陸續退出・我方因倡議廢約・後改爲贖路・由我駐美使臣梁誠與美方議定・贖路款爲美金六百七十五萬元・於光緒三十一年（一九〇五）將公司各項產業權利全部收回・此爲我國贖路之初次・

美國第一次對華鐵路投資遂告失敗・贖路鉅款從何而來呢？口號雖響・官商財力兩俱艱窘・時湖廣總督張之洞乃向香港政府息借英金一百一十萬鎊・鄂省任債務七分之一・湘粵兩省各任七分之三・我方始得如期交付首期贖款・至此路如何續修・張之洞氏先生主官方續辦・嗣由三省紳商會商・三省各籌各款・各修各路・又以湘省路線最長・議定粵省修至湘粵交界處後・湘省願將湘境內永興以南一段歸粵省代修・廣州總商會及各善堂遂乘時倡議招股・一月間集股達廣東毫銀四千萬元・於是此路南段乃開商辦之局・至湘鄂兩省官商集股均難・其後另行借用外債舉辦・由是此路南北兩段遂分頭進行・

粵漢南段既定商辦・光緒三十二年（一九〇六）四月遂成立商辦粵漢鐵路有限總公司・所有粵政府從前後收合興一切事務・除廣三段歸部轄外・概行移交商辦公司接管公推鄭官應爲總辦・黃景棠爲副辦・當時股東均要求聘請詹天佑來

粵主持路事・因詹氏所主持之京張鐵路正在進行・爲清政府所堅留・乃改推詹天佑爲總理兼總工程師・不久詹氏被聘爲北段會辦・又改選歐賡祥爲總理・以容祺勳爲總工程師・

廣東省府接管時期

此路廣東境內一段幹線長約三百二十八公里（約等於南京至上海）・商辦公司接辦後繼續興築・於光緒三十三年由廣州黃沙通車至江村（二十公里）・自後進展遲緩・民國二年五月通至英德（一百四十一公里）・民國四年六月始通至韶州（二百二十四公里）由韶州以北不遠的高廉村隧道雖已局部動工・惟以軍事發生・交通受阻・韶州至樂昌全段工程暫告結束・此路商辦資本究不充足・工程時期拖延又太久・由廣州至韶州通車一段又有水運爭競・故運輸上設備均較簡陋・通車初幾年收入短・嗣通韶州收入較增・祇以民國以來政局未安・每有軍事鐵路即蒙受損失・路軌且逐漸失修・而路線偏在嶺南・與中央遠隔・路務每爲地方政府所左右・致民國七年以後總協理人事變遷甚多・民國二十年・國父以大元帥開府廣州・以粵路管理未善・時值國民革命軍興師北伐・此路軍運所關・特派陳興漢管理路務・自後南段即由廣東省接管・由商辦變爲官督商辦・而廣三段亦於民國十九年歸併於粵漢南段・設南段管理局・以前商股迄未整理・至國民政府鐵道部成立後・始於民國二十年改發粵路公債二千萬元・以便按期攤還民有股本・並設置基金保管會・抗戰軍興以後・攤還民股之事又告停頓・

全路趕工與南北接通

自民國四年粵漢南段由廣州通至韶州・民國七年北段借用英款興築・由武昌通至湖南株洲以後（株洲以南因歐戰英款已用罄停工）・中間由株州至韶州四百五十幾公里一段因工款無着・工程停頓者十幾年・湘粵交界・由郴州至樂昌一段工程最難・路線亦未作最後決定・鐵道部成立後・孫部長哲生先生始銳意爲完成的籌劃・不久中英兩國達成關於積存及未付庚子賠款退還我國・指定作促進中央文化事業的協定・由我方設立管理中英庚款會董事・以部份庚款先用於經濟建設事業・並規定以該款三分之二作鐵路建設之用・鐵道部因此先湊集零星款料・設立株韶段工程局・俾先完成粵境韶州至樂昌五十公里一段工程・並於民國二十二年七月由鐵道部與中英庚款董事會簽訂完成粵漢全路借款總契約・借款總額爲英金四百七十餘萬鎊・（包括全路所需之機車車輛及總機廠）由鐵道部保證全路於簽約後四年內完成・鐵道部於庚款行將解決之際・即民國二十一年調派淩鴻勛爲株韶段工程局長兼總工程師・於二十二年五月完成韶州至樂昌一段・交由南段管理局營運・計南段自民國四年以後・經過了十有八年・營運路線才展長了五十公里・殆二十二年庚款全部解決・株韶段由樂昌至株州即分段動工・以其時日軍閥已在華北製造許多事件・侵略之形勢已成・株韶路因此特別趕工・計提早一年・於民國二十五年四月全線接軌・九月起全線暢通・

粵漢鐵路通車之後尚有足紀的爲粵漢和廣九鐵路接軌之

事・原來粵漢和廣九的興築在廣州各有一個終點站・粵漢的終點站在廣州城西的黃沙・廣九終點站在廣州城東的大沙頭・兩條路一直沒有把軌道接通起來・在借款築造廣九鐵路的英國方面・屢想和粵漢接軌・而廣東的當局和廣州的商民則怕兩在接通了・客貨會直達通過・使廣州的商務受到影響・其實這不過是一個淺狹的意見・如果當廣九路興築的時候・開始就在粵漢鐵路分支出去・這個問題不是老早就解決了麼・後來事實上兩個終點站在廣州一東一西・留下了一個問題・時間愈久問題好像愈難解決・但粵漢一日未全通・兩路接軌之事還可以拖着一時・到了粵漢修通以後這個問題似乎有點迫切・尤其在華北日人日漸蠻橫之際・大局萬一有事・雖然有了一條粵漢鐵路・可是不能與九龍港口直達是一個嚴重問題・廣東一般人仍然是不願意兩路接軌的・而英國方面頻向中央促請接軌・使九龍和長江一帶可有直接的交通・以便利英國的商務・這外交的壓力固然無足輕重・但在我國方面實有考慮的必要・因此工程局先看工程人員把接軌的路線測好・並且把材料也準備好・民國二十六年七七事變一起・敵軍沿平漢路源源南侵・八月十三日上海被佔・情形嚴重・工程人員就把粵漢和廣九的軌道迅速地接通起來・八月十九日第一輛列車內載重物資經行此聯接線・自後九龍漢口間對開列車源源不絕・而粵中久所不願的接軌問題亦就迎刃而解・

粵漢鐵路之完成不但對廣東關係非常重要・且對中國大局尤其重要・在此路未完成前・粵境一段祇達韶州・客貨運都不旺・難以維持・全路通車則珠江流域與長江流域得以貫通・南段自亦極蒙其利・就大局言・廣東在政治上與中央長期形成隔閡・多由交通梗阻有以致之・全路通後・此種隔閡立刻消除・在金融上廣東省素用毫洋者・至是銀圓與法幣始統一通用・而尤關重要者・則在株韶段施工之時・日軍閥正準備大舉侵華・我方早成此路・並使此路即與廣九路接軌・我方能於適當時期盡量利用九龍為國際物資之出入港口・由此路直達長江腹地・抗戰然後得以支持武漢局面至一年之久・其作用誠關重要也・

首批官費幼童赴美百年紀念

我國有計劃派送官費學生赴美留學・始於容閎氏之建議・第一批幼童三十人・係於前清同治十一年（一八七二）七月啓行・茲事距今已整整一百年・其後續有三批幼童按年派送・每批三十人・此百餘學生之派送・不但開以後青年赴美留學之先聲・而學生回國後有不少於清末民初維新事業做開山的工作・有很大的貢獻・影響甚為遠到・百年前事不可不有所追述・

在中國沿海地方受西方國家影響最早為葡萄牙人之入居澳門・事已在六百年前・澳門原屬廣東省香山縣（後改名中山縣）・地與大陸連接・故香山縣人士與澳門往來方便・所受西方文化之傳播自遠較中國內地為早・容閎氏為香山人・生於前清道光八年（一八二八）・為一農家子・其後十年・教會人士在澳門創設一學校來紀念早年在華傳教之馬理遜氏（Robert Morrison）・並延請一位教士布朗（Samuel Robins Brown）為校長・容閎氏即於十三歲時考入此校・

與輪船招商局創辦人唐景星氏（廷樞）同時・容氏嗣於道光二十七年（一八四七）隨布朗氏赴美留學・於咸豐四年（一八五四）畢業於耶路大學・此爲有紀錄的最早一位中國留美畢業生・

容氏畢業後・鑒於祖國的積弱・慨然有志回國提倡新式教育・使其所身受者國人皆得而受之・俾有志青年學習多項西方技藝・興辦各種新事業・使國家得以革新而漸臻於富强・

惟容氏回國正值太平亂事・以致在上海及長江一帶消磨數年・始在安慶大營得晤曾國藩氏・其時太平戰事已近尾聲・曾氏未曾與容氏詳談新式教育事・而急於派容再度赴美・購買兵工廠機器・成立後來在上海高昌廟之江南製造局・容氏購機器回國時・太平亂事已結束・容氏即於廠內附設一譯書部門・翻譯新式科學書籍・與培養翻譯人才・爲曾國藩・李鴻章二氏所欣賞・適同治七年（一八六八）・中美兩國訂約・規定中國人欲入美國大小學校・須具最優國人民一體優待・美國人欲入中國大小學校亦一體優待・美國人可在中國指定地方設立學堂・中國人亦可在美鄉一體照辦・是爲蒲安臣條約（Burlingame Treaty）・有此根據・容氏乃進其派遣幼童赴美入學的具體計劃於江蘇巡撫丁日昌氏・容氏對於派遣學生有其獨到的見解・認爲如派成年學生・則初學外國語比較困難・惟十餘歲幼童擇其志趣遠大・品質樸實・不牽於家累・不役於紛華者・假以十五年留學期間・方能吸收他人之長・得其精到之處・回國後才不致泥於積習・而大有作爲・在當時舊社會與舊思想中・此建議能爲會・丁諸氏所接納・並爲守舊之淸廷所允許・誠屬一大革新之事・

究竟當時風氣未開・中美間遠隔重洋・乘船須一月多方能到達・又須俟十數載方能返國・誰肯以十餘歲之幼兒作此嘗試・容氏雖請准在上海設機構招生・而應者寥無數人・容氏不得已・親赴香港招考・以香港與廣州風氣較開・亦早有人遠涉重洋經商・於是才湊足第一批三十人・先帶赴上海施以短期英文訓練・其中粵籍者二十四人・蘇籍者三人・皖・魯・閩籍各一人・粵籍中香山縣者十三人・滿籍子弟竟無一人應考・此批學生臨行時都須由家長具結聲明「願隨帶往花旗國（美國）肄業・學習技藝・回來之日應從差遣・不得在外逗留生理・倘有疾病生死・各安天命」・

作者早年得閱香山人徐以璋氏自撰「生平大事記」・徐與唐景星氏同爲李鴻章手下辦理新事業之能員・時任招商局會辦・正襄助唐氏辦理招收幼童赴美事・其大事記中載有四批留美官費學生之全部名單・單中載明各生的年齡・籍貫及所學科目及程度・茲將一八七二年所派第一批幼童名單照錄如下・

曾篤恭	十六	海陽	
梁敦彥	十五	順德	入律
鄧士聰	十四	香山	機器
黃仲良	番禺	開礦	
陸永泉	十四	香山	
蔡紹基	十四	香山	入律
蔡錦章	十四	香山	
張仁康	十三	香山	入律

鍾俊成	十四	香山	
石錦堂	十四	濟寧	
錢文魁	十四	上海	中館
何廷樑	十三	順德	入律
黃錫寶	十三	同安	
詹天佑	十二	徽州	技藝
潘銘鍾	十一	南海	
曹吉福	十三	川沙	
劉家照	十二	香山	入律
牛尚周	十一	嘉定	
黃開甲	十三	鎮平	入律
史錦鏞	十五	香山	
陳榮貴	十四	新會	開礦
程大器	十四	香山	
歐陽賡	十四	香山	技藝
陳鉅溶	十三	新會	技藝
鍾文耀	十三	香山	入律
吳仰曾	十一	四會	手藝
容向謙	十	香山	開礦
羅國瑞	十二	博羅	手藝
譚耀勳	十一	香山	入律
鄺榮光	十	新寧	開礦

此批幼童係由監督陳蘭彬氏所帶領・連同數位中文教員等・於一八七二年七月初八日由上海乘船・先至橫濱・再換船駛舊金山・然後乘火車至美東部之哈得福（Hartford）・而副監督容閎氏則先期到達美國・爲此批幼生食宿及入學預作安排・他先請教耶路大學校長波特氏（Porter）・波氏極力主張勿將此批幼生聚居於一處・而將每兩人或三人分別安頓於美國人的家庭中・最好不要住在城市・而分散於康州（Connecticut）各郊區・俾易學習英語與適應美國的生活方式・在容氏與耶路大學與康州教育局合作之下・容氏得容易覓得許多美國家庭的響應・甚至自動邀請中國幼生寄居其家中・該地人士有牧師・教師及醫生等・都願意協助容氏・因此此批學生到達哈得福後・即得到極適當的安頓・其時中國學生仍然拖着長辮・穿的是寬袍大褂・戴的是瓜皮小帽・在美國人看來自屬新奇・甚至疑爲是一羣女孩子・

第一批遣派既成功・於是翌年（同治十二年・一八七三）由黃平甫帶領第二批三十人・同治十三年（一八七四）由祁兆熙帶領第三批三十人・光緒元年（一八七五）由鄺其照帶領第四批三十人・如是共四批・已達到當時計劃一百二十人之數・由於第一批之風氣先開・第二批起蘇浙皖閩等省幼童漸多加入・這四批幼童多屬精選・到美後生活西化甚速・剪辮・改西服・信教・彼此多以英語交談・喜球類運動・不多唸中國書等等・遂成蜚語・日達於清政府之守舊派・而突有光緒七年（一八八一）電令容閎將全部學生召回之事・其時第一批學生在美才九年・祇有詹天佑與歐陽賡二人方在大學畢業・其餘多在大學一二年・第四批則到美方六年・尚有未入大學者・時曾國藩氏已逝世・李鴻章氏亦爲衆議所動・遂使容閎之整個計劃突受打擊・

第一批幼童回國後・政府並未有計劃安排工作・多由個

人各奔前程・由於留美幾年・熟習外事與英語・在洋行・海關・外國領館等覓事較易・而在教育・交通及實業機關覓事較難・此第一批三十名留學生回國後・以名位顯的有梁敦彥氏・梁氏出國時所報科目爲入律・後來曾在清末民初任駐美公使・交通總長・外交總長等要職・名位雖顯・而事功則不算甚彰・詹天佑氏係三十人中能在召回之時已在大學畢業者兩人中之一・他在耶路大學習土木工程・專攻鐵路・回國之年正是中國第一條鐵路成功之日・此路爲由唐山至胥各莊・長祗九公里之運煤鐵路・爲開平礦務局所試辦・初時尚無遠大計劃・至其他工程事業創立更少・因此詹天佑回國後被派赴福州船政局練習・在水師學堂習駕駛・並教習英文・後爲兩廣總督張之洞邀赴廣東測繪廣東沿海險要・如是迴翔數年・頗遠素願・至光緒十四年（一八八八）上述開平鐵路決定對向展築・才由伍廷芳氏邀其赴津・任鐵路工程師・由此循鐵路之展築而逐漸升轉・至光緒三十年（一九〇四）遂膺京張鐵路總工程師之命・爲國人負責完成艱鉅鐵路之第一人・其後任漢粵川鐵路督辦・奉派參加協約國西伯利亞鐵路監督管會技術部之中國代表・蜚聲國際・爲此批學生對國家貢獻最足錄之一人・香港大學曾頒贈以博士學位・作者於其百年紀念時曾編有詹氏年譜一冊・由中國工程師學會出版・其事蹟於此不再細述・詹氏婿王君金職・次子詹君文琮・皆曾與作者共事・任職鐵路工務處長・以所學世其家・文琮之妻即爲梁敦彥氏之女・有子詹同基・女詹樹義（適馮）・皆居臺・略能道其家事・

首批童生中・另有一位吳仰曾氏・其名不如詹氏之著・而其貢獻亦極大・與詹氏事業亦有聯繫・吳廣東四會人・赴美時才十一歲・到美幾年後入校習鑛冶・一八八一年奉召回國之時・正考入哥倫比亞大學・不得不退學返國・中國之辦理新事業原以唐景星之輪船招商局爲較早・商船需要燃煤・海軍亦需要燃煤・在此情形下才有開平煤鑛之開採・因有運煤之需要・才有唐胥鐵路之興築・是以中國的鑛業其創辦較鐵路業爲早・吳氏回國不久入唐山之開平鑛務局・直至光緒十二年（一八八六）・轉赴英國・入倫敦之皇家鑛學院・於光緒十六年（一八九〇）畢業爲鑛冶工程師・返國後曾在熱河及南京附近之鑛區服務・並爲浙省當局邀往察勘浙省鑛藏・光緒廿五年（一八九九）回到開平鑛務公司・庚子拳亂・吳氏組織自衞隊・保護開平鑛區・未爲拳民所擾・其後俄人派兵入關・垂涎開平煤鑛・竟欲侵佔・亦爲吳氏所領導之自衞兵所拒而得以保全・嗣開平合併爲英公司・吳氏仍任要職・於民國九年退休・廿八年歿於北平・吳氏一生都盡瘁於鑛業・吳氏有一女・適高雄港務局副局長王君裕鯨・居臺已多年・

鄺榮光氏也是回國後於鑛業有所貢獻・鄺氏之父原在澳洲開鑛致富・原有意令其子學鑛・因此一八七一年容閎氏招生赴美之時・鄺氏即應徵・回國後曾在東北之本溪湖煤鑛服務・並曾任臨城煤鑛總工程師・於民國十六年退休・

另一位首批學生爲鍾文耀氏・亦香山人・於被召回之前曾在耶路大學讀過兩年・曾參加每年一度之耶路與哈佛兩大學划船競賽而獲得勝利・回國後曾在上海海關任事數年・光緒二十九年（一九〇三）被派爲駐美公使館翻譯・又曾任職

駐西班牙使館及駐馬尼剌總領事·作者於民國八、九年間在北京交通部路政司服務時·鍾氏正在上海任職滬寧、滬杭甬兩鐵路局長·公務上時有往來·鍾氏之弟文江則在上海與作者爲同校同學·

第一批中尚有黃仲良氏·曾債京滬、滬杭甬鐵路局長·宣統二年（一九一〇）詹天佑氏被推爲商辦粵漢鐵路總理時·黃氏被推爲協理·其後曾任津浦鐵路局長·

除第一批學生之外·第二批有吳應科·爲吳仰曾之族人·唐國安爲唐景星之子·亦曾服務於開平煤鑛·蔡廷幹爲外交界人物·上海發生五卅慘案時曾由北政府派至上海交涉·第三批唐紹儀·曾任袁政府國務總理·梁如浩曾任外交總長·於詹天佑事業所協助·鄺景陽·（號孫謀·後以字行·）作者任職交通部時·鄺氏任京綏鐵路工務處長·曾與同車赴綏遠公幹·（周長齡·號壽臣）爲香港有名爵紳·民國卅九年作者在港參加留美同學會午餐·曾聆周氏演述其七十幾年前留美故事·其時周氏已九十一歲（其後數年歿於香港）·第四批中有劉玉麟氏·曾任駐英公使·梁丕旭氏即梁誠·曾任駐美公使·商辦粵漢鐵路總理·吳其藻氏·則曾在上海任教·作者曾出其門·此外應尚有不少顯達·或在工鑛業或商業上成就之士·不及一一考證·

美國橫貫鐵路完成百年紀念

——並記當年萬餘華工的輝煌成績

凌鴻勛

本年五月四日·我在臺北報上看到一小段新聞·說美國橫貫大陸的第一條鐵路今年爲竣工百一周年·舊金山的「華人僑美歷史學會」將集會慶祝·並在兩處具有歷史意義的地點安裝兩塊銅牌·以紀念協助建築這條鐵路的華工·其中一塊將於五月九日安置於加州首府薩克拉門托·另一塊則於五月十日安置於舉行全國性紀念慶祝活動的猶他州普羅門托利角·又五月六日由合衆國際社傳來消息·說一名當年築路華工的女兒奉李秀雲老太太（不知是否眞姓名抑名是譯音）今年已九十八歲·於五月四日曾被邀爲美國中國歷史學會鐵路百年紀念慶典中的匾額揭幕·以紀念美國第一條橫貫大陸鐵路建成一百週年·並對協助建造這條鐵路的一萬多名華工表示敬意·合衆國際社並有電傳照片附登於臺省各報·

我看了上述幾段新聞之後·引起甚大的興趣·在五十多年以前·當我赴美求學之時·我曾坐火車在這條鐵路來往各一次·其時我雖然聽過曾有華工助築這條幹線·但對於其經過詳情尚無所知·回國後幹了近乎三十年的鐵路建築·於我們僑胞在美建築鐵路之事·亦未曾去搜尋些資料·來臺以後·任務比較清簡·於是始着手於鐵路資料的整理·偶在十年前（一九五九年）二月份所出「讀者文摘」英文版的一期讀到一篇 Albert Maisel 所寫的"The Chinese Among Us"（這想是作者原文·不是轉載或摘要·）其中載述一八六三年至一八六九年間華工爲美國中央太平洋鐵路趕築一大段的艱辛經過·頗爲詳盡·其後又得閱一本吳君尚鷹所著的「美國華僑百年紀實」一書·（一九五四年初版·在香港印行·）其中第三章述及一八四八年初美國採金狂潮引動華人湧進美國的事·又第八章述及中國工人助美國築成第一條美

淩鴻勛

國橫貫大陸鐵路．都甚爲詳盡．我從這兩篇著作裡才知道當年華工有如此鉅大的貢獻．及經過的辛酸．挖金與築路這兩件事雖然並沒有直接的關聯．而時間上却是相當銜接的．因爲橫貫鐵路趕工之時．亦正在挖金狂潮日漸衰落之後．華工因被排擠而失業之餘．復得再有工作的機會．但橫貫鐵路完成之後．因美國歧視華人更甚．鐵路將全部華工加以遣散．於是華工不得不另謀出路．因此分往美國各處．自力更生．經營餐館及洗衣館．成爲早期旅美華僑代表性的職業．吳君爲廣東開平人（四邑之一．詳後．）早歲留學加拿大及美國．回國後在政府任要職．參與起草中華民國憲法．並曾任行政院地政部長．其所著述當屬信而有徵．他這本鉅著內所述頗可與一九五九年二月那期「讀者文摘」所載的互相參證．

查美國獨立後的六七十年間．主要的開發係在東部．至於密西西必河以西尚是一片未開發的荒蕪之地．自從加利福尼亞州（California 簡稱加州）加入各合衆國．又值發現大量金鑛．太平洋岸地帶亦日漸繁榮．於是橫貫東西兩洋大鐵路的建築遂成爲少數人所夢想．其後由夢想而成爲事實．自有此鐵路之後（其後另有其他橫貫鐵路）．美國才完成其眞正的統一．從此開發西部富源．溝通兩大洋．而成爲今日世界上之一等强國．因此美國朝野都很重視此一有歷史性的事件．而且在舊金山開會慶祝揭碑．以表示對當時華工工作之崇敬．亦極富有人情味．反觀我國對此事除報上轉登些外來的新聞外．一般社會對此事似寂寂無聞．淡然若忘．我在所藏一本「美洲華僑通鑑」（一九五〇年紐約美洲華僑文化

社印行）中只找出有兩三句輕描淡寫．且不盡確實有關華工築路的記載．又在「華僑志」（一九五六年海外出版社發行）亦只找到三四行有關此事的空洞記載．殊爲失望．我覺得我有責任就所知中外書刊所載．向社會綜合報導這一樁華工血汗和中美早期關係極有意義的一段歷史．

根據吳尚鷹氏所著之「美國華僑百年紀實」．中國人最初赴美是在一八四八年（清道光二十八年）．其時只有三人乘一艘美國船到達三藩市．至一八四八年底．在加州之中國人有登記可考者共只七人．一八四九年增至七百九十一人．一八五〇年增至四千零一十五人．至一八五一年年底則驟增至一萬二千餘人．此輩僑胞大多數來自廣東省之新寧（後改名爲台山）．開平．恩平．新會四縣．故稱四邑．此四邑在廣東各縣中比較貧瘠．生活爲難．而人民富冒險性．多出外覓工．一八四九年加州發現金鑛．驚動世界各國人士來美採金．其時美國對外人入境尚無限制．華人遂有走向金坑去者．傳說在一八五〇年有幾位僑胞將採金如何易於致富情形函知其國內親友．於是採金新聞大爲傳播．年年赴美華工之增加．即自此始．

中國工人在採金期間．因勤苦耐勞．生活又簡單．所積工資多滙返家鄉置產．而不在當地花費．遂備受白人的排擠與歧視．漸陷於窘境．根據「讀者文摘」及各家所述．此輩華工直至一八六五年始獲轉機．其時美國東部的鐵路已由大西洋岸通至密西西必河之Omahà．西部則已由太平洋岸通至薩克拉門托（Sacremento 加州首府．華僑稱爲二埠．三藩市則俗稱大埠）．中間相隔尚有千餘英里．在 Sierra

Nevada 一帶山嶺崎嶇．其時美國東部人民對廣大而荒寞的西部尚甚淡視．甚至有人主張美合衆國可以密西西必河爲止．太平洋岸各地可令其另組獨立國．不必多費工夫．獨有一鐵路工程師名 Theodore Judah 者．饒有興趣於東西橫貫鐵路的接通．曾親赴 Sierra Nevada 山區一帶步行踏勘數次．認爲確有築路的可能．因赴華府向國會建議．國會曾譏其計劃爲狂妄的幻想．Judah 氏後來在二埠遇着四位商人．其中一位爲開雜貨店的 Leland Stanford（後成爲加州州長．亦即有名的史丹福大學創辦人．）一位爲經營乾貨店的 Charles Crocker 此外尚有兩位業五金者．在他們詳細討論之下．認爲築路計劃實值得考慮．於是 Judah 再赴華府．向國會游說．卒由國會通過一項「太平洋鐵路法案」．於一八六二年七月一日由林肯總統簽署施行．

美國國會對於這個法案係授權兩家鐵路公司．一爲聯合太平洋鐵路公司（Union Pacific Railroad Co.）．由 Omahs 向西展築．一爲中央太平洋鐵路公司．（Central Pacific Railroad Co.．以後本文簡稱一爲聯合公司．一爲中央公司．）由二埠向東展築．並定有種種現金補助及獎勵辦法．使兩公司爭競．以期早日接通．其中最引人興奮者．即無論那一公司．凡所鋪成通車之軌道所有兩旁若干寬度的土地即歸其所有．任其經營．這個鼓勵辦法．自然非常富有刺激與引誘性．

當時東段的聯合公司係雇用身軀高大膂力剛强的愛爾蘭籍工人．爲數約一萬人．又所過多屬平原地帶．工作頗爲順利．其地理上平易者．每日鋪軌三．四英里之多．反之．中央公司在西部招兵買馬．而工人異常缺乏．曾大事廣告招募五千工人．去修築 Sierra 高山一帶工程．而無一應者．反而要從各地工人中逐一懇求其赴工．在此兩公司努力競爭之下．中央公司顯然居於劣勢．其時四位創辦中央公外中的 Charles Crocker 正經理其事．甚爲着急．在無辦法中着主辦工程的人試雇用五十名華工加入工程陣營．擔任最困難的一段工作．其時華工已有爲其他鐵路工作者．

當這五十位華工達工地之後．工地主管看其身軀矮小．最重平均不過百磅左右．竟懷疑其能不能舉起笨重的鋤鏟．乃試用之後．覺其效率非常之高．而其精細尤爲他處工人所不及．自此 Crocker 氏於失望之餘．忽而春雲漸展．遂陸續添雇華工．其最多之時竟達一萬四千人（一說謂一萬二千餘人）．華工所建築之一段多是崇山峻嶺．要築一座長一千六百英尺的隧道．及其他長短隧道多處（都是雙軌）．其時未有近代之築路機械．黃色炸藥（TNT）雖已發明．但尚未被普遍應用．每以土製黑色炸藥代之．當一八六六年的冬季．工程修到 Donner Lake 附近的高地．當在積雪十五英尺的地方工作．該處地勢既高．即常人呼吸亦覺困難．而此輩華工則日夜只輪班一次．每班工作十二小時之久．每月工資只爲美金三十元．山地既過．落到 Nevadah 沙漠地帶．則在華氏一百二十度的酷熱中照常工作．這時兩方的工人第一因競爭劇烈．第二因工作有年．彼此工作都嫻熟．鋪軌里程時有增加．聯合公司之愛爾蘭工人有一日鋪軌五英里的成績．造成紀錄．美國全國報紙大爲宣傳．而雙方距離愈近之時．競爭愈烈．中央公司方面的華工毫不示弱．某日竟能將路基整平・安放枕木與石碴鋪好軌道達六英里之多・翌日且達七英里・及至兩方接近聯接之前幾天・中央方面的華工拚了全力・於一八六九年四月廿八日那天一天之中竟瘋狂地工作・鋪軌達十英里二百英尺・做成世界紀錄・（按我國抗戰前後所築新路・每日鋪軌至多三至四公里・今十英里二百英尺合十六公里有餘・一日之間有此成績・實匪夷所思・世界各地築路亦再無此紀錄・）使愛爾蘭工人望塵莫及・而中央公司因此獲得美金一億餘元之利益・中央公司在打破鋪軌紀錄的那天・在該段上豎立一牌（如圖）以資紀念・

惟根據 Robert Webb 所著"The True Book of American Railroads"則謂鋪軌十英里之日實爲四月廿九日・而非廿八日・有緣中央方面本擬廿八日建立紀錄・惟該日的早晨鋪軌用的機軍發生了小毛病・足足修了一天・才能使用・廿九日才做成十英里二百英尺的紀錄・而紀念牌則仍寫着廿八日・計趕工之日・華工曾搬動二萬五千八百根枕木・三千五百二十根鋼軌（每根重六百磅）・五萬五千個道釘・七萬套魚尾鈑和一萬四千枚道釘・自然是一件非常艱苦之事・

復查東西兩段碰頭接軌的地點係在猶他州（Utah）的 Promontory Point・日期爲一八六九年的五月十日・本來接軌之日原定爲五月八日・因聯合公司帶來東部參加典禮來賓的專車遲到・故接軌改遲了兩天・是日參觀典禮的貴賓及沿線各州的要人多人・情況熱烈・接軌係在接頭處由中央公司總理前加州州長史丹福氏及聯合公司的副總理打下最後一枚的道釘・這枚道釘係用金質製成・價值美金四百餘元・在要打下最後這枚道釘之時・中央公司總理站在路軌的北面・全體人員肅靜無聲・當他拿起一件銀質特製的鎚打下時・沒有命中・工人們不禁大笑・第二天舉起銀鎚再打・則被打中・站在路軌南面的聯合公司副理工是第二下方才命中・其時爲中午十二時四十五分・道釘打下後・全國電報立即宣佈東西橫貫鐵路完成・電報首達華府白宮・由格蘭總統宣佈於全國・其時費城的自由鐘立即被敲起來・紐約則在中央公園鳴炮一百響・三藩市亦鳴炮一百響・其他幾個大城市及各教堂都鳴鐘誌慶・三藩市慶祝了兩天・舉國爲之載歌載舞・

關於打下最後一枚道釘之事・吳君尚鷹所著「美國華僑百年紀實」一書有一段插曲・謂在舉行接軌之日・愛爾蘭工人突然提出要求・謂在此莊嚴典禮舉行時・中國工人實不配參加・應拒絕之・華工亦不反抗・多自行退避・可是到了最後的典禮秩序前・前加州州長史丹福要取預先準備刨切光滑而塗有顏色的最後一根枕木以便放於接軌處時・該根枕木忽然偏尋不得・卒在人叢中見有華工四名・將該枕木抬舉出來・交由史丹福氏完成典禮・愛爾蘭工人以野蠻手段拒絕華工參加・而卒由華工以智謀勝之・此特別製造之枕木曾嵌有一片銀牌・刻有某日接軌最後一根枕木字樣・此紀念性之枕木現尚陳列於太平洋鐵路的三藩市鐵路公司中・總之事實上中國人築路之勤勞其成績確爲白人所不及・中央公司各董事及各主管曾公開表示・倘非有華工之助・他們實不敢負責競爭完成此艱鉅工程云云・吳氏此段紀載頗富戲劇性・爲別家紀載所不及・但亦不敢謂其必無此事也・

關於這枚金道釘的下落・我初時亦頗懷疑是否果常存於軌道上・其後始知釘下不久即被取出而藏之於後來史丹福大

學之博物館內・至於接軌的地點原先亦由鐵路建一紀念碑・說明接軌的年月日與雙方鐵路公司董事及主持人姓名・其後因路軌直越過鹽湖・而不繞湖之北部・舊日紀念碑已遠離現在的幹線・百年滄桑自可想見・

有關美國建造第一條東西橫貫鐵路的經過・美國公私紀載尚繁・非本編所能贅述・本編作者所着重之點・爲當年華工的汗血功勞・百年以後在我國已給人忘却・而在美國舉行百年紀念之時・尚幸對華工有所表彰・計當年華工應招修築此路・爲數一萬餘人・爲時五六年・所築路計不下一千英里・不但在百年前・即在今天也是一件了不起之事・而其時華工多未受教育・我國又尚無使領人員爲之照料・對於當年修路的一段艱辛經過・並無在事之人加以紀述・任其事迹逐漸湮沒・今只憑幾本外籍與該兩路的史料中・獲知一二・何等可惜・

我從華工在美國築路之事想到後來詹天佑氏赴美習鐵路工程・當他在同治十年（一八七二）以幼童被選赴美・曾經由此路從西岸抵達美東・其時在此路接軌完成之後才三年・我相信詹氏經過此路時對於築路之事必大有所感觸・後來在耶路大學選修鐵路・回國後致力於國內鐵路工程・未始不是因受此路工程偉大與對美國發生影響的感召・至於國父孫先生於一八九六年首次由檀香山赴美・在大埠與二埠僑胞多所接觸・在舊金山停留一月・於六月間由舊金山乘車赴紐約・時在路成之後雖有二十餘年・但對於僑胞艱辛築路之事必大有所感動・當其經行此路至美東部時・亦可能發生感觸・以爲華工既能在美國大陸修築此路・開發美國・何嘗不可以爲祖國同樣建設起來・因此國父回國後寫下實業計劃・其中對於修築鐵路事研究獨多・計劃特詳・亦未始非受華工在美築路故事之影響・是以美國太平洋鐵路的完成對美國的政治經濟之關係無容多贅・華工方面只是一萬數千人幾年間一件汗血功勞・而其對於我國人心之激奮・風氣之開通・亦有深遠之關係也・

華工在美協築橫越大陸鐵路之後・即幾乎全部被遣散・連養路所須之工人亦未留多人・部份工人則有赴美國他路及赴加拿大鐵路做工者・究竟此輩華工後來有多少回到國內從事鐵路建設・亦爲一頗值得尋味之事・查中國開始築路係在前清光緒七年（一八八一）・已在美國太平洋鐵路完工之後十二年・地點係在華北之唐山・爲程只十餘公里・人數既少・華北工資又廉・雖此路後來南北展築・留美華工多屬南人・對此自不會感覺興趣・惟有一台山人陳君宜禧者・曾在美國西部承辦各國鐵路工程有年・饒有經驗・能不用測量儀器而能定測路線・鑒定水平・且在美積有資財・適清政府商部有鼓勵各省商民經營鐵路公司之意・陳氏遂於光緒三十年（一九〇四）携資回國・邀集同鄉築辦其家鄉之新寧鐵路（新寧後改名台山）・先集股一百萬銀圓・由股東推陳氏爲公司總理兼總工程師・計先後築成幹線長一百一十餘公里・及支線廿八公里・查一九〇四年距太平洋鐵路之完成已有卅五年・陳氏當時曾否參加太平洋鐵路之建築・抑承辦其他鐵路・不得其詳・總之確是僑美華工之一・如謂此輩華工有無回國對祖國築路有何貢獻・則此陳君應值得一提也・

百年來中國鐵路一明星詹天佑

凌鴻勛

幼童赴美留學的創學

中國修築鐵路的動議始於前清同治三年（一八六四）．距今適一百年．是年上海英商邀請在印度的英國築路工程師史提芬孫（Sir Macdonal Stephenson）來華籌議建築鐵路．曾擬有幾條幹線計劃．當時未爲清政府所接納．自後經過了一十七年之久．才於光緒七年（一八八一）有唐（山）胥（各莊）鐵路的興築．在清廷頑固守舊政策之下．對此革命性的新式交通事業固然不敢輕作決定．即於洪楊亂事以後．對國情稍有所覺悟．亦苦於無築路的財力與人力．而無法推動起來．致此一近代交通事業較之西方國家落後了半個多世紀．

百餘年來中國青年最早赴美國留學．歸來對國事革新有所貢獻．容閎爲其中特出的一人．容氏於咸豐四年（一八五四）即畢業於美國耶路大學．慨然有志於回國提倡新式教育．使青年學習各項技藝．以興辦各種新事業．他經過若干年的奮鬥．其計劃才得達於當國之曾國藩氏．而有同治十一年（一八七二）派遣第一批幼童赴美留學的創學．此與中國新興事業的舉辦和中美友誼的建立都有深長的關係．

在第一批派遣赴美的幼童三十人中．有一位年才十二歲．原籍安徽婺源寄籍廣東南海經銷茶葉商人的兒子．他稍讀過幾年私塾．因廣州距離香港較近．風氣開得比較早．這位商人就把他的兒子送到香港應考赴美而獲得取錄．這幼童就是後來中外有名的鐵路工程師．京張鐵路的建築者．粵漢鐵路的督辦．詹天佑氏．

和詹氏同時考取赴美的三十名幼童中．最小的才十一歲．最大的是十六歲．由容閎氏親自赴美爲之照料．這批幼童當時還拖着長辮．穿着寬闊的長袍大褂．年齡又稚．初到美國時頗受美國人的注意．而疑惑到他們究竟是男學生抑或女學生．這批學生到美的東部．先入預備學校．學習英文．雖然還在小學和中學的時期．但都要預先認定將來所習的門類．如詹天佑氏則認定習技藝．同批的梁敦彥則習法律．此外則有習開鑛及手藝者．自同治十一年第一批起．至光緒元年（一八七五）清廷一共選派過四批幼童．每批三十名．一共是一百二十名．這批人員中後來多在鐵路鑛務電務海軍海關及外交界服務．其中不少傑出的人士．

詹天佑在美留學的一段

詹氏先在紐海芬一私立學校肄業．旋考入紐海芬中學．十八歲考入耶路大學工學院．習土木及鐵路工程．在大學的幾年間．屢得算學成績優異的獎勵．光緒七年（一八八一）．詹氏首先在耶路大學畢業．其時才二十一歲．而年來國內執政中的頑固者認爲留學生在美過久．習於洋化．且有剪辮和信教者．大不以爲然．於是在詹氏才畢業的一年．政府下令將這四批學生一律遣返．其時在大學畢業者僅有詹氏和另外一人．其他尚在肄業中．還有尚未入大學者．中途變更政策．使此百餘學生不能個個完成學業．容氏計劃不能貫澈．可謂可惜之至．

詹氏初入鐵路

詹氏歸國之年·正值唐山開平鑛務局請准建築由唐山至胥各莊九公里一段的運煤鐵路·後來展築成爲關內外鐵路·又名京奉（後改名北寧）鐵路幹線·但創建之始·祇以運煤爲目的·而且係以騾馬拖車而行·並無遠大計劃·又因中國無築路人才·一切都係由鑛務局的英國人在經營規劃·詹氏歸國後·被派在福州船政局實習·頗有用非所學之苦·如此在閩粵兩省經歷七年之久·才因唐胥鐵路的積極展築·而且由開平鑛務局轉而組織一中國鐵路公司經營·詹氏才由於鐵路公司總理伍廷芳氏的識拔·於光緒十四年赴天津任工程師·參加此路的展築工作·而開始其鐵路生命·

詹氏在當時所謂關內鐵路（天津至山海關）擔任展築工程幾年·又負責天津至盧溝橋一段的興築·當時稱爲津盧鐵路·後來也成爲京奉鐵路的一段·詹氏在此十數年間打下了築路經驗的基礎·而成爲在英人領導下的一位高級中國工程師·

西陵鐵路的興築

庚子年（一九〇〇）拳民肇亂·八國聯軍入據北京·清太后偕清帝西奔西安·迨辛丑（一九〇一）年和議成·翌年由西安「回鑾」·清帝后西奔時係取道懷來宣化經山西入陝·途程艱苦·其後還京則改從西安經潼關及豫西·其時京漢鐵路已由北京通過保定·從者以乘輿遲慢而勞苦·建議到了保定後·改乘火車返京·稍爲安逸·於是此一當時獨攬大權的清太后乃初次乘坐火車·火車當然比肩輿舒服得多·到了北京未幾·清太后忽然下了一道上諭·要於光緒二十九年（一九〇三）年春間親自去拜謁西陵·西陵是清室世宗（雍正）·仁宗（嘉慶）·和宣宗（道光）幾位清帝陵寢所在·謁陵是清室一件大事·別的不要緊·清太后却要爲她們趕築一道鐵路支線·由平漢路幹線的高碑店向西約有四十幾公里之遙·使她和她的一羣隨從得安然坐着火車前去·而不須跋涉的勞頓·修築這條支線原不是一件甚麼大事·可是當中發生了一件很小的國際問題·原來當時政府過分相信英國人·對於這條支線擬請京奉鐵路的總工程師來主持·並擬把這條支線也歸京奉鐵路代管·那知道這個決定給駐京的法國公使提出異議·說京漢鐵路是借比法兩國款項修築的·這條由京漢鐵路分出的支線·自然應該屬於京漢鐵路·更應該由法國工程師主持辦理·在英法兩國多方交涉難得結果的時候·清廷乃決定不如由我中國人自辦·即從京奉鐵路中把這位高級工程師詹氏調用爲西陵支線的總工程師·詹氏對於這短短的一條支線的建築雖然是牛刀小試·但由於英法兩方面辦理交涉拖延了許多時日·詹氏受任時距離清太后所定的謁陵期間祇剩了四個月·詹氏於倉卒間受命·又值冬季河水冰結·施工爲難·終由於詹氏能運用其經驗與才能·卒能如期通車·不礙清室謁陵大典·詹氏自是「名動九重」·稍稍顯其身手·

京張鐵路的創建

光緒三十年（一九〇四）·督辦關內鐵路大臣袁世凱以

關內外鐵路盈餘甚豐・擬提一部份作建築京（北京）張（張家口）鐵路之用・以事業養事業・在當時已有此見解・但不意又因此而引起了國際問題・因關內外鐵路係借有英國款項・我國允以路收作還本付息的抵押・所以英國堅持如移路餘修築京張・則須用英國人爲總工程師・事爲俄國所探悉・俄使又出而阻撓・說俄與英已有了默契・凡北京以北如中國要借款築路・須先向俄國商借・因此交涉經年・英方始允於備付關內外借款六個月本息之外・任我方提用盈餘・不堅持須用英人總工程師的要求・我方遂決定全用華款・並全由華人員負責・不雇用一個洋人・以示與任何外國不相關・俄國其時已無話可說・祇譏誚我們沒有這項人才・像京張鐵路這樣難的一段工程・能負責修築的中國人恐怕還未出生・而不知袁世凱當時已胸有成竹・決定任用詹天佑氏爲京張鐵路的會辦兼總工程師・袁世凱雖然是民國罪人・但就這件事看來・不能說他不是獨具隻眼・能提拔人才・

困難的路工

京張鐵路由北京附近的豐臺起・經西直門・經南口・上居庸關・青龍橋・八達嶺・而至康莊・由此再經懷來・宣化・而至張家口・長約三百六十幾華里・其中以南口以上居庸關八達嶺一段最爲高峻而困難・所有山嶺百數十里一段的路線・經過詳細的測量比較・才決定採取關溝的路線・須在八達嶺長城之下開鑿一長達一千零九十一公尺的隧道一座・方能通過・在今日舉辦大工多用機械・而工地通訊又多方便・穿鑿這座隧道自不算怎樣困難・但在距今六十年前・內地風氣未開・既無機械可用・又乏有經驗的工程幹部與技術工人・通訊與運輸更極不方便・詹氏不能不從訓練人員做起・並須自訂技術標準與章則・又就其所能使用的工具悉力以赴・其中八達嶺的長隧道用兩端對鑿方法・中間復由地面打下兩個直井以便出土・終由於其技術高明・不但工期未曾愆延・而且兩端在中間接通時「不差累黍」・在當時能有此成績・實非常難能可貴・

京張鐵路計自光緒三十一年（一九〇五）九月開工・至宣統元年（一九〇九）八月完工通車・當時的工程限期爲四年・至是還提早一個月・而原定工款預算爲七百二十二萬三千多兩（當時以庫平銀兩爲單位・每兩合銀元一元四角）・實際支用至工程初步結束止爲銀六百九十三萬五千餘兩・尚節餘二十八萬多兩・較之當時津浦平漢滬寧京奉等路借款築造者每公里的平均工程費爲低・雖然京張工程最爲困難・

京張鐵路完工通車之日・郵傳部尚書徐世昌氏親往舉行通車禮・中外來賓參觀者達萬人・詹氏之名遠著於中外・而中國工程師的地位亦爲之提高・其後張綏段展築・政府仍任詹氏爲總辦兼總工程師・繼以川漢與粵漢分別興築・皆邀詹氏主持其事・粵漢在粵境一段另一組鐵路公司・又聘詹氏爲總理兼總工程師・詹氏迫於鄉誼・遂於川漢路宜昌一帶開工後赴粵就任・而將張綏之事交由其同學鄺孫謀氏繼任・

籌築川粵漢鐵路

民國成立以後・確定鐵路國有政策・以上年清政府已與英法德美四個銀行團定有川粵漢鐵路合同・擬打通這條長江

以南南北與東西兩條大幹線・遂於民國元年任命譚人鳳氏爲粵漢鐵路督辦・並任命詹氏爲會辦・設總公所於漢口・嗣督辦屢屢易人・路事全由詹氏主持・其後即以詹氏爲督辦・開始以英國借款修築武昌至長沙一段路・擬由是向南推進・俾與由粵人自辦之粵漢南段在湘粵邊界會合・

正在粵漢路湘鄂一段積極動工之際・民國三年七月歐戰爆發・英法德既皆參戰・這三個國家所參與之漢粵川借款債票遂不能順利在歐洲市場發行，工款來源受阻，祇能就款計工・工期一再延展，至民國七年始勉將武昌至長沙三百六十公里一段通車・

監管西伯利亞鐵路

民國六年・中國加入協約國對德宣戰・而正當歐戰之際・俄國發生革命・八年・由共同出兵西伯利亞的幾個國家組織監管西伯利亞鐵路委員會・詹氏奉派參加此協約國西伯利亞鐵路監管會・爲該會技術部的中國代表・由漢口前赴海參崴及哈爾濱等地・與各國代表多所折衝・因隆冬過於奔波・得了痢疾・於四月十五離哈爾濱南返漢口就醫・於四月二十四日終於不治逝世於漢口・

綜觀詹氏的一生以一幼童而赴美求學・在耶路大學畢業之年即奉召返國・經數年的未甚得意階段・卒能在鐵路建築上施其抱負・在鐵路服務計三十二年之久・不但一開鐵路由國人自築的風氣・而且親自訓練不少的鐵路幹部人才・手訂各項規章與標準・使後輩繼起・其精誠實不可及・惜歿時年五十有九・正當領導羣倫之時・使天假之年・其成就當更可想像・

國父與詹天佑

國父孫中山先生於民國成立後毅然捨去臨時大總統的地位・而願意致力於鐵路計劃・曾在建國大綱中詳細說明鐵路計劃的大綱領・以作者的愚見・國父對於建築鐵路的興趣與當年華工爲美國建築東西大鐵路幹線的故事有關・在一八六四與六五年間・美國東西兩端競築鐵路向中部接通的時候・曾雇用華工一萬四千餘人・在冬間的冰天雪地和夏間在沙漠酷熱的地帶每日工作十餘小時・使美國東西大幹線得以提早接通・而使美國得事全面經濟發展・國父於光緒二十二年（一八九六）首次由檀香山赴美國・在舊金山登岸・其時鐵路華工早被遣散・在舊金山改營別業・國父於向華僑宣慰時定必了解其當年築路的故事・而聯想到我人能爲美國築鐵路・爲什麼不能和自己國家築鐵路・或即因此對於實業計劃的擬議啓其動機・詹天佑生於國父的前五年・其赴美入校所經一部份由華工建築的太平洋鐵路完成之後才不過七年・必定也聽過華工在這路胼手胝足的故事・此與其後來在耶路大學選習鐵路工程也定有相當的關係・國父於一九〇五年在美國東部召集中國留學生演說時・曾特別提及詹氏・認爲留美學生應都像詹氏一樣・學成後爲國效力・國父和詹氏可說是心心相印・

記茹經老人太倉唐尉芝先生

如果他還健在的話・他今年應當是一位百年人瑞・可是

淩鴻勛

大陸撤守的那年·他已經是八十五歲了·不但年事已高·而且雙目早已失明·所以共軍將要進入上海的時候·他沒有法子避離·自後我們在臺的同門偶爾得到些他老人家的消息·都說還好·近年有人傳說先生已歸道山·但並沒有證實·其存其歿·我們尚不敢斷定·他的道德文章爲近代士林所宗仰·況且他當過清廷財政·外交·農工商各部的要職·又任過上海交通大學（初時稱上海高等實業學堂·改稱工業專門學校·後改爲南洋大學·其後一直至今稱交通大學）的監督和校長十三年有多·對於前半世紀中國新經濟事業的倡導·與交通建設人才的培植·有過極大的貢獻·我是他的及門弟子·受過他五年的薰陶·由他保送赴美國·回國後在他的徵召下在上海代理過土木系主任教授一年·他辭職後又由我代理他的職務一個時期·自後尚不時向他請益·在對日抗戰勝利以後一年·尚在上海他的住所恭謁一次·薪盡火傳·我覺得在他誕生百年紀念中·我有義務和責任給他寫一篇我所知道他的事蹟·

少年劬學

先生姓唐·名文治·號蔚芝·前清同治四年（一八六五）舊曆十月十六日生於江蘇太倉州之鎮洋縣·十四讀畢五經·十六歲考取入太倉州學第六名·當他七歲時·因家貧·夜間每每隨月光讀書·目力自此受傷·此爲先生後來失明的遠因·先生入州學後·其父執告以宜讀古大家文·以擴充其才氣·因此先生遂從王紫翔先生遊·王先生告先生曰·文章一道·人品學問皆在其中·文章博大昌明·其人必光明磊落·文章精深堅卓·其人必敦厚篤實·至於尖新險巧·則人必刻薄·圓熟軟美·則人必鄙陋·後來先生長滬校·常把這些話轉教我們·

先生十八歲（壬午·一八八二）赴南京省試·考中第二十名舉人·自是日夜淬厲於性理文學·分日讀朱子小學近思錄·性理精義等書·初著讀孟劄記·理學乃日進·其赴南京省試時·日遊讀肆中·在金陵官書局購讀多種·年十九·廿二·兩赴京會試均未中·仍研理學·並讀周禮·儀禮·爾雅·始從事經學·廿一歲入江陰南菁書院肄業·縱覽藏書·自是於經學及小學亦日進·二十二歲初治易經·其時已漸有所著述·年二十三以讀書心較靜細·始編茹經堂文集·後來同門稱先生爲茹經先生及茹經老人自此始·

先生二十三·二十四兩歲仍肄業南菁書院·廿五·廿六兩歲再赴禮部試未售·年二十八·始再會試·中第三十一名進士·以主事用·籤分戶部（即今財政部）·在未補缺前·由其座師翁公同龢延至其家教讀·同時受業於沈曾植先生之門·甲午年（光緒二十年·一八九四）·中日事起·先生憂時事之敗壞·特上封事請挽大局以維國運·凡萬餘言·當事者不能行·

初入仕途

光緒二十一年由軍機大臣翁同龢調派先生爲戶部雲南司帮主稿·先生時才三十一歲·清朝官制·中央各部分司辦事·但無司長名目·官制自尙書（部長）·侍郎（次長）·丞·參（參事）·以下有郎中·員外郎·主事等官職·皆有

定額・而司中差事則以主稿及帮主稿爲主・戶部的雲南司管理滇省財政・並管漕務倉務・先生以未補缺之主事・即入部爲一司之帮主主稿・自是一特殊之際遇・先生初入部任事・遇事諮詢・每調取檔案目錄・手自鈔存・用時指出提閱・使胥吏不能欺・辦稿亦必摘要鈔錄・

先生於三十二歲起即留心世界事務・閱讀各國條約各書・並評點萬國公法・自是於經世之學漸感興趣・是歲考取總理各事務衙門（即後來所改之外務部）章京（約等法秘書一類職務）第二名・但先生仍不忘於學・於公餘徧閱曾文正・胡文忠全集・及曾紀澤・黎庶昌（清末辦外交人物）諸家文集・光緒二十四年（一八九八）・先生傳補總理各國事務衙門（簡稱總署）章京・先在電報處譯機要電文・旋在司務廳收發文牘・是年發生所謂戊戌政變・先生兼戶部與總署兩差・戶部已代理雲南司正主稿・事務殷繁・總署辦理外交・忙碌更甚・值夜班恒至天明・司務廳儲有條約櫃・先生每發櫃取讀我國與各國所訂條約・同時又學習俄文・在洋油燈下每取中俄條約文字加以對校・先生本已患近視・自是目力更受傷・

庚子（一九〇〇）四月・北京義和團作亂・先生將家屬遷至北山平義分厦暫避・自己仍入城供職・拳匪揚言總署勾通洋人・一日先生赴總署辦公・其時在署值班者祇先生一人・適有大隊拳匪數百人頭裹紅巾・手持扶清滅洋白旂・走進總署・先生屹立大堂・拳匪中所謂大師兄者說・總署妖氣極盛・倘有通洋語的人都要殺却・先生正色答稱・本署與洋人交涉・不能不通洋文・至殺人自有國家法律・不能在本署隨便殺人・大師兄爲之語塞・說我試爲你焚香升表・果然表灰上升・大師兄謂先生爲好人・未曾遭害・先生之臨難不苟如此・

大局初定・清廷特下諭旨・大裁各部書吏・廓清積弊・其時挂名戶部雲南司書吏有三千餘人之多・先生於是定期考試・實到者僅四百餘人・取定六十人・先期有老吏向先生力爭・謂若要考試・我等就全體辭職・先生告之曰・邇來時局變更・你們生計甚苦・不如早作他圖・若慮沒人辦事・我能自爲之・其時各部皆爲先生危・都說辦不到・後來取定後各司遂有仿行者・

兩次出國

庚子亂後・翌年辛丑（一九〇一）和議大綱初定・清廷派戶部侍郎那桐爲赴日專使・以拳匪曾戕殺日本使館書記官杉山彬・故派一大員前往道歉・那桐請先生爲隨員之一・此爲先生初次出國・八月乘船至神戶・轉車至東京・遞國書後・遊覽各處學校及博物館・先生以爲日本立國兄英師德・雖屬帝制・但大政仍裁自內閣・又謂日本人民外和易・而心計極工・可謂灼見・先生曾代那桐作奉使日本國記・九月初回國・仍供職於戶部及總署・奉派帮辦捐納房・人以爲優差・而先生則心厭之・旋以赴日勞績・清廷着以主事遇缺即補・是年冬清廷將總理各國事務衙門改爲外務部・分設四司・每司額定郎中二人・員外郎二人・主事二人・先生旋補榷算司主事・並得帮掌印差・榷算司主管通商關稅等事・事較繁劇・至是先生專任外務部事・不復兼戶部職・

凌鴻勛

光緒二十八年（一九〇二）・英國新君愛德華七世行加冕禮・清廷派載振（慶親王奕劻之子）爲專使大臣赴英致賀・旋法國・比國・美國與日本均邀載派前往訪問・載振邀梁誠與汪大燮二氏爲頭等參贊・先生爲三等參贊・隨同前往・三月初乘船離滬・經香港・新加坡・錫蘭・過紅海・經蘇彝士・入地中海・在馬賽稍停・四月下旬抵英京・呈遞國書後考察各處學校・先生對牛津大學備致推崇・謂名儒名相多出其中・又參觀倫敦大圖書館・由一外籍譒譯陪先生同去・這位譒譯忽問先生說・中國素號文明之邦・今先生來英遊歷・見歐洲識字的人多呢・還是中國識字的人多呢・問話間頗露出驕矜的顏色・先生答曰・歐洲識字的人固多・但中國識字的人貴在躬行實踐・譬如仁義禮智・必定具有這種美德的人才可以說是識仁義禮智這四個字・又如奸邪惡逆・亦必絕此四者・才可以說是識奸邪惡逆這四個字・我中國此等識字人固少・但想歐洲人也不多・這位譒譯聽了有點慚愧・先生的外交辭令可謂得體・

先生在英事畢・歷遊比・法兩國・由法登輪渡大西洋而至美國紐約・旋橫越美洲大陸・由加拿大的溫哥華乘船經日本返上海・先生訪英・比・法・日四國時皆曾獲各該國元首贈以四等勳章・先生代載振編有英軺日記共十二卷・歐美風教與沿途景物紀述甚詳・由上海文明書局印行・惜已少傳本・

中年奮迹

先生海外歸來・仍回外部任職・光緒二十九年（一九〇三）正月・先生奉派外務部庶務司主稿・每八日須進清廷所謂「大內」一次・見各部長官・呈遞奏牘要電等・據先生說・事雖極勞苦・然周歷公事・獲益甚多・是年四月引見・補外務部和會司員外部・六月又引見・升擢庶務司郎中・八月清廷設立商部・以載振爲尚書・伍廷芳・陳璧兩氏爲侍郎・徐世昌氏爲左丞・而以先生擢授商部右丞・先生方赴外報聘歸來・對外交益感興趣・原願留在外務部辦事・但以簡命已下・不得不改就商部事・殊非先生所願・十一月・徐世昌改任練兵大臣・先生遂遷任商部左丞・是年先生一歲獲幾度升擢・年才三十九歲・

商部初設四司・一曰保惠司・凡商務局所・學堂・及一切招商保護事宜屬之・一曰平均司・凡開墾・農務・蠶桑・山利・水利・樹藝・畜牧之事屬之・一曰通藝司・凡工業機器・製造・鐵路・街道・輪船・電報・鑛務諸事屬之・一曰會計司・凡稅務・銀行・貨幣・各業賽會・禁令・度量權衡等事屬之・其時新政初辦・商部所管範圍已包括近日之經濟・交通・農林・水利・財政諸部之事・商部設立之始・即宣佈商政宗旨・以保護商民・開通商智・厚結商力・體恤商艱・培植商家元氣・減輕負擔・不苛擾・不干涉爲主要・部中各員司不得自營商業・籍圖私利・凡此皆可足爲今日施政者之參考・其時尚有苞苴求差者・其藩司之子持當道介紹函・並送先生二百金・求一差事・先生怒道・立即擲還・並宣布倘有納賄求差者・當予嚴參・其風始息・

先生以我國商情渙散・非盡力提倡・斷難振興・又擬請設農工路鑛各公司・以期事業企業化・均奉清廷核准・又議

在北平祖家街創設高等工業學堂・考取學生王君秉善・張君嘉璈金君其堡等一百餘名・翌年・先生倡議設總商會於北京上海兩處・再就漢口等處推廣・即草擬奏稿及章程・大要在通商情・保商利・有聯絡而無傾軋・有信義而無詐虞・奏上後・當政之慈禧太后召先生垂詢・太后意極游移・先生對以商人均有資本・決無流弊・太后始釋然批准・於是北平首設商會・成立之日・先生特蒞會演說・

光緒三十一年（一九〇五）正月・粵商某請辦三水至佛山鐵路・又擬開辦葡萄釀酒公司・先生為之具奏邀准・某饋先生二千金・為先生所嚴拒・其後粵商某請辦潮汕鐵路・閩商某請辦福州銀行・均饋先生鉅金・皆遭峻拒・三月滬商夏瑞芳請設立商務印書館・又虞輝祖請設立上海科學儀器館・均即予批准・六月先生調商部左侍郎・奉准設立勘鑛總公司・先生以其時官制窳敗・事權不一・動多牽制・曾奏請改定官制・奏上留中（即擱置之意）・又以風氣日開・外侮日亟・窮變通久・宜為先事之謀・上疏請立憲・摺亦留中不發・又以通商實邊・擬以東三省迤西至內外蒙古青海以達西藏・而以汽車鑛業兩公司為根本・其他商業為後盾・曾擬奏請興辦東三省要政十項・又格於部議未能實行・嗣又奏請設立商業模範銀行・亦為戶部所阻未行・以上數事迄今思之・都是當務之急・先生計劃雖未克於其時付諸實施・但後來施政仍不出此範圍・

清末各省已紛紛主張築造鐵路・各設公司・一時並起・糾紛亦多・鐵路為商部所主持・先生曾奏設各省路務議員章程・頒行各省・不獨佐商部耳目所未週・亦所以助各省疆吏的督察・用意至善・乃北洋大臣袁世凱以為不便於己・極力反對・奏請將章程删改・先生上疏力爭・侃侃不撓・其時同僚以為不宜開罪於袁・先生謂凡事當明大體・並非與袁爭權・先生之不畏強禦如此・

光緒三十二年九月・商部尚書奉派赴東三省・清廷改商部為農工商部・而以先生署理尚書・計先生在部先後約三年・其所持政策有關推動經建及建教合作者至多・此皆為先生文名所掩・致世之談及先生者・每多崇其學術・而忽其政績・故特為之舉其犖犖大者・

赴滬掌教

正當先生主持部務發奮有為的強仕之年・（光緒三十二年・年四十二歲）・他的母親胡太夫人忽爾逝世・按照清制・服官者若遇父母之喪・即須開缺守制・須俟服滿方能再任官吏・於是先生遂離開農工商部・亦從此不再作官・先生事親至孝・翌年扶胡太夫人櫬歸葬於瀏河・在家編曾子大義・第一卷為孝經・並作大孝終身慕父母論三編・附於孝經大義之後・第二卷為論孟中曾子之語・是年秋・郵傳部尚書陳璧派先生為上海高等實業學堂監督・此校創立於前清光緒二十二年（一八九六）・初名南洋公學・以經費出自上海路電兩局・後來商部成立・路電兩政歸商部管理・此校亦遂屬於商部・改稱高等實業學堂・辦理鐵路電機等科・先生在商部時此校正在其屬下・先生離農工商部之年・清政府特設郵傳部・掌管路電郵航四政・此校亦即移歸郵傳部管轄・為一養成交通事業人員之學府・先生與陳尚書有舊・又以先生尊

人若欽太夫子久思南歸・因允就職・此爲先生脫離政界・致身後半生於教育事業之開始・事前先生曾被邀爲北京實業學堂監督・又被請爲北京貴胄學堂監督・均已婉辭・

實業學堂在上海之徐家滙・舊設普通工程科・先生特爲改設鐵路工程科（後又改土木工程科）・聘梁君鉅屏爲教務長・設立電機科・請美國人謝而屯教授爲電機科長・並定每年選派路電兩科畢業生赴美深造・校中並附設有中學及小學・先生甚注意於中文・自小學中學以至專科之初年級均延國學名師任教國文・而自己則於星期日親自上課教授・初苦於無國文教授善本・因隨講隨編・分才性理氣等・凡二十餘門・成國文大義兩卷・光緒三十四年（一九〇八）江蘇教育總會選舉先生爲會長・隱執東南文化之牛耳・

實業學堂先祇有鐵路與電機兩科・宣統二年（一九一〇）夏・添購地畝房屋・設立商船駕駛科・請夏君孫鵬爲科長・是爲國內學校有商船科之始・翌年正月・郵傳部決在吳淞砲臺灣另建商船學堂・先生親往覔定地點・聘工程師繪圖興工・夏間招考商船新生・報考者三千人之多・其時此校仍由先生兼掌・其後年餘始行直屬於部・而由海軍耆薩鎮冰氏接任校長・

先生雖遠在東南掌教・然以其在政府之聲望・及其道德文章之修養・復被江蘇士紳舉爲地方自治總理・時值駐日汪公使大燮歸國過滬・以外侮日亟・國勢怗危・特招先生及張元濟先生等密談救國之策・推汪公使至京向政府條陳・未蒙接納・乃知清祚終不可爲・

作者於宣統二年（一九一〇）以廣東官費生考入實業學堂的附中四年級・先生以負笈遠來・特予延見・訓勉有加・然以附中學生除星期日聽講國文外・與監督接觸自不多・祇欽敬其人・傾慕其品學而已・翌年辛亥革命事起・各省響應獨立・上海不免動盪・我們學子方以爲先生受清朝厚恩・位至卿貳・深怕先生忠於清室・於革命有所阻撓・豈知款生已和伍廷芳・張謇諸氏致電清廷・要求清攝政主讓位・俾早建共和政治・翌日報中將此新聞刊出・人心大爲振奮・先生並宣佈將學校改名南洋大學・並着同學們一律剪去辮髮・自己亦首先剪去以爲倡・

先生長校雖在前清末年・但已注意於軍國民教育・學校原由江南製造局領有步槍二百支・配有子彈・爲學生體操之用・先生定期由體操教員魏旭東先生帶領學生・借用蘇州商會靶場・作實彈射擊練習・現在學生已普受軍訓・但在前清末年學生即有實彈軍事操練・實以此校爲始・先生且提倡拳術與一般體育運動・每屆校際比賽足球常親臨參觀・予學生以鼓勵・又在學校提倡演講與辯論・均開風氣之先・

先生教學生以躬行實踐・明利義之辨・常曰・出處進退・辭受取與・爲人生大節・君子於此必三致意・先生在校躬行儉約・提倡穿校服・自己首先穿着・先生住在校中宿舍・每晚必使人以一燈前導・至各課室察看學生自修・亦偶爲講解・先生除自己於星期日上國文課外・並編著人格一書・示人以立身處世的標準・並編中國文陰陽剛柔大義・綜姚姬傳與曾文正二家之說而更進之・謂天地之道・陰陽之氣・常相勝而相爭・惟明於消息之故・宜於其偏而調劑之・且因其偏而善用之・陳石遺先生曾謂此爲文之至精者・

先生邃於易學・常爲我們學生講易・並編有周易大義・民國三年先生年五十・曾刻有「五十學易」圖章・時見於先生條告・先生又編有大學大義・中庸大義・孟子大義諸書・以其時學校功課已偏重於理工・深恐國學益不爲士子所重・乃定每年舉行國文會試一次・自己出題閱卷・優列者給以金牌銀牌或其他書籍等獎品・此項會試每於孔子誕前十日左右舉行・聖誕日放榜・並於祭聖畢即發給獎品・我猶記得民國二年的試題爲「箕子論」・題目雖非艱澀・然全場無一能愜先生意者・蓋先生爲朝鮮的遭遇而發也・榜發後・先生曾出條示・我還記得末兩句是・「杜詩・同學少年多不賤・劉向傳經心事違・讀之憮然」・其後自己作一箕子論示範・一再有「箕子之心傷哉傷哉」之語・

民國五年・校中添設鐵路管理科・民國七年・滬校舉行二十週年紀念・捐建圖書館一座・除部撥三萬元外・由先生向各界捐得五萬餘元・自是滬校始有單獨圖書館・開幕之日・來賓二千餘人・年來土木科之材料試驗室・電機科之各試驗室・繼續興建・漸具規模・

民國八年・北平學界發生五四運動・先生鑒於學風的丕變・上海雖非政治中心・但亦易受波動・且先生目疾已深・左目一再奏刀無效・遂開始向交通部辭職・交通部索仰重先生・迄爲挽留・翌年先生赴蘇治右目・亦無效・已瀕於完全失明・向交通函電辭職已十次・交通部知其不可留・時作者適以先生徵召在校代課・交通部遂准先生病假・而命作者代理其職務・是年年底・交通部將上海唐山及北平三校合併改組爲交通大學・始正式准先生辭職・時先生才五十六歲・計先生長校自光緒三十二年至民國九年・計幾達十四年之久・其所成入不但學有根柢・而且立身處世不辱其教訓・爲社會所共見・

家居講學

先生雖隸籍太倉・然頗喜無錫地方・早就在無錫西溪購地建屋・奉其尊人太夫子以居・並於其旁建一家祠・先生既辭滬事・乃回居無錫・無錫士紳欣聞先生退居・乃集資開辦無錫國學專修館・敦請先生主持其事・先生以講學家居爲平生之志・乃欣然應允・開辦時各地報名應考者近千人・取定師範生三十人・先生宣佈講學宗旨・以吾國情勢日益危殆・人民困苦已極・此時爲學・必當以正人心救民命爲唯一主旨・務望諸生勉爲聖賢豪傑・其次亦當爲鄉黨自好之士・預儲地方自治之才・以救國救民云云・自後先生親自上課・每一二節・講論語・孝經・孟子・

時無錫尚未有一間中學・所有高等小學畢業生升學爲難・因此先生又創辦一所無錫中學・募得基金四萬元・及建築費二萬元・又得施君肇曾之助・刻十三經正本・並編茹經堂文集・定初編爲六卷・二編爲九卷・初編中前四卷多發揮聖賢微言大義・第五卷家乘多至性至情之文・至足感人・第六卷載庚子拳匪事・關係國故甚多・二編九卷中多屬於經說・論說・書類・雜文・以及序・跋・碑・銘・哀祭之類・作者曾存有初二兩編各卷・惜亂後已遭損失・

先生在無錫主持國學專修館計共十七年（由五十七歲至七十三歲）・一面講學・一面著述・計編政治學大義・纂論

語大義定本・作軍箴四卷・以勝殘去殺喚起軍人愛民之心爲主（其時正値南方有江浙之戰・北方有直奉之爭）・編輯國文經緯貫通大義・初編禮記大義・先生雖已失明・然仍能口授一切・民國十六年革命軍入蘇・有共產黨人雜於其間・曾下令封閉國學專修館・並擬封先生之住宅・先生以鎭定處之・淸黨以後・旋歸無事・施奉令將校名改爲國學專門學院・奉大學院批准立案・是年先生編紫陽學術發微・刻奏疏凡三卷・民十七輯家譜世系傳狀・編尙書大義內外兩篇・民十八編禮記大義及論語大義外編・是年冬・又奉教育部改學院爲國學專修學校・先生仍長校・仍教授論語及禮記諸經・並輯陽明學術發微及紫陽學術發微・民廿一作民性等箴五十六首・其後編爲一卷・名曰國箴・

民廿三先生年七十・門人議爲之稱觴・先生悉却之・獨應上海交通大學之邀・前往演講一次・計先生離校至是已十餘年矣・七七對日抗戰事起・門人們奉先生由滬而湘・由湘而桂・西省當局禮遇先生・請其即在桂林設立國學專修學校・民國二十八年作者適于役桂省・曾在桂林謁見先生一次・戰局轉變・先生亦輾轉播遷・抗戰勝利後・先生還居上海・住南洋路・作者曾往拜謁・承贈茹經堂文集三・四・五・三集・先是民國十五年南洋大學擧行成立三十週年紀念・作者適長校務・乃公議將原日禮堂定名爲「文治堂」・並請譚院長組菴先生爲題匾額・其後又二十年・以原日文治堂地方太小・不敷應用・因在校西購地・另由同學集資建一新文治堂・可容千餘人・三十六年一月十三日行奠基禮・先生欣然惠臨・並致詞・時先生已八十三矣・

先生體格魁梧・聲音洪亮・失明後仍談論風生・誦書不輟・宜其得享大年・先生長子慶詒・留學美鄉哥倫比亞大學・得外交科碩士學位・於民國九年由國際聯盟中國代表嚴鶴齡聘爲秘書・由歐回國後・又由外部派爲華盛頓會議秘書・嗣後執教多事・亦患目疾以致失明・次子慶增入美國米希根大學及哈佛大學・得經濟碩士學位・歷任國內大學教授・又次子慶永肄業華盛頓大學及阿海阿大學・得經濟碩士學位・並在哥倫比亞大學研究・回國在交通大學任教・先生男女孫曾若干人・

綜計先生以青年通籍・得良師益友之助・早植學堂・復兩次出國外報聘・留心經世之學・中年致身仕途・多所建樹・以清政日敗・憂國傷時・致其宏願不盡能見諸功業・丁憂以後・長上海交通大學十餘年・掌教無錫國學幾二十年・取士不偏於才華・而重於品德・講授著述無一日或息・徒以失明以後隱居一隅・與世相違・繼以抗日流離播遷・赤禍橫流・消息更隔・玆僅就所知述其概略・同門較晚者如能於先生近年狀況與著述・加以補述・庶先生潛德幽光益得以顯於後世・豈獨作者一人之私幸而已・

吳履泰 一八九四年生 一九八一年卒

字砥如・揭陽人・廣東高等師範學堂畢業・爲吳道鎔太史高弟・曾出宰潮安・高明等縣治・晚年執教鞭於台灣・卒年八十七・

番禺吳道鎔先生傳

先生諱道鎔・字玉臣・晚自號澹庵・先世由浙江之會稽・業鹺於粵・遂落籍於番禺・父學均・母梁氏・有潛德・以孝聞・先生幼稟庭訓・少而劬學・年十七・補縣學生・中光緒乙亥恩科舉人・丙子丁丑兩上公車・皆報罷・家貧藉授徒以養親・不亟亟求進取・其師順德李文誠公・素雅重先生・函勸赴試・乃以庚辰成進士・入翰林・假歸省親・尋丁外艱・服闋入都・寓文誠家・文誠知先生淡泊・不樂仕進・嘗從容謂先生曰・吾不以仕祿相勸・他日當思吾言也・是則文誠千秋不朽之盛業・期之先生・意在言外矣・散館授編修・先生遽歸・終不復出・樂於教育英才・誘掖後進・以講學爲畢生事業・歷主潮洲韓山金山・惠州豐湖・三水肄江・廣州應元等書院山長・又與陳石樵・石惺庵兩前輩・於郡學設館・從遊者數百人・日夕絃歌不輟・可謂盛矣・然先生講學期間・居潮洲最久・潮人仰之如父兄・嘗一至余家之曲溪鄉小住・勗鄉人以敦親睦族・鄉人至今尚津津樂道焉・其後學制變更・廣雅書院改爲高等學堂・當道聘先生爲監督・先生融會新舊・管教寬嚴並濟・啓迪訓誨・一以至誠出之・而道德高厚・凡事以時作則・諸生無不翕然從風・在事八年・裁成者衆・迄於民國・諸生以材器著稱・飛黃騰達・建功立業者・不可勝數・斯豈非教澤及人之效歟・

先生自辛亥後・即謝絕一切・閉門著書・因以前陽湖惲子居至粵・曾序黃香石之詩・對於粵東文人・多有微詞・其時張南山諸人・憤之而結希古文社・亦未能奏善爲古文之效・獨高要彭泰來・爲之差强人意耳・洎先生繼起・發奮爲古文學・其爲文導源於史漢・而涵泳得力於昌黎者爲多・每有所作・匠心獨運・氣銳詞雄・力矯浮靡之習・卓然自成一家・宜乎林琴南先生見而心折・亟欲爲先生刻集・以公諸天下之同好焉・先生既一生力攻古文・乃博考吾粵作者・以明季屈氏文選・清乾隆時溫氏文海・屢經喪亂・傳本日少・乃根據二書・益加蒐討・前代散佚者輯補之・自嘉・道・咸・同・光・宣間・諸前賢遺書・悉力搜羅・遂爲廣東文徵都七百餘卷・凡文三千餘篇・並各撰小傳附於其後・編纂歷二十年・病中猶校補弗輟・其用心何其勤耶・余憶先生於纂輯文徵時・常向余索潮洲先賢遺者・因是時時得侍先生・親炙其緒論・嘗乘間請問治古學之法・先生詔以先從昌黎入手・然後再治史記・而史記中文字・以貨殖傳爲最佳・因其用筆・變化萬端・不可測度・若能對此二書・熟讀而精思之・則爲文之道・可以思過半矣・再三鄭重爲余言之・一若以爲孺子可教也者・惜余資質駑下・雖得先生心傳・終未能如先生之期望・至今追思・爲悵惘者久之・先生長身玉立・蕭灑脫俗・翁文恭至以名士稱之・惟屢經變亂・飽更世故・憂時感事・發爲詩歌・委婉諷諭・盡托微詞・其深得詩人溫柔敦厚之旨者歟・晚嬰足疾・不良於行・猶時坐而觀書・手不釋卷・精神尚見矍鑠・不意於丙子閏三月二十八日・驟得疾以

卒・享年八十有四・一代完人・遽歸道山・嗚呼・痛哉・配張・繼鄧・側室符・子景涵・游學美國・久無消息・景洵・景沂前卒・女適楊・適章・適張・適鍾・適韓・適陳・孫祥臨・曾孫傑才・卜葬於廣州東門外石鼓岡・與鄧夫人合窆・所著書已刊者有明樂府八卷・續修番禺縣志手定條例四十四卷・詩文集各一册・未刊者廣東文徵二百四十卷・藏於家・余竊與先生有宗親父執子姪之誼・又忝屬私淑承教之後輩・陪從杖履追隨左右之日長・親聽謦欬飫聞訓誨者・為時亦久・有如此深切之淵源・故能熟悉先生之德性及學行・遂為之傳・以冀傳世而垂久遠云爾・

吳履泰曰・我粵自陽湖古文巨子惲子居莅臨後・為海幢寺記及黃香石詩序・有輕蔑嶺南少文人之意・而陳東塾亦自有粵東多詩人少文人之言・番禺吳道鎔先生聞之・獨發奮為古文詞・沉浸於昌黎史漢者久・所得既深・翹然為東南文章泰斗・蔚為我粵文學之光・雖以並世號稱古文專家之林琴南・自負甚高・幾有不可一世之概・其讀先生文・亦不禁心悅誠服・甘拜下風・於此可見先生之文・不為當時桐城陽湖兩文派所囿・超然獨樹一幟・可自為開山之祖・以洗粵東少文人之羞・豈非特立非常豪傑之士哉・故特表而出之・以為粵之後進・知所法效而交相勸勉焉・

豐順丁叔雅先生傳

往余少時・讀百蘭山館詩集・深歎丁中丞雨生・不特以吏治武功顯・而其所為詩・寄托遙深・醇厚正大・其味盎然・其光曄然・誠一代之傑作也・集中余最喜其棟材未必千人見・但聽風聲自不同・又云・貧官作膽書千卷・逆旅消愁筆一枝・等名句・詞約旨微・言在此而意在彼・眞敦厚溫柔之至也・余心甚嚮往之・因房姪與丁氏有姻婭親・嘗同詣丁府・參觀其藏書樓・庋書極富・名版甚多・宜其豐贍賅博若是也・迨中丞逝世・其羣從多能讀父書・以詩名者不尠・惟其三公子惠康・字叔雅・自號惺庵・負瓌異之才・秉絕俗之資・少時不問世事・閉戶潛修・盡發所藏書・日夕揣摩研讀之・十年不窺園・自羣經外・諸子百家訓詁詞章金石之學・無不窮極精微・故發為詩文・已驚其長老・卓然能自樹立・實能繼其尊甫百蘭山館詩而光大之焉・此豈非詩禮傳家之效歟・

余又嘗聞諸鄉前輩曾剛甫先生言・叔雅性情孤僻狷介・雖以名公之子・不妄干人・而懷大志・其時適遭外侮憑陵・國事日非・有澄清天下之氣概・故其感時詩有云・繭足躊躇行趦趄・有人流涕哀江南・眼前所見皆餘子・大宇之亂何時戢・讀其詩・可以想見其為人矣・惜乎所如不合・嘗面干大吏・以延攬人材・速定大計・俾安人心而挽回危局為言・大吏不能用・自是鬱鬱不得志・乃縱遊大江南北・每有棖觸・一發之於詩・以寄其孤懷曠邈之思・悲天憫人之心而已・在都日・每當侘傺無聊時・常隆冬嚴寒・塊坐斗室之中・不裘不炭・冥然抱百世之憂・不自顧惜其身・遂以宣統元年四月・以疾卒於都門旅邸・享年四十有一・噫・亦可哀矣・妻卓氏・妾王氏・子女各一・平生所為詩文・不自收拾・散軼不少・其友羅惇融先生搜輯之・得詩百數十首・文十餘篇・已在庸言報發表・詩以感時一首・文以孔子必用墨子・墨子

必用孔子說一篇・風行海內・尤爲膾炙人口云・

吳履泰曰・我粵前輩詩文人・若梁節庵・曾剛甫・以及丁伯厚・吳澹庵・張閣公・黃晦聞・汪憬吾・楊果庵・陳述叔諸耆宿・余多有謁見・或常從其遊・得聽其謦欬・飫聞其緒論・獨於丁叔雅先生・余踵丁府時・雖瞻望其風采・但得年事尚少・不敢多與接談・請其教益・至今思之・猶覺惘然自失・洎丙戌之歲・我國抗戰勝利後・余退休回籍・偶謁姚秋園前輩於其學苑・姚先生喜極出見・寒喧之餘・遽出其名手所繪丁微君遺像見示・並命題贊・余即賦以火色鳶肩英爽姿・風神磊落見襟期・感時有作驚天下・我久瓣香叔子詩一首・親自恭書於其上・姚先生覩之爲擊節稱賞不置・於此亦足以覘余平素對於叔雅先生私淑之深・嚮往之殷矣・故特傳之・使後之人・對於鄉先輩之道德文章・當知所景仰而敬愛焉・揭陽吳履泰敬撰・

劉監察使侯武八十大壽序

往我治歷史・對於各朝代之名公巨卿・暨碩學鴻儒・雖其勳業赫奕・學問淹博・然其爲人處世・有無功在國家・澤被人民・與夫秉性剛直・正大不阿・道德高厚・學行純粹・尤爲余斤斤所品評辨別・以及深心加以注意及判斷焉者也・誠以其能國爾忘家・公爾忘私者・實廖廖無幾也・然以歷代之中・就余觀感所及・僅得二人焉・一曰宋之包孝肅・一曰明之海忠介・斯二公者・寸衷之所執・萬夫非之而不動・刀鋸臨之而不驚・咸能國爾忘家・公爾忘私之大忠臣・苟有利於國家及人民・雖粉身碎骨・斷頭決腹・亦在所不顧・正氣浩然・丹心昭著・凡屬國家大事・無不悉力以赴・鞠躬盡瘁・之死靡他・以求達其福國利民之素志・苟遇人君有失德越禮之事・則敢批其逆鱗・犯顏强諫・假如權臣有禍國殃民之舉・則彈劾之不遺餘力・故能直聲震天下・名譽傳萬世・雖婦人孺子・亦皆知其姓名・眞是一代之偉大人物者矣・可景仰也夫・

但自明至今數百年來・其間能踵武包海二公之前規者・其唯我潮之劉監察使侯武乎・何以言之・當民國二十三年・在監察院任委員時・即不畏强禦・毅然彈劾顧孟餘・汪精衞・對正大鐵路・及平漢・隴海・津浦鐵路・借款有喪權辱國・舞弊貪污等案・是一件風動天下・震驚全國之舉・因當時汪爲政治會議主席・兼行政院長・顧則爲中央委員・兼鐵路部長・權傾朝野・炙手可熱・事發・汪顧屢施壓力・及以名利暗殺種種卑劣手段以加之・先生均置之度外・不爲所動・惟知執法以繩・處之泰然不懼・殊多足焉・又在兩廣監察使署遷廣州時・各江航商向行政院・軍政部・交通部・控告廣州航政局長周演明・假借軍運名義・扣船營私・先生聞之・大爲震怒・即依法命令廣州地方法院檢察官・會同憲兵團逮捕訊辦・人民稱頌・不絕於口・此其彰彰較著者也・其餘可稱之事尚多・非關國家之重要者・則不道也・總之・先生一生・奔走革命・有功黨國・其間過程・涉險犯難者屢・卒之竟能化險爲夷・人言怕死者或致死・不怕死者及爲得生・信哉・獨念先生自卸職以後・不再有出山之想・息影家園・極力提倡辦理地方公益事業・方遂步進行計劃中・惜乎未幾而大陸易手・不竟厥志・遂倉卒逃港僑居・忽忽已年登

八十大壽・尚幸身體康健・精神矍鑠・不減於曩時・今年歲逢辛亥・七月廿九日・實爲先生八秩攬揆之辰・所有親朋戚友・以及知交故舊・僉擬於是日爲先生學行慶賀・以祝難老・稱觴上壽・但先生以際茲國難方殷・□□□□□・不宜鋪張・經懇切遜謝・可謂深識大體矣・

惟余竊以爲古之賢人君子・身經治亂之世・在治則可稱壽・若處亂世・能得大年・則曰倖免而已・夫能倖免者・惟剛直正大之人・雖遭大亂・兵燹・盜賊・水火之厄・亦能碩果獨存・不特獨存・且其聲名勳業・歷久常新・永垂不朽・若包孝肅・海忠介二公是已・今先生之爲人處世・剛直正大・極以包・海二公・而敢言極諫・有利於國家人民者・其志事亦彷彿相似・故余於先生八十大壽・不作世俗尋常貢諛之詞以獻・特摭捃先生之爲人處世・剛直正大不阿・實有與包海二公之大節相吻合・可堪稱爲後先相輝映者矣・乃書之以爲先生壽・想先生讀之・或引爲知言・及許爲有合也哉・

辛亥之冬・揭陽吳履泰拜撰・

容庚　一八九四年生　一九八三年卒

字希白・號頌齋・東莞人・肄業中學時・從舅氏鄧爾雅兼治書畫・居鄉教學之餘・著成金文編初稿・民國十一年・偕弟肇祖至北京求學・持以晋謁上虞羅振玉・深得賞識・得羅推薦・破格入北京大學研究所國學門爲研究生・在國學季刊發表金文編序及甲骨文字之發現及其考釋・十四年七月・金文編成・羅振玉爲之刋行・是爲繼晚清吳大澂說文古籀補後之第一部金文大字典・十五年・應燕京大學之聘・任襄教授・燕京學報創刊・任主編・旋兼北平古物陳列所鑒定員・先後講學燕京北京清華等大學多年・著述豐贍・二十六年七月・抗戰軍興・出任燕京大學教職員工抗日委員會主席・發動募捐・創辦刋物・宣傳抗日・三十年十二月・太平洋戰起・蟄居北平東莞新館・以書畫遣日・三十五年南歸・應聘廣西大學・繼轉廣州嶺南大學・廣州中山大學・主授中國文學及考古學・出版殷周青銅器通論・曾偕助手至北京・參觀學習・更復遍歷十四省市・考察各地新出土之青銅器・作爲改編商周彝器通考一書之準備。晚年將藏書數萬卷捐贈中山大學圖書館・珍藏商周青銅器九十餘件・獻與公藏・復以明清畫一千八百餘件分別捐予各縣市古博物館・庚爲著名收藏家・考古家・古文字學家・精研古文學・殷周青銅器・書畫鑑定・碑帖研究・所編著之金文編・金文續編・商周彝器通考等書・久已爲國際學術界所重視・並譯爲多種外文・名著有鳥書考・鳥書考補正・雕蟲小言・毛公鼎集釋・東莞印人傳・秦始皇刻石考・歷代名畫著目錄・頌齋日記・頌齋書畫錄・頌齋書畫小記・頌齋自訂年譜・其後發表專著二十七種・學術論文五十餘篇・

致柳詒徵函

翼謀先生左右・頃由頡剛兄出示大札・謬蒙齒及・今之後生喜謗先輩・庚嘗力以爲戒・故掘著金文編中未敢公詆前人・初讀大作・意不之善・而頡剛玄同諸作並未討論說文誼

例・爲之代答・辭氣鄙倍・正東坡所謂雖知難每以爲戒・而臨事不能以自回・亦悔之矣・後在援廣先生許・得瞻風采・恂恂儒者・尤深愧恧・故於席上親致歉忱・意者庚期期艾艾・未能自達・而先生不知此事・故未留意及此乎・

婭娥之誼或屬後起・然説文引字之次序不盡可據・段氏於此常改易之矣・玎公之謚，段氏云，此當云「讀若齊大公子伋謚曰丁公・」轉寫脱「讀若」字・因改丁爲玎・不直言「讀丁若」者・古者丁公之讀當與凡丁異也・庚向頗致疑於説文・有一字所從之聲與讀若之字同者・如瑂䁕微聲讀若眉・字之同於所從之聲者極多・許君不宜獨於「瑂」字云「讀若眉」此亦可證説文未有通例・倘有通例・不若是之疏也（其所引古文籀文亦不盡此數・非所及・不具論）玎字來函謂係誤解・誠然・段氏不得其説而加「讀若」二字・并謂「讀與凡丁異・」近於曲解・要之・説文集文字之大成・吾人研究古代文字・不能不藉是以爲梯階・然其疏失固自不可掩也・

移居倉卒・不盡欲言・惟長者察焉・敬頌起居曼福・容庚頓首十五年五月廿七日

論説文誼例代顧頡剛先生答柳翼謀先生

昨夜往候顧頡剛先生・顧先生適不在・見案頭有柳翼謀先生論以説文證史必先知説文之誼例・（史地學報第三卷第一二合期）及顧頡剛先生答柳翼謀先生・錢玄同先生與顧頡剛先生論説文書・取歸讀之・疑柳先生所學・頗有違失・時適病頭痛・以手按頭・取説文翻閲一過・而後知柳先生・「第就單説文隻誼・矜爲創獲」・證之他文而未必合也・顧先生答書只是要借此説明我們如何對付古書的一個態度・故於説文誼例未有論辯・姑就所知爲顧先生代答可乎・

柳先生謂・於字之形誼可解者不引古人作證・又云其字雖有誼而人名罕見者亦舉以爲證・其説不幾矛盾乎・使所舉人名而果罕見者・則其補充之例尚可以成立・今按之説文除柳氏所舉外・其證實繁，列舉如下・

玎・玉聲也・从玉丁聲・齊太公子伋謚曰玎公・

牼・牛膝下骨・从牛巠聲・春秋傳曰・宋司馬牼字牛・

𪗬・齒差跌貌・从齒佐聲・春秋傳曰鄭有子𪗬・

睔・目大也・从目侖・春秋傳有鄭伯睔・

眅・多白眼・从目反聲・春秋傳曰・鄭游眅字子明・

羿・羽之羿風・亦古諸侯也・一曰射師从羽幵聲・

雃・石鳥・一名雝鶏・一曰精列・从隹幵聲・春秋傳秦有士雃・

雂・鳥也・从隹今聲・春秋傳有公子苦雂・

釗・刓也・从刀从金・周康王名・

曶・出氣詞也・从曰・象氣出形・春秋傳曰・鄭太子曶・

嚭・大也・从喜否聲・春秋傳吳有太宰嚭・

竂・穿也・从穴尞聲・論語有公伯竂・

覵・很視也・从見肩聲・齊景公之勇臣有成覵者・

碬・厲石也・从石叚聲・春秋傳曰・鄭公孫碬字子石・

赧・面慙赤也・从赤𠬝聲・周失天下於赧王・

奡・嫚也・从百從夰夰亦聲・虞書曰・若丹朱奡・讀若

傲・論語曰・奡湯舟・
悝・啁也・从心里聲・春秋傳有孔悝・一日病也・
紇・絲下也・从糸气聲・春秋傳有臧孫紇・
絑・純赤也・虞書丹朱如此・从糸朱聲・
縉・帛赤色也・春秋傳曰・縉雲氏・禮有縉緣・从糸晉聲・

以上皆有誼而兼有人名者・其人名十之八見于經傳・十之一爲周王名諡・不知其果罕見否乎・柳氏所舉四條・某人名誠罕見也・不知余之所舉二十條・柳氏見之否乎・不知而言・則爲空疏・知而不舉・則欠忠實・二者必居一於此矣・

柳氏又云・必其字之罕見而又無誼可解者・始舉人物爲證・古人名字・多製專名・此例彝器文多有之・非必無誼可解而始舉人名也・已其所舉娥字・乃有誼可解者・但遺落其下・「秦晉謂好曰娙娥・」一句・而以爲無誼可解・質屬疏於讀書矣・

許氏於邑部之字・如鄦郪郚郊等从邑之字皆稱國名・而其字之有本誼・如吳・楚・蔡・衞・等字者・皆不舉國名・陳秦二字皆有本誼，而猶稱某某封國・說文而有例也・許氏不幾自亂其例乎・段氏於伋伉二字・皆云非例・吾不知例者何例也・

女部之姓・如姜・姬・姞・嬴・姚・嫣・妘等皆其本誼・何謂許君多不得其解・其見於彝器文者・尚有媿・妃・妊・妣・嫺等亦姓也・凡經典姒字・皆當作始・古文台以爲一字・許書無姒字・吳大澂說・則姒之作似者・乃其借誼・故謂・「本字作似・」者非也・此等誼例・淺近易曉・本自不待解說・稍習彝器文者當能知之・出柳先生深閉固拒・不一涉獵乎・

許氏說文既未自訂誼例・柳氏欲爲之・求造字之通例・盍先熟讀許書・潛心於清儒箸述・然後再擬通例乎・

抑尚有爲柳先生進一言者・方今甲骨及彝器日出而不窮・如欲治文字之學・當博采以爲証・不能守許氏一先生之言爲已足・如欲辨顧先生謂古無夏禹其人之說・當取秦公敦・鼏宅禹責（即績）・齊侯鎛鐘・□□成唐・處禹之□・證之・何必・剌取一語・輒肆論斷・氣矜之隆・與人以難堪也哉・

漢代服御器考略

商周之器・余既作殷周禮樂器考略述之矣（載燕京學報第一期）・嬴秦之器・權・量・符・璽・種類至少・文字大同・吾無譏焉・兩漢之器・精美不逮商周・然服御流傳・種類尙夥・有足資比較者・

一器物・殷周禮樂器考略所舉彝器・鼎・鬲・甗・簠・簋・盨・盧・盂・盦・豆・盤・匜・鑑・壺・罍・罏・盉・卣・爵・觚・觶・角・斝・觥・勺・匕・禁・鐘・句・鑃・鐸・凡三十種・大率皆供祭祀與燕饗之用・戰國以後世祿之制・漸次破壞・宗器不能永保・尊彝遂歸消滅・今之所見・寥寥無幾・兩漢則服御之器爲多・茲編所述・約分十類・鼎・甗・鉅鏤・鍪・皆用以烹煮者也・盉・卣・壺・殷周皆用爲酒器・此或相同・鍾・鈁乃壺之屬也・醮斗・溫器也・無足者謂之尉斗・熾炭於中・所以申繒・用不同而狀同斗・

勺．用以挹注者也．盤．洗．鋗．盆．匜．用以盥洗者也．鐙以燭物．鑪以熏香．鏡以鑒容．鉤以繫帶．棓其以染絲乎．量器附焉．

二花紋．商周彝器．花紋甚繁．或螭．或夔．或鳳．或象．或雲雷．或饕餮．而象人物田獵之狀者．尤極瑰奇偉麗．工眇可喜之觀．漢器體多純素．惟鏡鉤常有花紋．然鏡．鉤大抵來自外族．而非漢所特有也．如博古圖（卷五）六夔鼎三犧鼎雷紋鼎百乳鼎諸花紋．自宋以來皆以爲漢物．無有異議．吾有以知其不然矣．

三字體．周器字體．各國不同有狹長者．如齊侯鎛鐘鄦子簠是．有蝸扁者．如散氏盤是．有方整者．如盂鼎是．而穠纖得中．修短合度．則推秦公簋．漢器或鑄或鑿．細小精審．較若畫一．然洗之字大．量之字長．鏡之字簡．是亦可瞻字體之變遷也．

四銘辭．殷器多贈文字畫．下綴祖若父之名．周器多叙作器之故．祈子孫以永寶．秦器祇錄始皇二世詔於上．漢器不然．有作吉祥語者．如萬金壺云．萬金．富貴昌宜侯王洗云富貴昌宜侯王．宜子孫鐙云．宜子孫．是也．有記容量者．如長楊鼎云．長楊共鼎容一斗．是也．有記姓氏者．如趙常樂鈁云．趙常樂．賈氏家鈁云．賈氏家鈁是也．有記重量者．如漁陽郡甗鍑云．漁陽郡孝文廟銅甗鍑．重四斤十兩是也．有記容量及重量者．如平陽甗云．第二平陽共鏖甗一．容二斗八升．重七斤六兩是也．有記年代及所造之地者．如章和洗云．章和二年．堂狼造作是也．其記載以尚方器爲最詳．如永始鼎云．乘輿十湅銅鼎．容二斗．並重十八斤．永始三年考工工蒲造．佐臣立．守嗇夫臣彭．掾臣開主．守右丞臣光．令臣禁省．第二百八十．器名．容量．重量．時代．作器者．主管者．省察者．及器之號數均備．然以視周之．撫之以彝器．子孫不忘者爲不侔矣．王莽嘉量前有銘辭云．子子孫孫．享傳億年．蓋仿古而作．然莽事師古而不盡合於古．即彝器刀弊而論．恐莽之所見．不若吾人之富也．

鼎．殷周之鼎．多兩耳在口緣上．無蓋．銘在腹內．晚周則多弇口．附耳．有蓋．蓋有三環．却之則成三足．銘在腹外．漢代因之．有蓋作圈足者．所見有鼎而無鬲．從□堂欵識學著錄漢公主家鬲．未審其狀．

甗．形如洗而深．腹旁有兩環耳．下有圈足．與周器異．名曰鏖甗．聞濰縣陳氏藏漢漁陽郡孝文廟甗鍑上復有一器．體圓口斂．形與晉太康釜同．是漢名甗鍑而晉名釜也．周陽侯甗鍑．則祇存上器．又有形制略同上器．而下有三小足者．西清續鑑稱之爲鍑．

銗鏤廣雅釋器．鏤鬴也．方言五．「江淮陳楚之間謂之鏤．」此名銗鏤．其形圓．三足．有蓋．腹有柄旁出．器僅一見．

鍪巨腹．斂頸．有流．有鋬．器僅一見．急就篇曰．鐵鈇鑽錐釜鍑鍪．顏師古注曰．「鍪似釜而反脣．一曰．鍪者．小釜類．即今所謂鍋．亦曰鏃鑹．」殆未見其狀而爲之說者也．

盉．有流．流有活栓．無鋬而有柄．銘泐不可辨．不知著器名否也．西清古鑑等書著錄數器．皆無銘辭．稱之爲鐎

斗・

卣・形似卣而環梁・銘云・「劉氏・容二斗・重十九斤十兩・」不箸器名・西清古鑑等書以此類爲周器・非・

壺・大腹・長頸・下有圈足・腹旁兩耳垂環・與鍾同類而異名・故博古圖錄之太官壺・其銘自稱爲鍾，仍以壺名之・銘稱鍾者甚多・稱壺者只綏和壺與平陽子家壺耳・有斂口無耳者・考古圖名之爲溫壺・引李氏錄云・「溫器也・以貼湯而窒其口・」有其形扁者・上虞羅氏所藏杜陵東園壺是也・

鍾鈁・鍾所見皆漢器・形與壺同・有圈足特高者・其方者曰鈁・有有蓋者・王國維國朝全文著錄表以爲量器・入之度量衡中・案鍾有二解・一量器・如左氏昭三年傳・考工記㮚氏注・及小爾雅所說是也・一酒器・如說文解字所說是也・余以其與壺同類・故屬之酒器・

鐎斗・急就篇曰・鍛鑄鉛錫鐙錠鐎・顏師古注曰・「鐎謂鐎斗・溫器也・似銚・而無緣・」黃氏注曰・「鐎刁斗也・溫器・三足而有柄・」證之建始鐎斗・黃氏之說是也・

尉斗・說文・「尉・從上案下也・從𡰥・又持火，以尉申繒也・」鐎斗有足而此無之・鐎斗所以煮物・而此所以申繒・形相似而用不同・銘在腹・或在柄・不著器名・在腹者多作泉文或魚文・或謂熾炭於中・花紋不幾爲所煅・然洗以盛水・花紋亦在腹・今所見此二器・花紋多與器平而不精緻・職是之由・魏太和尉斗・有蓋有架・其狀甚奇・器僅一見・著其名曰・熨人熨斗・・東宮舊事云・「皇太子納妃有金塗熨人・」・熨人之制不可考・此殆指其架耶・

渠斜・形如今之湯匙而大・所以挹取酒漿者・器僅一見・銘在柄・由上而下・六書溯原云・斜・俗鍵字・說文云・鍵・酒器也・

勺・體圓而淺・有柄直上・所見二器・皆不箸器名・僅記地名・容量或重量而已・

盤・似洗而無耳・新莽承水盤・自著其名曰承水槃・

洗・形圓如盤・廣脣・腹旁作兩獸首形・有腹淺・兩旁不作獸首形者・有附耳者・銘記年代及地名・或記某氏作・或作吉羊語・字旁多作雙魚吉羊之形・皆不著器名・

鋗・說文・小盆也・形如洗・其與洗異者・洗銘在腹內・鋗銘在脣上・或在腹外・

盆・形如鋗・環耳・銘在脣・器僅一見・

匜・有流而無鋬・後有環耳・有形如小盤而有流者・曰注水匜・與承水盤・蓋同屬新器也・

鐙・上有盤・中有柱・下有柎・盤中有錐・所以植燭・盤中無錐・所以盛膏・有柱作雁足形者曰雁足鐙・有盤旁有柄而下有三足者・曰行鐙・有曰虹燭錠者・博古圖制載器圓而斂口・兩管上仰・三足下垂・蓋非全器・故以爲殆薦熟食者・西清古鑑著錄者・上腹有蓋・蓋上旁出兩管下垂・與器之兩管相接・中有燭盤・盤與蓋之間・周以屏蔽・可以開闔・有曰鹿盧鐙者・器形橢圓・蓋分兩半・後半著於器・前半有鹿盧・可以開闔・開之則前半上仰・以爲燭盤・其異名爲錠・釘・燭定・虹燭錠・燭豆・燭盤・顏師古急就篇注曰・有柎者・曰鐙・無柎者曰錠・然觀曲成錠・其名稱錠・形與鐙同是知其說之非也・

熏爐・形如洗而斂口・實火於內・上當有蓋・用以覆之・清代著錄之陽泉使者舍熏鑪・莖川大子鑪・熏鑪・皆未見・不知與此相同否也・

有博山鑪者・狀如豆・蓋爲山形・下爲承盤・六朝至唐多詠之者・不盡屬漢器・僅考古圖箸錄一器・有銘識八字・爲吉祥語・不箸器名・又有香鑪者・三足有蓋・下承以盤・補筆談曰・銅香鑪鏤其底・先實火於爐中・乃以灰覆其上・火盛則難滅而持久・又防爐熱灼席・則爲槃薦水以漸其趾・且以承火灺之墜・西清古鑑曰・今按盤底有孔・非可以盛水者・惟云・承火灺之墜・則得之矣・考古圖又云・貯湯使潤氣蒸香・以象海之回環者・更不然也・蓋古鑑所據爲博山鑪・而不知筆談所據爲香鑪・故以爲非也・

鏡・體圓而面平・背刻花紋及文字・羅振玉先生曰・「刻畫之精巧・文字之瓌奇・辭旨之溫雅・一器而三善備焉者・莫鏡若也・」其紀年號者・始於新莽・其銘辭或四言句或七言句・有不完而中止者・背中有紐・外周花紋・與文字相間・其無文字者・多飾天馬・葡萄及師子・馬衡先生曰・「意秦以前之鏡・必甚樸素・其制今已不傳・其傳世者・皆西域之制・自漢武通西域後傳至中土者・故以西域之名產飾之以志其所從來・其後讖緯之學興・而其飾乃多神話・」信如其說・則今傳世之天馬葡萄鏡・當在紀年號者之前・其銘詞多云・某氏作鏡四夷服・胡虜殄滅天下復之語・一若以鏡爲厭勝胡虜之具者・又銘云・「君有行・妾有憂・行有日・反無期・願君强飯多勉之・卬（仰）天大息長相思・」纏綿悽惻・怨而不怒・嘗愛誦之・

鉤・革帶飾也・身長而首曲・腹有圓柱・胡語謂之師比・戰國策趙武靈王賜周紹胡服衣冠具帶黃金師比以傅王子是也・又或稱胥紕（史記匈奴列傳）・或稱犀毗（漢書匈奴列傳）・皆師比之轉音・錢坫云・「楚詞天問・晉制犀比・昭白日只・亦是此也・」有純素者・有雕鏤者・其文字・或爲吉語・或爲官號・或爲姓名・或刻於背・或刻於腹・或刻於柱底・

染桮・形橢圓・兩旁有脣・有下有方座者・其用未詳・以染爲名・其長僅建初尺六七寸・或調顏色之具・或古人刺繡時用以染絲者乎・匋製者常見之・

量・傳世以秦器爲多・其狀橢圓・或長方而有柄・漢器異是・漢書律歷志曰・「量者・龠・合・升・斗・斛也・所以量多少也・」今所見新嘉量，其形正圓・上爲斛・下爲斗・左爲升・右爲合・有兩旁有柄・可持以傾者・匋齋吉金續錄・形圓有柄・不箸器名・殆以其形如秦量，故以量名之・筠清館金文著錄之光和斛・徐君青云・「其器圓而微橢，以建初尺準之・大徑尺有五寸・小徑尺有四寸六分・深九寸一分・」陳頌南云・「斛銘明云依九章算術・當是正圓・乃與九章合・」矧此器出自嘉慶二十年・歲在乙亥・楊司馬（世福）於唯州挑濬引河得之・閱二千年・安知不爲水所論汨而少橢乎・腰側一小方應爲龠・積十爲合・積百爲升・積千爲斗・積萬爲斛・擧首至尾而五量皆具・誠全器也・審是形狀大小與新嘉量略同・近於馬衡先生許見一方量拓本・銘曰・律量斗・方六寸・深四寸五分・積百六十二寸容十升・始建國元年正月癸酉朔日制・又有・嘉禾・嘉厤・嘉

豆・嘉麥・嘉黍・等字・藝術類微（廣窘學窘藝術叢編第四集）亦著錄之・不知歸誰氏矣・

以上所舉・以有文字可確知者爲限・誠不足以盡漢器・然一讀博古圖錄西清古鑑諸書・常有以晚周器爲漢器者・願因所已知以證使未知・而不敢貪多炫博以貽譏也・至於車馬之飾・帳構之銅・筦鑰之具・零星不完・姑不具論・

倪瓚畫之著錄及其僞作

序言

余于藝事・癖好有二・一曰金石・一曰書畫・金石得之於舅父鄧爾雅先生・書畫得之於叔父容祖椿先生・民國十一年夏・北至北平・讀書於北京大學・承羅振玉・馬衡諸先生之指導・致力金石・印行金文編・十五年秋・任敎燕京大學・繼有述作・九一八之變・東北三省淪陷於寇・悲憤不寧・國亡是懼・求所以安謐余腦者・莫書畫若・於是購取書畫之書讀之・閒復搜羅明清兩代名家眞蹟・力不能得・輒臨副本・三十年十二月・太平洋戰爭起・英美海軍殲焉・蹶起與日寇宣戰・司徒雷登先生握手告余曰・吾輩希望之日至矣・余亦默念吾國百年積弱・遮幾奮發爲雄乎・戰爭頻年・幣制日紊・敎授月奉・曾不足以易百斤之米・或一噸之煤・八口之家・何以爲生・斥賣書籍彝器之屬・忍死以待時清・金石之乾燥無味・終不若書畫之足供怡悅・於是治書畫之日漸於金石矣・

清初四王吳惲之畫・以墨井爲少・編纂吳歷畫錄・得一百二十餘幅・壯陶閣・三秋閣兩家所藏・皆有贋作・陳垣先生吳漁山先生年譜・縝密不苟・爲之補正十餘條・如吳歷學琴於陳岷・陳先生謂・先生葑溪會琴圖跋作石民・見虛齋名畫錄五・疑山民又名碈・號石民也・余藏陳碈蘭竹卷一・山水册一・欵皆作碈・印皆作石民・石鼓硯齋書畫錄卷二吳歷仿米山軸・欵云・　藏癸丑六月廿八日・詩畫寄懷石民老友・則陳碈號石民・可無疑也・吳歷湖山秋曉圖卷・陳先生謂・見夢園書畫錄二十・三秋閣亦著錄一卷・題句少異・兩卷必有一僞・案山秋閣于余齒七十加三所作・余齒七十加十加三・其誤殊甚・關氏且據此以爲・漁山八十三歲所作・故余以三秋閣券爲僞・壯陶閣書畫錄十四又著錄一卷・題句亦少異・紙高而短・故題句删去・喜其長而嫌其太矮・一語・則其僞亦無疑・康熙二十年五月・歷有袖珍册・題云・予學道山中・久不作雨淋墻頭畫法・梅雨新晴・爲蒼竹表妹丈寫此・山乃虞山・此往澳以前作・陳先生誤以爲・至澳以後作・故澳中雜詠・滯澳冬春兩候過・榜人還認冬來客・爲報春流比舊强　・兩言冬春皆不得其解・是年冬十月乃始至澳也・畫跋云・墨井道人年垂五十・學道三巴・眠食第二層樓上・觀海朝渡日・已五閱月於茲矣・此乃下年事・陳先生誤繫於本年・畫學心印有王翬清暉畫跋・僅十六則・余輯清暉閣畫跋・得一百九十六則・蓋十倍過之・宋淳化三年・王著奉敕撰集歷代帝王名臣法書爲淳化閣帖・爲法書之寶庫・自後藏家・每以所藏競相傳刻・顧未有編纂帖目以示人者・山陰沈復粲輯鳴野山房彙刻帖目四卷・嘗得見傳鈔本・凡七十八種・其淳化閣帖爲乾隆欽定重刻本・次序改易・非復舊觀・三希堂帖三十二册・所錄爲秦震鈞樵本六册・其餘寶晋

齋法書・天香樓藏帖・寄暢園法帖・平遠山房法帖・清芬閣米帖・甌香館法書・式好堂藏帖・玉虹樓法帖・瀛海仙班帖・戲鴻堂法書・晴山堂帖等皆有殘闕・絳帖・汝帖・星鳳樓帖・玉煙堂帖・辨志書塾所見帖・國朝尺牘等未記帖名・其書蓋未成也・邑人黃家駒撰帖目稿十餘冊・今藏北平東方圖書館・黃同治十年進士・與楊守敬爲兒女親家・稿有楊題語・估人欲高其價・故嫁名于楊・館人無識・遂署爲楊作・不知卷一之末有家駒題識云・此卷請惺翁撥冗筆削一過・使駒閱之・或少得其擬題之意・將來可略出心裁・不致過煩筆削可乎・惺翁乃楊之尊稱也・三十一年二月・自燕京大學移居宣南上斜街東莞新館・與琉璃廠密邇・時乘自行車徘徊於書肆帖之門・觀復堂多藏法帖・主人張某・風雅多識・購者什一而假觀者什九・不余靳也・乃錄所見所藏爲頌齋帖目・得一百三十餘種・以辨僞定名之不易・故姑置之・美國福開森著歷代著錄畫目・所收之書一百三十種・欲知某人之畫・著錄何書・展卷瞭然・咸稱其便・然所收之書有所未盡・乃爲之續編・收李廌畫品以下五十九種・如詹景鳳玄覽編・郁逢慶書畫題跋續記・吳其貞書畫記・沈銓讀畫記・陳焯湘管齋寓賞續編・曹錤石鼓硯齋所藏書畫錄・謝誠鈞信齋書畫記・李恩慶愛吾廬書畫記・書畫聞見錄・書畫題跋・李放養痾讀畫錄・皆世所希見・

　倪瓚處兵戈滿地之時・深動故山之思・與吾人身世正同・畫多時跋長題・撫事縱情・寄其感慨・如云・己酉五月十二日・玄暉君在艮常高士家雅集・午過矣・坐客飢甚・玄暉爲沽紅酒一罌・麵筋二个・艮常爲具水飯・醬蒜苦費・倘佯遂以永日・如享天厨醍醐也・哀而不怨・正是孔・顏樂處・可資吾人則傚・誦其滔滔天下・病者艮極・傒我大雄・拯此羣溺之言・孰不引領而望者乎・彼此懶自稱・則其作畫必不富・而江東之人以有無爲雅俗・則僞者必多・且疏樹茅亭・作僞亦易・故整理畫家著錄之品・請自倪始・諸家著錄・去其重複・得二百九十一幅・附錄八十五幅・今得其者僅四十餘幅・雖暗中摹索・不免于扣槃捫燭・然以畫證畫・則其作僞之迹・可得而言・

（一）有題跋相同而著錄于一書者
（二）有題跋同而略異者
（三）有題跋同而删節者
（四）有題跋同而畫異者
（五）有題跋同而大小異者
（六）有題跋同而畫之顏色異者
（七）有題跋同而絹紙異者
（八）有詩同而跋異者
（九）有詩異而跋同者
（十）有跋同而人異者
（十一）有題跋同而後人題跋異者
（十二）有後人題跋雜鈔他書而顛倒改易者
（十三）有題跋所記之人已在卒後者
（十四）有合作畫之人已在卒後者
（十五）有題畫之人及畫贈之人已在卒後者
（十六）有畫于卒後者者
（十七）有畫作于題者之後者

（十八）有紀年不合者

（十九）有置閏不合者

（二十）有洪武而稱至正年號者

（二十一）有稱洪武年號者

（二十二）有年月事實與詩集不符者

（二十三）有倪瓚之詩而易名爲他人之題者

（二十四）有上下款稱兄弟者

（二十五）有題跋雜鈔數詩而與畫無涉者

（二十六）有甲詩而署乙名者

（二十七）有後人題跋而重見于他畫者

（二十八）有他人之畫而僞作倪氏重題以爲倪畫者

據此以爲衡鑒之標準・則著錄之書幾無不有僞蹟雜厠其間・而以僞著稱之寶繪錄・右芬閣書畫記更無論矣・沈世良著倪高士年譜，稿凡七易・采摭甚富・爲僞蹟充塞・閒且據僞訂眞・故知眞僞不辨者・不足以言著述也・今將倪畫分爲三等・較可信據者爲正錄・疑信參半者爲別錄・灼知其僞者爲僞作・其正錄大氐目驗其眞者・各書著錄而復見于倪雲林詩集或清閟閣集者・有名人題跋者・明代著錄者・依年代之先後爲次・其無年代者・以五六七言詩及題跋爲次・其別錄大氐僅見于清代著錄者・題跋或姓名有刪節者・原題已佚而有後人題跋者・其目驗爲僞者・依據上列各項作僞之迹可定爲僞者・寶繪錄・古芬閣書畫記・藤花亭書畫記所著錄者・石渠寶笈之次等者・乃始入于僞作・其題跋略異・疑出于一本者・則附錄于各錄之後・未經目驗・不能必前者之必眞・而後者之必僞・內府所藏獅子林圖自清初至今三百年・若孫承澤・張庚・阮元諸人・號稱精鑒・皆被瞞過・以爲眞蹟・而余獨發其覆以爲摹本・非余目之能辨秋毫・蓋印刷之術日工・影印流傳・搜集交易・並几互觀・妍媸自別・其僞莫得而掩・若譽爲畫史之董狐・則余豈敢・

金石書錄目及補編序

昔鄭樵曰・學之不專者・爲書之不明也・書之不明者・爲類例之不分也・有專門之書・則有專門之學・有專門之學・則有世守之能・人守其學・學守其書・書守其類・人有存沒而學不息・世有變故而書不亡・（通志校讎略）夫吾國載籍極博・非無專門之書・然而書之不明・類例之不分・雖有千百種之書目・而尠可供專門之學之求索者矣・今之書目・弊在博而不專・經史子集・每類皆備・而而每類皆不備・欲革斯弊・當在分類以求・分類之目・詳於釋氏如唐釋道宣之大唐內典錄僧智昇之開元釋教錄是也・清朱彝尊者經義考・謝啓昆繼之作小學考・搜羅宏富・治經學及小學者咸便焉・畢沅及章學誠皆有史籍考之作・今皆不傳・

爰及近代，爲之者頗衆・如繆荃孫之清學部圖書館方志目・裘沖曼之中國算學書目彙編・馬叙倫之清代關於說文著述目錄・王重民之老子考之類・無慮數十種・而金石書目乃有四種・其得失可略言焉・

金石之學・盛於宋代・籀史著錄金石之書凡三十四種・今所存者僅宣和博古圖・呂與叔考古圖・薛尚功歷代鐘鼎彝器款識法帖三種・當時無金石之稱・博古圖等書・晁氏讀書志以入小學・直齋書錄解題以入書目・馬端臨謂其所考者古

之禮器·則禮文之事也·故文獻通考以入儀注·洪遵泉志·書錄解題以入雜藝·文獻通考以入傳記·焦竑曰·「入傳記非·改食貨·」書之不明·類例之不分·不知爲專門之書·斯不知爲專門之學矣·四庫傳書系歷代鐘鼎彝器款識法帖於經部小學類字書之屬·系集古錄·隸釋·隸續等於史部目錄類金石之屬·系考古圖·宣和博古圖·嘯堂集古錄等於子部譜錄類器物之屬·系金石例於集部詩文評類之屬·以金石之書而分列經史子集四庫·雖有所受·實爲不倫·乾嘉以來·斯學大興·其書益富·張之洞書目答問依鄭樵通志之例·於史部別出金石一門·分目錄之屬·圖象之屬·文字之屬·義例之屬·然薛氏之書·仍入小學·猶未當也·

專錄金石之書者·首推葉銘之金石書目·爲葉氏存古叢書之一·宣統二年西泠印社行·首有自記及自序·著錄金石書凡四百九十二種·不著時代·不分類屬·自記云·皆就所見專著或省志抽印·或諸家叢刻·其版佚而僅有傳鈔·及稿本未刊者亦與焉·然其書凌雜蕪穢·謬語百出·其標目之誤者·如樊彬之畿輔碑目而以爲畿輔古石刻·嚴觀之江甯金石記而以爲江甯金石考·李光庭之吉金志存而以爲古金志略·金忠淳之古泉考而以爲古泉錄·其撰人之誤者·如金石學錄·李遇孫而以爲李富孫·攈古錄·吳式芳而以爲劉喜海·瘞鶴銘考·張弨而以爲張照·金石存·吳玉搢而以爲李宗昉·其卷數之誤者·如鏡銘集錄二卷而以爲四卷·補寰宇訪碑錄五卷而以爲十二卷·其非金石書而誤收者·如祝肇之金石契·（黃氏書目承其誤·復誤改祝肇祝允明）曹籀之籀書·（黃氏書目承其誤）姚際恆之古今僞書考·（原誤作金石僞書考）·其重見者·如第一葉金石文編八卷·涇縣趙紹祖·第十葉又云金石文鈔八卷·涇縣趙紹祖·第五葉山左金石錄附跋尾·高郵夏寶晉·同葉又云山右金石錄·高郵夏寶晉·第十一葉漢碑錄文·魚臺馬星垣，第二十六葉又云漢碑錄文四卷，魚臺馬邦玉·第十三葉薛氏鐘鼎款識二十卷·薛尚功·阮刻本·第二十六葉又云薛尚功款識法帖十卷·錢塘薛尚功·第十四葉鐘鼎字源五卷·泉塘汪立·第二十九葉又云鐘鼎字源五卷·錢塘汪立名·第十一葉寶刻叢編二十卷·宋陳思·翁氏本·第三十葉又云寶刻叢編二十卷·陳思·第二十葉吉金所見錄十六卷·萊陽初尚齡·第二十五又云吉金所見錄十五卷·萊陽祁書齡·皆因書名卷數人名之誤·而析爲二·而未載卷數撰人者過半·大抵皆未見原書·著書如此·亦足晞矣·

後十五年而有田士懿之金石名著彙目·民國十四年刋本·首有自序及例言·正目所錄二百七十一種·續目三百一種·補遺五十五種·失錄三十一種·都六百六十二種·以時代爲次·目下間注版本·其體例未盡善者·厥有數端·宋趙明誠撰金石錄·所著錄者僅限於器物及碑誌·清乾嘉以來·漸及於瓦當專甓·今則古物出土之種類日益滋多·殷虛之甲骨·燕齊之陶器·齊魯之封泥·西域之簡牘·河洛之明器·皆有專書·而金石之範圍日益滋廣·此書不收殷虛文字·而續目有殷虛書契萃編·此所未喻者一也·目中所收陳介祺所著之毛公厝鼎考釋以下八種·皆未印行·而已印行之簠齋金石文考釋·（雲窗叢刊本）簠齋吉金錄·（風雨樓影印本）十鐘山房印舉·（涵芬樓影印本）簠齋藏古冊目並題記·（廣倉學宭活字本）四種厥而未收·此所未喻者二也·正目續目之分·其意何居·若以通行本入正目·而罕見

者入續目・按之原書・不盡如是・此所未喻者三也・例言云・無論見書與未見書・稽之載籍・確可徵信者・悉予蒐錄・則籀史所載各書・當時皆確有傳本・若云久已遺佚則趙明誠之古器物碑銘・諸道石刻錄・何獨錄之・此所未喻者四也・其餘誤稱卷數者・如十六長樂堂古器款識四卷・奇觚室吉金文述二十卷・周金文存六卷・而皆云無卷數・匋齋藏石記四十四卷而云二十卷・宋代金文著錄表一卷・國朝金文著錄表六卷・而均云四卷・且多未注卷數者・亦由未見原書也・

後一年而有黃立猷之金石書目・民國十五年活字本・首有田士懿序・及弁言凡例・田氏即金石名著彙目之作者也・書分十類・金文類第一・石文類第二・匋文類第三・骨文類第四・地方類第五・法書類第六・義例類第七・題跋類第八・彙考類第九・目錄類第十・著錄都八百七十八種・補遺四十七種・余以爲吾國向以發書爲美術之一・故書畫常並列・佩文齋書畫譜及津逮秘書中之宋人書畫題跋・入之金石・終覺未安・不如另編美術書目・書畫屬之・明以後人所刻印譜亦屬之・而古銅印譜仍入金石・較爲允當・此書疏註版本・視田氏爲富・而向壁虛造・則視田氏爲誣・凡例云・以所藏所見之金石圖籍爲限・只知其名目者不錄・蓋不盡然・如紅崖石刻釋文・元豐題跋而云南豐題跋・非標目之誤耶・如馬昂貨布文字考而云馮昂・項懷述隸法彙纂而云項懷玉・石梁草字彙而云袁日森・其他以字爲名・如沈西雍・王念豐・王止仲・孫退谷之類・非撰人之誤耶・歷代鐘鼎彝器款識二十卷而云十二卷・筠清管金文五卷而云十卷・古文審八卷而云四卷・宋代金文著錄表一卷・國朝金文著錄表六卷而皆云不分卷・非卷數之誤耶・如陽羨摩崖紀略・（原誤作錄）乃江蘇而以屬湖北・莆陽金石錄乃福建而以屬陝西・淮陰金石錄・楚州金石錄乃江蘇而屬浙江・古林金石表乃金石目而以屬蒙古・非地名之誤耶・如石鼓文音釋・十萬卷樓叢書本・紅崖石刻釋文・拜經樓叢書本・竹雲題跋・粵雅堂叢書本・而皆無之・非版本之誤耶・如膜外風光・籀書・書筌・（乃畫筌之誤）木居士書跋・墨井題跋・非非金石書而誤以爲金石書者耶・墓銘擧例四卷・明王衍（乃行之誤）墓銘擧例四卷・淸王止仲・非重見耶・金屑錄・石餘錄・閩中石刻記・古籀餘論・皆未刊行・吾又不知其安得刻本而見之藏之耶・吾國書籍・多無目錄・檢索爲難・故此書附錄書目及人名索引・然書名人名・祇列首一字・如書名古字有四十六・金字有五十九人名王字有五十二・羅字有六十二・又重之以譌誤・吾不知所謂以便檢查者・其果便否耶・

其出書較後・而撰述較眞者・厥惟林鈞之石廬金石書志・民國十七年自刊本・首有凡例・自序・及總目・著錄九百七十種・分分地・斷代・錄文・存目・國譜・石經・記載・考證・釋例・字書・法帖・雜著十二類・昔葉昌熾語石謂著錄之書傳於世者・約而言之・厥例有六・一曰存目・一曰錄文・一曰跋尾・一曰分代・一曰分人・一曰分地・又若元潘昂霄金石例等書・其宗旨惟在義例書法・不關著錄・又謂前人彝器著錄・必圖其形製・此書分類略仿之・而其自序亦效葉氏・語焉而加詳・可爲全書之綱領・著錄以所藏爲限・每書皆有提要・略仿四庫及各家藏書記之例・頗便檢

覽・然有可商者五事此書既分錄文・考証二類・則石經之錄文者入錄文・考証者入考證・不宜特立石經一類・使石經而可爲一類・則石鼓當相同・推而至於甲骨文・金文亦相同・法帖之當入美術・已如前述・此一事也・

字書當以集字如汗簡者爲限・此之所收・至爲凌雜・如殷虛書契諸書・如據殷文存例・則當入之斷代・如據流沙墜簡例・則當入之分地・又如殷虛書契考釋・漢隸拾遺・宜入考證・隸釋隸續・宜入錄文・其他若此者不可勝數・蓋此書所短在望文分類・而不細考其內容・充類至盡・恐將如近人所編書目・以揚州十日記入遊記・以大唐三藏取經詩話入詩話・以鏡譚入金石者矣・此又一事也・

著者過信鈔本・故凡例云・各事有鈔本刋本兼備者・錄鈔本・不知鈔本之勝於刋本者・十不得一・苟有自刋之本・其傳鈔本更無價值之可言・余之收書・正與著者相反・譬如瘞鶴銘考・與其得一舊鈔精本・毋寧得一汪氏寫刻本・國學季刋本石鼓爲秦刻古考・亦遠勝於精鈔本・此又一事也・

凡例云・或屬兩人著作・或非一人種撰述・均行析出另列・此書不盡從其例・如授堂金石一跋二跋三跋續跋・著者同・體例同・而分列爲四・如金石錄三十卷・目錄十卷・跋尾二十卷・可以分列・而此書不分・此又一事也・

明以前序跋・每屬空泛之言・清人序跋・則多扼要・可作提要讀者・而四庫提要各家書跋・評論得失・尤多允當・苟前言之可採・不必作之自我・此書提要・多錄自前人・雖剪裁具費苦心・而不知所出・讀之者終有未慊・此又一事也・

若楚州石柱題名考楚州金石錄楚州城甎錄乃江蘇而以屬陝西・徐州金石考徐州碑碣考乃江蘇而以屬山東・常山貞石志乃直隸而以屬浙江・趙州石刻錄・乃直隸而以屬雲南・涇縣金石記涇直縣石刻紀略乃安徽而以屬甘肅・沙州文錄沙州石室文字記乃甘肅而以屬新疆・是亦疏於檢點也・

民國十一年夏・余與家弟肇祖偕來北平・讀書於北京大學研究所國學門・擬編次金石書籍・仿經義考小學考之例・爲金石書錄・分目錄・圖象・文字・題跋・字書・傳記・義例・雜著八類・家弟於此・用力甚勤・十五年夏・家弟南歸・余乃獨任之・友人林萬里取登生春紅・未十種・而林氏慘死・還余教讀於燕京大學・薪金所得・半以購書・所見所藏金石書籍・約千種・摘錄序跋・凡例・及各家評語・得百餘萬言・意欲每書爲作提要・略述其體例版本得失・修飾潤色・尚有所待・今春家妹媛侍母北來・遂委以清理之責・先將目錄刋布・以待增益・其分類以器物爲經・以體例爲緯・雖視前少密・亦有未安・爰評騭四家書目・并述治學經過以弁於首・并世藏家・幸教督之・民國十八年十二月容庚叙於北平海淀燕東園・

秦漢金文錄序

金文編之印行・于今七年矣・當時所寫定者・僅上編殷周金文・其下編秦漢金文・雖三易稿・仍感材料之不足・未敢印行・十五年夏・任燕京大學教席・俸給略豐・得節其餘資以購金石書籍拓本之屬・然職務繁・反不若讀書北京大學時之專于所學・未遑續成之也・鄒安先生編行周金文存後・

即欲繼編漢金文存．余嘗貽書敦促之．去年過杭．承以目錄見假．然終未睹其成．默念漢金之視周金．誠不若其鴻篇巨製．然漢篆名刻祇十餘種．開母少室兩石闕外．皆簡陋殘缺．璽印僅具姓名職官．鏡鑑筆畫太簡．署年號者始于新．無西京物．說文解字九十餘字．雖集篆書之大成．而傳寫未可盡信．欲求兩京文字轉變之迹．未有勝于器物銘者．即欲考鑄銅之官．產銅之地．製器之數．度量權衡之制．以及當時通行之吉語．皆可求之于此．而余書之下編．尤須籍資焉．

今諸器墨本．就余所知者．較之鄒目已多數十百器．而鑑別整理之際意見亦不能盡同．遂決意自爲之．余以任中央研究院歷史語言研究所特約研究員．去年夏．助余女弟媛輯金石書錄目畢．遂以編撰是書爲事．所長傅斯年先生及諸同事欣然願余早成之．並促余爲旅順之行．余維秦金總集．有羅氏之秦金石刻辭．故初未之及．斯年先生以爲周漢之際．不可闕如．以資觀其演變．余徇其意而成秦金文錄一卷．凡諸同事之商榷．皆余所銘感者也．今全書成．回思此一年又半之經過．有三難事足述者．

一曰搜集．宋代吉金諸書．所收秦器之有銘者凡二．漢器之有銘者凡五十二．清西清古鑑寧壽鑑古及續鑑甲乙編所收無秦器．漢器凡四十三．合而計之．不及百器．積古齋欵識以後．所收漸富．摹寫漸精．計積古齋秦器五．漢晋器九十八．兩罍軒秦器一．漢晋器四十四．簠齋秦器十四．漢晋器五十四．愙齋秦器十九．漢晋器八十．陶齋秦器二十八．（除權量外皆非秦器故未列入）漢晋器一百二十八．（符鏡未列入）各家所收．以陶齋爲最多．而合秦漢器計之．得百五十六器．秦漢尠瑰奇偉麗之器．不爲人所重視．拓本流傳甚罕．故搜集至難．羅振玉先生收藏吉金拓本之富．海內無足與抗衡者．去年暑假．偕董作賓先生往謁于旅順．承以十數巨冊相假．道過天津．復從陳承修先生假得猗文閣集金．北平同好各出所藏以相增益．今年暑假至蘇州．假得潘氏蘧庵所藏．至上海．假得劉氏善齋所藏．各家拓本數十冊．留吾家者經年．微相知不至此．然求之同好也．十冊不爲吝．求之市賈也一紙亦大難．吾家去城十數里．有進城三五次而後能得一紙者．有不能購而手摹之者．有既摹而復購得之者．記有一建初八年高鐙在李佔之手．乞其拓本．終不吾與．但得對寫一過而已．心竊憾焉．此類事固常覩者也．本書所收秦器八十六．漢器七百四十九．雖未能盡宇內之所有．然視陶齋著錄已五倍之．亦足自慰矣．

二曰鑑別．積古齋著錄百器．其疑僞者約四之一．雖前修未密．亦鑑定之難．奇觚室著錄秦權量九器無一眞者．漢四十八器翻刻疑僞者十之七．如此著書．孰愈盲瞽．王國維先生金文著錄表．後經羅振玉先生十餘年來之箋識補正．最稱精審．然有以眞爲僞者．如大賈壺．以疑僞爲眞者．如汧共廚銅壺建昭元年雁足鐙．黃山鐙．駘蕩宮鐙．元康鐙．有入之眞而復入之疑者．如綏和壺．蓋疑之閒．不易質言．雖離婁之明．猶不免有以貌似眩之者耳．光和童羅先生之子福頤言其可疑．筠清館載陳慶鏞言．此器出自嘉慶二十年歲在乙亥．楊司馬開福於睢州挑濬引河得之．後人潘氏攀古樓．潘氏固好古不妄者．余未敢以其字之劣而疑之也．建昭宮鼎・余初見拓本而僞之繼見原器而眞之・復細閱拓本據羅福頤先生之言而僞之・此一器也・余已三易其主張矣・犛廿六年詔量・王羅兩先生皆信爲眞・余以其器爲小勺・何得于勺中刻始皇詔・後觀遽庵所藏全形舊拓本・僅一犛字而無始皇詔・乃恍然知此爲漢器・始皇詔則後人所加也・善齋亦藏一勺・形狀相同・有始皇詔而無犛字・則亦後人妄爲之・多歧如此・是吾輩所鑑定者・其遽足盡信乎・將以盡吾之知・不敢掉以輕心而已・然以僞爲眞・去之尚易・以眞爲僞・補之則難・故于諸器非灼知其僞者輒爲收入・書印成後・復有所見・則補注疑僞字于目下・羅福頤商承祚兩先生指正不少・敬申感意・

三曰整理・余集各家之拓本不下五千紙・大都不書器名・以少御衆・莫若以金文著錄表爲根據・于是先爲著錄表之整理・表于諸家著錄只注書名的不記卷葉・如從古堂欵識學以藏家爲先後・不以器名字數爲先後・遂使檢索一器・時需徧閱全書・則卷葉不可不注也・表中各器・往往歧出・如館陶爲鐙・鐙也・而亦見之于鼎・第十三鼎・鼎也・而亦見之于器蓋・內者樂臥鐙・鐙也・而亦見之于熨斗・陽信家鋗鏤・前後凡兩見・扶侯鍾・鍾也・歧出而爲陽・嘉二年鍾・或稱雷師作壺見于壺・又如積古齋元康鐎斗・王氏據羅氏之說改爲熨斗・而不知金石契所圖之形乃爲行鐙・積古齋新莽始建國石權・審其文義・碻爲承水槃・兩詔量誤析爲二者一器・元年詔版誤析爲二者三器・則譌誤不可不正也・次之爲拓本之整理・拓本多者十數見・少者一二見・較其施墨之優劣以爲去取・遂有一銘而蓋與器分取兩家拓本者・又有此家之銘而補以他家之圖者・拓本既選定・付之照相打樣・然後排比・是以印刷之事亦較他書爲艱巨焉・

此書成・繼而作秦漢金文編・乃吾志也・不敢告勞・然吾之生正當甲午中日之戰・黃海海軍相遇之前・先子賦詩云・時局正需才・生男亦壯哉・高軒一再過・都爲試啼來・今者島夷肆虐・再入國門・余不能執干戈衞社稷・有負祖若父之期許・國恥未雪・何由成名・誦李白獨漉篇・不知涕之何從也・雄劍挂壁・時時龍鳴・余寧將挾毛錐以終老邪・二十年十二月七日容庚書于燕京大學燕東園・

武英殿彝器圖錄序

吉金之有圖也・肇於有宋・其圖內府所藏者・爲皇祐三館古器圖・籀史謂「皇祐三年（一〇五一）・詔出秘閣及太常所藏三代鍾鼎器付太樂所參校齊量・又詔墨・器窾以賜宰執・丞相平陽公命丞奉郎知國子監書學楊元明釋其文・以隸寫之・」其圖私家所藏者・爲先秦古器記・嘉祐八年（一〇六三）・劉敞撰・自記云「先秦古器十有一物・製作精巧・有款識・皆科斗書・使工摸其文刻於石・又并圖其象以俟好古博雅君子焉」二書皆刻石・所收又皆十一器可知作始之簡・至元祐七年（一〇九二）呂大臨著考古圖・始鋟於木・兼收二書之器・（只古器圖邢州所上端鼎未收・籀史謂其製作無法・兩旁獸面啣杯・三足作異獸負立・怪而不典・）所收自秘閣太常內藏以外・凡三十七家・二百一十一器・徽宗因之・敕編博古圖錄・得八百三十九器・分二十類・類齊有總說・搜羅更富・考訂更密・圖寫更精矣・

容　庚

元明兩代．古器湮晦．著錄無聞．至清高宗敕編內府所藏爲西清古鑑諸書．流風復盛．繼是有作．編印之法．頗有異同．十六長樂堂古器欵識考．銘文白字．未脫博古之法．然開摹寫之先河．懷米山房吉金圖易鋟木爲刻石．又復皇祐之舊．兩罍軒彝器圖釋分圖欵爲二．先記器之大小輕重．次釋銘文．銘文易白字爲黑字．其花紋昔人皆作雙鈎者．此獨施以廓塡．更爲逼眞．惜畫者不一其人．間仍雙鈎．爲例不純耳．攀古樓彝器欵識．吳大澂爲之圖形．王懿榮爲之作字．用悅讓張之洞諸人爲之考釋．號稱善本．然不記器之大小．數尺之器而易以數寸之圖．不爲之說．考制度者將何取焉．長安獲古編．恆軒吉金錄亦同此失．陶齋吉金錄易木刻爲石印．其欵識用拓本．視摹寫則又勝矣．彝器全形之摹拓．創於馬傳巖．而善於僧六舟．其法先將器形畫就．而以油紙掩蓋．施墨於四周．再將紙鋪於器上拓取其花紋鏽斑．其與畫異者．彼以筆而此以拓包也．拓出之形以花紋展開．且拓時有所去取．故與目擊者恆異其狀．而方形之器．共側面花紋．易方爲斜．尤難吻合．故以此爲藝術之一端則可．以此求原器之酷似則不可．移林館吉金圖識始以全形拓本石印．聞其未成而燬於火．故印本罕靚．夢坡室獲古叢編．澂秋館吉金圖皆仿其法．然夢坡室拓工太劣．僞器太多．不爲世重也．攝影之術興．印刷亦隨之而進步．民國初．夢郼草堂吉金圖苟以珂羅版影印．然亦有圖無說．使人有不足之感．此有清以來圖吉金者之大略也．

民國三四年．政府遷奉天熱河兩行宮古物於北平．闢太和文華武英三殿爲古物陳列所．十六年二月．周肇祥所長以所中古物之眞僞雜糅也．設古物鑑定委員會．凡二十人．分書畫金石陶瓷雜器四組．任鑑定古銅器者爲李盛鐸．徐鴻寶．陳漢弟．王禔．馬衡．邵擧章先生．而余亦厠技彼列．星期開會一次．奉天行宮銅器八百鑑定甫竣而周氏去職．會亦停頓．余乃於十八年二月整理照片及記錄．得九十二器．爲寶蘊樓彝器圖錄．由燕京大學．哈佛燕京學社印行．繼復商之張起風．柯璜兩所長．得共贊助．於十九年暑假續編熱河行宮所藏．從八百五十一器中選集百器爲武英殿彝器圖錄．按乾隆間．曾將內府所藏敕編西清古鑑．寧壽鑑古．西清編鑑甲乙編諸書．而熱河所藏．獨未編纂．古物陳列所之所陳列者．亦只奉天銅器之一部分．熱河之器則扃置庫中．世人皆未得寓目．今復以國難移至滬上．陳列殆無其期．其中如頌壺．畫匜盤．乘輿缶皆獨一無二之品．其他亦皆瑰奇偉麗．工眇可喜之物．未可聽其久湮也．乃商之所委員長長禾桐．復由哈佛燕京學社印行．前代著書．重文字而忽花紋．欲考圖飾者恆有無所取材之歎．故攈拓花紋與文字並列．爲善錄者開其端．其頌壺以下六器．花紋過大．略爲縮小．納於尺幅中．第以此編與寶蘊樓彝器圖錄皆怱遽寫成．當開庫取器時．必經所中三科會同．未忍重煩執事．遂致塵垢不能洗滌．文字不能敷剔．又爲財力所限．不能盡量選取．不足以與王黼梁詩正諸臣媲烈．余滋愧恧．假我十年．爲典藏吏．盡兩行宮彝器別其眞贋而著錄之．是則余之志也夫．中華民國廿三年　一月三日容庚於燕京大學燕東園

海外吉金圖錄序

容庚

滿清之季・收藏古銅器者輩起・歸安之吳氏兩罍軒・丁氏梅花草庵・吳縣之潘氏攀古樓・吳氏愙齋・濰縣之陳氏簠齋・海豐之吳氏雙虞壺齋・閩縣之陳氏澂秋館・南海之李氏寶召齋・日照之丁氏栘林館・漢軍之許氏煦堂・浭陽之端氏陶齋・凡十餘家・家皆百器以上・民國以來・故家零落殆盡・惟攀古樓澂秋館兩家獨存・已不無散失矣・軍閥搆禍・國無寧歲・關洛之民・困於飢饉・或掘虛墓・取所藏以救死・政府莫能禁・異邦之民・挾其多金・來相購取・於是古器之流出・遂如水之就壑・今之藏家・求如潘祖蔭陳介祺者尚無其人・緘縢扃鐍於銀行之庫・有力者將負之而趨・有不爲他人積者乎・有不爲他人守者乎・

域外有收藏吾國古器著稱者・莫若日本之住友氏・英國之猷氏EUMORFOPOULOS・猷氏之集古錄・每册十餘鎊・住友氏之泉屋清賞・乃非賣品・昔年濱田耕作博士來朝我國・燕談之頃・吾謂住友所藏・多瑰異之品・其木印之美・他國莫及・餽贈非所敢希・願以購求爲請・濱田博士雖允代謀而未能得也・北平圖書館斥千金以購此書・猶是秦藏六初編之本・乃與同嗜十餘人合資攝影・六寸之圖・每份猶需六十餘元・而銘文解說缺如・未慊余意・九一八之難作・乃蹶然起曰・「宗邦重器・希世遺文・欲求印本而不可得・人方劫掠我文物・傾覆我國家・吾不學爲恥耳・乃效尾生之信・以翻印爲恥乎・」於是有海外吉金圖錄之輯・茲編爲日本之部・采錄之書七種・泉屋清賞正續編爲圖二百三十・此得其半而弱・十鐘則全收之・其他所采較少・合得一百五十八器・若陳氏十鐘・饕餮蟬紋俎・夔雷紋四足簋・饕餮食人卣・宰椃角・隹壺爵・鳥柱饕餮紋斝・芮伯壺・蛙藻紋盤・新量升・金錯鳥獸雲紋盤等・乃其著者也・

濱田博士作泉屋清賞總說・致慨於吾國古銅器之研究尚未就緒・時代之鑑定・茫無基礎・唯依自來之傳說・比圖錄・信欵識・依習慣而定其時代・此語誠然・然反觀彼之所定・更爲茫昧・將多數之周器屬之於漢・雖删訂本略有改正・然如素鉦吾以據南彊鉦可碻知爲周器者・彼則據博古圖錄之周雷柄鐸初定爲漢器・繼定爲周末漢初之器・又如者汈鐘之「惟戊十有九年・」戊即越・見於郭沫若之兩周金文辭大系・近出之方濬益綴遺齋彝器考釋引潘祖蔭說亦如是・而彼乃據吉金文述讀爲「惟歲十有□⿰阝禾・」彼謂書中所載諸器・知出土地者絕無・而吾尚能考其一二・竊疑彼於吾國人之著作尚未多窺・其識乃在此圖錄・信欵識之下・彼於欵識之考證・概從省略・此加詳焉・庶幾補其不及耳・

昔日本梅原末治教授遊歷歐美・公私收儲之府・莫不傾其所有以相示・君乃照其形制・量其修廣・錄其所覩聞・以成柉禁之考古學的考察及歐美蒐儲支那古銅器精華・余於域外之文・一無所曉・乃從他人著作中脊輯而爲此書・余甚愧於梅原・國中獨無其人乎・此所爲撫卷躊躇者也・

中華民國廿四年四月廿六日容庚序於燕京大學・

善齋彝器圖錄序

廬江劉體智先生收藏經籍書畫金石之富・海內屬望久

矣・二十年春獲觀善齋吉金十錄稿本三四十巨册於秋浦周明泰先生家・其中未著錄之彝器可二三百・余方欲增訂金文編・覩此異文・振蕩眙愕・欲效米襄陽之據船舷也・乃告明泰曰・「余與劉氏未謀面・不敢多求・如能以沈子殷蓋拓本見貽・感且不朽・」久之・劉氏郵贈拓本・貽書定交・賞析疑義・郵筒漸密・八月暑假・余與徐中舒先生訪之上海・道出南京・復約商承祚先生偕行・晤談如故交・盡出所藏鼎彝四五百事供攝影・兼旬而畢・復贈全形拓本三百餘紙・整裝歸來・不啻貧兒暴富矣・然所攝之景・未能愜意・猶冀再去・有所補正・乃「一二八」難作・劉氏遷居・彝器分存數處・不便重照・稿遂閣置・二十三年吉金十錄既已印行・去年秋余乃選取照片一百七十五器略加詮釋・由哈佛燕京學社出版・俾與十錄相參證・其大小尺寸乃據漢建初尺・從十錄移錄者・書成，以示同學陳夢家先生・復為補正數事・乃序其端曰・

考釋之事・至難言矣・湯之盤銘「苟日新・日日新・又日新・」郭沫若據保定所出三戈之文・以為乃「兄日辛・祖日辛・父日新」之誤・其言恢奇可喜・歐陽修稱楊元明能讀古文篆籀・劉敞博學無所不通・其所釋晉姜鼎如「不叚」劉氏於叚字缺釋・楊氏釋為「不敢・」「對揚氏光剌」劉氏於前四字缺釋・末一字釋為勦・楊氏釋為「婭蔦久光剌」今可焯知其誤・趙明誠謂李公麟得古方鼎・遂以為晉侯賜子產者・後得中姞匜・又以為晉襄公母偪姞器・殊可笑・博古圖錄且採李氏偪姞之說於義母匜中・余等自劉氏取歸驫羌鐘拓本照片也・友人家考釋者數家・初均主靈王時說・余以為不類・郭沫若以為安王時・將沿其說・後見溫廷敬據水注經主為威烈王時・卒改從之・瑞典高本漢作驫羌鐘之年代一文・其於靈王威烈王安王三說皆曾加以甚深之思辨・謂威烈王時說誘人接受・且鐘之紋飾與其所稱之「淮式」更相符合・然卒從靈王時說・譬如臨三神山・風輒引去・終莫能至・則以先入之言亂之也・如「驫羌作找氏辟韓宗敵逹征秦迮齊」一句・劉節釋找氏為戎氏・韓宗為陽宗・敵者編鐘之原始語義也・吳其昌吳闓生從之・唐蘭釋找為伐・初釋韓為搗・後據馬衡先生說謂古印韓姓多如此作・乃釋為軐・讀為韓・又讀敵為擊・云樂器名・徐中舒以找從匕・即匕首之匕・謂驫羌出征之前先作劍也・敵為人名・郭沫若釋驫羌為驫狗・釋找為戎・假為大鐘之鏞・旃宗敵為韓烈侯取・取實敵之壞字・溫廷敬謂作找即古稱興師・後世稱起兵之義・敵逹猶言統率・多歧如此，是亦瞎子斷扁之又一例也・

昔秦穆公使九方皐求馬・三月而反報曰・「已得之在沙丘・牝而黃・」往取之牡而驪・穆公曰・「物色牝牡尚不能知・又何馬之能知也・」然而考釋古金文・如猜謎・如射覆・思之不已・每成幻覺・有相賞在牝牡黃驪之外者矣・庸詎知余之以為是者之非非耶・余之以為非者之非是耶・余之著書也・以器物為主・精印流布・讀者將自得焉・則余之考釋為筌蹄也・「多聞闕疑・慎言其餘・」余將以此自勉焉・中華民國廿五年三月容庚序於燕京大學

頌齋書畫錄序

吾邑東莞・人淳樸務農・清三百年無顯宦大賈・雖家給

人足・而收藏經籍金石書畫者無聞焉・先外大父鄧蓉鏡先生官京邸・時與賞鑑者游・獲聞緒論・見有名人遺蹟適愜於心者輒購藏之・並摭次其人之事實彙紀於册・評書讀畫・繼以論世知人・銷夏銷寒・自謂頗得佳趣・余弱冠時・猶得於二舅沛霖表兄懋勛許見其所藏・懋勛工帖括・善書・以案首入學・科學既廢・溫溫無所試・輒寄情于酒與書畫・顧邑人無足與言此者・余嘗學畫於從叔祖椿・并徧觀佩文齋書畫譜・畫史彙傳・畫學心印・桐陰論畫・及神州國光集諸書・彼雖年長以倍・乃引爲同調・而余年少氣盛・未遽下之也・

比來北平・不言書畫者十有五年・即古物陳列所及故宮博物院開書畫鑑定會・亦不多往・今年春季寶銘君來索印件・檢所藏書畫十數卷軸與之・乃復泛覽言書畫之書・竊以清代畫家錄者衆矣・國朝畫徵錄所收四百六十七人・墨香居畫識所收七百七十二人・墨林今話所收一千二百八十六人・寒松閣談藝瑣錄所收三百三十八人・甫學執筆・即稱畫人・其失也泛・然若穰梨館過眼錄及續錄于明末遺民皆入之明・箸錄清代書畫家不足三十人・書畫鑑影箸錄不足五十人・過雲樓書畫記箸錄不足三十人・虛齋名畫錄箸錄不足六十人・一若四王吳惲以外無畫者・收藏家與傳記家正相背馳・寧收僞作・不錄冷名・皮相者復以矜愼謹嚴稱之・遂使畫家苦于畫之難售而羣趨作僞之一途・其失也翳・

御府所藏若石渠寶笈已惜其眞贋雜厠・若寶繪錄・若古芬閣書畫記・乃箸錄自漢魏六朝・若唐代諸家・今人想望其一二而不可得者・幾以多而見輕・其失也贅

古之圖譜籍刻木以傳・若顧氏畫譜・若芥子園畫譜・自不能無失・四十年來・珂羅板之法行而圖譜蠭起・縮尋丈于尺幅・即尺寸亦不記焉・遑言考證・雇拙工數人加彩色于印畫之上・彼拙工何曾夢見原蹟・而曰此王翬也・此惲壽平也・與原蹟絲毫不爽・夫誰欺・侈言宋元・無非爲預賈之計・其失也陋與僞・

回思先外大父之言・欲去之五失・合譜錄收藏傳記三者於一書・名曰書畫鑑・分集印行・宋元之畫・非在故宮・即流國外・國人藏者不多・惟冀得明清兩代書畫家千百入吾鑑中耳・爰先印所藏以爲之倡・商之陳漢第先生・亟贊其成・而以伏廬所藏相假・六月暑假・鄰居多避暑於北戴河・而余乃於書城中伏案疾書・熏風時至・書册作蝴蝶舞・輒閉窗拒之・憶「春風不相識・何事入羅帷」句・迴然失笑・書畫錄正余之銷夏記也・固知移山之計非一蹴可幾・然中心好之・期以此自遺・安得使余多暇日又多閒錢以窮古今之書畫人哉・

中華民國廿五年七月容庚序於燕京大學燕東園

正續金文編合訂本自序

宋人始爲彝器欵識之學・至清阮元・曾載奎・四吳・榮光・雲・式芬・大澂・徐同柏・潘祖蔭・劉心源・端方諸家・摹錄考釋・各有成書・（羅福頤之金文著錄表三代至列國器・除疑僞・計得四千二百七十九器・）可謂盛矣・地不愛寶・甲骨之文出於河南之安陽・劉氏鶚印行鐵雲藏龜・羅振玉印行殷虛書契前後編・甲骨之文幾與金文相埒・而羅振玉・王國維兩先生加以考釋・文字益復大明・其餘璽印・封泥・泉・鏡・石、陶、磚、瓦之屬・亦各有專錄・蔚爲巨觀

容庚

矣・欲窮文字之變・定作書之始・究古文之體・補字書之缺・正許氏之僞・舍是其易由乎・

余十五而孤・與家弟肇新・肇祖從四舅鄧爾疋治說文・民國二年・余讀書於東莞中學・四舅來寓余家・余兄弟課餘恆與據方案而坐・或習篆・或刻印・金石書籍擁置四側・心竊樂之・讀說文古籀補繆篆分韻諸書・頗有補輯之志・四年春・舅氏挈家遊桂林・十月家弟肇新以瘵病死・此事遂廢・六年四舅歸自桂林・余不復升學・擬共采集篆籀之見存者爲殷周秦漢文字一書・一・甲骨文編・二・金文編・三・石文編・四・璽印封泥文編・五・泉文編・六・專文編・七・瓦文編・八・陶文編・因其大小・分類摹寫・草創未就・四舅復遊幕韶關・家弟肇廣以入廣東高等師範學校習英文・莫能相助・九年秋・舅家火災・金石拓本・書籍印譜之集・蕩然無存・茲事體大・非一手一足之烈所能成・而書籍拓本・尤非寒家之力所能備・雖積稿盈尺・未克有成・十一年五月・與家弟北遊京師・謁羅振玉先生於天津・以所著金文編請正・辱承獎借・勖以印行・未敢自信也・

時羅先生之子福頤有璽印文字徵之作・其弟子商承祚有殷虛文字類編之作・與余不謀而合・旋讀書於北京大學研究所國學門・並假觀羅先生集古遺文・及所藏盛氏鬱華閣金文・陳承修先生所藏方氏綴遺齋彝器欵識・兩年之間・畢力於此・每字皆從腦海中盤旋而出・苦心焦思・或忘寢食・復經羅振玉・王國維兩先生及沈兼士・馬衡兩教授訂其謬誤・乃於十四年寫定印行・闕後故宮所藏既得盡觀・奉天熱河兩行宮所藏復得編纂爲寶蘊樓彝器圖采・武英殿彝器圖采・而寒家藏器亦已逾百・所見拓本遠過於前・

十九年冬・中央研究院歷史語言研究所復以增訂金文編一事相委・而使何承寵・瞿潤緡等數君相繼助余・剪貼殷文存・周金文存・攈古錄金文・貞松臺集古遺文諸書銘文・三年而畢・顧成於衆手・舛忤非一・分合抉擇・瞬復三年・並於其間先成金文續編・廿五年十一月・經始摹寫此編・廿六年春・羅振玉先生三代吉金文存印行・復有補入・廿七年九月・乃克告成・距初版時已十三年矣・所收殷周金文凡一千八百又四文・重一萬二千七百三十六文・附錄一千一百六十五文・重九百六十六文・共得一萬六千六百七十二文・視初版增六千三百六十五文・其續編爲秦漢金文・凡九百五十一文・重六千八十四文・附錄三十四文・重十四文・共七千八十二文・已於廿四年印行・乃序其端曰・

文字之變遷・其出於自然之趨勢乎・由古文而籀文・而小篆・而皆以漸變・而非頓成・漢書藝文志曰・史籀篇者・周時史官教學音書也・與孔氏壁中古文異體・倉頡七章者・秦丞相李斯所作也・爰歷六章者・車府令趙高所作也・博學七章者・太史令胡母敬所作也・文字多取史籀篇・而篆體復頗異・所謂秦篆者也・是知史籀篇之作・亦猶倉頡爰歷博學三篇・秦兼天下・李斯奏同文字・罷其不與秦文合者・今觀傳世之權量詔版・猶不能盡同・則籀文之異於古文・乃古文之自異・而非史官所獨創・況說文解字叙云・與古文或異・則其不異者固多・或壁中古文・幾經傳寫・遂爲科斗之形・與籀文異體耳・今由說文而上溯金文・由金文而上溯甲骨文・則其沿革之迹・固昭然可考・而謂甲骨文以前有所謂夏

禹岣嶁碑・紅崖刻石・而商末有所謂比干銅盤銘者・吾不信也・一也・

古之作書者・世傳自倉頡始・荀子解蔽篇曰・好書者衆矣・而倉頡獨傳者・壹也・韓非子五蠹篇曰・古者倉頡之作書也・自環者謂之私・背私謂之公・公私之相背也・乃倉頡固以知之矣・呂氏春秋君守篇曰・倉頡作書・是皆言倉頡作書而不詳其爲何代人也・寖假而說文叙言・黃帝之史倉頡・論衡骨相篇言・倉頡四日爲黃帝史矣・寖假河圖玉版言倉頡爲帝・春秋命苞言・倉帝史皇氏・名頡姓□岡矣・至於造字之初・淮南子言・史皇生而能書・孝經援神契言・效象洛龜・河圖玉版言・登陽虛之山・臨於玄扈洛汭之水・靈龜負書丹甲專文以授之・春秋玄命苞言・生而能書・及授河圖綠字・於是窮天地之變・仰觀奎星圓曲之勢・俯察龜文鳥羽・山川指掌・而創文字・凡此諸書傳說・荒渺無稽・惟說文叙言・見鳥獸蹏迒之迹・知分理之可相別異也・爲差得其眞耳・史籀二字・始見於漢書藝文志・史籀書名・未嘗言史官而籀名也・說文叙云・及宣王太史籀著大篆十五篇・與古文或異・籀・讀也・抽繹也・亦即史記紬石室金匱之書之紬・自江式請撰集字書表・張懷瓘十體書斷皆稱太史史籀・而籀遂爲人名・此皆不可不辨者・二也・

科斗書之名・起於鄭玄・魏晉之間・其說尤盛・春秋正義引王隱晉書束晳傳云・科斗文者・周時古文也・其頭粗尾細・似科斗之蟲・故俗名之焉・今觀魏三字石經中之古文・皆頭粗尾細若科斗也・壁中古文雖未審何狀・然衛恆四體書勢曰・漢武時・魯共王壞孔子宅・得尚書・春秋・論語・孝經・時人以不復知有古文・謂之科斗書・漢世秘藏・希得見之・魏初・傳古文者・出於邯鄲淳・恆祖敬疾寫淳尚書・後以示淳而淳不別・至正始中・立三字石經・轉失淳意・因科斗之名・遂效其形・則其作科斗形者・乃由臆造而非得見漢世秘藏・可斷言也・自時厥後・遂沿此體・宋句中正輩用以書說文中古文・郭忠恕用以書汗簡・不有甲骨文金文・曷悟其謬乎・三也・

漢書藝文志曰・漢興・閭里書師合蒼頡・爰歷・博學三篇・斷六十字以爲一章・凡五十五章・並爲蒼頡篇・武帝時・司馬相如作凡將篇・無復字・元帝時・黃門令史斿作急就篇・成帝時・將作大匠李長作元尚篇・皆蒼頡中正字也・凡將則頗有出矣・至元始中・徵天下通小學者以數百・今各記字於庭中・揚雄取其有用者・以作訓纂篇・順續蒼頡・又易蒼頡中重復之字・凡八十九章・臣復續揚雄作十三章・凡一百二章・無復字・六藝羣書・所載略備矣・當時所載一百二章・章六十字・凡六千一百二十字・無非編纂章句・以便誦習・觀其所云・取其有用者・與六藝羣書所載略備・非謂文字盡於此也・即說文所取九千三百五十三文・亦僅足供學童諷書之用・蓋太史試學童能諷書九千字以上乃得爲吏・亦非謂文字盡於此也・羅先生殷虛書契待問篇取錄甲骨文之不可遽釋者千名・而此編各部所附及附錄所載亦逾千名・殆皆說文所無者・則其遺佚多矣・昔之治說文者・於說文所無之字・略依音訓・於說文中求之・即偏旁逸者・亦牽强傳會以明非逸・以㣇爲希・以兔爲免・以粤以本・以出爲由・不其惑歟・四也・

許愼撰說文解字凡十四篇・五百四十餘部・九千三百五十三文・惟其中証以金文・有傳寫之譌者・如中・得・得・盡・射・叒・悊・非・戹・輚・等字是・有解說之誤者・如余・爲・對・矍・卑・雁・有・P・鹿・恩・凡・羞等字是・有奪去者・如卌・羍・弁・朋・免・妥等字是・有古一字而分爲二者・如孚孚・粵雩・䵹享・侶卲・卿鄉・佃甸・它也等字是・而子丑之子作[illegible]・辰巳之巳作[illegible]・子孫之子同於辰巳之巳・而非子丑之子・尤爲學者所未嘗聞・雖所得無多・而時有弋獲・董而理之・倘亦治說文者所有事歟・五也・

此皆譔集是編之意所願商榷者・若夫器物之制・則余特別撰商周彝器通考一書論次之・

古文之發現・何代蔑有・漢書藝文志曰・武帝末・魯共王壞孔子宅欲以廣其宮・而得古文尚書及禮記・論語・孝經凡數十篇・皆古字也・晋書束晰傳曰・太康二年・汲郡人不準盜發魏襄王墓・或言安釐王冢・得竹書數十車・初發冢者燒策照取寶物・及官收之・多燼簡斷札・文既殘缺・不復詮次・武帝以其書付秘書・校綴次第・尋考指歸・而以今文寫之・南齊書王儉傳曰・文惠太子鎭雍州・有盜發古冢者・相傳是楚王冢・大獲寶物・有玉履・玉屏風・竹簡書靑叢編・簡廣數分・長三尺・皮節如新・有得十餘簡・以示僧虔・僧虔乃云是科斗文書考工記・周官之所闕文也・凡此數者・當時雖或經寫釋・傳於今者蓋鮮・出土之日・即澌滅之期・艮可痛惜・及今所出・鄭重考存・毋見愷得人・其事正不容緩也・

然吾聞之韓非子曰・無參驗而必之者・愚也・弗能必而據之者・誣也・著錄彝器・審釋文字・余惟愚且誣是懼・讀是書者・希糾正焉・

中華民國廿七年九月容庚重訂於燕京大學・

叢帖目序 附凡例

叢帖之刻・始於「淳化閣帖」・而極盛於淸代・習書法・言鑒別者所必需也・顧所刻雖多・而編目殊少・蓋編目有四難焉・

一・叢帖之難得也・　程文榮編宋元叢帖爲「南村帖考」・得四十六種・其中有子目者僅十二種・惠兆壬編「集帖目」有子目者僅七十二種・沈復粲編「鳴野山房帖目」・得七十八種・其中尚有殘缺・後二書只存稿本・未能印行・可見得著帖著錄之難・

二・子目之難編也・　褚遂艮撰「王羲之書目」・定名多取帖前數字・如「尚書宣示孫權所求」・有多至十餘字者・如「九月十七日羲之報且因孔侍中」・其爲不便・固不待言・於是有擇取帖中兩二字以爲帖名・如前者稱爲宣示帖・後者稱爲孔侍中帖・豈不簡便・然亦有歧異者・如「閣帖」（卷七）尚停帖・黃庭堅「山谷題跋」・米芾「跋秘閣法帖」・許開「二王帖評釋」稱爲大熱帖・黃伯思「法帖刋誤」稱爲云足下尚停數日帖・陳與義「法帖刋誤」稱爲云足下帖・姜夔「絳帖平」稱爲云足下尚停帖・王澍「淳化秘閣法帖考正」稱爲足下尚停數日帖・一帖之稱・分歧如此・將何所適從乎・

三・分合之難定也・　如「閣帖」（卷六）日月帖與兄靈

柩帖・又（卷七）桓公帖與謝光祿帖・「大觀帖」均相連爲一・又如（卷七）長素帖・王澍分後半爲敬豫帖・尙停帖王澍分後半爲足下疾苦帖・均分一爲二・加之以錯簡・如「閣帖」（卷七）愛爲帖・「愛爲上・臨書但有惆悵」九字・校以「十七帖」・上缺「吾復食久・猶爲劣劣・大都比之年時・爲復可可・足下保」二十一字・其下「知足下行至吳・念違」八字・校以「十七帖」・「大觀帖」・當在離不帖「離不可居・叔當西耶・遲之問」十一字之上・所見王羲之書三百五十餘帖・孰同孰異・不易區分・使人望而生畏・

四・眞僞之難辨也・「閣帖」中帖之眞僞已成聚訟・王羲之蘭亭序・其文則一・定武・神龍・其字各異・孰摹孰臨・多至不可分辨・懷素草書千文亦有數種・友人李啓嚴君示余羣玉堂帖本・若以此爲標準・則淨雲枝帖・寒香館帖所刻兩種均屬僞跡・類此不勝枚擧・

四難不除・則編目終不易滿足人意也・

一九三一年・余初鈔得「鳴野山房帖目」稿本・喜其草創・然譌誤滿紙・每有所見・輒校改於其上・於帖目未收者・成校補一卷・四十一年十二月・太平洋戰爭起・余移居上斜街東莞新館・百無聊賴・以書畫遣日・所居密邇琉璃廠・時至觀復齋・富華閣・翠墨齋假叢帖觀之・並編錄其目・或選購一二・五年之間・得編叢帖目一百五十九種・銅山張伯英年伯精於帖學・時有啟發・復撰「法帖提要」・得五百一十二種・其中零種一卷者約二百種・非盡叢帖也・南歸後・四九年重理舊稿・加入各家叢帖跋及「法帖提要」・五三年復至北京・叢帖不爲時尙・有用作爆竹原料者・收得百餘種・如貧兒暴富矣・以後往來杭州・上海・蘇州・北京・山西・武昌各地・續有購藏・共得二百二十餘種・並購得惠兆壬「集帖目」稿本・其餘借觀於杭州・上海・北京・故宮各圖書館而目錄者・合得三百一十餘種・陸續增訂・塗乙狼藉・間有重鈔者・書囊無底・詎云完備・然距作始時已三十餘年矣・此亦精力所聚・未忍捐棄・聊集存之・它日復有所見・當爲續補云・一九六四年十月・容庚序於中山大學五千卷金石書室・時年七十・

凡例

一　本書以自藏及目見一卷以上之叢帖爲主・分歷代（兩朝以上）・斷代・個人（一家附）・雜類・附錄五類・共二十卷・

二　僞帖太多者・編摹零亂者・入之附錄・其個人叢帖・甄別尤嚴・收入正錄者・每代不過數人而已・

三　一人而刻數帖・如海山仙館・數人而刻一帖・如百一帖・雖類別不同・爲檢閱之便・不復分類・

四　近代珂羅版・石印之術雖與刻石不同・而其爲法帖則一・故擇要錄入・

五　本書隨見隨編・其子目前後未能一致・整齊劃一・尙俟異日・

六　叢帖題跋見於它書者・擇要錄入・

七　帖之眞僞・辨別甚難・張伯英年伯撰「帖法提要」・於此特爲注意・茲備引其說・可資隅反・

八　同一子目・或摹勒各異・或眞僞不同・或中有删節・不能盡擧・讀者可查原帖・當自得之・

歷代名畫著錄目序

容庚

我國向少通檢一類的工具書籍・爲了研究某一問題・治學的人・平日專靠博聞强記・方法是不夠的・近百年來・通檢的書・漸次普及・日人稱之爲・索引・國人音譯爲・引得・檢查方便・可收事半功倍的效果・我少年時研究說文・壯年後研究金文・往往先從前人已作的編目入手・其後也作了些這類的工作・頗有點個人的體會・試依次言之・

先從說文說起・許愼著說文解字・是漢代留存下來的一部篆書字典・部首五百四十部・始一終亥・是根據字形來聯繫的・每部的字數・艸部多至四百五十個・水部多至四百六十八個・排列的次序・雖然有他自己的意圖・但我們却看不出一定的標準・徐鉉以說文名家・尚且說它偏旁奥密・不可意知・尋求一字・往往終卷・因此叫他的弟弟徐鍇以切韵排比爲說文韵譜・由是聲韵區分・開卷可得・這是一部很早的通檢・現在不易見到了・南宋李燾依「類編」的次序・取「集韵」的翻切・改編爲「說文解字五音韵譜」清光緒間・史恩綿依筆畫多少的次序改編爲「說文易檢」・然皆不明通檢的方法・改變原書編次以就檢查・清同治間・黎永椿編「說文通檢」・用眞書畫數爲次第・注明說文部數字數於其下・凡不知屬於某部的疑難的字・均以筆畫數順次列於卷末・尋求一字一行本「說文」・始便於使用・我當初研究「說文」・實得力於黎氏書・

再說我研究金文・開始於民國初年・當時關於宋代銅器書籍有十一種・其中有銘文的銅器計六百多種・清代銅器書

籍有十五種・其中有銘文的銅器計三千多種・我的記憶力不强・加以在鄉間得書不易・對研究工作是沒有什麼信心的・引起我的研究興趣・還是王國維先生的「宋代金文著錄表」和「國朝金文著錄表」這兩書印在・雪堂叢刻・中・我從同學盧瑞處借來・和妹妹容媛合抄了一部・按圖索驥・陸續添購書籍・加以新出版的「殷文存」・和「周金文存」・兩書・於是着手編起「金文編」來・王先生自序裏說・盛夏酷暑・墨本堆積・或一器而數名・或一文而數器・其間比勘一器・往往檢書至十餘種・閱拓本至若干册・窮日之力・僅能盡數十器而已・可見編目工作是艱巨的・王先生的表・每器不注引書的卷數頁數・也有尋求一器・往往終卷的毛病・雖未能盡善・然已使我獲益不少了・

我對於書畫原有很大的愛好・早年感於列子「大道以多歧亡羊・學者以多方喪生」的話・故於金石以外・不敢多所旁騖・一九三四年・沈凡遜爲美國福開森編纂「歷代著錄畫目」出版・福氏贈我一部・三十年來翻閱既多・發現錯誤不少・隨時爲之訂正・在原有基礎上進行補缺・正僞・删繁的工作・

（一）補缺　「著錄畫目」引書一百三十種・其中引自「佩文齋書畫譜」的十七種・又將附卷・補遺・二筆・三筆等分列爲十六種・實計只有九十七種・其中有所據本子較差的・我改用較好的本子・如李日華・六研齋筆記・原用有正書局影印本・但有正本「筆記」・四卷缺了三・四兩卷・二筆・四卷缺了一・二兩卷・改用明天啓刻本・阮元「石渠隨筆」・原用舊抄本・改用阮亨校刻本「詹東圖玄覽編」原用「佩

文齋書畫譜」・改用故宮博物院鉛字本・王文治「快雨堂題跋」・原不注明何用本・改用道光汪氏刻本「郁氏書畫題記跋」・「湘管齋寓賞編」皆有「續記」・「續編」・原缺今補・復陸續增補書籍・共得一百五十種・其中傳抄本得自友人的協助・如沈銓「讀畫記」・趙萬里君所藏・「風滿樓書畫錄」・商承祚君代抄・吳昂駒「桃溪書畫錄」・潘景鄭君抄贈・潘應椿「法墨珍圖記」・張珩君所藏・於此向他們表示謝意・

（二）正誤　我二十年來・喜收書畫・約得千餘件・編爲「頌齋書畫小記」・每得一張名畫・檢查它有無著錄・有則載入小記中・「著錄畫目」・翻閱既多・發現它有很大的錯誤兩項・如沈周名下・著錄畫目・就失收了都穆「鐵網珊瑚」・以下十三種書・三百一十四條畫目・「甌鉢羅室書畫過目考」・一書・「著錄畫目」・收原刻本・我校以光緒二十三年增訂本・它就失收了盛琳以下四百零四人・其它小誤八項・(1)以字號爲名・如王百穀之爲王穉登・李易安之爲李清照・沈匋盦之爲沈貞・凡二十餘人・(2)姓名的錯誤・如史道碩沿「珊瑚網」・而誤爲江道碩・佘文植字樹人・而誤爲佘樹人・任從一而誤爲任從・李天祥而誤爲李祥・(3)一人分作兩人・如吳廷與吳廷羽・海雲與汪肇・詹仲和與詹景風・蔣懋德與蔣榮・得十餘人・上睿・瀞睿・陳子睿則一人分作三人・(4)兩人合爲一人・如王昱・周笠・張崟・陳枚均有兩人而合爲一人・(5)書誤作畫・如王文治摹古屏幅・王杰書高宗御制賦得南風之熏詩並圖卷・婁堅書暨陽絕句卷・劉錫蝦臨各家屏十二幀・三元人合卷・約得十件・(6)畫家的名誤・如沈顥摹大癡富春山圖而入之沈周・李士達袁契如畫象而入之袁契如・徐釚楓江漁父圖卷乃謝彬寫照章聲補圖而入之徐釚・毛西河朱竹垞二先生象・夢園置於羅聘之後・左庵以爲朱隺年作・而入之鄭元慶・(7)重出・如莽鵠立同據甌鉢羅室一書・而一見於「著錄畫目」二〇四頁・一見於三二七頁・(8)有合作畫而以爲一人・如劉德六・蔣茝生・王禮合作花鳥立幀而入之劉德六・焦春・王素合作琵琶出塞圖而入之焦春・至於缺朝代和字號的畫家很多・今只就所知者補入・不復備舉於此・

（三）刪繁　「著錄畫目」所收只存名目而略無說明者居多・再三重複・徒占篇幅・故應刪繁就簡・共分五項・（1）李調元「諸家藏畫簿」・乃從「式古堂畫考」摘取・不見於前書的甚少・虛佔篇幅五千條以上・概從刪削・（2）・「珊瑚網畫錄」・「式古堂畫考」・「佩文齋書畫譜」・三書均爲畫學總滙・引用的書・往往相同・玆酌取其一而刪其重複・引用這三書的書・另列爲副目・（3）嚴氏書畫・「著錄畫目」收「天水冰山錄」・「鈐山堂書畫記」・「嚴氏書畫記」・「佩文齋」三種・但「嚴氏書畫記」已見於「珊瑚網」・「式古堂」・鈐山堂書畫記・亦見於「書畫舫」・（七・十九）・數書著錄一家所藏・雖略有異同・而重複多至五次・故只保留「珊瑚網」和「書畫舫」兩書所引・而刪去・天水冰山錄・「鈐山堂」・「佩文齋」引「嚴氏」三種・（4）各家畫跋・多不勝收・「著錄畫目」所引「止齋題跋」・「水心題跋」・「石門題跋」・「姑溪題跋」・「晦庵題跋」・「魏公題跋」・「清儀閣題跋」・「竹堂文稿」八種・多者不過十餘條・少者僅一條・而「竹堂」復無刻本・無關宏旨・概從刪削・（5）集卷・集册

既入坿錄．如「唐宋元寶繪册」復將每人的畫收入畫目中．而其它如．「宋元人梅花三昧卷」等多數不收．如明四家山水集屏將文徵明．文嘉．張宏三家收入畫目中．而項無汴一家不收．高簡諸家山水屏只收高簡一人入畫目．尚有陳道堅．顧殷．李炳．葉雨四人不收．青箱蘊玉册共六十九人．少半收入畫目．多半不收．並且在坿錄中不列畫家的姓名．少者兩三人．多者至百餘人．不復知其爲何人的作品．茲於坿錄中附注畫家的姓名．不復收入畫目．致畫目少收了一些人．

福開森爲欲了解我國歷代的名畫而請沈君編纂「著錄畫目」．我爲研究我國歷代的名畫．費多年的精力而改編「著錄畫目」．寫成這部「歷代名畫著錄目」．這只是研究工作的初步．表中所錄畫家二千多人．畫目共五萬多條．如果人們要研究歷代畫法的變遷．或某一畫家的作品．或某一張畫的眞僞．翻閱這表．可能有多少幫助．語云．書囊無底．又云．校書如掃落葉．掃盡復來．自知這表所收的材料無法完備無缺．所編的畫目也不能正確無誤．如能使讀這「著錄目」的人．收到我讀「說文通檢」和「金文著錄表」的功效．並對這表不斷加以補充和改正．使得更臻完備．那將是我莫大的願望．這表經始於一九四二年．初成歷代著錄畫目補編．距現在已二十二年了．去年我正七十歲．始決意完成定本．多承葉史蘇同學辛勤的勞動．幫助補充．剪貼和校勘．於此表示謝意．一九六五年勞動節．容庚序於中山大學

容　庚

張穆傳

一

張穆．字爾啓．號穆之．又號鐵橋．東莞茶山人．父世域．字國藩．萬曆十三年舉人．官廣寧教諭．陞博白知縣．木强而介．年六十三．尚爲五斗米折腰．穆於萬曆三十五年生於柳州．方在穉年．父已七十矣．

天啓五年．年方弱冠．與王崇芳讀書於羅浮石洞．有記從石洞登絕頂觀日出．記遊石洞．記讀書石洞．及素月師羅浮雜詠十首．女道人羅素月．入山二十年．不知有女子身．登陟飄然如御風．於羅浮梅花村．募種梅千本．以續勝事．泉石異人也．穆送月師云．青山曾許共誅茅．劚石鉏雲向嶺坳．麋鹿無心來竹院．一燈淸夜出林梢．

崇禎元年六月．穆歸娶殷氏．素月貽以詩云．仙郎昨到洞天時．花下閒拈筆一枝．收拾青山作圖障．豈應歸去畫娥媚．素月至茶山．及歸羅浮．購諸色梅花名香以贈．謂茶山亦有韻人如殷氏者．復附詩戲之曰．娥眉纖月上仙山．坐聽天風過珮環．玉女麻姑都冷笑．杜蘭香去嫁人間．一妾有小姬索贈詩．穆無兄弟姊妹及兒女孑然一身．

二

穆倜儻任俠．不好儒術．善擊劍．工詩畫．少與黎遂球．梁朝鍾．鄺露諸人遊．露稱穆生平不見可喜．蘊言笑．短小類郭解．沉深類荊卿．相劍類風胡．畫馬類韓幹．飲不能一蕉葉．而日遊於酒人．儲不能踰擔石．而好散粟募士．應門無五尺之童．而駿馬實外廐．恂恂似不能言．呵筆而千

言下．志投筆而擅美六書．薄雕蟲而專精繪事．小而徑寸．大而方丈．鈎圜飛白．咄嗟立辦．腕中有師宜官也．解衣盤礴．鬼出電入．滅沒權奇．馳驟於紙上．目中有九方湮也．屈大均送鐵橋道人詩云．十二慕信陵．十三師抱朴．十五精騎射．功名志沙漠．袖中發强矢．紛如飛雨雹．章句恥不爲．孫吳時間學．可知其少年之爲人．

崇禎六年．年二十七．踰嶺北遊．思立功邊塞．有欲薦於山海關督師楊嗣昌者．或阻之乃止．連州八排傜反．總兵陳謙徵入幕．穆以策干鎮將陳邦傅．邦傅不能用．十七年．唐王朱聿鍵立．穆入閩謁蘇觀生．觀生以御史王化澄疏．叙穆爲靖江王黨人．擯不錄．侯官曹學佺．疏薦穆才能用衆．謀裕韜鈐．臣實保其堪爲爪牙而足備緩急．得旨張穆既稱勇力能文．便可上馬殺賊．下馬艸露布．着御營兵部試用．旋詔與張家玉募兵惠州潮州鎮平．賴其肖爲衆擁攻澄鄉．穆爲書招之．其肖遂率子弟諸壯士來謁．家玉入其軍閲兵．得衆萬人．會汀州變起．唐王死．家玉以餉不繼．偕穆回里．陳子壯與瞿式耜定議．立永明王朱由榔於端州．蘇觀生與何吾騶定議．立唐王弟聿𨮁於廣州．諸臣徒以推戴貪功．不以恢復爲念．穆歎曰．諸當事不慮敵而急修內難．亡不旋踵矣．遂不復出．永曆元年十月．家玉戰於增城．兵敗．躍入野塘以死．穆輓之以詩．曾從百戰出重圍．隻手空思挽落暉．莫道孤忠有遺恨．睢陽如值信同歸．

茶山．東莞巨鎮也．背山臨水．周圍百里．皆淺澤．及宣德隆慶間．科第鼎盛．里皆殷富．造七孔石橋．高壯雄偉．爲邑中冠．萬曆中．劉陳袁三姓．以大貝明珠起家．家輒千萬．爭誇門美．天啓舊積漸銷．樗蒲一擲百萬．以爲奇豪．智者已知其盛極而衰矣．崇禎八年．穆抵家山．故舊多死喪．作詩自勵．十五六年．海內騷動．土人竊發．貧賤奔投．地方焚掠．石岡南社失守．茶山東西相連十里．猶能會合聲勢．土人相望不敢正視．至事少平．意見紛歧．罷不復禦．順治四年十月．土人兼程夜襲．焚殺虜掠．尋拔去．五年四月．大饑．土人空巢而下者數千人．各鄉不能固守．乏食．相從死亡十之七．穆三月中．猶居莞城東郭．知旱必及亂．歸經里門．僦舟載家口還新沙．七月．佟養甲李成棟反清復明．土人與饑民受招撫．七年．里門秋過有感二首云．里門枯草破垣齋．隣屋無烟白露低．社酒壇邊思故老．莎雞自咽路旁藜．狐狸晝處舊華居．惡木交衢不及鉏．愁問居人懶垂手．長飢猶畏長官驅．哭鄺中秘湛若云．三城零落昔人稀．欲弔英魂歸未歸．散帙每從僧壁探．碧梧空悵鳳巢非．雨侵殘燭徒增夢．寒入幽花尚有菲．從古濁流沈雅道．乾坤空老獨何依．此（據鈔本與集本之校改較多者）十年．東溪草堂成．詩云．卜築東溪隅．海潮接陵岸．危樓聳高隣．森樹蔚低埤．中有讀書堂．披卷可至旰．出入寡步趨．夙病在疏散．人生復何樂．羈縶貴自斷．毫素晚自娛．詩力老方悍．俗人嵩苦節．磊落謝閭閈．放歌懷少陵．邈矣發長歎．復有山陰董．無休劉語石．過東溪草堂遺游草賦謝．及陳晚卿過訪東溪草堂詩．魏禮梁憲有過張穆之東溪草堂詩．十一年蒼頭還山言故鄉茶山離散之狀感作．又聞茶山故宅復爲土人所燬．有句云．未雨拙鳩憐有婦．在陰鳴鶴已無兒．可知其婦殷氏尚在．而兒子已死矣．十五年過澹歸和尚柚堂詩自註云．余家東湖去．芥庵一水間．或放舟常親空隱老和尚．晤澹歸大師夜話．許余詩出於性情．忻然爲序．

瀧水縣隋置．僻在東粵．崇巒峻嶺．傜僮據地．累世爲梗．萬曆四年始定其地．改名羅定州．東安縣屬焉．康熙六年至九年．韓允嘉任知縣．以詩贈穆．穆和荅有政閒馴鶴親書幌．稅薄歸人就石田．朝來多辱琅玕贈．久愧貧居侶米船之句．穆送鄺邑侯解組詩．曾見眞跡．跋云．丁未（康熙六年）秋杪．還自瀧水．小詩感別．集有移家石鱗山留別同里諸公詩．一片輕舟出浦煙．蘆花楓葉滿霜天．逃禪尚墮躭山癖．投老同爲去國憐．湖柳或思張緒後．草堂爭似少陵遷．桃花倘引尋津入．不願人間說代年．當在此時．麒麟石一名錦鯉峯．在城東半里．狀如麟蹲．頭角鬣趾悉備．上盤危蹬．下環清沼．有梅花巖藕心井諸勝．穆築石麟艸堂居焉．今釋有送張穆之還瀧水詩．屈大均有題張氏石麟山房五律三首．極言巖壑洞穴林園之勝．陳恭尹有送張穆之移家東安詩．今無有張穆之買瀧水山移家索贈詩．

穆前後嘗游楚南．上衡岳．泛湖湘．東行入留都．歷吳越．所作紀游詩．皆奇傑可誦．海內諸名士多與之游．如侯官曹學佺．仁和今釋．寧都魏禮．曾燦．秀水朱彝尊．歸安韓純玉．粵人鄺露．屈大均．陳恭尹．高儼．今無等．均有詩文投贈．大興劉獻廷．於康熙十五年．與穆相遇於蘇州．贈詩有云．我生燕山下．君住羅浮巔．相去萬餘里．蒼茫隔風煙．我年三十君七十．南溟絕塞誰通連．金閶忽相遇．會合非徒然．龐眉拄杖指天外．招我把臂談重元　．　西湖重遇又經春．笈裏烟霞別有神．還期徧走齊州地．同是天台採藥人．

隱居東安後．戴竹皮冠．支藤杖．廣袖寬衣．年八十餘．步履如飛．一日．無病卒．陳阿平有詩哭之云．此心應已淡情文．淚灑西風復哭君．漏盡已無來去迹．緣深猶有死生分．身前欲殉惟黃石．天上乘游有白雲．從此龍媒更高價．可憐時手日紛紛．蓋當時其畫已有贋鼎矣．

三

穆善畫．鳥獸蘭竹山水皆工．嘗畜名馬．曰銅龍．曰雞冠赤．與之久習．得其飲食喜怒之精神．與夫筋骨所在．故每下筆如生．嘗言韓幹畫馬．骨節皆不眞．惟趙孟頫得馬之情．且設色精妙．又謂駿馬肥須見骨．瘦須見肉．於其骨節長短．尺寸不失．乃爲精工．又謂馬相在骨．其腹前有兩蘭筋．常微動者則良．前蹄後有灶．謂之寸金．馬奔馳時後蹄能擊到寸金．謂之跨灶．跨高一寸者爲駿．低者次之．寸金處常破損．如豆大．有血流出．不生毛．是爲跨灶之驗．凡馬皆行一邊．左前足與左後足先起．而右前足右後足乃隨之．相交而馳．善騎者於鞍上已知其起落之處．若駿馬則起落不測．瞬息百里．雖欲細察之．恒不能矣．故凡駿馬之馳．僅以蹄夫寸許至地．若不沾塵然．畫者往往不能酷肖．作畫馬詩十數首．康熙二十年臘月．爲公叔世兄作龍媒圖卷．得七十三匹．時年七十五．所見之畫．以此爲最後．

其畫馬引云．笑我生平癡有託．筆墨豪來風雨搏．興酣畫馬如有神．曾謂龍媒經絕漠．春風芳艸連天青．駃騠初上黃金嚼．咄嗟一顧萬里空．此道寥寥更誰作．龍眠將心妙入神．我笑無心誰墮着．想見下筆之頃．不忘欲效馳驅．以畫

寄意・類不得志於時者之所爲也・

又善畫鷹・詠畫鷹云・噫余當壯歲・慕獵平原搜・傾金購俊鶻・狐兔窮山丘・調養既已適・所往同仇讎・年衰謝馳騁・悔與物類尤・今看圖畫裏・空助草堂幽・又有支公養馬圖・射馬圖・獮猴掛藤圖・鷹馬歌・題畫鶴諸作・其畫蘭竹詠蘭云・余居石鱗山・秋夏之交・谷中蘭輒放香・詩紀之・題畫竹云・誰拂鵝溪寫數枝・湘江秋水使人思・疑眞疑夢都非定・恍見空堦月冷時・屈大均題其畫蘭竹云・張公畫鷹勝畫馬・蘭竹尤精知者寡・蘭師乃是程六無・竹亦仲昭始能寫・寫成輒乞我題詩・墨花如雨爭淋漓・

又題畫蘭冊三首・末云・平生作畫恨無師・花鳥而今恨已遲・欲作道人蘭弟子・蕭煙湘雨寫枝枝・穆少時讀書於石洞・羅浮山水・日接於目・右衡游東莞・不得一登・穆爲作羅浮圖・佐右衡臥游・右衡携至柚堂・今釋得寓目焉・爲之題跋・又有朱明洞天圖。繪羅浮洞天福地・壽衡菉園・勾漏洞圖詩・劉祖啟索張穆之寫廬山障子・屈大均題鐵橋翁黃山畫冊十五首・其末云・黃髮青節逸興饒・攀躋不覺上雲霄・天教汝自羅浮至・添得黃山一鐵橋・村落有士人慕畫・漫應之・作詩云・握粟爭爲筆墨資・笑從疏密論妍媸・一般清味逢人少・自寫秋風上竹枝・

四

張穆鐵橋集一卷・邑人無見之者・陳伯陶東莞縣志藝文略・蓋沿明詩綜鐵橋山人稿之名・張其淦東莞詩錄所載三十二首・乃陳伯陶從何浣鐵橋道人年譜中錄出・余閱楊鍾羲雪橋詩話・（三集卷一頁二八）知劉氏嘉業堂有其書・函告張子次溪・展轉鈔得・一九四二年五月廿九日・次溪北歸・携以見示・錄副本得詩二百九十二首・前有康熙十五年丙辰・寶林樵叟□樸題詞・崇禎十五年壬午・鄺露序・康熙五年丙午・今釋鐵橋道人稿序・此集疑刻於丙辰・穆時年正七十・

今釋序謂鐵橋道人家近羅浮・讀丹書於石室・一旦棄去・馳馬試劍・縱横少年場中・欲以用兵・廓清海內・不可得・乃自放逸於詩文・詩文清絶・旁及畫家・入神品・人始知有鐵橋・鐵橋益骯髒不得志・遂皈心華首・深究無生之旨・然酒酣耳熱・時有精悍之氣・如一線電光・發於冷雲疏雨中・是能深知鐵橋者・又謂世之所謂知人・與所謂受知者・爵祿焉耳・以人參飼羊・以羊飼犬・然後殺犬以自飼也・當夫羊得人參・犬得羊・寧非不世之遇・而卒不免於鼎烹之患・則以爵祿烹天下之士・而士趨之如鶩・獨且曰・彼知我・我宜爲知己死・是乃嚮者羊與犬之所欲痛哭流涕挽之而不得者也・是故鐵橋幸而不爲人所知・而鐵橋始存・幸而人不敢用鐵橋・而鐵橋始大・鐵橋益潦倒沉浮・並不見其無可知無可用之跡・而鐵橋始不可測・其論甚奇・爲徧行堂集所未收・世之所謂知遇者・亦若是焉耳・

同時曾燦序・則謂昔有長史馬肥・路旁觀者快之・長史喜其言・馳驅不已・以至於死・語云・殺君馬者道旁兒・借使張君不爲權貴詛抑・提一旅之師・以爭尺寸・則亦不免爲路旁兒所快・安得使今日之文章詩畫・長留天壤間哉・曾序不見於集中・而見於六松堂文集・恰好與今釋序文互相闡明・明季國事敗壞・分崩離析・卒至覆亡・假令穆爲權貴詛抑於見用之後・則一木未必能支大厦・或損盛名・惟其不

用・使人更有斯人不出如蒼生何之感・是則今釋曾燦之徵旨也・

穆之性情抱負及出處・頗類李白・雖聲名不如白之大・然同以布衣名世傳後・有足稱者・白早年讀書匡山・穆亦讀書羅浮・白詩我本楚狂人・長歌笑孔丘・對儒術不甚重視・穆亦不好儒術・白好擊劍任俠・以當世之務自負・流離轗軻・竟無所成・凡此行踪・穆頗近之・其述年云・弱冠抱迂尚・跌宕不好儒・雖非千金子・寶馬常在途・衡門多雜賓・意氣皆丈夫・由來三十載・此意未嘗殊・懷哉祖士雅・慷慨眞吾徒・想當年意氣之盛・飄舉雲馳・及至赤崗望洋・所感歎者已闌・宗慤長風志・靜對南溟看・化魚於無可奈何之餘・似不復以世事爲念・非本意也・丙辰初春漫賦云・書劍久藏疑有用・鬢眉頻照欲何歸・寄慨遙深・志亦苦矣・詩如其人・雅健不凡・似杜甫・似高岑・亦時有奇氣類李白・於嶺南三家而外・允推獨樹一幟・

吾邑畫家・以明陳璉爲首・其題方方壺武夷山水圖・有我亦平生親畫史・落筆時時追董米之句・又自題山水爲敦生作云・敦生携我昔作圖・復索新吟耀桑梓・羅亨信爲姑蘇米以仁題琴軒山水詩・有云・琴軒先生太丘裔・學海淵源富才氣・董賈文章世共珍・米高山水尤清致・今眞跡不可得見・見之自穆始・穆晚年遁跡東安以終・見其首不見其尾・知幾其猶龍乎・易世而後・讀其遺集及繪畫而思其人・所忻慕焉・

鄧演達　一八九五年生　一九三一年卒

字擇生・惠陽人・年十二・入黃埔陸軍小學・辛亥革命起・參加粵軍北伐・民國成立後再求深造・入廣東陸軍速成學校・三年再進武昌陸軍第二預備學校・續升保定軍官學校・八年・畢業後派邊防軍見習・旋鄧鏗召至漳州・任粵駐軍憲兵司令・九年隨軍回師廣州・任第一師參謀兼步兵獨立營長・並受命組織工兵營・十二年・工兵營改編爲第一旅第三團・演達任團長・十三年任陸軍軍官學校籌備會委員・同年派軍校訓練部副主任兼學生總隊長・十四年・辭職赴德研習政治經濟・十五年・回國任軍校教育長・旋調中央軍事政治學校潮州分校教育長兼第一軍政治部主任・是年七月國民革命軍誓師北伐・任總司令部總政治部主任・九月・兼總司令部漢口行營主任・湖北政務委員會主席・十六年三月・寧漢分裂・演達與左傾份子聯合・實行倒蔣・並擬組織第三黨而未成・六月武漢政權解除・隨俄顧問鮑羅廷抵莫斯科・轉赴柏林・十一月・宣布成立中國國民黨臨時行動委員會・漫遊歐陸後・十九年返國・匿居上海租界・發刊行動日報・革命行動・與宋慶齡黃琪翔等合作・進行反蔣・以打倒獨裁・建設新中國爲口號・黃埔軍校學生受其感召而參加者亦不乏人・大招當局之忌・二十年八月十七日被誘至法租界愚園坊二十號逮捕・即解南京・事前曾召見促悔改・給予名義出國考察・演達答以革命黨頭可斷志不可屈・拒不受命・遂於蔣氏宣布下野前・以叛亂罪交軍法執行處決・年僅三十七・一代雄才・就此下場・令人痛惜・著有北洋軍閥與南京統治的前途・及楊逸棠編鄧演達先生遺著・

中國到那裏去

一・南京統治的性質

民十六（一九二七）年中國革命的失敗・產生了南京統

治・南京統治的權力範圍雖然是只限於蘇皖浙三省的城市・但是・代表南京統治的意識及手段的・長江以南的省區差不多都是一樣・所以我們可以把那區域裏的許多政權統稱為南京統治・

甚麼是南京統治的性質呢・這個問題的答覆・在兩三年以前或者是很難正確・很不易為人所了解・到了現在・差不多讀死書的教授們・為歐美的民治意識所迷惑的留學生們・甚至為反動的政府所豢養僱傭的工具（如軍官）及站在南京統治行列內的工商業家・寺觀裏的和尚道士們都先後的明白了——至少明白了一部・至於那天天受捐稅租利的剝削・官兵的掠奪屠殺・吃「洋大人火腿」的小民與吃草根樹皮的農村貧民們・却老早就曉得・統治他們的是向來所未有的苛政・向來所未有的屠手・向來所未有的剝削與壓迫・

這種向來所未有的剝削與壓迫為什麼發生的呢・我們只要明白南京統治的社會基礎就可以答覆這個問題・每個城市裏都有成千整萬的大小官員黨棍・這些文官們武官們黨官們做些什麼・人們都已經明白・却是那些官兒們的生活享用至少為普通人民的百倍・而貪婪勒詐的孽錢還不在賬內・東南財富幾乎完全集中於幾個重要城市・工廠只管停工・運輸交換機關只管停歇・而公債的買賣・地皮的買賣・煙賭的買賣却十二分的發達・利息總在三分以上・鄉村地主脫出了從前減租及土地革命的危險而入於反攻的時期・以誣告報復・以加租利的手段補償過去的損失・像這樣・在城市的軍閥官僚政客黨棍與高利的投機商人銀行家・在鄉村地主豪紳・都已分別接收了歐洲文明的一面・過着驕奢淫佚的生活・如果小百姓們一旦不安本份・起來和那些老爺先生們算賬・那麼老爺先生們必定更要起來接收歐洲文明的另一面・多買些飛機大炮・多招些人馬・去教訓他們（南京的訓政・）・南京統治下要搜括三千萬（只是南京支出已一千五百萬左右・百分之九十以上為軍費的支出・）就是軍閥・官僚・政客・黨棍・高利商人・地主豪紳聯合對抗小百姓造反・教訓小百姓們的成績・要得到這大宗人民血汗・不剝削怎樣行呢・要鎮壓人民的反抗・不壓迫那裏行呢・

我們知道・歷史上的中國統治者都是代表地主利益的士大夫・而統治的形式是「特別是元代及清代」——軍事獨裁與官僚政治・現時的南京統治是由與革命勢力鬥爭的局勢當中產生出來的・牠當然要包含舊社會的一切支配勢力「反革命的勢力」・我們知道・滿清政治與太平革命對抗的時期・只有由民團的組織者曾國藩及帝國主義的英美勢力的援助・才挽救了滿清統治毀滅的危機・現時的南京統治・一面以・「禮義廉耻」的假面去復古・使與曾國藩所代表的社會秩序和諧・一面更通過了基督教徒與美國相結・為鎮壓革命勢力的外援・所以現時反革命的南京統治在本質上實與太平革命時代的滿清統治無異・所不同的祇是・有衆多的買辦及銀行家做牠的基礎・及反映的個基礎的基督教意識・

二・北方擴大會議——北方政府・

黃河以北地區為官僚政治的巢穴・地主政權的中心已數百年・一切舊統治的規模與組織都還整個的存在・雖然因為農業破產的緣故・舊統治的內含（國粹）已日就毀滅・一九

一一年辛亥的革命未曾搖動他的下層的毫末・整個的承繼下來・一九二八年（民十七年）的北伐・只是伐了一個張作霖・而張作霖的大部遺產却由閻錫山馮玉祥蔣介石平分・閻錫山所得到的是「山西票號」的地盤・馮玉祥所希望是海口與軍火與帝國主義交合・恰好蔣介石所求的是要擴大甯波商閥紹興師爺的場面及包承美國日本的恩惠・那裏不會相爭・現時閻馮連合反蔣的局勢・從一方面看是整個舊統治勢力內部的爭鬥衝突・從他方面看是地主的勢力與買辦商業資本勢力的衝突・無論南北統治・雖然都是負擔反革命的歷史任務・而從反革命的性質去區分・則蔣介石的南京統治還比較的近代些・北方軍閥的反動・祇是袁世凱統治的複寫・眞正的「亞細亞式的」統治的複寫・

「鬼要找閻王・閻王也要找鬼」的・因爲南京的統治已經很巧妙的把「聖諭廣訓」換成了「總理遺囑」及「三民主義」・把「宣講所」及「接官亭」換成了「黨部」・把「大人老爺」換成了「同志」・「八股文」換成了「紀念週的演說」及「黨義」・於是乎舊的士大夫不中用了・北方的閻王因爲要和南方的閻王鬥爭・一定要找些新鬼「新的士大夫」——找些能文善說的人去充實鬼窩・接換鬼窩・才能旗鼓相當的去對抗南京的統治・恰好改組派的先生們正在魂不附體的亂撞・有博士銜的新士大夫自然是非常的合格・於是乎改組派的先生們就戴了桂花冠到北京榮任了・這就是北方的所謂「黨統」・這樣就成功了北方「擴大會議」・北方擴大會議成立已一個月了・從牠的成份上說・是治閻系・馮系・桂系・的軍閥代表與西山・改組兩系的政客官僚於一爐・這些都是革命的對象・都是反覆了好幾十次的脚色・現在都重新歡天喜地的「彈冠相慶」了・從綱領上說・擴大會議自成立到現在・打算做些什麼・並且已經做了些什麼・我們把牠的宣言及政綱翻來覆去的看・連擴大會議成立以前牠們所謂領袖們的主張一齊拿出來看看・從頭到尾・除了反蔣及一些與人民毫不相干的具文以外・只看見「樹立民主政治」六個抽象的字樣・他們爲什麼反蔣呢・關於馮閻的已經說過了・至於桂系及西山派呢・要答覆這個問題・現時已不必引經證典・只要檢出頭幾期的「革命評論」關於西山派及桂系軍閥的文章來看看就夠了・如果改組派先生們認爲過去的言論是不負責的・是和事實不符的・那我們再來答覆似乎還不晚・改組派的先生們爲什麼反蔣・我們如果不是神經病者・我們大概還記得「勞苦功高」的蔣總司令自民十六年秋被桂系軍閥驅走之後・不久即由改組派的領袖們恭恭敬敬的請回來的・他們所以痛恨於蔣的・祇是及十五年三月二十日汪精衞被蔣「迫宮」的耻辱・及所謂三全大會不被改組派包辦（就是說・不把現時擴大會議式的代表大會在二年前由改組派召集於南京）而由陳果夫一手包辦・像這樣的反蔣・從黨員的立場來看・只是領袖們的私鬥・領袖們爭位置的鬥爭・從革命民衆的立場來看・只是黨閥黨官黨棍們的鬧架・不但無絲毫利益及於民衆・而且祇有雙方行賣官鬻爵（改組派軍事投機運動聲勢正大時・一般大小財閥出錢預定位置的不在少數・）的競賽・一切剝皮及骨的捐稅劫奪更加利害・到了現在・北方擴大會議及將來擬成的北方政府・只有爲一切最腐朽最臭爛最卑賤的軍閥・官僚・政客的集合場・所謂民主勢力象徵的領袖

們・祇有分別到石家莊向閻錫山請訓・到北戴河向張學良問安・像這樣能屈能伸的「大丈夫」・當然是「民主」的極致了・誠然・蔣介石之於南京統治・他的威劫利誘的手腕・毒狠驕橫的暴行・與對於民衆的屠殺與剝削・比袁世凱的統治更加慘酷・人民應該聲罪致討・革命黨黨員更加應該聲罪致討・但是・人民的反蔣是要顚覆蔣介石所領導的軍閥・官僚・政客・黨棍・高利商人・地主・豪紳的聯合統治・要實行召集國民會議・建立平民政權・要推翻帝國主義在華的勢力・要立即實現耕者有其田・向着社會主義建設・像現時北方擴大會議所領導的政權・無論從下層的社會基礎及上層的成份來說・只有比蔣所領導的南京統治更加反動・更加黑暗・像這種反蔣的勢力・綱領和手段・不但不會把蔣的統治推翻・而且會更抬高蔣氏的政治權威・無形中更隱固了蔣的統治・因爲人民對於南京統治固然是深惡痛絕・而對於將來的北方政府更加絕望・退一步說・也至多不過是把蔣氏個人推翻・把新式的袁世凱推翻・而形成一個新式的黎元洪統治・形成一個新督軍團的割據形勢而已・對於人民利益仍絲毫不相干涉・如果以黎元洪式的統治爲民主政治・爲「民主政治」的楷模・那也怪不得無政府主義到中國即成爲做官主義・□□主義成爲「土匪流寇」主義了・我們只有嘆息・決不會再有話說・一個政黨・特別是一個革命的政黨・所以能代表人民的利益・解決歷史的任務・有一個唯一的原則・主張一個與言行相符・有眞實的代表民衆利益的一貫的主張・而且時時刻刻努力的實行牠的主張・才是眞實的政黨・眞實的革命政黨・如果三年之間・主張反覆至於無數・祇有個人的位置虛榮得到滿足・則一切民衆的要求及自己的言論都拋棄如敝屣・我們不知道這種的領導究竟是一些甚麼東西・

現時的北方形勢・告訴我們・無論日本帝國主義是否已經命令牠的代理人張學良參加北方軍閥的聯合（當然・日本帝國主義者之命令或制止張學良助蔣助閻・是要看南京還是北京孝敬日本恭順些・隆厚些）・對於革命民衆的意義・反動的性質是一樣・北方的擴大會議及其政府和南京統治一樣是人民的仇敵・是革命的障礙・我們決不能因爲北方的反蔣而輕忽了寬恕了牠的反動性・

三・南方中國共產黨的蘇維埃政權

中國共產黨因爲牠曾努力參加中國民族解放運動・並且牠的主人第三國際所領導的・蘇聯對中國曾自動的放棄大部份的不平等條約・所以在過去能博得中國廣大民衆的同情・因爲得到這種同情・所以能在民衆中建立相當的基礎・却是自從一九二七年十二月□□□□在廣州暴動建立所謂蘇維埃政權以後・已經暴露了牠的陰謀與盲動・牠的陰謀是要破壞及拋棄中國民族獨立解放的要求・牠的盲動是不顧世界及中國社會的客觀條件而妄想在中國實行□□主義革命・現時的世界資本主義雖已發生强烈的危機・而距崩壞的途程尚遠・中國目前還是一個前期資本主義的社會・絕不能立即實行共產主義的革命・盲從第三國際的命令・機械的運用俄國革命的方法到中國來的□□□□・決不能解決中國革命問題・目前的蘇聯是在一個退守的時期・因此第三國際要擴大東方共產黨的聲勢・以爲保護蘇聯的前衞・這種自己本位的

政策・實與要求民族解放及平民解放的中國革命的旨趣不同・

□□□□□在湘鄂贛三省及其他偏僻地區所□動起的暴動・與所謂蘇維埃政權並不是因爲□□□□□的政策與行動適合於中國民衆的要求底結果・唯一的原因・是因爲南北軍閥對人民的壓迫與剝削的暴虐程度已經無以復加・而現存的各政黨又不能眞實的代表人民的利益・在人民隊伍中奮鬥的緣故・這種現象・祇是偶然的現象・絕不是當然的現象・是一時的現象・絕不是永久的現象・我們相信・□□□□□即使能貫澈牠的目的也祇有叫中國爲蘇聯的屬邦・祇有叫中國人民由國際帝國主義的鐵蹄下面轉移到第三國際的懷抱裏去・於人民自決・民族自行解放的歷史任務絲毫的相干涉・而且這種「代奴隸解縛的恩惠」對於中國民族發展的前程・其精神上所加的侮辱比任何事件爲大・中國民族精神上所受的損失・恐怕要比其他任何物質上的所得還重大得多・並且・我們相信・現時第三國際所指使的□□□□□暴動・不但因爲利用農民威劫農民之故・不能得到眞正農工的援助保持現時的氣焰聲勢・即使因爲偶然的一時的條件・把長沙重新佔領・甚至把武漢奪取・仍然只會是曇花一現的史實・絕不能因此就成爲新的統治・爲什麼・因爲第三國際所領導的□□□□□革命祇有全世界皆已爲第三國際所獨佔時才能實現・否則徒然是犧牲了無數的中國青年民衆・破毀了中國現存的物質設備・而使中國更加落後・更加沉淪・

我們在民族獨立・人民自決的原則上・認爲蘇維埃政權精神上侮辱中國民族・侮辱中國人民・而物質上祇有破壞中國現存的文明・所以我們必須明白堅決的對□□□□□□□・

四・中國到那裏去

中國現階段的革命實在是繼續太平天國（一八五〇—六四）的革命使命・太平時代的平民政權・一方面因爲敵不過地主及士大夫的力量（由曾國藩所代表的）・一方面因爲帝國主義幫助滿淸・更是因爲太平軍的內部組織不健全・成了新的封建政權・所以失敗・但是太平革命雖然失敗・而太平的遺志是由孫中山先生繼續起來・民族的解放・民權的建立・社會主義的實現等主張・更由孫中山先生加以光大發揚・因此有現階段的蓬勃的革命運動・民十六年（一九二七）革命失敗之後才發生了反動黑暗的南京統治・才發生了投機傀儡北方擴大會議・才發生了盲動的所謂蘇維埃政權・這些都是革命失敗的餘燼及迴光・說不到解決中國的革命問題・

中國究竟到那裏去

擺在我們眼前的只有兩條大路・或則是永久的爲外國的殖民地——爲國際帝國主義的和爲第三國際的實在精神上是一樣的・——或則是由廣大的平民羣衆自己起來・推翻現時的南北反動政權・建立以農工爲中心的平民政權・實行耕者有其田・立行取消不平等條約・使中國完全解放・向着社會主義建設・

被壓迫被剝削的中國平民們・大家應該覺悟・究竟是誰

壓迫我們・誰剝削我們・誰叫我們受着更加利害的壓迫和剝削・南方統治和北方擴大會議都是帝國主義與一切中國舊勢力聯合壓迫剝削中國人民的統治・我們必須起來推翻牠們・□□□□所製造的蘇維埃政權・是第三國際愚弄中國蔑視中國人民的戲劇・只有叫我們所受的壓迫和剝削更加利害・我們必須妨止牠・消除牠・我們現在處在四面環攻的境地・我們除了「紮硬寨打死仗」的辦法外實在沒有旁的出路・我們的環境雖是困難・而歷史的前途是我們的・我們只有努力集中一切眞實革命份子・在我們綱領上面積極行動起來・我們敢相信於最近期間必能奪取新的革命根據地・立刻實行我們的口號・

復興中國革命・

推翻軍閥統治・肅清帝國主義在華勢力・

即開國民會議・建立平民政權・

立即實現「耕者有其田」・

發展產業・並使產業組織化社會化・

（十九年九月一日）

麥君澤 一八九五年生 一九六七年卒

名蘊華・以字行・順德人・幼從季父晉藩太史習古文辭・十三歲畢讀五經・務記覽・所作詩文・輒爲長輩激賞・卒業羊城廣府中學及香港漢文師範學堂・畢生從事教育・歷任香港孔聖會義學校長・皇仁書院・羅富國師範・金文泰中學・澳門培正嶺南等校教席・退休後寄情山水・吟詠多登臨之什・著有知非樓詩集・

送羅校長嗣超序

余從金文泰中學退休後十年・而羅君嗣超亦以長是校退休聞・羅君之與余・固有一段香火緣者也・觀其少年岐嶷・早知非爲凡品・及其出而任事・擘劃則井井有條・教誨則孜孜不倦・勝藍稱譽・夫何足怪・而余獨取其宅心仁厚・和易與人・爲輓近流輩所不可企及・嘗欲摭取其一二經過・以爲事實之左證・顧羅君期期以爲不可・則其謙遜不伐又如是・孔子曰・驥・不稱其力・稱其德也・嗚呼・羅果有之矣・

今之人・心之計較愈精密・則其行事也・愈刻酷而可畏・無損其絲毫・而可以利物濟人・尚不肯爲・寧有舍己成人者乎・平居・睚眥必報・毒害加於人・沾沾自喜・猶以爲得計・如某人某人者・余嘗遇之矣・然又烏知小人之所爲・反以造福於君子哉・復有疇昔相徵逐・爾我之間無閒言・一旦境遇稍順適・則訑訑相向・自以爲不可一世・其於屬下侍從者・益倨傲放肆・曾不値識者之一哂・之二者・羅君無一與焉・且每一談及・輒鄙夷其人・以爲末世頽風・一至於此・爲可嘆也・

余執教金文泰中學・先後三年・莘莘學子・咸遵循有禮・絕不見有佻㒓狂妄之擧・其時長斯校者・爲梁世華先生・其人恢恢然有長者風度・聲氣應求・固有如是者・今余離校已十稔矣・猶有此良好校風否・吾知其必能保持勿替・或者聲譽有加焉・而於羅君繼任多年・爲可斷然而無疑也・

羅君每當春秋佳日・偕余徜徉於山陬水澨間・尤以青山灣足跡爲最夥・因闢地灣畔・豫爲菟裘終老計・顏其廬曰知潮・知潮嗣超・音固相近・且以示有信之意・夫信者必果・羅君之仁厚和易・終身必果於行・則又可斷然而無疑也・

余疏懶・久未執筆爲文・今因羅君之歸休・遣詞以送之・其稱述如此・匪特於羅君有所勗勉・抑將有以起予云爾・是爲序・

謝熙

一八九五年生　一九八三年卒

字子祥・號止園・番禺人・所居曰未名樓・庋藏碑帖甚豐・以書法名於時・工寫漢隸・楷法鍾王・晚年卒於香港・

捉刀集序

余少好作文・自入學校後・因別有功課・不能專習於文・今則奔走塵俗・以謀稻粱・不暇作文・文日拙焉・於戲・世之與余同慨者・豈少人哉・

晚近教育新制・學科益繁・學子更不能專於文・且有改習白話者・然上至政府功令・下而人事應酬・又皆屏白話而惟文是用・於是乎祝蕖先生之捉刀稿積盈尺矣・余居與先生近・暇輒過先生・見先生爲人作文・搔白首・默默苦思索・俄頃驚喜・握管疾書・付求者出門去・其稿多隨手散失・余以爲不可也・亟請鈔而存之・先生曰・吁・是足以爲文乎・君姑序之・丙子閏春番禺謝熙子祥序・

吳肇鍾　一八九六年生　一九七六年卒

字唯菴，三水人。性豪邁，以武林中人而能文事，尤善詩詞，並世罕覯。少從黃林開、朱子堯兩拳師遊，盡得師法。西洋拳師與較不敵，名乃大噪。中年在香港設白鶴健身院授徒，印行拳經。餘事臨池，書法勁秀。有白鶴草堂詩詞集行世。

柳齋遺集序

歲丁卯，長明大兄偕余與譚荔垣韓樹園伍功博張峯岡鄭天健陳景度等組宋社，繼宋臺秋唱後爲文酒之會。休沐餘暇，每徜徉於宋臺鶴嶺間，歌詠未有間也。大兄好客，常於月白風清之夕，於寓齋煮佳茗，具醇酒，集三五同道高談恣笑，宵分始散。余每遲遲始去。既而大兄以產業事北上，余亦寧粵，迨寇侵，余復之港，音問遂闊。丁亥復相晤於廣州，把臂酸惻，恍忽隔世，眞莫知悲喜之何從也。而世變益深，言語猶隔，況艮覿乎。歲辛卯，大兄以伊鬱卒於病，咫尺滄波，不克憑弔，鄰笛依依，曷勝腹痛。居諸不住，今又十年矣。

昨其少子龍仲偕姊春華來，將以大兄遺稿付剞劂，問序於余。蓋以吾二人誼同骨肉，相知極深，是大兄之集余序頗不可缺，因得重讀全稿，略分散文駢儷詩詞各一卷，都爲一集，曰柳齋遺集。夫以大兄學無不窮，義尤自抱，理所應發，學以致用，其於孝友與著作之外，對國家大局，章奏直言，不避權要，歉歉然已足昭當世而垂無窮，益以斯集，其傳必矣。第以余之不學何，贍其文使不序焉，不足以損其分寸，既序焉，亦不足增其毫末，是可有可不必有之作耳。惟是任其不可缺與不必有之作而必序之，雖贅疣所不計者，將以見吾二人手足之情誼，不隔乎生死，如是雖落窠臼，實不成標榜者，義所應爾也。

大兄胸蓄羣籍，瀉若奔瀧，其所作散文，源出永叔子固，而蹐漢魏，駢體則從錫麒以溯齊梁，詩以聖俞放翁而入中晚，直抵唐人之奧，詞則碎艷織錦，清雋秋霜，是叩夢窗之扃，而摩三變之壘，以造清眞之室者，骨健氣沛，卓然與其行誼正相表裏，讀其集知其爲人，崇德尚言，世多高士，則余此序實附驥之蠅，不力而致千里矣。所可憾者，大兄名章傑著，都在劫中散失，今所存不過十之三二而已，瓌寶隨塵，明珠毀火，不禁爲之太息不已耳。壬寅立冬世如小弟吳肇鍾謹拜序

現代詩鈔序

夫鳥鳴於春，蟲鳴於秋，皆乘時相感，自鳴其情，說者

謂與人之鳴其抑鬱不得已之情於詩者・將毋用乎・余獨謂人有抑鬱不得已之情者・發於文如九噫天問可矣・何必詩・即爲詩而塗風抹月・範水模山可矣・何必悲涼慷慨以寄其意・使世之讀者亦悲涼慷慨以會其旨・是詩人之心・不亦太忍乎・不知天之生物各具其心・各稟其性・各賦其情・心性不同・其情亦異・因其情之異・而鬱於內・觸於外・各感不同・於是彼此所鳴者・亦不一致・初不判其爲人爲鳥爲蟲・而其所鳴者胥自然之籟・獨是人爲萬物之靈・其所以鳴於詩者・悉能指點萬類・揮斥六合・上挈鴻濛・下蹈百世・將以狀其不易達之情・而流於眼前・佛氏謂須彌納於芥子・此詩人之能・可參造化・豈鳥以春鳴・蟲以秋鳴・可得而語乎・然則可以謂之天籟矣・雖然此一人之聲耳・若夫並世骯髒・各有其情・既各有其鳴・能集之以共鳴也・則嗷嘈鞺鞳・噌吰震天・益使世人知人心不同・所以鳴其情者各異・而天籟遠於物籟也・

爰是同人遂有現代詩鈔之刊・例入民國者徵・羅遠及海外・殆亦欲張天籟而已・夫詩雖小道・無可自薦・故揚之扢之・是在風雅・而風雅又非一二人之事・必多人而後興・能興彼多人・則其鳴益大・能集各地佳什・則其鳴益遠・如是則風雅揚扢非在是乎・惟是發情之詩・雖鳴於此集・而挈之實在抱道諸公・凡觀風知草之偃伏・察影知木之曲直・觀詩可以推文藝之隆替・世道之盛衰・有斷言者・是斯集之刊・而二而三而無窮・而人之鳴其情者亦愈永愈遠・所謂張天籟・隆文藝・與世運者・固有待博雅君子・則斯集其庶矣乎・乙未立秋・三水吳肇鍾唯龕序於白鶴草堂

白鶴草堂詩詞初集自序

余少好擊劍・間及文事・淺耕薄耨・文本不立・何有詩詞・即以志事發情・自鳴其籟・以達其不得已於言者・亦不過春蚓秋蟲而已・不足語於詩詞也・獨是丁逢喪亂・羈旅莫歸・觸於外・鬱於中者・愈雜哀樂難制・抑塞之感益深・而欲宣洩其情者愈亟・所爲詩詞・雖多而人事雜遝・性復疏懶・稿之散失者亦愈甚・況經兵火・殆十亡七八・則今之所存・即比春蚓秋蟲因時自鳴者・蓋亦僅矣・門人以爲詩詞心血也・心血應歸人類・不宜散棄者・必欲剞劂之・嗚呼・此非風雨晦明・興其唱嘆之心歟・倘世有同感者・當更擊缶拊髀・相與而歌嗚嗚耳・庚寅春・白鶴道人吳肇鍾唯龕

龍思鶴先生紀念集跋

人壽不過百年・而能垂永久者・固在其德功言所樹立・思鶴先生嘗言・自國父革命建國以來・政行未定・僉任復肆・不暇顧及禮樂之製作・使叔孫通於今日・亦必拊髀長嘆而已・吾粵爲革命策源地・建國之力・粵軍實爲主幹・惜人事參差・余亦不終粵軍・而於粵軍之歷史組織功勛・諸將士實皆當世英豪・每思爲誌・以紀一時袍澤・而世變益亟・不可終日・用是顛倒海隅而罷・然此志仍不懈也・

夫思鶴先生以屢創之軀・懷國家之憤・遂益與疾病相磨矣・先生雖數宰名邑・都以勤政清廉貽諸邑治・且子女多・俸入悉供教育・故歸日兩袖清風・頻年惟詩卷共晨夕而已・不意於乙未元旦竟以疾卒於香港東華東院・初二殯於基督教

華人永遠墳塲．以安窀穸．但倉卒之際．朋舊未及週知．乃僉於陽曆四月六日開追悼會於香港殯儀館．一時致賻者若干．會後餘資．悉爲印先生遺詩之關及友情者．選若干首作一集．分贈親友．以爲紀念．先生於詩無所不窺．故造境樸秀．蒼健如俊鶻騰空．老鶴據樹．其翛然不落塵響．與滌粉搓酥有雲泥之隔矣．故於此集舉一隅反三者．可以見思鶴先生立德立功立言之微意矣．其矯矯之精神．與切切之心期．實無愧爲國父之信徒．同黨之諍友．斯可以永萬古矣．噫．

三水唯盦吳肇鍾跋

畫人鄧處士墓志銘

君諱芬．字誦先．一字曇殊．號從心先生．一號二不居士．寇變後．署泳人．南海西樵人也．父次直公．爲名諸生．以詩著．君庶出其長也．夫雲燦星輝．水靈山秀．二氣磅礴．蔚積孕育乎不世之珍．冠時之彥．必有顯於今而爍於後．古今來得一藝之長．足以名世者．比比也．況君多長執乎．故不必羊角之搏而有鵬翼之勢．於君足論矣．君聰明警悟殆得天授天縱之能．又豈人所能抑耶．是以君之畫．肇自小學．得董一夔張世恩之導．實啓其天發之機．少長直觀橫察．轉益多師．矚物移晷．轉側求變．心齋物化．師造化而受教．奄宇宙以爲家矣．嘗丐書法於淸道人．力追古道．遂用得方圓庵之骨．米元章之神．與袁寒雲師友之間．

君嘗謂吾畫實以書入．神明變化．可謂不負天賦．詩詞則呑霞吐玉．時見新意．而紅牙板拍．音律之硏最精．綴字爲謌．淸言潤石．擊碟作樂．流韻遏雲．英心特標．勝情孤峙．善謌者仰其厓岸而濯其波瀾者．亦足鳴一時之秀矣．君於己巳年代表廣東出席全國美術大會於上海．齊方並駕．道孚燕吳．禮見度雍．筆挺百粵．發淸剛之奇氣．稟象緯之精宜．天相立名．地厚留執．於君又足論矣．若夫移根蟠壑．成大厦之隆材．墨舞朱飛．廣百世之佳製．明籌作展．遽歸道山．其爲執哀乎．其爲命哀乎．於其甲辰八月初八日．塟於荃灣高氏家塋之旁．九派波源．洗詩心而攬明月．三塗梵宇．參德山而問然鐙．永慰騷魂．嘉留高碣．銘曰．

日月流天．山河緯地．出類拔萃．實稟間氣．壁產高崗．寶生淵汭．矧迺含靈．君子不器．內典養心．佛龕境界．近倚諸峯．遠挹淸瀨．哲人永生．矯矯百世．三水吳肇鍾譔．南海羅叔重書．

陸丹林

一八九六年生 一九七二年卒

三水人．幼肄業廣州達立學堂．後入培英學校．適朱執信主校政．受其革命思想薰陶．遂參加同盟會．久客滬濱．與諸名士遊．入籍南社．能書善畫．喜蒐集文物．叠主各報筆政．著有革命史譚．革命史話．當代人物志等．

廣東和廣東人

廣東．是華南的重要省區．它的省會廣州．是華南（不只是廣東省）的重要都市．它的交通．經濟．文化．教育．軍事．政治．物產等．在國內而說．都屬重點之一．尤其是在百年以來．它在政治上的地位．影響全國更大．廣州是它的核心．而其中所發動的一切事件．成功的．失敗的．好

的・壞的・進步的・落後的・自然也都包括在內了・

廣東處粵江下游平原・南濱南海・東界福建・北界江西・湖南・西界廣西・南方一角又與安南連接・沿海一帶和外洋交通便利・如廣州・汕頭・瓊山・北海等處・海輪都可以寄碇・內河航運・大汽船可溯西江直達廣西的梧州・小汽船可溯東江到老隆・溯北江到曲江・鐵路呢・接着廣九鐵路沿粵漢路北上漢口・支路由廣州到三水・由汕頭到潮安的潮汕鐵路・由江門到台山的新寧鐵路・抗戰期間都拆毀了・公路里程・甲於全國各省・航空也有飛機場三四個・水・陸・空三方面的交通・都很便利・

廣東的國際交通・秦代的番禺（即今之廣州）已成爲南海貿易的集中地・漢書地理志曾說・「粵地・秦南海尉趙佗亦自王・傳國至武帝時・盡滅以爲郡・處近海・多犀・象・毒瑁・珠璣・銅・果・布之湊・中國往商賈者・多取富焉・番禺其一都會也・」查犀角・象牙・毒瑁・珠璣等物・均不是粵省的土產・而是印度與南海羣島的產物・據此・則知道當時的外商把它販運到廣州出賣・可見廣州的國際貿易發生很早・其後成了中國對外貿易的中心・

明代葡萄牙人到澳門以後・廣東與外商的買賣・更加繁榮起來・廣州的十三行（是十三家洋行的集中地・）是一種華洋貿易的仲買機關・洋商運貨物來中國・須經過十三行・再發賣給一般中國商人・洋商有事與當地官廳交涉・須由行商轉・不能直接向中國官廳講話・這些行商・就是中國買辦階級的起源・十三行的名稱・起源很早・屈大均的廣州竹枝詞云・「洋船爭出是官商・十字門開向二洋（東西二洋）・五絲八緲廣緞好・銀錢堆滿十三行・」可見明末清初已有十三行的名稱了・雖然後來因爲發生鴉片戰爭・訂立南京條約・上海開闢商埠・重心點逐漸移到上海・但廣州因與香港接近・又因粵漢鐵路完成・後與浙贛鐵路接軌・粵漢路可與滬杭・滬寧・津浦・各路接通聯運・對於國內外貿易及一切運輸・它更佔重要商埠之一・

宗教的起源・是有它的時代與環境・它的功用怎樣・暫時不談・也不在本題以內・惟外來各宗教的傳入廣東・至今還有史事可查考的・分述於左・

佛教在南北朝梁武帝普通元年庚子（公元五二〇）・菩提達摩由印度從海道來華・先到廣州・在城西的華林寺說法・今的「西來初地」是華林寺附近的地名・六祖惠能（俗名盧行瑫・廣東新興人・）（編者按行瑫爲六祖之父名，所引實誤）・就是達摩一脈相傳的禪宗第六祖・也即是釋迦牟尼的第三十三祖・（釋迦至達摩是二十八傳「祖」・）惠能在黃梅東山・由五祖宏忍傳衣授法・儀鳳元年回廣州・在法性寺（今名光孝寺）薙度・後到韶關南華寺・曹谿南華寺現在還存了許多史蹟・如惠能・憨山・丹田三和尚的眞身・和武則天・萬曆帝・兩篇敕命的墨蹟・還有柳宗元的大鑒禪師碑和刻像・六祖行年考等・惠能在南方所傳的是南宗・他的同門神秀所傳北宗・同屬宋元兩代普遍南北的禪宗（又稱心宗）・其後佛教徒由粵出國活動的・如唐高宗咸亨二年（六七一）義淨的取道番禺到印度・那時比之玄奘由陸路入印・僅遲了四十年左右・其他如天寶十年・杜環的在海外經廣州北上・智弘・無行・貞固・道宏等和尚・或從合浦出國・或

經廣州·沒有一定·我們因此知道那時除了陸路的傳教求法之外·如從海道的便多從廣州（番禺）或合浦等往來了·

回教的入華·最早的可算是唐太宗貞觀二年戊子（六二八）穆罕默德派遣斡歌士（又譯爲斡葛思）等·由陸路到長安宣教·其後跟着往來了幾次·他第三次來華·改從海道到廣州·貞觀三年·在城北建築懷聖寺·取名意義是懷仰教祖穆聖·寺裏有光塔（俗叫番塔）高十多丈·斡歌士修建寺後·回阿拉伯一次·再度到粵·那時教祖已無常（意即去世）·他是恪遵遺命回粵無常的·因此他的遺體就地安葬·建立圓頂墳墓·當地的人稱它爲響墳·至今一千三百多年·遺跡還存在廣州·

關於回教的入華·亦有一說是首到廣州·並非先到長安的·但無論如何·回教的初期入華與廣州有密切關係·是可信的·南宋方信儒的南海百詠的番塔詩·「半天縹渺認飛翬·一柱輪囷幾十圍·絕頂五更鈴共語·金雞風轉片帆歸·」詩的小題有云·「始於唐時·曰懷聖寺·輪囷直上·凡六百十五丈·（按·恐是一百六十五尺之誤·）絕無等級·其穎標一金雞·隨風南北·每歲五六月·夷人率以五鼓登其頂·絕叫佛號·以祈風信·下有禮拜寺·」所謂「叫佛號」是沿用佛教的稱呼·而現在的懷聖寺·是元代至元十年己丑（一三四九）所重建的·濮陽郭嘉撰有重建懷聖寺碑記·

天主教（公教·即基督教的舊派）的東來·最早爲明世宗嘉靖廿九年庚戌（一五五〇）·方濟各·沙勿略到了上川島·因沒有到達廣東內地·便死在島上·過了廿九年·羅明堅纔得入廣州·又過兩年·利瑪竇到肇慶·建築僊花寺和九層塔·圖書館等·並帶了自鳴鐘·望遠鏡·世界全圖·地球儀·天文儀器·三稜玻璃鏡·和許多科學儀器·馬利亞畫像·聖蹟圖等西方的科學藝術·（自然·基督舊教的經書·也包括在內·）從這個時候輸入·它的最先踏脚點·就是廣東·廣州大石街（編者按大石街應是大新街之誤）的石室天主堂·至今還是華南最偉大的天主教聖堂·

至若天主教未到廣東之前·在唐貞觀九年乙未（六三五）·基督教舊派的聶斯託利派·由阿羅本從波斯携帶經像來長安·太宗對它優禮招待·信徒也不少·流行了兩百多年·便被禁而絕跡·雖然有「大秦景教流行中國碑」的傳世·可惜影響不大·是不能夠和天主教相提並論的·因爲當年的天主教耶穌會士來中國·是以傳教爲目的·輸入歐洲文化爲手段·因爲這樣·他們爲着傳播教理·期望華人容易接近·充量的用科學來爲人民服務了·數學·天文學·建築學·醫藥學·美術等·不斷地宣揚傳播·「近水樓台先得月」·廣東得風氣之先·不是沒有原因的·

基督教改正宗的來華·開始於英國馬理遜·那是清嘉慶十二年丁卯（一八〇七）到廣州的·新舊約聖經的繙譯（稿本今還存在香港大學圖書館·）英漢字典的編撰·是出於馬理遜的手筆·廣州基督教青年會大厦上寫明「紀念馬理遜·」中國第一個受洗禮的基督教徒是廣東香山人蔡高（澳門有蔡高紀念堂·）中國第一個基督教傳教士是廣東人梁發·梁發的墳墓·是在廣州河南的嶺南大學校園內·梁發所寫的「勸世良言」·影響了洪秀全排斥滿清思想而建立太平天國·廣州的博濟醫院於（孫中山先生最初肄業醫科·便是在博濟·

現在的孫逸仙博士紀念醫學院・也同在一處・民國廿四年十一月・並樹立紀念碑・寫着「孫逸仙博士開始學醫及革命運動策源地」等字・）一八三五年開辦・至今已有一百十多年・不只是中國最早的新醫醫院・在亞洲方面也算是最早的醫院・它是基督教公理會美人威廉士創世的・據說現在全國的改正宗基督教徒・統計有七十多萬人・廣東的教徒佔了十分之五以上・

從以上的幾個外來宗教看，他們入華宣傳・多以廣州做立脚點・廣東人在思想上・文化上・科學上・史蹟上・都直接的受了影響・所謂影響・自然包括好的與壞的在內了・

至若本國的道教・在廣東方面・有南宋時代的南宗五祖紫清白眞人・所謂白眞人・即白玉蟾・號如晦・原姓葛・名長庚・原籍福建閩清・先世是廣東瓊州・少年喪父・母親改嫁・他出嗣雷氏白氏爲子・復爲粵人・他在宋代以來・算是道學正宗・有「海瓊全集」傳世・還有「八仙過海」中的何仙姑・是增城人・這些都是與道教有關・

和宗教同屬唯心論・還有理學・根據了辯證法唯物論・理學在今日已失了它的地位・但在歷史上它在廣東也發生過作用・如宋代潮陽鄭南升・揭揚郭叔雲・南海簡克己・順德區仕衡・高要黃執矩・元代東莞黎獻・明代新會陳獻章・增城湛若水・東莞林光・南海陳庸・李孔修・郭任・番禺張詡・新會林紹光・順德梁儲・香山黃佐等・而當時能與北方理學相頡頏的・是陳獻章的不受北方朱熹學派所支配・能夠自己獨立一幟・湛若水又能發揚陳獻章的理學・好像孟軻的對孔丘・保羅的對耶穌眞能夠「發皇光大」的「青出於藍」・而和姚江學派王守仁默坐澄心爲主的致良知之說・也不相同・理學在歷史上已成過去・但他們在當年曾經一放異彩・替嶺南生光的・

帝國主義者用武力壓迫中國訂立不平等條約的開始・是在鴉片戰爭之役的南京條約・鴉片之役發生在廣州・廣東的廣大人民豎立平英團大旗・攻擊英軍・在三元里附近百數十鄉厦的農民數萬人・奔集平英團旗幟下・一致武力對外・這是人民團結力量反抗帝國主義者的無理侵略的表現・其後洪秀全・馮雲山等的太平軍・反對滿清專制政府・孫中山的國民革命・馮夏威的抵制美貨運動・與夫策動香港華工兩次大罷工・最顯著的史蹟・是把沙基路改做「六二三路」・其原因・是民國十四年・廣州的學生工人和廣大民衆・爲着支援上海五州慘案舉行示盛進行・隊伍經過沙基路・給沙面租界的外兵開槍掃射・死傷百多人・造成沙基慘案・後來爲了不忘血仇・便把路名更改來提高警覺・時刻的不要忘記復仇雪恥・

廣東人最富於革命性的・廣東在歷史上也常是獨立的省區・趙佗在秦・漢之間・自稱南越武王・又自尊爲南越武帝・五代的劉龔自稱南漢王・來割據獨立・滿清入關・侵略中原・廣東爲晚明抗清的基地・義師四起・張家玉・陳子壯・陳邦彥等的率兵反清・是爲民族的自由而鬥爭的・清軍尚可喜・耿精忠們到廣州・因爲粵人反抗・清軍惱羞成怒・屠殺十八甫（十里爲一甫）的市民來示威・因此粵人的憤恨滿人更加深切・太平天國的建立・國民革命的策動・它的領袖和許多幹部都是廣東人・即如戊戌變政・雖是不澈底的辦

法・在政治上說・也是一種的大改革・主動的康有爲・梁啓超・在當時是維新派人物・不滿於舊派政治的・民國成立以後・二次革命的四省獨立・廣東是其中之一・護國之役・討伐袁世凱帝制・軍務院・兩廣都司令部等・均在廣東設立・護法之役・以至大革命開始・中樞機構・設在廣州・一連十多年・脫離了北方政府而獨立・國民黨的改組・聯俄・聯共・扶助農工的三大政策等決定・也是在廣州・一九二七年（民國十六年）十二月十一日・共產黨在廣州武裝暴動・當時的工農紅軍是葉挺・葉劍英分任正副總司令・

國民革命的策源地是在廣州・現在有史蹟可稽的・也可以順便的寫述・廣州的博濟醫院・是孫先生聯合同志排滿革命的最早的發源地・至士敏土廠・是護法之役的大元帥府・總統府・大本營等的所在地・農林試驗場一度爲軍政府・其他如永漢路聖教書樓・廣雅書局抗風軒・王家祠雲崗別墅・寶華路長老二支會禮拜堂・五仙門福音堂・舊倉巷鳳翔書院・豪賢街四號朱宅・師古巷大同旅館・天官里寄園巷五號・雅荷塘六十七號・白雲山濂泉寺・高第街宜安里黃宅・小東營五號朝議第・蓮塘街十三號・芙蓉里四號・仙湖街始平書院・西湖街八號・萬福里一七八號・大東門廿二號・容福里五號・十六甫麗眞照相館・小南門廿四號・觀音山脚六十四號・府學東街江家祠・大馬站六十四號・河南順和隆機器廠等・多可以設法「按圖索驥」般去探索瞻仰・這些地方・曾經做過革命運動的祕密機關・此外還有不少的屋宇商店・也同樣的使用・但是因爲只有路名・或地址不詳・年代久遠・已無從查探・或因迭次變亂和拆屋闢路・面目已非・好像滄海桑田的轉變了・

辛亥三月廿九日・廣州之役・殉難的革命黨人遺骸・合葬在黃花崗・墓碑寫着「七十二烈士之墓」・當年用七十二的數字・似是取義於水滸傳裏地煞星七十二員的數目・而實際、在民國八年確查得姓名的只有五十六人・等到民國十一年春・續得十六人・纔合七十二人之數・可是在最近的幾年間・各方陸續的有新發見・又增加了十多人・截至近年・合攏算來・此役殉難的共有八十六人了・然而爲了「七十二烈士」已成了革命史上黃花崗烈士的數字・一時又不便更改・只好依舊的沿用・等於黃花崗原名紅花崗（現在的紅花崗，本來另有別名・）因爲當年潘達微殮葬烈士遺骸的時候・感覺「紅花」兩字不夠渾厚・故此改名「黃花」・於是便成了新地名・同樣地有深切的意義・

花埭的培英學校・本來是張維屏的聽松園故址・張與譚敬昭・黃敬芳等稱「粵東三子」・張在道光年間・任湖北廣濟知縣・不肯收漕・他說・「不浮收・則漕費無所出・浮收・則理不直・理不直・則氣不伸・吾寧舍官以伸氣・」於是借病辭職・這是他體念到廣大人民的疾苦・不肯抽收苛捐雜稅・便回廣州建築聽松園・閉門著作了・他的聽松園石額・現還存在培英園內・

廣東水上的蜑民・人數很多・他們的生活・言語・禮俗等・都和陸上的居民不同・即使他們有些生活較爲優裕・搬到陸上居住・但是遇着慶弔的事・還是照着水上原有的習慣・而不肯採用陸上的習慣・他們的婚姻對象・也是水上人・他們種族的來源・有說是與海南島的黎人或是僮人的支

陸丹林

派・而還未同化於漢人的・也有人說他們原是馬來亞種・由海道入粵而和廣東土人混血所生的種族・他們在水上所住的是船・艇・清代設河泊所來管理・以前在封建勢力之下・陸上的人們對他們是歧視的・壓迫的・因之他們在舊社會裏是被壓迫階級・近年以來・時代轉變・他們已有讀書的機會・生活也在改變中了・

惠能薙度的光孝寺・有南漢大寶六年（九六三年）南海龔澄樞所造的千佛鐵塔・錢大昕的潛研堂金石文跋對於此塔也有文字提及・所說千佛者・是每層有大佛一尊・四週圍着小佛・每面七層・共二百五十佛・四面合算便成一千佛了・塔是用鐵鑄成的・寺內還有菩提樹・梁代智藥從印度帶到廣州種植・屈大均的廣東新語曾說・「大可百圍・作三四大柯・其根不生於根・而生於枝・根自上倒垂・以千百計・大者合圍・小者拱把・歲久根包其幹・惟見根而不見幹・幹已空・中無幹・根即其幹・枝亦空中無枝・根即其枝・葉似柔桑而大・本圓末銳・二月而凋落・五月而生……」這眞是奇卉了・原來的菩提樹・嘉慶二年（一七九七）六月・給颶風吹倒仆地・即削去樹枝・用架絞起・樹底放穀十担・漸漸地回復生長枝葉・可是過了一年又枯死了・寺僧到韶關南華寶林寺採取菩提弱枝一株・種在原來的壇上・就是現在的菩提樹・至今也有一百五十一年了・

廣東的名勝風景・除了廣州近郊的羊城八景（現在有些已經不復存在・如海珠夜月之類）之外・値得旅行遊覽的・還有羅浮山・西樵山・鼎湖山・七星巖・丹霞・曹溪南華寺・惠陽西湖等・有機會的時候・可以去遊覽・這些都是南天的勝跡呢・

廣東因地理的關係・人種複雜・省內言語也不統一・而與中原的語言也相異・且有許多地方性的字與名詞・省外的人無從認識・說到種族・大部分是漢人・其他有水上的蜑民・又有畲族傜族・住在東江北江地區・黎苗住在海南島・又有一系由中原後期遷粵的民族・稱爲「客家」・外省人在粵仕宦或任幕友而寄籍廣州的・稱爲「捕屬」・淸軍入粵的八旗駐防・回族的入粵同化・歐美南洋的男女與廣東人婚生的混血種子女等・因之人種很複雜・而言語習俗・也各有不同了・

廣東的氣候爲亞熱帶・冷熱適中・且土地肥美・物產豐富・植物常年青綠・因之居民的生活・發生很大的影響・一般人是富於冒險進取性・換一句說，也就是革命性・個性堅強・坦率剛直・所謂「硬綳綳」是也・他們活潑好動・勤勞・捱得苦・反對壓迫・愛好自由・富於創造新的・同時相反地也有異常頑固泥古守舊的・這是很矛盾的現象・試把民國初年粵人的思想做一個例子・孫先生所領導的是革命的民主派・康有爲是反革命・不只是保皇且是復辟的主動者・而又反對袁世凱帝制・梁啓超雖是保皇・而反對袁世凱帝制與反對復辟的・蔡乃煌參與袁世凱帝制・梁鼎芬參與溥儀復辟・劉思復雖是革命黨而提倡無政府主義・林澤豐借託提倡孔教實行蓄髮穿古裝衣帽・伍廷芳雖是參加革命・而好談鬼談靈魂・鍾榮光是滿淸科舉的擧人・信奉基督教・與同姓女子結婚・基督教入華是初到廣州・粵省信徒最多・而非基督教運動也最劇烈・從這些看來・都可以反映一般廣東人特性的側

面・

淙雪堂與練要堂集

廣東爲革命策源地・太平天國之崛起・歷次革命之組織・莫不由粤人爲其幹部主腦・而明末陳子壯率師抗滿・節烈之氣・聞者感奮・陳字集生・一字秋濤・南海人也・漢奸李成棟踞廣州・秋濤號召舟師數萬・克復沿海諸郡・縣貢士朱維士率義旅・自上流應之・遂悉兵登岸・圍廣州城數匝・適暴風雨驟至・舟飄飆不得附岸・成棟出鐵騎蹙之於水次・一軍盡溺・廣東志書・紀載甚詳・摘要如下・

一六四六年（順治三年）十一月桂王由榔在廣東肇慶稱監國・適唐王部下紛由閩海至粤・桂王大學士蘇冠生與監國所轄諸將不和・乃奉唐王弟聿鐭稱帝於廣州・改元紹武・由榔隨稱帝於肇慶・改元永曆・一時兩帝並立・互相攻伐・清總兵佟養甲副將李成棟・遂得乘隙於十二月潛入東門・執紹武及諸王・皆不屈死・蘇冠生自縊死・清廷以佟爲兩廣總督・李爲廣東提督・翌年（一六四七年）清兵乘勝西向・侵肇慶・八月・明臣陳邦彥・子壯等・乘清兵西去・糾率舊部及民兵・直薄廣州城下・攻佔五羊驛・在肇慶之清兵・連夜回救・邦彥子壯等遂敗死・

秋濤始則倡義攻城・既而仗節死義・於波靡瀾倒之時・屹然砥柱中流・樹明恥教戰之風・爲抵抗外患之舉・騰芳千祀・義魄不銷・近者・南海各界以秋濤與鄺湛若（露）・文章風節・萃於一隅・特在石門中學・建堂紀念・取兩公堂墅之名・顏曰「淙雪堂」・用資矜式・（秋濤爲沙貝鄉人・湛若爲大鎮鄉人・均屬南海九區・石門中學・位置介乎兩鄉之間・）籌建堂啓・於陳鄺兩公文章勳業・闡發詳盡・不復能贊一詞・文云・

處今日國勢阽危之會・培植士類・其道孔多・而尤以明恥立教爲當務之急・孔曰・殺身成仁・孟曰舍生取義・聖賢遺教・流風未遠・而緬懷前哲・足使頑廉懦立・發聾振聵・踐攘夷之遺訓・立士類之楷模者・則南海陳文忠公秋濤・鄺舍人湛若尚焉・

文忠壯掇巍科・晚嬰憂患・生當朱明末葉・折魏璫之狂妄・則敝屣尊榮・陳廷對之嘉謀・則不辭切直・雖屢遭不測・而大義凜然・迨燕都失守・播越流離・猶復間關奉詔，力匡明社・鏖戰廣州・父子先後殉國・方諸文信國史閣部諸賢・實相伯仲・殊足振耀青史・遺烈千秋・其時鄺舍人奉使南旋・適値清兵寇粤・舍人被髮纓冠・戮力死守・迨城陷絕食・就義從容・其子亦戰歿東郊・後先輝映・一門忠勇・兩公同其壯烈・允與日月爭光・豈非山川毓秀・天地鍾靈・而堪作士林之矜式者耶・

至若文章華國・彪炳藝林・舍人則以人間麟鳳之質・秉清天曠地之才・北窮燕趙・南歷諸蠻・振塵壒之玄音・騁風雲之逸響・海雪堂嶠雅一集・後世許爲仙才・文忠則以嶺南耆宿・繼軌南園・鎔唐鑄宋・獨樹風騷・鏤雪裁冰・自標眞索・雲淙別墅一集・足爲雅正之音者也・

摘錄籌建先烈陳文忠公子壯鄺舍人露淙雪堂勸捐啓）

捐啓揭櫫而後・有郭氏兄弟者捐五千元爲之倡導・各界

亦踴躍捐輸・此崇高偉大扶植民族正氣之建築・不日落成・使瞻仰者凜於國家危亡之運・油然忠愛之思・其意義至爲深厚・豈可與尋常廟宇比擬之哉・

淙雪堂刻在經營之際・主事者李鳳坡（景康）又適獲陳子壯練要堂詩稿・內賦一篇・詩百餘首・均未經刊刻者・（商務印書館印行何翽高之嶺南詩存・僅載秋濤直講紀錄七絕一首・題梧州綠珠祠五律一首・）人間瓌寶・垂三百年・乘時發現・豈第傳誦士林・增光藝苑・其靈爽所寄・風節氣誼・足爲讀者感泣奮興・而不能自已・鳳坡細加校訂・聯合同志・特印三千部・傳播遐邇・并爲建堂挹注・因託葉次周（佩瑜・遐菴（恭綽）之叔・現隱香港・工詩文・）轉請遐菴作序・遐菴以此舉有關百粵文敎・撥冗撰擬・秋濤之詩・自有千秋・雖無待於遐菴之文・已成不朽・今得遐菴弁言・探微溯源・其沾溉於讀者至大・益爲關心民族文學者先覩爲快・特布如左・

李君鳳坡・得鈔本陳文忠公詩集・將謀刊行・屬恭綽爲序・恭綽曰・古人云・詩言志・又云・詩者・持也・所以持人情性・依此二說・豈不以含生之屬・莫不有其憂愉哀樂・向背愛惡・即莫不患有所寄以舒其蘊・繼乃相競以極其工・故體格技巧・悉後起之事・其初但以抒情紀事而已・自聲病之說起・而詩體漓・洎科舉之制興・而詩質壞・言不由衷・强爲塗附・遺神存貌・等於寓馬芻靈・識者厭焉・有志之士・舍僞以求眞・開徑以獨行・於是詞曲繼興・而里諺歌謠・亦恆爲文壇之所欣賞・蓋凡以取其言之有物・固未暇計其體格技巧之高下工拙也・詩之離眞際益遠・則其可取之性亦愈希・於是論詩者・亦往往以眞性情爲歸・文文山之正氣歌・岳鵬學之滿江紅詞・令人感興觸發・豈遽不若李杜韓柳・固知文學之眞價在此不在彼也・吾粵明末・當桑海之交・授命致身者至夥・其間多眞誠磊落之士・風流節概・輝映一時・陳文忠公即其尤矯矯者・易代以還・所著書沈薶榛莽・時有顯晦・獨其詩・訖無刊本・余曩獲南園諸子送黎美周先生北上卷子・亦僅得詩一首・茲鳳坡乃獲鈔本詩至百餘首之多・殆歐陽永叔所謂文章光氣・自有不可磨滅者・余意古今詩人・無慮若干萬・其體格技巧・邁于文忠者・亦難僂指數・然爲學無本・則脩詞不誠・往往藻發鯨鏗・而不能令人感興觸發・此則人之過・而詩不任咎也・文忠之詩・雖不能超越一時・獨其雄邁英毅之氣・洋溢行間・又湛深法海・事理雙融・了脫死生・無畏無礙・知人尚友・舍此誰歸・蓋惟其人之有眞・斯詩之所以不虛作也・方今國難日深・士風頹靡・懷賢表微・使曩者鴻哲精神・得灌輸於羣顯・固吾徒之所當有事・鳳坡此舉・其知所先務歟・其知所先務歟・讀是集者・幸勿僅作詩讀也・抑以言志而論・則謂必如此・乃可以爲詩也可・識者常不訝余言・民國廿六年二月番禺葉恭綽・

遐菴藏有南園諸子送黎美周北上詩卷・秋濤作序首唱・（按・崇禎癸酉際・秋濤以禮部侍郎抗疏歸廣州・復修南園詩社・詳情請參閱本刊廿一期秋薳所著之南園墨痕・）宜其俯仰時變・迴環感慕・詞旨淵切・感興特異矣・至李景宗一

序・於詩集要恉・輒爲標舉・節錄若干・用示一斑・李序云・

「夫黃鵠一篇・寧爲精衞之塡海・不作春燕之戀巢・是則身在江湖・心憂社稷・他日之鞠躬盡瘁・取義成仁・已決於優游白雲珠海之日矣・池雁兩篇・則指事託意・肝胆如披・不爲稻粱・不畏刀鼎・雖與游魚同戲・而志存放鶴凌霄・是亦黃鵠四海之旨也・至若秋日自遣長篇・自述生平・儼同詩史・雖迭遭不測・而富貴不淫・威武不屈・不矜不伐・而浩氣充鬱於楮墨之間・豈獨杜老傷時・自陳哀怨者耶・

或謂閨詞之賦・達四十首・以公忠義・而未免閒情・不無詫異・（按・集中閨詞四十絕・擧凡畫眉對鏡鬥草藏鈎等・閨閣韻事・每題一首・無不具備・）抑知仲尼不删鄭衞・冬郎獨擅香奩・子孝臣忠・皆由情至・縱觀古今忠臣義士・寧有矯情之輩者耶・而況文忠玄珠在抱・慧覺出塵・可於東皋九龍井與送智海四偈見之・」

鄺湛若・性情放遠・負不羈才・雅具晋人風尙・詩亦如之・汪洋自恣・時露不平・歷游粤西吳越間・唐王在福州・任爲中書舍人・永曆帝時・奉使還廣州・清兵來侵・城破・幅巾抱所蓄古琴・（琴有二・曰南風・曰綠綺・綠綺今藏東莞金石家鄧爾雅家・）徐還所居海雪堂・擁古器圖籍與琴殉焉・王漁洋後有抱琴歌以彰之・歌云：

嶧陽之桐何洋洋・緯以五絃發清商・一彈再鼓儀鳳凰・鳳凰不來兮我心悲・抱琴而死兮當告誰・吁嗟琴兮當知之・

湛若著有嶠雅赤雅各三卷・嶠雅入乾隆間爲禁書矣・淙雪堂壁刻秋濤湛若兩像・（秋濤像贊・胡展堂（漢民）所作・）湛若像贊・出於遐菴手筆・併錄於後・以畢此篇・贊云・

卓爾畸人・騷心鐵骨・奮作國殤・見危盡節・志決身殲・海枯雪竭・琨玉斯焚・浩歌未闋・綠綺之琴・聲悽百粤・勗哉毋忘・庚寅×月・

馮師韓先生書畫集序

師韓先生研究我國民族傳統藝術的書法篆刻・是有了數十年的悠久歷史・他的習作成就・凡是和他認識的朋友・或是欣賞過他的作品的人們・多已熟知能詳・用不着怎樣的引證來說明・葉銘的「廣印人傳」・潘景吾的「天荒畫報」等・也有敍述過・他對待學問・不肯停留在原有的基礎上・而是窮年累月孜孜不倦廣泛地做研究工作・從來沒有存着絲毫的自滿驕矜態度・他的技能・在文友中・是個多面手・既不同於某些的舊知識分子研究學問・只着眼在本國局部的縱的材料・而他卻有横的參攷與發展・漫遊過國內外許多地方・懂得外文（主要是英語）・對他來說・擴大視野・開啓知識的倉庫・確是一條土洋混合的鑰匙・

師韓對於本國部份區域的方言・能聽能講・沒有什麼的隔膜・有一年・他到上海・他的女兒文鳳約我和他們遊覽蘇浙兩省的名勝・在旅途中・他和各階層的人物交談・即說對方的語言・普通話・上海話・蘇北話・蘇州話・以至川湘福州厦門話・隨口而出・清晰流利・沒有夾雜一點廣州腔・聽

的人多誤認爲同鄉·等到說明之後·又驚訝他的發音正確·這眞是一件不容易的事·他說·『學習方言·主要的搞通音韻學·掌握了聲母·便可以迎刃而解了·』

他對物理·化學·生物等也好鑽研·常是根據自然科學的原理來探討分析品物的轉變規律·運用科學的態度和方法·鑑別骨董製作的年代與眞僞·把研究結果·寫述了兩三種筆記·公餘·喜愛集藏些古器碑帖端硯刻竹等文物·尤其嗜好漢鏡·豐富多權·自題室名「百漢鏡齋」·

舞蹈·拳術·攝影等技能·他認爲如果融會貫通·起伏·迎送·角度·對習作美術·很有關係·他在晚年·刻印較少·興到時·卻好寫幾筆文人畫·這恐怕是因目力的關係而改變了習作藝術的重點吧·其他如方技雜學·也愛好涉獵·批評得失·做二三知友談笑間的插曲·

他所寫的篆書·隸書·楷書·行書（他不大愛好寫草書）·是在臨摹古器和碑帖的文字·下過一番苦功·他的指導學生——否·是研究藝術的同志·一向根據不同對象·提出不同要求·親切熱情·辛勤耐心的有系統地作嚴格基本訓練·把生平研究所得·積年經驗·全部沒有絲毫保留的循循善誘·按着教材·帶頭示範·同學作業·當面評改·使到學習的如在春風之中·心領神會·感性認識與理性認識·聯繫實際·提高了自覺性和積極性·因之同學們掌握了理論與技術·互相援助·交流經驗·不斷地觀摩——練習——鞏固——發展——再練習·進步極快·各人有了一定的成就·也就是說·「辛勤種桃李·花發滿園紅·」

文鳳在童年時代·便很聰明敏慧·隨侍濡染·書法執筆的指實·掌虛·掌竪·腕平·懸腕等法·繼承吸收·寫的字·間格結構·行間布白·像是同一個精密模型鑄造出來的高級成品一樣·用筆的順逆·轉折·方圓·肥瘦·遲速·濃淡·枯潤等·都有家法·要是把一張沒有題款的字幅·請人鑑別·我想有許多人不容易識得出父女兩人中究竟是誰的手筆·衣鉢眞傳·授的受的有密切關係·但是如果寫的是一尺以上的行草隸書份草隸）·結體取勢·那就承而能化·有點青出於藍的來得跌宕恣肆·魄力渾厚了·這一點·文鳳在現代書家中表現得較爲突出·文鳳在十四五歲·書法有了基礎·常應廣州·香港的慈善團體邀請·參加賣物籌振·即席揮毫·義賣籌款·爲社會服務·一九三三年十月·上海「新聞報」公開徵印全國女書畫家的近作·由讀書投票評選·結果·文鳳的字獲第一名·只就這些看來·充分顯示了師韓培養藝術人才的技能·確有他的獨特竅門（教授法）·

師韓數十年從事藝術工作·究竟爲誰服務呢·這個答案·根據我的初步了解·在他的年代·爲了歷史與環境關係·他是爲藝術而藝術·他待人接物·沒有斗方名士裝模作樣的姿態·也沒有喪失民族自豪感·「月亮都是外國好」的謬論·既不把藝術品去換取生活資料·也沒有拿它去作逢迎權貴富豪的敲門磚·他是把它細心鑽研·作爲日常生活勞動中的精神糧食·高興時便提筆（毛筆或鐵筆）來習作·有時卻不過個別親友的愛好·酌量的應酬一下·他一般說來·屬於自娛的成分較多·（文鳳所用的印章二百多鈕·十之八九是出於他的篆刻·）因之作品流傳在世的·只有幾個比較接近的友好或是弟子們·才藏存了一些·其他在社會上就不大容

易的發現了・

師韓先生逝世至今不覺已有十多年・去年春間・文鳳也因臥病經年而撒手人寰・我和他們有四十多年的友誼（從一九一八至一九六一）・佔了一般人的人生歷程中三分之二的歲月・人是有情感的動物・傷逝自念・自然有無限的悽愴・撫今追昔・更不是三言兩語能夠說得詳盡・最近師韓的親友們編印他的部分遺作・企圖把它傳播遠近・永留紀念・藝術是形象思維・是作者的思想通過具體作品（題材・體裁・形式・風格）而表現・讀者從作品中可以理解・欣賞作者的思想與成就・這個工作・意義非常深厚・銘初從海外來信・要我寫幾句話・恰值暑季臥病中・精神異常困頓・思想不能集中・時寫時輟・蕪雜得很・唉・文字不足以報知己・惟相期毋負乎素心罷了・未盡的話・只好留待將來再說了・

陸丹林・一九六二年六月寫於上海霜楓瘦梅居・

總理在香港

中國民革命的搖籃地・可以說是香港・雖然總理在廣州博濟醫院肄業的時候・已經潛伏了排滿的思想・不過只是和鄭士良們私人間談談罷了・那時還沒有具體的計劃和組織及行動・後來總理轉學到香港西醫書院・常常和陳少白・尢列・楊鶴齡們互相討論・大倡排滿理論・那時革命大業・纔開始播種・那麼・香港說是國民革命的搖籃地・自有實際的歷史性了・香港既然和中國革命有這樣的深切關係・就談談總理在香港居留的一切・

總理生平第一次到香港・有歷史可以稽考的・是他十八歲那年（民國紀元前二十九年・公曆一八八三年）・因爲在香（中）山翠亨鄉與陸皓東毀壞了鄉中北帝廟偶像・避免鄉人的怨恨・就到香港入拔萃書院讀英文・第二年的正月・轉學皇仁書院・冬天・往檀香山・二十歲那年的春天・返國成親・秋天・再次到港入皇仁書院繼續讀書・廿一歲・在廣州博濟醫院學醫・廿一歲・轉學香港西醫書院・這一個時期・可以說是他一生偉大事業的轉捩點・

總理自傳說・予在廣州學醫甫一年・聞香港有英文醫學校開設・予以其學課較優・而地較自由・可以鼓吹革命・故投香港學校肄業・數年之間・每於課程餘暇・皆致力於革命之鼓吹・常往來於香港・澳門之間・大放厥辭・無所忌諱・時聞而附和者・在香港祇陳少白・尢少紈・楊鶴齡三人・而上海歸客則陸皓東而已・若其他之交遊・聞吾言者不以爲大逆不道而避之・則以爲中國病狂相視也・又說・余與陳・尢・楊三人常住香港・昕夕往還・所談者莫不爲革命之言論・所懷者莫不爲革命之思想・所研究者莫不爲革命之問題・四人相依甚密・非談革命則無以爲歡・數年如一日・故港・澳間之戚友交遊・皆呼予等爲「四大寇」・可見他那時的心志了・所謂寇者・當時因洪秀全反清未成而敗・清酋目之爲「寇」・而總理與陳少白・尢列・楊鶴齡四人的志願・與洪秀全的反清相同・所以當時的親友們就說他們做「四大寇」・

總理從民元前二十五年轉入香港西醫書院後・前後六年・都在香港・畢業的時候・各科都滿分・只有一科是九十分・教員與考試官舉行會議・說他是書院內最良好的學生・結果是加作幾分・他得到全部滿分的榮譽・畢業的證書副

本・現在還存在香港大學・證書・由監督和教員十三人・試官八人・與牧師書記等簽字・英文是監督寫的・中文是陳少白寫的・由香港總督羅便臣親爲頒發・准以內外科產科行世・是在香港華人領得醫照的第一人・這一天・是民元前二十年（一八九二年）七月廿二日・

排滿機構的發軔・本在廣州的廣雅書院・在那時同志寥寥・沒有什麼組織・到了甲午年（民元前十八年公曆一八九四年）的冬天・總理由檀香山歸港・爲了時勢的需要・即和鄭士良・陸皓東・黃詠襄・陳少白・楊鶴齡・尤列等聯絡各省同志・擴展興中會的組織・成立幹部・同時聞得楊衢雲・謝纘泰們輔仁文社・同是站在排滿陣線・雙方經過幾次的接洽改組・於是兩派合流・仍用興中會名義・合併爲一・設總部於士丹頓街十三號・假託做買賣的莊口・掛着「乾亨行」招牌・這一個「乾亨行」・就是中國革命黨在南方比較有組織的最初革命總機關了・當時入會的一律要當衆宣誓・誓詞云・驅除韃虜・恢復中華・創立合衆政府・倘有貳心・神明鑒察・

幹部會議決定後・總理計劃決選會黨三千人・襲取廣州・在西營盤杏花樓討論攻取方略・後來廣事敗・陸皓東・丘四・朱貴全・程奎光等殉難・這是中國革命第一次的首義與失敗・總理設法逃到香山的唐家灣轉澳門到港・往見他的老師康德黎醫生・康醫生介紹給達恩尼律師相談行止的方針・恰値港政府答允淸廷的請求・有禁止總理五年入境之令・於是總理便和陳少白・鄭士良等到日本去了・這是民元前十七年的冬天十月的事・

他自這次離港之後・直至民元前十二年・（一九零零年）夏天來香港・這次到港・雖屬禁止五年入境的命令期滿・但仍被禁止登陸・只得在船上逗留・紀元前十一年・再度到港・表面上沒有受到干涉・可是・在他離港不久・港政府又重申禁令了・

說到香港政府禁止總理入境的經過・牽動很大・香港法例彙編（民國二十五年香港華僑日報出版）乙編「醫業登記曁孫中山先生與香港法律及醫學的關繫」・有極詳盡的記載・這是極好的直接史科・茲摘錄於後・

「……惟稽諸香港史晝・載一八九五至一八九八年間・孫先生與香港法律之關繫・及英國衆議院關於此事之質訊・均有詳細之紀述・是亦爲孫先生革命史重要之一頁・用將其事編譯如後・

「一八九六年歲初（遜淸光緒廿二年丙申）・本港政府接據報告・以中國革命首領孫逸仙醫師反叛滿淸攻府・有違反香港法例之所爲・遂由當任總督威霖羅便臣遵照一八八二年第八號條例第三條規定・於是年三月四日下令放逐出現・由該日起以五年爲期・孫醫師籍貫廣東香山縣（改稱中山縣）・早年在夏威夷（檀香山）讀書・嗣來港雅麗氏醫院附設之西醫學堂肄業・一八九二年業・爲該校第一屆畢業生・當下令放逐孫醫師出境時・孫已離港赴英・旋被誘擄非法幽禁於倫敦中國公使館・中國公使欲設法押解回國治罪・時香港西醫學堂教師詹士簡德利（有譯作康德黎——丹註）醫生方歸英國・乃以師生之誼爲之奔走營救・事旣張揚・英國上下・咸知此事・以中國使館擅捕駐在地之本國逋逃政治犯・

大悖國際公法．當經英國外交部向中國公使嚴重交涉．孫醫師乃得恢復自由．遄赴日本．

「孫醫師途次橫濱時．曾致書於香港當道．要求取銷前令．許其歸港居留．港政府以前頒放逐出境令．尚未屆滿期．礙難收回成命．乃由當任輔政司史超活駱克復函拒絕．原函云．

孫逸仙先生．頃接來書．備悉一是．來函係未註明寄發日期者．

茲奉上峯命函復先生．本政府雅不願容許任何人在英屬香港地方組設策動機關以爲反叛或謀危害於素具友誼之鄰國．茲因先生行事誠如來書所云．

「弔民伐罪．爲解除國人備受韃虜專制暴虐之羈絆．」凡若所爲．有礙鄰國邦交．自非本政府所能容許者．如先生貿然而來．足履斯土．則必遵照一八九六年所頒放逐先生出境命令辦理．而加先生以逮捕也．謹此奉復．香港輔政司史超活駱克．一八九七年十月四日（遜清光緒廿三年丁酉九月初九日）

本港政府既拒絕孫先生之請求．所頒放逐出境命令亦非因關係港地治安而發．故當時報章評論．社會輿情．於政府辦理茲事．頗多非議．迨後此謹傳至英國．英國上下亦多以國際公法應當遵守而表同情於孫先生者．及至一八九八年．英國衆議院於四月五日（光緒廿四年戊戌二月二十五日）開會．有南美奧地方代議士蔑藻戴維德．特因此事提出質問．要求理藩院大臣加以答覆．其問題如左．

孫逸仙醫生於一八九六年由香港放逐出境．其理由安在．彼在港曾否犯案．罪名如何．或曾被當地政府控告否．渠有無顯著犯罪行爲與違反香港法律而經過審判程序否．如有之．其審判紀錄或卷宗有呈報理藩院否．如未嘗經過審判程序．遂下命令．以放逐出境處分．此項命令．」

「理藩院大臣參伯連逐款加以答覆．其答案如下．孫逸仙先生一八九五年離去香港．當是時．港政府據報．中國發生革命．黨人幾度舉義謀奪廣州．孫均與於其事．嗣據探報．孫將有回港之行．港政府行政委員會遂下令將之放逐出境．彼未嘗違當地法律．未被控告．亦未被官廳審判成立罪狀．該放逐令現且是否有效．或有無爲之申請撤銷等情事．本席概無所知．容當令行前途查明眞相云．

「當日之放逐出境令．乃適用一八八二年第八號條例第三條規定辦理．查本港政府一八五五年一月十五日在滿清政府與太平天國發生內戰時頒布是年第一號嚴守中立條例．取締當地官民干預中國內戰．明年一月二日．另訂一八五六年第一號條例．以補充前例未盡事宜．嗣以洪．楊黨羽混跡港地．藉洋界爲護符．一方爲謀補充糧糈軍械．一方爲便利募兵襲擊九龍．港島治安．至受影響．港政府遂於一八五七年一月一日．頒布是年第九號維護地方治安條例．迄一八八二年重訂．爲是年第八號放逐出境條例．凡在境內之外籍人民有擾害人民治安之嫌疑者．得下令驅逐出境．當日政府即根據該例第三條規定將孫先生放逐出境者也．

「查一八八二年第八號放逐出境條例第三條條文規定如次．「本港行政委員會得以命令禁止任何人之非在本港出世者或非屬於英國籍者在香港地方住居或入境．以不逾五年爲限・併得在所頒布命令或另行頒令明定驅逐出境日期・所有依照本條規定頒發制止入境或住居本港之禁令・須併附其理由・」依據上開條文規定・凡有驅逐出境者・應並宣布其理由・故英國議員戴維德在衆議院提出質問時・開宗明義・即以放逐理由安在爲問・而理藩院大臣未作圓滿答覆・僅謂容當令行查明眞相爲詞・迨至同年七月十八日（一八九八年夏歷戊戌六月十一日）爲英國衆議院會期・議員戴維德復申前議・向理藩大臣質問查訊結果・要求解釋放逐孫先生出境理由・戴氏問詞如左・前次質問・關於香港政府下令放逐孫逸仙先生出境之理由有無詳細查究・結果何如・理由安在・事前中國政府（指滿清政府下同）有無照會香港政府要求驅逐孫氏出境情事・如有之・此照會曾否先行呈達理藩院然後執行辦理・孫先生爲現代中國維新人物・其在英屬地方居留・未嘗違反或觸犯英國法律・遽被放逐出境・此項命令・能否撤回之・

「理藩院大臣答辭云・此事業經查詢・事實與前次答案無出入・孫逸仙醫生非在香港出世・亦非入籍爲英國人・係依據一八八二年放逐出境條例第三條規定禁止其在香港居留・由一八九六年三月四日起・以五年爲期・按據理由・則在當地總督與行政委員之意見・以孫氏於港地治安及秩序均有妨害之故・中國政府未嘗移文照會驅逐孫氏・孫氏離港乃在出境令頒發之前・然孫共同謀叛反對其本國政府・已無疑義・因此之故・乃不欲其寄跡於香港耳・此次暫行禁止其在香港居留・爲一地方之行政・似不必遽加干預也・戴維德繼續發問曰・孫逸仙醫生既受嫌疑・顧未予以答辯之機會・請問理藩院大臣知之否乎・參伯連答曰・此一問題・現在不能答覆・蓋未蒙貴議員先行通知也・惟據報章所載・孫氏現在中國爲領導革命之工作・戴曰・余亟希望其成功・參曰・如事非虛傳・猶足證實香港政府之意見也・

「同日（一八九八年七月十八日）議院戴維德復提出質問多款・蓋皆涉及滿清政府與太平天國發生內戰時香港政府於一八五五年一月十五日頒布是年第一號維護地方治安條例與斯時孫逸仙先生進行革命的關係・要求總檢察官加以答覆・戴氏問詞彙列於下・當一八六四年七月九日・英廷頒布諭旨取締僑華英人參加中國內戰・務須嚴守中立・犯者按律予以處分・該諭至今是否爲有效之執行・如其然・則當日諭旨雖爲取締參加中國內戰而設・顧其時英人受滿清帝國聘用與太平天國革命軍抗戰者・實繁有徒・概未聞英廷加以取締・今次中國革命・發生內戰・或有英人參與其間・如當日廷諭有效・是否適用於今日參豫中國革命事業之英人・且一八五五年一月十五日・香港頒布是年第一條・人咸知其爲當任香港總督約翰保陵勳爵之中立條例・乃英廷一八六四年七月九日所頒諭旨・竟變更英國國際立場・對於滿清帝國出力之英人予以諒解・而對於參加太平天國革命軍之英人・則嚴加取締・違者處罰不貸・當日變更態度・以至頒布諭令・加以取締・其故可得聞歟・

「當任總檢察官李察居斯特勳爵答稱・一八六四年七月九日之廷諭・早經宣告無效・蓋一八六五年三月三日所降諭旨宣告撤廢者・而約翰保陵勳爵在一八五五年一月十五日・頒布之中立條例・亦經同時宣告撤銷・至改革該例理由・當

任外交部副大臣李押氏於一八六四年四月二十二日在衆議院演說時已有詳細之解說・當可覆按云云・查一八六四年七月九日英廷諭旨・爲取締僑華英人參與中國內戰者・

而一八六五年三月九日之廷諭・乃明定僑華英人之法益者・同時劃分香港總督及駐華欽使兼商務總監之職權・解除歷來由香港總督兼任之責・另委駐華欽使兼商務總監・專理在華英僑事務・並劃分司法管轄權・另設駐華高等法院於上海・管轄在華英僑之重要民刑事及上訴案件・更復制定華人入英籍應該遵守之法規等事項・至關於一八六四年四月二十二日外交部副大臣李押在衆議院演說詞・係爲報告改革英國在華原有制度暨改變歷來對華態度之原因及理由者也・

「英國衆議員因香港政府不能容留國際政治犯・致引起劇烈之爭辯・已如上述・乃香港當道辦理此事・不以國際政治犯待孫先生・而適用香港法例執行地方政權・避免國際糾紛・以塞難者之口・亦如上述・惟是五年期限屆滿之後・孫先生亦未嘗足履斯土・迨一九一一年（辛亥）我國光復・革命成功・孫先生自海外歸來・轉赴南京・道經香港時・備受華僑熱烈歡迎・始再度臨別十餘年之港島也……」

在民國前十二年（一九零零年）的春間・長江・閩・粵各省黨會的首領在香港舉行聯合大會・歃血同盟・公推總理爲會長・聲勢浩大・積極進行・總理感覺勢力日張・決計回粵大舉・於是在五月間・由日本率領楊衢雲・日人平山周・宮崎寅藏等同志返港・「總理年譜長編初稿」有說・『李鴻章因北京拳亂・納港督卜氏之言・擬合黨人倡廣東獨立・即囑劉學詢函招總理・旋派安瀾兵艦駐港待之・總理至港・即依同志決議・派宮崎爲代表・乘安瀾艦赴粵・晤學詢・得鴻章確復・謂北京未陷落前・未便遽行獨立・請轉慰稍候云云・事以中變・然港督卜力猶授意於議員何啓・令興中會同志・擬定獨立宣言・暨大綱六條・由港督交鴻章宣佈・總理亦嘉許之・而仍命同志分途準備軍事・……總理復於八月轉上海・』第二年（約元前十一年）的十二月總理由日本到香港・住在中國日報・不久・又去越南・（中國日報・是革命黨機關報的元祖・同時也是負責策動南方革命工作的交通機關・與招待同志往來的住所・地點初在士丹利街二十七號・後遷永樂街・廣東光復・移粵出版・二次革命失敗停刊・）

此後・總理便往來日本・南洋・歐・美各處・聯絡留學生華僑等策動革命事業・並致力外交工作・直至辛亥年（公元一九一一年）十一月上旬・由法國到上海・纔經過香港・逗留時間很短・

總理於民元四月・向參議院行臨時大總統解職禮後・五月間・曾回廣東・調停粵事・往來香港・略有逗留・和各舊友共話闊別・後來如護法之役・有幾次往來廣州・上海間・都曾經過香港・只是匆匆一過・沒有多久的躭擱・

綜觀總理一生在香港居留的日子・要算在西醫書院學醫時期最久・前後六年・國民革命・推翻異族專制政府・建立民國・也在這個時期奠下了基石了・於今事隔五十年・地方人士・變幻許多・如香港西醫書院名目已不存在・道濟會堂（合一堂）等・也由荷理活道搬到般含道去・中國日報停辦了三十多年・當年的「四大寇」・也先後去世・撫今追昔・眞有滄桑之感・（陸丹林著「革命史譚」民國三十六年十月再版）

黃花岡憑弔記

陸丹林

別離了廣州市・屈指已有六年・當我重返廣州的第二天・便約了逸冰去遊黃花岡・憑弔七十二烈士・出了商業區・向東郊步行・經過紅花岡脚・我們上去參觀・有烈士墳四座・是溫生財・陳敬岳・林冠慈・鍾明光四烈士的墳墓・（溫生財是暗殺廣州將軍孚琦・陳敬岳・林冠慈是暗事廣東水師提督李準・鍾明光是暗殺廣東護軍使龍濟光而殉難・）墓前石碑刻有「碧血千秋熱・紅花此日香」聯子・墳的左邊・又有石碑・寫着「紅花岡四烈士墓道」・瞻仰一回・就往前行・兩旁的樹木・山花野草・因風微動・很像表示美滿歡迎的意思・過了不遠的地方・便是護法之役的後期軍政府的所在地・那時是借着農林試驗場・來做討賊戡亂的機場・

再行十多分鍾的路程・轉左邊的馬路・便有一碑・刻到「黃花岡由此路進」幾個字・進了墓道・兩邊各矗立一根石柱・上面雕刻着一條龍・工作很是精緻・沿着墓道・還有許多紀念碑碣・參差地在道旁微微的仰着頭・雜花綠草・被風兒吹着・有欣欣向榮的景象・

黃花岡・本來叫做紅花岡・是廣仁善堂的義地・辛亥年三月廿九之役・（一九一一年四月二十七日）革命黨人襲擊兩廣總督署失敗之後・屍陳路上幾天・過路的莫不表示欽敬・可是那時虜燄方張・誰也不敢過問・清奴對於革命黨・本來恨之澈骨・而於烈士的遺骸・更加蔑視・自黨人殉難至四月初三日・纔函知廣仁愛育方便廣濟各善堂收殮遺骸・各善堂始派仵工殮收・盡數移放在諮議局（今之廣東省黨部）前的曠地・分置十多堆・折臂洞胸・血肉模糊・使人不忍近看・但是收殮和埋葬的工作・衆論紛歧・多時也不能決定・潘達微同志就在那風聲鶴唳危疑震撼的圍氛裏・從容不迫・設法把他們的屍首收殮・合葬在紅花岡・當時本不想宣揚・怎知道第二天保皇黨的國是報・首先揭載・措詞有不利於潘氏・潘知這事難於祕隱・不得已不宣布始末・標題「諮議局前新鬼錄・黃花岡上黨入碑・」潘氏覺得紅花兩字比較軟弱・不如黃花來的雄渾・各報沿用・遂成定名・是役係集各省革命之精英・與彼虜爲最後之一博・事雖不成・而黃花岡七十二烈士轟轟烈烈之概・已震動全球・而國內革命之時勢・實以造成・（見孫中山先生建國方略）意義的重大・也可以推想了・

我們見着滿岡的松楸蒼翠・碧草如茵・黃花綠柳・山荆野藤・雜生其間・還有許多奇花異草・遍植在岡上・放眼四處的瞭望・彷彿走入那宏偉的大公園在遊覽・向前行是很平坦寬闊的馳路・一路漸漸地登高・有大樹兩株・外面圍有石欄・一座寫着「參議院長林森立」・一座寫着「衆議院長吳景濂立」・幷刻有「五十年後之樹欄」等字・我想這座樹欄建築至今・雖只有十餘年的歲月・人事已經有了這許多的變遷・林氏年高德劭・做了國民政府的主席多年・而吳氏呢・利祿薰心・因包辦賣布荒傖曹錕賄選・做了豬仔頭・受盡萬人的唾棄・於今匿跡銷聲・永無抬頭的日子・今日已是如此・流芳遺臭的論定・也不必要待將來的蓋棺了・又有兩個大宣爐・一個是石質的・一個是銅質的・安置得很適宜・正中是一座大墓・白石構造・係長方形・用鐵欄圍着・上有石亭一

座・那種光澤雅潔的素質・雕刻的黨徽和花紋・異常精緻・亭裏竪着一塊大碑・刻着「七十二烈士之墓」・墓後有紀功坊・也是白石所建・横篆着「締造民國七十二烈士紀功坊」・出自章太炎的手筆・筆勢遒渾蒼勁・對此清幽莊嚴之境・使人肅然起敬・連接着紀功坊・有廣約十餘丈的大石臺一座・高有兩丈多・中間闢門三道・宛如城堡・建築得很瑰麗宏大・牆面横刻着孫中山先生寫的「浩氣長存」四個大字・臺裏裝有扶梯・可上臺頂・臺的上層・砌着長方形的石枕七十二塊・磨琢很精・并鎸有「某地旅某華僑謹獻」等字・每一塊寫一個海外黨部的名稱・中英合璧・層叠而上・臺頂矗立一個自由神像・偉大莊嚴的設計・值得欽佩・

順着扶梯登臺一望・青山含笑的迎我・細竹點頭的招我・小鳥唱快樂之歌慰我・低頭望那噴水池・好像星飄珠濺・那時候我們只有灑然出塵・陶醉在大自然的懷抱裏。墓的左右各方・還有音樂亭・魚沼・碑亭、花圃等等・都是因地制宜・布置得很適當・又有一幢房子・招待遊客們休息・擺設也很精美・備有石製磴桌・雅有奇趣・可以叙會・也可以休憩・看墓的人・另有房屋居住・

轉右方・有七十二烈士碑亭・聞當時能識認屍首爲誰的・只得五十六人・他們的藉貫・廣東三十六人・福建十人・廣西六人・四川三人・安徽一人・還有十六個是無名英雄・後來過了幾年・多方探聽考察・才能夠弄得清楚・補足七十二人・（胡漢民於十二年九月所書的碑記云・「七十二烈士既葬黄花岡之八年・閩侯林森等脩其墓・復與於三月二十九日之役後死者・審求先烈姓名里乘・得五十六人・番禺汪兆銘書而勒諸石・大埔鄒魯爲文紀其事・越三年・民國十一年春・續得十六人・補志之・於是而七十二人者以備・」）而此七十二人・又或雖有紀載・或則語焉不詳・還有只存姓名而沒有事蹟可攷・甚至當時姓名也不可稽攷・像史載田横故事・雖然司馬遷的善做游俠傳・也不能替五百人寫傳・湮沒不彰・這是何等痛惜的呢・前行幾步，逸冰讀那鄒魯所撰的黄花崗七十二烈士碑記・（民國八年十二月十八日立的）「……葢埋骨者・固七十二人・今日雖有所闕・固望他日能補而足之也・夫馬革裹屍・黨人之志・埋骨已非所期・遑論留名・今之爲此・徒以爲後人流連憑弔之資・於死事者・固無與也・」可以知道眞正革命黨的志節操行・是在做人類不知名的犧牲者・傳與不傳・死事者既不是汲汲於此・還有想念到他日的升官發財嗎・然而我們知道・中華民國的青天白日滿地紅的國徽・實用碧血黄花所染成・今日革命尚未成功・內憂外患天災人禍・沒有一刻停息・反而一天比一天的加緊・七十二烈士死而有知・不知作何感想・而我們呢・却有「萬方多難此登臨」的感慨了・

對前有全國教育會聯合會在廣州開會時所立的碑和所種的樹・轉左方參觀・饅頭式的小墳駢列着・就是七十二烈士分墳・附近還有鄧仲元（鏗）喻雲配（培倫）和辛亥年民軍起義與北伐護國護法幾次陣亡將士的墓・又有中國飛行家第一人馮如的墓・（溫生財賠殺孚琦・就趁着孚琦去看馮如表演飛機・歸途而暗殺的・）我們到了此地・見着黄花綠草裏的豐碑纍纍烈士墳・對着俠骨英魂・怎不令青年人發生敬仰的情緒・

陸丹林

相隔不遠的黃花別館・是謝英伯律師的別墅・院裏陳列着近年廣州新出土的銅玉陶器磚瓦・和各地發得的古物甚多・遷弔烈士之後・到此來摩挲古物・對於古人製作的精巧・愛護國家的概念・覺得特別濃厚・

原來黃花岡墳場的修築・民國元年・胡展堂（漢民）陳競存（炯明）相繼做都督的時候，議定在合葬處從事整飭・省議會且通過工程費十二萬元・因爲二次革命失敗・中途停頓・民七秋天・滇軍旅長方聲濤發起修葺・規模粗具・也因事而停工・後來參衆兩院在粤開會・參議院長林子超（森）繼續勸募修築・費了好幾年的工程・用了幾十萬・才能夠有今日這樣莊嚴矞麗的建築・

嗚呼・胡清末造・革命黨人・歷盡艱難險巇・本着他們堅毅不撓之精神・前仆後繼・和民賊相搏・死事的慘壯・尤以三月廿九之役犧牲最大・孫中山先生序黃花岡烈士事略・有說・「然是役也・碧血橫飛・浩氣四塞・草木爲之含悲・風雲因而變色・全國久蟄之人心・乃大興奮・怨憤所積・如怒濤排壑・不可遏抑・不半載而武昌之大革命以成・則斯役之價值・直可驚天地泣鬼神・與武昌之役並壽・……」今日是甚麼時候呢・國難當前・事變叢生・國家民族的生命・正在千鈞一髮的生死關頭・要是我們不能繼續先烈的犧牲精神・爲國家爲民族來奮鬥・徒然感慨他的遺事・這眞是後死者的羞愧・記得民國元年・廣州各界致祭黃花岡和庚戌新軍起義諸烈士的時候・我曾做了一副挽聯・是這樣子說的・

金碧血以換共和・輕身命・擲頭顱・痛公等慷慨捐生・慘向城邊埋俠骨・」

「覩黃花而思前烈・備心儀・申頂禮・媿吾儕苟安未死・空來岡上弔英魂・」

廣州十三行

十三行・本爲十三洋行的簡稱・廣州初期販售經理外國商品的中國商行・當時呼爲外洋行・或洋行・現在廣州市的十三行附近一帶市街・如聯興・同文・靖遠・同安・德興・怡和等路・即當日十三行的名號・每號佔地頗廣・故後來闢爲市街・也採用當時的商號來做街名・

談到十三行的洋商・不得不要追溯廣東和外國通商的歷史・一五一七年（明正德十二年）・葡人闍特里特（Fornas Perezd Andrade）偕臥亞（GDA）知事的代表・乘葡船四艘馬來船四艘・航行到中國・碇泊在上川島・（即今之聖約翰）特派船兩艘到廣東請求互市・廣州當局只許他在海面船上交易・不准在陸上設立行棧・這是歐洲貨物在廣州行銷的起點・過了四十年（一五五七年）・葡人因爲不能在陸上賣物・一切運輸營業・感着許多不便利・遂納賄給澳門官吏・准他在荒島建築小屋・來乾曬船貨・和貯藏貨物・一六三五年（崇禎八年）英國的東印度公司商人到澳門・請求互市・葡人以他妨礙自己的商業・從中阻撓・兩方就起了爭執・澳門砲台給英艦炸燬・葡人於是申訴於廣東政府・結果・依照葡人待遇的成例・英商便得出人於澳門・這是明朝通商的概略・

在一六八一年（康熙二十年）・葡人每年繳納二萬四千兩的代價・取得廣東全省通商的專利權・別國人無從染指・

一六八五年（康熙廿四年）．清廷撤去海禁．英人和其他國商人．才得絡續到沿海各港通商．并定在廣州．定海．漳州．雲台山四處．設立稅關．征收出入口貨稅．外船駛入廣東的．只能泊在黃埔．另僱小艇．轉運到廣州城．外商常因稅額的高低問題．和關吏發生爭執．因此外來貨船．每每在虎門外寄碇．聽候解決．一六八六年（康熙廿五年）．明令減收廣東海關徵收洋船稅額十分之二．一七一五年（康熙五十四年）．英之東印度公司商民．和廣州官吏議定粵海關一種條約．內容是．

一．自由通商．
二．自由僱用奴僕．
三．自由採辦食用．及所需物品．
四．非賣品等免稅．
五．得在海岸設幕屋修船桅等．
六．船舶所屬之小艇．經懸旗不受檢查．
七．管理貨運人之寫字桌及箱．不受檢查．
八．依章納稅外．不得再行賦課．如有留難情事．稅關應加保護．

一七二〇年（康熙五十九年）．廣州商人組織一種對外的貿易機關．叫做「公行」．他的目的．是專爲協定出口貨價．和代中外商人納稅而設．就在貨價裏抽出若干．作爲佣金．

一七五四年（雍正十九年）．粵督因爲外商不滿意公行的辦法．特頒命令．製定商人保護制．於公行交易各事．加以限制．對於資本不充足的．要停止他的營業．因此又影響外商的商業很大．

一七五七年（乾隆廿二年）．清廷劃定廣州爲爲唯一的通商口岸．其他定海．漳州．雲台山三處．一律封禁．當時公行共有二十家．城裏海南行有八家．至一七五九年（乾隆廿四年）．洋商潘振成第九家．設立公行．耑門辦理外洋船舶入口的貨稅．叫做外洋行．另設本港行．專辦理暹羅貢使和貿易納稅等事務．過了不久．把海南行改爲福潮行．辦理本省潮州和福建人的貨稅．這是外洋行和本港行福潮行分開辦理的經過．一七五九年的夏天．粵督李侍堯奏准管理外商章程．其重要之點．是．

一．外商在廣州貿易每年限四十天．滿期不得停留．
二．外商須住居公行所備或自置之商館中不准進城．
三．不准携帶家眷及武器．
四．不准乘轎．及用中國僕婦．
五．凡有事與官吏商酌．須具稟帖．交由公行代遞．倘公行故意壓仰．可到城門口託守城人員代遞．
六．不得乘舟遊行江上．每月惟初八十八廿八三天．得遊玩於花園．但不得不帶繙譯．繙譯隨意僱請．但其僱主之外人．有不當行爲時．繙譯當負其責任．
七．所有住商館之外國人．不得不受公行員之指揮．以免受本地奸商之誆騙．與防止其他祕密買賣之事．
八．公行不可負外人之債．

此章程施行之後．外商營業．不得不靠公行來做介紹機關了．一七七〇年（乾隆三十五年）．公行因受官廳的多方剝削搾取．破產的多家．並且拖欠外債和稅金數十萬兩．粵督於是勒令解散公行．一面嚴行責成清償所欠債務．這是公行一個轉變．到了一七八二年（乾隆四十七年）．把廣州商人從新組織對外貿易機關．還是叫做公行．從前的辦法從事改良．他的特質如下．

一．對於外國通商爲唯一經理．

二．對於政府命令．保證外人適當服從．

三．代外商支付債務罰款稅金及損失等費．關於上項之款．由外商預貯數萬兩於公行．名爲基金．

四．公行提其贏利之一部儲積．留爲外商經濟困難時或無力應付債務時．代爲支付．

五．外商可由本國付貨至廣州．託公行代賣．

六．由公行內劃出一部爲未設商館之外商駐宿．劃出之部．亦名爲商館．

因此一來．中外商人情感較前和好．英．荷．法．美．瑞典．丹麥．西班牙．和其他各國設商館在廣州的．計有十三家．統稱爲「十三行」．今日廣州市的興隆．聯興．德興．正興．源昌．晋源．怡和．同興．寶順等路街．都是那時商行的名稱．當時又由十三家共同組織一公共機關．在美國商館的北面．做交際和會議的處所．等於今日的同業公會．但當時的人．叫他做領事館．推舉英商的東印度公司做領袖．粵海關志說．「清朝設關之初．歐州船舶之入市者．僅二十餘隻．至則以牛酒勞之．主之者爲互行．從明之習慣．名爲「十三行」．船長曰大班．次曰二班．得止宿於十三行．餘則守船．明代有建屋於懷遠驛以居洋人之制．」照此．則十三行又似爲明代已經有了．

一八二二年（道光二年）夏曆九月十八的晚間．（這可以說是九一八的火刦）廣州城第七甫有一商店失火．因爲這幾天正值秋風大起．消防工具又簡單陳腐．火災就順着風勢．連燒三日三夜．燒燬市街七十多．里巷七百多．房舍一萬兩千多家．面積長有一里．橫有七里．各外國商館．也連帶波及．同付一炬．過了不久．外商從事建築商行．繼續營業．華商也在故衣街等．紛紛建鋪．外商鑑於祝融速燒慘狀．要求華商建造舖宇．要和十三行離開一條火路．免除有危險時候的牽連．此種無理要求．激動華商一致反抗．但外商恃他的財雄勢大．向督署暗行賄賂．要用勢力壓逼．又值某督是貪鄙媚外的賤種．竟然收受賄賂．立即出了告示一道．强迫華商離開火路．商民迭請收回成命．某督均置之腦後．華商於是聯請當時的著名狀師劉華東（南海人．號三山．道光丙午舉人）．撰狀．說明每字酬金一百元．全稟兩百多字．計兩萬多元．給督署偵悉．又布告不收稟詞．劉乃設法自行投遞．一日．扮做勞動階級中人．挾稟在衣袋裏．跑到十三行貼告示處．隨讀隨駡．告示旁邊．本有南海縣兵守衛．干涉華商離開火路才許建築的．見着劉肆口謾駡．且把告示弄污．於是捕劉歸縣查辦．劉到縣署．即在袋裏遞上一稟．稟云．

稟爲輕華重夷事．竊商等以皇皇天朝．八方來貢．雖任商販之交．仍有體制之別．城門故不准入．婚嫁亦不容通．華與夷來．三盤四詰．夷與華鬥．一命二抵．久經奉行．未嘗改易．不料壬午之火．天災流行．遭禍遭凶・南連城西一帶・盡成灰燼・見者傷心・聞者流淚・正在收之桑榆・適蒙大憲下頒・不得璧連夷館・得毋欲保公司洋行之無虞耶？且至尊莫大於大憲・至重誰比於皇庫・均有民居相連・未聞有火路相隔・何英商一館・要與火路相間者・豈不是天朝之富・不比夷人貿易之居也・伏乞俛順輿情・詳稟憲台・收回成命・俾商等復業・有所依賴・實爲德便・則永頌甘棠之德矣・……南海縣令收着這稟・知道劉華東是不好惹的・遂詳呈督署・某督也知道衆怒難犯・因此任由華商建舖・取消火路了・

現在廣州的外商洋行・差不多完全集中在沙面・而十三行呢・也成爲繁盛的市街・全是華商的店舖・沒有洋商店舖的存在了・我們回想從前通商所議定粵海關條約和管理外商章程・公行辦法等・而和今日的洋商在商埠自由營業及行動相較・只有一百多年的歲月・已有這樣子的急劇變遷・滄海桑田・世事又誰能逆料呢・

潘達微

潘達微是怎樣的人呢・已故廣州名記者・康仲犖說他是・「好察社會疾苦悽切之事・不作膏粱文綉之身」・其發論・甚超脫・其容貌・枯槁如也」・只就辛亥那年的春間收拾七十二烈士遺體埋葬黃花岡一事・已經是俠骨義行・焜燿千秋了・過了半年・武漢舉義・廣東反正・舊有同志・無不在軍政界中・顯赫一時・做了新官兒・可是他呢・耿介自守・不慕榮利・而從事社會事業・編演「聲聲淚」新劇來諷世・他在「聲聲淚」劇本序文・說明此劇・是「以積極精神・傳消極主義」・南中報界聞人陳耿夫說其「言行恆涉玄杳・至於不可思議」・可謂貼切極矣・他假託答客問・來闡明所以粉墨登場演戲的原因・含有無限的哲理・他說・「善惡無定形・是非無定理・美醜無定例・孰爲善・孰爲不善・焉知爲乎・曰・渾渾噩噩・空冥渾噩・無定者也・無定・毀之也可・譽之也可・歌之也可・哭之也可・人之生・亦渾渾噩而已・我之軀殼足貴耶・精神足貴耶・睡中所得者・是夢耶・抑日間所得者・亦夢耶・抑何者謂之事・何者謂之夢耶・日爲主體・夜爲客體耶・抑否耶・醒爲主體・夢爲客體耶・抑非耶・不得而知也・何也・因同爲人也・同爲人・則誰主誰客・誰善誰惡・誰是誰非・誰美誰醜・焉得知之・彼亦焉得而自知了・一言以蔽・不外幻象」・幻象・等於無定・無定要是强而爲有定・那天下就此多事了・眞一針見血之語・

他又接續自白他所以演劇的眞相・說・「戲者・推著書之心以爲心也・所以分別善惡是非美醜也・其實世界無所謂善惡是非美醜也・所以表示於外者・假而已矣・知其假面必强謂爲眞・不亦蠢乎・不亦妄乎・彼原假也・則從而假之而已・假則變・變則通・通則化・演劇而至於化境・斯演劇之能事畢・亦又何求・如以爲非假・則吾且執一問題以相質・汝以爲善・果善矣乎・汝以爲是・果是矣乎・汝以爲美・果美矣乎・不敢決也・則假之一字・更無疑也・……則所謂戲者・無假而非眞・無眞而非假也・如是・則人世間・無人非戲子・無地非戲場・有用無用・更非所知也・」他的人生觀怎樣・也可知了・

陸丹林

他有一次想着澈底體念社會實際的人情世味・就不聲不響・換了破爛的衣服・不帶一文半厘・扮着叫化子・度那沿門託鉢的生活・殘羹冷炙・席天幕地・和那些鶉衣百結討飯乞兒・在一塊兒厮混了幾天・人世間的辛酸苦辣滋味・他深深的親嘗了・他對於社會・更加了解・同時更加蓋起他要努力社會的下層工作・過了不久・他任孤兒院長・數百無父（母）仃伶孤苦的苦兒・都靠他做唯一的保護教育者了・幼吾幼・以及人之幼・切合他理想中的工作・

他在民六的時候・約了幾位同志・發刊「天荒」畫集・他在原起・說明他當時的心境・是

「阿景嗜哀・復媾難・鎮日恆不寧・調脂抹粉之餘・無在非悲哀之境・第以百憂叢矢・萬愁壓石・層層糾結・既紛且固・奈何天地・孑然一身・似醉似狂・度日如歲・……語及故舊・益用淒其・落葉飄零・天涯惆悵・間有相訊・音哀以思・吾生如是・吾友復如是・爲之咽梗不已・然憂與生俱・衆生當亦復如是・業力升沉・疇不如我・疇不如吾友・言念及此・更不寒而顫」・他內心的抑鬱憤恨・和一般同志的哀鳴・也在此段宣洩出來・他再說明「天荒」的旨趣及希望・是「取天荒地老之義・寫往古來今之情・香草美人・幽蘭空谷・聞足音而蛩然喜・窺色相使意也消・丁茲世道晦盲塞之際・正使讀者如服清涼散・超以象外・其快爲何如哉・顧此恨海愁城中・同意諒不乏人・投交投畫・當共欣賞・而吾儕萬點之淚墨・一枝之哀毫・其庶慶得所乎・……」那麼・「天荒」的編刊・和「聲聲淚」的出演・事雖不同・但旨趣似乎沒有什麼分別・

他本是熱血奔騰的志士・見着當時社會的種種矛盾・如友人王秋湄序「聲聲淚」所說・「朱門酒肉・遍野哀溺・華屋笙歌・四郊多壘」・放開冷眼・來透視社會・神經并未痲木・感慨自然萬端・從他「編天荒誌成書感」七絕兩首看來・也可以知道他的孤憤感想了・詩云・

「人事蒼茫百感哀・拼將心力付蒿萊・餘情漫道無歸宿・斷幅零縑費翦裁・一回撿拾一辛酸・恨草啼花半淚痕・願向情天重抖擻・縱罹憂患不須論」・悲天憫人・如聞其聲・

達微慧根夙具・性嗜哀冷・致力社會事業的餘暇・沒有什麼不良的嗜好・惟寄情於藝術・繪畫攝影・都有獨到的工夫・山水花卉・楚楚有致・雅逸清秀・恰如其人・但很自矜・不輕易寫作・且沒有潤例・如果是他的同道友好・則樂意揮毫・否則雖致千金・也不肯下筆・故一般朋友・得着他的畫・都異常珍寶・當他最後一次（民十七夏）由香港到上海・返香港的一天・我們幾位朋友・在秋齋茶話・這一天他高興極了・一起畫了幾張畫・我得了三張・第一張是松竹梅折枝・畫題「歲寒」・易大厂題云・「珍重綠衣人・添君意外春・要知朋友意・都在冷中新・又值冷殘上人於最可畏之滬上・而竟爲丹林寫得此幀・亦奇聞也・」柳亞子題詩云・「師畫騎鶴出紅塵・畫筆長留太古春・莫話黃花岡上事・幾人能葆歲寒身・」他與大厂合作的秋山紅樹册頁・大厂題云・「天涯何處無紅樹・辛苦家江不忍歸・飄影空濛渺無際・灘聲憔悴病誰依・燕支要寫離人淚・繭紙寧甘居士詩・幸侍冷公尊者坐・一勾一筆愛如絲・秋齋畫約・丹林要與冷殘合成・離

懷如海・不覺在言・大厂并記」還有一張・是仿米元章的溪山春靄・這是他遊滬最後的作品了・

他的攝影・配光取景・都可以說是成功・有一次・日本舉行寫眞展覽會・出品全屬世界名家・中國人的出品・只有兩幀・都是他的作品・得着國際間的好評・他攝影著名・是用「冷道人」的別號・

晚年耽於禪理・持齋念佛・布衲芒鞋・在九華山受戒・不知的以爲他思想落伍・意志頹唐・其實在這個吹牛拍馬奔競鑽營的社會・爭權奪利貪愛癡嗔的環境中・益是證明他的憤世嫉俗與人格純潔罷了・雖然因着友人的邀請・一度投身捲於業・和充任廣州市公益局長・可是環境的關係・使他有許多說不出的苦衷・在他的生命歷程中・也不過多一糊模痕跡而已・

達微從事革命・有二十多年的歷史・又有豐富精明的才幹・他的患難同志・多是有權有勢炙手可熱的黨國要人・如果要向政治上討生活・何求而不得・可是他名利的心・異常薄弱・只知向他所認定的目標・藝術和社會事業・努力去幹・富貴不能淫・貧賤不能移・威武不能屈・像這樣子的人・眞是放得下・撇得開・如古人所說的「大丈夫」・民國十八年秋天・他在香港逝世的時候・國府明令褒揚・當時有許多人都不知他的履歷・因爲他是素來不出風頭・就是有些文藝作品・也是用了許多筆名・如鐵蒼・阿景・影吾・覺・冷道人・等的別署・那麼・「志潔行芳」四個字・他是當之而無愧的・

陳述經 一八九六年生 一九七八年卒

澄海人・早懷革命思想・民國初年・肄業潮屬八邑旅省中學・時袁世凱叛國・與同學在校成立「三民社」創辦新華日報・鼓吹護法・嗣加入國民黨・歷充澄海縣・汕頭市・黨部委員・廣九鐵路特別黨部主委・廣東省黨部委員・並當選國民會議廣東省代表・廣東省議會副議長・平居致力地方文獻・常爲文發表於報刊・勤於治學・老而彌篤・

由潮州韓文公廟碑談到潮州文化

年來在臺北・香港的刊物上・不時看見有些潮籍作者・樂用蘇軾所撰的「潮州韓文公廟碑」裏面所說・「始潮人未知學・公命趙德爲之師・自是潮之士・皆篤於文行・延及齊人・至於今・號稱易治・」而使致有些人誤會潮州文化是韓公來後所開發・而引爲榮幸・同時也有人提出不同的見解・以公來潮只有數月・在未來前・潮州已有趙德其人・何謂尚未知學・認爲是蘇氏立言之疏忽・但是仍再有人引證李上淳的書院記說・「自昌黎謫潮後以趙德爲師・士始知學・由川之色・亦遂燦然・」同時・並且指出・「趙德號稱天水先生是天水人・當時潮州尚被目爲蠻鄉・草萊初闢・並以仍有鱷魚・以作爲其立論之考證・我對於以上各項不同的說法・相信都是出於受護家鄉文化歷史之善意・但爲欲消除世人對此不同見解・發生誤會・又實有另找考證・予以澄清之必要・

我人知道・當時蘇氏是應我潮先賢吳復古等的請求・而爲潮人撰此碑文・在東坡文集裏・可以找到蘇氏覆吳的信・對於碑文的意旨・另有說明・他說・「潮州自文公未到・則

已有文行之士如趙德者・蓋風俗之美久矣・先伯父與陳文惠公相知・（陳堯佐一度降潮州通判）公在政府・未嘗一日忘潮也・云・「潮人雖小民・亦知禮義・信如子野（復古字）言也・碑文已具論矣・然謂瓦屋始於文公者・則恐不然・曾見文惠公與先伯父書云・「嶺外瓦屋始於宋廣平（宋璟出任廣州都督）・自爾延及支郡・而潮尤盛・魚鱗鳥翼・信如張燕公（張說）之言也・」以文惠公書考之・則文公前已有瓦屋矣・傳莫若實・故碑中不欲書此也・」足見這位博學通古的當時文豪・對於吳氏所供材料之取捨是經過多方的考證，立論是如何地謹愼・焉有與碑文意旨前後矛盾至此・不過因文句簡略・易爲後人誤解而已・

我們再觀韓文公請置州學牒文說・「此州學廢已久・百十年來・未有明經進士・獻於王庭・」可知當時州學在漢番戰爭後的停頓・只不過是在韓公未來前百十年間事・經公來後再予興復・有如碑文所說・「自東漢以來・道衰文敝・異端並起・歷唐貞觀開元之盛・輔以房・杜・姚・宋而不能救」・亦可證明我潮儒學的中落・也是魏晋以後全國一般的現象・而文公當時在中原排斥佛老・與柳宗元輩倡導復古・亦不限於潮州海隅・觀在一調袁州・即欲邀趙以俱去・可以概見・牒文又說・「夫十室方邑・必有忠信・今此卅萬有餘戶豈無庶幾者耶・爾趙德秀才能知先王之道・論說且排異端而尊孔氏・可以爲師矣・」則豈不是已指明趙是當時的潮州居民・而趙亦以州學待興・不肯隨往・公嘉其操・贈詩自去・又可見出趙德是一個熱心家鄉教育的儒者・或有鑒於當時我潮的大顚和尚・到處築寺說法・皈依者多・使其不肯袖手旁觀而急於振興儒學了・

趙德號稱天水先生・是否因其出祖天水・亦如當時潮人大都移自河南一樣・但廣東通誌及潮州府都載・「趙德海陽（潮安）人・大歷十三年進士・」明潮籍狀元林大欽的潮州八賢論中・亦首列其名・退一步說・就算他不是潮人・亦不能認爲潮州當時的文化・是韓公所開發・因爲與趙德同時的人物・除了名僧大顚之外・還有潮陽進士洪奮虬・溯上至隋唐・有陳克耕佐李世民定天下・功封將軍・其子政・敏敷於初唐時殉職於勦番戰役・有政子陳照烈（元光）・爵列通侯・元光子朝佩登王維榜進士・佩孫謀勦番功封中郎將・除漳州刺史・南齊尹州刺史區南貴・貴子顥爲寧州刺史・顥子百虎爲新州刺史・再上至東漢・更有揭陽（潮州）人吳碭（字叔山）・擧孝廉・爲攸縣安成長・（迨孫氏淹有江東・叔山抗不奉命・以只知有漢・不知有吳・後爲東吳橫江將軍魯肅所擊敗・孫權嘉其義・任由歸老揭陽・）其餘像明進士陳天資所撰「東里志序」所載・在唐以前就職於北朝人物・有其官爵墓紀・而待史實考證者更不計其數・可見我潮自秦漢在揭陽設治之後・歷代人材輩出・嶺海早已生光・

再從廣東地方誌考證・我潮至宋代文物已臻極盛・而尚有鱷魚在⿰阝留隍溪食人・地方官（陳堯佐）依樣驅鱷・目前世界上仍有許多先開發國裡存着鱷魚・鱷魚之去留・是與文化無大關係的・

至於潮州士人之敬仰韓公・無寧說是感其「文起八代之衰・道濟天下之溺・」與爲我潮恢復州學制度而敬仰文公・且因歷代儒者遊宦之倡導・廟宇時修・奉祀不衰・而有韓

山・韓江・韓木・書院・學校等紀念・所謂「愛之深・思之至・」使飽學多才之吳復古・亦欲將原有瓦屋之美歸爲韓公來後所有・其餘之人甚至水旱必祭・而且至今仍然有人相信鱷魚是由韓公一紙祭文所驅去・在宋時所建的廣濟橋・也附會爲十二郎之子韓湘所造成・而改用其名・現在的潮州大鑼鼓・也說是韓公所用以驅鱷而遺傳下來・而不知公前已有鑼鼓・公後尚有鱷魚・這樣不揣其端・不訊其本・惟怪之欲聞・所以引起許多不同的見解和誤會了・

元代吳正公澄（字幼庭・知制誥兼修國史・）所撰潮州學府紀略亦云・「或謂潮州人始未知學・自韓公爲刺史後・士皆篤行文行・未韓公未至・潮人已有趙德其人・惡得謂尚未知學乎・」可見碑文字句被人誤解・已不自今始・而先賢亦早有所解釋・徒以我人不加注意而已・

朱慶瀾之選派留法學生及其治粵

當第一次世界大戰末期・法國壯丁大部應征服役戰場以致國內勞工缺少・法國政府便向我國招募勞工・爲數幾達千萬人以上・那個時候有一部份青年學生・便利用這個機會應徵赴法作工・一面利用工餘在法就學・最盛時期・人數約達七八千之間・這便是當時所謂的留法勤工儉學事件・及後大戰結束・法國軍隊陸續復員・法國工人不再缺乏・在法華工亦就陸續遣送回國・因爲這個原因・留法勤工儉學漸變爲不可能・在那時一部份勤工儉學生處境之狼狽・眞是一言難盡・

但因在大戰結束後不久・西歐各國幣値大跌・例如英磅平時每磅幣値爲我國大洋十元・但在那個時候・每磅僅値大洋三元・因此當時在法國就學・每人每年只要大洋七八百元便可應付・這種用費幾乎與在國內大城市就學的相差無多・那個時候由在法的吳稚暉李石曾諸先生主持的「中法教育會」・以廣東省省長朱慶瀾熱心教育・便向廣東省政府提出建議・請粵省府就所屬各縣・視財力之多少・每縣派遣留法學生一至數名・當時朱慶瀾接到這項通知後・即慨然轉令所屬各縣遵照辦理・當日全省縣之選派情形及其選出之名額・已無資料可考・只有潮汕方面・依據現在臺北之方學李博士所述・頗得其詳・方博士是潮州人・也是身經獲選同批出發之一人・他說・當時潮汕各縣於接到朱氏通令後・對於選派之程序是・每個願意申請出國之舊制中學畢業生（讀完四年先由縣府與地方共同鑒定・然後將其名册呈報於設在汕頭之各屬的道尹予以考試・全省總數當在三四百名・其潮汕方面・則集中於潮循道尹公署・由道尹李國治親考試選取・被錄者計有潮安陳國樑・陳作鈞・黃錫雄（哨峯）・徐樹屏・詹顯哲等五名・揭陽有鄭楷・楊一香・陳典學・蔡仲文・蔡仲武等五名・潮陽有朱寶筠・朱寶銜・鄭國光・方棣棠・蕭錫三等五名・澄海有李世雄・李業宣・鄭肅恭・藍鐵夫・林聖端・許鴻藻等六名・饒平有沈合羣・李愼之・張聯捷等三名・普寧有王子皡・陳清江・許鏜鏞等三名・惠來有方學李一名・豐順有李庭蔭一名・大埔有張一雄（愼徽）・劉立庭・張掖等三名・總共三十四人・

以上各生・因爲受了省府的補助・故稱半官費生・初時每人是補四百元大洋・後來因爲歐西各國貨幣回升・逐漸增

至一千大洋・這種半官費生・後因朱氏的去職・後繼主政者不感興趣而沒有再派第二批出國・但在第一批出國的學生補助費・初時仍得由地方縣政府依案繼續撥助・後來因爲各縣財政程度不同・有於三・五年以至七・八年後・再被停止撥付者・像方博士則領取至八年後方被停付・此批學生於得到各項學位・先後回國服務的已屬不少・但也有少數感於祖國擾亂不安・而逗留歐美各國不返者・又聞該批學生於初至法國後・未久・諸多分散其他歐美各國・沒有集中法國・而吳曾二先生所主持的中法教育會・也非永久性質・不能作永久的統一輔導・像方博士就是一個留學歐洲九年後・再轉德國就學三年後回國・

朱氏於民國五年奉黎元洪派任廣東省長・筆者尚在廣州肄業舊制中學・親目見過其治粵功績・確能達到政通人和・百廢俱興・有如禁絶烟賭・廢除苛什・尤其在稅收減少之後・尚能接受吳稚暉・李石曾二老的請求・選派學生三四百人赴法留學・而使全省民衆在龍濟光肆虐之後・得以恢復生機・朝氣蓬勃・當日・省內雖然尚有桂系軍閥・盤踞之下・但朱氏並不受其控制・我行我素地毅然撥了省警衛兵二十營・交國民黨人陳烱明率帶入閩・另謀發展・而爲此後粵軍回粵・國民黨建軍建國・完成統一的開始・粵軍回粵後・迎接國父回粵・召集西南各省領袖・聯合護法運動・朱氏從中參加擘劃・並電程壁光率軍南下擁護國父・而後功成身退・返滬休養・中間被張作霖召回東北・幫助軍政應付强日・直至九一八事變・又在華北・號召國內軍人領袖・團結抗日・組織廢戰會・並代表該會來粵・勸息本省軍事當局・息爭對日・可惜未被接受・失望北回・抗戰軍興・從事後方賑濟工作・增援前方力量・至死不渝・時至今日猶能回想到朱氏在任之時・每逢運動會或紀念日・我們各校學生・齊集東校場時・都可以看到這位親切近人・身着禮服・頭載禮帽的長官・奔馳於各個學生隊伍之間・與我人晤談・毫無官僚的氣習・所部警衛兵（在未出發前援閩之前）雖着土布中服・但也樸實齊整・秩序井然・典禮開始・在軍樂齊奏之間・全體隊伍拔出刺刀之際・全場光芒閃爍・威儀十足・記憶猶新・在粵功績・遠爲其他人歷屆主持省政之所不及・

汕頭市前身鮀浦市舊墟考古

鮀浦市場遷出汕頭・已誌本刋・而遺存風景・史蹟・斑斑可考・特爲錄出如下・鮀浦市北背桑浦山麓・山週圍五十五里・在宋時爲盛種桑茶之地區・南與汕頭市隔一衣帶水・當潮安・揭陽・澄海三縣之孔道・亦爲來自潮安「韓江」・揭陽「榕江」・潮陽「練江」之冲積地・三江在此匯合・經「鮀江」出海・鮀浦與汕頭原屬澄海縣治・由駐鮀江都之鮀浦巡檢司管轄・與隔區之鱷浦都・蓬洲都・以及潮安之龍溪都・同於明嘉靖四十二年・由揭陽縣割益澄海・潮安者・

昔漳浦藍鼎元（字鹿洲・清世宗時・分撰大清一統誌）・觀海鮀浦・嘗云・「千里江山沉海底・六百年後作都城」・證諸隔區取名鱷浦・山名桑浦・與山麓底下・尚有沉船發現・所謂「滄海桑田」・海底都城・信而有徵矣・鮀浦市原有新埠頭・都埠頭兩處・內溪・外溪二巷・由「鮀江入漢東大港處・爲鮀江入內地要塞・存有古堡・沿稱・「銃城」・

北行至溪東寨．昔爲潮州出海要塞．外衞重鎮．明洪武年間．設鮀浦巡檢司．在溪東大港駐水師．存有官衙遺跡．「銃城」於民國後始爲官產局拍賣拆除．

新舊埠剩下殘牆斷壁．瓦片遍地．皆闢成菜園．內港亦闢爲魚池．沿稱．「溪池下」．猶憶筆者兒時．嘗幫先祖父在菓園收拾瓦片．從舊址上仍可見往時街道．行店建築之寬敞．偉大．現存中心小市街．首尾尚有．「關帝廟」．「天后宮」．舊鮀巡檢司衙址在西門．沿稱．「衙園」．圍牆外有「土地宮」．宮側有更樓．已塌．宮前爲鹽廠舊址．沿稱．「鹽廠巷」．舊市場拆檔後．另由坩市之木坑鄉．雲露鄉．夏祉鄉．與由溪東移居新埠頭之橋頭陳姓．及原住舊埠頭之西門．鐵灶．大巷川地之陳．許等姓合組爲鮀浦市鄉．大巷陳姓世稱埠頭王．與許姓素不通婚．據稱是先人同來創祖．親逾兄弟故．猶有陳元光．許天正之遺風．是豈其苗裔耶．考陳元光即漳州人所奉祀之「開漳聖王」．與許天正共同開發閩粵邊境．乃此地區一部陳許兩姓之始祖也．各鄉初創雜姓而居．以神結社．各存神廟．惟大巷原稱大仙社．但久已不見有大仙宮．或因兵燹荒廢．

鮀浦之西郊有石城頭鄉．原名石嶺頭．又名石龍頭．鄉上原有「石頭齋」．爲昔潮州名勝．山頂有．內寺．外寺．皆名存實亡．以城名鄉．當爲舊時山寺荒廢遺址．三面環山．東臨鮀濟河．南臨長池．似爲城池遺蹟．山南有「打石宮」．宮側石上刻有大石龜．作伸頭落坑飲水狀．沿稱．「龜食水」．山後二里許坑石上．另刻有何仙姑像．沿稱．「仙人坑」．皆極生動．頗具藝術價值．當地尚有若古墓．相傳爲何野雲卜造．謂何佐陳友諒失敗．漂泊至此．化身風水先生．衣著不整．身生蝨母．沿稱．「蝨母仙」．

北郊一里許．有蓬州所城．城名蓬州．而不築於蓬州都者．蓋由該都之夏嶺村爲避匪亂而遷至鮀江都之西埕村也．城築初築於洪武二年．至三十二年始由百戶總董典砌石而成周圍六百四十丈．高一丈五尺．天啓五年．縣令馮明玠重修．至清初爲鄭成功所攻（順治十四年）破．康熙甲辰三年．移民內地而拆廢．七年展復．鮀浦巡檢司衙門．則因拆廢後．無力展復．而移入所內南門擇地辦公．洪武初所城對面溪東大港．駐有鮀浦巡檢司水師守備．有如上述．早爲此一地區母汎營地．其子汎烟墩臺．斥堠北由北門鄉至水吼橋之庵埠．西至山後之小坑．與附近之鮀浦市等處．蓬洲所城之於鮀浦市．與澄海縣東邊的漳林所城之於東隴市．同爲出入海港商場．防禦重鎮要地．各駐百戶總一員．率兵守衞．（按明史載．洪武元年在邊疆要地置衞所軍．五千六百人爲衞．一千一百二十人爲千戶所．一百二十人爲百戶所）

由溪東港西行有龍船巷．經鮀浦蓬洲城交界．過南門較場．至龍船嶺．亦稱桃花山．下有龍船岸．沿稱龍泉岩．爲先賢南宋陳肅與明賢翁萬達等講學讀書舊址．山頂原有石龍寨．爲元至正年間．漳州劇盜陳遂俗（陳吊眼）盤據揭陽時所建．陳於洪武初年降後．每爲盜賊利用此一山高皇帝遠的特殊環境．作爲私鑄制幣之場地．而沿稱鑄錢洞．至今仍存有城址箭眼守禦遺蹟．

鑄錢洞後有狗母涵山．（因產生狗母魚得色屯）．爲往昔駐營地．亦存有屯田營址．原有屯卒林姓遺裔．於明季移入鮀浦鄉・原外山頂有烟墩舊址・沿稱「象鼻墩」・下行有舊軍路・沿稱・「長石路」・路口有古廟・祀趙公明・裨史以趙爲助紂爲虐之封神・而仍得到此間河南移民之奉祀信仰・則紂之惡・果如孔門弟子所謂・不至如後世所傳之甚者乎・沿山坡而下・有失祀孤墳・古墓・隨丘陵起伏・蔓草白骨・纍纍荒城・此古戰場也・此等之後裔・早經兵燹・亡於四方・塡諸溝壑者矣・

昔當明季沿海防務廢弛・倭寇流盜・相繼滋擾・以至鄭氏反攻沿海・使清廷苦之・於順治年間遷閩・浙・粵沿海居民入內地五十里・以杜絕漢人接濟鄭氏・潮洲爲富庶之區・與臺灣隔海相望・首當其衝・鮀浦爲商業中心・更遭損失・嗣後・清廷自覺失策・准予遷復・而地方人口文化・經濟之損失已不可補償・有如筆者先祖式如公早已孑然一身・另在客地成立家庭・携眷回鄉・重整田園・至余已歷九世矣・

鮀浦舊墟之西郊・有「辜厝塭」・而鄰村並無姓辜者・相傳爲明進士辜朝薦產業・以其在臺灣佐鄭而被沒入學產者・有「胡厝池」・此間亦久無姓胡者・抗戰時期・有駐左近菴埠日軍某軍曹指爲其祖業・來認鄉親・猶憶民國二十一・二年間・更有日人某氏到汕頭找祖居舊鄉・茫然無所得・失望而歸・其他近郊・尙有「劉厝溝」・「姚厝埔」・而亦無劉姓・姚姓者（明翁萬達召集鄰鄉人士・疏濬鮀濟河時尙有姚姓人士參加）可見亡宋・亡明之時・此地忠臣義士共赴國難之多・與受倭寇海盜刦掠而逃亡之廣也・

地方誌載・明季倭寇犯揭陽・城門關閉數月・後調玉井鄉勇擊走之・又嘉靖三十六・七年・倭由澄海溪東港登陸刦掠蓬洲鮀浦大井・進掠錢崗等寨・滿載回經・「鮀江」・爲玉井鄉勇截擊・斬獲無數・又載・海寇林道乾攻鮀浦溪東二寨・久而不下・雙方死傷纍纍・官軍不能救・終以食盡・溪東寨卒以不守・守城鄉勇多被屠殺・僅有突圍百餘人・潮城當局懼賊・不敢收容・走頭無路・亦逞而爲盜・名曰「白哨」・漸成巨寇・又林道乾受撫・死後其黨魏朝義及另匪寇曾一本繼續盤據鮀江巷口爭收行水・互相鬭殺・人民苦之・又載・鄭成功踞南澳・攻略鮀浦・清將吳六寄扼湯坑・桑浦以拒之・斬其將蘇興・黃亮・

蓋桑浦突起海邊・連跨三邑・而溪東大港扼韓榕二江港口・早爲潮洲西南屏障・用武之地也・民國以還・征伐頗仍・而潮汕少受兵燹・論者以爲地頻海濱平原・無險可守之故・迨共軍葉挺・賀龍入犯潮汕・政府軍集中豐順・把握桑浦・引敵深入揭陽・而聚殲之・難守之謎始解・抗日時期・吾軍因之得以保存嶺東半壁・汕頭・菴埠陷日・鮀浦各鄉成爲義民避難場所・亦爲抗戰前線基地・澄海第四區長陳廓連等・在此協助國軍作戰・各縣商販另在舊墟西郊「郭厝塭」地方恢復互市・猶憶清宣統年間・汕頭同盟會分會・亦派筆者家兄陳質文在本鄉成立分組織・余亦參預其事・民國十三年第一次東征・筆者負責本區黨務・親自率領同志林貞利等入揭引導粵軍第三師・經桑浦山直趨菴埠以恢復汕頭・墟舊山河在・尙不失其軍事價値・

鮀浦自早文化發達・沿舊揭陽屬桑浦山麓十里・人才薈萃・其服官於宋・元・明歷代先賢史蹟甚多・余以青年離鄉・未曾詳查・所得記憶者・如雲露社林姓有家廟・冬季祭

祀所掛祖像・皆古代衣冠・不知其名字官職・廟匾稱「著園名族」・西畔牛牯坑山上有明武德將軍墓・工程偉大・爲筆者同族陳芸生（主持黃岡起義之革命先進）房祖・山後有宋林巽墓・林爲潮州前七賢之一・精於易象・著有「草範集」等書・世稱草範先生・從史蹟考證・林爲潮安人・但每年由附近蓮塘・金塲等鄉林姓・掃墓祭祀・市郊有本鄉明舉人陳素庵及其子進士陳思謙墓・謙爲理學鴻儒・任戶部主事時・聞父喪耗・當塲暈倒・辭官回鄉・構築茅舍・守墓三年・鄉黨稱孝焉・死後附葬父墓・遂所願也・主葬事者爲同學翁萬達・此外筆者先祖亦有任桂林府義寧學者・東郊溪東鄉有蕭進士時豐・字穉德・崇禎時官戶部郎中・京師陷・被執不屈死・擧登鄉則爲明兵部尚書翁萬達之出生地・是抵抗蒙古入寇之民族英雄・莊隴鄉有明戶部尚書林熙春・薛隴鄉有明進士薛僑任春坊司直・及進士薛守經任工部主事・與進士薛侃・號中離・爲王陽明及門弟子・得意門生・侃姪薛宗鎧・號東泓・明嘉靖進士・官執事中・因劾奸臣汪鋐・被害杖死・一門忠賢・千古流芳・宋高士吳復古・蓬洲人・父宗疏・爲翰林院侍講・當蔭官爲皇宮教授・遜於庶兄・樂道好遊・與東坡爲友・元樞密陳肅・廈露鄉人・父恪爲宋室謨閣侍制・肅中年結廬於蓮花山講學・至之初・擧賢良・授潮州總管府事・兵燹後・多所存卹・累官至樞密院同知・明進士楊璵・楊璋兄弟・文里鄉人・明時任璵監察御史元與王守仁友善・璋歷任南京戶部主事・累擢貴州副使・皆有政譽・明進士莊典・莊隴鄉人・按安福令・調國子博士・擢德府長史・起補淮府知・朱宸濠有異志・拒其借俸米・被害・贈太常少卿・宋郭女史貞順・郭隴鄉人・擅詩文・歸潮陽隱士周伯玉・當宋元易代久後・周雖茂才異等・而不出仕・終其身讀書樂道・郭享年至一百二十歲・溝南鄉則爲清禮部尚書・閩浙總督許應騤・與民國粵軍總司令許崇智之舊家也・許等父祖赴廣州經商・落籍番禺・蔚成一門・三進士・十子七賢堂的盛族・蓬洲北門外有宋翁眞姑熱女祠・南門外有忠裔正媛石坊・爲蕭士龍妻陳氏建・又有天褒節孝坊・爲謝敵勝妻黃氏建・大井鄉外有天褒節孝坊・爲林孟嘉妻王氏建・大塲鄉有・大褒節孝坊・爲林文緝妻鄭氏建・而方軍門照軒之元配陳夫人・則爲橋頭陳氏女・另有一段辛酸之史實・蓬洲所城更爲遜清詩人・獨資創辦本區淪智學堂校長・陳芷雲與其堂叔陳雨亭翁之出生地・陳翁在清季擁有家資千餘萬銀兩・經商平津・於甲午之役・購船運金南下・爲日海軍截劫・而向清庭捐助日鉅額軍費・清帝召見・備受嘉獎・他一生樂善好施・現汕頭第一中學校舍・爲其獨資捐築・六十餘年前・在本區各鄉提倡婦女放足・贈送各人鞋襪藥水・演戲宣傳解足運動・頗形熱誠・遠在胡適「五四」宣傳放足前十有餘年・陳翁早已行之有素・

鮀浦北郊山麓・有龍泉岩書院・已如上述・中經兵燹荒廢・祇存佛寺・爲潮州避暑勝地・亦爲筆者年青時在蓬洲淪智學堂肄業常到處・獨憶院前古榕・老幹參天・濃蔭蔽日・雖盛夏至此・也覺暑氣頓消・寺堂清幽・佛相莊嚴・梵音木魚・不絕如縷・遊客詩人・遍留珠玉・旁有山泉・從半壁洩下・清甘可口・是謂「龍泉」・行上爲翁萬達公書房舊址・外供神位・內存臥室・迂廻再上・別有洞天・洞內寬敞向亮・

供祀十八羅漢・傳昔爲翁・薛・陳等八友同學處・先後登進士七人・地靈人傑・洵不誣也・立岩遠眺・南澳三島・隱然在望・是明賢戚繼光勦倭練兵教戰之處・亦鄭延平王反攻前進基地・弔古興悲・能不慨然・俯視全港・媽嶼漁邨・廻顧港口・碕碌砲臺・虎踞江左・香爐山崢竑峙江右・蓬州所城・橫列岩前・岩下松濤・作聲稷稷・田野禾浪・隨風起偃・鄉邨園宅・星羅棋佈・東西河帆檣・往來穿梭・水上海鷗・飛翔上下・作業漁舟・載浮載沉・潮汕鐵路・蜿蜒南來・機聲軋軋・鮀江輪船・桅杆林立・烟囪裊裊・磐石深林山色・汕頭街道市容・在夕陽西斜・廻光反照之下・歷歷如繪・迄今猶縈腦際・

太平天國事起・粵省當局忙於援助清軍・無暇控制後方・潮洲陷入紛亂狀態・縣知事政令不出城門・各區鄉村械鬥不休・潮安人吳忠恕奉洪楊命・在桑浦山區・號召紳民・乘機起義・筆者先父年青時・目見其事云・「吳軍經本鄉・過菴埠・攻澄海縣城・官吏皆着漢服・戴紅雪帽・佩劍・騎馬・隊伍整齊・秩序井然・鄰近鄉邨・望風歸順・僅向富戶募捐一些軍費・而無其他騷擾・終以戰鬥經驗不足・澄海縣知事率軍民阻其前・丁日昌等堅守據點・以掣其後・無法打通鮀贛・而告潰敗・吳被捕裝入釘桶輾斃・清廷於洪楊事完後・派方耀回歸潮洲・辦理清鄉勦匪事宜・在鄉後疏濬「鮀濟河」・引導「韓江」上游經「蓬洲城河」過鮀浦各鄉出海・以減少上游水患・而利本區農田灌溉・在南郊玉井鄉前與許應騤向廣東藩司申請執照・塡築「許厝塭」・化滄海爲良田・以利民食・在蓬洲城內建築「鮀江書院」以代替荒廢已久之「龍泉岩書院」・以復興教育・

鮀浦雖然舊墟・文物不及前代・但自鄉內外向北沿桑浦山麓十餘里邨民・昔時迫於戰亂・得海運便利・向東南亞捷足先登・早立經濟基礎・再將本區婦女網織品推銷國外・賺回不少外匯・蔚成富庶僑鄉・至今傳下二首安居樂業之心聲・「南船到・豬母生・鳥仔荳・大上棚・」「夜昏東（風）明起北・撈鯮魚・鮮薄殼（蜩類）・」以誦昔當薰風南來・洋船北回・番客歸鄉・農漁豐收之盛事・可惜好景不常・盛事難再・三十年來・既受日寇侵華之禍・又遭共黨叛國・淪入赤色地獄・勝利之後・喘息未定・筆者少小離家・老大未還・惟恐家鄉文獻從此湮泯・山川之色鬱而不光・爰將所憶・爲文紀之・籍作考古史料・亦使世人勿以海澨窮陬・杞不足徵・而忽視之也・

潮人南遷與潮州文化的嬗進

壹、移民的由來

1.從語言方面考證・大家知道・從語言分類・我們潮州語言・無疑地是屬於閩南語系的部份・但是吾潮先人・却並不是完全來自閩南的・早在秦始皇平定南越後・就已遺下戍卒五十萬人・分駐於兩粵的五嶺・揭陽就是其中的一嶺・（當時的潮洲統稱揭陽・）這部份戍卒・也有男的・也有女的・初由尉屠睢率領・後來就落籍於榕江右岸的練江流域（潮陽縣地）當時的榕江兩岸・在未被塡築爲田地・結成鄉村之前・原似一個遼闊大海・使這些遺卒官兵得以憑藉此一天然環境・有組織地在此開荒下去・而不爲左岸的土著所騷

擾同化．所以能保存其固有的文化語言（秦腔）．與後來由閩南遷移於韓江下游的漢人．操的（河南口腔）在說話上雖然相通．可是在音腔上．却有輕重之分別．

近年來由余之觀察．發現有些由陝省來臺的同胞．初聽他們說話．誤爲潮陽人．詢明後才知是陝西人．再據來自河南省的人．也說該省也有局部地方說閩南話的．殆可考證陝豫二省．自永嘉之後仍有局部地方．未盡受外來民族的同化．也可證閩南語系．的確尚能保存着濃厚的固有中原古音而無疑．

2.再從方志上考證．繼秦始皇之後．西漢武帝在平定南越時．以建立在閩疆的「閩越」．和「東越」兩個王國．不肯出兵助戰．遂將其一併滅掉．而移其土著居民於江淮．使其成爲空地．待到永嘉亂起晉室東遷．當時華北的漢人．爲了不願臣事異族．紛紛南遷．有的隨晉室遷至長江流域．有的遷至珠江流域．另有一部分由河南潁川輾轉遷入福建．定居於閩南一帶．來塡充這塊地曠人稀的地區．這幫難民先由陳．林．黃．鄭四大家族作開路先鋒．隨後另有若干百姓氏族跟踵而至．成爲這一地區居民的主體．而在韓江流域下游地區．仍多有畬．獠．蛋……等族盤據．雖經過秦在此設戍所．漢設郡治．但漢人祇限居於城鎮據點交通路線．土著不習慣漢人的政治文化．叛亂常起．甚且不時侵犯閩境漢人．演成漢番一段長期間的戰爭．考證誌書．其較大的戰役．有如後的記載．

（一）唐高宗總章二年（公元六六九年）泉潮間蠻獠爲亂．朝廷派陳政進討．並命許陶爲佐．不意蠻獠聚衆萬餘．乘間竊發．政．陶相繼歿於兵．政子陳元光．時在廣州任軍職．就近前往代領父職．飛騎求援．朝廷又命政之兄敏及敷二人率兵來援．敏、敷又相繼殂於途．而由其母魏氏代領其衆到閩．泉圍始解．

（二）唐高宗儀鳳二年（公元六七七年）崖州劇盜陳謙．連結諸蠻．遍掠嶺左．進犯潮漳．陳元光奉潮州刺史及循州司馬檄調．率所部入潮擊之．元光提兵深入．潛襲寇壘．大小百餘戰．馘俘一萬餘．嶺表始平．元光回閩．檢閱形勢．請割閩潮交界地．另設漳州．以禦嶺表．

（三）唐玄宗開元三年（公元七一五年）蠻寇雷萬興等又叛．起於潮州．潛擾岳（袁）州．元光又率輕騎討之．孤軍深入．援軍不繼．爲蠻酋藍奉尚所刃殉職．百姓哀之．四年追封潁川侯（元光先人爲潁川人．來潮任刺史．落藉於此．傳至元光祖父陳克耕．耕起兵助李世民平天下．功封將軍．）謚昭烈（即今漳州人所奉祀的開漳聖王．爲後來宋太祖加封的）

（四）唐德宗興元一年（公元七八四年）蠻寇陷揭陽．陳謨率兵三千討之．獲寇首藍老鴟．送京斬之．（謨爲元光曾孫．以功封中郎將．授漳州刺史）

在漢蕃鬬爭延續下去之時．依潮州環境．那些土著．既沒有像滇黔土著可以越出國界．逃到東南亞．又不像臺灣土著．得藉高山深林掩護．在漢兵源源來援．土著壯丁消耗殆盡之後．方才結束戰爭．也使當日的潮州．因此變成地曠人稀．遺存零星土著竄居於山顚海涯．因生活困難．日漸消逝．只有蛋族尚有部份．靠漁爲生．（直至民國十年．八二風災・被掃一空・沒有遺類・）等到韓文公刺潮時・人口僅剩萬有餘戶・縱觀吾潮一隅・自西晉永嘉漢人南遷以後經歷南北朝・隋・唐數百年間的生聚教訓・而已構成爲當地新部民族的主體・其後復吸收陳元光家族勦番舊部而落籍於漳潮的五千餘姓的河南籍官兵・再次又吸收了唐末王潮・王審知兄弟在閩建國所遺落在閩南的壽州固始等地的河南難民官員・同爐共治・而成爲這一河佬的閩語系民族・其後來由於閩南人煙稠密・治安不好・而逐漸南移入潮・分佈於韓江下游各地・來塡補因漢番戰爭而人口稀薄的這一地區・自唐代直至清初・明鄭退臺灣爲止・歷次移民中・尤以宋末陳文龍之守莆田抗元殉國時・由該處移來的爲最大的一批・故目前潮州各姓族譜・多有出祖莆田縣・和門匾鐫有「潁川舊家」的記載（現時雖遠至廣東中山・以及南路的雷州各縣・海南的各縣・都有此等說河佬話的莆田移民）・

3.從海外移民考證・如上舉述我們潮州先人・由閩移潮・經宋・明二代數年的繁殖後・地方人口・已由中唐的一萬餘戶（近十萬口）・增加至明中葉的一百餘萬・而成爲地狹人稠・謀生日難的局面・加以地處韓江下游・每年洪水爲患・瀕臨海濱・颱風時來侵襲・再經南宋・南明兩次勤王之擾攘・明季政治不修・海防廢弛・倭寇海盜的劫掠・地方時陷紛亂不安・舉其著者・像饒平大盜張漣・稱帝改元・分封諸王・率衆六萬進擾閩贛・驚動明室・派閩・贛・粵三省七八萬大軍幾經圍勦・幸得閩督俞大猷運用戰略・搗其後巢・斬首三萬級・始克平定・又饒平海寇林鳳・惠來林道乾・與南澳海寇吳平・勾結倭寇・擾亂　・閩・粵海面多年・尤其是林道乾出身縣吏・狡詐兇狠・殺人如蔴・屍積港口・潮汐爲不通・滲透官府吏役・搜集情報・受撫又叛・遁去檳城・又復回潮（志書言其在臺灣殺土人取其脂膏以造戰船）殘酷無比・因此一般人民爲生活所迫・多有趨向海外移殖者・尤以交阯早入中國版圖・暹羅・緬甸與我鄰近・較得人和地利・而爲初期移殖之區・再經明鄭還政・海禁解除・値東南亞殖民地者需求人力之際・而紛紛應徵・自動出洋者不可勝計・此外尚有因政治逃亡・而集體出海的有如宋末饒平人都統張達護衞南宋帝昺・率潮籍義兵幾千人・由紅螺山出發・戰歿厓門・剩餘官兵轉進交阯・南澳海盜吳平爲戚繼光擊敗・率其殘部・亦逃入交阯・饒平海盜林鳳及惠來海盜林道乾・受官軍壓迫・轉向海外發展・前後經澎湖・臺灣・迭次侵犯西班牙殖民地的馬尼拉基地・尤以林鳳隊容爲大・每次出發・有船艦六七十艘・士兵・婦女・工匠各一二千人・種子農具・應有盡有・因爲得不到祖國的支持・而歸失敗・轉向東南亞各地・落籍海外・元朝征伐琉球與東南亞的軍隊・也是在義安（潮州古稱）徵發・南明時期・鄭成功據臺灣謀匡復・潮籍進士辜朝薦與潮人丘輝等率潮籍義兵義民男婦幾多萬人・來臺佐鄭・皆落籍本島・清代丁日昌（豐順人）撫閩時・命方勳（普寧人）在汕頭徵集潮勇數千・來臺平定蕃亂・也落籍臺灣・（現存潮軍義勇祠址在左營）又太平天國時期・潮人吳忠恕奉洪楊命・在潮起義響應失敗之後・地方一度陷於紛亂・嗣後方軍門照軒回潮淸鄉使大批人民逃亡海外・不敢回鄉・亦遺落東南亞・祇有美洲・非洲・少有潮人移民踪跡・此因美洲各地僱募工人・皆由澳門香港二地招

募．而且潮汕交通不如南洋的便利．至於菲律賓也一樣少有潮人踪跡．則可能因林鳳迭次攻打．馬尼拉在西班牙人多次屠殺華人之後而絕緣亦無定．目前繁殖於星．馬．泰．越等地的潮人．約佔華僑總數三分之一的强．超六百萬人．比家鄉人口還多．

4.海外謀生的辛酸．當時移民海外的交通工具．行程路線．在未有輪船以前．皆由本地人所造成的紅頭夾板．（此等紅頭夾板與行走近海的紅頭八槳皆屬於潮人船籍．在海洋上易於識別．互相照顧．閩籍的船．則髹青綠色．自有輪船後．大夾板已被淘汰．但青紅頭八槳仍行走於閩潮近海）循南中國海岸．經安南而至東南亞各地．其由澄海東部與饒平出洋的人．都在東隴海港出發（暹王鄭信的父親鄭鏞就是在此赴暹）多趨向暹羅．交阯．在潮安南部．澄海西部的人．則在鮀江港的沙汕頭（即今汕頭市前身）出發．多趨向星．馬．此外由惠來．普寧．潮陽出洋的人．皆分別在靖海．海門．達濠各港出發．赴臺灣的多爲饒平．南澳人．分別在大埕港及南澳乘船渡海而去臺灣東南部登陸．航行東南亞的時間．要順着季候風．冬去春歸．避免遇颱．嗣後海禁解除．洋船入汕頭港．全潮各縣移民．才集中在汕頭出發．另在媽嶼設販賣奴工市場．被賣奴工與自由移民有所不同．這些出賣的奴工．由殖民地者委託當地土豪收買．其收買方式．有現金交易的．有用賭博引誘的．在媽嶼島上由這些土豪設有若干賭場．招人買賭．輸後被引入輪中指定的大艙．艙口由一大漢提刀守住．傳遞茶水以防逃脫．

到埠後．入山芭農場開荒．月間雖給零用錢．但場主設有土娼．賭場．供人消耗．自無存蓄可寄批款．其中因水土不服．醫藥缺乏．勞動過度．而身死其地者不可勝計．幸而等到年事已高．僱約期滿．而得恢復自由．實在無多．至於自由的人移民．到目的地後．雖得同鄉親友的照顧．給予「剃頭錢」．寄「順風批」．在行店作冗幫（臨時工）比較舒服．但其死亡率也僅次於奴工．因當時衞生設備尚未達相當水準．死亡的病症．以肺結核．風濕和由風濕而併發的心臟病爲最多．生者少．死者多．此爲海外華僑初時人口不能迅速增加的原因．

回憶余童年時．曾親眼見過一些出洋的同鄉親友．能夠在三數年後回家娶親生子．或是老年作落葉歸根之計．而安返鄉里的十無一二焉．能夠在居留地創業開行．回家買田蓋大房子的又百千中無一二焉．有時看見親友過洋之前．家人要用白蝦拜祖．預祝其白鬚回家．一個番客的家庭．一月接不到批信．就起心憂．二月．三月接不到．就拜神．如果接到死訊的話．則全家哭成一團．令我心驚．故在海外而能回鄉（作唐山）的．即被視爲幸運．離埠之先．就有許多親友來贈禮餞行．到鄉之日．也有親友來送豬脚麵線．名曰「落馬」．洋客亦把在海外所得的贈物．以之贈送這些親友作回禮．新抵家門就有鄰右孩童．羣集門前．呼討番餅．回憶六十多年前．我爲小童時．亦曾湊過這樣的熱鬧．每人分得幾顆糖果．餅乾．就感到心滿意足．一哄而散了．

5.僑匯與地方經濟關係．潮人由明至清．在臺灣一統之後．渡過一段太平生活．人口已由明末的一百萬增至清末民初的近六百萬．以有限的田園生產．來供應這個衆多的人口

陳述經

消耗・而能維持下去的實有賴於先僑早在東南亞建立的經濟基礎的接濟・華僑寄款回家・大額用匯兌・小額交批局・批差落鄉分批・雖運的地方不靖・從未被搶・盜亦有道・因此項少額批銀都是貧苦僑眷所賴以生活的・地方經濟全賴有僑匯來抵補人口增加消費遞高的出入超損失・所以如果無僑匯就無生存・不出洋就無出路・像明鄭時期・海運封鎖・滿清爲抵禦鄭氏反攻・而移民內地・就使潮州人口・物資・文化・受了不可勝計的損失・海禁解除之後・才能恢復繁榮・直到一・二次世界大戰・海運又一再受阻碍・商情冷淡・僑匯減少・又鬧成飢荒・使一般貧民開始向韓江上游閩・贛各地逃荒・沿途賣子鬻女（影星凌波・就是這個時期由揭陽賣至厦門的）及至抗日後半期・其害更烈・內受敵人戰火摧殘・外遭敵艦封鎖・在飢荒疾疫交相煎迫之下・壯丁轉死溝壑・婦孺販賣入內地爲人妾婢子孫・以至淪爲娼妓的・在後方地區・隨地都可以看見・眞是慘不忍覩・難民携妻帶子在飢餓道上・本身被人打死・妻兒被人佔去的・也隨處可見・至抗戰時間・潮州人口之損失・比較任何地方爲重・外受日軍的封鎖・內因先天糧食不足・戰爭未久・即引起飢荒・□□表面贊同抗日・以消耗政府力量・以遂其私・以故藉飢荒問題・煽惑各縣人民・發動反飢餓的示威巡行・政府爲維持後方秩序・在財政困難萬分之中・措了一筆相當可觀之款・從事購米散賑・由地方官紳組會主持・不幸此項機構竟成爲□□滲透・任用一個□□□員吳華舒爲總幹事・從事破壞・造成官紳間因運米價錢問題・發生爭執・相持不下・遷延時日・人民死亡枕藉・無法使原已購定儲存於贛南的大批軍米・運往潮州・日久發霉・無可應用・引起海內外之責難・省主席李漢魂爲平息衆怒・最後另派潮籍委員方少雲在興寧縣設立東區移民墾殖救濟辦事處・從事散賑・但已失去時效・無濟於事・死者不可復生・生者無以歸家・今思之・猶有餘恨・

勝利之日・人口早已損失不少・又有趁香港・東南亞秩序未定之時・飢民紛紛逃亡海外・把原有的五六百萬人口・減剩爲不夠四百萬・也可見潮人移民・只宜向外不宜向內・

但就吾潮人口數字說・祇有估計約數・而沒有確數・從志書記載研究・這項統計資料・應從唐代說起・據載唐時爲二萬八千人・似屬少估・考諸韓文公請置州學牒文中有「今此州萬有餘戶」一語・如果每戶平均以五口計・則應有七八萬口・這是經過漢番一段長期鬬爭後的計算・在此戰爭時期・每一大戰役・就有斬首一萬級的紀錄・可以證明當時的人口已不止二萬餘・至南宋增加至卅五萬・元朝爲四十四萬・明洪武初爲四十九萬・萬曆年間爲五十四萬・但在南明時期・鄭氏由閩退潮時・所帶來的大幫義兵義民・落籍於潮洲者・未有計入・此次移居的數字・也可爲這段寇亂頻仍人口損失所抵消・像當日澄海鷗汀破寨屠六萬餘口・其他張璉進犯贛閩・以至林道乾等之戕殺・劉世顯九軍之屠村劫城・與鄭氏由潮召集難民入臺的實在數目・已不可計算・以故在清順治時・也祇有六十五萬・進度慢緩・迨臺粵間戰事緩和・至嘉慶年間・始增加至一百四十餘萬・於臺鄭還政後・至民國廿年・經歷二百年之休養生殖・更突增至五百九十二萬・經民國廿六年至卅四年・八載抗戰時間・又突降剩爲四

百七十餘萬・其實此中尚有若干由各縣來汕頭之工商界及出洋之新華僑・跨有雙重戶籍的・未予扣實・

不過自抗戰之後・以至大陸□□・本區人口雖有減少・但海外潮僑・却逐漸增加・尤以香港一埠而言・在抗戰勝利前・祇有十七八萬潮人・但目前已增高至一百多萬・又抗戰勝利初期・秩序未定・潮人紛紛出洋・迨後星・馬・泰・越予以禁止入口・於是有一部轉入寮・柬・使寮國目前之六萬華人中・潮人即佔有五萬・又柬國之四十萬僑胞中・依十年前的統計有潮人卅二萬・其他星洲爲卅七萬・大馬卅六萬・泰國三百六十萬・安南廿餘萬・此皆爲一・二十年前的統計記錄・現在尚不止此・以故目前海外潮僑・實在數目約在六百萬以上・遠較家鄉四百七千多萬毛數多多哩・不但人口一項在人前・就是財力也算第一・祇因潮人在各居留地・素性中庸・不善宣傳・多爲深藏若虛殷商・而爲人所忽覺耳・

貳・文化的嬗進

1.文物的茁萃・潮州文化開始於秦代戍卒的落籍和秦漢兩代的設治・有如上章所述・再經東漢・南北朝・隋・唐各代漢人移民日多・所帶來的中原文化・日益昌盛・因之人才輩出・其首見於紀錄的有・東漢吳碭・字叔山・舉孝廉・爲攸縣安成長・義不事吳・南齊區南貴助蕭道成建國爲伊州刺史・孫伯虎爲新州刺史・隋陳克耕起兵助李世民平定王世充・竇建德功封將軍・孫陳元光殉於勦番戰事・位列通侯・光子朝佩登王維榜進士・佩孫謨勦番有功・授中郎將・漳州刺史・中唐趙德佐韓昌黎恢復州學・名僧大顚・闡揚佛法……等等・爲最出色・

建瓦屋以替草屋・亦於唐時（宋環任廣州都督之頃）傳入潮州・此後桑・茶・瓷・糖等農工業亦日臻進步・商業也因之而發達・使人民生活步入新階段・在韓文公未來潮前已有圖經・（公將入粵・貽詩郡侯張端公索借圖經予以便利）但因在初中唐間・地方受漢番戰爭影響・文化一度中落・故韓公刺潮・恢復州學制度時・已是百十年間沒有明經進士獻於王廷了・（見韓公置州學牒文）後州學雖然恢復・可是因人口稀少・收效也必不多・故潮州文化的復興・理應歸功於閩南漢人的移殖・

在文章中・我們曾說過・閩省在西漢移民江淮之後・已無文化可言・後經永嘉之亂・晋人南移・帶來中原文化・再經陳元光・許天正（翰墨世家）在閩潮邊境興學・和王潮王審知兄弟在閩建國・招來中原文人・從事發揚・使閩省在天旋地轉之後・成爲天下之文化中心・（朱熹語）而在此等漢人移潮之前・潮州亦因漢番戰爭之後・地曠人稀・與閩南一樣沒受土著同化・而使移來的漢人・得以保存其固有的文化・故潮州文物之盛・也不下於閩南・尤其是在南宋遷都臨安時期・閩浙毘鄰・使泉州成爲全國對外貿易中心・影響所及・潮洲更趨繁榮・經濟益臻發達・

2.人才與著述・除前述漢至唐的特出人物之外・在宋有前七賢・明有後七賢・有明一代・登進士榜的多至一百餘人・比宋代多近一倍・其他文狀元（林大欽）武狀元（林德榮・黃仁勇）將（翁萬達）相（郭之奇）以及翰林・尚書・服官之多・使朝內掌時的小官兒・亦會說起潮州話來・（御

街咀白話）

又歷代州人著作的豐富・據阮元所撰廣東通誌之文藝文志略紀載・即有一四二種之多・計經部廿九・子部七・集部六十九・圖經方志六十三・目前發現於臺灣公私收藏的・據調查尚有廿餘種・可惜存在潮汕的早已散佚不少・如入民國後豐順丁氏百蘭山館所藏的早已散佚殆盡・香港孫淑資所集藏的亦於日軍陷港時散失・民九年曾有熱心鄉人在潮蒐集各縣公私所藏資料一百廿四卷・都一百萬言・從事編印・惜於日寇入汕時沒有搶出・而遭損失・年來發覺有若干資料被服役於日軍的本省人帶來臺灣・又抗日勝利後・曾有人向各縣蒐集公私資料・從事重修潮洲志・編印工作僅半・亦因共黨陷汕而告停頓・聞若干資料已有搬出・迄未明白存於何人・其他先賢遺著・被收藏於國外而獲保存的・反爲不少・像年來臺大有些教授爲考證潮洲史跡的・不得不到東京・倫敦各大圖書館借抄回來・按吾潮自唐代已編有圖經・上面已經談過・再經宋・明・清歷代重修而成之府縣地方志・其中有若干誌書隨時代變亂而散佚絕版・但尚有部份資料・被收入明代編印的永樂大典中・現僅存有潮字號一冊・又中央研究院尚有明嘉靖年間・潮守郭春震所重修的潮志殘本・及清乾隆年間知府周碩勳所修四十二卷的潮洲府志・其他各縣方志・尚有若干係在日據時代即被保存者・足見日人對於我們志書的重視・並不下於國人・目前想將存臺灣的先賢遺著和府縣誌重新影印・也因多生波折・未能實現・近雖有中美文化某合作機構已將潮州府誌及若干縣誌翻印出版・但定價嫌太高・殊非一般人所能購買・難期普遍・似屬美中不足・

3.民俗與遺跡・潮民移臺・多在南部登陸・以故尚有若干史蹟可供考證・移臺的人數・僅次於漳泉移民・但因與漳泉人同一語系・致被認同閩人・而遭遺忘・未被紀載・不無遺憾・實際上潮人雖被列爲閩南語系・但閩南語系本身・自永嘉南遷迄今垂一千餘年・其所保存的中原古音・因受了全國性語系和文字的統一影響・而生若干變化・閩南和潮州這兩個同一語系的語言・亦因分家日久而略有差異・像潮人現寫「搏」爲「打」・寫「嚼餔」爲「食飯」・「翁（讀安）」「爲公婆」・是爲適應對外接觸而把原有的音和字改讀爲通用的新字・又如潮州人叫女子爲「姿娘」・閩南人則叫「查某」（不過潮語也有稱爲查某者・但不普遍・）亦成差異・潮人移民來臺・數百年間又與漳泉人相處・雖易同化・但現在臺灣南部居民中・因爲含有潮州移民的成份・故其講話的尾音・終較從漳泉移居的臺灣北部居民所操的語音爲長（多平音）明白音韻分析的人・一聽便可識別・極南近海地方・也有許多地方講純粹的潮州話・澎湖也然・

至於遺留的史跡・如在屏東・有潮人所建設的潮州鎮・原爲潮州人所創的商業市場・又在鳳山左營修建潮軍義勇祠・以紀念丁日昌撫閩時命方勳在汕招集潮勇來臺平定蕃亂而殉職的官兵（日據時已荒廢）・又在內埔修建的昌黎祠・是紀念其爲潮州學・亦係移民不忘中華文化的象徵・至其與閩人一樣敬仰媽祖・（天后聖母）是繼承莆田的風俗習慣・莆田一縣在閩南與潮州一樣文風極盛・歷代出有狀元・有探花・有女詩人江明妃（唐玄宗妃）・至於天后聖母・則更是出於莆田的林氏女・潮人奉之・以爲遠涉重洋・乘長風破萬

里浪的心裏保障・凡航程所到・無論海內外・潮人皆與閩人一樣・立廟供祀・又如陳元光雖也屬潮人・但奉祀開漳聖王・總以漳人爲普遍・潮人之奉祀陳元光・僅在汕頭老會館・漳潮會館有其塑像・和毗近閩通的饒平縣一部份陳姓鄉人（陳元光後裔）立祠奉祀而已・此外還有在南部的若干三國王廟・（明貺）・原爲宋太宗北伐北漢之封神・成爲潮民所到之地的保護神（名曰「地頭神」・凡有人口死亡・必要向其報告・然後去溪河取水・來洗死者身屍・稱爲「買水報地頭」）・

林道乾・林鳳之遠征馬尼拉・東南亞時・所遺的史跡・今已不多見・除馬來亞有「道乾港」外・一時沒有資料可考・祇有在菲律賓和西班牙史上・尚有若干史實紀載・且因西班牙總督曾派了一位叫拉達的神父・來閩接洽夾攻林鳳・和要求准其傳教時・携回我國經書一百餘本・從事研究・卒成漢學專家・對東西文化的交流不無相當裨益・

4.音樂與戲劇・吾潮音樂・聲調柔曼・似與南宋時期傳閩入省的南管同一淵源・表現出南宋偏安之心聲・但潮州大鑼鼓之雄壯聲勢・則爲其他各省地方所未見・證之唐詩・「野幕敞瓊筵・羌戎賀勞旋・醉和金甲舞・擂鼓動山川」之氣概・應爲初唐・「破陣樂」之遺韻・爲陳元光祖父陳克耕從事軍職時之所傳來的・南宋遷都臨安之後・泉州對外貿易日盛・經濟繁榮・雅樂戲劇・相繼傳入潮州・沿延至清代・在外匯湧至地方繁榮之後・而臻極盛・分別之・有道地之本地戲・有外來之外地戲・本地戲有成人班之「大白字」和「童子班」兩種・外地戲有自宋時從江西流入之稱「南彈班」或稱「亂彈」・此種青囊班・數十年前早已消聲滅跡・連名字都弄不清楚了・此外尚有自海陸豐流來的「南下戲以大鼓大吹・善於武打・頗具民族精神・（海陸豐地方雖同屬閩地語系・但閩南・潮汕各地並無此項戲班・似係獨自從中原傳來・而該支人民南遷・可能不經閩・而由河南直下梅嶺大庾・以至惠州之另一部份移民）「外江戲」也稱「漢戲」・可能爲潮州商人・自長江漢口經商時所傳入・以上皆爲男性成人班・唱正音・「南下戲」演員爲海陸豐人訓練成班・「外江戲」則由潮汕本地人學習組成・各班每年春前作一次改組・聘請演員・成班出演・頗爲一般上流階級所歡迎・在海內多有此項「儒家曲」的俱樂部・至於本地戲則「大白字」戲不及「童子班」之受人歡迎・此項童子班之組織・是由有錢有勢土豪士紳投資・向鄉下貧苦人家・押當男孩子・訂定從業年期・先付給一筆價銀・而後入班・教以技藝・等到十六・七歲・發育成人・聲音變粗・不堪唱曲・才放其歸家・恢復自由・此種戲・當其盛時・多至一百餘班・每班人數由五・六十人至六・七十人不等・流行於韓江上游・閩南・臺灣・東南亞各地・直至「九一八」事變・日寇侵華・戰禍漫及東南各地・地方經濟隨之衰落・因而至於停演散班者・十居八九・其在海外之演員・則跟着年齡長大・而多落籍海外・其在家鄉之戲班・則縮小活動範圍・祇在揭陽・普寧二縣演出・苟延殘喘而已・

抗戰勝利復員之後・地方人正重整旗鼓以謀再起・但因有聲電影日臻進步・觀衆對於此項地方戲劇・降低興趣・尤以泰國華僑・受當地政府限制・不准隨地搭臺演戲等影響・終至一蹶不振・有些戲班・將每齣戲排演熟後・錄音拍攝成

爲有聲電影片・向海外戲院售出・藉以減少長期雇用演員開支・本輕而利厚・俾維營業・近且有人進而利用國語片・改灌潮語發音演出者・亦有戲班老闆爲爭取營業而傚法大戲組織・設班訓練成年演員・組成男班或女子班的・正已開始在香港・泰國各戲院演出・當可能與滬・粵班一樣的維持下去・

至於過去在臺灣演出・獲得臺人欣賞的潮州戲・也一同於「九一八」時停止來臺公演・而由臺人另組「歌仔戲」以代替之・大陸□□之後・此等地方音樂戲劇・在□□□□□之下・早已奄奄一息・直至一九五七年竟被視爲有濃厚的封建思想・將所有戲班・完全解散・及其他所有音樂人員・亦解放下鄉・任衞生工作・在街市鄉村打掃街路・予以澈底消滅了・

叁・總結

潮州文化開始於秦漢・而中落於中唐・復興於宋・極盛於明・既如上述・但明代風俗・終不及宋代之「雖小民亦知禮義・號稱易治」（見蘇軾韓文公廟碑）・明代文物雖盛・僅限於上層文人・教化未及於平民・尤以明季爲甚・以故民不知義・盜賊蠭起・官軍疲於奔命・損耗國庫・浪費兵力・影響北方邊防・地方慘被蹂躪・人口遭受損失・事先少見有地方士紳幫助政府消除亂源・賊起亦少見有人領導民衆・幫助政府勦滅匪類・蓋受了政府勦撫政策所困惑・一些官吏坐視不前・在野文人處士・見了國事日非・而持消極態度・只求苟安苟免・明哲保身・甚者如比較出色的饒平進士陳天資・尚且爲勾結倭寇的漢奸辯護（見陳天資東里志敍）・等到國破家亡・而後才見有些人爲國赴難・但大勢已去・終難爲力・欲求一個像滿淸時的方照軒軍門・能回鄉勦匪・綏靖桑梓・普建書院・以興教育・開闢沙田・以裕民養的殊不多見・潮州如是・全國亦然・人謂明季亡於流寇・固由勦撫無定・君昏臣庸・而一些八股出身的地方士大夫・不能移風易俗・導民正軌・亦難辭咎也・

明室亡後・潮州文化・自明季淸初受了戰亂和移民的影響・一落千丈・由「御街咀白話」・一變而成爲「假識字掠無磨蜞」（這是說明在移民之時・封鎖到磨蜞孳孳生・飢民中識字的人太少・不懂地方禁示・越界捉捕・祇有極少數人自以爲識字・而不敢越界捉取・所以得不到磨蜞也）・加以潮州人士不赴淸廷科擧・且因難民紛紛出洋・而忽視後輩教育・文風遠不如宋・明・迄仍未復舊觀・又過去士大夫恥與下民爲伍・不願跟人出洋・致使五六百年間・中華文化・未能在海外播種生根・像林鳳等雖願轉向海外謀發展・亦因沒有知識份子爲佐・而終歸失敗・嗣後如暹王鄭信國祚不永・也莫不是種因於此・

簡又文 一八九六年生 一九七八年卒

字永貞．號馭繁．筆名大華烈士．新會人．民國六年．畢業於廣州嶺南學堂．旋入美國歐柏林大學深造．獲文學士學位．繼升讀芝加哥大學研究院．獲宗教教育科碩士學位．回國後．任職上海中華基督教育年會全國協會．十三年任廣州市教育局局長．未及一載去職．應聘北平燕京大學教授．十五年．應馮玉祥之聘．效力西北軍．任國民革命軍第二集團軍總司令部外交處處長．前敵政治部主任．後歷任山東鹽運使．鐵道部參事．立法院委員等職．二十五年創辦逸經半月刊．二十七年創辦大風旬刊．二十九年在香港與葉恭綽等舉辦廣東文物展覽會．成績昭然．三十年．香港淪陷．日人以又文爲國府擔任聯絡工作．索之甚急．迫得逃往後方．從事文教工作．三十四年冬．由桂返粵．任中山大學研究院指導教授．勝利後．粵當局聘爲省文獻委員會主任委員．平生篤愛粵中名家居巢居廉蘇仁山及高劍父奇峯兄弟書畫．築百劍樓以儲之．一九五四年．任香港大學東方文化研究院名譽研究員．後兼「中央研究院」近代史研究所通訊研究員．台灣「中國文化學院」通訊教授．一九六四年．赴美就耶魯大學研究院研究專員．返港後．任香港大學亞洲研究中心名譽院士．中文大學名譽研究員．一九七五年．以著英文本太平天國革命運動史一書獲美國歷史學會費氏獎．晚年病逝香港．年八十三歲．又文寢饋文史．博學强記．致力於太平天國之研究．搜羅資料．深入窮探．著成巨帙．不愧有專家之稱．性詼諧．所創刊物．亦以幽默聞世．著述豐贍．可述者有金田之遊．太平天國雜記．太平軍廣西首義史．太平天國全史．太平天國典制通考．太平天國與中國文化．清史洪秀全載記．洪秀全載記增訂本．太平天國革命運動史．忠王李秀成親供之研究．西北從軍記．馮玉祥傳．宦海飄流二十年．革命畫家高劍父．中國基督教的開山事業．白沙子研究．白沙子之自得．陳白沙之自然哲學．畫壇怪傑蘇仁山．譯本有太平天國起義記．古猶太革命演義．硬漢傳教偉人耶得遜．傳教偉人馬禮遜等．

唐時嶺南荔貢考

引言

長安迴望繡成堆　山頂千門次第開
一騎紅塵妃子笑　無人知是荔枝來

唐詩人杜牧這一首過「華清宮」絕句（三首之一）乃是引起我研究本題之楔子．說起來．有一個頗爲有趣的故事．

記得多年前．在廣州一個盛大的讌會上．我於賓主聯歡言笑．共啖荔枝間．偶然說出．「一騎紅塵妃子笑．無人知是荔枝來」這膾炙人口的兩名句．許爲嶺南名產—荔枝—千古流傳的佳話．詎料同席某君．竟毫不客氣地當面駁斥．謂那時楊貴妃所吃的荔是四川產而不是由廣東進貢的．我腦中清楚記憶南貢荔事見諸唐宋歷代詩文．無奈當時手上無書可證明．而且在官式的讌會上（省政府羅卓英將軍專聘余留粵創辦「廣東文獻館」．是日余忝居上賓）．斤斤置辯．不合禮節．而且迹近自衒．有失丰度．故默然不語．雖心裏受窘．頗覺尷尬．仍勉强按捺感情．隱忍不與計較．然而那一次小小的困窘．却給我很强烈的智識的刺激和一條很好的作文題材．令我在創辦「廣東文獻館」時．得以拿來作第一個研究對象．於是．立行翻閱文史載籍．蒐羅資料．而從事唐時嶺南荔貢之歷史的考證．二十多年來繼續下去．努力不息．結果．卒使我得到滿意的答案．殊足以證實當年座上隨意而發之閒話．並非虛語而確有實據的．抑且自言可以斷定千古這宗史案．曩在讌後不久．曾寫出考證短篇在穗垣發表．今茲復將歷年所積存的資料．增修舊稿．成此新篇．以供大家研究・可惜當年座上主客多已物故・未能一一就正・語曰・「古之學者爲己」・對於這一個研究課題・我自己獲得不少眞智識了・

遠古荔貢事蹟

嶺南荔貢・不必俟唐詩始實現・遠在漢初・廣東已有荔枝入貢長安・至東漢始罷其役・史籍所載・斑斑可考・

（一）據蔡襄・「荔枝譜」載・「荔枝之於天下・唯閩・粵・南越・巴蜀有之・漢初・南越王趙陀以之備方物・于是始通中國」・詳言之・其時南越王趙陀・以嶺南土產鮫魚・荔枝獻高帝・帝報以葡桃錦四匹・是爲廣東荔枝通中原之始・時・陽曆紀元前二世紀事也・（見吳應逵・「嶺南荔枝譜」・「西京雜記」・譚瑩「南海縣志」等・）

（二）「三輔皇圖」載・「漢武帝元鼎六年（元前一一一）・破南越・起扶荔宮・以植所得奇草異木・土木南北異宜・歲時多枯瘁・荔枝自交趾移百株於庭・無一生者・連年猶移植不息・後數歲・偶得一枝少茂・終無華實・帝亦珍惜之・一旦萎死・守吏坐誅者數十人・遂不復蒔矣・其實則歲貢也・」（並見吳譜引用崔弼・「百雲山志」）

（三）謝承・「後漢書」載・「舊南海獻龍眼・荔枝・十里一置・五里一堠・和帝時・臨武長汝南唐羌（字伯游）「以縣接南海・乃上書諫曰・「臣聞上不以滋味爲德・下不以貢膳爲功・故天子食太牢爲尊・不以果實爲珍・伏見交趾七郡・獻生（荔枝・）龍眼等・鳥驚風發・南州土地・惡蟲猛獸・不絕于路・至於觸犯死亡之害・死者不可復生・來者猶可救也・此二物升殿・未必延年益壽・」帝于是下詔曰・「遠國珍羞・本以薦奉宗廟・苟有傷害・豈愛民之本・其勅太官勿復受獻・」嶺南荔貢・由是中輟一個時期・（按・唐羌上書時在和帝永和十五年・即陽曆一〇三年・上文見阮元「廣東通志」卷一八一「前事略」一其事並見桂坫・「續南海縣志」及吳譜引用崔志・皆源出「後漢書」・）

唐以來之紀載

至唐玄宗時・楊貴妃最嗜荔枝・以蜀產不佳・特遣使山南海馳貢生荔・歷代史籍記載其事尤多・彙錄如下・

（一）據史籍所紀・最先引起唐代嶺南荔貢之役者爲曲江張九齡・「辨物小志」載・「張九齡因嘗盛誇荔枝之美・但朝中王公巨卿・均以其說爲妄・未之信・張乃作「荔枝賦」云・「夫其貴・可以荐宗廟・珍・可以羞王公・亭午里而莫致・門九重兮易通・山五嶠兮白雲・江千里兮青楓・何斯美之獨遠・嗟爾命之不逢・」未幾・貴妃賞之・千里傳送・可謂逢矣・明朝陳絳詳曰・「逢矣・如疲人勞師何・毋以是賦爲之先容耶・」張賦原序有云・「狀甚瓌瑰・味特甘滋・百果之中・無一可比・」無怪其引起貴妃饞涎欲滴・必食嶺南生荔之動機・隨而發生千里傳送生荔之事實・然據史籍有載・貴妃本廣西人・則其愛嘗南方「家鄉風味」・獨嗜嶺南佳果・亦合情合理之尤・未必因曲江一賦大動食指而發動荔貢也・無論如何・此足爲嶺南荔貢之證・（按・據何格恩・「張曲江詩文事蹟編年考」載「廣東文物」中册頁三三・疑張賦作于玄宗開元十五年・時都督洪州・）

（二）嶺南荔貢之最早的人證而見諸文字者爲鮑防的

詩・據明徐勃・「筆精」載・「唐鮑防・襄州人・天寶末舉進士・時・明皇詔馬遞進南海荔枝・七月七夜達京師・防作「雜感詩」云・「五月荔枝初破顏・朝離象郡夕函關・雁飛不到桂陽嶺・走馬皆從林邑山・」是知貴妃所食之荔枝・實出南海・已見劉煦「唐書」並防詩・蔡君謨（襄）謂涪州荔枝・歲命致驛・羅景倫（大經）以爲一騎紅塵・乃瀘戎之產・恐悞矣・」鮑防是當時目擊南方貢荔事之最要的人證・然秦時之象郡統屬南海尉治下・包括粵之西南部・桂之西部南部・及安南・「林邑」即安南・順化等處（後稱占城）・唐時無此地域名稱・鮑詩所指常非由廣西・安南等邊陲僻地入貢・實運用「象郡」古典・而泛指南海也・詩人注重詞藻而忽略地理・不事寫實・比比然矣・「筆精」明書爲南海・後據此詩而斷定貴妃所食者爲南海所貢・更足爲有力之證言・

（三）李肇・「國史補」載・「楊貴妃生于蜀・好食荔枝・南海所生・尤勝蜀者・故每歲飛馳以進・然方暑而熟・經宿則敗・後人皆不知之・」肇・唐元和間人・去天寶貢荔時經六七十年・知其事必諗・或謂其末段十五字已明說南海貢荔之事實人多不知・不可確信・然上段所叙係積極的・鐵定的事實・有他種詩文相參證・其下段所言「人多不知之」・殊不影響到上段之事實也・抑且其下段云云・即杜牧「無人知是荔枝來」之意・又何嘗因人多不知其事而取銷上句之史事乎・是故李肇此語・亦爲嶺南荔貢之重要的及有力的證據之一・

（四）唐代詩聖杜甫「病橘」詩有句云・「憶昔南海使・奔騰獻荔枝・百馬死山谷・到今耆舊悲」・或謂「憶昔」・「到今」係指東漢和帝時貢荔慘狀・以譏當時日進橘弊政也・但「憶」是個人之記憶・當指個人本身與當代耆舊猶及見之事而憶念之・斷不至遠指六百年前史事而言・故南海使獻荔枝之事仍係玄宗與貴妃時事無疑・

（五）杜甫有「解悶」十二首之一・又云・「先帝貴妃今寂寞・荔枝還復入長安・炎方每續朱纓獻・王座應悲白露團・或解「炎方」作長安南屬劍南道之瀘州・戎州・並引此詩次章即有「憶過瀘戎摘荔枝」句爲證・然「炎方」・「謂南方炎熱之地」（見「辭海」）・以全國地勢而論・自然是兩廣地方・謂爲長安南方之瀘・戎・未免牽强・其實・在全國版圖中・此是正西方・向稱「西蜀」・從來鮮見稱爲南方或「炎方」者・至瀘戎摘荔枝則是另一回事・不能混爲一談・殊未可以此爲「炎方」即瀘戎之證也・況當時瀘戎想亦有貢荔之擧（看下文）・但兩地同時進貢同樣的方物大有可能・並非互不相容的・柳宗元于謫桂後有詩曰・「橘柚懷貞質・受命此炎方」・「炎方」即產生橘與柚最著之廣西也・杜甫此詩更可證明玄宗與貴妃死後・嶺南仍然繼續上貢荔枝焉・

（六）後晋劉煦・「唐書」之「地理志」載・「廣州南海郡中都督府上貢荔枝・」

（七）同上書「禮樂志」載・「玄宗幸驪山・楊貴妃生日・命小部張樂長生殿・奏新曲・未有名・會南方進荔枝・因名曰・荔枝香」・

（八）同上書之「楊貴妃傳」載・「妃嗜荔枝・必欲生

致之．乃置騎傳送．走數千里．味未變已至長安．」此雖未言來自何方．然既云數千里．非指廣東而何．正史明載其事．尤足信．

（九）樂史（宋人．字子正）所撰「楊太眞外傳」名著中．曾三次言及玄宗時廣東貢荔事．

（甲）「妃子既生於蜀．嗜荔枝．南海荔枝勝于蜀者．故每歲馳驛以進．」

（乙）「十四載六月一日．上（玄宗）幸華清宮．乃貴妃生日．上命小部所聲…於長生殿新曲．未有名．會南海進荔枝．因以曲名「荔枝香」．左右歡呼．聲動山谷．」（此出自「唐書」「禮樂志」．見上引．

（丙）安祿山既作亂．玄宗挈楊貴妃蒙塵至馬嵬坡．六軍皆不發．不得已賜妃死．「力士以羅巾縊於佛堂前之梨樹下．纔絕而南方進荔枝至．上覩之．長號嘆息．使力士曰．「與我祭之．」嶺南荔貢更有此一齣哀艷絕倫之悲劇作尾聲．

（十）「梅妃傳」亦載．「會嶺表（廣東）使歸．妃問左右曰．「何處使來．…非梅使耶．」對曰．「庶邦貢貴妃果實使來．」即此指嶺南荔貢事也．

（十一）「資治通鑑」載．「妃欲得生荔枝．歲命嶺南馳驛致之．比至長安．色味不變．」此與上條「唐書」大致相同．益足證實．

（十二）歐陽修．「荔枝詞」．調寄「浪陶沙」．（五嶺黎秋殘．荔子初丹．絳紗囊裏水晶丸．可惜天教生處遠．不近長安．往事憶開元．妃子偏憐．一從魂散馬嵬關．只有紅塵無驛使．滿眼驪山．」其詠楊貴妃食嶺南荔枝事甚顯．更明指「一騎紅塵」之爲嶺南貢荔事也．

（十三）李汝梅有七絕云．「上書無復見唐羌．一騎紅塵驛使忙．博得長生妃子笑．可憐南海荔枝香．」

（十四）蘇軾于「日啖荔枝三百顆．不妨常作嶺南人」之名句外．尚有詠荔枝詩云．「不須更待妃子笑．風骨自是傾城姝．不知天公有意無．遣此尤物生海隅．」他在廣東歌詠荔枝而引用杜牧「妃子笑」句．又云「生海隅」．當然是相信楊貴妃所食之荔枝爲嶺南貢品．

（十五）「廣異記」載．宋哲宗元符末年（一〇九九）有閩吏譚微之郊遊啖荔．隨在荔枝樹下睡覺．夢見荔枝仙子吟詩有句云．「妾生原在閩粵間．六月南州始薦盤．…卻憶當年妃子笑．紅塵一騎過長安．」可見宋人之深信杜牧詩是詠嶺南貢荔事者．

（十六）宋阮閱．「詩話總龜」云．「杜牧「華清宮」一詩．尤膾炙人口．據唐紀．明皇以十月幸驪山．至春即還宮．是未嘗六月在驪山也．荔枝盛暑力熟．詞意雖美而失事實．」然另據「唐書」「禮樂志」．玄宗幸驪山乃在貴妃生日．即六月初一（見上文）．此正當荔枝熟時．可見杜句符合事實．

（十七）「長生殿」傳奇之「舞盤」一齣．有「遠勅來川廣」一語．可見唐時荔枝．有自蜀來．有自粵來．不過貴妃所嗜爲粵產——食之乃「笑」耳．

（十八）元楊維楨宮詞云．「薰風殿角日初長．南貢新來荔子香・西邱阿環方病齒・金龍分賜雪衣娘・」

（十九）明張燮詩・「長生殿上紫煙開・妃子紅妝映酒杯・小部新聲歌未了・（按・此引「禮樂志」及「楊太眞外傳」・）嶺南飛騎帶香來・」（按・此引杜牧名句）・

（二十）吳應逵・「嶺南荔枝譜」之「妃子笑」云・「產佛山・色如琥珀・有光・大如鵝卵・其甘如密・其臭如蘭・皮薄而肉厚・核小如豆・漿滑如乳・啖之能除口氣・使牙齒香經宿・宜乎妃子之破顔也・」可見其以杜牧詩之確爲嶺南荔貢詠也・

（廿一）崔弼・「白雲山志」云・「唐天寶間・貴妃嗜荔・取名涪州・經子午谷・路近而捷・特以南海荔枝勝蜀・每歲飛騎以進・亦不取諸閩也・」

（廿二）余意・廣東荔枝種類甚多・其中有「妃子笑」一品・分明是源出杜牧名句・並足爲嶺南貢荔一證・此種傳說證據至有力量・爲一般歷史家所不能忽略的・

以上所舉二十二條（此爲到現在所知者）・已足爲杜牧絕句所指之荔枝確係嶺南貢品之至强有力的證據・

持異見者

唐以後・歷代亦有多人對嶺南荔貢事力持異見・而相信「一騎紅塵」乃由四川進貢荔枝于長安者・可見當年之即席駁斥吾言者・亦非毫無根據者也・茲復彙錄主張異說之詩文於後・

（一）宋王灼・「碧雞漫志」先引「唐書」之「禮樂志」所載南方進荔枝因名新曲曰「荔枝香」・隨引「脞說」云・「太眞妃好食荔枝・每歲忠州置急遞上進・五日至都・……」此言楊所食之荔枝爲忠州產・張君房亦以爲貢自忠州・

（二）宋羅大經・「鶴林玉露」云・「荔枝明皇時「一騎紅塵妃子笑」者謂瀘戎產也・故杜子美有「憶過瀘戎摘荔枝」之句・……

（三）「蜀志」・「唐天寶中・取涪州荔枝・自子午谷路入・」

（四）「狠齋便錄」載・「唐世進荔枝・貢自南方・楊妃外傳以貢自海南・杜詩亦云南海及炎方・惟張君房以爲忠州・東坡以爲涪州・未得其眞・近閱「涪州圖經」及詢土人云・涪州有妃子園荔枝・蓋記嗜生荔枝・以驛騎傳遞・故君謨譜曰・「天寶中妃子尤愛嗜・涪州歲命驛致」・又曰「洛陽取于嶺南・長安來自巴蜀」此實錄也・後人不須置喙矣・

（五）蔡襄謂「唐天寶中・妃子尤愛嗜涪州（荔枝）・歲命驛致・」又謂「洛陽取之于嶺南・長安來于巴蜀」・

（六）蘇軾・「荔枝歎」古風有句曰・「永元荔枝來交州・天寶歲貢取之涪・」此指唐荔貢來自涪州・與上錄一首「不須更待妃子笑……遣此尤物生海隅」句之以爲來自嶺南者異・但非矛盾・蓋唐代荔貢・並來自川・廣兩地・上詩言廣荔・此言川荔耳・

（七）王十朋註蘇詩更廣其說云・「唐天寶中・蓋取涪州荔枝”自子午谷路進入・」

（八）范成大（石湖）過涪州「妃子園」詩有句・「露葉風枝驛騎傳・華淸天上一嫣然」・復加注云・「涪陵荔

枝・天寶所貢・去州里許有此園・」

（九）徽宗政和問所輯之「證類本草」・中有荔枝之記載・「衍義」上言・「唐杜牧詩云・「一騎紅塵妃子笑・無帶知是荔枝來・」此是川蜀荔枝亦可生置之長安也・」（重修政和「證類本草」卷廿三・四部叢刊本）（以上三條引自毛一波「天寶歲貢荔枝考」・「大陸雜誌」三十五卷四期・一九六七・八・卅一）・

（十）南宋吳曾・「能改齋漫錄」方物類之「貢荔枝」條・「近見「涪州圖經」及詢土人云・「涪州有妃子園荔枝・蓋妃嗜生荔枝・以驛騎傳遞・自涪州至長安・有便路・不七日可到」・故杜牧有詩・「一騎紅塵妃子笑」・東坡亦川人・故得其實・昔宋景文作「成都方物紀略圖」・言荔枝生嘉（今樂山）・戎（今宜賓）等州・此去長安差近・疑妃所取・蓋不知有妃子園・又自有便路也・

（十一）「錦湖楚談」載・「四川某州荔枝一株・相傳李唐時物也・實甚美・太眞妃最所鍾愛・嘉靖中・一州守代作梳櫳數百副・至今蜀人傳爲話柄・」（引自柳庵・「荔枝與楊貴妃」・星島日報・一九五五・五・卅）

（十二）南宋謝枋得（君直・疊山）注解選唐詩云・「明皇天寶間・涪州貢荔枝・到長安・色香不變・貴妃乃喜・州縣以郵傳疾走稱上意・人馬僵斃・相望於道・「一騎紅塵妃子笑・無人知是荔枝來・」形容是傳之神速如飛・人不見其爲何物也・

（十三）宋代樂史「太平寰宇記」載「涪州產荔枝・尤勝諸郡・「圖經」相傳・城西十五里・有妃子園・其地多荔枝・昔楊妃所嗜・當時以馬驛馳載・七日七夜至京・人馬僵斃於路・百姓苦之・」

（十四）宋彭時・「墨客揮犀」謂唐天寶中・妃子尤愛涪州荔枝・歲命驛致之」・（以上二條引自白福臻「荔枝」星島日報・一九六九・六・二九・）

（十五）明末談孺木・「棗水雜俎」載・「涪州荔枝灘・荔枝十八株・猶唐所進貢妃者・今存其三・圍可四人・」（引自毛一波同上・）

（十六）清陳鼎・「荔枝譜」載・「玉眞子・產四州涪州・唐時最盛・有妃子園荔五百株・爲楊貴妃所嗜・因名「玉眞子」・馬上七日夜至京師即此・」（引自毛一波・同上）

以上所得十六條（當尚有未見者）・已足證明四川確有荔貢・但絕不能排除嶺南同時亦有荔貢之可能・而且比較上文所擧之二十二條・更不能證明杜牧絕句之所指不是嶺南荔枝・可斷言也・

合理可信的答案

關于唐時荔貢之產地問題・根據以上歷代詩文研究所得・余甚贊成阮福（阮元子）之說法・相信其說是合理可信的答案・若曰・「考「新唐書」「地理志」・東西川土貢無荔枝・而獨著其名於嶺南・又・「唐書」「禮樂志」載・南方進荔枝事・若是蜀產・當曰西方・然則開元所貢者・爲嶺南所產無疑矣・……愚意閩與蜀俱・貴妃特嗜南海佳種・故驛遞尤速矣・」（吳譜卷五・引用）・

至于杜牧「一騎紅塵妃子笑・無人知是荔枝來」兩句之所指・復證以上文種種證據・則不管人知與不知・其爲嶺南入貢之荔枝無疑・況以太眞之偏嗜・苟非來自嶺南・又何能令其「笑」耶・

按・除唐代粵・蜀・以生荔入貢外・歷來各方有以曬乾或焙乾之荔枝作貢品者・如廣東新會及海南瓊山有名「進奉」（又名「進奉子」）之荔枝一種・即入貢之荔枝乾・「進奉」即「進貢」之謂也・于茲不及詳考・（上見白福臻引自「徒文長注」・「海槎餘錄」・徐勃「荔枝譜」・及林鐵崖「荔枝話」・）

貢荔之方法

最後・試進而研究嶺南荔貢之方法・以結束本篇・

漢初・趙陀最先以荔枝獻高帝・其貢荔之驛道及方法莫得而知之・武帝時・連年移植荔枝樹于「扶荔宮」・一無生者・以後遂廢・後來改貢生荔枝・全由驛運・「五里一置・十里一堠」・至東漢和帝永元時・因唐羌之諫乃罷其役（統見上文）・唐上書云・「伏見交趾七郡獻生（荔枝・）龍眼等・鳥驚風發・南州土地・惡蟲猛獸・不絕于路・至於觸犯死亡之害・」後來・蘇東坡「荔枝嘆」詩有注云・「漢永元中・交洲進荔枝龍眼・十里一置・五里一堠・奔騰死亡・罹猛獸毒蟲之害者無數・」故其詩有句云・「我願天公憐赤子・莫生尤物爲瘡痏・」可見當時人民尤其嶺南人・受荔貢之災之慘而烈・無怪後代詩人每啖荔枝時・追念往事・便興起「年年惆悵荔枝紅」之嘆了・

至唐玄宗時・因寵妃楊太眞偏嗜嶺南產・又再興由廣東馳驛上貢生荔之役・史載「馳驛致之」（通鑑」）・「置騎傳送」・（唐書」「楊貴妃傳」）・復證以杜牧・杜甫・鮑防・等詩・則驛運之爲確鑿事實可知・

後人懷疑此驛運貢荔方法之可能性未嘗無人・如阮元與子阮福同持異見・曰・「昔人有七日至長安之說（見上文「筆精」條）・殆妄也・白居易「荔枝圖序」云・「其實離本枝一日而色變・二日而香變・四五日外・色・香・味・盡去矣・」此果三日後色・香・色・俱變・豈有七晝夜汗馬之上而尚可食者・況自廣州至關中數千里・即飛騎置堠・亦不能七日至也・」

然阮福同時又確信唐時荔貢之爲粵產（見上文）・此非自相矛盾・不過上文所懷疑者爲七日驛運生荔枝之方法而已・彼即另陳進貢生荔之道路及方法云・「當如漢武移植扶宮故事・以連根之荔・栽于器中・由楚南至楚北・襄陽丹河・運至商州秦嶺不通舟楫之處・而果正熟・乃摘取過嶺・飛騎至華清宮・則一日可達矣・」（統見吳譜）

阮元亦持此先水後陸之複雜方法者・如其「嶺南荔枝詞」・八首之二云・「人道驪山驛騎長・漫疑不是嶺南香・漕河自古通扶荔・此路難瞞張九章・」阮福附注曰・「考唐時轉運・由揚州入斗門・渡淮入汴・由汴入洛・由洛入漕・運入太倉・嶺南貢荔・當亦如轉渭之制・連株成實・經舟快楫・抵渭南後・摘實飛騎・一晝夜可至長安矣・若云馬上七晝夜・必無此事・」（見「研經室集」）

考北宋建都汴京・其時・福建貢荔之法・乃由海運・

「三山志」載·「宣和間·以荔枝小枝結實者·置瓦器中·航海至闕下移植·」「老學庵筆記」于此事亦有略同的紀載·至明清則建都北京·其由南方貢荔之方法·亦由海運——先移植荔枝于木桶·俟果實未成熟即行裝置船隊上·由海運出·經運河直達北京·至則果熟·然每株所存成分僅二三枚耳（見沈初·「西淸筆記」·）阮氏父子先水後陸之說·或由以上方法而推想出來·然以唐建都西安·無運河之使·轉運爲難·此方法究竟行得通否·殊爲可疑·且揆諸鮑防之「雜感」詩所見證之眞象·則此先水陸之運輸法礙難信爲事實也·

其實·古人保藏荔枝鮮果·早已有善法（不必如今人之冰藏）·屈大均云·「藏荔枝法·就樹摘完好者·留蒂寸許·蠟封之·乃剪枝蒂·後以蠟封剪口·以蜜水滿浸·經數月·味色不變·（見「廣東新語」·又·「偶陽雜錄」云·「荔枝帶莖剪下·去葉去莖勿犯手（按·即避惹微菌也）·入磁瓶·至六分·灌好白蜜·至七分·紙封泥口·寄遠可藏半年·開用時以水洗淨·鮮香不變·」又·吳譜引「廣州志」云·「舊時採貢·以蠟封其枝·或蜜漬之法·」即吳中亦有蜜漬之法（見明文）震亨「長物志」·白福臻引）·如此的蠟封或蜜漬保藏法是唐時所採用者否·其法究有實效否·未經科學的實驗·未敢斷定可否·但所得而言者·假如此法果可行·則飛騎馳驛·驛使與馬匹逢站接替·「一日行千餘里」（見黃履康·「十八娘傳」指嶺南荔貢事）·不俟七晝夜·僅于三數日間常可由廣東直達長安·驪山·或馬嵬坡矣·一九四七年六月初稿·一九七〇年三月增修·

西漢黃腸木刻考略

民國卅七年·余在廣州得見西漢黃腸題湊木刻·「甫五」·「甫七」·「甫十四」三章·待價而沽·余乃爲「廣東文獻館」（時·余任館主任）購入「甫十四」·而自購其餘二章·至民四八年·復以「甫五」讓與香港大學博物館·茲將厥物歷史及性質略作考證·

文字釋義

考「黃腸題湊」之義·據「漢書」顏師古注引蘇林云·「以柏木黃心·致累棺外·故曰「黃腸」·木頭皆內向·故曰「題湊」·「黃腸」固是一種木名·猶言黃心之柏木·「腸」等於心·即特裏之義·「題」·頭也·「湊」·聚也·「題湊」者·即是各內向之木·按古冢制度之上下四旁·皆密布黃腸·故「題湊」非梆也·

「甫」·鋪字省文·復省右上一點·是爲密鋪冢堂地上之黃腸大木·各於一端刻有數目·使營造工匠鋪排時依次不亂也·意者·冢內上蓋及四旁之黃腸題湊·均各有特殊標誌號數·惟無存矣·

發現經過

先是·民國五年（一九一六）五月·有台山黃葵石與香山（今中山）李文樞二人購得廣州東郊東山廟前龜岡官產·掘地建造房屋時·忽有古冢出現·冢之上下四旁·均有堅厚

香楠密布．木外護以木炭．大木共數十章．各長丈餘．廣尺餘．其鋪地所存完整者僅十四章．一端各刻號數．（按．原數至少有廿章．見「南越文王冢黃腸木刻字」拓木單行本．）「五」．「七」．「九」諸字尚沿西漢隸體．異於東漢諸碑．「七」字中豎肥而短．不轉右．與「甫十」及他「十」字之瘦而長者比較．兩者相異．一目了然．誠西漢遺物之鐵證．故此章尤爲重要．另有出土古物多種．如漢武帝元狩五年之五銖錢及其他秦漢寶物爲王者殉葬用者．復證以「題湊」之造冢制度．其爲西漢王者之冢無疑．

當時．經由廣州文廟奉祀官譚鑣（仲鸞．新會人）作精確考證．斷定爲南越武王趙佗孫文王趙胡之冢．趙胡死於元狩五年（元前一一八）．正值漢武帝初鑄五銖錢．故得五銖數枚爲瘞．其說可信．（以上考證參考馬小進．「西漢黃腸木刻考」．引譚鑣呈文．載「廣東文物」下册．）

出土後．木刻分由諸人取去．截斷各大木爲方塊．僅留所刻二字．以便保存．（聞獨有「甫十一」大木完整如故．）其「甫五」．「甫十四」等歸譚鑣．「甫七」歸梁啓超（譚氏表兄）．（見馬小進文．及「南越文王冢黃腸木刻字」拓本．各章蓋有初期藏者姓名．）其後．此三章併爲葉恭綽所有．（按．馬文謂「甫十」歸葉氏．誤．）抗戰時．留在香港．勝利後．復運回廣州．以後易主經過如上述．其餘各章今在誰手．不可知矣．

木刻價值

譚鑣於考證木刻歷史外．估定其價值云．「此有文字之木．所刻乃由篆變隸之迹．爲學人研究文字源流不可闕之資料．況海內西漢文字．存者甚少．今竟獲見此西京木刻．誠爲曠代瓌奇偉麗．驚心動魄之寶物．允足冠冕海內．無論廣東矣．」（見呈文）

馬小進則曰．「漢代木刻．在宋時已稱爲絕無僅有之物．今存西漢黃腸木刻．去宋時又已數百年．不特可視作吾粤奇寶．即譽爲曠世珍品．用以冠冕海內．亦無遜色．若使龔定盦生于今日．獲覩此木刻．當不復有「（但恨）南天金石貧」之恨矣．（上同見馬文）

譚．馬．二氏斷語．允稱定論．然尚得而補充者．「黃腸木刻」至今（由元前一一八—一九七五）已有二千九十餘年之歷史．比之歷年發見．年期最古之兩漢木簡爲尤早（有注）．至比之前在湖南所發現戰國時楚國木器．年期雖較晚．但楚器並無文字．是故此西漢「黃腸題湊」實爲全國最古之具有文字之木刻．良可寶也．

（註）西漢木簡．宣帝元康三年（元前六三）．宣帝神爵三年（元前五九）．宣帝五鳳元年（元前五七）．元帝永光五年（元前三九）．東漢木簡．和帝永元六年（九四年）．桓帝永興元年（一五三）．此外或尚有其他．茲不及．一九六九年初稿一九七五年重訂於九龍猛進書屋．

後記

一九七五年十月．將寒園所僅存之西漢黃腸木刻「甫七」一章．讓與楊永德先生．楊先生旋即慨贈與其母校香港嶺南書院．永久保藏．熱心保存鄉邦文物．至爲欽佩．而個

人多年所有之文化瓌寶・今已得香港兩最高學府爲永久保藏之所・此不特私心深覺喜慰・抑大足爲廣東文獻誌慶也・□□□又文補識・

新國畫的欣賞

新國畫的大宗師・番禺高劍父教授・幼從嶺南名畫師居廉古泉氏習繪事・復致力於古代名畫之研究與臨摹・故於國畫得有深固的根柢・弱冠時・兩次負笈東瀛・習得西洋畫學之科學的理論與技術・遂興起革命國畫之志・要採納洋畫之所長・而改善國畫之所短・歸國後・專心致力於新國畫之研究・創作與推進・又嘗遍遊印度・錫蘭・南洋古國・以作東方原始藝術之搜討兼習得其各種作風・歸而於學問與技術益爲增進・遂能以其天賦的藝術天才將中西古今畫學之精神共冶一爐・經其心靈的鍛練・而創建了繼往開來的「新國畫運動」・經過三十年來不斷的努力・他個人創作的大成就與貢獻・已博得國內國外藝術界極高極優的稱許與品評・而其尤有造於藝術前途者・則是他於昔年前在廣州自辦春睡畫院・後來又任中山・中央・兩大學藝術教授席・悉心悉力以其生平畫學所得傳授於門人・新國畫之推廣與傳授・成績愈大矣・

所謂「新國畫」・基本上以傳統的中國古畫爲主體——即是務爲保全其特殊優美的筆法・紙墨裝潢的工具・靈活秀逸的氣韻・精神深奧的意境・與饒有詩意的構圖——而運用折衷的方法・盡量採入西洋科的繪畫技術・如透視學・光學及遠近立體・色彩渲染・空氣・天氣・寫生・動態・勢力・精神之表現等等寫法・復參以印度・埃及・波斯等東方原始藝術的作風・更能革除專事仿摹古畫・因襲古人之陋習惡風・而力事創作・務求於題材及筆法推陳出新・不落前人窠臼・以適合於科學化・現代化及生活化的條件・使能確比古畫・甚至比洋畫爲更優更美・印度詩哲嘗稱這種新國畫爲「進化的中國畫」・及「進化的西洋畫」・推其意・殆以爲新國畫不特是中國藝術之革命・抑大有貢獻於世界藝術之進化矣・

夫精神價值是超乎國家種族之界限的・一國的文化惟能於時採納和吸收外國文化的優美分子・折衷成爲我的新文化・乃能以時生長而進步・此於藝術爲然・於音樂・宗教・文學・政治・法律等亦無不然・若泥古不化・故步自封的文化・其不流於「內部自長」（Ingrowth）之弊・而日趨於殭石化者幾希矣・此所以世界歷史上有死的國家・亦有死的文化・前時在南京全國美術展覽會・陳列漢・唐・宋・元・明・清・以至現代千餘年的國畫千餘點於一堂・予人以全部適度的透視及比較的機會・其最令人驚心動魄者・則明見國畫日趨退化・有一代不如一代之象・此凡參觀意見僉同・若馴此以往・不事改進・恐江河日下・殭化日深・將難逃文化死亡之範疇矣・展覽會中惟所陳「新國畫」乃爲吾國藝術前途現一線曙光及一線生機・是則「新國畫運動」對於吾國文化前途意義之深大・與關係之重要・可以概見・願凡致力於文化運動的同志們協力贊助之・推進之・使其日益進步・日臻完善・使與西洋藝術並駕齊驅・甚且超過其美的標準・則大幸矣・

抗戰時・春睡畫院諸子得香港大學中文學會爲其主辦畫

展・乃予本地人士以研究及欣賞此種「新國畫」的大好機會・所陳列的作品百幀・足代表「新國畫」的成績・謹將個人觀摩所得・約略書出・用作讀者欣賞的介紹・

高氏出品中有幾張是舊作・大半是新作・皆各具特優點・如「看盡世人睡未醒」寫羣鼠嚙菓・工細絕倫・鼠毛之鬆潤・鼠眼之靈活・具見技巧・有一頭立在筐底而不能上爬的老鼠・其腹便便・殆懷孕的母鼠也・妙哉・「草澤雄風」・繪一猛虎・毛鬆・色潤・爪堅・勢雄・有虎虎生氣・凜凜威風・「風雪中的饑鷹」・寫一兇猛的鷙鳥振翼立老松樹幹上・作欲噬勢・毛羽用筆古樸有金石味・於風雪交加的天氣背景中・松子一一飛落・景色俱佳・這幾幅動物畫均能充分表現動力和生氣・誠傑作也・

「六榕殘夜」・是廣州六榕古刹眞景・爲高氏昔年會友談禪之處・塔之陰陽遠近・與朦朧月色下之空氣・最見其寫景色空氣與建築物的技術・

「松風水月」寫松樹下・水波動・照出月影十餘個・構圖奇特得未曾有・「春風初試」寫竹石的筆墨如斷碑殘碣・如古之造像・金石味盎然滿溢楮上・此則其寫水月樹石之佳構也・

高氏的人物畫向不多見・惟此會陳列「布袋和尚」・「葫蘆裏的把戲」及「南國詩人」三幀・足見其寫人物的工夫・是皆能以線條遒勁而嫵媚・賦色沉着而和諧・及表現傳神而靈活勝者・後一幅爲寫古裝詩人背手携書・對月行吟・舉頭微笑・活現得句愉快之色・其衣摺鬚眉巾帶描法之新穎・指甲（左姆指甲長而右者短・甲色與肉色分淸）・古書枯葉用筆之精細・全畫敷色之和諧・與空氣之背景・合而構成此妙品・能使人百看不厭・至其寫「世尊」佛像是根據昔年遊印度古刹而臨摹的稿本而成者・此畫是用中國線條筆法而寫印度本色的古佛・而畫面及背景之設色・使全畫現出莊嚴肅穆的氣象・是又有埃及藝術的古拙作風了・

余最愛其新作「南印度的椰子」・全幅出以揮刀劈斧・蒼勁豪邁的意筆・枝葉迎風・雄健多力・一枝突出・凹凸畢現・而椰子數個・式式俱全・面面皆備・大筆潑墨一下・兩下・三下而立體呈現・裂紋畢露・銳角與光芒且盡見焉・是極繪事之能者矣・而尤妙者則全畫背景渲染赭黃色以表現熱帶之氣候・襯上靑綠椰子・令讀書其下者不期而然地感覺到南國炎熱迫人的天氣・是又畫法中之別開生面者・

再有一大軸「東戰場的烈焰」係「一二八」上海之役閘北慘被兵燹的寫眞・畫面爲「東方圖書館」被毀後的遺址・前面電線電桿・刺線・縱横交錯・瓦礫遍地・餘燼未熄・後面則烈焰濃煙蔽天漫地・疏林遠屋則顯示遼闊災區・在技術方面・其寫煙色火光・空氣遠景・頹垣敗瓦・殘磚斷木・皆有精到工夫・而全幅線條之遒健有力・章法之嚴謹瑰宏・敷色之沈雄和諧・又可見其畫法之高妙矣・至在意義上・則其以精妙的筆墨暴露日本這一宗不可掩飾・不可饒恕的罪惡・最富時代性・實於藝術價値而外兼有歷史價値者・在國難更殷的今日・此偉大的畫史最足以加增讀者愛國抗戰雪恥救亡之決心與努力・此其尤爲可貴也・

高氏又有新近創作或完成的小品二十餘幀・爲其最見筆墨精心獨到之作・亦其提倡「新宋院體」的好成績也・余最愛

簡又文

其「秋燈」一幀・以大筆寫燈・層紗透見・燭影外露・陰陽兼備・技術奇妙之極・復以工筆寫秋蟲伏於燈上・翼則輕脆透明・鬚則硬直有節・尾則表示雄性・作求侶之鳴・又轉以表示秋天氣候・全畫詩意充溢・誠逸品也・「仙人掌」・「蘿蔔船」・「波蘿蜜」・「葱花蜻蜓」・「秋蔬」・「澆花之後」・「寒之友」・「野豕」・「飛魚」・「魚塲一角」・「春冰初解」與及「南瓜」・「瓜圃」等幅・則以題材新異・象形生動・賦色鮮闊・作風特殊・工筆精細・意筆蒼勁・技巧創作・各擅優勝・而「孤鴻雪泥」・「黃昏後」・「野有凍死骨」三幅則於技巧精細之外・更有抽象的詩意的表現・後一幅尤具社會革命的理想・這老畫師殆未忘早年入世救衆生之革命初志也・然無悲天憫人之深心者徒見五個骷髏耳・其何能欣賞此畫・更何能體會畫師之苦心・

吾讀高氏諸新作・欣賞彌深・期望彌切・或以爲氏垂垂老矣・且體弱多病・目力腕力遠不如昔・深恐其黃金時期已過去了・但在這次陳列作品中・他不特毫未表示退化之徵・且在在表現視前邁進之象・以後在晚期・新國畫的成就愈見具體的結晶・茲不贅・

至於春睡畫苑諸君之出品・成績亦大有可觀・請閱「大風」旬刊四十三期拙著「濠江讀畫記」下篇・

欽定軍次實錄序言

余於太平天國諸首領中所最欽佩者・在其前期有東南二王・後期則有忠干二王・而於四王中獨許干王洪仁玕爲太平一朝特出人物・蓋以其文學・武功・與其政治・經濟・道德・宗教的思想・均迥非朝中一般起自田間的草莽英雄・或粗讀詩書咬文嚼字的迂腐儒生輩所可比擬者・惟向因史料不傳・事實未彰・故國人對于此一代英傑多未認識・重以偏頗的紀載（如忠王供辭）・或片段的遺聞・每有誤傳其生平・至躋于太平晚年「權姦」之列者・至可寃也・十餘年來・余自多方發現太平新史料・因而對於干王之出身・人格・學問・抱負・漸懷與時人相異之見解・輒以爲以前所紀失實誣蔑之處實多・（參看太平天國外紀・及太平天國雜記中張祝齡氏所述及外人所記諸篇・）洎乎一二年來・更獲讀新發現之太平遺書・如「英傑歸眞」・「太平天日」・尤其是「資政新篇」「干王親供」諸篇（後三者已在逸經發表）乃確信前之論斷爲正確・茲又得王重民先生自巴黎寄回其在英倫劍橋大學所得之「軍次實錄」孤本照片・益使余推崇干王爲太平天國獨一無雙的文學家及政治家矣・

此書係干王僚屬紀錄其於天國十一年間出征皖省途中之吟咏・文告・著述者・除弁述天王洪秀全早年所作詩五首（文字間有與他本稍異者）外・有干王自製詩十五首・文告著述十七篇・以詞藻論・所作雖未能躋于上乘舊學之列・然其文學長才及內心思想均表現無遺・而其關於性理宗教之見與箴時貶俗之言・雖在今日尚不可多得・則尤爲余所欽遲無已者・是不獨足爲干王傳不朽・且于十六年間鮮血滿紙或鄙俚之辭與怪誕之事連篇的太平史中特放文化異彩者也・

余於整理太平文獻・搜集太平遺物・及編著太平天國全史之外・久欲特爲干王作傳以平反此近代史中之一宗公案而表揚此曠代國士・自獲讀是篇而志益決・茲亟發表於逸經・以供海內人士之先覩爲快・而成全王先生萬里寄書之至意・

（排版格式悉照原書）文學價值自有眞標準・讀此篇者・其或不以吾對於干王之評論爲過甚推崇則幸矣・民國二十六年二月新會簡又文謹序于斑園之窺天簃・

太平天國官書十種弁言

太平天國建國雖僅十四年・而典章制度・亦復燦然・獨惜自覆亡而後・所遺一切文物・多被清軍毁滅・而偶得存留供人觀讀者・又多鄙俚怪異・晦澀難解・甚有俗不可耐・不堪卒讀者・以故八十年來・國人無由認識此一革命大運動之眞相・甚或錯見誤解・因而判斷不確・是非不明・夫汚蔑革命先進・姑不具論・而竟無可信的歷史・使世人得眞實的知識・至堪慨嘆・

幸而天朝文物之保存於海內外者・猶屬不少・近年經各方史家之陸續發見・及辛勤蒐集・已有多種・可謂洋洋大觀・滄海遺珠・縱未完全復現・已足使此一革命大運動之眞相・較前明顯・而吾人一向因蒙昧而致的偏見與成見・亦可以改變不少矣・

考天朝倡義者洪秀全與馮雲山・皆士子出身・夙好舞文弄墨・在起義前後・嘗多作詩文・以宣傳其自行發現之基督教・或藉以運動革命・其他如軍政制度・規條・教科書・新曆法・與他種小書之出於洪馮二人與何震川・盧賢達等手筆者・遠在天曆壬子二年（公曆一八五二）即有刋出・時大軍猶轉戰湘桂間・未下武漢也・雖在最初創業・軍事倥傯期間・而仍不忘印書・且不斷的印書・此則太平天國文化之特色・而爲歷代同一時期中所罕見者・奠都天京後・天朝即開科取士・乃有無數文人應考或効命・一時文事與武功蔚然並懋・大足爲新朝之點綴・至天曆己未九年（一八五九）・洪仁玕抵京・各種書籍刋行更多・仁玕粤花縣人・爲天王之族弟・字益謙・亦士人出身・原與雲山最先服膺秀全之教義・起義後・屢以道阻不能達軍中・遂滯留香港・而加入基督教會・旋任傳道職・其人於中國文史經學・理學・造詣本有根柢・迨在港滬間・因久從外國教士遊・且得親見外人科學物質各種設備・復習知外國政治・經濟・科學・世界大勢・與基督教眞理・以至軍事・天文・物質建設等學識・亦無所不窺・以故其學問與識見・遠出秀全雲山以及石達開李秀成輩之上・實爲太平朝文臣中之第一人・自膺干王之封・軍政大權・盡握掌中・寒士得志・鬱抑盡吐・而其建國救世的經綸與抱負・得乘時盡量發表・加以其生平亦好爲詩文・是以其個人作品特多・各彙刋爲專書・太平天國後期文化之盛・實以其一人爲中心・重以其職掌外交・常與外人接觸・輒贈以天朝刋物・而外人乃舉以轉贈本國圖書館・太平官書雖毁滅於國內・而獨得保存於外國者・此之由也・吾人今日得讀諸書・始能認識干王不特非當時佞倖之流・如世之所誤傳・而實爲一文學家・理學家・政治家・軍略家・固不獨是太平天國之第一流人物・且爲十九世紀中吾國傑出之偉人也・

關於書籍之印刷・天朝無時不以爲急務要務・定鼎金陵後・更特置「典鐫刻」官四人・僱用刻書匠數十・專司刋印聖經及其他官書・（見清張德堅編「賊情彙纂」卷三）・此種典籍・皆稱爲「旨准頒行詔書」・後期刋印者・輒加「欽定」二字

於書目上・殆先呈天王「審查」適用・而後特准刊行者也・前項「詔書」有一特點・即是每種官書卷首・必列舉以前所頒行之書目・而作一總表・謂之「總目」・綜計在壬子二年「旨准頒行詔書」・已有十四部・至癸好三年・到金陵後・則增刊至二十九部矣・其後陸續加增・復有「欽定」多種・

至於太平天國官書之總數・亦可約知・當時有文士沈懋良者・被執於金陵・至天曆癸開十三年（一八六三）・始行逸出・據其所撰「江南春夢庵筆記」云・「賊中僞撰之書・不下數十種」・照吾人現在所確知之數・則太平天國官書・至少有四十一種・其中原版孤本・大多已在海內外發現・而亦經抄錄影印或攝影・復傳於國內・尚有數種・則僅知其名目・而原版已絕・迄未發見也・發見各書・或抄錄或攝影・以公諸國人者・要以程演生・蕭一山・王重民三君之功績爲最大・程君之「太平天國史料第一集」・在北京大學出版・（以下簡稱程輯）・蕭君之「太平天國叢書」・在商務印書館出版・（以下簡稱蕭輯）・而王君十年前在英倫劍橋大學攝影之世界孤本・「太平天國官書十種」・今編刋於「廣東叢書第三集」・自此十種發見重刋後・太平官書之保留於國外者・幾全部復得流傳海內・以供國人之閱讀研究矣・（以下簡稱王輯）・（按王君由海外攝影之太平天國官書・原爲十一種・因「天理要論」有兩刻本・一爲原書・一爲節錄原書之前八章而稍易數字者・今本集只編印後者・故全書共十種）・茲將此四十一種・依其刋行次序・表列於後・太平官書全部目錄・可一覽無遺・

一、天父上帝言題皇詔一卷・癸好三年新刻・載「蕭

輯」・壬子二年總目已有此書・惟未見・

二・三・天父下凡詔書一卷・壬子二年新刻・載「程輯」後刻者原註有二部惟一部未見・

四・天命詔旨書一卷・壬子二年新刻・載「程輯」・

五・舊遺詔聖書二卷・癸好三年新刻・載「蕭輯」・又欽定舊遺詔書聖書六卷同上・

六・新遺詔遺書一卷・癸好三年新刻・載「蕭輯」・又欽定前遺詔聖書五卷同上・

七・天條書・壬子二年新刻・載「蕭輯」・

八・太平詔書・壬子二年新刻・載「蕭輯」・

九・太平禮制・壬子二年新刻・載「蕭輯」・又戊午八年續篇・載「王輯」・

十・太平軍目・壬子二年新刻・載「蕭輯」・

十一・太平條規・壬子二年新刻・載「蕭輯」・

十二・頒行詔書・壬子二年新刻・載「程輯」・

十三・幼學詩・壬子二年新刻・載「蕭輯」・

十四・太平救世歌・（後改爲太平救世誥）・癸好三年新刻・載「蕭輯」・

十五・建天京於金陵論・癸好三年新刻・載「程輯」・

十六・貶妖穴爲罪隸論・同上・

十七・詔書蓋印頒行論・同上・

十八・天朝田畝制度・癸好三年新刻・載「蕭輯」及「程輯」・

十九・三字經・癸好三年新刻・載「清朝全史」及「太平天國野史」・

二十・頒行曆書・癸好三年・辛酉十一年兩種・載「蕭輯」・又甲寅四年・戊午八年兩種・載「王輯」・

二十一・天理要論全編・甲寅四年新刻・載「王輯」・另有「尚德者・撰原書全文一本・亦由王氏影印・茲不編入本集・

二十二・天情道理書・甲寅四年新刻・載「蕭輯」・

二十三・御製千字詔・甲寅四年新刻・載「蕭輯」・

二十四・行軍總要・乙榮五年新刻・載「蕭輯」・

二十五・天父詩・天巳七年新刻・載「蕭輯」・

二十六・欽定制度則例集篇・此卷國內外俱未之見・惟書名列入總目・想是政治制度及各種法規・

二十七・武略書・蕭一山氏謂此即孫子吳子司馬法合刻本・原書未見・想是太平軍制之藍本・

二十八・醒世文・戊午八年新刻・載「蕭輯」・

二十九・王長次兄親目親耳共證福音書・（板心刋「福音敬錄」）不載新刻之年・但內注庚申十年奏准・必係是年以後之刋本・載「蕭輯」・以上「旨准頒行詔書」共二十九部・以後旨准頒行之官書・尚有數種・皆不在總目之內者・今幷列后・至各書之號碼・則爲余所自編者・

三十・資政新篇・己未九年新鐫・載「王輯」・（曾刋「逸經」十七十八十九期）・

三十一・己未九年・會試題千王寶製・刋行之年未刻・載「王輯」・

三十二・開朝精忠軍師干王洪寶製・刋行年缺・載「王輯」・

三十三・欽定士階條列・辛酉十一年新鐫・載「蕭輯」・

三十四・幼主詔書・未鐫新刻之年・載「蕭輯」・

三十五・欽定英傑歸眞・辛酉十一年新刻・載「蕭輯」・

三十六・欽定軍次實錄・辛酉十一年新鐫・載「王輯」・（曾刋「逸經」二十七二十八三十三十一諸期）・

三十七・誅妖檄文・辛酉十一年新鐫・載「王輯」・

三十八・太平天日・壬戌十二年印行・載「王輯」・（曾刋「逸經」十三十四十六期）・

三十九・三國史・以下三種書目只見諸沈懋良筆記・原書未發見・

四十・改定四書・

四十一・太平律文一百七十七條・

本集所編印劍橋藏本十種・其內容已由王君撮要・宣之序文・茲不贅述・惟所仍不得已於數言者・則諸書對於史學之特殊價值是也・吾人自獲讀「太平天日」一書・乃能愈明洪氏在起義前之活動・至足補「太平天國起義記」（拙譯）及他書之闕・又由「資政新篇」可知干王所代表之太平天國的政治理想之高崇・及其行政計劃之完備・由其他諸種・復可見其宗教信仰之眞諦・理學文學與兵學之精華・及其溶合中西倫理・耶儒思想之成績・其中最多觀念・符合現代學理者・亦有施諸今日社會仍屬可行者・迥非當代曾左李胡輩所可能望其肩背焉・然則劍橋大學所藏諸種孤本之發見・謂爲干王超卓的才具與人格之發見・亦即太平天國優越文化之發見可也・

十年前・王君初以各書影片寄上海「逸經」文史半月刊

社・囑余整理付印・旋以抗戰軍與未果・乃挾之南歸・時葉譽虎先生在香港倡組「廣東叢書編印委員會」・而王君亦適由美返國經港・三面商訂・乃以此十種編人「廣東叢書」・迨香港陷敵・余孑身脫險返國・而諸書影片猶存寒齋・幸內子楊玉仙知其爲文化瓌寶・珍重收藏・雖日寇數至搜索・不爲掠去・繼則冒險運出・載入廣西・其後復違難數邑・由桂林而陽朔而平樂而荔浦而蒙山・曾挾登六排高山・曾匿藏屯治田舍・幾經危難・終獲保存・卒能於勝利後攜回廣州・玆以譽虎先生回粵・會務復原・工作加緊・於第一二集次第發行之後・且有第三集之編印・乃亟將原書影片付與・以了心願・至於各書內容之考證與注釋・則非目前時間與篇幅之許可・不得不暫付闕如・有負所託・王君諒焉・

中華民國三十七年八月新會簡又文馭繁氏書於廣東文獻館・

九龍與宋季史料序

兩年半以前・余撰「宋末二帝南遷輦路考」・曾以初稿示摯友饒教授固庵・饒子閱竟・對於碙州所在地問題表示異見・謂其應爲化州之硇州而非廣州之大嶼山・余則堅主在廣而不在化之說・斤斤討論・相持不決・余力請其撰爲駁議・引出憑據・發揮所見・藉共商榷・且出以幽默語調・含笑向其挑戰・聲言倘提出充份證據・足以折服拙見者・當懸白旗而向眞理投降・蓋彼此治學一本科學精神與方法・虛己從事・至誠相待・同奉眞理爲至高至尊之標準與鵠的・而不固執私見成見・尤不以意氣用事・妄爲口舌之爭也・饒子聞而

嘉許此爲豁達大度與客觀的治學精神・欣然諾焉・時・王世昭君亦在座・亟鼓掌稱善・並謂此種友誼的・善意的・積極求眞的論辯・毋意・必・固・我的研究・足以開文化學術界之風氣・當拭目觀之云・未幾・饒子果以萬言長篇抵余・余亦以長篇答之・自是以後・彼此往復辯論・辭達三萬言・統載余主編之「宋皇臺紀念集」・迨該集付梓・討論結束・而饒子之心靈活動與知識興味・一發難收・繼續發掘史料・虛心研究・卒成「九龍與宋季史料」一書・余初聆此消息・不禁爲之愕然驚奇焉・

日者・饒子出其新著全稿見示・且曰・「余本無心研究九龍史蹟・自前歲拜讀尊著・始措意及之・乃相與爲碙州所在地問題作詳盡公允之商討・彼此同意之斷論雖未得・而于搜索古籍中・再得見其他史料多種・不忍舍棄・因彙編爲一集・將梓以問世・冀爲學術界研究此一時期與地區的歷史之補助焉・君爲最初激發此新興味與新努力者・乃有此成果・盍爲之序・以明此書撰寫之由來・」余有感於其處己之謙誠・求眞之熱誠・與乎治學之勤懇・復欽遲其忠于所忠・信其所信之眞學者的精神・遂不辭而接受其稿本以歸・顧余于斯時・別有會心・頓起自私之念・蓋亟欲借助於其新得之史料・以補充或修正個人關於二帝輦路之考證也・

在余初時信口沿用「挑戰」成語・原含有挑之激之邀之期之共事論辯以闡明眞理之意（照英文 challenge 一字實有此義）・冀各能不斷發見新史料・不斷陳出新見解・終有以解決困難問題・今也何幸・因此一激・而得收此意外奇效・新書在手・且喜先覩爲快・既窮一週之力・細讀兩遍・深覺其

搜羅之廣博・內容之宏富・分析研覈之精微・與立論詮釋之新穎・足令後之研究者・坐收參攷之便利與啓迪之實益・善莫大焉・余首拜嘉惠・即採摭數條・以作拙著（已印就多時）之補誌・（一一注明出處與來源・）不敢掠美・先行走筆致謝・

一般言之・除個人興味所及實收其益之外・余相信此書將必大有貢獻於宋季史事之研究・茲就管見所及・試約爲二大範疇以表出之・一曰難得罕見的史料之發見・一曰特殊重要的問題之提出・

第一・本書所蒐集之史料中・有幾種是極爲難得罕見・而由饒子發掘出來公之有衆者・列舉其尤著者如下・

①陳仲微之「二王本末」・爲治南宋史者所必讀之書・據饒子考出・在元時已刻印兩次・明清至少復有四次・元朝版本・一在仁宗皇慶元年（西曆一三一二）・一在英宗至治三年（西曆一三二三）・從此可證實是書確於元世祖至元十九年（西曆一二八二）戊午之秋（即文信國就義前數月）・由安南貢使携歸燕京・良以其後三十年及四十一年・即有上言兩版本相繼印行也・抑爲難得者・饒子不憚煩而遠從台灣中央圖書館查得有鄧邦述所藏舊鈔本・經照元刻本校勘・已有「碙川屬廣之東莞縣・」句語・凡此二點・固對於余前所斷定者大有助力・而且對于該書內容眞僞之判別・亦大有分量・此或非辛勤搜集之饒子意料所及者・然既發見之・且發表之・此其重眞理的是非過於私人的利害之大公至誠的精神・不尤足欽佩乎・

②饒子于周密（宋末元初）所著之「浩然齋雅談」及「癸辛雜識續集」兩書錄出有關於宋末史事之特載・如楊亮節殉節于厓山・慈元楊太后之父爲楊纘而非楊鎭・碙州在雷州境界・帝昰御容銳下（即面尖）而眇一目等・均有助于歷史研究・（饒子早經錄示諸條・予曾發表揚亮節死事于一九五八・十二・廿七「自由人」・又採用楊纘事以修正拙著「輦路考」・均注明來源・獨碙州在雷州界一點・仍未置信・）

③「塡海錄」佚書・爲鄧光薦遺著所以上進元廷者・此饒子根據另行發見之黃溍一文（詳后）而確定之・而且斷定其內容之大部分是錄自陸秀夫之海上日記者・後一點・余雖未敢信爲絕對眞實・固亦認爲大有可能者也・

④元人黃溍之「番禺客語」・即「陸丞相傳後叙」一文・「厓山集」（即明人南海張詡所著「厓山志」殘本）嘗數引之・惟原文人所罕覩・甚至阮元之「廣東通志」亦云・「未見」・饒子竟以全文錄出・姑無論其內容如何・吾人今乃得讀・寧非快事・

⑤宋人徐度之「却掃篇」・說明宋室帝女之改稱爲「帝姬」・始于徽宗政和間・但南渡後・高宗即復「公主」之稱・此足證明「趙氏族譜」以南宋沿稱「帝姬」之誤・

⑥黃安濤「高州志」載・有文昌令陳惟中運餉至井澳・將趨碙州・遇元將劉深來追・張世傑前鋒稍却・惟中力戰・深卒敗逃・此事・古今人論宋末史事者鮮加注意・今得饒子引出・至可感也・曷言可感・良以其大有利於余主張碙州在廣之說也・

⑦「碙」「硇」二字之字形・異文・訓詁・與「碙州」名稱之由來・均經饒子一一舉出・誠發前人所未發者・

⑧宋代官富場・鹽場・之地理及行政制度・與大嶼山禁私鹽事・饒子亦多所表出・茲不贅述・

⑨對於九龍年前新發見之李鄭屋村古墓磚文「大治曆」三字・饒子亦附有嶄新的見解・余於此問題無精細研究・不敢置喙矣・

⑩關於九龍侯王廟之來歷・余在「輋路考」已斷定其非祀帝昰母舅楊亮節者・今再得饒子旁徵博引・另行列擧史料多條・殊堪證實其神確非楊亮節・而昔年陳伯陶所提倡之說・復經此一擊・完全粉碎了・泰山可移・鐵定之案不可動・此又饒子之功歟・

⑪近代研究廣東文獻者・多奉阮元之「廣東通志」爲權威・即如戴肇宸之「廣州府志」輒引用之・然細考其內容・亦不無舛訛之處・饒子于此書・揭發其有關九龍史蹟之譌誤數條・（例如・「司鹽都尉」誤作「司監都尉」・一字之差・又足訂正監本宋書之訛・）自是有補助於將來之修志與研究者・

以上十一條・爲本書對史學貢獻之犖犖大端・至在琳瑯滿目・範圍甚廣之史料中・其他特色尚夥・茲弗及・

第二・此書提出有三個半問題・皆與宋末二帝所經地點有關者・殊值得史學界之注意・復爲分述如次・

①「梅蔚」現在何處・未能確定・此饒子與余之結論相同・但饒子附加一語云・「梅蔚所在地・屬惠抑屬廣・尚難確定・」考歷來學人雖未知其地・但率以爲屬廣州（余亦云然）・即屈大均「廣東新語」中・及嘉慶「新安縣志」地圖上・亦以其在香港附近爲一小島（今名未知）・然自惠州之甲子門沿海岸西行數百里以至廣州之新安・中途經過惠州陸豐・海豐兩縣・又安知當年二帝所駐蹕之梅蔚・非其間隸屬惠州之一島嶼耶・若然・則屈著與「新安縣志」地圖等均誤矣・饒子此問・頗爲合理・亟宜研究・

②根據黃溍之「陸丞相傳後叙」帝昰「四月次官富場・六月次古墐・」饒子遂斷定他籍之作「古塔」者爲「古墐」之形訛・此說完全推翻最近幾經研究考察而後獲得之古塔即南佛堂之論斷・考官富場近海處昔有古墐圍・即古墐村・在今之馬頭圍地方・爲帝昰到官富場登陸處（亦猶到九龍在尖沙咀登岸）・今以「古塔」爲「古墐」之形訛・是極大膽之假定・余雖未敢苟同・仍不得不認爲新提出之問題・

③「井澳」「謝女峽」・饒子詳考地理・斷定爲中山縣南之大横琴・小横琴兩島・此與拙見相同・然考之各志書及地圖・則見兩島位置・或作一東一西・或作一南一北・完全相反・殊可詫異・今饒子雖知兩島「相連」・而未明言其位置如何・是東西抑南北相連・是故吾以爲其留下・不是提出・半條問題・仍有待解決者・（按・余在「輋路考」之拾玖・式拾・考證兩島均在今澳門之南・謝女峽即小横琴在北・井澳即大横琴在南・饒君早已看過此稿・想未注意此小點・故不言之耳・）

④硇州在化而非在廣之說・饒子向主之・余則堅信其在廣・此書彙刋與余討論之前後兩篇・（載「宋皇臺紀念集」・另有余之答辯・本書未編入・）而末則附加「質疑」九條・均針對余之辯辭作爲總答復・但仍未能折服拙論・將于「紀念集」編後記再略抒意見・于茲不辯・禮也・然饒子之總答覆・亦可視爲重新提出此硇州所在地問題・而有待於史學界

之考究與判斷者・至其所網羅有關此問題之史料・姑無論詮釋如何・結論如何・殆已大備・足爲深邃透澈研究之用・此其功也・

昔章實齋（學誠）之論史也・揭櫫一大原則・以史家於「史才」「史學」「史識」三大條件之外・尤須有「史德」・今饒子新著・成績輝煌・四美具備・而「自然之公」與「中平正直」之「史德」・特別昭著・譽爲良史良書・儻非溢美歟・是用掬敬誠之心・書眞實之見・成此序文・聊當桂冠之奉云・一九五九年中秋前一日駁繁簡又文撰于九龍猛進書屋・

黎二樵與謝里甫

遜清中葉・吾粵文學藝術界有兩位出類拔萃的人物・黎簡與謝蘭生・之二人者・同有「三絕」之稱・固廣東文化史上一時之瑜亮也・茲謹簡略介紹其人與其藝・

黎氏

黎氏・順德人・名簡・字簡氏・又字未裁・別署石鼎道士・因往來東西樵山之間・故自號二樵・以乾隆十二年丁卯（陽曆一七四七）生於廣西南寧・蓋其父居肆於斯也・少慧悟・十齡即能賦詩屬文・稍長・酷好繪事・屢隨父奔走粵桂・因得瀏覽兩省名勝・襟懷開拓・又常獨自遨遊兩省高山大川・深入巒洞・得峯巒起伏之勢・即能作山水畫・此其一生畫學飽受大自然美景薰陶之基礎也・

乾隆卅六年辛卯・年廿五・始奉母歸粵・寓廣州・（按・汪兆鏞「嶺南畫徵略」謂其年十五歸粵・是年爲辛巳・大誤・上據黃丹書所撰「黎二樵先生行狀」・載拙編「廣東文物」卷八李健兒文內・頁五〇以下）・自是益致力於文學及藝術之修養・博綜羣籍・師法名家・于詩學・繪畫・及書法・造詣日深・嘗爲富人疊石作假山（據「嶺南畫徵略」）・景緻幽美如圖畫・而其後所作山水畫亦多有如假山者・（按・時人任眞漢在「廣東文物」卷八評粵人畫・亦指出此點・謂「黎二樵的山水對象・好像就在這假山上・」誠具灼見・）又・二樵微時・家貧・嘗爲市肆書紗燈人物・所作人物絕工・而畫人無不著色作紅衣者云・（「嶺南畫徵略」錄目「達神恬齋隨筆」）

丙申・二樵設帳授徒於粵垣・後應試・戊戌・督學李調之取置縣學第一・補弟子員・己酉（乾隆五十四年・一七八九）・選拔貢生・時年四十三歲矣（上據「行狀」）・其後・即棄學業・淡于仕進・惟致力於文藝・終其身未嘗離粵也・

二樵之藝名日噪・省內外文人名士相與訂交・酬唱至盛・摯友有同邑張錦芳（藥房）・黃丹書（虛舟）・番禺呂堅（石帆）・香山李遐齡（菊水）等・而青埔王昶武進黃景仁（仲則）・德清許宗彥・無錫孫爾準・北平翁方綱等均有詩題贈・翁詩有句云・「粵語二樵圓夙夢・蘇門學士待君來」・可見傾倒之甚矣・（上據「嶺南畫徵略」・）社會人士慕其名・愛其藝・而以金幣求詩・畫有常塡於門・顧二樵性高傲・意稍不合・雖巨金立揮去・緣是有狂名・因自識曰「狂簡」・亦稱「樵夫」・自刻印章・文曰「小子狂簡」・袁枚（子才）遊粵時・慕名造訪・二樵不納・語人曰・「此一大嫖客耳・與之語有汚吾舌・」袁聞而恨被刺骨・故所撰「隨園

詩話無及二樵作品（據孫璞「嶺南畫人黎二樵」，載「廣東文物」卷八），益足見其性格之孤高獨特矣。

中年後，二樵體弱多病，染阿芙蓉癖，自謂「非吸煙不能提氣作畫」，因顏所居曰，「藥煙閣」，「芙蓉亭」，藉以自解，其寓廣州僧寺，愛種竹，名曰，「竹平安館」，又以晚年隱居之村名曰「百花村」，乃築亭曰「衆香」，日與病妻梁氏相與吟咏於藥鼎茶鐺中，以嘉慶四年己未（一七九九）卒，年五十三，遺作除多量的書畫外，著述則有「五百四峯堂詩鈔」二十五卷，「藥煙閣詞」一卷，「芙蓉亭曲」二卷，及其他散稿，（按，余昔年主任「廣東文獻館」時，曾蒐得二樵遺著劇本鈔寫本一冊，庋藏之於館圖書室。）（以上並參考阮元，「廣東通志」列傳二十本傳）。

當其繪畫馳譽南北時，執贄來學者多人，二樵卻之，生平僅得高弟一人，曰何深，字海門，自號小樵山人，亦順德人，得其畫法眞傳，其得意之作或署師名，直可亂眞，擅山水，「筆老景到」之好評，又能寫照。（據「嶺南畫徵略」）

二樵于詩，書，畫，造詣皆精，夙有「三絕」之稱，論者僉以其詩最高，畫次之，書又次之，其旁及治印則偶爾遣興之作，非專長也，惟其詩乃爲畫名所掩，故世人之知二樵畫家者多於二樵詩人焉。

論其詩學，「苦心孤詣，刻意新穎，言人所不能言，大抵由山谷入杜，而取鍊于大謝，取勁于昌黎，取幽于長吉，取艷于玉谿，取闢于閬仙，取瘦于東野，錘鑿鍛鍊，自成一家」（「嶺南畫徵略」），二樵「才思最敏，所爲詩，援筆立就，而語皆深警，寫物言情，時發前人所未發」（據「行狀」），嘗自語李菊水曰，「余之詩，年來惟得老實二字訣耳，此即太白不珍綺麗而貴清眞之旨也。」菊水論其詩曰：「琢削瘦勁，於李（昌谷），黃（山谷）二家往往似之。」二樵死，弔以詩云，「胸中萬卷筆無塵，二谷二樵前後身，山谷阨窮昌谷夭，汝樵牛斗豈能神」（見「勺園詩鈔」），會稽李慈銘（蒓客）評曰，「黎二樵詩，幽折瘦秀，迥不猶人，二樵以繪事名，詩中皆畫境也，詩中有畫，畫中有詩，惟二樵當之而無愧」（見「荀學齋日記」丙集上），近人梁啓超則論曰，「前清一代之詩，吳偉業之靡曼，王士禎之脆薄，號爲開國宗匠，乾隆全盛時，所謂袁（枚），蔣（士銓），趙（執信），三大家者，臭腐且不可嚮邇，諸經師及古文大家之詩，則極拙劣之砌韻文耳，嘉道間，龔自珍，王曇舒，號稱新體，則粗獷淺薄，咸同後，競宗宋詩，只益生硬，更乏餘味，反不若生長僻壤之黎簡，鄭珍輩，而中原無聞焉」（見「清代學術概論」）孫璞（仲瑛）曰，「以詩論，二樵不僅獨步嶺南，實足雄視海內。」此皆二樵之知音者，經此品題，足傳其不朽之名于後世矣。

論其書法，則寢饋晋人二王，兼學李北海，晚年多效蘇黃體，隸書則師熹平石經（行狀），又能作眞草，論者謂其腕力微弱爲美中不足（見張南山「談藝錄」），大概因其體弱多病兼嗜吸鴉片，故寫字作畫不無均受影響也。

至論其畫學，一般的評語而得人贊同者爲以下數言，「氣韻古逸，生意盎然，一種蕭疏澹遠者仿倪高士（雲林），一種淋漓蒼潤者蓋由梅道人（吳仲圭鎭）而上追北苑（董源）。」（上見「嶺南畫徵略」，孫璞亦引用此數語，但于倪高士下加柯敬仲及北苑下加巨然二名・）大抵二樵作品以山水勝・因其早年感受大自然之美・「下筆每見自然遠致」（「嶺南畫徵略」）・語其造詣・信「能直造四家之堂奧」（「行狀」）・晚年所作更得清湘神髓・故謝里甫有云・「樵翁中年後絕嗜苦瓜和尚畫（即釋道濟・號大滌子・別號清湘老人）・肆力摹倣・無一筆不似・」又指其一特點云・「吾粵畫人・自二樵山人始以木棉入山水・第俱用硃點而不葉・寫葉則自里甫始也・」（上見「書畫題跋」）

余所藏二樵以宋紙寫山水精品（見插圖）・有黃虛舟跋語云・「樵翁畫隨意點染・俱有一種蕭逸之致・此種下筆意獨矜重・嘗語余曰・「此紙吾欲上溯荊關・上鑒乎元代四家・」今觀之・筆墨渾成・風神疎遠・蓋得古人不傳之祕・而絕無規仿之迹者也・」另有吳榮光（荷屋）・謝蘭生（里甫）兩家題句・均揄揚備至・品題的當・非標榜之類也・于山水之外・二樵又間作人物・或寫人像・曾爲李忠簡南澗寫照數幀・無不畢肖（據張南山「松心隨筆」）・其白描人物・線條遒勁而嫵媚・工力神韻・兼而有之・惜不多覯耳・余藏有絹本一幅・題曰「還讀我書圖」・亡友孫仲瑛兄極欣賞之・爲題跋云・「此幀寫一老人・獨坐石山觀書・空無依傍・而鬚眉如生・神韻獨絕・觀其題跋・感慨繫之・必爲寫贈友人經意之作・二樵人物極罕・又文道兄其寶諸・」寥寥數語・殊能表出其眞價值矣・

仲瑛生前精鑒書畫・庋藏甚富・最愛二樵之作（藏有其餘作大小鳥峯圖二幀）嘗曰・「嗚呼・二樵生當婁東畫派盛行之世・而獨能脫離窠臼・不爲其流派所所拘牽・此二樵之所以夐乎絕也」・又詳論云・「清代乾嘉之際・畫學極衰・南沿石谷・北仿麓臺・家家皆以爲婁東・人人自以爲太原・模範僅存・神明都盡・方且衣鉢自矜・笑古人而忘己拙・沿其波流・則陷于甜熟・無由自拔・……二樵崛起嶺南・抉其藩籬・自標風格・譬之箏笛喧耳・雲和獨奏・令人神襟特爲一暢・論者謂二樵腕力微弱・不知其清超拔俗之氣・一開卷便撲人眉宇・論者所謂微弱・正其靈秀遒逸耳・今世所見板木而呆滯者・當是贋品・或門人代作・……二樵謂五百年後必有識者・予謂嶺南三百年來・無此筆墨」（見「廣東文物」卷八頁四五）・（按・時下贋品甚多・辨別不易・）藝術批評家任眞漢亦謂・「黎二樵的畫還有着廣東人的好處・除了上同所說的倣古是坦白的倣・（「他倣得極其概念」）不算作數之外・他自己的畫還有他自己的面目・沒有受到當時風靡大江南北的四王影響」（同上書頁三九・四〇）・以上評語・均由歷史及審美觀點而言・見地正確・立論的當・歿世僅百餘年後・旣得此知音・此曠代畫師足爲廣東藝壇之光彩矣夫・

謝氏

二樵生後十三年・乾隆廿五年庚辰（一七六〇）・謝氏蘭生出世・氏・字佩士・號澧浦・又號里甫・別署理道人・南海人・寓廣州・乾隆五十七年壬子中式舉人・嘉慶七年壬戌成進士・選翰林院庶吉士・時年四十七歲矣・自後・絕意功名仕進・居家致力于文學藝術・父殿揚・學者稱雲隱先生・博雅嗜古・精鑒別書畫・與黎二樵善・（余所藏里甫傑

作「丹荔圖」大軸．本受父命續製而由二樵題句者．堪稱「珠聯璧合」．）里甫又常遊于其岳父馮來廬廣文之門．「五經紛綸．克承其學」（見「嶺海詩鈔」）．家學淵源．社會環境．與個人地位（縉紳）均于其文藝成就大有影響．迭主粵秀．粵華．端溪諸書院講席．道光間．任羊城書院山長．粵督阮元重修省志．聘其與陳昌齊．劉彬華．江藩等學者分任總纂．居恒流連山水．揮毫朝墨．風緻清豪．學術書畫詩文．蜚聲百粵．書畫題跋．尤其所長．（集有專書）都能提點古人之精妙而表現一己之學問．允推爲文藝批評的權威．晚年好道．宗程朱主敬之學．故顏其書室曰「常惺惺齋」．道光十一年辛卯（一八三一）歿于羊城書院．年七十二歲．遺命子孫告親友來奠醊者．惠素食四簋．多則不受．輓辭書紙絹者受之．剪綵繪帖于外洋呢絨爲帳者．于書院大門外焚之．眞可謂掌敎也（上據「嶺南畫徵略」）．遺著有「常惺惺齋文集」四卷．「詩集」四卷．「北遊紀略」二卷（未刊）．書畫題跋二卷．「遊羅浮日記」一卷．

里甫家境豐裕．聰敏過人．幼承庭訓．博學多能．時藝幾無一不精．加以功名地位顯赫一時．聲名益著．古文得韓蘇家法．當代士林稱爲祭酒．詩學取法東坡而出入杜韓兩家．作品「刻削謹嚴．亦與書法畫品．皆能以雋永見長」（嶺南詩鈔）．書法則師顏平原．參以褚河南．李北海．蘇靈芝諸家．尤擅擘窠大字．朱子襄（次琦）從學羊城書院時．里甫嘗授以筆法曰．「實指．虛掌．平腕．豎鋒．小心布置．大膽落筆．意在筆先．神周字後．此外丹也．手輭筆頭重．此內丹也」（「嶺南畫徵略」）．可見其深得書法之祕奧矣．

至於繪畫則以山水擅長．深得吳仲圭（鎮）．董香光（其昌）之妙．筆墨堅重滃鬱．意境雄奇古樸．而韻味則超邁獨絕．饒書卷氣．熊笛江（景星．亦粵中名畫家）云．「理道人畫．用筆纖秀野逸．雅近惲南田．」陳在謙（六吉亦粵中詩畫家）云．「澧甫詩文之外．畫以書卷氣勝．」省外人士如武進惲敬．金陵湯貽汾等均極推重之．其藝品之高優．洵足睥睨中原而在全國藝壇上佔一上座也．

里甫弟觀生．字退谷．別號五羊散人．亦能畫．山水亞于乃兄．而花卉則氣格高遠．蓋遠學陳白陽．沈石田．而有獨到之處．時人號爲二謝．足稱藝壇上之難兄難弟．

里甫子孫亦多能繼家學．累代以畫名于時．長子念典．字二泉．廩貢生．三子念因．字解圖．孫溶（次子念功子）．曜（念功子）．皆擅山水或兼花卉．曜並能賦詩．刻印．作篆書．嘗有句云．「吾家六法尋常事．三世相傳十八人．」可稱爲藝苑美談矣．

結論

黎．謝．二氏．同時代而生．同稱「三絕」．畫法則同宗元明名家．同具文人畫作風．又同以山水齊名．固一時瑜亮．且兩家生于四王畫派風靡全國之時代而均能抉其藩籬．不隨流俗．獨師古人．藝品高超．具見廣東傳統的革命獨立精神充分表現于藝術．至足爲鄉邦文獻生色者矣．惟是二樵藝名不脛而走．全國皆知．廣東畫家之飮譽嶺外者．自明林良以來．以其爲最著．里甫比之有遜色焉．此本與藝術之高下無關．豈區區浮名．亦繫於命運成天數乎．

至關於兩氏藝術的比較・論者輒謂里甫畫「用筆雄俊有奇氣・論粵畫者・推君駕二樵而上・殆無愧色」（「國朝詩人徵略」）・百年來多有同意者・如陳蘭甫（澧）謂其「書畫則高矣・而畫尤高在二樵之上」（東塾集）・今代名畫家張大千題余所藏理道人山水精品（時人有稱此爲「里甫王」者）見插圖云・「墨韻滃鬱・筆法樸茂・絕似元人・寒齋所藏冷庢敬「寒山圖」與此絕相似・道人當是曾見冷畫・故能攝其神也・嶺南畫人・羣推二樵・予以爲不及道人遠甚・」任眞漢之論「廣東的繪畫」則謂「謝里甫的小品比大品佳・學石濤的筆墨得其蒼勁・着色妍麗・在淡墨的石旁綴以鮮綠的苔點・上頭着幾筆紅葉的老樹・明艷典雅・彩色已入宋人堂奧・而骨法用筆如籀篆・紆徐爲妍・剛健中含嫵媚・這份筆墨在廣東近人中已不易找到・畫品超出二樵・自是定評・」・（見「廣東文物」卷八頁四〇〇）

然于以上高下比較評論之外・另有一種說法・如李健兒云・「世人並稱黎謝・而兩先生之書法・論者多爲軒輊・其實一爲隱士・一爲縉紳・境地不同・腴瘠大異・畫亦如之・是則一人自有一人之個性・自有一人之蹊徑・伊尹・伯夷・何須强爲比較・」（見「廣東文物」卷五頁五一・）葉遐庵題上言拙藏里甫山水詩云・「筆端囊括幾山川・敎外應知有別傳・若與二樵論位置・好敎墨井敵耕烟・」其跋語則曰・「里甫畫與二樵齊名・其高者或過之・如此幅是也・世論二人不少揚簸・余敢爲平議如此詩・蓋漁山・鳥目固各有眞價・見仁見智・隨標準好尚而異・難以一概論也・然二樵里甫固皆豪傑之士・不爲虞山・華亭・兩派所籠罩者・若論嶺南畫派・固應尊此蒼頭異軍也・又文得此幅・余詫爲里甫生平傑作・因爲題識如右・」是亦至爲平允之論・

從個人主觀上言之・余偏愛謝作較多・蓋有感于里甫之畫純出天籟而一空執著・饒書卷之狀・勝以二樵之矜持過甚・反留意近安排之痕跡・而有損于靈活自然之生氣也・惟兩家並駕一代・雄視吾粵・砥柱中流・各具特長・各有千秋・究難得絕對客觀標準以評定孰爲伯仲・若强爲品題・只有一條標準・即是見仁見智・各從主觀上示作愛耳・美術究竟是極端個人主義的及主觀主義的・于創作與欣賞同一範疇・其然豈其不然乎・

追懷簡竹居夫子

百二十週年誕辰紀念

遜清末葉・廣東名儒九江朱次琦（字子襄）先生（嘉慶十二年・光緒七年・陽曆1807—1881）門下・有出類拔萃之弟子三人・一爲於其早年（三十歲）時委贄門下・服膺春秋攘夷之義與「禮運大同」之說・而倡導民族革命之太平天國天王洪秀全・次爲光緒戊戌（一八九八）主持維新變法運動・其後提倡保皇・贊助復辟・畢生以發揮「大同」學說爲職志之康有爲（長素）・其有終身淡薄榮利・皓首窮經・行誼繼程朱之後・學術在漢宋之間・則先師簡竹居夫子其人也・

謹案・洪秀全嘗從學朱九江先生之說・久已盛傳東粵・詳考見拙著「太平天國全史」上冊頁一八・及「洪秀全載記增訂本」頁七—八・再考簡先生著「朱九江先生年譜」

載其於道光十六年三十歲「館邑六榕寺」．而其「讀書堂集」卷十三頁一載「壬戌重遊六榕寺」詩有句曰．「先師朱九江．嘗旅斯譚經」．可見九江先生確曾設館講經於斯．是爲洪氏適於是年春到省會應試．乃得其「春秋」．「公羊」之薪傳事又一佐證．

簡夫子．諱朝亮．字季紀．號竹居．順德簡岸鄉人．故學者尊稱曰簡岸先生．祖承德．寄居南海佛山忠義鄉．父孫揚．有子四．夫子其季也．以咸豐元年歲次辛亥十一月二十一日（一八五一）生于佛山．中華民國二十二年癸酉八月十日（一九三三）卒于廣州蘆荻巷松桂堂．春秋八十有三．（上據簡岸門人纂「簡先生年譜」．及參考李巽仿撰文．載香港孔教學院「弘道」年刊．一九七一年四月號）

夫子自幼好學．賦性聰慧過人．而檢攝威儀．言動必依於禮．年二十一（同治十年辛未．一八三〇）．入縣學（據「年譜」）．越三年（甲戌．一八七四）．負笈從學朱九江先生．家貧無以繼膏火．親友資助之．前後共三年．學成．（按．朱先生於同治五年乙卯四十九歲自晉辭官南歸．講學于邑之禮山．見簡著「朱九江先生年譜」頁二十三．從遊事見簡著「朱九江先生講學紀」頁一）

廿九歲（光緒五年．一八七九）．夫子以縣學生員補廩生．其後．五赴鄉試．不登．蓋其傲骨嶙峋．不拘制式．只携筆墨入場．不夾帶片紙隻字．又輒以草書寫卷．亦以不肯賄買謄錄之故．闈墨每有錯漏難讀．主試者多屏棄之．（據「年譜」．及參考「旡咎」著「簡竹居的故事」．載「藝林叢錄」第三編．頁一九八—一九九）

夫子先曾設館於會城南及六榕寺．教授四年．光緒十二年丙辰（一八八六．三十六歲）．居鄉控盜．因不屑與貪官汚吏同流合汚．竟爲庇賭之孝廉誣爲挾嫌．順德知事乃傳訊．夫子倔强性成．辭色無所屈．被解赴廣州羈押候審．有名流陳慶笙（樹鏞．陳蘭甫灃高弟）知爲寃獄．以告大紳梁鼎芬．（星海．節庵）．架亟往見按察使于蔭霖．謂妄囚大儒．將爲官聲與盛德之累．于使廉得眞情．立迎出獄．其後．自詡爲來粵後第一得意之事云．而夫子雖在縲絏．然非其罪．白圭無玷．無損於一生之人格名譽也．（上述事據年譜及「旡咎」文．謹按．臺灣版「清史」七册頁四九六五「列傳」三二五．「于蔭霖傳」載「順德廩生簡明亮．緣事繫獄．察其枉．立出之」．「明亮」係沿「清史稿」之誤．）

自光緒十四年戊子（一八八八）五赴秋闈不售後．夫子即棄舉子業．還鄉讀書．據前清科擧制度．凡各縣錄取生員經十年後而未中式擧人者．縣學教官得於諸生中選薦品學優良者一人．赴學政處與其他同等秀士會考．取錄四名．謂之「優行貢生」．翌年．（光緒十五年己丑．一八八九）．夫子行年三九．學政樊恭煦選拔爲一等第一名．報病不覆試．樊使不以爲忤．反嘉奬之．越二年（一八九一）且上奏稱其「究心經術．志潔行端．篤實沉潛．淡於榮利．乃庠序中不可多得之士」云．于是．清廷特旨「以儒學訓導選用」．夫子又報病．不往候選（上據「年譜」．「旡咎」及李文）．但於奉詔後．謁謝學主樊學使．不具財帛禮物．祇以詩文爲贄．歸里謁祖．並不派報紅．不發酒帖．惟謁誠敬告先人而已．其盡於禮而篤於義有如此者．（據個人早年采訪）

光緒十六年庚寅（四十歲・一八九〇）・夫子築「讀書草堂」於簡岸・講學著書・專治經史之學・不競聲華・不事標榜・常以風節勵後進・以實學樹楷模・四方士子・來學者衆・（據「年譜」）

至光緒廿六年庚子夏（五十歲・一九〇〇）・夫子以世亂・挈家避盜・徙寓粵北連州陽山・旅將軍山・期得靜深之處・賡續著述・居停主人黃氏爲築「讀書山堂」以款待之・學者負笈遠來從學者不乏其人・深山之中・書聲不輟・（見「年譜」及李文）

越九年（光緒三十四年・戊申・一九〇八）・夫子年五十八・禮部尚書溥良以賓師禮・奏聘爲禮學館顧問官・二月・聘書由粵藩司轉送山中・夫子亦以疾函辭・並以手書所著「禮說」一篇附陳・「其說皆本中夏・禮經・以箴時也・（見「年譜」・李文・及夫子原函）

民國成立・夫子隨俗去辮（此著者日後親見者）・復遷回佛山・益絕意仕途・思繼往聖而開來學・民國二年（一九一三）・袁世凱命人自北方致書帛問夫子・秋八月至粵・卒不得其門而致焉（見「年譜」）・翌年・袁設「國史館」・以趙爾巽（漢軍旗人・曾任東三省總督）任館長・聘請遺臣及當代名學者多人分任纂修・校刻等事・特派專員具書幣・來粵敦請夫子任「纂修」・夫子拒見來使・不納餽幣・惟覆函婉辭如故・用是・史館初期（「關內本」）職名表上無其名・然其後期（「關外本」）・係由職司「校刻」之滿人金梁・自以史稿運往奉天・逞私見擅行增損內容者（・之「纂修」諸員內・竟赫然列有「簡朝亮」姓名・然據朱師轍按語乃謂「簡・則館中未見其人」・可見夫子始終未就館聘・而後列之名殆金梁所竄加者也・（見「請史」一冊頁一二）

嘗考此事經過・足備儒林佳語・緣昔在清末・兩廣總督張人駿・曾奏請以朱次琦先生入國史「儒林傳」・惟史館體例・必以其人有經學著述者・方得名列「儒林」・而九江先生之經學著作・早於易簀時全部自行焚去・（說者謂因其提倡春秋攘夷大義・發揚公羊「禮運大同」之說・將有助於民族革命之興起・深虞遺著貽禍家族・故於臨終時盡焚其書稿云・然考朱先生題述之著作七目・皆有關於儒林逸民史事・無涉及「公羊」及「大同」者・則說者之言未可遽信・其後・竹居夫子以從學所得撰「朱九江先生講學記」・及「朱九江先生集」印行・於是・朱氏之學述文章・斑斑可考・）至趙爾巽任館長時・遂以其收入「循吏傳」・廣東同鄉聞之譁然・集議力爭・擬推夫子特撰朱先生傳・以彰其經學・然夫子之文不可得・好事者另以朱先生傳・展轉交與史館・乃得入「儒林傳」・主事人且以爲夫子之嘗執筆爲文也・遂續以其名「纂修」內焉・民國十八年己巳（一九二九）・「清史稿」（「關外本」）及「私印本」出版後・其門弟子恐忤夫子・隱而不告云・（上見「無咎」文・據云・夫子「終其身未有所聞」・然據下文考證・夫子晚年自述・已知有國史及省志兩傳・但以爲「未然」・是則此「清史稿」之傳初未之知耳・）

考一九六一年 臺灣出版之「清史」（七冊「儒林傳」一・頁五一六一）之「朱次琦傳」・（錄「清史稿」）・竟謂其「字九江」・夫子久列門牆・且爲其先師撰

「年譜」・第一年下之首行即大書「先生・諱次琦・字稚圭・一字子襄」・焉有謬以其鄉名「九江」爲其字之理耶・再考夫子確嘗作「朱九江先生傳」・然遲至民國十九年庚辛（八十歲・一九三〇）始於旅滬時屬草・寄粵中諸弟子書有曰・「朱先生之行・國史書之未然也・省志書之未然也・今予爲朱先生傳・不得已也・何爲避嫌而使天下茫茫然學失其宗哉・」（見「年譜」）原著載「讀書堂集」卷六・是年冬月乃刊行・更足以證實前爲「清史稿」所作者・必另有同鄉・因熱誠推重九江先生・但不詳知其號字・家世・行誼・惟假託大儒簡岸夫子之大名以期得如衆願・俾九江先生終得名列「儒林」而已・

晚年（八十一歲）・夫子別顏其講學者之室曰「再泮書屋」以作重遊泮水紀念・體力仍健・演講聲如洪鐘・視覺弗衰・一如壯年猶可作繩頭小楷（見「無咎」文）・於經史撰著・益孳然勤勞不輟・而於凡俗功名富貴之士則避之若浼・及門北京大學教授名詩人黃節（晦聞）嘗回粵任教育廳長・趨謁而不得見・其高風亮節・耿介拔俗・老而彌篤・所成各書・均由門弟子輩節衣縮食・損貲僱手民在書屋中刻印・夫子親自校讎・閣上藏版纍纍・洵「書屋」也・其後・積書版愈多・無地可容・乃移至門人等在廣州蘆荻巷所置集會之所「松桂堂（原「永福寺」故址）・並於堂內續行校刊夫子著作・久經變亂・版片迄今想蕩然無存矣・國内外學者・有來粵訪購者・（民國三十七年後・余任「立法院立法委員」・有四川名學者吳虞・即前於「新文化運動」時首倡「打倒孔家店」者・函致其婿陳逸凡茹玄・與余同事・亟亟託余訪購夫子遺著・余所藏全部刻印本・於抗戰期間留在港寓・泰半爲白蟻蛀蝕・無由補充・至爲可惜・）近年・臺灣「世界書局」影印其「論語集注補正述疏」・及「尚書」・「孝經集註述疏」・流通漸廣・「君子之道闇然而日章」（「中庸」）・不其信歟・

夫子耄年・尤努力於宗族事・「簡氏大同譜」即其殫數年精力編修印行者・以七十八歲高齡（民國十七年・一九二八）・猶不憚舟車之勞頓與風雪之交侵・親至上海與有力宗人商辦其事・卒底於成焉・其次則爲廣州北郭之「簡氏闔族大宗祠」・亦由其發動與籌建・力疾從事・常督促全省族人致力於斯・民國二十年春・余回粵任廣州市社會局局長・乃不以余之捨學從政爲鄙俗不肖・示意族人召余赴佛山會商建祠進行事・余欣然偕同宗數人前往・喜得執弟子禮拜見而問道焉・

時・夫子八十有一歲矣・鬚髮皆白・布袍布冠・不御眼鏡・目光炯炯・神旺健食・舉止安詳・而道貌岸然・和藹可親・余等叩候如禮・時・夫子長孫適娶婦數日・夫子即命新孫媳出堂・服繡褂紅裙・叩拜敬茶・以謁見尊輩之禮相待・余愕然不知所措・不敢面受・轉身側立・鞠躬爲報・敬茶際・臨時又無紅紙備封包（利是）・只得置現金於茶盤上以答謝焉・此雖瑣事・而前輩之禮義周備・謹於細節・至今猶湧現於心目間・而夫子之音容渺然不可復覩矣・

禮畢・夫子乃從容提出籌建全省闔族大宗祠事・徵求意見・余一力贊成・願竭綿薄・負部分責任・以觀厥成・繼而向夫子問道・對於性理之學見解如何・則答以惟宗經史・一切性理之學・俱在其中・細味斯言・並參證其有關著述・乃

知其學．要以人生爲主．以實用爲歸．行身貴倫理而賤虛浮．論學主實證而排空論．是蓋儒道之正宗．抑亦九江先生漢宋不分而仍以經史爲本之主旨也．朱先生不云乎．「吾今爲二三子告．蘄至於實學而已矣．學孔子之學．無漢學．無宋學也．修身讀書．以其實也」．又曰．「古無所謂理學．經學即理學也．顧氏之言是矣．雖然．性理諸書．剪其繁枝．固經學之佐也」（上引語見「講學記」頁一．八）．即其敬宗收族．見諸行事．亦深受朱九江先生「朱氏家譜」．「傳芳集」捐產贍族所影響．信乎爲禮山儒學之眞傳也．

時．午後天晴．陽光燦爛．夫子率余等步上「書屋」天臺上．則有攝影師在場爲余等拍照多幅以留紀念．已而．夫子復賜以酒食．互道家常生活事．不涉政治世務．余等留於「書屋」竟日．親炙道範．飽聆教誨．陶淵明所謂「餐勝如歸」．聆善若始」．其樂何啻立雪坐風耶．臨別．余尚請夫子賜書數言以終身行之．夫子乃援禿筆．磨端硯．疾書「孝經」．「立身行道．揚名於後世．以顯父母」十三字．上款「又文請書」．下款署「朝亮」．此爲尊長對後輩．老師對弟子之署款格式．益足表現眞切之情．後加兩水印．則勉應余請．備徵實也．

九江先生釋此經訓有言曰．「立身也者．名節之謂也．今天下之士．其風好利而鮮名節．二百年於茲矣．學者不自立．非君子人也．昔者．伊尹辨誼．武侯謹愼．辭受取與．出處去就之間．昭昭大節．至今照人．如日月之在天也」（「講學記」頁二）．此亦其學術之大旨也．而夫子倉猝執筆爲書．仍念念不忘師訓．嶺學餘風．不絕如縷．則有以知其所得於師門者爲大矣．又有以知其所以訓余者爲要矣．余服膺此經訓．黽勉遵行者垂四十年．更有以知夫子教我用心之厚．爲益之多矣．夫子書法．蒼勁樸厚．一如其人．草書饒有晉人風致．類似明儒陳白沙先生之茅龍書風．蓋皆高敻絕俗之道學家書法也．其墨寶世所罕見．此亦由愼重矜持．珍重名節使然．余得此紙．如獲異寶．乃鄭重拜辭而歸．

事後．余請友人趙浩公．盧振寰．兩名畫家合作．繪「受經圖」．盧君寫像．夫子正坐面經．余侍立左側．兩人神態形貌．維肖維妙．趙君補景．庭階肅靜．點綴以松柏花石．表示忠貞美德也．圍範以藩籬竹門．象徵立身名節也（白沙先生語意）．景緻幽雅．有宋人筆意．余乃以一書一畫從新裝池．合爲長卷．相得益彰．什襲珍藏．視爲傳家之寶焉．

廿餘年前．余挈家違難海隅．「受經圖」卷與其他書畫藏品俱綑載運來．未幾．饒宗頤（固庵）教授任教席於香港大學中文系（現任星加坡大學中文系主任教授）．於民國四十三年．特爲題五古一首於卷末．茲錄之於下方．（句中有關今古掌故者數事．意義稍晦．謹爲補注於後）．

晚淸數粵學．九江標一幟．森森萬木堂．狂簡塞天地(一)．先生守其狷．蓬蒿棲衡泌(二)．東京風概存(三)．眉中見剛氣．沉潛廿八篇(四)．亦足訊百世．簡子及門早．羣經充腹笥．平生白沙子．表闡恐不至．嶺學倘未泯．微君孰與寄(五)．獨嘆卅年來．墳典久廢棄．坐令新夷狄．競入伊川祭(六)．披圖緬昔賢．臨風欲隕涕．

又文補註：

㈠康有爲未遇時・於廣府學宮側設「萬木草堂」課士・

㈡簡岸夫子與康同門・一狷一狂・「衡泌」蓋言夫子「隱居自樂而無求」也・

㈢謂如東漢（東京洛陽）之尚氣節，崇經學・此即夫子之學之大要也・

㈣「廿八篇」謂「孝經」一・「論語」（「魯論」二十・「孟子」七・此不過概言之・究其實・夫子之經學著述中猶未有「孟子」・

㈤此過獎之辭・愧莫能當・余治史外・兼殫心考究白沙先生之至學・積多年功力撰成「白沙子研究」一書・曾以初稿請饒子評閱・得其啓發新概念不少・饒子與余爲患難之交與道義之交・同寓港時居恒切磋學問・得益良多・謹附筆致謝・

㈥據陳崇興教授言・多年前・大陸共產黨曾有尊崇儒學之異學・於山東曲阜開「孔林大會」・復於河南洛陽開「伊洛大會」・而諱言尊孔聖・二程・

馬鑑（季明）教授生前曾與余同事於燕京大學・亦與余交厚・後任香港大學中文系主任教授多年・常與余覿面・商量學問・退休後・于民國四十八年扶病爲此卷題長跋・闡揚「孝經」奧義甚精詳・至所感謝・原文曰・

竹居先生爲嶺南大師・著作宏富・而「孝經集註述疏」尤爲學者所宗・此先生講授「孝經」之圖也・孔子言仁・以仁總攝諸德・不忠・不孝・不慈・不義・諸端・皆可以不仁目之・故「論語」一書・記問仁者不

一・而孔子答之・其義亦各異・概言之・則仁即爲人之道・淺釋之・則仁者愛人・孔子歿後・弟子傳孔子之道・爲當代大師者・當推曾子・子夏・而曾子尤著・七十子之徒・孔子獨許顏子爲仁・是餘子皆於仁有所未達・於是以孝代仁・使學者得遵循途徑・簡而易行・蓋本愛人之義・而行之自親始也・今「孝經」以孝爲德之本・而教之所由生・始於事親・終於立身・是即以孝總攝諸德之義也・

「孝經」一書・據「史記」仲尼弟子列傳・謂孔子以曾子爲能通孝道・故授之業作「孝經」・後世學者多疑之・「孝經」即非孔子所作・而爲孔子以後孟子以前・七十子所傳之學說則無疑義・「孝經」有「身體髮膚・受之父母・不敢毀傷」之文・與曾子將死有「啓予足・啓予手」之語・意義正同・是「孝經」與曾子・其得傳授之淵源亦可概見・特「孝經」論孝・其範圍至廣・非「曲禮」所云「不登高・不臨淵・不苟訾・不苟笑」・專重小節者所可以擬・此未見孝之大者也・竹居先生於講學之餘・復書經文「立身行道・揚名於後世・以顯父母」數語以示孝道之大・其所謂孝・何異孔子之言仁・蓋深得「孝經」之旨者矣・

名詩人傅子餘（靜庵）曾題五律一首云・

吾道瀰天地・先生乃得之・青山橫筆日・白首授經時・松竹孤雲捲・軒窗落照遲・南雷有高義・展卷不忘師・

蘇文擢教授（現任香港中文大學聯合書院中文系教席）

月前過訪寒園・相與研究廣東文藝・展讀斯卷・欣賞備致・稱爲二妙・歸後承題贈佳句四首・益使此圖生色・其辭曰・

「嶺表經神數髻髦・簡深陳博禮山高・調和漢宋傳眞脈・此是丹山一鳳毛・」「滄海當年感逝波・獨憑書味養天和・風簷落筆提撕意・回首師門涕淚多・」「男兒墮地成何事・學道榮親世已難・開口要爲天下法・此圖不作藝林看・」「猛進名齋意自強・追懷好比讀書堂・悠悠百二年間事・文苑儒林翰墨香・

最近・梁寒操（均默）先生以茆筆書「授經圖」三字卷首・復題七絕一首惠寄・敬謹致謝・詩曰・

經師難得更人師・眞善原應永弗離・一脈禮山傳聖教・千秋道統見長垂・

上文錄竟・尚憶康有爲嘗有詩寄懷夫子・曰・我有同門友・青雲絕世塵・大師傳嶺海・道學共河汾・草帶空山老・黎床避地頻・康成多著述・濁世賸儒眞・復自註云・「竹居・名朝亮・以諸生奏薦・授教諭・與吾同學朱九江先生・竹居高絕・今嶺表大儒一人而已・」彼此雖同門而事業旨趣分歧・學術亦各異・但康氏對夫子之推崇・無以復加・益見聖賢自有眞也・

余於赴佛山間道受經之經驗・印象甚深・永銘心版・感動强烈・一生難忘・兩年之後・夫子即歸道山・去今且四十年・每思其德而讀其書・追悼之懷・無時或已・際茲夫子一百二十週年誕辰・謹草是篇・以爲此品德清高・抱樸守眞・學識淵博・著作等身之嶺表大儒志其景仰・

夫子遺著有⑴「尚書集註述疏」（二十卷）致力十五年而成・⑵「論語集註補正述疏」（十卷）・⑶孝經集註述疏」（二十五卷）・⑷「禮記子思子言鄭著補正」（四卷）・⑸「毛詩說習傳」（一卷）・⑹「朱九江先生講學記」（一卷）・⑺「讀書草堂明詩」（四卷）・⑻「讀書堂集」（十三卷）・⑼「朱九江先生集」（十卷）（「年譜」在內）・⑽「簡氏大同譜」・⑾「順德簡岸簡氏家譜」・⑿「朱子大學章句釋疑」（一卷）・⒀「酌加畢氏續資治通鑑論」（八卷）・最後一書・蓋夫子以司馬「通鑑」於扼要處輒加論斷・其後畢秋帆之續作無之・遂於晚年發宏願續著論斷以補畢氏以闕・卒得刊行・其尚未完稿者則有「三禮述疏」・其餘散佚著述詩文・零篇斷簡・遺珠尚夥・片羽足珍・門弟子輩昔曾擬蒐集印行・以傳夫子之絕學・其「論語集注補正述疏」尤學苦心之傑作・最膾炙人口・近代百粵詞人新會陳述叔（洵）力事推許・謂「能精讀是書・其他遂可豁然貫通」云・古稱不朽有三・夫子立德立言已垂不朽・夫子其不死矣夫・

附錄竹居先生逝世後・順德縣縣長陳同昶・專呈廣東省政府請爲表揚・經省務會議通過・原呈錄後・以存文獻・

呈爲已故耆儒・品高學邃・著述淹邁・懇請錫予坊額・採入省通志立傳・刋布遺書・以表篤學・而勵士林事・伏以嶺南開化・秦漢始隸版圖・賢哲挺生・士庶奉爲標準・一經獨抱・黃董開先・文獻相承・張崔接踵・十子三家・淸風卓越・九江東塾・教澤流傳・允爲粵嶠之光・同切斗山之慕・職忝宰名區・力窮治本・竊思師道立則善人多・士行純而風化茂・式閭封墓・禮教爲政治之根源・抑濁揚淸・懲勸實措施之準則・近見籍隸順德已故耆儒簡朝亮・劬學守道・砥礪

廉隅・著述等身・典型在望・爲南海九江朱次琦入室弟子・伏處山林・屢徵不起・自甘枯寂・杜門著書・所著孝經疏證・尤見尊崇孔教・經正無邪・年逾八十・皓首窮經・遊其門者・率知繩趨軌步・成就甚衆・今遽逝世・士林傷之・職以爲士行之隆替・關風俗之盛衰・聲教播揚・萬流仰鏡・擬請鈞府追錫坊額一方・輯其事蹟・採入省通志立傳・飭撥公款・刊布遺書・庶幾棗梨不朽・可爲羣倫啓發之資・圭臬長留・藉示嶺表士民之鵠・謹呈・一九七一年十一月於九龍猛進書屋・

白沙宗子湛甘泉

甘泉先生小傳

白沙先生大弟子湛甘泉先生之洞明・傳播・與闡揚乃師遺敎・比諸其他並列門墻者・爲深爲大爲多・誠不愧得其道統之薪傳・其爲白沙學說之宗子・可無疑義・湛先生・名若水・字元明・號甘泉・（初名露・字民澤・更名雨・後再定名若水・）粵之增城人・明憲宗成化二年（一四六六）生・孝宗弘治五年舉於鄉・越二年・二十九歲・赴白沙從學・時陳先生行年六十有七矣・輒以沈潛許之・

先生既歸道山・甘泉乃爲服哀・廬墓三年・仍不樂仕進・母命之出・乃入南京國子監・十八年乙丑會試・名列第二・賜進士・選庶吉士・授翰林院編修・時・從師學養已十三年矣・會王守仁在吏部講學・甘泉相與應和・由是道名大著・學者稱甘泉先生・尋出使册封安南・嘉靖初・遷南京國子監祭酒・作「心性圖說」以教士・拜禮部侍郎・作「格物通」・上於朝・歷任南京吏・禮・兵・三部尚書・年七十五致仕・復遨遊南北・嘉靖三十六年丁巳（一五五七）卒於粵・春秋九十有二（按・「明儒學案」作九十五歲・或從時俗積閏加三歲計也・）後贈太子少保・謚文簡・甘泉平生所到之處・必設書院講學・並以祀白沙先生・有門人四千・一時・講學之風徧南北・而白沙學說亦風被天下焉・又其所至之地・輒廣置學田以贍學者・年八十・猶至衡山建白沙書院・置學田五頃・（以上節錄阮元「廣東通志」湛傳・）遺著・除上言兩種外・尚有「甘泉文集」・「春秋正傳」・「甘泉新論」・「白沙子古詩教解」・（附刊乾隆「白沙子全集」）「遵道錄」・「揚子折衷」・「非老子略」等・

甘泉學說

白沙先生於去世前・曾以江門釣臺付與甘泉象徵正宗道統之傳・比之達摩傳衣爲信・所著「白沙子古詩教解」演繹乃師之說・確能盡其奧妙而無背本旨・至其自己所發揮之學說・亦輒以白沙學說爲依歸（如「語錄」之論「自然」「正統」等是・竊以爲甘泉之大貢獻不在特立獨異的創作・而端在補充白沙學說之內容・使其抽象的與片段的遺訓較爲具體化及系統化・而尤要者則於「踐履篤實」四字更爲注重・「由靜而動」之理益事發揮・遂收發揚光大之殊功・蓋甘泉之於白沙先生・猶孟軻之於孔子・與保羅之於耶穌基督也・今復試將甘泉遺教歸納爲幾個原則・以見其學說系統之大要焉・（按・王元善「明詩綜」云・「公甫詩・湛若水取爲詩教・妄加箋

釋・眞目中無珠者・固知陳氏之忠臣・必將鳴鼓湛生之罪矣・」又「明儒學案」卷四引婁諒弟子夏尚樸之「夏東巖文集」云：甘泉註白沙詩「曲爲回護・類若角度隱語・然又多非白沙之意・」此兩惡評・余甚非之・蓋之兩人者・固未了解白沙學說全部之精義・亦未了解甘泉註釋之理論實與乃師遺敎符合無間・且光大即揚之如上文所言者・含沙射影・非學者之公評也・）

自然爲宗

甘泉學說亦以自然爲宗・一本乃師之說・莫之或離・其尤爲透澈之言曰・「夫自然者・聖人之中路也・聖人所以順天地萬物之化而執夫天然自有之中也……・先師白沙先生云・「學以自然爲宗・」當時聞者或疑焉・若水服膺是訓垂四十年矣・乃今信之益篤……・」（見自然堂銘序）・甘泉有「自然裳」・其謁石翁（即白沙先生）墓詩云・「夫君有嘉惠・贈我雲錦囊・中繡自然字・服之永不忘・」（見「增城縣志」）・可見其信服師道之篤矣・

關鍵語

甘泉學說之關鍵語爲「隨處體認天理」・所謂「天理」・即是自然本體之理・又即是道也・於此點・甘泉多所發揮・蓋即補充乃師自然之說者也・又以天理即是「物」・故曰・「吾之所謂隨處體認天理者格物爾・即孔子求仁・造次顚沛必於是・曾子所謂仁以爲己任・死而後已者也・」再詳論「格物」之義云・「物者天理也・即言有物舜明於庶物之物・即道也・格則造詣之義・格物即造道也・知行並進・博學・審問・愼思・明辨・篤行・皆所以造道也・意・身・心・一齊俱到・誠・正・功夫皆於格物上用了・其家・國・天下・即此擴充・不是二段・此即所謂止至善・止至善則明德・親民皆了・如是方謂之知至・蓋心非獨知覺已也・知覺而察天理焉・乃爲心之全體」（答王陽明書）・據其學說・「隨處體認天理」與「執事敬」亦是同一事・故曰・「中庸・戒愼・恐懼・與愼獨・皆只是敬・是一段工夫・無分動靜・二之則非敬矣・後一節即解前節・只是一段涵養工夫・以養成未發之中爲已發之和・其動其靜・渾是天理・

由來白沙之學雖宗自然・惟泛泛然只標大綱・只揭大旨・其性質・其涵義・尤其是所以同化自然之程序（工夫）・尚未有具體的・詳細的說明・自得甘泉補充之說・乃知自然界非混沌未鑿而不可明不可解的「黑漆一團」・其中自有客觀的・普遍的・永久的道理・即是「天理」・後人有解釋者曰・「先生（甘泉）之敎・惟立志・煎銷習心・體認天理・之三言者・最爲切要・然亦只是一事・」由「立志」・「知本」・「執事敬」・「加學問思辨行之功」・以涵養人格而至於「體認天理」內外打成一片・崇實主敬而不廢誦讀之功・此誠至爲具體的與實際的教訓・殊足以補充白沙學說抽象的與似近虛空的內容・明矣・（謹按・甘泉「隨處最認天理」一語本自白沙先生「隨時隨處無一不是這（理）充塞」及「體認物理」・即「天理」二語而出・非完全自行創作者・）

語錄斑斑

甘泉先生對於學者之修德爲學之道與踐履篤實之功・更有實踐的訓言・益能使此自然理學的系統得臻完備實用之境・茲摘錄其「語錄」數條・是皆可爲今人師法而爲我個人所信服者・

「學貴日新・君輩須於日間對鏡時自取證驗・平日偏處・今覺不偏・急處今覺不急・緩處今覺不緩・乃是貼身實進步・若只以虛悟做成學問・觸發原根・依然是舊人・却不負良師友・此等切勿以凡近放過也・」

「男女飲食・其欲乎——凡欲皆性也・非慾也・其欲動而爲過與不及・則慾也・故君子惟中之爲學・」（按・此理蓋本於自然至道者・淸中葉學者戴震之學・符合此說・）

「今人爲學・須是一國非之而不顧・天下非之而不顧之心始得・若或一面爲學・一面怕人贊毀・幾時能殼脫得出身出來・」

其休官似冼奕淸詩云・「聖學主忠信・此外無餘事・中心謂之忠・心中故無僞・別名爲至誠・純德合天理・」

或問道・曰・「其五倫之間乎・盡其誠即道也・過之非誠也・不及非誠也・誠者天理也・理者天之理也・非人之私也・意・必・固・我・不得與於斯・意・必・固・我・有一焉即人矣・」（「新論」）

堂訓摘要

其在東粵西樵大科書院立「訓規圖」・中有「敬義志道」・「體認天理」（進修時體認・煎銷習心）・「尋實樂」・「求道於人倫間」・「篤實（立誠心）」・「言動由中出」（求義理務敬謹）・「去成心」・（虛心較業・虛心自考・虛心聽受）・「內外混合」・「作字敬」・諸款・最爲精要・皆指實際德行之大道者・其「堂訓」六十一條尤爲具體而實際的教訓・茲復摘要錄后・是覘其學問之大要矣・

（一）諸生爲學・必先立志・如作室者・先固其基址乃可・志者志於道也・立之是敬・匹夫不可奪志・若其可奪・豈謂之志・自始及終・皆是此一字・

（二）諸生用功・須隨處體認天理・即大學所謂格物・程子所謂至其理・將意・心・身・家國・天下・通作一段工夫・無有遠近・彼此終日終身・只是體認這天理二字・

（四）諸生爲學・患心不定・只是煎銷習心・三層五層・如煎銷金銀・一番煎銷・愈見一番精明・煎銷盡者・爲大賢之心・習心即人心・心只是元一個好心・其不好者習矣・習盡則元來・本體廣大高明・何嘗有缺・何所沾惹・內外合一・

（五）學者雖去聖賢甚遠・然大意亦當理會・如曾點的樂・可不體認切實・濂溪所以每令仲尼見顏子樂處・其質所疑所得・其起居俯仰之間・及問答之實・須要誠由中出・不可疑爲巧言令色・以滋僞心・

（七）諸生相處・一言一動・皆本禮義・時言俗態・一毫不留於聰明・以此夾持・自然長進・其有犯此戒者・諸生相與正之・（以下關於父兄師友妻子等人倫之教多條略）

（廿八）諸生讀書・須先虛心・如在上古未有傳註之

前・不可先泥成說・以爲心蔽・若有所得及有未通・却取古人訓釋詳之・其所得自別・

（卅六）自後世儒者・皆坐支離之弊・分內外・本末・心事・爲兩途・便是支而離之・故有是內非外・重心略事之病・猶多不悟・反以爲立本・千百年來・道學不明・坐此之故・自今諸學子・合下便要內外・本末・心事・合一・乃是孔孟正脈・何者・理無內外・本末・心事之間也・

（卅七）諸生讀書時・須調練此心・正其心・平其氣・如以鏡照物・而鏡不動・常炯炯地・是謂「以我觀書」（白沙先生語）・方能心與書合・孔子所謂「執事敬」・「中庸」所謂「合內外之道」・程子所謂「即此是學」・如此方望有進・若以讀書・主敬・爲兩事・彼此相妨・別求置書册而靜坐以爲學・便是支離・終離湊泊・

（卅八）初學・切於讀書時・調習此心・隨其心力所及・如讀至一二行・稍覺心爲所引・即停卷收斂・少俟有力再讀・或有力足以勝之・至三篇四篇・不至失已・讀之得力・漸漸接續・至於不息・亦從此始・其應事亦復如是・若舍書册棄人事而習靜・即是禪學・窮年卒歲・決無有熟之理・如欲鐵之精・不就爐錘・安可望精・

（四二）諸生肄業遇厭倦時・便不長進・不妨登山玩水・以適其性・學者有遊焉息焉之說・所以使人樂學鼓而不倦・亦是一助精神・

（四七）吾儒學要有用・自綜理家務・至於兵・農・錢穀・水利・馬政之類・無一不是性分內事・皆有至理・處處皆是格物工夫・以此涵養成就・他日用世・鑿鑿可行・

（五五）諸生人人皆學歌詩作樂・以涵養德性・舜命夔典樂・以教胄子・此其深意・安可一日缺此・或讀書至深夜・則會於本齋・歌詩以暢意氣・又長一番精神・（以下關於堂制規律多條略）

致虛貴疑

對於乃師致虛之說・甘泉先生最能認識其奧妙・以虛並非虛無之虛而是虛心謙虛之虛・即是爲學造道之基本・故曰・「人心之虛也・生意存焉・生・仁也・生生・天地之仁也・塞則死矣・聖人之心・太虛乎・故能生萬化・位天地・育萬物・中和之極也・必有主而後能虛」（新論）・又以人心比諸明鏡・「鑑之體常明也・物照而姸媸辨焉・吾學者其學諸鑑乎・去其暗此者而已・今夫禪學者・其亦不照之鑑乎・」又曰・「虛靈知覺・思也・曰・何也・曰・本體也・本體全則虛而明・有以照物如鑑空而姸媸莫逃・是謂思則得之・無思無不通也・思無邪・憶度之思・可以爲思也乎」（雍語）・又曰・「心無一物則浩然・無一物不體則浩然・是故知無一物與無一物不體者知性體矣・」此則由虛而實之作用也・其徒有問對於諸儒之說如何者・則答曰・「吾不必乎信・不必乎不信・信理焉爾矣・必信則泥人・必不信則執己・執與泥・君子有弗學焉爾矣」（雍語）除去泥人與執己之主觀成見——心理的障蔽——而獨本虛心以尋求客觀的自然眞理・是洵能洞識白沙學說之眞諦者矣・

貴疑之說

關於貴疑之說·「學貴疑·疑斯辯·辯斯得矣·故學也者·覺此者也·」又云·「夫學而知所疑也·學之進也·」如行路然·行而後見多岐·見多岐而後知所從·知擇所從在進乎行者也」（雍語）·此則根本上與乃師之見無大出入·同以「疑」爲學之基要條件者·

靜與動

關於「靜」與「動」的問題·吾人當加以細心的研究·甘泉先生以爲「靜」是初學之津逮·而「動」乃是當然的後果·此亦即乃師以靜爲門戶·由此而登堂入室之旨也·其答羅郡問靜坐與隨處體認功夫云·「虛見與實見不同·靜坐久·隱然見吾心之體者·蓋（白沙）先生爲初學者言之·其實何有動靜之問·心熟後雖終日酬酢萬變朝廷百官萬象金革百萬之衆·造次顚沛·而吾心之本體澄然無一物·何在而不呈露耶·蓋不待靜坐而後見也·顏子之瞻前忽後·乃是窺見景象·虛見也·至於博約之功·既見其才之後·其卓爾者乃實見也·隨處體認天理·自初學以上皆然·不分先後·居處恭·執事敬·與人忠·即隨處體認之功·連靜坐亦權內矣」（新泉問辨錄」·由此顯見其「隨處體認天理」實爲由靜而動之補充的要理也·

黃節之論

黃節「嶺學源流」篇以爲白沙·甘泉師弟間之學「不能無

異」·蓋謂「白沙之學主靜·而甘泉之學主動」·並謂甘泉以白沙先生之教人靜坐「爲初學者言之」之語·殆「强爲白沙辯者」·余細心研究兩者之學·對此論斷却不敢苟同·何則·蓋其以「主靜」與「主動」互相敵對之觀念爲錯誤也·而其錯誤之由·則在於以「主靜」二字概括白沙之學也·原夫白沙先生之所謂「主靜」·並非其學說之主體·而實是登堂入室之門戶也·其學得力於周子敦頤「靜無動有」之說·故主先靜而後動·即藏而後發之義·由靜至動實是整個涵養的程序·是故靜亦一種動態也·猶之由虛致實者·虛亦一種實體也·動與實方是主體·殆同樣無疑·矧「至無至動」固白沙先生所陳至理·實基於大自然「無極而太極」之奧妙·「陰陽動靜皆由此出·五行萬物皆由此生·」認識大自然之「至動」如白沙先生者·豈能遂止於「靜」乎·透徹了解乃師學說精義如甘泉先生者·又豈能謬以其說爲「主靜」·遂自倡「主動」之說而立異乎·

誤會主靜說

正因當時多有誤會白沙學說只是爲「主靜」者（甚至及門中亦有不免者）故甘泉先生不憚再三辨正之·若曰「古之論學·未有以靜爲言者·以靜爲言者皆禪也（按·此即以靜爲主體之意即禪學也·此非白沙先生本旨·）孔門之教·皆在事上求仁·動靜着力·何者·靜不可以致力·才致力即已非靜矣·故「論語」曰·「執事敬」·「易」曰·「敬以直內·義以方外」·「中庸」「戒愼·恐懼·愼獨」·皆動以致其力之方也·何者·靜不可見·苟求之靜焉·駸駸乎入於荒忽寂滅之

中矣」（答余督學書）。又曰：「聖賢之學，凡所用功，皆是動處。蓋動以養其靜，靜處不可着力，才着力便是動矣。至伊川乃有靜坐之說，又別開一個門面，故僕誌知師云：「孔孟之後，若更一門」，蓋見此也（答聶文尉書）。又曰：「無事時居處恭，即是靜坐，若執事與人時如何只要靜坐？使此教大行，則天下皆靜坐，如之何其可也。」至在大科書院堂訓（第三十八條）更强調肯定：「若舍書册棄人事而習靜，即是禪學。」凡此皆非針對乃師之說而言，而實所以糾正誤會或曲解白沙學說者，尤非另立主動之說以立異——如黃節所云，蓋補充而闡明師說而已。

梨洲之論

黃梨洲（宗羲）語云：「天理無處，而心其處，心無處，而寂然未發者其處。寂然不動，感即在寂之中，則體認者亦惟體認之於寂而已。今曰隨處體認，無乃體認之於感乎？」黃節又據此而斷定主動主靜兩說之異，殊不知梨洲對於此語之解釋，在文法與意義上實是不合。何則？白沙先生所言「體認物理」，言簡意賅，已是動作，時地不論，動靜咸宜，感寂皆可。而甘泉所增「隨處」二字不過加强其語調，明揭其暗蓄之意而已。以普通文字分析，「我」是主辭（Subject）暗藏，「體認」是他動辭或謂辭（Predicate），是積極的動作也，「天理」則是對象（受動之目的格（Object），有此三格，句語已完成。此外可加上多個狀辭（Adverb）如「隨處」，或「隨時」，「隨意」，「隨樣」（方式）「隨其姿態」（即或感或寂），是故徒言體認者，自可體認之於感或靜，而增言隨處體認者，亦自可體認之於寂或感也。此所以甘泉）「寂感一矣」之論也。夫如是則梨洲之評無乃牵强而不合理乎。

靜虛眞義

綜而言之，白沙先生之主靜，與致虛，同爲修養造道之一步驟，是方法而已，必也先靜後動，及由虛致實，方能完成其整個過程，而其歸宿則端在自得樂生，準的則端在人格倫常，皆至動而至實者。而甘泉則完全了解，完全服膺其學，毫無立異之處，惟懼學者因誤會「主靜」與「致虛」之旨而流於偏枯，甚且陷於禪學，故不憚煩加强「行動」（或動作）與「實際」之語調而特別注重此點，蓋無非爲乃師辨正與發揭其眞義也。（謹按：白沙先生本人亦有此懼，故亦有實際的訓言茲不錄。）考「靜」字發源於周子，至朱子因恐人差入禪去，故少說靜，只說敬，甘泉云：「按此則靜與敬，無二心，無二道，豈同寂滅哉」，見解和龜山詩。）儒家與佛家均同喜用「靜」字，而涵義各異，但誤會常生，是不幸事也。白沙先生祖述周朱而不能從朱子之改用「敬」字，却沿用周子之「靜」字，致惹起時人與後人之誤解與辯論，五百年來厖煩未已，亦不幸事也。

與禪之異

甘泉先生辨正白沙學說與禪學之異，精詳透闢，至其自己論儒釋異點與闢佛理論亦鞭辟入裏，妙語連篇，一則曰：「儒有動靜，釋亦有動靜，儒之靜也體天，其動也以天，是故寂感一矣．釋之靜也違天．其動也滅天．是故體用二矣．儒者體天地萬物而無我．釋者外四體六根而自私．」再則曰．「儒者在察天理．佛者反以天理爲障．聖人之學．至大至公．釋者之學．至私至小．大小公私．足以辯之矣．……聖人以萬物天地爲體．即以身在天地萬物中．何等廓然大公．焉得一毫私意．凡私皆從一身上起念．聖人自無此．以自無意．必．固．我．之私．若佛者．務去六根六塵．根塵指耳目口鼻等爲言．然皆天之所以與我．不能無者．而務去之．即一己一身．亦奈何不得．不免有意．必．固．我．之私．猶强謂之無我耳．何等私小．」又曰．「虛實同體也．佛氏岐而二之．已不識性．且求去根塵．非得眞虛也．世儒以佛氏爲虛無．烏足以及此．」（答王宜學）夫虛己靜心以體察自然而順應自然．所以同化自然．是儒家眞諦而與現代學術思潮同流相合者．湛氏以佛家違悖自然．强離自然而毁滅自然．只爲孤獨的我（心）．而猶並此我而强行否認其存在焉．是其大不合理．自是確當的批判．至其公私大小之辨．誠獨到之創見．可謂發前人之所未發．大足以發揚乃師學說．而尤能光大儒學之眞諦者矣．

一貫之理

甘泉學說之大貢獻乃是「一貫」之理．一貫者何．內外（心物）．心事．動靜．虛實．知行．體用．上下．皆一以貫之．成爲一件事業．一段工夫．即以中正求仁造道格物之旨．盡掃無蔓支離之種種作用是矣．故曰．「內外合一謂之至道．知行合一謂之至學」（問疑錄）．又曰．「仁知一貫．體用並行．知行並進．非有二理也」（問疑續錄）．其論學曰．「夫道無內外．內外一道也．心無動靜．動靜一心也．知動靜之皆心．則內外一．內外一則何往而非道．合內外．渾動靜．則澄然無事矣．」是故隨處體認天理」原是堯舜「惟精惟一」與孔孟「一以貫之」之道．「貫心事．合內外．徹上下．而極其天理之中正焉者也」．體用一原．顯微無間．內外不偏．「一貫」之義大矣夫．

同體論

「一貫」之理之哲學的根據．即是其「同體」之一元本體論．故云．「苟知物我之無間．而萬物同體．如一人之身．手足爪牙之相犯．斯無有校之者矣」（約言）．其更爲詳明的解說云．「宇宙間一氣而已．自其一陰一陽之中者謂之道．自其成形大者謂之天地．自其主宰者謂之帝．自其功用者謂之鬼神．自其妙用者謂之神．自其生生者謂之易．自其生物而中者之性．自其精而神虛靈知覺者謂之心．自其性之應者謂之情．自其至公至正謂之理．自其理出於天之本然者謂之天理．其實一也．」（新論）

其駁朱子之二元論之語．最爲精采．「古之言性者．未有以理氣對言之者也．以理氣對言之也者．自宋儒始也．是猶二端也……」又曰．「外氣以求性道也．吾祇見其惑也．是故夫子川上之嘆．子思鳶魚之察．「易」一陰一陽之訓．即氣即道也．氣其器也．道其理也．天地之原也．器理一也．猶之手足持行也．性則持行之中正者也．故外氣言性者．鮮不流於釋」（新論）．又有詩曰．「萬物宇宙間．渾然同一氣・就中有燦然・即一惟萬理・外此以索萬・舍身別求臂・逝川及鳶魚・昭昭已明示・」夫我與天地萬物既同爲一體・則體認功夫自非一貫不可・故前云「隨處體認天理」・實以一元的本體論爲根據者・以視朱子等支離無蔓而割裂整個的人生爲二者・自是優越的理論矣・此爲甘泉學說之又一大貢獻・然而所當知者・則一貫與同體之說・歸根亦無非由白沙學說中「以自然爲宗」及「人與自然同體」之義演繹而出・所可貴者・則甘泉發揚光大其至道與充實補足其內容・故其功亦不亞於創作也・

生死觀念

甘泉先生的理學對於人生哲學尚有一大貢獻・即是對於生死・性命・不朽的觀念・此雖亦不離乎白沙學說之根源・而於充實補足其內容之外・其思想確是更進一步・更深一層・白沙先生同化自然之學只是功在修養・樂在人倫・而得在內心——其範圍似是只限於「此生」・雖其詩文中亦有隱然涵蓄一種不朽思想・然只悟到己身與道同是無疆無盡之泛泛的感覺而已・而對於生死・性命之永久問題・未嘗有深入的探究與明確的啓發・大都付諸不知之數・絕口不談・如「焉知身後事」句簡直與孔子「未知生・焉知死」之語同調・惟甘泉放膽更進一步而探究且啓發此人生大謎・對於生死的觀念・其哲學理論的啓廸至爲明顯・如云・「有任生死者・有超生死者・生死事大・無常迅速・佛氏以生死爲大事・吾儒亦未嘗不以此爲大・「易」曰・「原始反終」・故知生死之說・死生如晝夜・知晝則知夜矣・平時一切毀譽得喪諸境・纔有二念・便是生死之根・毀譽得喪一・則生死一矣・……任與超俱非予所可知・所可知者・朝聞夕死・存順沒寧・不求於生死之外・而自有處生死之法・法・未有二念也・知處生死・則處毀譽一切可識矣・任則棄天・超則違天・是謂夭壽之二・張子曰・「知死而不亡・朝聞夕死可矣・」是歸根與天地同息・釋氏以爲妄・歸爲累而超度之・故二也」（語錄）・又於病劇時留下精妙絕倫之句曰・「揮手謝小兒（原註・造物）・吾欲觀大化・當盡便須盡・何用復悲詩」・（續詩）・嗚呼・此洵爲眞儒家對於生死問題之理倫理化的達觀也・

永生論

關於性命永久問題——不朽觀念・甘泉先生亦有至爲明確的啓發・而比諸乃師及宋儒更進一步者・「或問・知天事天・修身之事盡矣・而又何言乎立命也・先生（甘泉）嘗曰・凡人自私自利有不得其正處・都是壽夭・得喪上起念・惟能見破此着・不逆於境・不貳於心・命我立而性天流行・此實功要約・亦實功之極致・蓋天在我・命在我・命有夭壽而我之天無夭壽・是夭壽不足爲吾命也・故曰・無入而不自得・自得處即是立・」是由「知天地人之一體」（甘泉語）・更進而想到我命——與道同化之命——之將超乎壽夭之計算而與天地同不朽者矣・此又是倫理化與理性化之超越的永生論・吾以爲此是甘泉學說之特殊的貢獻・（按・時人吳康教授之「宋明理學」第十章頁二九七以下・解釋甘泉先生之「心性圖說」・甚精闢・謂爲「成一極完整之心學系

統」足供研究及參考．茲不錄．）

（關於「江門學派」全部之發揮．請看拙著「白沙子研究」末三章）

瞽孝子——譚三

曩在幼時．即飫聞瞽孝子譚三之嘉名孝行及其奇能絕技．心儀其人．而未能詳知其行誼．直至抗戰期間．我在香港蒐羅廣東書畫．無意中得獲蔣蓮所精繪的絹本敷色的譚三像．形貌神態與其絕技．活現絹上．栩栩如生．多年渴想仰慕之對象．至是得相對一室．喜何可言．蔣蓮．字香湖．別號薌湖居士．香山（今中山）人．嘉慶．道光間．以擅畫人物名．謝蘭生（里甫）晚年嘗題其所繪「唐人宮怨」圖．謂其「初寫人物．繼而無體不習．年富而手敏．以此追踪唐．仇．饒有餘力．即此「宮怨」一幅．悲愁之態．盡傳阿堵．衣袂薰籠．亦一一精到．我輩老人．固當斂手退避．亦豈時流寫生者所能逮乎．」（上見汪兆鏞．「嶺南畫徵略」卷六．引自謝著「常惺惺齋書畫題跋」．）倘非工力精深．曷能當此非常盛譽．余另得其仕女像三．觀音像二．要以譚三一幅爲最可寶．以其于丹青妙筆之外．兼大有文獻價值也．

尤難得者．畫上有「雲谷山人」題識．詳記曾與蔣蓮親見親聞譚三奏技事（未攝入附圖）．足爲此廣東大孝子傳不朽．其所記皆實事而不涉神仙怪誕之談．益可信矣．惟其不言譚三孝行．則倉猝之遇．只記見聞．而未及究其家世行誼也．由所紀年干歲數．可藉知瞽孝子生於清高宗乾隆十二年丁卯（一七四七）．是大有助於鄉邦文獻之考證者．山人．即葉夢龍．號雲谷．南海人．官戶部郎中．父建勳．喜書畫．收藏極富．有「風滿樓叢帖」．名聞海內．夢龍有父風．耽風雅．工詩擅畫．既承襲家傳文化遺產．復加以一己所得．所藏益富．歸粵後．寄情詩意．好與文藝勝流交結．爲清中葉粵中顯著的名士及藏家（參考「嶺南畫徵略」卷六）．其題記瞽孝子事如下．

譚三．開平人．生十五日而瞽．性聰敏．年十二．自思今之瞽以星卜而謀食者甚衆．三不屑與羣瞽爭衡．欲自獨出一藝．遂究心習樂部．置鑼．鼓．簫．管．琶．錚等器十數種．席地而坐．以兩足擊大鼓式．以右趾敲小鼓及小鑼．左趾鉗錚或響板．肘繫一鎚．順撞大鑼．彈絲品竹．各極其妙．口中．生．旦．丑．淨．各調咸備．集衆樂而和之．手舞足蹈．一身無暇．縱令數人合作．亦無如三之節拍協律也．

昔有貴公子．以巨椅列各樂器．置三於中．令數人肩之．張燈遊於市上．金鼓齊鳴．觀者如堵．稱一時絕技．道光二年（一八二二） 仲春望後一日 ． 三到『友石齋』作劇．時．年七十有六矣．自言學技以來．迄今六十餘歲．所歷各郡．莫不驚爲神異．三遍覓羣瞽．欲傳其技．無一能者．予昔觀「定湖筆談」及「咫聞錄」所載三傳．今目覩．信然．嗚呼．三亦今之傳人歟．是日．蔣君薌湖在坐．戲爲圖其狀．以誌一時之韻事云．二月十六日雲谷山人識．

其後．又從南海梁玉森之「藹儔詩鈔」得讀其歌詠瞽孝子事跡古風一首．其辭曰．

客有爲予透鑼鼓三者．憶十年前曾覩三奏伎．故追咏之．

三譚姓南海人

南海梁玉森藹儔

萬口爭傳鑼鼓三・我嘗遇之羊城南・目成雙瞽足半跛・
鑼鼓絕技三獨詣・嗟哉巧妙乃至此・一身可當數人使・
金石絲竹凡八音・考擊吹彈兼衆美・箝以足趾揮以肱・
動搖四體分縱橫・大宮小徵百不謬・北調南腔俱有情・
是時春半光風暖・觀者心怡聽意滿・劇錢歛畢衆音成・
三乃整衣道情款・少年二十三十時・絕技會邀顯者知・
當筵一曲酬無數・黃金散入千蛾眉・迄今人事滄桑變・
乞錢日逐街坊遍・淪落誰憐葉律郎・姓名空入奇能傳・
我聞三語笑口開・爾今惆悵胡爲哉・古來才大難爲用・
何況區區薄技供嘲哈・君不見江洲感遇青衫濕・潯陽秋月琵琶哀・

以上兩種紀錄・均未明言譚三奏技養母之事・幸而「南海縣志」有其小傳・明載其家世・師承・及孝行・文曰・

鑼鼓三・譚姓・其技能合鼓吹一部而一人兼之・初・三貧瞽・有母・三行乞不足以贍・一日・在五仙觀遇一道士・憫其貧苦・問其家何有・三泣曰・「有老母・此時待瞽子不歸・不知何景況矣・」道士與以數金・使買諸樂器・因傳以技・每出・有招作技者・布席於地・金石管弦雜遝並奏・唱皆梆子腔・聽者不知爲一人也・每出獲錢數千・家以小康・往覓道士・則觀中無是人・或曰仙人所傳・憐其孝也・（原註・據「鄺齋雜記」脩「瞽孝子譚三小傳」）

綜合以上三種紀錄以觀・文獻足徵・則瞽孝子譚三奏絕技・養老母之事・可斷爲歷史事實・亦可得其演技之眞像矣・獨是葉・梁・兩氏・均未載其學技之經過・而「南海縣志」據「鄺齋雜記」則備言之・考羊城夙有「五仙觀」・由道士傳技事・言之鑿鑿・可入信・至謂爲「仙人所傳」・殆神乎其神・附會之說耳・

尚餘一小問題所當研究者・即是・譚三之籍貫問題・據「縣志」及梁詩・同以其爲南海人・惟葉氏則以爲開平人・在表面上・前者似證據較强・然葉氏原籍南海・倘其本邑有此奇人賢子・殊足爲全邑增光采・自當樂爲鄭重表出・然而必載其籍開平者・則自有所本也・究竟孰爲正確・仍待考證・

張發奎

一八九六年生
一九八〇年卒

原名翼斌・字向華・始興人・少年投筆從戎・矢志革命・以行伍出身・考入黃埔陸軍小學・民國三年・加入國民黨・同時被送武昌第二軍事預備學校・原可直升保定陸軍學校・因返粵參加討袁。嗣被派士敏士廠任職。未能前往深造・九年始赴漳州粵軍歸隊・隸粵軍第一師・十一年任孫大元帥警衛團營長・後併入第一師・仍爲營長・以功遞升團長旅長副師長・十五年北伐軍興・任第四軍第二師長・汀泗橋之役・驍勇善戰・大敗直軍・屢建奇功・名聞中外・贏得第四軍鐵軍之榮譽・立升副軍長・次年晉軍長・旋兼第十一軍軍長・繼敗奉軍・升第二方面總指揮・十八年全國陸軍縮編・復任第四師師長・翌年出國・赴歐美考察・廿五年任皖浙贛閩邊區總指揮・嗣轉任蘇浙綏靖主任・對日抗戰期間・廿六年任淞滬右翼總指揮・第八集團軍總司令・廿八年出掌第四戰區司令長官・三十四年受任爲第二方面軍司令長官・配合盟軍・發動反攻・勝利後・奉命飛穗・接受日軍投降・並受任軍事委員會委員長廣州行營主任・後改稱國民政府主席廣州行轅主任・三十八年曾短期出任全國陸軍總司令・發奎性爽朗而任事勇猛・以隸卒位至總戎・治軍嚴厲而愛護部屬．是以每戰將士用命．論北伐抗戰諸役．立功之偉．尚無出其右焉．解職後．赴香港定居．一度進行第三勢力活動．與美國政府合作．練軍沖繩島．意圖大學．惜事功未成．亦為近代政治史一紀錄．一九八〇年病逝港寓．

第四軍紀實序

北伐之年運而往矣．是編特舉其陳跡以公諸世．余於四軍．久于其役．託總理在天之靈．今大總統蔣公之教詔．幸而有成．革命于黨．受命于黨．稽疑于羣衆．非一人一家所得而私．余生平治軍．一本斯旨．四序相推．功成者去．其既也．以國民之軍隊．還之于國家．四軍者．譬如空中飛鳥．鳥去而跡滅．曾何足紀．昔劉伯升文叔兄弟憑藉新市平林兵．卒復漢室．朱元璋撫有郭子興江淮之衆．終成大業．史家未嘗特書．知作始與遂成異撰也．

今後國軍建立．將帥廢置不常．某軍云者，特指林林總總之旅．而首長不與焉．吾人可以此視四軍．迴顧四軍．連年血戰．士卒大半凋殘．幸而存者．亦散而之四方．感舊之情．夫何能已．以北伐初載．曾負鐵軍之虛譽．時有擧舊事以相詢者．苦無以應．乃由舊日袍澤各述其鱗爪．設編纂委員會以綴緝之．今問世有日矣．史遷有云．附驥尾而名益彰．北伐之成．吾黨之勝利也．自是統一諸夏．而黨政於以實施．然則四軍之名他日雖易．其人其事或得附黨史以自見．此四軍之榮．亦發奎之所願也．中華民國三十七年夏月始興張發奎序．

第四軍紀實引論

一．第四軍之時代背景

溯自中華民國成立之始．以革命思想尚未普及．與革命力量之日趨渙散．一般國民不知應循何途徑以建造國家，而一般革命同志．且以為滿清既已推翻．革命即告成功．可以不再奮鬥．於是反革命之軍閥．乃得憑藉武力．竊弄國柄．恣其野心．其始為袁世凱之背叛民國．帝制自尊．繼之為黎元洪之毀棄約法．解散國會．兵連禍結．變亂紛乘．此興彼伏．民無寧息．而軍閥之自私專横．乃適為帝國主義者所利用．於是列國入侵我國．亦更酷且烈．在此內憂外鑠之下．國勢益加危殆．淪為次殖民地．本黨倡導革命．改造國家．完成建設之計劃遂横遭挫折．而我人民則蹈火益烈．陷水益深．痛苦顛連．較前尤慘．

袁氏之叛國也．本黨發動各地同志．聲罪致討．二年七月．有二次革命之役．然以行動遲緩．坐失機先．不二月而挫敗．四年十二月．復有肇和之役．亦不幸以事起倉卒．準備未周而失敗．同年終．雲南護國軍起．各地同志俱起響應．至五年六月．袁氏遂驚悸憂鬱而死．討袁之役．乃告結束．而曾不期年．復有黎氏毀法之變．本黨乃復倡導護法．號召全國．總理於六年七月．自滬率海軍南下．組織軍政府於廣州．護法之役．於此肇始．本黨革命之機運．由剝而復．漸變於此時．本黨最初之革命武力．亦組成於此時．

總理痛感革命進行之屢遭挫敗．自二次革命後．即致力於整理黨務．自元年同盟會之公開．國民黨之組織．演變而爲三年中華革命黨之產生．皆所以爲申明主義．確定政策．加强組織．嚴明紀律及團結力量者也．此時且擬定革命建國工作進行之程序．中華革命黨黨章第四條有云．「本黨進行程序．分三時期．曰軍政．曰訓政．曰憲政」．此即後來建國大綱所本．並明示在軍政期．本黨當以積極的武力．掃除一切障碍．蓋有感於軍閥之所以能割據稱雄．把持國政．殘虐人民．蔑法亂紀者．實倚恃其私人之兵力．以爲爪牙．我革命黨亦惟有以兵力掃除之．始能消滅軍閥之存在．而解救人民於倒懸也．

然以本黨雖從事革命數十年．屢有武裝起義之行動．而皆不過黨員個人本犧牲奮鬥不避艱苦之旨．毅然任之．本黨實未曾有革命軍隊之組織．故每有行動．輒須求助於同情本黨之友軍．此種臨時之組合．既無信仰主義爲之聯繫．不過藉一時之共同利害以維持之．遂往往視情勢之推移．向背靡定．甚且有因依仗他人武力．致本黨失却其主動之地位．於是革命主張．亦無從貫澈者．反覆利用．貽誤良多．故當時本黨同志皆已深感培養革命武力．施以最嚴格訓練，使成勁旅．俾當大任．實爲急切之圖矣．

總理南來護法時．廣東省長朱慶瀾因誠意予以贊助．乃爲陸榮廷等排擠去職．朱氏因將其親軍二十營交由本黨改編．組織粵軍．本黨以陳烱明統率之．是爲本黨編組正式軍隊之始．本黨對此唯一之兵力．期望甚殷．實傾全黨之所有予以培植．不幸陳烱明夙懷異志．思想歧誤．致有後來十一年稱兵叛亂．礮擊總統府之事．然粵軍奉命援閩及回粵時．實爲本黨之主要武力．且當時本黨同志之奉命爲陳烱明治軍之輔助者．爲今總裁蔣中正及先烈鄧鏗等．皆當時本黨軍事人材之英俊．亦後此革命軍隊之保姆．彼等本培育革命基本武力之宗旨．對於所部官兵．督訓精勤．不辭勞瘁．尤注意於政治訓練．灌輸以革命之思想．且常簡拔幹部．施以最嚴格之訓練．冀其成爲有主義有紀律有技能之軍事幹才．備將來建立革命軍之用．如是兩年．卓有成效．援閩粵軍回粵以後．鄧鏗組成第一師．即以所訓練之幹部爲骨幹．由是延綿孳長．而爲後來之國民革命軍第四軍．始終皆爲革命而奮鬥．戰績輝煌．追原其始．則在閩時培育之功也．

故治我國現代軍事史者．言本黨革命基本武力之培養．當知此淵源所自．而第四軍之孕育成長．實自六年組織粵軍時肇始．其時實爲本黨革命力量由衰轉盛之基點．亦吾國國運最危．內亂最劇．人民最苦之時也．後總理於十三年六月十六日黃埔陸軍軍官學校開學時致訓．有謂．「祇有革命黨之奮鬥．而無革命軍之奮鬥．革命不能成功．須成立好革命軍．革命事業始能成功．」則本黨之組織粵軍．已具此意．而上文所申論者．亦不外乎此．

二．第四軍之歷史概觀

今綜觀第四軍之歷史．其發展或挫縮亦與本黨革命勢力之擴張或銷沉．同其起伏．四軍之孕育在本黨屢遭破敗之餘．自七年至十年間．本黨護法運動．受陸系軍閥之阻撓破壞．總理離粵居滬．埋首於撰作建國方略及改進黨務．革命行動．一時沉寂．援閩粵軍則遠戍漳州．惟努力於整訓．以

待時會・後奉命回粵・驅去陸系軍閥・第一師乃於是時組成・蔚爲本黨最忠實之革命基本武力・此可謂第四軍之孕育時期

十一年六月陳烱明以粵軍之一部叛變・總理蒙難五十餘日・本黨革命事業・遭受重大打擊・斯時我忠實革命同志之在粵軍中者・惟有忍辱負重・靜候時機・此僅半年之時間・可謂隱晦時期・

迨十二年初・聯軍東下討陳・隱伏者乃紛紛起爲內應・陳氏敗退東江・此時第一師重獲新生・乃得藉以洗刷內部・發揚其優秀之傳統・顯現其爲革命犧牲奮鬥之精神・先後參與平定沈鴻英・一次東征・肅清楊劉・二次東征及肅清南路各役・胥能披堅執銳・力戰諸反動軍閥隊伍而卒蕩平之・廣東遂得永久鞏固爲革命策源地・十三年初・本黨大改組・革命勢力迅速擴展・十四年七月・國民政府成立・正式建樹革命政權・國民革命軍第四軍於國民政府成立後一月・奉命編組成立・蓋在此一段・掃蕩軍閥・安定廣東之諸戰役中・四軍亦經過其艱難危險之歷程而茁壯結實矣・此一時期・應稱之曰成長時期・

十五年夏・國民革命軍自廣東出師北伐・第四軍奉命前驅・摧强敵・涉險阻・無攻不克・斬獲至夥・遂隨本黨革命勢力之急劇擴張・而其本身之素質亦得以迅速改進・此時可謂爲第四軍之發展時期・四軍之戰功雖盛・從未自驕・而其忠黨愛國救民之心胥表現於其行動・爲全國上下所共見・故在各方之期許與扶助下・乃獲得極佳之榮譽・鐵軍之令名・亦在此時獲得・四軍因之而有所改進・殊非偶然也・

然繼此迅速而明顯之發展而來者・乃爲更刻苦更艱難之奮鬥・自十六年二次北伐・回師武漢之後・四軍可謂步入奮鬥時期・此時黨事與國策之紛爭・既複雜而又劇烈・四軍站定立場・認清責任・從不退縮・因是所歷之險阻既多・所遭之困阨亦慘・然愈挫愈勇・再接再厲・四軍之歷史亦更光榮・

回顧四軍之自孕育而成長・實已挾憂患以俱來・歷盡盤根錯節・始克秀然挺立・而於其發展及奮鬥期間・凡所倡導者・均始終爲黨爲國・且爲人民・曾未一爲私人利害打算・大義昭昭・光明磊落・其於革命・可謂已盡其最大之責任矣・論其成就・庶幾可當・總理所謂「好革命軍」之譽詞而無愧者乎・

三・第四軍之革命精神

抑四軍之能有此成就者・以其具有爲革命犧牲奮鬥之精神與攸久光榮之歷史・此蓋爲世人之所公認矣・考此精神之根源・固在全軍上下對革命主義有深刻之認識・用能信仰力行・精誠無間・百折不回・而其所以能使此精神保持恒久・使保有此種精神之團體團結不散・而歷史常新者・則第四軍尚有若干特殊之處・不憚詞費・撮而敘之・

四軍之人事任用・惟公與功・援引同學同鄉同族之事・在所不許・四軍無形中成爲一革命團體・而此革命團體乃在奮鬥之過程中凝固結合・共患難・同生死・故能休戚相關・榮辱與共・因其選用惟賢・升降則以功罪・登庸有道，絕無人情好惡・抑揚其間・於是其團結之力乃甚强固・各分子間對整個公衆團體．愛護之心甚篤．旣愛團體．遂不忍使團體名譽受損．所以戰陣之間．爭先邁進．不避强敵．務獲戰果者．何莫非此一念爲原動力．四軍每遭逆境．輒有遺散一部份官兵之事．然他日一經號召．即又自動來歸．故能屢散而復屢聚．此則團結力强固之明徵也．

四軍之財政處理．向極公開．監督稽核．均有成規．嚴密詳明．毫無苟且．所有節餘欵項．均撥作公積金．而收支結果．皆由各部按月公佈．勿論官長士兵．如有疑問．俱可請求解釋．倘發覺有舞弊之事．且可向上級告發．四軍將領從無份外之收入．所以四軍將領常拒絕捐欵．其意以爲我之薪餉有限．且皆有額定之用途．萬不能作意外之支出．如有意外之支出．必須另行籌措也．所以軍中不許募捐．已成慣例．四軍將領亦不好私人宴客應酬．營中長官之案頭經年不見請帖．避免無謂之支銷．正所以養成其廉潔之風尚也．

四軍被稱鐵軍．其紀律亦正堅硬如鐵．四軍將領之治軍．素主嚴明．不知者或以爲刻薄寡恩．殊不知軍隊之中．紀律稍一廢弛．即難維繫．尤貴乎罰自上起．執法惟嚴．四軍素無官官相衞之惡習．反之．官長犯法．受罰且較士兵尤重．二次北伐時．四軍之士氣最旺．士兵皆能獨立作戰．每於戰況劇烈時．官長不及指揮督率．而一兵一騎．仍各能奮勇爭先．直薄敵陣．有時官長在戰場上受傷．無論階級高低．其士兵多不肯棄却戰鬥任務而護送官長退回後方．官長亦從不强其士兵護送．此亦正可見四軍官兵具有堅强之戰鬥精神也．

四軍於其參加戰鬥時．曾攻下不少城市．但從未有擅行派委地方官吏之事．在昔軍事行動緊急時期．稍有戰功之部隊．每視干涉政治．覇佔地盤爲應有之權利．凡攻下一城市．即自委派一切行政及收稅官吏．以遂私圖．但四軍則始終謹守軍人本份．不干涉政治．不爭奪地盤．二次北伐時．四軍浴血苦戰．犧牲極大．始克攻下河南．然猶毫不留戀．立即旋師．將河南政事．概交友軍處理．尤爲事實之最明顯者．

四軍之將領．皆極注意官兵教育．各項教育之進行．從無懈怠．於官兵公餘娛樂．尤爲注意．四軍將領多嗜攝影行獵．北伐時幾於人手一架攝影機及一枝獵槍．名山勝地．軍行所經者．爭相攝照及行獵．此雖瑣事．然足見其風尚之特殊．軍中嚴厲禁賭禁嫖．犯者重責．而提倡官兵之正當娛樂．則不遺餘力．四軍與國民革命軍之其他各軍．在一般組織方面．無特殊不同之處．但若上述數端．則其稍異於其他各軍者．此正可視爲四軍革命精神之所寄也．

四軍以「公誠廉毅」爲訓．舊日四軍同袍．今已離開四軍而任職於軍政各機關者甚夥．大祇俱能本此四字．不磷不緇．罔敗四軍令譽．此亦可視爲四軍革命精神之表現．至其表現在歷史行動中者．則以下各章．將詳述而細論之．

吾人非敢阿其所好．茲書本立誠之旨．紀四軍之實而已．若其是非功罪．待之讀者．

鄭師許 一八九七年生 一九五二年卒

東莞人・國立東南大學畢業・歷任國立交通大學・暨南大學・廣東省立勷勤大學・無錫國學專修學校・國立中山大學教授・凡三十年・其間兼任教育部史地教育委員會委員・廣東年鑑編纂委員會聘爲總編纂・曾與翟俊年黃文山等在上海創辦建設大學・燬於一二八之役・平居以寫作爲事・成書數十種・發表論文二百餘篇・享譽藝林・

讀殷商無四時說

頃得友人自平郵寄清華周刊文史專號一册・內有吾友商錫永先生殷商無四時說一文・錫永先生與吾雖爲初交・然其治甲骨之學・實較吾爲先・其所刋布諸著作・吾嘗一一取而讀之・蓋久已心折之也・其爲學之謹愼・即就此文結論「此問題目前雖不易解決・然地下之材料・層出不已・信必有證明之一日・但處現今之地步・與其必之・無或疑之也」・以觀・亦可以窺見一二・然而不能無疑者・請爲錫永先生及吾諸同志言之・或亦愚者盡其千慮・而爲大雅所許乎・

原文大意・可分四部・一辯吾友葉渼漁（玉森）先生殷契鉤及研契枝譚釋甲骨文春夏秋冬四字之誤・二辯董作賓先生卜辭中所見之殷曆之說・三辯吾友東世澂先生「殷以三月至五月爲春・六月至八月爲夏・九月至十一月爲秋・十二月至二月爲冬」之說・四引申唐蘭先生𣎵釋作甫之說・以徵實葉氏秋字之誤釋・

日本文學博士飯島忠夫持中國天文學外來說・與彼邦天文學專家新城新藏博士關於我國上古天文學智識之辯難亙二十年・近在其新著支那曆法起源考一書草殷虛文字之批判一文・謂吾國甲骨文字斷非戰國以前之文字・（譯文及拙著讀殷虛文字之批判一文均載大陸雜誌第一卷第十一期）・得錫永此文・當不勝引爲知己・

吾與錫永先生均非專攻天文曆法者・關於董東兩先生之論・擬不欲說・燕京學報第十期有劉朝陽先生殷曆質疑・在錫永先生刋布此文之前・已先向董東兩先生辯難・此場官司之不能結案・猶之彼邦新城氏與飯島氏云耳・今茲所言者爲甲骨文字本身問題・此問題一明・則於殷曆之辯・或不無小補也・

葉氏春夏秋冬之釋・在吾國甲骨文字之學中自不能不許爲絕大發明・吾與渼漁先生交最久・其治甲骨・素持「以甲骨証甲骨・不輕以金文說文証甲骨」・之法・最爲吾輩所服膺・其近著殷虛書契前後編集釋即爲其半生最精到之著作・今觀錫永先生所辯論者「秋」字提出反証・有「甫反幣」「莆子幣」「𣎵册父丁爵」三文之多・然三文均非甲骨文字・除幣文爲另一文系統文字・決不能並論外・𣎵原文作𣎵・羅氏所不釋・亦決不能定其非秋字・「冬」字錫永先生不提反證・僅以想像出之・謂「冬」字與「今」字連文・又謂」⋀不及五・冬事不應若是之少」・甲骨破碎者多・連文殊不易得・且未盡出・亦不能遽斷爲少・以此爲辯・恐不足以服葉氏・至謂前編卷一第四十六葉「丙戌卜・今ψ方其大出・五月・」五月爲春・于事實不可能・今查原書・「丙戌卜・今春方其大出」・是一辭・其下「五月」二字則斜契於下一行・作XD・與不辭不相聯屬・當爲右一辭斜契者之殘

文・是不能以此爲反証・劉朝陽殷曆質疑寫作・
丙戌卜・今春方其大出・　五月

較錫永先生爲矜愼矣・所以董氏「這似是在五月追敘本年春季的事出之言・未免爲多此一舉矣・至於王氏徵文征伐第二十六版・據漢漁先生告我・謂決爲僞品・原版共契兩辭・□契作□・□契作□・□契作□・十一月作□・行式參差・刀法纖弱・以故知之・錫永先生既藏有原拓照片・未知能景印公布・以証明其不僞否也・是錫永先生反駁「春」字誤釋・亦不成立矣・此外所餘者只一「夏」字・查錫永先生所稱□爲七月之文・龜甲獸骨文字卷二第十八葉原爲殘辭・文曰・

丁巳「缺」□上不完・夏「上不完」・西□「上不完」・七月

殘蝕過甚・難於審其文義・且全文無「今」字字樣・又不足以確定其矛盾性・至於「□爲十月又二」之文・則見於前編卷五第二十二葉中・其原版亦爲殘辭・文曰・

「缺」夏「缺」受又祐「缺」在十月又二

亦殘缺過甚・共缺幾字・共紀幾事・實不可知・未知錫永先生更能舉出其他有力証據否・總之・撮合殘文・援作反証・必隨在可以文織・是謂「夏」字爲誤釋・亦尚有商量之餘地也・

吾師竺耦舫先生嘗爲一文「論以歲差定尚書堯典四仲中星之年代」刊布於科學第十一卷第十二期中・謂「堯典四仲中星・蓋殷末周初之現象」・據竺師之說・則堯典爲殷末成書・果爾・則四仲中星之說殷末已有之・懷疑殷時尚無四時・且並此「春」「夏」「秋」「冬」四字而無之・吾蓋不敢置信矣・

民國二十一年七月二十二日讀後記・

文成後擱置行篋中已一年・今年四月間寇犯平津・中央研究院歷史語言研究所移滬・董彥堂先生南來・以容希白兄之介・得與定交・一日暢論此事甚歡・彥堂並出抽印本卜辭所見之殷曆相示・其所見與余全同・新近關於殷契之著作有三・除福氏所藏甲骨文字爲錫永所撰集者外・一爲郭沫若著之卜辭通纂・一爲希白兄與瞿潤緡君合釋之殷契卜辭・郭氏書新材料不多・而編理甚爲新穎・郭氏雖不采用漢漁先生之說・然亦不持反對之論・如天象第四三一片釋文云・

……壬寅王亦冬（終）夕□……

釋□爲冬・借爲終字・爲漢漁先生舊說・又食貨第四四一片釋文云・

上辭「乙未卜・貞黍在龍囿・□受□有年」・龍囿自係地名・□字或釋秋・義雖可通而形不合・疑亦啚之異文・」

郭氏雖不肯承認漢漁先生舊釋・然亦云「義雖可通」・不持「不可通」之論・食貨九十五頁所引漢漁先生認爲

今春乎伐苦方・

之片・則於□之下配以□・同於漢漁先生所見・

至殷契卜辭則於此等字均不附釋文・持闕疑態度・然其骨片舊爲徐坊所藏・爲向未著錄之新刊・余嘗遍翻全書・凡希白等所未釋・如・

二九丙「缺」出貞來□王其□丁「缺」

七〇六戊午「缺」來□「缺」甲「缺」

七〇四壬戌卜「缺」今□「缺」

等辭之[illegible]皆可釋春・如・四九四背佳[illegible]之[illegible]・亦可釋冬・不與淇漁先生舊說抵牾・猶憶日前讀潤緡君殷契卜辭底稾於胡樸安先生所時・錫永先生之殷商無四時說全文已錄於書中・後竟全行删去・未知爲希白兄所删・抑爲校者錫永先生等所删・雖未能明・總之不爲定說・可以想見・

民國二十二年八月八日再記於滬上四部書齋・

老子的國籍問題

——我國文化思想的來源急待解決的問題之一——

近日懷疑老子的生時生地一問題的人很多・自從梁任公師以至張壽林・錢穆等輩・不下十數人・不意天下事無獨有偶・自從那回我在東方雜誌與友人胡懷琛君辨論墨翟爲印度人與否一問題之後・有一天我在上海建設大學講授中國哲學史時・偶然閱讀日本字野哲人著的支那哲學史講話竟發見了老子也是印度人了・這個老子國籍的問題・怎好不寫出來供給大家來討論討論・

原來老子是我國第一個創立哲學的學者・——不特胡適氏這樣說・作者也是這樣說・只是兩人的見解・截然不同・（詳見拙著中國哲學史稿本中・）——他的最偉大的地方・不是像以前的學者創造了許多零碎的見解・而是在乎創造了一個系統哲學・不是在乎打倒當時的黑暗政治・而在乎打倒當時黑暗政治的靠山——宗教・原來哲學與宗教是不兩立的・從歷史上看來・是互爲消長的・（詳見日本紀平正美著哲學概論緒論四章・）人類初生・見環境異象而生驚疑・於是乃產生迷信・——即粗淺的宗教——以爲之解釋・及人事日進・乃成爲眞正宗教・遂有種種宗教上的學說・以維持其當世的種種社會制度・至有大智慧者出・乃非難宗教上的學說・欲代之以新見解・遂有所謂系統的・哲學在老子以前・言政治者・莫不以天意爲其最大的護符・如殷周兩民族・關於政治的宣傳・動輒稱道天命・帝命・天命・以欺騙愚民・至周之末年・濫用太過・遂成爲極度的腐敗政治・老子深洞其弊・遂大聲疾呼・直斥之道・「天地不仁・以萬物爲芻狗・聖人不仁・以百姓爲芻狗・」直欲以一語打破時人所承認有意識的天・而返之於無意無識的自然・他可謂勇敢極了・他的偉大・就在這些・他又怕人家不相信他的話・於是又欲找出宇宙的本體・倡爲一種先天地生的「道」・以成就其本體論・到了本體論創造成功了・我們研究哲學史的人・你能究說它不是一種眞正哲學嗎・所以我常說老子的哲學・以本體論爲最有成績・人生哲學次之・其政治學・爲最膚淺不足觀・

現在愈說愈遠了・擴而充之・便可成功一套老子哲學・總之・老子是我國第一個創立哲學的人物・是不容思疑的・然以這樣偉大的人物・宜乎書史所載・有姓氏・有世系・有籍貫里居・有嘉言懿行・爲我們說個明白・可是一查史記・不特不能詳細・只是寥寥不及五百箇字・迷離惝怳・令人捉摸不着・據史記本傳初爲楚苦縣厲鄉曲里人也・

又謂或曰亦楚人也・或曰即老子・或曰非也・世莫知其

然否等語・即太史遷亦不能爲之決定・後世解釋的人・也祇是依樣胡蘆・沒有一箇能解釋得清楚的・

說老子是印度人的話・據宇野哲人所稱引・是一箇法國學者叫做拉克伯里的・拉氏爲法國著名的支那學者・倡中國人種西來之說・爲我國學人素所崇信・作者手邊沒有法文原本・原書怎樣說法・可不甚知道・但就日籍所引・他證明老子爲印度人的理由・約有四點・

一・中國與印度的交通・在老子以前・早已有的・故老子從印度地方移居中國・在事實上有可能性・

二・據老子傳說・老子居母胎數十年・生而頭髮皆白・故號老子・人初生時是不會有白髮・因爲是從印度遷來中國・年紀已很大了・所以便有了白髮・別人見了・莫明其故・所以說在母胎數十年了・

三・傳又稱・老子姓李名耳・謚聃・聃是大耳的意思・他以耳爲名・以聃爲謚・便可證明他的耳是很大的・在緬甸的地方・現在尚有大耳的人種・所以說老子即南方大耳國移來之人・也不爲錯・

四・姓李在老子以前是沒有的・在喜馬拉雅山附近的地方・有一種風俗・凡是自己住居的地方有那一種樹木的・即以那箇樹木的名作爲自己的姓・老子的先祖・他的宅旁必定是有李樹・所以他就以李爲姓・

根據以上幾種證據・拉氏便決定老子是印度人・是從印度移居中國的・

這個問題像是很少・可是就研究文化史的人看起來是很大的了・先秦的哲學思想家・最有名的只有三個・一・老子・二・孔子・三・墨子・墨子已經被考證爲印度人了・倘然老子也是印度人・雖道剩下來的孔子・又不可以證明是印度人嗎・——只要有人肯去做考證・那麼・那時黃河流域・簡直沒有文化思想・只是一輩野蠻獸類居住在這裏・不特堯・舜・禹・湯・生得太早・即使管仲・晏子・也不過是孟子的理想國裏的角色而已・

而且照胡適氏中國哲學史大綱的寫法・老子是我國劈頭第一位哲學家・或者嫌他其源不清・老子既是印度人了・只好替他添上一章上古中國與印度交通的大概・一章上古印度哲學的概說・然後接入老子哲學・豈不較好嗎・

照我的意見・拉氏的學說・最不足靠・他的中國人種西來說・已給吾友繆鳳林君反駁得體無完膚了・這回老子爲印度人的話・他的四大理由・沒有一箇是充份的・

一・在老子以前・中國和印度已有交通了・這句話在現在無法證明・就梁任公師的考證・也以爲最早不過在秦始皇統一以後・此外從山海經穆天子傳的考證・也只是後世注釋家附會之辭・不足據爲信史・

二・老子生而白髮這句話・是後世製造的讕言・故爲神奇其說的・決決不是事實・可不置辯・且周靈王也生而有髭・難道又是印度人麼・

三・以老子爲南方大耳國之人・近人廉江江瑔也有這個說法・在他的讀子卮言第十二章論老子姓氏名字裏也有說及・他以爲儋耳即指今廣東瓊州之儋耳・又疑古有二儋耳・一南一北・而其名稱及民俗・則皆同・即使據老子字耳謚聃・聃儋古字通・或曰儋即老子・審知老子的耳是很大的・

老子爲南方大耳國之人・也不過是中國境內的儋耳之人耳・已何必定是緬甸的地方呢・

四・說老子姓李・定爲印度喜馬拉雅山麓的風俗・殊不知我國姓氏制度・在那時剛才發生・近水的以水爲姓・近樹的以樹爲姓・容或有之・要不必於印度・何況老子姓李・究竟怎樣得姓・在中國古書裏從沒說過・怎麼可以保證其不是中國的風俗呢・

總之・宇野哲人說的話「東西異處・古今異時・往往所說有暗合的・老子的學說・與佛教有幾分類似・但無確實證據・則其言必不足信・」其言最合歷史學家的態度・我記起一件很大趣的事・彷彿是前年春間・我有一天偕友人吳博文君往訪衞中博士（Dr. Alfred Westharp）請益之下・他劈頭說・「你們廣東人是印度遷來的・我並且思疑孫中山先生也是印度人呢・」我問他歷史上有甚證據・他說・「歷史上的證據・是靠不住的・我是從心理學上證明出來・廣東人和印度人的活動本領・彷彿相似・」我問他・「廣東人見過多少・孫中山先生見過沒有・」他說・「廣東人見得不多・孫中山先生也未見過・」後來我只好慫慂他到廣東去・衞中先生現在已到了廣東去了・未知他的研究的結果是怎麼樣・衞中先生總算寓居中國多年・與中國的學者交游甚廣・尚且發爲如此奇論・這也難怪拉克伯里了・

不過中國的文化思想・究竟是自創的・抑是外來的・這一點當然很值得學人們的注意・作過去的二十年中・日本學者也爲了這個問題・起了一場大辯論。據說是從研究中國天文學史起因的・辯論兩方・都是知名的學者・其一爲現在京都帝國大學總長理學博士新城新藏・其一爲文學博士飯島忠失・就新城氏的主張・爲中國天文學是自創的・飯島氏則以爲是外來的・雙方在一九一一年開始爭論・直至現在・尚沒有結果・新城氏已著有「曆與天文」「東洋天文學史研究」兩鉅冊・飯島氏亦刊有「支那古代史論」「支那曆法起源考」兩書・較新城氏書爲尤鉅・最近新城氏又著（上代金文之研究一文・）舉出多數反證・可是尚無結論呢・其實我國古代明之四分法・確有點與西方「週」的形式相近・是中國傳入西方呢・是由西方轉入中國呢・抑各自創化的呢・這與老子爲印度人・墨子爲印度人・同爲我國文化思想的來源急待解決的問題・生在現在的我們學者所不能辭其責的・

好了・我現在通通介紹過了・「堯・舜不復生・各自謂是眞堯・舜・」是不可的・但是如何去考證眞確明白呢・是在我們有勇氣有毅力的同志・

這文是作者十九年八月十八日的早上・費上兩小時的工夫寫成的・自以爲不是精心結構的作品・向不肯舉以示人・一日偶與友人衞聚賢談及這事・原作爲笑話說的・不意衞君刋布古史研究第二集時・中有老子是雲南的苗民一文・文末稱・「鄭師許先生告訴我・日本人也有此主張・……日本人以老子爲暹羅人・其原書未見・詳情如何・不得而知・要其結論與我相同・可知老子之非中國人・已有人疑到・」云云・深恐有訛傳之虞・因將此文投付逸經編者發表・免累他時學者搜逸云耳・廿五年三月四日師許附誌・

秘戲飾文之研究

這一個題目醞釀了一年多．但是直到今天才拿起筆把它寫出來．讀者諸君不要懷疑．我不是藝術叛徒．又不是性學博士．並不是在提倡邪說．正經點講句話．也是一種考據上的學問呢．

事因去年五月我答應了廬江劉氏善齋．爲也整理銅器．劉氏爲國內第一流收藏家．他所藏的書籍雜器不計．即以金屬中的禮樂器而論．達七百件之多．甲骨文字約三萬五千餘片．金屬拓片約二萬片．石屬拓片約四萬片．若連古兵銅鏡計在一塊兒．這個數目着實不少了．——第一天便有人向我談及秘戲鏡的話．其後他把善齋銅器目錄給我看．便發見善齋吉金錄四十三冊中．有唐秘戲竟一件．我拿來一看．就是現世最摩登的裸體雕刻也勿得這樣精緻．當時看過便算．也沒留心去研究它．

直至前一個星期六我家裏來了幾位考古學的朋友．——董彥堂張天方衞聚賢鮑扶九胡肇椿等等——無意中也討論到這個問題．——雖然當時所討論的還有許多問題——鮑扶九很興奮地告訴我．說他去年在羅雪堂家裏也看到一個古錢．面上刻有「風花雪月」四字背面刻有人物八位．兩相擁抱．與善齋藏的秘戲竟大同小異．

後來我們再三思想起來．這大概是從前宮闈中所特製的用品．是皇帝御用的．或者是貴族人家用的．當時也很秘密．彷彿與今日秘戲畫片一樣．不過後來物換星移．帝子不在．才流落民間．故現在流存也不很多．而民間日用諸器．這種飾文尚屬沒有．

不意事有湊巧．後來我在磚文中也有發現以秘戲爲飾的．大抵是墓磚爲多．可是我便不能說出他的理由來了．但是我仔細想過．這大約是壓勝之用的．這正如小說書裏說樊梨花生薛剛的時候．正在陣中．臨盆之際．一道血光．便把敵人的法寶沖破了一樣．疑心男女搆精．正是人門無上的英雄．所以有甚麼不好的風水．不吉利的方煞．也只好埋放了這種秘戲墓磚以沖破它．

這些話在書本上究竟有沒有証據．我不暇翻閱．我只好信手寫來．作爲一個楔子．希望有許多見聞廣博的朋友．供給我多少材料．以後可以成爲一個有系統的研究．那麼．無論在藝術史上．在風俗史上便可以得到正確的解答．

近來山東藤縣發見壁畫甚多．未知這一類的東西有沒有在壁畫上發見過．我疑心武梁畫象．或其他食堂畫象．或者有不少的秘戲畫．不過拓本模糊．不容易看得清楚．慢慢地有人留心去研究．自然可以有發見的可能性．

二十二年五月七日寫於滬上四部書齋．

文成後在善齋又與扶九談及這事．他說最近又在許多明器裏見到秘戲飾文．如銅盒蓋上．據他與幾位考古家商量過．據說是子孫繁榮之意．不及補入正文．特爲附誌於此．

五月八日又記．

廣州懷聖寺的故事

大約在十三年前的時候．我有一天讀一本西史（書名經已忘記）．有九世紀末年．Banshoa（黃巢）攻陷 Hhanfou

鄭師許

（廣府）・殺死阿剌伯商民凡十二萬人的話・於是引起我的好奇心・後來適值梁任公先生來東大講書・我便以此問他・他說・「在唐時阿剌伯人僑商我國者所作遊記中・確有此項記載・他拿了乃勞特（Reinaud）的印度中國聞見錄給我看・據說・黃巢攻陷 Hhanfou 時・在回曆二百六十四年・殺死回教徒・猶太教徒・基督教徒・Magipat 教徒凡十二萬人・我當時一想・「唐時僑居廣州的外人這般的衆多・宗教又這般的複雜・在我們廣州必定要留下多少風俗・美術或至建築物・何以中國書籍一些記載也沒有呢・」當時也沒有細心去考究它・久久便忘記了・

直至前幾天・我遇見了葉遐庵先生・也談及了這件事・他說・「這種記載是有的・廣東通志中便有記載・似乎番塔街的光塔・便是當時的建築物・」我回寓後・便把阮元廣東通志翻查・果在卷二百二十九古蹟略十四・看見懷聖寺一條說道・懷聖寺在府城內西二里・唐詩番彝所創・明成化四年・都御史韓雍重建・留達官指揮阿都剌等十七家居之・（黃志）番塔始于唐時・曰懷聖塔・輪囷直上・凡六百十五丈・（黃志作高一十六丈五尺）絕無等級・其穎標一金鷄隨風南北・每歲五六月・夸人率以五鼓登其絕頂・呼佛號以祈風信・下有禮堂・歷代沿革・載懷聖將軍所建・故今號懷聖塔・（南海百詠）明洪武二十年金鷄墮於颶風・（金志）

其下有案語云・謹案塔在南海縣之番塔街・俗呼光塔・今有回回寺在其左・即禮拜堂之故址也・程史海獠事別見・

我看完了這一段・依然不大滿足・遂急翻馮端本重修的廣州府志一看・在卷八十古蹟略也見到了・說・懷聖寺在府城西二里・唐時番夷所創・明成化四年都御史韓雍重建・留達官指揮・阿都剌等十七家居之・寺有番塔・始于唐時・輪囷直上・凡一十六丈五尺・絕無等級・其穎標一金鷄・隨風南北・每歲五六月夷人率以五鼓登其絕頂・呼佛號以祈風信・下有禮堂・歷代沿革載懷聖將軍所建・故今稱懷聖塔・明洪武二十年金鷄墮於颶風・（據南海百咏黃通志金通志參修）・

其下也有案語・謹案南海百咏云塔高六百十五丈・蓋傳寫之譌・今從黃通志・塔在今番塔街・俗稱光塔・有回回寺在其左・即禮拜堂之故址也・可是府志於光緒五年重修・大抵全錄阮志・我本擬再查南海縣志・可惜客中無書・只有清道光十五年續修南海志・於懷聖寺遍尋不獲・不能得很豐富的材料・

據省志府志所載・番夷不明記某國人・當是唐時經商於廣州之外國商人無疑・其下有回回寺・則其爲阿剌伯人・更爲明顯的事・南海與波斯通商最早・義淨南海寄歸傳・大唐西域求法高僧傳等書中・屢有稱道波斯船的・自八世紀後・始有大食及其他賈舶・蓋當時阿剌伯興起・航海經商者極衆・希爾德中古地理新資料之趙汝适（1886 T. R. A. S. P. 57）云・

中世東洋之海上貿易・其最爲活躍者・實推阿剌伯人・當葡萄牙人爲東洋貿易之競爭者以前・殆爲彼等獨佔之場・西自摩洛哥・東至日本朝鮮・從從一大海原・均彼等之勢力圈也・

新唐書地理志有廣州通海夷道篇・記當時航路甚詳・此

書蓋自賈耽皇華四達記抄錄而來・而耽記所言・大約是得自阿剌伯海商的・今伯希和氏交廣印度兩道者・已有馬承鈞譯本・與新唐書合讀・可以思過半了・全唐文卷七十五有文宗太和八年上諭云・

南海蕃舶・本以慕化而來・……其嶺南・福建・及揚州蕃客・宜委節度觀察使常加存問・除舶脚收市・進奉外・任其來往通流・自爲交易・不得重加率稅・

他們當時船舶往來既然如此的興盛・所以在我們廣府的城內西二里建築一座光塔・以便照料船舶航行內河・自然是應有的事・我疑心他這一座光塔就是今日航海用的燈塔的初制・所謂「其穎標—金鷄・隨風南北」・這就是最初指示風向的信號・可惜這金鷄在明初已墮於颶風・我們今日不能考見他的規制呢・

普通佛寺浮圖・其制多爲六角・角上繫鈴・中有等級・拾級而的上・我們除了今日目驗以外・試一讀洛陽伽藍記中諸寺・便可知道・這裏却說「輪囷直上」・明是尖圓筒形・「絕無等級」・則與佛家所用者迴異・而却近於今日的燈塔・所謂「夷人以每歲五六月率以五鼓登其絕頂・呼佛號以祈風信」・這就是五六月番舶來時・張燈以爲指導之意・呼號或即歡呼之意・語言不通・誤以爲呼佛號耳・祈風信者非他・指示風向使便於航行也・黃志作高一十六丈五尺・南海百咏云塔高六百十五丈・黃志誤不可信・即今塔高亦不十六丈五尺・疑所指殆謂高出海面而言・非離地面計算・

續修南海縣志卷二十六雜錄下云・南漢時上元中秋輒登塔燃燈・以兆豐稔・號曰賽月燈・各里巷亦累瓦爲塔・集薪燔之・火遍三城・亦奇觀也・至今其俗尚存・

我便想起兒年的時候・每於中秋節日豎竹竿高三四丈・上繫燈籠其上・疑即時人仿番俗爲之・而轉忘了他的意義的・後世沿習成風・不求其解・懷聖塔俗呼爲光塔・殆即見其發出異光・不明他的作用・即以其異狀稱呼它・這並非無意義及不可能釋的・

番塔街在今南海學宮西壁・當時河道寬廣・油欄門・竹欄門一帶當爲河北岸邊・光塔高出海面六百十五丈・在城外遠近必可看見・續修南海縣志卷二十六雜錄下云・

小市街鄧大林藥肆・掘地得鐵索・引之不盡・冗江底殆千尋矣・迹之・乃出巨舶中・亟掩之・頻海數里許・亦小閱滄桑者・

據此・小市街且爲江心・則我的猜度・必不甚謬・今市中有街號曰木排頭及水母灣者・或謂即從前的江岸・以沒有證據・不敢相信・

東莞附城有金鰲洲塔・有榴花塔・均矗立增江岸旁・不知作何用途・附記於此・

續修南海志卷十一金石略一・鐵柱附條云・

前邑志已參錄古蹟略・元妙觀一條內・但刪去「狀豪惡可憎・俗稱蕃鬼是也」數語・而鐵柱亦附錄金石略・

疑元妙觀亦與當時夷商有關・今不克查考・也附記於此・

這裏關於故鄉文獻的書籍・非常缺乏・故爲文很覺材料不足・他日若再搜得豐富的材料時・再爲文論之・

民國二十二年五月二十五日寫於滬上四部書齊

文成後二日友人黎維嶽先生找了世界書局民國十五年出版的廣州快覽給我看．在名勝古蹟欄有光塔懷聖寺一條云．光塔懷聖寺在今光塔街內．考唐開元間．西域回敎默德那國王謨罕驀德．遣其母舅番僧蘇哈白賽來中土貿易．建光塔及懷聖寺．寺塔告成．尋歿．遂葬於此．時唐貞觀間也．塔輪囷直上．高十六丈五尺．形如大筆．四圍光滑．外圓而上銳．似不可級登．而內容實可盤旋而上至極頂．復環繞而下．往復如太極．塔外四附苔蘿．古色蒼翠．是爲回敎清眞寺之鼻祖．明成化四年．都御史韓雍重修．以所留達官指揮阿都剌等十七家居之．相傳塔頂舊有金鷄．隨風南北．每歲五六月．番人望海舶至．率以五鼓登塔頂．呼號以祈風信．不設神像．惟書金字爲號．以禮拜焉．洪武二十五年七月．金鷄爲風所墮．送京貯內庫．復以銅易之．亦霣於颶風．萬歷庚子重修．易以葫蘆．淸康熙八年．復墮於風．更易以風磨．此塔與六榕寺之花塔遙對．爲一城之標．形勝家常謂會城如大舶．二塔其檣．五層樓其舵樓云．

在這裏所記載較詳．不知其本於何書．惟中有「番人望海舶至．率以五鼓登塔頂．呼號祈風信」．等句．與阮通志馮府志略有不同．「番人望海舶至」一語．至可注意．「呼號以祈風信」．是否爲「呼佛號」之脫文．另待考證．玆先附錄於此．五月二十七日又記

屈向邦 一八九七年生 一九七五年卒

字沛霖．號蔭堂．番禺人．廣州中學．廣東高等師範文史科畢業．嘗遊淞滬．與諸名士唱酬．尤契鶴山易孺．輯其所治鈐印．爲誦芬堂印集．分貽同好．晚隱香港．著有廣東詩話．廣東詞話．蔭堂筆記．蔭堂詩集．

廣東詩話自誌

此編作於滬上．始於民國二十六年（一九三七）夏．蓋應青鶴雜誌主人陳灨一先生之邀而作也．當時約得百則．匆匆草成．以誦芬居士筆名付陳先生．時距七七蘆溝橋事變甚邇．後聞八一三淞滬戰起．青鶴亦停刊．初稿諒未刊出．遂彙續得之百則．分爲四卷．自慚疏陋．未足言詩．爰止於此．就正高賢．

然有亟須聲言者．則就詩言詩．與人無涉也．借此以爲討論之資耳．今雨舊雨．無意褒貶也．今人古人．更無意褒貶也．元遺山云．書生技癢愛論量．其此之謂歟．又此編是興之所到．隨便說出．絕無次序．有祇稱別號或室名者．有叙籍貫．姓名．略歷者．有省去一切稱謂．以求行文之便者．尤不一致．未及理董．盼閱者諒敎而已．戊子初春番禺屈向邦誌．

是編初版時名粵東詩話．出版未幾而罄．後周學長康燮．以予筆記中有與粵詩有關者．屬錄出．成續編一卷．彙而再版之．名正續廣東詩話云．丁未初春向邦續誌．

南園詩風

南園爲吾粵風雅之地．言詩風者．首以南園爲宗．然祇言風雅．何足以盡南園諸子之賢．讀南海洗應元（士傳．著有心逸堂吟草．乾嘉間人．）抗風軒一律．論有本源．力能包擧．言南園者．不可不知此詩．詩云．詩格羣推五子尊．粵中壇坫盛南園．前徽首下西庵拜．後勁多依禮部門．品藻幾人歸嶠雅．瓣香當日見秋痕．扶輪合配三忠饗．不泯宗風是此軒．指出區啓圖（懷瑞．高明．天啓擧人．大相子．）陳文忠（子壯．有秋痕集．廣東新語云．陳文忠在禮部時．所見朝廷大小政事．隨書之以遺子弟．凡十九首．名之曰秋痕．）爲南園後繼健者．則南園諸賢．不獨主持風雅．且兼崇尚節義．蓋文章氣節之士．相與砥礪切劘之地也．祇言風雅．何足以盡南園諸子之賢哉．

篇中嶠雅．有以爲指鄺湛若．（露．南海人．）蓋湛若著嶠雅四卷．亦常集南園．且殉國難．然以詩意觀之．則是指區啓圖．啓圖與陳秋濤．黎美周．歐嘉可（主遇．順德．天啓副貢．）等十二人修復南園詩社．國變後．與美周．湛若奔走國事．遇害．著有嶠雅一書．輯粵先輩之詩．故有品藻幾人歸嶠雅句．又黃泰泉（佐．香山．正德進士．授編修．）卒贈禮部右侍郎．（廣東文徵作者考．誤作吏部．）後五先生吳而待外．均其弟子．故有後勁多依禮部門句．讀此詩者．當知南園宗風所在．

詩社校詩

詩社校詩．事甚風雅．亦由來甚古．最著者宋季吳月泉主社．賦春日田園雜興．謝皋羽等評錄．連伯正（文鳳）擅場．（粵雅堂叢書有月泉吟社集．）元季饒介之主席．賦醉樵歌．張仲簡（簡）擅場．（詩載白羊山樵集．）次高季迪．次楊孟載．極一時之選．明季鄭超宗主會．賦黃牡丹詩．即席揮毫．限時交卷．錢牧齋評錄．黎美周擅場．才名傾動一時．號稱牡丹狀元．（詩載蓮鬚閣集．）三事盛稱今古．然李西涯懷麓堂詩話云．公福詩（連文鳳隱名羅公福．）無甚警拔．而卷中亦無人過之者．朱竹垞靜志居詩話謂．張仲簡樵歌今載集中．殊不見好．而黎美周黃牡丹詩．袁子才隨園詩話謂．其貼切黃字尚少．然會後諸人唱和．盡力推敲．亦無出其右者．豈非乘興觸機之作．故鮮神來情至之筆歟．

清乾隆甲寅．羊城石懷瑜園中．竹貫桐心而生．有此異產．特倡詩社．以桐心竹廣徵題詠．一時作者數千人．撫軍學使．共同評錄．黎二樵擅場．五古四首．（載五百四峯堂集．）賦物而有名理．洵稱傑構．豈以題目別致．難中易於生巧歟．然亦非集中壓卷作也．誠能取四君擅場之作而讀之．自加評校．實至饒興味之事．仲簡之作．（季迪．孟載之詩．均載本人集中．）或難檢出．茲錄於後．

東吳市中逢醉樵．鐵冠欹側髮飄蕭．兩肩屹屹何所負．青松一枝懸酒瓢．自言華蓋峯頭住．足跡踏遍人間路．學劍學書總不成．惟有飲酒得眞趣．管樂本是王霸才．松喬自有煙霞具．手持崑岡白玉斧．曾向月裏斫桂樹．月裏仙人不我嗔．特令下飲洞庭春．興來一吸海水盡．却把珊瑚樵作薪．醒時邂逅逢王質．石上看棋黃鵠立．斧柯爛盡不成仙．不如一醉三千日．於今老去名空在．處處題詩償酒債．淋漓醉墨落人間．夜夜風雷起光怪．此歌非不卓犖可喜．然放言而缺乏名理．終覺尚隔一層．竹垞謂殊不見好．或以此歟．莊子放言．名理卓卓．此其所以獨有千秋也．

琴齋印譜序

十四年夏．予始與簡子琴齋訂交羊石．以相遇密．知其攻治文字金石之學甚劬．且孜孜十餘年矣．厥後室遠人遐．伊人治學何若．蓋不能爲恝．迨念四年冬．復遇海上．則十年來於文字金石之學．日就月將．鍥而不捨．書法益雄深茂穆．治印益遒勁渾厚．且以甲骨文入印．尤爲耳目一新．年來多暇．雕鐫愈富．每一印成．友好傳觀贊嘆．以爲刀法樸雅．足以上追周秦．澤古深矣．

予於金石之學．素所未窺．惟於篆刻之佳者．深覺其神妙之處．動與古會．穆然意遠．故每得海內名家爲予所治印章．輒把玩不忍釋．嘗彙爲誦清芬室印譜．而簡子邇來爲予製印獨多．均未拓入印譜中．殊爲憾事．因請搜羅傳拓．以愜心之作並爲一集．以供欣賞．藝術爲公．簡子亦無辭以却云．民國念七年二月．番禺屈向邦序於誦清芬室．

廣東文徵續編第三册終

總編纂　許衍董

參　閲　汪宗衍

　　　　吴天任

校　勘　何幼惠

助　校　李鳳琪